大理白族自治州人民政府　主办

大理州年鉴

YEARBOOK OF DALI PREFECTURE

2011

大理白族自治州地方志编纂委员会　编
云南民族出版社

图书在版编目(CIP)数据

大理州年鉴.2011/大理白族自治州地方志编纂委员会办公室编.－昆明:云南民族出版社,2011.9

ISBN 978－7－5367－5034－0

Ⅰ.①大… Ⅱ.①大… Ⅲ.①大理白族自治州－2011－年鉴 Ⅳ.①Z527.42

中国版本图书馆 CIP 数据核字(2011)第 177934 号

书　　名：大理州年鉴（2011）
Dalizhou NianJian（2011）

作　　者：大理白族自治州地方志编纂委员会办公室
（大理市下关幸福路 11 号　邮编：671000）

出　　版：云南民族出版社
（昆明市环城西路 170 号云南民族大厦五楼　邮编：650032）

责任编辑：董　艾

制　　作：深圳市彩美印刷有限公司昆明工作室

印　　刷：深圳市彩美印刷有限公司

开　　本：889×1194mm　1/16

印　　张：33.75

字　　数：1663 千字

彩　　页：32 码

版　　次：2011 年 9 月第 1 版

印　　次：2011 年 9 月第 1 次

印　　数：1～2000 册

书　　号：ISBN978－7－5367－5034－0/K·1352

定　　价：180.00 元

广告经营许可证：5329004000140

大理州地方志编纂委员会

《大理州年鉴》编辑部

分类（特邀）撰稿人员名单

刘　明	何金平	杨　健	字国顺	蔡春生	杨秀星	刘世兴
寇铸勋	普赵辉	黄为华	杨光军	张正贤	冯　燕	杨林柏
李爱萍	孙何军	谢玉宝	阮正德	毕家兴	董如兆	潘晓波
李　春	杨玄霞	赵　勋	陈增雄	尹　智	杨　越	杨　序
方学云	董灿明	王　林	张　帅	王华植	杨晓荣	高绩武
杨国文	李昱初	赵剑锋	曾星明	蒙志李	王永贵	李金林
周家友	张云霞	刘克纯	陈四全	王荣碧	杨增铭	赵文红
杨绍艳	杨玲玲	周正波	李军锋	董学智	李菊荣	杨崇斌
彭琼瑶	赵寿辉	李成宪	赵红燕	杨文宁	杨志坚	霍德有
施国志	李　斌	侯镇山	史　凯	舒　羽	肖龙灵	杨莉妮
黄永明	张炳华	忽克俭	刘开兴	赵汝璧	王志达	鲁树成
周晓玲	苏发高	段文泽	杨丽芳	程　林	张雪梅	杨会英
孙　纯	邓菊敏	张　宇	杨剑春	殷兆忠	董仁龙	李金凤
和云平	张雄辉	甘　静	杨　阳	普　峰	崔茂峰	李志刚（旅游）
任茂华	李桂梅	李跃花	杨晓莉	陈体韬	罗兆刚	何永娜
孙建新	张　韬	李　宇	杨越冰	华　艳	谢悦娟	安向辉
李　娟	刘庆云	李若山	李　辉	朱艳松	戴灿涛	李志刚（中保财险）
杨　林	李　钒	段　莉	李冬勤	谢云山	雷建萍	杨金生
霍沁祥	李　江	刘振华	张润萍	蹇　镨	赵　鳌	卜怀志
李　公	李　滔	邱　伟	李文波	齐云彬	李　根	杨金萍
黄志刚	吴敬贤	杨艳霞	杨旭芸	杨文光	李　阳	米凯凯
张元祥	洪仁邦	朱应旭	廖　严	张红云	丁　良	袁登雁
张家锐	王春荣	杨茂川	李志诚	杨德元	田灿辉	施立卓

（注：除特邀撰稿人外，分类撰稿人名单以文章先后排列）

《大理州年鉴》编辑说明

1. 《大理白族自治州年鉴》简称《大理州年鉴》，是大理州人民政府主办、大理州地方志编纂委员会办公室承办、年鉴编辑部负责编辑的一部反映大理州政治、经济、社会、文化各方面发展情况的大型地方综合性年鉴，内容广博，是大理州情的总汇。

2. 本年鉴以马列主义、毛泽东思想、邓小平理论和“三个代表”重要思想为指导，贯彻落实科学发展观。坚持实事求是的思想路线，全面真实地反映大理白族自治州州情，为大理州改革开放和社会主义现代化建设服务。全书特点突出，内容全面，体例规范，具有较强的资料性、信息性和权威性。

3. 本年鉴创办于1990年，每年编纂1卷，现已出版21卷，2011年版为第22卷。2011年卷重点反映大理州各级各部门在2010年度取得的成绩和经验，全面记述各行各业在2010年中的发展变化情况。2010年，是“十一五”的收官之年，面对百年不遇的特大干旱，在省委、省政府的坚强领导下，在州人大及其常委会和州政协的监督支持下，中共大理州委、大理州人民政府团结依靠全州各族干部群众，深入贯彻落实科学发展观，努力破解发展难题，倾心尽力抓落实，全力以赴抗大旱，千方百计保民生，统筹推进经济社会协调发展，州十二届人大三次会议确定的各项预期目标全面完成，这些成就即是2011年卷的记述重点。

4. 本年鉴采用以条目为主的栏目编排形式，设特载、专文、大事记、概况、中共大理州委、大理州人大常委会、大理州人民政府、政协云南省大理州委员会、民主党派人民团体、军事、法制、农业、工业、交通、信息化建设、旅游、住房和城乡建设管理、环境保护、贸易、财政税收、金融保险、经济监督管理、教育、科学、文化、卫生、体育、民族宗教、社会、县市要览、统计资料选编、人物、附录33个部类。为适应经济社会发展对年鉴信息的需求和增大信息量，《大理州年鉴》在总体设计上坚持常编常新的原则，在保持栏目内容基本稳定和连续性的同时，每年均作完善、调整、充实。为方便读者检索和使用，2011年卷将“政治”栏目分别设为“中共大理州委”、“大理州人大常委会”、“大理州人民政府”、“政协云南省大理州委员会”、“民主党派人民团体”5个栏目。同时将“人民团体”所属内容从其他栏目中分离出来归入“民主党派人民团体”栏目中统一记述。在版式设计方面，为便于阅读和活跃版面，从第22卷起，将文献类栏目改为双栏排版；文字部分采用双色印刷。

5. 本年鉴图文并茂，并力求达到图、文、表资料信息的统一性。2011年卷的图片以中共大理州委、州人民政府确定的“保增长、保民生、保稳定、保洱海”以及“滇西中心城市建设”、“旅游二次创业”等中心工作为主题，以充分展示自治州的年度特点和地方特色。

6. 本年鉴的文稿，由中共大理州委，大理州人大常委会，大理州人民政府，大理州政协，中共大理州纪委，大理军分区，州级党政机关各部、委、办、局、司、行、社、区和各县市人民政府选定的专人撰写，并经有关领导和部门审核，资料准确可靠。为便于编撰者之间沟通联络和质量管理，在每部类之末均署有责任编校者姓名；撰稿人署名采取在所撰内容末“姓名加括号”的形式标识。

7. 本年鉴在注重内容全面、翔实的同时，突出信息量。在编辑中保持了资料的连续性，使之能够反映大理州各项事业发展的轨迹。因此，本书具有资政、存史的重要社会价值。

8. 本年鉴有很强的史料价值，在编纂中试图把年内的大事、要事、新事的重大进展，以图、文、表形式展现给读者，是了解大理州、建设大理州的指南。《大理州年鉴》有三重检索系统，卷首有中英文目录，卷末有索引。

9. 《大理州年鉴》创刊22年来，编辑出版质量不断提高，在国内外的影响日渐扩大。这是在中共大理州委、大理州人民政府直接领导下，全州各级各部门和社会各界鼎力相助取得的丰硕成果。《大理州年鉴》编辑部全体工作人员向全州各撰稿单位和撰稿人表示衷心的感谢！向关心和支持《大理州年鉴》的省内外兄弟年鉴同仁表示谢忱!

《大理州年鉴》编辑部

“十一五”期间生产总值及增长速度

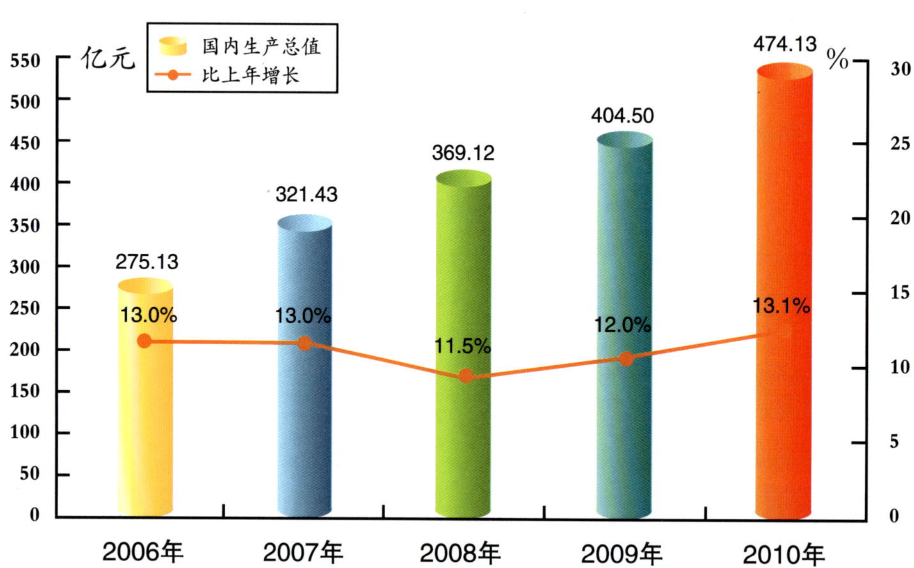

“十一五”期间生产总值构成

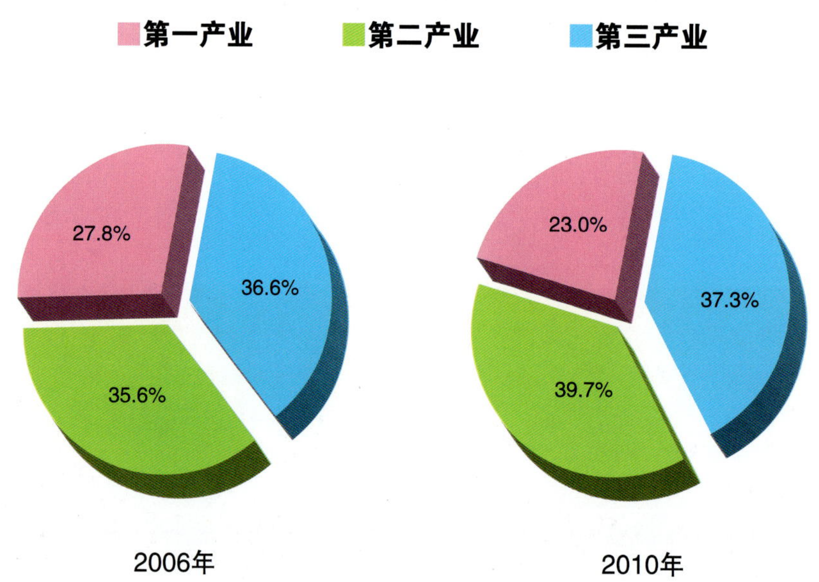

“十一五”期间全社会资产投资总额

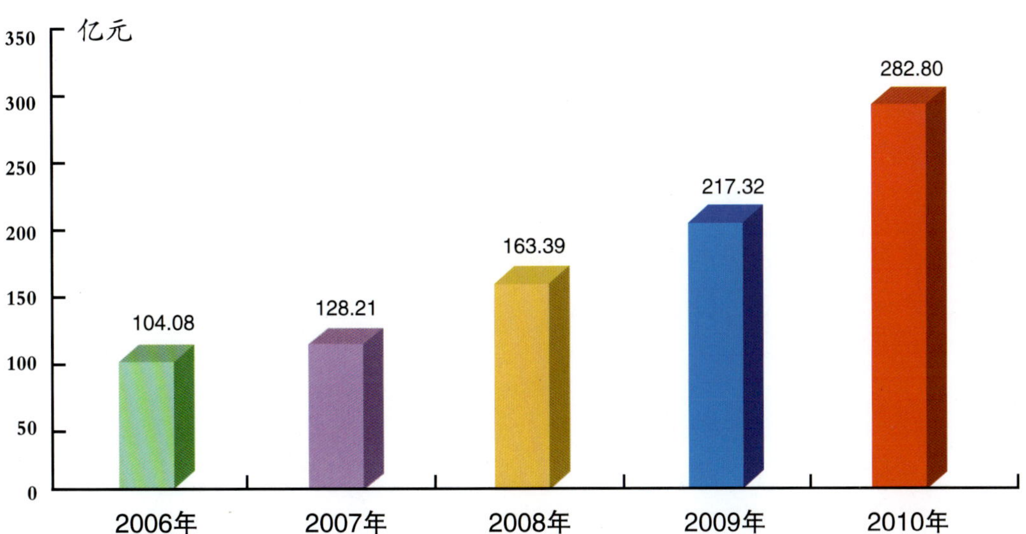

“十一五”期间社会消费品零售总额

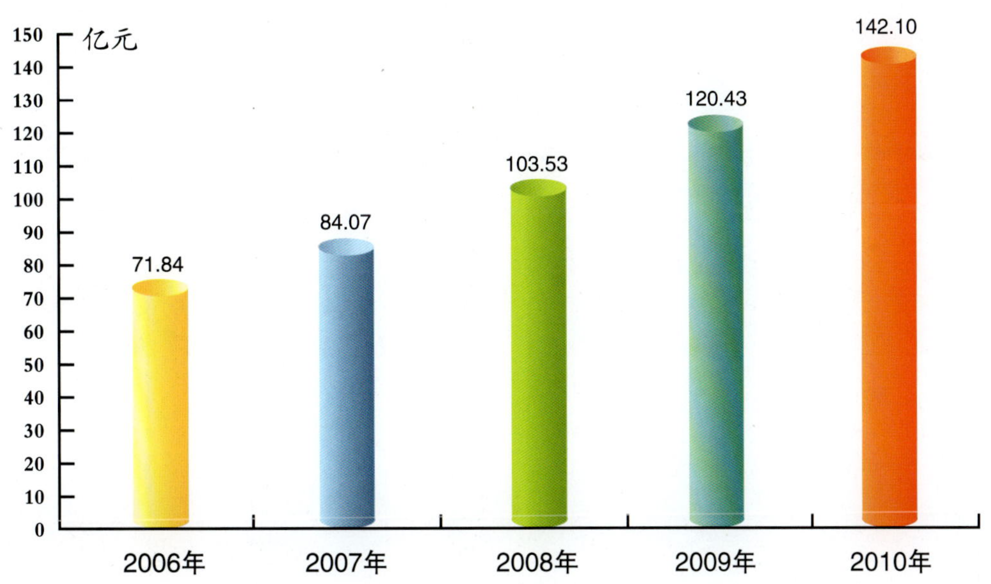

“十一五”期间地方一般预算收入

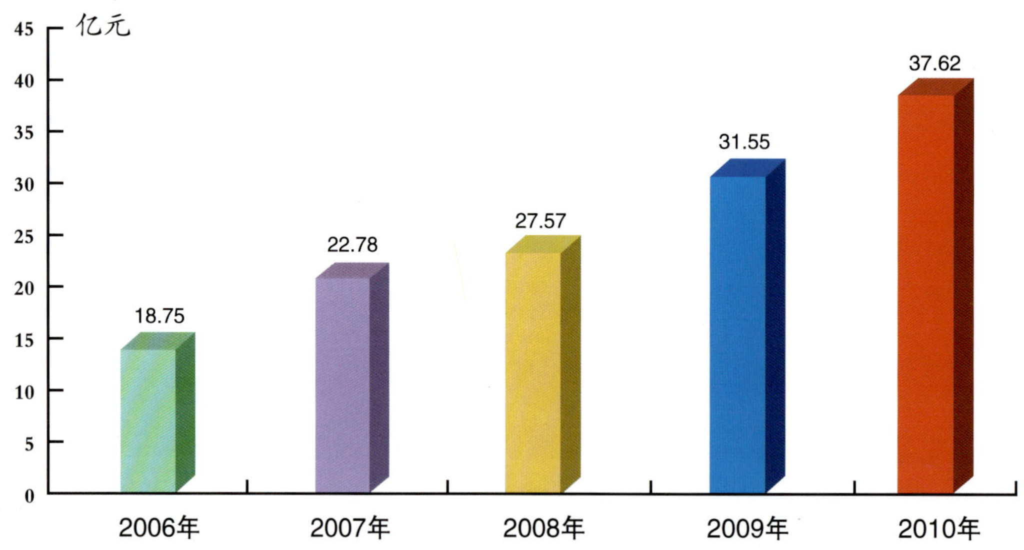

“十一五”期间地方一般预算支出

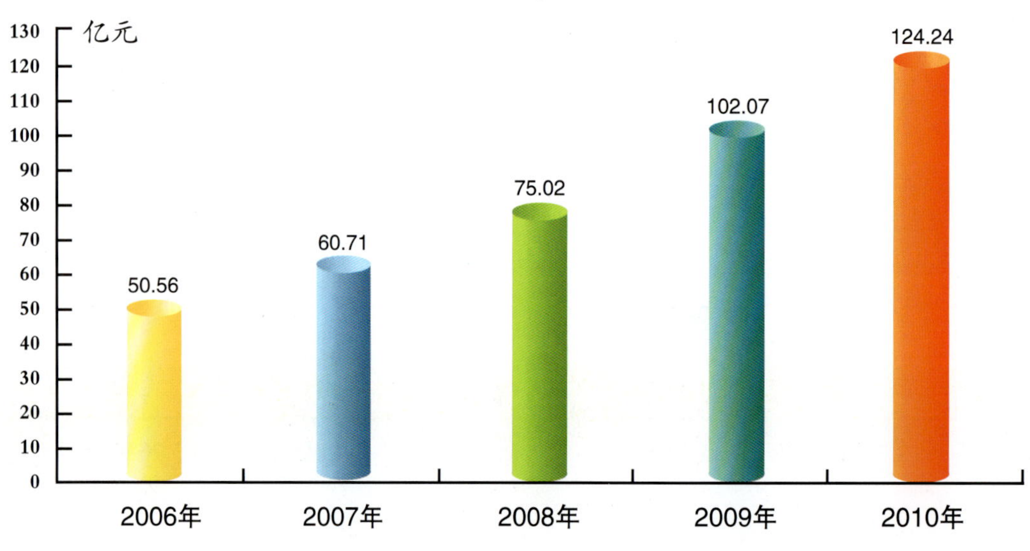

“十一五”期间城镇居民人均可支配收入

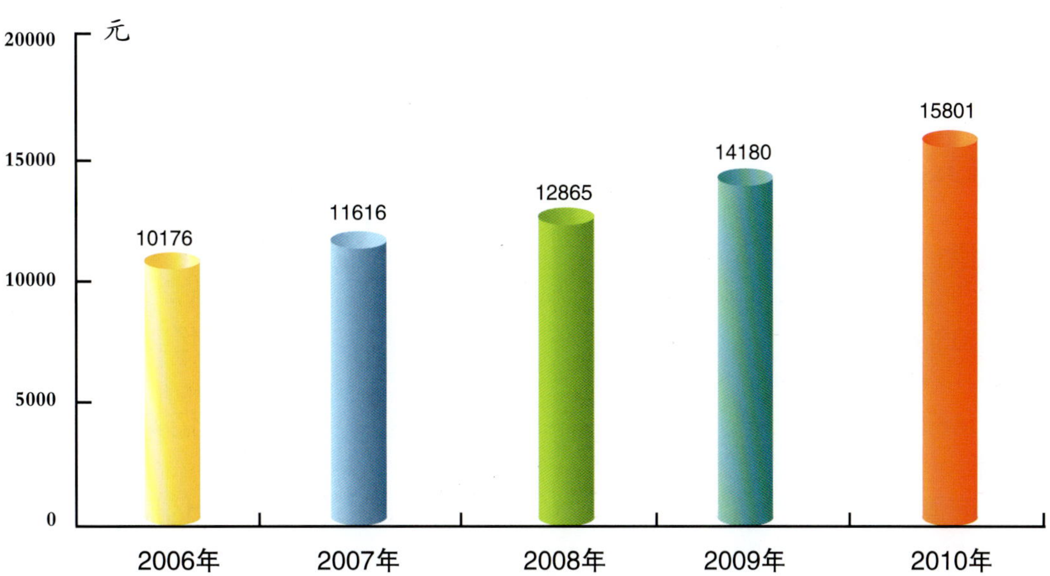

“十一五”期间农民人均纯收入

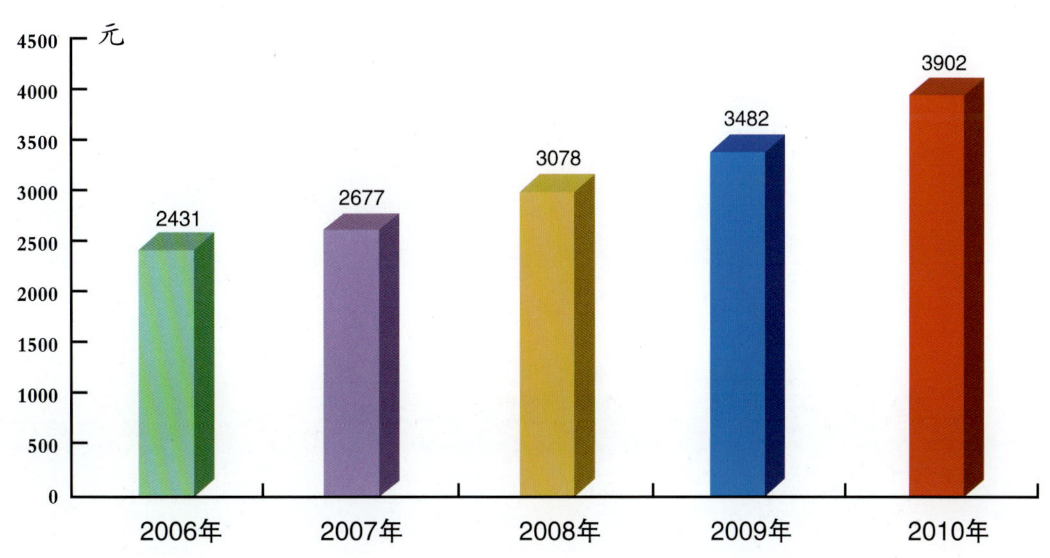

2010年大理白族自治州：

总面积：29459平方千米

年末户籍人口：352.57万人

年末常住人口：346万人

地区生产总值：474.13亿元

第一产业：108.96亿元

第二产业：188.30亿元

　　工业总产值：477.10亿元

　　工业增加值：154.42亿元

第三产业：176.87亿元

第一、二、三产业构成：

　　23.0：39.7：37.3

人均地区生产总值：13498万元

地方财政一般预算收入：37.62亿元

地方财政一般预算支出：124.24亿元

全社会固定资产投资：282.80亿元

社会消费品零售总额：142.10亿元

商品出口总值：1.84亿美元

商品进口总值：1.08亿美元

实际使用外资：0.22亿美元

房屋施工面积：722.80万平方米

房屋竣工面积：408.06万平方米

商品房销售面积：104.80万平方米

货物运输量：6590万吨

旅客运输量：8940万人

旅游业总收入：115.0亿元

各类独立科学研究与开发机构：20个

科技活动经费支出：0.11亿元

普通高等学校：1所

技工学校：1所

职业中学：14所

卫生事业机构床位：1.11万张

卫生技术人员：0.91万人

城市供水总量：0.27亿立方米

城市建成区绿化覆盖面积：1436公顷

城市建成区绿化覆盖率：34.77%

城市道路面积：465.43万平方米

人民币存款余额：597.53亿元

人民币贷款余额：389.64亿元

城乡居民储蓄存款余额：322.18亿元

职工人均工资：28956元

城市居民人均可支配收入：15801元

城市居民人均消费性支出：11644元

农村居民人均纯收入：3902元

农村居民人均生活消费支出：3245元

城市居民人均居住面积：35.27平方米

农村居民人均居住面积：32.22平方米

中国共产党成立90周年庆典

为庆祝中国共产党成立90周年，中共大理州委组织开展了丰富多彩的庆祝活动。

①中共大理州委组织的学习活动

②州政协主席袁爱光，州委常委、宣传部长王以志等党政领导参观建党90周年书画展

③州委常委、组织部长叶翠萍到永平调研党建工作

④重温入党誓词

⑤州直机关党委举办长跑比赛

军民共建和谐大理
热烈庆祝中国人民解放军建军84周年

驻军首长和大理州党、政领导出席大理州公安消防支队“业务汇报”表演大会

观看表演

驻军首长和大理州党、政领导在主席台就坐

欢迎大理州党、政领导步入会场

参观成果展览

丰富多彩的群众文体活动

①文化、科技、卫生“三下乡”活动　②老有所乐　③④⑤广场文体活动

“像保护眼睛一样保护洱海”

省、州、市领导看望洱海周边群众

省、州领导考察洱海保护治理情况

正在建设中的位于洱海东岸的滇西技师学院

湿地保护

洱海湖滨保护带

洱海保洁

省、州领导考察洱海保护治理情况

洱海滩涂湿地保护

位于洱海东北岸的双廊风光

环洱海绿化带建设

欣欣向荣的自治州工业

1	
2	3
4	5

①州委常委、常务副州长马建全到基层调研 ②③云南力帆骏马车辆有限公司
④云南大理东亚乳业有限公司 ⑤大理娃哈哈食品有限公司

	1
2	3
4	5

①②云南大理啤酒有限责任公司

③祥云飞龙实业有限责任公司

④⑤云南下关沱茶（集团）股份有限公司

新农村建设取得长足发展

“生产发展、生活宽裕、乡风文明、村容整洁、管理民主。”按照建设社会主义新农村的二十字方针，州委、州政府十分重视大理州“三农”建设，“城乡差别”不断缩小。农业产业化经营、生态农业建设和新农村建设得到长足发展。

国家部委领导在省、州领导陪同下到祥云县视察青海湖建设情况

州委常委、常务副州长马建全到宾川县调研烤烟生产

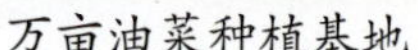

万亩油菜种植基地

奶牛规模养殖场

生态农业之稻田养鸭防虫

生态农业病虫害绿色防控器械

生态农业之测土配方施肥

利用牛粪种植双孢菇

新农村建设之村容村貌

乡戏

民生保障之
保障性安居工程

保障性安居工程建设是一项重要的民生工程、民心工程、德政工程和科学发展工程。中共大理州委、州人民政府历来十分重视。仅在大理市辖区内，从2005年起就启动了“‘太和苑’经济适用房、廉租房”建设工程。2008年又在“打渔村”启动了“经济适用房、廉租房”建设工程。2011年在“太和苑”开始了“公租房”建设工程。据初步统计：至2010年底，已建成“经济适用房”1320套、13万平方米，“廉租房”3762

套、19万平方米。

2011年，省政府下达大理州城镇保障性安居工程建设任务为8500套共42.5万平方米，新增廉租住房租凭补贴7100户，州政府已一次性分解下达各县市。

民生保障之扶贫攻坚

永平县龙街“百村整体推进”项目村展新貌

宾川县葡萄产业扶贫项目

祥云县蚕桑扶贫项目

宾川县柑橘产业扶贫项目

民生保障之民政救济

州长何金平到漾濞县苍山西镇调研并慰问群众

副州长许映苏深入弥渡县寅街镇调研敬老院建设情况

福利彩票公益金资助大学生圆梦

宾川"7·9"地震恢复重建搬入新居

滇西中心城市建设之
炫彩西洱河文化长廊

西洱河，位于大理市下关镇中心，是洱海的西出水口，西流至漾濞平坡镇与漾濞江汇合后，向西南流入澜沧江。

	1
2	3
4	

①西洱河畔郁郁葱葱

②③位于西洱河口的森林公园

④金色的港湾

旅游二次创业之希夷之大理

2011年7月，大理州委书记刘明（右）和导演陈凯歌为《希夷之大理·望夫云》开演揭幕

剧照

梦幻般的场景将观众带入远古的神话故事中

《希夷之大理·望夫云》演绎梦幻凄楚的爱情悲剧故事

旅游二次创业之
三月街民族节

“千年赶一街，一街赶千年”。2011年大理“三月街民族节”盛况依旧，“唱歌、赛马、做买卖”仍是亘古不变的“三月街”主题。三月街上充分体现出自治州“经济繁荣、文化健康、民族团结、社会和谐”的欣欣向荣景象，吸引着中外客商如期而至。

三月街民族节第十三届民族民间歌手比赛
大理三月街
民族节
对
歌

旅游二次创业之“兰花、茶花博览会”

2011年2月11日，“国际兰花茶花博览会”在大理开幕

2011年8月19日，大理州人大常委会作出决定：将兰花、茶花作为大理白族自治州“州花”。

旅游二次创业之洱海开海文化节

旅游二次创业之火把节

白剧《洱海花》获全国大奖

2010年7月17～24日，在银川举行的第二届中国少数民族戏剧会演中，大理州选送的现代白剧《洱海花》获得6个单项奖、1个银奖。该剧讲述了洱海生态保护退田还湖拆迁工作中发生的喜剧故事，以现代白族地区的生活为素材，讴歌了在加快大理发展中"党心民心一条心"的主题。

全州地方志工作暨协会代表会议

大会会场

州委常委、州政府副州长、州地方志编委会副主任蔡春生到会指导并作重要讲话

县市人民政府分管领导出席会议

州地方志协会会员代表大会

州地方志编委会专职副主任、州地方志办公室主任王超英总结并安排布置工作

总　目

特　载

专　文

大　事　记

概　况

中共大理州委

大理州人大常委会

大理州人民政府

政协云南省大理州委

民主党派 人民团体

大理州归国华侨联合会 …… (145)

大理州残疾人联合会 ……… (146)

大理州工商业联合会 ……… (147)

大理州红十字会 …………… (149)

军　事

大理军分区 …………………… (153)

法　制

农　业

工　业

交通运输

信息产业

旅 游

城乡规划建设管理

环境保护

贸　易

财政　税收

金融　保险

经济管理与监督

教　育

科　学

文　化

卫　生

体　育

民族　宗教

社　会

县市要览

巍山彝族回族自治县 ………（412）

永平县 …………………………（418）

统计资料选编

人　物

附　录

索　引

CONTENTS

FEATURE ARTICLES

SPECIAL CONTRIBUTIONS

MAJOR EVENTS DURING THE YEAR

IN BRIEF

CPC COMMITTEE OF DALI BAI AUTONOMOUS PREFECTURE

STANDING COMMITTEE OF THE PEOPLE'SCONGRESS OF DALI BAI AUTONOMOUS PREFECTURE

PEOPLE'S GOVERNMENT OF DALI BAI AUTONOMOUS PREFECTURE

CPPCC COMMITTEE OF DALI BAI AUTONOMOUS PREFECTURE

DEMOCRATIC PARTIES AND MASS ORGANIZATION

MILITARY AFFAIRS

LEGAL SYSTEM

AGRICULTURE

INDUSTRY

TRANSPORTATION

IT INDUSTRY

TOURISM

URBAN AND RURAL PLAN AND CONSTRUCTION

ENVIRONMENTAL PROTECTION

TRADE

FINANCE AND TAX

BANKING AND INSURANCE

ECONOMIC MANAGEMENT AND SUPERVISION

EDUCATION

SCIENCE

CULTURE

HEALTH CARE

SPORTS

NATIONALITY AND RELIGION

SOCIETY

COUNTIES AND MUNICIPALITY

A SELECTION OF STATISTICAL DATA PERSONAGES

APPENDIX

特　载

在新的起点上奋力实现全州经济社会发展新跨越

——在中共大理州委六届十次全体(扩大)会议上的报告

(2010年12月28日)

中共大理州委书记　刘　明

这次会议的主要任务是:全面贯彻党的十七大、十七届三中、四中、五中全会、中央经济工作会议和省第八次党代会、省委八届十次全委会、州第六次党代会精神,高举中国特色社会主义伟大旗帜,以邓小平理论和"三个代表"重要思想为指导,深入贯彻落实科学发展观,全面总结"十一五"发展成就,规划"十二五"和部署2011年工作,审议《中共大理州委关于制定大理白族自治州国民经济和社会发展第十二个五年规划的建议》。

下面,我受州委常委会委托,向全委会作工作报告。

一、奋力拼搏,"十一五"时期全州经济社会发展成就辉煌

"十一五"期间,在党中央、国务院和省委、省人民政府的正确领导下,州委团结和带领全州各族人民,解放思想、务实创新,有效应对和克服国际金融危机冲击及地震、干旱等自然灾害的严重影响,通过全州上下的共同努力,顺利完成了"十一五"规划的主要目标任务。"十一五"时期成为全州经济社会发展最好最快、城乡面貌变化最大、生态建设最好、各族人民得实惠最多的时期之一。

(一)综合实力显著增强

坚持正确的发展思路,有力地推动了科学发展。传统支柱产业进一步巩固壮大,新兴产业培植力度明显加大,促进了一、二、三产业协同带动经济增长。农业产业化深入推进,中低产田地改造进展顺利,特色优势产业发展势头良好,扶贫开发扎实开展,农村经济持续健康发展,农村面貌焕然一新。新型工业化进程明显加快,重大项目扎实推进,企业竞争力不断增强,工业园区发展平台作用日益突出,工业经济的支撑作用进一步凸现。以旅游业为重点的服务业快速发展。预计到2010年末,全州生产总值达475亿元,年均递增12.6%;实现财政总收入80亿元、年均递增19.1%,其中地方一般预算收入37.2亿元、年均递增18.8%,实现地方一般预算支出120亿元、年均递增24.8%;农民人均纯收入达3897元、年均递增11.6%,城镇居民人均可支配收入达15700元、年均递增11.8%。

(二)基础设施较大改善

争取国家和省的支持,举全州之力实施了一大批交通、能源、水利、城建、生态、民生等重大项目建设,大丽铁路等一批重点项目投入运行,风电开发取得重大突破,大瑞铁路、大丽高速公路、小湾电站等一批重大在建项目快速推进,固定资产投资快速增长,5年累计完成固定资产投资896亿元,年均增长27.8%。以"两保护两开发"为核心,《大理滇西中心城市总体规划》已经省人民政府批准实施。着力构建大理"1+6"滇西中心城市群,大力实施下关旧城和县城改造提升,加快推进大理古城保护开发、海东开发、凤仪开发,各县县城、中心集镇建设明显加快,功能日趋完善,城镇化水平得到新提高,2010年末城镇化率达到33%。

(三)改革开放深入推进

一些重要领域和关键环节的改革进一步深化,农村综合改革取得阶段性成果,集体林权制度改革走在全省前列,国企改革总体目标全面实现。着力引进理念、引进人才、引进管理、引进资金,建立完善招商引资工作机制,充分利用各种投融资平台,先后引进了中国华电集团、中国大唐集团、三德集团、华彬

集团等一批国内外知名大企业、大集团到大理投资兴业。政府机构和行政审批制度改革力度加大,建成大理州政府信息直通车管理专网,政务服务96128专线品牌化建设不断推进。责任政府、法治政府、阳光政府、效能政府和创新政府建设深入推进,政府职能进一步转变,工作效能进一步提高。

(四)文化建设成绩斐然

社会主义核心价值体系建设积极推进,群众性文体活动和民族传统节庆活动深入开展,公共文化服务体系建设进一步加强,广播电视等服务水平不断提高,文化遗产保护力度加大,文化事业全面繁荣。文明大理建设示范工程全面实施,社会文明水平不断提升。文化产业体制改革不断深化,发展活力明显增强。着力打造环洱海旅游圈、环大理旅游圈、环滇西旅游圈,大理古城、宾川鸡足山等一批景区改造提升工程加快实施,喜洲古镇、双廊古渔村等古镇古村古道得到保护开发,大理国际影会、洱海开海节、漾濞核桃文化节等特色文化旅游品牌成功打造,旅游产业初步实现转型升级,对外影响力、吸引力和软实力得到明显提升。

(五)生态建设成效明显

着力构建有利于生态环境保护的体制机制,突出抓好洱海保护治理,洱源生态文明试点县建设扎实开展,洱海流域"两污"治理技术不断创新,全面实施洱海流域"百村整治",洱海水质逐步得到改善,洱海保护治理经验被国家环保部向全国推广。洱海流域保护和开发建设依法依规有序推进,海西保护有效加强,白族民居建筑艺术得到保护弘扬,苍洱田园景观得到恢复。"森林大理"建设全面启动,天然林保护、退耕还林、森林生态效益补偿、生物多样性保护、湿地保护、城乡绿化等重点工程深入实施,生态环境持续改善,全州森林覆盖率达58.2%,碳汇能力进一步增强。坚持不懈抓好以核桃为主的林产业基地建设,全州核桃种植面积达800多万亩,荣膺"中国核桃第一州(市)"称号,生态效益、经济效益和社会效益凸显。切实加强节能减排,严格责任追究,节能减排目标如期完成。

(六)社会建设协调发展

科教兴州和人才强州战略深入实施,全州科技进步对经济增长的贡献率达48.8%。"两基"水平得到巩固提高,高考上线率连续6年位居全省前茅,大理学院加快发展,各级各类教育成效明显。医药卫生体制改革深入推进,新型农村合作医疗全面实施,医疗卫生基础设施持续改善,各族群众健康水平进一步提高。统筹解决人口问题试验区建设进展顺利。就业再就业工作稳步推进,在全省率先建立规范的农村特困居民最低生活保障制度,建立城乡医疗救助制度,社会保障覆盖面不断扩大,保障水平不断提高。农村79万人饮水困难问题得到解决,抗震救灾和灾后恢复重建工作扎实有效,中小学校舍安全、城镇保障性住房等建设力度加大。深入贯彻党的民族宗教政策,保持了民族团结、宗教和顺的良好局面,州人民政府被国务院授予"民族团结进步模范集体"荣誉称号。深入推进社会矛盾化解、社会管理创新、公正廉洁执法三项重点工作,全面加强社会治安综合治理,扎实开展禁毒防艾人民战争,严厉打击各类严重犯罪活动,切实维护了社会稳定,我州被中央综治委表彰为全国社会治安综合治理优秀地市。

(七)党的建设不断加强

扎实组织开展保持共产党员先进性教育、学习实践科学发展观、创先争优活动和解放思想大讨论 、"云岭先锋"工程、"三个一"主题实践等系列活动,全面推进学习型党组织建设,深入宣传学习普发兴同志先进事迹,着力加强党的思想、组织、作风、制度和反腐倡廉建设,各级党组织的凝聚力、战斗力、执行力进一步增强,党员干部服务科学发展的能力和水平进一步提高。支持和保证州人大依法履行职权,积极支持人民政协按章履行职能,大力支持工会、共青团、妇联、科协、残联等群众组织创造性地开展工作,认真做好统战、民族、宗教、侨务、老干部等工作,充分发挥各民主党派、工商联和无党派人士等各方力量在推进科学决策、促进科学发展、构建和谐大理中的积极作用,党群干群、军政军民更加团结和谐,生动活泼、团结干事的政治局面更加巩固发展,全州上下聚精会神搞建设、一心一意谋发展的氛围更加浓厚。

我们认真贯彻执行《党政领导干部选拔任用工作条例》、干部选拔任用工作四项监督制度和有关制度规定,按照德才兼备、以德为先用人标准,注重干部的综合素质、工作实绩、基层领导工作经历和群众公认程度,今年以来共调整配备县处级领导干部56人。积极稳妥地推进干部人事制度改革,规范干部初始提名方式,加大竞争性选拔干部力度,开展了公开选拔县处级、乡科级领导干部工作,在州级机关全面推行内设机构中层领导干部竞争上岗。坚持和完善从基层一线选拔干部制度,通过做好公开选拔优秀村(社区)党组织书记担任乡镇(街道)领导干部和从农村、社区干部中考录公务员等工作,探索建立来自基层一线干部培养选拔链。继续推进年轻干部培养选拔工作,认真做好选派优秀年轻干部及处级后备干部担任新农村建设工作队长。加强干部监督和管理工作,大力抓好干部选拔任用工作四项监督制度的学习贯彻,扎实推进提高选人用人公信度"示范县"、"示范单位"创建活动,认真落实中央和省委关于从严管理干部的要求,继续加强对"一把手"、县委书记等关键岗位干部的监督和管理,加大对违反干部人事纪律行为的查处力度,深入整治用人上的不正之风,选人用人公信度明显提高。加快推进惩治和预防腐败体系建设,严格执行党风廉政建设责任制,强化对权力运行的监督和制约,加大案件查处力度,党风廉政建设和反腐败斗争取得新成效。

同志们,五年发展不寻常,我们攻坚克难;五年来硕果累累,经验弥足珍贵,我们应倍加珍惜。五年的成功实践启示我们:一是必须始终坚持科学发展观,用发展的办法解决前进道路上的困难和问题。"十一五"期间,我们坚持聚精会神搞建设,一心一意谋发展,实现了经济的大幅增长,各项社会事业取得长足进步,人民生活得到较大改善。二是必须始终坚持在实践中解放思想,在继承和创新中推动发展。"十一五"期间,我们把解放思想作为突破口,既坚持继承以往的好思路,又不墨守成规,敢于改革创新,用世界的眼光来谋划大理的发展。三是必须始终坚持保护与发展的辩证统一,加快生态文明建设步伐。"十一五"期间,我们确立了生态优先的理念,把"两保护两开发"作为战略举措,不断加大投入、依靠科技、创新机制,在洱海保护治理等方面取得了显著成效,大理的生态建设成了全国的亮点。四是必须始终坚持着力改善民生,推动全州经济社会协调发展。"十一五"期间,我们坚持城乡统筹,不断加大社会事业投入,开展千村扶贫开发百村整体推进工程,加大对少数民族的扶持力度,完善各项社会保障体系,努力做好人民群众就业、就学、就医、住房、养老等工作,使全州人民共享发展成果。五是必须始终坚持加强党的建设,努力营造凝心聚力、团结干事促发展的良好环境。"十一五"期间,我们始终坚持加强党的建设,扎实开展保持共产党员先进性教育和深入学习实践科学发展观等系列活动,全州上下呈现出干群同心、民族团结、宗教和顺、社会和谐、政通人和的良好局面。

2010年是全面完成"十一五"规划的关键之年。面对国际金融危机的后续影响和百年不遇的特大干旱,州委团结和带领全州各族干部群众，坚持一手抓抗旱保民生，一手抓生产促发展，较好地完成了年初预定的各项目标任务，保证了“十一五”规划目标任务的圆满完成。

这些成绩的取得，是党中央、国务院和省委、省人民政府正确领导的结果，是全州广大干部群众团结奋斗的结果。成绩来之不易，发展令人鼓舞。但我们也清醒地认识到，大理州欠发达的州情仍然没有根本改变，发展仍然是我州压倒一切的首要任务。加快经济社会发展，我们仍面临着不少困难和问题，主要是：全州经济总量小，整体实力弱，发展的层次较低；经济结构不尽合理，基础设施建设滞后，工业化水平不高，城镇化水平相对较低，区域之间发展不平衡；经济社会发展与资源环境承载能力之间的矛盾突出，生态建设、环境保护和节能降耗压力较大；社会利益关系更趋多元化，社会热难点问题增多，维护和谐稳定的任务繁重；少数干部思想解放不够，改革创新意识不强，作风有待改进，制约科学发展的体制机制障碍仍然存在。这些困难和问题，都需要我们认真加以解决。

二、科学规划，奋力实现“十二五”全州经济社会发展新跨越

“十二五”时期，全州经济社会发展将面临难得的发展机遇。一是世界经济总体企稳向好，国家将继续实施扩大内需的战略方针，保持经济长期平稳较快发展，为我们提供了难得的政策环境。二是国家深入实施西部大开发战略，为我们提供了有利的条件。三是省委、省人民政府实施“两强一堡”战略和建设滇西中心城市，为我们充分发挥自然、区位、交通、文化“四大优势”，开辟了广阔的空间。四是经过多年努力，全州综合经济实力显著增强，基础设施不断夯实，体制机制逐步完善，为加快发展奠定了坚实基础。我们要紧紧抓住机遇，用好机遇，加快发展，为全面建设小康社会打下具有决定性意义的基础。

制定“十二五”规划，必须围绕“争当民族团结进步模范州、生态文明建设排头兵、旅游二次创业生力军、滇西城镇化进程领跑者、建设民族文化强省先行者”的要求，坚持“生态优先、农业稳州、工业强州、文化立州、旅游兴州、和谐安州”的发展思路，以科学发展为主题，以加快转变经济发展方式为主线，努力将大理建成中国面向西南开放桥头堡的滇西中心城市和独具特色的少数民族自治州。

“十二五”发展目标，建议按照全面建设小康社会的要求，全州生产总值力争突破1000亿元，实现翻一番，年均递增13%以上；全社会固定资产投资力争5年累计突破2500亿元，年均递增20%以上；工业总产值力争突破1000亿元，年均递增18%以上；财政总收入力争突破160亿元，实现翻一番，年均递增15%以上。全州基础设施进一步夯实，经济结构进一步优化，支柱产业群体做强做大，农业产业化、新型工业化和特色城镇化水平显著提高，自主创新能力明显增强；滇西中心城市建设实现重大突破，统筹城乡发展取得明显成效；教育、科技、文化、卫生等各项事业协调发展，民生保障体系更加健全完善，人口素质明显提高；生态文明建设扎实开展，生态环境持续改善；城乡居民收入普遍较快增长，人民生活质量和水平不断提高；民主法制建设和精神文明建设迈上新台阶，构建和谐社会取得重大进展。

实现“十二五”规划目标，要着力抓好以下工作：

（一）加快转变经济发展方式，在依托优势做强产业上实现新跨越

要把加快转变经济发展方式贯穿于实施“十二五”规划的全过程，紧紧抓住实施“桥头堡”建设战略的重大机遇，把加快转变经济发展方式作为加快大理发展的重要目标和战略举措，坚持在发展中促转变、在转变中谋发展。

推进新型工业化。实施“工业强州”战略，依托国家产业政策，立足比较优势，积极调整产业结构和产品结构，巩固提升烟草、能源、生物资源和农产品加工、建筑建材、矿冶、机械制造等优势产业。大力构建结构优化、技术先进、清洁安全、附加值高、吸纳就业能力强的现代产业体系，全面推进信息化建设。加强企业技术创新和技术进步，推进支柱产业提质增效，积极构筑产业高地。加强外引内联，积极引进大企业、大集团，不断拓宽工业发展空间。充分发挥企业集中、产业集群、资本集聚、土地集约、功能集成的优势，促进工业园区快速发展。

大力发展现代服务业。抓住大理州被列为国家服务业综合改革试点的机遇，积极拓展第三产业服务领域，提高服务业比重和水平。发挥滇西中心城市辐射带动作用，加快物流园区规划建设，建设滇西物流中心。加强市场体系建设，大力发展商贸物流产业。积极发展金融、保险业，建设较为完备的金融保险体系和中介服务体系。

（二）抓实“三农”工作，在加快推进社会主义新农村建设上实现新跨越

推进新农村建设。坚持新农村建设与生态文明建设相结合，与洱海治理保护相结合，与中心集镇建设相结合，与旅游小镇建设相结合，与扶贫开发和整片推进相结合，与发挥群众主体作用相结合，重点实施洱海流域“百村整治”、中心集镇建设、扶贫开发、综合示范园区四大工程建设，整合各方资源，美化亮化农村环境，改善村容村貌，突出重点，打造亮点。推动城镇化与新农村建设良性互动。建设农民幸福生活的美好家园，推动城乡统筹发展。

加强农村基础设施建设。以骨干水源工程为重点，山区“五小”水利工程为基础，加强以抗旱水源工程为重点的水利设施建设。以现代烟草农业建设、土地开发整理、农业综合开发等项目为支撑，加大基本农田保护和中低产田地改造，提高农业综合生产能力。抓紧实施新一轮农村电网改造升级工程，推进农村民居地震安全工程和危房改造工程建设，加强农村通讯和互联网设施建设，解决好农村饮水安全问题。大力实施农村公路建设，推进城乡交通一体化。积极争取国家和省支持，配合做好“滇中引水”相关工作，抓好“引水济洱”工程前期工作。

加快现代农业发展。加强优质粮食、烤烟产业基地建设，大力发展乳业、核桃、蚕桑、生物药业、蔬菜、林产加工、特色花卉、特色水果、茶叶、红豆杉等十大优势特色产业，形成区域化优势和产业优势。实施规模连片发展，推进中低产林地改造。从政策、资金、技术等方面加大扶持力度，重点扶持培育壮大龙头企业，着力提升农业产业化发展水平。进一步完善龙头企业和农户之间的利益联结机制，形成稳定的产品购销关系和利益共同体。加强农产品质量安全监管体系和检验检测体系建设和动植物保护工程，积极发展无公害农产品、绿色食品、有机农产品。

（三）抢抓扩大内需机遇，在加强基础设施建设上实现新跨越

抓好重大项目建设。按照建设滇西交通中心、省域交通枢纽的目标，坚持交通建设与城市发展相统一，积极谋划建设城市轨道交通、云南第二国际机场、昆明—大理城际交通，争取实施楚雄—大理高速公路改造、大理—攀枝花、大理—普洱高速

公路建设,不断增强城市的聚集辐射功能。着力加强能源建设,积极配合国家和省做好小湾电站、功果桥电站、苗尾电站、鲁地拉电站、龙开口电站等大电源点建设,培育中小水能和风能、太阳能、生物质能等新型能源产业,促进能源发展多元化、清洁化、低碳化。配合实施中缅输油管道建设,完善油气输送管网及油气储备设施。紧紧围绕夯实基础、加快发展、改善民生的目标,认真规划实施交通、能源、水利、通讯、生态环保、文化旅游和市政设施、社会事业发展的重大建设项目。

着力加强项目前期工作。论证储备一批好项目、大项目,建好项目储备库,积极争取中央和省的项目资金支持。扩大投资开放领域,提高承接国内外产业转移的能力。充分发挥政府投资的导向作用,积极引导社会资本投向基础设施建设。按照国家金融政策,制定优惠政策,引进股份制银行落户大理,构建多元化的地方金融服务体系。加强融资担保体系建设,建立产业投资基金,增加对产业发展项目扶持力度,提高产业投资在固定资产投资中的比重。推进银政、银企合作,加大信贷对经济发展的支持力度。

(四)推进滇西中心城市建设,在争当滇西城镇化进程领跑者上实现新跨越

加快推进滇西中心城市建设。按照《大理滇西中心城市总体规划》,着力推进"1+6"滇西中心城市群建设。按照"保护洱海、保护海西、开发海东、开发凤仪"的总体思路,加大洱海保护治理力度,推进海西田园风光保护和白族民居建筑风格整治。充分发挥经济开发区的职能作用,加快海东、凤仪开发建设步伐,到2015年,使海东高原山地生态城市建设取得明显成效。6县要找准定位,突出特色,尽快成为中心城市的重要区域,祥云县要实现撤县建市,积极推动宾川县、鹤庆县撤县建市。

构建城乡一体化发展的城镇体系。优化生产力布局,依托320国道、214国道两条发展轴线,加快培育鹤庆、剑川、云龙、永平、南涧五个增长极,重点开发沿线城镇,不断提高全州城镇水平和对外围地区的辐射带动作用。注重以人为本、节地节能、生态环保、安全实用、突出特色、保护文化和自然遗产,强化规划约束力,加强城镇公用设施建设,增强城镇公共服务和居住功能。放宽农村户籍政策,把符合条件的农村人口逐步转移到城镇就业和落户,促进城镇化与新农村建设良性互动。加强城乡规划、建设和管理,推进"城中村"、"空心村"和旧村改造,搞好城乡环境综合整治。到2015年,全州城镇化率达到45%以上。

(五)再创旅游产业新辉煌,在争当旅游二次创业生力军上实现新跨越

加强景区改造提升。坚持以生态文明为本、历史文化为魂,注重挖掘大理独特的历史文化、民族文化、宗教文化和农耕文化,丰富大理旅游的文化内涵。改革创新旅游景区管理体制,着力推进环洱海旅游圈、环大理旅游圈、环滇西旅游圈建设。

推动旅游产业转型升级。围绕构建"人文大理、幸福家园",科学规划,充分发挥旅游度假区的作用,强力推进苍洱片区旅游产业发展和改革综合试点工作,创新旅游产业发展管理体制和经营机制,加大大理旅游的包装、策划、宣传和推介力度,不断拓展旅游客源市场。强化行业管理整合市场,提升人气,扶持旅游企业做强做大。加强高星级酒店建设,引进现代酒店管理方式和知名品牌,鼓励特色旅游休闲客栈的发展,着力提高旅游服务质量,实现大理旅游从观光型向休闲、度假、康体、会展等多元型转变。

(六)推进以洱海保护为重点的生态建设,在争当生态文明建设排头兵上实现新跨越

坚持生态优先,举全州之力继续抓好洱海保护治理。全面实施"清洁水源、清洁能源、清洁田园、清洁家园"等洱海保护治理工程。继续加强洱源生态文明试点县建设,深入实施环洱海百村整治工程,加快建设洱海流域生态文明示范区。加强高原湖泊保护和湿地建设,重视水环境污染综合防治。重视生物多样性保护和自然保护区建设,加强苍山保护开发。推进各领域的低碳技术研究应用,重点发展洱海流域低碳经济。继续实施天然林保护、退耕还林工程和森林生态效益补偿,加大水土流失治理工程建设力度,加大农村能源建设力度,大力推进城乡植树造林,建设"森林大理"。

加大对洱海源头环境保护的投入,加强重点地区、重点河流和重点企业的环境污染防治,综合整治重金属污染,解决好损害群众健康的突出环境问题。加强农村面源污染治理,调整农业种植业结构,推行标准化规模养殖,推进"两污"治理机制和技术创新。加大流域环境治理力度,加快县(市)污水处理厂、乡镇污水处理系统、村落污水处理设施以及农户庭院式污水处理等四级污水处理系统建设。实施乡村环保工程,加强垃圾综合治理,实施垃圾分类回收制度。

强化资源管理和集约利用。以提高资源利用率和减少废物排放为目标,加快形成节约能源资源、保护生态环境和适应气候变化的产业结构、增长方式、消费方式,努力发展循环经济,建设资源节约型、环境友好型社会。加大矿产资源勘探和资源整合力度,提升资源综合利用水平。全面推进节能、节水、节地、节材。严格环保准入,严控新上高污染、高耗能项目,淘汰落后产能,推进清洁生产,加大环境监测、环境监察和执法力度,继续加强污染减排工作,将主要污染物排放总量控制在省下达的指标以内。必须坚持保护优先,在开发建设中保护好生态资源、历史文化资源。

(七)深化改革扩大开放,在实施"桥头堡"战略上实现新跨越

深化各项改革。冲破制约科学发展的瓶颈,以更大决心和勇气全面推进农村综合改革、财税体制改革、投融资体制改革、社会事业体制改革、林业综合配套改革等各项改革。继续深化行政管理体制改革,扎实推进大部门制改革,进一步转变政府职能,加快建设法治政府和服务型政府,为"桥头堡"建设营造良好的软环境。突出经济开发区、旅游度假区的"改革试验示范区"功能,使经济开发区成为全州经济发展方式转型的探索区、新型工业化发展的开拓区、海东开发的承载者和实施者,使旅游度假区成为旅游转型升级的先行者。

充分发挥大理的自然优势、区位优势、交通优势和文化优势,加强区域经济合作和对外经济、文化、技术交流,着力打造参与"桥头堡"建设的开放合作平台。加快实施"走出去"战略,依托优势资源做大做强特色产业,加快出口型生产基地建设,加快对外贸易发展,扩大国际市场占有率,全面提升开放型经济水平。坚持"引进来"和"走出去",坚持招商选资,加大引进理念、引进人才、引进管理、引进资金的工作力度,落实央企入滇,推动央企入州,着力引进大集团、大企业、大项目。发挥大理历史文化、民族文化、宗教文化的魅力,为"桥头堡"战略提供文化支撑。

(八)促进社会和谐稳定,在争当民族团结进步模范州上实现新跨越

全面贯彻落实党的民族政策,深入开展民族团结教育,加大民族地区各项事业投入力度,进一步巩固民族团结的大好局

面。弘扬宗教优秀文化，挖掘宗教文化中有利于社会和谐、时代进步、健康文明的内容，发挥宗教文化在推进旅游二次创业中的积极作用，引导宗教与全州经济社会发展相适应。加快佛教圣地鸡足山、崇圣寺三塔等基础设施建设，打造"禅意大理"。

不断改善民生。坚持发展经济促进就业，千方百计扩大就业。不断提高教育、卫生、文化、体育等各项事业发展水平，推进基本公共服务均等化，着力解决人民群众在入学、就医等方面存在的实际困难和问题。全力推进保障性住房建设，积极解决城镇居民住房难问题。坚持广覆盖、保基本、多层次、可持续的基本方针，健全完善覆盖城乡居民的社会保障体系，逐步提高城乡居民最低生活保障标准，努力提高人民群众的幸福指数。

维护社会稳定。加强和创新社会管理，深入推进三项重点工作，做好基层基础工作和群众工作，完善重大项目风险评估机制、大调解机制等维护社会稳定的体制机制，积极预防和有效化解矛盾纠纷。加强社会治安综合治理，健全完善社会治安防控体系，深入推进先进平安县市创建活动，严密防范和依法打击各种违法犯罪，切实保障人民群众生命财产安全。加强禁毒防艾工作，巩固巍山永建地区毒品整治成果。加强政法工作管理创新，严格公正廉洁执法，维护公平正义。严格落实安全生产责任制，有效防范和坚决遏制重特大安全生产事故。认真做好防灾减灾工作，建立健全州、县、乡、村防灾减灾联动和保障工作机制。

（九）提升社会事业发展软实力，在争当民族文化强省建设先行者上实现新跨越

建设滇西文化中心。深入推进社会主义核心价值体系建设，大力宣传弘扬"大气明理、崇尚礼仪、诚信进取、德化和谐"为核心的大理精神。大力发展文化旅游、体育健身休闲、影视拍摄、民族民间工艺、文化会展等重点新兴文化业态，壮大一批文化产业群，扶持一批文化龙头企业，建设一批文化产业示范基地和园区。实施文化精品工程，建设大理王宫博物院，加快喜洲文化创意园区建设，加强文化遗产传承保护，加强节庆活动的策划、包装、宣传，做精做强三月街民族节、洱海开海节、大理国际影会、"两博会"、漾濞核桃节等节庆活动，打造一批富有大理特色的国际文化品牌。

建设滇西教育中心。大力发展学前教育，巩固提升义务教育水平，加快普及高中阶段教育，不断提高教学质量，把大理建成云南国民教育水平较高的地区。发展中等职业教育，实现职业教育与高中教育的协调发展，把大理建设成"滇西职业教育中心"。发展高等教育，把大理学院建设成为面向东南亚、南亚的知名大学。

建设滇西医疗服务中心。坚持公共医疗卫生的公益性质，深化医药卫生体制改革，健全完善公共卫生服务体系、医疗服务体系、医疗保障体系和药品供应保障体系，建设覆盖城乡居民的基本医疗卫生制度。促进基本公共卫生服务均等化，加强重点疾病预防控制，提高突发公共卫生事件应急处置能力。着力推进"桥头堡"通道医院建设，把大理建成面向滇西、技术一流、服务优质的重要医疗服务中心。

（十）加强党的建设，为顺利实现"十二五"发展目标提供坚强保证

加强思想理论建设。坚持不懈地加强理论武装，扎实推进学习型党组织建设，加强和改进干部教育培训，帮助广大党员干部坚定理想信念、掌握政策理论、更新知识观念、增强工作本领。

加强干部队伍建设和人才培养。坚持德才兼备、以德为先，深化干部人事制度改革，不断提高干部选拔任用的制度化、科学化水平，提高选人用人公信度。大力提升干部队伍综合素质，进一步加强少数民族干部、女干部、年轻干部、党外干部和基层干部选拔培养工作。加强人才资源开发，扎实推进高层次人才培养、紧缺人才引进和民族地区人才振兴。认真做好老干部工作。

加强基层组织建设。深入开展创先争优活动，创新活动方式，强化组织功能，注重实际效果，使基层党组织真正成为推动发展、服务群众、凝聚人心、促进和谐的坚强堡垒，使广大党员真正成为坚定信念、牢记宗旨、爱岗敬业、勇于进取的先锋模范。扎实做好抓基层打基础工作，深化"白州党建示范走廊"建设，加大在党组织空白领域建立党组织的工作力度，着力推进非公经济组织和新社会组织党建工作，不断扩大党的工作覆盖面和影响力。

加强党风廉政建设。严格执行修订后的《关于实行党风廉政建设责任制的规定》，扎实推进惩治和预防腐败体系建设。认真贯彻《中国共产党党员领导干部廉洁从政若干准则》，实施《大理州廉政风险防范管理办法（试行）》。抓好党务公开，全面推进县委权力公开透明运行工作，强化对领导干部行使权力的制约和监督。加快建立公共资源交易市场，健全完善政务服务体系。加大干部问责力度，坚持以项目为抓手促进作风转变。保持惩治腐败势头，严肃查办违纪违法案件，营造风清气正环境。

大力推进民主政治建设，进一步加强和改进党对人大、政协工作的领导，切实支持人大、政协履行职能，充分发挥人大、政协在推动科学发展和社会和谐稳定中的重要作用。巩固和壮大最广泛的爱国统一战线，充分发挥工会、共青团、妇联等群众组织和各民主党派、工商联、党外人士的积极作用。

三、抢抓机遇，真抓实干，为"十二五"开好局奠定坚实基础

2011年是实施"十二五"规划的开局之年，做好全年的各项工作至关重要。2011年的工作要求是：继续加快推进经济结构调整，不断深化改革开放，着力保障和改善民生，继续保持经济平稳较快发展，促进社会和谐稳定，为"十二五"开好局、起好步。

2011年全州经济社会发展的预期目标是：地区生产总值增长13%以上，财政总收入增长15%，地方一般预算收入增长15%，全社会固定资产投资增长20%以上，城镇居民人均可支配收入增长10%以上，农民人均纯收入增长10%以上。实现上述目标，要重点抓好以下工作。

（一）坚持科学规划引领，编制好"十二五"规划《纲要》

要按照中央和省委编制"十二五"规划的有关要求，围绕州委"十二五"规划建议，合理确定经济增长等主要指标，强化约束性指标对转变经济发展方式的促进作用，高质量编制好《大理白族自治州国民经济和社会发展第十二个五年规划纲要》以及各个部门相关的专项规划。各县市也要抓紧出台"十二五"规划建议，编制"十二五"规划纲要。

（二）大力发展现代农业，加快推进新农村建设

认真落实各项强农惠农政策，稳定粮食播种面积，抓好"菜篮子"、"米袋子"工程建设，确保粮油、肉类、蔬菜等主要农副产品供应，稳定市场物价。加强农田水利基础设施建设，实施中低产林地和中低产田地改造，加快以1000万亩核桃为重

点的林产业基地建设步伐。加快转变农业发展方式，大力扶持农业产业化龙头企业，加强农产品出口。推动新农村建设。深入实施扶贫综合开发，高标准建设大理州扶贫综合开发示范园区。积极做好州内其他片区开发规划等前期工作。

（三）加快结构调整步伐，提高经济发展质量和效益

遵循国家产业政策导向，积极争取更多的大项目、好项目落户大理。加快推进重大项目建设，配合国家和省做好大瑞铁路、大丽高速公路、广大铁路扩能改造、功果桥电站等在建重大项目建设，积极争取筹备建设云南第二国际机场等重大项目。强化领导挂钩重大项目建设责任制，完善重大项目推进协调机制。充分发挥建设项目督查专员的作用，加快重大项目建设进度。调整优化需求结构，增强消费拉动力，不断提升居民消费能力、培育新的消费热点。

加大工业发展力度，依托资源优势，进一步抓好烟草、能源、生物资源和优势农产品深加工、建筑建材、矿冶、机械制造等优势产业发展，积极支持中小企业发展。加强大理创新、祥云财富等重点工业园区建设。加快大理凤仪、祥云物流园区规划建设。加强工业运行情况分析监测调控，保障煤电油运供应，推进节能减排、安全生产和清洁生产。

积极稳妥推进城镇化，加快滇西中心城市建设步伐

加强城市基础设施和市政公共设施建设、立体绿化建设，不断提升城市管理水平，创建国家级山水园林城市。加快下关等旧城区改造，深入实施海西田园风光保护和白族建筑民居风格整治工程、洱海流域百村整治工程。加强洱海保护治理，抓好洱源生态文明试点县建设，推动洱海保护治理取得新成效。严格执行《洱海管理条例》，从严控制和整治环洱海沿岸建设项目。强化协调服务，加快推进华彬集团、云南城投、云南世博集团等投资项目建设，做大做强机械制造、轻纺、建筑建材、物流等产业。

积极稳妥推进财税、金融、投资体制和资源环境等领域改革，加快建立和完善县级基本财力保障机制。深化集体林权制度和国有企业改革。健全多层次资本市场体系，提高直接融资比重。改革投融资体制，通过BT、BOT、TOT等融资方式，积极鼓励民间资本参与重大项目建设。坚持“四个引进”，探索新的投资合作方式，不断提高利用外资水平。

（四）以提升改造为支撑，实现大理旅游新突破

用好用活用足各项政策，推动苍洱旅游改革发展综合试验区建设，提升大理旅游的核心竞争力。严格实行州级领导挂钩联系重大旅游发展项目责任制，以全新的理念、手段和方式，抓好宾川鸡足山、苍山大索道、“希夷之大理”大型实景演出等大项目建设，确保明年三月街民族节前投入运营，使之成为大理旅游二次创业的新起点。

（五）完善基本公共服务，切实加强社会管理

推动文化、广电、体育等社会事业发展，加快大理王宫博物院规划建设，推进乡村文化场馆建设，完善公共文化服务体系。整合优化教育资源，重视发展学前教育，巩固提升“两基”成果，加快普及高中阶段教育，加快大理技师学院建设和大理农林职业技术学院筹建工作，支持大理学院加快发展。推进城乡医疗服务体系建设，加快建设覆盖城乡居民的基本医疗保障体系。支持大理州医院等重点医疗单位建设，拓展发展空间。坚持计划生育基本国策，切实稳定适度低生育水平。多渠道、多方式增加就业岗位，重点抓好大中专毕业生、就业困难人员、农民工等群体的就业。完善社会保障体系，扩大社会保险覆盖面。加快保障性安居工程建设，解决好城镇低收入人群的住房问题。

高度重视做好新形势下的群众工作，促进各种社会矛盾纠纷通过正常渠道和法定程序得到妥善解决。加强社会治安综合治理，深入开展平安创建活动，不断增强人民群众的安全感和满意度。巩固巍山永建地区毒品整治成果。加强食品药品安全监管。严格落实安全生产责任制，确保不发生重特大安全事故。重视舆情特别是网络舆情的分析研判工作，提高同媒体打交道的能力，正确引导社会舆论，营造团结干事谋发展的良好环境。

（六）严格遵守换届纪律，切实做好党委班子换届工作

根据中央和省委的统一部署和要求，明年将进行州、县市、乡镇党委领导班子集中换届工作。要加强对换届工作的组织领导，推进领导班子配备改革，牢固树立正确的用人导向，把真正优秀的干部选拔出来。要严肃组织人事纪律和干部工作制度，加强对干部选拔任用工作有关政策法规的学习宣传教育，增强广大党员特别是各级领导干部执行党的决定、维护组织人事纪律的自觉性，把干部群众的思想统一到省、州党委的要求上来，营造风清气正的氛围，确保各级党委换届工作有序健康平稳开展。

同志们，回顾“十一五”辉煌成就，我们倍感振奋；展望“十二五”美好前景，我们豪情满怀。让我们紧密团结在以胡锦涛同志为总书记的党中央周围，在省委、省人民政府的领导下，深入贯彻落实科学发展观，解放思想、科学规划、开拓创新、扎实工作，团结和带领全州各族人民，为在新的起点上奋力实现全州经济社会发展新跨越而努力奋斗！

政府工作报告

——2011年2月15日在大理白族自治州第十二届人民代表大会第四次会议上

大理州人民政府州长　何金平

各位代表：

现在，我代表州人民政府，向大会报告政府工作，请予审议。并请州政协委员和其他列席人员提出意见。

一、“十一五”期间的工作回顾

2010年，是“十一五”的收官之年。面对百年不遇的特大干旱，在省委、省政府和州委的坚强领导下，在州人大及其常委会和州政协的监督支持下，我们团结依靠全州各族干部群众，深入贯彻落实科学发展观，努力破解发展难题，倾心尽力抓落实，全力以赴抗大旱，千方百计保民生，统筹推进经济社会协调发展，十二届人大三次会议确定的各项预期目标全面完成。实现地区生产总值475亿元，同比增长13%。完成财政总收入80.6亿元，增长19.2%，其中地方一般预算收入37.6亿元，增长19.2%；一般预算支出124.2亿元，增长21.3%。完成全社会固定资产投资282.8亿元，增长30.1%。为“十一五”画上了圆满句号。

过去的五年，是我州发展进程中极不平凡的五年，是经济社会发展经受严峻考验并实现跨越发展的五年。面对国际金融危机、能源紧缺和焦点、热点问题多发等不利因素，以及地震、特大干旱等自然灾害，我们坚决贯彻落实中央和省的决策部署，始终坚持加快发展不动摇，牢牢把握工作主动权，及时调整完善发展思路，通过全州上下的共同努力，“十一五”规划确定的主要目标任务圆满完成，经济社会发展取得瞩目成就，在自治州发展历程中写下了浓墨重彩的一页。

(一)强财源打基础，经济发展实现新跨越

地区生产总值实现翻番。五年完成地区生产总值1847.8亿元，是“十五”的2倍，年均递增12.6%。2010年，人均生产总值13503元，比“十五”末增加6602元，增长95.7%。

工业总产值实现翻番。2010年，完成工业总产值477.1亿元，是“十五”末的2.9倍，年均递增23.6%。实现工业增加值154.4亿元，是“十五”末的2.4倍，年均递增18.7%。

财政收入和支出实现翻番。五年财政总收入达296.9亿元，是“十五”的2.2倍，年均递增17.7%。地方一般预算收入138.3亿元，是“十五”的2.2倍，年均递增17.4%。一般预算支出412.5亿元，是“十五”的2.6倍，年均递增21.1%。

(二)抓项目增投资，发展条件明显改善

投资持续增长。五年完成全社会固定资产投资895.8亿元，是“十五”的3.4倍，年均递增27.3%。

通达能力明显提升。五年完成公路建设项目937个8874公里，新增通车里程601公里，累计完成交通投资69.7亿元，是“十五”的2.9倍。大理机场改扩建、大丽铁路、祥宾公路、大凤公路一期、关巍公路、平甸公路等一批项目相继建成。广大铁路扩能改造、大瑞铁路、大丽高速公路建设快速推进，4条在建二级公路进展顺利。完成41个乡镇通乡油路1066公里、603个建制村通达工程4752公里。

水利基础不断夯实。五年完成水利投资30.8亿元，是“十五”的2.3倍。巍山五茂林、云龙天池、南涧母子垦水库等5件骨干水源工程续建全面完成。云龙包罗、剑川老君山、祥云青海湖水库等6件重点水源工程相继开工，永平大碱塘水库扩建全面完成，引洱入宾北干渠和洱源三岔河水库主体工程完工。完成3件中型和16件小(一)型水库除险加固。完成剑川永丰河、漾濞雪山河等15条重点河道治理。宾川、祥云大型灌区和水库干支渠建设稳步推进。建成“五小水利”工程8.9万件。

能源建设加快推进。五年新增水电装机容量538.6万千瓦。小湾电站提前发电，功果桥水电站建设有序推进，鲁地拉、龙开口、苗尾水电站前期工作进展顺利。完成110千伏以上变电站续建6座，新建13座，新建及改造城乡电网1.4万千米，电网运行保障能力增强。2010年，全州用电量40亿千瓦时，比“十五”末增长60%。建成5个风电场、总装机容量24.2万千瓦，宾川太阳能发电项目进展顺利。

(三)调结构建支柱，产业结构更加优化

经济结构更趋合理。一、二、三产业结构由“十五”末的29∶33.3∶37.7调整到23∶39.6∶37.4。

农业农村经济稳步增长。2010年，农业总产值198.7亿元，比“十五”末增长86.5%，年均递增13.3%。农村经济总收入380.8亿元，比“十五”末增长67.7%，年均递增10.9%。农业生产条件明显改善，新增蓄水库容9300万立方米，新增有效灌溉面积16万亩,水利化程度达53.6%。改造中低产田地28.2万亩、中低产林70万亩。大旱之年粮食生产稳定,粮食总产127万吨。农业产业化进程加快,龙头企业不断发展壮大。特色农产品基地建设成效明显。烟农种烟收入39.5亿元,比"十五"增长34.8%。核桃种植面积达800多万亩,荣膺"中国核桃第一州(市)"称号。新发展人工红豆杉原料林9万亩。畜牧业总产值78.2亿元,比"十五"末增长98.5%,年均递增14.6%。切实抓好农村富余劳动力培训转移,农民工资性收入大幅提高。

工业经济快速增长。2010年,烟草、能源、生物资源及优势农产品加工、建筑建材、矿冶、机械制造等支柱产业实现产值340.4亿元,占工业总产值的71.3%。规模以上工业企业201户,比"十五"末增加79户。建成工业园区12个,其中省级以上重点园区3个,新建标准厂房10万平方米。非公有制经济蓬勃发展,五年新增私营企业3157户达5631户,新增个体工商户1.6万户达8.1万户。祥云飞龙、力帆骏马跃居全省百强民营企业前列,非公有制经济完成增加值占地区生产总值的比重达44%。

旅游二次创业顺利推进。大理古城、鸡足山等景区改造提升和苍山大索道等重大项目扎实推进。崇圣寺三塔通过国家5A级景区资源评价,新华村国家4A级景区挂牌运营。大理周城、鹤庆新华、漾濞光明和剑川寺登街4个省级特色旅游村通过验收。成功打造大理国际影会、洱海开海节等特色文化旅游品牌。大理被评选为外籍人才眼中最具吸引力的城市和2010年度"世界特色魅力城市200强"。2010年,接待国内外旅游者1337.7万人次,是"十五"末的1.9倍,年均递增14%;旅游业总收入115亿元,是"十五"末的2.3倍,年均递增18.4%。

服务业发展步伐加快。2010年,社会消费品零售总额142.1亿元,是"十五"末的2.3倍,年均递增17.9%。居民消费价格指数控制在3.3%以内。"万村千乡"市场工程建成配送中心15个,建设改造乡镇集贸市场59个,农家店乡镇覆盖率达100%。引进云南物流集团和昆钢物流等物流企业,物流产业快速发展。富滇、中信、兴业、交通4家银行在大理新设分支机构,成立具有独立法人资格的大理海东村镇银行,组建14家小额贷款公司,金融业发展步伐加快。2010年末,金融机构存贷款余额618.9亿元和398.5亿元,均为"十五"末的2.5倍;新增贷款突破100亿元,创历史新高。保险行业整体实力增强,业务不断拓展,州级保险公司发展到19家。信息、房地产、文化娱乐、体育健身和餐饮服务业健康发展。我州被列为全国服务业综合改革试点。

(四)抓规划重管理,滇西中心城市建设稳步推进

城镇规划建设不断加强。滇西中心城市总体规划经省政府批准实施,五个专项规划完成调整、编制工作。县市总规修改、县城控制性详规、自然村村庄规划编制进展顺利。启动下关旧城改造,完成8个县城改造提升。宾川州城、洱源凤羽、祥云云南驿等6个镇(村)被命名为中国历史文化名镇(村),11个镇(村)成功申报省级历史文化名镇(村)。大理市国家级园林城市和云龙、洱源、祥云省级园林县城创建工作稳步推进。实施23个城镇治污项目,6个项目投入运行。积极推进城镇综合执法改革试点,城乡规划管理和执法力度加大。城镇化率由"十五"末的25%提高到33%,城市绿化覆盖率从17.5%提高到23.5%。

"两保护两开发"成效明显。洱海保护治理力度加大,保护治理经验被国家环保部推广。海西"百村整治"工程稳步实施,45个自然村通过验收,完成4185户白族民居建筑风格整治,海西田园风光、白族民居建筑、历史文化遗迹得到有效保护。海东基础设施建设完成投资12亿元,Ⅰ号路、Ⅱ号路一期工程、城市次干道、环海路截污干管和污水处理厂竣工,东环海路完成路面硬化,自来水厂、220千伏变电站等项目进展顺利;引进华彬集团、云南城投等企业投资项目7个,协议资金417亿元。凤仪创新工业园区和物流园区"五通一平"稳步推进。

(五)抓生态保洱海,环境保护卓有成效

生态建设和资源保护不断加强。"七彩云南保护"大理行动计划、滇西北生物多样性保护、生态州建设深入推进。州级以上自然保护区达29个,总面积18.2万公顷。积极推进天然林保护、退耕还林等重点工程,五年完成人工造林517万亩、义务植树4500万株。森林覆盖率达58.2%,比"十五"末提高5个百分点。加强耕地和基本农田保护,投资6.6亿元实施土地整治项目52个42.2万亩,新增耕地8.5万亩。矿政管理进一步规范,矿产资源整合取得成效。治理水土流失面积706平方公里,实施生态修复573平方公里。

洱海保护治理重点转向源头。五年投入资金17.1亿元,实施保护治理项目76个,建成截污管渠69.4千米、集镇污水处理设施6座、农户污水处理设施8165座,恢复湿地2100亩,修复湖滨带58千米。洱源生态文明示范县建设扎实推进,累计完成投资3.5亿元,建成项目32个,被授予"全国首批绿色能源示范县"称号。国家洱海水专项7个课题全面启动。依法管海治海力度加大。洱海水质连续五年总体保持Ⅲ类,有21个月达Ⅱ类水质标准。

节能减排目标任务全面完成。严格落实目标责任制,扎实开展能源审计、清洁生产、资源综合利用、企业节能技改和技术创新工作。22户企业通过清洁生产审核验收。淘汰水泥熟料、炼铁、炼钢等落后产能276.4万吨,实施节能项目37项。积极实施节能惠民工程,推广节能灯具159万件。新建户用沼气池8.2万口、节柴改灶11.7万户。实施重点污染减排项目75项。单位生产总值能耗累计下降17.3%。

(六)抓改革增活力,对外开放不断扩大

重点领域和关键环节改革深入推进。农村综合改革不断深化,华侨农场改革、集体林权制度主体改革全面完成,农业风险保障机制逐步健全。国有、集体企业改革顺利完成,一批重点骨干企业实现资产重组,现代企业制度初步建立。顺利实施区划调整、城市管理体制和乡镇财政预算管理方式改革。投融资体制改革、供销社改革发展和二次创业稳步推进。州、县市政府机构改革顺利完成。事业单位人事制度改革不断深化,绩效工资改革全面完成。行政事业单位国有资产管理改革取得新成效。行政审批、科技、教育、文化、卫生等领域改革继续深化。

对外开放不断扩大。签订国内经济技术合作项目457个,实际到位资金314.7亿元,是"十五"的6.9倍,年均递增47.2%;新批利用外商投资企业41户,实际利用外资9874万美元,是"十五"的3.2倍。2010年,完成进出口总额1.8亿美元,出口1.1亿美元,是"十五"末的4.3倍和2.6倍,年均递增

34.4%和21.1%。农产品出口优势继续巩固，纺织、机电、化工等产品出口比重明显提高。

（七）抓统筹促协调，社会事业全面进步

教育、科技和人才工作全面发展。义务教育“两免一补”政策全面落实，发放寄宿制学生生活补助3.3亿元。大力实施中小学校舍安全工程，排除D级危房84.7万平方米，新建校舍144.7万平方米。“两基”顺利通过国家检查验收。初中升学率和高中阶段毛入学率分别比“十五”末提高23.9和16.1个百分点。高考上线率达98.7%，连续六年居全省第一。职业学校年招生1.4万人，就业率达96%以上。大理学院综合实力和知名度明显提高，在校生总数1.6万人，留学生达600多人。大理滇西技师学院基本建成，大理农林职业技术学院筹建进展顺利。实施科技项目359项，获省级以上科技成果奖36项，申请国家专利592项。2010年，科技进步对经济增长的贡献率达48.8%，比“十五”末提高5.1个百分点。人才队伍建设得到加强，人才总量22.9万人，是“十五”末的1.9倍。

文化服务体系建设不断加强。大力实施“两馆一站”、文化信息资源共享、农家书屋、农村电影放映等文化惠民工程。完成11.5万户直播卫星“村村通”建设，数字电视用户达26万户，广播、电视覆盖率分别达96%和98.8%。文艺精品创作成果丰硕，《白洁圣妃》等一批优秀剧目获国家级奖项，《大理公主》、《金凤花开》在央视播出。率先在全省成立文化遗产保护管理局，申报省级以上非物质文化遗产32项，剑川海门口遗址考古入选年度中国十大考古新发现。白族文化研究取得成效，优秀民族文化得到传承弘扬，被列为全国文化生态保护示范区。群众性文体活动广泛开展，省农运会体育场馆改造项目全面启动。

医疗卫生事业加快发展。州医院门诊外科大楼、州中医院住院大楼投入使用。投资4.6亿元，实施县乡医疗卫生建设项目123个，建成村卫生室1090个，医疗卫生机构改扩建面积20.4万平方米，新增病床1834张，城乡医疗卫生服务体系逐步完善。艾滋病、血吸虫病等重点传染病得到有效防控。食品药品安全监管不断加强。婴儿死亡率、孕产妇死亡率、传染病发病率明显下降，人民群众健康水平稳步提高。

人口和计划生育工作扎实有效。统筹解决人口问题试验区建设有序推进，基层服务网络不断加强，适度低生育水平进一步稳定，人口自然增长率控制在6‰以内，2010年末，全州户籍总人口352.6万人。第六次全国人口普查工作顺利推进。

统计调查、外事、侨务、保密、档案、修志、新闻出版、防震减灾、气象、水文等工作不断加强。工会、妇女、青少年、老龄、红十字、残疾人、慈善等事业全面发展。

（八）保民生促和谐，人民生活明显改善

社会保障体系更加完善。五年来，全州财政用于社会保障和就业支出53.1亿元。开发公益性岗位1.4万个、新增城镇就业10.5万人、下岗失业人员再就业4.9万人、就业困难人员实现就业1.9万人，城镇登记失业率控制在4.1%以内。发放城乡最低生活保障金3.1亿元，30.7万困难群众基本生活得到有效保障。社会保险覆盖面进一步扩大，城镇职工基本养老、基本医疗、失业、工伤、生育保险参保总人数61.4万人，是“十五”末的1.3倍。19万城镇居民参加基本医疗保险；新型农村合作医疗提前三年实现全覆盖，兑付补偿资金10.5亿元，人均筹资标准提高到140元。鹤庆、永平、洱源新型农村社会养老保险试点启动实施。企业退休人员养老金、失业保险金、工伤人员待遇、农村五保对象供养标准、高龄老人补贴进一步提高。归集住房公积金29亿元，发放贷款18.9亿元，分别是“十五”的3.5倍和5.1倍。加快保障性住房建设，建成和在建廉租住房1.6万套，改造国有林区棚户区、华侨农场危旧房和农村危房1.3万户，易地扶贫搬迁2396户，完成农村民居地震安全工程拆除重建1.3万户、民房地震恢复重建5.6万户。完成7个县大中型水电移民搬迁安置8419人，后期扶持力度加大。灾害应急救援体系不断完善，防灾减灾工作得到加强。

城乡居民生活水平明显提高。2010年，城镇居民人均可支配收入15801元、农村居民人均纯收入3902元，年均递增12%和11.6%。城乡居民人均储蓄存款9070元，是“十五”末的2.2倍。城镇和农村居民人均生活消费支出11644元和3245元，分别比“十五”末增长63.3%和65.6%。城镇居民人均住房面积35.3平方米，比“十五”末增加6.1平方米。家电、汽车、摩托车下乡累计实现销售额18.4亿元，兑付补贴1.9亿元。城乡居民耐用消费品拥有量明显提高，私人拥有小汽车达11.6万辆、互联网用户11.4万户、移动电话用户208万户，分别是“十五”末的2.8倍、4.2倍和3.8倍。居民用电量6.9亿千瓦时，是“十五”末的2倍。筹集整合资金24.4亿元，在全省率先开展千村扶贫开发百村整体推进，502个行政村25.2万户102.3万人实现整体脱贫。实施25个小康示范村、12个新农村示范村建设，惠及群众14.5万人。扶贫综合开发示范园区建设顺利推进。解决了84.5万人的饮水困难。

（九）重民主抓法制，依法治州深入推进

依法向州人大及其常委会报告工作，自觉接受法律监督和工作监督，提请州人大常委会审议单行条例草案5件，认真执行州人大及其常委会作出的各项决定决议。积极支持州政协履行政治协商、民主监督、参政议政职能。累计办理人大代表建议1423件、政协委员提案1419件。广泛听取各民主党派、工商联、各人民团体、无党派人士及社会各界人士意见建议。积极推进基层民主政治建设，村民、居民自治深入开展，政务、厂务、村务公开不断完善。建成862个村级组织活动场所，村级公益事业“一事一议”奖补稳步实施。“五五”普法通过验收。行政复议、行政诉讼、人民调解、法律援助等工作得到加强。审计、监察等部门和新闻媒体的监督作用进一步加强。

积极推进平安大理建设，加强社会治安综合治理，被中央综治委表彰为“全国社会治安综合治理优秀地市”。深入开展“严打整治”、“打黑除恶”、“整治突出治安问题”等专项行动。禁毒和防艾人民战争取得新成效。公安机关信息化、规范化建设成果在全省推广。高度重视信访工作，积极排查化解热难点问题，及时有效处置突发事件。全力抓好道路交通、消防、煤炭生产、尾矿库运行、危险化学品、特种设备等重点领域的安全生产工作。民族团结、宗教和谐局面进一步巩固和发展，州人民政府被国务院授予“民族团结进步模范集体”荣誉称号。国防建设得到加强，军政军民团结的良好局面不断巩固。

精神文明建设深入开展。文明大理十大示范工程深入实施，群众性精神文明创建活动成效显著，城乡文明程度不断提高。重视加强未成年人思想道德建设，广泛开展“公民道德宣传日”和社会主义荣辱观教育实践等活动，公民素质不断提高。

(十)抓制度转职能,自身建设不断加强

完善法治政府建设,规范行政行为,建立健全重大投资项目、追加预算支出、国有资产处置和重要资源开发利用审批制度。深化责任政府建设,全面推行行政问责、首问责任、服务承诺和限时办结四项制度,对622名干部职工进行问责。纠风治乱、政风行风评议工作深入开展。创新阳光政府建设,加大信息公开力度,全州各级政府公示重要事项2210项、听证重大决策321项、通报重点工作6300项;在全省率先推行114政府信息直通车制度,推进公共服务电话整合和"96128"专线品牌化建设。强化效能政府建设,推动工作落实,加大重点工作、重大项目和惠民工程专项督查力度;坚持厉行节约,严格行政成本控制,积极推行公务卡结算制度,会议、庆典、论坛等经费开支压缩;强化风险防范,建立健全关键岗位、重点环节监督管理制度;强化责任落实,对重要工作实行目标倒逼管理。启动创新政府建设,设立政府创新奖,鼓励制度、机制、服务和工作方式创新。加强清廉政府建设,认真落实党风廉政建设责任制,完善惩治和预防腐败体系,反腐倡廉建设深入推进。优化政务服务环境,建立州政务服务中心,精简行政审批事项64项。

回顾过去五年的实践,我们更加深刻地体会到,必须始终坚持以科学发展观为统领,促进经济社会又好又快发展;必须始终坚持改革开放,推进体制机制创新,增强发展的活力和动力;必须始终坚持生态优先,调整经济结构,转变发展方式;必须始终坚持以人为本,不断保障和改善民生;必须始终坚持依法治州,加强民族团结,努力构建平安和谐大理;必须始终坚持转变政府职能,不断优化发展环境。

各位代表,过去的五年是团结拼搏的五年,是开拓创新的五年,是全面发展的五年,是再创辉煌的五年,是民生显著改善的五年。这些成绩的取得,是省委、省政府和州委坚强领导的结果,是州人大、州政协和社会各界有效监督、大力支持的结果,是全州广大干部群众同心同德、团结奋斗的结果。在此,我谨代表州人民政府,向全州各族人民,向各位代表、各位委员,向各民主党派、工商联、无党派人士、人民团体,向驻大理人民解放军、武警部队官兵,向关心支持大理建设发展的各界人士,致以崇高的敬意和诚挚的感谢!

在肯定成绩的同时,我们也清醒地认识到,全州经济社会发展和政府工作中还存在许多困难和问题,主要是:基础设施建设和基础产业发展滞后;科技创新能力弱,经济结构不尽合理,产业转型升级难度大;城乡之间、县域之间发展差距呈扩大趋势;节能减排任务艰巨,生态环境保护任重道远;就业总量压力和结构性矛盾并存,农民持续增收困难;少数干部思想解放不够、开拓创新精神不足,机关作风还需进一步改进。这些问题,我们将采取切实有力措施,认真加以解决。

二、"十二五"时期经济社会发展的主要目标和任务

"十二五"时期,是全面建设小康社会、实现我州跨越式发展的关键时期。特别是新一轮西部大开发和"两强一堡"战略的实施,为改善发展条件,充分发挥自身优势,拓展发展空间,提供了难得的机遇。编制并实施好"十二五"规划,具有十分重要的意义。

根据党的十七届五中全会、省委八届十次全会精神和州委六届十次全会通过的《关于制定大理白族自治州国民经济和社会发展第十二个五年规划的建议》,州人民政府组织编制了《大理白族自治州国民经济和社会发展第十二个五年规划纲要(草案)》(以下简称《纲要》)。《纲要》提出了"十二五"时期全州经济社会发展的总体要求、预期目标和主要工作任务,提请本次人代会审议。

(一)总体要求

高举中国特色社会主义伟大旗帜,以邓小平理论和"三个代表"重要思想为指导,深入贯彻落实科学发展观,围绕"争当民族团结进步模范州、生态文明建设排头兵、旅游二次创业生力军、滇西城镇化进程领跑者、建设民族文化强省先行者"的要求,坚持"生态优先、农业稳州、工业强州、文化立州、旅游兴州、和谐安州"的发展思路,以科学发展为主题,以加快转变经济发展方式为主线,以保障和改善民生为根本出发点,以深化改革扩大开放为强大动力,促进经济长期平稳较快发展和社会和谐稳定,努力将大理建成中国面向西南开放桥头堡的滇西中心城市和独具特色的少数民族自治州。

(二)预期目标

到2015年,地区生产总值力争突破1000亿元,实现翻一番;工业总产值力争突破1000亿元;财政总收入力争突破160亿元,实现翻一番;全社会固定资产投资五年累计力争突破2500亿元。全州基础设施进一步夯实,经济结构进一步优化,支柱产业群体做强做大,农业产业化、新型工业化和特色城镇化水平显著提高,自主创新能力明显增强;滇西中心城市建设实现重大突破,统筹城乡发展取得明显成效;教育、科技、文化、卫生等各项事业协调发展,民生保障体系更加健全完善,人口素质明显提高;生态文明建设扎实开展,生态环境持续改善;城乡居民收入较快增长,人民生活质量和水平不断提高;民主法制建设和精神文明建设迈上新台阶,构建和谐社会取得重大进展。

(三)主要工作任务

——着力加快滇西中心城市建设。加大"两保护两开发"力度,强化大理市主城核心功能。加快推进"1+6"滇西中心城市群和滇西交通枢纽、旅游集散中心、物流中心、教育中心、医疗服务中心、金融中心建设。抓好城乡规划编制,加快推进县城和重点中心城镇建设,加强城镇支撑产业培植。做好祥云撤县设市申报工作,积极推进宾川、鹤庆撤县设市前期工作。到2015年,海东高原山地生态城市建设取得明显成效。全州城镇化率达45%以上。

——着力加强农业农村工作。把农业农村工作摆在重要位置,大力发展现代农业。加快新农村建设步伐,重点实施好"百村整治"、中心集镇、扶贫开发、综合开发示范园区"四大工程"建设。扶持24个中心集镇、120个中心村、180个示范村建设,实施250个自然村扶贫开发,新解决30万贫困人口温饱问题。在洱海流域扶持建设200个生态文明重点村。大力发展乳业、核桃、蚕桑、生物药业、蔬菜、林产品加工、特色花卉、特色水果、茶叶、红豆杉十大产业化重点项目,建设2000万亩林产业基地,其中核桃基地1000万亩。完善农业社会化服务体系,扶持龙头企业做大做强,实现规模化生产、集约化经营,努力增

加农民收入。

——着力推进新型工业化进程。继续实施工业强州战略,以转变发展方式为主线,加大经济结构调整力度,优化工业区域布局。重点推进大理、祥云、鹤庆、剑川等地工业发展,支持有条件的地方发展工业经济。巩固提升烟草、能源、生物资源及优势农产品加工、建筑建材、矿冶、机械制造六大产业,构建结构优化、技术先进、清洁安全、附加值高、吸纳就业能力强的现代产业体系。积极发展重化工业和轻纺工业。加强工业园区基础设施建设,力争建设标准厂房100万平方米,吸纳更多企业入驻园区。

——着力加强基础设施和基础产业建设。抓住西部大开发机遇,积极争取支持,改善发展条件。加快构建现代综合交通运输体系,形成高效快捷的干线公路网。认真谋划城市轨道交通、滇西国际机场等项目建设,争取大理至攀枝花、大理至普洱高速公路和祥云至普洱铁路早日开工建设。认真做好大理至攀枝花铁路、大理至兰坪铁路建设前期工作。加快推进可再生能源和新能源产业发展,建设现代能源产业体系。以骨干水源工程建设为重点,山区"五小水利"工程建设为基础,加强水利保障体系建设。推进三网融合,加强信息、网络安全等基础设施建设,提高信息资源共享及服务能力。

——着力推进苍洱片区旅游改革发展综合试验区建设。全面实施旅游发展国际化、产品名牌化、市场多元化、服务标准化、管理现代化战略,扎实推进旅游二次创业,实现产业转型升级。加快重点景区改造提升,建设精品景区。加快建设高星级酒店,引进品牌管理公司,大力开发特色乡村旅游,抓好市场营销和拓展,打造滇西旅游目的地和集散中心。

——着力抓好服务业发展。抓住我州被列为全国服务业综合改革试点的机遇,把服务业作为产业结构优化升级的重点和经济增长的亮点,大力发展现代物流、金融保险、房地产、会展、信息、中介服务等现代服务业。重点抓好"两个园区、五个中心、五个节点"的物流网络建设,加紧建设一批与滇西中心城市相匹配的专业特色市场,改造提升一批乡镇综合集贸市场,发展商贸物流产业。积极引进股份制银行落户大理,大力发展村镇银行和以服务农村、中小企业发展为主的小额贷款公司、资金互助社和中小企业投资基金,构建多元化的地方金融服务体系,加快滇西金融中心建设步伐。

——着力推进生态文明建设。全面实施新一轮洱海保护治理工程,继续加强洱源生态文明示范县建设,实施洱海流域低碳经济试验区建设,确保洱海水质稳定保持Ⅲ类,力争达到Ⅱ类。努力建设"森林大理",全州森林覆盖率达60%以上。加强以苍山为重点的自然保护区、风景名胜区保护管理。加快县城、乡镇、村落和农户治污设施建设。实施乡村环保工程,建设生态经济示范镇,创建文明卫生村。大力发展低碳循环经济,确保完成节能减排目标任务。加强土地、矿产等资源保护,实现可持续发展。

——着力发展文化事业和文化产业。积极构建覆盖州、县、乡、村四级的公共文化服务体系,繁荣城乡文化。加强农村文化阵地建设,抓好文艺精品创作和人才培养。做好文化遗产保护工作。推进大理王宫博物院等重点项目建设,打造具有大理特色的民族文化品牌。大力发展文化旅游、影视拍摄、文化传媒、民族民间工艺、文化创意、新闻出版等产业,扶持一批龙头企业,加快建设文化产业示范基地和园区。

——着力深化改革扩大开放。继续深化农村改革,推进投融资、财税金融、行政管理、教育、医药卫生体制等重点领域和关键环节改革。积极参与桥头堡战略的实施,加强区域合作和对外经济技术交流,加大招商引资力度,加快出口型产业基地建设,努力把大理打造成滇西交通枢纽、特色产业加工基地、商贸物流中心和对外交流合作窗口。

——着力保障和改善民生。千方百计扩大就业,城镇登记失业率控制在4.5%以内。完善社会保障体系,加快推进新型农村社会养老保险。完善社会救助体系,推进福利事业社会化。增加城乡居民收入,提高生活品质。

——着力加强社会建设。优先发展教育,推动教育均衡发展。实施创新型大理行动计划和全民科学素质行动计划,培育高素质的人才队伍。大力发展医疗卫生事业,提高医疗保障水平。抓好人口和计划生育、广播电视、体育等其他社会事业发展。加强民主法制和基层政权建设。扎实推进民族团结进步事业,积极引导宗教与社会主义社会相适应。加强公共安全设施建设,提高防灾减灾能力。深入开展平安大理创建,构建和谐大理。

三、2011年的发展目标和工作重点

为确保"十二五"开好局、起好步,今年经济社会发展的主要预期目标建议为:地区生产总值增长13%以上;财政总收入和地方一般预算收入分别增长15%以上;全社会固定资产投资增长20%以上;社会消费品零售总额增长16%以上;居民消费价格总水平涨幅控制在4%左右;城镇居民人均可支配收入和农村居民人均纯收入分别增长10%以上;人口自然增长率控制在6‰以内;城镇登记失业率控制在4.5%以内;单位生产总值能耗完成省下达的目标任务。

为实现上述目标,重点抓好以下十个方面的工作:

(一)加快发展现代农业,推动农村经济稳步发展

切实改善农村生产生活条件。认真落实强农惠农政策,稳定粮食种植面积,确保粮食安全。大力发展设施农业,推广旱作节水技术,加快现代生态农业示范园区建设。着力推进现代烟草农业基础设施建设,完成祥云烟草大型水源工程建设任务。把农田水利作为农村基础设施建设的优先领域和重点任务,加快水利改革发展。实施22万亩中低产田地改造,启动一批小(一)型以上水库建设,新建"五小水利"工程5.5万件,解决农村和农村学校15万人饮水安全问题。完善新农村建设规划,扎实推进项目实施。加大扶贫开发整村推进力度,扩大整乡推进试点,继续实施祥云、宾川扶贫综合开发示范园区建设。重视支持民族贫困地区、革命老区发展。

加快农业产业化步伐。加强优势特色原料基地和农产品基地建设,新建102万亩核桃、1万亩红豆杉人工原料林和20万亩现代特色农产品生产基地,改造50万亩中低产林,种植51.7万亩优质烤烟。认真落实省委、省政府关于加快推进农业产业化的有关精神,大力引进和培育龙头企业,重点扶持30家龙头企业加快发展。积极发展农村专业合作组织,完善龙头企业和农户之间的利益联结机制,形成稳定的利益共同体,提升产业化经营水平。加强农产品质量安全监管,大力推进农产

品标准化生产和“三品一标”认证,发展农产品出口基地和订单农业。强化畜牧科技支撑体系建设和疫病防治,抓好畜禽标准化规模养殖和奶牛新区建设,实现存栏奶牛14.8万头,出栏肉牛46.8万头、生猪366万头。力争农业总产值增长10%以上。

切实增加农民收入。改善农村金融信贷服务,扶持农民优化种养结构和创办小型经济实体,增加生产经营性收入。强化农民工技能、经营理念和创业能力培训,新增培训农村劳动力4万人、转移3万人,力争农民人均工资性收入增长10%以上。

(二)转变经济发展方式,提升工业综合竞争实力

坚定不移地推进工业强州战略。坚持走新型工业化道路,把发展工业经济作为产业培植的重中之重,确保工业总产值增长18%以上。

推进产业转型升级。进一步优化布局,调整结构,继续巩固烟草、能源、生物资源及优势农产品加工、建筑建材、矿冶、机械制造六大产业的支柱地位,着力扶持轻纺、食品加工、生物制药等产业发展。积极争取矿电结合试点,加快特色优势矿冶业发展,在祥云、鹤庆、剑川发展冶金、建筑建材、化工等产业基地,打造祥云“中国西南矿产品交易中心”,启动实施云南冶金集团鹤庆铝产业项目。强化政策支持,发展新能源、新材料、电子信息、节能环保等新兴产业。抓住“央企入滇”和东部产业转移机遇,引进一批技术先进、有市场竞争力的大企业、大集团。

夯实园区发展平台。加大重点工业园区扶持力度,创新园区建设和管理模式,鼓励组建园区开发投资公司,按市场化方式进行园区基础设施建设,新建标准厂房30万平方米。力争园区工业总产值增长25%以上。

推进科技进步与创新。构建以企业为主体的技术创新体系,增强自主创新能力,依靠科技促进产业结构优化升级。积极开展国家高新技术企业、省创新型试点企业和省级技术中心申报工作。实施“质量兴州”战略,保护知识产权,鼓励和引导企业积极应用国内外先进技术标准,提升产品质量,打造知名品牌。力争驰名商标、地理标志保护产品、名牌产品、著名商标申报实现新突破。

加快非公有制经济发展。继续落实促进中小企业和非公有制经济发展的优惠政策,完善中小企业担保体系,建立信贷风险补偿机制,探索中小企业融资担保模式,培育壮大一批非公有制企业。加强上市后备资源培育,扶持引导有条件的企业上市融资、发行债券。力争全年非公有制经济实现增加值占地区生产总值的46%以上。

(三)积极扩大消费需求,增强经济增长内生动力

继续坚持扩大消费促发展。完善消费增长机制,调整优化需求结构,扩大消费总量。增加财政对改善民生和社会事业发展的支出比重,扩大社会保险覆盖面,稳定群众消费预期。落实最低工资制度,着力提高城乡中低收入群体的收入水平,增强居民消费能力。积极发展消费信贷,拓展消费方式。完善监测预警体系,加强市场监管和运行调节,保持物价总体水平基本稳定。搞好煤电油运、重要原材料的组织协调和供需衔接,保障市场供应。抓好国家服务业综合改革试点。推进大理物流园区建设,实施好卷烟物流配送中心、物流园区货运枢纽站、中国(大理)东盟果蔬拍卖交易中心等项目。加强大型零售商业网点和“万村千乡”市场工程标准农家店建设,积极培育大型涉农商贸企业。坚决贯彻执行国家、省房地产市场调控政策,引导房地产业健康发展。强化保险市场经营管理,拓展服务网络,提升服务质量。

扎实推进苍洱旅游改革发展综合试验区建设。完成苍山大索道、“希夷之大理”、鸡足山景区等重点项目建设。抓好大理、巍山古城和石宝山、寺登街等重点景区改造提升。启动大理世博城、感通国际养生旅游度假小镇、大理民族文化旅游度假综合开发区、喜洲旅游文化创意园区等一批旅游重大项目建设。充分发挥品牌效应,加大旅游宣传、策划和市场营销,整合旅游资源,制定激励措施,包装和培育新的特色旅游线路,新开通3条以上航线。积极发展高端休闲度假酒店和特色民居客栈,引进品牌酒店管理。加强旅游从业人员管理,提升服务质量。抓好具有民族特色的旅游行业标准化建设,建立企业诚信经营体系。继续办好三月街民族节等传统节庆活动,大力发展乡村旅游、生态旅游、环洱海自助游。力争实现旅游业总收入130亿元以上。

(四)进一步抓好固定资产投资,有效拉动经济增长

抓实固定资产投资。着力抓好交通、水利、能源等重大基础设施建设,确保全社会固定资产投资完成340亿元以上。积极配合做好大丽高速公路、大瑞铁路、广大铁路扩能改造等重点工程建设。按时全面完成跃龙、祥姚、鸡足山等在建二级公路建设任务和债务锁定。认真实施好135个农村公路通达工程和20个通乡油路工程。全面完成10座重点小(一)型病险水库除险加固工程。完成云龙包罗、剑川老君山、巍山巍宝山、永平金河、弥渡大横箐等水库和祥云、宾川大型灌区年度建设任务。启动宾川仙鹅等中小型水库建设和西洱河、苍山十八溪、鹤庆漾弓江等一批河道治理项目。完成洱源水保工程试点县和祥云、鹤庆小型农田水利建设重点县、弥渡专项县项目建设,启动一批小(二)型病险水库处理工程。配合做好功果桥、龙开口、鲁地拉、苗尾电站建设,加快推进风能和太阳能开发。加强城乡电网规划建设。积极配合做好中缅油气管道建设。

?改善项目实施环境。拓宽融资渠道,放宽社会资本准入,推行投资便利化政策,吸引民间资本参与基础设施等领域建设,强化项目资金保障,确保金融机构新增贷款不低于100亿元。加强项目用地报批和协调,盘活用地指标,全力保障项目建设用地。切实做好项目储备和前期工作,加强汇报沟通,适时推出一批成熟项目。优化投资环境,加大项目质量监管和督查工作力度,完善质量责任追究制度,努力建设优良工程。

(五)加快推进城镇化,促进区域协调发展

加强城乡规划编制。积极开展城乡规划体系编制工作,推进宾川、剑川、洱源、南涧等县城总规修改,加快县域村镇体系规划和城市规划区控制性详规编制,开展12个重点镇总规修改和全州村庄规划编制工作。以滇西中心城市总规为依据,加快海东片区分区规划、城市控制性详规、新拓展片区规划等各层次规划的制定。抓好规划实施,严格规划执行,切实维护规划的权威性和严肃性,提高规划执行力。

推进滇西中心城市建设。加快下关旧城改造步伐,改善市政基础设施,抓好城区绿化、亮化、美化、净化等工作,启动下关北片区截污治污、环境整治、生态修复工程,提升大理市综合服务功能和城市总体品质。加大海西保护力度,继续推进“百村

整治”工程。积极推进凤仪片区和海东新区开发,加快环海东路、供排水管网和垃圾处理场建设。启动大理昆钢物流中心建设,抓实云南东融中药材物流经营中心、大理木材交易市场、五洲国际商贸城等项目前期工作。以快速通道建设为突破,推进祥云、宾川、弥渡、巍山为重点的功能区建设,加快祥云撤县设市申报工作,促进“1+6”城市群扇形核心区战略框架的形成,发挥城市聚集效应和辐射带动作用。重视城镇支撑产业培植,加快特色优势产业发展。加强城镇基础设施建设。进一步完善机制,加大以奖代补力度,认真做好大理市创建国家级园林城市工作,力争有2个县城成功申报省级园林县城。启动洱源、永平、漾濞县城改造提升工程。继续实施一批以交通、治污、供排水为重点的城镇基础设施和社会公益项目。抓好8个县污水处理厂和4个县垃圾处理场续建及乡镇治污设施建设。

高度重视特色村镇建设。在完成21个重点特色小镇开发建设基础上,启动12个中心集镇、24个中心村和36个示范村建设,培育一批基础条件好、发展潜力大的重点集镇和旅游、商贸、手工艺、现代农业、生态园林特色小镇及重点村。积极探索城乡统筹发展试点工作,放宽县城、小城镇户籍限制,引导农村居民向城镇有序转移,帮助进城农民融入城镇。大力发展县域经济,促进区域协调发展。力争全州城镇化率达36%,建成区城市绿化覆盖率达25%。

(六)加强资源环境保护,加快生态文明建设步伐

更加注重生态建设和资源保护。结合我省全面推进低碳省试点工作,以滇西北生物多样性保护、“七彩云南保护”大理行动计划为重点,加强生态文明建设。继续抓好重点防护林、天然林保护和商品林基地建设,大力开展荒山、通道、村庄绿化和绿色社区创建工作,加快“森林大理”建设。完成苍山与南诏历史文化遗存国家自然和文化遗产基础设施项目。积极推进生态乡镇、生态村创建工作。加大重点流域水污染防治力度,推进沘江污染治理。实施小流域治理140平方公里。积极探索生态建设新机制,开展资源开发、重大基础设施建设、自然保护区、城市水源地等重点领域的生态补偿。抓实农村垃圾分类和集中处理工作。完善土地管理制度,强化规划和年度计划管控,加强耕地保护,实施土地开发整治3.6万亩,新增耕地0.9万亩。推进地质找矿行动,加大矿产资源勘查力度。

继续推进洱海保护治理。启动实施洱海水污染综合防治“十二五”规划。重点实施一批截污、治污环保项目,抓好入湖河口湿地生态恢复建设、洱海环湖村落环境综合整治、洱海流域农业面源污染防治、环湖截污治污工程的实施。继续推进洱源生态文明示范县建设。确保洱海水质总体保持稳定并持续改善。

大力发展低碳循环经济。加强规划指导,创建一批循环经济企业和生态产业园区。大力开发利用可再生能源,加强农村能源建设和管理,抓好洱源“全国首批绿色能源示范县”建设。继续实施节能产品惠民工程,推广节能技术和产品。推进各领域低碳技术推广应用,倡导低碳生活,重点在洱海流域发展低碳循环经济。完善节能减排目标责任考核评价体系,确保完成省下达的目标任务。

(七)优化经济发展环境,提高对外开放水平

全面推进重点领域改革。积极推进事业单位体制改革。深化教育体制改革,推进医药卫生体制改革五项重要任务。强化部门预算和财政绩效管理,建立规范完善的财政保障机制。积极争取上级财政加大对我州的转移支付力度。完善财政扶持政策,支持事关经济社会长远发展的重点领域建设。加快推进供销社改革发展和二次创业。坚持农村基本经营制度,稳妥推进农村土地管理制度改革。抓好乡镇机构改革,完成农业技术推广、动植物疫病防控、农产品质量监管等公共服务机构改革任务。全面推进集体林权制度综合配套改革,积极推进国有林和国有林场改革。继续深化水务管理体制、农村小型水利工程管理体制改革。

抢抓桥头堡建设和新一轮西部大开发机遇。完善招商引资工作机制,加强前期工作,强化履约机制,优化服务环境,提升服务水平,确保协议履行和项目落地。努力引进一批技术含量高、产品附加值高、财税贡献率高、劳动就业率高的项目。力争全年引进州外到位资金150亿元以上,实际利用外资1000万美元以上。充分利用中国东盟自由贸易区、跨境经济合作区平台,深化与南亚、东南亚各国的经贸合作,稳步扩大传统优势产品出口,培育新的出口产品和市场,推动外贸进出口总额快速增长。扩大境外劳务合作,支持企业扩大对外投资,参与境外工程承包和劳务合作。抓实桥头堡建设和西部大开发前期工作,加强政策及项目衔接,制定出台具体实施意见,争取国家和省更多项目及资金支持。

(八)完善公共服务体系,促进社会事业全面进步

坚持优先发展教育。加强师资队伍建设,进一步巩固“两基”成果,加快普及高中阶段教育,积极发展学前教育,支持发展特殊教育。按照国家和省的要求,继续规划实施好中小学校舍安全工程。推进中小学标准化、现代化、信息化建设。加强农村寄宿制学校建设和管理,完善家庭困难学生资助体系。支持大理学院申报更名为大理大学,加快大理农林职业技术学院和大理滇西中等职业教育公共实训实作中心建设,努力推进滇西教育中心建设。

强化科技支撑和人才保障。加快科技管理体制改革和人才队伍建设,广泛开展科技服务和科普活动,加强适用科技成果推广应用。推进人才发展体制机制和政策创新,积极培养和引进高层次创新人才、产业发展型人才,统筹抓好各类人才队伍建设。

推进公共文化服务体系建设。实施好文化惠民工程和国家级文化生态保护示范区建设,实现农家书屋行政村全覆盖。大力推进广播电视数字化建设、广播电视村村通和农村电影放映工程。鼓励文艺精品创作,重视民族文化建设,启动《白族通史》编纂。切实保护各类文化遗产。大力发展文化产业,培育骨干文化企业。深入推进文明大理创建活动,强化各行业职业道德建设。加强公民和未成年人思想道德教育,弘扬民族精神和时代精神。依法打击利用互联网、手机传播有害信息行为,净化社会文化环境。启动2至3个县档案馆建设。全面完成州体育场馆改造,认真做好省第八届农运会筹备工作。广泛开展群众性体育活动,提高竞技体育水平。

加强公共卫生体系建设。推进医疗卫生服务体系建设,贯彻落实基本药物制度,促进基本公共卫生服务均等化。加强重点公立医疗机构建设,鼓励发展民营医疗机构,实现医疗资源和信息共享。提高疾病预防控制和医疗救治能力,高度重视血吸虫病、艾滋病防控。加强食品药品安全监管工作。抓好州医

院改扩建和大理卫校搬迁前期工作，启动州第二人民医院、州妇幼保健院整体搬迁，加快实施大理民政精神病医院改扩建，加快推进滇西医疗中心建设。抓好统筹解决人口问题试验区建设和人口出生缺陷预防工作，实现人口均衡发展。

高度重视就业工作。继续实施更加积极的就业政策，加大对高校毕业生、农民工、城镇就业困难人员的就业指导和援助。继续实施“贷免扶补”政策，重点扶持3000人自主创业，帮助4300名就业困难人员就业，新增城镇就业2.1万人，确保零就业家庭实现动态清零。引导和促进劳动密集型企业、现代服务业、中小企业、民营经济加快发展，创造更多就业岗位。

加快社会保障体系建设。进一步扩大城镇基本养老保险和医疗、失业、工伤、生育保险覆盖面。全面实现城镇职工基本医疗保险州级统筹，提高城镇居民大病补充医疗保险报销比例。完善新型农村合作医疗制度，抓好被征地农民社会保障工作。积极推进鹤庆、永平、洱源新型农村社会养老保险试点。完善城乡低保制度，实现应保尽保。加强住房公积金管理。加快城市廉租房、公租房、农村民居地震安全工程建设和农村危旧房、国有林区棚户区改造。继续做好移民搬迁安置和后期扶持。加快发展养老服务、残疾人等社会福利事业，争取启动以大理颐老院、残疾人康复服务中心为重点的养老和残疾人服务设施建设。实施10项惠民工程。

（九）推进依法治州，建设平安和谐大理

加强民主法制建设。自觉接受州人大及其常委会的法律监督和工作监督，认真执行州人大的决定决议，重视民族立法工作。支持州政协多渠道参政议政，主动接受民主监督。进一步提高人大代表建议和政协委员提案的办理效率及质量。广泛听取民主党派、工商联、无党派人士的意见建议，积极支持工会、共青团、妇联等人民团体的工作。深入推进政务、厂务、村务公开。加强农村基层民主政治建设，完善农村公益事业“一事一议”等制度。全面开展“六五”普法，进一步推进依法治州进程。

强化安全生产和防灾减灾工作。全面落实安全生产责任制，抓好煤矿、非煤矿山、危险化学品、烟花爆竹、建筑领域安全生产标准化建设，深入开展道路交通、消防等重点行业和领域的安全生产专项整治，预防重特大安全事故发生。加强防灾减灾体系建设，做好地震、气象监测预报，建立调查评价、监测预警、防治和应急体系。抓好滇西救灾仓库和部分乡镇救灾储备库建设，增强救灾应急能力。

维护社会和谐稳定。深入推进平安大理建设，建立健全防控体系，加强社会治安综合治理，依法防范和严厉打击各类犯罪活动，打好新一轮禁毒和防艾人民战争。加强社会矛盾纠纷排查调处和预警体系建设，切实解决热难点问题，积极预防和妥善处置群体事件、突发公共事件。全面提高社会服务和管理水平，构建和谐劳动关系。认真贯彻党的民族宗教政策，巩固民族团结、宗教和谐的大好局面，争当民族团结进步模范州。加强老龄、红十字、慈善、外事、侨务、保密、修志等工作。重视国防教育和人防工作，加强民兵、预备役部队建设，做好复员转业军人安置工作，深入开展双拥活动，巩固军政军民团结。

（十）加强自身建设，努力建设服务型政府

继续推进法治政府、责任政府、阳光政府和效能政府建设。突出充实工作内容、完善制度体系、加强督促检查、提高实施成效四个重点。抓好行政审批制度改革、政务公开、行政成本控制、工作效率提升、政务服务中心和公共资源交易中心建设、重点岗位和关键环节监控、廉政建设、行政问责等八项工作，进一步推进政府职能转变。

深入推进创新政府建设。广泛动员政府机关积极参与创新活动，鼓励制度、机制、服务和工作方式创新，以创新求发展，以创新推动工作。认真开展政府创新评选表彰活动，引导和激励全社会解放思想、与时俱进、勇于创新，增强创新的生机与活力，保持干事创业的良好精神状态。

深入推进勤政廉政建设。全面加强公务员队伍思想、作风、能力建设，着力解决有令不行、有禁不止、执行不力、推诿扯皮等问题，切实转变机关作风。全面落实党风廉政建设责任制。加强对重大工程、重点领域、重要环节的审计监督和行政监察，规范行政行为。严格出国（境）考察计划申报审批，从严控制公费出国（境）、车辆购置及运行、公务接待、会议、庆典等经费，大力压缩公用经费，营造廉政为民的清风正气。

深入推进政务服务体系建设。按照因地制宜、分类指导、整合资源的原则，全面推进州、县市两级政务服务中心建设，启动乡镇为民服务中心和村级为民服务站建设，构建覆盖州、县市、乡镇、村四级政务服务体系。

各位代表！机遇稍纵即逝，奋斗创造辉煌。让我们紧密团结在以胡锦涛同志为总书记的党中央周围，以邓小平理论和“三个代表”重要思想为指导，深入贯彻落实科学发展观，在州委的坚强领导下，抢抓机遇、齐心协力、开拓创新、奋力拼搏，圆满完成今年各项目标任务，为“十二五”发展奠定坚实基础，向中国共产党成立90周年献礼！

（责任编校：王超英）

“两烟”支柱地位不能动摇

中共大理州委副书记　杨　健

大理气候优势明显，光热资源充足，是烤烟生产的适宜区。大理州烤烟种植始于1931年，卷烟生产始于1934年。经过近80年的发展，“两烟”产业已成为富民强州的重要支柱产业。

一、“两烟”为大理州经济社会发展作出了巨大贡献

大理州历来高度重视“两烟”发展，始终坚持把“两烟”作为重要支柱产业来培植。经过全州各级各部门和广大烟农的共同努力，“两烟”已发展成为全州举足轻重的支柱产业。特别是“十一五”以来，全州以现代烟草农业建设为统领，全面实施科技兴烟战略，烟叶生产整体水平明显提高，大理卷烟厂改革发展取得重大突破，技术装备水平和管理水平不断上台阶，“两烟”产业取得了长足发展，为培植财源、有效解决“三农”问题发挥了不可替代的作用，为全州经济社会又好又快发展作出了巨大贡献。

（一）“两烟”产业成为促进财政增长的重要支撑

“两烟”税收历来是地方财政的主要来源。“十一五”期间，全州种烟面积累计250万亩，收购烤烟771万担，收购总值累计51.6亿元；大理卷烟厂生产卷烟累计205.9万箱，实现工业总产值147.15亿元；“两烟”累计实现税收119.6亿元，占全州财政总收入累计数296.3亿元的40.4%，其中卷烟、复烤及辅料加工完成税收92.7亿元，占全州财政总收入的31.3%，烤烟税收26.9亿元，占全州财政总收入的9.1%。2010年，“两烟”实现税收32.4亿元，占全州财政总收入80.6亿元的40.2%。从全州来看，“两烟”税收贡献率近年来基本稳定在全州地方财政的40%左右，大部分县市“两烟”税收也占了很大比例，高的县超过了40%，是名副其实的烟财政。一般种烟乡镇实现的烟叶税占地方财政收入的55%—75%，种烟较多乡镇实现的烟叶税占地方财政收入的比例高达90%以上。

（二）“两烟”产业成为促进农民增收的主要来源

大理州是传统农业大州，农业人口占全州总人口的87%，烟草产业惠及全州14万户、43万烟农。“十一五”期间，全州实现烟农收入54.55亿元。2010年，全州收购烟叶163.36万担，实现烟农收入12.27亿元，烟农户均种烟收入达8764元，烟农人均种烟收入达2853元，全州农民人均种烟收入达401元，占全州农民人均纯收入3902元的10.3%。2011年，省下达大理州烤烟指导性种植面积60.8万亩，大田生产量170万担，计划收购154.4万担，预计实现烟农收入13.74亿元，加上红大补助1.47亿元，烟农收入将达到15.21亿元，烟农户均收入将达到10864元，烟农人均收入将达到3537元。

（三）“两烟”产业发展改善了农业基础设施，推动了“工业强州”战略的实施

“十一五”期间，各级进一步加大资金投入，大力实施烟区基础设施建设。全州共规划基本烟田109万亩，累计投入资金10.69亿元，其中国家局补贴4.5亿元，地方烟草投入3.7亿元，烟农投劳折资1.95亿元，政府投入0.52亿元，配套实施了一大批规模大、覆盖面广、综合效益好的烟水、烟路、烤房等农业基础设施。这些设施在改善烟区生产条件的同时，也极大地改善了农业生产条件，特别是在2010年百年不遇特大旱灾中发挥了非常重要的作用。大理卷烟厂自2005年并入红塔集团以来，企业步入了又好又快发展的轨道，核心原料基地建设不断加强，技术装备水平不断提高，管理水平得到有效提升，在现代工业企业发展中起到了典型的示范作用，有力地推动了“工业强州”战略的实施。

二、当前“两烟”发展中存在的主要困难和问题

在充分肯定“两烟”发展取得显著成绩的同时，应该清醒地看到“两烟”发展中存在的困难和问题，特别是要深刻分析烟草产业发展面临的严峻形势，对影响烟草产业发展的问题有充分的认识。

（一）比较效益降低，部分地方烟农种烟的积极性明显下降

以祥云县为例，2010年，全县烤烟平均亩产值2490元，水稻平均亩产值2000元，玉米平均亩产值1100元，蚕桑平均亩产值1954元，蔬菜平均亩产值2400元。扣除生产成本后，群众种植烤烟每亩纯收益为814元，种植水稻每亩纯收益为1310元，种植玉米每亩纯收益为560元，种植蚕桑每亩纯收益为1454元，种植蔬菜每亩纯收益为1700元。群众盘算以后，

都觉得种烤烟不划算。以宾川县为例,2010 年全县烤烟平均亩产值 2294 元,柑橘平均亩产值达 8738 元,葡萄平均亩产值达 27978 元,葡萄的亩产值已经达到烤烟亩产值的 10 倍以上。群众种植柑橘的投入产出比为 1∶4.28,种植葡萄的投入产出比为 1∶4.11,而种植烤烟的投入产出比仅为 1∶2.11。由于比较效益下降,在该县原规划的烤烟基本烟田中,葡萄面积已达 24600 亩。同时,山区核桃、附子等经济作物价格上涨,也对烟叶种植形成了冲击,导致基本烟田逐渐流失,烟叶面积逐年萎缩。

(二)基础设施建设投入不足,新烟区开拓难度大

由于祥云、宾川等老烟区逐年萎缩,全州种烟区域目前呈现出坝区向山区半山区转移、东部地区向西部地区转移的趋势。新烟区在水利、交通、烤房(晾棚)建设等基础设施配套方面严重滞后,开拓新烟区的难度加大。

(三)由于工价上涨,劳力短缺,造成烟农流失

2011 年一季度,全州农业雇请工报酬比上年累计上涨 6.1%,同比上涨 15.22%,全州均价达 50.05 元/工,一些技术工甚至一天能挣到 100 元以上。一部分烟农把土地承包后,就近就地打短工,导致烟农队伍流失。

(四)实施提高优质烟叶有效供给能力建设带来的压力

2010 年,全州收购烟叶 163.36 万担,上等烟比例占 43.57%。2011 年省公司下达计划,要求大理州按 170 万担规模组织烟叶生产,收购计划 154.4 万担,需田间消化处理不适用烟叶 15.6 万担,确保实现上等烟比例达 62% 左右,这也是对全州烟叶生产的一个严峻考验。

(五)大理卷烟厂的整体实力和发展后劲还需进一步加强

大理卷烟厂是全州现代工业企业的示范型工厂,不仅财税贡献全州第一,而且对于推进全州新型工业化进程,建立现代企业管理制度,也起着重要的龙头带动作用。但与国家烟草专卖局"严格规范、富有效率、充满活力"的行业建设总体要求和红塔集团"打造世界领先品牌"、"创建优秀卷烟工厂"的发展目标相比,大理卷烟厂现有的厂区建设技术装备水平、质量控制水平和品牌竞争力还有待进一步提升。

三、巩固"两烟"支柱地位的对策措施

面对当前"两烟"发展面临的严峻形势,必须进一步深化认识,坚定信心,强化措施,狠抓落实,切实巩固、提升"两烟"支柱地位。

(一)必须统一思想,提高对"两烟"支柱地位重要性的认识

随着经济的多元化发展,个别地方出现了对烟叶工作研究不足、重视不够、支持不到位的情况,导致"两烟"发展中的一些问题难以解决。长此以往,势必会影响和动摇长期精心培植起来的传统产业在全州经济建设中的基础地位。当前,尽管全州烟叶生产存在诸多困难和问题,但从总体来看,"两烟"对全州财政增长、农民增收的重要贡献作用仍然没有减弱,"两烟"仍然是大理州重要的、难以替代的支柱产业,"两烟"支柱地位不容置疑、不能动摇。全州各级各部门要充分认识新时期"两烟"工作的复杂性、艰巨性和重要性,牢固树立大局意识、责任意识和忧患意识,切实增强危机感和紧迫感,从解决"三农"问题,实现全州经济持续健康发展的高度和维护农村社会和谐稳定的大局出发,进一步深化对"两烟"支柱地位重要性的认识,不断加大工作力度,切实采取有效措施,促进"两烟"产业持续、稳定、健康发展。

(二)必须优化布局,进一步加大新烟区的开拓力度

要从根本上解决种烟面积萎缩的问题,必须在开拓新烟区上找到出路。要根据各县市烟草产业与其他产业的效益对比情况,实事求是地对全州烟草种植进行分类指导、科学布局,该退的退,该进的进,使烟草种植布局更加符合各县市的发展实际。要在巩固老烟区的基础上,因地制宜地培育开拓新烟区,加大新烟区基础设施综合配套建设力度,提高烟田综合生产能力,有效降低生产成本,充分调动农民种烟积极性,确保烟草种植面积落实。

(三)必须加大投入,充分发挥烟草系统的主渠道作用

各级政府和烟草部门要进一步加大资金投入力度,继续加强以烟水、烟路、烤房等为重点的基础设施建设,特别是要整合资源,多渠道筹集资金,加大山区、半山区"五小水利"工程建设的力度,进一步打牢烟叶发展的基础。烟草部门要积极争取上级烟草系统加大对烟水工程、新烟区开拓、"五小水利"等建设的投入力度。各县市要认真落实烟叶税提取政策,从烟叶税收中提取 6% 的资金,列入财政预算用于水源点建设、抗旱保苗和烟叶生产考核奖励等经费支出,进一步保障烟叶生产的顺利进行。

(四)必须依靠科技,切实提高优质烟叶有效供给能力

要紧紧围绕提高优质烟叶比例的目标要求,切实加大科技兴烟力度,增加经费投入,重视科技研发工作,增强自主创新能力。要加大新技术的推广应用力度,提高烟叶科技的到位率,不断提升烟叶生产整体水平和质量,使烟叶生产由数量效益型向质量效益型转变。烟草部门要加强技术指导,认真落实育苗、移栽、田间管理、病虫害防治、采收、烘烤等一整套实用技术。要全面落实提高优质烟叶有效供给的措施,严格计划管理,规范合同签订,强化标准化生产,规范田间生产技术。特别是要认真落实好《优化烟叶结构不适用烟叶田间处理办法》,加强政策引导,合理确定补贴标准,切实维护烟农利益。

(五)必须创新机制,进一步激发烟草产业发展活力

要进一步完善考核激励机制,继续执行州对县(市)、乡烟叶生产考核奖励的政策,开展评选烟叶生产先进县(市)、先进乡镇活动,对烟叶生产成绩突出、完成任务好的给予表彰奖励,充分调动各级各部门的工作积极性。

(六)必须强化宣传,认真做好烟农的组织发动工作

各级各有关部门要加大宣传发动力度,面对面做好烟农的思想工作,帮助烟农算清扶持政策账和市场风险账,使烟叶生产的政策措施做到家喻户晓。要宣传好国家的烟草专卖政策,使广大烟农充分认识到烟叶实行国家专卖管理,价格有保障、市场无风险,消除烟农的思想顾虑。要宣传好烟叶生产投入政策,尤其是要把今年烤烟收购均价提高 12%、白肋烟收购均价提高 15% 的政策向烟农讲明白,引导和动员烟农做好烟叶生产工作。

(七)必须加强领导,形成齐心协力抓烟草的强大合力

要充实调整领导组及其工作机构，州、县市党委政府要及时充实调整烟叶产业发展协调领导组及办公室，切实加强组织领导，及时协调解决烟叶生产中出现的困难和问题。要继续实行州、县市四班子领导及综合部门挂钩重点烟区的工作制度，指导督促各级各有关部门落实好烟草产业发展的各项政策措施。要严格落实工作责任，层层签订责任状、层层下派工作组。特别是烟草部门和烟区乡镇要下派工作队，认真做好宣传政策、动员群众、落实面积、推广科技等各项工作。农业、水务、气象、发改、财政、交通、公安、质监、工商等部门要充分发挥职能作用，全力支持烟叶生产，努力在全州形成上下齐抓共管，部门通力协作抓烟草产业的工作格局。要强化督促检查，各级党委、政府督查部门要定期开展专项督促检查，确保烟叶生产投入到位、工作到位、措施到位。

（八）必须重点保障，积极推进红塔集团大理核心原料基地建设

作为红塔集团的核心原料基地，大理地区的烟叶调入红塔集团的数量从2005年的42万担增加到2010年的78万担，以南涧“红大”为代表的特色优质烟叶在“红塔山”、“玉溪”等高端高档卷烟品牌叶组配方中已发挥着重要作用，为集团卷烟品牌的成长和扩张提供了坚实的原料支撑，也为全州特色优质烟叶生产提供了稳定的市场需求。全州各级各部门要进一步加大对红塔集团大理核心原料基地建设的支持力度，优先安排和支持红塔集团所需的品种结构和区域布局，切实保障红塔集团的原料需求。要不断扩大“红大”种植规模和水平，努力把大理打造成为全国一流的优质烟叶基地，把以南涧“红大”为代表的大理“红大”烟叶打造成为国内一流、世界知名的优质烟叶品牌。要全力推进高水平基地单元建设，按照“生态决定特色、品种彰显特色、技术保障特色”的工作思路，落实好“良田、良种、良法”，建立健全基地单元管理体系，努力提升基地单元建设和新烟区开发的水平。要大力支持大理卷烟厂加快烟叶收储基地建设，着力解决原料库容紧张的问题，确保大理卷烟厂卷烟生产的正常进行。

（九）必须全力支持，努力加快大理卷烟厂技改项目的实施

大理卷烟厂已按计划完成了“十一五”技术改造第一阶段的任务，第二阶段投资近15亿元的“卷烟生产就地技术改造项目”也已于2009年9月28日启动实施。技改完成后，大理卷烟厂的技术装备水平和工艺水平将达到国内先进水平，企业的整体实力和发展后劲将进一步增强，对地方经济社会发展的贡献率将会进一步加大。全州各级各有关部门要统一思想，提高认识，加大力度，全力支持大理卷烟厂技改项目的实施，积极协调解决项目实施中的困难和问题，确保在2013年全面完成就地技改任务，争取早日发挥效用，为全州经济社会发展发挥更大的作用。

总之，“两烟”在过去全州经济发展、农民增收中发挥了极其重要的作用，当前和今后较长时间内也将进一步发挥重要作用。“两烟”作为全州重要支柱产业，只能加强，不能削弱，支柱地位不能动摇。

开拓创新　奋发有为　扎实工作
努力开创全州外事工作新局面

中共大理州委常委、大理州人民政府副州长　蔡春生

地方外事工作是党和国家外事工作全局中的重要组成部分，在地方经济社会发展中发挥着不可替代的、越来越重要的作用。近年来，大理州外事工作坚持以邓小平理论和“三个代表”重要思想为指导，按照“为国家总体外交服务，为地方经济和社会发展服务”的宗旨，开拓创新，锐意进取，扎实工作，外事管理工作不断加强，工作领域不断拓展，对外交流合作积极推进，经贸合作和科技文化交流日趋活跃，友城工作和民间友好交往发展迅速，外宣工作力度不断加大，外事工作逐步走向规范化和制度化，外事工作为服务国家总体外交，推动全州经济社会发展发挥了重要作用。当前国际国内形势正在发生深刻变化，全州经济社会发展正处在一个关键时期，做好新形势的外事工作意义十分重大，作用十分重要。外事工作要始终坚持服务于国家总体外交、服务于地方社会经济发展、服务于安全稳定这一方针，从政治和战略高度，全面统筹，科学谋划，积极探索新路子，不断开创工作新局面。

一、着力构建大外事工作格局

随着全州经济社会的快速发展，对外交流合作日益增多，外事工作已经深入到各个方面、各个领域、各个部门，外事工作越来越多地出现在国际和国内、经济社会和政治问题的连接部，涉及的领域越来越宽、越来越复杂，很多涉外问题的复杂性、关联性、综合性不断增强，构建“大外事”体系显得更为重要。各涉外部门要立足国内、国外两个大局，强化政治意识、责任意识和大局意识，牢固树立“大外事”观念，围绕中心，团结协作，密切配合，上下支持，互相联动，形成合力，把现在单独搞涉外事务变为参与我州对外重大事务中去。外事部门要认真学习贯彻对外方针政策，统一认识，统一步调，积极履行职能，加强沟通协调，共同为国家的大外交、云南的大开放、大发展服务。要充分发挥归口管理和统筹协调职能，统揽外事工作全局，统筹各种外事资源，造力、借力、合力，壮大外事实力，其他部门要积极配合，注重整体合作和协调联动，最大限度地提高外事管理工作的整体效能。要加强与省外办、其他州市外事部门的联系，强化省、州、县工作联系机制，完善部门协作体系，充分调动各方面的力量共同参与外事工作，形成跨地区、跨部门、跨领域集成作战。州外事办要在外事接待、外事管理、涉外维稳、突发应急、境外非政府组织管理、外事礼宾礼仪、人员培训、政策调研等方面，加强对县市外事工作的指导，做到上下联动，协调推进，努力构建“大外事”工作格局。

二、加强出国(境)事务和涉外事件的管理

随着对外开放程度的不断提高，涉外活动必定大量增加，外事管理任务不断加重。各级外事部门要进一步强化“外事工作无小事”的意识，以高度的政治责任感，认真细致地做好涉外事务和涉外事件的管理工作。一是加强因公出国(境)管理。因公出国(境)管理是一项十分严肃的工作，责任重大。外事部门是因公出国(境)的第一“关口”。要严格贯彻执行中央和省、州因公出国(境)的有关规定，认真把好出国审批关、审核关，进一步规范因公出国(境)管理。因公出访不该走的，要“管得了”、“管得住”，防止公费旅游和滞留在外；对应该出去的，要让他们“走得快”、“走得好”。对一般性出访考察，要严格限制组团规模，做到少、小、精，减少无关人员随团出访；对不符合政策规定的出访团组或个人，要敢于坚持原则，坚决不予报批，坚决杜绝有的单位借学习、考察之名，出国出境公费旅游。对申请出国(境)举办会展、招商引资等活动要严格把关，认真调查核实；对正常的经贸活动要鼓励和支持，但在活动过程中要防止国外敌对势力的渗透和破坏；对不符合所在国法律规定的非正常活动要坚决制止，防患于未然，避免造成不良的国际影响。二是加强境外非政府组织管理。各涉外部门要加强分析研究，准确判断形势，全面把握和正确运用涉外政策法规，运用行政、法律、教育等手段，加强境外非政府组织、宗教团体等机构和人员的管理，处理好涉及民族、宗教等政治敏感问题，保证境外非政府组织在我州活动有序、有益、可控。三是妥善处理涉外事件。处理涉外事件政策性、紧迫性很强，涉及面广，影响面大。外事、公安、安全、旅游、文化等部门要加强协调配合，建立统一指挥、反应灵活、运作高效的应急管理机制，制订应急预案，妥善处理涉外事务和突发事件。一旦发生涉外事件，有关县市、部门和单位的主要领导要亲临一线，认真做好工作，正确引导舆论，防止矛盾扩大和激化，避免引起负面影响。处理涉外事件要充分考虑可能产生的国际反应，加强沟通协调，及时准确定性，果断采取措施，扎实细致地做好涉外维稳工作，避免酿成大的事端，维护好社会稳定，为全州发展创造一个良好的涉外环境。

三、着力加强对外交往工作

扩大对外交往，拓宽对外渠道，是外事工作的重要任务，也是发挥外事工作优势的重要途径。外事部门要积极履行参谋、管理、协调、服务的职能，抓住各项政策机遇，利用好各种外事资源，创新工作方式，拓宽对外交流领域，不断提升对外交往的层次和水平。一是建立对外交流合作的长效机制。按照态度积极、步骤稳妥、注重实效的工作方针和“讲友谊、讲互利、讲实效”的对外交往原则，创新合作机制，将官方外交与民间外交结合起来，将政治外交与文化外交联系起来，发挥外事和涉外部门信息灵、渠道多、交往广的优势，加强与国外政府、国外组织、国外企业、国外友好人士的联系和交流，拓宽对外交往渠道，积极开展友好交往，充实合作内涵，推动大交流、大合作、大发展。二是强化友城联系。友城工作是外事工作的一项基础性工作。我州在国外的友好城市澳大利亚米尔迪拉市、意大利

卡拉拉市、日本美马市，是我州对外开放的一笔宝贵资源和财富。我们要把友城工作作为重要抓手，以建立友好城市为纽带，充分利用国外友好城市的交往合作关系，加强与国外政府、民间组织之间的交往，保持友城之间的高层来往，安排好州委、州政府领导的走访活动，邀请友好代表来大理交流，巩固已建立的友城关系，逐步建立起多层次的外联渠道，服从服务于改革开放大局，全面推动对外合作与交流。

四、不断加强对外宣传工作

加强外事宣传工作是树立大理对外良好形象，提升大理知名度的一项重要工作。外事部门要深入研究外宣工作的特点和规律，加强涉外舆论工作，扩大对外宣传，借助国外主流媒体引领国际舆论的作用，用国外公众易于理解和接受的语言，通过各种途径，全面客观地宣传、推荐大理，提升大理的知名度和影响力。要加强对网络的运用，在虚拟空间争取主导权，唱响主旋律。要加强外国媒体和外国记者的管理工作，在严格遵守相关报批程序的前提下，按照有序开放、有效管理的原则，以着眼长远、提供服务、加强引导、适时掌控、内紧外松的方式，妥善做好外国媒体记者来我州的采访工作，既“以我为主”，又尽量满足其合理的采访要求，使其客观、公正、积极地宣传大理。对于超出采访内容的要婉言拒绝，确保其采访活动在掌控范围内。同时，要高度警惕一些外国记者以合法身份，做一些危害我国社会稳定、国家安全的事情，确保重点领域、重点地域、重要节点的安全，为全州经济社会发展营造良好的外部环境。

五、积极服务于地方经济社会发展

大理作为云南连接东南亚、南亚的重要节点，在推进“桥头堡”建设中具有不可替代的作用。外事部门要紧紧抓住云南实施“桥头堡”建设和大理滇西中心城市建设的良好机遇，把外事工作融入经济社会发展中，把全州的发展与对外开放统一起来，把发展的内力与发展的外力统筹起来，用好外事资源，创新工作思路，拓宽工作领域，凝聚工作合力，不断增强外事工作的针对性和实效性，为请进来、走出去做好协调服务，为促进全州经济社会发展作出积极贡献。一是积极推进经贸交流。主动承担推动区域合作、扩大对外开放和实施“走出去”战略的重任，充分利用国际国内两种资源和两个市场，积极推动与东南亚、南亚国家在经济、贸易、文化、教育、卫生、科技、体育等领域的交流合作，实现区域间优势互补，信息共享，产业连接，扩大我州对外开放空间，更多地把外事资源转化为经济社会发展的成果。要策划好高层互访和文化教育交流活动，认真做好重要会展和会议的政要邀请、活动策划、项目对接和接待、礼宾及翻译工作，积极参与对外招商活动，主动牵线搭桥，加强信息传递，做好服务工作，在推动经贸合作、举办重大活动等方面取得新突破，为“桥头堡”建设营造氛围、奠定基础。要充分利用周边国家驻昆明领事机构资源，发挥外事部门对外渠道多、可信度高的优势，在对外交往中有意识地推介我州的投资环境，为大理发展外向型经济服务。二是积极推进文化交流。创新思路，发挥优势，突出重点，以三月街民族节、国际兰花茶花博览会、开海节、核桃文化旅游节、石宝山歌会等节庆活动为载体，认真策划和举办一些具有特色、能够产生较大影响、国际参与程度较高的文化交流活动，精心打造对外文化交流品牌，充分展示大理悠久的历史文化，不断提升大理文化对外的影响力和传播力。

六、不断提升外事工作水平

外事工作非常重要，地位非常独特，作用非常显著。各县市和各有关部门要切实加强对外事工作的领导，理顺工作关系，完善工作制度，规范工作程序，认真研究解决重大涉外问题，统筹解决好县市外事办的编制、人员、经费等问题，理顺管理体制，强化工作职能，为外事部门履行职责、发挥作用提供良好的条件。要着眼于外事工作的长远发展，着力加强外事部门领导班子建设，重视人才培养工作，推荐优秀外事干部到省外办学习，积极引进高素质人才，努力建设一支政治坚定、纪律严明、业务精通、廉洁务实的外事干部队伍。要加强外交礼仪礼节、接待和翻译培训工作，切实发挥好外事工作的桥梁作用、窗口作用和接待作用。外事干部要提高认识，摆正位置，坚定理想信念，增强政治意识、全局意识和战略意识，注重对形势的研究和分析，提高观察能力，加强政策研究，善于发现新情况、新问题，为我州对外开放建言献策和搞好服务，努力化解风险和危机，不断提高外事工作的整体水平。要深入开展创先争优、学习型党组织建设和向杨善洲同志学习等活动，进一步强化“外事为民”的意识，努力学习外事政策、法律法规和业务知识，更新工作理念，转变工作作风，严守外事纪律，增强廉洁自律意识，树立好外事干部的良好形象，不断开创我州外事工作新局面，为促进全州经济社会又好又快发展作出新的贡献。

加强领导班子建设　凝心聚力推进大理又好又快发展

中共大理州委常委、州委统战部部长　杨秀星

事业要发展,关键看班子,根本在干部。全州各级党政领导班子是党的事业的领导核心,各级领导班子建设的成效如何,事关全州"十一五"规划确定的各项目标任务的完成和经济社会又好又快发展。因此,我们要坚持把加强党政领导班子建设作为党的建设的核心内容,放在突出位置,摆在重要议事日程,以科学发展观为统领,以加强理论武装为根本,以加强党性锻炼为核心,以加强领导班子凝聚力创新力执行力建设、提高领导水平和执政能力为关键,努力把各级领导班子建设成政治坚定、思想解放、执政为民、作风务实、善于领导科学发展的坚强领导集体,为加快富裕民主文明开放和谐大理建设提供坚强的思想政治和组织保证。

一、加强学习,强化培训,全面提高素质

只有保持理论上的清醒,才能保持政治上的坚定和行动上的自觉。全州各级党委要把全面提高领导干部素质作为加强领导班子和干部队伍建设的首要任务常抓不懈,采取有力措施,不断增强干部学习的责任感、使命感和紧迫感。

着眼于提高思想政治素质,切实抓好理论学习。突出抓好学习马列主义、毛泽东思想、邓小平理论、"三个代表"重要思想和党的十七大精神的学习,坚持用党的基本理论和最新理论成果武装干部头脑,不断增强党性修养,使干部树立正确的世界观、人生观、价值观,权力观、金钱关、地位关。

着眼于提高干部领导能力,切实注重实践锻炼。积极开展知识更新培训,适时组织干部到发达地区学习考察,有计划地选派干部到国内知名大学、著名企业和科研机构参加培训,不断拓宽思维视野、增强发展意识、转变发展理念、优化发展方式。要加强实践锻炼,注重在完成重大任务、应对重大事件中培养锻炼干部,围绕经济社会发展需要推进干部交流,改进干部挂职工作,结合经济社会发展和领导班子建设需要,有计划地选派干部到艰苦地区、复杂环境、关键岗位、基层一线、重点建设工程、经济发达地区砥砺品质、锤炼作风、开阔视野、增长才干。

着眼于干部的健康成长,切实加强教育培训。在全州县级以上领导班子和干部中开展"四个一"学习活动,即每月安排一次集中学习,每季度举办一次双休日讲座,县处级以上领导干部每天学习1小时,每月熟读一本书,切实抓好干部自学,不断提高领导干部的素质和能力。

二、解放思想,与时俱进,努力开拓创新

领导班子建设的着力点要放在进一步解放思想,推动科学发展,促进社会和谐上。思想解放的程度,直接决定着改革的深度、开放的广度、发展的质量和速度,决定着科学发展观贯彻落实的力度。大理之所以发展相对滞后,除了历史的、客观的因素外,最突出的就是领导干部思想观念上的差距。解放思想,就是要着力转变不适应、不符合科学发展观的思想观念,着力构建有利于科学发展的体制机制,营造经济社会又好又快发展环境。解放思想要有一股'闯'劲,以思想大解放,促进大理大发展。

要保持良好的精神状态。实现全州经济发展和社会事业的新跨越,不付出艰辛努力是很难达到的,各级领导干部必须勇挑重担,不断自我加压,以昂扬的精神状态和饱满的工作热情,加快发展,真正在抢抓机遇上先人一步,体制创新上快人一拍,对外开放上超人一招,优化结构上高人一筹。

要有敢于创新的勇气。只有创新才能实现突破和超越,在通过学习、参观等方式坚定创新信念的同时,也要看到如果畏首畏尾,亦步亦趋,按部就班,没有自己的独到之处,发展就很难迈出大的步伐。各级领导干部要坚持走新路、干事业,切实做到一切先进经验都大胆采纳,一切新生事物都积极对待,一切探索实践都热情鼓励,以创新的勇气获取不竭的发展动力。

要转变领导方式。观念一新,遍地是金。各级领导干部要尽快革除旧的思维定势,善于审时度势,运用市场机制和改革的办法分析解决问题,不断推进各项事业实现新突破。

三、坚持原则,保证质量,做好选任工作

按照《党政领导干部选拔任用工作条例》规定的原则、标准和程序,紧密结合全州实际,选好配强各级领导班子。

坚持民主集中制原则。认真贯彻"集体领导、民主集中、个别酝酿、会议决定"十六字方针,严格按《条例》规定的程序选任干部。在具体工作中注重做好"六个坚持,把好六关",即坚持选拔标准,把好素质关;坚持发扬民主,把好推荐关;坚持实事求是,把好考察关;坚持充分酝酿,把好提名关;坚持集体决定,把好审批关;坚持照章办事,把好材料关,切实保证干部选任质量。

坚持干部队伍"四化"方针和德才兼备的原则。破除陈旧观念和习惯势力的束缚,放开视野,不拘一格选拔人才,在民主推荐、全面考察的基础上,选拔一批门类齐全、结构合理的德才素质好、文化水平高、专业技能强的优秀年轻后备干部,实行备用结合,动态管理,培养成熟一批,选拔任用一批,补充更新一批,确保把最优秀的干部用在最关键的岗位上,建设高素质领导班子和领导干部队伍,不断提高选人用人公信度和群众满意度,使全州干部队伍始终保持旺盛的生机和活力。

四、执政为民,改进作风,树立良好形象

作风建设关系民心向背,关系党的生死存亡。对各级领导干部转变作风,提高办事效率方面,省委书记白恩培同志指出:"现在有很多问题不是没有看到和想到,而是没有做到。"省长

秦光荣同志要求:“各级领导干部要敢于协调、善于断事。”省委副书记李纪恒同志提出:“要少用声音指挥,多用身影和行动指挥,用脚印和实效来落实。”这充分表明,转变作风,提高效率,已成为全州各级领导班子和领导干部执行力建设的重中之重。

要树立艰苦奋斗的形象。“艰难困苦,玉汝于成”,各级领导班子和领导干部要始终保持艰苦奋斗的优良传统和作风,保持奋发向上的昂扬锐气,保持旺盛的革命斗志,保持开拓创新进取精神,在自己的工作领域、工作岗位上敢于创新、勇于开拓、永不懈怠。

要树立真抓实干的形象。“空谈误国,实干兴邦”,不管决策多好、思路多清,不真抓实干,一切都会成为空谈。要当好实干家,要求实、务实、抓落实。真抓实干就要深入一线,靠前指挥,就要雷厉风行,讲求效率,说了算,定了干,干就干好。不能浮在上边,喊在嘴边,不能搞形式主义,花架子,更不能虚报浮夸,哗众取宠,要以实实在在的工作,实实在在的发展,给群众带来实实在在的利益。

要树立勤政为民的形象。我们的工作力量源于人民群众,只有和群众亲密接触,才能保持公仆本色,要把时间、精力花在深入基层、深入群众和调查研究上,花在研究发展、解决实际问题上,花在体察民情、为群众排忧解难上。能办成、能办到的事要热心办、尽力办、尽快办,要办得好、办得实。

要树立廉洁自律的形象。“公生明,廉生威”,各级领导干部要牢记党和人民的信任、希望和重托,牢记党的宗旨,树立正确的权力观,自觉用党纪、政纪和法律法规要求自己,筑起拒腐防变的思想防线,努力做到慎独、慎微、慎言、慎行,自重、自省、自警、自励,在群众中树立威信。

五、强化教育,建章立制,加强监督管理

加强思想教育。要从思想教育,强化自律为切入点,着力抓好干部教育工作。抓好党的宗旨意识和优良作风教育,强化干部公仆意识;抓好党风党纪教育,使干部明白该干什么,不该干什么,规范干部言行,促使干部履行好职责;抓好激励教育,用榜样的作用进一步强化干部自律意识;抓好警示教育,用反面教材进行正面教育引导,增强自律的自觉性与紧迫感。

建章立制,规范行为。要建立健全领导班子和领导干部的岗位职责体系和实绩考核体系,强化干部日常管理、日常考核和专项考核,重点抓好对领导干部特别是主要领导干部对人财物的管理使用和关键岗位的监督;严格实行问责制度,规范领导干部问责办法,坚持开展领导班子和领导干部群众满意度测评,把测评结果作为考核干部的重要依据,切实提高群众对干部管理监督的满意度。

六、积极探索,大胆创新,深化制度改革

深化干部人事制度改革是建设高素质干部队伍、培养造就大批优秀人才的治本之策。

完善干部选拔任用机制。坚持民主、公开、竞争、择优,扩大干部选拔任用工作民主,建立健全干部选拔任用提名制度,规范干部破格提拔办法,扩大干部选拔任用工作信息公开的内容和范围,不断增加干部工作透明度。完善差额选拔干部办法,加大竞争性选拔干部工作力度,推进党政机关内设机构领导干部差额选拔制度。

完善干部考核评价机制。建立完善促进科学发展的干部考核评价办法,建立完善符合不同区域、不同层次、不同类型领导班子和领导干部特点的考核评价体系;完善科学有效、便于操作的考核办法,丰富考核形式,加强平时考核、强化专项考核、健全年度考核、完善换届(任期)考察、改进任职考察,增强考核的全面性和准确性。充分发挥干部考核对促进科学发展的导向作用、评价作用和监督作用,及时把政治上靠得住、工作上有本事、作风上过得硬、人民群众信得过的干部选拔进各级领导班子。

完善干部管理监督机制。严格执行党政领导干部职务任期制,完善任期目标考核等管理措施,做好调整不称职,不适宜担任现职领导干部的工作;全面推行干部选拔任用工作“一报告两评议”制度,深化拓展“科学规范和有效监督县委书记用人行为”试点工作,探索实行市、县党委书记履行干部选拔任用工作职责离任检查制度,建立完善党政领导干部选拔任用监督机制和责任追究制度;坚持严重违规用人问题立项督查制度,充分运用组织工作满意度和民意调查结果改进干部选拔任用工作,提高选人用人公信度。

创新代表建议办理方式　提高代表建议办理质量

大理州人大常委会副主任　刘世兴

人大代表提出议案、批评和建议，是法律赋予的权利，是人大代表参与国家和社会事务管理的重要方式。督促办理人大代表建议是各级人大及其常委会的重要职责，也是发挥代表作用的有效途径。在州委的领导下，州人大常委会和州人民政府高度重视代表建议办理和督办工作，以提高认识，规范办理程序为基础，以抽查、重点督查办理情况为突破口，以组织代表对建议办理专项检查为重点，以加强与代表的沟通为主线，以重点督办与专工委室归口督办相结合，逐步形成相互补充、环环相扣的办理和督办配套机制。大家对办理人大代表建议的严肃性和重要性有了更深的认识，办理的责任心得到增强，办理的主动性、效率和质量大大提高，人大代表的建议得到更多更好的采纳和落实。从而，在人大代表建议的办理上，我们经历了三个转变，即从“文来文往”向“人来人往”转变，从提高回复率向提高满意率转变，从提高满意率向提高解决率转变。

一、领导重视是做好代表建议办理工作的前提

在每年的代表建议交办会议上，州人大常委会主任和州政府主要领导都亲自到会讲话，要求办理单位进一步提高对代表建议办复工作的认识，把办复代表建议工作作为贯彻落实科学发展观，执政为民，以人为本，了解民意，化解矛盾，对人民负责，为人民服务，依法行政，推动工作的一项重要工作来抓。每次州人代会前、后的州政府全会都将办理好人大代表建议作为一项重要工作专门研究部署、安排强调，并实行问责制。各承办单位加强对办复工作的领导，成立了办复工作领导组，将改进机关作风与办理代表建议有机结合，把办理代表建议作为接受群众监督、帮助群众解决实际困难、关注民情、化解矛盾，为加快发展、构建和谐社会和推进全面建设小康社会，集中民智、凝聚民心的一项重要工作来抓，实行“一把手”负总责、分管领导具体抓的领导分工责任制，通过召开所属单位负责人会议，将任务层层分解落实到具体业务科室。由于领导重视，人大意识、法律意识增强，办复质量逐年提高。

二、规范程序是做好代表建议办理工作的基础

规范程序对于落实办理责任、规范办理工作、提高办理责任心起着重要作用。一是坚持“三先一后”的原则，即：先沟通、先调研、先面商，然后再给提建议代表作出正式的书面答复。把沟通、调研作为办好代表建议的基础性工作和重要环节来抓，深入基层，与代表面对面座谈，掌握了解第一手资料，为客观、准确地答复代表奠定基础。建议办理工作贵在认真研究吸纳代表的意见建议，并狠抓落实，解决问题，这是办理工作的出发点和落脚点。二是按照“两个优先一个个别”的要求着力解决问题。就是在办理过程中，凡是能够解决的问题，一定优先尽快解决；凡是能够列入计划、积极创造条件加以解决的，优先列入计划，尽早解决；对于个别暂时不能解决的问题，实事求是地向代表讲明原因，做好解释工作，取得代表的理解和信任。特别是有些代表对情况不十分了解，所提出的问题与事实有一定出入的，也本着“协商沟通，尊重理解”的原则来对待，绝不应付、搪塞甚至指责，挫伤代表的积极性。三是进一步加强工作协调。各单位都逐件对代表建议进行研究，如确实不属于本单位职权范围的，及时将其退回州政府督查室并说明理由。各承办单位都建立“主要领导负全责、分管领导负专责、承办人员具体抓”的分级办理责任机制。属于本部门承办的代表建议，绝不转由下属单位办理或答复代表。当建议涉及几个部门时，主动加强相互联系，或向州政府督查室反映，绝不因不是自己一个部门的事就一推了之或草率办理、应付了事。对一些政策性强、涉及面广、难度大的问题，由承办单位主要负责人亲自负责，组织力量进行深入的调查与研究，并与有关部门协商后，切实抓好落实，提高代表建议的办理质量。四是强化代表建议办理工作的规范化。建议的答复件统一以单位的文件正式行文，主送提建议的代表本人，同时报送州人大常委会选联工委，州政府督查室，并抄报分管领导。重要的、涉及全局性和政策性的问题，答复件都先经分管的州政府领导审阅，然后由承办单位主管领导签发，并加盖公章。每年的办理工作结束后都专门建档立卷。各承办单位在三个月内均将办理情况答复代表，对于个别难度较大的，事先向代表和州人大常委会说明情况后，可适当延长时间，但答复时间最迟不超过6个月。各承办部门严格按照规定的办理时限，抓紧时间，积极主动地开展工作，确保高质量地完成人大代表建议办理任务。

三、加强与代表沟通是保证建议办理质量的主线

在与代表的沟通联系上，我们从三个方面分工负责，协同开展。第一个方面是常委会机关把督促办理代表建议贯穿于全部工作始终。一是认真准备，开好交办会；二是选联工委在交办会后的三个月内与提建议代表全部联系一次，重点了解承办部门的面商情况，代表对办理是否满意等；三是六个月内与提建议代表再联系一次，全面掌握办理情况；四是组织代表对承办部门进行检查，向常委会写出报告；五是尽可能参加各单位组织的面商会。各专工委室结合工作经常了解督查，年终专门就督促代表建议办理情况进行总结。常委会组成人员在联系代表时，将了解代表建议办理情况作为重要内容。第二个方面是政府督查室适时了解掌握代表建议办理情况，及时做好督办工作。第三个方面是承办部门在100%面商的基础上，一些重点建议邀请人大代表一起调查研究解决；一些困难和问题，与代表反复协商，一起研究解决；对一时难以完成的，多次与代表沟通联系，耐心地解释说明，努力就办理工作与人大代表达成共识，使人大代表对部门工作更加了解、理解；对代表建议答复不太满意的，多次走访，多次面商，直到代表对答复满意和问题解决为止。办理单位积极改进办理方式，采取多种形式加强与代表的联系沟通，积极邀请代表参与办理工作，充分听取代表意见，深入了解代表提出建议的意图和要求，既能切实解决问题，也使代表更多地了解国家政策和全局，了解建议办理的

进展情况，产生了双向互动的良好效果。由于尊重代表，面商到位，为代表服务的意识增强，代表对办复工作的满意率有了较大的提高。

四、注重解决问题是提高代表建议办理实效的关键

代表建议反映最集中的问题，往往是人民群众最关心、最迫切要求解决的问题，而办理人大代表建议的最终目的就是解决实际困难和问题。办理单位注重实效，切实把解决问题作为办复工作的根本目的来抓，重实际，办实事，求实效。对当年或者近期能够解决的，结合工作抓紧落实解决，如：精神残疾病人是社会弱势群体，全州有 12 万人左右，州卫生局认真落实代表建议，到各大医院实地调研，结合大理州实际，专题向省卫生厅请示，请求将州第二人民医院的报销比例比照县级定点医疗机构执行，得到了省卫生厅的批准，从 2008 年 7 月份起，精神残疾病人到州第二人民医院的报销比例由过去的 30% 提高到了 65%，住院起付线由过去的 400 元降至 100 元，真正造福了弱势群体。对应当解决但一时难以落实解决的，列入工作计划，如代表反映永平县厂街杨柳树村村民饮用水为苦咸水，州水利局深入该村调研，认为代表反映当地饮水属于苦咸水情况属实，于是积极向省水利厅汇报，将代表所提建议挤进计划盘子并将其列入计划，通过努力将该村 346 人的饮水工程列入了 2008 年的计划并下达 13.62 万元资金，真正帮老百姓解决了实际困难。办理单位办理代表建议不仅做到“件件有着落、事事有回音”，而且更加注重解决代表提出的实际问题，使代表建议办理质量得到不断提高。

五、创新办理方式是提升代表建议办理工作的有效途径

办理单位在规范办理代表建议程序基础上，不断总结完善，创新办复方法，提高了办复质量和效果。一是为确保人大代表建议办理工作责任落实到科室，落实到人，设计制作了《人大代表建议承办登记表》，对建议编号、主要内容、代表姓名或领衔人、联系电话等内容进行登记，详细对领办时间、交办时间、办结时间、承办科室、承办责任人、分管领导等进行记录，办理完毕后，由办公室专人负责将每一件建议的面商时间、面商方式、满意率、答复件分类、落实情况等逐一验收并进行登记，使办理工作底子清、情况明、管理规范、责任明晰、动态清楚，办理工作更加规范。二是正式答复文稿寄送代表后，结合《征询意见表》所反馈意见适时进行回访，将本单位工作内容再次详实地向代表作介绍，让代表对部门工作有了更加全面深入细致的了解。三是制订“办复回头看”制度，对社会热点、难点问题建议的办理情况开展“回头看”活动，检查办理工作情况，使代表建议办复工作更加规范化、制度化，从而有效提高了办理质量和效果。

六、突出重点是推动代表建议办理工作的有效方法

在认真分析研究的基础上，选择部分代表建议进行重点督办，对推动建议办理工作具有很好的促进作用。州人大常委会组织部分州人大代表对《关于像保护苍山、洱海一样保护大理的田园风光的建议》、《关于加快关巍公路建设进度的建议》等建议办理情况进行了专题视察，同时确定对《关于加强全州种子管理体系建设和种子市场质量监管，确保农业生产用种安全的建议》、《建议继续实施第三批村委会办公用房和村级组织活动场所建设》、《关于加强基层动物防疫体系建设的建议》等建议，均由州人大常委会选联工委重点检查督办，办理部门要写出专题报告报州人大常委会。通过对重点建议的督办，解决了一批人民群众十分关注、代表反映集中的问题，对办理好其他建议起了示范作用，形成了建议办理的综合效应。

人大代表提建议和各有关部门办理好建议，都是在履职尽责，只要始终坚持“情为民系、权为民用、利为民谋”的信念，大胆探索、积极实践、勇于创新，人大代表建议办理和督办这一常做常新的工作就会不断取得新成效。

努力开创工商联工作新局面 为实现全州“十二五”发展目标贡献智慧和力量

大理州政协副主席、大理州工商联主席　寇铸勋

今后五年,正值“十二五”规划实施时期,随着中共中央、国务院《关于加强和改进新形势下工商联工作的意见》和国务院“非公新36条”的贯彻落实,以及新一轮西部大开发战略、“桥头堡”战略的实施和滇西中心城市建设步伐的加快,我州非公有制经济的发展将进入一个非常难得的发展机遇期。为此,我们提出今后五年工商联工作的建议,总体要求是:以邓小平理论和“三个代表”重要思想为指导,深入贯彻落实科学发展观,围绕中心,服务大局,坚持以协调服务为主题,组织建设为基础,学习培训为重点,自身建设为根本,开拓创新为动力,思想政治工作为保证,认真履行职能,努力为实现全州非公有制经济又好又快发展作出新贡献。具体建议是:

一、认真学习贯彻中央文件,推动工商联工作科学发展

认真学习贯彻《中共中央国务院<关于加强和改进新形势下工商联工作的意见>》,是当前和今后一个时期工商联的首要任务,也是广大非公有制经济组织和非公有制经济人士的首要任务。以起草大理州《实施意见》为契机,认真研究,争取出台一个政策水平高、操作性强、能推动工商联事业科学发展的《实施意见》。通过对《实施意见》的贯彻落实,不断争取各级党委、政府加大对工商联工作的重视和支持,不断推动工商联的组织建设、队伍建设和工作环境条件的改善,不断提高工商联服务非公有制经济的质量水平,使全州工商联的各项事业继续向前发展,迈上一个新台阶。

二、坚持正确方向,积极引导非公有制经济人士健康成长

一是认真开展中国特色社会主义学习教育活动。各级工商联组织要因地制宜,采用灵活多样的形式和方法,精心组织,讲求实效。二是继续推进光彩事业。要引导非公有制经济人士自觉承担社会责任,自觉守法经营,继续弘扬“光彩精神”。积极筹备成立“大理州光彩事业促进会”,扎实开展“云南红土情·光彩进万家——民营企业感恩行动”,动员更多的非公有制经济人士投身光彩事业。三是认真组织开展以“爱国、敬业、诚信、守法、贡献”为主要内容的教育活动。引导非公有制经济人士坚定不移地走中国特色社会主义道路,使更多的非公有制经济人士成为优秀中国特色社会主义事业建设者。进一步完善非公经济代表人士综合平价体系,加强理论培训和政治引导,促进非公有制经济人士健康成长。

三、深入开展创先争优活动,为实现“十二五”良好开局提供动力

按照州委的统一部署和要求,进一步巩固和扩大全州非公有制经济组织深入学习实践科学发展观活动取得的成果,扎实开展创先争优活动。一是积极配合组织、统战等部门,开展好非公企业的党建工作。继续抓好扩大党的基层组织覆盖,把工作重点转移到规模以下企业。进一步规范单独建、联合建、挂靠建等组建方式,积极探索新形势下党组织组建工作。二是通过创新活动方式,充分发挥非公有制经济组织中党组织的作用,进一步加强企业党组织负责人的选配和培训,加大党建工作指导员选派工作力度。三是把非公有制经济组织的党建和企业文化结合起来,开展丰富多彩的党性教育活动和评选表彰先进活动,深化党群共建创先争优工作,推动企业科学发展。

四、强化学习培训,努力提高“两支队伍”素质

采取多种形式,迅速掀起对《中共中央国务院<关于加强和改进新形势下工商联工作的意见>》的学习宣传高潮,聘请专家学者举办学习《意见》精神和国务院“非公新36条”培训班,以及“桥头堡”战略研讨班。继续抓好非公有制经济人士的培训工作,创新培训模式,完善培训机制,积极选派企业家参加省内外的培训,努力提高非公有制经济人士的综合素质。强化工商联干部职工政治理论和业务知识学习,努力提高干部职工的思想政治素质和业务知识水平。

五、深入开展调查研究,不断提高参政议政水平

紧紧围绕贯彻落实《中共中央国务院<关于加强和改进新形势下工商联工作的意见>》,在加强和改进工商联工作方面选题,深入基层,认真梳理需要加强和解决的具体问题,注重解决现实问题,为制定我州《实施意见》提供翔实的依据。充分调动非公经济代表人士参政议政的积极性,在新一轮西部大开发、“桥头堡”建设和社会主义新农村建设,以及影响非公有制经济发展的突出问题方面,精心选择课题,深入调查研究,客观反映非公有制经济人士的意见和诉求,为党委、政府提供决策参考。充分发挥工商联联系广泛的优势,整合优势资源,积极建言献策,力争在非公有制经济健康发展、非公有制经济人士健康成长和工商联事业科学发展上取得实质性的成效。

六、强化服务意识,进一步提高服务工作质量

一是创新服务手段，多途径为会员提供融资服务。进一步搞好融资服务，充分发挥大理兴洲小额贷款有限责任公司方便快捷的信贷优势，积极开展信贷服务。同时，建立工商联与金融机构的合作机制，积极帮助协调企业发展所需资金。二是拓宽服务领域，搭建企业与企业之间的沟通平台。认真组织非公企业参与招商引资、产品展销等经贸活动；引导企业积极参与"桥头堡"战略实施和滇西中心城市建设；引导企业主动调整产业结构，加快转变发展方式；引导规模以上企业努力做大做强，发展拥有自主知识产权的技术和品牌；引导中小企业充分发挥小、快、灵的优势，向专、精、特、新方向发展，推动非公企业科学发展。三是提高服务手段，多载体为会员提供信息服务。继续协调有关部门组织好"民营企业人才招聘会"、就业洽谈会等活动，及时提供用工信息，为企业、社会提供用工和就业服务。四是提升服务水平，多渠道为会员提供维权服务。切实维护会员合法权益不受侵害，与州内一至二家律师事务所合作，成立州工商联法律服务部，组织开展会员企业家法律培训班，进一步增强会员企业的法律意识。五是深化服务层次，全面推动企业文化建设。不断提高企业内在竞争力，引导支持企业举办各种形式的文娱活动，活跃企业文化生活。六是继续抓好鼓励创业"贷免扶补"工作，并抓好贷款回收，积极促进创业带动就业。

七、继续加强自身建设，推动工商联工作全面发展

通过加强自身建设，努力把工商联建设成为政治方向明确、工作职能完善、运转机制健全、服务能力较强、作用发挥充分的人民团体和商会组织。

（一）加强组织建设

根据发展非公有制经济和开展工商联工作的需要，不断壮大会员队伍，继续优化会员结构，改进会员队伍管理。加快乡镇商会、街道商会等基层商会建设，不断扩大工商联会员覆盖面和工作覆盖面。加强对行业商会、异地商会和基层商会的工作指导，力争在组织建设上有新突破。

（二）加强班子建设

要认真贯彻民主集中制原则，健全集体领导和个人分工负责相结合的制度，坚持领导班子民主议事、科学决策，完善议事程序和规则。充分发挥好兼职副主席和副会长，以及常委、执委的作用，努力提高领导班子的能力和水平。充分发挥工商联党组的领导核心作用，把握好政治方向，决策好重大问题，建设好干部队伍。

（三）加强机关建设

从强化服务意识、改进工作作风、提高工作效率入手，狠抓干部队伍建设，确保党风廉政建设责任制落到实处；进一步加强制度建设，健全完善议事程序和规则，继续抓好"四项制度"的落实，推进机关工作高效有序运行；进一步转变工作作风，强化宗旨意识，深入企业，创新工作思路，狠抓工作落实，把贯彻落实科学发展观作为一切工作的出发点和落脚点，推动工商联工作全面发展。

今后五年工商联既面临大好发展机遇，又面临许多挑战。工商联事业任重道远，前景广阔，大有作为。我们将在州委、州人民政府的坚强领导下，在省工商联和州委统战部的帮助指导下，深入贯彻落实科学发展观，团结带领全州非公有制经济人士和工商联干部职工，以更加振奋的精神、更加务实的作风、更加扎实的工作，不断开创新形势下工商联工作的新局面，为建设富裕民主文明开放和谐大理作出新的更大的贡献！

（责任编校：王超英）

大　事　记

（2010 年 1～12 月）

1　月

1 日　10 时 08 分 20 秒，大理州剑川县发生一起 4.6 级地震。

△　经大理州住房公积金管理委员会通过，报请州十二届人民政府第 18 次常务会议研究同意，州级行政事业单位职工住房公积金缴存比例调整为 10%。

2 日　州委副书记王雪峰深入剑川县沙溪镇地震灾区，看望慰问受灾群众，检查指导抗震救灾恢复重建工作。

4 日　州委副书记、州长何金平在副州长岳黎松和州级各相关部门领导的陪同下，深入剑川县“1·1”地震灾区，检查指导抗震救灾工作，看望慰问灾区干部群众和战斗在抢险救灾第一线的公安干警、武警消防指战员及民兵预备役官兵。

5 日　省政协副主席管国忠率领省委、省政府集中检查考核组莅临大理，对大理州开展集中检查考核。

△　中共大理州委、州政府召开大理州 2009 年度集中检查考核动员暨综合汇报会，向省检查考核组汇报工作。省检查考核组组长、省政协副主席管国忠作动员讲话，州委书记刘明作工作情况汇报，州委副书记、州长何金平主持会议。

△　中共云南省委考核组到大理州就 2009 年禁毒工作完成情况进行检查考核。考核组认为，中共大理州委、州人民政府高度重视禁毒工作，领导全州人民大打禁毒人民战争，缉毒、禁毒宣传教育、禁吸戒毒、禁种铲毒等取得显著成效。

△　大理州人民政府在下关召开全州二级公路建设工作会议，安排部署全州在建政府还贷二级公路今后两年建设任务。会议强调，抓住国家逐步有序取消政府还贷二级公路收费政策的重大机遇，适时加快大理州政府还贷二级公路建设，进一步完善路网结构，强力推进在建政府还贷二级公路建设。

5～6 日　中共云南省委、省人民政府考核验收组到洱源就 2009 年度“先进平安县”创建工作进行考核验收。

6 日　由全国人大常委会委员、内务司法委员会主任委员黄镇东，全国人大常委会委员、全国人大常委会副秘书长、内务司法委员会委员何晔晖等一行 10 人组成的全国人大常委会内务司法委员会调研组，在云南省人大常委会内务司法委员会主任委员李应科等的陪同下，到大理州对道路交通安全管理工作进行调研。大理州举行汇报会，州人大常委会副主任彭增梅主持汇报会，副州长、州公安局局长郭有兵作专题汇报，州级相关部门负责人参加汇报会。

△　大理州召开 2009 年度县市委书记考核、县市党建工作考核及州管领导班子和领导干部年度考核工作部署会议，对集中考核工作进行安排部署。

△　云南省 2009 年度集中检查考核第 14 检查考核组组长、省政协副主席管国忠，在州政协主席袁爱光，副主席毕熊光、孙明的陪同下，到大理市下关镇刘官厂南经庄和北经庄自然村调研，面对面听取基层干部群众意见。

△　州委副书记、州长何金平在北京与华彬投资（中国）有限公司董事长严彬签署了合作协议，著名国际投资公司华彬集团将借大理旅游二次创业东风，合力推进大理滇西中心城市建设，到大理打造全国第一个绿色、环保、节能的低碳绿色生态旅游度假区。

△　红塔集团大理卷烟厂、云南农业大学烟草学院、大理州烟草公司、南涧县政府、南涧县烟草分公司就南涧红大“绿色烟”项目实施前期准备工作进行座谈磋商，提出力争在 3 年内南涧全面实现“绿色烟”种植目标。

6～9 日　云南省 2009 年卫生工作及艾滋病责任目标完成情况考核组到大理州进行考核检查。

7 日　《人民公安报》、《云南日报》、《云南法制报》、《车与人杂志》四家媒体记者在州交警支队领导陪同下到喜洲镇对“大理市交通安全示范村”珂里庄村进行深入调查和采访。

8 日　中国民主同盟大理州委、中国民主促进会大理州委、九三学社大理州委第二次代表大会在下关苍山饭店隆重开幕。

△　大理州政府办发出紧急通知，要求全州各单位进一步加强森林防火工作，全面落实各项规章制度。

△　上海交通大学安泰经济和管理学院副院长何志毅教授应邀到大理州作题为“新战略新思维，企业与企业、企业与社会的博弈”专题讲座。

9 日　原海军副政委邬华扬中将，十一届全国人大外事委员会委员、中国人民解放军军事科学院原副院长徐根初中将等在京部分军队全国人大代表视察组一行，就洱源县依托独特区位条件、丰富的资源优势，建设资源节约型、环境友好型社会情况进行视察。

10 日　中国红十字会党组书记、常务副会长王伟，中国红十字会赈济救护部部长王平，云南省政协副主席、省红十字会会长陈勋儒，云南省红十字会党组书记、常务副会长杜克琳等领导到大理州调研。

11 日　大理州博物馆举行免费开放启动仪式，州政府副州长洪云龙出席启动仪式并讲话。

11～12 日　中共大理州委六届八次全体（扩大）会议在下关召开。

11～16 日　经中央电视台《民歌·中国》栏目的全面实施运作，具有浓郁地方特色和乡土文化气息的“南涧跳菜·无量情”再度亮相央视舞台。

13 日　大理州召开政法工作情况汇报会，听取州委政法委关于 2009 年以来全州政法工作情况汇报，分析当前形势，研究部署2010年的政法工作。州委书记刘明在会上讲话，州委副书记、州长何金平主持会议并作总结。

13～14日 州政协十一届八次常委会议在下关召开。州政协主席袁爱光主持13日上午的会议，州委副书记王雪峰应邀到会指导，州委常委、州人民政府常务副州长马建全出席会议。

14日 州长何金平在大理国际会议中心，会见香港《大公报》总编辑贾西平，《大公报》云南办事处主任辛民，记者林雨燊、刘林秋等一行。

△ 州长何金平主持召开州十二届人民政府第20次常务会议。

△ 州政府在大理农业学校进行调研，安排大理农林职业技术学院筹建工作。州委副书记、州长何金平要求，要突出重点，突破难点，理顺体制，创新机制，合力攻坚，切实推进大理农林职业技术学院筹建工作，圆满实现州委州政府提出的筹建目标。

15日 州委常委、大理市委书记段玠，州委常委、州委宣传部部长王以志，副州长许映苏一行在州、市有关部门负责人陪同下到大理古城对2010中国大理第三届国际兰花茶花博览会筹备工作进行实地检查指导。

△ 大理州召开《大理环洱海自然文化遗产资源保护与利用规划》第一次意见征询会，向社会广泛征求修改完善意见建议。该规划是云南省第一个系统性的文化遗产资源保护与利用规划，标志着大理州在自然文化遗产和生态环境保护方面又向前迈进了一大步。

△ 云南省林业厅副厅长王德祥和州政府副州长岳黎松共同在协议书上签字，标志着云南省森林公安局大理直属局正式整体移交大理州。

17～26日 云南省文化厅"文化大篷车·千乡万里送戏行"赴祥云县革命老区慰问演出。

18～19日 由州人大常委会副主任陆璐，州政府副州长许映苏、岳黎松等领导组成的慰问组，深入到剑川县、祥云县，对"11·2"、"7·9"地震灾区受灾村委会和重灾户进行慰问。

19日 州委、州政府召开全州抗旱救灾暨冬春农田水利建设工作电视电话会议，州委副书记、州长何金平要求，进一步动员全州上下迅速行动起来，全力打好抗旱救灾和冬春农田水利建设攻坚战。

△ 州委、州政府召开新闻媒体座谈会。州委书记刘明在会上强调，不断解放思想、改革创新，努力开创新闻传播工作新局面，为经济社会发展提供有力的舆论支持。

△ 州委、州政府在下关召开全州离退休老干部经济社会发展情况通报会，通报2009年全州经济社会发展情况，以及2010年州委、州政府的工作部署。

△ 州委常委、州委政法委书记茶忠旺到巍山县检查指导抗旱工作。

20日 州委常委、大理市委书记段玠到大理市太邑乡调研指导抗旱工作。

△ 州委常委、州委秘书长杨健，州人大副主任尚榆民，副州长许映苏率州春节慰问组深入鹤庆县开展走访慰问活动，给部分困难群众带去了各级党委政府的关怀和新春祝福。

△ 州委副书记王雪峰率州委政研室、州水利局、州农业局等部门负责人，深入云龙县就抗旱救灾和农田水利建设工作进行检查指导。

△ 由州委常委、副州长蔡春生，州人大常委会副主任杨宴君以及州总工会、州发改委等部门领导组成的慰问组，前往永平县看望慰问该县部分代课教师、困难职工、困难群众、困难党员、老党员、劳动模范和重点项目建设工人，并与优秀农民工代表和政法干警代表齐聚一堂，向他们送上了新春的问候和祝愿。

△ 州委常委、州纪委书记梁志敏，州人大常委会副主任、州总工会主席彭增梅，州政协副主席孙珍玲一行到南涧县进行春节走访慰问，并对该县的抗旱救灾及冬春农田水利建设工作进行检查指导。

△ 州委常委、常务副州长马建全，州人大副主任彭增梅，州政协副主席杨泽恒带着州委、州政府的深情厚谊，走访慰问了宾川县的部分老党员、农民工、代课教师、卫生系统的合同工和部分贫困群众，及时把党的温暖和关怀送到他们的手中。

20～29日 为确保两会及春节期间的食品、特种设备及节日热销产品质量安全，州质量技术监督系统在全州范围内开展以食品质量安全和特种设备安全为重点的安全生产大检查活动。

21日 由州委常委、州纪委书记梁志敏，副州长程云川带队的春节慰问组走访慰问了大理州部分招商引资企业，向他们送上了新春的问候和祝福。

△ 大理州召开奶业发展研讨会，分析农业发展面临的新形势，找准制约奶业发展的困难和问题，研讨加快奶业区域化、产业化、优质化的对策和措施，促进大理州奶业科学长足发展。

△ 全州外事接待工作会议在下关召开。会议提出，进一步解放思想，开拓进取，团结干事，全面履行外事、接待两项职能，切实做好信息化建设，健全完善管理制度，构建外事工作区域化合作机制，完成接待体制机制改革，提升接待水平，努力开创外事接待工作新局面。

△ 州委副书记王雪峰，州人大副主任、州总工会主席彭增梅，州政府副州长李红卫，州政协副主席毕熊光，以及有关部门的领导组成慰问组深入云龙县开展"两节"走访慰问活动。

21～22日 大理州以重视国家产业发展政策，大力推进资源循环利用，发展低碳经济，为创建低碳生态城市做出了不懈的努力，被首届"低碳中国论坛"年会授予2009年度"最具竞争力的低碳产业基地城市"荣誉称号。

22日 由云南省妇联组织的云南省创业先进典型第三巡回演讲报告团在大理开展宣讲活动。省妇联副巡视员方敏，州委副书记王雪峰，州人大常委会副主任杨宴君，州政协副主席孙珍玲出席报告会。

23～25日 中共中央办公厅、国务院办公厅联合督察组组长、中办督查室督察专员咸罗洪一行3人，以及省委办公厅副主任、省委督查室主任杨礼华，省民政厅厅长王树芬等到大理州就贯彻落实《中共中央办公厅、国务院办公厅关于做好2010年元旦、春节期间有关工作的通知》，着力做好困难群众生产生活安排工作的情况进行督促检查。

25日 州委常委、州委宣传部长王以志，州人大常委会副主任、州总工会主席彭增梅，州人大常委会副主任陆璐等领导到漾濞县开展"心系职工、温暖进万家"为主题的送温暖活动。

25～26日 大理军分区党委十二届六次全体（扩大）会议召开。会议强调，加强集体领导，积极探索创新，不断提高军分区全面建设水平。

△ 副州长、州公安局局长郭有兵深入到大理、祥云、弥渡、巍山、南涧、永平、漾濞7县市公安局的17个基层一线所队，对综治维稳和春节安保工作进行检查指导，看望慰问战斗在基层一线的公安民警和武警、消防官兵。

26日 2010年中国·大理首届珠宝博览会开幕，本届博览会以"人文大理，幸福家园"为主题，以"云岭翡翠走廊，古都藏宝之城"为内涵，来自省内外110多家商家参加了珠宝交易博览会。

△ 由中华慈善总会、云南省慈善总会和大理州慈善会共同举行的"慈善

情暖万家”活动在洱源县牛街乡拉开序幕。

△ 云南省红十字会2010年大理州“博爱送万家”活动在宾川举行。省政协副主席、省红十字会会长陈勋儒,省红十字会巡视员和永春,州委副书记王雪峰,州政府副州长、州红十字会会长洪云龙,州政协副主席孙珍玲等领导出席活动。

27日 全州安全生产工作会议在下关举行。

△ 全州教育工作会议在下关召开。会议总结回顾了2009年教育工作,分析研究全州教育改革发展面临的新形势、新任务,安排部署2010年教育工作。

28日 州十二届人民政府召开第四次全体会议,对即将提交州十二届人大三次会议审议、政协十一届三次会议协商的2010年《政府工作报告》和计划、财政报告进行讨论、修改和完善。

△ 州委常委、州委统战部部长杨秀星一行到洱源县慰问困难老党员,给他们送去了春节慰问金并带去了州委、州政府的亲切慰问。

29日 由云南省农业厅、省林业厅、省旅游局、省花卉产业办公室、省农科院和大理州政府、大理市政府及中国花卉协会兰花分会、茶花分会共同主办的2010中国大理第三届国际兰花茶花博览会在大理古城隆重开幕。本次盛会共邀请到美国、日本、韩国、印尼和台湾、香港、澳门以及各省、市、自治区及云南省各州市共145家参展单位,展出2.8万多盆兰花和2万多盆茶花。

△ 大理州十二届人大常委会在下关召开第十三次会议。

△ 州政府副州长程云川于1月29日下午,带领交通、安监、交警等有关部门负责人,实地检查了大理港码头、大理客运站、中石化大理配送振戎油库安全设施等春运交通安全情况。

29~31日 武警大理支队党委二届七次扩大会议在下关召开。州委书记刘明强调,武警大理支队全体官兵要为维护国家安全和社会稳定、服务经济社会发展提供坚强有力的保障。

30日 州委书记刘明,州委常委、州委秘书长杨健,州委常委、州委组织部部长叶翠萍,州人大常委会副主任、州总工会主席彭增梅一行到宾川看望慰问基层老党员、困难党员、困难职工和农村特殊困难户,把州委、州政府的新春祝福送到基层党员群众的心坎上。

△ 大理州浙江(温州)商会2010年新春茶话会在下关举行,州人大常委会原主任、大理州浙江(温州)商会名誉会长马国盛,州工商联、州经委、州商务局的领导及大理州浙江(温州)商会会员代表出席茶话会。

△ 大理州交管部门举行2010年春运道路交通安全暨文明交通行动计划启动仪式。

31日 州委召开全州组织工作会议,听取县市委书记2009年度抓党建工作专项述职,总结2009年的组织工作,研究部署2010年的组织工作。

2 月

1日 政协大理州第十一届委员会第三次会议在下关开幕。

1~2日 云南省治安暨保安管理工作会议在大理古城举行。会议分析当前全省治安工作面临的形势,研究并探讨进一步加强和改进治安管理工作的措施办法,并对2010年治安管理工作进行了部署。

2日 大理白族自治州第十二届人民代表大会第三次会议在下关苍山饭店礼堂隆重开幕。

△ 由大理市商务局牵头,工商、安监、消防等部门组成联合检查组,对大理市辖区内各大中型超市、农贸市场、加油站等进行节前检查,确保节日市场稳定运行。

3日 政协大理州十一届委员会第三次会议举行界别联组会。州委书记刘明,州委常委、州委统战部部长杨秀星,州委常委、常务副州长马建全,州委常委、州委秘书长杨健应邀到会作指导。州政协主席袁爱光主持会议。州政协副主席毕熊光、张树藩、孙珍玲、孙明、寇铸勋、杨泽恒,州政协秘书长欧阳任,州政协常委、各县市政协主席以及政协各界别代表等参加会议。

△ 州委书记刘明在鹤庆调研时强调,要深入贯彻落实党的十七届四中全会和省委八届八次全委会精神,大力推进生态文明建设,加快草海湿地保护建设,加快旅游二次创业步伐,推动经济社会又好又快发展。

△ 州委副书记王雪峰一行走访慰问离退休老干部杜云仙、张美昌、杨培源。

4日 州十二届人大三次会议在下关苍山饭店礼堂举行第二次全体会议。

△ 政协大理州第十一届委员会三次会议举行“两院”报告协商讨论会,为进一步做好“两院”工作积极建言献策。

4~6日 中共云南省委常委、省委组织部部长辛桂梓在大理调研抗旱工作。基层党组织和广大党员干部要积极投身到抗旱救灾工作中去,充分发挥各级党员干部在抗旱救灾工作中的战斗堡垒和模范带头作用,做带领广大群众抗旱救灾的主心骨,认真做好凝聚人心、鼓舞斗志、抗旱救灾、维护社会稳定等工作,引导广大群众树立信心,保持同旱灾作斗争的旺盛斗志,努力夺取抗大旱保民生夺丰收的最后胜利。

5日 中国人民政治协商会议大理州第十一届委员会第三次会议在苍山饭店礼堂胜利闭幕。

△ 州委副书记、州长何金平率领州委常委、常务副州长马建全,州委常委、州委政法委书记茶忠旺,以及相关部门的领导深入关巍公路建设工地检查工作。

△ 州委副书记王雪峰在团州委开展“青春温暖彩云南真情助困进万家活动”之际,到州民族中学看望慰问家庭贫困及寒假留校学生,为他们送去了爱心礼包,并提出了希望和要求。

△ 由大理州就业再就业工作领导组举办的2010年“春风行动”就业专场招聘会在下关举行。

6日 州十二届人大三次会议闭幕后,州人大常委会与州人民政府、州中级人民法院、州人民检察院举行了工作联席会议。州人大常委会就2010年工作要点,向“一府两院”领导征询意见,以进一步加强人大与“一府两院”的沟通协调,形成推动全州经济社会又好又快发展的强大合力。

△ 大理市2009年度廉租房进行公开抽签选房,161户承租户如愿抽取到了房号。

7日 中共大理州第六届纪律检查委员会第五次全体会议在下关召开。州委书记刘明在会上强调,要深刻认识新形势下加强反腐倡廉建设的重要性和紧迫性,切实加强和改进对反腐倡廉建设的领导,着力推进反腐倡廉制度建设,开创党风廉政建设和反腐败斗争新局面。

△ 由国家防总秘书长、水利部副部长刘宁带队的国家防总和国家减灾委联合工作组莅临大理,深入大理州检查指导抗旱减灾工作。省政府副省长孔垂柱,省水利厅厅长周运龙,中共大理州委书记刘明,州委副书记、州长何金平,州政府副州长岳黎松,以及州级相关部门的领导等陪同考察。

△ 大理州与红塔集团在龙山国际会议中心举行座谈会,共同畅谈现代烟草农业发展思路,共谋共商烟草产业发

展大计。

8日 副省长曹建方在州长何金平，副州长许映苏及省、州有关部门领导陪同下，深入宾川县平川镇和鸡足山镇，看望慰问在地震中受灾的困难群众和水电站搬迁安置移民，并就大理州地震灾区的恢复重建及水电移民安置工作进行调研。

△ 州政协主席袁爱光带领州委、州政府慰问组到祥云县开展春节送温暖活动。

△ 州公安局召开全州公安局长电视电话会议，贯彻落实全国、全省政法工作和全国、全省公安局长电视电话会议精神，总结2009年公安工作，分析当前面临的形势，安排部署2010年的公安工作重点，副州长、州公安局局长郭有兵出席会议并讲话。

△ 带着州委、州政府的关爱和温暖，州委常委、副州长蔡春生率州委、州政府慰问组，深入大理州祥云飞龙有色金属股份有限公司、云南力帆骏马车辆有限公司、清逸堂实业有限公司、下关沱茶股份有限公司4家重点民营企业，听取企业心声，了解群众需求，表达州委、州政府的关切之情，致以新春佳节的美好祝愿。

△ 带着党和政府对各少数民族的深情厚谊，州委常委、州委统战部部长杨秀星带领州委统战部、州民委领导，分别走访慰问了州白族、彝族、回族、藏族（康巴）和纳西5个民族学会，并代表州委、州政府把慰问金一一送到各民族学会手中。

9日 州委书记刘明在州委常委、大理市委书记段玠等领导陪同下，深入大理苍山保护区检查指导森林防火工作，看望慰问坚守在森林防火工作岗位上的森林防火人员，并代表州委、州政府向他们送上新春的祝福。

△ 州委副书记、州长何金平，州委常委、州委宣传部部长王以志，州政府秘书长李超，以及州级相关部门的领导，深入漾濞县开展走访慰问活动，把党和政府的深切关怀送到老党员、贫困党员、困难职工和群众当中。

△ 州委常委、副州长蔡春生，州委常委、州委统战部部长杨秀星到宾川县三个华侨管理区看望慰问困难归侨侨眷，把党和政府的温暖送到全县归侨侨眷心中。

10日 州委、州政府在风花雪月大酒店举行盛大的新春团拜会。

△ 在中华民族传统佳节春节即将来临之际，带着全州350万各族人民的深情厚谊，州委书记刘明和州委副书记、州长何金平等大理州领导前往大理军分区和驻地部队走访慰问，送去诚挚的新春祝福，共叙军地军民鱼水情。

△ 大理州召开广播电视播出工作会议，对广播电视节目制作、播出、传输、发射工作进行安排。

11日 关巍公路正式建成通车。

13日 州委常委、大理市委书记段玠，副州长李红卫一行专程看望慰问了春节期间坚守岗位的大理机场、大理火车站、大理供电有限公司的干部职工，代表州委、州政府对他们的辛勤工作表示感谢，并致以新春的祝福。

△ 州委常委、州委宣传部部长王以志，副州长洪云龙，州政协副主席杨泽恒到州医院和州疾控中心，看望慰问住院治疗的老干部和坚守岗位的医务工作者，给他们送去新春的祝福。

△ 州委常委、州委政法委书记茶忠旺看望、慰问正在坚守工作岗位的值勤民警，代表州委、州政府对他们的辛勤工作表示感谢，并向他们及其家属致以亲切的问候和良好的祝愿。

20日 预备役二团召开团党委一届六次全体（扩大）会议暨2009年度表彰大会，州委常委、州政法委书记、预备役师副政委、预备役二团第一政委茶忠旺在会上强调，预备役部队要紧紧围绕中心工作，扎实推进部队全面建设科学发展。

21日 州委召开常委会，听取抗旱救灾工作情况汇报，研究部署下一步全州抗旱救灾工作。会议强调，全力以赴，狠抓落实，坚决打好抗旱救灾攻坚战。

△ 云南省联社党委书记、理事长梁希勇在大理调研时，认真听取了大理办事处、各县联社（农合行）前一阶段支持抗旱救灾工作情况，提出农村信用社在抗大旱、保民生、支持春耕生产中要做到"五个确保"。

22日 州政府防汛抗旱指挥部发出启动大理州防汛抗旱应急预案特别重大级（Ⅰ级）应急响应的通知，要求全力做好抗旱工作。

△ 州防汛抗旱指挥部召开工作会议，启动特别重大级（Ⅰ级）抗旱应急响应行动，再次对全州抗旱工作进行安排部署。

△ 全州2010年烤烟育苗抗旱工作会议在弥渡召开，副州长岳黎松出席会议并作讲话，要求进一步狠抓责任落实，讲大局，求创新，切实抓好烤烟育苗和抗旱工作，用实际行动打好抗旱保苗、保民生、保增长第一战。

23日 全州检察机关第八次"双先"活动暨查办大案要案先进集体和先进个人表彰大会召开。

△ 州公安局召开全州各县市公安局长座谈会，副州长、州公安局局长郭有兵强调指出，2010年全州公安工作要突出"三项重点"，夯实"三项建设"，科学发展抓落实。

△ 全州铁路护路联防工作会议强调，深化"三个排查"，强化综合治理，全力维护铁路沿线治安秩序和社会稳定，努力实现"保安全、保畅通、保稳定"工作目标。

△ 大理州正式启动种子执法年活动。

24日 大理州召开特邀建设项目督察员工作会议，总结成绩，进一步加强和完善建设项目督察工作；明确今后任务，确保中央和省、州各项重大决策部署的贯彻落实，推动全州经济社会又好又快发展。

△ 州委、州政府召开大理海东新城区战略发展规划阶段汇报会，听取泛华建设集团大理海东新城区战略发展规划成果阶段性工作汇报。

△ 州委常委、州委政法委书记茶忠旺与州财政局、州安监局负责人到巍山检查指导抗旱救灾工作。

25日 州委、州政府在下关召开全州招商引资和重大项目监督检查总结表彰暨工作部署会议，州委书记刘明在讲话中强调，全州各级各部门和各级领导干部要站在事关全州经济社会发展大局的高度，充分认识抓好招商引资和重大项目建设工作的重要性，切实增强紧迫感和责任感，进一步解放思想、扩大开放，迎难而上，强势推进招商引资和重大项目建设工作。

△ 州委副书记、州长何金平，州委常委、州人民政府常务副州长马建全一行实地察看了州体育馆，并对体育场馆的建设改造提出意见和要求。

26日 州十二届人大常委会举行第十四次会议，听取并审议通过有关事项。

△ 全州对外宣传工作会议在下关召开。会议部署了2010年外宣工作，动员全州外宣战线干部职工，进一步统一思想，振奋精神，开拓进取，改革创新，推动大理州对外宣传工作再上新台阶。

△ 全州文明大理建设示范工程工作会议召开。2010年，大理州精神文明建设工作将以文明大理建设示范工程十项重点工作为重点，广泛开展"讲文明、树新风"活动，创新形式、创新内容、创

新手段，扎实推进文明城市、文明行业、文明村镇的群众性精神文明创建工作，为实现全州经济又好又快发展营造良好社会环境。

△ 庆祝大理州档案馆建馆30周年纪念大会举行。州委书记刘明，州委副书记、州长何金平分别题词，对30年来的全州档案工作给予肯定，对今后的工作提出希望和要求。大会对30个先进单位和50名先进个人进行了表彰。

△ 州委常委、政法委书记、预备役师副政委、预备役二团第一政委茶忠旺到宾川县检查云南陆军预备役步兵师二团三营营部建设和基层正规化建设现场观摩会筹备工作情况，要求高标准抓好现场观摩会各项筹备工作。

28日 全州质量技术监督暨纪检监察工作会议召开。州政府副州长程云川在会上强调，全州质监系统要围绕“一个中心”，保障“两个安全”，提高“三个水平”，做好“四项工作”，努力推动全州质监工作再上一个新台阶。

3 月

1日 州委副书记、州长何金平在龙山国际会议中心东方厅会见国际茶花协会主席帕翠西亚·肖特一行，双方畅谈了大理州茶花种植及茶花产业发展前景，并就大理州2016年举办第23届世界茶花大会的相关事宜作了交流。

△ 州委书记刘明，州委副书记、州长何金平，州人大常委会主任字国顺，州政协主席袁爱光，州委常委、副州长蔡春生，州委常委、常务副州长马建全，州委常委、大理市委书记段玠，州委常委、州委宣传部部长王以志，以及州级相关部门的主要负责人，到大理市对大理旅游重点项目建设情况进行现场调研。刘明、何金平等领导在调研时强调，要全面落实科学发展观，进一步解放思想，坚持“在开发中落实保护，在保护中促进发展”的原则，保护与开发并举，保护与恢复重建结合起来，加快大理旅游重点项目建设，不断推进大理旅游转型升级，推动旅游二次创业。

1～2日 国际茶花协会主席帕翠西亚·肖特，在国际茶花协会奥托姆基金会主席赫博特·肖特、国际茶花协会茶花新品种登录中国区主管王仲囊陪同下，到大理州考察指导茶花产业发展。

1～3日 团省委书记饶南湖到大理州调研基层团组织建设情况。

2日 全州旅游工作会议在下关召开。会议提出，全州各级各部门一定要统一思想，坚定信心，在新的起点上扎实推进全州旅游二次创业。

△ 全省质监系统法制暨执法打假工作会议在大理召开。会议总结了云南省2009年质监系统法制建设和执法打假工作，进一步统一思想，明确任务。全省16个州市质监局领导，以及主管法制法规和打假工作的负责人参加了会议。

△ 大理州纪念“三八”国际劳动妇女节100周年表彰大会暨妇女创业先进典型演讲在苍山饭店礼堂举行，来自全州各族各界的妇女代表欢聚一堂，共同庆祝属于自己的光辉节日。

△ 州委林业工作会议在永平召开。会议提出，切实巩固林业主体改革成果，深化林业综合配套改革，创新林业发展机制，促进林业产业又好又快发展，全面推进“森林大理”建设。

△ 州政协主席袁爱光到祥云县检查指导抗旱救灾工作。

3日 州委书记刘明在州委常委、大理军分区政委王恩富陪同下，赶赴祥云县祥城镇九鼎山白沙坡“3·2”森林火灾现场，实地检查指导扑火工作，看望慰问参加扑火的驻地部队和干部群众。刘明强调，要全力以赴，严防死守，坚决遏制森林火灾频发的态势。

△ 全州加快工业暨非公有制经济发展大会在下关召开。州委书记刘明，州委副书记、州长何金平在会上讲话，强调要不断深化改革，开拓创新，努力实现工业和非公经济发展新跨越。

△ 州政府与云南省投资控股集团公司，在下关签订战略合作框架协议，州委书记刘明参加，州长何金平与云投公司党委书记、董事长保明虎在协议书上签字。

△ 大理州在下关召开第二届优秀高层次人才表彰命名大会，对48名优秀高层次人才进行表彰命名。州委书记刘明，州人大常委会主任字国顺，州政协主席袁爱光，州委常委、州委组织部部长叶翠萍，副州长洪云龙等领导出席会议。会议由州委常委、常务副州长马建全主持。

△ 州政府在下关召开全州在建二级公路协调会议。会议强调，抓住国家逐步有序取消政府还贷二级公路收费政策的重大机遇，加快州政府还贷二级公路建设，举全州之力打一场二级公路建设攻坚战，确保在2011年6月底以前全面完成在建二级公路建设任务，促进全州交通事业发展，有效应对国际金融危机，保持经济平稳较快增长。

3～4日 全州商务工作会议在下关召开。会议提出，解放思想、真抓实干、立足发展，继续保持全州商务工作又好又快发展。

4～5日 州委副书记王雪峰和以省民政厅副厅长李国材为组长的省委、省政府第十一抗旱救灾督办组，到南涧县督察指导抗旱救灾工作。

5日 在民族广场水幕宫前，由州市妇联主办、大理市文化局承办的纪念“三八”国际劳动妇女节100周年“巾帼颂”文艺晚会隆重举行。

△ 全州统战部长会议在下关召开。会议提出，围绕中心，凝心聚力，不断巩固和壮大最广泛的爱国统一战线，全面提高统战工作科学化水平。

8日 州政协举行十一届九次常委会议。州政协主席袁爱光主持会议并讲话，州委常委、副州长蔡春生，州委常委、州委统战部部长杨秀星应邀出席会议。

△ 副省长和段琪率省工业和信息化委、省环保厅、省国资委、云南冶金集团股份有限公司负责人在州委副书记王雪峰、副州长程云川的陪同下，到鹤庆调研铝产业发展情况。鹤庆县领导陪同调研。

△ 州政府副州长许映苏带领州民政局领导及相关负责人，深入弥渡县检查指导抗旱救灾工作。

8～9日 州人大常委会主任字国顺到弥渡县检查指导抗旱救灾工作。

9日 全州广播电视工作会议在下关召开，会议总结2009年工作，研究部署2010年任务，进一步解放思想，开拓创新，狠抓落实，全力推进全州广播电视工作上新台阶。

△ 全州环境保护工作会议在下关召开。会议提出，真抓实干，锐意进取，把环境保护工作引向深入。

△ 全州文化工作会议召开。会议强调，贯彻落实文化立州战略思想，全面加快民族文化强州建设。

△ 州政府对2009年度大理州12家获得“云南名牌”产品的企业进行表彰奖励。州委书记刘明、州长何金平、副州长程云川等领导为获得2009年“云南名牌”产品称号的12家企业颁发了荣誉证书及奖金。

10日 大理州召开加强政府自身建设电视电话会议，总结近年来政府自身建设工作，对推进效能政府和创新政府建设的各项工作进行安排部署。

△ 全州人事编制工作会议召开，会议强调，以服务人才、改善民生为主线，全面提升服务能力和水平，努力实现人事人才和编制工作新突破。

△　大理州召开2010年全州卫生工作会议，总结2009年卫生工作成绩，全面安排部署2010年卫生工作任务。

△　州委书记刘明，州委常委、大理市委书记段玠率领由州、市建设、规划、国土、大理经济开发区管委会等部门有关负责人组成的州市考察团赴昆明，对城中村改造部分项目进行考察。

△　由云南省教育厅主办、大理学院协办的云南省高等学校2010年教学工作会议在大理召开。会议全面总结了全省2009年高等学校教学工作，分析研究了教育发展所面临的新形势和新任务，安排部署了2010年高校教学工作。

△　全州公安交通管理工作会议召开。会议全面回顾总结了2009年工作，分析研究当前大理州道路交通安全工作面临的形势和任务，安排部署2010年公安交通管理工作。

11日　全州科技工作会议在下关召开。会议要求，要努力推进创新型云南行动计划，抓好八大科技创新工程，引领全州经济社会全面持续协调发展。副州长洪云龙讲话，州人大常委会副主任杨宴君、州政协副主席张树藩等参加会议。

△　全州食品药品监管暨党风廉政建设工作会在下关召开。会议提出，各级食品药品监管部门一定要进一步增强紧迫感和责任感，牢固树立科学发展观，切实提高监管能力和水平，努力保障公众饮食用药安全。

△　经省科技厅评审认定、省人民政府批准，“云南省科学普及教育基地”大理国家气候观象台正式授牌。

11～12日　州委常委、州纪委书记梁志敏深入南涧县，调研指导抗旱救灾及县城建设工作。

12日　全州民政工作会议召开，会议强调，强化服务，有效解决困难群众最关心最直接最现实的利益问题，着力提高民生保障水平，推动民政事业又好又快发展。

△　州政府召开全州残疾人工作会议，总结2009年度残疾人工作，安排部署2010年残疾人工作，动员和组织各级各部门，进一步统一思想，提高认识，履行职责，强化落实，共同推进全州残疾人事业新发展。

△　全州州级机关工会工作会议在下关召开。会议认真贯彻云南省总工会十届四次全会和州总工会八届三次全会精神，总结2009年工作，部署2010年任务。会议号召，州级机关全体职工行动起来，为全州夺取抗旱胜利献出一份爱心。

13日　州委书记刘明在州委副书记王雪峰、副州长岳黎松的陪同下，深入宾川、祥云县调研，检查指导抗旱救灾和森林防火工作，调研大理州扶贫综合开发示范园区建设情况，看望慰问抗旱救灾一线的各族干部群众。

15日　州委常委、副州长蔡春生及州委宣传部、州旅游局相关负责人一行到洱源县检查指导旅游工作。蔡春生要求，要紧紧围绕州委、州政府对全州旅游二次创业和旅游产业发展的决策部署，谋大局、看大势，充分发挥冷热水资源优势，切实做好旅游工作。

16日　全州宗教工作会议在下关召开。会议提出，要坚持以邓小平理论和“三个代表”重要思想为指导，以科学发展观统领宗教工作，围绕中心，服务大局，全面贯彻落实党和国家的宗教工作基本方针和《宗教事务条例》，积极引导宗教与社会主义相适应，为全州保持经济平稳较快发展，构建和谐大理做出新的更大贡献。

△　州人大常委会主任字国顺、副主任刘世兴一行到宾川县调研民族乡发展情况。

△　州委常委、州纪委书记梁志敏深入祥云县调研指导抗旱救灾工作。他要求，坚决贯彻州委、州政府对抗旱救灾工作的一系列部署要求，突出重点、全力以赴，把“抗大旱、保民生、促春耕”各项措施落到实处。

△　2010年全州交通工作会议召开上，大理州将进一步加快发展，全面完成“十一五”交通工作目标，确保完成35亿元的交通建设投资任务。

17日　州长何金平主持召开州十二届人民政府第21次常务会议。

△　州政协主席袁爱光到祥云县检查指导抗旱救灾工作和祥姚公路建设。

△　大理州召开全州老干部工作会议，总结2009年全州老干部工作，研究部署2010年工作任务，签订2010年度老干部工作目标管理责任书。

18日　州委副书记、州长何金平，深入弥渡、祥云县调研，检查指导抗旱救灾和森林防火工作，看望奋战在抗旱救灾一线的各族干部群众。

△　云南文化产业投资控股集团党委书记、董事长赵云忠、总经理陶国相等一行到大理州考察洽谈文化产业项目合作事宜。州委常委、副州长蔡春生，州委常委、州委宣传部部长王以志，以及州市相关部门领导，就大理州文化产业项目开发建设情况与该集团进行了交流座谈。

△　由国家统计局投资司副司长贾海率领的检查组到大理，专题听取大理州建筑业经营地统计试点工作情况汇报。

△　全州体育工作会议在下关召开。会议提出，开拓创新，扎实工作，努力实现大理体育事业新跨越。

△　州政府召开全州国土资源工作会议。会议强调，理清思路，突出重点，为大理州经济社会发展提供强有力的土地资源保障。

19日　州政府召开大理滇西中心城市专项规划座谈会。州委副书记、州长何金平在会上强调，集思广益，科学制定专项规划，有力推动大理滇西中心城市建设。

△　全州人口和计划生育工作暨先进集体先进个人表彰会议在下关召开，会议总结2009年全州人口计生工作，并确定了2010年的主要工作任务，对“十五”以来涌现出来的先进集体、先进个人进行表彰。

△　大理学院召开2010年毕业生就业工作会议。总结回顾2009年该校毕业生就业工作的经验和所取得的成果，分析研究当前面临的形势和任务，全力做好2010年该校毕业生就业工作。

19～21日　副州长岳黎松到云龙县检查指导抗旱救灾工作。

20日　由亚太华影（北京）影业有限公司和州委外宣办、州政府新闻办联合摄制的电影《爱・不爱》在大理古城开机。

△　州委副书记王雪峰深入到云龙县旧州、表村等乡镇，检查指导抗旱救灾和森林防火工作。

20～21日　州委书记刘明深入到弥渡、南涧两县调研。他强调，要坚定信心，群策群力，众志成城抗旱救灾，创新思路建设新农村。

21～23日　受省委常委、省委宣传部部长张田欣的委托，省文明办专职副主任陈德金一行9人在州委宣传部、州文明办等有关部门领导的陪同下，到洱源县开展抗旱救灾捐助活动。

22日　州政府召开全州烤烟生产紧急会议，分析研究当前烟叶生产面临的新形势、新变化和新任务。会议强调，统一思想、坚定信心、狠抓落实，坚定不移地打好大理州烟叶生产攻坚战。

△　中华彝族企业家协会大理分会、大理州彝族企业家协会在巍山县成立。

△　大理州举行纪念世界气象日座

谈会,州气象局、州水利局、州农业局等相关部门的专家就气象预警与农业防灾减灾、推进城市化和工业化进程的关系,如何运用现代信息技术提高预警能力等方面进行了深入的研讨。

△ 州红十字会“抗旱救灾博爱送万家”剑川捐赠仪式在老君山镇政府内举行,州委常委、州委组织部部长叶翠萍,州政府副州长洪云龙等领导出席捐赠仪式。

22～23 日 州委常委、州委组织部部长叶翠萍,州政府副州长洪云龙带领州委组织部、州无线电管理处、州民政局、州广电局等有关部门领导,深入剑川县查看灾情、慰问群众、指导抗旱救灾工作。

23 日 州委书记刘明深入到巍山县调研以泡核桃为主的林产业发展和抗旱救灾工作。他强调,农村发展潜力在山,农民增收希望在林,要发挥优势,创新举措,大力推进中低产林改造。

24 日 州委副书记王雪峰在2010中国(大理)国际绿色经济高峰论坛筹备协调会上强调,进一步提高思想认识,层层落实责任,抓紧抓好各项准备工作,以饱满的热情高效率举办好中国(大理)国际绿色经济高峰论坛。

△ 州委召开农村工作会议,总结2009年全州农业农村工作,分析研究当前形势,安排部署2010年“三农”工作任务,对抗旱救灾工作再作部署和要求。会议强调,认清形势,迎难而上,奋力拼搏,努力推动全州农村经济社会又好又快发展。

△ 大理州工商业联合会三届五次执委会议召开,会议旨在全面贯彻落实州“两会”提出的奋斗目标,为“十二五”奠定更加扎实的发展基础。

24～26 日,云南省工业投资控股集团有限责任公司总经理刘岗一行,到大理州考察洽谈工业园区及标准化厂房建设事宜。

25 日 全州深入学习实践科学发展观活动总结大会在下关召开。会议强调,总结成功经验,巩固活动成果,努力开创大理州科学发展新局面。

△ 大理州在州民族中学召开全国文明单位创建工作座谈会。省文明办专职副主任陈德金出席会议,并对大理州下一步的精神文明建设工作提出要求。

△ 州委常委、州委统战部部长杨秀星一行深入到洱源县炼铁乡检查指导抗旱救灾和森林防火工作。

△ 州人大常委会副主任张如旺及部分州人大代表组成视察组,对大理州在建的大凤公路(二期)、关巍公路、跃龙公路、祥姚公路、鸡足山旅游公路建设情况进行了督促检查,以推动大理州在建5条二级公路建设项目的建设步伐,进一步做好公路建设中的计划安排、资金筹措和协调拆迁工作。

26 日 红塔集团大理卷烟厂建厂60周年纪念大会举行。

27 日 水利部副部长胡四一及国家防总工作组相关领导和专家一行,在云南省水利厅副厅长陈坚的陪同下到大理州检查指导抗旱救灾工作。州委副书记王雪峰、副州长岳黎松陪同检查。

△ 成都军区政委田修思中将在云南省军区副司令员崔毅,大理军分区司令员李述朗,州委常委、大理军分区政委王恩富的陪同下,深入到大理军分区和大理市人武部,就部队学习实践科学发展观、培育当代革命军人核心价值观、民兵教育训练、抗旱救灾等工作进行视察调研。

27～28 日 省美术家协会2010年工作年会在下关召开,来自全省的50多位美术家参加会议。州委常委、副州长蔡春生到会致辞。

28 日 州委常委、州政府副州长蔡春生在龙山国际会议中心东方厅接受了重庆14家主流媒体记者的集中采访。重庆媒体记者就当前大理较为严重的旱情对大理旅游业的影响、重庆——大理直航开通后大理旅游业在开拓重庆市场方面将会采取哪些新举措吸引重庆游客到大理进行深度游、大理旅游的优势等方面情况对蔡春生进行了采访。

△ 州委常委、副州长蔡春生在永平县检查指导抗旱救灾工作。

△ 全州2009年度千村扶贫开发百村整体推进考核验收汇报会在下关召开。州政府副州长岳黎松听取了考核验收工作情况汇报,并对2010年扶贫开发工作提出要求。

28～31 日 省总工会党组书记、常务副主席卢正国带领省总工会抗旱救灾慰问组,在州人大常委会副主任、州总工会主席彭增梅的陪同下,分别到鹤庆县、巍山县慰问并指导抗旱救灾工作。

29 日 州政府和州人大、州政协联合召开州人大代表建议、州政协委员提案交办会议,安排部署2010年人大代表建议和政协委员提案办理工作,进一步统一思想,明确责任,落实任务,确保高效优质完成好建议和提案办理工作。

29～30 日 州委常委、州委政法委书记茶忠旺到巍山县对当前抗旱救灾、重点项目建设、工业企业发展、基层综治维稳等各项工作进行调研。

30 日 云南省2010年科技下乡集中示范活动在永平举行,本次科技下乡的主题是“科学抗旱减灾、科技惠及民生”。省科技厅副厅长罗国权,团省委常委、青农部部长张晓憬,州政府副州长洪云龙等领导出席开幕式并讲话。

△ 州十二届人大代表以及人大机关工作者第三期培训班在下关开班,来自全州十二县市的人大代表和人大机关工作者共61人参加培训。

△ 州政协主席袁爱光到祥云县检查指导祥姚公路建设。

31 日 州政府在昆明组织大理州9家上市企业与云南省相关证券监管、中介机构的代表和专家举行企业上市座谈会,解决企业上市中遇到的实质问题,借助省内证券主管部门领导和专家的指导,助推大理州优质企业进军资本市场。

△ 州委书记刘明深入大理市湾桥镇中庄村委会古生村检查指导工作时强调,要加强领导,落实责任,齐心协力,突出重点,保证质量,建管并重,加快推进洱海流域“百村整治”工程建设,努力建设人文大理、幸福家园。

△ 州委常委、常务副州长马建全到宾川检查抗旱救灾和鸡足山旅游公路建设工作。

4 月

1 日 全州金融工作会在下关召开。会议贯彻落实全省金融工作会议精神,总结2009年金融工作,分析当前形势,部署2010年任务。

2 日 全州重大经济发展项目推进会议在下关召开。会议提出,全州各级各部门要强化协调,强势推进,确保实效。

△ 省委书记、省人大常委会主任白恩培,在省委常委、秘书长杨应楠,州委书记刘明,州长何金平,州委常委、秘书长杨健,州委常委、大理市委书记段玠的陪同下,深入到云南力帆骏马车辆有限公司、滇西纺织有限责任公司考察。白恩培强调,发展工业经济一定要做大产业支撑,提高附加值,加速区域经济发展。

△ 全州烤烟抗旱暨预整地工作会议在巍山召开。州级相关部门、各县市相关部门负责人共100多人参加了会议。

2～3 日 省委宣传部常务副部长尹欣到洱源县西山乡扶贫挂钩点指导抗旱救灾工作,并把省委宣传部全体干部职工筹集的46万元抗旱捐款送到当地群众手中。

3日　2010中国(大理)国际绿色低碳技术高峰论坛在龙山国际会议中心隆重开幕。

6日　州委常委、常务副州长马建全带领州经委、州政府金融办等部门领导到弥渡县检查指导工业生产和项目建设工作,马建全提出要求,要认真抓好工业发展和项目工作,加大招商引资力度,加强工业集中区建设,推进工业经济又好又快发展。

7日　全省、全州"两基"迎国检暨抗旱保教工作动员电视电话会议相继召开,省委副书记、省长秦光荣对全省"两基"迎国检暨抗旱保教工作作动员讲话,州政府副州长洪云龙出席大理分会场会议并对大理州"两基"迎国检暨抗旱保教工作作部署。

△　州委书记刘明,州委副书记、州长何金平率领州委理论中心组赴昆明,对产业发展、城市建设、滇池治理、城中村改造、交通道路以及商品市场等情况进行考察学习。

△　州文明办、州交通局、州交警支队、州妇联4部门联合举行启动仪式,在出租车行业开展"打造一流出租车环境、共塑大理美好形象,白州儿女在行动"活动。

8日　大理州书画院在下关挂牌成立。州政协副主席寇铸勋当选代院长。

△　州政府主持召开滇西北生物多样性保护繁育(大理)中心可行性研究汇报会,听取中国科学院植物研究所开展滇西北生物多样性保护繁育(大理)中心项目可行性研究前期工作汇报,就保护繁育中心的建设进行进一步讨论。

8~9日　州市政协组织部分政协委员对大理市洱海流域"百村整治"实施情况进行视察。

8~10日　省委常委、云南省军区政委郎友良在州委常委、大理军分区政委王恩富的陪同下,深入视察了大理军分区及所属的宾川、南涧、巍山、漾濞人武部,对军分区的全面建设给予充分肯定,对进一步加强军分区人武部全面建设提出了"七个一定要"指示要求。

10日　州委书记刘明在鹤庆县党政领导陪同下,深入山区乡镇检查指导工作。刘明先后到草海镇、龙开口镇、黄坪镇、西邑镇等地检查了重点项目建设移民安置、抗旱救灾、集镇建设、工业发展等工作情况。

△　全州财政系统党风廉政建设工作会议召开。

12日　大理州旅游产业领导组在下关召开会议。会议要求,要以只争朝夕、时不我待的紧迫感推进重大旅游项目建设,狠抓落实,确保旅游二次创业取得重大突破。

△　中国扶贫基金会紧急救援项目部开发处处长闫会芳、北京云南企业商会秘书长刘海明、云南省驻北京办事处贺红梅女士等一行5人,带着中国扶贫基金会、北京云南企业商会捐助的45万元善款,深入鹤庆县松桂镇大营村举行甘霖行动现场发放仪式,帮助该县受旱严重的六合乡和松桂镇解决饮水难题。

13日　共青团大理州十一届三次全委(扩大)会议在下关召开。州委副书记王雪峰在会上强调,充分发挥广大团员青年的生力军作用,为全州经济社会又好又快发展贡献青春和智慧。

△　省政协副主席管国忠、倪慧芳率部分省政协委员到祥云县就当前抗旱、人畜饮水、春耕备耕等工作进行视察。

△　州政府召开全州粮食工作会议。会议强调,认清形势、把握大局、积极应对,确保全州粮食供应和市场稳定。

△　以州人大常委会副主任杨宴君为组长,由7位州人大代表组成的视察组,对大理州备战省第十三届运动会情况进行视察。州委常委、副州长蔡春生参加视察并就做好运动会备战工作提出要求。

△　州委常委、州纪委书记梁志敏深入鹤庆县北衙工业片区检查指导工作。

13~14日　中央军委委员、国务委员兼国防部长梁光烈上将到大理州考察调研国防动员工作。梁光烈强调,要充分认清形势,牢记职责使命,深入学习实践科学发展观,积极探索实践,努力把国防动员工作提高到一个新的水平。

13~15日　中央第十七检查组对大理州落实中央扩大内需、促进经济增长政策和工程建设领域突出问题专项治理工作的7个项目进行了检查。

14日　国家统计局在大理召开全国建设领域一季度统计数据联审工作会议。国家统计局投资司司长汲凤翔出席会议并作主题讲话。云南省统计局副局长罗进忠和州委常委、常务副州长马建全分别在会上致辞。全国各省、区、市统计部门的领导和相关负责人出席会议。

15日　全州春耕生产暨农田水利建设工作现场会在祥云县召开。会议强调,坚定信心保春耕,迅速行动抓水利,坚决打赢抗大旱保民生、抓春耕促发展硬仗。

16日　省交通运输厅厅长杨光成带领工作组到大理州对抗旱运输保障工作进行重点检查。

△　州委常委、州委统战部部长杨秀星,州人大常委会副主任、民进大理州委主委陆璐一行深入宾川县拉乌乡碧鸡村看望受灾群众,检查指导抗旱救灾工作。

△　川渝中烟、湖南中烟、上海烟草集团等9家省外烟叶战略合作单位向大理州受旱灾区捐资455万元。副州长岳黎松出席捐赠仪式,州长助理李文才主持仪式。

△　大理州召开全州移民工作会议,总结2009年移民工作,安排部署2010年工作任务,确保优质高效地完成好2010年度的移民工作。

16~17日　国家文物局局长单霁翔一行到大理考察文物保护工作。省文化厅副厅长、省文物局局长熊正益,州委书记刘明,州委常委、副州长蔡春生等领导陪同考察。

△　省教育厅厅长罗崇敏率领省教育厅调研组一行,到大理州调研教育工作。州委副书记王雪峰向调研组作情况汇报,州人大常委会副主任杨宴君出席汇报会,副州长洪云龙陪同调研。

19日　州委副书记、州长何金平深入剑川县调研,检查指导抗旱救灾和剑川县重点工程项目建设情况。他强调,要充分认识旱灾的严峻性,坚定信心,群策群力,全力以赴抓好抗大旱保民生促春耕工作,努力实现小春损失大春补目标,维护社会和谐稳定。

20日　省纪委在大理召开"6·23"专案案情通报会,通报了大理州原州委常委、副州长黄永华等人腐败案及"南国城"、"洱海天域"等项目开发中的违纪违法问题。

△　州委、州政府在下关举行全州第四次民族团结进步表彰大会,隆重表彰大理市下关镇党委、镇政府等57个"全州民族团结进步模范集体"和王键丽等118名"全州民族团结进步模范个人"。

△　大理中美民族文化交流中心展品捐赠仪式在风花雪月大酒店举行。当天,该中心收到大理州各界热心捐赠的价值约26万元的展品。

20~21日　省政府"九湖"督导组一行,由督导组组长、省人大常委会原副主任牛绍尧带队,到大理州检查洱海水污染综合防治工作。

21日　州十二届人大常委会举行

第十五次会议，听取、审议有关事项，补选州十二届人大常委会代表资格审查委员会委员。

△ 全州民族工作会议在下关召开。会议提出，要统一思想，提高认识，开拓创新，狠抓落实，推进全州民族团结进步事业全面发展，为建设民族团结进步模范州而努力奋斗。

△ 由省政协副主席王学智带队、省财政厅和省国土资源厅参加的省委、省政府第五慰问组，在州委副书记王雪峰、副州长岳黎松、州政协副主席孙明的陪同下，先后到祥云、永平两县，慰问四川省冶金地质勘察水文工程队、中国地质调查局水文地质调查中心、湖北省地质环境监测总站等3个支援大理州抗旱救灾找水、打井工作的单位。

22日 大理州在大理国际会议中心举行《云南省大理白族自治州旅游条例》公布施行大会，该条例将于2010年6月1日起施行。

△ 大理州召开《大理白族自治州农村住房建设实用图集》推广使用总结表彰大会。会议认真总结了大理州《农村住房建设使用图集》推广使用和城乡规划工作，表彰了一批《图集》推广使用先进单位和个人。州委书记刘明出席会议并讲话，要求城乡规划工作要加强规划、突出特色，科学规划促发展，争当滇西城镇化进程领跑者。

23日 全州供销合作社改革发展和二次创业工作推进会在祥云县召开。会议强调，加快推进供销社改革发展和二次创业工作及乡村流通工程建设。

△ 云南省农业厅、大理州人民政府联合举办的“大理州农村劳动力转移就业特别行动计划招聘会”在下关举行。

△ 大理州在重庆举行旅游产品推介暨旅游形象大使选拔新闻发布会。

△ 大理州召开全州保密工作会议，全面总结2009年保密工作情况，安排部署2010年保密工作任务。会议要求，2010年保密工作要按照“积极防范、突出重点、技管并重、保障发展”的方针，坚持依法行政、加大督查力度，实现保密工作的科学发展。

△ 州委常委、州委统战部部长杨秀星到洱源县调研，检查指导抗旱备耕工作。杨秀星强调，要充分认识旱灾的严峻性和备耕的重要性，全力以赴抓好抗大旱保民生保春耕的各项工作，努力实现小春少减产、大春多增产、小春损失大春补的目标。

25日 全州2010年公务员录用考试开考。15308名考生走进考场笔试，参与竞争591个岗位。

26日 团州委组织开展的以“传承五四精神，飞扬青春风采，服务抗旱救灾”为主题的“大理青年迎‘五四’抗旱救灾志愿者集中行动日”活动在下关启动，与此同时，全州12县市开展的相关活动也拉开序幕。

△ 全州统计工作暨第六次人口普查工作会议召开，会议强调，开拓创新，扎实工作，努力做好大理州统计工作并圆满完成第六次人口普查任务。

△ 州政协主席袁爱光带领部分州政协委员视察海东开发建设情况。州政协副主席毕熊光、张树藩、孙珍玲、孙明，秘书长欧阳任参加视察。

△ 全州煤炭安全生产暨煤炭资源整合工作会在下关召开。会议要求，要进一步推进全州煤矿企业兼并重组整合工作，强化煤矿安全生产，充分发挥煤炭产业在全州经济增长中的支撑保障作用，确保实现煤炭安全生产和煤炭资源整合目标任务。

△ 全州落实省人民政府“质量兴省”战略，全面深入开展“质量兴企”活动动员大会在下关召开。州人民政府副州长程云川作讲话，对大理州开展“质量兴企”活动提出了要求。

△ 全州2010年烤烟抗旱移栽现场会在祥云县召开。会议强调，全州各级各部门要进一步统一思想、提高认识、高度重视，认清当前烟叶生产形势，加强领导、集中精力、狠抓落实，苦战20天，确保大理州5月15日前高标准、高质量全面完成移栽任务，为全面完成2010年烟叶生产收购任务打下坚实基础。

27日 大理州召开大丽高速公路建设及征地拆迁工作推进会，贯彻落实省大丽高速公路建设协调会精神，对大丽高速公路（大理段）建设征地拆迁和施工环境保障等工作进行全面部署和安排。州委副书记、州长何金平在会上作动员讲话时强调，统一思想、明确责任，加强领导、攻坚克难，全力以赴推进大丽高速公路项目建设。

△ 中国传媒大会“媒体品牌”课题研讨会暨第三届中国媒体品牌高峰论坛启动仪式在大理举行。人民日报、经济日报、新华社参考消息、北京青年报、南方周末、三湘都市报、燕赵都市报等30多家媒体的负责人及北京大学、复旦大学、中央财经大学、上海大学等多所高校的专家参加论坛。

△ 州延安精神研究会的延安精神宣讲合唱团与大理州省部级重点技校大理州技工学校的全体师生一起举行文艺联欢，隆重庆祝“五·四”青年节。

28日 三月街民族节开幕。

△ 中美民族文化国际交流中心在喜洲苍逸图书馆正式开馆展览。

△ 云南省交通厅公路局宣传工作会议在大理召开。省交通厅党组成员、省公路局党委书记黄玉峰，省公路局党委副书记欧青，省公路局副局长范德如等领导出席会议。

△ 大理武庙会古玩文化街正式开街

29日～5月8日 全国“蒲公英行动”少儿美术教育课题组专家对剑川县“蒲公英行动”项目学校金华一小、石龙小学、职中等学校及县博物馆、千狮山等地进行调研，并在剑川县职业高级中学举行了白族美术简易教材（小学版）编写研讨会。

5 月

1日 大丽高速公路建设指挥部在下关揭牌，意味着大理至丽江高速公路建设将全面进入施工阶段。大丽高速公路建设总里程259千米，其中主线长192千米。工程自2009年12月上马以来，在4个月内，完成了进场道路、现场驻地建设、土建工程、施工监理招标、施工进场等所有正线开工前的准备工作。

△ 副州长许映苏率领州民政、农业、林业部门负责人到宾川县察看“4·28”冰雹大风灾害受灾情况，提出，决不能让受灾群众因灾挨饿受冻。

4日 省委常委、省纪委书记李汉柏在大理检查指导州反腐倡廉警示教育中心暨州预防职务犯罪警示教育基地建设工作时强调，要认真建好警示教育基地，切实加强警示教育工作，推动云南省党风廉政建设和反腐败斗争深入开展。

5日 州委常委、州委政法委书记茶忠旺到巍山检查指导抗旱保春耕、重点项目建设、综治维稳等工作。

5～6日 州委副书记、州长何金平在州政府舒自明、州长助理李文才及州级相关部门负责人陪同下深入云龙县，就抗旱抓春耕、重大项目建设、移民安置、城镇建设等工作进行调研。调研中，何金平强调，要努力打赢抗旱春耕攻坚战，加快推进重大项目建设，促进县域经济平稳较快发展。

△ 州人大常委会主任字国顺到弥渡县指导大春生产等工作。字国顺要求，全县各级干部要全身心投入到大春生产和抗旱救灾工作中，为夺取大春丰

收打牢基础。

6日　大理军分区召开会议，总结大理州“青年民兵之家”建设取得的成绩和经验，表彰“青年民兵之家”建设先进单位。

△　州委书记刘明在州委常委、州委秘书长杨健，以及州烟草专卖局（公司）、州农业局、州水利局等领导陪同下，先后深入到洱源县牛街乡上站村、海西海水库、三营镇三营村、新龙村和永乐村，对当前的烤烟移栽、春耕农用物资准备和大春蓄水等工作进行检查指导，强调要全力以赴抓好春耕生产工作。

△　副州长许映苏带领州计生委、环保局、民政局领导及相关负责人，深入南涧检查指导县城中心敬老院建设、抗旱救灾和工业节能减排工作。

7日　州委、州政府召开全州国土资源工作座谈会议，总结近年来大理州国土资源管理工作，研究资源保护与促进发展、土地供应和管理关系，进一步推动全州国土资源管理工作再上新台阶。会议强调，增强服务意识，创新服务理念，努力提高国土资源保障经济社会又好又快发展能力。

△　州委、州政府召开2010年洱海保护治理领导组工作会议，全面贯彻落实省“九湖”领导小组第七次会议和4月21日省九湖治理督导组反馈意见精神，总结分析一年来洱海保护治理工作。州委副书记、州长何金平要求，按照省长秦光荣关于“加大截污治污力度，高度重视洱海流域农业生产结构调整，走绿色生态农业的发展道路，加快入湖河道水环境综合整治”的总体要求，统一思想、明确责任、细化措施、突出重点、狠抓落实，全面完成“十一五”洱海水污染综合防治任务。

10日　州长何金平主持召开州十二届人民政府第22次常务会议。

10～13日　省政协调研组对大理州民族地区“十二五”经济社会发展思路进行专题调研。

11日　州委召开专题座谈会，听取《中共大理州委关于制定大理白族自治州国民经济和社会发展第十二个五年规划的建议》（讨论稿）起草情况的汇报，并通过深入讨论征求修改意见和建议。

△　由州政府主持召开的太阳能光伏电站选址规划报告审查会在下关举行。报告通过专家组评审，标志着该项目进入实质性阶段。

12日　大理州召开“五五”普法领导组会议，听取相关工作情况介绍，讨论“五五”普法检查验收工作等相关事宜。

△　州委、州政府召开会议，专题听取洱海沿岸项目开发工作汇报，分析研究洱海沿岸项目规划建设情况，提出洱海沿岸项目开发工作的对策和措施，加快推进滇西中心城市建设。

13日　州人民政府转发《云南省人民政府关于抢抓节令加快大春农作物播种进度的紧急通知》，并提出4项措施，要求各级各部门及时抓好贯彻落实，着力做好防灾减灾工作，进一步完善农业服务体系，认真抓好各项保障措施的实施，全力确保完成春耕生产各项目标任务。

△　州委书记刘明，州委副书记、州长何金平到宾川鸡足山旅游景区对鸡足山旅游公路和基础设施建设情况进行调研。刘明、何金平在调研中强调，要进一步统一思想，提高认识，加强领导，突出重点，创新机制，切实加快鸡足山旅游公路和基础设施建设，把鸡足山旅游景区打造成为国际上有影响、全国著名的5A级旅游景区，扎实推进旅游二次创业。

△　州委常委、常务副州长马建全到宾川县乔甸镇、平川镇、钟英乡检查指导当前春耕生产。

14日　州委书记刘明在下关接受了人民网《中国地市面面观·书记市长系列访谈》栏目的专访。刘明表示，大理州将充分利用现有资源和优势，坚持科学发展观，保护好生态和历史文化，在保护的基础上有序开发，做到保护与发展有机结合，努力实现12县市政治、经济、文化、生态各方面均衡发展，将建设和谐大理作为大理州发展的终极目标。

△　副州长许映苏在州残联领导的陪同下到大理州特殊教育学校看望慰问全体师生，为他们带去节日的关爱。

△　大理州在龙山国际会议中心，与省规划联合体举行《大理州苍洱片区旅游产业发展和改革综合试点总体规划》、《大理州旅游重大项目策划与可行性研究》（后统称《策划和规划》）签字仪式，中共大理州委常委、副州长蔡春生代表州委、州政府，与省规划联合体组长罗明义在合同文本上签字，以科学指导全州旅游二次创业和旅游综合试点工作。至此，《策划和规划》编制工作全面展开。

17日　大理州抗旱救灾工作领导小组召开第四次会议，传达省委抗旱救灾专题工作会议精神，安排部署当前工作。

△　州委、州政府召开全州文化遗产保护工作会议。会议强调，坚持文化立州，全面推进文化遗产保护工作，努力开创大理州文化遗产保护工作新局面。

△　州委、州政府召开校园及周边治安综合治理工作汇报会，向省校园及周边治安综合治理专项检查督导组汇报大理州校园及周边治安综合治理工作。

△　中国电信大理分公司举行“助力政务信息化、打造大理软实力”5·17客户联谊会，隆重纪念世界电信和信息社会日，州委常委、州委组织部部长叶翠萍，副州长程云川及州市有关部门领导出席会议。

17～20日　州政协组织部分常委和委员对大理州保障性住房建设情况进行视察，重点是2009年廉租房建设任务完成情况、2010年廉租房建设实施情况，以及保障性住房对象的审核、确认、建档、退出管理情况。

18日　省委、省政府派出的第11督办组一行莅临大理，对大理州的抗旱救灾工作和春耕生产进行检查指导。

△　副州长程云川等领导与受邀到大理州进行考察的中国云南国际经济技术合作公司一行举行座谈会，就深化大理州国际劳务输出相关事宜进行了广泛商谈。

18～21日　由州人大常委会主任字国顺，州人大常委会副主任杨宴君、秘书长李宗贤等一行13人组成的执法检查组，深入到巍山、剑川、大理市等地，对大理州贯彻执行《中华人民共和国文物保护法》情况进行执法检查。州委常委、副州长蔡春生陪同检查。

△　由州人大常委会副主任张如旺任组长，部分州人大代表为成员的执法检查组对州政府贯彻实施《审计法》情况进行执法检查。

19日　州委副书记王雪峰到弥渡县检查指导抗旱救灾和春耕生产。王雪峰充分肯定了弥渡县抗旱救灾和春耕生产各项工作取得的成绩，对做好下步工作提出要求。

△　州委常委、州委政法委书记茶忠旺到祥云县检查指导抗旱促春耕、基层党建及综治维稳等工作，鼓励基层干部群众紧紧围绕“抗大旱、保民生、抓春耕、促发展”的工作目标，切实做好基层党建及综治维稳等工作，为促进经济发展、社会和谐稳定做出新贡献。

△　《云南大理洱海绿色流域建设与水污染防治规划》评审会在北京举行。评审会通过了该规划，建议尽快开展近期优先治理工程的可行性研究，以确保治理目标的实现。会议认为，河流湖泊休养生息将成为洱海治理的指导思想。

△ 大理州解决农村金融服务缺失问题工作会议在巍山县召开。

20日 州政协主席袁爱光到祥云县检查指导抗旱救灾和春耕生产。

△ 由州就业再就业工作领导组主办,州劳动和社会保障局、州教育局、州总工会、州工商联联办的大理州2010年民营企业用工专项招聘周拉开帷幕。

△ 州委常委、副州长蔡春生带领州文化、旅游部门负责人专程到弥渡,检查指导该县的文化旅游产业发展工作。

21日 州委办公室召开深入开展“创先争优”活动动员部署会议。会议要求,要按照全州“创先争优”活动的总体目标要求,准确把握活动的主题和主要内容,把落实规定动作与做好自选动作有机结合起来,深入开展“五比五创”主题实践活动,争当全州机关开展创先争优活动排头兵。

△ 州文明办、州公安局相关负责人为大理市公安局强制隔离戒毒所被评为省级文明单位授牌颁奖。

△ 农业部首席兽医师于康震率国家血防检查组一行,在副州长洪云龙的陪同下到洱源县检查指导血防工作。

22日 州委副书记王雪峰到漾濞县检查指导春耕生产,强调要千方百计在最佳节令内完成大春作物栽插任务,实现满栽满插,在雨季来临前,坚持不懈地抓好抗旱减灾和森林防火工作。

25日 副州长程云川带领州经委、州劳动和社会保障局、州商务局、州技工学校等部门主要负责人,深入大理经济开发区就招商引资和工业经济工作进行调研。

25~29日 大理州2010年煤矿矿长培训班在下关举行。来自全州6个产煤县煤管部门领导、煤矿监管股、所、站有关人员,全州整合后保留的合法煤矿矿长、法人及投资人150多人参加了培训。

26日 州委召开农村工作领导小组会议,专题听取“十二五”新农村建设实施意见初稿起草情况汇报。州委书记刘明主持会议并作重要讲话。

26日至28日 省政府副秘书长、省政府督查室主任李维俊带领省政府专项调查组,到大理州督查上半年节能减排工作。

27日 州委政策研究室、州委农村工作领导小组办公室召开党员大会,就在基层党组织和党员中深入开展创先争优活动作动员部署,正式启动创先争优活动。

△ 州委、州政府召开全州植树造林工作汇报会。会议提出,提高认识,创新方式,全民参与,在大理州掀起“植树造林、绿化大理”新高潮,全面推进“森林大理”建设。

△ 州委书记刘明,州委副书记、州长何金平到大理市海东新区对华彬集团开发项目建设推进情况进行调研。刘明、何金平在调研时强调,要统一认识,进一步增强项目建设的紧迫感和责任感,突出重点,循序渐进,加快推进华彬集团开发建设项目,努力把海东打造成为高原山地低碳生态新城区。

△ 大理公路管理总段弥渡公路管理段正式成立。

28日 州委书记刘明,州委副书记、州长何金平等领导到大理市对大理旅游重点项目建设情况进行实地调研。刘明、何金平在调研时强调,要进一步增强项目建设的紧迫感和责任感,加强领导,明确责任,齐心协力,狠抓落实,加快项目建设进度,保证工程质量,扎实推进大理旅游重点项目建设,努力实现大理州旅游从观光型旅游向休闲、度假、康体旅游的转型升级,全面推进大理旅游二次创业。

△ 剑川沙溪复兴工程三期竣工庆典暨四期谅解备忘录签署仪式在茶马古道上唯一幸存的古集市——剑川沙溪寺登街举行。

29日 “小河淌水”之旅,2010年大理州自行车越野邀请赛暨太极山户外登山活动在弥渡县举行。来自国内外近300名运动员近距离感受了弥渡“小河淌水”之旅。

29~30日 北京市西城区区委副书记、区长张建东率北京市西城区党政代表团到大理州进行考察,并代表西城区党委、西城区人民政府向大理州抗旱救灾捐赠100万元。州委书记刘明在龙山国际会议中心与代表团进行了会谈,州委副书记、州长何金平代表大理州接受了西城区的捐赠。州领导王雪峰、字国顺、杨健、许映苏、孙珍玲及大理州相关部门领导参加了会谈。

31日 州委、州政府在祥云县召开文明大理建设示范工程现场会。

△ 州委书记刘明到祥云县对大型水源工程建设项目进行调研。刘明强调,要统一思想,提高认识,明确项目的功能定位,扎实做好项目的前期工作,坚持以水源建设为中心,以改善生态环境为目标,以提升城市品位为重点,与社会主义新农村建设相结合,全力以赴加快推进整体工程项目建设,促进经济社会可持续发展。

△ 州委常委、州委组织部长叶翠萍到大理市就洱海流域“百村整治”和基层党组织建设情况进行调研时强调,要深入扎实开展创先争优活动。

△ 州人大常委会主任字国顺在副州长许映苏及州级有关部门负责人的陪同下,到弥渡县检查指导抗旱救灾和春耕生产工作。

6 月

1日 建行大理州分行与华能洱源风力发电有限公司战略合作协议签字仪式举行,建行大理州分行将首期向华能洱源风力发电有限公司提供2亿元固定资产贷款,用于装机容量49.5MW的马鞍山风力发电项目建设,全力助推大理低碳经济发展。

△ 州政府副州长程云川率调研组,对大理市工业经济、安全生产、供销社改革发展等方面的工作进行专题调研。

△ 州政府在大理国际会议中心与香港怡海置业集团董事长王琳达女士一行就海东投资开发教育地产事宜进行座谈。

2~3日 州人大常委会主任字国顺、副主任杨宴君到鹤庆县黄坪镇、龙开口镇、金墩乡、松桂镇调研指导经济社会发展工作。

3日 大理州召开推进行政绩效管理制度贯彻实施工作会议。会议强调,扎实推进大理州行政绩效管理制度贯彻实施工作。

△ 州委常委、常务副州长马建全到巍山调研工业经济发展和旅游文化产业发展情况。

4日 大理州文化遗产局在州博物馆正式成立。文化部党组成员、国家文物局局长单霁翔,云南省政协副主席顾伯平,省文化厅副厅长、省文物局局长熊正益,大理州领导刘明、何金平、字国顺、袁爱光、蔡春生、杨健、段玠、杨宴君、张树藩,以及州市有关部门领导出席揭牌仪式。

△ 由云南省城乡规划设计院编制的《大理环洱海自然文化遗产资源保护与利用规划》,通过专家评审。

△ 副州长、州红十字会会长洪云龙率州卫生局、州红字会等部门相关人员到鹤庆县慰问。

△ 大理州召开全州“7·9”、“11·02”、“1·1”地震恢复重建工作会议,总结2009年“7·9”地震、宾川“11·02”地震和2010年剑川“1·1”地震发

生以来地震灾区的恢复重建工作，安排部署下一步工作。

5日 副州长岳黎松到弥渡检查农业生产及抗旱工作，要求弥渡县要树立大农业的观念，进一步向现代高效农业、科技农业迈进。

7日 州委副书记王雪峰、州人大常委会副主任杨宴君、州政府副州长洪云龙、州政协副主席张树藩等领导在相关部门负责人的陪同下，对大理市部分高考考点进行检查巡视。

8日 副州长洪云龙到剑川县检查指导工作，就加快剑川县民族中学建设，加大剑川县职业技术高级中学建设力度，做好县医院整体搬迁工作提出了要求。

△ 州委常委、副州长蔡春生到漾濞调研旅游工作。

8～9日 省委常委、常务副省长罗正富到大理州检查金沙江中游水电建设项目时强调，要坚定信心、勇于创新，落实责任、通力协作，扎实做好各项工作，确保全省水电建设项目安全度汛，依法、合规、有序推进各项水电建设。

10日 全州"两烟"打假打私工作会议召开。会议强调，加强领导、狠抓落实，密切协作、综合治理，加大"两烟"打假打私力度，为"卷烟上水平"创造良好条件。

△ 全州2010年烤烟中耕管理工作会议在巍山召开。

10～11日 州政协组织部分政协委员对大理州平安创建工作情况进行视察。州政协主席袁爱光、副主席孙珍玲、秘书长欧阳任参加视察活动。

11日 在州委书记刘明率领下，州委副书记王雪峰，州委常委、州委秘书长杨健，州委办公室、州直机关党委和州委机要局、保密局、党史研究室以及大理经济开发区管委会共200多名干部职工到大理市满江村波罗江沿岸，与当地群众一起，对波罗江入湖河道进行清理。

11～12日 州政协组织文教科卫体委员对大理州广播电视"村村通"直播卫星覆盖工程建设情况进行视察。

12日 由州人大常委会副主任张如旺任组长的州人大审计执法检查组，深入弥渡、宾川、漾濞、大理等县市和州审计局，对新修订的《审计法》贯彻实施5年来审计执法工作进行专项检查。检查组在全面检查和重点抽查的基础上，向州人大常委会第16次会议作了《关于对州人民政府贯彻实施<审计法>执法情况的检查报告》，执法检查组对大理州的审计执法工作给予充分肯定。

12～13日 州十二届人大常委会举行第十六次会议，听取、审议和通过有关事项，进行人事任免。

13日 弥渡民歌被国务院公布为第三批国家级非物质文化遗产名录传统音乐项目。

18日 州委书记刘明在龙山国际会议中心东方厅会见了前来大理考察学习的湖南省湘西土家族苗族自治州州委书记何泽中一行。州委常委、州委秘书长杨健，州政府副州长许映苏等参加会见。

△ 省委常委、省委统战部部长黄毅到大理州就民族宗教工作进行专题调研。黄毅强调，要全面贯彻党的民族宗教工作方针政策，维护团结稳定局面，促进民族地区和谐发展。

19日 州委书记刘明在州委常委、州委组织部部长叶翠萍的陪同下，到南涧县公郎镇调研新农村建设、小集镇建设和民族团结等工作。他强调，要加大规划和开发力度，不断加快公郎镇经济社会快速发展，努力把公郎镇建设成经济发展、民族团结、社会和谐的示范乡镇，树立大理州南大门的美好形象。

21日 省委常委、省委统战部部长黄毅，在州委副书记王雪峰，州委常委、州委统战部部长杨秀星，副州长洪云龙等领导的陪同下，到大理古城就民族宗教工作进行调研。他强调，要坚持民族团结进步，促进经济社会健康发展，积极引导宗教与社会主义社会相适应。

21～23日 由省纠风办牵头，省农业厅、水利厅、财政厅、教育厅组成的抗旱救灾款物监督检查组到大理州检查抗旱救灾资金物资管理使用情况。检查组听取了大理州抗旱救灾款物管理使用情况的汇报。

23日 省政府督查组一行莅临大理，对大理州实施法治政府、责任政府、阳光政府、效能政府四项制度情况进行督促检查，对下一步的政府自身建设工作进行指导帮助。

23～24日 全州农技协联合会经验交流会在漾濞召开，州农技协联合会常务理事、农技协联合会会员代表及各县市科协分管农技协工作领导等100多人出席。

△ 州委常委、副州长蔡春生率州文化、旅游、广电等相关领导先后深入到云龙县宝丰乡大栗树村、千年白族村诺邓、云龙天然太极图和云龙天池等地，就云龙县文化工作、旅游保护与开发现状、广播电视村村通开展情况进行调研。

23～25日 云南省人大常委会执法检查组到大理州就《中华人民共和国气象法》、《人工影响天气管理条例》、《云南省气象条例》的贯彻执行情况进行执法检查。

24日 州委召开座谈会，专题听取州级部门对州委关于全州"十二五"规划建议征求意见稿的修改意见和建议。

△ 全州三项重点工作暨先进平安县市创建推进会议在祥云召开，会议认真总结推进社会矛盾化解、社会管理创新、公正廉洁执法三项重点工作和先进平安县市创建工作，安排部署当前和下步三项重点工作和先进平安县市创建工作。

△ 州委召开老干部座谈会，就如何进一步修改完善《中共大理州委关于制定大理白族自治州国民经济和社会发展第十二个五年规划的建议（征求意见稿）》听取大理州离退休老干部的意见和建议。

△ 由大理州交通局主办、云南第一路桥工程集团、大理州体育馆协办的大理州交通系统首届"交通杯"职工篮球运动会在州体育馆拉开帷幕。州委常委、常务副州长马建全参加开幕式。

25日 州委、州政府在苍山饭店礼堂召开动员大会，安排部署2010年州级机关企事业单位（含中央和省驻关单位）义务植树工作。大会强调，积极投身"植树造林，绿化大理"行动，掀起植树造林高潮，努力建设绿色美好家园。

△ 由州禁毒委员会和大理学院共同举办的2010年大理州千名大学生志愿者暑期禁毒宣传"六进"活动暨大理学院暑期学生社会实践活动正式启动。

△ 州政府召开全州"两基"迎国检暨校舍安全工程工作视频会议。会议要求，进一步统一思想，明确目标，落实责任，强化措施，确保"两基"顺利通过国家验收，确保如期完成校舍安全工程目标任务。

28日 大理州扶贫综合开发示范园区建设工作推进会召开。会议强调，创新思路，加大力度，全力加快扶贫综合开发示范园区建设步伐。

△ 州委普法办公室、州法律援助中心、州委依法治州办、州司法局、州总工会、州残联、州妇联等7部门以及云南大学法律援助工作站在关联合开展学习贯彻《云南省法律援助条例》大型广场宣传活动。

△ 州长何金平主持召开州十二届人民政府第23次常务会议。

△ 州委副书记王雪峰在相关部门领导陪同下，深入到大理市双廊镇红山

半岛景帝祠、南诏风情岛等地，就2010年将同期举行的洱海开海节暨大理国际影会开幕式的相关筹备工作进行检查指导，并就筹备工作提出了具体要求。

28～29日　大理州关心下一代工作委员会、延安精神研究会基层组织建设经验交流会在弥渡举行。会议要求，创新载体，开展活动，不断增强各级关工委工作和延安精神研究的影响力。

28日～7月1日　由省政府办公厅、省教育厅等单位组成的省督查组，大理州迎接国家教育督导团检查验收“两基”工作进行督查。

29日　州政协副主席毕熊光率部分州政协委员对大理州民族团结示范村的创建情况进行全面视察。

30日　大理州在龙山国际会议中心举行大会，隆重纪念中国共产党建党89周年，同时表彰在抗旱救灾工作中涌现出来的先进基层党组织和优秀共产党员。会议强调，进一步发挥基层党组织的战斗堡垒作用和共产党员的先锋模范作用，大力弘扬抗旱救灾精神，推动大理经济社会又好又快发展。州委书记刘明在会上作重要讲话，州委副书记、州长何金平主持大会。

△　大理州党政军领导以及州委办公室、州人大常委会办公室、州政府办公室、州政协办公室全体干部职工来到大理机场公路中央绿化带参加义务植树活动，为创建绿色大理、美化家园播撒新绿。

△　州委常委、州委组织部部长叶翠萍到祥云县检查指导创先争优活动开展情况，深入基层开展调研活动，与广大党员干部谈心交心，体察民情。同时，还到下庄镇下庄村，看望和慰问全国劳动模范、中国优秀村官普发兴的遗孀。

△　全州大春农业抗灾管理工作现场会在鹤庆县召开。

7月

1日　在中国共产党建党89周年华诞到来之际，由州直机关党委组织开展的庆“七一”职工运动会在龙山办公区隆重举行。

△　州防汛抗旱指挥部召开2010年第一次防汛工作会议，分析大理州当前防汛形势，安排部署2010年的防汛工作。

△　州委副书记、州长何金平到巍山、南涧两县调研经济社会发展情况。

2日　五十石灌渠建成揭牌仪式在洱源县炼铁乡田心村民委员会举行。州委常委、州委统战部部长杨秀星在州县有关部门及大理州佛教协会会长崇化等陪同下为五十石灌渠揭牌。

3日　副州长岳黎松深入云龙县就该县包罗水库建设、烤烟中耕管理、大春生产等工作进行调研。

5日　全州铁路建设工作会议召开。会议强调，总结经验，攻坚克难，狠抓落实，努力推动大理州铁路建设取得更大进展。

△　“中国白族百村百人”大型影像工程领导小组召开会议，研究和部署下一阶段的工作任务。州委常委、副州长蔡春生，州委常委、州纪委书记、“中国白族百村百人”大型影像工程领导小组组长梁志敏出席会议并作讲话。

6日　受省委副书记李纪恒委托，州委副书记王雪峰代表州委、州政府，率州委组织部、州委宣传部及祥云县相关领导，专程前往祥云县下庄镇下庄村原党支部书记普发兴同志家中，看望慰问普发兴的遗属。

△　大理州召开2010第二届大理国际影会暨洱海开海节开幕式筹备会议。会议最终敲定了开幕式实施方案，并明确了当前各项筹备工作职责分工。州委副书记王雪峰出席会议并对筹备工作提出要求。

△　全州2010年大春农作物重大病虫害防治工作会议在祥云县召开，会议在总结“十一五”期间全州植保植检工作取得的成效的基础上，分析研究了当前大春作物病虫害发生面临的严峻形势，对当前和今后全面开展作物病虫害防治和植保植检工作进行了安排部署。

△　州委常委、州政府副州长蔡春生，州委常委、州委统战部部长杨秀星，副州长洪云龙在州市有关部门负责人的陪同下，实地对大理王宫博物院建设前期工作以及大理崇圣寺管理与发展情况进行调研。

6～7日　州委常委、州委政法委书记茶忠旺深入洱源县公安局、县检察院、县法院和三营镇派出所，对该县政法系统办公自动化建设、技侦设施建设、基层派出所建设及治安管理工作等进行了调研，并实地参观了洱宝实业公司核桃乳和梅果生产线，对食品安全工作进行深入了解

7日　大理州总工会八届四次全会在大理举行，会议进行人事任免，分别增补、递补、选举了委员、常委和副主席；总结、安排部署创先争优活动。

△　州政府副州长程云川与州工商联、州商务局等部门负责人一起，到大理州浙江（温州）商会调研，要求大理浙商要进一步发挥优势，加大招商引资力度，为大理乃至西部大开发作贡献。

9日　州委常委、副州长蔡春生，省农村文化建设研究会会长李森和各界来宾及当地群众在喜洲镇海心亭观看庆祝中国共产党建立89周年大理喜洲鱼鹰文化书画展。

12日　全州创先争优活动县市委书记汇报会在下关召开。会议强调，紧紧围绕中心工作，扎实开展创先争优活动，为推动科学发展增添新的动力。

△　州委常委、副州长蔡春生，州委常委、常务副州长马建全在大理市相关领导的陪同下，到大理海湾国际酒店进行视察。

△　大理州在苍山饭店礼堂举行现代白剧《洱海花》赴宁夏银川参加第二届中国少数民族戏剧会演前的汇报演出。州委副书记、州长何金平观看演出，并对全体演职人员和工作人员提出了明确要求，希望在会演中充分展示大理风采，取得优异成绩。

12～13日　由省残联理事长李丕钧率队的省政府残疾人工作委员会调研组一行赴大理州就残疾人社会保障体系和服务体系建设情况开展调研。

13日　由云南省地震局、发改委、民政厅和安全生产监督管理委员会组成的云南省2010年度地震应急工作检查组到大理州检查工作。

△　州政协主席袁爱光主持召开大理州民主党派、工商联主要负责人座谈会。他强调，民主党派和工商联要不断加强学习，围绕党委政府中心工作，积极参政议政，做好社会服务工作。

△　州委副书记、州长何金平深入大理市才村村民委员会的南、北才自然村进行调研。在调研中，何金平强调指出，紧密结合实际，采取更加有力的措施，进一步抓紧抓好洱海流域“百村整治”工作。

14日　州抗旱救灾领导小组召开第五次会议，研究、分析目前在大理州部分地区仍在持续的旱情。州委副书记王雪峰要求，对大理州目前旱情的特殊性和严重性要有清醒的认识，坚持抗旱救灾思想不松劲、不动摇。

△　州委常委、州纪委书记梁志敏一行到宾川县对县委权力公开透明运行试点县创建工作进行调研。

14～15日　由国家发改委社会司巡视员王东生带队的国家面向“桥头堡”建设社会事业调研组一行到大理，就大理州社会事业发展情况进行调研。

15日　中国艺术研究院党委书记、副院长、研究员，中国非物质文化遗产保护中心常务副主任，国家非物质文化遗产保护工作专家委员会委员张庆善带领文化部调研组到大理州调研文化生态保护工作。州委常委、副州长蔡春生陪同调研，并向调研组介绍大理州文化生态保护工作情况。

17～18日　由国家能源局、工业和信息化部、国土资源部、水利部水电局、中国石油集团、中国南方电网、中国华能集团、中国华电集团、中国电力投资集团、中国水电工程顾问集团等组成的国家"桥头堡"建设能源调研组到大理州调研能源建设情况。

19日　全州国有建设用地清查专项行动动员会召开。

△　全州烟叶收购暨现代烟草农业建设现场会在祥云县召开。会议强调，各级各部门要认清烟叶生产形势，增强做好烟叶生产工作的责任感、使命感，扎实推进现代烟草农业建设，抓实抓好烟叶中后期管理和收购工作，确保烟叶生产收购任务目标的全面完成。

20～23日　中科协办公厅副主任李志刚一行到大理，重点考察大理州科普惠农兴村计划实施情况，听取了基层组织建设、《章程》修改意见建议。

21日　州委副书记王雪峰，州委常委、州委政法委书记茶忠旺，率州、市各有关部门领导深入大理市双廊镇现场察看第二届大理国际影会开幕式暨洱海开海节筹备情况，并召开2010第二届大理国际影会开幕式暨洱海开海节现场会议，进一步落实各相关单位的筹备工作职责。

22日　印度宝莱坞歌舞团中国巡演大理站演出在苍山饭店礼堂举行，印度驻华大使苏杰生、印度驻广州总领事潘迪，大理州领导王雪峰、字国顺、马建全、蔡春生、杨秀星、梁志敏、叶翠萍等观看了演出。

△　大理国际影会组委会召开现场会，分别对2010第二届大理国际影会闭幕式颁奖晚会和2010第二届大理国际影会"在大理蓝天下爱心放归"活动筹备情况进行督促检查。

24日　省文化体制改革进展情况督查组到大理州就文化体制改革和文化产业发展情况进行督察。

26日　州政协召开2010年重点提案面商会，就2010年政协大理州第十一届委员会第29次主席会议确定面商的3件重点提案进行集中面商。州政协主席袁爱光，州人民政府副州长岳黎松，州政协副主席毕熊光、张树藩、孙珍玲、孙明、杨泽恒，秘书长欧阳任参加面商会。

△　2010年全国沙滩排球巡回赛（大理站）沙滩宝贝选拔赛决赛暨魅力盛典颁奖晚会，在州广电中心演播厅举行。州人大副主任杨宴君，州政协副主席张树藩，国家体育总局排球管理中心沙滩排球部副主任向前等领导出席颁奖晚会。

26～28日　以州人大常委会副主任彭增梅任组长的州人大代表视察组，深入到南涧、漾濞2县及州公安局、州国税局，对全州"三五"依法治州实施情况进行为期3天的视察。

△　以州人大常委会副主任杨宴君为组长的大理州部分州人大代表，对全州贯彻《传染病防治法》情况进行执法检查。

27日　州政协十一届十次常委会议在下关召开。

△　由云南省文明办主办，云南省公安厅交通警察总队和大理州文明办、大理州公安局交通警察支队承办的"云南省实施文明交通行动计划推进会"在大理召开。会议总结交流前一阶段工作，研究部署下一阶段全省深入推进实施"文明交通行动计划"工作。

27～29日　由省科技厅副厅长李树洁带队的省委"关于提升科技整体水平，促进经济社会可持续发展"调研组到大理州调研。调研组对大理州取得的成绩给予充分肯定。

28日　2010年全国沙滩排球巡回赛大理站比赛在大雨中鸣哨。在冒雨举行的简短的开赛仪式上，中共大理州委常委、副州长蔡春生致辞，国家体育总局排球管理中心沙排部副主任向前讲话，云南省体育局副局长赵建军宣布比赛开始。

△　云南东骏药业集团东融滇西中药饮片厂正式投产，标志着大理州的中医药产业又迈出了新的步伐。

29日　州委、州政府在龙山国际会议中心召开2010第二届大理国际影会暨洱海开海节动员大会。会议强调，进一步统一思想、提高认识，明细任务、统筹推进，强化责任、狠抓落实，确保大理国际影会暨洱海开海节圆满举办。

△　州委书记刘明到鸡足山旅游公路了解公路建设进展情况。

△　州委书记刘明，州委副书记、州长何金平等领导专程对第二届大理国际影会暨洱海开海节活动现场进行检查，要求各相关单位要以强烈的责任心和事业心，在最后的准备阶段，把工作做细做到位，实现国际影会和开海节与当前工作双赢。

△　副州长、州公安局局长郭有兵召集州安监局、州交警支队、大理公路管理总段等相关部门领导，以及大理市、祥云县、弥渡县政府分管副县市长在州人民政府会议室召开楚大高速公路保通工作现场协调会，听取3县市人民政府及相关单位关于正在整修的楚大高速公路、及大修期间承担分流任务的320国道大理州过境段的情况汇报。

30日　大理州、市党委、政府和驻军在风花雪月大酒店举行庆祝"八一"建军节军地座谈会，共商双拥大计，共叙军民鱼水深情，共谋军地建设发展。

△　大理州举行学习普发兴同志先进事迹座谈会。会议强调，进一步学习和弘扬普发兴精神，推动全州创先争优活动深入开展。

31日　州委书记刘明在风花雪月大酒店会见法国驻成都总领事馆总领事鲁索一行。州委副书记王雪峰参加会见。

△　副州长李红卫到宾川县检查指导鸡足山旅游公路建设工作。

8　月

1日　2010第二届大理国际影会暨洱海开海节在隆重热烈的气氛中开幕。

△　省委外宣办在大理举办首届"飞翔彩云南－2010"中国航空杂志云南年会。

2日　由2010第二届大理国际影会组委会主办，大理州林业局、大理州林业生态与产业协会、大理州野生动物保护协会、大理州野生植物保护协会承办的以"人与自然和谐家园"为主题、"崇尚自然、关爱生灵、和谐大理、放飞希望"为主要内容的"在大理的蓝天下爱心放归活动"在崇圣寺三塔公园广场举行。

△　大理影像与生态环境国际高端论坛在风花雪月大酒店举行。州委书记刘明，州委副书记王雪峰，州人大常委会主任字国顺、副主任尚榆民等领导出席论坛。

3日　第三届"侯登科纪实摄影奖"新闻发布会在大理国际影像博物馆举行。

△　由州人大常委会党组副书记、常务副主任杨宴君任组长，部分州人大代表和州人大教科文卫工委委员组成的视察组，专题听取了州人民政府关于全州"两基"迎国检工作情况的汇报。随

后,视察组深入漾濞、永平等县对“两基”迎国检工作进行实地视察。

△ 以云南省高级人民法院副院长赵建生为组长的省禁毒委督导组一行到大理督导检查新一轮禁毒人民战争工作。

4日 州委副书记王雪峰,州委常委、州委宣传部部长王以志看望了参加2010第二届大理国际影会“魅力大理”摄影大展评选的专家评委及工作人员。

△ 团州委组织全州部分共青团干部和大学生“村官”到祥云县开展“学习‘普支书’精神,做青年贴心人”活动。

△ 云南中烟工业公司总经理张水长、副总经理李天飞一行在州长助理李文才的陪同下,深入南涧县就现代烟草农业基地单元建设及烤烟生产情况进行调研。

5日 2010第二届大理国际影会闭幕式颁奖晚会在大理全民健身中心隆重举行。

△ 国家烟草专卖局副局长张辉在云南省政协常委李万兴,云南省烟草专卖局副局长赵全,红塔集团党委副书记、纪委书记施永超,中共大理州委副书记王雪峰等陪同下到红塔集团大理卷烟厂视察工作。

△ 大理州在州体育中学举行参加省十三届运动会出征动员大会。州委常委、副州长蔡春生向代表队授旗并作动员讲话,州人大常委会副主任杨宴君,州政协副主席张树藩等领导参加动员会。

6日 中共大理州委六届九次全体(扩大)会议在下关举行。全委会提出,解放思想,迎难而上,合力攻坚,推动发展,全力以赴完成好“十一五”目标任务,为“十二五”奠定更加扎实的基础。

△ 由州委政法委举办的推进全州政法系统三项重点工作培训班在州委党校开班,州委常委、州委政法委书记茶忠旺作培训动员讲话。

△ 全州公安交管部门推进社会管理创新规范执法行为工作会议召开,会议强调,全面推动全州公安交管工作深入开展。

8日 州委党校与西南大学联合举办的2010“村官”在职硕士研究生班在州委党校开学。来自全州在村任职的40名“村官”成为大理州首批“现代行政管理与城乡统筹”研究方向在职硕士研究生。

9日 副省长刘平率领省国土资源厅、省住房和城乡建设厅以及省政府办公厅等部门领导到大理州,就滇西城市规划建设和旅游改革综合试点工作情况进行检查指导。州委书记刘明,州委副书记、州长何金平,州委常委、大理市委书记段玠,州委常委、副州长蔡春生,州政府副州长李红卫及大理市有关领导陪同检查。

△ 副省长刘平率领省国土资源厅、省住房和城乡建设厅以及省政府办公厅等部门领导到大理州,就滇西城市规划建设和旅游改革综合试点工作情况进行检查指导。州委书记刘明,州委副书记、州长何金平,州委常委、大理市委书记段玠,州委常委、副州长蔡春生,州政府副州长李红卫及大理市有关领导陪同检查。

△ 州人大常委会调研组在州人大常委会副主任张如旺的带领下,到剑川县就1至7月财政预算执行情况和国民经济及社会发展计划执行情况进行调研。

10日 大理州第六次全国人口普查综合试点动员大会在下关召开。会议强调,强化措施,狠抓落实,抓紧抓实全州人口普查工作。

△ 全州纪检监察系统学习王瑛、刀会祥、普发兴同志先进事迹座谈会召开。会议强调,要深刻领会王瑛、刀会祥、普发兴同志先进事迹的精神内涵,牢记自己肩负的责任和使命,牢记党和人民的重托,把思想统一到服务大局上,把精力集中到干事创业上,把行动凝聚到推动科学发展上,为推动全州科学发展、促进社会和谐做出更大贡献。

10~12日 国家发改委西部开发司巡视员张亚丹率领由国家发改委和国家统计局相关人员组成的国家巩固退耕还林成果专项规划建设项目联合检查组,到大理州检查巩固退耕还林成果专项建设情况。

11日 为期4天的云南省首届中华传统美德讲坛在大理风花雪月大酒店隆重开幕。

12日 江苏省青年商会投资考察团在共青团江苏省委副书记张国梁带领下,到大理州考察投资项目和环境。当天上午,大理·江苏省青年企业家经济技术合作项目推介会在龙山国际会议中心举行。州委副书记王雪峰主持推介会。

13日 全州政府系统办公室主任会议在剑川召开。会议指出,要提高认识,突出重点,全面加强政府自身建设,着重抓好效能政府和创新政府两项工作。要实施目标倒逼管理,切实抓好效能政府建设;要开展政府创新奖评选工作,切实抓好创新政府建设。

△ 大理州文化市场综合执法支队正式成立。州委常委、州政府副州长蔡春生在成立仪式上讲话,州人大常委会常务副主任杨宴君、州政协副主席张树藩为州文化市场综合执法支队成立揭牌。

16日 全州检察院系统公诉业务专业竞赛活动决赛启动仪式在州检察院举行。公诉业务专业竞赛活动,是大理州第五届职工技术技能大赛的一部分。

△ 州委书记刘明在祥云检查指导大理州扶贫综合开发示范园区建设工作时强调,要以学习宣传普发兴先进事迹为载体,以掀起创先争优活动热潮为契机,按照“点、线、面、片”结合的工作思路,突出重点,打造亮点,稳步实施,全力推进大理州扶贫综合开发示范园区建设。

△ 州委常委、州纪委书记梁志敏带领大理州、大理市的纪检监察机关和建设、国土、法制部门以及工程招标、工程交易、政府采购、政务中心等单位的负责人,到德宏州考察学习政务服务中心工作。

△ 国家地震局副局长刘玉辰、中科院院士陈颙一行在州政府副州长许映苏的陪同下到宾川县检查气枪震源发射台项目建设进展情况。

△ 州委常委、常务副州长马建全带领州经委、州财政局负责人到弥渡县检查指导项目建设工作。马建全要求,要进一步多方整合资源,加大招商引资力度,认真抓好项目工作,推进弥渡经济快速健康发展。

17~18日 州委常委、州委统战部部长杨秀星在州建设项目第六督查组的陪同下深入到洱源县对重大建设项目工程建设情况进行调研。

18日 州政府召开全州经济运行分析会议,全面贯彻落实州委六届九次全会精神,深入分析当前经济运行情况,安排部署2010年后4个多月的工作。会议强调,进一步坚定信心、克难奋进、狠抓落实,全面完成2010年各项目标任务,为“十一五”划上圆满句号和为“十二五”奠定更加坚实的基础。

△ 由大理州人民政府和云南省浙江商会、云南省温州商会、昆明温州总商会主办的“桥头堡战略与浙商机遇”研讨会暨大理州浙江(温州)商会二届一次会员大会在下关召开,大理州领导茶忠旺、程云川出席会议并讲话,陆璐、寇铸勋出席会议。

△ 由国家交通运输部投资800万元、省交通运输厅投资400万元、州人民

政府投资174万元新建造的澜沧江海事局巡逻搜救船，在大理顺利下水。

19日　国宝阿嵯耶观音造像回归大理开展仪式在大理古城文献楼举行。省文化厅厅长黄峻出席开展仪式并讲话。州委书记刘明，州委副书记、州长何金平出席仪式，并为阿嵯耶观音造像揭幕。王雪峰、袁爱光、杨秀星、杨健、段玠、杨宴君、洪云龙、张树藩等大理州领导出席仪式。州委常委、州政府副州长蔡春生主持仪式。

△　州委创先争优活动领导小组召开会议，深入贯彻落实全省深入开展创先争优活动交流推进会以及全省深入开展创先争优活动宣传工作座谈会精神，总结大理州前一阶段工作，分析研究部署下一步工作。会议要求，各级党组织要进一步提高认识，加强领导，狠抓落实，抓住活动关键，全面深入扎实有效地开展好全州创先争优活动。州委副书记王雪峰出席会议并讲话。

△　州人大常委会副主任、州总工会主席彭增梅，州政协副主席孙珍玲等二十余名来自人大、政协、企业、学校、民主党派等各界代表和人民监督员应邀到大理州检察院参加该院开展的首次“检察开放日”活动，此次检察开放日的主题是“深入推进检务公开，主动接受社会监督”。

19～21日　全国厂务公开民主管理调研组一行到大理州进行调研。

23日　州政协民主评议州旅游局工作动员会在下关召开。州政协主席袁爱光出席会议并讲话。

△　大理州在龙山国际会议中心举行2010年“爱心圆梦”行动助学金发放仪式，帮助500名家庭经济困难的学子喜圆大学梦。

△　根据省州党委和州纪委要求，大理州对2009年以来新任职的96名县处级领导干部进行集体廉政谈话。州委常委、州纪委书记梁志敏代表州纪委对新任干部进行谈话。

24日　大理州十二届人大常委会第十七次会议举行第一次全体会议。州人大常委会主任字国顺主持会议。

△　大理州召开社会治安综合治理工作电视电话会议，认真分析全州社会治安综合治理工作面临的形势，研究部署下一步工作。州委书记刘明强调，全面加强社会治安综合治理工作，全力推进平安和谐大理建设。

△　大理州召开旅游产业发展和改革综合试点总体规划征求意见会，对大理州旅游改革发展的战略目标、发展方向、总体布局和建设重点征求意见。

25日　大理州十二届人大常委会第十七次会议举行第二次全体会议。州人大常委会主任字国顺主持会议。

△　全国水电装机突破2亿千瓦标志性机组揭牌仪式在小湾水电站举行。以小湾水电站最后一台机组投产发电为标志，我国水电装机总容量突破2亿千瓦大关。

△　由州政府组织申报，国家林业局中国经济林协会专家委员会实地考察，经中国经济林协会在京组织专家委员会审查通过，大理州被国家林业局中国经济林协会命名为“中国核桃第一州（市）”。至此，大理州核桃产业在全国排头兵和领跑者的地位正式确立。

26日　2010年度云南省公安消防部队攻坚组比武暨跨区域石油火灾扑救实战测试演练开幕式在大理消防支队凤仪战勤保障大队举行。

△　州委组织统一战线成员召开座谈会，就“桥头堡”建设献计献策。州委书记刘明出席座谈会，他强调指出，各民主党派要坚持围绕全州发展大局，建务实之言，献有用之策，为推动全州经济社会又好又快发展做出新的贡献。

△　州政府举行专题听证会，对国道214线上关至北五里桥公路龙首关段路线走向方案进行公开听证。

28日　中国企业家论坛2010年夏季高峰会在大理隆重开幕。中共云南省委常委、省委统战部部长黄毅，大理州领导刘明、字国顺、袁爱光、杨秀星、杨健、段玠、张如旺、程云川，中国企业家论坛各位理事以及来自全国各地的商界精英出席开幕式。省委常委、省委统战部部长黄毅，州委书记刘明，中国企业家论坛轮值主席田溯宁分别在开幕式上致辞。

29日　由云南省城市建设投资有限公司联合TCL集团投资开发建设的“大理海东新城区”项目举行奠基仪式。

△　公安部交管局到大理州检查指导“文明交通行动计划”工作。

△　春城晚报、新浪网、搜狐焦点网、中国新闻社等12家驻昆媒体，到大理州采访大理企业在参与滇西中心城市建设中保护洱海的相关情况。

30日　大理州在上海市新闻发布大厅，就生态、文化、旅游及对外宣传工作举行新闻发布会。中共大理州委副书记王雪峰作主题介绍，州委宣传部和州旅游、环保、文化局负责人答记者问。中共云南省委外宣办副巡视员段汇成主持新闻发布会。

31日　全州小湾移民安置工作会议在巍山县召开。会议总结前期小湾移民安置工作，安排部署下一步人口安置工作。

9　月

1日　由大理州人民政府、云南省林业厅、云南省旅游局主办，漾濞彝族自治县人民政府、大理州林业局、大理州旅游局承办的2010中国·大理漾濞核桃节在苍山西坡的光明村隆重开幕。中国科学院教授吕述望，中国经济林协会常务副会长、秘书长杨跃先，广西科学院副院长、广西药用植物园主任缪剑华，云南省林业厅副厅长王德祥，大理州领导刘明、何金平、王雪峰、字国顺、袁爱光、梁志敏、杨宴君、程云川，州人大常委会原主任马国盛，国家和省、州相关部门的领导出席。

△　省总工会常务副主席卢正国，副主席潘宏伟专程到大理州慰问全国劳动模范及其家属。

△　州委常委、常务副州长马建全带领州政府办公室、州发改委、州经委、州财政局等部门的负责人到鹤庆调研“十二五”规划编制工作。马建全要求，打牢基础，做强规模，加速提升城镇化建设，实现县域经济快速发展。

△　成都军区空军向祥云县人民政府交接云南驿旧机场土地仪式在祥云县城举行。成都军区空军后勤部副部长蔡伟素、空军驻滇某部副司令员张伟国出席交接仪式，州政府副州长李红卫出席交接仪式并讲话。张伟国与祥云县政府领导在交接仪式上签字。

2日　六届州委第72次常委（扩大）会议在龙山国际会议中心召开。这次会议的主要任务是：专题研究《关于进一步加强洱海流域保护治理工作的意见》和《关于海东开发规划建设的意见》，总结取得的成绩，分析存在的困难和问题，进一步理清思路、强化措施，加强洱海保护治理工作，加快推进海东新区开发。

△　漾洱水电站正式投产。州委常委、州委政法委书记茶忠旺出席电站投产仪式，州政府副州长程云川出席并讲话。

△　大理州召开“质量兴州”工作联席会，州级17个部门有关负责人参会研究了关于全州“质量兴州”的实施方案。

3日　大理州纪念中国人民抗日战争胜利65周年座谈会在祥云县云南驿社区举行。州委副书记王雪峰，州人大常委会副主任陆璐，州政府副州长许映苏，州政协副主席毕熊光以及曾参加过抗日战争的老战士、州级有关单位党组织负责人出席座谈会。

△ 国家防汛办公室副主任李坤刚率国家防汛办相关人员深入云龙县白石镇松水村石河场，就“9·2”泥石流灾害后续工作作检查指导。

5日 《建设大理喜洲旅游文化产业协同发展示范区方案》专家评审会在龙山国际会议中心举行。

6日 省委常委、省委政法委书记、省公安厅厅长孟苏铁对大理州政法、新农村建设等工作进行调研。

△ 州委召开全州推进学习型党组织建设电视电话会议强调，不断总结经验，采取有效措施，深入扎实推进学习型党组织建设，为大理州科学发展提供有力支撑。

△ 州长何金平主持召开州十二届人民政府第24次常务会议，讨论研究并通过了有关议题。

6～7日 云南省革命老区建设促进会工作座谈会在祥云举行，座谈交流开展革命老区建设和扶贫开发建设情况，研究探讨在新的起点、新的形势下开展革命老区建设的工作定位，安排部署下步工作。

△ 州委常委、州纪委书记梁志敏到鹤庆就党风廉政建设、重点工程、民生工程等工作进行检查指导。

7日 大理州召开《大理公民简明文明礼仪知识手册》审稿会。

△ 云南省农业标准化示范区项目目标考核现场会在漾濞县召开。

7～8日 省、州两级人大常委会组成联合执法检查组，对大理州《洱海管理条例》贯彻执行情况进行执法检查。

7～9日 省公安厅在大理召开全省州市公安局长会议暨“三项重点工作”、“三项建设”现场推进会。

△ 省督察组到大理州就2010年上半年全州防治艾滋病工作责任目标和工作计划的落实情况进行现场督察。

8日 州委常委、州纪委书记梁志敏和州委常委、州委组织部长叶翠萍到弥渡县检查指导工作时要求，要切实加强党风廉政建设，深入开展创先争优活动，全面推进县域经济社会快速协调发展。

△ 州委常委、常务副州长马建全一行到巍山县检查指导烤烟生产工作。

9日 全州“十二五”规划编制务虚会在龙山国际会议中心召开。

10日 大理州在龙山国际会议中心举行集会庆祝第26个教师节，并对100名优秀教师和2010年高考质量突出的学校进行表彰。

△ 州委常委、州委秘书长杨健，州人大副主任杨宴君，州政府副州长洪云龙和大理市领导慰问和看望广大教育工作和部分离退休教育工作者。

△ 云岭先锋创先争优——优秀共产党员事迹大理报告会举行，州委副书记王雪峰出席报告会并讲话。

13日 以“我参与、我健康”为主题的全州州级机关系统工会首届职工运动会在大理州体育馆举行。

△ 州委副书记王雪峰到祥云县检查指导烤烟收购工作。

△ 州人大常委会主任字国顺、副主任张如旺及部分州人大代表到南涧县进行执法检查。

14～16日 大理州人大常委会组织部分州人大代表对全州贯彻实施《动物防疫法》情况进行执法检查。

16日 大理州在苍山饭店庆祝新中国人民防空创立60周年。

△ 州政协主席袁爱光主持召开政协大理州第十一届委员会33次主席会议，专题协商大理州土地整治工作意见建议。

16～17日 大理州举办全州县域经济发展与财源培植研讨会。

17日 州委常委、州纪委书记梁志敏深入永平县博南、龙门等地，现场检查指导重点项目建设及农村基层组织建设等工作。

17～20日 云南省第九次城市卫生检查团到大理市检查工作。

19日 州委副书记、州长何金平在州委常委、州委秘书长杨健及有关部门负责人陪同下，深入到鹤庆县就推进城镇化进程和以旅游业为主体的第三产业发展情况进行检查指导。

△ 云南省教育厅在宾川召开云南省高等学校2010年教学工作会议。

△ 云南省检察组对大理州强农惠农专项资金清理工作进行检查指导。

20日 全州2010年军队转业干部安置工作会议召开。会议强调，提高认识，强化责任，确保2010年大理州军转安置工作圆满完成。

△ 州委常委、常务副州长马建全一行到宾川县检查指导烤烟生产工作、经济发展重点项目和鸡足山旅游公路建设工作。

△ 农工党大理州委庆祝中国农工民主党80华诞暨农工民主党云南省委成立25周年。

△ 州政协主席袁爱光到祥云县检查指导烟叶生产收购工作。

25日 州教育工会被评为全国教育系统工会创先争优建功立业活动先进单位授牌仪式在州教育局举行。云南省教卫科工会主席张祖明出席授牌仪式并为州教育工会授牌。

25～30日 省委高校纪工委书记杨共和带领省“两基”检查组到大理州督查“两基”迎国检工作。

26～27日 州委副书记王雪峰到云龙县对村（社区）党总支的党建工作和创先争优工作进行检查指导。

△ 省财政厅和省扶贫办在永平联合召开全省2010年度贫困村互助资金试点工作会议。

27日 州人大常委会副主任张如旺率部分州人大代表和州级相关部门负责人，到鹤庆县视察推进工业创新工作情况。

28～29日 由省建设厅副厅长周鸿率领的省检查组对大理州村级组织活动场所建设工作进行检查指导。

29日 州委副书记、州长何金平深入鹤庆县西邑和松桂烟站检查指导烤烟收购工作。

△ 云南省九大高原湖泊水污染防治“十一五”规划执行情况末期考核组对大理州洱海水污染防治“十一五”规划执行情况进行考核。

30日 州委常委、州委组织部部长叶翠萍深入鹤庆县草海镇母屯村对“党员中心户长制”进行调研。

10 月

9日 州人大常委会召开会议，学习传达省委人大工作会议精神。

11～12日 州人大常委会组织大理州选举产生的省十一届人大代表，对大理州中低产田地改造和土地整理项目进行集中视察。

12日 州纪委、州监察局、州妇联联合举行廉政文化进家庭专题讲座。

13日 州政协第十一届委员会在下关召开第34次主席会议，专题协商关于对“大理州就业再就业工作情况”的意见建议。州政协主席袁爱光主持会议。

13～14日 以省总工会副主席潘红伟为组长的省检查组一行莅临大理，对大理州粉尘与高毒物品危害治理专项行动工作进行检查。检查组一行先后对滇西水泥厂和漾濞县跃进化工厂进行检查，随后听取了大理州的情况汇报。

13～15日　大理州十二县市政协第二十八次横向联系会议在弥渡县召开。会议强调，各县市政协之间要加强学习交流，共同做好政协工作，充分发挥人民政协政治协商、民主监督、参政议政职能，推进政协履行职能制度化、规范化和程序化建设，为经济社会发展献计出力。

14日　州政协主席袁爱光在下关主持召开政协大理州第十一届委员会35次主席会议，对全州“出生缺陷预防”项目实施情况进行专题协商。

15日　大理州召开征兵工作电视会议，总结2009年全州征兵工作，对2010年冬季征兵工作进行安排部署。

16日　大理州藏族同胞举行“金秋十月康巴节”庆典活动。州委常委、州委统战部部长杨秀星，州政府副州长洪云龙，州政协副主席毕熊光，迪庆州政协副主席舍子活佛出席庆典活动。

18日　州委召开第73次常委会议，认真传达学习省委人大工作会议和省委政协工作会议精神，专题研究大理州人大和政协工作。州委书记刘明主持会议。

19日　州委召开第74次常委会议，专题传达学习党的十七届五中全会精神。会议强调，全州上下要迅速掀起学习贯彻党的十七届五中全会精神高潮，有力推动大理经济社会又好又快发展。州委书记刘明主持会议。

△　大理州召开大理州深化医药卫生体制改革工作情况汇报会，向前来大理检查指导医药卫生体制改革工作的全国人大常委会调研组一行，汇报大理州深化医药卫生体制改革工作情况。

△　大理州召开旅游产业发展领导组会议，听取第二稿《大理白族自治州旅游产业发展战略与规划》、《苍洱片区旅游产业发展和改革综合试点总体规划》、《大理旅游产业发展战略与苍洱片区旅游产业发展和改革综合试点总体规划旅游项目策划与初步可研》（初稿）（总简称《总体规划》）情况汇报，传达全省旅游产业发展大会精神，安排今后一段时间的旅游重点工作。

△　省政府督查组一行莅临大理，对大理州保障性住房建设工作进行检查指导。

20日　全州2011年度党报党刊发行工作会议在龙山国际会议中心召开。这次会议的主要任务是：深入学习贯彻全省党报党刊发行工作会议精神，认真总结2010年度大理州党报党刊发行工作和研究部署2011年度党报党刊发行工作。

△　省工信委检查组到大理州对全州工业经济发展和节能降耗工作进行检查指导。

20～21日　以国家督学、重庆市政协常委、重庆市教育学会会长万力为特约专家，省住建厅副巡视员康向萍为组长的省检查组一行，莅临祥云县对大理州“两基”工作进行预检。州人大副主任杨宴君、州政协副主席张树藩陪同检查，副州长洪云龙汇报工作。

21日　州人大常委会党组召开扩大会议，专题传达学习中国共产党第十七届五中全会精神。州人大常委会主任字国顺就做好下一步学习贯彻工作提出要求。

△　大理州召开宣传部长座谈会，传达学习十七届五中全会精神和全省宣传部长会议精神，总结全州2010年以来的宣传思想文化工作，安排部署今后一段时期的工作。会议强调，创新形式，积极营造氛围，深入扎实宣传好党的十七届五中全会精神，有力推动全州各项工作发展。

△　省委民族工作督查组到大理州调研，州委常委、州委统战部部长杨秀星在会上代表州委、州政府作工作汇报。

22日　州委副书记、州长何金平深入正在抓紧建设的大理滇西技师学院检查工作，他指出，要按照海东山地生态新城规划建设的总体要求，抓紧进度，完善配套，按时、按质、按量、高标准建设好学校。

△　省委学习型党组织建设工作领导小组到大理州调研学习型党组织建设工作。调研组高度评价大理州学习型党组织建设工作，认为大理州学习型党组织建设工作亮点多、效果好。

△　大理州在下关召开座谈会，纪念中共中央《关于控制我国人口增长问题致全体共产党员共青团员的公开信》（以下简称《公开信》）发表30周年，全面总结30年来尤其是近年来大理州人口计生工作取得的辉煌成就。州委、州人大、州政府、州政协分管和联系领导出席会议。

25日　州政协党组召开扩大会议，专题传达学习党的十七届五中全会精神，州政协党组书记、主席袁爱光要求，把学习与履职结合起来，推动政协工作的开展。

△　州政协主席袁爱光在下关主持召开政协大理州第十一届委员会36次主席会议，对“进一步发挥侨界在对外开放中的积极作用的情况”进行专题协商。

△　大理州召开学习贯彻《云南省地方志工作规定》暨全州地方志主任工作会议，安排部署全州新一轮地方志编修工作。

△　大理州西南成品油管道大理段保护工作领导小组召开第一次会议，针对当前输油管道安全问题面临的治安形势，安排部署进一步加强安全保护工作。

26日　由中共云南省委书记、省人大常委会主任白恩培，省政协主席王学仁，省委常委、省委秘书长杨应楠，省人大常委会常务副主任晏友琼，省政府副省长孔垂柱、和段琪，以及省级各有关部门负责人组成的省委、省政府集体调研组一行莅临大理，对大理州农业产业化和龙头企业发展情况进行集体调研。

△　《大理州旅游产业发展战略和规划》、《大理苍洱片区旅游产业发展和改革综合试点总体规划》在昆明通过省级专家评审。评审会由云南省旅游局、大理州人民政府组织召开。

26～28日　州十二届人大常委会召开第十八次会议。听取、审议和通过有关事项，进行人事任免。

27日　州质量技术监督协会召开乳制品分会年会，通报全州乳制品质量检测情况，并与全州乳制品生产企业签订了落实企业主体责任、承担社会责任承诺书。

27～11月1日　省“五五”保密法制宣传教育检查组一行莅临大理，对大理州“五五”保密法制宣传教育工作进行检查指导。

28日　大理州召开功果桥电站500千伏送出工程开工协调会，通报项目相关情况和进行工作安排。会议强调，积极协调、通力配合，创造条件加快项目实施，为工程建设营造良好环境，确保项目顺利推进和按期竣工。

29日　州委书记刘明会见了前来大理调研采访的新华社云南分社社长邓久翔一行。

△　州委常委、州委秘书长杨健率州级有关部门领导，深入鹤庆县检查调研旅游二次创业、重点工程建设及工业产业发展情况。

30日　以民革云南省委副主委彭桓为团长的民革省委“社会主义核心价值体系学与行”宣讲团莅临大理，开展了民革云南省委社会主义核心价值体系宣讲活动。

30～31日　由州财政局主办，州体育局、州老年人体育协会协办的云南省财政系统5州市老年人门球联谊赛在大理举行。来自普洱、红河、丽江、玉溪、省财政厅一队、省财政厅二队及大理代表队共64名老年运动员参赛。

11 月

1日 第六次全国人口普查于零时正式启动，全州13777名人口普查员入户开展登记工作。当日下午，州委常委、常务副州长马建全及大理市领导来到大理市大理镇西门村委会，对人口普查入户登记工作情况进行巡视。

2日 州委、州政府在巍山召开永建地区禁毒整治成果巩固工作现场办公会。会议总结永建地区禁毒整治成果巩固工作，安排部署下一步工作。会议提出，要进一步统一思想，提高认识，切实增强做好巩固禁毒整治成果工作的责任感和紧迫感，一手抓巩固，一手抓发展。

2～3日 州人大常委会主任字国顺到弥渡检查指导交通水利设施建设工作。字国顺要求弥渡县要进一步加强协调配合，加快资金筹集力度，全力加快交通水利工程建设。

3日 以“水—生命之源，污染与防治”为主题的2010年大理环保世纪行活动正式启动。

△ 省委组织部副部长张百如在州委常委、州委组织部部长叶翠萍等领导的陪同下，深入到剑川县就全县组织工作任务落实、创先争优活动开展、农村基层党建工作和产业发展等工作进行检查调研。

△ 副州长洪云龙在州民委、州体育局主要领导陪同下，到各集训地看望慰问正在加紧训练备战云南省第九届少数民族传统体育运动会的大理州教练员和运动员。

4日 全省第四次社会主义学院(校)院(校)长联席会议在下关举行。这次会议的主要议题是，认真学习贯彻《2010——2020年党外代表人士教育培训改革和发展纲要》，传达全国党外代表人士教育培训工作会议暨全国社会主义学院工作会议精神，总结交流近年来党外人士和社会主义学院(校)工作取得的成绩及经验做法，分析存在的突出问题和对策建议，着力提高全省社会主义学院(校)建设科学化水平。

4～6日 云南省节能减排工作专项督察组一行到大理州对2010年度和“十一五”节能减排责任目标完成情况进行专项督察及预考核。督察组实地督察及预考核了大理州祥云飞龙有色金属股份有限公司、祥云大鼎水泥制造有限公司、南涧县污水处理厂的节能减排情况。6日下午，副州长许映苏代表州委、州政府向督察组全面汇报大理州“十一五”及2010年节能减排目标完成情况。

5日 大理州旅游局主持评审并通过了《大理漾濞光明核桃生态旅游村详细规划》。

8日 州妇联、州教育局、州文明办、州关工委联合举办“大理州家庭教育大讲堂”启动仪式暨大理州家庭教育骨干培训班。

8～9日 大理州组建外来投资企业回访团，深入已落户大理州的外来投资企业，检查各级各部门在政策落实、承诺兑现、服务质量等方面开展工作的情况，进一步深化企业服务、推进项目建设、优化发展环境，加快外来投资企业发展。

9日 大理州召开纪念大理州关心下一代工作委员会成立10周年座谈会，深入学习贯彻党的十七届五中全会精神，认真总结回顾10年来全州关心下一代工作走过的不平凡历程，分析研究下一步工作。

△ 省人口普查领导小组副组长、省统计局局长姚堂文一行到大理州检查指导人口普查工作。

△ 州委、州政府召开全州迎接2010年度省检查考评工作动员会，传达贯彻省委、省政府关于开展2010年度全省检查考评工作的有关要求，及早安排部署大理州迎接检查考评的各项任务，采取强有力的措施推动全年既定目标任务的完成，以优异的成绩、良好的组织筹备迎接全省集中检查考评。

△ 全州森林公安正规化建设推进会在下关召开，会议传达了全省州市公安局长会议精神和全省森林公安正规化建设推进会议精神，分析了全州森林公安正规化建设进程的形式和任务，并对全州森林公安正规化建设工作进行了安排部署。

9～17日 由文明大理建设示范工程领导组办公室牵头组织的文明大理建设示范考核领导组，对全州文明大理建设示范工程的实施情况进行考评。

11日 中纪委案件监督管理室主任田野率中央党校中青一班调研组到大理州调研惩防体系建设工作。省纪委案管室主任蒋星棋陪同调研。州委常委、副州长蔡春生向调研组汇报了大理州经济社会建设和发展情况，州委常委、州纪委书记梁志敏就全州开展惩防体系建设的做法和经验作了汇报。

△ 省总工会副主席王惠萍和州人大常委会副主任、州总工会主席彭增梅为大理交通运输集团公司颁发“全国模范职工之家”牌匾和证书。

13日 大理州举行第九届云南省少数民族传统体育运动会出发前动员仪式。副州长、大理州代表团团长洪云龙到会给运动员打气、鼓劲。

14日 州委常委、州委政法委书记茶忠旺率领州文明大理建设示范工程领导组深入剑川县对文明剑川建设实施情况的阶段性工作进行综合考评。

14～15日 由中央党校副局级巡视员李雅琴，天津市科技工委书记、科委主任李家俊，中共曲靖市委书记赵立雄，河北省委统战部常务副部长张义珍，河南省驻马店市委副书记、市长刘国庆，珠江水利委员会主任岳中明，中国中化集团党组成员、副总裁杜克平等领导组成的中央党校中青班调研组到大理，就贯彻落实科学发展观、转变经济发展方式进行调研。

15日 以州人大常委会副主任彭增梅为组长的州文明大理建设示范工程第三考评组到大理市，就文明大理建设示范工程工作进行检查和考评。

15～16日 州委常委、副州长蔡春生带领文明大理建设工作考评组到南涧县进行检查考核。

△ 州人大代表视察组视察功果桥电站移民安置工作。

△ 全州金融系统庆祝建州54周年文艺汇演在苍山饭店礼堂上演。

16～17日 2010年度全省政协经济委员会联系会议在下关召开。会议总结了2010年全省政协经济委员会工作情况，研究2011年工作思路和工作重点。

18日 州政协副主席孙明、秘书长欧阳任以及人口资源环境委员会有关领导来到下关镇刘官厂村，开展了别开生面的“洱海保护月”活动。

19日 州人民政府召开全州稳定物价保障煤电油运供给及人口普查工作座谈会。

21日 大理州驻京联络处和在京大理乡亲联谊会共同在中央民族大学举行了纪念大理州建州54周年暨欢迎2010级大学新生座谈会，近20位在京白族及大理乡亲代表和来自首都10余所高校的70多名新生代表参加了座谈会。

22日 以国家宗教局政法司副司长查斯太为组长的国务院办公厅、国家宗教局领导一行11人到巍山县调研宗教教职人员社会保障工作。

23日　大理旅游集团总经理张新晖和昆明十六大旅行社协会会长赵家马辛签署合同，决定从2011年元旦开始，双方合作经营大理精品景区。

28日　州委书记刘明到弥渡县调研滇西中心城市建设。他强调指出，强化生态农业，唱响“小河淌水”，科学规划“十二五”发展，加快推进滇西中心城市建设。

30日　州委书记刘明到祥云县调研“十二五”规划编制和滇西中心城市建设情况时强调，打造新云南驿、再续历史传奇，把祥云建设成为滇西中心城市的重要城区。

△　受国家档案局的委托，云南省档案局抽调有关专家组成测评组对大理州档案馆进行实地测评，测评组综合评议总得分86.75分。根据测评结果，大理州档案馆顺利晋升为国家二级馆。

12　月

1日　环保部副部长吴晓青在省政府副省长和段琪，州委常委、大理市委书记段玠，副州长程云川、副州长许映苏陪同下，对大理州环保工作进行调研。

1～3日　为期3天的国家环保部全国农村面源污染防治技术交流（洱海）现场会在大理召开。

5～10日　省委政法委、省综治维稳委督导考核组对大理州综治维稳工作和“省级先进平安县市”创建工作进行检查指导。

8日　全州2010年度推进惩治和预防腐败体系建设暨党风廉政建设责任制检查考核动员电视电话会议在大理国际会议中心召开。会议强调，要从全局的高度，进一步深化对推进惩防体系建设暨贯彻落实党风廉政建设责任制重要性的认识，增强政治责任感，加强组织领导，突出工作重点，以高度负责的精神，扎实做好检查考核工作，努力完成惩防体系建设检查和责任制考核任务，推进全州党风廉政建设工作深入开展。

△　全州稳定物价工作会议在下关召开。会议强调，各县市要统一思想，提高认识，进一步落实保持价格总水平基本稳定的政策措施，加强监管，保持大理州物价稳定。

8～9日　省人大常委会副主任、省总工会主席江巴吉才在省委创先争优活动领导小组办公室负责人陪同下到鹤庆县检查指导工作。州人大常委会副主任、州总工会主席彭增梅陪同。

9日　2010年全省党委系统秘书长、办公厅（室）主任座谈会在大理举行。会议强调，科学规划，加快推进，力争到2012年初步形成统一完整、功能完善、安全可靠的党委系统电子政务体系，为各级党委科学决策指挥和工作高效运转提供有力支撑。

△　大理州财政“十二五”发展规划听证会在下关举行。州人大、州政协、州纪委、州工业经济联合会有关部门领导及州人大代表、州政协委员等各界人士参加听证会。

11日　中国烟草云南祥云大型水源工程建设项目开工仪式在祥云青海湖水库建设工地举行。

△　由中央护路办巡视员袁玉清率领的中央护路检查组莅临大理，对大理州铁路护路联防工作进行检查指导。省护路办领导和中共大理州委常委、州委政法委书记茶忠旺陪同检查。

12～15日　由卫生部应急办主任梁万年率领的卫生部调研组莅临大理，对大理州卫生应急和云南不明原因猝死防控工作进行调研。

14日　大理州召开全州森林防火工作会议，总结“十一五”期间全州森林防火工作，科学分析“十二五”期间森林防火形势，安排部署“十二五”和2010年冬2011年春的森林防火工作。会议强调，进一步认清形势，总结经验，深化认识，明确任务，开拓进取，全面开创大理州森林防火工作新局面。

△　州长何金平主持召开州十二届人民政府第25次常务会议。

15日　州旅游产业发展领导组召开会议。会议提出，完善基础设施，拓展市场，强化宣传，提升服务质量，努力做好2011年元旦、春节旅游黄金周前期接待工作，增加旅游发展的紧迫感、责任感，使大理州旅游发展再上新台阶。州委书记刘明作重要讲话，州委副书记、州长何金平主持会议。

△　大理州召开冬春旱季消防安全工作电视电话会议。会议要求，抓实火灾隐患排查，切实提高抢险救援能力。

16日　州委中心组举行2010年第三次理论学习活动。这次学习活动提出：深入学习贯彻党的十七届五中全会精神，以扎实开展全州学习型党组织建设为主题，切实把全州各级领导班子和广大干部群众的思想认识统一到中央和省委、省政府的各项重大决策部署上来，加快转变经济发展方式，增强科学发展本领，全面完成“十一五”各项目标任务，为全州“十二五”经济社会又好又快发展打下更加坚实的基础。

△　省检察机关在下关邀请大理州全国人大代表和部分省人大代表、政协委员进行座谈，通报云南省检察机关一年来的工作情况，并听取各位代表和委员对省检察机关工作的意见建议。

△　全州人大农业与环保工作座谈会在大理召开。会议总结了2010年的工作，表彰先进，部署2011年工作任务。

17日　州环保局召开听证会，就《大理州“十二五”环境保护规划》广纳意见建议，力求完善提高，更好地指导大理州下一个五年规划环境保护工作。来自全州社会各界的16位代表参加了听证会并对相关问题进行质询

20日　州委常委、常务副州长马建全到弥渡县检查指导工作。马建全要求，要进一步优化敬老院管理工作，探索新的管理和发展思路；全面综合搞好新农村建设，增强发展后劲，确保弥渡县的各项工作再上新台阶。

△　副州长岳黎松带领州政研、烟草、农业、水利等部门负责人，到弥渡县调研烟草产业发展工作。

21日　由大理州旅游局主持评审的《祥云县旅游发展总体规划修编》和《云南省祥云县旅游运营策划》通过专家评审。

22日　全州在建重点公路中标企业法人代表约谈会在下关举行，涉及大理州二级公路建设以及农村公路建设的46家施工企业法人代表参加约谈会。会议强调，强化措施，抓紧时间，按时按质按量完成在建重点公路各项目标任务，为大理州经济社会发展创造有利条件和增添动力。

23日　州人大常委会在州群艺馆举办“迎新春”书画摄影展。州人大常委会主任字国顺，副主任杨宴君、张如旺、刘世兴、陆璐，秘书长李宗贤等出席开展仪式，并参观了展览。

23～24日　州十二届人大常委会召开第十九次会议，听取、审议和通过有关事项。州人大常委会主任字国顺主持会议。州人大常委会副主任杨宴君、张如旺、尚榆民、刘世兴、彭增梅、陆璐，秘书长李宗贤及州十二届人大常委会组成人员出席会议。州人民政府副州长郭有兵，州中级人民法院院长黄为华，州人民检察院检察长普赵辉等列席会议。

24日　省委宣讲团莅临大理州，专题宣讲党的十七届五中全会精神。

26日　中信银行大理分行开始营业，标志着这家诞生于改革开放之初的新型国有股份制商业银行正式入驻大理。这是中信银行在云南设立的第二家

二级分行。

27日 全州质量兴州工作会议召开。会议的主题是:全面部署大理州质量兴州工作任务,动员全州各族人民进一步解放思想,抢抓机遇,乘势而上,迅速掀起"质量兴州、质量兴企、质量兴业、质量兴品"活动高潮,促进全州经济社会又好又快发展。

△ 大理州召开"两基"迎国检工作总结会。

28日 州委六届十次全体(扩大)会议在下关举行。这次会议的主要任务是:全面贯彻党的十七大、十七届三中、四中、五中全会、中央经济工作会议和省第八次党代会、省委八届十次全委会、州第六次党代会精神,高举中国特色社会主义伟大旗帜,以邓小平理论和"三个代表"重要思想为指导,深入贯彻落实科学发展观,全面总结"十一五"发展成就,规划"十二五"和部署2011年工作,审议《中共大理州委关于制定大理白族自治州国民经济和社会发展第十二个五年规划的建议》。会议强调,团结拼搏,开拓奋进,在新的起点上奋力实现全州经济社会发展新跨越。

29日 州委召开人大工作会议,总结经验,分析形势和任务,研究部署人大工作。会议强调,围绕中心,服务大局,努力开创全州人大工作新局面。州委书记刘明,州委副书记、州长何金平,州人大常委会主任字国顺讲话。州委副书记王雪峰主持会议。

△ 州委召开政协工作会议。会议提出,要深入贯彻落实科学发展观,牢牢把握团结民主两大主题,紧紧围绕"两强一堡"战略目标,更加准确地把握人民政协工作的科学定位,更加自觉地服务中心,更加全面地继承和发扬人民政协优良传统,切实发挥好协调关系、汇聚力量、建言献策、服务大局的重要作用,为全州经济社会发展作出更大贡献。

△ 省交通运输厅安全生产考核组一行到大理州检查在建二级公路安全生产工作,对大理州在建和部分已建二级公路建设安全生产管理工作进行考评,考核评定大理州在建二级公路安全生产工作为优秀。

△ 大理海东村镇银行正式挂牌开业。

30日 州政协举行新年茶话会。

△ 州委召开全州"学习杨善洲先进事迹、争做优秀共产党员"动员部署大会。州委书记刘明在会上要求,全州各级党组织和广大党员要认真学习杨善洲同志的先进事迹,将学习活动落实到具体行动中,学先进,见行动,努力在推动科学发展中创先争优。

31日 州政府召开动员大会,研究部署大理州城镇职工基本医疗保险州级统筹工作。

(冯　燕)

(责任编校:杨林柏)

概　况

地情概要

【行政区划】 大理白族自治州地处云南省中部偏西，地跨东经98°52′~101°03′、北纬24°41′~26°42′之间。东临楚雄州，南靠思茅市、临沧市，西与保山市、怒江州相连，北接丽江市。州府大理市下关，距昆明市329千米。自治州国土总面积29459平方千米，山区面积占总面积的93.4%，坝区面积占6.6%。东西最大横距320多千米，南北最大纵距270多千米。2010年，大理州辖大理市、漾濞彝族自治县、祥云县、宾川县、弥渡县、南涧彝族自治县、巍山彝族回族自治县、永平县、云龙县、洱源县、剑川县、鹤庆县，共1市11县，110个乡镇，其中乡43个、镇67个。

【人　口】 2010年末，全州总人口352.57万人。其中男性人口178.3万人，女性人口174.4万人，男女性别比例为102.2∶100。出生率为14.24‰，死亡率为15.06‰，人口自然增长率控制在4.8‰以内。少数民族人口180.18万人，占总人口的51.1%，其中白族119万人、彝族46.8万人、回族7.2万人、傈僳族3.6万人、苗族1.2万人。

【自然概貌】 大理州地处云贵高原与横断山脉结合部位，地势西北高、东南低。地貌复杂多样，点苍山以西为高山峡谷区，点苍山以东、祥云以西为中山陡坡地形。境内的山脉主要属云岭山脉及怒山山脉，点苍山位于州境中部，如拱似屏，巍峨挺拔。北部剑川县与丽江市、兰坪县交界处的雪斑山是州内群山的最高峰，海拔4295米；最低点是云龙县怒江边的丙栗坝，海拔730米。州内湖盆众多，面积在1.5平方千米以上的盆地有18个，面积共1871.49平方千米，占全州总面积的6.6%。盆地多为线性盆地，呈带状分布，从西向东排列为六个带。第四纪山岳冰川遗址分布于洱海以西、永平以北的高山区，大理点苍山是我国最后一次冰期“大理冰期”的命名地。主要河流属金沙江、澜沧江、怒江、红河(元江)四大水系，有大小河流160多条，呈羽状遍布全州。州境内分布有洱海、天池、茈碧湖、西湖、东湖、剑湖、海西海、青海湖8个湖泊。洱海位于大理市境东部，是云南省第二大内陆淡水湖泊，风光明媚，素有“高原明珠”之称，为国家级重点风景名胜区。

【旅　游】 大理是一个自然景观和人文景观相互交融的大容量风景区。苍山洱海、石宝山、鸡足山、魏宝山等风景区闻名中外。2010年，大理古城、鸡足山等景区改造提升和苍山大索道等重大项目扎实推进。崇圣寺三塔通过国家5A级景区资源评价，新华村国家4A级景区挂牌运营。大理周城、鹤庆新华、漾濞光明和剑川寺登街4个省级特色旅游村通过验收。成功打造大理国际影会、洱海开海节等特色文化旅游品牌。大理被评选为外籍人才眼中最具吸引力的城市和2010年度“世界特色魅力城市200强”。2010年，接待国内外旅游者1337.7万人次，是“十五”末的1.9倍，年均递增14%；旅游业总收入115亿元，是“十五”末的2.3倍，年均递增18.4%。

【经济综述】 2010年，是“十一五”的收官之年。面对百年不遇的特大干旱，大理州在省委、省政府的坚强领导下，团结依靠全州各族干部群众，深入贯彻落实科学发展观，努力破解发展难题，倾心尽力抓落实，全力以赴抗大旱，千方百计保民生，统筹推进经济社会协调发展，各项预期目标全面完成。全年实现地区生产总值474.1亿元，同比增长13.1%。完成财政总收入80.6亿元，增长19.2%，其中地方一般预算收入37.6亿元，增长19.2%；一般预算支出124.2亿元，增长21.7%。完成全社会固定资产投资282.8亿元，增长30.1%。“十一五”期间，地区生产总值实现翻番。五年完成地区生产总值1847.8亿元，是“十五”的2倍，年均递增12.6%。2010年，人均生产总值13503元，比“十五”末增加6602元，增长95.7%。工业总产值实现翻番。2010年，完成工业总产值477.1亿元，是“十五”末的2.9倍，年均递增23.6%。实现工业增加值154.4亿元，是“十五”末的2.4倍，年均递增18.7%。

【农　业】 2010年，大理州农业总产值198.69亿元，比“十五”末增长86.5%，年均递增12.51%。农村经济总收入384.8亿元，比“十五”末增长67.7%，年均递增10.8%。农业生产条件明显改善，新增蓄水库容9300万立方米，新增有效灌溉面积1.07万公顷，水利化程度达53.6%。改造中低产田地1.42万公顷、中低产林1.3万公顷。大旱之年粮食生产稳定，粮食总产126.89万吨。农业产业化进程加快，龙头企业不断发展壮大。特色农产品基地建设成效明显。烟农种烟收入39.5亿元，比“十五”增长34.8%。核桃种植面积达54.9万公顷，荣膺国家林业局中国经济林协会命名的“中国核桃第一州(市)”称号。新发展人工红豆杉原料林6000公顷。畜牧业总产值78.46亿元，比“十五”末增长98.5%，年均递增14.6%。切实抓好农村富余劳动力培训转移，农民工资性收入大幅提高。

【工　业】 2010年，大理州烟草、能源、生物资源及优势农产品加工、建筑建材、矿冶、机械制造等支柱产业实现产值340.4亿元，占工业总产值的71.3%。规模以上工业企业208户，比“十五”末增加79户。建成工业园区12个，其中省级以上重点园区3个，新建标准厂房10万平方米。非公有制经济蓬勃发展，5年新增私营企业3157户，总数达5631户，新增个体工商户1.6万户，总数达8.1万户。祥云飞龙、力帆骏马跃居全省百强民营企业前列，非公有制经济完成增加值占地区生产总值的比重达44%。

【商贸·金融】 2010年,社会消费品零售总额142.1亿元,是"十五"末的2.3倍,年均递增18%。居民消费价格指数控制在103.3%以内。"万村千乡"市场工程建成配送中心15个,建设改造乡镇集贸市场59个,农家店乡镇覆盖率达100%。引进云南物流集团和昆钢物流等物流企业,物流产业快速发展。富滇、中信、兴业、交通4家银行在大理新设分支机构,成立具有独立法人资格的大理海东村镇银行,组建14家小额贷款公司,金融业发展步伐加快。2010年末,金融机构存、贷款余额分别为597.5亿元和389.6亿元,均为"十五"末的2.5倍;新增贷款突破100亿元,创历史新高。签订国内经济技术合作项目457个,实际到位资金314.7亿元,是"十五"的6.9倍,年均递增47.2%;新批利用外商投资企业41户,实际利用外资9874万美元,是"十五"的3.2倍。2010年,完成进出口总额18449万美元,出口1.1亿美元,是"十五"末的4.3倍和2.6倍,年均递增34.4%和21.1%。

【教育·科技】 2010年,大理州大力实施中小学校舍安全工程,排除D级危房43万平方米,新建校舍48.5万平方米。"两基"顺利通过国家检查验收。初中升学率和高中阶段毛入学率分别比"十五"末提高23.9和16.1个百分点。高考上线率达98.7%,连续六年居全省第一。职业学校年招生1.4万人,就业率达96%以上。大理学院综合实力和知名度明显提高,在校生总数1.6万人,其中留学生达六百多人。大理滇西技师学院基本建成,大理农林职业技术学院筹建进展顺利。实施科技项目359项,获省级以上科技成果奖36项,申请国家专利592项。2010年,科技进步对经济增长的贡献率达48.8%,比"十五"末提高5.1个百分点。

【文　化】 2010年,大理州文化服务体系建设不断加强。大力实施"两馆一站"、文化信息资源共享、农家书屋、农村电影放映等文化惠民工程。完成11.5万户直播卫星"村村通"建设,数字电视用户达26万户,广播、电视覆盖率分别达96%和98.75%。文艺精品创作成果丰硕,《白洁圣妃》等一批优秀剧目获国家级奖项,《大理公主》、《金凤花开》在央视播出。率先在全省成立文化遗产保护管理局,申报省级以上非物质文化遗产32项,剑川海门口遗址考古入选年度中国十大考古新发现。白族文化研究取得成效,优秀民族文化得到传承弘扬,被列为全国文化生态保护示范区。群众性文体活动广泛开展,省农运会体育场馆改造项目全面启动。

【卫　生】 2010年,大理州医疗卫生事业快速发展。州医院门诊外科大楼、州中医院住院大楼投入使用。投资4.6亿元,实施县乡医疗卫生建设项目123个,建成村卫生室1090个,医疗卫生机构改扩建面积20.4万平方米,新增病床1834张,城乡医疗卫生服务体系逐步完善。艾滋病、血吸虫病等重点传染病得到有效防控。食品药品安全监管不断加强。婴儿死亡率、孕产妇死亡率、传染病发病率明显下降,人民群众健康水平稳步提高。

【民　生】 2010年,城镇居民人均可支配收入15801元、农村居民人均纯收入3902元,年均递增12%和11.6%。城乡居民人均储蓄存款9070元,是"十五"末的2.2倍。城镇和农村居民人均生活消费支出11644元和3245元,分别比"十五"末增长63.3%和65.6%。城镇居民人均住房面积35.27平方米,比"十五"末增加6.1平方米。家电、汽车、摩托车下乡累计实现销售额18.38亿元,兑付补贴1.89亿元。城乡居民耐用消费品拥有量明显提高,私人拥有小汽车达11.6万辆、互联网用户11.4万户、移动电话用户208万户,分别是"十五"末的2.8倍、4.2倍和3.8倍。居民用电量6.9亿千瓦时,是"十五"末的2倍。筹集整合资金24.4亿元,在全省率先开展千村扶贫开发百村整体推进,502个行政村、25.2万户、102.3万人实现整体脱贫。实施25个小康示范村、12个新农村示范村建设,惠及群众14.5万人。解决了84.5万人的饮水困难。扶贫综合开发示范园区建设顺利推进。

【"桥头堡"战略】 大理州由于地处云南承东启西、连北接南、沟通内外的优越位置,一直以来都是滇西重要的交通枢纽和物资集散地,在"桥头堡"建设中,呈现出许多明显的优势和较好的基础条件。

有交通便利基础。大理州境内广大铁路、大丽铁路、楚大公路、大保公路、祥临公路、大理机场等一批重大交通基础设施已建成,大瑞铁路、大丽高速公路等建设项目正快速推进,全州已初步形成铁路、高等级公路和航空结合、城乡连通的交通网络。在"桥头堡"构建中要打通的第三亚欧大陆桥,无论公路、铁路的南、北两个走向方案都把大理作为其中重要的一个节点和枢纽,在"桥头堡"战略实施中,大理具有十分明显的交通区位优势。

有贸易交流基础。近几年来,大理州与东南亚国家的贸易发展迅速,东南亚国家成为了大理最大的贸易伙伴,双边贸易一直保持两位数增长。大理的纺织品、奶粉、啤酒、农用拖拉机、低速载货车在周边国家很受欢迎,有着很好的口碑。同时,境内的祥云飞龙公司、鹤庆科鑫矿业、永平云森木业等企业通过边境贸易,把缅甸、越南等国的矿石、木材等资源进口到州内加工,促进了企业的可持续发展。

有投资合作基础。1996年以来,先后引进了新加坡三德集团、缅甸福星、泰国国王食品等一批东南亚、南亚国际知名企业到大理投资。大理州还积极实施走出去战略,"十一五"期间,云南力帆骏马车辆有限公司在越南与越商合资建立了车辆装配厂,并在越南建立了自己的营销网络。

有人文交流基础。改革开放以来,大理州与东南亚、南亚国家间的友好往来不断加深,先后有老挝、泰国、越南、缅甸、新加坡、印度等国家和地区的1100多批次友好团队到大理考察访问。大理还成功举办了GSM第十二届部长会议等多项国际性会议交流活动。教育交流合作快速发展,现在每年在大理学院留学进修的东南亚、南亚学生达600多人。

有旅游集散基础。大理州接待海内外旅游者逐年增多,旅游外汇收入稳步增加,在入境游客中,东南亚游客占到海外旅游者的27%以上。大理旅居海外的华侨华人有三分之一以上居住在东南亚、南亚地区,与家乡有着密切的联系。

【滇西中心城市建设】 2010年,滇西中心城市总体规划经省政府批准实施,《大理滇西中心城市旅游集散中心总体规划》等5个专项规划完成调整、编制工作。县市总规修改、县城控制性详规、自然村村庄规划编制进展顺利。启动下关旧城改造,完成8个县城改造提升。宾川州城、洱源凤羽、祥云云南驿等6个镇(村)被命名为中国历史文化名镇(村),11个镇(村)成功申报省级历史文化名镇(村)。大理市国家级园林城市和云龙、洱源、祥云省级园林县城创建工作稳步推进。实施23个城镇治污项目，其中6个项目投入运行。积极推进城镇综合执法改革试点，城乡规划管理和执法力度加大。城镇化率由“十五”末的25%提高到33%，城市绿化覆盖率从17.5%提高到23.5%。洱海保护治理力度加大，保护治理经验被国家环保部推广。海西“百村整治”工程稳步实施，45个自然村通过验收，完成4185户白族民居建筑风格整治，海西田园风光、白族民居建筑、历史文化遗迹得到有效保护。海东基础设施建设完成投资12亿元，1号路、2号路一期工程、城市次干道、环海路截污干管和污水处理厂竣工，东环海路完成路面硬化，自来水厂、220千伏变电站等项目进展顺利；引进华彬集团、云南城投等企业投资项目7个，协议资金417亿元。凤仪创新工业园区和物流园区“五通一平”稳步推进。

【洱海保护】　洱海保护治理重点转向源头。“十一五”期间共投入资金17.1亿元，实施保护治理项目76个，建成截污管渠69.4千米、集镇污水处理设施6座、农户污水处理设施8165座，恢复湿地140公顷，修复湖滨带58千米。洱源生态文明示范县建设扎实推进，累计完成投资3.5亿元，建成项目32个，被授予“全国首批绿色能源示范县”称号。国家洱海水专项7个课题全面启动。依法管海治海力度加大。洱海水质连续5年总体保持Ⅲ类，有21个月达Ⅱ类水质标准。

（杨林柏）

国民经济和社会发展计划执行情况

【经济保持平稳较快发展】　2010年，大理州紧紧围绕年初人代会确定的国民经济和社会发展目标，努力克服百年不遇的特大旱灾和金融危机的后续影响，坚定信心，迎难而上，抢抓机遇，狠抓落实，全州国民经济和社会发展计划执行情况总体良好，经济保持平稳较快发展，“十一五”规划确定的主要目标和任务全面完成，全年完成地区生产总值474.13亿元，增长13.1%。其中一产完成108.96亿元，增长5.4%；二产完成188.29亿元，增长19.2%，三产完成176.87亿元，增长11.8%。三次产业结构比例由25.7：36：38.3调整到23.0：39.6：37.4。财政总收入完成80.6亿元，增长19.2%，其中地方一般预算收入37.6亿元、增长19.2%。

【农村经济稳步发展】　2010年，大理州农村经济总收入380.8亿元，增长10.8%。农业总产值198.7亿元，增长12.5%。粮食作物播种面积27.44万公顷，粮食总产126.89万吨。种植烟叶3.58万公顷，收购烟叶163.36万担。新植核桃10.4万公顷，总量达53.33万公顷。水果、冬早蔬菜发展势头强劲，分别实现产值12亿元、26亿元。畜牧业生产平稳发展，生猪出栏364万头，肉牛出栏49万头，肉羊出栏128万只，肉类产量44.2万吨，牛奶总产量42.5万吨，畜牧业总产值达78.5亿元，增长11.3%。改造中低产田1.87万公顷。建成“五小水利”工程4.1万件，完成小（二）型水库20座和小塘坝145座应急修复任务。新修8000口沼气池、1.3万口节能灶。102个行政村“866”项目累计筹措各种扶贫资金45336.6万元，完成投资49919.53万元。新建安居房2545户，改造危房5438户，硬化农户院心20361户。修建水窖（池）5163个、库塘42个，完成人饮工程147件。新修乡村公路299千米，村内道路弹石路硬化42.76万平方米、水泥路硬化46.04万平方米。新解决4万贫困人口温饱。

【工业经济逐步回升】　2010年，大理州工业经济逐步回升，全州实现工业现价总产值477.1亿元，增长27.5%。其中规模以上工业完成产值329.03亿元，增长36.44%；规模以下工业完成产值153.9亿元，增长18.8%。主要产品产量大幅增长，其中原煤331.5万吨，增长25%；乳制品18.9万吨，增长11.5%；啤酒16.7万千升，增长25.4%；水泥837.2万吨，增长22.1%；精制茶9214吨，增长39.2%；载货汽车4.7万辆，增长10.6%。规模以上工业产品产销率达94.1%。烟草、机械、矿冶、能源、建材、生物资源及优势农产品加工等六大工业产业实现产值340.4亿元，占工业总产值的71.3%。工业园区基础设施不断改善，全州工业园区入驻企业达225户。59个重大工业发展项目中12个项目建成投产，其余项目顺利推进。祥云中天锑业公司年产1万吨精锑（一期）、大理药业公司醒脑静注射液技改等项目基本建成。大理卷烟厂50万标箱就地技改扩建、云南白药集团大理制造中心建设等项目顺利实施。严格落实节能目标责任制，能源审计、清洁生产、资源综合利用工作进一步加强。

【第三产业加快发展】　2010年，大理州全年完成社会消费品零售总额142.1亿元，增长18%。“家电下乡”继续推进，共备案742个销售网点，销售总量23万台。家电、汽车、摩托车“下乡”累计实现销售总额18.38亿元，补贴1.89亿元。适时开展价格监测，投放重要物资储备平抑物价，居民消费价格指数控制在103.3%以内。进出口总额达18449万美元，增长28.1%。旅游改革综合试点工作全面启动。接待国内外旅游者1337.7万人次，增长17.2%；旅游业总收入115亿元，增长24.9%。金融机构各项存款余额598.52亿元，比年初增长31.7%；金融机构各项贷款余额389.6亿元，比年初增长25.6%。“三农”贷款和中小企业贷款投放力度明显加大。

【投资保持快速增长】　2010年，大理州全社会固定资产投资保持快速增长，完成282.8亿元，增长30.1%。年初确定的基础设施和基础产业160项重大建设项目动工140项。重大工程建设上，继续配合国家和省做好大瑞铁路、小湾电站、鲁地拉电站、龙开口电站、功果桥电站、苗尾水电站等项目建设。小湾电站建成发电，大丽高速公路全线开工建设。广大铁路扩能改造和中缅油气管道项目前期工作进展顺利。大理市上关至北五里桥公路、鸡足山旅游公路、祥姚公路和跃龙公路二级公路顺利推进，关巍公路建成通车。完成弥渡苴德公路等28个通乡油路229.1千米，完成通达工程773.3千米。继续实施中西部农网完善工程及无电地区电力建设工程。洱源马鞍山风电场、罗坪山风电场建设进展顺利。剑川老君山、云龙包罗、巍山巍宝山、永平金河、弥渡大横箐、祥云青海湖等骨干水利工程进展顺利，洱源三岔河、永平大碱塘、南涧母子垦水库主体工程完工，祥云浑水海和16件小（一）型水库除险加固全面完工。各县市城市生活垃圾处理工程，污水处理厂及配套管网工程开工建设。祥云、鹤庆、弥渡3县生活垃圾处理场项目已通过县级初验，永平、剑川县生活垃圾处理场建设已基本完成。大理苍山大索道、鹤庆新华村、宾川鸡足山景区、《希夷之大理》实景演出、巍山古城、洱源地热国等一批项目正在抓紧建设。中小学校舍安全工程建设扎实推进，州特殊教育学校、巍山县职中综合楼、鹤庆县职中综合楼、宾川县职中教学实训楼、大理卫校教学实训楼、漾濞县职中综合楼、剑川县民族中学项目竣工并投入使用。基层医疗卫生服务体系建设进展顺利，鹤庆县医院、洱源县炼铁乡中心卫生院、剑川县沙溪中心卫生院、大理市喜洲中心卫生院等项目已竣工并投入使用。永平县、剑川县等县医院整体迁建工程正抓紧施工。州中医院、市医院改扩建工程进入扫尾阶段。

【生态环境不断改善】 2010年，大理州生态环境不断改善。继续实施洱海保护治理“六大工程”。洱海水污染防治8个重点集镇污水处理设施建设全部启动，下山口污水处理设施已通过验收，喜洲污水处理设施已完工。洱源生态文明示范县建设扎实推进，“百村整治”有效开展，建成15座小型垃圾焚烧炉和8165个简易农户庭院污水处理设施并投入试运行。洱源县被授予“国家首批绿色能源示范县”。洱海水质总体保持在Ⅲ类。“七彩云南保护行动”、滇西北生物多样性保护工作扎实开展。“森林大理”取得新成效，完成巩固退耕还林成果1.28万公顷、封山育林和人工造林1.17万公顷。完成小流域水土流失治理141.4平方千米。

【城镇化建设迈出新步伐】 2010年，大理州《大理滇西中心城市总体规划》已经省政府批准，物流、教育、交通、医疗卫生、旅游5个专项规划通过省评审。海东新区1号路一期工程竣工验收，2号路、排水管网、污水处理厂、云南白药制造中心、太阳能非晶硅模板项目进展顺利。凤仪工业园区和物流园区基础设施建设不断完善，力帆大道绿化景观、三横一纵路灯安装等7个工程正在施工，物流园区1、2、3号路前期工作即将完成，工业园区标准厂房一期建设项目顺利推进，开工建设5万平方米标准厂房。巍山、宾川、南涧、云龙县城建设改造提升全面启动。特色集镇、旅游小镇建设得到加强。全州城市建成区面积达138.5平方千米，城镇化率达33%，建成区城市绿化覆盖率达到23.5%。

【各项改革深入推进】 2010年，大理州一些重要领域和关键环节的改革进一步深化。农村综合改革取得阶段性成果。集体林权制度圆满完成，各项配套改革扎实推进。国企改革总体目标全面实现。国有资产监督管理服务职能进一步加强。创新政府建设深入实施，政府自身建设得到加强，工作效能进一步提高，服务能力得到改善。机构改革稳步实施。

【对外开放水平明显提高】 2010年，大理州积极转变招商引资理念，出台新举措，制定新政策，打造良好的招商引资环境，推动了一批重点招商项目签约落地，培育壮大新型工业、现代农业、文化旅游业、商贸物流业、居住产业。全州共引进国内经济合作项目259项，其中当年新签约项目160项、往年结转项目99项。引进州外实际到位资金135亿元，增长82.7%，其中省外实际到位资金72.6亿元、增长83.5%。新批外商投资企业6户，实际利用外资2183万美元。先后成功引进了云南物流产业集团等大企业、大集团入驻大理。

【社会事业协调发展】 2010年，大理州“两基”通过国检验收，高考连续六年蝉联全省第一，职业技术教育活力增强。中小学校舍安全工程建设快速推进，排除中小学D级危房43万平方米，新建校舍48.5万平方米，办学条件明显改善。大理滇西技师学院和大理农林职业技术学院建设工作进展顺利。医疗保障水平进一步提高。城镇居民基本医疗保险起付标准降低，统筹基金最高支付限额提高至2.5万元。全州新型农村合作医疗参合人数达286.99万人。州医院、附属医院、市一院、祥云县医院急诊科开展“先救治、后付费”试点。以非公企业、个体工商户、灵活就业人员、农民工为重点的社会保险扩面工作有效开展。全州五项社会保险共参保57.98万人，其中：城镇职工基本养老保险、失业保险、工伤保险、生育保险、城镇居民基本医疗保险参保人数分别达到14.28万人、10.3万人、7.73万人、6.21万人、19.46万人。城乡居民最低生活保障金分别发放1.2亿元、1.9亿元。鹤庆县新农保试点扎实推进，被征地农民社会保障得到加强。就业再就业优惠政策全面落实，城镇新增就业人数2.19万人，城镇下岗失业人员再就业0.61万人，城镇登记失业率控制在4.08%以内。科技进步对国民经济增长的贡献率达48.8%。新建326个农家书屋、20个乡镇文化站。文艺精品创作、文化市场管理、文物保护和白族文化研究取得成效。广播电视村村通第二、三批工程全面完成，广播和电视覆盖率分别达96%和98.75%。第六次人口普查有序开展，人口和计划生育工作得到加强，全州年末户籍总人口352.57万人，人口自然增长率控制在4.8‰以内。食品药品安全监管工作加强，安全生产监管有力，无重特大安全生产事故。新开工廉租房建设6830套、34.2万平方米，低收入家庭住房困难得到进一步解决。人民生活水平稳步提高。城镇居民人均可支配收入达15801元，增长11.4%；农村居民人均纯收入达3902元，增长12.1%。农民增收幅度逐渐加大，城乡居民收入增长与经济增长更加协调。

【经济社会发展中存在的困难和问题】

2010年，在充分肯定成绩的同时，大理州经济社会发展中仍存在的一些困难和问题。一是特大旱灾的影响尚未完全消退，特别是少数地区旱情尚未根本解除，农产品产量、质量下降，农业增产和农民增收面临较大困难。二是工业结构性矛盾十分突出，节能减排、淘汰落后产能与增加工业经济规模之间存在双重压力。三是旅游业转型升级缓慢，传统服务业和房地产业比重大，现代服务业发展不足。四是发展不平衡的问题仍然存在，发展的差距仍在拉大。五是国家宏观调控的信贷、土地两道“闸门”逐步收紧，资金和土地供求矛盾尖锐，部分项目建设进度缓慢。六是社会热难点问题增多，特别是建设和发展中的一些问题越来越引起各方面的关注，维护社会稳定的压力加大。

（李爱萍）

重点工程建设

【小湾水电站全部投产发电】 小湾水电站是云南省实施“西部大开发”战略和“西电东送”战略的重点工程，位于大理州南涧县与临沧市凤庆县交界的澜沧江中游河段上。电站总装机容量420万千瓦，年发电量189.9亿千瓦时，总投资360亿元。2002年1月20日正式开工建设，2004年10月实现截流，2008年12月实现导流洞下闸蓄水，2010年3月8日大坝全线浇筑封顶，2010年8月电站6台机组全部投产发电。小湾水电站是一座技术指标十分优越，综合效益十分显著的水电站，对调整和优化云南省电源结构、促进地方经济发展、实现资源优化配置具有重要意义。

【龙开口和鲁地拉水电站通过评估】

龙开口和鲁地拉水电站是金沙江中游8个梯级电站中的第六级和第七级电站，其中龙开口水电站位于金沙江中游、大理州鹤庆县中江乡河段上，总装机容量180万千瓦；鲁地拉水电站位于大理州宾川县与丽江市永胜县交界处的金沙江干流中游河段上，总装机容量 216 万千瓦。2007 年 8 月，两个电站获得国家发改委同意开展前期工作。2010 年 10 月，两个电站均完成了可研报告修编、环境影响评价审批、水土保持方案审批、建设征地及移民安置规划审查、建设用地预审、地震及地质灾害评价等全部前期工作。2010 年 10 月 19 日，鲁地拉电站的项目申请报告通过国家发改委委托的专家评估；11 月 13 日，龙开口电站的项目申请报告通过国家发改委委托的专家评估。

【风电建设成效显著】 2010 年，在大理州发改委的积极协调和努力下，全州相继建成投产了洱源马鞍山风电场、大理者磨山风电场二期工程、洱源黄草坡风电场和洱源罗坪山风电场。2010 年底，全州风电累计建成装机容量达 24.15 万千瓦。与此同时，装机容量共 14 万千瓦的洱源干海子风电场、大理五子坡风电场和洱源骑龙山风电场建设快速推进，洱源大潭风电场、观音山风电场、大理清水沟风电场、骑马山风电场、洱源丰乐风电场等项目前期工作进展顺利。全州风电建设已形成有序开发、全面推进、快速发展的健康态势，并走在了云南省前列。

【大丽高速公路建设快速推进】 大丽高速公路是云南省至今建设里程最长、投资最大的高速公路项目，起于大理市凤仪镇接楚大高速公路，然后沿洱海东岸经华营、海东、双廊、邓川、下山口、洱源、剑川、白汉场，最后至丽江市黄山垭口西，全长 259.18 千米，大理州境内 171.9 千米。工程于 2009 年 12 月 22 日举行开工仪式，建设工期 4 年，概算总投资 188 亿元。至 2010 年底，大丽高速公路建设征地拆迁工作基本完成，工程建设进展顺利，大理州境内共计完成投资 31.97 亿元。

（李爱萍）

政务接待

【概　述】 2010 年，大理州接待处严格执行中央、省州有关政务接待的相关规定，紧紧围绕各级党委、政府中心工作，积极发挥政务接待“窗口”、“纽带”、“桥梁”的重要作用，按照“抓工作、重管理、强班子、带队伍、谋发展、创新局”的工作思路，狠抓班子建设、队伍建设、制度建设、信息化建设、规范化建设等工作，安全、高效、优质地完成了各项政务接待任务。全年共完成政务接待 855 批 8447 人次，其中党和国家领导人 3 人，省部级领导 94 批、1480 人次，外国友人 17 批、321 人次，重要客商 49 批、505 人次，专家学者、各界知名人士 36 批、357 人次，各类专项检查组 67 批、626 人次，其他视察、考察团组 28 批 5、48 人次等。圆满完成了 2010 中国大理第三届国际兰花茶花博览会、一年一度的大理三月街民族节、中国·漾濞核桃节、首届大理巍山·南诏文化节、2010 中国(大理)国际绿色低碳技术高峰论坛、2010 年云南省首届宗教界运动会暨文艺汇演、2010 第二届大理国际影会暨洱海开海节、全省二级公路建设现场会、中国企业家论坛 2010 年夏季高峰会、省委、省政府集体调研组、中国烟草云南祥云大型水源工程建设项目开工仪式等庆典及大型活动的接待工作。

【接待党和国家领导人到大理视察】 2010 年，先后有 3 位党和国家领导人到大理视察。2 月 14 日，中央政治局委员、书记处书记、中组部部长李源潮到大理视察组织工作。4 月 3 日，全国政协副主席白立忱到大理出席 2010 中国(大理)国际绿色低碳技术高峰论坛。4 月 13～14 日，中央军委委员、国务委员兼国防部长梁光烈上将到大理州考察调研国防动员工作。州接待处全力做好各项接待工作。

【部级领导接待工作】 2010 年，大理州接待处完成了 94 批部级领导到大理视察的接待工作。圆满地完成了省委书记白恩培、省长秦光荣，全国人大内务司法委主任黄镇东，武警森林指挥部主任王佐明，国家文物局局长单霁翔，水利部副部长刘宁，财政部原部长金人庆，云南省人大原主任尹俊等部级领导到大理视察的接待工作。

【完成“两博会”接待工作】 1 月 29 日至 2 月 2 日，由省农业厅、省林业厅、省旅游局、省花卉产业办公室、省农科院和大理州政府、大理市政府及中国花卉协会兰花分会、茶花分会共同主办的 2010 中国大理第三届国际兰花茶花博览会在大理古城隆重举行。美国、日本、韩国、印尼和台湾、香港、澳门以及各省、市、自治区及省内各州市共 145 家参展单位到会参展，展出兰花和茶花各二万多盆。中国花卉协会兰花分会荣誉会长张建雄，中国花卉协会兰花分会副会长刘清涌、陈少敏，云南省花卉产业办公室主任陈松，美国著名华人茶花育种专家王大莊，茶花活动著名人士游慕贤出席了博览会。州接待处优质、高效地做好来宾的接待工作。

【绿色低碳技术高峰论坛的接待工作】 4 月 3 日，2010 中国(大理)国际绿色低碳技术高峰论坛在大理举行。全国政协副主席白立忱，省委书记、省人大常委会主任白恩培，省政协主席王学仁，全国政协人口资源环境委员会副主任邵秉仁，省委常委、省委秘书长杨应楠，中国国际贸易促进委员会、中国国际商会副会长张伟，省政府副省长顾朝曦，国务院侨务办公室副主任赵阳，中国人民解放军总参谋部原副总参谋长何其宗，国家旅游局原局长何光，北京 2008 奥组委执行副主席蒋效愚，中国曲艺家协会分党组书记姜昆，中国音乐家协会分党组书记徐沛东，华彬集团董事长严彬，大理州党政领导，以及来自国内国际的专家学者和嘉宾出席了论坛。

【完成“三月街”民族节的接待任务】 4 月 28 日至 5 月 4 日，2010 年三月街民族节盛会如期举行，州接待处接待了应邀前来参加“三月街”活动的有关领导、友好人士、外地客商、新闻记者等嘉宾。在出色完成接待任务的同时，积极向来宾宣传大理的经济社会、风情民俗、历史文化、自然资源和投资环境、发展潜力等，让外界更加深入的了解大理。

【国际影会暨洱海开海节接待工作】 8 月 1～5 日，“2010 第二届大理国际影会暨洱海开海节”隆重举行。中国文联副主席廖奔，省委常委、迪庆州委书记齐扎拉，省人大常委会副主任杨保健，省政协副主席顾伯平，中纪委委员、财政部原纪检组组长贺邦靖，新闻出版总署党组成员、中纪委驻新闻出版总署纪检组组长宋明昌，中国摄影家协会副主席王文澜，中国民族音像出版社社长景宜，中国摄影家协会副秘书长顾立群，省委宣传部常务副部长、省文产办主任、省摄影家协会主席尹欣，省文联副主席段斌，著名舞蹈艺术家杨丽萍，各方嘉宾以及来自国内外的学者、摄影家和各级媒体的新闻记者参加了活动。

【全省二级公路建设现场会接待任务】 8 月 10～11 日，全省二级公路建设现场会在大理召开。会议期间，来自全省各州市政府、省级相关部门领导，以及在建二级公路建设项目的指挥长、总工程师先后到宾川鸡足山旅游公路、关巍公路查看大理州二级公路建设进展情况，并就项目管理工作进行了交流。省政府副省长刘平、省交通运输厅厅长杨光成对加快全省二级公路建设工作作全面安排部署。

【企业家论坛夏季峰会】 8月27~29日，由中国企业家论坛、大理州人民政府、云南城投股份公司共同推动的中国企业家论坛2010年夏季峰会在大理举行，省委常委、省委统战部部长黄毅、中国企业家论坛各位理事以及来自全国各地的商界精英出席了会议。

【漾濞核桃文化节接待工作】 9月1日，由大理州人民政府、云南省林业厅、云南省旅游局主办，漾濞彝族自治县人民政府、大理州林业局、大理州旅游局承办的2010中国·大理漾濞核桃文化节在苍山西坡的漾濞县光明村举行。中国科学院教授吕述望，中国经济林协会常务副会长、秘书长杨跃先，广西科学院副院长、广西药用植物园主任缪剑华，云南省林业厅副厅长王德祥及大理州有关党政领导，省、州相关部门的领导参加了节日庆典。

【接待省调研组到大理调研】 10月26日，由省委书记、省人大常委会主任白恩培，省政协主席王学仁，省委常委、省委秘书长杨应楠，省人大常委会常务副主任晏友琼，省政府副省长孔垂柱、和段琪，以及省级各有关部门负责人组成的省委、省政府集体调研组到大理，对大理州农业产业化和龙头企业发展情况进行集体调研，州接待处精心做好接待服务工作。

【祥云水源工程项目开工仪式接待】 12月10日，中国烟草云南祥云大型水源工程建设项目开工仪式在祥云县青海湖水库建设工地举行。国家烟草专卖局副局长何泽华、省政府副省长曹建方讲话，国家烟草专卖局总会计师张玉霞，省烟草专卖局局长、总经理余云东，大理州相关领导以及云南中烟工业公司、红塔烟草(集团)有限责任公司、红云红河烟草(集团)有限责任公司负责人等出席开工仪式。

【召开全州外事接待工作会议】 1月21日，大理州召开全州外事接待工作会议。会议总结了上一年度的工作，对下一步的工作进行了安排部署，进一步统一了思想、凝聚了人心、鼓舞了士气，全州外事接待系统形成了“一盘棋”的良好局面。

【助推招商引资】 随着大理州社会经济的快速发展，外地客商、大企业、大集团到大理州考察项目、投资创业的越来越多，级别越来越高。州接待处高度重视每一起商务接待，不断强化“接待工作为地方经济发展服务”的思想观念，主动把接待工作融入到全州发展的大局去思考、上升到政治任务的高度来认识。年内，认真做好中国证监会、华彬集团、重庆力帆集团、神工集团、大滇集团、红塔集团、昆钢集团、昆明实力集团、万泰集团、省文化产业投资控股集团、省工投公司、云投集团等企业主要负责人来访的接待工作。

【加强队伍建设】 2010年，州接待处以加强思想政治建设为保证，以提高接待工作水平为重点，优化结构、增强活力、内强素质、外塑形象，全力打造高素质的接待队伍。制定了《大理州接待处关于进一步加强接待队伍建设的意见》，通过招聘接待人员、充实编外接待人员、强化在编职工管理、加强学习教育，组织集中学习培训等措施，全面提高全州接待系统干部职工的素质。年内，州接待处组织全州接待系统的干部职工开展了4次集中培训，内容涉及接待礼仪、接待餐饮、旅游文化、人文历史、社会发展各个方面，邀请了省外事办和大理学院的专家、老师进行授课。通过各项措施，打造了一支政治坚定、业务过硬、清正廉洁、团结协作、务实高效的接待队伍。

【加强信息化建设】 2010年，为进一步规范大理州的公务接待，抓好党风廉政建设和反腐倡廉工作，提高工作效率，使接待工作朝着规范化、程序化、制度化的方向科学发展，州接待处积极与有关部门合作，研发了“大理州接待处公务接待管理系统”，此软件系统从接待任务准备开始、接待任务实施、接待任务完成进行全过程记录，整个接待过程的每一环节，都实现了智能化、系统化、网络化管理，做到了以科学的方法创新接待工作，使接待工作的全过程都公开透明，接待费用的每一笔支出都清清楚楚、明明白白，堵塞了接待费用支出可能出现的漏洞。发挥了科技防腐、节约经费、提高工作效率、加强内部管理的作用。系统的开通，不仅是大理州的首创，也是全省接待系统的首创。

(孙何军)

外事管理

【概　述】 2010年，大理州外事办公室认真贯彻落实中共中央办公厅、国务院办公厅《关于进一步加强因公出国(境)管理的若干规定》和《关于坚决制止公款出国(境)旅游的通知》以及省委、省政府相关文件精神，认真落实州委、州政府关于进一步扩大对外开放的战略，加强外事工作归口管理，开拓创新，不断提高对外交流合作水平，全州外事工作得到长足发展，取得了显著的成绩。年内，圆满完成了国际茶花协会主席肖特，泰国公主帕差拉吉帝雅帕，老挝建国战线副主席冯萨克，印度驻华大使苏杰生，法国驻成都总领事鲁索以及美国、澳大利亚、瑞士、德国、阿联酋、挪威、日本、法国、越南、新加坡、老挝、韩国、肯尼亚等国家的代表团20批369人次赴大理考察访问的活动安排及接待任务；办理27批53人因公出国任务件，实际成行17批35人。

【印度宝莱坞艺术团的大理演出】 为庆祝中印建交60周年，在印度贸易促进会、印度文化关系委员会和印度驻华大使馆的共同组织下，印度宝莱坞艺术团一行23人于2010年7月21日在大理举办“印度节”演唱活动。大理州副厅以上领导40人、印度驻华大使和驻广州总领事一行5人、州级机关领导150人、社会观众200人、大理学院留学生100人共同观看了演出。

【友好城市关系得到加强】 2009年，大理州民族中学、大理一中分别与澳大利亚米尔迪拉市红岩中学、梅尔滨中学签订建立友好学校关系协议书。2010年8月4~21日，大理州民族中学、大理一中师生一行25人前往红岩中学和梅尔滨中学进行交流访问；9月7~21日，红岩中学、梅尔宾中学一行35人到大理州民族中学、大理一中开展交流回访活动。双方学校每年开展交流活动在米尔迪拉市和大理社会各界引起强烈反响，进一步加强了大理州与米尔迪拉市的友好城市关系和交流合作。

【加强对外宣传】 2010年，为进一步加强对外宣传，扩大对外影响，大理州外事办公室将大理的宣传资料寄送给澳大利亚米尔迪拉市和外国驻华机构。经协调,澳大利亚米尔迪拉市政府网安排了专门宣传大理的网页,澳大利亚维多利亚州太阳光亚地区 Win 电视台定期不定期地播放宣传介绍大理州的专题片。

【境外非政府组织管理】 2010 年,为加强境外非政府组织在大理州的管理工作,大理州外事办公室根据《云南省规范境外非政府组织活动管理暂行规定》,拟订了《大理州规范境外非政府组织活动管理意见》。该文件的出台,对加强大理州内的境外非政府组织的管理、规范境外非政府组织在大理州开展工作备案程序起到了积极的作用。

【妥善处理涉外事件】 2010 年,大理州外事、公安、交警、医疗等部门加强协作,积极应对,妥善处理了发生在大理州境内的 4 起涉外(案)事件。320 国道永平县境内发生交通事故,一名以色列籍青年死亡、多名乘客受伤的涉外交通事故;《今日美国》的 1 名记者和日本《产经新闻》的 1 名记者到小湾电站采访被劝退返回;1 名缅甸籍少女被拐卖到永平县的事件;大理州祥云县下庄镇刘家营村 1 名儿童在越南走失,被营救回家。上述涉外(案)事件的妥善处理,树立了大理州涉外工作的良好形象。

【大理市与日本美马市签订友好协议】

经全国友协批准同意,大理市与日本美马市建立友好城市关系。根据双方约定,大理市代表团于 2010 年 8 月 24 日前往日本美马市,双方签订了友好城市关系协议书。双方约定,下一步将在农业、教育、文化、旅游和青少年体育等方面开展交流与合作。

(谢玉宝)

精神文明建设

【加强社会主义核心价值体系建设】

2010 年,大理州宣传部门组织了中华传统美德的学习教育,广泛开展民族团结进步宣传教育,不断增强道德建设的感召力和影响力。扎实开展评选、表彰“道德模范”活动,全社会形成了学习道德模范、崇尚道德模范、争当道德模范的热潮,树立了知荣辱、树正气、促和谐的良好风尚,思想道德建设得到了加强。“大气明理、崇尚礼仪、诚信进取、德化和谐”的大理精神已经形成并不断弘扬。

【推进未成年人思想道德建设】 2010 年,大理州宣传部门加强了对各类上网场所的监督检查,积极营造未成年人健康成长的良好氛围。深入开展“做一个有道德的人”主题教育活动,组织大中专学生开展各种演讲活动,促进了当代大中专学生健康成长。组织开展首届“云南美德少年”评选推荐活动,大理州的杨宗霖等 4 位同学被评选为首届“云南美德少年”,张政杰同学获得提名奖。关注农村“留守儿童”、“流出儿童”、“流散儿童”等特殊群体的教育管理问题等,进一步加强了未成年人心理健康教育和思想道德教育。

【推进助学工程和志愿服务活动】

2010 年,大理州宣传部门严格按程序和要求规范实施“西部开发助学工程”,做好各项工作,把党和政府的温暖送到受助学生手中,同时,充分发挥“西部开发助学工程”的示范带动作用,带动全社会关爱贫困学生。创设服务项目,组织社会志愿服务活动,将其融入到文明城市创建、未成年人思想道德建设、净化社会文化环境等工作中。

【文明大理示范工程建设成效明显】

2010 年,大理州宣传部门认真开展文明单位、文明县城、文明村镇、文明行业等精神文明创建工作,文明大理示范工程建设取得成效。初步完成全州 1100 辆出租车统一颜色工作和培训从业人员工作。各县抓实文明县城创建工作,县城卫生、以路为市、脏乱差现象明显改善,市民文明素质明显提高,非法小广告得到有效治理,商业广告进一步规范、公益广告得到加强,交通秩序明显好转。以保护洱海为中心、以改善水质为目标的精神文明创建活动不断深入,环洱海村民环保意识不断加强,文明、健康、生态的生活方式逐步养成。以国道、省道“绿色走廊”为重点的生态文明建设成效明显,全州完成义务植树 216 万株。文明街道、文明小区创建活动深入开展,不断优化人居环境,着力营造优美、整洁、有序的城市生活工作环境。广泛开展礼仪宣传教育活动,组织编写了《文明大理礼仪简明手册》。以整治重点公共领域脏乱差为突破口,提高公共服务窗口的服务质量。不断提升旅游风景区的整体形象,提高旅游从业人员的整体文明素质。“做文明大理人,树文明大理形象”讨论活动深入开展,为文明大理建设示范工程注入了新的内涵。

【“大理精神”研讨活动】 大理州宣传部门经过较长时间的研讨、提炼,2010 年 7 月 1 日,州委宣传部、州委党校将“大理精神”建议语提交中共大理州委常委会,经常委会讨论决定,“大理精神”概括为“大气明理、崇尚礼仪、诚信进取、德化和谐”。具体阐释如下:惟其大气,大理人不封闭、不保守,惟其大气,大理人不排外、不自私,大理人以开放包容的胸襟,广纳各种文化精华为我所用;“崇尚礼仪”是大理历史文化传承的精华所在,大理人民在生生不息的历史长河中,创立和形成了“亲仁善邻、宽和忍让、诗书育人、清白传家”等富有民族特色的民族礼仪文化;“诚信进取”是大理人求真务实的提炼,无论在过去、现在还是将来,诚信大理都坚持以质量为先、以诚待客、以信立业、文明从业;“德化和谐”是大理人宏大的目标志向和精神追求,《南诏德化碑》是大理历史文化的标签,它所表现的民族精神和它所彰显的思想,对我们构建社会主义和谐社会有着深刻的启迪。年内,结合文明大理建设示范工程,动员社会各界干部群众以各种形式参与大理人新形象、新内涵和提炼“大理精神”的大讨论,积极勾画出大理人应有的文明形象和独有的禀性特质,为文明大理建设示范工程注入了新的内涵。

(阮正德)

中小企业暨非公有制经济

【概　述】 2010 年,大理州中小企业及非公有制经济发展工作,在州委、州政府的正确领导下,在省工业和信息化委员会及省非公办的帮助支持下,走过了一条适合大理州具体实际的发展之路,通过调整所有制结构、法人治理结构和产业结构,激发了广大私营业主的投资热情,经过全州三轮深化国有企业改革和“十一五”期间加快发展,中小企业及非公有制经济已成为推动全州经济发展的基本力量、财政收入的重要来源、解决就业的重要渠道和维护社会稳定的关键因素,在经济社会发展中发挥着越来越重要的作用。

【全面完成非公经济发展责任目标】

2010 年,大理州非公有制经济组织达到

8.6万户。其中,私营企业5600户,比“十五”末翻了一番;完成增加值208亿元,占全州GDP的比重达到44%,比“十五”末提高了5个百分点;注册资本金达到145亿元,比“十五”末增长2.5倍,年均增长达到19%;上缴税金17.6亿元,比“十五”末增长2.8倍,年均增长达到23%以上;从业人员达到21万人,比“十五”末增长一倍以上,占全州企业从业人员的80%以上,全面完成了省下达的责任目标。非公经济实现了速度、规模和效益的同步发展,有力地推动了全州经济社会的发展。

【非公经济发展环境进一步优化】 2010年,大理州认真贯彻落实《中共云南省委、省人民政府关于加快非公有制经济发展的决定》文件精神,按照服务创优、全民创业、企业创新、金融支持到位、政策落实到位的要求,制定出台了《中共大理州委、州人民政府关于加快全州工业暨非公有制经济发展的若干意见》,从加大财政投入、加快园区发展、推进项目建设、培植优势企业、鼓励做强做大、促进技术创新、拓宽融资渠道、加强队伍建设、改进政府服务等方面推进非公经济发展,以更大的气魄、更新的理念和更有力的措施加快非公有制经济发展。召开全州工业暨非公经济发展大会,组织表彰了47个非公有制经济优秀创业企业家和21户发展非公有制经济先进单位。为贯彻落实《国务院关于鼓励和引导民间投资健康发展的若干意见》提出的各项政策措施,促进大理州非公经济加快发展,根据云南省人民政府办公厅《关于鼓励和引导民间投资健康发展重点工作分工的通知》,州人民政府进一步明确工作职责,将工作职责分解到各县市政府和州级各部门,确保民间投资健康发展。通过不断强化服务意识,深化各项审批制度改革,减少审批程序,使行政审批制度化、规范化、法制化,坚持和完善重点企业挂牌保护制度和企业评议行政经济管理和公共服务部门制度,不断提高各级各部门服务非公经济的质量,全州非公有制经济发展环境有了明显的改善,亲商、扶商的社会氛围初步形成。

【财政投入力度进一步加强】 2010年,大理州财政投入中小企业及非公经济发展的力度进一步加强。为推进新型工业化和加快非公经济发展,从2009年起,州财政每年预算安排4000万元工业专项资金用于工业及非公经济发展,并按州级财政的增长幅度,逐年增加专项发展资金规模。大理州虽然没有建立非公经济专项发展资金,但是工业专项资金99%以上用于非公企业发展。大理、祥云等县市根据财力情况建立了工业发展专项资金,其他县在县级财政十分困难的情况下也拿出部分资金支持非公经济发展。同时充分发挥专项发展资金的引导作用,通过政府引导,吸引企业资金、金融资本、社会资本等加大对非公经济的投入。对新建项目、项目技改、园区建设、企业上市、节能减排予以重点支持,切实促进全州中小企业及非公经济加快发展。

【非公经济优惠政策落实到位】 为加快发展中小企业及非公有制经济,“十一五”期间,中央、国务院、省委、省政府以及州委、州政府先后制定出台若干加快发展非公有制经济的政策措施。2010年,大理州为及时、全面地了解掌握各项优惠政策,做好对企业的指导、扶持帮助和服务工作,州政府委托州工信委牵头,州级相关部门提供政策依据和文件材料,梳理汇总国家、省以及大理州级制定出台有关税收减免、产业导向和政策法规方面的优惠政策编印《大理州涉企优惠政策汇编》,引导企业用好用足各种优惠政策,使企业得到更多实惠和利益,规避风险和损失,帮助企业在项目发展方面作出更有利的决策。各级各部门通过进一步了解掌握各项优惠政策,增强了大局意识和服务意识。企业通过进一步了解掌握各项优惠政策,增强了加快发展的积极性,在经营决策上得到很大帮助。

【拓宽非公经济融资渠道】 2010年,大理州中小企业及非公经济融资渠道进一步拓宽,充分发挥政府在推动企业与银行交流中的引导和桥梁作用,通过推进全州重点项目建设、不定期举行融资协调座谈会等形式,推动银企合作,鼓励国有商业银行发挥主力军作用。同时制定优惠条件积极引进省内外金融机构入驻大理,已有富滇银行、交通银行、中信银行、兴业银行等股份制商业银行在大理设立分支机构。与此同时,不断整合民间资本成立小额贷款公司缓解非公企业融资困难,大理兴洲小额贷款有限责任公司等14户小额贷款公司已挂牌成立。积极搭建中小企业融资平台,推进信用担保体系建设,全州已成立了15家担保公司,累计为400多户企业提供了担保业务,累计担保额超过20亿元。

【非公经济创新能力进一步提升】 2010年,大理州中小企业及非公经济创新能力进一步提升。全州围绕支柱产业、重点企业的关键技术、工艺问题,加大投入推进技术创新工作,先后组织实施了一批有重大影响的技术开发项目,企业技术创新能力得到增强。全州有8户企业通过省级技术中心认定;有18个产品荣获“云南省名牌产品”称号;27件商标荣获“云南省著名商标”称号,其中“蝶泉及图形”获中国驰名商标称号;3个产品荣获国家免检产品称号;有600件产品申报国家专利;祥云飞龙公司“难处理氧化锌矿”、“氧化锌矿浸出渣提锌技术”获中国有色金属工业科学技术奖和云南省科学技术奖。

【龙头企业快速成长】 2010年,大理州中小企业及非公经济龙头企业快速成长。通过多年的努力,全州培植扶持发展了一批主业突出、行业优势明显的骨干企业,其中祥云飞龙有色金属股份有限公司、力帆骏马车辆(集团)有限公司2户非公企业培育成为大型企业;大理啤酒有限责任公司、云南新希望蝶泉乳业有限公司等35户中小企业的销售收入达到亿元以上。在全省召开的加快推进新型工业化大会上,大理州7户工业企业荣获全省“百户优强工业企业”称号,祥云飞龙、力帆骏马2户企业进入全省20强。

【标准厂房建设有序推进】 2010年,大理州中小企业及非公经济标准厂房建设有序推进。根据《云南省人民政府关于加快工业园区标准厂房建设的意见》和省工信委、省财政厅关于贯彻落实《云南省人民政府关于加快工业园区标准厂房建设的意见》的实施意见,大理州制定出台了《大理州关于加快工业园区标准厂房建设的实施意见》,围绕100万平方米标准厂房建设计划目标,对工业园区标准厂房建设加强了领导,加大了政策扶持力度。年内已建成10万平方米标准厂房,全州标准厂房建设有序推进。

【节能减排成效显著】 2010年,大理州中小企业及非公经济节能减排成效显著。中小企业、非公企业是大理州节能减排工作的重点对象,全州采取了一系列节能降耗有效措施,推进节能减排工作有序开展并取得初步成效。单位GDP能耗下降3.4%以上,累计淘汰水泥熟料91万吨、淘汰钢铁产能15万吨,全面完成省下达的责任目标。非公企业环保意识不断增强，资源综合利用能力不断提高，洱海流域工业企业点源污染得到控制，基本消除了企业污染直排，为保护洱海做出了重要贡献。

（毕家兴）

扶贫开发

【概　述】 2010年，大理州把扶贫开发摆在战略位置，进一步落实扶贫开发党政一把手责任制，统一思想，加强领导，创新机制，完善思路，突出重点，强化措施，整合资源，以百村整体推进为平台，全力推进扶贫综合开发示范园区建设、产业扶贫、易地开发、劳动力培训转移、社会帮扶、信贷扶贫、村级合作互助资金、外资扶贫等项工作，通过各有关部门的大力支持和贫困地区党委、政府以及广大干部群众的共同努力，社会各界的倾情帮扶，全州扶贫开发克服了全球金融危机的不利影响，各项工作任务全面完成，项目区实现了基础设施改善、社会事业进步、经济发展，群众增收的好成绩。一是扶贫开发的投入力度进一步加大。全州投入各类扶贫资金11.5亿元，资金的有效筹措，保证了扶贫开发项目建设的需要。二是连片扶贫开发取得新突破。在开展百村整体推进的同时，开展了祥云县米甸镇、宾川县拉乌乡2个“整乡推进”试点，累计完成投资9058.49万元，占计划数的73.7%。三是强化监管，不断提高扶贫项目和资金效益。牢固树立“高压线”碰不得的思想，完善扶贫资金管理办法，形成上级监督、监察审计监督、部门互相监督、群众监督和社会舆论监督“五道防线”。四是坚持开发式扶贫，不断增强贫困地区自身活力。大力推进产业扶贫、科技扶贫、连片开发，用发展的办法解决贫困问题，不断增强贫困地区“造血”功能。五是尊重民意，充分发挥群众的主体作用。项目的实施充分征求群众意见，尊重群众意愿，得到群众支持。对扶贫开发项目的资金分配和管理实行公告、公示制，接受群众监督。扶贫开发项目充分发动群众参与，调动了贫困群众的积极性，激发了自强脱贫的信心和决心。六是认真开展廉政文化进扶贫活动。在全州12个县市千村扶贫开发百村整体推进、整乡推进、易地扶贫、村级互助资金、产业扶贫、外援扶贫和劳动力转移培训等重点扶贫项目建设中，全面开展廉政文化进扶贫活动，把廉政文化建设融入到扶贫项目建设的全过程。

【千村扶贫开发百村整体推进工作】 大理州2010年度千村扶贫开发百村整体推进工作通过州级验收，该项工作涉及12县市的65个乡镇、102个行政村、1071个自然村，其中30户以上自然村有734个村、总农户56761户、224009人。一是资金投入超额完成。共筹措项目资金7.89亿元，占计划的174%。其中国家和省专项扶贫资金6063万元，州财政专项资金3452.8万元，县市财政资金3150.84万元，整合部门资金3.49亿元，群众筹资、投工投劳2.74亿元，信贷扶贫资金3662.67万元，社会帮扶资金308.51万元。二是“866”项目顺利完成。102个行政村当年新建安居房3219户，改造加固安居房10756户，实施墙体粉刷42097户、5214391平方米，院心硬化23387户、809575平方米；新建沼气池2045口、节能灶25039口，其他清洁能源4333口；新建卫生厕23931户，卫生厩21709户、440662平方米；新建水窖3593个、水池5252个；转移输出劳动力30038人；实施坡改梯4.47公顷、中低产田地改造93.33公顷，建成农业灌溉沟渠67千米；新发展特色经济林果1.53万公顷；建成人饮工程265件，架设管道935.74千米，20.87万人解决了饮水困难；架设高压线路80.35千米，低压线路改造58.06千米，新建卫星电视地面接收站4652座（户）；新建村民议事地点548个、重大事项公告公示栏623个；建成村内道路硬化弹石路68.86万平方米、水泥路85.63万平方米；新建村两委办公房9199平方米、改造5921平方米；新建村完小1.16万平方米，村完小危房改造1.35万平方米；新建文化室4696平方米，改造文化室1644平方米；新建村兽医室1949平方米，改造645平方米；新建村卫生室1414平方米，改造村卫生室1414平方米。三是人均纯收入较大增长。102个行政村农民人均纯收入2306元，比2009年的1839元增467元，增长25.4%；农民人均占有粮401千克，比2009年的371千克增30千克，增长8.08%。农民人均纯收入1300元以上的人口比例达到93.98%；农民人均纯收入1500元以上的人口比例达到79.98%；农民人均纯收入1800元以上的人口比例达到61.19%，基本实现了整体脱贫的目标。

【连片开发试点取得阶段性成果】 2010年，为加大扶贫综合开发示范园区投入力度，省扶贫办安排大理州祥云、宾川2县为“县为单位、整合资金、整村推进、连片开发”试点项目，下达项目资金2000万元。按照“一次规划、分步实施，突出重点、统筹兼顾”的要求，围绕基础产业培育、基础设施改善、基本素质提升、基本保障构建、基本队伍建设五大任务，坚持生产与生活条件同步改善、建设与管理同步加强，完善村规民约与倡导现代文明生活方式同步推进，农民群众的民主法制意识与科技文化素质和思想道德素质同步提高，科学制定规划，明确目标任务，狠抓项目建设。至2010年底，累计完成投资9058.49万元，占计划数的73.7%。种植泡核桃1413公顷，蚕桑1466.7公顷，石榴133.3公顷，葡萄116公顷，柑橘67.66公顷，云南红梨40公顷，蔬菜7.06公顷，白蘑菇300平方米，花卉207平方米。发展养猪2392头，养牛1105头，养鸡19.28万羽。培植养猪大户109户，养牛大户110户，养鸡大户84户。开展实用技术培训316期，48870人。新建安居房75户，改造安居房6290户，硬化院心1356户，墙体美化1358户，建成沼气池377口、节能灶100眼，改厨改灶578间，修建卫生公厕12座、垃圾处理池2个。植树造林500亩，种植绿化带165米风景树120株。建成沙石公路53千米，村内硬化道路92.2千米，架设人畜饮水管道8千米。完成科技文化室26平方米，文化活动场所2200平方米，校舍4669平方米。

【整乡推进试点工作进展有序】 按照《云南省扶贫开发整乡推进试点工作指导意见》精神和省委、省政府“发展要有新思路、建设要有新规划、产业要有新格局、项目要有新突破、服务要有新体系、村庄要有新面貌”的“六新”要求，祥云、宾川2县建立和完善了党政一把手负责制，县委书记、县长亲自抓，分管副职协同抓，扶贫部门具体抓，相关部门配合抓，各级各部门职责明确，相互协同，步调一致，确保了整乡推进试点工作的顺利展开。至2010年底，累计完成投资15310.65万元，占计划的89.77%。其中产业开发完成2587.92万元，安居工程完成2142.93万元，基本农田建设完成660万元，“五小”水利建设完成2349.2万元，人畜饮水工程完成594.2万元，通路工程完成4620万元，通电工程完成131万元，生态能源建设完成233.65万元，科技培训完成221.6万元，基层党支部阵地建设完成292.75万元。种植经济林果2267公顷、经济作物610

公顷,发展大牲畜养殖430头,七彩山鸡养殖3万只,新建和改造安居房6161户;实施中低产农田改造220公顷,新修灌溉沟渠92千米,河道治理13千米;架设人饮管道132千米,新修人饮水池(窖)950立方米;修通乡公路43千米,进村公路192千米、桥涵10座,村内道路硬化12.1万平方米;架设高压输电线路12千米、低压输电线路26千米;建节能灶1225口,种植生态林226.7公顷,安装太阳能46个、太阳能灯50盏,新建垃圾池17个、垃圾处理炉2个、公厕7座,实施改厩700户;开展科技培训19820人次,完成广播电视村村通18个自然村,新建村文化室550平方米、兽医室300平方米、学校900平方米,新建村级活动场所900平方米、农贸市场2个;创建带领致富党支部28个,培养脱贫致富带头人327人。

【劳动力转移培训成效显著】 2010年,大理州贫困地区劳动力培训和转移工作成效显著。一是建立健全机构,掌握市场规律,充分发挥市场配置劳动力资源的基础性作用,充分发挥政府在劳动力培训和转移方面的引导和服务作用,精心组织好贫困地区劳动力的培训和转移工作,南涧、巍山、永平、祥云、宾川、弥渡6个县劳动力引导性转移培训2.7万人,下达项目资金540万元。二是依托10个省级培训示范基地,根据市场需求,有计划地对贫困地区劳动力进行专业技能培训,10个培训示范基地技能型培训6325人,下达项目资金506万元。三是积极探索劳务输出的新途径。充分发挥大市场的优势,拓宽农民工就业渠道,坚持农业内部转移和向二、三产业转移相结合,就近转移和跨地区、跨境转移相结合,常年转移和季节性转移相结合,加强劳动力市场的培育,大力发展中介组织,积极引导农村富余劳动力在城乡、地区间合理有序流动。四是突出支持特困农户。培训和转移安置要把特困农户作为重点对象,尤其是优先考虑年轻有文化的绝对贫困农民。五是维护好农民工的利益。坚持"公平对待,合理引导,完善管理,搞好服务"的方针,积极为农民进城务工创造有利条件,切实搞好各项服务和管理工作。

【产业扶贫稳步推进】 2010年,大理州累计完产业扶贫投资1704万元,种植茶叶133.3公顷、冬桃133.3公顷、泡核桃1866.7公顷、脱毒红薯133.3公顷;推广良种猪71头,完成标准化猪舍建设1000平方米,扶持养猪示范户25户;改厩8000平方米,扶持养殖专业户500户;开展标准化生猪养殖技术培训40期3000人次。

【信贷扶贫促进农民增产增收】 2010年,大理州围绕优势资源做好产业发展规划,把扶持龙头企业、建设农产品基地、发展特色产业和农民增收作为信贷扶持的重点,积极发放到户贷款,扶持对解决贫困户温饱、增加贫困户收入有带动作用的农业产业化龙头企业,充分发挥扶贫贴息贷款在贫困地区发展经济、促进农民增收的作用。年内,全州共发放信贷扶持项目资金3.33亿元,其中扶贫到户贷款2.7亿元、扶贫项目贷款6300万元。扶贫到户贷款项目覆盖了12个县市的81个乡镇、463个行政村,有17983户农户获得贷款扶持。扶持种植业贷款12558万元,发展粮食作物3133.3公顷、烤烟926.6公顷、蚕桑686.6公顷、经济林果5953.3公顷。扶持畜禽养殖贷款14011万元,发展生猪7.4万头、牛4.93万头、羊1.98万只、家禽39.4万羽、水产品47.58万千克。扶持加工业贷款147万元。扶持其他行业贷款284万元。扶贫项目贷款共扶持核桃、香葱、野生菌、梅果、蔬菜、红花等农产品加工龙头企业9户,发放信贷扶贫资金6300万元。

【老区开发建设力度加大】 2010年,大理州加大了对革命老区的开发力度,投入资金932.2万元。争取省文化厅资金250万元,重点抓好革命先烈王氏三兄弟故居修缮及故居陈列室(柜)设计、制作、布展和烈士遗物征集。引进祥云县泰鑫科技发展有限公司投资400多万元,发展经济林果33.3公顷,逐步形成集红色旅游、农家乐为一体的新农村建设亮点。筹措资金282.2万元,其中专项扶贫资金190万元、整合部门资金52万元、发动群众投入30.6万元、其他资金9.6万元,对祥云县刘厂镇王家庄村、洱源县凤羽镇凤羽村、剑川县金华镇双河村和甸南镇玉华村、鹤庆县黄坪镇石洞村等4个老区县、5个乡镇、5个建制村的8个自然村实施重点扶持,扶持范围进一步向老区县最困难地区延伸。

【外资扶贫进展顺利】 2010年,大理州外资扶贫进展顺利。在剑川县、鹤庆县实施了社区主导型发展与参与式扶贫管理机制创新试点项目(CDD),共到位资金234万元,其中省办外资中心配套资金90万元、香港乐施会援助资金15万元、整合资金129万元,2个县均已完成项目评审并启动实施。5月,香港乐施会到旱情比较严重的祥云县米甸镇、鹿鸣乡,弥渡县德苴乡进行抗旱赈灾,向因遭受特大干旱造成口粮困难的灾民发放了折合资金38.27万元的赈灾大米96560千克,共有6438户灾民接受了赈灾。

【村级互助资金试点扩大】 2010年,大理州村级互助资金试点扩大。全州村级互助资金累计发放借款938.38万元,累计还款额395.82万元,收取资金占用费25.71万元;参与试点户数达3361户(其中贫困农户980户),共组建互助小组119个,累计借款1169人次,借款人中贫困农户借款率平均达57%。在发放的借款中,扶持产业发展资金为667.4万元,其中种植业271.41万元,占40.6%;养殖业366.67万元,占54%;商业及加工运输业29.32万元,占4.4%。通过开展村级互助资金试点,借款农户户均增加收入达440元,促进了农村经济的发展。

【开展廉政文化进扶贫活动】 2010年,大理州积极开展廉政文化进扶贫活动。一是明确对象,全面开展廉政文化进扶贫活动。在全州12个县市千村扶贫开发百村整体推进、整乡推进、易地扶贫、村级互助资金、产业扶贫、外援扶贫和劳动力转移培训等重点扶贫项目建设中全面开展廉政文化进扶贫活动,把廉政文化建设融入到扶贫项目建设的全过程。二是突出重点,丰富廉政文化进扶贫活动内容。廉政文化进扶贫活动主要以"十不准、十坚持"和廉政承诺制、贫困群众廉政评议制和贫困群众廉政评议员制度落实为重点,群众广泛参与和丰富多彩的廉政文化为载体,在项目村开展群众喜闻乐见、寓教于乐的廉政文化活动。三是创新方式,营造廉政文化进扶贫活动氛围。制作廉政标语687条、扶贫公益广告127幅,做到扶贫项目到哪里,廉政文化标语就到哪里。创建廉政文化阵地,结合乡镇、村综合室、科技室和农家书屋建设,配置廉政文化书籍4372册,充分发挥文化阵地作用。以廉政为主题开展具有扶贫开发特色、当地民俗、民风特点,寓教于乐的廉政文化活动。坚持群众主动参与项目建设,加强资金管理等。积极营造廉政、高效扶贫的思想氛围。四是强化监督检查,扎实推进廉政文化进扶贫活动。把廉政文化进扶贫活动作为各级扶贫部门党风廉政建设和项目管理的重要任务，作为扶贫项目检查验收的重要内容，每半年对廉政文化进扶贫活动开展情况进行一次专题检查，充分调动干部群众的积极性、创造性，确保活动落到实处，收到实效。

【机关企事业单位挂钩扶贫成效明显】 2010年，大理州机关企事业单位挂钩扶贫成效明显。全州116个州级单位定点挂钩扶贫，按照“挂钩到乡，帮扶到村，扶持到户”的总体要求，切实帮助挂钩点解决贫困群众最关心、最需求的问题，努力实现挂钩扶贫点条件改善、生产发展、农民增收，稳定解决贫困群众的温饱问题。全年共有8306人次到挂钩点开展帮扶工作，其中县处级领导干部1226人次、科级3660人次、一般干部3420人次，累计工作时间10682天。干部职工捐款42万元，单位投入资金712万元，协调资金3191万元，投入物资折合人民币185万元。

【省扶贫办调研组到大理调研】 6月2～3日，以省扶贫办主任王智为组长的省扶贫办调研组到大理调研扶贫工作，详细了解大理州扶贫工作中的经验和特点，查看工作中存在的问题，认真听取扶贫工作意见和建议。州政府副州长岳黎松、州长助理李文才、州扶贫办领导等陪同调研。调研组对大理州扶贫工作给予了充分肯定，认为大理州的扶贫工作目标实，思路清，措施硬，重点明，效果好，人民群众受益大，为全省扶贫工作提供了有效的方法和可借鉴的经验；要及时召开会议，进一步贯彻落实全省扶贫开发现场会议精神，以科学发展观为指导，坚持城乡统筹战略和扶贫开发方针，瞄准最贫困的地区，突出最贫困的人群，扶持最弱势的群体，解决最紧迫的问题，加大投入，创新体制，明确责任，形成合力，全力完成各项扶贫工作。

【强化扶贫资金项目管理】 2010年，大理州扶贫办以“十不准、十坚持”为核心强化扶贫资金项目管理。“十不准”即：一是不准擅自改变扶贫资金使用范围；二是不准将扶贫资金用于行政经费、奖金、福利、接待等支出；三是不准擅自截留、滞留、挪用、冒领侵吞扶贫资金；四是不准利用职权谋取私利、优亲厚友变相套取、骗取扶贫资金；五是不准对没有承担扶贫责任的企业贷款进行贴息；六是不准调减已备案的进村入户的扶贫资金额度；七是不准利用统销统购方式捞取扶贫资金上的回扣、差价；八是不准擅自变更扶贫项目实施地点和扩大项目实施范围；九是不准调整扶贫项目实施计划和建设内容；十是不准强迫实施违背群众意愿脱离实际的扶贫项目。“十坚持”即：一是坚持公示公告制；二是坚持工作到村、扶贫到户制；三是坚持群众参与制；四是坚持项目招投制；五是坚持合同管理制；六是坚持监督检查制；七是坚持廉政评议制；八是坚持竣工验收制；九是坚持项目审计制；十是坚持责任追究制。

【南涧廉政文化进扶贫活动“五抓”】 2010年，南涧县以“廉政文化进扶贫”活动为载体，在扶贫开发项目建设中广泛开展廉政文化活动，切实增强乡、村干部勤奋干事、管好用好扶贫资金的意识，调动群众参与扶贫开发项目建设的积极性。一抓组织领导，明确工作职责。成立了南涧县廉政文化进扶贫领导小组，领导小组下设办公室在县纪委党风廉政室，负责日常工作。项目实施乡镇也相继成立了扶贫项目实施和廉政文化进扶贫工作领导组，领导组成员中均有乡镇纪委书记参加。项目实施小组中，村勤廉监督委员会主任是实施组成员。在项目发包时，乡镇纪委书记参与监督，并签订廉政合同。在一般性项目验收时，村勤廉监督委员会参与监督；较大项目验收时，乡镇纪委书记参与监督。二抓宣传动员，营造廉洁氛围。通过召开村级党员大会、村民小组长会、户主会等形式，广泛宣传廉政文化进扶贫活动的目的和意义。三抓督促检查，加大执行力度。在扶贫工作过程中严格执行“十坚持、十不准”。扶贫项目进村后，先对实施项目进行公示，项目实施结束，经项目实施小组进行验收直到合格，再由乡镇政府出具拨款证明，并由分管领导审查核实，严格把关，最后才由乡镇财政所统一兑付资金。同时，对项目资金的兑付情况在村委会、村民小组张榜公布，切实做到“一公开二公示”。四抓规范管理，严格绩效考核。为保证千村扶贫资金安全高效运行，县财政局设立扶贫资金专户，根据项目实施进度，由县财政局和县扶贫办联合发文，下拨资金。乡镇财政所设扶贫资金专户，对资金进行管理。项目实施过程中，由县监察局等4部门对扶贫资金进行专项检查，并对项目资金实行绩效评估，县审计局出示审计报告，县监察局作出专项效能检查报告。五抓制度建设，实现廉洁扶贫。以落实党风廉政建设责任制为切入点，加强对扶贫干部廉洁自律、作风建设的教育，切实遵守“十坚持、十不准”等规章制度。通过“廉政文化进扶贫”活动，进一步提高廉政扶贫制度执行力建设，以廉政文化建设的成效促进扶贫开发年度目标的实现。

【“十一五”扶贫开发成绩显著】 大理州“十一五”期间扶贫开发成绩显著。一是实施整村推进，加快脱贫致富步伐。5年来，对自然条件差、贫困人口比重大、经济社会发展滞后的502个行政村，实施了农户“8个有”、自然村“6个有”和行政村“6个有”的“866”千村扶贫百村整体推进项目建设，502个村投入资金238584.09万元，使25.2万户102.3万人受益，创造了中国西部扶贫开发的“大理模式”。二是强化资金投入，贫困面貌不断改善。“十一五”期间，全州累计筹措各类建设资金42.12亿元，完成了一系列项目建设，贫困人口由2005年的63.59万人下降到40.6万人，下降了36.15%。三是培植壮大产业，农村经济健康发展。“十一五”期间，全州各级积极寻求能为贫困农民提供稳定增收的产业项目，以产业带动贫困村的经济发展，重点培育壮大林果、畜牧传统产业、加大劳务输出力度，增加农民非农收入，初步形成了群众增收近期靠务工、中期靠畜牧、远期靠林果的产业发展格局。四是开展技能培训，提升农民综合素质。累计开展实用技术培训75.34万人次，技能型转移培训14.26万人。五是加强基层阵地建设，农村公益事业得到提升。以阵地建设为结合点，大力支持农村教育、卫生、文化、科技等社会事业的发展。六是推动挂钩帮扶、社会扶贫取得了明显成效。七是以宾川、祥云2县连片的“扶贫开发综合示范园区”建设取得了阶段性成效。八是开展扶贫开发与最低生活保障相衔接，在巍山县实行开发扶贫和生活救助“两轮驱动”，以扶老、助残、救孤、济困为重点的社会救助体系逐步完善。

（董如兆）

水电移民安置

【概　述】 2010年，大理州水电移民安置工作在州委、州政府的领导下，在省移民开发局的指导支持下，认真贯彻中共大理州委六届八次全委会和州“两会”精神，按照省下达的目标任务，积极开展各项工作。年初,把移民安置区抗旱救灾工作作为压倒一切的中心工作来抓,努力将旱灾对库区、安置区移民的影响降到最低。安排项目资金10万元,为受灾严重的南涧县公郎镇落底河村委会漫湾水电站二次搬迁安置的移民修建了人畜饮水工程,为确保灾区移民社会稳定发挥了积极作用。积极推进功果桥电站移民搬迁安置工作,完成了功果桥电站工程枢纽区121户、541人的搬迁安置。小湾、龙开口、鲁地拉、苗尾水电站移民搬迁安置工作顺利进行。小湾水电站枢纽施工区1240米水位线下计划搬迁人口的搬迁安置工作全部完成,共搬迁安置小湾库区移民5751人;龙开口、鲁地拉水电站施工区涉及大理州境内399户、1592人的搬迁安置工作全部完成。大中型水库移民后期扶持政策全面落实,积极稳妥地组织实施了库区和移民安置区基础设施建设项目。全年下达库区和移民安置区农田水利、道路、人畜饮水、卫生室等建设项目63个,总投资2600万元,累计发放大中型水库移民后期扶持资金6569万元。

【小湾电站库区移民工作进展顺利】
2010年,大理州移民局积极开展了南涧县孔雀山神庙岭岗安置点的滑坡治理工程、龙潭水库建设及巍山、永平、漾濞、云龙4个县8个安置点的移民安置工程及部分附属工程建设。启动并完成了17个移民安置点土地流转1535.4公顷以及基础设施建设项目,完成了南涧县孔雀轮渡码头和巍山朝阳桥建设,完成了南涧、巍山、漾濞、永平4条四级公路的复建任务。小湾电站枢纽施工区1240米水位线下计划搬迁人口的搬迁安置工作全部完成。至2010年底,共完成小湾库区移民5751人的搬迁安置。

【启动功果桥电站移民安置点建设】
2010年,功果桥电站移民安置点建设工作全面启动。年底已完成功果桥电站工程枢纽区121户、541人的搬迁安置,库区69户移民开始自建房屋。在充分尊重移民意愿的基础上,经省人民政府同意,调整了功果桥电站的移民安置方式,从大农业安置变更为长效补偿安置,并积极开展移民安置方式变更方案的修编工作。为了进一步加快移民搬迁安置工作,完成了对7个移民安置点初步设计和施工图的审查,并开工建设。组织开展了专业项目和改复建项目的施工,花旧公路全线通车,左岸公路进入实施阶段。实施了村委会和学校的搬迁工作。2010年以来,积极配合业主开展工程建设现场协调服务,全面完成各项工程建设征占用土地、林地、房屋补偿补助资金的部分,累计完成电站枢纽工程专项设施改复建以及配套工程投资35亿元,全年完成投资32398万元。

【龙开口鲁地拉水电站移民安置工作】
金沙江流域涉及大理州的龙开口、鲁地拉水电站2009年因环保问题被国家环保部门叫停,但移民工作无法停止,只能按规划逐步实施。一是协调完成了《龙开口水电站建设征地移民安置实施工作协议》的签订工作,也为电站工作的开展提供了政策依据。指导进行了龙开口水电站江东移民安置点及移民安置专项工程建设,完成了江东安置点村内道路、引水工程及日供水1500立方米的水厂建设项目,共完成投资623.34万元。2010年底,全部完成了龙开口水电站施工区涉及大理州境内183户、645人的搬迁安置工作。二是组织开展了鲁地拉水电站鹤庆县移民安置点及移民安置专项工程建设。年末已全部完成了鲁地拉水电站施工区涉及大理州境内216户、947人的搬迁安置工作;完成了鹤庆县4个安置点建设规划设计;组织实施了宾川县大坝子、大干塘、大松坪3个移民点的基础设施建设项目;开展了鹤庆县境内中江汽车吊桥施工。

【落实移民后期扶持政策】 2010年,大理州积极稳妥地组织实施了库区和移民安置区基础设施建设和经济发展规划项目实施,全年累计下达库区和移民安置区农田水利、道路、人畜饮水、卫生室等建设项目63个,总投资2600万元。扎实做好移民后期扶持资金兑付工作,完成了省下达的第一季度、第二季度后期扶持资金的兑付工作,共计801.66万元。组织12县市移民管理部门水库移民后期扶持工作人员进行了2期业务培训,指导完成了水库移民后期扶持信息系统州级平台建设。至2010年11月,累计发放了大中型水库移民后期扶持资金6569万元。

【抓好水电移民抗旱救灾工作】 2010年,大理州遭受了严重干旱。按照省州党委政府的要求,大理州移民局把抗旱救灾工作作为头等大事抓紧抓好,抓实抓细。一是加强对库区、移民安置区抗旱救灾工作的领导,实行领导包县,科室挂钩联系抗旱工作责任制,局领导带领科室人员多次深入库区和移民安置区调查研究,解决在抗旱工作中存在的困难和问题。二是及时解决移民安置点存在的人畜饮水困难,共安排后期扶持项目资金10万元,为受灾严重的南涧县公郎镇落底河村委会漫湾电站二次搬迁安置的移民修建了人畜饮水工程,不仅解决了望江村39户、146人的饮水困难,同时还解决了邻近的阿嘎村32户、139人的饮水困难。三是发动职工开展了2次为旱区开展献爱心活动,第一次组织全体职工捐款3100元、第二次组织党员参加"共产党员抗旱救灾特别捐款活动"捐款5800元。通过积极努力,大理州移民安置区没有发生移民群众缺水断粮情况,为保证移民安置区社会稳定发挥了积极作用。

【移民信访工作】 2010年,大理州移民局充分总结在做好移民信访工作经验、吸取教训的基础上,组织相关科室人员组成工作小组,变移民上访为干部下访。局党组还专门规定班子成员每月至少有三分之一的时间到基层,深入库区移民安置区进行调研,进家入户与移民面对面宣传移民工作相关政策法规,将矛盾化解在萌芽状态。增加县、乡移民工作部门维稳工作经费,确保维稳工作延伸到基层一线,全年共下拨县、乡移民工作维稳工作经费15.5万元。2010年1~11月,大理州移民局共接待办理移民群众来信来访和上级交办53件,涉及240人。杜绝了移民大规模越级上访现象的发生,较好地维护了安置区社会稳定。

【加强党风廉政建设】 2010年,大理州移民局及时向干部职工传达了省纪委6.23案件查处情况,传达了省移民局《我省移民系统发生涉及移民工作的违法犯罪案件情况通报》,以全省移民系统发生的8起违法犯罪案件作为反面教材,对党员干部进行反腐倡廉教育。组织全体党员干部进行《中国共产党党员领导干部廉洁从政若干规定》知识考试,使全体干部职工进一步加深对《规定》的认识,自觉从思想上、行动上遵守有关规定。在支部内部推行"四项制度"、倡导"五个方面"的良好风气等活动。大理州移民局党风廉政建设工作连续3年被中共大理州委、州人民政府考核评为"优秀"。

(潘晓波)

大理省级经济开发区

【概　述】 2010年,大理省级经济开发区千方百计在海东开发建设、工业项目建设和体制机制创新三方面实现突破。全区地区生产总值完成267108.23万元,同比增长15%;财政总收入完成52029万元,同比增长32.7%;辖区固定资产投资完成220762万元,同比增长38.8%;辖区工业总产值完成341512万元,同比增长20%。州、市党委、政府年初下达的各项经济指标均超额完成,全区经济结构进一步优化,新型工业发展驶上快车道,经济总量大幅增加,经济实力显著增强,可用财力大幅增长,是近几年开发区发展速度较快、发展质量较好的一年。

【开发区城市基础设施进一步夯实】 2010年,大理经济开发区进一步加快基础设施建设,着力抓好城市干道、道路网络、供电、供排水、污水处理、垃圾处理等基础设施建设,以城市基础设施建设推动招商引资和项目开发。一是加紧海东新区1号路(下和至大竹园段)工程建设,路基工程于2010年6月23日通过竣工验收,累计完成投资7200万元。二是海东新城区2号路(华营至中和村段)工程已完成投资1.16亿元,K2+200至K7+350路段已竣工验收。三是东环海公路建设项目(全长63.2千米)下和至天境阁11千米按24米路基宽建设,已完成路面硬化。四是海东新区城市次干道建设(次干道包括上登防火通道、上和防火通道、南村防火通道、下和北山防火通道及尊庄南山防火通道5个路段)工程总投资8200万元,路基工程全部完工。五是大理市海东城市新区排水管网(一期)工程(概算总投资17982.26万元)已完成可研和环评审批,初步设计已经省建设厅审查通过。六是大理市海东污水处理厂及中水回用工程(概算总投资5084.49万元)污水处理厂于2009年12月开工建设,土建部分已完工,设备安装即将完成,累计完成投资3500万元。七是大理市第二(海东)垃圾综合处理场项目前期工作进展顺利。大理市第二(海东)垃圾焚烧发电厂是海东开发的重要基础设施配套项目,由大风坝二期项目与大理市第二(海东)垃圾处理厂项目统筹合建,项目总投资43023万元,项目计划于2011年开工建设,由大理重钢再生能源发电有限公司负责该工程项目的投资、建设、运营。八是投资1.3亿元的海东220KV变电站已于2010年3月已投入使用;110KV海东变电所建设项目规划建设年限至2012年,计划新建线路10千米,总投资3200万元,已完成所址初选工作。九是投资8432.53万元的大理市第六(海东)自来水厂工程(海东片区、满江片区及凤仪片区供水),与云南省水务产业投资有限公司签订了合作协议,由该公司投资、建设、运营及收益,项目前期工作进展顺利,已完成工程招投标并已开工建设。十是大理市环洱海环海路截污干渠项目下和至观音阁段干管工程已于2010年4月通过竣工验收;上和至登龙河段工程一、二标段已完工。十一是总投资9200万元的波罗江(满江段)河道综合治理工程年内已全面开工。

【招商引资成绩斐然】 2010年,大理经济开发区招商引资工作成绩斐然,全年接待中外客商六百多人次,协议资金405亿元,实际到位资金突破17亿元。一是华彬项目。项目总投资不低于100亿元,北京华彬置业有限公司和大理经济开发区国有资产经营有限公司联合设立大理华彬绿色产业有限公司,依次推进低碳居住示范区、户外绿色休闲运动区、健康度假养生区、科技观光农业示范区、新型建材工业区等5个功能片区的建设。2010年4月,由华彬集团、中国国际商会主办,大理经济开发区承办的“2010中国(大理)国际绿色低碳技术高峰论坛”在大理成功举办。二是大理海东新城区合作开发项目进展顺利。大理经济开发区与云南省城市建设投资有限公司合作,计划先期5年投资不少于人民币100亿元,分片区分期实施。三是磷酸铁锂电池、电动汽车项目。项目概算总投资约20亿元,一期主要建设磷酸铁锂动力电池厂,概算投资约4亿元;二期主要建设磷酸铁锂蓄能电池生产厂、电动汽车电机、整车制造等。四是非晶硅项目。海东大功山大型并网非晶硅薄膜光伏发电站项目,由大理源畅光电能源有限公司投资建设,装机容量180兆瓦,总投资约47.5亿元;项目一期建设投资2.4亿元装机容量10兆瓦示范工程已顺利开展建设,2兆瓦屋顶发电项目非晶硅薄膜光伏组件安装完成80%工程量,累计完成投资3500万元。年产120兆瓦太阳能生产非晶硅薄膜光伏电池玻璃电砖生产线项目,计划建设21条非晶硅薄膜光电模板生产线,项目总投资约5亿美元;项目首期3条生产线建筑面积约3.6万平方米标准化多层厂房及附属设施已完工,累计完成投资4500万元,30兆瓦生产线设备已完成投资3亿元。五是南诏海岸项目。由香港中国能源工业有限公司投资建设生态住宅、酒店及原住民文化街(即大理白族文化国际旅游方块街、东方文化学院、国际养生医疗机构),项目概算总投资30亿元,用地面积约202公顷。六是大理技师学院项目。州人民政府于2009年8月委托大理经济开发区管委会代建一期工程,并采用BT方式组织实施。一期工程完成并已移交给校方,共完成投资3.9亿元。七是大理五洲国际商贸城项目。由江苏五洲国际集团投资,总用地面积约33公顷,项目总投资30亿元。项目公司已注册,项目用地已取得合法使用权。八是云南东融滇西中药材物流经营中心暨“南诏古镇”项目。项目总投资3.2亿元,第一期项目占地6.9公顷。项目已开工建设,其中中药饮片厂生产厂房已完工投入生产。九是计划总投资不低于1.5亿元人民币的云南白药集团大理制造中心项目已开工建设,完成投资10369万元。十是大理工业产业开发项目。项目总投资30亿元,项目用地面积约573公顷,由云南昆钢力信投资有限责任公司与大理经济开发区管委会合资设立大理工业产业开发有限公司,已完成投资1500万元。十一是云南嘉策投资有限公司项目。该公司计划投资100亿元的大理嘉策海东中心区和5亿元的大理嘉策商务中心2个项目,于2010年9月30日与经济开发区管委会签订了投资协议。十二是大理满江新区国际旅游运动休闲城项目。项目概算总投资120亿元,总用地面积约700公顷,建设用地不少于350公顷。此外,大理州反恐训练基地建设、大理州武警支队整体搬迁、海东中心区招商引资、华彬新型建筑材料厂建设等项目在做建设前期准备工作。

【开发区重视非公经济发展】 2010年,大理经济开发区高度重视非公经济发展,全区工商企业达929户(含农业专业合作社14户),注册资本金452540万元,同比增长82.3%。其中私营企业813户,同比增长21.7%;注册资金189229万元,同比增长43%;个体工商户4170户,同比增长24.7%;注册资金11995万元,同比增长42.4%。

【土地收储报批工作】 2010年,大理经济开发区在省政府大理专题工作会议召开后，全力开展万亩土地收储工作，完成了海东、满江及天井片区1733公顷土地的收储，累计兑付农民补偿和交付各种费用8亿多元。2010年上报获批土地263公顷。《海东新城区规划建设项目地质灾害危险性评估报告》已通过评审，并报省国土资源厅备案。

【筹资渠道进一步拓宽】 2010年，大理经济开发区多渠道、多形式筹集建设资金，努力向上争取国债资金和预算内资金支持。争取到环洱海交通环保工程、东城区排水管网二期工程贷款贴息、发改委"金太阳"示范工程补助资金共计11589万元，共获得银行贷款11.34亿元。完善筹融资体制，充足资本金，组建大理经济开发区投资集团有限公司，下属国有资产经营公司、土地投资开发公司等6家国有控股企业，集团总资产达53.04亿元，负债19.51亿元，所有者权益33.53亿元，资产负债率36.78%；参股组建大理海东村镇银行有限公司，为开发区融资提供平台和保障。

【创先争优活动丰富多彩】 2010年，大理经济开发区创先争优活动丰富多彩。一是开展了一系列党性教育活动。二是深入开展了学习普发兴同志活动，组织观看了电影《村官普发兴》28场次、1803人，收到心得体会文章948篇。三是开展了岗位奉献、服务群众、亮牌示范和公开承诺活动。四是制作了150块创先争优活动宣传广告牌，全区上下形成全党发动、全员参与的活动氛围。五是组织了"共产党员抗旱救灾特别捐献活动"，发动捐款63480元，组成12个结对帮扶对子，组建先锋队13支、245人。六是大力实施农村基层工程建设，新建了晋湖、红山村委会办公大楼，顺利通过了省级验收，给予开发区每个自然村党支部5万元的活动场所建设财政专项补助。

【党风廉政建设稳步推进】 2010年，大理经济开发区党风廉政建设稳步推进。一是着力加强反腐倡廉宣传教育。二是加大对信访件的调查处理力度，认真解决群众反映的突出问题。三是创新制度，重点加强了对农村基层惩治和预防腐败体系的建设力度，健全完善了农村集体资金、资产和资源的管理制度，深入推行村级两委班子成员述职述廉制度，规范农村基层公务接待和职务消费制度及群众来信来访工作机制。四是抓责任落实。区党委和全区各级各部门签订党风廉政和反腐倡廉责任状，强化党政一把手"一岗双责"意识，对党风廉政和反腐败任务进行分解，层层抓落实，及时分析研究党风廉政和反腐败工作中的新情况和新问题，加强对责任制贯彻落实力度的检查。全区党风廉政建设和反腐败工作稳步推进，班子成员和各级领导干部全年无违纪违法行为发生。

【社会事业全面发展】 2010年，大理经济开发区社会事业全面发展。一是文、教、卫、新农村建设等社会事业成效显著。完成"两基"迎国检工作和校舍安全工程，全面完成村两委、村民小组、农业社的换届选举直选工作，按新农村建设20字方针积极推进新农村建设工作，开展辖区内流动人口清理清查专项整治活动，建立健全PADIS平台，完成2010年"一事一议财政奖补"工作。二是完善社会保障与就业服务，国计民生不断改善。完成对182套廉租房建设、分配，积极推行失地农民保险制度，完成区内3家国有企业职工工资方案测算、审核、报批等工作，组织筹备2场农村劳动力转移现场招聘会。三是强化责任落实，保障开发区安全生产。组建海东消防队，建立应急管理体系。深入开展建筑领域安全大检查，积极推进区域安全生产长效机制建设。四是加强社会治安治理，维护平安开发区。投资41万元的天井社区、西窑社区视频监控系统正在实施中；完成了开发区天井办事处20名、满江办事处10名、海东镇政府10名综治维稳巡防队及开发区30名民兵应急分队组建工作；司法分局办公楼建设启动；完成了辖区内6个社区警务室和12个农村警务室建设；处理重大突发性事件2起，法律援助5起，共调解87件，调解成功87件，调解率100%。共受理劳动投诉举报26起、来信举报5件，接待来访87人次，为企业工人追回押金及工资35219元，为农民工追回工资165435元。

（李　春）

大理省级旅游度假区

【全区国民经济平稳运行】 2010年，在州、市党委、政府的正确领导下，大理旅游度假区紧紧围绕实现2010年重大项目、重点产业、重要工作责任目标，全力实施"1239"工程，全区经济社会各项事业健康发展。完成生产总值98661万元（含大理镇），比上年增长18.79%；固定资产投资完成153089万元，比上年增长35.18%；财政总收入完成20733万元，比上年增长23.33%。上述三大经济指标均超额完成了市下达的目标任务，超额完成"十一五"规划的主要目标。

【"三古"保护开发稳步提升】 2010年，大理省级旅游度假区"三古"保护开发稳步提升。大理古城保护提升取得新成效。以保护为前提、改造提升为重点，狠抓规划、建设、管理，实施了美化、绿化、亮化及环境整治等提升改造工程。规划编制进一步加强，编制完成《大理古城保护发展与创新研究报告》，正抓紧编制《大理古城片区及其周边地区控制性详细规划》、《大理古城保护提升概念性规划》和《大理古城景点和文物古迹修复规划》。提升改造项目进展顺利。投资8100万元，完成银苍路、苍坪街、叶榆路北延长线等道路路面、给排水及强弱电等综合管网改造提升工程；完成东城楼、西城楼、北城楼灯光改造工程、文献路南段等路段的灯光亮化工程；完成文献楼改造提升工程，将国宝"阿嵯耶观音"展示在文献楼中，突出了文献楼现展示大理历史文化、宗教文化的窗口作用；实施了古城环境整治和重要节点绿化改造提升工程，新种植大树100株；对古城博爱路、玉洱路进行交通整治，营造了良好的交通秩序；组建成立大理古城电瓶车营运有限公司并投入运营，实现了古城绿色交通。文化内涵不断提升。武庙会恢复重建工程已基本完成，博爱路以西片区改造提升项目进展顺利，二期建设正有序推进；古民居院落、名木古树的普查登记工作已全面完成，正抓紧制定完善挂牌保护办法及措施；在重点路段进行经典影视放映、洞经音乐表演和大理经典民歌播放；划行规市、诚信街区打造、旅游从业人员服装规范及经营秩序整治等工作正有序推进。

喜洲古镇保护开发取得新突破。投资3550万元，实施了停车场改造、污水处理厂扫尾工程以及部分道路改造等项目，大理二中前导广场及水景工程正抓紧建设。喜洲新区开发天籁家园项目完成投资9800万元，房屋建筑工程、附属设施建设已全部完成。加快推进喜洲旅游文化创意园区建设，与云南天素投资有限公司签订了项目投资协议书，投资100亿元，对喜洲镇境内214国道以东约28平方千米区域及苍山大小花甸坝区域分期进行开发。项目策划、规划以及组建公司等前期工作正抓紧进行。喜洲镇被评为全国特色景观旅游名镇，喜洲村被评为全国"十大古村落"。

双廊古渔村保护开发取得新进展。完成投资约3000万元，进一步加大了双廊古渔村基础设施建设，实施古渔村主街道市政道路建设，完成了主街道青石板路面改造及排污干管工程设计及招投标工作；双廊镇污水处理厂及厂区管网收集工程正抓紧实施；举办了第三届洱海开海节活动；实施了双廊村千村扶贫及新农村项目。按照统一规划，在保护中提升，实施高端、精品开发的理念，委托宏宇（瑞士）投资及咨询公司重点策划双廊古渔村保护开发，着力打造双廊古渔村高端休闲度假养生之都，把双廊古镇建设成为集历史文化、民族文化、景观文化、明星名人文化和白族民居建筑为一体的四千年洱海渔村。

【旅游重大项目扎实推进】　2010年，大理旅游度假区旅游重大项目建设扎实推进。苍山大索道项目累计完成投资2.34亿元，完成索道设备采购、场地清理、设备安装、电力等工程招标，现正抓紧进行索道建设；"希夷之大理"大型实景演出项目累计投入资金2.3亿元，彩虹桥工程、土建工程和钢结构吊装已基本完成，启动了项目进电、配电系统，舞台机械部分进入安装；大理论坛项目累计完成投资4.94亿元，完成项目一期供地84.3公顷，一号主干道已建成，引进新加坡悦榕、悦椿共同打造国际品牌的高端酒店；大理王宫项目已完成选址，委托重庆大学建筑设计研究院编制规划方案；大理茶花园项目累计投入资金2700万元，栽培云南山茶优良品种及杂交种90多种，把茶花打造成重要的旅游载体；三月街片区环境提升改造项目投资3000万元，完成三月街南通道及双鹤街、文笔街等道路改造工程；绿玉小区电力电信改造项目投资2000万元，完成玉局路、玉秀路综合管网及人行道环境整治工程。

【旅游宣传和招商引资成效明显】　2010年，大理旅游度假区旅游宣传和招商引资成效明显。成功承办了大理三月街民族节、大理国际影会暨大理洱海开海节、中国大理国际兰花茶花博览会等节庆文化活动，提高了大理旅游的知名度和美誉度，增强了大理旅游的吸引力。先后与大理源泰旅游综合开发有限公司、云南天素投资有限公司、云南子元投资有限公司、北京昭德置业有限公司等签订了项目投资协议。招商引资新签协议资金157亿元，实际到位资金约11.7亿元（州外），超额完成大理州、市2010年度招商引资责任目标任务。

【社会事业不断进步】　2010年，大理旅游度假区各项社会事业不断进步。全面推进"校园安居工程"，投资510万元完成了大理四中、大理镇一中、大理幼儿园教学楼改造，投资2000万元的15所中小学校现代教育教学设施建设、校园环境改造和改扩建项目正抓紧实施；深入实施《公民道德建设实施纲要》，群众性精神文明创建活动蓬勃开展；积极化解和妥善处置社会热难点问题，全力维护社会稳定；深入开展安全生产，扎实抓好森林防火工作；社会保障体系不断完善，和谐社会建设取得新成效；扎实推进"国家园林城市、全国文明城市、国家卫生城市、法治城市"创建工作。

【社会主义新农村建设有序推进】　2010年，大理旅游度假区社会主义新农村建设有序推进。按照新农村建设"二十字方针"和"四通八达十六有"的要求，紧紧围绕"典型引路、示范带动、全面推进"的工作思路，多渠道筹措和整合项目资金8337万元，实施了东门州级示范村和小岑及南、北才村市级示范村建设；投入资金3118.7万元，扎实开展"百村整治"工程，完成了一期12个"百村整治"村项目建设，启动了二期12个村的建设项目。

（杨玄霞）

领导名录

中共大理州委员会

书　　记　刘　明
副 书 记　何金平（白）
　　　　　王雪峰
常　　委　蔡春生
　　　　　杨秀星（女，白）
　　　　　马建全（回）
　　　　　杨　健（白）
　　　　　梁志敏
　　　　　段　玠
　　　　　王以志
　　　　　茶忠旺（彝）
　　　　　叶翠萍（女）
　　　　　王恩富
秘 书 长　杨　健（白）

大理州人大常委会

主　　任　字国顺（彝）
副 主 任　杨宴君（女，白）
　　　　　张如旺
　　　　　尚榆民
　　　　　刘世兴
　　　　　彭增梅（女，彝）
　　　　　陆　璐（兼，民进大理州委主委）
秘 书 长　李宗贤

大理州人民政府

州　　长　何金平（白）
常务副州长　马建全（回）
副 州 长　蔡春生
　　　　　程云川
　　　　　李红卫（彝）
　　　　　郭有兵（彝）
　　　　　许映苏（女）
　　　　　洪云龙（白）
　　　　　岳黎松（佤）
州长助理　李文才
秘 书 长　李　超（白）

大理州政协

主　　席　袁爱光（回）
副 主 席　毕熊光（彝）
　　　　　张树藩（白）
　　　　　孙珍玲（女）
　　　　　孙　明
　　　　　寇铸勋（白）
　　　　　杨泽恒（兼，白，民盟大理州委主委）
秘 书 长　欧阳任

大理州纪律检查委员会

书　　记　梁志敏
副 书 记　何玉兰（女，白）
　　　　　靳汝柏

·州委各工作部门领导名录·

州委办公室

州委副秘书长、办公室主任
　　　　　赵中泽（白）
州委副秘书长、办公室副主任
　　　　　何义章（白）
　　　　　肖云江
州委副秘书长　杨晓源（兼，白，2010年2月任）
　　　　　杨赵义（彝，2010年12月任）
办公室副主任　赵茂盛（白，2010年5月任）
　　　　　李重新（2010年12月任）
州委督查室主任　王利言（白，2010年12月免）
　　　　　李德琦（白，2010年12月任）

州机要局（州密码管理局）

局　　长　李永光
副 局 长　高文京
总工程师　段志明

专职密码督查员　杨瑞红(女,白)

州国家保密局

局　　长　杨定中(白)
副 局 长　杨利元(白)
总工程师　赵彦希

州委组织部

部　　长　叶翠萍(女)
常务副部长　曾　勇(2010年12月免)
副 部 长　彭　智
赵新光(兼,白,2010年12月免)
张　松(兼,白,2010年12月任)
党代表联络办主任　彭　智(兼,2010年12月任)

州委宣传部

部　　长　王以志
常务副部长　曹劲鹄
副 部 长　奎立新
王正林(白)

州精神文明领导组办公室

主　　任　王敬元
副 主 任　张志斌(白)

州委外宣办、州政府新闻办公室

主　　任　王正林(白)
副 主 任　杨子东(白)

州社科联

主　　席　赵卓磊(白)
副 主 席　闭星和(彝,2010年12月免)

州文化产业办公室

主　　任　张世伟(彝,2010年12月免)
汤培德(2010年12月任)
副 主 任　字开春(彝)

州委统战部(对台办)

部　　长　杨秀星(女,白)
常务副部长　杨建军(白)
副 部 长　李立基
林曙盛(阿昌)

州委政法委、610办

书　　记　茶忠旺(彝)
副 书 记　赵文宝(白,2010年12月免)
陶建军
李　勇(白)
周本森
张　彤
政治部主任　王亚林(2010年12月免)
办公室主任　王绍荣(回)
执法监督室主任　汤云海(2010年5月任)
维稳办主任　赵文宝(白,2010年12月免)
副 主 任　钏国强(白)
综治办主任　李　勇(白)
副 主 任　于复胜
州610办公室主任　张　彤
副 主 任　杨嘉明(白)

州委政策研究室、州委农村工作领导组办公室

主　　任　谢昌耀(2010年2月免)
杨晓源(白,2010年2月任)
副 主 任　杨锦春
任耀疆

州直机关党委

书　　记　杨保诚
副 书 记　杨家永(白)
王　军(女)

州委老干部局

局　　长　李　震
副 局 长　王　莉(女,白)
刘普林
下关干休所所长　赵灿奎(白)
州干休所所长　尹发旺

州老干部大学(老干活动中心)

校长、中心主任　李红兵

州委党史研究室

主　　任　杨福善(白,2010年12月任)
副 主 任　陈云华
张学伟(白,2010年12月免)

州委机构编制办公室、州机构编制委员会办公室

主　　任　赵　波(白,2010年12月任)
副 主 任　马正龙(白,2010年12月任)
督查室主任　凡　青(女,2010年12月任)

·州纪委各室领导名录·

办公室主任　李　辉(彝)
信访室主任　李文德
纪检监察室主任　申顺云
案审室主任　李志祥(彝)
执法监察室主任　代文喜(女)
宣教室主任　王子刚(纳西)
研究室主任　杨银鉴(白)
干部室主任　张进军(白)
纠风室主任　杨文芝(女,彝)

州监察局

局　　长　何玉兰(女,白)
副 局 长　吴晓娟(女)
李　伟(白)

州纪委监察局派出直属机关纪工委、监察分局

纪工委书记　张　彪
纪工委副书记　李全良(白)

州纪委监察局派出人事民政纪工委、监察分局

纪工委书记　田应焕(女)
纪工委副书记　姚　勇(2010年5月免)

州纪委监察局派出财贸纪工委、监察分局

纪工委书记　由滨岩
纪工委副书记兼监察分局局长　张朝荣(白,2010年2月任)

州纪委监察局派出农林水纪工委、监察分局

纪工委书记　张寿成(白)
纪工委副书记　杨晓东(白)
杨灿东(白)

州纪委监察局派出文教卫纪工委、监察分局

纪工委书记　李建华(白)
纪工委副书记兼监察分局局长　周贵鹏(白)
纪工委副书记　杨瑞林(女,白)

州纪委监察局派出工交纪工委、监察分局

纪工委书记　李仁军(彝)
纪工委副书记兼监察分局局长　李寿宁(白)
纪工委副书记　张朝荣(白,2010年2月免)
赵立雄(白,2010年2月任)

州纪委监察局派出国土建设纪工委、监察分局

纪工委书记　杨永生
纪工委副书记兼监察分局局长　杨金荣(白)
纪工委副书记　字宏兴

州纪委监察局派出政法纪工委

纪工委书记、州检察院纪检组长　张　明
纪工委副书记、州公安局纪委书记　赵志兴(白)

·州人大各专委、办公室及“两院”领导名录·

州人大

办公室主任　罗启文(彝)
副 主 任　鲁文红(白)
常华敏(彝)
民族委主任委员　李绍平
法制委主任委员　周汝林(2010年5月免)
副主任委员　周建国

财经委主任委员　赵　旭(白)
副主任委员　杨正洪
农环工委主任　张寿松(2010年1月任)
副主任　左仕明
选联工委主任　邓成立
副主任　陈家旺(白)
教科文卫工委主任　杨达亨(白)
副主任　吴佐修(2010年1月任)
外事华侨工委主任　杨庆华(女)
研究室主任　贺跃云
副主任　马　俊

州中级人民法院

院　长　黄为华(女)
副院长　杨学本(白)
申　晋
王　晶
李雄章(白)
政治部主任　杨金文
副主任　杨　阳
纪检组长　奚云程(白)
副组长　王亚丽(女,2010年5月免)
监察室主任　王亚丽(女,2010年5月任)
执行局局长　李胜龙(白)
副局长　李　跃
张　松
审监庭庭长　杨宵明(白)
行政庭庭长　潘文举
立案庭庭长　周彦彬
刑一庭庭长　字兆鸿(彝)
刑二庭庭长　刘　斌(白)
刑三庭庭长　李　波(女)
民一庭庭长　陈云红(白)
民二庭庭长　杨庆云(女,白)
民三庭庭长　马　娟(女,回)
司法技术处处长　邱文明
司法警察支队支队长　李　鉴
司法警察支队政委　王云昆(白)
研究室主任　刘　征
办公室主任　马　钘(回)

州检察院

检察长　普赵辉(彝)
副检察长　和　泉(白)
杨著逵
韩小红(女)
张庆红(女,白,2010年6月任)
政治部主任　谢子华
副主任　吴世兴(白)
杨兴梅(女)
反贪局局长　马勇杰(回,2010年10月免)
副局长　董文浩(白)
虞国彪
纪检组副组长　席德昌(彝)
办公室主任　李圣熙
计划财务装备处长　杨　泽(白)
控告申诉检察处长　阮才兴
侦查监督处长　徐国才
职务犯罪预防处长　茶文高(彝)
技术处处长　周　策(白)
监察处处长　张祥生(白)
反渎职侵权局局长　寸彦林(白)
法警支队支队长　李付光(彝,2010年12月免)
法警支队政委　张云华
公诉处处长　张晓丹(女,白)
民事行政检察处处长　高　杨
专职检察委员会委员　秦　江
监所检察处处长　那红兵(白)
人民监察工作办公室主任　王宏光
法律政策研究室主任　杨启耀(白)
驻大理监狱检察室主任　赵永平

·州政府各部门领导名录·

州政府办公室

副秘书长、办公室主任　杨　耀(白)
副秘书长、副主任　杨毅平(白)
段志宏
李继显(白)
杜淑敢
阎炳安(白)
副秘书长　施双林(白)
办公室副主任　王建平(2010年3月任)
州政府督查室主任　张云凯

州信访局
局　长　李国章(白,2010年5月免)
廖光荣(2010年5月任)
副局长　李春丽(女)
孙健勇

州法制局
局　长　马忠华(白,2010年3月免)
周天明(2010年5月任)
副局长　马新伟(回)
李庆敏(白)
信息产业办(网络中心)主任　和云平(白)
驻北京联络处主任　杨煜华(白)
副主任　尹　樱(女)
驻上海联络处主任　高雄飞(白)
驻深圳办主任　蓝　天(白)
驻昆办主任　王玉彬(白)
副主任　黄丽娟(女,白)
金融办主任　李继显(白)
副主任　饶富旭

州发展和改革委员会(重点建设办公室)

主　任　张正贤
副主任　李跃兴(2010年1月任)
何福堂(白)
赵存芬(女,白)
段冬梅(女,白)
价格检查局局长　李　灿

州经济委员会(州中小企业局、乡镇企业局、非公经济领导组办公室)

主　任　李　东
副主任　那玉海(回)
赵道春(白)
赵健昌(白)
李丹虹
陶　鑫(回)

州教育局

局　长　刘　洪
副局长　张春骅(白)
普映授
高汉生
罗占宇(白)

州科学技术局(州知识产权局)

局　长　李建昌
副局长　刘晓标(白)
部瑞典
范淘涛

州民族事务委员会

主　任　张其富(白)
副主任　王超英(女,回)
吴文光(彝)

州公安局

局　长　郭有兵(彝)
党委副书记　杨　俐(女,白)
副书记、副局长　何正荣(白)
副局长　张跃光
刘文章
王　新
李　彪(回)
宝荣贵(白)
田树泽(白)
政治部主任　杨　容
副主任　苏仕贤(白)
李　军(白)
督察长　邢冀云
宣传处处长　李培荣(白)
出入境管理处处长　杨云波(白)
装备财务处处长　汪　军
信息通信处处长　张庆繁
法制处处长　张和林
看守所所长　华开忠(彝)
纪委副书记　周　琼
王一平

监所管理支队支队长　杨文松(白)
网监支队支队长　曹云周
交警支队支队长　刘文章
政　　委　李国强(白)
副 政 委　雷　明
副支队长　杨春林
史晓红(女)
叶　勇(白)
政治处主任　王盛天(白)
纪委书记　杨　松(白)
刑事侦查支队支队长　王　洪(白)
政　委　禾汝林(白,2010年12月免)
州禁毒支队支队长　吴学著
政　委　李联光
副支队长　丁　维(彝)
袁　彬
内保支队支队长　杨卓斌(白)
政　委　杨希贤(白)
治安管理支队支队长　朱建平(白)
政　委　王　斌(白)
经济侦查支队支队长　陈洪平
政　委　马云利
行动技术支队支队长　杨　杰(2010年1月任)
政　委　李　敏(白)
警备司令部主任　芮灿杰(白)
特警支队支队长　王崇俊
政　委　张连坤(白,2010年12月免)
警务督察支队
副支队长　任炳洲
杨　斌(傣)

州民政局
局　　长　杨泽兵
副 局 长　张　文(彝)
杨学先
吕锡培
州老龄委办公室主任　杨菊瑛(女)

州司法局
局　　长　黄起忠
副 局 长　李小妹(女,白)
王朝强
张泳萍(女,白,2010年1月任)
依法治州办专职副主任　李小妹(女,白)
纪委书记　栗兴才(傈僳)
政治处主任　李兆龙(白)

州劳教所(强制戒毒所)
政　　委　赵定峰(白)
所　　长　岑万宏(2010年5月免)
陈学军(2010年5月任)
副 所 长　赵锦治(白)
杨建武(白)
纪委书记　张明军(白)

州财政局
局　　长　杨光军
副 局 长　刘子文(白)
李耀红(女,白)
马孟杰(回,2010年1月任)
管金堂(白)
总会计师　段文荣(白)
非税收入管理局局长　管金堂(白)

州人事局
局　　长　赵新光(白)
副 局 长　李茂生(白)
戴兴顺

州劳动和社会保障局
局　　长　张　松(白)
副 局 长　阿怀聪(彝)
董光宏
州社会保险局
局　　长　孙玉明(白)

州建设局
局　　长　沈锡清(白)
副 局 长　早合兴(白)
马天龙(回,2010年1月免)

州住房保障和房产管理局
局　　长　廖光荣(2010年1月任)

州交通局
局　　长　周　云
副 局 长　马志雄
杨永斌
李文厚
王世明(白,2010年1月任)

州交通运政管理处
党支部书记　朱文秀(女)
处　　长　罗晓青

州水利局
局　　长　茶崇亮(彝)
副 局 长　杨锡海(白,2010年1月任)
周明华(兼农工党大理州委主委)
刘宇宽

州水电勘测设计院
党委书记　杨跃生(白)
院　　长　张晓东

州农业局(畜牧兽医局)
局　　长　王兆炜
副 局 长　杨灿荣(白)
张德鹏(彝)
周利民(2010年1月任)
左　新
赵家明(白,2010年1月任)
州畜牧兽医局局长　左　新

州林业局
局　　长　杨志东(白)
副 局 长　谢绍章
吉向阳(彝)
尹正权(白)
州护林防火专职副指挥长　李保森(白,2010年1月任)
州森林公安局政委　张建勋(白)
局　长　杨　纯

州商务局(州投资促进局、州经济合作办公室)
局　　长　何忠耀
副 局 长　施曙光(白)
刘宏逵(彝)
段忠明(白)
王　蓓(女,2010年5月免)

州文化局
局　　长　杨政业(白,2010年6月免)
王峥嵘(白,2010年6月任)
副 局 长　李树祥(白)
高志宏(2010年5月免)
杨益琨(女,白,兼农工党大理州委副主委)
杨静玲(女,白,2010年5月任)
州文化遗产局局长　杨政业(白,2010年6月任)

州志办
主　　任　赵秀元(白)
副 主 任　刘丹霞(女,白)
杨林柏(2010年1月任)

州卫生局
局　　长　丁一先(白)
副 局 长　杨跃华(白)
郭治中
罗伟建(白)
王　瑛(女,白)
防艾办公室主任　罗伟建(白)

州人口和计划生育委员会
主　　任　芮雪梅(女)
副 主 任　李少泉(白)
段红丽(女,白,2010年12月任)

州审计局
局　　长　张学义(彝)
副 局 长　杜永进
施　黄(白)
梁育鸿

州环境保护局
局　　长　李琼杰(白,2010年8月免)
副 局 长　段　彪
　　　　　沈　兵
　　　　　谢宝川
州体育局
局　　长　杨建宇(2010年6月免)
　　　　　高志宏(2010年6月任)
副 局 长　熊国槐
　　　　　张爱珍(女,白)
　　　　　赵云峰(白)
州统计局
局　　长　杨　瑄(白)
副 局 长　高立宏
　　　　　管成金
　　　　　王继林
州旅游局
局　　长　马金钟(白)
副 局 长　刘福荣(白)
　　　　　高　充(白)
　　　　　冷跃冰
州安全生产监督管理局
局　　长　段晋槐(2010年1月免)
　　　　　常建华(彝,2010年1月任)
副 局 长　何笠原
　　　　　许金海(白)
州外事办公室(州接待处)
主任、处长　杨　瑜
副主任、副处长　杨丽英(女,白,2010年5月免)
　　　　　张志坚
　　　　　赵　薇(女,白)
　　　　　赵　莉(女,白,2010年1月任)
州粮食局
局　　长　李桂根(白)
副 局 长　李建中(白)
　　　　　朱智云
州国土资源局
局　　长　李福安(白)
副 局 长　孙绍军
　　　　　林　涛
　　　　　李俊明(白)
　　　　　李　沛(白)
州扶贫开发领导组办公室
主　　任　李立钧(白,2010年1月任)
副 主 任　张　森
　　　　　李光时
州人民防空办公室
主　　任　鲁华中
副 主 任　王庆华
州机关事务管理局
局　　长　张　纲(白)
副 局 长　和秀娟(女,纳西)
　　　　　李　廿(白)
州广播电视事业局
局　　长　阿苍湃(白)
副 局 长　李　江(白)
　　　　　李成林(白)
　　　　　苏兴龙(白)
大理电视台台长　李　江(白)
州广播电台台长　张朝举
州苍山保护管理局
局　　长　杨鹤松(白)
副 局 长　刘天宇
　　　　　杨贵全(白)
州移民开发局
局　　长　茶少斌(白)
副 局 长　李德政
　　　　　李　甸(白)
州档案事业局
局　　长　和生弟(白)
州政府研究室
主　　任　尹锡山(白)
副 主 任　张理政(白)
　　　　　杨登云(彝)
州无线电管理处
处　　长　施双林(白)
副 处 长　杨德先(白)
州宗教事务局
局　　长　杨化宇(白)
副 局 长　胡玉涛
　　　　　马永宏(回)
　　　　　余泳澎(回,2010年1月任)
州规划局
局　　长　陈绍明
副 局 长　陈东发(2010年1月任)
　　　　　王永榆(回,2010年5月免)
　　　　　王锦海
州国有资产监督管理委员会
主　　任　刘卫东(白)
副 主 任　段重英(女,白)
　　　　　李德华
州供销社
主　　任　张根惠(白)
副 主 任　张金荣(白)
　　　　　赵　军(白,2010年3月任)
州地震局
局　　长　张启明(白)
副 局 长　杨丽凤(女,白)
州食品药品监督管理局(2010年9月整体移交大理州)
局　　长　钟士超(白)
副 局 长　倪永华(白)
　　　　　刘晓露(女)
　　　　　石应聪
纪检组长　李　晖
大理经济开发区管理委员会
党委书记、主任　李　坚(白)
副书记、纪委书记　彭红云(白)
副书记　李　洋(白,2010年12月免)
副主任　赵廷标(白,2010年5月免)
　　　　马维谭
　　　　柏建军
　　　　杜　良(白)
大理旅游度假区管理委员会
党委书记、主任　杨　辉(白,2010年2月免)
　　　　　谢昌耀(2010年3月任)
副书记、纪委书记　李志东(白)
副 书 记　赵伯廉(白)
副 主 任　马志荣(回)
　　　　　杨红斌(白,2010年12月免)
大理日报社
社长、总编　王现文(白)
副社长、副总编　毕锦辉(彝)
　　　　　杨加方(白,2010年2月任)
州白族文化研究所
副 所 长　赵润琴(女,白)
州公积金管理中心
主　　任　刘爱国

·州政协各专委及办公室领导名录·

副秘书长　杨建军(兼,白,2010年1月任)
副秘书长、办公室主任　李兴汉
办公室副主任　张　继(白,2010年1月免)
　　　　　许东凯(2010年1月任)
提案委员会主任　杨庆春(白)
副 主 任　段彦海(白,2010年1月免)
　　　　　薛　枚(女,2010年1月任)
经济委员会主任　王恒武(回,2010年1月免)
　　　　　张　继(白,2010年1月任)
人口资源环境委员会主任　梁袁华(彝,2010年1月免)

副主任　陈智军（2010年1月任）
教科文卫体委员会主任　左岐宏（彝）
副主任　张艳琼（女，白）
社会和法制委员会主任　刘　波（白）
副主任　杨光焰（女）
民族宗教和联络委员会主任　马利和（回）
副主任　赵光铖（白，2010年1月任）
文史和学习委员会主任　刘克纯（白）
副主任　艾连钦（2010年1月免）
李进东（2010年1月任）

·州级人民团体领导名录·

州总工会
主　　席　彭增梅（女，彝）
常务副主席　赵明光（白）
副 主 席　赵成明（白，2010年5月任）

共青团大理州委（州青年联合会）
书记、主席　丁洪涛
副书记、副主席　刘海涛
席　玲（女）
左学政（彝）
副 主 席　肖云江（兼）
李志海（兼，白）
刘琼芬（兼，女）
刘　刚（兼）
陶　相（兼）
谢正松（兼）
赵红娥（兼，女，白）
许春荣（兼，白）
杨义标（兼，白）

州妇女联合会
主　　席　焦　映（女，白）
副 主 席　罗丽萍（女，白）
李迎春（女，彝）

州归国华侨联合会、州侨务办公室
主席、主任　纳　明（回，2010年1月免）
张志坚（2010年12月任）
副主席、副主任　邓必安（女）
李　伟（彝）
副 主 席　胡泰华（兼，傣）
李继光（兼）
项光海（兼）
刘　波（兼，壮）

州工商业联合会
会　　长　寇铸勋（白）
副 会 长　李立基
杨自尚（白）
李志林（兼，白）
施祥（兼，白）
范光亮（兼）
杨　龙（兼）
马伟亮（兼，白）
郑昆芳（兼，女，白）

州文学艺术界联合会
主　　席　王峥嵘（白，2010年5月免）
副 主 席　廖惠群（女）

州残疾人联合会
理 事 长　李荣兴
副理事长　李泽红（女）
李早兴（白）

州科学技术协会
主　　席　罗朝玺
副 主 席　杨映泉（白）
段剑生（白）
张荔萍（女，彝，2010年5月免）
秘 书 长　段剑生（白）

州红十字会
会　　长　洪云龙（兼，白）
常务副会长　杨泓涛（女，白）
副 会 长　唐苍仁

·医院、学校领导名录·

州医院
党委书记　李天平（白）
院　　长　夏中信（2010年2月免）
杨承贤（2010年5月任）
副 院 长　胡代军
赵光敏（白）
陶　相
刘朝芹（女）

州中医院
院　　长　王作端（白，2010年3月免）
杨　瑜（2010年3月任）
副 院 长　段　萍（女，白）
奎继中

州委党校
常务副校长　王荣富（2010年12月免）
副 校 长　杨晓刚（白）
马云波（女，回）

州行政学校
校　　长　何金平（兼，白）
常务副校长　王荣富（2010年12月免）
副 校 长　赵新光（兼，白）
杨晓刚（白）
马云波（女，回）

大理州财校
党委书记　刘秀英（女）
校　　长　杨承贤（2010年5月免）
赵廷标（白，2010年5月任）
副 校 长　杨锡堂（白）
李若冰

大理卫校
党委书记　王荣富（2010年12月任）
校　　长　陈德军
副 校 长　苏春华
李一忠（白）
蔡德周（2010年5月任）

大理农校
党总支书记　王显伟
校　　长　雷振龙（彝）
副 校 长　吕兴国
周汝德
郭向周（白）

州技工学校
党支部书记　王顺元（白）
校　　长　唐澄奇（2010年8月免）
副 校 长　黄毓宝
高庆芳（女，白）

州民族中学
党支部书记　张　佐（2010年7月免）
校　　长　马　琴（女，回）
副 校 长　田志堂（白，2010年12月免）
张正洪
杨文彪（白）

下关一中
党支部书记　阎国新
校　　长　张金禄（白）
副 校 长　黎学锋
李曙光
张荣众（白）

大理一中
党总支书记　杨一非（白）
校　　长　刘式良（彝）
副 校 长　赵红娥（女，白）

大理州实验中学
党总支书记　王绍熙
校　　长　李儒彬（白）
副 校 长　杨壹元（白）

大理五中
党支部书记　王志刚（白）
校　　长　施大法（白）

（州委组织部干部人事信息科）

（责任编校：李建川）

中共大理州委

综　述

【概　述】　2010年,在中共云南省委、省人民政府的正确领导下,中共大理州委团结和带领全州各族干部群众,以科学发展观为指导,按照"争当民族团结进步模范州、生态文明建设排头兵、旅游二次创业生力军、滇西城镇化进程领跑者、建设民族文化强省先行者"的要求,坚持"生态优先、农业稳州、工业强州、文化立州、旅游兴州、和谐安州"的发展思路,解放思想、改革创新、求真务实、抢抓机遇,全面完成了年初确定的各项目标任务。

【励精图治强经济】　2010年,大理州面对国际金融危机冲击和地震、干旱等自然灾害的严重影响,州委攻坚克难,完善发展思路,调整经济结构,注重改善民生,全州经济社会继续保持了平稳较快发展。全年实现生产总值474.13亿元,同比增长13.1%;实现财政总收入80.6亿元,同比增长19.2%,其中地方一般预算收入37.62亿元,同比增长19.2%;完成固定资产投资282.8亿元,同比增长30.13%;农民人均纯收入达3902元,同比增长12.1%,城镇居民人均可支配收入达15801元,同比增长11.43%。①积极夯实发展基础。启动实施了一大批交通、能源、水利、城建、生态、民生等重大项目建设。大丽铁路、关巍公路建成通车,广大铁路扩能改造正式启动,大瑞铁路、大丽高速公路建设加快推进,祥姚、跃龙、鸡足山旅游公路等交通基础设施建设进展顺利。配合省完成了"滇中引水"规划及州境内受水区二级配水规划。永平大碱塘、祥云浑水海、南涧母子垦水库和16件小(一)型水库除险加固工程全面完工,洱源三岔河水库和引洱入宾北干渠主体工程完工。剑川老君山、云龙包罗、巍山巍宝山、永平金河、弥渡大横箐水库建设和祥云青海湖水库扩建、中河治理等项目进展顺利。祥云、宾川大型灌区建设成效显著。小湾电站投产运营,鲁地拉、龙开口、功果桥、苗尾等一批重大在建水电项目建设有序推进。风电开发取得重大突破,者磨山(二期)、马鞍山、罗坪山、黄草坡风电场投产发电,洱源干海子、大理五子坡等风电场和宾川长坡岭太阳能发电项目进展顺利。②着力加快结构调整。农业产业化深入推进,中低产田地改造完成12133.3公顷,超额完成年度计划。集体林权制度主体改革全面完成,综合配套改革进展顺利。中低产林改造顺利启动,完成改造13333.3公顷。新植核桃104000公顷,荣膺"中国核桃第一州(市)"称号。千村扶贫百村整体推进工作成效明显,扶贫综合开发示范园区建设加快推进。新型工业化进程明显加快,企业竞争力不断增强,工业园区发展平台作用日益突出,工业经济的支撑作用进一步凸显。机械、矿冶、建材、能源、烟草、生物资源及优势农产品加工等优势产业发展势头良好。③深入实施改革开放。着力引进理念、引进人才、引进管理、引进资金,不断完善招商引资工作机制,充分利用各种投融资平台,引进了中国华电集团、中国大唐集团、三德集团、华彬集团等一批国内外知名大企业、大集团。全年引进州外实际到位资金135亿元,同比增长83%;实际利用外资2813万美元,增长18.6%。州、县市政府机构改革有序进行,行政审批制度改革力度不断加大。④扎实推进生态文明建设。坚持生态优先,着力构建有利于生态环境保护的体制机制。突出抓好洱海保护治理,洱源生态文明试点县建设扎实开展,洱海流域"两污"治理技术不断创新,全面实施洱海流域"百村整治"工程,洱海水质逐年改善,洱海保护治理经验被国家环保部向全国推广。"森林大理"建设全面启动,生态环境持续改善。⑤切实加强滇西中心城市建设。以"两保护两开发"为核心,《大理滇西中心城市总体规划》已经省人民政府批准实施。着力构建大理"1+6"滇西中心城市群,大力实施下关旧城和县城改造提升,加快推进大理古城保护开发、海东开发、凤仪开发,各县县城、中心集镇建设明显加快,功能日趋完善,城镇化率明显提高。

【千方百计保民生】　2010年,大理州进一步巩固完善城镇职工、居民基本医疗保险和新型农村合作医疗制度,提高城镇居民大病补充医疗保险报销比例,加大贫困家庭医疗救助力度,提高基本医疗保障水平。加快发展以养老服务为重点的社会福利事业,完善城镇职工、居民养老保险制度,巩固鹤庆县新农保试点成果,抓好洱源县、永平县新农保试点工作。实施好城市廉租房、公租房、农村危旧房改造、农村民居地震安全工程、国有林区棚户区改造等专项工程。完成农村电网改造工程,基本实现农村电网全覆盖。做好移民搬迁安置和后期帮扶工作。深化"安全生产年"活动,深入开展矿产、交通、消防等重点行业和领域的安全生产专项整治工作。强化城乡防灾减灾体系建设,加强重点区域地质灾害治理,加强地质灾害易发区调查评价,建立监测预警、防治和应急体系。

【协调发展促和谐】　2010年,大理州科教兴州和人才强州战略深入实施,全州科技进步对经济增长的贡献率达48.8%。"两基"水平得到巩固提高,高考上线率连续6年位居全省前列,大理学院发展加快,各级各类教育成效明显。医药卫生体制改革深入推进,新型农村合作医疗全面实施,医疗卫生基础设施持续改善,各族群众健康水平进一步提高。食品药品安全监管工作得到加强。统筹解决人口问题试验区建设进展顺利。文化服务体系建设不断加强,大力实施"两馆一站"、文化信息资源共享等文化惠民工程,群众性文体活动和民族传统节庆活动深入开展。文化遗产保护力度加大,在全省率先成立州级和3个县市文化遗产局,申报省级以上非物质文化遗产32项,优秀民族文化得到传承和弘扬。广播电视等服务水平不断提高，广播、电视“村村通”建设成效明显，覆盖率分别达96%和98.8%。着力打造环洱海旅游圈、环大理旅游圈、环滇西旅游圈，加快实施大理古城、宾川鸡足山等景区改造提升工程，保护开发喜洲古镇、双廊古渔村等古镇古村古街，成功打造大理国际影会、洱海开海节、漾濞核桃文化节等特色文化旅游品牌，旅游产业初步实现转型升级，对外影响力、吸引力和软实力明显提升。依法治州工作扎实开展，社会治安防控体系逐步完善，深入推进社会矛盾化解、社会管理创新、公正廉洁执法三项重点工作，严厉打击各类违法犯罪活动，切实维护社会稳定，扎实开展禁毒防艾人民战争，积极预防和妥善处置群体性和突发公共事件。年内，大理州被中央综治委表彰为全国社会治安综合治理优秀地市。深入贯彻党的民族宗教政策，巩固民族团结、宗教和顺的大好局面，州政府被国务院授予“民族团结进步模范集体”荣誉称号。

【加强党建促发展】 2010年，大理州扎实组织开展学习实践科学发展观、创先争优活动和“三个一”主题实践等系列活动，全面推进学习型党组织建设，深入宣传学习普发兴、杨善洲先进事迹，着力加强党的思想、组织、作风、制度和反腐倡廉建设，各级党组织的凝聚力、战斗力、执行力进一步增强，党员干部服务科学发展的能力和水平进一步提高。支持和保证州人大依法履行职权，积极支持人民政协按章履行职能，大力支持工会、共青团、妇联、科协、残联等群众组织创造性地开展工作，认真做好统战、民族、宗教、侨务、老干部等工作，充分发挥各民主党派、工商联和无党派人士等各方力量在推进科学决策、促进科学发展、构建和谐大理中的积极作用，党群干群、军政军民更加团结和谐，生动活泼、团结干事的政治局面更加巩固发展，全州上下聚精会神搞建设、一心一意谋发展的氛围更加浓厚。

【选人用人公信度明显提高】 2010年，大理州认真贯彻执行《党政领导干部选拔任用工作条例》、干部选拔任用工作四项监督制度和有关制度规定，按照德才兼备、以德为先用人标准，注重干部的综合素质、工作实绩、基层领导工作经历和群众公认程度，共调整配备县处级领导干部56人。积极稳妥地推进干部人事制度改革，规范干部初始提名方式，加大竞争性选拔干部力度，开展了公开选拔县处级、乡科级领导干部工作，在州级机关全面推行内设机构中层领导干部竞争上岗。坚持和完善从基层一线选拔干部制度，通过做好公开选拔优秀村（社区）党组织书记担任乡镇（街道）领导干部和从农村、社区干部中考录公务员等工作，探索建立来自基层一线干部培养选拔链。继续推进年轻干部培养选拔工作，认真做好选派优秀年轻干部及处级后备干部担任新农村建设工作队长。加强干部监督和管理工作，大力抓好干部选拔任用工作四项监督制度的学习贯彻，扎实推进提高选人用人公信度“示范县”、“示范单位”创建活动，认真落实中央和省委关于从严管理干部的要求，继续加强对“一把手”、县委书记等关键岗位干部的监督和管理，加大对违反干部人事纪律行为的查处力度，深入整治用人上的不正之风，选人用人公信度明显提高。加快推进惩治和预防腐败体系建设，严格执行党风廉政建设责任制，强化对权力运行的监督和制约，加大案件查处力度，党风廉政建设和反腐败斗争取得新成效。

（赵　勋）

重要会议

【召开州委六届八次全体（扩大）会议】
1月11～12日，中共大理州委六届八次全体（扩大）会议在下关隆重召开。会议听取和审议了州委常委会工作报告，审议通过了《中共大理州委关于贯彻〈中共中央关于加强和改进新形势下党的建设若干重大问题的决定〉的实施意见》。州委书记刘明受州委常委会委托作工作报告并在会议结束时作重要讲话。州委副书记、州长何金平总结部署全州经济工作。州委副书记王雪峰就《实施意见（讨论稿）》向全委会作了说明。州委委员，州委候补委员出席会议；州纪委委员，不是州委委员、候补委员和州纪委委员的州级党员领导干部、县委书记、县长，担任过正厅实职的离退休在关老干部和有关方面负责人列席会议。

【召开州委六届九次全体（扩大）会议】
8月6日，中共大理州委六届九次全体（扩大）会议在下关隆重召开。会议听取和审议了州委常委会工作报告。州委书记刘明受州委常委会委托作题为《解放思想，迎难而上，合力攻坚，努力实现“十一五”确定的各项目标》的工作报告并在会议结束时作重要讲话。州委副书记、州长何金平总结部署全州经济工作。州委委员、州委候补委员出席会议；州纪委委员，不是州委委员、候补委员和州纪委委员的州级党员领导干部、县委书记、县长，担任过正厅实职的离退休在关老干部和有关方面负责人列席会议。

【召开州委六届十次全体（扩大）会议】
12月28日，中共大理州委六届十次全体（扩大）会议在下关隆重召开。会议听取和审议了州委常委会工作报告，审议通过了《中共大理州委关于制定大理白族自治州国民经济和社会发展第十二个五年规划的建议》。州委书记刘明受州委常委会委托作工作报告并在会议结束时作重要讲话。州委副书记、州长何金平作《建议（草案）》说明并在会上总结2010年经济工作以及部署2011年经济工作。州委委员，州委候补委员出席会议；州纪委委员，不是州委委员、候补委员和州纪委委员的州级党员领导干部、县委书记、县长，担任过正厅实职的离退休在关老领导和有关方面负责人列席会议。

【召开全州政法工作专题会议】 1月13日，中共大理州委召开专题会议，听取全州政法工作情况汇报，研究部署2010年全州政法工作。州委书记刘明出席并作重要讲话，州委副书记、州长何金平主持会议。会议要求，全州政法战线要深刻认识当前面临的严峻形势，切实增强做好政法工作的紧迫感和责任感，统筹抓好服务经济社会发展、社会矛盾化解、社会管理创新、公正廉洁执法、平安建设、新形势下的群众工作，深化司法体制和工作机制改革等各项工作，努力为经济社会发展创造更加和谐稳定的社会环境。州委副书记王雪峰，州委常委、州委秘书长杨健，州委常委、州委政法委书记茶忠旺等出席。

【召开全州群团工作专题会议】 1月14日上午，中共大理州委召开专题会议，听取全州群团工作情况汇报，研究部署2010年全州群团工作。州委书记刘明出席并作重要讲话，州委副书记王雪峰主持会议。会议要求，要切实加强和改进新形势下的群团工作，充分发挥群团组织在经济社会发展中的组织动员作用，在民主政治建设中的民智民意汇集反馈作用，在建设社会主义核心价值体系中的教育引导作用，在参与社会事务管理中的维权保障作用和在扩大开放中的纽带作用。州委常委、州委秘书长杨健出席会议。

【召开全州宣传思想工作专题会议】 1月14日下午，中共大理州委召开专题会议，听取全州宣传思想工作情况汇报，研究部署2010年全州宣传思想工作。州委书记刘明出席并作重要讲话，州委副书记王雪峰主持会议。会议要求，全州宣传思想文化战线要认清形势，抓住机遇，乘势而上，展现特点，打造亮点，使宣传思想文化工作取得更大的突破，走在全省前列。州委常委、州政府副州长蔡春生，州委常委、州委秘书长杨健，州委常委、州委宣传部部长王以志出席会议。

【召开全州招商引资和重大项目监督检查总结表彰暨工作部署会议】 2月25日，中共大理州委、州人民政府召开全州招商引资和重大项目监督检查总结表彰暨工作部署会议。州委书记刘明出席并作重要讲话，州委副书记、州长何金平主持会议。会议要求，充分认识抓好招商引资和重大项目建设工作的重要性，切实增强紧迫感和责任感，进一步解放思想、扩大开放，迎难而上、强势推进招商引资和重大项目建设工作。州委、州人大、州政府、州政协领导班子成员出席会议。

【州委中心组2010年第一次理论学习活动】 4月7～8日，以深入学习贯彻省委八届八次全会和省"两会"精神，深刻理解省委、省政府作出的把云南建设成为中国面向西南开放的重要桥头堡的战略部署，认真分析研究"建设桥头堡，大理怎么办"，努力推动全州经济社会平稳较快发展，促进社会和谐稳定，全面完成"十一五"规划的各项目标任务，为"十二五"规划奠定坚实基础为主题的州委中心组2010年第一次理论学习活动在昆明举行。7日，实地考察了滇池治理永昌湿地、南亚风情园片区城中村改造、二环快速交通系统、呈贡大学片区、市级行政中心、新螺蛳湾国际商贸城、张官营城中村改造等项目。召开了"昆明—大理友好交流座谈会"，省委常委、昆明市委书记仇和全面介绍了近几年来昆明的城市建设发展情况和经验。8日，中心组进行了集中学习讨论，州委书记刘明主持并在结束时作总结讲话，州委副书记、州长何金平作重点发言，参会的州级领导、部分县委书记作了发言。州委、州人大、州政府、州政协领导班子成员，各县县委书记，两区管委会主任，州级相关部门主要负责人参加学习活动。

【州委中心组2010年第二次理论学习活动】 8月5日，中共大理州委理论学习中心组开展第二次理论学习活动。州委书记刘明主持并作总结讲话，州委副书记、州长何金平作重点发言。州委常委杨秀星、杨健、梁志敏、茶忠旺、叶翠萍和州委宣传部领导分别汇报了大理州贯彻落实中央、省委文件情况。州委、州人大、州政府、州政协领导班子成员，各县县委书记或县市长，县市纪委书记，州级各相关部门负责人参加学习活动。

【召开州委人大工作会议】 12月29日上午，中共大理州委召开人大工作会议。州委书记刘明，州委副书记、州长何金平，州人大常委会主任字国顺出席并讲话；州委副书记王雪峰主持。会议要求，全州人大工作要紧紧围绕改革发展稳定大局，依法履行宪法和法律赋予的各项职权，在探索中创新、在发展中完善、在加强中提高，为推动全州改革开放、科学发展和民主法制建设发挥重要作用，努力开创全州人大工作新局面。州委、州人大、州政府、州政协领导班子成员出席会议。

【召开州委政协工作会议】 12月29日下午，中共大理州委召开政协工作会议。州委书记刘明，州委副书记、州长何金平，州政协主席袁爱光出席并讲话；州委副书记王雪峰主持。会议要求，全州政协工作要深入贯彻落实科学发展观，牢牢把握团结民主两大主题，紧紧围绕"两强一堡"战略目标，更加准确地把握人民政协工作的科学定位，更加自觉地服务中心，更加全面地继承和发扬人民政协优良传统，切实发挥好协调关系、汇聚力量、建言献策、服务大局的重要作用，为全州经济社会发展作出更大贡献。州委、州人大、州政府、州政协领导班子成员出席会议。

【全力以赴抗大旱】 2009年入秋以来，大理州发生了百年一遇的大旱。面对无情的旱灾，全州各级党委、政府团结带领广大干部群众，把"抗大旱、保民生、促春耕"作为压倒一切的头等大事，齐心协力、众志成城，团结战斗、共渡难关。州委、州政府先后于2009年12月15日召开抗旱工作电视电话会议，2010年1月19日，召开全州抗旱救灾暨冬春农田水利建设工作电视电话会议，对抗旱工作做到了早安排、早部署。2月21日，州委书记刘明主持召开六届州委第64次常委会议，专题研究抗旱救灾工作。2月23日，州委办公室、州政府办公室下发通知，成立大理州抗旱救灾工作领导小组。6月30日，州委召开大理州"共产党员抗旱先锋行动"先进基层党组织和优秀共产党员表彰暨纪念建党89周年大会，对抗旱救灾工作进行总结表彰。通过全州上下的共同努力，取得了抗旱救灾工作的全面胜利，全州经济社会保持了平稳较快发展的良好势头。

【深入开展创先争优活动】 为巩固和拓展全党深入学习实践科学发展观活动成果，加强和改进党的建设，推动基层党组织和党员立足本职发挥先进模范作用，州委决定在党的基层组织和党员中深入开展创建先进基层党组织、争当优秀共产党员活动。5月12日，中共大理州委办公室下发通知，成立深入开展创先争优活动领导小组。5月13日，州委办公室下发《关于在全州党的基层组织和党员中深入开展创先争优活动的实施意见》。5月14日，州委召开在全州党的基层组织和党员中深入开展创先争优活动动员部署会议，安排部署全州创先争优活动工作。7月21日，州委办公室下发通知要求，向普发兴学习，把创先争优活动推向深入。通过深入开展创先争优活动，全州基层党组织推动发展、服务群众、凝聚人心、促进和谐的坚强堡垒作用进一步增强，广大党员坚定信念、牢记宗旨、爱岗敬业、勇于进取的先锋模范作用进一步发挥。

【加强洱海流域保护治理工作】 5月13日，州委办公室、州政府办公室下发通知，成立大理州环洱海沿岸建设项目顾问组。6月9日，召开六届州委第69次常委（扩大）会议，专题研究环洱海沿岸保护开发和下关城区改造提升工作，决定取消环洱海沿岸建设项目中的5个项目，11个项目适当完善后继续实施。7月1日，州委、州政府下发实施了《关于环洱海沿岸保护和开发及下关城区改造提升有关工作的意见》，要求高度重视洱海保护治理工作，环洱海项目建设要进一步强化法治意识，严格依法行政，切实加强规划管理，提出了应遵循的原则。9月2日，召开六届州委第72次常委（扩大）会议，研究了《关于进一步加强洱海流域保护治理和监管工作的意见》，会后以州委、州政府文件下发实施。12月29日，州委办公室、州政府办公室下发通知，成立大理州洱海水污染综合防治督导组。洱海保护治理工作得到有效加强，洱海水质持续改善。

【加快海东开发进程】 6月25日，州委办公室、州政府办公室下发通知，成立大理州海东开发规划建设顾问组。9月2日，召开六届州委第72次常委(扩大)会议，研究海东开发规划建设工作，会议指出，海东开发建设规划是一个逐步完善的过程，提出一个原则性、倾向性意见，指导全面工作，对加快海东开发具有重要作用。9月27日，州委、州政府下发了《关于海东开发规划建设的意见》，通过一系列政策举措，推动了海东开发的稳步发展。

【加大自然生态和历史人文资源保护力度】 针对工作中存在的一些矛盾和问题，2010年，中共大理州委切实加强自然生态和历史人文资源保护工作，进行了多次研究，在充分调研的基础上，12月13日，召开六届州委第76次常委(扩大)会议，研究在各类项目开发建设中对自然生态和历史人文资源的保护工作。12月16日，州委、州政府下发了《关于在各类项目开发建设中加强自然生态和历史人文资源保护的意见》。各级党委、政府加大了自然生态和历史人文资源保护工作力度，严格审批管理，强化各类监督，严肃追究责任，对重大开发建设项目进行统一部署和综合决策，统筹解决保护工作中的重大问题。

【推动大理省级经济开发区和省级旅游度假区发展】 12月13日，州委书记刘明主持召开六届州委第76次常委(扩大)会议，研究进一步推动大理省级经济开发区和省级旅游度假区发展工作，要求明确经济管理职能、规范社会管理职能、完善用人机制、加大政策扶持力度、创新工作机制、切实加强领导。12月29日，州委、州政府下发实施了《关于进一步推动大理省级经济开发区和省级旅游度假区发展的决定》。"两区"的产业集聚、对外开放、体制创新等方面的示范、辐射和带动作用得到进一步发挥，有力地支持了全州经济社会又好又快发展。

(赵　勋)

州委办公室

【概　述】 2010年是全面完成"十一五"规划的关键之年。年内，在州委的坚强领导下，州委办公室紧紧围绕"强化科学理念、服务科学发展"的目标，按照"确立全面建设的科学思路，强化以文立室的科学理念，注重以文辅政的科学实践，完善规范运作的科学机制，建立激发活力的科学平台，营造团结和谐的科学环境"的工作思路，努力把办公室建设成为"政治坚强、业务精湛、服务高效、管理规范、环境优美"的模范机关，为服务全州科学发展、保证"十一五"规划目标任务的圆满完成做出了新贡献。

【创先争优提升服务保障水平】 按照中共大理州委的安排部署，从2010年5月份起，州委办公室创先争优活动全面启动。①在争当服务效能型机关建设上取得新成效。在创先争优活动中，州委办公室坚持以建设学习型机关、服务型队伍、效能型部门为主题，把开展创先争优活动与"讲党性、重品行、作表率"活动、"三个一"主题实践活动有机结合起来，精心设计活动载体，体现办公室工作的特色和优势，重点开展了"读红色经典"、"我为领导献一言"、"十佳业务明星"等争创活动，避免了活动内容一般化、程序化，形成了比学赶超的良好风气，各项工作有特色、有亮点、上水平，办公室"三服务"能力和水平明显增强。②开展"五比五创"活动取得新成效。结合创先争优活动，加强机关作风建设，立足于更高标准、更优服务，在干部职工中深入持续开展"比学习，创一流素质；比团结，创一流团队；比干劲，创一流风貌；比服务，创一流作风；比工作，创一流业绩"为主要内容的"五比五创"活动，实行党员公开承诺制，创建党员示范窗口，把党员身份亮出来，工作节奏快起来，自觉接受群众监督，切实增强了干部职工的大局意识、服务意识、责任意识、效率意识，努力使州委办公室各项工作成为全州机关中的表率。③学习宣传普发兴、杨善洲先进事迹取得新成效。结合身边先进典型，把"先"和"优"具体化、形象化，大力学习宣传普发兴先进事迹和杨善洲先进事迹，通过观看电影《村官普发兴》、参观普发兴先进事迹展、开展警示教育、组织学习心得交流等活动，进一步营造了崇尚先进、学习先进、争做先进的良好氛围，使全体党员学有标杆、赶有目标，引导办公室党员干部忠诚于党、大公无私，脚踏实地、锐意进取，一心为民、服务群众，清正廉洁、秉公办事，不断提高干部职工的工作忠诚度、职责胜任度、群众满意度，争做善于学习的表率、团结进取的表率、争创一流的表率、端正作风的表率、严于律己的表率。

【开展学习型机关建设】 2010年，中共大理州委办公室把建设学习型机关作为加强党委办公室建设的重要抓手，牢固树立终身学习、全员学习、全程学习的理念，在书本中汲取营养，在实践中增长才干，在群众中学习经验，使学习成为机关干部的一种经常化、普遍化、制度化的行为，干部职工自觉学习的良好习惯基本形成。认真学习贯彻党的十七大、十七届五中全会，省委八届八次、九次、十次全会和州委六届八次、九次、十次全会精神，坚持学用结合、学以致用，把理论学习成果转化和体现在文稿起草上、创新工作思路和举措上。①深入学习马克思主义经典原著。重温革命经典文章，撰写学习心得体会，并精选读后感汇编成册，举行演讲比赛、学习普发兴先进事迹交流，全面提升办公室干部职工的精气神。②扎实开展集中学习月活动。以"精读一本好书、撰写一篇体会文章、组织一次交流活动、出版一本活动专辑、刊发一批理论文章"为载体，每月确定一个学习主题，推荐一批好图书，并购买了电子书等学习设备，订阅报纸杂志，购买《毛泽东选集》、《论共产党员的修养》等经典和《读点经典》、《世界又热又平又挤》等书籍，编印《学习资料汇辑》等学习资料，供干部职工阅读学习。制定了《中共大理州委办公室学习与奖励制度(试行)》，鼓励干部职工勤于动笔，撰写理论文章，真正把学习型机关建设的各项要求落到实处。③健全完善学习制度。认真执行办公室中心组学习、支部学习、科室学习和个人自学等制度。办公室领导班子带头抓学习，以领导班子成员的具体行动促进整个州委机关的学习，并明确由一名副主任专门负责抓干部理论学习，营造了良好的学习氛围。坚持理论联系实际的学风，深入基层调查研究，提出合理化意见、建议，撰写了许多具有思维创新、工作创新的高质量学习体会文章和调查报告。此外，分期分批组织办公室干部职工到上海、重庆、革命圣地延安等地学习考察，开阔视野，增长见识，推动工作，增强了机关党组织的凝聚力、向心力。

【以文辅政水平得到提升】 2010年，中共大理州委办公室以文辅政水平得到提升。①文秘服务质量进一步提高。突出业务能力建设重点，扎实开展"评选优秀文稿"、"争当最佳秘书"等活动，评选优秀文稿10篇并进行表彰奖励，组织当选最佳秘书的6人到外地学习充电，办公室形成了人人提高业务素质、人人争当业务标兵的浓厚氛围。采取举办讲座、集体研讨等多种形式，强化公文写作的精品意识，积极倡导优良文风，培养锻炼文秘人员，文稿质量不断提高，圆满完成了州委文件、州委“十二五”规划建议、州委六届八次、九次、十次全委会报告和领导讲话等一批重要文稿起草任务。②参谋服务的实效性进一步增强。充分发挥牵头抓总作用，州委每一项决策部署的出台，每一项重点工作的实施，州委办公室都积极参与，较好地督促和推动了相关工作的实施。坚持把开展好调查研究作为做好“三服务”的重要手段，注重超前谋划，开展调查研究，服务州委中心工作，保证了州委领导集中精力谋全局、抓大事。围绕州委领导确定的课题开展了“十二五”规划、滇西中心城市建设、桥头堡建设、生态文明建设等多项调研，形成了调研成果，刊发《大理调研》20期，全方位地为州委提供综合性、深层次、高质量的决策依据。③督促检查和信息报送工作力度进一步加大。重视督查队伍建设，强化了督查力量，督查网络日趋完善，督查力度不断加大。围绕党委、政府重大决策和工作部署开展督查，对重大决策部署及时跟进，确保了党委全会决定事项及其他重点工作按时按期完成。精心编发《督促检查情况》、《督查专报》，狠抓各级领导批示件的落实，提高办结质量，办理领导批示件165件。开展专项查办8件，办结率达100%。督查工作受到了州委主要领导的充分肯定。加强信息服务工作，重视信息员队伍建设，信息报送的数量和质量较往年有明显提高，被省委办公厅采用的数量排名全省第五。认真编发《大理信息》、《信息专报》，加强重大信息、紧急信息的报送力度，能在第一时间内及时、准确上报信息，为领导决策提供有效的信息服务。④综合协调能力进一步提升。讲求沟通协调的层次性、有效性，协调好对上对下和内部科室之间的关系，做好服务州委常委工作，注重加强与州人大、州政协、州政府几班子的协调，加大与各部门的工作联系协调力度，围绕党委的中心工作和阶段性工作重点，科学合理安排好重点工作、重要会议、重大活动和重要公务接待等，统筹整合各方面的力量，精心组织实施，推动各项工作的落实，圆满完成了各级领导到大理调研的各项组织筹备工作。牢固树立“零差错、零失误、零缺陷”理念，来文办理、文件报批、承办会议、文件制发管理等都坚持按制度、按规范、按流程办事，服务更周到、协调更有力、运转更高效。大力精简会议和文件，下发了《关于进一步精简会议提高机关效能的实施意见》，带头落实中央和省委的要求，有效减少不必要的会议和应酬，减少文件数量，解决实际问题。⑤保密工作进一步加强。重视保密规章制度建设，大力开展保密法制宣传教育，严格落实保密工作责任制，采取了计算机泄密隐患安全隔离措施，加强日常监督检查，计算机网络安全保密工作得到加强。出台了国家秘密、内部资料和涉密载体销毁管理办法。举办保密知识培训和讲座，开展了保密警示教育，“五五”保密法制宣传教育工作通过验收。认真开展保密大检查，加强整改落实，有效杜绝了失泄密事件的发生，进一步增强了广大干部职工保守国家秘密的自觉性。⑥后勤保障、值班、关工委工作等扎实有效开展。严格按照中央和省州党委的有关规定，认真细致周到地做好接待工作，做到有礼有节。严格执行各级领导考察调研接待工作相关规定，认真搞好组织、协调、接待等服务工作。严肃财经纪律，强化经费支出、办公用品、耗材管理，压缩减少不必要的开支，建设节约型机关取得新成效。重视车队管理，完善了公务用车管理制度，加强车辆维护保养，督促驾驶人员严守安全驾驶法规，确保了领导用车和行车安全。强化应急值守，通知发放、电文办理、信息发布、信访接待等工作得到进一步加强，紧急、重要事项或重大突发事件能够得到及时妥善处置。关心下一代工作蓬勃开展，组织了关工委理论研讨、纪念州关工委成立10周年等系列活动，涌现出了一批先进集体和先进个人，队伍素质不断提高。此外，党支部建设、党风廉政建设、工会工作、老干部工作、文明单位创建、扶贫挂钩、支持新农村建设等工作全面开展，圆满完成了各项任务。

【统筹协调水平上新台阶】 2010年，中共大理州委办公室积极探索适应地方党委领导体制和工作机制的新变化，抓住制度建设这个根本，深入推进州委办公室工作的科学化、规范化、精细化建设。①完善制度规范。结合单位工作实际和科室分工，以深入学习实践科学发展观活动为契机，在充分调研论证的基础上，修订、补充和完善了《中共大理州委办公室工作制度、工作规范、工作流程》，实现了州委办各个岗位、各个流程、各个节点工作的制度化、规范化，方便了上下左右的沟通联系，以及内部科室之间工作的有机衔接，规范了程序、提高了效率。完善了州级四班子秘书长联席会议、州委常委所在部门办公室主任会议、州委办公室工作协调会议等制度，妥善协调好各种工作关系，各县市委办公室、州级党群部门办公室的沟通联系更紧密，工作协调更顺畅。②理顺机构设置。结合新形势、新任务的要求，加强统筹协调，进一步理顺和规范科室职能，合理设置内部科室，实现了州委副秘书长、副主任分设，增设了州委常委办，配备了工作人员，专司服务常委工作，基本实现了常委部门协调机制的制度化，确保了州级四机关、常委所在部门之间沟通协调的有效畅通。③科学配备工作力量。针对办公室人少事多、工作要求严、标准高的实际，在完善科室职能基础上，对各科室人员进行了合理交流轮换，激发和调动了干部职工的工作积极性。

【团结干事水平得到加强】 2010年，州委办公室切实加大人才培养和选拔使用工作力度，先后提拔、交流优秀干部到处级领导岗位，选调优秀文秘人员充实到办公室，进一步强化了工作力量。同时，根据工作需要，把严格管理与热情关心结合起来，大胆使用年轻干部，调整充实了各科室人员，合理分配工作力量，有效改善了办公室干部队伍结构，进一步营造了团结干事氛围。鼓励办公室干部职工参加各种培训、在职教育，多途径提高办公室人员的综合素质。继续执行顶岗培训制度，相关县市委办公室先后选派了一批优秀的办公室人员到州委办各科室进行顶岗培训，有力地支持了州委办公室的工作。

（赵　勋）

纪检监察

【概　述】 2010年是“十一五”收官之年，也是以改革创新精神扎实推进惩防体系建设的重要一年。中共大理州委、州人民政府高度重视党风廉政建设和反腐败工作，全力支持纪检监察机关坚决查处大案要案，加强反腐倡廉制度建设。全州各级党委、政府和纪检监察机关，坚持改革创新，突出工作重点，狠抓任务落实，反腐倡廉建设各项工作扎实有效推进并取得显著成效，为全州经济平稳较快发展、社会和谐稳定提供了有力保障。

【州纪委六届五次全会召开】 中共大理州第六届纪律检查委员会第五次全体会议，于2010年2月7日在下关举行。州纪委委员33人出席会议，相关部门负责人182人列席会议。州纪委常委会主持了会议。全会审议通过了州委常委、州纪委书记梁志敏代表州纪委常委会所作的《深入推进党风廉政建设和反腐败斗争，为全州经济平稳较快发展和社会和谐稳定提供坚强保障》的工作报告，全面总结了2009年党风廉政建设和反腐败工作，部署了2010年工作任务。

州委书记刘明出席全会并作了重要讲话。州委常委及州人大常委会、州政府、州政协领导应邀到会。

【加强监督检查工作】 2010年，大理州纪委改进检查方式，对全州扩大内需项目、年内中央和省下达项目开展暗访检查，重点检查扩大内需在建和续建项目、已批准但未开工项目、开展前期工作项目及抓好财政支出的情况。聘任39名县处级干部担任建设项目督查员，分12个组对全州重点工作、重大项目和重点工程进行督查和指导。成立大理州重点公路建设项目督导组，对全州在建的五条二级公路项目进行督查。通过监督检查，全州1至4批345个扩大内需项目已全部竣工，2010年中央和省下达的300个项目全部开工建设，全州建设项目实施情况总体较好。加强对贯彻落实中央第五次西藏工作座谈会精神，省、州党委关于保障和改善民生、维护民族团结和社会稳定决策部署，抗旱、抗震救灾工作纪律执行情况的监督检查，确保了政令畅通和各项工作顺利推进。对全州2010年10项惠民工程、20项重大建设项目、20项重要工作和扶贫开发、廉租房建设、校舍安全、二级公路建设及招商引资等5项重点工作开展了专项效能监察。

【预防和治理腐败有新突破】 2010年，大理州纪委完善党风廉政建设责任制任务分解和考核评分标准，创新考核方法和内容，注重考核结果运用，抓实惩防体系建设示范点创建活动，全州反腐倡廉建设齐抓共管的良好局面进一步巩固。对1993年4月以来州、县市两级出台的986个反腐倡廉规范性文件和制度进行清理，保留642个、需要修订112个、废止232个。在弥渡县、宾川县开展县委权力公开透明运行试点工作并取得明显成效。出台了《大理州公共资源交易市场管理办法》、《大理州建设工程招标投标管理办法》、《大理州廉政风险重点环节防范管理办法》等多项反腐倡廉制度。积极筹建州公共资源交易中心和政务服务中心。创新农村党风廉政建设工作，农村“三公开”、“三资代管”工作不断完善。出台了《关于进一步规范村级勤廉监督委员会的意见》。全面推行村级勤廉监督委员会制度，12县市共组建勤廉监督委员会机构1109个，3879名勤廉监督委员会委员共参加村“两委”各种会议6000多场次，提出意见建议1200多条，反映民情民意4000多件。推行勤廉监督委员会制度的做法被中央、省、州30多家新闻及网络媒体报道，得到省纪委的充分肯定。对12县市和71个州直部门2010年度惩防体系建设暨党风廉政建设责任制工作进行了全面检查考核，7个县、90个乡镇实现了“两无”目标。扎实开展工程建设领域突出问题专项治理，建立完善了一批规章制度。进一步建立和完善防治“小金库”的长效机制，在全州社会团体、国有及国有控股企业开展“小金库”专项治理工作。12县市全面实施行政事业单位经营性国有资产统一管理。

【效能政府四项制度和领导干部问责工作取得实效】 2010年，大理州纪委加强对法治政府、责任政府、阳光政府、效能政府各项制度贯彻落实情况的监督检查，强化关键岗位和重点环节管理。全州606个州、县市级行政机关确定关键岗位2050个，重点环节2777个，制定风险防范措施5080条，2050个关键岗位的负责人向社会公开接受监督承诺3637条。建成了州车管所、大理市政务服务中心电子监察视频系统。认真执行领导干部问责制，加大对不作为、慢作为、乱作为等不履行和不正确履行职责行为的问责力度。全州共问责259人，其中县处级干部12人、乡科级干部96人。领导干部问责工作得到州委、州政府和省纪委、省监察厅的充分肯定。

【进一步加大惩治腐败力度】 2010年，中共大理州纪委制定实施了《大理州纪检监察机关查办案件表彰奖励办法》、《大理州县市纪检监察机关派出纪工委监察分局办理信访举报案件奖励办法》。全州纪检监察机关共受理群众信访举报1185件，初核违纪线索345件，转立案22件。共立案165件174人，涉及县处级干部9件9人，乡科级干部38件40人。结案171件，处分违纪人员178人，其中县处级干部12人、乡科级干部42人。查处商业贿赂案件41件41人，涉案金额539.7万元。为206名受到失实举报的党员干部澄清了事实。国土资源领域腐败问题专项治理工作稳步推进。对2006年以来党政纪案件处分执行情况开展专项检查。实行信访举报分析排查结果定期向党委、政府主要领导报告制度。州纪委，12县市纪委，部分派出机构、乡镇纪委都有自办案件。

【领导干部廉洁从政意识不断深化】 2010年，大理州采取多种形式学习宣传贯彻《廉政准则》和《关于领导干部报告个人有关事项的规定》、《关于对配偶子女均已移居国（境）外的国家工作人员加强管理的暂行规定》。及时传达学习“6·23”专案案情通报会议精神，深刻汲取教训，切实整改完善。多形式、多层次推进廉政文化“六进”活动。“大理纪检监察网”成功改版运行，11个县新建了二级子站。举办“中国印”大理廉政文化创作活动，并编印了作品集。《大理纪检监察》杂志创刊。12000多名领导干部到州反腐倡廉警示教育基地接受教育。全面实行新提拔副科级以上领导干部任前廉政考试制度。对2201名领导干部进行了任前廉政谈话；纪委负责人同下级党政主要领导谈话1596人次；6078名领导干部进行了述职述廉；对207名领导干部实施了诫勉谈话；11520名领导干部报告了个人有关事项。全州出国（境）人数、经费同比减少9.7%、2.1%；出省考察经费同比减少20%；公务用车购置及运行经费、接待经费实现零增长；庆典、节庆、论坛和会议经费支出同比减少21.1%和20.1%。严格因私出国（境）审查，对不符合规定的2名县处级领导干部退回了申请。在全州统一建立起副科级以上领导干部廉政档案信息管理系统。

【纠风治乱工作取得新进展】 2010年，大理州查处教育违规收费310.87万元，医疗机构违规收费69.97万元。对部分县截留、违规使用农村劳动力转移培训资金问题进行严肃查处。对全州民政系统办理结婚登记“搭车收费”问题，农民补贴资金、农业和农村基础设施建设投入资金和农村社会事业资金进行检查。纠正强农惠农违规资金72.78万元，查处损害农民土地权益问题32个、损害农民利益案件2件。取消庆典、论坛活动3个，节约经费92.39万元。全面清理考核检查项目，保留41项。对州级53个行政机关和6个公共服务部门政风行风进行了民主测评，在部分重点行业和窗口单位开展了重点评议。通过政风行风热线答复、办理群众咨询和投诉499件。

【纪检监察队伍素质不断提升】 2010年，大理州纪委认真贯彻落实中央纪委9号、10号和云南省纪委4号文件精神，加强县级纪检监察机关建设工作取得新突破。第二批6个县改善办公办案条件，加强信息化建设工作基本完成。把“做党的忠诚卫士、当群众的贴心人”主题实践活动与学习型党组织建设和“创先争优”活动有机结合，深入开展学习王瑛、刀会祥、普发兴先进事迹活动。选派州、县市28人参加中央纪委培训，67人参加省纪委培训；分三批对300多名州、县市、乡镇纪检监察干部进行培训，120多人参加了领导干部廉政档案信息化管理培训。严格执行纪检监察干部“五严守、五禁止”纪律要求，向社会公开承诺。建立特邀纪律和作风监督员制度，加强对纪检监察干部的监督。在州纪委监察局机关科级干部中全面开展述职述廉活动。成立了州纪委机关党委和机关纪委。

组织工作

【概　述】 2010年，全州各级组织部门认真贯彻落实中央和省州党委的决策部署，紧紧围绕省委提出的“两强一堡”和州委“五个争当”目标，按照州委的要求选干部、配班子，建队伍、聚人才，抓基层、打基础，干部、组织、人才等各项工作取得新成效。

【创先争优活动呈现良好态势】 2010年，按照中央、省州党委的要求，州委组织部圆满完成了深入学习实践科学发展观活动，指导各参学单位紧紧围绕推动大理科学发展这一主题，认真抓好整改落实，整合资金2亿多元，为基层办“五个一批”实事5000多件。通过民主测评，全州148个县处级以上领导班子的群众评议结果满意率均在98%以上，学习实践活动成为“群众满意工程”。学习实践活动结束后，及时精心组织开展创先争优活动。围绕“推动科学发展、构建和谐大理、增进民族团结、服务人民群众、加强基层组织”和“五个争当”的目标，全州11219个党组织，16.6万多名党员积极参加，确保创先争优活动高起点起步，高标准开展，创造性推进。采取“五抓”措施和基层党组织建设先进县市创建、“公开承诺”、“领导点评”、“群众评议”、“授旗评星”、“亮牌示范”、党建带群建等，把“五好五带头”要求转化为具体的工作目标和工作措施，各级党组织和广大党员为基层群众办好事、实事3万多件。学习实践活动和创先争优活动受到了来大理指导工作的中央巡回检查组、中央组织部、省委领导的充分肯定。在中央电视台新闻联播、中国共产党新闻网、人民网、新华网等国家级、省州媒体播发创先争优宣传稿1155篇。中央简报采用1篇。倡导并组织拍摄电影《村官普发兴》，邀请中组部领导参加电影《村官普发兴》北京首映式，推动了对大理州优秀干部的宣传力度。广泛开展学习普发兴“八个一”活动，号召广大党员学习杨善洲、普发兴等优秀共产党员的先进事迹，形成“学先进、赶先进、当先进”的浓厚氛围。创先争优活动有序开展。

【实施“共产党员抗旱先锋行动”取得明显成效】 2010年，州委组织部坚持把抗旱救灾作为最大的政治、最硬的任务和最紧迫的工作来抓，及时部署并下发了《关于在全州各级党组织和广大共产党员中开展“共产党员抗旱先锋行动”的通知》等6个文件，动员基层党组织和广大党员干部在保春苗、重民生、解水困、备春耕、防林火中发挥战斗堡垒作用和先锋模范作用。向省委组织部争取了抗旱资金721万元，动员全州各级党组织和党员捐款553万元，共计1274万元，全部及时下拨各县市，其中50%用于发放受灾地区特困群众关爱资金，50%用于帮助受灾群众修建了3186个“共产党员爱心水窖”，惠及1.8万户9.1万多名群众。组建了“共产党员抗旱先锋队”1222支，结成帮扶对子1627个，3万多名机关党员干部驻村蹲点抗旱救灾，7.5万名村组干部、新农村指导员、大学生“村官”和农村党员骨干投身到抗旱救灾工作中。州委隆重表彰了在抗旱救灾中涌现出来的50个先进基层党组织和100名优秀共产党员。大理州7个先进基层党组织、9名优秀共产党员受到省委表彰。

【领导班子和干部队伍建设不断加强】 2010年，大理州扎实加强各级领导班子建设。①在全州各级领导班子和领导干部中深入开展“个人形象一面旗、工作热情一团火、谋事布局一盘棋”主题实践活动，把“三个一”要求贯彻落实到干部培养、选拔、任用、日常教育的全过程，增强各级领导班子和领导干部的凝聚力、执行力和创新力。②注重干部教育培训，增强干部教育培训的针对性和实效性。认真落实中组部李源潮部长到大理调研时提出的努力打造眼界宽、思路宽、胸襟宽的干部队伍的要求，以组织实施“八大培训工程”为重点，州县两级共举办各类培训班864期，培训各类干部、党员13.2万人次，对换届后的村“两委”班子成员全部进行了培训。抽调了421名干部到北大、浙大、人大、中央党校、省委党校等进行培训，选派了137名村干部和农村实用人才到云南省农村干部学院培训。组织了3.2万人次干部参加11期“云南省领导干部时代前沿知识讲座”，组织了1837名正科级干部参加全省晋升副县处级领导干部职务资格基本知识考试，激发了年轻干部学习的内在动力。组织了947名厅、处、乡镇党政正职和县处级后备干部参加云南省干部在线学习，在线学习的干部平均成绩列全省第一。③注重加强和改进年轻干部和少数民族干部工作。认真落实《关于进一步加强少数民族干部队伍建设的意见》、《关于加强培养选拔年轻干部工作的实施意见》，从全州干部队伍实际出发，认真组织实施培养选拔优秀年轻干部、少数民族干部、妇女干部和党外干部行动计划，落实培养选拔的“八项措施”，使“四类干部”比例有较大提高。坚持“六个优先”培养选拔优秀少数民族干部，少数民族干部占全州干部总数的53.2%。建立了一支数量充足、素质优良、结构合理的年轻干部和少数民族干部队伍。

【稳步推进干部人事制度改革】 2010年，大理州认真贯彻落实中央和省《2010—2020年深化干部人事制度改革规划纲要》和全省深化干部人事制度改革会议精神，稳步推进干部人事制度改革。加大竞争性选拔干部力度，州县联合公开选拔了94名处、科级领导干部，其中在全州村党组织书记中公推公选了6名乡镇副职。120名党政机关中层干部通过竞争上岗。研究制定了《关于进一步加大从基层和生产一线培养选拔干部工作力度的意见》。认真落实促进科学发展的领导班子和领导干部综合考核评价办法，综合运用民主推荐、民主测评、民意调查、实绩分析、个别谈话和综合评价，加强和改进干部考核工作。严格执行干部任期、交流、试用、回避、退休等规定,加大州县之间、州级机关部门之间干部交流力度。

【选人用人公信度不断提高】 2010年,大理州坚持把整治用人不正之风,作为提高选人用人公信度的重要措施。认真贯彻四项监督制度、《干部任用条例》、《廉政准则》等政策法规,扎实开展"提高选人用人公信度示范县"和40家州级部门"提高选人用人公信度示范单位"创建活动,在扎实抓好弥渡、宾川、永平、鹤庆作为云南省"提高选人用人公信度示范县"的基础上,与州纪委联合在弥渡、宾川2个县开展县委权力运行公开试点工作。认真组织开展"干部选拔任用工作法规学习宣传月"活动,向全州副科级以上领导干部寄发了《关于进一步提高选人用人公信度致领导干部的信》5000份,举办专题学习培训120场次,7000多名干部参加考试,4万多名干部参加干部政策法规知识竞赛,受到省委组织部表扬,荣获优秀组织奖。认真执行"一报告两评议"制度,推行干部任前实绩公示制度。研究制定了《大理州治理拉票行为暂行办法》,加大治理拉票力度。对选拔任用工作程序、资格条件以及会议讨论决定过程进行全程监督检查。按照中央、省州党委的要求,加大从严管理干部力度,认真贯彻落实中央《关于进一步加强县委书记队伍建设的意见》和20条规定、《关于进一步加强乡镇党委书记队伍建设的意见》,加强县市委书记和乡镇党委书记队伍建设。坚持和完善诫勉谈话和函询制度以及述职述廉制度,1247名县处级领导干部按规定报告了个人事项。

【实施人才发展规划有了良好开端】 2010年,大理州围绕"五个争当"的目标,大力实施人才强州战略。完成了《大理州中长期人才发展规划(2011—2020年)》的编制工作。组织开展了全州第二届"优秀高层次人才"评选活动,州委、州政府对48名优秀高层次人才进行了表彰,在全省率先开展优秀高层次人才定点挂钩帮扶活动,激发了各类人才干事创业的热情。建立了以优秀高层次人才、宣传文化系统"四个一批"人才、技术创新人才、拔尖农村乡土人才为主要对象的人才信息库。主动做好省下派干部服务工作,强化对100名千村扶贫挂职干部的管理。扎实推进"经营管理者培训计划"、专业技术人员知识更新工程、绿色证书培训、"十万农村人才培训"等项目,全州人才队伍总量稳步增长、各类人才队伍素质不断提高。

【党的基层组织建设得到全面加强】 2010年,大理州始终坚持把加强党的基层组织建设作为抓基层、打基础的重要工作,突出重点,统筹推进。①高标准完成村级组织活动场所和党员干部现代远程教育网络一体化建设任务。向中央组织部、省委组织部争取资金2463.95万元,全部下拨到各县市用于全州村级组织活动场所建设。各级共投入资金7086万元,完成了492个活动场所建设任务,实现了1078个行政村皆有活动场所的目标。党员干部现代远程教育网络建设取得新业绩,已建终端接收站点1256个,名列全省第二,实现了全覆盖。组织部门拍摄制作了50多部党员教育专题片和"乡土教材"教学课件,得到省委组织部好评,列全省第一。②全面加强农村基层党组织建设。选好配强村"两委"班子,圆满完成了全州1078个村"两委"换届工作,全面推行"四议两公开"工作法,提高了村干部的履职能力,做到了新班子、新机制、新气象。选派1078名干部驻村入户作为新农村指导员。州县党委政府加大了基层党组织建设的资金投入,进一步提高了村组干部待遇,各县市都解决了每个行政村不少于2万元的党建工作经费。③以"三有一化"为重点,进一步加强城市社区党的建设工作。制定下发了《关于进一步加强社区党的建设工作的意见》,完善社区党建工作的领导体制和组织设置,落实了平均每个社区4万元党建工作经费,开展"机关党员进社区"活动和社区"四就近"服务活动,进一步健全工作运行机制。④以扩大覆盖面为重点,加强非公有制经济组织和社会组织党建工作,进一步理顺管理机制,不断扩大覆盖面。⑤认真落实县委书记抓党建工作责任制。明确县委书记抓基层党建工作的具体任务、责任要求,落实县委常委会向全委会或党代会报告基层党建工作制度,建立健全县委书记抓基层党建工作专项述职制度,各县市委书记都高度重视基层党建工作。⑥推进基层党建工作创新。开展"县委书记抓基层党建工作创新项目"和"组织部长抓基层党建创新项目"评选工作。深化"白州党建示范走廊"建设,着力打造有大理特色的党建品牌。按州委刘明书记要求,与党史办联合,成功组织了记录60名建国前入党的老党员事迹的《誓言无声》和记录村"两委"换届的《民主的脚步》专题影展。⑦着力构建基层党组织服务群众体系。建立县乡村"三级"服务网络,在县市建立党员服务中心,110个乡镇全部建立"农民服务站",1078个行政村和61个社区全部建立服务站点,推行"农事村办"服务模式,为农民群众提供"一窗式受理、一站式办结、一条龙服务"。积极探索党员服务群众的有效途径,变过去"各管各的"为"网络联动",实现联系群众全覆盖。率先建立并推行"党员中心户长制",充分发挥"党员中心户长"村情民意调研员、政策法规宣传员、为民办事服务员、矛盾纠纷调解员、致富带头领路员、公益事业建设协调员的"六大员"职能,做到"中心户内无矛盾,党员身边无纠纷",受到农民群众广泛欢迎和各级领导的好评。

【组织部门自身建设得到加强】 2010年,州委组织部按照建设"模范部门"、打造"过硬队伍"的要求,带头深入开展创先争优活动,推行社会承诺、机关承诺、党员承诺,作出组织部门"五带头、五争当"承诺,深入开展"五比五看"活动,开展学习普发兴先进事迹讨论。带头推进学习型机关建设,着眼于建设眼界宽、思路宽、胸襟宽的高素质组工干部队伍,进一步提升能力素质,着力建设学习型队伍、正气型机关、创新型集体、服务型部门、和谐型团队,全力打造一流的组工队伍。深入开展"组工干部下基层"活动,广泛开展谈心活动,了解干部情况,帮助基层干部理顺情绪、解决问题;深入洱海保护和扶贫挂钩联系点开展帮扶活动;带头参与"文明大理"、"森林大理"建设,开展义务植树活动。树立"六种意识"和落实"六要"要求,以更高的要求、更严的标准,带头模范遵守党的工作纪律、组织纪律和廉政纪律。开通了州委组织部手机短信平台,不定期向全州1万多名副科级以上党员干部发送信息。高度重视组工宣传和网上舆论引导工作,组织系统网宣工作位于全省前列。

【大理州党组织概况】 截至2010年底,全州党的地方委员会有13个。党的基层组织11206个,其中:党的基层委员会213个(包括29个州属党委),党总支部1264个,党支部9729个。

【大理州党员队伍结构】 2010年,全州中共党员总数为166084人,其中正式党员占党员总数的97.85%,少数民族党员占50.76%,女党员占24.35%;文化结构:研究生占0.25%,大学本科占

11.33%，大学专科占14.42%，中专及高中占19.61%，初中及以下占54.39%；年龄结构：35岁及以下占25.50%，36岁至45岁占25.40%，46岁至54岁占16.75%，55岁至59岁占8.11%，60岁以上占24.24%。

【大理州公务员队伍结构】 2010年，全州有公务员19898人，其中少数民族公务员占公务员总数的51.69%；女公务员占27.91%。文化结构：研究生占1.86%，大学本科占51.69%，大学专科占34.12%，中专及以下占12.33%。年龄结构：35岁及以下占33.08%，36岁至40岁占16.13%，41岁至45岁占20.24%，46岁至50岁占17.59%，51岁至54岁占7.22%，55岁及以上占5.74%。

（尹　智）

宣传工作

【概　述】 2010年，大理州宣传思想文化工作按照年初州委办印发的《大理州2010年宣传思想文化工作要点》的安排，着力抓好各项宣传思想文化工作，在克服国际金融危机影响、抗旱保民生、应对媒体压力等许多困难情况下，各项工作有了新进展，有力地服务了州委、州政府的工作大局，有力地促进了白州社会和谐稳定，有力地凝聚起了全州各族人民团结一致、共克时艰的强大力量，有力地引导了社会舆论，为全面建设更高水平小康社会提供了思想文化保证。

【抓好在职干部理论学习】 2010年，根据大理州发展实际，组织全州党员干部开展学习讨论活动，进一步营造学习理论、深化认识，破解难题、推动工作的氛围。引导党员干部结合抗旱救灾、实施滇西中心城市建设、“桥头堡”建设、“十二五”规划等工作，使理论学习过程成为推动本地区本部门本单位工作的过程，成为解决人民群众最关心最直接最现实利益问题的过程，成为提高工作能力和本领的过程。

【做好党委中心组理论学习工作】 2010年，大理州进一步规范了各级党委（党组）理论中心组的学习。各级党委（党组）理论学习中心组认真落实《大理州各级党委（党组）理论学习中心组学习规则》，开展卓有成效的学习活动。组织州委理论中心组三次集中学习活动，开展以“建设桥头堡，大理怎么办”、“转变经济发展方式，增强科学发展本领”、“学习贯彻落实十七届五中全会精神”等为主题的集中学习活动，研讨大理州如何抢抓“两强一堡”和新一轮西部大开发战略机遇。全州各级党委（党组）中心组结合实际，积极开展理论学习中心组集中学习活动，将学习的过程转化为推动各级各部门加快经济发展方式转变、实现又好又快发展的过程。开展了年度检查，全州12个县市委中心组和29个州级党委都能按照州委的安排部署认真组织中心组学习活动，且学习内容丰富、学习形式多样，效果明显。

【推进学习型党组织建设】 2010年，由州委宣传部牵头，精心组织开展学习型党组织建设活动。向副处以上实职领导干部赠阅《国情备忘录》、《云南读本》、《七个“怎么看”——理论热点面对面·2010》、《划清“四个重大界限”学习读本》等四本书900余套，组织各级领导干部积极参加“大理州党政干部读书论坛”活动。向省委学习型党组织建设领导小组推荐6个典型单位，4个示范点，在全州确定80个学习型党组织建设示范点。在州、县市级主要新闻媒体统一开设“学习型党组织建设”专栏、专版和专题网页，设置户外宣传牌、悬挂宣传标语、编制简报，为全州推进学习型党组织建设营造了浓厚氛围。

【推进马克思主义中国化、时代化、大众化活动】 2010年，大理州坚持开展中国特色社会主义理论体系的宣传普及活动。编印发放《学习中国特色社会主义理论体系 推进“两保护两开发”进程——大理州干部理论教育学习问答》3000册。成立州、县市委宣讲团，全州共组织“十七届四中全会精神”等理论宣讲500多场次，听众达10万多人。发挥云南理论评论大理调研基地的阵地作用，组织广大干部群众围绕“桥头堡建设、大理怎么办”深入基层开展调研，形成《把握战略机遇 加快大理发展》等一批调研成果。

【开展社会科学理论的研究和宣传】 2010年，州委宣传部围绕中共大理州委、州人民政府的工作重心，精心做好社科课题的设置、立项、研究和评审。完成了2007－2009年公开评审立项的社会科学研究课题成果专辑《大理发展探索》（上、下册）一书的印刷出版。加强了对在州社科联登记注册的29个社会团体的指导工作，激活了全州社科队伍活力，促进社团组织健康发展。跻身“云岭大讲坛”，《西南六朝古都大理与南诏大理国》、《鸡足山佛教文化》等主讲取得较大成功，扩大了大理的影响力。组织开展了9名社科专家云龙行，共收到专家咨询报告10篇，为地方经济社会发展建言献策。

【开展主题宣传活动】 2010年，州委宣传部围绕中心，服务大局，做好州委六届八次、九次、十次全体（扩大）会议、州第十二届人民代表大会第三次会议、政协大理州第十一届委员会第三次会议、大理州宣传思想文化工作会议等重要会议的学习宣传和贯彻落实工作。组织各新闻单位对大理州参加云南省领导干部时代前沿知识讲座、专题讲座、报告等学习活动进行宣传。做好大理（国际）低碳经济论坛、全国企业家论坛、道路交通安全、第二十次“全国助残日”活动、2010年大理环保世纪行活动、大理州第九个“安全生产月”活动、中国第二个防灾减灾日、第十三届推广普通话宣传周活动、云南省第九届少数民族传统体育运动会和云南省第十三届运动会、“两基”迎国检以及稳定粮价等宣传报道工作。

【做好形势政策宣传教育】 2010年，州委宣传部做好深入学习实践科学发展观活动的宣传工作，推进学习型党组织建设，为在全州党的基层组织和党员中深入开展创先争优活动营造氛围，引导广大党员以先进典型为榜样，争做优秀共产党员，努力在全社会形成学习先进、崇尚先进、争当先进的良好风气。搭建“桥头堡建设大家谈”主题讨论活动平台。认真做好贯彻党的十七届五中全会精神的新闻宣传。

【开展社会宣传】 2010年，州委宣传部做好“十一五”的建设成就和“十二五”规划编制工作的宣传。做好第六次全国人口普查的宣传工作。做好加快经济发展方式转变的宣传报道工作。切实加大对文明大理建设示范工程十项重点工作的宣传力度。开展多种形式的治理商业贿赂工作的宣传教育活动。加大全州反腐倡廉的宣传力度，为全州深入开展党风廉政建设和反腐败斗争营造良好的舆论氛围等宣传活动。

【开展典型引路】 2010年，大理州以电影《村官普发兴》公映为契机，掀起新一轮宣传学习普发兴的热潮。做好2010年"劳动者风采"宣传月活动。推进先进典型宣传工作常态化,各新闻单位开设宣传报道大理州的先进典型的常设性专栏,采取有效方式,加强对先进典型的宣传报道和上报工作。开展好向龙进品、沈浩、郑垧靖学习活动的宣传。组织好刀会祥先进事迹报告会和《云岭先锋创先争优——优秀共产党员》事迹报告会。做好云南省第二届"百姓最喜爱的十大人民警察"评选活动集中宣传工作。

【组织抗旱救灾宣传报道】 2010年,大理州在州级各新闻单位统一开设"抗大旱保民生促春耕"、"共产党员抗旱先锋行动"等专栏,宣传报道全州各级各部门的学习贯彻情况和好做法。宣传抗旱救灾中基层组织、基层干部的措施、风采。宣传各族人民群众在上级党委政府的关心帮助下,互帮互助,自力更生,积极采取有效措施应对灾害的信心和决心。为全州的抗旱胜利提供了有力的舆论支持和思想保证。

【重点宣传工作取得成效】 2010年,大理州围绕实施"两保护两开发",在中央电视台头条和云南日报专版分别进行了宣传报道。围绕农村经济宣传工作,对永平林改经验进行深度宣传报道,云南日报整版连续介绍经验,经济日报连续刊发有关大理"山地经济"系列报道。对建设中的跃龙公路、大丽公路、鸡足山公路、抗震救灾恢复重建、大理州扶贫开发综合示范园区、祥云水源点建设等重大基础设施建设项目进行了宣传报道。切实做好重庆—大理直航的宣传工作。对大理国际绿色低碳技术高峰论坛进行了全面宣传,为大理州的招商引资工作创造了良好的舆论环境。

【抓好对外宣传工作】 2010年,州委宣传部抓住元旦、春节、中秋等传统节日的有利时机,与中央、省主流媒体合作,积极策划宣传大理。利用大理"两博会",三月街民族节、绕三灵、南诏本主节、石宝山歌会、漾濞核桃文化节、洱海开海节等节庆活动组织系列宣传活动,形成有效宣传战役。《南涧跳菜》作为2010年全国农民春节晚会压台节目播出;大年初一,《大理长街宴喜庆虎年来》新闻在中央电视台新闻联播播出。成功举办了2010第二届大理国际影会,汇聚了全球数十位顶尖级摄影师和相关媒体的优秀作品,使大理成为全球摄影人和媒体关注的焦点。年内,大理州实施"走出去,请进来"的外宣战略,进一步加大了外界对大理的关注。据不完全统计,2010年,新华社、人民日报、中央电视台、云南电视台等中央级和省级主流媒体刊播有关大理的新闻和专题达500多条,各知名网站有关大理的新闻点击率达300多万次以上。年内,大理州制作了《大理城市影像志》光碟1万套,全面反映大理州的历史文化,上海世博会期间,为配合"大理'生态文化旅游'上海新闻发布会",制作了中英文对照的"人文大理 幸福家园"宣传折页。

【抓实"三项教育"活动】 2010年,大理州以新闻出版、文艺社科界为重点,深入开展"三个代表"重要思想、马克思主义新闻观和唯物史观、职业精神和职业道德三项学习教育活动。开展以"弘扬职业精神、恪守职业道德、维护队伍形象"为主要内容的行业自律活动,着力解决群众反映强烈的有偿新闻、虚假报道、低俗之风、不良广告等问题。

【加强对媒体、记者的管理和指导】 2010年,大理州进一步加强对媒体的监管,完善了新闻阅评制度,始终把加强新闻队伍建设作为"三项学习教育"活动的核心引向深入。组织开展第十一个记者节系列活动。认真开展了第二届大理州新闻媒体消防宣传先进工作者和第一届大理消防部队新闻宣传先进工作者评选活动。制定下发了《关于印发 <大理州来访记者报告及责任追究制度>的通知》,草拟《大理州关于进一步规范突发事件新闻报道工作的通知》,进一步明确了大理州新闻采访的有关规定。加大网络舆论监管力度,第一时间提供网络舆情,主动配合各有关部门积极应对和协调,第一时间发布州委州政府的处理决定,有效控制了媒体炒作的空间,从正面、积极的角度引导了舆论。

【加强宣传思想战线各级领导班子建设】 2010年,州委宣传部坚持党管干部、党管人才原则,按照政治强、业务精、纪律严、作风正的要求,不断加强了全州宣传思想战线各级领导班子和干部队伍建设,对各单位推荐的干部注重综合素质,并按严格的工作程序做好干部的选拔任用。按照上级组织部门的统一安排,选派干部到高校及沿海开放城市挂职锻炼学习。各单位看好自己的阵地,管好自己的队伍,确保了所属舆论阵地坚持正确导向,营造了健康和谐的经济社会发展环境。

(阮正德)

统战工作

【概 述】 2010年,州委统战部在中共大理州委的正确领导和省委统战部的指导下,坚持以邓小平理论和"三个代表"重要思想为指导,深入贯彻落实科学发展观,认真学习党的十七届四中、五中全会、全国全省统战部长会议和州委六届八次、九次全委会精神,紧紧围绕州委提出的"争当民族团结进步模范州、生态文明建设排头兵、旅游二次创业生力军、滇西城镇化进程领跑者、建设民族文化强省先行者"的目标,进一步加强统一战线建设,发挥统一战线优势,凝聚人心、汇聚力量,全力做好"抗大旱、保民生、促春耕"等各项工作,努力维护社会和谐稳定,统一战线各方面的工作都取得了新的成绩。

【举行宗教界人士迎春茶话会】 2月8日,州委统战部、州宗教事务局在大禹酒店举行宗教界人士迎春茶话会。州委常委、州委统战部部长杨秀星出席茶话会并讲话。州人大常委会副主任刘世兴、州政府副州长洪云龙出席茶话会。杨秀星代表州委、州政府及州委统战部、州宗教事务局向全州宗教工作部门、广大宗教界人士致以节日的问候。杨秀星说:"2009年是全州宗教工作取得新成绩、开创新局面的一年。全州各级党委、政府和宗教工作部门按照州委、州政府的部署,坚持以人为本的理念,全面贯彻落实党的宗教工作基本方针,切实维护宗教界的合法权益,做了大量聚人心、暖人心、稳人心、得人心的实事好事。进一步增加宗教工作经费,支持宗教活动场所修缮,提高宗教界人士的生活待遇,努力改善宗教界人士和信教群众的工作、生活条件;积极引导宗教界参与社会救助、社会公益事业和慈善事业,充分发挥了宗教界人士和信教群众在促进经济发展、社会和谐中的积极作用;更加稳妥地解决好宗教领域的热点、难点问题,规范各类宗教活动,坚决抵御境外敌对势力的渗透破坏活动,有效维护了信教群众和不信教群众、信仰不同宗教群众及各宗教内部的团结和睦。全州没有发生一起因宗教问题引发的重大群体性事件,广大宗教界人士和信教群众衷心拥护中国共产党的领导和社会主义制度,宗教领域保持了长期的和谐稳定”。杨秀星要求，在新的一年，全州各级宗教工作部门要深入贯彻落实党的宗教工作基本方针，强化宗教政策法规宣传教育，深入开展“和谐寺观教堂”创建活动，加强爱国宗教团体建设和宗教教职人员的培养工作，科学分析宗教工作中存在的困难和问题，积极引导宗教与社会主义社会相适应，保持宗教领域的稳定和谐。

【召开全州统战部长会议】 3月5日，全州统战部长会议在下关召开。会议提出，围绕中心，凝心聚力，不断巩固壮大最广泛的爱国统一战线，全面提高统战工作科学化水平。州委副书记王雪峰出席会议并讲话，州委常委、州委统战部部长杨秀星作工作部署，州人大常委会副主任刘世兴、州政府副州长洪云龙、州政协副主席寇铸勋出席会议。会议认为，2009年，面对国际金融危机的严重影响，在州委的坚强领导下，全州各级统战部门和广大统战干部紧紧围绕“保增长、保民生、保稳定”的目标要求，进一步解放思想，创新工作思路，拓展工作领域，增强发展合力，统一战线各项工作取得了新的进展。全州各级统战部门为促进全州经济平稳较快发展贡献智慧和力量，为提升全州对外开放水平牵线搭桥，为各民主党派和无党派人士参政议政创造条件，为推进民族宗教工作积极努力，统战工作亮点频现，为大理州经济回升向好、社会和谐稳定作出了重要贡献。王雪峰在讲话中强调，要立足新的形势和任务，积极谋划推进2010年统战工作，当前，全州统一战线要准确把握面临的新形势、新情况和新任务，进一步增强政治意识、大局意识、责任意识和忧患意识，团结一切可以团结的力量，调动一切可以调动的积极因素，最大限度地激发社会活力，和衷共济促进全州经济平稳较快发展、社会和谐稳定。要充分发挥智力密集、联系广泛的资源优势，紧紧围绕“生态优先、农业稳州、工业强州、文化立州、旅游兴州、和谐安州”的发展思路，把调整经济结构、转变经济发展方式、实现经济平稳较快发展，作为统一战线服务科学发展的首要任务，积极投身经济建设主战场，积极投身新农村建设，积极改善民生。充分发挥参政议政、民主监督的政治优势，更好地推进多党合作和政治协商制度建设，加强思想建设，加强制度建设，加强党外代表人士队伍建设。充分发挥协调关系、化解矛盾的功能优势，努力维护社会和谐稳定，认真做好群众工作，认真做好民族工作，认真做好宗教工作；切实加强和改善党对统一战线工作的领导，不断提高统一战线工作的科学化水平；健全统战工作机制，进一步健全党委领导、政府支持、统战部牵头协调、各有关部门和人民团体各负其责的体制机制，加强统战干部队伍建设，使统一战线作用更加突出、更富成效。杨秀星就做好统战工作提出了具体要求。州级有关部门、各县市委统战部负责人出席会议。

【帮助扶贫挂钩村开展抗旱救灾】 4月16日，州委常委、州委统战部部长杨秀星，州人大常委会副主任、民进大理州委主委陆璐，州委统战部和民进大理州委干部职工深入扶贫挂钩联系点宾川县拉乌乡碧鸡村委会，看望慰问受灾群众，全力以赴帮助群众解决实际困难和问题。杨秀星、陆璐一行实地察看了旱情较为严重的大平地片区、哨房自然村的小春受灾情况及大春化肥、种子、农药、地膜等备耕情况，在听取碧鸡村委会抗旱救灾及工作中存在的困难情况介绍后，杨秀星指出，面对不断加重的旱情，全乡广大干部职工要进一步提高思想认识，切实增强抗旱工作的责任感和紧迫感，深入村庄、农户、田间地头，进一步把抗旱救灾工作细化、分解，明确到人，真正把“抗大旱、保民生、促春耕”的各项措施落到实处。要做到“四个到位”，即思想认识到位、科技人员到位、科技措施到位、农用物资到位，帮助和指导受灾地区群众科学抗旱、生产自救，把旱灾损失降到最低。当前，一是要优先解决群众饮水问题。要进行全面排查摸底，制定饮水解困方案，确保群众生活用水；二是要扎实抓好春耕备耕和小春中后期管理。根据水源情况适时补种、改种农作物，力争做到小春损失大春补，粮食损失经济作物补，种植业损失养殖业补，农业损失非农业补；三是要严密防范森林火灾，加强火灾隐患排查，努力避免发生森林火灾和人员伤亡；四是要加大农田水利设施建设力度。积极争取烟水工程项目和人畜饮水项目，大力实施清沟理道、防渗加固等改善水利条件的工作，最大限度减轻灾害损失。在拉乌乡检查指导工作期间，杨秀星、陆璐还代表州委统战部、民进大理州委向碧鸡村委会捐赠抗旱救灾工作经费2万元和电脑一台，并向该村的5户困难群众每户送去两袋大米和一桶食用油，把温暖送到困难群众心中。

2010年，州委统战部积极为宾川、洱源协调抗旱资金15万元；向中央统战部和省委统战部协调捐赠大理州抗旱救灾资金350万元。

【高度重视统一战线宣传信息工作】 5月26日~28日，经中共大理州委同意，州委统战部在州社会主义学院举办统一战线宣传信息工作培训班。邀请省州从事宣传信息工作多年的专家、教授就《统战信息及信息安全》、《宣传信息写作与应用》、《如何发现新闻视点，捕捉新闻信息》、《做好党委信息工作，服务科学发展》等四个专题作辅导。各县市党委统战部分管统战宣传信息工作的领导和信息员；州侨联侨办、州工商联、州民委、州宗教局分管宣传信息工作的领导和信息员；州各民主党派专职副主委和信息员；州委统战部全体干部职工共75人参加了学习培训。通过学习培训，实现了“四个提高”。①对做好统一战线宣传信息工作重要性的认识有新的提高；②宣传信息工作知识水平有的新的提高；③对信息报送中应注意的问题，如何识别统战信息的价值，提高信息质量及信息安全等方面有新的提高；④做好统一战线宣传信息工作的思路更清，方法更新，信心更足，统一战线大局意识有新的提高。

【用爱心与群众共渡难关】 2010年，大理州发生了百年不遇的大旱天灾。通过州委统战部、民建大理州委的积极努力，5月30日，民建云南省委副主委李啸云代表中华思源工程扶贫基金会、民建北京市委和民建云南省委向大理州云龙县长新乡佳局村捐款30万元，修建100个思源水窖。这充分体现了中华民族“一方有难，八方支援”的团结互助精神，用慈善汇聚生命的水源，用爱心与群众共渡难关。州委常委、州委统战部部长杨秀星要求，各有关部门要管理好、使用好捐赠资金，让有限的资金发挥出最好、最大的效益；要按照工作职责，统一思想、统筹安排、密切协调、分工协作，保质保量地完成水窖修建工程；要完善管理措施、加强管理，让这项惠民工程在改善群众生产、生活中发挥最大作用，取得最佳效益，以群众生活水平的提高来回报民建中央、中华思源工程扶贫基金会、民建北京市委、民建云南省委的关心和支持。

【建务实之言　献有用之策】 根据中共大理州委书记刘明对大理省级旅游度假区管委会关于《文献楼营造实施方案》的批示精神，6月8日，州委常委、州委统战部部长杨秀星牵头组织州人大、州政府、州政协及州、市相关部门领导到大理古城对文献楼营造实施背景、广场和城楼的功能定位、迎请阿嵯耶观音像等相关问题进行了调研，形成了《关于文献楼营造实施方案调研情况的报告》，并提交州委常委会议讨论通过。

根据州委的工作安排，由州委统战部牵头，7月6日，州委常委、州政府副州长蔡春生，州委常委、州委统战部部长杨秀星，州政府副州长洪云龙和州、市相关部门领导到大理古城对"大理王宫（博物院）"建设前期工作及崇圣寺管理与发展情况进行调研，形成了《关于大理王宫（博物院）建设情况的调研报告》、《关于崇圣寺管理与发展情况的调研报告》。

8月26日，州委组织统一战线成员召开座谈会，就"桥头堡"建设献计献策。州委书记刘明出席座谈会，他强调指出，各民主党派要坚持围绕全州发展大局，建务实之言，献有用之策，为推动全州经济社会又好又快发展作出新的贡献。刘明在认真听取各民主党派代表发言后讲话，他说，近年来，在州委的正确领导下，各民主党派始终坚持以邓小平理论和"三个代表"重要思想为指导，认真贯彻落实科学发展观，高举中国特色社会主义伟大旗帜，坚定不移地坚持长期共存、互相监督、肝胆相照、荣辱与共的方针，充分发扬与中国共产党同心同德、亲密合作的优良传统，团结所联系的各族各界，围绕中心、服务大局，充分发挥人才荟萃、智力密集、联系广泛的优势，积极参与事关全州经济社会发展重大问题的政治协商和民主监督，为推动全州经济社会又好又快发展作出了积极的贡献。刘明指出，2009年，胡锦涛总书记在云南视察工作时指出，"把云南建设成为面向西南开放的重要桥头堡"。面对这一重大战略机遇，州委高度重视，结合大理州实际，在全州上下广泛开展"建设桥头堡，大理怎么办"大讨论活动，特别是按照省委对大理提出的"四个争当"的要求，结合编制"十二五"规划，州委提出了争当"民族团结进步模范州、生态文明建设排头兵、旅游二次创业生力军、滇西城镇化进程领跑者、建设民族文化强省先行者"的目标，坚持解放思想，开拓创新，以更高的目标定位大理。我们要抓住发展机遇，加快构建"1+6"城市群，加快苍洱旅游改革发展综合试验区建设，积极探索建立洱海流域低碳经济试验区，加快物流园区建设，努力把大理建成中国面向西南开放桥头堡的滇西中心城市。刘明要求，各民主党派要以强烈的历史责任感和时代使命感，树立参政为民、促进发展的参政理念，积极组织广大成员围绕州委六届八次全委会确定的发展思路和奋斗目标，贯彻落实好州委六届九次全委会精神，围绕全州发展大局，不断提高参政议政和民主监督的能力和水平。要积极为推动思想观念的更新献计出力，为推动经济社会发展献计出力，为促进社会和谐献计出力。要进一步巩固多党合作的共同思想政治基础，支持各民主党派加强思想建设、组织建设和制度建设，完善民主党派同中国共产党合作共事机制，切实做好民主党派工作，提高多党合作制度水平，不断开创大理州多党合作事业新局面。州委常委、州委统战部部长杨秀星主持座谈会，州委常委、州委秘书长杨健，州人大常委会副主任刘世兴，州政府副州长洪云龙，州政协常务副主席毕熊光出席会议。会上，民革大理州委主委段利华、民盟大理州委主委杨泽恒代表7个民主党派分别就"关于云南桥头堡建设中大理州发展战略的建议"和"关于大力推进大理州低碳经济健康发展的建议"作专题发言；民进大理州委主委陆璐就做好民主党派工作作了发言。

【举办云南省首届宗教界运动会暨文艺汇演】 经中共云南省委、省人民政府批准，由省委统战部、省宗教事务局主办，中共大理州委、大理州人民政府承办的2010年云南省首届宗教界运动会暨文艺汇演于6月19～22日在大理成功举办，来自全省五大宗教团体、宗教院校和16个州市的21支代表队共1000余名宗教界人士参加了比赛和汇演。2010年云南省首届宗教界运动会暨文艺汇演的成功举办，在云南省尚属首届，全国首创，得到了社会各界的高度关注和积极反响，对于全面贯彻党的宗教工作基本方针，积极引导宗教与社会主义社会相适应，促进民族团结、宗教和谐、社会稳定，具有深远的意义。

【省委统战部部长黄毅，省政协副主席马开贤到大理州伊协调研】 6月20日，省委常委、省委统战部部长黄毅，省政协副主席、省伊协会长马开贤，在省宗教局局长熊胜祥，州政协主席袁爱光，州委常委、州委统战部部长杨秀星，州政府副州长洪云龙，州政协副主席毕熊光等领导的陪同下到大理州伊协调研，并同州伊协领导班子及工作人员座谈。黄毅部长一行观看了大理州清真寺一览表，参观了州伊协办公综合楼，听取了州伊协会长杨泽雄关于州伊协工作情况的汇报，对中共大理州委、大理州人民政府高度重视宗教团体建设给予了充分肯定，对大理州伊协办公综合大楼的落成表示热烈祝贺。黄毅指出，大理州的伊斯兰教工作在人才培养、清真寺管理等方面做得很好，走在全省、甚至全国的前列。黄毅强调，伊斯兰教溶入中华民族已有几百年的历史，形成了爱国爱教等优良传统。一定要坚决抵制西方影响安定团结、影响社会稳定思想的渗透，从团结、教育、引导方面入手，多做工作，做好工作。黄毅要求，大理州伊协要在今后的工作中，进一步加强自身建设，特别是班子建设，努力提高宗教界人士的素质，促进宗教和顺。阿文学校和经文学校要规范管理，做到教学大纲统一、教材规范、教员规范。大理州把阿文教育与国民教育、职业教育相结合，是一种创新，是与时俱进的体现，要认真进行总结，进一步提高办学水平。马开贤指出，大理州的伊斯兰教工作"党委政府重视、宗教根基深、信众基础好"，大理州伊协没有辜负各级党委、政府的希望，各项工作都走在全省前列，很多经验值得各州市学习、借鉴。希望州伊协能在一流的办公楼里，更加扎实、有效地开展工作。

【开展民族团结示范村创建活动】 2010年，大理州委认真开展了以创建促团结、促进步的民族团结示范村创建活动。年内投入资金1000多万元创建民族团结示范村。圆满召开了大理州第四次民族团结进步表彰大会，表彰了57个民族团结进步模范集体和118个民族团结进步模范个人。广泛宣传大理州民族工作取得的成就和先进典型事迹，营造了民族团结的良好氛围。

【指导非公有制经济开展创先争优活动】 2010年，中共大理州委统战部认真指导非公有制经济组织开展争先创优活动。全州参加创先争优活动的非公有制企业有1057个，建立非公有制经济党组织414个，参加活动的非公有制经济党组织有313个，共建立联系点和示范点219个，派出党建指导员416名，规模以上非公有制经济组织党组织覆盖率达100%，比开展创先争优活动前增长了16.7%；规模以下非公有制经济组织覆盖率达47.3%，比开展创先争优活动前增长了12.2%。

【开展反腐倡廉警示教育】 7月23日，州委常委、州委统战部部长杨秀星带领州委统战部、州工商联党支部、州科协党支部全体党员干部，到大理州反腐倡廉警示教育中心开展反腐倡廉警示教育，参观了职务犯罪案例警示图片展览、优秀党员干部事迹图片展，并观看了《算好人生七笔账》等警示教育专题片。通过观看案例，全体党员干部对如何算好政治账、经济账、名誉账、家庭账、亲情账、自由账和健康账进行充分的讨论发言。大家谈收获、谈体会，通过以案说纪、以案说法，达到了筑牢思想道德防线、引以为戒的效果，增强了拒腐防变的能力和信心。杨秀星要求：一是坚持做到"三思"，即常思贪腐之害、常思为官之德和常思律己之念。二是坚持做到"三个注重"，即注重学习、注重形象和注重自律。三是坚持做到"三个牢记"，即牢记全心全意为人民服务的宗旨，牢记权为民所用、利为民所谋、情为民所系，牢记"权力是把双刃剑"。四是严格执行廉洁自律各项规定，进一步增强党性修养，增强反腐倡廉的意识，在政治上要做明白人，工作上要做带头人，生活上要做群众的贴心人，廉洁从业做清白人。

【看望慰问住大理台胞、台商】 在中秋佳节即将到来之际，9月17日，州委常委、州委统战部部长杨秀星带领州委统战部、州台办和大理市委统战部看望慰问在大理的台胞、台商、台属。杨秀星一行先后走访慰问了海湾国际酒店董事长莫荧、亚星大饭店董事长薛一萍、台湾村台胞王善武等，给他们送去节日的祝福，带去党和政府的关心。杨秀星对台胞、台商热爱大理，为大理经济社会发展作出的积极贡献给予了充分肯定。杨秀星要求，州台办和各级统战部门要高度重视对台工作，加强和台胞、台商、台属的联系、沟通和交流，切实为台胞、台商到大理旅游、度假、投资、经商做好协调服务，维护他们的合法权益。希望台胞、台商、台属要充分发挥联系广泛的优势，为促进两岸和平统一作出积极的贡献。

【省黄埔同学会秘书长徐筑平到大理调研】 8月31日，省黄埔同学会秘书长徐筑平到弥渡县和大理市调研。看望了黄埔同学会弥渡联络组组长强国藩，听取了弥渡联络组的工作情况汇报。徐筑平一行还到大理看望了大理市黄埔同学会会长尹龙举。州委统战部就大理黄埔同学会、联络组近年来工作情况作了书面汇报。徐筑平对大理州各级统战部门高度重视黄埔同学会工作，团结引导广大黄埔同学、后代亲友，真心诚意为他们办好事、做实事，不断拓展工作等方面做出的成绩给予充分肯定，并就进一步发挥黄埔优势，营造良好的舆论氛围，做好新形势下黄埔同学会工作，推进经济社会发展作贡献等问题交换了意见。

【云南省社会主义学院院长联席会议在大理召开】 11月4日，云南省第四次社会主义学院（校）负责人联席会议在大理召开。会议认真学习贯彻《2010—2020年党外代表人士教育培训改革和发展纲要》，传达全国党外代表人士教育培训工作会议暨全国社会主义学院工作会议精神，总结交流近年来党外人士和社会主义学院（校）工作取得的成绩及经验做法，分析存在的突出问题和对策建议，着力提高全省社会主义学院（校）建设科学化水平。中共大理州委副书记、州社会主义学院院长王雪峰在会上致辞。省政协副主席、民进云南省委主委、省社会主义学院院长罗黎辉，省委统战部副部长、省社会主义学院党组成员苏红军，省社会主义学院党组副书记、常务副院长彭济生分别在会上讲话。州委常委、州委统战部部长杨秀星主持会议。州人大常委会副主任陆璐，州政府副州长洪云龙，州政协副主席寇铸勋，来自全省各州市委统战部的领导及各州市社会主义学院（校）负责人出席会议。

【第二次统战部长联席会议在宾川召开】 11月11日，大理州第二次统战部长联席会议在宾川召开，会议总结交流一年来各县市民族宗教工作取得的成绩和经验，研讨在新的形势和任务下，不断开创民族宗教工作新局面的新思路和新举措。州委常委、州委统战部部长杨秀星作重要讲话，杨秀星指出，民族宗教工作是统一战线工作的重头戏，要围绕"四个争当"的目标，按照"两个共同"、"三个离不开"的方针，持之以恒抓好抓实统一战线各项工作。杨秀星要求，要进一步高度重视民族宗教工作，谋划好"十二五"期间的统战工作，继续巩固各民族共同团结奋斗、共同繁荣发展；要进一步深入贯彻党的宗教工作基本方针，促进宗教与社会主义相适应；要全面加强统战干部队伍建设，围绕推动科学发展、促进社会和谐，结合优势，不断提高履行职能的能力和水平。全州12县市统战部长、办公室主任出席会议。

（杨　越）

政策研究

【概　述】 2010年，州委政策研究室、州委农村工作领导小组办公室在中共大理州委、州人民政府的正确领导下，认真贯彻中央和省、州党委政府的决策，认真履职，开拓进取，勤政廉政，全面贯彻落实科学发展观，紧紧围绕州委、州人民政府的部署和工作中心，按照"强化学习、精思善谋、团结协作、务实高效、奋发有为"的要求，进一步加强干部队伍建设，加大调查研究力度，决策参谋助手和综合协调作用进一步发挥，各项工作有新的进展和提高。

【开展创先争优活动和学习型党组织建设】 2010年，州委政策研究室按照州委的部署和要求，成立了创先争优活动和学习型党组织建设领导小组及办公室，制订实施方案，指定专人负责，认真开展创先争优活动和学习型党组织建设。坚持每个月至少组织干部职工进行一次集体学习，安排经费为干部职工订购学习书籍和资料，对离退休干部实行送学上门。全面推行"四项制度"建设，在单位内部设置一个党员示范窗口、两个党员示范岗，并进行严格考核、流动管理；制作服务承诺公示栏，对单位干部职工姓名、职务、工作职责，联系电话以及服务承诺等信息进行公示，单位全体干部职工实行亮牌上岗，自觉接受监督，切实增强干部职工的服务意识，督促干部职工严格履行承诺，勤政廉政。

【召开州委农村工作会议】 大理州为认真贯彻落实中央和省委农村工作会议精神，总结2009年全州农业农村工作，分析面临的形势，研究相关政策措施，安排部署2010年农业农村工作，由州委政策研究室（农办）筹备组织，州委于3月24日在下关召开中共大理州委农村工作会议。会上，州委书记刘明就新农村建设工作作了重要讲话，提出了新农村建设的创新思路、目标和重点。州委副书记王雪峰代表州委、州人民政府作了《夯实基础 统筹城乡 注重民生 强化领导 实现全州农村经济社会又好又快发展》的报告。州人民政府岳黎松副州长主持会议并对贯彻好会议精神和抓好当前农业农村工作作了安排部署。

【召开各县市委政策研究室主任会议】 3月25日，州委政策研究室、州委农村工作领导小组办公室在巍山县召开全州政策研究室(农办)主任会议,州委副书记王雪峰出席会议并作了重要讲话,对党委政策研究、农办系统所做的工作给予了充分肯定,对下一步做好政策研究和农办工作提出期望和要求。州委副秘书长、州委政策研究室主任、州委农办主任杨晓源在各县市汇报、交流工作的基础上全面总结了一年来的工作,并对2010年的工作作了安排部署。

【发挥决策咨询作用】 2010年,州委政策研究室通过深入基层开展调查研究工作,完成了"大理州'十二·五'期间加快新农村建设思路"、"加快推进大理州城镇化进程的思考与建议"、"在项目实施中加强生态文化资源保护利用与政策法规衔接"、"大理州农民专业合作经济组织发展情况调研"、"关于在剑川、洱源、漾濞黑惠江一线实施扶贫综合开发的调研"等多个重要专题调研报告,为党委政府科学决策提供参考。

【发挥参谋助手作用】 2010年,州委政策研究室在认真开展调查研究基础上,充分发挥参谋助手作用,完成了《中共大理州委大理州人民政府关于贯彻〈中共中央国务院关于加大统筹城乡发展力度进一步夯实农业农村发展基础的若干意见〉的实施意见》、《大理白族自治州2010年度经济社会发展重点工作考核办法》、《关于加快"十二五"期间新农村建设的实施意见》、《关于在各类项目开发建设中加强保护自然生态资源和历史人文资源的意见》、《大理州"十二五"期间烟草产业发展意见》等一批重要文稿的起草工作,有效发挥了以文辅政的作用。

【抓实扶贫综合开发示范园区建设】 2010年,州委政策研究室认真组织了对宾川、祥云两县和州级有关部门2009年扶贫综合开发示范园区建设工作的考核验收,通报考核结果,兑现了2009年度考核奖励,有效促进了扶贫综合开发示范园区建设工作。2010年继续组织实施,园区建设自启动以来,完成投资263605.52万元,其中国家及省级资金58169.94万元,州级财政资金8249.02万元,县级投入资金(部门整合)10303.03万元,群众自筹资金(投工投劳)22137.93万元,信贷资金134216.77万元,其他资金30528.83万元。示范园区内以交通为主的基础设施得到了很大改善,农业特色产业发展初具规模,新农村建设成效显著,示范园区的雏形已基本形成,示范作用已初步显现,基本实现了州委、州政府确定的两年初见成效的目标。

【组织实施农村民居地震安全工程建设】 2010年,州委政策研究室认真组织对2009年农村民居地震安全工程建设工作的检查验收,对工程项目农户进行了满意度测评,2009年,全州十二县市完成农村民居地震安全工程建设加固改造10250户,拆除重建3700户,补助项目农户建设资金5750万元,圆满完成了年度工程建设任务。2010年,省委、省政府共下达大理州农村民居地震安全工程建设任务20600户(其中拆除重建2600户,加固改造18000户),省级财政投入资金6200万元,并要求大理州自筹资金建设5000户。州委政研室(州委农办)及时与有关部门共同下达了2010年度农村民居地震安全工程建设计划,落实了自筹资金1000万元(其中州级财政自筹资金500万元,县市自筹资金500万元),加强了对施工进度和质量的督促检查,保证了工程建设任务全面完成。

【社会主义新农村省级重点村建设稳步推进】 2010年,大理州把社会主义新农村省级重点建设村建设作为新农村建设的示范工程,紧紧围绕"抓住一个关键、坚持两项原则、把握三个环节、突出四个重点、实施五项制度"的工作思路,认真组织实施2009年度114个自然村社会主义新农村省级重点村建设,各项建设任务按规定于2010年7月前全面完成。在县市全面验收的基础上,州委农村工作领导小组办公室组织了州委政研室、州财政局、州农业局和12县市委政研室(农办)主任组成四个考核验收组对12县市进行了抽查验收。全州共完成投资17486.55万元,是省级投入资金1710万元的10倍多,建设成效明显,得到广大群众和基层干部的好评。经过积极申报,在省调整部署建设重点的情况下,年内争取到了120个省级重点村的建设任务,争取到省级补助资金1800万元,各项建设工作顺利开展。

【大力推进农村经营体制创新】 根据《大理州关于加快推进全州农村经营体制创新的意见》要求,在总结前几年扶持情况的基础上,制定了2010年全州农民专业合作经济组织扶持办法,积极组织各县市申报扶持对象,提出重点扶持意见,安排财政资金100万元,对全州28个组织机构健全、运行规范,有良好的经济、社会发展前景的农民专业合作经济组织进行了重点扶持。通过积极有效地扶持和督促指导,全州农民专业合作经济组织蓬勃发展。到2010年底,全州有10%以上的农户加入了各种专业合作经济组织,农民进入市场的社会化程度和组织化程度明显提高。

【做好新农村建设工作队及指导员的管理和服务】 根据省委、州委的安排,2010年大理州下派第四批111支新农村建设工作队,1078名新农村建设指导员,做到了全州每个乡镇都有一支新农村建设工作队,每个村都有一名新农村建设指导员。州委政研室(州委农办)认真履行职能职责,按照"五个一"的工作要求,健全工作机制,加强对新农村建设工作队和指导员的管理和服务工作,帮助和指导新农村建设指导员切实履行"六大员"的职责,使新农村建设工作队和指导员在全州新农村建设中发挥了应有的作用。

【表彰新农村建设工作队及指导员】 2009年全州第三批111支新农村建设工作队,1075名新农村建设指导员于2010年2月中旬工作结束。2009年,全州新农村建设工作队和广大指导员,为促进全州农业增效、农民增收、农村稳定,推动全州新农村建设作出了积极的贡献。为表彰先进,营造关心、支持新农村建设的良好氛围,在认真考核和民主推荐的基础上,中共大理州委、州人民政府于2010年2月表彰了第三批新农村建设优秀指导员97名、优秀工作队队长9名、先进工作者16名和先进指导员派出单位7个。同时向省推荐并被省委、省人民政府表彰了优秀指导员29名、优秀工作队长3名和先进指导员派出单位5个。

【全州经济社会发展重点工作考核奖励】 根据大理州2009年经济社会重点工作考核办法,认真制定科学、详细的考核表格,从州级相关部门抽调人员组成六个考核检查组,完成了对全州2009年度经济社会发展重点工作的考核,经州委、州人民政府审定后及时兑现了考核奖励。在总结上年度考核工作中存在不足的基础上,结合2010年新的形势与新的工作任务,及时调研和起草了更具科学性和可操作性的2010年度考核办法,经州委、州政府研究通过后形成正式文件下发执行。

【积极投身抗旱救灾第一线】 2010年上半年，全州遭遇百年不遇的严重旱灾，州委政研室（州委农办）作为抗旱救灾工作的牵头责任单位之一，认真履行职责，积极投身抗旱救灾第一线。及时组织力量，对全州抗旱救灾工作进行了调查研究，全面掌握旱情、灾情，及时总结基层干部群众在抗旱救灾过程中的成功经验和做法，指导农民及时调整种植结构，拓宽增收渠道，最大限度地减少旱灾损失。同时积极开展"共产党员抗旱救灾先锋行动"，进村入户核查灾情，动员干部职工为灾区群众捐款捐物，与灾区干部群众同舟共济、共渡难关。

【参与相关调研活动】 2010年，州委政策研究室参与完成了大理州环洱海沿岸建设项目、海东开发规划建设和进一步推动"两区"加快发展的调查研究，较好地履行了大理州海东开发规划建设顾问组和大理州洱海沿岸建设项目顾问组成员的职责。完成了大理州3位全国人大代表交办的"云南建设桥头堡，大理怎么办"、"对房屋拆迁条例的修改意见"等专题调查研究，形成了相关建议意见文本。

【配合抓好全州村"两委"换届工作】 2010年，州委政策研究室派出一位科长全程参与全州村"两委"换届工作。派出人员多次与"换届办"一起深入到县市检查指导换届选举工作，参与处理因换届选举集体上访和各县市的信访件，按时整理修改上报选定的有关县市换届选举典型案例，起草了《大理州村级组织和第四届村民委员会换届选举工作进展情况的自查报告》、《大理州村级党组织和第四届村民委员会换届选举工作总结》，圆满完成了所承担的换届选举相关工作。

【参与全州重大项目建设的督查】 根据州委办公室、州政府办公室印发的《2010年大理州特邀建设项目督查员工作方案》的通知要求，中共大理州委政研室（州委农办）一位调研员参与第十二督查组的工作。在认真调查研究的基础上，提出了2010年度重点督查的建设项目、督查工作方案，认真开展督查工作，促进了重点建设项目的实施。

【做好配合省对州的有关调研及检查考核工作】 2010年，在省对州市的联合检查考核工作中，涉及大理州委政研室（州委农办）牵头组织实施的重点工作有4项。州委政研室（州委农办）认真履行工作职责，进一步加强对重点工作的督促检查，及时安排各县市做好自检自查工作，配合省委、省政府联合检查考核组做好检查考核工作。配合州级有关部门完成省对州有关"村务公开、民主管理"工作的检查考核工作。

【调整充实单位内设机构负责人】 2010年，州委政研室为进一步加强单位内部建设，充分调动和发挥干部职工的积极性，在单位科室之间进行适度轮岗，严格执行领导干部晋升程序，在民主推荐的基础上，调整并配齐了综合科、农业农村科、农办工作科主要负责人，通过调整，单位内部人员岗位的配置更加合理，工作环境和条件进一步改善，干部职工的积极性得到进一步提高。

【提升内部刊物的办刊水平】 2010年，州委政研室不断提升内部刊物《调研内参》、《大理农村经济》、《新农村建设简报》的质量和水平，以党的路线和各项方针政策为依据，以州委、州政府的中心工作为重点，切实做好刊物的编辑，使内部刊物成为全州反映调研成果、报告新农村建设成效、提高决策参考服务水平的一个重要平台。2010年，共编发《调研内参》17期、《大理农村经济》4期、《新农村建设简报》35期，刊发的文章来自州、县市、乡镇各级各部门领导干部，内容涉及经济和社会发展各个方面，深受基层干部的好评，得到州委、州政府领导的肯定。

【实施农村劳动力转移就业特别行动计划】 针对2010年全省特大干旱的形势，省委、省政府提出"加大农村劳动力转移输出力度，实现农业损失劳务补，确保大灾之年农民持续增收的目标"。中共大理州委、州人民政府高度重视，把农村劳动力转移就业作为抗旱减灾的重要内容，切实加强领导，突出工作重点，完善工作措施，重点抓好转移培训、组织输出、综合服务和宣传发动，全州农村劳动力转移就业工作取得实效。年内，全州新增培训10.96万人，完成省下达目标任务的115.5%，新增转移11.87万人，完成省下达目标任务的140.8%，举办招聘会338场（次），完成省下达目标任务的676%，为大灾之年农民增收做出了贡献。

【党风廉政建设】 2010年，州委政研室按照反腐倡廉"标本兼治、综合治理、惩防并举、注重预防"方针的基本要求，毫不松懈地抓好惩防体系建设和落实党风廉政建设责任制工作。上下密切配合，齐心协力抓落实，干部职工对做好惩防体系建设和落实党风廉政建设责任制工作认识一致、思想统一。强化制度建设、对各项规章制度进行完善和修订，严格执行各项规定。人人都按制度规定办事，没有出现违纪违规现象。实行亮牌承诺，自觉接受监督。结合创先争优活动的深入开展，全面实行"党员示范窗口"、"党员先锋岗"、"党员服务承诺"和"党员联系群众"四项制度，全体在职党员亮牌上岗，公开承诺，自觉接受群众的监督，进一步推进了各项工作的落实。2010年经州委党风廉政建设领导小组考核，州委政策研究室被评定为合格单位，受到了奖励。

（杨　序）

党史研究

【对大理州革命遗址进行普查】 2010年2月，州委党史研究室根据全国和全省革命遗址普查会议精神，制定了《大理州革命遗址普查实施意见》，成立大理州革命遗址普查工作领导小组及办公室，州委办下发了《关于进一步做好大理州革命遗址普查工作的通知》，3月4日，州委召开了全州革命遗址普查工作会议，传达全国、全省革命遗址普查工作会议精神，部署和启动大理州革命遗址普查工作，会议采取"以会代训"的方式，对有关人员进行普查业务培训。会后，各县市按要求以县域为基本单位对革命遗址进行摸底调查，确定普查的重点范围，主要采取以实地调查和档案核查相结合的办法，每处革命遗址都实地勘测，走访当事人、知情人或有关管理人员，同时查访相关部门的档案材料，严格核实，认真填写表格，制作电子文档，编辑图文资料。州委党史研究室对革命遗址普查工作进行督促指导，帮助解决在普查中遇到的困难和问题。12月底，全州革命遗址普查工作全面完成，通过普查全州共有历史教育价值的革命遗址195个（大理市11个，漾濞县8个，祥云县61个，宾川县21个，弥渡县9个，南涧3个，巍山县10个，永平县3个，云龙县11个，洱源县13个，剑川县31个，鹤庆县14个）；抗日战争遗址遗迹38个。

【编辑《民主的脚步——2010年白州“村官”选举实录》】 为创新党史工作，与时俱进，拓宽党史工作领域、利用现代影像技术及时记录2010年村级两委换届选举工作，州委党史研究室制定了《民主的脚步——2010年白州“村官”选举实录》工作方案。2月16日，州委书记刘明主持召开了采编工作座谈会，2月底，州委党史研究室对各县市采编人员进行培训后，工作人员立即分赴各县市，对2010年村级两委班子换届选举工作进行采访和拍摄。5月底完成采访和拍摄工作，精选了部分照片，参加“第二届大理国际影会”图片展，12月完成了《民主的脚步——2010年白州“村官”选举实录》编辑工作。

【编辑出版发行《2009中共大理州委执政纪要》】 3月4日，州委召开执政纪要编委会，对执政纪要编纂工作进行业务培训，安排部署2009年中共大理州委执政纪要编纂工作，要求各县市和州级相关部门按照《2009年中共大理州委执政纪要编纂工作方案》的要求，按时上报执政纪要稿件。10月，出版发行了80万字的《2009中共大理州委执政纪要》。在完成州委执政纪要县市工作撰稿任务的基础上，祥云、宾川、弥渡、大理等县市委党史研究室，根据县市委的要求，与县市委办公室合作编纂出版了《2009年执政纪要》。

【发行《誓言无声》一书】 6月10日，中共大理州委在下关苍山饭店召开《誓言无声》图书发行会，州委书记刘明向老党员赠阅《誓言无声》一书。州委副书记王雪峰讲话，充分肯定《誓言无声》是一本反映大理州60位有60年以上党龄的基层老党员事迹的图书。要求将该书赠送到各党委、党组、支部、农村、机关和学校，使广大党员读后有感、感后有行、行后有果，把自己锤炼成一个真正的共产党员。会后，州委党史研究室向中央组织部、中央党史研究室、省委组织部、省委党史研究室、省图书馆、州档案馆、图书馆、州县市各级基层党组织赠送《誓言无声》6000册。

【举行纪念抗日战争胜利65周年活动】 2010年8月，根据中共大理州委的要求，州委党史研究室制定了《大理州纪念抗日战争胜利65周年活动方案》，负责纪念活动的相关事宜。9月3日，州委在祥云县云南驿镇召开“大理州纪念中国人民抗日战争胜利65周年座谈会”。州人大常委会副主任陆璐，州政府副州长许映苏，州政协副主席毕熊光，州级有关单位党组织负责人及祥云县领导，曾参加过抗日战争的老同志等60多人出席座谈会。座谈会上，州委副书记王雪峰说：8年抗战期间，全州各族人民在生活极端贫困的条件下，积极参与云南驿机场建设、滇缅公路修筑等，为滇西和全国抗日战争的最后胜利做出了重大贡献和巨大牺牲。座谈会结束后，与会者参观了二战中印缅战区交通史纪念馆，州委党史研究室向参观者赠送了《白州抗战》一书。

【编辑出版发行《大理州国民经济调整》】 按照《大理州2006—2010年党史工作规划》，州委党史研究室下发了“关于征集六十年代国民经济调整专题资料的通知”，经过州、县市党史部门的共同努力，2010年10月出版发行了25万字的党史专题资料《大理州国民经济调整》一书。该书由综述、文献资料、概述、回忆文章和大事记五个部分组成，全面、客观地记述了大理州20世纪60年代国民经济调整历史，丰富了社会主义时期的党史资料。

（方学云）

党校

【积极开办好各种主体培训班】 按照中央、省州党委关于大规模培训干部的要求，中共大理州委党校着眼于提高大理州属各级领导干部的执政能力，充分发挥党员干部教育培训的主渠道作用，认真办好培训班、轮训班、进修班等主体班次。同时，积极转变工作思路，采取主动与相关部门联系协调，2010年，举办了不同类型、不同层次的干部培训班41期，共培训各类干部员工4503人。通过培训，提升了学员的理论水平，促进了大理州干部队伍素质的进一步提高。

【充分发挥党校的干部教育主阵地作用】 随着党校函授教育的退出，为适应教育转型，提高大理州干部的学历水平，中共大理州委党校千方百计拓宽办学渠道。一是与云南大学职业与继续教育学院合作，在州委党校设立函授教学点，开设了国民教育大专、本科学历教育，2010年录取103人，毕业122人；二是继续办好函授教育，积极争取在州委党校设立省委党校在职研究生班教学点。2010年省委党校在职研究生班大理教学点招生93人，毕业学员83人。省委党校函授本科毕业学员233人，函授专科毕业学员103人，目前在校党校函授学员349人。学员的减少，使教学和管理工作量有所减轻，但学校仍严格管理，确保教学质量，做到善始善终；三是为满足各行业各层次的需求，与南昌大学联合办学，充分发挥了党校在大幅度提升干部素质中的重要作用。

【开展各种专题宣讲活动】 根据中共大理州委的部署，州委党校抽调教学骨干组成州委宣讲团，分赴各县市、州级部门和部分乡镇、学校、社区，完成了党的十七届五中全会精神、学习型党组织建设、划清“四个重大界线”、党的建设与党的知识等专题宣讲活动，宣讲100多场次，听众达15000多人次，使党的路线方针政策深入人心，受到了社会各界的广泛好评。

【州委党校与西南大学联合举办2010级“村官”在职硕士研究生班】 为进一步贯彻落实人才强州战略，拓展党校办学思路，适应新的办学转型，2010年8月，中共大理州委党校与西南大学联合举办“村官”在职硕士研究生班，招收“现代行政管理与城乡统筹”研究方向在职硕士研究生，录取来自全州在村任职的29名“村官”学员。2010级“村官”在职硕士研究生班是西南大学经教育部、国务院学位委员会批准，在全国率先举办的“村官”培训项目，旨在加强新农村建设，提高基层干部统筹城乡的理论素质和实际工作能力。“村官”在职硕士研究生在两年内修完课程，通过西南大学组织的学位课程考试，并通过论文答辩后，将获得由国务院学位委员会颁发的硕士学位证书。

【科研工作成效显著】 2010年，州委党校坚持把科研工作作为党校教学的基础。①出台了《关于进一步加强和改进科研工作的意见》，为推进科研工作深入开展指明了方向。②积极组织全体教师进一步做好对重大理论问题的探讨和研究，为提高教学质量服务，为大理州的经济社会发展服务。2010年，学校专兼职教师在省级及以上刊物公开发表论文30篇，州级刊物公开发表论文13篇、州级内部刊物发表论文46篇。③转变科研工作思路，积极开展课题调研。年内，州委党校2项课题获云南省党校（行政院校）系统2010～2011年度课题立项，

12 个课题获校级课题立项,完成了 2009 年 14 个校级课题的评审验收,部分教师参与了省委党校、州委组织部、大理市政协等部门的课题调研。④积极办好《大理探索》专刊。从 2010 年第三期起,《滇西北论坛》更名为《大理探索》,年内出版 6 期,登载论文 127 篇。2010 年 11 月,被云南省新闻出版局评为云南省第三届优秀连续性内部出版物"铜奖"。

【创先争优活动取得阶段性成效】2010 年,州委党校在开展创先争优活动中,紧紧围绕"特色立校、质量兴校、改革强校、从严治校"的工作思路,以创建"五个好"先进基层党组织和争当"五带头"优秀共产党员为主要目标,不断创新载体、创新方式、细化指导、完善机制,活动开展取得阶段性成效。一是学校领导高度重视,机构健全,校领导深入联系点抓发动、抓指导、抓落实,切实发挥了模范带头作用。二是突出分类指导,针对性强。各支部结合工作特点,突出分类指导,精心设计了特色鲜明、务实管用的载体,活动主题丰富,特别在落实承诺制上步骤清晰,工作到位。三是注重抓好结合,务求实效。把创先争优活动与学习型党组织建设、贯彻十七届四中和五中全会精神、《中国共产党党校工作条例》、《2010-2020 年干部教育培训改革纲要》、教学科研、干部教育培训、党风廉政建设和队伍建设相结合,有力推动了党校各项工作健康发展。

【加强师资队伍建设】 2010 年,中共大理州委党校始终把师资队伍建设作为学校重要基础性工作来抓,认真实施人才强校战略。按照"素质优良、规模适当、结构合理"的要求,通过培训进修、外出考察、跟班学习、参与调研、在线学习、岗位练兵等方式,从政治水平、理论功底、知识储备、实践经验、教学能力、党性修养等方面全面提高党校教师的素质。2010 年先后推荐了 6 名中青年教师报考省委党校在职研究生班和云南财经大学 MPA 硕士研究生,首次向社会公开招聘了 2 名硕士研究生,选派了 2 名教师到州级部门跟班学习,下派了 2 名新农村建设指导员到农村锻炼。通过为广大教师搭建平台,促进了教师综合素质快速提升。

【对 12 县市委党校开展业务指导】2010 年,州委党校为认真贯彻落实好《中国共产党党校工作条例》精神,及时研究破解党校事业发展面临的难题,积极采取措施,强化对 12 县市委党校的业务工作指导。①出台了《中共大理州委党校关于进一步加强对县市委党校业务指导的实施办法》。通过通报工作计划、召开专题会议、深入调研、综合协调工作、搭建信息平台、进行专项督查、开展教学评估、组织教学观摩、下发课题指南、开展课题合作、进行理论研讨、推广典型经验、举办师资培训班等途径和方式,对各县市委党校教学、科研、学科建设、师资培训、教师职称晋升、图书数字资源和信息化建设以及学员管理等方面加强业务指导。②召开党校系统一系列重要会议。先后召开了全州党校系统教师节庆祝大会、全州党校工作专题汇报会、全州党校系统贯彻落实干部教育培训改革纲要座谈会。③出台了《关于进一步加强全州党校系统信息工作的意见》,对相互交流工作经验,促进党校系统信息宣传工作发挥了重要作用。④开展了全州党校系统优秀教师与先进教育工作者评选表彰活动。

【机关党建工作不断加强】 2010 年,州委党校机关党的建设不断加强。①狠抓思想政治教育,始终把党的十七大、十七届四中、五中全会精神作为政治学习的核心内容,全面学习贯彻省、州党委的重要会议精神,要求广大党员干部特别是专兼职教师要争做学习理论的模范。②切实加强组织建设,不断完善"三课一会"制度和其他党内制度。③将深入开展创先争优活动和学习型党组织建设工作摆上重要的议事日程,多次召开专题会议研究部署,制定了切实可行的实施方案,认真抓好组织实施,活动开展有特色、出亮点、显实效。④以落实党风廉政建设责任制为龙头,不断加强党风廉政建设。层层签订党风廉政建设责任书,积极推行按各支部、各科室党风廉政建设个性化的内容进行目标管理并抓好落实。充分发挥党校教育工作者的优势,积极开展反腐倡廉宣讲工作,将反腐倡廉宣传教育工作纳入主体班教学。⑤结合实际,开展了一系列生动、丰富、有效的党内活动。⑥进一步严肃工作纪律、转变工作作风、提高工作效率,建设一支政治强、业务精、纪律严、作风正的高素质的干部职工队伍,制定了《中共大理州委党校、大理州行政学校职工考勤办法》,对干部职工的工作时间、请销假制度、应享受的各种假期及违反考勤纪律的处理情况作出了明确规定。通过加强内部管理,严肃工作纪律,干部职工的工作作风、精神面貌有了明显转变,责任意识、敬业精神进一步得到增强。

【进一步深化人事改革】 根据《中共大理州委关于进一步加强和改进党校工作的意见》和省州关于事业单位岗位设置管理的实施意见,经州人事局审批,中共大理州委党校对 33 名事业人员进行了岗位管理,实现了全体事业人员的动态管理,建立了一套适合党校特点并符合事业人员各自岗位要求的具体管理制度,充分调动了全体教职工的工作积极性,实现了党校人事管理的科学化、规范化和制度化,进一步激发了教职员工的工作激情,有力推动了党校工作科学发展。

【学员住宿楼建设工程稳步推进】 为认真贯彻落实州委 2009 年 1 月 4 日现场办公会议精神,2010 年,在中共大理州委、州人民政府的关心帮助下,州委党校积极努力、多措并举筹集建设资金,共争取和自筹学员住宿楼建设工程资金 420 多万元,在严格按规定进行公平、公正、公开招投标的基础上,于 2010 年 3 月正式动工,年底主体工程建设任务已全面完成并通过初验。

【州委党校评为"云南省园林单位"】经过严格评审,中共大理州委党校被省住房和城乡建设厅评为 2010 年"云南省园林单位"。州委党校十分注重对校内植被的保护和管理,老校区内古木参天、绿树成荫。2006 年学校投入 340 万元对校园进行了绿化。目前,校园绿地面积达 60349 平方米,绿化率达 65.53%,有乔木 10000 株、孤植灌木 10000 株,孤植灌木达 5000 平方米,草坪地 3000 多平方米。学校因地制宜,在挡土墙面以浮雕装饰,并设置透景围墙,建设小花坛,小绿地、景观水池及藤架,整个校园景观生动,活泼,体现了人与自然的和谐。

(董灿明)

老干部工作

【概　述】 2010 年,大理州老干部工作在州委、州政府的正确领导及各级各部门和社会各个方面的共同关心支持下,坚持以邓小平理论和"三个代表"重要思想为指导,深入学习实践科学发展观,全面贯彻落实党的十七大和十七届四中、五中全会精神,以及省、州党委全委会精神，牢牢抓住“全面做好离退休干部工作”这条主线，以深入贯彻落实中组部文件为重点，以目标管理考核为抓手，围绕中心、服务大局，解放思想、开拓创新，超前谋划、主动作为，团结干事、攻坚克难，突出重点、整体推进，保障工作坚强有力，基础工作稳步开展、重点工作扎实推进、自身建设全面加强，全州老干部工作保持了良好的发展态势，整体工作呈现新气象。

【州委调整充实老干部工作领导组】2010年，大理州参照省委的做法和格局，及时调整充实了州委老干部工作领导组，组长由州委副书记王雪峰担任，副组长由州委常委、州政府常务副州长马建全，州委常委、州委秘书长杨健，州委常委、州委组织部部长叶翠萍担任，成员为州人大常委会副主任张如旺、州政协常务副主席毕熊光、州委组织部常务副部长曾勇、州委老干部局局长李震、州政府副秘书长李继显、州委组织部副部长、州人事局局长赵新光、州发改委主任张正贤、州经委主任李东、州财政局局长杨光军、州国资委主任刘卫东、州劳动和社会保障局局长张松、州建设局局长沈锡清、州民政局局长杨泽兵、州教育局局长刘洪、州卫生局局长丁一先。领导组办公室设在州委老干部局，叶翠萍兼任办公室主任，曾勇、李震兼任办公室副主任。

【走访慰问离退休老干部】2010年春节期间，大理州各级党委、政府和各部门普遍组织开展了走访慰问离退休干部活动。州级领导分别逐户按联系对象走访慰问了副地厅级以上离退休老领导；州委组织部、州委老干部局、州人事局代表州委、州政府慰问了全州副厅以上（含享受待遇）离退休干部、特困离休干部、州级两个干休所、军队干休所住所离退休干部及遗属等共629人。慰问讲话中共向全州副县处级以上离退休干部赠送了由州委老干部局专门印制，封面为州委、州政府春节慰问信的慰问挂历2600本及以州委、州政府名义向全州离退休干部印发的慰问信2.6万张。各县市、州级各部门普遍开展了对县处级及其以下离退休干部的走访慰问，使全州广大离退休干部切身感受到了党和政府的关怀与温暖。州委老干局在中秋节前，走访慰问了州级部门副地厅级以上离退休老领导。在抗战胜利65周年之际，对全州73名抗战时期参加革命工作的老干部进行了走访慰问。

【召开全州老干部工作会议】3月17日，召开了全州老干部工作会议，全面总结了2009年全州老干部工作，部署和安排2010年各项工作任务。州委组织部、州委老干部局继续与12县市和州级52个部门（单位）签订了2010年度老干部工作目标管理责任书，不断完善工作机制，实现了老干部工作的规范化和制度化。

【老干部工作目标管理责任制考核】根据2009年初签订的老干部工作目标管理责任书，大理州老干部局于2010年年初及时组织专门力量，对各县市和州级各单位落实责任书的情况进行了考核，并将考核结果进行了通报。在各县市和州级有关部门自查自检的基础上，由州委老干部局组成考核小组，坚持标准，严格考核，评出了2010年度目标管理责任制县市优秀一等奖1名，二等奖3名，三等奖8名；州级部门优秀一等奖1名，二等奖20名，三等奖29名；州委老干部局直属单位优秀特等奖2名。

【组织州级离退休干部参加州委、州政府的重要会议和重大活动】1月19日，中共大理州委、州人民政府召开了全州经济社会发展情况通报会，州级、大理市、省属部门单位副县处级以上离退休干部500多人参会。年内，离退休干部参加州委、州政府召开的重大会议10余次。

【举办全州老干部党支部书记培训班】2010年，大理州老干部局将老干党支部建设纳入全州党的基层组织建设总体规划，统筹安排，分类指导，整体推进。老干部党支部书记培训列入全州干部培训计划，成功举办了全州老干部党支部书记培训班，105名党支部负责人参加了培训。

【在离退休党组织和党员中深入开展创先争优活动】2010年，州委组织部、州委老干部局联合发文，对全州离退休干部党组织和党员参加创先争优活动有关问题及时作出部署，做到了与在职党员同步研究部署，同步深入开展，有效发挥了离退休干部基层党组织在推动发展，服务群众，凝聚人心，促进和谐中的不可替代作用。

【组织全州副州级以上离退休干部就地就近参观考察活动】2010年，州老干部局顺应老干部的迫切愿望和目标考核要求，以中共大理州委、州人民政府名义组织老干部参观考察大理滇西中心城市建设“两保护、两开发”及全州重点公路建设情况，进一步把老干部的思想认识统一到州委、州政府的重大决策部署上来，为推动全州经济平稳较快发展，促进社会和谐稳定作出了积极贡献。

【推进老干部学习活动场地建设】2010年，州老干部局按照“改造、拓展、提升、参公”的思路，抓基础、抓活动、抓办学、抓服务、抓管理、抓队伍，州、县市老干部（老年）大学、老干部活动中心各项工作取得新突破。州老干部大学（活动中心）成功收回原出租房，积极争取省、州政府给予专项经费支持，对场地进行了改造，对设施设备进行了更新。

【开展老干部工作调查研究】2010年，州老干部局为认真贯彻中央文件精神，深入探索新形势下离退休干部服务管理工作的规律，根据中组部老干部局和省委老干部局的统一部署，结合省局和州委组织部确定的重点调研课题，从服务管理体制、机制、办法等方面，举全州老干部工作系统之力，认真开展了退休干部服务管理等11项课题调研，形成了《加强新形势下退休干部服务管理工作的调研报告》等调研成果。

【探索利用社区资源做好离退休干部“四就近”服务试点】2010年，大理州探索利用社区资源做好离退休干部“四就近”州级服务试点工作，于7月8日在大理市大理镇银苍社区正式揭牌启动。年内，大理、漾濞、祥云、宾川、弥渡、南涧、云龙、剑川、鹤庆9个县市试点工作正式启动。全州试点工作得到了省委老干部局调研组的充分肯定，州级及大理市、漾濞县的做法还在省局老干部工作《快讯》上全文登载。

【组团赴红河州参加云南省第十八届老同志“青春常在”艺术节】2010年，在中共大理州委、州人民政府和各级领导的高度重视和支持下，大理州老干部局组团赴红河州参加云南省第十八届老同志“青春常在”艺术节，并圆满完成了各项参演任务，实现了“安全第一、展示第一、交流第一”的预期目标，集中展示了白族自治州“文献名邦”的良好形象。

【走访慰问大理州易地安置离休干部】11月20～28日，经中共大理州委主要领导同意，受州委常委、州委组织部叶翠萍部长委托，由州老干局局长李震带队，代表州委、州政府走访慰问了大理州安置在吉林、河北、上海等地的五位离休干部，带去了州委、州政府的关怀，同时，及时协调解决了徐建铭委托代管和赵双鸿冬季取暖费等问题，受到了易地安置离休干部的一致好评。

【自身建设取得新进展】 2010年，大理州老干部局以建设学习型机关、学习型组织、学习型领导班子、学习型干部队伍为目标，以中组部老干部局在全国开展老干部工作政策业务知识竞赛为契机，明确把2010年作为素质建设年，在全州老干部工作系统开展了以“五加强五强化五提高”为主题的素质建设年活动，即：全面加强老干部工作部门的思想政治、基层党组织、业务能力、制度和党风廉政建设，不断强化政治意识、大局意识、责任意识、创新意识和廉政意识，全力提升老干部工作者的执行服务能力、开拓创新能力、现代办公能力、调查研究能力和公文写作能力。州局机关坚持以局理论学习中心组学习为龙头、每周五职工集中学习为主导、职工个人自学为基础，全年共进行了四次理论学习，加强了理论武装，促进了思想政治建设。坚持以党组织建设为基础，圆满完成了州局党总支部及其下属局机关和“两所一中心(大学)”4个党支部的换届选举，发展党员1名。以老干部工作政策业务知识竞赛为动力，业务能力得到全面提升。以老干部工作科学发展长效机制建设为突破口，制度建设取得新进步。以廉政文化进机关为突破，坚持以教育为本，树牢一个廉政理念；以环境为本，营造一个廉政氛围；以制度为本，落实一个廉政责任，党风廉政建设得到加强。同时，以“素质建设年活动”为载体，紧扣目标、结合实际，紧扣主题、推动发展，紧扣主体、明确责任，深入开展创先争优活动。在创先争优活动中，李震局长带头深入调查研究，撰写了《关于全面做好新形势下老干部工作的思考》一文，在全国“做好新形势下的老干部工作征文”活动中荣获三等奖；王莉副局长率队参加全省老干部工作政策业务知识竞赛，荣获总分第一名的好成绩，很好地发挥了表率作用。在硬件建设方面，争取资金更新购置了部分办公设备。

(王　林)

保密工作

【召开全州保密工作会议】 4月23日，中共大理州委、州人民政府召开了全州保密工作会议，州属12县市分管领导，县市保密局长，州委各部委、州级国家机关各委办局，各人民团体，各企事业单位分管领导及有关方面负责人等共250多人出席了会议。州委常委、州委秘书长、州委保密委主任杨健与会并作了重要讲话。杨秘书长充分肯定了2010年全州保密工作取得的成绩，全面阐述了保密工作为全州改革开放、经济发展、民族团结、政治稳定、社会和谐进步，提供了坚强有力的保密保障服务，同时又深入分析了当前国际国内的保密工作形势，并结合大理州工作实际，就认真传达学习中央保密委、省委保密委会议以及中央领导、省州党委、政府主要领导近期对保密工作的重要批示精神提出了三点要求：①抓重点，加强党对保密工作的坚强领导。②抓基础，筑牢保密思想防线。③抓制度，筑牢保密管理防线；④抓防范，筑牢保密技术防线。最后，杨健要求全州广大干部要紧密团结在以胡锦涛为总书记的党中央周围，在中央和省州党委、政府的正确领导下，认清形势，振奋精神，开拓创新，为推动全州保密工作的科学发展而努力奋斗！州委保密委专职副主任、保密局局长杨定中同志总结了2009年全州保密工作，对2010年的工作进行了安排部署，为全年保密工作的深入开展奠定了基础。

【开展保密工作大检查】 2010年是“五五”保密法制宣传教育的总结验收年，大理州保密局对此高度重视，加强领导，狠抓落实。为认真总结五年来保密法制宣传教育的经验，查找存在的问题和不足，以便全面完成全州“五五”保密法制宣传教育规划确定的目标任务。大理州保密局积极营造并切实加强保密法规制度建设，保密法制宣传教育，保密依法行政和保密知识普及的良好社会氛围，为即将启动的“六五”保密法制宣传教育和新修订的保密法的宣传普及奠定了坚实的基础。中共大理州委保密委员会对全州“五五”保密法制宣传教育总结检查验收工作进行专题研究，成立了领导组，由州委常委、州委秘书长杨健任组长，州政府分管领导和有关部门的负责人为成员。领导组对总结检查验收工作进行了统一安排部署，明确了指导思想、基本原则、验收标准、方法步骤和时间要求。总结检查验收工作于5月下旬开始，年底前全面结束，采取统一部署，分步实施，自下而上，上下结合，百分制量化评分的方式进行。在各级各部门按照州统一制定的量化评分标准和有关规定，进行自检自查和认真总结的基础上，从州委保密委成员单位和有关县市抽调了30人组成6个检查验收组，分别对全州12县市和州级机关单位(含中央和省属驻关单位)共190个县处级单位进行了检查验收。

经过对各种计算机、各种移动存储介质的检查，向多家单位发出书面整改通知并提出整改建议。通过检查，全州保密工作组织领导、保密意识、保密技术防范能力不断增强，保密制度建设日趋完善。

【州领导对加强全州保密工作作出重要指示】 8月5日，在中共大理州委中心组2010年第二次理论学习活动会上，与会的州级领导和县市委书记、县市长及有关方面负责人首先认真观看了国家保密局等部门共同制作的《信息化条件下的主要技术窃密手段及其防范》保密警示教育专题片，州委书记刘明针对当前国际国内严峻的保密形势，就进一步加强全州保密工作作了重要讲话强调：①高度重视，加强领导。②强化教育，增强意识。③完善制度，强化措施。④严守法纪，强化问责。⑤夯实基础，加强保障。进一步表明了州委、州政府领导抓保密工作的决心和信心。

【加强保密技术防范能力建设】 为加强信息化条件下的保密工作，认真贯彻落实党中央、国务院和省、州党委政府主要领导对保密工作的重要批示意见，落实中央、省、州保密工作的会议精神，提高大理州保密工作要害部门(部位)人员的保密业务素质，根据《大理州“五五”保密法制宣传教育规划》的总体安排，大理州保密局于5月6～28日，举办了“大理州州级机关、单位保密教育培训班”，其中：5月6～25日，要求学员按照规定的学习书目在单位自学，5月26～28日，集中全部学员进行辅导培训。参加这次培训班的有州级机关、各大中专院校、各企事业单位、中央和省属驻关单位保密专兼职干部等共300人。培训班重点对当前国际国内窃密与反窃密的斗争形势，国家有关保密法律法规，涉密计算机信息系统安全保密技术防范，移动存储介质保密管理常识，办公自动化设备保密管理及技术防范，电子政务建设中的保密管理，依法行政管理理论、宣传教育、销毁管理，典型失泄密案件通报与分析等8个方面的知识进行了培训辅导，学员互动交流了实际工作中遇到的困难问题和保密工作经验，达到了预期目的。培训结束，经认真考核后向参加培训人员颁发了《涉密人员岗位培训证书》。

为认真贯彻落实州委书记刘明在州委中心组第二次理论学习活动会上关于保密工作的重要讲话精神，谋划好"六五"保密法制宣传教育工作。12月13～15日，大理州保密局举办了新修订的《保密法》宣传骨干和保密检查工具使用培训班。州委各部委、州级国家机关各委办局，各人民团体、大中专院校、各企事业单位，中央和省属驻关单位保密委员会（保密领导小组）办公室主任、副主任，保密专兼职干部、涉密人员、计算机网络管理员和各县市购买计算机网络深度检查工具单位的保密员等400余人参加了此次培训。通过培训学习，广大学员进一步了解了当前的保密工作形势及保密法制宣传教育的基本内容、对象、形式和方法，领会了新修订《保密法》的精神实质，掌握了计算机网络深度检查工具使用的基本方法，对全面加强新形势下大理州的保密工作、技术防范能力、促进全州经济社会稳定发展提供了安全的保密保障。

【加强全州保密工作制度建设】 依据《中共中央办公厅、国务院办公厅转发中共中央保密委员会办公室、国家保密局〈国家秘密载体销毁管理规定〉的通知》，2010年，大理州保密局结合实际，按照"依法行政、严格规范、统一管理、无偿回收、集中销毁、确保安全"的原则，草拟了《大理州国家秘密、工作秘密和内部资料载体销毁管理办法》，报请州委、州政府领导同意后，以州委办、州政府办的名义下发全州施行，进一步规范了涉密载体销毁的管理工作，切实把住了涉密载体保密管理的最后一道关口，确保了国家秘密和工作秘密在销毁环节的安全。

根据《大理州领导干部履行保密工作责任制实施细则》的总体要求，在认真调查研究，广泛听取各方面意见建议的基础上，及时下发了《2010年度大理州县处级领导干部履行保密工作责任制登记册》，对《实施细则》的内容进一步作了细化、补充和完善。按照"日常记录、注重实绩、客观公正、年中检查、年终总结、量化考核"等要求，重点突出痕迹资料管理和定量考核，从县处级领导干部履行保密工作职责、主要领导和分管领导特别职责、组织领导情况、具体工作记录、单位年度保密工作总结等五个方面对这项工作进一步作了细化，创新领导干部履行保密工作责任制的管理模式。

【继续抓好保密法制宣传教育】 2010年6月，根据省委保密委办公室、省保密局《关于开展保密技术知识竞赛活动的通知》要求，大理州委保密委办公室、州保密局组织全州各级、各单位签订保密承诺书的在职领导干部、涉密人员、计算机信息系统及网络使用和管理人员等共18995名（其中：厅级47名，处级1355名，科级7534名，其他10059名）参加了全国保密技术知识竞赛活动，超计划73%完成了省分配给大理州的11000人参赛任务数，得到了省保密局的充分肯定并被评为保密技术知识竞赛组织二等奖。在各县市、各单位评选的基础上，州保密局还对其中100名进行了表彰奖励。

9月26日，为学习宣传新修订的《保密法》，大理州、大理市保密局在下关民升超市广场联合开展宣传保密教育活动，同时邀请州、市相关领导参加，向市民发放了8000多份保密宣传资料。大理州、市电视台和广播电台在当晚的《大理新闻》中播放了州长助理、州委保密委副主任李文才的重要讲话。各县和各单位都在以种种方式进行新修订《保密法》的系列宣传教育活动，发手机保密提醒短信42963条；张贴保密宣传标语2728条；邮寄保密宣传信13911封；开办保密宣传栏775期。通过系列活动的开展，真正形成了立体宣传效应，营造了良好的舆论氛围。使全州广大干部群众受到了一次深刻的保密法律法规和保密知识教育。

大理州保密局为抓实《保密工作》和《信息公开保密审查工作手册》的征订，把征订工作作为贯彻落实党中央、国务院和省、州党委政府主要领导对保密工作的重要批示意见、各级保密工作会议精神和做好保密工作的重要内容之一，高度重视、加强领导、强化措施、狠抓落实。在具体工作中做到"五到位"，即"领导到位、通知到位、宣传到位、督促到位、征订到位"，使《保密工作》和《信息公开保密审查工作手册》的征订工作取得了明显成效。

（张　帅）

信访工作

【概　述】 2010年，大理州信访工作在州委、州政府的领导下，深入贯彻落实科学发展观，紧紧围绕中心、服务大局，以创先争优为载体，深入开展矛盾纠纷排查化解，及时处理预警信息，着力从源头上预防和减少不和谐因素；着力推动特殊疑难信访事项的处理，妥善解决了大量的信访突出问题；不断完善工作机制，全力以赴做好全国全省全州"两会"、上海世博会、广州亚（残）运会等重大活动和敏感节点期间的信访工作。全州信访工作主要表现为以下几个特点：①信访总量仍在高位运行，信访工作任务十分繁重。②集体访、群体访大幅增加，组织性和择机性倾向更加明显。③涉及政策方面的信访问题增多，群众强烈要求分享改革发展成果。④信访问题涉及面广，处理难度大。⑤赴省进京非正常上访有所减少，但过激行为时常发生。⑥"网上信访"对政治生活产生了深刻影响，成为便民利民的信访新渠道。2010年，全州县市以上党政机关信访部门共受理群众来信来访38055件次，同比增加3238件次，上升9.3%。州级27个部门共办理群众来信来访17950件次，比去年同比增加4635件次，上升25.8%。州信访局共办理各类信访案件4097件17149人次。其中，受理群众来信来访2126批5550人次，办理上级交办案件51件，州立案件78件，"书记信箱"电子邮件3件，"州长信箱"电子邮件26件，"州长专邮"来信91件，云南省网上信访系统信访件1295件，来信人数达9781人次，"州长热线电话"187件，协调州党政领导信访接待日共接待群众143批756人次，参与州人大常委会主任接待日共接待群众来访61批111人次，州委联席会议办公室办理全国人大常委会交办案件16件495人次，办理复查复核信访20件，有效化解和处置了一大批群体性事件和突发事件，为维护广大人民群众的合法权益，促进全州经济发展、社会和谐发挥了重要作用，受到省委联席会议、州委州政府的高度肯定，被评为云南省信访工作先进单位，网上信访受到省通报表扬。

【领导高度重视信访工作】 2010年，中共大理州委、州人民政府高度重视信访工作，将信访维稳工作纳入总体安排部署，纳入重点工作考核，纳入党委、政府工作的重要议事日程。州委、州政府主要领导多次召开信访问题协调会，并对信访工作作出重要批示，州委、州政府“十二五”规划对信访工作提出了明确要求，为全州信访工作科学发展指明了方向。州党政领导守土有责，亲力亲为参与处置了一大批信访突出问题及群体性事件，亲自阅批信访件、接待信访群众，并对全州信访工作进行具体安排部署；州人大常委会长期坚持主任来访接待日，化解了大量的信访热难点问题；州政协不断拓展参政议政信访渠道，做了大量关注国计民生的好事实事。

【联席会议作用明显】 2010 年，根据中央和省、州党委、政府的要求，全州各级党政信访部门认真履行联席会议办公室的职责，充分发挥统揽全局、协调各方的作用，以县委书记大接访、国家机关干部大下访活动、信访热难点问题排查化解活动、信访积案化解年活动、特殊疑难信访问题专项资金的使用为重点，加大对重信重访的专项治理力度，进一步落实信访工作责任制，认真做好排查化解工作，全力控制和有效防止群体性上访事件的发生，认真做好了小湾库区移民、大交集团退休职工、“两案”人员、南国城业主及大交集团客运车罢运驾驶员等不稳定人员的稳控工作，最大限度地稳控了全国全省全州“两会”、世博会、亚运会、亚残运会等重大活动期间越级访、重复访和非正常上访。

【工作机制不断完善】 2010 年，大理州信访局建立健全了领导包案责任制、领导干部阅批群众来信、接待群众来访、处理信访问题、开展调查研究以及协调会议等制度，全州信访工作规范化水平不断提高。针对《信访条例》实施中遇到的新情况、新问题和新难点，先后出台了《大理州党政领导干部信访接待日工作制度》、《大理州信访工作责任追究办法（试行）》等制度和办法，编印了《大理州信访工作政策法规选编》等书，进一步规范了信访工作秩序，使各项工作落到实处。

【强化信访信息综合分析研判工作】 2010 年，大理州信访局不断强化信访信息综合分析研判工作：一是加强信访信息的搜集。根据全州信访工作形势和任务，整合《信访信息专报》、《公安信访快报》、《政务信访通报》等信访渠道，通过设立基层信访信息员、公安信息员和信访工作骨干，拓宽信访信息的来源渠道，及时获取预警性、超前性的信访信息，加强了对基层信访信息的收集和掌控力度，提高了信息的准确性和时效性。二是加强信访信息的研判。紧紧立足于信访工作信息量大、涉及面广、针对性强的特点，通过建立信访信息研判例会、重要信访事项协调会议制度，及时整理分析全州信访突出问题及群体性事件动态，并以《信访信息专报》、《信访简报》及各类信访信息的形式，形成了大量有情况、有分析、有建议的意见和建议，为领导决策提供了大量优质的信息。

【信访宣传成效明显】 2010 年，大理州信访局高度重视信访宣传和理论研究工作，充分发挥“第二研究室”的工作职能，深入研究信访工作方法、工作理论和热难点处置等方面的问题，撰写了大量高质量的文章，其中有 7 篇发表于人民网、新浪网、求是理论网、国家信访局网站、中国政法网等国家级媒体，有 8 篇发表于《人民文摘》、《云南信访》、《民情与信访》、《云南日报》、云南政法网、《大理日报》等省州媒体和网站，其中，大理州成功处置班线车驾驶员罢运事件五条经验的调研文章引起国家信访局的高度重视，并作为政策调研案例剖析研究。

【“创先争优·能力建设”活动成果丰硕】 2010 年，大理州信访局以开展全国信访系统“创先争优·能力建设活动”为契机，开展“五子登科”强化岗位练兵，把工作推上去，把干部带起来。即：有“嘴巴子”，善于疏导教育群众提高做思想政治工作的能力；有“脑瓜子”，善于提高应对复杂局面解决疑难问题的能力；有“泥腿子”，善于深入一线提高化解社会矛盾的能力；有“笔杆子”，善于理性思考提高以文辅政的能力；有“键盘子”，熟悉办公自动化提高操作网上信访的能力。同时，为进一步抓好岗位练兵，州信访局还不断强化六项措施。①建立了讲评制度和月汇报制度，由职工讲领导评，科长汇报，班子定向，领导辅导的方法，逼大家“动”起来。②对网上信访、信访心理学、信访热难点处置等进行培训，使大家“学”起来。③坚持州级部门、县市信访局优秀年轻干部到州信访局轮岗锻炼，组织大家“训”起来。④学唱本土歌曲，组织歌咏比赛，使大家“唱”起来。⑤撰写调研文章，评比鞭策，使大家“跑”起来。⑥拓宽思路，创新体制机制，使“创先争优·能力建设活动”越来越“热”起来。“创先争优·能力建设”活动的经验做法被新浪网、《大理日报》、《大理探索》刊载，并受到省信访局高度评价。

（王华植）

机关党建

【概　述】 2010 年是中国实施“十一五”规划的最后一年，州直机关党委在中共大理州委、州人民政府的正确领导下，高举中国特色社会主义伟大旗帜，以科学发展观为指导，全面学习贯彻党的十七大、十七届五中全会、省八届九次、十次全会、州委六届九次、十次全会精神，紧紧围绕州委、州政府的重大决策部署，扎实开展创先争优活动，以创建“先进基层党组织”、争当“优秀共产党员”为主题，以加强机关党的基层组织和党员队伍建设为基础，全面推进机关党的思想、组织、作风、制度和反腐倡廉建设，坚持围绕中心，服务大局，求真务实、改革创新，大力加强机关党的建设，各方面的工作都取得了新的成绩。

【开创机关党建工作新局面】 2010 年3 月 16 日，州委常委、州直机关党建工作会议在下关召开，州委组织部部长叶翠萍出席会议并讲话，会上，州直机关党委书记杨保诚作工作报告，并与各基层党组织签订了目标管理和党风廉政建设责任书。会议强调，深入贯彻落实科学发展观，以走在前头的标准进一步抓好机关党建工作，为开创经济社会发展新局面提供坚强的组织保证。要坚持不懈地抓好机关党的思想政治建设，努力提高党员、干部思想政治水平；要夯实基层工作基础，不断加强机关基层党组织建设，努力建设为民、务实、清廉机关。要加强自身队伍建设，进一步提高州直机关党建工作的整体水平，使机关党建工作迈上新的台阶。

【扎实推进学习型党组织建设】 2010 年，大理州州直机关党委始终把加强党员思想建设作为党建工作的根本，以创建学习型党组织为重要抓手，以提高学习质量和效果为着力点，着力促进党员干部思想政治素质的全面提高，不断创新学习的形式、方法和途径。①加强政治理论学习。认真组织州直机关广大党员干部深入学习贯彻党的十七届四中、五中全会精神、省委八届九次全会、州委六届九次全会精神，以及中央和省、州党委的一系列重大决策，认真组织学习邓小平理论、“三个代表”重要思想和科学发展观，不断把思想统一到中央和省、州党委的主要指示精神上来，把力量凝聚到州委、州政府中心工作上来。各基层党组织分别采取党内集中学习、职工集体学习、专题辅导、理论研讨、撰写心得体会等方式方法进行学习，并充分利用黑板报、墙报、橱窗等各种学习阵地加强政治理论学习，学习教育活动扎实有效。②加强学习型党组织建设。在加强思想政治建设中，党委根据州委要求，把建设学习型党组织列为党委重要议事日程，成立了相应的组织领导机构，制订了实施方案，健全了学习制度。工作中，党委坚持和完善各项学习制度，创新学习方式，把理论学习与专题研讨、调查研究和解决实际问题结合起来，不断提高理论学习的系统性、针对性和实效性。各基层党组织明确了学习的内容、时间和纪律，做到年初有计划，年终有总结，学前有方案，学后有记录。目前州直机关各基层党组织已初步形成月月有教育、每周有学习的良好学习氛围。③开展向先进典型学习活动。按照州委提出的“八个一”要求，积极组织学习普发兴、龚曲此里、郑垧靖、杨竹芳、刀会祥、杨善洲等优秀共产党员的先进事迹，并针对身边的先进人物迅速掀起了学习普发兴精神的热潮。组织党员干部、职工观看了电影《村官普发兴》，并撰写学习心得体会、开展心得体会交流。认真组织收看了“云岭先锋——优秀共产党员先进事迹大理报告会实况录像”，努力在机关营造学先进、争当先进的良好氛围。④抓好党员干部教育培训。党委高度重视党员干部的教育培训工作，年内举办了党务干部培训班、党员骨干培训班和入党积极分子培训班四期，共有210名党务干部、310名党员骨干代表、57名入党积极分子参加了培训。积极筹措资金，为各党总支、党支部订阅了《党的生活》、《党建文汇》、《廉政论》、《社会主义核心价值体系学习读本》、党的十七届五中会《建议》学习辅导书等书刊1460册，积极为机关基层党组织和广大党员学习创造条件、提供保障，丰富了学习的内容，提高了学习的系统性和实效性。⑤组织开展机关党建专题理论调研活动。为加强对基层党支部工作的帮助和指导，促进各项工作的落实，党委组成调研组，深入到党委所属的国有企业党组织进行调查研究，指导国有企业党组织和党员深入开展“四强四优”活动。同时还深入到南涧、巍山、剑川、祥云4个县和部分州直机关开展重点课题调研。组织开展了机关党建理论专题调研论文评选活动，共有48个机关基层党组织参与调研，撰写出了69篇紧密结合大理州机关党建工作实际，具有理论性、前瞻性、针对性和可操作性的理论文章。在对专题调研论文评选的基础上，2010年12月3日，党委组织召开了有70个州直部门党组织、12县市机关党委参加的全州机关党建理论研讨会，交流机关党建工作经验，探讨以创新精神抓好机关党建工作的新思路和新办法，进一步推动机关党建工作科学发展。

【党的组织建设不断加强】 2010年，大理州州直机关党委按照党组织“五个好”的要求，进一步丰富机关党组织活动载体、创新机关党组织活动方式与方法，不断加强基层党组织建设，使基层党组织的执行力、创新力、凝聚力和党员的先锋模范作用得到了较好的发挥。①不断完善“目标管理”责任制。党委根据机关党建工作中心任务和要求，不断完善和细化机关党建目标管理内容，把目标责任按照党组织“五个好”、党员“五带头”进行细化、量化。年初，党委与下属24个党总支、46个直属党支部签订了新一年的目标管理责任书和党风廉政建设责任书，各党总支与下属党支部、各党支部与党员都签订了责任书，层层落实党建责任制。②重视制度建设，不断充实完善制度内容。党委高度重视机关基层党组织的制度建设工作，不断拓宽基层党建制度建设载体，丰富制度建设内容。结合深入开展“创先争优”活动，党委深化和拓展了“云岭先锋”工程及学习实践科学发展观活动好的经验、好的做法，在机关全面实施了“党员示范窗口、党员先锋岗、党员服务承诺、党员联系群众”四项制度。各基层党组织不断丰富完善了以“三会一课”制度为主要内容、以“民主评议党员”、“党员学习”等制度为辅助的党建制度建设内容，使基层支部工作做到经常化、具体化、规范化和制度化。③不断加强党的基层组织建设。按照党章规定，对任期届满的党总支、支部及时进行换届，班子成员变动及时调整充实。2010年党委下属新成立3个部门机关党委。指导1个党总支、10个党支部进行了换届选举，调整充实了9个党组织的班子，涉及机构撤并的办理了支部撤销手续。④认真做好组织发展工作。按照“坚持标准、保证质量、改善结构、慎重发展”的方针，党委加大了党员发展工作的力度。严格发展党员工作程序，通过综合考察，2010年共审批转正党员35名、接受预备党员28名，为党组织增添了“新鲜血液”。⑤积极开展活动，丰富机关党员干部文化生活。党委重视丰富机关党员干部的文化生活，在建党89周年之际，州直机关党委举办了庆“七一”职工运动会，共有52个机关基层党组织、1155名党员干部参加了这次活动。通过各种活动的开展，提高了机关基层党组织的凝聚力、战斗力和向心力。

【深入开展创先争优活动】 2010年，州直机关党委高度重视创先争优活动的开展，成立了领导机构，确立了统筹兼顾、突出重点、以点带面、分类指导、整体推进、注重实效的工作思路。①强化分类指导、积极推进。党委注重在分类指导上下工夫，对机关、事业、国有企业、非公企业单位党组织开展创先争优活动分别提出了不同的工作要求。同时为推动和促进各基层党组织之间的横线联系，相互借鉴工作经验，召开了交流推进会。②推行公开承诺、服务惠民工作。全面推行党员公开承诺制，州直机关党委共112个党组织公开承诺事项448项，2230名共产党员公开承诺事项4503项，为群众办好事实事201件，共组建党员志愿者服务队73支，开展志愿服务活动23次，共1784名党员参与志愿服务，切实增强了基层党组织的吸引力、凝聚力和战斗力。③开展结对创建、帮扶争创活动。党委高度重视结对创建工作，把党员领导干部联系扶贫挂钩点、机关与农村结对创建、机关党员干部与农村贫困党员结成帮扶对子结合起来，抓实结对创建工作。各党组织深入结对帮扶点帮助解决实际问题。党委建立了党委书记、副书记联系点制度，努力把联系点办成示范点。④开展“授旗评星”活动。党委下发了《州直机关党委关于在创先争优活动中开展“授旗评星”活动的通知》对授旗评星活动作了具体的要求，各基层党组织按照有关要求，制定了以党支部、党小组或科室为单位进行授流动红旗、对党员进行“星级党员”评定的实施方案，极大地调动了广大党员开展创先争优活动的积极性和主动性。⑤注重宣传、营造氛围。党委把舆论宣传、氛围营造与推动中心工作、构建和谐机关结合起来，统筹考虑、统筹安排，着力在宣传中心工作、营造活动氛围上下工夫，各级党组织通过积极撰写简报，制作横幅、标语、橱窗等形式在单位内部营造氛围，并积极向大理日报等新闻媒体投稿。

【进一步加强机关党风廉政建设】

2010年,州直机关党委高度重视党风廉政建设反腐败工作,围绕州委部署安排,紧扣“七项”主要工作任务,坚持标本兼治、惩防并举、注重预防的方针,加强思想政治教育和制度建设,不断推进机关党风廉政建设。①加强学习教育,从思想上筑牢反腐倡廉的防线。党委以教育、预防为重点,不断加强党员学习教育。认真学习党的十七届五中全会精神和各级纪委全会精神,各党组织利用党委会、民主生活会、支部党员大会、上党课等多种形式进行学习,广大党员做到通过电视、网络、报刊书籍看反腐倡廉新闻反复学习,坚持优秀共产党员先进事迹典型学习和反面典型的警示教育学习,党员领导干部带头学习、党员干部相互监督学习,不断加强党风廉政学习的力度,筑牢了党员干部反腐倡廉思想防线。②加强制度建设,做到机关反腐倡廉建设有章可循。党委狠抓制度建设,注重研究从制度上规范反腐倡廉建设。把加强廉政风险防控机制建设作为推进惩防体系建设的重点,认真落实党员领导干部个人重大事项报告制度、个人收入情况报告制度,坚持党风廉政建设责任制。党委坚持党内民主制度,坚持发展党员、党内表彰、党内任职前的公示制度,建立健全了党员发展谈话制度、预备党员转正谈话制度,积极探索做好从源头上预防和治理腐败的各项工作。③抓实各项工作,将反腐倡廉建设落到实处。签订责任书,将党风廉政建设责任分解,细化党风廉政建设内容;坚持党内民主。做到重大事项党委会议研究,广泛征求各基层党组织和广大党员意见建议,充分尊重每一名共产党员的合理建议和权利,对入党、评优表彰等党内重大活动,做到公开、公平、公正;改进工作作风,向基层党组织和党员作出公开承诺,公开服务内容、工作程序、办事时限,认真办理和对待各种限时办结的事项,自觉接受监督。做实案件查处工作,年内对4名违纪党员作出了开除党籍的处分;④举办了一期以“扬正气、赞清廉、斥腐败”为主题的“大理州直属机关党委廉政书画、摄影展览”。此次书画展共有30多个单位、105人参加,征集作品200多件。州级领导、处级领导、普通党员、退休党员都踊跃参与了此次书画展,涉及面广,影响力大。通过将廉政文化融入机关文化建设,使机关党员干部在文化熏陶中树立正确的权利观、地位观、利益观,筑牢廉洁从政的思想政治基础,增强廉洁自律意识,真正做到“权为民所用,利为民所谋”,为廉洁从政营造了良好氛围。

【加强党委工会联合会各项建设】

2010年,州直机关党委注重做好工会联合会工作,从提高职工素质、加强基层工会基础建设、扩大会员覆盖面、维护职工权益、开展职工活动和完善机关职工帮扶机制等方面对2010年州直机关党委工会联合会工作作了安排。①建立和完善基层工会组织档案和电子信息库,完成年度统计工作,并对27家基层工会组织的组建、改选和建立账户等工作进行了审核批复,州直机关基层工会组织工作得到加强和发展。②协同州总工会对基层工会申请“工人先锋号”进行了检查和审批,完成了大理州第三届劳模和先进工作者的推荐工作。③订阅工会报刊《工人日报》、《时代风采》,加强了对新时期工运理论的学习,提高了理论指导实践的能力和水平。④组织了24家单位共30名一线职工参加了州总工会组织的赴昆明疗养活动。⑤面对云南省遭受了百年不遇的严重干旱,联合工会组织开展了“抗旱救灾”特别捐献行动。⑥认真组队参加州级系统工会首届职工运动会,参加了男子篮球、女子篮球、旱龙舟、齐头并进和集体跳绳五项比赛,取得了一项第一、两项第二的好成绩。增强了各系统工会、工会联合会及直属工会之间感情的传递和交流。

(杨晓荣)

(责任编校:管由权)

大理州人大常委会

【概　述】 2010年，是全面完成“十一五”规划、谋划“十二五”发展的关键一年。一年来，大理州人大常委会在中共大理州委的领导下，全面贯彻党的十七大和十七届四中、五中全会精神，以邓小平理论和“三个代表”重要思想为指导，深入贯彻落实科学发展观，坚持党的领导、人民当家做主和依法治国的有机统一，按照州委关于“生态优先、农业稳州、工业强州、文化立州、旅游兴州、和谐安州”的发展思路，全面落实州十二届人大三次会议的各项决议，围绕中心，服务大局，依法履职，全年共听取和审议“一府两院”专项工作报告14项，作出决议决定4项，开展执法检查5次，组织代表视察5次；制定自治州单行条例1件，颁布施行自治州单行条例1件，为推进自治州社会主义民主法制建设、保障和促进经济社会又好又快发展作出了新的贡献。

【大理州第十二届人大第三次会议在下关召开】 2月2～6日，大理白族自治州第十二届人民代表大会第三次会议在下关苍山饭店隆重召开。374名州十二届人大代表中的350名出席会议，179名列席人员列席会议。

本次大会的议程是：听取和审查大理白族自治州人民政府工作报告；审查和批准大理白族自治州2009年国民经济和社会发展计划执行情况的报告及2010年国民经济和社会发展计划；审查和批准大理白族自治州2009年地方财政预算执行情况的报告及2010年地方财政预算；听取和审查大理白族自治州人民代表大会常务委员会工作报告；听取和审查大理白族自治州中级人民法院工作报告；听取和审查大理白族自治州人民检察院工作报告；审议《云南省大理白族自治州旅游条例（草案）》；补选事项。

在为期5天的会议期间，代表们分别听取了州人民政府州长何金平所作的《大理州人民政府工作报告》，州人大常委会主任字国顺所作的《大理州人大常委会工作报告》，州中级人民法院院长黄为华所作的《大理州中级人民法院工作报告》，州人民检察院检察长普赵辉所作的《大理州人民检察院工作报告》，州人民政府副州长蔡春生所作的《云南省大理白族自治州旅游条例（草案）》的说明；各代表团全团或分组分别审查了政府工作报告和计划、财政工作报告，州人大常委会工作报告和州中级人民法院、州人民检察院工作报告，审议了《云南省大理白族自治州旅游条例（草案）》；会议通过了州人大常委会秘书长、委员选举办法。

会议选举李宗贤为大理白族自治州第十二届人民代表大会常务委员会秘书长，选举丁洪涛、石雄、杨达亨、张寿松、茶兴培、曾勇为大理白族自治州第十二届人民代表大会常务委员会委员；会议作出《关于大理州人民政府工作报告的决议》、《关于大理州2009年国民经济和社会发展计划执行情况与2010年国民经济和社会发展计划的决议》、《关于大理州2009年地方财政预算执行情况和2010年地方财政预算的决议》、《关于大理州人大常委会工作报告的决议》、《关于大理州中级人民法院工作报告的决议》、《关于大理州人民检察院工作报告的决议》、关于《云南省大理白族自治州旅游条例（草案）》的决议，表决了关于代表提出的议案处理情况报告。

本次大会共举行了4次全体会议，分别由大会主席团常务主席、大会执行主席字国顺、杨宴君、张如旺主持。

大会开幕之前的2月1日下午，召开了各代表团会议，推选代表团团长、副团长，酝酿大会主席团和秘书长名单（草案）、大会议程（草案）等；州委召开了出席州十二届人大三次会议和州政协十一届三次会议中的中共党员代表、委员中的党员大会，州委书记刘明作讲话，对开好“两会”提出了要求；举行了州十二届人大三次会议预备会议，通过了大会主席团和秘书长名单及会议议程。

【大理州十二届人大常委会举行第十三次会议】 1月29日，大理州十二届人大常委会在龙山行政办公区举行第十三次会议。

州十二届人大常委会主任字国顺主持会议，副主任杨宴君、张如旺、尚榆民、刘世兴、彭增梅、陆璐及其他常委会组成人员出席会议。州人民政府副州长程云川，州中级人民法院院长黄为华，州人民检察院检察长普赵辉，以及不是常委会组成人员的州人大常委会机关副处以上干部和县人大常委会主任列席会议。

州委书记刘明出席会议，对做好人大及其常委会工作提出要求。刘明说，过去一年来，州人大常委会坚持以开展学习实践科学发展观活动为动力，坚决贯彻落实中央及省州党委应对国际金融危机冲击的一系列决策和部署，始终把“保增长、保民生、保稳定”作为主要任务，认真履行宪法和法律赋予的职权，迎难而上，开拓进取，各项工作取得了显著成绩，为全州经济社会平稳较快发展和社会和谐稳定作出了重要贡献。刘明要求，在今后的工作中，州人大常委会要进一步深化对坚持和完善人民代表大会制度的认识，切实增强做好人大工作的责任感和使命感。面对新形势、新任务，要进一步深化对人民代表大会制度的本质特征、重要地位和作用的认识，切实增强做好新时期人大工作的责任感和使命感，把人民代表大会制度坚持好、完善好、发展好；各级人大及其常委会要围绕中心、服务大局，努力开创人大工作新局面。要坚持正确的政治方向、加强民族立法工作、切实增强监督实效、充分发挥人大代表的作用；要进一步加强和改进党对人大工作的领导，尊重和支持人大及其常委会依法行使职权。全州各级党委要按照总揽全局、协调各方的原则，从思想上、政治上、组织上全面加强和改进对人大工作的领导，充分尊重和支持各级人大及其常委会依法行使职权、发挥作用。

会议听取和审议并通过了关于大理州第十二届人大第二次会议主席团和秘书长、列席人员及大理州第十二届人大第三次会议邀请上主席台就座人员等3个名单草案；关于代表变动情况和代表资格审查的报告；进行了人事任免。

【大理州第十二届人大常委会举行第十四次会议】 2月26日，大理州第十二届人大常委会第十四次会议在龙山行政办公区举行。会议的议程是：审议通过《大理州人大常委会2010年工作要点》；听取和审议州人民政府《关于提请审议弥渡县果河公路二期工程和州精神病医院整体搬迁（一期）工程项目缺口资金向银行申请贷款的议案》；进行人事任免。

州人大常委会主任字国顺，副主任杨宴君、尚榆民、刘世兴、彭增梅、陆璐，秘书长李宗贤及常委会其他组成人员共38人出席会议。副州长洪云龙，州中级人民法院院长黄为华，州人民检察院副检察长和泉，不是州人大常委会组成人员的州人大常委会机关副处以上领导干部县人大常委会主任，各县市人大常委会一位副主任列席会议；大理州第十二届人大代表王晓玲、沈丽娟、余春森、周志伟列席会议。

会议听取和审议了副州长洪云龙代表州人民政府所作《关于提请审议弥渡县果河公路二期工程和州精神病医院整体搬迁（一期）工程项目缺口资金向银行贷款的议案》，听取了州人大财经委主任委员赵旭所作《关于提请审议弥渡县果河公路二期工程和州精神病医院整体搬迁（一期）工程项目缺口资金向银行贷款议案的审查报告》；听取和审议了州人大常委会副秘书长、办公室主任罗启文所作的《大理州人大常委会2010年工作要点（草案）》；听取和审议了州中级人民法院院长黄为华所作的关于提请任免法律职务的议案。

会议通过了《大理州人大常委会2010年工作要点》，作出了《大理州人大常委会关于州人民政府提请审议弥渡县果河公路二期工程和州精神病医院整体搬迁（一期）工程项目缺口资金向银行贷款的议案的决定》，并进行了人事任免。

【大理州第十二届人大常委会举行第十五次会议】 4月21日，大理州第十二届人大常委会举行第十五次会议，听取、审议有关事项，补选州十二届人大常委会代表资格审查委员会委员。

州人大常委会主任字国顺，副主任杨宴君、张如旺、尚榆民、刘世兴、陆璐，秘书长李宗贤及常委会其他组成人员共34人出席会议。副州长郭有兵，州中级人民法院院长黄为华，州人民检察院副检察长韩小红，州国土资源局、州建设局、州规划局、州法制局的主要领导，不是州人大常委会组成人员的州人大常委会机关副处以上领导干部和县人大常委会主任，各县市人大常委会1位副主任列席会议；大理州第十二届人大代表苏黄英、杨会江、叶兴林、张国永列席会议。

会议听取和审议了州人民政府副州长郭有兵所作的关于提请审议《云南省大理白族自治州村庄规划建设管理条例（草案）》的议案及说明，书面听取了州人大财经委《关于组织部分州人大代表督促检查我州五条在建二级公路建设情况的报告》，补选了大理州第十二届人大常委会代表资格审查委员会委员。

【大理州第十二届人大常委会举行第十六次会议】 6月12～13日，大理州十二届人大常委会第十六次会议在龙山行政办公区举行，会议听取、审议和通过有关事项，进行人事任免。

州人大常委会主任字国顺，副主任杨宴君、张如旺、尚榆民、刘世兴、彭增梅、陆璐，秘书长李宗贤及常委会其他组成人员出席会议。副州长许映苏，州中级人民法院院长黄为华，州人民检察院检察长普赵辉，州财政、审计、国土资源、农业、林业、水利、建设、规划、法制、环保、民政、宗教等政府组成部门各1位领导，不是州人大常委会组成人员的州人大常委会机关副处以上领导干部及县人大常委会主任，各县市人大常委会1位副主任列席会议；州十二届人大代表字献文、杨伟祥、赵均、杨金钊列席会议。

会议听取和审议了州财政局局长杨光军所作的关于2009年州本级财政决算的报告、州审计局局长张学义所作的关于2009年州本级地方财政预算执行情况和其他财政收支情况的审计工作报告、州人大财经委主任委员赵旭所作的关于对州人民政府2009年州本级财政决算报告的审查报告、州人民政府副州长许映苏所作的《关于提请审议2010年洱海保护及洱源县生态文明建设重点工程项目贷款有关问题的议案》、州人大财经委副主任委员杨正洪所作的《关于对州人民政府提请审议2010年洱海保护及洱源县生态文明建设重点工程项目贷款有关问题的议案》的审查报告、州人民政府副州长许映苏所作的关于提请审议《大理生态州建设规划（2009～2020年）》的议案、州宗教局局长杨化宇所作的关于全州宗教工作情况的报告、州人大民族委主任委员李绍平所作的关于全州宗教工作情况的调查报告、州人大常委会副主任刘世兴所作的关于提请审议接受辞职的议案、州人民政府副州长许映苏所作的关于提请审议人事任免的议案、州人民检察院检察长普赵辉所作的关于提请审议人事任免的议案、州人大常委会副主任张如旺所作的关于对州人民政府贯彻实施《中华人民共和国审计法》情况进行执法检查的报告、州人大常委会教科文卫工委主任杨达亨所作的关于对州人民政府贯彻实施《中华人民共和国文物保护法》情况进行执法检查的报告、州人大常委会农环工委主任张寿松所作的关于《云南省大理白族自治州村庄规划建设管理条例（草案）》一审稿修改情况的报告。

会议作出了对州人民政府关于2009年州本级财政决算报告的决议、对州人民政府关于2009年州本级地方财政预算执行情况和其他财政收支情况的审计工作报告的审议意见、对州人民政府关于全州宗教工作情况报告的审议意见、对州人民政府《关于提请审议2010年洱海保护及洱源县生态文明建设重点工程项目贷款有关问题的议案》的决议、对《大理生态州建设规划（2009～2020年）》的决议、对《关于〈中华人民共和国审计法〉的执法检查报告》的审议意见、对《关于〈中华人民共和国文物保护法〉的执法检查报告》的审议意见；进行了人事任免。

【大理州第十二届人大常委会举行第十七次会议】 8月25～26日，大理州第十二届人大常委会第十七次会议在龙山行政办公区举行，会议听取、审议和通过有关事项，进行人事任免。

州人大常委会主任字国顺，副主任杨宴君、张如旺、尚榆民、刘世兴、彭增梅、陆璐，秘书长李宗贤及常委会其他组成人员出席会议。州政府常务副州长马建全，州中级人民法院院长黄为华，州人民检察院检察长普赵辉，州发改委及财政、建设、规划、民政、卫生、法制等局各1位领导，不是州人大常委会组成人员的州人大常委会机关副处以上领导干部和县人大常委会主任，各县市人大常委会1位副主任列席会议；州十二届人大代表任国怀、杜晓磊、陈如惠、尹桂芹列席会议。

会议听取和审议了州人民政府常务副州长马建全所作的关于提请审议人事任免的议案、州发改委主任张正贤所作的关于全州2010年1至7月国民经济和社会发展计划执行情况的报告、州财政局局长杨光军所作的关于全州2010年1至7月地方财政预算执行情况的报告、州人大财经委主任委员赵旭所作的关于对全州2010年1至7月国民经济和社会发展计划及地方财政预算执行情况的调查报告、州民政局局长杨泽兵所作的关于全州敬老院建设和五保集中供养工作情况的报告、州人大民族委主任委员李绍平所作的关于全州敬老院建设和五保集中供养工作情况的调查报告、州人大法制委副主任委员周建国所作的《大理白族自治州人民代表大会常务委员会关于规范性文件备案审查的办法（草案）》的说明、州人大常委会教科文卫工委主任杨达亨所作的关于《中华人民共和国传染病防治法》的执法检查报告、州人大常委会农环工委主任张寿松所作的关于《云南省大理白族自治州村庄规划建设管理条例（草案）》第二次修改情况的说明、州人大常委会法制委副主任委员周建国所作的关于《云南省大理白族自治州村庄规划建设管理条例（草案）》审议情况的报告。会议还以书面形式审议了关于全州实施“三五”依法治州规划视察情况的报告、关于组织部分州人大代表对我州“两基”迎国检工作进行视察情况的报告、组织部分州人大代表赴临沧、瑞丽、迪庆、丽江考察学习的报告。

会议作出了对州人民政府《关于对全州2010年1至7月国民经济和社会发展计划执行情况的报告》、《关于对全州2010年1至7月地方财政预算执行情况》的审议意见，通过了对州人民政府关于全州敬老院建设和五保集中供养工作情况的审议意见、《关于＜中华人民共和国传染病防治法＞的执法检查报告》的审议意见，通过了《云南省大理白族自治州村庄规划建设管理条例（草案）》三审稿和《大理白族自治州人民代表大会常务委员会关于规范性文件备案审查的办法（草案）》；表决通过了人事任免议案。会议结束时，字国顺主任传达了州委六届九次会议精神，并提出了学习贯彻意见。

【大理州第十二届人大常委会举行第十八次会议】 10月26～28日，大理州十二届人大常委会第十八次会议在龙山行政办公区举行。会议的议程是，听取和审议州人民政府关于“十一五”计划执行及“十二五”规划编制情况的报告；关于全州中低产田地改造工作情况的报告；关于全州广播电视事业发展情况的报告；听取和审议州人民检察院关于加强反贪污贿赂工作、推动反腐败斗争深入开展情况的报告；听取和审议对州人民政府贯彻实施《中华人民共和国动物防疫法》情况进行执法检查的报告；对全州推进工业创新工作情况进行视察的报告；对宾川华侨农场改革情况进行督促检查情况的报告；听取和审议州人大常委会关于对大理州湿地保护立法进行专题调研情况的报告；进行人事任免。

州人大常委会主任字国顺，副主任杨宴君、张如旺、尚榆民、刘世兴，秘书长李宗贤及常委会其他组成人员共34人出席会议。州人民政府常务副州长马建全，州中级人民法院院长黄为华，州人民检察院检察长普赵辉，各县市人大常委会各1位副主任，不是常委会组成人员的州人大常委会机关副处级以上干部和县人大常委会主任列席会议。

会议听取和审议了州人民政府常务副州长马建全所作的关于大理州州级政府机构改革工作情况的通报、州发改委主任张正贤所作的关于大理州“十一五”规划执行及“十二五”规划编制情况的报告、州中低产田地改造领导组办公室专职副主任李勤社所作的关于全州中低产田地改造工作情况的报告、州广播电视事业局局长阿苍洱所作的关于全州广播电视事业发展情况的报告；听取和审议了州人民检察院检察长普赵辉所作的关于加强反贪污贿赂工作、推动反腐败斗争深入开展情况的报告；听取和审议了州人大常委会农环工委副主任左仕明所作的关于对州人民政府贯彻实施《中华人民共和国动物防疫法》情况进行执法检查的报告；听取和审议了州中级人民法院院长黄为华所作的关于提请审议人事任免的议案；听取了州人大常委会农环工委主任张寿松所作的关于全州中低产田地改造工作情况的调查报告、州人大常委会教科文卫工委主任杨达亨所作的关于全州广播电视事业发展情况的调查报告、州人大法制委副主任委员周建国所作的关于加强反贪污贿赂工作、推动反腐败斗争深入开展情况的调查报告。会议以书面形式听取了对全州推进工业化创新工作情况进行视察、对宾川华侨农场改革情况进行督促检查以及对大理州湿地保护立法进行专题调研的3个报告。

会议对州人民政府《关于全州中低产田地改造工作情况的报告》、《关于全州广播电视事业发展情况的报告》，州人民检察院《关于加强反贪污贿赂工作、推动反腐败斗争深入开展情况的报告》，州人大常委会农环工委对《州人民政府贯彻实施〈中华人民共和国动物防疫法〉情况进行执法情况的报告》，分别作出了审议意见；会议还作出了关于制定《大理白族自治州湿地保护条例（草案）》的决定；会议表决了相关人事任免议案。

【大理州第十二届人大常委会举行第十九次会议】 12月23～24日，大理州十二届人大常委会第十九次会议在龙山行政办公区举行。会议听取和审议州人民政府有关工作情况的报告，通过有关事项。

州人大常委会主任字国顺，副主任杨宴君、张如旺、尚榆民、刘世兴、彭增梅、陆璐，秘书长李宗贤及常委会其他组成人员共37人出席会议。州人民政府副州长郭有兵，州中级人民法院院长黄为华，州人民检察院检察长普赵辉，不是常委会组成人员的州人大常委会机关副处级以上干部和县人大常委会主任，各县市人大常委会的各1位副主任列席会议。

会议听取和审议了州人民政府副州长郭有兵所作的关于州十二届人大三次会议代表提出的建议、批评和意见办理情况的报告；听取了州人大常委会选联工委主任邓成立所作的关于对部分承办单位办理代表提出的建议、批评和意见情况进行督促检查的报告；听取了州规划局局长陈绍明受州人民政府委托所作的关于构建大理滇西中心城市规划体系及推进全州城镇化进程工作情况的报告；听取了州人大常委会农环工委主任张寿松所作的关于大理滇西中心城市完善1+6规划体系编制情况的调查报告；听取了州人大常委会秘书长李宗贤所作的关于召开州十二届人大四次会议的决定（草案）的说明、关于州人大常委会工作报告（讨论稿）的说明。会议以书面形式听取了州十二届人大三次会议主席团交付的代表议案审议结果的报告、关于确认主任会议许可对州十二届人大代表余宇进行刑事审判的决定、关于组织部分州人大代表视察功果桥电站移民安置工作情况的报告、关于组织部分州人大代表督促检查全州政府信用贷款使用情况的报告。

会议通过了《关于州十二届人大三次会议代表提出的建议、批评和意见办理情况的报告》；通过了《关于构建大理滇西中心城市规划体系及推进全州城镇化进程工作情况的报告》的审议意见；表决了《关于召开州十二届人大四次会议的决定》;通过了《州人大常委会工作报告(讨论稿)》及报告人;通过了州十二届人大三次会议主席团交付的办理代表议案审议结果的报告;通过了关于确认主任会议许可对州十二届人大代表余宇进行刑事审判的决定;通过了关于组织部分州人大代表视察功果桥电站移民安置工作情况的报告;通过了关于组织部分州人大代表督促检查全州政府信用贷款使用情况的报告。

【州人大对《审计法》贯彻情况进行执法检查】 5月18~21日,大理州人大常委会组织部分州人大代表,组成以常委会副主任张如旺为组长的执法检查组,对全州贯彻实施《中华人民共和国审计法》情况进行执法检查。

执法检查组一行在州人民政府及州审计局有关领导的陪同下,先后深入到弥渡、宾川、漾濞、大理4个县市,围绕《审计法》的宣传贯彻情况,预算执行审计、重点项目审计、领导干部经济责任审计、专项资金审计、审计经费保障落实等情况进行了检查。实地察看了各县市审计机关的自身建设、审计执法痕迹管理资料,并分别听取了各县市及州人民政府关于贯彻《审计法》情况的汇报。

通过为期4天的实地检查,执法检查组认为,近几年来,州、县市人民政府切实加强了对审计工作的领导,充分发挥了审计监督职能作用,把监督与服务统一于加快发展的进程中,审计事业各项工作取得了可喜的成绩。在充分肯定全州贯彻实施《审计法》工作取得的成绩的同时,执法检查组指出了存在的困难和不足,并对全州下一步《审计法》的贯彻实施工作提出了建议。

州委常委、州人民政府常务副州长马建全在执法检查组听取州政府汇报和进行执法检查总结时作了表态发言。

【州、市部分人大代表调研《洱海管理条例》执法情况】 7月6~8日,大理州人大常委会组织州、市部分人大代表,对《洱海管理条例》及相关规范性文件贯彻执行情况、《洱海水污染综合防治"十二五"规划》应采取的措施、《洱海管理条例》及相关规范性文件需修订完善新增内容等问题进行调研。

为确保调研取得实效,参加调研的州、市人大代表分为5个组,分别由州人大常委会主任字国顺,副主任杨宴君、张如旺、尚榆民、刘世兴、彭增梅带队,在州人民政府副州长许映苏、大理市人民政府及州、市环保、国土资源、农业、水利、林业、规划、建设、洱海管理、苍山管理等相关部门领导的陪同下,采取边走边看、边问边议、拉家常式交流等方式,深入到洱海沿湖乡镇和31个村民小组,同时邀请乡镇环保工作站、老年协会、农技服务站、河道管理员、村庄垃圾收集员、滩地保洁员、农村养殖大户和村组干部、村民代表等相关人员召开了10余次座谈会,听取了大家对农业面源污染治理、生活垃圾焚烧、农村污水和家畜粪便处理、湿地建设、乡村民居和道路建设、河道治理等工程建设和管理中取得的经验、存在的问题及要求打算,征求贯彻执行《洱海管理条例》等方面好的做法、成功经验、存在问题及意见建议。

7月9日,州人大常委会在龙山国际会议中心召开调研汇报会,分别听取了州人大常委会副主任杨宴君、张如旺、尚榆民、刘世兴、彭增梅代表各调研组作的调研情况汇报。州人大常委会主任字国顺主持会议,副主任陆璐,州人民政府副州长许映苏,州人大常委会秘书长李宗贤,以及参加调研活动的州、市人大代表,州、市人大常委会、人民政府及相关部门的领导,州人大常委会有关专委、工委的负责人参加会议。

汇报会结束时,州人大常委会主任字国顺对下一步的洱海保护治理工作提出要求:强调各级各部门要切实加强领导,强化宣传教育,进一步增强沿湖地区干部群众保护洱海的紧迫感和责任感,修订完善乡规民约,严格依法管理,科学规划,多方筹资,全力推进项目实施;切实加强对农民的培训教育,加快农村产业结构调整,大力发展生态农业,努力减少农业农村面源污染;创新和完善机制、体制,加大执法力度,确保法律法规的贯彻实施,为保护治理好洱海作出积极努力。

【州人大代表视察全州"三五"依法治州规划实施情况】 7月26~28日,大理州人大常委会组织部分州人大代表,组成以州人大常委会副主任彭增梅为组长的视察组,采取以点代面的方式,对全州实施"三五"依法治州规划情况进行视察。

视察组在州人民政府副州长郭有兵,州政法委、州司法局及州依法治州办、州人民检察院、州中级人民法院、州法制局等相关部门领导的陪同下,先后深入到南涧、漾濞2县和州国税局、州公安局进行实地视察,分别听取了两县人民政府和两个州级部门领导关于实施"三五"依法治县规划和依法治州规划情况的汇报;察看了实施"三五"依法治县规划情况的有关资料。视察组与两县人民政府和两个州级部门的领导,就"三五"依法治县规划和依法治州规划的实施工作交换了意见,并对下一步的实施工作提出了建议。

7月28日上午,视察组在州人大常委会机关召开视察组全体会议,听取了州人民政府副州长郭有兵受州长何金平委托所作的全州"三五"依法治州规划实施情况的汇报;参与视察的各位人大代表就全州实施"三五"依法治州规划情况作了发言,充分肯定了两年多来全州在实施"三五"依法治州规划工作中取得的成绩,并对下一步的工作提出了建议。

州人大常委会副主任彭增梅在会议结束时讲话,就全州进一步做好"三五"依法治州工作作了强调和要求。

【州人大对大理市实施《云南省外来投资促进条例》情况进行执法检查】 9月10~11日,受云南省人大常委会的委托,大理州人大常委会副主任张如旺率领由州人大财经委委员组成的执法检查组,在大理市人大常委会、市人民政府领导的陪同下,对大理市贯彻实施《云南省外来投资促进条例》情况进行执法检查。

检查组听取了大理市人民政府副市长刘琼芬代表市人民政府所作的关于贯彻实施《云南省外来投资促进条例》情况的汇报;先后深入到华能港灯大理风力发电有限公司、大理娃哈哈有限公司、云南城投大理置地有限公司等企业进行实地察看,并召开了座谈会,分别听取了业主单位领导、经营者、生产者的意见和建议。代表们充分肯定了大理市贯彻实施《云南省外来投资促进条例》取得的成绩,对进一步贯彻实施条例、做好招商引资工作提出了建议。

【州人大代表视察功果桥电站移民搬迁安置情况】 11月16日~18日,大理州人大常委会组织部分人大代表,组成以州人大常委会副主任刘世兴为组长、州人大民族委主任委员李绍平为副组长的视察组,在州人民政府副州长岳黎松及州移民局领导的陪同下,深入云龙县对功果桥电站移民搬迁安置工作情况进行视察。

视察组一行在县委政府主要领导的陪同下,先后深入到功果桥电站枢纽区媳姑坝移民点、功果桥电站观景台和地下厂房,功果桥电站库区汤涧移民安置点、功果桥电站枢纽区和库区旧州移民安置点，苗尾电站枢纽区等地实地察看；并走进媳姑坝移民点的移民户中，与村民进行座谈，详细询问他们搬迁安置后的生产生活情况，了解他们对移民搬迁安置的意见和要求。

11月17日，视察组在华能苗尾·功果桥水电工程建设管局召开大理州人大代表视察功果桥电站移民搬迁安置情况工作汇报会，分别听取了州人民政府副州长岳黎松、云龙县人民政府县长徐思锦关于功果桥电站移民搬迁安置情况的报告，华能苗尾·功果桥水电工程建设管理局局长张文学关于苗尾·功果桥电站工程建设情况的介绍。在参加视察的各位州人大代表先后发言的基础上，州人大常委会主任字国顺作了讲话，充分肯定了功果桥、苗尾电站移民搬迁工作和电站开工建设以来取得的成绩，指出了当前功果桥电站移民安置工作面临的困难和问题，并对下一步的移民搬迁安置工作提出了要求。

州人大常委会副主任、视察组组长刘世兴代表视察组向州、县人民政府简要反馈了视察意见。

【州人大与“一府两院”举行联席会议】 2月6日上午，大理州第十二届人大第三次会议闭幕后，州人大常委会与州人民政府、州中级人民法院、州人民检察院举行了工作联席会议。州人大常委会就2010年工作要点向“一府两院”领导征询意见，以进一步加强州人大常委会与“一府两院”的沟通协调，形成推动全州经济社会又好又快发展的强大合力。

州人大常委会主任字国顺主持会议，州长何金平出席会议并讲话，州人大常委会领导和州“一府两院”有关领导出席会议。

何金平强调，在2010年的政府工作中，要更加自觉主动地接受和配合州人大及其常委会的监督，形成人大与政府共同为民办事、共同推动发展的合力。要认真贯彻落实州十二届人大三次会议精神，进一步明确工作责任，加大推进力度。要认真执行人大决定、决议，确保主要宏观预期目标圆满完成；要认真负责办理好人大代表意见、建议、批评和政协委员提案，努力提高办理工作的满意率；同时积极配合做好人大代表视察和调研工作；进一步完善协调、督促重大建设项目和重点工作的机制，狠抓工作落实，确保人代会确定的目标任务全面完成。

字国顺要求，州人大常委会全体人员要始终坚持和依靠党的领导，在州委的正确领导下，以科学发展观统领人大工作全局，严格依法履行好工作职责。州人民政府要行使好行政权力，加强对经济和社会各项事业的组织和管理。“两院”要做好审判和法律监督工作，为自治州经济社会的发展起好保驾护航的作用。

州人大常委会副主任杨宴君代表州人大常委会通报了《大理白族自治州第十二届人民代表大会常务委员会2010年工作要点》，与会人员就工作要点提出了补充意见。

【州人大机关举行“省级文明单位”授牌仪式】 3月9日上午，大理州人大常委会机关全体干部职工在机关一号楼大厅，举行“省级文明单位”授牌和文明单位创建公约宣誓仪式。

历届州人大常委会党组十分重视精神文明创建工作，及早成立并适时调整充实机关精神文明创建领导小组及办事机构。多年来，采取各项有效措施积极开展精神文明创建活动。经过机关全体干部多年的共同努力，2000年州人大常委会机关晋升为“州级文明单位”。在之后的历次“州级文明单位”复核审检工作中，均继续保持了“州级文明单位”荣誉，并不断为创建“省级文明单位”积极努力、创造条件。2009年12月，州人大常委会被中共云南省委、云南省人民政府授予“省级文明单位”称号，机关的精神文明创建活动又迈上了新的台阶。

在授牌仪式上，州文明办领导重温了“省级文明单位”评选条件；大理市文明办领导宣读了中共云南省委、省人民政府的决定；州、市文明办领导代省文明办向州人大常委会副秘书长、办公室主任罗启文及办公室副主任鲁文红授予了州人大常委会机关省、州文明单位荣誉匾牌；罗启文副秘书长对机关进一步开展好精神文明创建活动作表态发言，并带领全体干部职工就文明单位创建公约进行了宣誓。

【举办州人大代表及人大机关工作者培训班】 3月29日~4月1日，大理州人大常委会在中共大理党校举办第十二届人大代表和人大机关工作者第三期培训班。此次培训的目的，是以邓小平理论和“三个代表”重要思想为指导，深入学习实践科学发展观，认真学习贯彻党的十七届四中全会和州委六届八次全会精神、州十二届人大三次会议精神，紧紧围绕人大代表和人大机关工作者如何在推进大理州经济社会发展中发挥应有的作用，有重点地学习财经工作、“三农”与环境保护工作、国民经济和社会发展的相关知识，提高围绕中心、服务大局、依法履职，促进经济社会协调发展的能力水平。全州各县市人大常委会分管财经和农环委工作的副主任、财经工委主任、农环工委主任，24位州人大代表共70余人参加培训。

3月30日上午，培训班举行开学典礼。州人大常委会主任字国顺出席培训班开学典礼，并作题为《围绕中心，服务大局，充分发挥代表和人大机关在经济社会发展中的作用》的动员讲话。

培训采取集中授课的方式进行。州委党校副教授李国华、州发改委主任张正贤、州人大财经委主任委员赵旭、州人大常委会农环工委调研员毕忠武，分别就“认真学习贯彻党的十七届四中全会精神”、“大理州‘十一五’经济社会发展情况和‘十二五’规划总体构想”、“做好人大财经工作，促进经济社会发展”、“做好农业与环境保护工作，促进经济社会发展”4个专题进行了授课辅导。

州人大常委会副主任刘世兴作培训总结。州人大常委会副主任张如旺、尚榆民，州委党校常务副校长王荣富，州人大常委会副秘书长、办公室主任罗启文，以及州人大常委会机关各专工委室的主要领导出席了培训班开学典礼。

【召开《大理白族自治州旅游条例》公布施行大会】 4月21日上午，大理州人大常委会在龙山国际会议中心召开《云南省大理白族自治州旅游条例》公布施行大会。州人大常委会主任字国顺，副主任杨宴君、张如旺、尚榆民、刘世兴、陆璐，秘书长李宗贤；州人民政府副州长许映苏、州中级人民法院副院长杨学本、州人民检察院副检察长韩小红，州级国家机关各委、办、局的各1位领导，州人大常委会机关和州旅游局机关的全体干部职工，州旅游业协会及8个分会的会长、副会长、秘书长，大理市辖区内景区和三星级以上宾馆、饭店的负责人，大理经济开发区、大理旅游度假区的各1位领导，全州12县市人大常委会主任和1位副主任共250多人出席大会。州委副书记王雪峰、州政协副主席孙珍玲应邀出席会议，州委各部、委、办，各人民团体，中央及省属驻大理各单位的领导各1人应邀参加会议。会议由州人大常委会副主任杨宴君主持。

州人大常委会副主任刘世兴宣读了州人大常委会关于公布施行《云南省大理白族自治州旅游条例》公告。州人大常委会秘书长李宗贤宣读了云南省旅游局对大理州召开公布施行《云南省大理白族自治州旅游条例》大会发来的贺电。

州委副书记王雪峰讲话。他指出，《云南省大理白族自治州旅游条例》的颁布施行，是全州旅游业发展进程中的一件大事，是全州旅游立法工作的重大突破，标志着大理州旅游业规范化、法制化建设迈上了一个新台阶。他要求，要迅速掀起学习宣传《大理白族自治州旅游条例》的热潮。各级领导干部要联系实际，努力提高执法水平和管理水平；对旅游经营单位和旅游从业人员，要有计划地组织集中学习培训；要充分利用各种媒体广泛宣传，形成自觉贯彻《条例》，关心支持旅游业发展的良好氛围，积极推动全州旅游业持续健康发展。

州人大常委会主任字国顺作讲话。他说，《大理白族自治州旅游条例》的颁布施行，必将为全州进一步合理开发利用旅游资源、规范旅游市场秩序、促进旅游业持续快速发展提供强有力的法制保障，对推动全州经济社会平稳较快发展具有十分重要的意义。他简要地介绍了《条例》的起草修改过程，并对认真贯彻实施好《条例》提出要求：强调要切实抓好《条例》的学习、宣传工作；加快配套法规、规章的制定工作；各级各有关部门要依法行政、公正司法；强化监督，确保《条例》的顺利实施。

州人民政府副州长许映苏对全州各县市人民政府和相关部门及旅游行业，开展好学习宣传和贯彻实施《大理白族自治州旅游条例》，进一步推动全州旅游业的发展提出了希望和要求。

【广泛征求对《大理州村庄规划建设管理条例》意见】 5月25日，大理州人大常委会农环工委在州人大常委会机关分别召开了两次《大理州村庄规划建设管理条例》征求意见座谈会，广泛征求州政协、各民主党派州委、州工青妇群团组织，有关专家学者、州人民检察院、州中级人民法院、大理市海东镇和上关镇及大麦地村委会领导的意见建议。与会人员在发言中一致认为，起草制定《大理州村庄规划建设管理条例》不仅十分必要，而且十分迫切，对于促进城乡统筹发展，推进全州社会主义新农村建设具有十分重要的意义。同时，与会人员也对起草中的《大理州村庄规划建设管理先例》逐条逐款地进行了讨论。大家认真负责，字斟句酌地进行了修改，提出了许多建设性的修改完善意见。

州人大常委会副主任尚榆民、州政协主席孙明出席了座谈会，并分别就修改完善条例草案提出了意见和要求。座谈会由州人大常委会农环工委主任张寿松主持。

【召开深入开展创先争优活动动员大会】 6月7日下午，大理州人大常委会机关召开深入开展创先争优活动动员大会，州人大常委会主任字国顺，副主任杨宴君、张如旺、尚榆民，秘书长李宗贤，以及州人大常委会机关全体干部职工参加了动员大会。

州人大常委会党组副书记、常委会副主任，州人大机关开展创先争优活动领导小组组长杨宴君在动员大会作讲话，对州人大常委会机关创先争优活动进行动员部署。

动员大会由州人大常委会机关党总支书记杨蔓宇主持。

【州人大农环委召开与政府对口部门联系会】 3月4日，大理州人大常委会农业与环保工作委员会召开与政府对口联系部门联系会。州农业局、州林业局、州水利局、州规划局、州建设局、州环保局、州国土资源局、州苍山保护管理局、州气象局、州人口和计划生育委员会、州扶贫办、州畜牧局、州公积金管理中心领导和办公室主任，州人大常委会农环委委员，州人大常委会农环委全体人员参加了会议。

州人大常委会农环委主任张寿松通报了2010年农环委工作安排，州人大常委会副主任尚榆民在会上作讲话，对加强与政府对口联系部门的工作联系提出了要求。

【州人大外侨工委召开与政府对口部门联席会】 3月8日，大理州人大常委会外事华侨工作委员会召开与州政府对口联系部门联席会议。州人大常委会外侨工委全体委员、州外事办公室（州接待处）、州侨务办公室、州人民防空办公室的主任、副主任及办公室主任（秘书长）等参加会议。

州人大常委会外事华侨工作委员会主任杨庆华主持会议，并通报了2010年州人大常委会外侨工委工作要点。参会的各对口联系部门的领导分别发言，对州人大常委会外侨工委2010年工作要点提出了意见建议，同时通报了2010年各部门的工作打算。

州人大常委会副主任陆璐出席会议并作讲话。他对2010年州人大常委会外侨工委的工作要点和政府对口联系部门的工作计划，给予了充分肯定，并对做好2010年全州的外事侨务工作提出了要求。

【州人大教科文卫工作座谈会在下关召开】 3月15～16日，大理州人大教科文卫工作座谈会在龙山国际会议中心召开。会议的主要任务是传达学习中共大理州委书记刘明在州人大常委会会议上的讲话精神；通报州人大常委会教科文卫工作委员会2009年工作情况和2010年工作安排；总结交流工作经验，共商进一步做好全州教科文卫等工作的新思路、新方法。各县市人大常委会分管教科文卫工作的副主任和教科文卫工委主任及副主任，州人大常委会教科文卫工委全体委员出席会议。

州人大常委会教科文卫工作委员会主任杨达亨通报了州人大常委会教科文卫工委2009年工作情况和2010年工作要点。各县市人大常委会分管领导分别发言，交流了近年来的工作情况和经验，探讨了进一步做好人大教科文卫工作的新思路、新方法。

州人大常委会副秘书长、办公室主任罗启文传达学习了州委书记刘明在州十二届人大常委会第十三次会议上的讲话精神。

州人大常委会副主任杨宴君出席并在会议结束时讲话。

【州人大办公室召开与"一府两院"对口部门工作联席会】 4月12日，大理州人大常委会办公室在州人大常委会机关召开与"一府两院"对口部门工作联席会议。州人民政府副秘书长、办公室副主任杨毅平、杜淑敢、王建平，州中级人民法院和州人民检察院办公室主任，州机关事务管理局、州信访局的局长、副局长及办公室主任，州人大常委会办公室领导、助理调研员及各科室的科长、副科长等出席会议。

州人大常委会副秘书长、办公室主任罗启文主持会议并通报了2009年常委会办公室的工作情况，介绍了2010年常委会办公室的工作安排。参加会议的各对口部门领导也分别发言，先后通报了2009年的工作情况及2010年的工作安排，并就进一步加强和做好与州人大常委会办公室的联系，做好各项服务提出了意见建议。

州人大常委会秘书长李宗贤出席联席会议并讲话。

【学习贯彻省委人大工作会议精神】10月9日，大理州人大常委会在苍山饭店召开会议学习传达贯彻中共云南省委召开的人大工作会议精神。

州人大常委会主任字国顺，副主任杨宴君、张如旺、尚榆民、刘世兴、彭增梅、陆璐，秘书长李宗贤及常委会其他组成人员，州人大常委会各工作委员会、办公室、研究室的主任、副主任及调研员、副调研员，全州各县市人大常委会主任、办公室和研究室主任等共70余人参加会议。

会议首先由州人大常委会主任字国顺传达省委人大工作会议精神，传达学习了全国人大常委会副委员长李建国在最近召开的省级人大常委会负责人情况通报会议上的重要讲话精神。

州人大常委会秘书长李宗贤受常委会党组的委托，传达了中共云南省委9号文件（即《中共云南省委关于加强和改进新形势下人大工作的意见》），并就学习贯彻文件精神作出了部署和要求。

州人大常委会副主任杨宴君主持会议并作会议小结。

【召开《大理人大》通讯员座谈会】11月30日，大理州人大常委会《大理人大》通讯员座谈会在下关召开。各县市人大常委会分管宣传工作的副主任、研究室主任和《大理人大》期刊全体通讯员参加了会议。

州人大常委会副主任、《大理人大》期刊主编张如旺作讲话，对《大理人大》期刊及通讯员寄予了殷切希望。

州人大常委会研究室主任、《大理人大》期刊副主编贺跃云作了题为《深化思想认识，办好〈大理人大〉，加强队伍建设，努力把〈大理人大〉期刊质量提高到一个新水平的》的讲话。

州人大常委会秘书长、《大理人大》期刊副主编李宗贤作讲话，要求各县市人大常委会和全体与会人员，认真贯彻落实好会议精神，采取切实有效措施，建设一支高素质的通讯员队伍，进一步办好《大理人大》期刊，努力把全州人大宣传工作推向一个新的台阶。

【全国人大内司委调研组到大理调研】1月5～6日，由全国人大常委会委员、全国人大内务司法委员会主任委员黄镇东，全国人大常委会委员、全国人大常委会副秘书长、全国人大内务司法委员会委员何晔晖率领的全国内司委调研组一行10人，在云南省人大内务司法委员会主任委员李应科等的陪同下，到大理就道路交通安全管理工作进行调研。

6日上午，州人大常委会召开全国人大内司委道路交通安全管理工作调研大理汇报会。全国人大内司委调研组全体成员、省人大内司委主任委员李应科等出席汇报会；州人民政府副州长、州公安局局长郭有兵，州政府副秘书长杨毅平，州人大法制委、州交警支队、州交通局、州农业局、州政府法制局、州安监局、州农机管理站的领导参加了汇报会。州人大常委会副主任、州总工会主席彭增梅主持汇报会。

州人民政府副州长郭有兵向调研组汇报了全州道路交通安全管理工作情况；调研组还就道路交通安全法实施中的有关情况及需要修改完善该法律的意见建议作了详细的了解询问；参会的州级相关部门领导，也就进一步做好道路交通安全管理工作提出了一些意见和建议。

全国人大内司委主任委员黄镇东代表调研组，对大理贯彻实施道路交通交通安全法所做的工作及取得的成效给予了充分肯定；同时，对进一步做好道路交通安全管理工作提出了希望和要求。

1月6日上午，全国人大内司委调研组听取大理州对确定妇女权益保障法执法检查重点内容的意见建议，开展志愿服务工作的基本情况、主要经验和存在的问题，并征求志愿服务立法的意见和建议。州政府妇儿工委副主任、州妇联主席焦映作了专题汇报。

在听取州妇联主席焦映的汇报后，调研组认为，大理州十分重视妇女发展工作，各级工作机构健全、加大了资金投入，努力促进了男女平等和妇女发展，使全州妇女发展成效显著。同时，调研组对大理州实施《中华人民共和国妇女权益保障法》和志愿服务工作提出了意见建议。

【部分在京军队全国人大代表到洱源视察】1月9日，原海军副政委邬华扬中将，十一届全国人大外事委员会委员、军事科学院原副院长徐根初中将等部分在京军队全国人大代表视察组一行5人，在州委常委、大理军分区政委王恩富，州人大常委会副主任刘世兴的陪同下到洱源县，就洱源县依托独特区位条件、丰富的资源优势，建设资源节约型、环境友好型社会情况进行视察。

在座谈会上，视察组在听取了洱源县委副书记、县长杨作云代表县委、县人民政府所作的情况汇报后，认为，洱源县依托洱海源头独特区位优势和丰富的物产、旅游、生态资源，扎实开展生态文明试点县建设，建设资源节约型、环境友好型社会，成效明显。视察组建议，洱源县要突出特色，发挥区位优势，用好资源、用好品牌，大力发展生态支柱产业，做活生态旅游文章，加大对外宣传和招商引资力度，加快资源节约型、环境友好型社会和生态文明试点县建设步伐。

洱源县人大、县政协主要领导参加了座谈会。

【省人大常委会外侨工委主任杨润新等到大理调研】5月12～14日，由云南省人大常委会外事华侨工作委员会主任杨润新为组长的调研组一行，就旅游产业和侨场改革发展情况到大理州进行调研。

5月12日上午，州人大常委会副主任陆璐主持召开有州人大常委会外事华侨工委、州旅游局，州侨务办公室、大理市和宾川县人大常委会民族华侨工委、侨务办公室负责人参加的座谈会。与会的有关部门领导先后发言，向省人大常委会外侨工委调研组汇报了大理州旅游产业和侨场改革发展情况，以及今后的工作打算。

在听取情况汇报介绍后，杨润新主任对近年来大理州的旅游产业和侨场改革发展的情况，以及取得的成绩给予了充分肯定，同时对进一步推进大理州旅游二次创业和侨场改革发展，提出了希望和要求。

杨润新等一行还在州人大常委会副主任陆璐、州人大常委会外事华侨工委主任杨庆华的陪同下，先后深入到洱源、鹤庆、宾川等县，对大理州旅游产业和侨场改革发展情况进行了调研。在宾川县，杨润新等一行深入到宾居、太和、彩凤3个华侨农场，实地察看了侨场的改革发展情况，走访看望了部分侨民，与大家一起拉家常、议改革、话发展。

【省人大常委会选联工委主任刘子扬等大理调研】8月4～5日，云南省人大常委会选举联络工作委员会主任刘子扬等一行3人，在州人大常委会副主任刘世兴的陪同下，到漾濞县就修订《云南省县乡人民代表大会选举实施细则》等问题进行调研。

刘子扬一行在听取了漾濞县人大常委会对修订《云南省县乡人民代表选举实施细则》的意见建议后，在漾濞县人大常委会主任李华荣的陪同下，深入到有关乡镇及单位进行调研。

5日，漾濞县人大常委会召开调研

汇报会，县人大常委会副主任左汉华代表县人大常委会对新修订的《中华人民共和国全国人民代表大会和地方各级人民代表大会选举法》贯彻实施情况作了汇报。与会人员还就县乡人大工作和实施细则所涉及的有关问题进行了探讨，并提出了一些建设性的意见建议。

【省人大内司委副主任委员梁渝南等到大理调研】 8月17日，云南省人大内司委副主任委员梁渝南一行到大理州就“诉讼活动法律监督”和“环境保护诉讼工作”等进行调研。

州人大常委会副主任彭增梅陪同调研。

通过调研，调研组对大理州“诉讼活动法律监督”和“环境保护诉讼工作”给予充分肯定。认为，大理州各职能部门依法履职、相互支持配合，使“诉讼活动法律监督”和“环境保护诉讼工作”取得了实实在在的效果。希望大理州在下一步的工作中，加大探索力度，创新工作机制，力争工作水平再上新台阶；加大宣传力度，充分发挥群众参与环保工作的主动性，让群众积极投身到环保工作中来，在全州形成人人参与保护环境的氛围。

调研组分别同大理州、市人民检察院，大理州、市人民法院领导进行座谈。

【州人大民族委召开与政府对口部门联系会议】 12月1日，大理州人大民族委员会召开与政府对口部门联系会议，通报2010年州人大民族委工作情况及2011年工作打算，征求对口联系部门对2011年工作安排的意见。州人大常委会副主任刘世兴，州人大民族委员会全体委员，州民政局、州民委、州宗教局、州劳动和社会保障局、州移民局、州地震局等对口部门的局长、主任和办公室主任参加会议。

州人大民族委主任委员李绍平主持会议，并通报了州人大民族委2010年工作总结及2011年工作计划。

参加会议的各对口联系部门的领导先后发言，分别通报了一年来各自部门的工作情况及2011年的工作打算；同时，充分肯定了州人大民族委一年来所做的工作，并对2011年的工作安排提出了建议。

【大理州人大外事华侨工作座谈会在下关召开】 12月8日，大理州人大外事华侨工作座谈会在下关召开，州人大常委会秘书长李宗贤，州人大常委会外事华侨工作委员会全体委员，各县市人大常委会分管民族华侨工委工作的副主任及民族华侨工委主任、副主任，州侨务办公室、州外事办公室、州人防办公室的领导及办公室等有关部门负责人等参加会议。

州人大常委会外事华侨工作委员会主任杨庆华主持会议，并传达了2010年10月25日在腾冲县召开的全省人大侨务工作座谈会议精神。州外事办公室、州侨务办公室的领导先后发言，分别通报了2010年的外事、侨务工作情况，以及2011年工作的初步打算。与会人员对2011年州人大常委会外事华侨工作委员工作要点进行了讨论，并提出了一些建设性的意见建议。

州人大常委会副主任陆璐出席会议并讲话，充分肯定了一年来州人大常委会外事华侨工委的工作，并对下一步的工作提出要求。

【大理州人大选举联络工作座谈会在下关召开】 12月9日，大理州人大选举联络工作座谈会在下关召开，会议的主要任务是总结人大代表工作，交流代表履职经验，进一步强化代表工作意识，提高代表工作质量，完善代表工作制度，推动全州人大代表工作再上新台阶。州人大常委会秘书长李宗贤，州人大常委会选联工委主任邓成立，各县市人大常委会分管选联工委工作的副主任，选联工委主任，各县市推荐的13位州人大代表，州人事局、州商务局的各1位领导参加会议。州人大常委会研究室、州委办公室、州委督查室、州政府办公室、州政府督查室的各1位领导应邀参加会议。

州人大常委会副主任刘世兴出席会议，并作题为《总结经验、奋发进取，努力开创我州人大代表工作新局面》的讲话。

州人大常委会选联工委主任邓成立通报了选联工委2010年工作情况及2011年工作的初步打算，并对会议作了总结。会议由州人大常委会选联工委副主任陈家旺主持。

云龙县、宾川县人大常委会选联工委领导作交流发言，分别介绍了他们加强代表建议办理的监督工作，做好代表工作的做法和经验。州人大代表杨立章、马倩分别交流了认真履行代表职责、充分发挥代表作用的经验。州人事局、州商务局的领导就做好代表建议办理工作作了交流发言。

【大理州人大财经工作座谈会在下关召开】 12月10日，大理州人大财经工作座谈会在下关召开，会议的主题是学习贯彻党的十七届五中全会精神，研讨“乡财县管”体制下的乡镇人大对财政预算的监督工作。各县市人大常委会分管财经工委工作的主任或副主任及财经工委主任、副主任，州人大财政经济委员会全体委员参加会议。

州人大财经委主任委员赵旭主持会议，并通报了2010年全州人大财经委工作总结，提出了2011年工作的初步计划安排。参会的各县市人大常委会财经工委领导先后发言，分别交流了各县市在“乡财县管”体制下乡镇人大对财政预算实施监督工作的情况，并对进一步做好财政预算的监督工作提出了意见建议。

州人大常委会副主任张如旺出席会议并讲话。

【大理州人大法制工作座谈会在下关召开】 12月10日，大理州人大法制工作座谈会在下关召开，会议的主要任务是传达学习全省人大相关会议精神，通报一年来全州人大法制工作情况，总结交流开展人大法制工作尤其是司法监督工作的经验，安排部署2011年人大法制工作。各县市人大常委会分管法制工委工作的副主任及法工委主任、副主任，州人大法制委员会全体委员，州委政法委、州中级人民法院、州人民检察院、州公安局、州司法局、州安监局、州法制局的领导参加会议。

会上，弥渡县、宾川县和南涧县人大常委会领导作交流发言，分别介绍了他们认真履行监督职能，做好人大法制工作，促进民主法制建设的经验。

州人大法制委副主任委员周建国主持会议，并通报了2010年州人大法制委的工作总结及2011年的工作要点。

州人大常委会副主任彭增梅出席会议并讲话。

【全州人大常委会办公室工作座谈会在下关召开】 12月13～14日，大理州人大常委会办公室工作座谈会在下关召开，会议的主题是总结交流一年来州、县人大常委会办公室工作的经验和做法，进一步增强人大常委会办公室发挥参谋助手作用的能力，努力提高为常委会依法履职提供服务保障的水平。各县市人大常委会分管办公室工作的主任或副主任及办公室主任、副主任，州人大常委会研究室负责人，州人大常委会办公室副主任及各科、室、队的负责人参加会议。

州人大常委会党组副书记、副主任杨宴君出席会议并作讲话，她充分肯定了一年来，全州州、县市人大常委会办公室所做的工作和取得的成绩，创造性地做好人大常委会办公室工作提出了4点意见和要求。

州人大常委会副秘书长、办公室主任罗启文通报了2010年州人大常委会办公室的工作，并提出了2011年的工作计划。

大理市、祥云县、弥渡县、云龙县人大常委会办公室领导先后发言，分别交流了近年来他们不断提升素质、强化服务，努力做好新时期人大常委会办公室工作的做法和经验。

州人大常委会秘书长李宗贤主持会议并对会议作小结，就贯彻会议精神，进一步做好州、县人大常委会办公室工作提出了要求。

【大理州人大农业与环保工作座谈会在下关召开】 12月16日，全州人大农业与环保工作座谈会在下关召开，会议的主要任务是认真贯彻落实党的十七大、十七届四中、五中全会精神，进一步解放思想，将科学发展观贯彻落实到农业与环境保护工作的始终，围绕州十二届人大常委会2010年工作要点，总结2010年全州人大农业与环保工作，提出2011年全州农业与环保工作初步打算，对大理环保世纪行2010年度的先进集体和个人进行表彰。州人大常委会秘书长李宗贤，州人大常委会农业与环保工作委员会全体委员，各县市人大常委会分管农环工委工作的副主任及农环工委主任，州农业局、州林业局、州水利局、州环保局、州苍山管理局、州规划局、州建设局、州国土资源局等对口联系部门的各1位领导及办公室主任，大理环保世纪行2010年度受表彰的个人出席会议。

州人大常委会农业与环保工作委员会主任张寿松通报了2010年全州农业与环境保护工和情况，提出了2011年工作的初步打算。州人大常委会农环工委副调研员赵新光对大理环保世纪行2010年活动进行了总结。

州人大常委会副主任尚榆民出席会议并作讲话。他充分肯定了2010年全州人大农业与环保工作情况及取得的成绩，对大理环保世纪行活动的开展情况进行总结回顾并提出了要求。

州人大常委会农环工委副主任左仕明主持会议，并宣读了《关于2010年大理环保世纪行宣传活动的表彰决定》。会议对2010年大理环保世纪行的先进集体和个人进行了表彰。

【大理州人大常委会教科文卫工作座谈会在下关召开】 12月17日，大理州人大常委会教科文卫工作座谈会在下关召开，会议的主题是学习贯彻党的十七届五中全会和省委人大工作会议精神，总结交流2010年人大教科文卫委工作，研究通报2011年的工作。州人大常委会秘书长李宗贤，州人大常委会教科文卫工作委员会全体委员，各县市人大常委会分管教科文卫工委工作的副主任及教科文卫工委主任参加会议。

州人大常委会教科文卫工委主任杨达亨总结了2010年州人大常委会教科文卫工委的工作，并通报了2011年工作的初步安排意见。

各县市人大常委会教科文卫工委主任先后发言，分别交流了一年来的工作情况及取得的成绩，并对2011年的工作作了初步打算。

州人大常委会党组副书记、副主任杨宴君出席会议并讲话。

（高绩武）

（责任编校：管由权）

大理州人民政府

综　述

【概　述】　2010年，是"十一五"的收官之年。面对百年不遇的特大干旱，各种自然灾害的频繁发生，以及能源紧缺和焦点、热点问题多发等不利因素，大理州人民政府在中共云南省委、省人民政府和中共大理州委的坚强领导下，在州人大及其常委会和州政协的监督支持下，团结依靠全州各族干部群众，深入贯彻落实科学发展观，努力破解发展难题，倾心尽力抓落实，坚定信心、沉着应对，立足扩大内部需求、转变发展方式、优化产业结构、深化改革开放、加强社会建设，坚持以加快发展为第一要务，全力以赴抗大旱，千方百计保民生，统筹推进经济社会协调发展，有效遏止了经济增速下滑态势，实现了全州经济社会的平稳较快发展，全面完成了十二届人大三次会议确定的各项预期目标，经济社会发展取得瞩目成就，为"十一五"目标任务完成画上了圆满句号。

【经济实力显著增强】　2010年，大理州实现生产总值474.13亿元，同比增长13.1%，其中一二三产分别增长5.4%、19.2%和11.8%。完成财政总收入80.6亿元，增长19.2%，其中地方一般预算收入37.62亿元，增长19.2%；一般预算支出124.2亿元，增长21.3%；完成固定资产投资282.80亿元，增长30.13%。金融机构存贷款余额618.9亿元和398.5亿元，新增贷款突破100亿元，创历史新高。①农村经济稳步增长。在严重旱灾面前，全州各族干部群众众志成城、迎难而上，抗大旱、保民生、抓春耕、促发展，投入抗旱救灾资金4亿多元，抗旱救灾取得了全面胜利。全州种植烟叶36133.3公顷，收购烟叶163.36万担，烟农收入12.19亿元。改造中低产田地18133.3公顷、中低产林43333.3公顷。新植核桃104000公顷总面积达533333.3公顷，荣膺"中国核桃第一州(市)"称号。特色、外向、高效农业产值达136亿元。粮食总产126.98万吨。畜牧业总产值81.5亿元，增长16%。全年实现农业总产值198.69亿元，增长12.51%，农村经济总收入380.8亿元，增长10.8%。②工业经济快速增长。支柱产业进一步壮大，烟草、机械、矿冶、能源、建材、生物资源及优势农产品加工等产业实现产值327.4亿元，占工业总产值的70.5%。工业园区实现总产值178亿元。非公经济组织达8.5万户，从业人员22.7万人。全年完成工业总产值477.10亿元，增长27.48%。③第三产业步伐加快。社会消费品零售总额142.1亿元，增长17.9%。居民消费价格指数控制在3.3%以内。"万村千乡"市场工程建成配送中心15个，建设改造乡镇集贸市场59个，农家店乡镇覆盖率达100%。旅游二次创业顺利推进，苍洱片区旅游综合改革全面启动，旅游产业初步实现转型升级。大理古城、鸡足山等景区改造提升和苍山大索道等重大项目建设扎实推进。崇圣寺三塔通过国家5A级景区资源评价，新华村国家4A级景区挂牌运营。成功打造大理国际影会、洱海开海节等特色文化旅游品牌，大理被评选为外籍人才眼中最具吸引力的城市和2010年度"世界特色魅力城市200强"。接待国内外旅游者1337.7万人次，增长33.8%；旅游社会总收入115亿元，增长24.6%。④经济发展外向度提高。招商引资新签约项目162个，引进州外实际到位资金134.99亿元，增长82.64%；新批外商投资企业6户，实际利用外资2813万美元，增长18.58%。完成进出口总额1.8亿元，增长28.6%。

【基础设施建设取得新突破】　2010年，全州160项基础设施和基础产业重大项目动工141项，完成投资132亿元。大丽铁路、关巍公路建成通车，广大铁路扩能改造正式启动，大瑞铁路、大丽高速公路建设快速推进，4条在建二级公路进入路面铺筑。完成通乡油路229.1千米、通达工程773.3千米。水利基础不断夯实，配合省完成了"滇中引水"规划及州境内受水区二级配水规划。永平大碱塘、祥云浑水海、南涧母子垦和16件小(一)型水库除险加固工程全面完工，洱源三岔河水库和引洱入宾北干渠主体工程完工。剑川老君山、云龙包罗、巍山巍宝山、永平金河、弥渡大横箐水库建设和祥云青海湖水库扩建、中河治理等项目进度加快。祥云、宾川大型灌区建设稳步推进。建成"五小水利"工程4.1万件。小湾电站6台机组全部投产，功果桥、鲁地拉、龙开口、苗尾水电站建设有序推进。者磨山(二期)和洱源马鞍山、罗坪山、黄草坡风电场投产发电，洱源干海子、大理五子坡等风电场和宾川长坡岭太阳能发电项目进展顺利。

【城镇化建设迈出新步伐】　2010年，大理州滇西中心城市总体规划经省政府批准实施，五个专项规划完成调整、编制工作。下关旧城区改造正在有序推进，巍山、云龙、宾川、南涧4县县城改造提升全面启动。国家级园林城市和省级园林县城创建工作稳步开展。祥云、鹤庆、弥渡生活垃圾处理场和南涧、祥云、宾川3县污水处理厂投入试运行。洱海流域"百村整治"工作加快推进。海东新区Ⅰ号路工程竣工，Ⅱ号路完成投资1.2亿元，东环海公路完成路面硬化，新区排水管网和污水处理厂、华彬低碳绿色生态产业园、云南城投合作项目进展顺利。凤仪创新工作园区和物流园区"五通一平"稳步推进。全州县城以上建成区面积达86.69平方千米，城镇化率达33%。

【生态环境不断优化】　2010年，"七彩云南保护"大理行动计划、滇西北生物多样性保护、生态州建设深入推进。洱海水质保持稳定，全年有4个月达Ⅱ类。"森林大理"建设取得成效，完成荒山荒地造林1333.3公顷、义务植树900万株，实施公益林生态效益补偿466666.7公顷，全州森林覆盖率达58.2%。完成小流域治理141.4平方千米。推广测土配方施肥188713.3公顷。新建农村户用沼气8000户、节柴改灶1.3万户。洱源生态文明示范县建设扎实推进，被授予“全国首批绿色能源示范县”称号。土地利用总体规划修编和矿产资源整合进展顺利，完成土地开发整理5266.6公顷，新增耕地1066.6公顷，煤炭资源整合全面完成。实施省州污染减排项目31个，完成主要污染物总量减排目标。

【社会事业全面进步】 2010年，大理州“两基”顺利通过国家检查验收。校安工程排除中小学D级危房43万平方米，开工新建校舍48.48万平方米。小学入学率99.84%，初中毕业生升学率75.25%，高考上线率98.7%，连续六年居全省第一位。大理滇西技师学院一期工程全面完工，大理农林职业技术学院筹建进展顺利。州、县市政府机构改革积极推进，人事制度改革不断深化。科技进步对经济增长的贡献率达48.8%。建成文化信息州级支中心、5个县级支中心和39个基层服务站点，新建农家书屋326个、乡镇综合文化站20个。广播、电视覆盖率分别达96%和98.8%，数字电视用户达26万户。启动了省第八届农民运动会体育场馆改造建设项目。文化大理示范工程建设取得明显成效。投资2.66亿元实施38个医疗卫生服务体系建设项目，城乡医疗卫生服务体系逐步完善。艾滋病、血吸虫病等重点传染病得到有效防控。婴儿死亡率、孕产妇死亡率、传染病发病率明显下降，人民群众健康水平稳步提高。统筹解决人口问题试验区建设有序推进，基层服务网络不断加强，适度低生育水平进一步稳定，人口自然增长率控制在6‰以内，年末总人口353万人。第六次全国人口普查工作顺利推进。

【民生保障水平全面提高】 2010年，全州发放“贷免扶补”和下岗失业人员小额担保贷款2.28亿元，支持5191户实现自主创业。新增城镇就业2.19万人，城镇登记失业率控制在4%以内。基本医疗保障覆盖面进一步扩大，42.1万城镇居民和职工参加基本医疗保险。新型农村合作医疗参合率达95.38%，年人均筹资标准达140元，兑付补偿资金3.86亿元。城镇职工参加基本养老保险14.28万人、失业保险10.4万人。发放城镇、农村居民最低生活保障金1.51亿元和2.05亿元，分别增长14.4%和27.3%。鹤庆县新型农村养老保险试点工作成效明显，参保率达92%。建设廉租房32.74万平方米，解决了6548户困难家庭住房问题。投资8839万元解决农村整体推进工作和整县、整乡扶贫开发试点，成效明显，解决了4万贫困人口的温饱问题。转移农村富余劳动力14.76万人次。城乡居民人均储蓄存款9070元。城镇居民人均可支配收入15801元、农村居民人均纯收入3902元，分别增长11.4%和12.1%。

【民主法制建设深入推进】 2010年，州人民政府依法向州人大及其常委会报告工作，自觉接受法律监督和工作监督。积极支持州政协履行政治协商、民主监督、参政议政职能。广泛听取各民主党派、工商联、人民团体、无党派人士及社会各界人士意见建议。积极推进基层民主政治建设，村级公益事业“一事一议”奖补稳步实施，村民、居民自治深入开展，政务、厂务、村务公开不断完善。“五五”普法通过验收。行政复议、行政诉讼、人民调解、法律援助等工作得到加强。审计、监察等部门和新闻媒体的监督作用进一步加强。积极推进平安大理建设，加强社会治安综合治理，被中央综治委表彰为“全国社会治安综合治理优秀地市”。深入开展“严打整治”、“打黑除恶”、“整治突出治安问题”等专项行动。禁毒防艾人民战争取得新成效。公安机关信息化、规范化建设成果在全省推广。高度重视信访工作，积极排查化解热难点问题，及时有效处置突发事件。全力抓好道路交通、消防、煤炭生产、尾矿库运行、危险化学品、特种设备等重点领域的安全生产工作。民族团结、宗教和谐局面进一步巩固和发展，州人民政府被国务院授予“民族团结进步模范集体”荣誉称号。国防建设得到加强，军政军民团结的良好局面不断巩固。文明大理十大示范工程深入实施，群众性精神文明创建活动成效显著，城乡文明程度不断提高。不断加强未成年人思想道德建设，广泛开展“公民道德宣传日”和社会主义荣辱观教育实践等活动，公民素质不断提高。

【政府自身建设不断加强】 2010年，大理州人民政府成立州、县市政府自身建设工作委员会及办公室，统筹推进政府制度建设和管理创新。优化政务服务环境，建立州政务服务中心，精简行政审批事项64项。完善法治政府建设，规范行政行为，建立健全重大投资项目、追加预算支出、国有资产处置和重要资源开发利用审批制度。加强责任政府建设，全面推行行政问责、首问责任、服务承诺和限时办结四项制度，对622名干部职工进行问责。纠风治乱、政风行风评议工作深入开展。创新阳光政府建设，加大信息公开力度，公示重要事项2210项、听证重大决策321项、通报重点工作6300项；在全省率先推行114政府信息直通车制度，推进公共服务电话整合和“96128”专线品牌化建设。强化效能政府建设，推动工作落实，加大重点工作、重大项目和惠民工程专项督查力度；坚持厉行节约，严格行政成本控制，积极推行公务卡结算制度，会议、庆典、论坛等经费开支压缩；强化风险防范，建立健全关键岗位、重点环节监督管理制度；强化责任落实，对重要工作实行目标倒逼管理。启动创新政府建设，设立政府创新奖，鼓励制度、机制、服务和工作方式创新。加强清廉政府建设，认真落实党风廉政建设责任制，完善惩治和预防腐败体系，反腐倡廉建设深入推进。

（杨国文）

重要会议

【召开大理州第十二届人民政府第四次全体会议】 1月28日，州十二届人民政府召开第四次全体会议。州长何金平作重要讲话，常务副州长马建全主持会议。会议听取了州长何金平关于2010年《政府工作报告》起草的说明，讨论修改并原则通过了拟提交州十二届人大三次会议审议和州政协十一届三次会议协商的2010年《政府工作报告》、《关于大理白族自治州2009年国民经济和社会发展计划执行情况与2010年国民经济和社会发展计划（草案）的报告》、《关于大理白族自治州2009年地方财政预算执行情况和2010年地方财政预算草案的报告》。会议要求，全州各级各部门要科学谋划、统筹安排，切实抓好当前各项工作。要尽快安排好今年的重点工作，做到任务早明确、早分工，工作早安排、早落实；要高度关注民生，认真落实中央和省州各项惠民政策，开展好走访慰问、送温暖等活动，努力丰富春节期间群众的物质文化生活；要切实抓好农业生产和项目实施工作，扎实抓好当前抗旱救灾和冬春农田水利建设，统筹安排好春耕备耕，抓好项目前期工作，积极跑项目、要项目；要高度重视安全生产和卫生防疫，时刻绷紧安全生产这根弦，做好甲型 H1N1 流感等重大传染性疾病防控;要认真抓好信访维稳工作,继续深入开展矛盾纠纷排查化解;要严格执行廉洁自律各项规定,加大监督检查力度,严肃查处有关违纪违法行为。

【召开大理州第十二届人民政府第二十次常务会议】 1月14日,州十二届人民政府召开第二十次常务会议,州长何金平主持会议。会议研究并原则通过拟提交州十二届人大三次会议审议的《政府工作报告》、《大理州2009年国民经济和社会发展计划执行情况与2010年国民经济和社会发展计划(草案)的报告》、《大理州2009年地方财政预算执行情况和2010年地方财政预算(草案)的报告》、《大理州2010年国民经济和社会发展计划主要指标表(草案)》,研究并原则通过《大理州2010年基础设施和基础产业主要建设项目表》、《大理州2010年州级领导挂钩重大基础设施投资项目表》、《2010年大理州州本级财政收支预算(草案)》、《关于请求将弥渡县果河公路二期工程建设缺口资金列入政府信用贷款的请示》、《关于请求将大理州精神病医院整体搬迁项目(一期)缺口资金列入政府信用贷款的请示》。会议听取了当前全州旱情形势及抗旱工作的情况汇报,对当前抗旱工作进行了安排部署。

【召开大理州第十二届人民政府第二十一次常务会议】 3月17日,州第十二届人民政府召开第二十一次常务会议,州长何金平主持会议。会议研究并通过《大理白族自治州公共资源交易市场管理办法(试行)》、《大理白族自治州建设工程招标投标管理办法(试行)》、《大理州人口和计划生育工作先进集体和先进个人名单》、《关于建议严厉打击非法小煤窑私挖滥采的请示》,研究并原则通过《云南省大理白族自治州村庄规划建设管理条例(草案)》、《关于实施标准化发展战略的意见》、《大理州民族工作会议暨第四次民族团结进步表彰大会工作方案》、《关于争当民族团结进步模范州的实施意见》、《大理州第四次民族团结进步表彰大会拟表彰的模范集体、模范个人候选人名单》,会议还研究了《关于组建大理州公共资源交易市场管理委员会办公室及大理州公共资源交易中心的请示》等其他有关议题。

【召开大理州第十二届人民政府第二十二次常务会议】 5月10日,州十二届人民政府召开第二十二次常务会议,州长何金平主持会议。会议研究并通过《关于落实2010年大理州煤炭资源整合和煤矿整顿关闭矿井工作的请示》,研究并原则通过《大理白族自治州政府创新奖评选办法》、《关于请求批准撤销大理州文物商店(大理州新闻图片社)实施方案的请示》、《大理生态州建设规划(2009—2020年)》、《2010年洱海保护及洱源县生态文明建设工作意见》、《关于请求审定2009年度经济社会发展重点工作考核情况的请示》、《关于请求审定<大理白族自治州2010年度经济社会发展重点工作考核办法>的请示》、《关于2009年度千村扶贫开发百村整体推进工作考核验收情况的报告》、《关于请求对2009年度千村扶贫开发百村整体推进定点挂钩帮扶单位和下派挂职干部表彰奖励的请示》。

【召开大理州第十二届人民政府第二十三次常务会议】 6月28日,州十二届人民政府召开第二十三次常务会议,州长何金平主持会议。会议研究并通过了《关于提高全州80周岁以上老人高龄保健补助标准的请示》、《关于2009年全州中低产田地改造责任目标考核情况的报告》、《加强节能减排和加快淘汰落后生产能力工作方案》。会议传达了全省酒店业发展大会精神,听取了全州安全生产工作情况的汇报,对有关工作作了安排部署。

【召开大理州第十二届人民政府第二十四次常务会议】 9月6日,州十二届人民政府召开第二十四次常务会议,州长何金平主持会议。会议研究并通过《大理州公共卫生与基层医疗卫生事业单位绩效工资实施办法》,研究并原则通过《大理州人民政府机构设置方案》,听取了大理州"两基"迎国检工作情况汇报,并对有关工作进行安排部署。

【召开大理州第十二届人民政府第二十五次常务会议】 12月14日,州十二届人民政府召开第二十五次常务会议,州长何金平主持会议。会议研究并通过了《关于加快工业园区标准厂房建设的实施意见》、《关于进一步加快水利建设的贯彻实施意见》;会议听取大理滇西技师学院建设情况、大理州人民医院规划建设及大理卫生学校搬迁建设情况、云龙功果桥电站移民搬迁安置工作情况的汇报;会议传达学习了《云南省人民政府贯彻落实国务院关于进一步加强企业安全生产工作通知的实施意见》,并对全州安全生产工作进行安排部署。

【召开大理州第十二届人民政府第二十六次常务会议】 12月17日,州十二届人民政府召开第二十六次常务会议,州长何金平主持会议。会议研究并原则通过了《大理州州级国家机关和事业单位差旅费管理办法》、《大理州州级会议费管理办法》、《关于安排2010年州本级财政超收资金的请示》。

【召开州人民政府领导班子专题民主生活会】 11月12日,州人民政府领导班子召开2010年度民主生活会暨"三个一"主题实践活动专题民主生活会。会议紧紧围绕"贯彻落实《党员领导干部廉洁从政若干准则》,切实加强领导干部作风建设"主题,按照"个人形象一面旗、工作热情一团火、谋事布局一盘棋"主题实践活动的要求,坚持和发扬一心为民、求真务实、艰苦奋斗、清正廉洁的优良作风,紧扣全州经济社会平稳较快发展大局,制定了切实有效的整改措施。会议还通报了州政府领导班子2009年度民主生活会整改方案落实情况和州政府领导班子2010年度民主生活会征求意见的梳理情况。州政府领导班子成员紧紧围绕此次民主生活会主题,认真开展了批评与自我批评。会议要求:州政府领导班子成员要按照"个人形象一面旗"的要求,加强党性修养,保持清正廉洁,做到勤政为民;要按照"工作热情一团火"的要求,保持良好精神状态,转变工作作风,做到真抓实干,要按照"谋事布局一盘棋"的要求,树立大局意识,做到统筹兼顾,实现科学发展。

【召开大理农林职业技术学院筹建工作会议】 1月14日,州人民政府召开大理农林职业技术学院筹建工作会议,州长何金平主持会议。会议听取了大理农校负责人关于大理农林职业技术学院筹建工作的情况汇报,与会领导实地察看了大理农校校园建设和大理农林职业技术学院修建性详细规划选址,对大理农林职业技术学院筹建工作进行了专题研究,形成了统一意见。会议要求,大理农林职业技术学院筹建工作领导组要紧紧围绕省教育厅文件精神,明确筹建目标和时限,扎实做好筹建方案完善、优化工作,科学定位建设目标和规模,科学设置学科和组织机构,高标准、高质量抓好软硬件建设,积极探索社会化和联合办学的道路,着力提高办学质量和效益。大理农林职业技术学院在发展目标上，要立足大理，服务滇西，面向全省全国，辐射南亚东南亚。在学生培养目标上，要以市场需求为目标，以就业为导向，以培养实际操作能力为核心，以德智体全面发展为方向，着力培养农林第一线高级技能实用型人才。在招生规模上，要体现稳步发展，长短结合，注重质量和数量的有机结合，通过提升质量逐步扩大数量，近期（2012～2015 年）目标为招收高职在校学生 2100 人，中期（2016～2020 年）为 4500 人，远期（2021 年后）为 6000 人以上。

【体育场馆建设改造现场办公会】 2 月 25 日，州人民政府召开承办云南省第八届农民运动会体育场馆建设改造现场办公会，州长何金平主持。会议听取了州体育局关于大理州承办省第八届农民运动会体育场馆建设改造工作方案及前期筹备工作的汇报。会议要求，州体育局要倒排出时间进度表，扎扎实实抓好各项工作的落实。州级相关部门要积极配合，主动服务，做好场馆建设改造的各项工作。

【召开大理州防震减灾工作会议】 3 月 2 日，州人民政府召开防震减灾工作会议，州长何金平主持会议。会议听取了州地震局、州民政局和州建设局领导关于大理州防震减灾工作情况汇报，州长何金平就全州防震减灾工作作了安排部署。会议认为全州防震减灾工作值得肯定：①灾害信息管理水平有了明显提高。②各级防震减灾组织机构健全，反应迅速，指挥得当。③灾民安置和灾区恢复重建工作进展顺利，成效显著。④救灾减灾能力建设取得了新的突破。⑤救灾预案体系建设进一步完善，防震减灾宣传工作全面加强。

【召开祥姚公路建设祥云段征地拆迁协调会议】 3 月 19 日，州人民政府召开祥姚公路建设祥云段征地拆迁协调会议，州长何金平主持会议。会议听取了州交通局关于祥姚公路建设基本情况汇报，分析了祥姚公路建设中存在的问题。何金平对大理州祥姚公路建设祥云段征地拆迁工作提出了要求：①加强领导，明确责任，限期完成征地拆迁工作。祥云县要尽快组建征地拆迁领导班子和工作班子，加强领导，明确责任，分片包干，快速推进，2010 年 4 月 20 日前必须完成征地拆迁工作，保证机械进场施工，施工中出现的问题由祥云县人民政府负责协调解决。若不能按期完成征地拆迁任务，影响到 2011 年 6 月 30 日前完工锁定债务，形成的债务将由祥云县人民政府承担。②科学施工，抓紧推进。要先易后难，逐个突破，集中解决难点问题，抓住有利施工条件，加快施工进度。③依法依规，合情合理。妥善解决征地拆迁工作中的问题，征地拆迁工作要做深、做细、做实；态度要坚决，但也要讲究方式方法，确保社会稳定。④严格问责。因工作失职，导致未能按期完成工程，影响债务锁定的，将严格追究相关人员的责任。

【召开在建二级公路建设协调工作会议】 5 月 18 日，州人民政府召开全州在建二级公路建设协调工作会议，州委常委、州人民政府常务副州长马建全主持会议。会议听取了各在建二级公路指挥部工作情况汇报，对下一步的工作进行了安排部署，有关部门就各自工作完成时限分别作出了承诺。会议要求：各级各部门要进一步增强大局意识，发扬成绩、加强沟通、上门服务、靠前指挥，合力推进工程建设。全州在建二级公路建设工期应提前两个月，即在 2011 年 4 月 30 日以前完工；州国土局要在近期内组成协调工作组，深入到各指挥部研究解决有关土地占用、补偿、占补平衡等问题；关于林地征占用的问题，各指挥部要加强与林业部门的衔接沟通，抓紧扫尾工作；各指挥部要准确上报占用耕地面积，并按规定缴纳社保基金；网线迁改决不能影响到工程建设进度。各产权单位必须进一步统一思想、顾全大局，树立发展意识，在 2010 年 6 月 30 日前全面完成迁改任务；各商业银行要加强与工程建设指挥部的衔接，进一步加大后续贷款工作力度；各级公安部门要加强爆炸物品跟踪管理工作，交警部门要加大保通工作力度，完善应急工作方案；征地拆迁工作，要加强协调配合。大理市要高度重视，尤其是鸡足山旅游公路花椒箐连接线的征地拆迁工作，要制定时间表，加快进度，决不能影响工程进度。各级各部门要严格执行拆迁补偿标准，超支自负；跟踪审计费用问题，由州交通局牵头，在月内与审计中介机构协商并达成协议；监察、督查部门要进行阶段性督促检查。对发生不作为、慢作为等渎职行为的单位和个人要给予最严格的问责。

（李昱初）

重要文件

【2010 年州政府上报的文件】

1 月 7 日　关于请求帮助协调春运期间昆明至大理旅游列车运力的请示

1 月 13 日　关于大理至瑞丽铁路大理州境内段建设用地的请示

1 月 22 日　关于承办“低碳经济中国在行动——中国（大理）国际低碳经济高峰论坛”的请示

2 月 2 日　关于大理州洱源县罗平山风电场一期工程建设用地的请示

2 月 20 日　关于请求补助漾濞县和南涧县公安消防大队综合楼建设缺口资金的请示

2 月 23 日　关于请求追加“7·9”地震恢复重建资金补助的请示

2 月 23 日　关于请求开通重庆大理大理成都往返航班的请示

2 月 23 日　关于请求批准大理州大理市与日本美马市建立友好关系并签订友好城市关系协议书的请示

3 月 1 日　关于抗旱救灾工作有关问题的请示

3 月 3 日　关于请求补助反恐禁毒及民警训练基地建设资金的请示

3 月 3 日　关于大理技师学院一期工程建设用地的请示

3 月 3 日　关于请求补助反恐维稳工作经费的请示

3 月 26 日　关于请求将大理州以鹤庆县铝土矿为重点的探矿列入全省三年找矿计划的请示

4 月 20 日　关于大理州 2010 年度第一批城市建设用地农用地转用及土地征收的请示

5 月 11 日　关于审批《大理滇西中心城市总体规划》及五个相关专项规划的请示

5 月 12 日　关于审批大理州矿产资源开发整合实施方案的请示

5 月 17 日　关于请求补助大理州伊斯兰教协会办公综合楼建设缺口资金的请示

5 月 18 日　关于成立云南省核桃研究发展中心的请示

5 月 27 日　关于申请承办 2011 年环洱海国际公路自行车赛及全国自行车公路冠军赛的请示

6 月 3 日　关于大理州开展服务业综合改革试点工作的请示

6 月 3 日　关于调整《洱海流域污染防治“十一五”规划》项目的请示

6月3日　关于请求给予2010年洱海保护治理项目地方债券补助的专项请示

6月12日　关于审批大理州农村公路建设计划的请示

6月13日　关于请求对南涧、漾濞两县人民政府教育工作给予督导评估的请示

6月13日　关于请求给予重建大理州民族中学学生宿舍楼缺口资金补助的请示

6月22日　关于请求给予备荒救灾杂交包谷种子和抗旱经费支持的请示

6月30日　关于请求批准小湾水电站大理州南涧县孔雀山神庙岭岗移民安置点规划设计变更的请示

7月15日　关于当前全州干旱灾害持续请求帮助解决部分困难的请示

7月21日　关于上报《云南洱海绿色流域建设与水污染防治规划(2010—2030年)》的请示

7月21日　关于同意“7·9”地震灾区市政及公共基础设施恢复重建项目方案的请示

8月3日　关于请求审查审批《宝丰历史文化名村保护规划》的请示

8月3日　关于请求审查审批《曲硐省级历史文化名村保护规划》的请示

8月18日　关于调整《云南省九大高原湖泊水污染综合防治目标责任书》部分项目的请示

8月18日　关于申报中国核桃第一州(市)的请示

8月24日　关于大理州城镇污水生活垃圾处理设施部分工程标段采用邀请招标方式招标的请示

8月26日　关于弥渡县果园至河江桥公路二期工程建设用地的请示

9月2日　关于宾川县2009年度第一批城镇建设用地进行部分区位调整的请示

9月7日　关于请求补助大理州强制隔离戒毒所基础设施改造扩建经费的请示

9月16日　关于请求补助反恐及民警训练基地装备购置资金的请示

9月16日　关于请求补助公安信息化建设经费的请示

9月25日　关于请求补助禁毒工作经费的请示

9月26日　关于上报审查大理州土地利用总体规划(2006—2020)的请示

9月28日　关于大理州2010年度第二批城市建设用地农用地转用及土地征收的请示

9月28日　关于大理市2010年度第二批城市建设用地农用地转用及土地征收的请示

10月11日　关于请求延长小湾水电站移民生产生活补助费补助时限的请示

10月13日　关于申报“大理文化生态保护区”为国家级文化生态保护区的紧急请示

10月22日　关于请求向国家文化部转报“文化生态保护区相关申报材料的请示”

10月26日　关于请求在大理召开2010年全省旅游产业发展大会的请示

10月27日　关于丽江机场高速公路改扩建工程(鹤庆县城至丽江机场段)建设用地的请示

10月27日　关于丽江机场改扩建工程大理州境内建设用地的请示

10月28日　关于大理州2010年度第三批城市建设用地农用地转用及土地征收的请示

11月2日　关于请求给予支持大理州农村义务教育事业发展资金的请示

11月9日　关于请求增加大理州成品油供应的请示

11月15日　关于加强洱海保护治理有关问题的请示

11月19日　关于请求解决中国烟草云南祥云大型水源工程建设办公经费及开工仪式经费的请示

11月19日　关于请求帮助解决灭火和应急救援装备建设经费的请示

11月19日　关于请求解决家畜血防经费的请示

11月19日　关于请求批准实施《大理苍洱片区旅游产业发展和改革综合试点总体规划》的请示

11月26日　关于大理至丽江高速公路大理州境内建设用地的请示

11月30日　关于请求批准对省道316线祥云至大姚公路收取车辆通行费的请示

11月30日　关于请求批准对鸡足山旅游公路收取车辆通行费的请示

11月30日　关于请求批准对漾濞(跃进)至云龙(诺邓)二级公路收取车辆通行费的请示

12月3日　关于请求补助办案及设备购置经费的请示

12月6日　关于大理滇西物流商贸城一期工程建设用地的请示

12月8日　关于请求审批大理市等十二县市土地利用总体规划(2006—2020)的请示

12月8日　关于请求审批大理市下关镇等十二县市政府所在乡镇土地利用总体规划(2006—2020年)修编成果的请示

12月14日　关于祥云至大姚(清华洞至插朗哨段)二级公路建设用地的请示

12月14日　关于漾濞(跃进)至云龙(诺邓)二级公路建设用地的请示

12月16日　关于请求解决大理滇西技师学院建设缺口资金的请示

12月16日　关于请求解决新建云南滇西凤仪救灾物资储备库建设所需资金的请示

12月29日　关于大理州鸡足山旅游公路建设用地的请示

12月31日　关于省道224线下关至巍山公路建设用地的请示

【2010年州政府下发的文件】

1月7日　关于加快工业园区标准厂房建设的实施意见

1月7日　关于表彰第五届职工技术技能大赛优胜职工的决定

1月12日　关于印发大理白族自治州人民政府领导成员工作分工的通知

1月13日　关于印发《2010中国大理第三届国际兰花茶花博览会组织实施方案》的通知

1月25日　关于兑现2009年度安全生产工作奖惩的决定

2月4日　关于切实做好2010年基础设施和基础产业重大项目建设有关问题的通知

2月22日　关于表彰奖励2008年至2009年度见义勇为先进个人的决定

2月22日　关于表彰大理州档案工作先进集体和先进个人的决定

2月25日　关于表彰奖励完成2009年节能降耗责任目标先进单位的决定

2月25日　关于表彰奖励获得省级认定企业技术中心企业的决定

2月25日　关于在全州范围内严禁保留煤矿矿井指标跨地州异地接替的决定

2月22日　关于兑现2009年度工业发展责任目标奖励的决定

2月25日　关于表彰奖励2009年度荣获云南名牌产品荣誉称号的企业的决定

2月26日　关于表彰全州2009年度旅游产业发展先进集体的决定

3月2日　关于表彰2009年出口

工作先进企业的决定

3月2日　关于表彰2009年度全州商务工作先进单位和先进个人的决定

3月8日　关于印发2010年《政府工作报告》及10项惠民工程20项重大建设项目20项重要工作任务分解的通知

3月12日　关于印发效能政府四项制度方案的通知

3月12日　关于深入推进法制政府责任政府阳光政府建设的通知

3月15日　关于大力推进知识产权战略的实施意见

3月18日　关于表彰全州人口和计划生育工作先进集体先进个人的决定

3月19日　关于严厉打击非法小煤窑私挖滥采行为的通知

3月19日　关于2010年农业工作的意见

3月31日　关于下达大理州2010年国民经济和社会发展计划主要指标的通知

4月12日　关于表彰奖励2009年度全州劳动和社会保障工作先进县市的决定

4月15日　关于实施标准化发展战略的意见

4月16日　关于表彰全州民族团结进步模范集体和模范个人的决定

4月19日　关于表彰大理州第三届劳动模范和先进工作者的决定

4月21日　关于表彰《大理白族自治州农村住房建设使用图集》推广使用工作先进单位和先进个人的决定

4月23日　关于兑现2009年度煤矿安全生产和煤炭资源整合工作责任状奖惩的决定

4月26日　关于印发大理州2010年度地质灾害防治工作方案的通知

4月27日　关于印发大丽高速公路(大理州境内段)建设征地拆迁工作意见的通知

5月7日　关于下达2010年中央驻滇单位及部分省州单位接收安置退役士兵计划的通知

5月12日　关于印发施行《大理白族自治州政府创新奖评选办法(试行)》的通知

6月3日　关于落实弥渡县果河公路二期工程和州精神病医院整体搬迁(一期)工程项目建设资金有关问题的决定

6月7日　关于进一步加强突发公共事件应急队伍建设的意见

6月11日　关于印发《2010年洱海保护及洱源县生态文明建设工作意见》的通知

6月11日　关于调整李文才同志工作分工的通知

6月13日　关于印发《大理州2010年严重干旱时期确保全州粮食供应应急预案》的通知

6月13日　关于落实2010年大理州煤炭资源整合和煤矿整顿关闭小煤矿工作的通知

7月12日　关于表彰2009年度全州中低产田地改造工作先进单位的决定

7月15日　关于奖励2009年侦破万克以上精制毒品大要案单位的决定

7月15日　关于表彰2009年禁毒人民战争先进单位的决定

8月4日　关于对小湾电站税收实行州县分成的通知

8月12日　关于印发《大理州加强节能减排和加快淘汰落后生产能力工作方案》的通知

8月24日　关于成立大理州中低产林改造领导小组的通知

9月2日　关于成立大理州滇中引水工程建设前期工作领导小组的通知

9月9日　关于表彰优秀教师的决定

9月13日　关于全面推行城乡医疗救助一站式即时结算服务管理模式和门诊救助工作的意见

9月21日　关于加强地方政府融资平台公司管理文件的通知

9月30日　关于印发大理州深化医药卫生体制改革实施方案的通知

9月30日　关于2011年全州冬季农业开发暨小春生产的意见

10月27日　关于进一步加强档案工作的实施意见

11月5日　关于2010年烟叶生产工作的意见

11月5日　关于2010年白肋烟生产工作的意见

11月26日　关于进一步加强新能源规划与开发工作的意见

12月1日　关于进一步规范风电项目建设征地拆迁工作及补偿标准的意见

12月27日　关于切实做好森林防火工作的意见

12月29日　关于进一步加快水利建设的贯彻实施意见

12月29日　关于改善金融服务支持林业发展和集体林权制度改革的实施意见

12月29日　关于加快推进中低产林改造的实施意见

【2010年州政府办公室下发的文件】

1月14日　关于印发《大理滇西中心城市规划体系构建计划(2009—2012)》的通知

1月14日　关于关于调整充实大理州安全生产委员的通知

1月18日　关于印发大理白族自治州人民政府秘书长、副秘书工作分工的通知

2月24日　关于印发《大理州生态文明建设及生态州创建实施方案》的通知

2月26日　关于印发2010年州级财政收支预算安排方案的通知

3月2日　关于下达2010年进出口目标任务的通知

3月2日　关于进一步加强和改进耕地占补平衡工作的通知

3月5日　关于进一步加强政务信息工作的通知

3月9日　关于进一步加强公路路政管理工作的通知

3月17日　关于表彰2009年度全州政府系统政务信息工作先进单位和先进个人的决定

3月19日　关于2010年大春生产的意见

3月25日　关于印发州人民政府会议管理暂行规定的通知

3月30日　关于印发抓好2010年全州重大经济发展项目的通知

4月12日　关于印发大理白族自治州抗震救灾专项应急预案的通知

4月14日　关于调整充实大理州非煤矿山安全生产专项整治工作领导组的通知

4月19日　关于成立大理州大理市“4·17”较大生产事故调查组的通知

4月27日　关于印发《大理州2010年马铃薯生产意见》的通知

5月10日　关于印发大理州公共机构2010年节能工作指导意见的通知

5月11日　关于成立大理州服务业综合改革试点工作领导组的通知

6月3日　关于调整充实大理州农村劳动力转移及劳务输出领导小组的通知

6月3日　关于印发《大理州关于动用州级储备粮食保障抗旱救灾救济口粮供应实施办法(试行)》的通知

6月4日　关于印发大理州2010年节能降耗工作实施意见的通知

6月9日　关于下达2010年度安

全生产控制考核指标的通知

6月10日　关于印发《大理白族自州人民政府重大决策听证实施细则》的通知

6月13日　关于印发大理州第五届职工技术技能大赛工作方案的通知

6月13日　关于充分发挥工会“大学校”作用深入开展职工技能提升活动的意见

6月18日　关于成立大理州云南中豪置业有限责任公司投资项目协调工作领导组的通知

6月21日　关于印发大理州处置民用航空器飞行事故应急预案的通知

6月28日　关于成立大理州央企入滇工作领导小组的通知

7月1日　关于进一步加大工作力度确保实现公共机构节能目标的通知

7月1日　关于印发《大理州职业病防治规划(2010—2015年)》的通知

7月2日　关于推动全州农村邮政物流发展的实施意见

7月5日　关于印发大理至丽江高速公路(大理州境内段)建设征地拆迁资金管理暂行办法和廉政建设工作制度的通知

7月6日　关于印发大理州国有建设用地清理专项行动工作方案的通知

7月30日　关于印发2010年州人民政府反腐倡廉建设重点工作及责任分解的通知

8月6日　关于印发《大理州州级农村现代流通网络体系建设专项资金管理办法》的通知

8月6日　关于印发《大理州州级城乡市场体系建设专项资金管理办法》的通知

8月11日　关于表彰南涧县政府信息工作的决定

8月19日　关于切实加强重大动物疫病防控工作的意见

8月23日　关于调整充实大理州危险化学品安全管理专项整治工作领导小组的通知

9月2日　关于提高80周岁以上老年人高龄保健补助标准的通知

9月9日　关于进一步加强廉租住房保障工作的通知

9月9日　关于印发大理州开展减轻企业负担专项治理工作实施方案的通知

9月9日　关于集中开展严厉打击非法违法生产经营建设行为专项行动的通知

9月20日　关于成立大理煤电公司祥云县大海沟探矿点9·18较大事故调查组的通知

9月21日　关于印发大理州确保完成“十一五”节能目标预警调控实施方案的通知

9月30日　关于印发大理州医药卫生体制五项重点改革2010年主要任务和工作目标的通知

10月8日　关于做好规范性文件清理工作有关问题的通知

10月21日　关于成立大理州推进TD等3G通信网络建设工作协调领导小组的通知

10月22日　关于调整充实大理州新能源建设领导组的通知

11月5日　关于2010年蚕桑产业发展的实施意见

11月9日　关于调整办公室领导分工的通知

11月15日　关于印发《大理州2010年节能减排目标和确保实现“十一五”节能减排目标实施方案》的通知

11月19日　关于取消收预防计划生育合同履约担保金的通知

12月20日　关于明确鼓励和引导民间投资健康发展工作职责的通知

12月20日　关于建立大理州依法查处取缔无照经营工作联席会议制度的通知

12月22日　关于印发《大理州“质量兴州”实施方案》的通知

12月22日　关于切实开展好大理州“州花”评选工作的通知

12月23日　关于印发施行《大理白族自治州政府信息公开工作制度》的通知

12月27日　关于成立大理州林地保护利用规划工作领导小组的通知

12月27日　关于成立大理州人工影响天气工作领导小组的通知

12月28日　关于推进商标战略工作的实施意见

12月28日　关于印发《大理州打击侵犯知识产权和制售假冒伪劣商品专项行动实施方案》的通知

12月29日　关于印发《大理州空白乡镇邮政局所补建工作实施方案》的通知

（赵剑锋）

人事任免

1月8日

李立钧　任大理白族自治州扶贫开发领导组办公室主任；

杨锡海　任大理白族自治州水利局副局长(正处级)；

陈东发　任大理白族自治州规划局副局长；

马孟杰　任大理白族自治州财政局副局长；

李跃兴　任大理白族自治州发展和改革委员会副主任，免去大理白族自治州水利局副局长职务；

杨　杰　任大理白族自治州公安局行动技术支队支队长；

周利民　任大理白族自治州农业局副局长；

赵家明　任大理白族自治州农业局副局长(试用期一年)；

廖光荣　任大理白族自治州住房保障和房产管理局局长(副处级，试用期一年)；

余泳澎　任大理白族自治州宗教事务局副局长(试用期一年)；

赵　莉　任大理白族自治州外事办公室副主任、州接待处副处长(试用期一年)；

张泳萍　任大理白族自治州司法局副局长(试用期一年)；

王世明　任大理白族自治州交通局副局长(试用期一年)；

杨林柏　任大理白族自治州地方志编纂委员会办公室副主任(试用期一年)；

李保森　任大理白族自治州护林防火专职副指挥长(试用期一年)；

段晋槐　任大理白族自治州安全生产监督管理局调研员；

纳　明　任大理白族自治州政府侨务办公室调研员，免去大理白族自治州政府侨务办公室主任职务；

李国权　任大理白族自治州公安局调研员；

向天明　任大理白族自治州公安局调研员；

赵新山　任大理白族自治州公安局调研员；

马天龙　任大理白族自治州建设局副调研员，免去大理白族自治州建设局副局长职务；

杨泽英　任大理白族自治州政府研究室副调研员；

杨嘉义　任大理白族自治州粮食局副调研员；

张佤莉　任大理白族自治州劳动和社会保障局副调研员；

高志贞　任大理白族自治州公安局副调研员；
郭　鹏　任大理白族自治州公安局副调研员；
肖龙灵　任大理白族自治州公安局副调研员；
谢雪虹　任大理白族自治州公安局副调研员；
赵浩然　任大理白族自治州公安局副调研员；
张正武　任大理白族自治州经济委员会副调研员；
刘国强　任大理白族自治州人事局副调研员；
黎学兵　任大理白族自治州财政局副调研员；
李　坚　免去大理白族自治州政府副秘书长职务；
尹锡山　免去大理白族自治州政府副秘书长职务；
马忠华　免去大理白族自治州政府副秘书长职务；
李国章　免去大理白族自治州政府副秘书长职务；
张　彤　免去大理白族自治州政府副秘书长、州政府办公室副主任职务；
杨真云　免去大理白族自治州森林公安局副调研员职务，提前退休。

2月26日

夏中信　免去大理白族自治州人民医院院长职务

3月3日

李小妹　任大理白族自治州依法治州办公室专职副主任（正处级）；
杨德先　任大理白族自治州无线电管理处副处长（副处级）；
李　灿　任大理白族自治州价格监督检查局局长（副处级）；
丁　维　任大理白族自治州公安局禁毒支队副支队长（副处级）；
袁　彬　任大理白族自治州公安局禁毒支队副支队长（副处级）；
任炳洲　任大理白族自治州公安局警务督察支队副支队长（副处级）；
杨　斌　任大理白族自治州公安局警务督察支队副支队长（副处级）；
叶　勇　任大理白族自治州公安局交通警察支队副支队长（副处级）；
高汉生　任大理白族自治州教育局副局长；
罗晓青　任大理白族自治州交通运政管理处处长（副处级）。

3月16日

杨　瑜　任大理白族自治州中医院院长；
王建平　任大理白族自治州人民政府办公室副主任；
赵　军　任大理白族自治州供销社副主任（试用期一年）；
何应忠　任大理白族自治州旅游局调研员；
王　洋　任大理白族自治州森林公安局副调研员；
马忠华　免去大理白族自治州人民政府法制局局长职务；
王作端　免去大理白族自治州中医院院长职务，退休。

5月18日

王峥嵘　任大理白族自治州新闻出版局局长、州版权局局长；
杨承贤　任大理白族自治州人民医院院长，免去其州财贸学校校长职务；
李国章　任大理白族自治州劳动和社会保障局调研员，免去其州信访局局长职务；
岑万宏　任大理白族自治州劳动教养管理所（强制戒毒所）调研员，免去其州劳动教养管理所（强制戒毒所）所长职务；
杨政业　免去其大理白族自治州新闻出版局局长、州版权局局长职务。

5月25日

赵廷标　任大理白族自治州财贸学校校长；
廖光荣　任大理白族自治州信访局局长；
周天明　任大理白族自治州政府法制局局长；
陈学军　任大理白族自治州劳动教养管理所（强制戒毒所）所长；
杨静玲　任大理白族自治州文化局副局长（试用期一年）；
蔡德周　任大理白族自治州卫生学校副校长；
杨丽英　任大理白族自治州外事办公室、州接待处调研员，免去其州外事办公室副主任、州接待处副处长职务；
王永榆　任大理白族自治州规划局副调研员，免去其州规划局副局长职务；
王　蓓　任大理白族自治州商务局副调研员，免去其州商务局副局长职务；
刘光辉　任大理白族自治州劳动和社会保障局副调研员；
张素莲　任大理白族自治州交通局副调研员；
苏　云　任大理白族自治州安全生产监督管理局副调研员；
杨解嘉　任大理白族自治州森林公安局副调研员；
高志宏　免去其大理白族自治州文化局副局长职务。

5月25日

杨政业　任大理白族自治州文化局调研员；
杨建宇　任大理白族自治州体育局调研员。

6月4日

杨政业　任大理白族自治州文化遗产局局长。

8月12日

唐澄奇　免去大理白族自治州技工学校校长职务；
罗　勇　免去大理白族自治州财政局副调研员职务，提前退休。

12月16日

李继显　任大理白族自治州金融工作办公室主任；
罗占宇　任大理白族自治州教育局副局长；
段冬梅　任大理白族自治州发展和改革委员会副主任；
王　瑛　任大理白族自治州卫生局副局长；
冷跃冰　任大理白族自治州旅游局副局长；
许金海　任大理白族自治州安全生产监督管理局副局长；
赵　薇　任大理白族自治州外事办公室副主任、州接待处副处长；
朱智云　任大理白族自治州粮食局副局长；
饶富旭　任大理白族自治州金融工作办公室副主任；
王锦海　任大理白族自治州规划局副局长；
李　廿　任大理白族自治州机关事务管理局副局长。

12月16日

段红丽　任大理白族自治州人口和计划生育委员会副主任（试用期一年）。

（李昱初）

州政府办公室

【概　述】 2010年，大理州人民政府办公室紧紧围绕州委、州政府中心工作，以科学发展观为指导，努力创先争优，按照

"内强素质,外树形象"的要求,充分发挥运转中枢的主导作用,带头抓布置、抓创新、抓落实,切实从思想、组织、能力、作风等方面加强办公室自身建设,有力推动了办公室各项工作高效有序运转,为全州经济社会的又好又快发展提供了强有力的保障。州政府办公室工作不仅得到了各级党委政府的高度肯定,也得到了人民群众的高度评价。在2010年的政风行风评议中,社会各界对州政府办公室工作满意率在所评议部门中名列第一,此外,州政府办公室分别被评为共产党员抗旱先锋行动先进基层党组织、千村扶贫百村整体推进先进集体、洱海保护月先进单位、综治维稳工作先进单位、档案工作先进单位、文明大理建设示范工程先进单位和"五五"普法先进集体推荐单位等。

【充分发挥参谋助手作用】 2010年,州人民政府办公室大胆创新工作方式,不断提升层次,切实改善服务,全方位提供综合性、深层次、高质量的决策依据,有力推动了政府决策的民主化、科学化。①以文辅政水平不断提高。公文办理坚持质量和效率并重,严格规范公文处理和公文审核把关,确保州政府和州政府办公室文件规范、合法、统一,并具有较强的针对性、操作性和指导性。公文流转与制发、机要文件交换和报刊邮件收发准确高效。全年共接收流转各类公文10000余件,编号发文1000多件,印制公文10万余份,收集档案资料1000余份,机要交换100余件,公文限时办结率保持100%。②信息服务再上台阶。围绕政府重点工作和群众关心热难点问题,坚持全方位、多层次、宽领域筛选、编辑和报送信息,及时准确为领导掌握情况、正确决策提供了依据,信息服务工作始终做到了上传下达、高效畅通。全年共编发报送信息2590条,编发《大理政务信息》2139条,编发媒体信息摘编79期,信息工作荣获全省一等奖。③信息化建设有力推进。"中国·大理"门户网站建设一期工程顺利完成,网络宣传力度加大,信息更新保障机制初步形成。大理州政府公共服务在线咨询系统升级改版与应用工作取得成效,全年累计办复各类问题4495个,公众关注度不断提高。建立网管中心专业技术人员挂钩科队室办计算机保密安全责任制,计算机信息系统安全保密工作得到加强,制度化管理水平进一步提高。配合省州县做好视频会议服务51场(次),电子政务视频会议系统保障有力,日常管理得到加强。④信息公开深入实施。制定《大理白族自治州政府信息公开工作实施方案》、《大理白族自治州政府信息公开工作评议考核办法》、《大理白族自治州政府信息公开工作制度》,政府信息公开制度保障能力提高。发放政府信息公开宣传资料44000余份,对5000余名行政执法人员进行集中培训考核,对2405名联络员、96128专线接线员进行业务培训和每周三定期培训,政府信息公开宣传培训力度加强。通过一网、两馆、96128专线、州政务服务中心主动公开政府信息137229条,申请公开政府信息5552件,受理咨询事项234219人次。制定《大理白族自治州关于按品牌化要求打造96128专线工作的实施意见》,建立大理州政府信息直通车管理专网,整合公共服务电话,设置单位服务窗口,开展三个延伸服务,扩大服务范围,提升服务水平,开通96128专线单位1351个,配备联络员2405人,配置专用手机1247部,政务服务96128专线品牌化建设不断推进。建成"大理州人民政府公共服务在线咨询系统",独立IP点击率每月20000余次,受理群众在线咨询事项4687件,办复4500件,办复率96%,社会效果逐步显现。被评为大理州"2009—2010年政务服务96128专线先进单位"。⑤行政督查有效开展。严格执行"谁承办、谁落实"的工作责任制,切实加大对重点工作、重点事项、重点项目的督办力度。突出工作重点,着重抓好法制政府四项制度、责任政府四项制度、阳光政府四项制度和效能政府四项制度的推进实施工作。全力做好政府会议议定事项、领导批示文件、人大代表建议和政协委员提案办理等督查督办工作,促使各项工作落到实处。全年督促办理人大代表建议337件、政协委员提案358件,办理回复率达100%,切实做到了件件有答复,事事有回音,代表和委员的满意率较往年大有提升。

【协调服务周密细致】 2010年,州政府办公室进一步加强与党委、人大、政协办公室,和政府系统上下级办公室的协调、沟通与联系,积极听取社会各方面意见,主动协调各级各部门,为政府工作争取最广泛的支持,协调服务工作周密细致。①办会办事高效规范。制订了《大理白族自治州人民政府办公室会议管理办法》,明确会议原则和会议审批权限,从严控制召开各类会议,切实减少会议数量、严格控制会议规模、压缩会议经费、严肃会议纪律、提高会议质量。圆满完成国家部委和省在大理举行的10项重大活动和会议、500次全州性各类会议的组织筹备工作,认真做好州政府全会、党组会、常务会和专题会议31次的组织服务工作,积极配合部门做好中央和省检查调研组的接待、调研、汇报工作,认真办理州政府领导交办的事务性工作,从会议通知、会场布置、会议材料入手,精心谋划、周密部署,狠抓会前准备、会中服务、会后落实三个环节,全面提升办会办事水平。②综合协调顺畅有序。充分发挥综合枢纽部门的综合协调服务作用,2010年10项惠民工程、20项重大建设项目、20项重要工作、59个重大经济发展项目、重大决策部署的协调服务工作高效完成。积极参与三月街民族节、开海节、2010中国(大理)国际绿色低碳技术高峰论坛等重大节庆活动的统筹协调工作,确保了各项活动的顺利举办。③应急处置能力大幅提升。制定下发《大理白族自治州突发公共事件应急预案》、《大理白族自治州人民政府关于进一步加强突发公共事件应急管理工作的通知》,进一步明确突发公共事件发生后的处置原则、程序和具体职责分工。建立健全州应急指挥和应急值守系统,实现州、县市两级互通互联、信息共享和资源共用。建立健全应急预案,应急预案覆盖率达100%。积极协调处置突发事件,一般性突发公共事件处置成功率100%。积极开展《中华人民共和国突发事件应对法》等应急法规、常识宣传活动,普及预防、避险、自救、互救、减灾等知识和技能,群众防灾减灾意识明显增强。④政务值班切实加强。坚持领导带班制度和24小时双人在岗值班制度,切实做到值班工作领导到位、任务到岗、责任到人。积极做好上情下达、下情上报、联系左右、沟通内外等工作,共收办传真2260份,收转文件765份,发放各类文件508件15425份,接待群众来访3040人次,接听处理来电15703次,切实做到政令畅通,信息畅通,反应迅速,工作到位,较好地发挥了"值守"职能和政务值班的窗口作用。⑤挂钩帮扶取得新进步。积极做好扶贫挂钩点、烤烟生产挂钩点和新农村建设挂钩点的挂钩帮扶,选派年富力强的年轻干部到云龙县白石镇松水村、祥云县祥城镇黄家田村和大理市大理镇才村驻村开展工作。办公室领导、干部职工分批多次深入镇、村调研,与县、镇干部深入村组指导抗旱防汛、大春管理、群众生产生活等工作,认真分析研究挂钩联系点基础设施建设、产业培植、"866"项目建设等方面的工作,在充分认识村情、民情的基础上,坚持从各村实际出发,帮助理清发展思路,制定工作计划,帮助引进技术,提供信息,帮助研究、论证、筛选扶贫项目,积极协调帮扶资金和物资,尽力帮助解决各村群众生产生活中的困难和问题,有力推进了挂钩帮扶村的发展,树立了机关的良好形象,被评为"千村扶贫开发百村整体推进先进集体"。同时积极响应号召,大力开展洱海保护月活动,荣获"2010年度洱海保护月活动先进单位"。⑥金融工作有效开展。富滇、中信、兴业、交通4家银行在大理设分支机构,成立具有独立法人资格的大理海东村镇银行,组建14家小额贷款公司,金融业发展步伐加快。全年协调落实政府信用合作贷款52亿元,金融协调成效显著。累计为全州65家中小企业担保贷款14.98亿元,较好地解决了企业融资难问题,担保业务快速增长。年内新成立国寿财产保险公司,共有19家保险公司在大理州设立了分公司,保险市场运作进一步规范。

【管理事务勤俭高效】 2010年,州政府办公室紧紧把握新时期政府工作的新特点,切实增强机关事务管理的主动性、前瞻性,做到了既确保重点又兼顾全面,确保了机关事务管理规范高效运转。①后勤服务工作及时有效。以"保证运转、促进工作"为目标,进一步规范财务、物资、车辆管理。不断改进后勤服务方式,节约型政府、节约型机关建设取得明显成效。大力弘扬艰苦奋斗、勤俭节约的精神,进一步健全完善厉行节约各项规章制度及配套措施,全面执行厉行节约八项要求,切实加强监督检查,确保实现了公务用车购车、会议经费、公务接待费用、出国(境)经费四个零增长。严格实行法定节假日、双休日公车封存制度,带头封存机关公务用车。坚持热情接待、从俭招待的原则,圆满地完成各种节庆活动、现场会和上级机关及兄弟州、市考察的接待工作。②老干人事工作不断加强。支持老干部老有所为,充分发挥老干部作用,认真落实老干部政治待遇、生活待遇,认真做好老干部健康服务、来信来访,坚持春节、敬老节、中秋节走访慰问离退休老干部,以及离退休老干部生病住院看望和慰问等日常性工作,千方百计为老干部开展活动创造条件,受到了老干部的好评。高度重视办公室队伍建设,切实加大人才培养和选拔使用工作力度,关心办公室人员成长,先后调配、提拔、交流了6名优秀干部,配合州委组织部考核任免干部3人次,选调了6名优秀文秘人员充实到办公室,进一步强化了工作力量。同时,根据工作需要,把严格管理与热情关心结合起来,大胆使用年轻干部,调整充实科室人员,合理分配工作力量,有效改善办公室干部队伍结构,进一步营造了团结干事氛围。鼓励办公室干部职工参加各种培训、在职教育,多途径提高办公室人员综合素质。继续执行顶岗培训制度,先后从各县市选拔了一批优秀办公室人员到各科室进行顶岗培训,有力地支持了办公室工作。③机要保密工作得到加强。以新《保密法》颁布实施为契机,健全保密规章制度,认真落实保密工作责任制,积极开展保密宣传教育,着力加强计算机上网管理,及时开展办公室保密安全大检查活动,顺利通过全州保密安全检查并被通报表扬,定期组织销毁废旧文件、报纸杂志等,有效杜绝了失泄密事件的发生。被推荐为"五五"保密法制宣传教育工作先进单位。④驻外联络工作顺利开展。积极主动加强对各驻外机构的管理和服务,各驻外机构立足当地优势,充分发挥对外窗口、信息传递、接待服务、协调服务、招商引资、资产管理等职能,主动加强与驻地党委、政府和各级机构、企业、大理籍乡亲的交往联络,积极做好州内赴大理州驻外办事处属地开会、学习、工作人员和务工人员的接待服务工作。

(曾星明)

州政府研究室

【概　述】 2010年,大理州人民政府政策研究室在中共大理州委、州人民政府的正确领导下,认真学习实践科学发展观,紧紧围绕党委政府的中心工作,以求真务实的态度和开拓创新精神,勤奋履职,圆满完成了州委、政府安排的各项任务,充分发挥了思想库、智囊团和参谋部的作用,为推进政府决策科学化、民主化、制度化建设,促进全州经济社会发展作出了积极的努力。

【决策咨询工作加强】 2010年,州政府政策研究室始终着眼全局,关注前沿,站在高端审视经济社会发展动态,围绕中心抓调研,用战略的思维和发展的观点谋划未来,服务中心,服务全局,决策咨询工作进一步加强。一是开展了全局性、战略性重大问题的分析研究。为认真落实胡锦涛总书记提出的"把云南建成中国面向西南开放的桥头堡"的战略构想,结合州委、州政府主要领导的要求,州政府研究室牵头成立了由省发改委、云南大学、西南财经大学、云南民族大学等有关院校专家参加的课题组,通过近半年的调查研究,形成了8万多字的《大理州推进"桥头堡"建设研究报告》,并在此基础上,形成了《大理州桥头堡建设方案》初步框架,供州委、州政府领导决策参考。按照中组部长李源潮到大理考察调研的指示精神和何金平州长的要求,州政府研究室对全国历史文化名城、中西部地级市和30个少数民族自治州经济社会发展情况进行对比研究,形成了《关于大理州"十二五"及中长期发展的几点思考》等研究文章,为州委、州政府确立中长期发展战略规划提供了有价值的参考意见。围绕滇西中心城市建设问题进行了专题调研,形成了《海东开发研究》、《海西保护研究》、《滇西中心城市1+6环洱海城市群1小时通达工程研究》、《洱海保护及洱源生态文明试点县建设评价体系研究》等调研报告,为州政府《滇西中心城市建设规划纲要》的编制献计献策。二是围绕全州经济社会发展中的热点、难点、重点问题深入开展调查研究。重点开展了桥头堡建设、新型工业化推进、城镇化建设三大课题的调查研究,分别形成了调研报告,为大理州实现跨越式发展出谋划策。全面完成了州政府确定的事关大理州经济社会发展的20个课题的调研和评审等工作,形成了有思想、有见地、有深度、有决策参考价值的调研报告,并将其编印成书。课题涉及基础设施、生态环保、旅游文化、教育卫生、烟草、矿冶、建筑建材、招商引资、生物资源和特色农产品加工、民生建设等。完成了州政府领导安排的"祥云现代烟草农业发展"课题调研,撰写了《专业化分工助推祥云现代烟草农业产业化发展》的调研报告;参加了州政协组织的"沿洱海周围建设项目"的调研;牵头完成了《关于在项目建设中加强相关资源保护利用与政策法规衔接的意见》的研究制定;完成了"以水泥为主的建材业发展"的调研报告;参加了州旅游局组织的"全州旅游酒店业发展"的调研,并形成了《大理州酒店业发展的实施意见》稿;参与了全州招商引资实施办法的研究制定和大理"两区"体制机制的调查研究。

【转化研究成果】 2010年,州人民政府政策研究室在注重调研、深入调研的同时,积极争取,主动汇报,努力把调研成果转化为政府决策,推动科学发展。在关系全州经济社会发展的20个课题中,先后有《洱海保护及洱源生态文明试点县建设评价体系研究》、《大理州水利发展问题研究》、《大理州中小学布局调整、校舍安全工程建设研究》、《大理州与周边结合部少数民族地区经济社会发展研究》等调研成果被州委州政府采纳,转化成为政府的决策、文件。其中,《洱海保护及洱源生态文明试点县建设评价体系研究》获得云南省发展研究三等奖。参加州政协组织的“沿洱海周围建设项目”的调研成果已被州委、州政府采纳并形成正式文件下发执行。这些研究成果涉及大理经济社会发展的各方面,关系到老百姓的切身利益和政府的自身建设,为州、县市党委、政府和州级各部门决策提供重要的科学参考意见,对全州经济社会发展产生了现实而深远的影响。不仅有效促进经济社会发展,也为资料信息库建设奠定了基础。

【文稿工作扎实】 2010年,州政府研究室紧紧围绕州委、州政府中心工作,吃透州情、领会意图,扎实做好文稿起草工作,切实发挥了“大秘书”的作用。一是高质量地完成了《政府工作报告》起草任务。2010年州《政府工作报告》由州政府研究室牵头起草,在深入调查研究和广泛收集资料的基础上,精心构思、集思广益,高质量地完成了《政府工作报告》和背景材料的起草任务。《报告》紧扣科学发展观,重点突出、内容具体、数据翔实、语言精练,受到了“两会”代表和委员的充分肯定和高度评价。二是圆满完成了州政府主要领导部分重要文稿的起草任务。参与撰写州长何金平在大理州“十二五”规划启动会议上的重要讲话;起草了州长何金平接受香港大公报记者采访的提纲;参与了州长何金平接受《云南经济日报》采访提纲的撰写;起草了州领导参加K2K会议上的讲话稿。这些稿件质量较高,得到了州领导的认可。

【参与其他服务和协调工作】 2010年,州人民政府研究室积极参与全州重点项目建设、扶贫开发、烟叶生产、中低产田改造、防汛抗旱、人口普查等中心工作的检查、指导、督促、考核。认真履行“祥云青海湖水库建设领导小组办公室”职责,主动做好办公室的日常工作。积极做好扶贫挂钩帮扶和社会主义新农村建设工作。积极配合国家发改委“桥头堡建设”专家组到大理的调研等等。

【参加K2K国际论坛】 2010年1月,大理州政府研究室主任尹锡山代表大理州随同云南省代表团,参加了在印度加尔各答召开的“云南省与印度西孟加拉邦经济合作论坛第五次会议”,并在会议上发言。

【资料编印】 2010年,大理州政府政策研究室编印了《大理州推进“桥头堡”建设研究》、《大理政府工作报告汇编》(2010)、《大理2009经济社会发展研究报告汇编》、《决策参考》等重要文件,为州人民政府起到了参谋助手的作用。

(蒙志李)

机关事务管理

【概　述】 2010年,州级机关事务管理工作在州委、州政府的正确领导下,全面贯彻落实科学发展观,坚持管理科学化、保障法制化、服务社会的总要求,紧紧围绕党委、政府的中心工作,牢记服务宗旨,认真履行管理、保障、服务三大职能,办公区各项公共事务管理工作规范运行,安全保卫工作取得明显实效,后勤保障工作再上新台阶,物业管理、基本建设、房产管理、水电保障、绿化美化、卫生保洁、公共机构节能等各项工作取得好成绩,机关自身建设得到加强,机关事务管理工作为州级党政机关工作的正常运转提供了有力保障,为全州经济社会发展做出了积极的贡献。

【办公区公共事务管理】 2010年,州机关事务管理局与大理市保安公司、大理市三环物业管理公司等公司签订了办公区保卫、卫生保洁、绿化养护协议,年支付物业管理公司服务费169万元。年内,物业管理公司认真履行协议条款,为办公区州级机关运转提供了优质服务,各项服务工作受到一致好评。

【基本建设】 2010年,州机关事务管理局组织实施州人大、州政协常委会议室改造工程,该工程总投资600万元,年内完成投资502万元,年底全面竣工并交付使用。实施了州纪委派出纪工委办公楼建设工程,该工程建筑面积1617平方米,计划投资350万元,年内完成投资300万元。

【公共机构节能工作】 2010年,大理州各级公共机构认真贯彻实施《节约能源法》和《公共机构节能条例》,按照节能工作的部署和建设节约型社会的要求,认真履行公共机构节能工作职责,不断提高思想认识,加强组织领导,突出工作重点,加大工作力度,采取有效措施,狠抓工作落实,确保了全州公共机构“十一五”节能目标的顺利实现,超额完成了各项考核指标。年内全州公共机构用电量总计38428650度,人均用电144.03度,比2009年降低4.62%,比2005年降低23.59%;用水量总计10760248立方米,人均用水40.33立方米,比2009年降低5.35%,比2005年降低20.63%。

【安全保卫】 2010年,州机关事务管理局切实做好办公区的安全防范工作,全年办公区未发生重大安全事故。做好在办公区组织的各类大型活动和会议的安全保卫工作,确保了省二级公路建设现场会、2009年度集中考核检查动员会、州委六届九次全会等20余次大型会议活动的安全。与78个州级部门签订了平安建设责任书,进行年度考核时被评为2010年度大理市综治工作先进单位。配合做好上访秩序维持。全年共接待48起、1340余人次,有效地维护了机关正常的工作秩序。

【自身建设】 2010年,州机关事务管理局认真抓好以行政绩效管理、行政成本控制、行政行为监督、行政能力提升为主要内容的效能政府四项制度建设。开展了局机关财务内审工作,财务经费的管理进一步规范。组织职工参加“三八”拔河比赛、旱龙舟比赛、三人篮球比赛,均获得较好成绩。开展了以“热爱本职工作、爱岗敬业、勤奋工作、争创一流业绩、争创优质服务”为主题的争先创优活动,对涌现出来的先进集体和先进个人进行表彰,调动了干部职工的积极性、主动性和创造性。

(王永贵)

(责任编校:管由权)

人力资源和社会保障

·人事　编制·

【概　述】 2010年,大理州人事局认真组织开展创先争优活动,坚持以学习实践科学发展观为主题,以创建"五个好"先进党组织和"五带头"优秀党员为目标,通过抓学习、管思想,抓制度、管权力,抓教育、管行为,抓管理、管人员的"四抓四管"工作,有效促进了局机关创先争优活动的健康发展。为不断提高为民服务的质量和水平,继续当好排头兵,在建设责任政府、法制政府、阳光政府的基础上,大力推进效能政府建设。制定了《大理州人事局效能政府四项制度实施方案》、《大理州行政机关行政能力提升制度实施方案》、《大理州教育系统事业单位推进服务承诺等四项制度实施方案》和《大理州卫生系统事业单位推进服务承诺等四项制度实施方案》。指导全州各级各部门行政效能提升制度建设工作高效、有序推进。认真实施目标倒逼管理,通过梳理,精心筛选上报目标倒逼管理工作项目两项,并在政府门户网站上向社会公示。继续完善和做好96128政府热线和政策信息公开工作。认真办理人大代表、政协委员的建议、提案,所办理的建议、提案31件,面商率、满意率、办结率均为100%,做法和经验在大理州人大常委会选举联络工作座谈会上作了交流。围绕构建"阳光人事"的总目标,狠抓党风廉政建设,建立健全党风廉政建设责任制和廉政文化进机关机制,州人事局的党风廉政建设连续五年被州委考核表彰为优秀。州人事局党支部被州直机关党委评为先进基层党组织。超额完成了州委、州政府下达州人事局的3000万元的招商引资任务,成功引进了昆明瑞鼎装饰公司在剑川县投资建设石材厂。

【人才队伍建设进一步加强】 2010年,州人事局认真研究高层次人才发展的规律,探索建立有利于高层次人才成长发展的培养选拔制度体系。现全州各类优秀人才768人,其中"国贴"39人,"省贴"43人,"州贴"10人,"省突"43人,"州突"220人,省科技兴乡贡献奖人才54人,州中青年学术带头人262人,州优秀高层次人才97人。按照"刚性引进"和"柔性流动"相结合的原则,认真贯彻落实《大理州引进紧缺人才暂行办法》、《大理州引进博士学位和硕士学位人才暂行办法》和《关于全州事业单位招聘国家重点高校毕业生实施意见》,加大了急需紧缺人才的引进力度,鼓励支持各单位从州外、省外引进高层次人才和急需紧缺人才,提升了大理州研发创新的能力和水平,按高层次人才"考核招聘"制度规定的程序,组织用人单位到相关重点院校,吸引本科以上优秀毕业生到大理州工作,至2010年底共吸引了2157名本科以上优秀毕业生。

【事业单位人事管理制度不断完善】 按照《大理州事业单位岗位设置管理实施意见》和《大理州事业单位岗位设置管理工作实施方案》,2010年,州人事局建立岗位管理监督机制,扎实推进事业单位岗位设置管理工作。①核准岗位设置方案。州级单位已核准岗位设置方案94家,核准岗位总量4497个,完成应设置总量的100%,县市核准岗位33691个,占岗位总数的69%,并按核定岗位开展人员聘用,已聘用22951人。②调整充实专业技术职称评审委员会评委专家库。新组建各系列(专业)中级专业技术职称评审委员会评委(专家)库23个,全州共进入中评委库1000多人,正常开展专业技术人员职称经常性评审工作。③认真开展专业技术评审工作。坚持标准和条件,严格程序,做到公平、公正和评审结果公开。全州各级各部门共推荐上报4795人,经各级评委会评审,已有4498人取得相应的专业技术职称,其中正高级26人,副高级801人,中级2202人,初级1469人。④严肃考风考纪,确保专业技术资格考试工作顺利进行。年内共有4921人参与了卫生、会计、统计中初级专业技术资格考试,其中1600人通过考试并取得了相应的专业技术资格。⑤专业技术人才知识更新工程稳步开展。年内共组织了48000多人参加《低碳经济》科目的继续教育培训。⑥人才选拔推荐工作积极开展。根据省人事厅"三项选拔"工作安排,按照自下而上,好中选优,单位推荐,严格程序,全州选拔推荐上报了7名享受省政府特殊津贴人选,6名云南省有突出贡献专业技术人才选拔人选,2名享受国务院特殊津贴人选。经国家和省评选,5人享受省政府特殊津贴,3人被授予云南省有突出贡献专业技术人才荣誉称号,1人享受国务院特殊津贴。⑦工资收入分配制度改革不断推进。在全省州市中率先完成了公共卫生与基层医疗卫生事业单位实施绩效工资实施方案的上报审批工作,并于10月1日前按省要求完成了全州公共卫生与基层医疗卫生事业单位基础性绩效工资的审批工作。共涉及人员8254人,其中在职6373人,退休1881人。

【继续加强公务员队伍建设】 2010年,州人事局公开考录公务员工作不断完善。①加大面向基层考录力度,从州级机关招考公务员职位中拿出了20%的职位面向基层招录公务员。②全面实行面试考官异地交流回避制度。在以往取得成功经验的基础上,全州面试考官实行异地交流回避,州级邀请了州外考官,县市之间实施了100%交流回避。考生面试实行临场代码制,人大、政协、纪委、信访等部门全程跟踪监督,每场面试面向社会邀请两名公民参加现场旁听,整个工作取得了良好的社会反响,信访量接近为零。③认真抓好《公务员法》的相关配套政策法规的落实工作。对2009年新录用的525名公务员、23名军转干部以及在宾川华侨农场体制改革中按规定录用的37人进行了公务员身份登记。④认真组织全州1.6万多名公务员的年度考核工作,并按《公务员奖励规定(试行)》,及时兑现考核奖励。⑤公务员培训工作不断提升。根据省厅的要求,对全州公务员进行了"公共服务职业道德与技术方法"培训,开展了"七个一"活动,获得了"优秀组织奖"。选派了3名选手参加了全省演讲比赛,组织了15名公务员参加中西部地区对口培训和45人三级面试考官培训;同时,还积极主动争取参加省厅组织的各种培训班,三期共有22人参加培训,有效地更新了公务员的知识,提升公务员的素质。

【急需紧缺人才引进招聘】 2010年,州人事局根据上级党委、政府的总体部署和要求,全州人事编制部门充分发挥职能作用,坚持实施积极的就业政策,积极引进招聘急需紧缺人才,先后出台实施了《大理州2010年事业单位公开考核招聘普通高等学校本科一批毕业生实施意见》、《大理州2010年考试录用机关公务员公告》、《大理州2010年考试招聘事业单位专业技术人员公告》、《大理州事业单位定向招聘在农村基层服务项目服务期满高校毕业生实施意见》和《大理州2010年选聘高校毕业生到村任职工作的通知》等政策措施。按各项考试考核规定的程序,年内全州公开招聘高校本科一批优秀毕业生338人,公开招录机关公务员483人,公开招聘专业技术人员653人,定向招聘在农村服务项目服务期满高校毕业生49人,公开选聘村官、"三支一扶"、农村"特岗教师"等370人。

【毕业生就业】 2010年,州人事局针对高校毕业生就业异常严峻的形势,始终把促进高校毕业生就业作为人事部门关注民生、确保稳定的重要抓手,放在工作首位。积极为高校毕业生开辟到城乡基层社会管理岗位、中小企业和非公有制企业、科研项目、自主创业四条就业渠道,强化对毕业生的就业服务指导,就业见习及就业援助三项举措。加大就业政策宣传力度,开启人才市场绿色通道,建设求职平台。①建立人才信息收集发布制度,向社会提供准确有效的需求信息;加强人事代理工作,搞好保障服务。②完成了1万多名毕业生的报到和档案转递工作,组织了1333名"大学生村官"、55名"三支一扶"大学生和106名"特岗教师"的招考工作;建立推动"高校— 用人单位"联动就业实习模式,向用人单位进行就业指导推荐1100多人,同意接收700多人。③强化服务质量,简化程序,建立毕业生信息库和档案信息库。到各大院校举办职业生涯设计、就业知识、求职技巧等各类知识讲座14场次,为高校毕业生创建一个热情、亲切的服务环境。④云南大理人才市场共举办了25场人才招聘会,前来招聘的单位有1544个,招聘各类人才23341名,有8350多人实现了就业。就业见习工作不断完善,年内安排了500名毕业生到机关、事业单位见习。

【人事考试】 2010年,州人事局牢固树立人事考试无小事,考生利益无小事的观念,确保了人事考试工作的规范、严明、有序和安全。年内组织了29项2776人的专业技术执业(职业)资格的网上报名审核工作,组织了9921人参加公务员录用考试,8649人参加事业单位考试招聘专业技术人员的考试考务工作,1042人参加的职称外语等级考试。计算机考试6309个模块,打印、办理和发放各类证书3000多本,人事考试工作切实做到思想上重视、制度上保证、环节上落实。

【军转安置】 2010年,州人事局建立健全科学规范、公平公正、监督到位的军转安置工作机制。①高标准完成军转安置任务。通过"考试考核、阳光安置"的方式,公平、公正、公开接收安置49名军转干部,其中计划安置30人,自主择业19人。②认真完成滇西片军转干部的培训工作。根据省军转办的安排,负责组织实施滇西八州(市)军转干部培训工作。第一期历时54天,培训2009年计划分配军转干部43名;第二期历时10天,培训2008年至2009年自主择业的军转干部44名;第三期历时60天,培训2010年转业计划分配军转干部70名。③积极做好为企业军转干部解困稳定工作。按照上级要求,全州共发放解困资金658万元,已全部兑现到1091名企业军转干部手中;积极妥善地做好信访工作,保持了全州企业军转干部的基本稳定。④组织完成了全州223名城镇退役士兵的文化考试工作。

【编制中长期人才发展规划】 2010年,大理州人事局按照党中央和省、州党委的要求,认真组织完成了《大理白族自治州中长期人才发展规划(2011~2020年)》(以下简称《规划》)的编制任务。重点做了四个方面的工作:①建立规划编制工作机构,成立了由州人事局局长赵新光为主任,州委组织部和州人事局分管领导为副主任,18个有关部门领导参加的大理州中长期人才发展规划编制办公室,抽调了写作能力强的人员集中力量进行规划编制。②开展战略专题研究和人才资源统计与预测。为充分体现规划的战略性、前瞻性、科学性和可操作性,组织有关部门开展了24个战略专题研究,并形成了研究报告。同时,进行了人才资源的调查统计和人才发展需求的目标预测,到2010年末,全州人才资源总量达到25.02万人,其中,党政人才(含参公)1.98万人,企业经营管理人才1.94万人,专业技术人才6.07万人,技能人才9.17万人,农村实用人才(高中、中专以上学历)5.86万人;到2020年末,全州人才总量将达到45.4万人,其中,党政人才(含参公)1.99万人,企业经营管理人才3.2万人,专业技术人才8.33万人,技能人才14.11万人(高技能人才3.7万人),农村实用人才(高中、中专学历)17.32万人,社会工作人才0.45万人。③起草《规划》写作提纲。为确保《规划》与各战略专题的研究思路保持一致,与研究使用的相关基础数据和预测目标的统一,与中央和省的规划纲要相衔接,同时又充分体现自治州特色,组织拟定了《规划》编制提纲,形成了《规划》写作的总体框架和基本思路。④编制《规划》文本。在充分吸纳24个战略专题研究成果、中央和省的规划纲要精神和各方面意见建议基础上,集中力量,采取先定写作框架、再分工分散起草、最终统一统稿的方式,进行《规划》文本的编制。《规划》(征求意见稿)完成后,经各种形式和会议的修改、充实和完善,2011年2月19日,中共大理州委、大理州人民政府以文件的形式印发全州施行。此外,还认真组织编制了《大理白族自治州"十二五"人才发展规划》和《大理白族自治州"十二五"人力资源和社会保障规划》,为"十二五"时期人力资源和社会保障事业的发展奠定了基础。

【行政管理体制改革】 根据党中央、国务院《关于地方政府机构改革的意见》和省委、省政府《关于州市县政府机构改革的实施意见》,制定上报了《大理白族自治州人民政府机构改革方案》,按照省委、省政府《关于印发〈大理白族自治州人民政府机构改革方案〉的通知》要求。适时召开了州级政府机构改革动员会议和各县市政府机构改革业务会,对各县市进行业务培训,指导和督促各县市政府机构改革,顺利完成了新一轮州县市政府机构改革任务。

(李金林、段润培)

·劳动和社会保障·

【概　述】 2010年,在州委、州政府的正确领导下,全州劳动保障系统始终坚持以科学发展观统领全局,认真贯彻落实中央和省州党委、政府的决策部署,继续围绕保增长、保民生、保稳定目标和"十一五"目标任务的实现。坚持以人为本,高度关注民生,着力保障民生,努力解决关系人民群众切身利益的突出问题。实施积极的就业政策,就业再就业各项目标任务全面完成,社会保险覆盖范围不断扩大,参保人数、基金收入保持快速增长,参保人员各项待遇得到按时足额支付,基金监管力度加大,社会保障基金安全完整,技工教育蓬勃发展,各类技能人才培养稳步推进,劳动关系和谐稳定,劳动者合法权益得到有效维护,各项工作取得了明显成效,为大理州经济发展、社会稳定作出了积极贡献。

【就业局势稳中有升】 2010年,大理州就业局势稳中有升。①就业形势保持稳定。到12月末,全州城镇新增就业2.19万人,完成全年省下达指标的134.5%、州计划指标的104.28%;下岗失业人员再就业0.61万人,完成全年省下达指标的138.64%、州计划指标的122%;就业困难人员实现就业0.45万人,完成全年省、州目标的107.14%;开发公益性岗位0.39万个,完成全年省、州目标的111.43%;城镇登记失业率控制在4.2%以内。②做好重点群体的就业工作。继续把高校毕业生就业放在促进就业工作的首位，重点做好离校未就业毕业生的就业工作，拓宽毕业生就业渠道。进一步做好农村劳动力转移就业工作，农村外出劳动力继续增长。采取措施帮助就业困难群体就业，大力开发公益性岗位，全面开展创建充分就业社区活动。到12月末，全州共举办“春风行动”、高校毕业生、农民工、民营企业招聘会等187场次，成功推荐3.63万人就业。全州开发高校毕业生见习基地81家，到岗见习628人，完成省下达任务500人的126%。全州新增农村劳动力转移3.63万人，完成全年省目标的224%、州目标的104%。③加强公共就业人才服务体系建设。推动县区以上公共就业服务管理机构、综合性服务机构、街道(乡镇)社区基层工作平台建设，推进公共就业人才服务机构整合发展。推进公共就业人才服务信息化建设，全面开展失业监测和市场供求信息监测工作。④落实和完善更加积极的就业政策。继续完善和推进援企稳岗“五缓四减三补贴”、“贷免扶补”等促进就业政策措施，认真实施特别培训计划，公共就业服务体系不断健全完善。到12月末，全州共认定困难企业114户，补贴资金1131.66万元，稳定岗位7113个。共发放“贷免扶补”和小额担保贷款3.7亿元，1.2万人成功实现创业。共培训农村劳动力1.9万人，完成州下达任务1.8万人的105.56%。⑤农民工工作稳步开展。到12月末，全州农民工参加基本医疗、失业、工伤保险人数分别为6500人、1029人、39498人。

【社会保险体系不断健全完善】 2010年，大理州社会保险体系不断健全完善。①新农保试点实施工作稳步推进。到12月末，全国首批试点县鹤庆县参保人员15.95万人，参保率达92%，发放基础养老金1848.33万元。全国第二批试点县洱源县、永平县工作快速推进。②被征地农民社会保障政策措施得到落实，符合参保条件的人员都按程序逐步参保。③社会保险覆盖范围继续扩大。到12月末，全州五项社会保险参保总人数达81.1万人。其中，养老保险参保14.28万人、医疗保险参保41.8万人、失业保险参保10.4万人、工伤保险参保8.22万人、生育保险参保6.4万人，分别完成年度目标的103.6%、100.2%、106%、114.2%、104%。④社会保险费征缴支付力度加大。到12月末，全州五项社会保险基金总收入87840万元，其中，养老保险基金47157万元、医疗保险基金34800万元、失业保险基金3100万元、工伤保险基金1865万元、生育保险基金918万元，总支出90835万元，其中，养老金支出54493万元、工伤保险金支出821万元、生育保险金支出621万元、城镇医保金支出32900万元、失业保险金支出2000万元。⑤社会保险制度进一步完善。医疗保险关系转移接续和异地结算工作稳步推进，医疗保险州级统筹进展顺利。继续推进关闭破产企业退休人员参保工作，7125人原未参保的关闭破产国有企业退休人员已纳入职工医保。1—10级“老工伤”人员调查摸底工作基本完成，其中1—4级老工伤人员纳入统筹已全面启动，已有121人纳入了统筹管理。全州纳入社区管理的企业退休人员达到4.15万人，占全部企业退休人员的99.6%。

【职业能力建设成效明显】 2010年，大理州职业能力建设成效明显。①大理滇西技师学院建设取得重大进展。一期建设完成建筑面积12万平方米，即将投入使用。②大力加强高技能人才队伍建设。积极参与全州高技能人才队伍建设中长期发展专项规划和振兴计划，会同10个行业开展20个职业工种的职业技能大赛。预计到12月末，共有15496人参加职业技能培训，12035人取得职业资格证书，其中高级工和技师1835人。州技工学校完成年度招生1200人，毕业生就业率保持在98%以上。

【社保基金监察力度加大】 2010年，大理州社会保基金监察力度加大。①认真组织开展了就业再就业专项资金清理整顿工作，及时查找存在的问题，强化整改措施，管好用好就业再就业资金。②督促相关部门做好社会保险基金专项治理工作中查出问题的深入整改，及时开展指导检查工作。③组织开展城镇职工基本医疗保险专项监察，认真查找基金使用和经办管理中存在的风险，规范医疗保险定点医疗机构、药店和经办机构的运行，提高管理水平。④积极组织开展内部审计工作，加强对县市的检查指导，强化自我约束、自我管理、自我提高的水平和抗风险能力。

【和谐劳动关系建设成效显著】 2010年，大理州和谐劳动关系建设成效明显。①稳步实施劳动合同法。全面开展农民工签订劳动合同“春暖行动”、推进小企业劳动合同制度实施专项行动、推进集体合同制度实施“彩虹计划”，督促企业加强劳动用工管理，扩大集体合同制度覆盖面。到12月末，全州累计签订劳动合同13.95万人，签订率达98%；签订集体合同319户、7.08万人。②加强企业工资分配的宏观指导。从7月1日起，调整了全州最低工资标准，大理市月最低工资标准调整为740元，增长21%，其他11个县月最低工资标准调整为630元，增长17%。及时发布企业工资指导线。③加大企业工资支付保障工作力度。对全州1625户用人单位开展农民工工资支付情况专项检查，督促全州1625户用人单位进行自检自查。着力研究进一步解决企业拖欠农民工工资问题，制定出台《建筑领域农民工工资保证金实施办法》、《劳动和社会保障行政处罚自由裁量权基准制度》。对154户人力资源市场开展清理整顿专项行动。④加强劳动争议处理工作。到12月末，全州共立案受理劳动争议案件32件，涉及劳动者48人，结案率达100%。⑤加大劳动保障监察工作力度。对各类用人单位6595户、18.04万人开展执法年审，督促补签劳动合同4728人，追发劳动者工资874人、566.785万元，追缴社会保险费14户、38.5万元。联合有关部门在全州范围组织开展了以农村“四小”企业为重点的整治非法用工打击违法犯罪专项行动，全州共检查474户，涉及劳动者9933人。继续落实执法维权与服务企业相结合的各项举措，扩大日常巡视检查和书面审查的覆盖面，主动深入用人单位，州劳动保障监察支队对30户参加执法年审的用人单位开展现场巡查。重视监察员队伍建设，对全州劳动保障系统和乡镇工作站270名监察员进行了集中培训。⑥认真办理人大代表建议和政协委员提案。2010年，州人民政府交办的人大代表建议、政协委员建议、提案共18件，建议、提案“面商率”、“满意率”均达100%。

【完成“十二五”规划编制工作】 2010年，大理州劳动和社会保障局按照州委、州政府和省厅关于做好“十二五”规划编制工作的部署要求：①及时成立领导组及办公室，安排专门工作经费，抽调相关人员组成工作班子开展工作，为规划编制工作有序开展提供组织保障。同时，积极主动争取，把劳动保障作为州级“十二五”期间12个重点专项规划之一进行规划编制。②及时制订工作方案，结合全州劳动保障发展实际和规划编制工作日程安排，局党组先后三次召开会议进行研究，及时制定规划编制工作实施方案,拟定20个重点课题,局领导分别牵头深入基层开展调查研究,全面总结"十一五"工作,查找工作中存在的困难问题,进一步明晰"十二五"时期的工作思路。③广泛征求意见建议,通过深入的调研梳理,召开局党组会议、局长办公会议研究,明确全州"十二五"时期劳动保障工作主要发展思路,确定劳动保障工作规划的主体框架及主要内容。在征求县市、部门等意见建议的基础上,规划(草案)经多次修改完善并报送州发改委。

【不断加强自身建设】 2010年,州劳动和社会保障局通过积极争取中央和省级项目资金,加大工作经费的争取和投入,基层就业和社会保障公共服务基础不断得到加强,加强了州信息中心建设,建成了州级养老、医疗、工伤、生育社会保险中心数据库,开通了大理州劳动保障综合网站。对全州劳动执法监察员、劳动争议仲裁员集中开展培训,劳动保障执法队伍建设不断得到加强。认真开展创先争优活动、学习型党组织建设和"三个一"学习实践活动,认真贯彻落实效能政府建设"四项制度",重视干部队伍学习能力、调研能力、统筹协调能力、服务能力建设,全州劳动保障基层基础和干部队伍建设不断得到加强。

【落实党风廉政建设责任制】 2010年,州劳动和社会保障局认真落实党风廉政建设责任制。①切实加强对党风廉政建设责任制工作的领导,严格落实"一岗双责",结合实际确定全局8项共性责任目标、93项个性量化考核指标,以签订责任状的形式交全局15个科室单位落实办理。②进一步营造党风廉政建设责任制落实的良好氛围。坚持每周一、周五例会学习制度,坚持每月一次党风廉政建设教育,通过组织观看专题片、参观反腐教育基地等形式,干部职工的党性观念和反腐倡廉意识不断得到增强。同时,在全局上下建立健全了科级以上党员干部廉政档案,从制度和思想源头筑牢拒腐防线。③坚持重大事项报告制度,坚持领导干部民主生活会制度、述职述廉制度,带头执行公务接待、外出考察、会议管理和公务用车审批规定,不断促进党员领导干部勤政廉政。④主动接受州人大、州政协和纪工委的法律监督、民主监督和指导监督,在局机关和所属各单位设立意见箱,定期征求群众意见建议,不断改进工作,提升服务。

(周家友)

州妇儿工委

【概　述】 2010年,是实施《大理州妇女儿童发展规划(2001—2010年)》的最后一年,也是突破重点难点指标最为关键的一年。为确保规划目标的如期实现,大理州各级妇儿工委深入学习贯彻党的十七届四中、五中全会精神、省委八届八次全会和州委六届八次全会精神。坚持以科学发展观为统领,以促进妇女儿童发展为第一要务,坚持"服务、调研、协调、指导"的工作方针。加强领导,强化宣传,采取措施,重点突破,组织调研,分类指导,示范先行,开展监测,攻坚克难,抓好各项工作的落实。

【协助全国人大内司委进行调研】 1月6日,全国人大内司委到大理州进行妇女权益保障法执法情况进行调研。根据州人大和州政府的安排,联合劳动、民政、团委等部门精心准备了《妇女权益保障法执法情况和志愿者服务立法意见建议汇报材料》,并参加汇报会,提出了执法检查的9个重点以及完善相关法律法规5个方面的建议。

【健全机构】 2010年,州政府妇儿工委健全机构、加强领导。①即时调整充实妇儿工委领导班子和工作班子。州级成员单位由37个增加为38个,县市级妇儿工委成员单位由368个增加为391个。对联络员进行了调整充实,加强了对妇女儿童工作的领导,为妇女儿童发展提供组织保障。②调整充实大理州监测评估领导小组及监测统计组和专家评估组。州政府副州长、州妇儿工委主任洪云龙任组长,27个主要部门领导任成员,监测统计组和专家评估组分别由43个和20个部门的业务骨干、专家、领导组成。

【做好终期评估前期准备】 2010年,州政府妇儿工委认真做好终期评估前期准备工作,制定《2001~2010年大理州妇女儿童发展规划终期评估工作方案》,明确了评估目的、原则、内容、标准、方法、步骤和要求。在州级成员单位和各县市对10年工作情况进行预评估的基础上,对大理州2001~2009年妇女儿童生存、保护和发展进行了认真的分析与研究。对2010年达标情况进行预测,组织召开两个规划监测统计组和专家评估组会议。州妇儿工委监测统计组反复征求有关部门对终期预评估报告的意见,经专家评估组和领导组评估评审,形成了《<大理州妇女发展规划(2001~2010年)><大理州儿童发展规划(2001~2010年)>终期监测预评估报告》。

【启动新规划编制工作】 2010年,州妇儿工委启动新规划的编制工作。①成立了以州政府副州长、州妇儿工委主任洪云龙为组长的《大理州妇女发展规划(2011—2020年)》和《大理州儿童发展规划(2011—2020年)》编制领导小组和州政府妇儿工委副主任、州妇联主席焦映为组长的编写小组。②制定了《〈大理州妇女发展规划(2011-2020年)〉和〈大理州儿童发展规划(2011-2020年)〉》编制工作方案。③编制了《2011-2020年大理州妇女儿童发展规划(量化指标及目标)》、《2011-2020年大理州妇女儿童发展规划(非量化指标)》、《2011-2020年大理妇女儿童发展规划指标、数据表》,组织开展规划编制调研。四是完成了《大理州妇女发展规划(2011-2020年)》和《大理州儿童发展规划(2011-2020年)》(初稿)编制。

【为儿童办实事好事】 2010年,州妇儿工委热心为全州儿童办实事好事。"六一"节期间,12县市和在关省州级单位,共投入资金321.8万元,为儿童办实事2997件,慰问单位职工18周岁以下子女49239名,慰问贫困儿童50183名。

【规划实施工作成效显著】 2010年底,《大理州妇女发展规划(2001—2010年)》、《大理州儿童发展规划(2001—2010年)》中可量化目标为66项,达标的为60项,达标率为90.91%;不可量化目标为35项,达标的为33项,达标率为94.29%。

(张云霞)

(责任编校:王超英)

政协云南省大理州委

【概　述】 2010年是实施“十一五”规划的最后一年，也是应对国际金融危机后续影响和抗击百年不遇的特大干旱，保持全州经济社会平稳较快发展和社会和谐稳定的重要一年。年内，政协大理州委员会在中共大理州委的领导下，高举中国特色社会主义伟大旗帜，坚持以邓小平理论和“三个代表”重要思想为指导，深入贯彻落实科学发展观，围绕中共大理州委、州人民政府的中心工作，按照州政协十一届三次会议明确的任务，牢牢把握团结和民主两大主题，认真履行政治协商、民主监督、参政议政职能，充分发挥人民政协协调关系、汇聚力量、建言献策、服务大局的重要作用，为促进全州经济社会平稳较快发展和社会和谐稳定作出了重要贡献。

【召开政协大理州第十一届委员会第三次会议】 2010年2月1～5日，政协大理州第十一届委员会第三次会议在大理市下关召开。应到委员342名，实到328名。会议主要议程：①听取和审议《中国人民政治协商会议大理白族自治州第十一届委员会常务委员会工作报告》；②听取和审议《中国人民政治协商会议大理白族自治州第十一届委员会常务委员会关于十一届二次会议以来提案工作情况的报告》；③列席大理白族自治州第十二届人民代表大会第三次会议，听取并协商讨论《政府工作报告》，协商讨论《大理白族自治州中级人民法院工作报告》、《大理白族自治州人民检察院工作报告》及其他报告；④选举中国人民政治协商会议大理白族自治州第十一届委员会补选的常务委员；⑤审议通过《中国人民政治协商会议大理白族自治州第十一届委员会第三次会议决议》；⑥审议通过《中国人民政治协商会议大理白族自治州第十一届委员会第三次会议关于政协大理州第十一届委员会常务委员会工作报告的决议》；⑦审议通过《中国人民政治协商会议大理白族自治州第十一届委员会第三次会议关于政协大理州第十一届委员会常务委员会提案工作情况报告的决议》；⑧通过《中国人民政治协商会议大理白族自治州第十一届委员会提案委员会关于十一届三次会议提案审查情况的报告》。

会议听取和审议了大理州政协主席袁爱光代表政协大理州第十一届委员会常务委员会所作的工作报告和副主席孙珍玲代表政协大理州第十一届委员会常务委员会所作的提案工作情况报告。列席了大理白族自治州第十二届人民代表大会第三次会议，听取并协商讨论了州长何金平代表州人民政府所作的《政府工作报告》，协商讨论了《大理白族自治州中级人民法院工作报告》、《大理白族自治州人民检察院工作报告》及其他有关报告。选举了政协大理州第十一届委员会补选的常务委员。表彰了2008～2009年度优秀提案。审议通过了政协大理州第十一届委员会第三次会议决议、政协大理州第十一届委员会第三次会议关于政协大理州第十一届委员会常务委员会工作报告的决议、政协大理州第十一届委员会第三次会议关于政协大理州第十一届委员会常务委员会提案工作情况报告的决议，通过了政协大理州第十一届委员会提案委员会关于十一届三次会议提案审查情况的报告。会议期间，中共大理州委书记刘明到界别联组会听取各界别委员代表的意见建议，中共大理州委副书记、州长何金平率州政府领导成员和组成人员到《政府工作报告》协商讨论会听取委员协商讨论《政府工作报告》的意见和建议，州委、州政府分管政法工作的领导和法检“两长”到“两院”报告协商讨论会听取委员协商讨论“两院”报告的意见和建议。中共大理州委、州人大、州政府、州纪委领导，中国人民解放军77263部队和大理军分区首长，大理学院领导，州中级人民法院、州人民检察院、州公安局、州国家安全局主要领导共32位领导，担任过大理州正厅实职的老领导和历届州政协老领导共16人应邀到会指导，州级有关部门和企事业单位领导、中央和省驻关单位领导及有关人员共127人列席会议。

【政协大理州第十一届委员会第三次会议决议】 中国人民政治协商会议大理白族自治州第十一届委员会第三次会议，于2010年2月1～5日在下关举行。会议听取和审议了《中国人民政治协商会议大理白族自治州第十一届委员会常务委员会工作报告》、《中国人民政治协商会议大理白族自治州第十一届委员会常务委员会关于十一届二次会议以来提案工作情况的报告》。与会委员列席了大理白族自治州第十二届人民代表大会第三次会议，听取并协商讨论了《政府工作报告》和协商讨论了有关报告，协商讨论了《大理白族自治州中级人民法院工作报告》、《大理白族自治州人民检察院工作报告》。会议期间，中共大理州委和州人民政府领导参加了界别联组会、专题协商会，与各民主党派、工商联、无党派人士、各人民团体和各族各界代表人士交换意见，共商发展大计。全体委员以对人民高度负责的精神，认真履行职责，围绕经济发展方式转变和经济结构调整、保持全州经济社会平稳较快发展和社会和谐稳定中的重大问题积极议政建言。会议隆重热烈、富有成效，是一次和谐民主、求实创新、团结鼓劲、开拓奋进的大会。

会议审议通过了大理州政协主席袁爱光代表政协大理州第十一届委员会常务委员会所作的工作报告和副主席孙珍玲代表政协大理州第十一届委员会常务委员会所作的提案工作情况报告。

会议认为，2010年是大理州应对国际金融危机影响，实现经济社会平稳较快发展和社会和谐稳定的一年，也是全州实施“十一五”规划的关键之年。在中共大理州委的领导下，州政协团结全州各民主党派、各人民团体和各族各界人士，高举中国特色社会主义伟大旗帜，以邓小平理论和“三个代表”重要思想为指导，深入贯彻落实科学发展观，坚持围绕中心、服务大局，按照州政协十一届二次会议明确的任务，牢牢把握团结和民主两大主题，认真履行政治协商、民主监督、参政议政职能，充分发挥协调关系、汇聚力量、建言献策、服务大局的作用,为促进全州经济社会平稳较快发展和社会和谐稳定作出了重要贡献。

会议赞同州长何金平代表州人民政府所作的《政府工作报告》,赞同大理州中级人民法院院长黄为华所作的《大理白族自治州中级人民法院工作报告》和大理州检察院检察长普赵辉所作的《大理白族自治州人民检察院工作报告》。

会议认为,2010年面对国际金融危机持续蔓延,各种自然灾害频繁发生,给大理州经济社会发展带来的严重影响,州人民政府团结和依靠全州各族干部群众,深入贯彻落实科学发展观,坚定信心,砥砺奋进,共克时艰,努力化挑战为机遇,全力以赴保增长、保民生、保稳定,有效遏止了经济增速下滑态势,实现了经济总体回升向好,超额完成了确定的宏观预期目标,全州经济发展、民族团结、社会和谐的良好局面更加巩固。《政府工作报告》全面回顾了2009年所做的主要工作,客观分析了面临的机遇和挑战,根据州委六届八次全会精神,明确提出了2010年政府工作的总体要求,全州经济社会发展的主要预期目标,必须切实抓好十个方面的工作,努力构建人民满意的服务型政府,符合中央和省的要求,切合大理州实际,对于进一步统一思想、坚定信心、振奋精神,全面完成“十一五”规划的各项目标任务具有重要的指导意义。

会议指出,2010年是实施“十一五”规划的最后一年,也是进一步应对国际金融危机冲击,保持全州经济社会平稳较快发展和社会和谐稳定,为“十二五”规划启动实施奠定良好基础的重要一年。在中共大理州委的领导下,要全面贯彻中共十七大和十七届四中全会、胡锦涛总书记在庆祝人民政协成立60周年大会上的重要讲话精神,中共云南省委八届八次全委会和中共大理州委六届八次全委会精神,紧紧围绕州委、州人民政府确定的发展思路和工作部署,坚持团结和民主两大主题,切实履行政治协商、民主监督、参政议政职能,为促进全州经济社会平稳较快发展和社会和谐稳定作出新的贡献。

会议强调,国际金融危机影响依然存在,全州经济发展方式转变和经济结构调整任务艰巨,维护社会和谐稳定任务繁重,州政协要加强学习,不断提高履职水平和能力;开拓进取,为推动科学发展作出新贡献;把握主题,努力在促进社会和谐中发挥重要作用;进一步加强自身建设,更好地发挥职能作用。

会议号召,州、县市政协组织、政协各参加单位和广大政协委员,要紧密地团结在以胡锦涛为总书记的中共中央周围,在中共大理州委的领导下,高举中国特色社会主义伟大旗帜,以邓小平理论和“三个代表”重要思想为指导,深入贯彻落实科学发展观,同心同德、群策群力,开拓创新、扎实工作,为建设富裕民主文明开放和谐大理作出新的贡献。

此次会议还补选了政协大理州第十一届委员会常务委员名单 杨庆春(白族) 杨建军(白族) 张 继(白族)

【召开政协大理州第十一届委员会第九次常委会议】 3月8日,大理州政协十一届九次常委会议在大理市下关洱海宾馆召开。会议应到58人,实到50人。会议主要议程:传达学习中共云南省委书记白恩培在省委召开的领导干部会议上的讲话;审议通过政协大理州第十一届委员会常务委员会2010年工作要点;州政协主席袁爱光讲话。

会议传达学习了省委书记白恩培在省委召开的领导干部会议上的讲话,审议通过了《政协大理州第十一届委员会常务委员会2010年工作要点》,州政协主席袁爱光就确保州政协常委会2010年工作要点目标的实现作了重要讲话。副主席毕熊光、张树藩、孙珍玲、孙明、寇铸勋、杨泽恒,秘书长欧阳任和42名常委出席会议;州委常委、州政府副州长蔡春生,州委常委、州委统战部部长杨秀星应邀到会指导;各县政协主席和州政协机关不是常委的县处级干部列席会议。

【召开政协大理州第十一届委员会第十次常委会议】 2010年7月27日,州政协十一届十次常委会议在大理市下关洱海宾馆召开。会议应到58人,实到49人。会议主要议程:①听取和协商大理州人民政府关于《2010年上半年全州经济运行情况通报》;②州政协主席袁爱光讲话。

会议听取了中共大理州委常委、州政府副州长蔡春生所作的《2010年上半年全州经济运行情况通报》,通过了州政协常委会对州政府《2010年上半年全州经济运行情况通报》协商的意见建议。会议结束时,州政协主席袁爱光对常委会上半年工作进行了总结,对做好今年后5个月工作提出了要求。副主席毕熊光、张树藩、孙珍玲、孙明、寇铸勋、杨泽恒,秘书长欧阳任和41名常委出席会议,中共大理州委副书记王雪峰应邀到会指导,各县政协主席和州政协机关不是常委的县处级干部列席会议。

【召开政协大理州第十一届委员会第十一次常委会议】 2010年9月25~26日,州政协十一届十一次常委会议在大理市下关洱海宾馆召开。会议应到58人,实到42人。会议主要议程:民主评议大理州旅游局工作;州政协主席袁爱光讲话。

会议听取了州旅游局局长马金钟所作的关于大理州旅游局工作情况报告,对州旅游局工作进行了分组评议和大会民主测评,通过了州政协常委会对大理州旅游局工作的评议意见。州政协主席袁爱光对民主评议州旅游局工作进行了总结,对做好州政协工作提出要求。州政协副主席毕熊光、寇铸勋、杨泽恒和38名常委出席会议,中共大理州委常委、州委统战部部长杨秀星,州人民政府副州长许映苏应邀到会指导,各县政协主席和州政协机关不是常委的县处级干部列席会议。

【召开政协大理州第十一届委员会第十二次常委会议】 2011年1月12~13日,州政协十一届十二次常委会议在大理市下关龙山州政协常委会议厅举行。会议应到58人,实到50人。会议主要议程:①审议通过关于召开中国人民政治协商会议大理白族自治州第十一届委员会第四次会议的决定(草案);②审议通过中国人民政治协商会议大理白族自治州第十一届委员会第四次会议议程(草案)、日程(草案);③审议《中国人民政治协商会议大理白族自治州第十一届委员会常务委员会工作报告》(草案);④审议《中国人民政治协商会议大理白族自治州第十一届委员会常务委员会关于州政协十一届三次会议以来提案工作情况的报告》(草案);⑤协商大理白族自治州人民政府《政府工作报告》(协商稿);⑥协商《大理白族自治州国民经济和社会发展第十二个五年规划纲要》(协商稿);⑦听取大理白族自治州人民政府关于州政协十一届三次会议以来提案办理工作情况的通报;⑧审议通过中国人民政治协商会议大理白族自治州第十一届委员会第四次会议列席单位和列席人员名单(范围)(草案);⑨审议通过《中国人民政治协商会议大理白族自治州第十一届委员会常务委员会工作报告》报告人建议名单(草案);⑩审议通过《中国人民政治协商会议大理白族自治州第十一届委员会常务委员会关于州政协十一届三次会议以来提案工作情况的报告》报告人建议名单（草案）；⑪审议通过中国人民政治协商会议大理白族自治州第十一届委员会第四次会议秘书长、副秘书长建议名单（草案）；⑫有关人事事项（草案）；⑬州政协主席袁爱光讲话。

会议听取了州委常委、州政府常务副州长马建全所作的关于《政府工作报告（协商稿）》的说明和关于州政协十一届三次会议以来提案办理工作情况的通报，协商了《政府工作报告（协商稿）》、《大理白族自治州国民经济和社会发展第十二个五年规划纲要》（协商稿）；审议并原则通过了《中国人民政治协商会议大理白族自治州第十一届委员会常务委员会工作报告》（草案）和《中国人民政治协商会议大理白族自治州第十一届委员会常务委员会关于州政协十一届三次会议以来提案工作情况的报告》（草案）；审议通过了关于召开中国人民政治协商会议大理白族自治州第十一届委员会第四次会议的决定（草案）、议程（草案）、日程（草案）、列席单位和列席人员名单（草案）、《常委会工作报告》报告人建议名单（草案）、《常委会提案工作情况报告》报告人建议名单（草案）、大会秘书长、副秘书长建议名单（草案）；通过了有关人事事项和个别常委增补名单（草案）。会议决定州政协十一届四次会议于2011年2月14～18日在大理市下关召开。州政协主席袁爱光回顾总结了2010年州政协主要工作，提出了2011年工作打算，并就认真做好州政协十一届四次会议各项准备服务工作提出了要求。州政协副主席毕熊光、张树藩、孙珍玲、孙明、寇铸勋、杨泽恒，秘书长欧阳任和42名常委出席会议，各县政协主席和州政协机关不是常委的县处级干部列席会议。

州政协十一届十二次常委会议通过了以下人事任命：倪永华任州政协人口资源环境委员会主任；李联鹏任州政协办公室副主任；熊添祥任州政协经济委员会副主任。

州政协十一届十二次常委会议通过了以下个别委员增补：因工作需要，增补倪永华为政协大理州第十一届委员会委员。

州政协十一届十二次常委会议通过了以下个别常委增补名单（草案）：因工作需要，决定补选倪永华为政协大理州第十一届委员会常务委员会委员，提请州政协十一届四次会议选举。

【召开2010年重点提案办理面商会】 7月26日，大理州政协召开2010年重点提案办理面商会，对民盟大理州委提交的《保护洱海、保护海西大力发展循环农业的建议》（承办单位：州农业局），杨跃光委员提交的《加强工业园区软硬件建设，提升招商引资的规模和质量的建议》（承办单位：州经委），孟璟委员提交的《关于提升大理市公共交通体系整体运营能力的建议》（承办单位：大理市政府）3件重点提案进行面商办理。面商会由提案者对提案的案由和要求进行陈述、办理单位对提案办理情况进行答复，经提、办双方诚恳协商，3件重点提案的提案者对办理情况均表示满意。州政协主席袁爱光对面商会取得的成效给予了充分肯定，并就进一步做好提案工作提出了要求。州政府副州长岳黎松出席面商会并讲话，州政协副主席孙珍玲主持会议，州政协副主席毕熊光、张树藩、孙明、杨泽恒，秘书长欧阳任，州政协各专委会主任和提案委员会委员出席面商会。

【召开主席会议专题协商土地整治工作】 9月16日上午，大理州政协召开第33次主席会议，听取州国土资源局局长李福安关于《大理州土地整治工作情况的介绍》，对进一步推进大理州土地整治工作进行了专题协商。会议对大理州多年来的土地整治工作表示满意，对下步土地整治工作提出了要进一步提高认识，搞好统筹规划，严密科学组织实施；进一步提高土地整治工作效果等协商意见。州政协主席袁爱光主持会议，州政协副主席毕熊光、张树藩、孙明、寇铸勋，秘书长欧阳任出席会议，州政协各专委会主任列席了会议。

【召开主席会议专题协商就业再就业工作】 10月13日下午，大理州政协召开第34次主席会议，听取州劳动和社会保障局局长张松《关于全州就业再就业工作情况的报告》，对进一步做好大理州就业再就业工作进行了专题协商。会议对大理州“十一五”期间在就业再就业工作方面取得的成绩给予了充分肯定，同时针对存在困难，就如何进一步促进就业观念转变、拓宽就业渠道、提高劳动者素质、加大劳务输出、加强公共就业服务能力建设提出了协商意见。州政协主席袁爱光主持会议，州政协副主席毕熊光、张树藩、孙珍玲、孙明、杨泽恒，秘书长欧阳任出席会议，州政协各委室主任列席会议。

【召开主席会议专题协商人口出生缺陷预防项目实施情况】 10月14日上午，大理州政协召开第35次主席会议，听取州人口和计划生育委员会主任芮雪梅《关于大理州开展人口出生缺陷预防项目实施情况的报告》，对进一步做好大理州人口出生缺陷预防工作进行了专题协商。会议对大理州2006年以来开展人口出生缺陷预防项目取得的成绩表示满意，并就进一步做好人口出生缺陷预防工作提出了要加强领导、抓好预防知识普及、扩大项目覆盖面、加强队伍建设等协商意见。州政协主席袁爱光主持会议，州政协副主席张树藩、孙珍玲、孙明、杨泽恒，秘书长欧阳任出席会议，州政协各委室主任列席会议。

【召开主席会议专题协商发挥侨界在对外开放中的作用】 10月25日，大理州政协召开第36次主席会议，听取州侨联副主席、侨办副主任邓必安《关于进一步发挥侨界在对外开放中积极作用的报告》，对进一步发挥侨界在对外开放中的积极作用情况进行了专题协商。会议对多年来大理州发挥侨界在对外开放中的积极作用的工作表示满意，对进一步发挥侨界在对外开放中的积极作用提出了要深化认识发挥优势、建立华侨资源人才库、注重侨务网站建设、加大对外宣传力度、加强信息收集研究、有针对性地做好“走出去，请进来”工作、建立健全为侨服务机制、做好维权服务等协商意见。州政协主席袁爱光主持会议，州政协副主席毕熊光、张树藩、孙明、杨泽恒出席会议，州政协各委室主任列席会议。

【召开主席会议审定《洱海保护》专辑文史资料】 11月30日，大理州政协召开第37次主席会议，听取文史和学习委员会关于《洱海保护》专辑文史资料的征稿、编辑和稿件组成等情况汇报，审定通过了大理州文史资料第十四辑《洱海保护》专辑，并就专辑的图片选用、确保出版质量等提出了要求。州政协主席袁爱光主持会议，州政协副主席毕熊光、张树藩、孙珍玲、孙明、寇铸勋、杨泽恒出席会议，各委室主任列席会议。

【召开党组扩大会议传达贯彻省委政协工作会议精神】 10月9日上午，大理州政协党组召开扩大会议，传达贯彻落实省委政协工作会议精神。州政协党组书记、主席袁爱光主持会议并传达了省委政协工作会议的概况和《中共云南省委关于支持人民政协履行职能发挥作用的意见》;州政协党组副书记、副主席毕熊光传达了省委书记白恩培,省委副书记、省长秦光荣,省委副书记李纪恒,省政协主席王学仁在省委政协工作会议上的讲话精神;袁爱光对州政协深入学习贯彻省委政协工作会议精神,圆满完成今年各项工作任务作了安排部署。州政协党组全体成员出席会议,非中共党员副主席、各委室主任列席会议。

【召开党组扩大会议学习贯彻中共十七届五中全会精神】 10月25日,大理州政协党组召开扩大会议专题学习贯彻党的十七届五中全会精神。会议认真学习了党的十七届五中全会公报,提出要把进一步学习贯彻党的十七届五中全会精神作为当前和今后一个时期的重要任务,以十七届五中全会精神为指导,认真履行政协职能,全面完成好今年的各项工作任务,及早谋划明年工作,为全州"十二五"规划的制定献计出力、作出贡献。州政协党组书记、主席袁爱光主持会议,州政协党组成员出席会议,非中共党员副主席、各委室主任列席会议。

【召开全州政协民族宗教和联络工作座谈会】 3月25日,大理州政协在下关召开全州政协民族宗教和联络工作座谈会。州政协民族宗教和联络委员会委员,各县市政协分管民族宗教和联络委员会的领导,各县市政协民族宗教和联络委员会主任参加会议,州委统战部、州民委领导应邀参加会议。州政协常务副主席毕熊光出席会议并讲话。毕熊光在讲话中充分肯定了民族宗教和联络委员会工作,并提出了三点要求:①加强学习,提高素质,做到政治上清醒坚定。②突出"团结、民主"两大主题,明确"发展、稳定"两大任务。③开拓创新,推动政协民族宗教和外联工作科学发展。州政协民族宗教和联络委员会主任马利和传达了全省政协民族和宗教工作座谈会议精神,总结了2009年州政协民族宗教和联络委员会工作,通报了2010年工作要点。洱源、剑川、鹤庆、漾濞县政协民族宗教和联络委员会作了交流发言。

【全省政协经济委员会联系会议在大理召开】 11月16~17日,2010年度全省政协经济委员会联系会议在大理市下关召开。省政协副主席王学智出席会议并讲话。中共大理州委书记刘明向与会人员介绍了大理州的基本情况。州政协主席袁爱光在会上致欢迎辞,并介绍了大理州政协的工作情况。州委常委、州政府副州长蔡春生,州人大副主任张如旺,州政协副主席张树藩出席会议。省政协经济委员会主任段增庆主持会议。省政协经济委员会领导及全省16个州市政协分管领导和经济委员会负责人参加会议。

【专题学习《党员领导干部廉洁从政若干准则》】 3月16日,大理州政协召开机关全体党员干部职工会议专题学习中共中央新颁布的《中国共产党党员领导干部廉洁从政若干准则》。秘书长欧阳任组织学习了《中国共产党党员领导干部廉洁从政若干准则》,州政协主席袁爱光对州政协领导班子成员、机关县处级干部进一步学好《准则》、强化廉洁自律意识、模范遵守《准则》等方面提出了要求。

【开展创先争优活动】 6月18日下午,大理州政协召开机关全体党员干部职工会议,对在州政协机关党组织和党员中开展创先争优活动进行动员部署。州政协秘书长、机关党总支书记欧阳任从开展创先争优活动的总体要求、主要内容、方式和组织领导四个方面作了动员部署,州政协党组副书记、常务副主席毕熊光就开展创先争优活动如何与政协履行职能相结合、与树立政协机关形象相结合、与提高党员干部工作能力水平相结合,提出了要求。

【开展向普发兴学习活动】 8月17日上午,州政协机关召开全体党员干部职工会议,对开展向普发兴学习活动进行部署。州政协办公室主任、机关党总支副书记李兴汉传达了中共大理州委办公室《关于向普发兴学习,把创先争优活动推向深入的通知》,并就州政协机关开展向普发兴学习活动作了具体安排。州政协党组副书记、常务副主席毕熊光就学习普发兴精神,进一步加强政协机关建设,推动政协工作提出了要求。

【开展党风廉政建设教育活动】 12月6日,大理州政协召开机关全体党员干部职工会议,请中共大理州纪委副书记靳汝柏上党风廉政建设教育党课。靳汝柏从中共中央新颁布《中国共产党党员领导干部廉洁从政若干准则》(以下简称《准则》)的重要意义、中央出台新《准则》的背景及过程、新《准则》与原《准则》有哪些创新之处、新《准则》的基本内容四个方面进行了宣讲。随后组织机关全体党员干部职工到大理警示教育基地进行警示教育。

【中共大理州委召开政协工作会议】 12月29日,中共大理州委在大理市下关召开政协工作会议。州委书记刘明,州委副书记、州政府州长何金平,州政协主席袁爱光出席会议并讲话。州委副书记王雪峰主持会议。中共大理州委常委,州人大常委会主任、副主任,州政府副州长,州政协副主席,州中级人民法院、州人民检察院主要领导,州政府州长助理,州人大、州政府、州政协秘书长,州级相关党政部门和企事业单位、州级各人民团体和工商联、中央及省驻大理有关单位、解放军和武警驻大理有关单位党组(党委)主要负责人,州级各民主党派、州政协各专委室主要负责人,各县县委书记、县市政协主席、县市委统战部部长出席会议。会上下发了《中共大理州委关于支持人民政协履行职能发挥作用的意见》。

【举行新年茶话会】 12月30日上午,大理州政协在大理市下关龙山举行2011年新年茶话会。大理州党政军领导和各族各界人士欢聚一堂,共同迎接2011年新年的到来。中共大理州委书记刘明出席会议并讲话,州委副书记、州政府州长何金平,州委副书记王雪峰,州人大常委会主任字国顺出席会议。州政协主席袁爱光致辞,副主席毕熊光主持茶话会。

刘明代表州委、州政府,向全州各民主党派、工商联和无党派人士、各人民团体,向全州广大工人、农民、知识分子、干部和各界人士,向驻大理的人民解放军指战员、武警官兵和公安干警,向"三胞"眷属,向关心和支持大理建设发展的海内外朋友,表示亲切的问候和节日的祝福。

刘明说,即将过去的2010年,是全面完成"十一五"目标任务的关键之年。一年来,在省委、省人民政府的正确领导下,面对国际金融危机后续影响和百年不遇的特大干旱,州委、州人民政府团结和带领全州各族干部群众,坚持一手抓抗旱保民生,一手抓生产促发展,较好地完成了年初确定的各项目标任务,保证了"十一五"规划目标任务的圆满完成。"十一五"期间,全州基础设施显著改善、改革开放深入推进、文化建设成绩斐然、生态建设成效明显、社会建设协调发展、党的建设不断加强。"十一五"时期已成为全州经济社会发展最好最快、城乡面貌变化最大、生态建设最好、各族人民得实惠最多的时期之一。这些成绩的取得，是省委、省人民政府正确领导的结果，是州委、州人民政府团结和带领全州各族干部群众积极应对挑战的结果，是全州各族各界人士团结拼搏的结果。长期以来，全州政协组织和广大政协委员高举爱国主义、社会主义旗帜，牢牢把握团结和民主两大主题，自觉服从和服务大局，切实履行政治协商、民主监督、参政议政职能，做到了服务大局有高度、建言献策有深度、民主监督有力度、团结合作有广度、自身建设有强度，为促进全州经济社会又好又快发展做出了重要贡献。

刘明指出，2011年是实施“十二五”规划的开局之年。随着国家深入实施西部大开发战略，省委、省人民政府实施“建设绿色经济强省、民族文化强省、中国面向西南开放的重要桥头堡”战略和滇西中心城市建设的推进，历史正向我们敞开机遇的大门。站在新的历史起点上，我们必须全面贯彻党的十七大和十七届三中、四中、五中全会、中央经济工作会议、省委八届十次全委会和州委六届十次全委会精神，以邓小平理论和“三个代表”重要思想为指导，深入贯彻落实科学发展观，紧紧围绕“争当民族团结进步模范州、生态文明建设排头兵、旅游二次创业生力军、滇西城镇化进程领跑者、建设民族文化强省先行者”的目标，坚持“生态优先、农业稳州、工业强州、文化立州、旅游兴州、和谐安州”的发展思路，为“十二五”规划开好局、起好步。在新的一年里，希望全州政协组织和广大政协委员更加准确地把握人民政协工作的科学定位，更加自觉地服务中心，更加全面地继承和发扬人民政协的优良传统，多想科学发展大事，多谋科学发展大计，多建睿智之言，多献务实之策，努力为推进富裕民主文明开放和谐大理建设作出新的更大贡献。

袁爱光在茶话会上致辞时说，2011年，是全州实施“十二五”规划的开局之年，在新的一年里，在中共大理州委的领导下，在州人民政府和各方面的支持下，我们要进一步组织和动员全州各级政协组织、政协各参加单位和广大政协委员，紧紧围绕州委、州人民政府的中心工作，牢牢把握团结和民主两大主题，认真履行政治协商、民主监督、参政议政职能，充分发挥人民政协协调关系、汇聚力量、建言献策、服务大局的作用，加强学习，不断提高履职能力，为推动“十二五”规划开好局、起好步献计出力，为在新起点上奋力实现全州经济社会发展新跨越而努力工作。

驻军代表、民主党派代表、宗教界代表、侨联代表、青联代表、新闻出版界代表先后在茶话会上发言。

出席茶话会的州领导还有：中共大理州委常委，州人大常委会副主任，州政府副州长，州政协副主席，大理学院领导，大理军分区和驻军首长，州中级人民法院、州人民检察院、州国家安全局主要领导，州政府州长助理，州人大、州政府、州政协秘书长。州级相关党政部门和企事业单位、州级各党派团体和工商联、中央及省驻大理有关单位领导，州政协在关正副厅级离退休老领导，在关省政协委员、州政协常委，各族各界代表等，共300多人出席茶话会。

【提案委员会2010年主要工作】 2010年，大理州政协提案委员会坚持“围绕中心、服务大局、提高质量、讲求实效”的提案工作方针，扎实努力工作，较好地完成了全年的工作任务。①认真抓好学习。认真学习中共十七大和十七届四中、五中全会精神和胡锦涛总书记在人民政协成立60周年大会上的重要讲话精神等，不断提高工作水平。②认真抓好提案工作。2010年共收到提案388件，立案383件，所有立案的提案均已办复。从反馈意见情况看，委员们对办理满意和基本满意率达90.6%。对2008~2009年的优秀提案进行了表彰，提案数量增加，质量和效果不断提高。③认真抓好调研。由州政协提案委牵头，州政协社法委、州经委等有关部门领导和部分州政协委员组成调研组，于5月中下旬到大理市、巍山县部分生物制药企业，对大理州生物制药产业发展情况进行了专题调研。④认真抓好交流工作。参加“云南省政协第十九次提案工作座谈会暨提案工作研讨会”、“川滇黔赣冀五省二十地市州政协第二十八次联系会议”、云南省八自治州政协第二十二次横向联系会议，认真交流学习提案工作和专委会经验。⑤认真抓好相关工作。提案委副主任抽调任永平县博南镇新农村建设工作队队长，被评为省级优秀新农村建设指导员；开展学习型党支部建设的有关工作。

【经济委员会2010年主要工作】 2010年，大理州政协经济委员会紧紧围绕中共大理州委、州人民政府的中心工作，按照《政协大理州第十一届委员会常务委员会2010年工作要点》的安排，认真履职，圆满地完成了年度工作任务。①加强理论学习，提高履职能力。采取参加机关各种学习、云南时代前沿知识讲座、组织委员学习等形式，加强理论政策学习，不断提高专委会的履职能力。②认真履职，积极建言献策。4月份，联合大理市政协，组织相应州市政协委员，对大理市洱海流域“百村整治”工程实施情况进行了视察。6月份，组织部分州政协委员对全州国有资产监督管理全覆盖试点工作情况进行调研。调研和视察所提意见建议，得到州政府及相关部门和各县市的高度重视和好评。③积极主动，为主席会专题协商作准备。由分管副主席带队，深入到相关县市对土地整治工作进行调研，为州政协第33次主席会议专题协商大理州土地整治工作进行了充分准备。④ 加强与政府部门及其他地区市政协的横向联系工作。积极参与政协挂钩县祥云、永平等地的抗旱救灾，参加全国政协横向联系会议，参加全州中低产田改造验收。⑤关注社会热、难点，积极撰写提案。提了《关于应对国际金融危机政府应加强对工业企业的保护与扶持》、《关于调整数字电视收视费》、《关于加快大理田园风光保护的立法进程》等提案。

【人口资源环境委员会2010年主要工作】 2010年，大理州政协人口资源环境委员会，紧紧围绕州政协十一届三次会议确定的工作目标，抓住促进人口、资源和环境协调和可持续发展这个重点，认真履职，为促进全州经济社会平稳较快发展和社会和谐稳定作出了积极努力。①注重学习，努力提高履职能力。认真学习中共十七大和十七届四中、五中全会精神和胡锦涛总书记在庆祝人民政协成立60周年大会上的重要讲话，以及中央、省、州有关人口资源环境工作的大政方针政策，为各项工作的顺利开展奠定思想基础。②认真履职，精心组织视察和调研工作。与大理市政协联合，组织部分州、市政协常委、委员，对海东开发建设情况进行了视察，提出了有深度、有价值的意见建议。组织专委会人员和有关委员，深入大理市、洱源县等地，对建立洱海流域低碳经济试验区开展了专题调研，对大理州低碳经济发展起了一定的借鉴和作用。③组织落实主席会专题协商相关事宜。召开计划生育服务专题座谈会和深入祥云县开展专题调研，为州政协第35次主席会议专题协商大理州开展人口出生缺陷预防项目实施情况，起草了协商意见。④做好州政协机关“洱海保护月”挂钩联系活动工作。组织刘官厂村委会所属六个自然村的干部群众开展了清洁卫生大扫除，组织州政协机关全体干部职工到刘官厂村开展环境卫生大清扫，巩固刘官厂村家庭污水处理设施的应用。⑤强化协调，注重增强专委会工作活力。强化与州级对口部门的联系，参加对口联系部门的工作开展。按照州委、州政府的安排，州政协派出2人分别参加洱源县、剑川县的项目督查专员组的工作。

【教科文卫体委员会2010年主要工作】2010年，大理州政协教科文卫体委员会围绕州委、州政府的中心工作和全州教育、科技、文化、卫生、体育等社会事业方面的热点、难点等问题，认真履行职能，圆满完成了各项工作任务。①认真学习，提高履行职能水平。认真学习贯彻党的十七大和十七届四中、五中全会精神，以及省州党委有关会议精神，专委会领导参加云南省领导干部时代前沿知识讲座和干部在线学习等，为做好各项工作奠定了基础。②对全州历史文化古镇古村保护工作情况进行了专题调研。在分管副主席带领下，组织部分州政协委员和相关部门领导组成调研组，于4月份深入大理市、巍山县、云龙县、剑川县调研，提出了进一步加强对全州历史文化古镇古村保护的建议。③对全州广播电视“村村通”直播卫星覆盖工程建设情况进行视察。由分管副主席、有关部门领导和部分州政协委员组成视察组，于6月份深入祥云县、南涧县的部分乡、村视察，形成了视察报告。④认真督促检查州政协山区民族教育奖励基金援建项目。⑤加强与对口联系部门的联系和沟通。积极参加教育、卫生、广电等系统招考公务员和专业技术人员的监督，州科技局、州广电局、州民族中学和州实验中学等有关活动。⑥组织全州各县市政协、各民主党派、工商联参加“祥和彩云南”云南省政协系统书画摄影作品展览活动，大理州选送书画摄影作品24件、获奖16件，其中二等奖3名、三等奖6名、优秀奖7名，是获奖较多的单位之一。

【社会和法制委员会2010年主要工作】2010年，大理州政协社会和法制委员会紧紧围绕州委、州人民政府中心工作，认真履行职能，较好地完成了各项工作任务。①加强学习，提高认识。组织委员学习中共十七大、十七届三中、四中、五中全会精神、胡锦涛总书记在庆祝中国人民政治协商会议成立60周年大会上的重要讲话精神、省委政协工作会议、州委政协工作会议精神，不断增强委员履行政协职能的责任意识，提高委员参政议政的能力和水平。②围绕中心，服务大局。紧紧抓住州委、州人民政府高度关注的重点工作开展视察调研，完成了《关于全州农村专业合作组织发展情况的调研报告》、《关于大理州就业再就业工作情况报告》、《关于对全州平安创建工作情况视察的报告》，组织委员积极参加2010年全省民生论坛论文征集活动，共上报论文31篇，其中有1篇获2等奖。结合“五五”普法工作的实施，配合有关部门做好法制宣传工作。③拓宽渠道，广泛联谊。主动邀请相关部门通报情况、上门征求相关部门的意见，应邀参加相关部门的会议。积极协助和参与省政协组织的调查、视察和考察工作，加强与县市政协法制委的联系，定期走访对口联系单位和委员，不断改进专委会工作。④强化管理，完善措施。进一步梳理完善了法制委各项制度，开展了创先争优活动等活动，积极为社法委委员做好服务工作，圆满完成各项任务。

【民族宗教和联络委员会2010年主要工作】2010年，民族宗教和联络委员会紧紧围绕中共大理州委、州人民政府的中心工作，按照州政协常委会2010年的工作要点和本专委会的工作计划开展工作，为大理州经济社会发展做出了积极努力。①加强理论学习，不断提高素质。认真学习贯彻落实科学发展观和党的十七届四中、五中全会精神及中共大理州委八届九次全委会精神、新时期党的民族宗教和港澳台侨政策法规，为做好工作奠定基础。②认真组织开展专题调研视察工作。在分管副主席的带领下，3月份组织州民委、州环保局、九三学社大理州委及有关人员深入大理市、巍山县、永平县、洱源县对乡村垃圾处理情况进行调研；6月份组织部分州政协委员和相关部门领导深入永平县、洱源县对全州民族团结示范村创建工作情况进行了专题视察。③求实创新，外联工作成效明显。为第36次主席会议专题协商进一步发挥侨界在对外开放中积极作用做好各项准备工作。牵头召开了州人大外事华侨委、州侨联、州侨办、州政协民族宗教和联络委员会及致公党大理州委参加的“五侨”联谊会。④积极推进创建“和谐寺观教堂”活动。积极参加民族宗教节日、庆典活动，广泛听取宗教界的意见建议，帮助协调解决一些实际困难和问题。⑤召开了全州政协民族宗教和联络委员会工作总结交流座谈会。⑥积极开展千村扶贫开发百村整体推进工作。专委会综合科科长在祥云县普淜镇杨家屋村负责实施“千村扶贫开发百村整体推进”工作，成效明显，得到当地干部群众的好评。

【文史和学习委员会2010年主要工作】2010年，大理州政协文史和学习委员会围绕州委、州政府中心工作和州政协常委会工作部署，认真履行职能，较好地完成了各项工作任务。①加强学习，提高履职水平。认真学习中共十七大、十七届四中、五中全会精神和中央、省、州党委关于政协工作的重要会议精神，积极参加省、州组织的各种学习，同时组织州、县政协文史和学习委部分干部到西藏、重庆考察学习文史工作，为履行职能奠定了基础。②搞好史料征集研究，文史工作取得新成绩。严把文史资料的史实关、政治关、文字关，编印出版了大理州文史资料第十四辑《洱海保护》专辑；认真做好大理州文史资料第十五辑《大理旅游》专辑的征稿工作。完成了2010年《云南省政协年鉴》和《大理州年鉴》大理州政协篇目的编纂工作。③围绕中心，开展视察调研。在分管副主席的带领下，组织部分州政协常委、委员和相关部门负责人，对大理州廉租住房建设情况进行了视察，为进一步大理州推进廉租住房建设提供了积极的参考。完成了省政协办公厅安排给州政协的政协新闻宣传工作调研。④编印学习宣传资料，推动委员学习。编印了《大理政协》四期、《大理州政协建言献策汇编》第三辑、《大理州各县市政协建言献策选编》第三辑，并协同办公室做好政协宣传工作。⑤参与中心工作，服从服务大局。文史和学习委主任在1~3月继续负责宾川、云龙、永平、漾濞四县第三批学习实践科学发展观活动的巡回检查工作，圆满完成了州委安排的工作任务。文史和学习委调研员参加大理州重点项目督查专员组，到弥渡县进行项目督查。

【省政协副主席管国忠到大理调研】1月6日，云南省政协副主席管国忠到大理州政协调研，先后深入挂钩点大理市下关镇刘官厂村调研新农村建设，并到州政协机关看望政协干部职工。管国忠副主席听取了州政协主席袁爱光和大理市下关镇负责人的情况汇报，实地察看了刘官厂南经庄、北经庄两个自然村新农村示范村建设和凤阳邑村开展“零排放”养猪技术实验的做法，对州政协挂钩点新农村建设特别是洱海流域农村环境整治等成功做法给予充分肯定，提出要坚持以人为本、着力改善民生，切实发挥好新农村建设示范点的示范推广作用，要让农民享受到实实在在的好处等要求。州政协主席袁爱光，副主席毕熊光、孙明等陪同调研。

【表彰优秀提案】 2月5日上午，在大理州政协十一届三次会议闭幕会上，对2008～2009年度评选出来的40件优秀提案进行了表彰。州政协副主席孙珍玲宣读了《政协大理州委员会关于表彰2008年至2009年优秀提案的决定》，在主席台前排就座的中共大理州委副书记、州长何金平，州政协主席袁爱光，副主席毕熊光、张树藩、孙珍玲、孙明、寇铸勋、杨泽恒，秘书长欧阳任为获得优秀提案的委员颁奖。

【开展“洱海保护月”活动】 2月8日，大理州政协机关在大理市下关镇刘官厂村村委会北经庄自然村举行2010年“洱海保护月”活动启动仪式。州政协机关全体干部职工、下关镇党委政府领导、刘官厂村村干部和部分村民参加启动仪式。启动仪式在刘官厂村村委会的七个自然村开展了环境卫生大清扫和检查评比表彰活动。

【为抗旱救灾捐款】 2010年2月23日，大理州政协机关召开干部职工大会，为旱灾灾区捐款。大理州自2009年9月以来，遭遇了有气象记录以来60年不遇的特大旱情，抗旱形势异常严峻。为帮助灾区群众战胜灾害、渡过难关，州政协机关及时组织向灾区献爱心捐款活动，机关干部职工61人捐款1.67万元。随后有机关党员（含老干支部）66人捐款9150元，工会组织捐款3050元，共为灾区捐款2.89万元。

【袁爱光到祥云县检查指导抗旱救灾工作】 3月2日、17日和5月20日，大理州政协主席袁爱光先后三次到祥云县检查指导抗旱救灾工作。袁爱光深入祥云县普淜、云南驿、沙龙、禾甸、米甸、祥城、下庄等乡镇察看旱情，听取县委、县政府和有关部门的情况汇报。袁爱光充分肯定了祥云县的抗旱救灾工作，要求祥云县把抗旱救灾作为当前最大的政治、最硬的任务和最急迫的工作来抓，加强领导，确保灾区人畜饮水安全；加强灾情监测，搞好摸底排查，切实安排好受灾群众生活；统筹兼顾，合理安排，扎实抓好春耕生产、农村劳动力转移、基础设施建设、工业发展、森林防火等各项工作，推进全县经济社会平稳较快发展。

【袁爱光到祥云县检查指导祥姚公路建设】 3月30日，大理州政协主席袁爱光到祥云县检查指导祥姚公路建设。袁爱光听取了祥姚公路建设情况，并深入祥姚公路龙凤街施工段现场实地查看后，肯定了祥姚公路建设前期工作，对下步工作提出了三点要求：①要进一步强化措施，确保按计划时间顺利完成征地拆迁任务。②要进一步落实责任，确保按期完成工程建设任务。③要进一步严格管理，确保实现优质工程和廉政工程的目标。

【省政协副主席王学智到大理慰问省外援助抗旱队伍】 4月21日，云南省政协副主席王学智带领由省财政厅、省国土资源厅参加的省委、省政府第五慰问组，在州委副书记王雪峰、副州长岳黎松、州政协副主席孙明的陪同下，先后到祥云、永平两县慰问四川省冶金地质勘察水文工程队、中国地质调查局水文地质调查中心、湖北省地质环境监测总站等省外援助云南的抗旱单位慰问，感谢他们对大理抗旱救灾的援助和作出的贡献。同时要求州、县相关部门要加强与省外援助单位沟通协调，为外援单位提供周到的服务。

【省政协调研组到大理调研“十二五”经济社会发展思路】 5月10～13日，云南省政协调研组到大理对“十二五”经济社会发展思路进行专题调研。调研组在苍山饭店听取了州人民政府副州长许映苏关于大理州“十一五”以来经济社会发展情况、当前存在的主要困难和问题以及“十二五”经济社会发展思路的汇报。随后在州政协副主席毕熊光及相关部门负责人的陪同下，深入云龙县、剑川县调研。调研组对大理州“十一五”期间大力改善边疆民族地区贫困面貌取得的成绩给予充分肯定和高度评价，希望大理州在下一步工作中结合“十二五”规划的编制，加大对民族和民生方面的投入，开创民族团结、社会和谐、经济发展的新局面。

【到普发兴故乡祥云参观学习】 8月18日，大理州政协机关党总支组织机关全体党员干部职工到祥云下庄普发兴故乡参观学习。学习活动参观了普发兴先进事迹陈列室和下庄社区党建活动室，观看了普发兴先进事迹电视片，举行了学习活动座谈会。州政协秘书长、机关党总支书记欧阳任在座谈会上要求机关全体党员干部职工要把学习普发兴精神落实在行动上，推进政协工作新发展。参加活动的党员干部职工表示，要以普发兴为榜样，努力做好政协工作，为促进大理经济发展、社会和谐做出新的贡献。

【专题调研富有成效】 2010年大理州政协的专题调研工作，紧紧围绕中共大理州委、州人民政府的中心工作，精心选择调研题目，认真组织委员开展专题调研，充分发挥政协建言献策、服务大局的作用。一年来，扎实开展了对建立洱海流域低碳经济试验区、大理州农民专业合作组织发展情况、国有资产监督管理全覆盖试点工作、历史文化古镇古村保护、生物制药产业发展、乡村垃圾处理等课题调研。州政协调研报告报送后，州委、州人民政府主要领导分别作出重要批示，要求有关部门认真研究采纳，抓好落实。由于州委、州人民政府高度重视政协调研工作，许多意见建议及时转化为决策依据和政策措施。

【专项工作效果明显】 2010年，大理州政协根据中共大理州委、州人民政府主要领导安排，由州政协主要领导牵头，州、市县相关领导及州、市县相关部门领导、专家参加，分别组成了环洱海沿岸建设项目顾问组、海东开发规划建设顾问组、大理省级经济开发区和大理省级旅游度假区工作调研组、大理木香坪风电场及旅游综合开发项目调研组，对相关工作进行了深入调研，及时提出意见建议，供州委、州人民政府决策参考。对顾问组和调研组提出的意见建议，州委、州人民政府高度重视，认真研究，分别下发了《关于环洱海沿岸保护和开发及下关城区改造提升有关工作的意见》、《关于海东开发规划建设的意见》、《关于进一步推动大理省级经济开发区和省级旅游度假区发展的决定》的文件和《大理木香坪风电场及旅游综合开发项目专题会议纪要》，有力地推动了有关工作的开展。

【视察大理市洱海流域“百村整治”实施情况】 2010年4月8～9日，在大理州政协副主席张树藩的带领下，由州政协经济委牵头，联合大理市政协，组织部分州、市政协委员对大理市洱海流域“百村整治”实施情况进行了视察。视察活动听取了市人民政府关于洱海流域“百村整治”工程进展情况汇报，深入大理市下关镇、大理镇、银桥镇、湾桥镇、喜洲镇实地察看整治情况，形成了视察报告，从加强领导，强化宣传；完善规划，引领发展；抓好融资，加大投入；突出重点，打好基础；培植产业，加快发展等五个方面提出了16条意见建议。

【省政协领导到大理视察抗旱和春耕备耕工作】 4月13日，云南省政协常务副主席管国忠、副主席倪慧芳率领省政协抗旱和春耕备耕工作视察组，在州政协主席袁爱光、州人民政府副州长岳黎松、州政协常务副主席毕熊光以及祥云县领导的陪同下，深入祥云县沙龙镇青海湖、云南驿镇北溯村、刘厂镇松梅村实地视察，并在祥云听取了岳黎松副州长代表州委、州人民政府所作的大理州抗旱救灾工作情况汇报。管国忠对大理州及祥云县抗旱救灾工作给予了充分肯定，并对进一步组织开展好抗旱救灾工作提出了四点要求：①坚持科学救灾与科学发展相结合，积极引导和帮助受灾农户因地制宜开展生产自救，保证每一个群众能喝上干净水，保证不发生饮水安全事故。②保证受灾群众不断粮、不缺粮。③确保农作物安全，抓好籽种等农用物资筹备，切实加强抗旱救灾促春耕工作。④规划好水利设施工程，加强饮水工程建设。州政府办公室、农业局、水利局、民政局、气象局主要领导陪同视察。

【视察海东开发建设】 4月26日，大理州政协、大理市政协联合组织部分州、市政协常委、委员，在州政协主席袁爱光、副主席孙明的带领下，深入海东开发现场和认真听取有关部门领导、专家意见，对海东开发建设情况进行了视察，从切实加强领导，保障开发顺利实施；完善规划编制，引领开发有序推进；强化项目建设，加快整体开发步伐；完善工作机制，优质高效服务开发；统筹辖区发展，营造和谐开发氛围等五个方面提出了19条意见建议。

【视察廉租住房建设】 5月17～20日，大理州政协组织了由副主席孙明带队，文史和学习委员会牵头，部分州政协常委、委员和相关部门负责人参加的视察组，分别听取了州人民政府和大理市、永平县、洱源县人民政府实施廉租住房建设情况介绍，深入大理市、永平县、洱源县在建的廉租住房施工现场和部分已入住廉租房的住户家中察看了解情况，从高度重视，切实加强领导；强势推进，全力抓好廉租住房项目规划建设；加强研究，不断完善科学合理的廉租住房固定资产运转管理机制；完善设施，加快小区配套工程建设；强化协调，提高动态监管水平；加强督查，确保住房保障各项政策措施全面落实等六个方面提出了13条意见建议。

【视察平安创建】 2010年6月10～11日，在大理州政协主席袁爱光、副主席孙珍玲的带领下，由州政协社会和法制委员会牵头，组织部分州政协委员对大理州平安创建工作情况进行了视察。视察活动深入弥渡县、大理市的有关单位、乡镇、村委会、社区居委会实地视察，听取了州委政法委书记茶忠旺关于大理州平安创建工作情况介绍。通过视察，从进一步深化做好平安创建工作重要性的认识；进一步巩固和发展平安创建成果；进一步强化治安管理和打击犯罪工作；进一步开展好矛盾纠纷排查化解工作；进一步加强社区矫正和社区戒毒工作；进一步加强重特大安全生产事故的预防工作；进一步加强基层综治维稳组织建设等七方面提出了19条意见建议。州人大常委会副主任彭增梅，副州长、州公安局局长郭有兵，州政协副主席毕熊光、孙明以及州综治维稳成员单位负责人参加座谈会，孙珍玲代表视察组反馈视察意见。

【视察广播电视“村村通”工程】 6月11～12日，在大理州政协副主席张树藩的带领下，由州政协教科文卫体委员会牵头，组织文化、教育等有关界别委员对大理州广播电视“村村通”工程建设情况进行了视察。视察活动听取了州人民政府关于大理州广播电视“村村通”工程建设情况介绍，深入到祥云县、南涧县山区农户家中观看广播电视节目和与群众进行交流，形成了视察报告，从提高认识，加强领导；加强技术培训，抓好队伍建设；建管并举，建立管理机制；搞好规划，实现全面覆盖等四个方面提出了12条意见建议。州政协主席袁爱光，州委常委、副州长蔡春生，州政协副主席毕熊光、孙明，秘书长欧阳任参加汇报会，袁爱光对视察工作提出了要求。

【视察民族团结示范村创建情况】 6月29～30日，在大理州政协副主席毕熊光的带领下，由州政协民族宗教和联络委员会牵头，组织部分州政协委员和相关部门领导参加组成视察组，对大理州民族团结示范村创建情况进行了视察。视察组深入永平县龙街镇、博南镇，洱源县三营镇、右所镇的部分村委会实地察看和征求意见，听取了州人民政府关于创建民族团结示范村情况介绍，从加大宣传，营造氛围；突出重点，统筹发展；创新机制，巩固成果；加强领导，狠抓落实等四个方面提出了12条意见建议。

（刘克纯）

（责任编校：管由权）

民主党派　人民团体

民盟大理州委

【民盟大理州委第二次代表大会召开】 中国民主同盟大理白族自治州第二次代表大会于2010年1月8～10日在大理市下关举行。会议高举中国特色社会主义伟大旗帜，以邓小平理论、"三个代表"重要思想和中共十七大精神为指导，回顾总结了民盟大理州委过去5年所开展的主要工作，选举产生了民盟大理州第二届委员会。会议充满团结、和谐的气氛，是一次继往开来、奋发向上的大会。

民盟大理州委第二届委员会委员（29名）：

杨泽恒　周国珍　陈　钢　吴建新
陈四全　段跃龙　李　辉　尹　江
李文赋　王玉兴　彭　礴　朱任坚
张梅坤　陈云静　薛祖军　张荣众
谢雪山　陈　冰　杨秀菊　任军奇
赵　谦　尤世民　徐素琼　魏　萍
张华仙　刘晓波　欧阳作富
王红梅　李　爽

民盟大理州委第二届常务委员会委员（10名）：

杨泽恒　周国珍　陈　钢　吴建新
陈四全　段跃龙　李　辉　尹　江
李文赋　王玉兴

主　委：杨泽恒
副主委：周国珍　陈钢　吴建新
秘书长：陈四全

【不断加强自身建设】 2010年，民盟大理州委按照民盟中央和民盟省委关于开展树立和践行社会主义核心价值体系活动的通知精神，及时部署大理民盟组织开展主题活动的内容，认真组织学习，深刻领会其精神实质。通过举办树立和践行社会主义核心价值体系学与行报告会和各基层支部的学习座谈活动，使广大盟员深刻认识到，树立和践行社会主义核心价值体系，是中共中央立足新世纪、新阶段不断变化的世情和国情，深刻把握社会主义意识形态建设规律的理论创新；是坚持走中国特色社会主义道路的需要；是搞好政治交接学习活动的一项内容；是进一步履行参政党使命的需要。在学习活动中，民盟大理州委对大理盟内的典型人物李树楠、马熔、马崇文等同志的先进事迹在《大理盟讯》进行宣传，号召广大盟员以他们为榜样，用自己的实际行动，认真树立和践行社会主义核心价值体系。

【组队参加"三八"妇女节拔河比赛】 2010年，为纪念"三八"妇女节，由民盟大理州委机关牵头，组织大理民主党派机关专干组成联队，参加由州妇联和州、市体育局组织的州级机关庆"三八"职工拔河比赛，加强了组织的向心力和凝聚力。

【表彰盟务工作先进集体和先进个人】 7月24日，民盟大理州委举行盟务工作先进集体、先进个人表彰大会，对5年来在民盟组织自身建设、参政议政、社会服务等方面做出突出成绩的民盟大理学院二支部等8个先进基层支部和杜建华等46位优秀盟员进行表彰和奖励。在表彰会上，先进集体和先进个人代表分别作了经验交流；中共大理州委统战部领导到会指导，并在会上作了重要讲话，对民盟大理州委5年来的主要工作给予了充分肯定，对民盟下一步的工作提出了希望和要求。

【民盟弥渡县支部承办弥渡县第15次统战工作联席会】 2010年8月24日，民盟大理州委支持民盟弥渡县支部成功承办弥渡县举办第15次统战工作联席会，中共大理州委常委、州委统战部长杨秀星出席会议，并作重要讲话。民盟弥渡县支部主委张梅坤在会上作主题发言，联席会参加单位围绕民盟支部如何进一步搞好调查研究，提高参政议政工作的质量和水平等，提出了许多建设性的意见和建议。

【举行庆祝教师节暨社会主义核心价值体系学与行报告会】 2010年"教师节"前夕，民盟大理州委在下关举行庆祝教师节暨社会主义核心价值体系学与行报告会，大理盟员中教育系统的170多位教师参加报告会。大理州教育局局长在会上向与会者通报了大理州"十一五"教育发展所取得的成绩和"十二五"教育发展规划的基本情况。民盟云南省委文教委员会副主任、云南大学高等教育研究院高教所所长张建新应邀到会作"教育公平"专题报告，让参会人员大开眼界，深受教育，获取了许多现代信息。

【举行"敬老节"座谈会】 在2010年"敬老节"来临之际，民盟大理州委在机关会议室组织大理学院全体老盟员和老龄专委会的同志座谈，互相交流心理健康和养生保健的经验。李振兴教授就老同志退休后的心理健康与保健的相关知识作了专题发言，李树楠、苏椿龄、马福民、何文理等老盟员结合自己多年来养生保健、坚持体育锻炼、合理膳食等方面的做法进行了交流。

【认真做好"两会"政协提案工作】 2010年，在州政协十一届三次会议和市县政协会议上，民盟大理州委提交的集体和委员提案共78件，民盟党派集体提案39件；其中，州政协提案18件，集体11件，市县政协提案60件，集体提案28件。在州政协全会上，民盟大理州委的集体提案《保护洱海、保护海西，大力发展循环农业》和委员张华仙提交的《关于加强乳制品上游产业监管的建议》被州政协评为重点提案，在县市政协全会上，马熔提交的《对城市开发建设的几点建议》被大理市政协评为重点提案，祥云县赵体乾委员提交的《关于珍惜土地，提高土地利用率的建议》被县政协评为重点提案，分别受到州、市（县）政协的表彰和奖励。

【协商监督坦诚建言】 2010年，民盟大理州委负责人积极参加中共大理州委、州政府召开的民主协商会、情况通报会、州政协常委会、主席会以及相关视察活动,参与全州重大决策和重要人事安排协商,及时提出意见和建议。在州政协主席会、常委会、专题协商会上,就节能减排、引进外资、加快发展科技创新型企业、公交优先、加快农民合作经济组织建设、大理州旅游产业发展、政府工作报告等议题与州市政府进行民主协商、讨论。《关于大力推进我州低碳经济健康发展的建议》在州政协政府协商会上交流发言,针对大凤路太和收费站的建设,盟员陈四全代表大理市政协民主党派组在市政协政府协商会提出了《关于取消国道214线大理至上关一级公路一期工程太和收费站的建设》引起了很好的反响;民盟特约监督员参加州市公安交警和检察院的相关会议;民盟大理市政协委员参加市政府"十二五规划"征求意见会,充分发挥职能作用。

【调研课题成绩显著】　2010年,民盟大理州委始终从自身实际出发,本着突出重点、突出特色、务求实效的精神,认真开展调查研究。根据州政协的安排,民盟大理州委组织实施了《完善城乡社会救助体系建设努力构建和谐大理》的调研;由民盟大理州委牵头完成大理州7家民主党派联合调研《关于大力推进我州低碳经济健康发展的建议》调研报告,并在中共大理州委组织召开的统一战线工作调研会上作大会发言,受到中共大理州委书记刘明等领导的充分肯定和高度评价。民盟大理州委积极组织参加民盟云南省委和省政协社法委联合举办的第三届民生论坛,民盟大理州委在这次民生论坛上共提交了4篇论文,其中的《完善城乡社会救助体系建设努力构建和谐大理》获本次民生论坛三等奖。

【民盟专委会作用加强】　民盟大理州委换届以来,及时调整了专委会的人员,进一步加强专委会的工作。2010年,民盟大理州委各专委会围绕民盟州委的中心工作,积极开展活动。科技专委会在年内围绕大理的经济建设开展了《强化大理在云南桥头堡战略中的功能定位的对策建议》、《关于滇西中心城市发展总部经济的建议》、《关于大理市生物多样性保护的几点建议》3个调研课题,老龄委围绕大理市敬老院建设形成了《关于大理市敬老院建设的建议》,文教专委会针对教师绩效工资改革进行问卷调查,发出问卷400分,为教师绩效工资的进一步调研打下了基础,医卫专委会和妇委会针对知识分子心理保健进行相关调研工作,为民盟州委的提案工作打下了很好的基础。

【组织建设进一步加强】　2010年,民盟大理州委始终坚持政治标准第一,认真扎实做好组织发展工作,注重发展政治素质好、知识层次高、代表性强的知识分子,尤其加大了在高校发展的力度,确保民盟传统优势和特色。年内新吸收盟员15人,都具有中高级职称,是本单位技术骨干和业务骨干。截至2010年底,民盟大理州委共有盟员521人,其中具有高、中级职称的盟员数占总数的93.3%,平均年龄57岁,盟组织的年龄结构有所改善,增添了新的活力。

【民盟群力学校办学取得新成绩】　2010年,民盟群力学校改变办学思路,创新办学机制,扩大了招生规模,高考又取得好成绩,有480名考生参加高考,上线率达100%,一本上线率达28%,本科上线率87%,高分段等均比原来有较大突破,收到了很好的社会效益。

【"农村教育烛光行动"向纵深发展】　2010年,民盟大理州委"农村教育烛光行动"不断向纵深发展。年内,组织盟内心理学专家对漾濞县苍西中学、宾川城镇中学初三毕业生和弥渡一中高三学生进行考前心理健康知识讲座;向长期挂钩联系的漾濞苍西中学10名家庭困难、学习成绩优秀的学生颁发了奖学金;通过牵线搭桥,达成了大理州图书馆与民盟"农村教育烛光行动"挂钩联系学校漾濞县苍西中学之间图书赠与及新图书流转阅读的帮扶支助协议。州图书馆将漾濞县图书室作为"大理州图书馆漾濞县苍山西镇中学分馆",为学校迎接全国"两基"检查,先赠与学校一部分图书,每年再从州图书馆分出数千册新书到学校图书馆进行流转,学校师生可以同步享受到州图书馆的资源,进行阅读和参考。此举,既解决了学校图书不足的困难,又对提高学校教育教学质量起到很好的帮助。

【组织盟员医疗专家开展义诊活动】　2010年,民盟大理州委充分发挥民盟成员中医疗专家的作用,为社会做实事、做好事。组织民盟大理学院附属医院支部的专家到巍山县城为广大干部和群众开展医疗义诊服务,受到广大群众的欢迎。

【积极参与社会主义新农村建设】　2010年,民盟大理州委在参与社会主义新农村建设中,号召盟内一批长期战斗在农业生产第一线的科技工作者立足岗位发挥优势建功立业,组织农业专家廖超群、林业专家李宁等在大理市各乡镇村公所共开展《无公害蔬菜栽培》、《洱海流域测土配方施肥》、《大理市核桃栽培实用技术培训》等科技讲座30余场次,培训人员5000余人次,发放培训资料教材5000多份。每次的活动都博得当地群众的一致好评。

【广大盟员踊跃向灾区人民捐款献爱心】　2009年下半年至2010年上半年,云南省大部分地区遭受了百年未遇的干旱,给当地群众的生活和生命造成了严重危害,也牵动着大理广大盟员的心。民盟大理州委向全州盟员发出了向灾区人民献爱心倡议,广大盟员积极响应,均在所在单位踊跃捐款。民盟州委机关工作干部同其他民主党派机关干部一起在民盟州委会议室举行了捐款活动,共捐款4700元。

（陈四全）

民进大理州委

【民进大理州委第二次代表大会召开】

中国民主促进会大理白族自治州第二次代表大会于1月8日召开,云南省政协副主席、民进云南省委主委罗黎辉,中共大理州委书记刘明,中共大理州委常委、州委统战部部长杨秀星,云南省政协副秘书长、民进云南省委专职副主委阎堃等领导莅临大会给予指导,并作重要讲话。大会选举产生中国民主促进会大理白族自治州第二届委员会委员23名。大理州人大常委会副主任陆璐当选为民进大理州第二届委员会主委,杨云飞、石宏麟(专职)、马孟杰当选为副主委,段祥被任命为秘书长。民进大理州委领导层的知识结构、专业结构、年龄结构进一步得到优化,为民进大理州委的政治交接和事业兴旺发达奠定了良好的组织基础。

【深入开展学习培训】　2010年,民进大理州委结合各种会议和活动,组织会员学习了中共十七大及十七届五中全会、中共中央总书记胡锦涛考察云南时的重要讲话、民进十二届三中全会、中共云南省委八届八次全会、中共大理州委六届八次全会精神，不断完善学习制度，理论联系实际，委领导带头组织开展形式多样的专题学习，扎实推进学习型政党建设，提升整体素质，进一步坚定信心。开展社会主义核心价值体系主体教育，一是组织会员认真学习霍懋征的先进事迹、认真研读《六个"为什么"》，近650人次参加民进中央举办的《学习〈六个"为什么"〉》有奖征答活动，1名会员获奖。二是大理州人大常委会副主任、民进大理州委主委陆璐参加了会中央组织的骨干会员培训班学习。三是为进一步树立和践行社会主义核心价值体系，建立学习型参政党，学习创建民主党派先进地方组织经验，开拓进取，大胆创新，采取"请进来"和"走出去"的方式，学习发达地区成功经验，民进大理州委赴重庆学习考察。以有效的学习方式提高民进大理州委的凝聚力、创造力、执行力和影响力。四是专职副主委和秘书长参加了民进云南省委举办的"地方组织专职副主委、秘书长培训班"学习。五是选派6名骨干会员参加"云南民进骨干会员培训班"学习。通过学习，广大会员进一步了解了国情、省情、州情以及国际形势，明确形势和任务，保持清醒头脑，增强优患意识，坚定走中国特色社会主义道路的信念。

【积极开展"两个创建"活动】 2010年，根据民进中央《关于开展创建民进全国先进地方组织、先进基层组织活动的意见》、《民进云南省委关于开展创建民进全国先进地方组织、先进基层组织活动的方案》、民进云南省委2008年组织工作会议精神及相关要求，民进大理州委结合大理民进的实际，成立了以陆璐为组长，杨云飞、石宏麟、马孟杰为副组长的开展创建活动领导小组，并制定了《民进大理州委关于开展创建民进全国先进地方组织、先进基层组织活动的方案》。按照《方案》要求，对开展"两个创建"活动作了全面部署，在明确开展创建活动的指导思想和重要意义的基础上，民进大理州委和各基层支部按照创建活动的目标要求和基本标准，结合具体实际，全面推进创建活动的开展，圆满完成各项工作并取得实效。在此次"创建"活动中，民进大理州实验中学支部被评为"民进全国先进基层组织"。

【参政议政】 2010年，在州市两会期间，民进大理州委共向州市政协提交集体提案19件，个人提案20件。其中教育、旅游、文化方面的有15件；经济、交通、建设等有关经济社会发展的有16件；医疗卫生方面的有6件；农村环保方面的有2件。向大理州人大提交建议4件。在2010年州政协全会对2008～2009年的40件优秀提案进行表彰中，民进大理州委《关于加大洱海保护综合治理力度的建议》、《关于在校园内设立校园警务室，创建平安和谐校园的建议》、《关于加强食品生产的监控，保障食品安全的建议》3件提案受到表彰。民进大理州委获得中共大理州委统战部2010年"参政议政建言献策"二等奖。

【民主监督】 2010年，民进大理州委有2位会员分别被大理州、市检察院聘请为特约检察员。此外还有1名被聘请为州政府督学、2名为政风行风监听员、1名为交通执法监督员、20名为政风行风评议员，受聘监督员都在积极地发挥着各自的作用。

【课题调研及信息工作有新突破】 2010年，民进大理州委共完成《打造"桥头堡"实现新发展》、《义务教育均衡发展》、《低碳经济和新能源开发》、《旅游商品是对旅游目的地的最好回忆》4个方面的课题调研工作。拓宽信息宣传渠道，充分利用云南民进网站、州市新闻媒体及时宣传报道民进大理州委工作、会务活动。截至年底，在民进中央网站报道6篇，云南省政协报报道1篇。结合"创建活动"编辑下发简报32期。

【组织发展工作】 2010年，民进大理州委发展了16名新会员，截至年底，全会共有会员287人，其中男会员114人，占39%，女会员173人，占61%。

【为旱区献爱心】 2010年，面对百年不遇的旱情，民进大理州委到各基层支部、再到每一位会员，都心系灾区，都在为抗旱保民生尽自己的绵薄之力。一是大理民进会员通过所在单位捐款1.79万元；二是和中共大理州委统战部联手，给宾川县拉乌乡碧鸡村捐款1万元、电脑1台；三是牵手民进中央和民进云南省委，向旱情比较严重的弥渡县牛街乡捐赠1万元、云龙县关坪乡捐赠1万元、洱源县牛街乡大同完小捐款5000元。四是以开明画院为平台，组织了大理民进开明画院特聘的谢长辛、周船山、陆璐、秦伟、汤润年、吕元等10位老中青著名画家创作了47件美术作品，于三月街民族节期间在大理市博物馆举行"抗旱救灾美术作品义展"，并将此次义展所得的款项定向捐给灾区学校。五是参加大理电视台等举办的"我为旱区献爱心"现场捐赠活动，代表276名会员向灾区捐赠5000元。

【发挥优势服务社会】 2010年，民进大理州委与时俱进，创新思维，在社会活动中充分展现风采，做出实践和理论上的新探索。与中共大理州纪委、大理州监察局携手，共同举办"中国印"大理廉政文化创作活动，真正把中国传统文化艺术融入廉政文化中，用实际行动践行了社会主义核心价值体系，是一种非常有创意的形式，是较高层次的参政议政工作，在宣传反腐倡廉的同时又弘扬了中国的传统文化。以"笔歌墨舞迎新春"为主题，到巍山县南诏镇开展文化下乡活动，给广大人民群众赠送了1000多副春联。组织大理知名书画家开展书画创作笔会活动，分别为永平县人大创作书画作品30余幅，为漾濞县人大创作书画作品40余幅。世界博物馆日为大理市博物馆捐赠书画作品51幅。2010年12月，民进大理州委被中共大理州委统战部评为"社会服务工作先进集体"。

【庆祝中国民主促进会成立65周年"六个一"系列活动】 2010年，是中国民主促进会成立65周年，民进大理州委认真开展庆祝中国民主促进会成立65周年"六个一"系列活动。一是举办"心灵坐标——爱祖国、爱家乡、爱人民"民进大理州委庆祝中国民主促进会成立65周年书画展。二是召开民进大理州委基层支部庆祝中国民主促进会成立65周年座谈会。三是举行民进大理州委2011年"春风正月行"文化下乡活动，为基层群众创作书画、书写春联。四是召开民进大理州委庆祝中国民主促进会成立65周年新春茶话会。五是大理州各民主党派联合赴宾川拉乌乡举行一次"科技、文化、医疗"三下乡。六是举办一次音乐会，民进大理州委举办"金花的心愿"音乐欣赏会。

（王荣碧）

九三学社大理州委

【概　述】 2010年，九三学社大理白族自治州委员会作为九三学社在大理州的地方组织，自觉接受中共大理州委领导，为大理州经济社会发展献计出力作出积极的贡献。九三学社在大理州的地方组织的创立和发展已有20多年的历史。1985年3月,九三学社大理市委筹备组成立;1991年7月,成立了九三学社大理市委第一届委员会;1996年12月,成立了九三学社大理市委第二届委员会;2004年12月,成立了九三学社大理白族自治州第一届委员会。2010年1月,九三学社大理州委第二次代表大会在下关召开,换届产生了九三学社大理白族自治州第二届委员会。九三学社在大理州的地方组织的创立和发展20多年来,不断发展壮大,广大社员在各自的工作岗位上为大理州经济社会发展作出了贡献。

【开展学习和践行社会主义核心价值体系活动】 2010年,九三学社大理州委通过主委会、全委扩大会及各支社组织活动,深入学习中共十七大、十七届五中全会精神,认真学习实践科学发展观,以牢固树立和践行社会主义核心价值体系作为学习实践工作的重点,进一步加强思想建设。一年来,九三学社大理州委认真贯彻落实社中央和社省委的实施意见,要求各支社在开展组织生活时,把认真学习和践行社会主义核心价值体系作为加强思想建设的重要任务,作为贯彻中共十七届五中全会精神、深入学习实践科学发展观和深化政治交接学习教育活动的重要举措,积极引导广大社员深刻认识社会主义核心价值体系的重大意义、主要内容、科学内涵和实践要求,增强树立和践行社会主义核心价值体系的自觉性、坚定性。结合九三学社云南省委要求,积极在社员中开展学习践行社会主义核心价值体系征文活动,并将多篇优秀文章推荐到社省委网站及刊物发表。在开展学习实践活动中,九三学社大理州委注重加强社员学习培训,7月,九三学社大理州委5名社员参加社省委在省社会主义学院举办的新社员培训班学习。9月,九三学社大理州委隆重集会,庆祝九三学社建社65周年;同时召开树立和践行社会主义核心价值体系学习培训会及九三学社社章和社史学习培训会。

【积极建言献策】 2010年,九三学社大理州委领导及州市政协委员在中共大理州、市委、人大、政府、政协、纪委召开的各种意见征求会及座谈会中认真准备、踊跃发言,积极建言献策;积极参加州市政协组织的课题调研和视察工作,及时了解社情民意、献计出力。3月,在政协大理州第十一届委员会第三次会议上,九三学社大理州委共提交提案26件,其中重点提案1件,集体提案15件,个人提案11件。其中,社员李庆撰写的《关于建立政府招商引资风险防范机制的建议》,对大理州各级政府开展安全有效的招商引资、防范风险和建立有效的防控体系提出了建设性的意见,被州政协列为2010年10件重点提案之一;社州委提出的《关于加快我州中小企业发展的几点建议》的提案,对大理州中小企业发展相对滞后主要存在的问题进行了分析,提出促进全州中小企业发展的对策和建议;《关于尽快解决下关六中危房的提案》,关注校舍和师生安全,提出了及时排除隐患,建设安全规范校舍和营造优美环境,为社会提供优质教育资源的积极建议;《关于改革我州公务用车、合理补贴油价的提案》,结合当前公车改革的呼吁和云南省部分地区的试点经验,提出了探索和推动公车改革的积极建议;社州委《关于发展我州低碳经济的建议》的提案,从大理州实际出发,提出在"十二五"期间加快发展全州低碳经济、节能减排、实现经济跨越式发展的积极建议。州政协委员白丽提出了《关于支持重大科技专项在我州的实施和促进我州科技队伍的培养》,杨增铭提出了《关于建设大理州艺术展览馆的建议》,王桂荣提出的《关于进一步加强我州社会治安的建议》等提案,针对大理州具体实际,提出了积极的建设性意见和建议。在政协大理市第七届委员会第三次会议上,九三学社大理州委共提交提案16件,其中个人提案6件,集体提案10件。其中,社州委提出的《关于进一步加强洱海保护的几点建议》的提案,对进一步加强洱海保护,营造洱海流域的生态文明建设提出了前瞻性的意见和建议;《关于进一步强化大理市家政服务行业发展的几点建议》的提案,对推进大理市家政服务业健康发展提出了具有可操作性的意见和建议;针对大理苍山几乎每年均有不同程度的火灾发生,并且迅速蔓延,扑灭难度大等问题,社州委提出了《关于在苍山建设水窖,利用雨季蓄水防护苍山冬春季节森林火灾的建议》,对进一步加强苍山火灾防范,消除隐患提出了针对性的具体意见和建议;针对保护洱海湿地、防止非法的商业开发。社州委提出了《关于加强洱海湖滨带湿地保护,从严控制商业性开发的建议》的提案。针对下关城区东南部交通拥堵日趋严重的实际,市政协委员关兆德提出的《关于快速启动下关东南部环城路建设的建议》;陈冬梅就适应大理市老龄化日趋彰显问题提出《关于建立和完善大理市社区养老服务体系的建议》。杨兆美就当前医保报销制度中患慢性病参保人员病种及报销比例等方面存在的不科学及不合理问题,提出《关于改革大理市医保报销制度,提高患慢性病参保人员保障的提案》。其中,社州委的集体提案《关于加强我市低碳经济发展的几点建议》被大理市政协评为2010年4件重点提案之一。

【积极参加民主监督活动】 2010年,九三学社大理州委被大理州检察院聘请的特约检察员、被大理州交警、大理州卫生局聘请的行业行风监督员、被大理州交通纪工委聘请的公务用车节假双休日定点停放监督检查员和行业行风评议员的社员在各项工作中,认真负责,切实履行民主监督职能。

【深入基层调研】 2010年,九三学社大理州委通过召开参政议政工作委员会会议,广泛听取意见,认真选题,深入调研,在调研基础上撰写了《大理州矿业发展现状调研报告》与《关于"切实发挥大理学院优势和潜力,积极为大理'桥头堡'建设服务"的调研报告》。同时,九三学社大理州委还与大理的其他6家民主党派州级组织联合调研,共同完成《关于云南省"桥头堡"建设中大理州发展战略的建议》和《关于大力推进我州低碳经济健康发展的建议》,并由民革大理州委和民盟大理州委在大理州统一战线座谈会上向中共大理州委、州人大、州政府和州政协的主要领导作了专题汇报,受到与会领导的好评。

【积极开展社会服务】 2010年,九三学社大理州委团结和带领全州广大社员,充分发挥特色和优势,围绕经济建设这个中心,面向社会开展社会服务和奉献爱心活动。3月5日,九三学社大理州委机关人员积极参加大理州民主党派机关干部抗旱救灾献爱心活动。3月23日,九三学社大理州委积极响应九三学社云南省委的号召,"心系旱情,情系楚雄",九三学社大理州委全体社员向楚雄灾区捐款献爱心,全体社员共筹集款项7460元。5月11日,九三学社大理州委专职副主委杨增铭、兼职副主委关兆德、秘书长陈冬梅一行,将九三学社大理州委社员捐助的抗旱救灾款4410元,送到漾濞县富恒乡富恒村委会,用于当地抗旱救灾工作。在抗旱救灾活动中,广大社员除捐款外,九三学社地质支社的社员还积极奋战在抗旱一线，为云南省西南部旱情严重地区查找水源，打井取水，受到了当地政府和灾区人民的一致好评。积极参加大理州、市春节科技、医疗、文化“三下乡”活动。据不完全统计，2010 年春节期间，九三学社大理州委成员中有 15 人次参加大理州市组织春节科技、医疗、文化“三下乡”，为百姓开展义诊、科普咨询、宣传文化、书写春联等活动。11 月中旬，为继续深入贯彻落实科学发展观，进一步弘扬和平理念，促进科学发展，倡导绿色经济和低碳生活，推动和谐社会与和谐世界的建设，结合第 22 届“国际科学与和平周”活动“绿色、低碳、健康、和谐”的主题，九三学社大理州委在大理市下关鸳浦社区举办为期 2 个半天的 2 次医学科普知识讲座，特邀了大理学院临床医学院内科教研室主任尹雪艳教授主讲《常见心脑血管疾病及其防治》专题，大理学院基础医学院医学微生物学及免疫学教研室主任白丽教授主讲《新现与再现的传染病》专题，2 场讲座总计有近 400 人参加听讲，在一定范围内对宣传医学知识、预防疾病、倡导健康生活理念、提高生活质量和水平起到了较好的推动作用，受到了参会社员、社区群众的广泛好评。

【组织发展稳步推进】 截至 2010 年底，九三学社大理州委共有社员 184 人，平均年龄 51.25 岁。年内共发展新社员 19 人。社员分布在医药、卫生、高校、地质勘探、林业、地病防治、气象、公务员等行业，其中男社员 97 人，占 52.72 %，女社员 87 人，占 47.28 %；高级职称 95 人，占 51.63%，中职 81 人，占 44.02%，公务员 8 人，占 4.34%。其中，现任九三学社省委委员 2 人，任州政协常委 1 人，州政协委员 5 人，市政协委员 4 人。

【强化社员队伍建设】 2010 年，九三学社大理州委领导积极参加社省委和中共大理州委、州政协、州委统战部组织的科学发展观学习实践活动及中共十七届五中全会精神的学习，社州委成员积极参加所在单位的学习，全体社员认真学习新时期新阶段统一战线理论，认真学习九三学社社章、社史和中央统战部举办的“身边的榜样—学习和践行社会主义核心价值体系先进事迹报告会”，进一步提高领导干部和全体社员的政治素质，增强全体社员坚持和维护中国共产党领导的多党合作制度的自觉性，深化全体社员对九三学社参政党性质、地位和历史使命的认识，为巩固和发展同共产党的亲密合作奠定坚实的思想基础。

【努力加强自身建设】 2010 年，九三学社大理州委机关始终坚持以“三个服务”为宗旨，积极协助领导做好机关建设、新社员发展以及社员的来访接待、服务等工作；做好主委办公会和社州委（扩大）会等各种会议的组织服务和机关人员的日常社务工作，努力做好宣传信息工作。年内，编印《大理九三》内部刊物 1 期，上报社省委宣传新闻 10 余条。社州委机关成员积极撰写树立和践行社会主义核心价值体系体会文章，1 人荣获社省委征文活动二等奖，3 人荣获三等奖。九三学社大理州委将每一期《民主与科学》、《九三社讯》、《云南九三》都下发给支社，使广大社员及时了解最新的社内动态，阅读高水平的统战理论文章。九三学社大理州委还积极向社省委投稿，及时刊登社州委工作动态、参政议政情况、支社活动、社员心得，不但推动了社务活动的开展，受到社员和外界的好评，而且扩大了九三学社大理州委的影响。

【社州委和部分社员受表彰】 2010 年，九三学社大理州委被九三学社中央表彰为全国社会服务工作先进集体；社员白丽、杨增铭被社中央表彰为优秀社员；高校支社被九三学社云南省委表彰为 2009 ~ 2010 年社务工作先进基层组织；高校支社社员沈惠芬、综合支社社员陈冬梅被九三学社云南省委表彰为 2009 ~ 2010 年社务工作先进社员；社员杨增铭、杨恩泉分别获云南省政协国庆书画摄影展书法和绘画二等奖；地质支社社员赵石锁被表彰为云南省勘察院劳动模范；疾控支社社员苏丽琼、杨智明参与的《云南鼠疫抗体蛋白谱及血清流行病学研究》获云南省科技进步三等奖，社员吴鹤松、苏丽琼被评为云南省地方病防治所先进工作者；高校支社社员白丽被表彰为大理学院科研工作先进个人、2009 年度教学质量优秀教师，“白丽名师工作室”被命名为云南省高等学校名师工作室，所负责的“医学免疫学”课程被评为云南省精品课程；沈惠芬被表彰为 2009 年度教学质量优秀教师；杨兆美被表彰为云南省图书馆协会 2009 年度优秀协会会员；杨兰芳作品《石门寨》获第十届“大东方”画展优秀奖；作品《虹桥》获第十届“大东方”画展三等奖；周世琼论文《论边远少数民族地区中小学图书馆多渠道开展导读工作》获中国图书馆学会学术论文三等奖、被表彰为云南省图书馆学会 2009 年度优秀学会会员等。这些成绩的取得，为大理九三组织增添了光彩。

【开展各项丰富多彩活动】 2010 年 2 月 7 日，九三学社大理州委在下关宏祥酒店召开新春茶话会。中共大理州委统战部、州政协、州各民主党派、州工商联、大理市委统战部、市政协、市工商联领导和九三学社大理州委在关的全体社员 110 多人出席茶话会。会议总结了九三学社大理州委 2009 年工作，安排部署了 2010 年工作。会后，全体参会人员开展了娱乐活动，全体社员共聚一堂，共贺新春。3 月 6 日下午，九三学社大理州委举行庆祝“三八”国际劳动妇女节 100 周年活动。社州委领导、全体女社员 50 余人参加了庆祝会及娱乐活动。9 月，九三学社大理州委隆重集会，庆祝九三学社建社 65 周年；同时召开活动暨树立和践行社会主义核心价值体系学习培训会及九三学社社章和社史学习培训会。近 110 名新、老社员参加了学习培训。会议邀请了大理学院党委宣传部部长王红武为全州社员作社会主义核心价值体系专题辅导讲座，从理论的高度，结合实际，对树立和践行社会主义核心价值体系进行系统讲述，并对学习和践行活动提出了具有建设性的意见和建议。培训会上，社州委专职副主委杨增铭与全体社员共同回顾了九三学社建社的辉煌历史，重温了九三学社社章，讲述了社章的历次修改、九三学社云南省委及社大理州委发展史。关心社员，积极开展慰问活动。一年来，社州委和各支社主动关心社员，及时探望和慰问生病住院的社员，给他们送去了组织的慰问和关怀。2010 年“九九”重阳节来临之际，社州委领导组织老社员工作委员会成员和机关工作人员一道看望并慰问了全州 70 岁以上的老社员，表达社州委对老社员的关心和组织的深情厚谊。

（杨增铭）

致公党大理州委

【概　述】 2010 年，致公党大理州委在致公党云南省委的领导下，在中共大理州委统战部的指导帮助下，带领全州致公党员，以邓小平理论和“三个代表”重要思想为指导，认真学习中共十七大和十七届四中、五中全会精神，牢牢把握团结、民主两大主题，紧紧围绕中共大理州委、州人民政府的中心工作，切实履行参政议政、民主监督职能，深入贯彻落实科学发展观，切实加强自身建设，为大理社会经济发展做出了应有的贡献。

【深入开展学习社会主义核心价值体系活动】　2010年，致公党大理州委积极响应致公中央的号召，深入开展学习社会主义核心价值体系的活动。8月上旬，致公党大理州委主委、副主委参加了中央统战部召开的“社会主义核心价值体系学与行”电视电话报告会。致公党大理州委及时传达学习了会议精神，并要求各支部进一步提高认识，把树立和践行社会主义核心价值体系作为思想建设首要任务抓紧抓好。

【举行纪念中国致公党成立85周年庆祝大会】　2010年10月，致公党大理州委举行纪念中国致公党成立85周年庆祝大会，回顾了中国致公党成立85周年走过的不平凡历程和致公党大理地方组织走过的由筹备组到支部、再到成立州委的发展历程。另外，致公党大理州委组织策划忆党史征文、讲党章培训、学典型事迹等项活动，使全体党员普遍接受了理论教育和历史传统教育。

【召开2010年参政议政工作座谈会】　致公党大理州委召开2010年参政议政工作座谈会，邀请中共大理州委统战部领导就大理州的新农村建设、滇西中心城市建设等州情给各位党员作了深入浅出的讲解，使广大党员对大理州的州情有了更进一步的了解。从而为各位党员能紧紧围绕中共大理州委、州人民政府的中心工作参政议政创造了条件。

【开展献爱心活动】　2010年，大理州遭遇了历史罕见的干旱。旱情牵动着致公党大理州委每一位党员的心，党员们纷纷通过各自所在单位向灾区捐款，据统计，全体党员共向灾区捐款7000多元；当青海省玉树县发生了7.1级地震后，致公党大理州委广大党员情系灾区，积极向灾区捐款、捐物，为灾区人民渡过难关献上一份爱心。

【参政议政】　2010年，致公党大理州委共提交州、市政协集体提案15件和委员个人提案10件。其中，《高起点规划、高标准推动、加快推进以“滇西中心”城市建设为重点的城镇化进程》被州政协评为2010年重点提案。在州政协十届三次全会期间，致公党大理州委领导作了题为“积极反映社情民意，认真履行好委员职责”的大会发言。6月，在致公党云南省委召开的参政议政表彰大会上，致公党大理州委第三支部荣获“参政议政先进集体”，2位党员荣获“参政议政先进个人”，受到表彰。

【开展课题调研】　围绕大理州桥头堡建设和低碳经济建设积极建言献策。2010年，致公党大理州委领导参加中共大理州委统战部召开的各民主党派主委、副主委座谈会，就“大理桥头堡建设”、“如何建设低碳经济大理”和改善大理旅游环境等问题发表了意见和建议，并与另外6家民主党派一道分头进行调研，共同撰写了《关于建立以大理市为中心的康体及农家乐旅游度假中心的建议》、《关于建设大理低碳旅游交通体系专项规划的思考》、《加强120医疗急救体系，为顺利实施大理州“桥头堡”建设提供更可靠服务保障》等3份有价值的调研报告。年底，致公党大理州委又向州政协提交了《关于对大理州中小学开展心理健康情况的调研》和《关于对大理州涉侨特困群体执行救助机制实施情况调研》2篇调研报告。

【组织发展建设】　2010年，致公党大理州委严格遵守《纪要》要求及致公党中央组织工作会议精神，发动广大党员，依靠组织的感召力，积极稳妥地做好组织发展工作。继续加强后备干部队伍建设，在考察新党员时，重视政治素质、人品素质和一定的参政议政能力，严格履行组织程序。年内共发展新党员15人，其中中级职称12人，侨眷4人。至12月底，共有党员94名，平均年龄48岁，其中高级职称27人，中级职称35人，归侨侨眷(侨属)43人。

【宣传工作加强】　2010年，致公党大理州委组织编印了2期《大理致公》，从工作指导，参政议政，见证辉煌，党员论坛，社会服务等方面展示致公党大理州委的各方面工作，取得了一定的效果。年内，致公党云南省委网站开通，致公党大理州委获得宣传展示自己的新平台，致公党大理州委十分重视此项工作，积极利用好这一宣传交流机会，加大致公党大理州委的宣传力度。

【认真开展基层组织建设年活动】　2010年，致公党大理州委结合基层组织建设年活动，以提高政策理论水平和政治把握能力为基层组织建设年活动的目标，组织新成员参加致公党大理州委组织的各种活动，以民主党派的传统教育作为“教学活动”的重点内容，依托致公党云南省委编撰的党史宣传资料，对新党员开展思想和参政议政的教育，并加强与新党员的联系和交流。在加强基层组织建设工作中，通过多种形式的学习和培训，特别是基层支部领导班子带头开展经常性的学习活动，不断提高思想认识水平；积极搭建平台，为基层党员开展参政议政和社会服务创造条件。

【开展涉侨调研】　2010年，致公党大理州委参加州人大外事华侨委对全州散居归侨侨眷侨情调查。针对大理州侨眷资料陈旧，不能反映实际的问题，在州人大常委会副主任陆璐的带领下，参与了对大理、漾濞、巍山、弥渡4市县散居归侨侨眷的新一轮侨情调查。为摸清侨情，维护归侨侨眷合法权益履行本党应尽的职责。

【推进机关建设】　2010年，致公党大理州委机关干部牢固树立全局观念和责任意识，树立为参政议政服务、为党员服务的思想，加强机关干部培训教育。年内，机关2位干部参加中共大理州委统战部举办的“统一战线宣传信息工作培训班”学习；参加了中共大理州直属机关党委举办的党员骨干培训班学习；参加了州级机关涉密人员培训班学习；参加观看中共中央统战部8月11日召开的“社会主义核心价值体系学与行”电视电话会议。积极参加洱海流域环境卫生整治活动和义务植树活动。致公党大理州委领导参加了9月致公党中央在厦门召开的全国参政议政工作会议；12月到北京列席了致公党中央第十三届中央委员会第四次全体会议。通过考察学习，开拓了眼界，增长了知识，全面提高了机关干部的思想素质及服务能力水平。

【罗金洪被聘为大理州检察院首届特约检察员】　10月29日，在大理州检察院首届特约检察员颁证会议上，致公党大理州委党员罗金洪被聘为大理州检察院首届特约检察员，检察长普赵辉向其颁发了聘书。

（赵文红）

民建大理州委

【民建大理州委一届四次全会召开】　9

月17日，民建大理州委召开一届四次全委（扩大）会，专职副主委宋万钧主持会议，主委褚九云代表州委作工作报告。副主委章东琼出席会议，全体委员及支部主任参加了会议。会议审议通过了主委褚九云代表民建大理州委所作的《2010年上半年工作报告和下半年工作计划》，讨论同意了王如琳等7位同志入会。

【加强理论学习】 2010年，民建大理州委认真组织会员深入学习科学发展观、社会主义核心价值体系、中共十七大和十七届四中、五中全会、民建中央九大会议精神。结合学习实践科学发展观活动，在会内开展在新形势、新起点上如何发挥参政党的职能作用的大讨论。按照民建云南省委下发的《关于认真组织学习社会主义核心价值体系的安排意见》精神，分阶段认真组织会员学习，并结合自身实际，确立了大力弘扬优良传统，紧密结合工作实际的基本思路，有计划地组织实施，取得了良好成效。

【中共大理州委统战部部长杨秀星看望机关干部】 2月8日，中共大理州委常委、州委统战部部长杨秀星代表中共大理州委到民建大理州委机关看望慰问机关工作人员。

【组织建设取得新进展】 为进一步加强组织建设，年内，成立了大理学院支部和老年支部，健全了组织结构，为组织健康发展奠定了基础。在发展会员上注重质量和界别代表性，全年发展会员7人，截至2010年底，民建大理州委共有会员93人，平均年龄48岁，大专及以上学历64人，高级职称10人，中级职称44人，经济界人士79人。

【做好评先奖优工作】 2010年，为进一步激励先进，按照民建云南省委的要求，民建大理州委向民建云南省委上报了施祥、李德郁2个省级优秀会员，受到民建云南省委的表彰。对获得优秀提案的李德郁、苏桂芳2位会员给予了表彰奖励。

【积极做好参政议政和民主监督工作】 2010年，民建大理州委的州、市行风评议员对州、市100多家经济、行政、事业单位的行风政风进行了评议，专职副主委宋万钧参加了大理市政府召开的大理市"十二五"规划征求意见会、大理州人大环保委召开的《大理白族自治州村庄规划建设管理条例》征求意见会、参与了《中共大理州委六届十次全委会工作报告》的修改、参加大理州政协组织的对州旅游局民主评议的调研。民建大理州委会员、市政协委员就如何发展低碳经济到华能集团进行调研，并形成书面材料递交有关部门。在年内召开的州、市人代会、政协会上提出提案和建议意见45件，这些提案及建议意见质量高，针对性强，得到了相关部门的重视和采纳。专职副主委宋万钧在政协大理州十一届三次全会上提出的《关于加快我州中小企业发展的建议》被州政协评为优秀提案，得到了州政协的表彰奖励。根据中共大理州委统战部的统一安排，围绕中共大理州委、州人民政府的中心工作，民建大理州委和其他6个民主党派共同完成《洱海流域低碳经济发展的问题和困难》和《云南省"桥头堡"建设中大理州发展战略的建议》2个课题，并在8月26日中共大理州委召开的民主党派调研及工作汇报会上作了专题汇报，受到中共大理州委书记刘明的充分肯定。被中共大理州委统战部评为参政议政建言献策二等奖，受到表彰。

【组织活动丰富多彩】 2010年，民建大理州委共组织会员大会4次，民建大理州委领导对每次会议都认真组织，精心安排，做到内容集中，主题突出，以会代学。采取集中学习和分散自由交流相结合的形式活动。会上，以会员自由发言为主，广泛听取意见建议，积极采纳合理化建议，充分调动了会员的积极性。

【积极开展"暖心"活动】 2010年春节和中秋节，民建大理州委主委褚九云、副主委宋万钧、章东琼及其机关工作人员到倪思尧、杨华等老会员家中慰问，并给他们送去了慰问金。机关工作人员对生病住院的会员进行探望慰问，办公室保持与会员联系与沟通，使会员们真切感受到了组织的温暖，增强了会的凝聚力和向心力。

【积极做好社会服务】 2010年，民建大理州委充分利用会内外资源，做好会内外资源整合，积极做好社会服务工作。一是为弘扬民族文化，3月，民建大理州委会给永平县傈僳族协会捐款3000元，为民族民间文化的发展尽一份力量。二是积极争取上级扶贫资金，为大理州的贫困地区服务。争取到民建中央中华思源工程扶贫基金会抗旱救灾扶贫资金30万元人民币，在云龙县长新乡佳局村修建了100个水窖，改善了佳局村的生产、生活条件，加快佳局村脱贫致富、建设社会主义新农村的步伐。被中共大理州委统战部评为社会服务工作先进集体，受到表彰。

（杨绍艳）

民革大理州委

【开展社会主义核心价值体系教育活动】 2010年，民革大理州委注重把社会主义核心价值体系融入民主党派工作的各个环节，不断加深对社会主义核心价值体系的理解和认识，大力弘扬多党合作优良传统，把社会主义核心价值观念内化为自己的人生态度、行为准则和价值取向，不断夯实多党合作思想政治基础，为更好地履行参政党职能提供了强大的精神动力。按照"立足学、致力行、重实效"的要求，及时成立了活动领导小组，周密制定了"学习和践行社会主义核心价值体系活动方案"和"社会主义核心价值体系学与行活动方案"，对学习践行活动做到了早筹划、早部署、早行动。并通过"以会代训、以会促学"的方式，集中委员进行专题学习和辅导。为增强学习效果、营造学习氛围，不断丰富教育活动的形式和载体。4月11日，召开"学习和践行社会主义核心价值体系活动"动员大会，要求广大党员用社会主义核心价值体系武装头脑、指导工作；深入开展征文活动，民革大理州委主委、副主委带头，委员及党员踊跃投稿，共征稿件19篇。10月30日，邀请民革省委"社会主义核心价值体系学与行"宣讲团赴大理进行宣讲，开阔了视野、提振了信心，党员深受教育和启发。10月30日，还召开了"社会主义核心价值体系大家谈"座谈会，大家畅谈了学习体会和收获。在学习内容上，民革大理州委重点以"学习和践行社会主义核心价值体系辅导读本"为主要学习材料，并结合中国特色社会主义理论、政治交接活动和科学发展观等内容，组织党员全面系统地学习社会主义核心价值体系理论。通过学习和践行活动，广大党员干部对我国社会主义民主政治与西方两党制、多党制、议会制之间的本质区别认识愈加明晰，自觉抵御西方敌对势力西化、分化图谋的政治敏锐性和政治鉴别力不断增强，坚持中国共产党领导、坚持走中国特色社会主义政治发展道路的信念、信心和决心更加坚定，自觉用社会主义核心价值指导实践，为民革的各项工作提供了正确的政治导向和坚实的思想基础，推动了民革各项工作不断向前发展。为进一步把活动推向高潮，12月26日，民革大理州委召开"社会主义核心价值体系学与行"总结表彰大会，对涌现出的先进个人进行表彰。由于践行活动开展得扎实有效，年底，民革大理州委被民革云南省委以第一名的好成绩推荐到民革中央参加"学习践行社会主义核心价值体系先进集体"的评选。

【切实开展理论学习】　2010年，民革大理州委结合各种会议和活动，组织党员学习中共十七届四中、五中全会，民革中央十一届三中全会、十一届十一次和十二次中常会，中共云南省委八届八次和九次全会，中共大理州委六届九次全会等会议精神，专题学习了"两会工作报告"、"中共中央关于制定国民经济和社会发展第十二个五年规划的建议"及中央经济工作会议精神，积极宣传并学习好政策法规，深刻理解中共中央的重大方针政策，正确认识和全面把握基本国情、基本国策和基本路线，努力做到与中国共产党思想上同心同德、目标上同心同向、行动上同心同行。

【建睿智之言】　2010年，民革大理州委充分发挥广大党员的积极性，深入调查社情民意，使提案数量、质量齐头并进，取得显著成效。在政协大理州十一届三次会议和政协大理市七届三次会议上，民革州委提交了《关于加强社会化养老服务体系建设的几点建议》、《关于在州内逐步建立失物招领机构的建议》、《关于进一步强化对洱海源头污染进行治理防范的建议》等27件提案，其中《关于加强社会化养老服务体系建设的几点建议》被大理州政协十一届四次会议评为"优秀提案"。这些提案得到了有关部门的高度重视和办理，为促进党委政府科学决策发挥了积极作用。

【献务实之策】　6月，民革大理州委牵头联合大理州其他6个民主党派，对"大理州桥头堡建设"这一重大课题进行调研。为充分发挥人才优势，民革州委积极与大理学院经济研究所联系合作，并专门抽调民革党员、大理学院经济研究所所长廖望科博士担任课题组重要成员，负责设计调研课题、制定调研方案、起草调研报告。在近2个月的调研工作中，调研组深入到凤仪、海东及大理市周边各县，对交通设施、旅游景点、宾馆旅店、医疗机构、大中院校、厂矿企业、金融机构和农业设施等情况进行实地调查研究，并与基层群众深入交谈，广泛收集有关资料。在调研过程中，调研组注重加强与政府职能部门的联系与合作，查阅了大量相关资料，不断充实数据材料，全面准确地掌握了大理州经济社会的发展现状。在认真分析大理州在"桥头堡"建设战略中所拥有的优势和面临的困难后，经反复研究和归纳提炼，民革大理州委于7月10日完成调研报告初稿。在听取多方意见的基础上，最终形成了《关于在云南桥头堡建设中大理州发展战略的建议》的调研报告。8月26日，在大理州四大班子和相关部门领导、各民主党派、工商联、宗教界代表人士参加的全州统一战线调研座谈会上，民革大理州委主委段利华就该调研报告作了专题汇报，得到了中共大理州委书记刘明的高度评价，称赞此调研报告为大理州经济社会发展和"十二五"规划提供了重要的智力支持和决策参考。该调研报告还在《大理州通讯》第44期和《大理调研》第55期上进行了转载，引起了社会各界的高度关注，得到了社会各界的充分肯定。由于在参政议政工作中的突出表现，年底，民革大理州委获得中共大理州委统战部颁发的"参政议政建言献策"一等奖。

【社会服务工作出亮点】　2010年3月，民革云南省委研究决定，大理州剑川县参加由民革中央社会服务部与国务院扶贫办联合举办的招商引资洽谈活动。民革大理州委高度重视，在中共大理州委统战部的大力支持和帮助下，民革大理州委副主委车惠菊多次深入到剑川县，积极协助做好此次招商引资项目的整理和包装工作。7月6日，在国务院扶贫办与民革中央共同主办的"全国扶贫协作优势产业推介暨招商引资洽谈活动民革定点联系县专场"上，剑川县签订了两项意向性合作项目，涉及金额9.3亿元。9月，民革大理州委积极与国务院扶贫办外资中心联系协调，为宾川、鹤庆、永平、漾濞和弥渡5个县争取到了11月18日在北京举办的"全国扶贫协作优势产业推介暨招商引资洽谈活动民族地区专场"的参会名额。此举，被民革云南省委作为先进典型事迹材料，在"云南省民主党派、工商联社会服务工作研讨会"上进行大会交流，得到与会代表的一致好评。11月，民革大理州委还邀请中盛投资集团有限公司投资考察团来大理调研，并积极与州发改委、州商务局等部门加强联系协调，为今后引进风电投资项目打下了良好的基础。民革大理州委在招商引资工作中取得了历史性突破，并获得了各方肯定。年底，被中共大理州委统战部评为全州统战系统"社会服务工作先进集体"。

【组织建设健康发展】　2010年，为更好地履行参政党职责提供了坚强的组织保证和必要的人才保证，民革大理州委主动与相关单位沟通协调，积极吸收高素质人才加入组织，不断为民革健康持续发展注入强劲动力。年内，共有7名新党员加入到民革组织，党员年龄偏大、队伍结构不均衡、高学历高素质人才短缺的现象得到了一定缓解，民革党员的整体素质进一步得到了提高。

【机关建设及制度建设日趋完善】　2010年，民革大理州委机关通过公开招考公务员，为机关输入了优秀人才，增强了机关履职能力，同时，机关结合自身实际，在上年的基础上又进一步完善了规章制度，建立了"经费管理使用办法"、"党员交纳党费及党费管理使用办法"、"机关公文处理办法"和"收文发文管理制度"，通过完善机关工作制度，正规化建设进一步得到加强，全面推动各项工作的制度化、规范化、程序化和法制化，机关工作人员的服务意识和奉献意识进一步得到提高。

【党员干部思想建设有序进行】　2010年，民革大理州委通过深入开展理论学习活动，对委员和骨干加强教育培训，不断提高他们的政治素质和业务能力。9月，民革大理州委副主委车惠菊参加由中共中央统战部举办的"党外干部培训班"，不断提高领导干部的综合素质。同时还十分重视新党员的培训教育，年内，有2名同志参加了民革云南省委举办的新党员培训班，进一步提高了新党员的思想政治素质，增强了参政议政的责任感和使命感。

【积极参加社会公益活动】　2010年，大理州遭遇了百年不遇的特大旱灾，给人民群众的生产生活造成了巨大影响，民革大理州委与其他民主党派共同举办了"大理州民主党派机关干部抗旱救灾献爱心捐款"活动，其中民革州委机关及工作人员捐款1300元。为深入贯彻中共大理州委、州人民政府"生态优先"的发展思路，不断促进生态文明建设，努力建设森林大理，7月，民革大理州委自筹资金近1800元，从苗圃购买大青树和小叶榕2种名贵树种,在大理机场路植树区开展义务植树活动,以实际行动创建美好家园。

【推动辛亥革命遗迹的保护和利用】8月,在州、县(市)统战部门的大力支持下,民革大理州委配合民革云南省委课题组前往大理、剑川、洱源和宾川4县市,分别对迤西自治总机关部、杨杰故居、张耀曾遗迹、张子贞故居、马骧故居、赵钟奇故居,赵藩遗迹、周钟岳故居、杨希闵故居、丁怀瑾和李光炳故居等辛亥革命相关遗迹进行实地调研,为推动大理州历史文化资源的保护和利用发挥了重要作用。

(杨玲玲)

农工民主党大理州委

【概 述】2010年,农工民主党大理州委在农工民主党云南省委和中共大理州委的领导下,在中共大理州委统战部的关心支持下,以庆祝农工民主党建党80周年暨农工民主党云南省委成立25周年为契机,开展系列纪念活动,展开形式多样的政治学习和党性教育,带领全体党员以学习借鉴执政党党建经验,切实加强参政党建设为指导,贯彻落实科学发展观,关注民生,勤奋工作,各项工作扎实推进,取得了一定的成果。

【开展建党80周年系列纪念活动】2010年8月9日,是农工民主党建党80周年的日子。按照农工民主党中央和农工民主党云南省委的要求,农工民主党大理州委制定了纪念活动方案,组织了知识竞赛、演讲比赛、举办培训班、召开纪念大会、表演文艺节目、开展社会服务等系列活动中。旨在团结教育大理州农工民主党组织和广大党员继承发扬多党合作优良传统,以振奋精神,增强信心,鼓舞干劲,从而推动农工民主党各项工作顺利进行。纪念活动的开展,深化了党员对于党章党史和中国特色政党制度的认识,增强了党员的自豪感和荣誉感,坚定了农工民主党全体党员在中国共产党的领导下坚持走中国特色政治发展道路的信心和决心。

【召开纪念农工民主党建党80周年和农工民主党云南省委成立25周年会议】2010年9月20日,农工民主党大理州委召开纪念农工民主党建党80周年暨农工民主党云南省委成立25周年会议,农工民主党中央副主席、全国政协常委、云南省政协副主席、农工民主党云南省委主委陈勋儒到会并作重要讲话,中共大理州委常委、州委统战部部长杨秀星致辞,州政协副主席、民盟大理州委主委杨泽恒代表大理州各民主党派和工商联致贺词,州人大常委会副主任、民进大理州委主委陆璐,州政协副主席、州工商联主席寇铸勋,州政府秘书长李超等领导出席。农工民主党大理州委主委周明华在会上回顾了农工民主党大理州委长期以来在大理州经济社会中作出的努力和探索,追忆了农工民主党大理州委与中共大理州、市委风雨同舟的辉煌历程,表达了带领大理州全体农工民主党员坚定走中国特色政党制度的信念和决心。

【举办“携手同心 共铸辉煌”演讲比赛】8月12日,农工民主党大理州委举行“携手同心 共铸辉煌”演讲比赛,庆祝中国农工民主党成立80周年。来自各总支、支部的6名党员参加演讲比赛。参赛选手根据自己的入党感受、对农工民主党的认识及体会,从不同的角度发表了演讲,回顾了农工民主党老一辈的光荣革命传统,歌颂了我国统一战线和多党合作事业的光辉历程,展示了农工民主党大理州委在党务工作及多党合作中涌现出来的先进人物和先进事迹,表达了坚持中国共产党领导的多党合作和政治协商制度的坚定信念,展示了广大农工民主党员对伟大祖国的热爱之情及希望祖国繁荣昌盛的美好愿望。最终,程平、陈晓雪、赵雪芳荣获一等奖,谷祥富、杨彩仙和尹寿斌获得二等奖。在12月农工民主党云南省委举办的树立和践行社会主义核心价值体系演讲比赛中,程平获三等奖,陈晓雪和赵雪芳获优秀奖。

【举办纪念农工民主党建党80周年知识竞赛】6月,农工民主党大理州委举办纪念中国农工民主党建党80周年知识竞赛,全体党员参加了活动。活动的目的在于以纪念农工民主党建党80周年为契机,推动广大党员特别是中青年党员,认真学习邓小平理论、“三个代表”重要思想和科学发展观,继承和发扬农工民主党与中国共产党团结合作的优良传统,树立和践行社会主义核心价值体系,切实推进农工民主党思想建设。党员们积极参与,将竞赛活动作为一次加强学习的大好机会,通过1个多月的精心准备,在深入学习的基础上填写竞赛试题答题卡,做到学见行动、学有成效。

【省政协副主席陈勋儒与大理州无党派代表人士座谈】9月20日,出席农工民主党大理州委纪念中国农工民主党建党80周年暨农工民主党云南省委成立25周年大会的全国政协常委、农工民主党中央副主席、省政协副主席、农工民主党云南省委主委陈勋儒在大理与大理州无党派代表人士亲切座谈。座谈会上,陈勋儒简要回顾了中国农工民主党与中国共产党“风雨同舟、荣辱与共”走中国特色政治发展道路的光荣历程,介绍了中国的政党和政党制度。通报了农工民主党云南省委的组织发展情况、庆祝农工民主党成立80周年的系列活动以及长远发展目标。他鼓励大理州的无党派代表人士立足工作岗位,发挥聪明才智,为大理州的经济、政治、文化、社会发展和生态文明建设作贡献。陈勋儒向参与座谈会的农工民主党大理州委机关干部提出要求,一要积极反映党员和所联系群众的合理要求,增强以感情联系党员的意识;二要按照“三为主”原则做好组织发展工作,更好地增强党派履行职能的能力和影响力;三要加强与中共党组织和党员所在单位的沟通,争取支持。他希望党派工作人员都能成为社会活动家。青年党员代表赵雪芳介绍了自己加入农工民主党后参政议政取得的成绩以及农工民主党给广大党员尤其是年轻党员提供了很好的展示平台的体会。

【农工民主党中央2010年参政议政专题座谈会在宾川召开】农工民主党中央2010年参政议政专题座谈会于12月1~3日在宾川县召开。会议议题是农工民主党各级组织如何围绕国家“十二五”规划和深入实施西部大开发战略进一步做好参政议政工作,同时讨论农工民主党中央和地方组织、中央各专委会与地方组织如何加强联系,进一步履行好参政党职能问题。会议由农工民主党中央参政议政部部长隋路主持。农工民主党云南省委副主委、省卫生厅副厅长杨鸿生出席会议。农工民主党中央参政议政部有关负责同志,农工民主党中央医卫、科技、教育、文化、联络、妇女、经济、社法、人资环9个委员会有关负责人,北京、天津等27个省市自治区农工民主党省级组织参政议政部门负责人出席会议。农工民主党中央副主席、云南省政协副主席、农工民主党云南省委主委陈勋儒高度重视此次会议,并对会务组工作作了具体安排部署。农工民主党大理州委主委周明华以会务组组长的身份,带领农工民主党大理州委机关人员参与了会议全过程的安排协调和服务。

【加强政治理论教育和学习】　2010年，农工民主党大理州委以云南省政协副主席、农工民主党云南省委主委陈勋儒的《努力提高党派建设科学化水平》重要讲话为指导，加强政治理论学习，学习借鉴执政党党建经验，坚持把以科学理论为指导，作为提高党派建设科学化水平的基础。以把握党派工作的规律和特点，作为提高党派建设科学化水平的关键。不断推进工作创新并注重实效，作为提高党派建设科学化水平的具体体现。切实加强参政党建设，努力提高党派建设科学化水平。

【编印《大理农工·2009》和《大理农工·2010》】　2010年，农工民主党大理州委积极组织编印宣传农工民主党大理州委组织和农工民主党党员风采的定期刊物。克服困难，认真编辑印刷了《大理农工·2009》和《大理农工·2010》。农工民主党大理州委将本着学习与探索的态度，力求在稿件来源和特色质量上再接再厉，编出精品。

【举办参政议政培训班】　6月26日，农工民主党大理州委2010年党员参政议政培训会召开，会议邀请中共大理州委统战部、州政协提案委领导就参政议政的重点、难点、原则、方法以及提案的写作技巧等方面作专题报告。培训会由农工民主党大理州委主委周明华主持，来自各基层组织的50名农工民主党员参加了培训会。

【加强党员培训】　2010年，农工民主党大理州委把组织党员和机关干部参加农工民主党系统内部和统战系统组织的相关培训，作为不断加强自身建设、提升自身理论和业务能力的重要举措。5月25日～6月1日，机关干部周正波参加了由农工民主党中央宣传部主办的“2010年农工民主党中央全国宣传干部培训班”；5月27～28日，杨瑞东、贾丽娟参加了由中共大理州委统战部主办的“大理州统一战线宣传信息工作培训班”；7月26～29日，在主委周明华的带领下，专职副主委杨瑞东、大理卫校高级讲师郑雨梅、州环境监测站工程师赵爱华和农工民主党大理州委机关干部参加了农工民主党云南省委举办的“骨干党员参政议政培训班”；12月15～20日，袁庆虹、熊春沐等人参加了农工民主党云省委举办的新党员培训班。通过系统全面的学习，加强了思想认识，增强了能力。

【为农工民主党创始人邓演达纪念园捐款】　邓演达先生是中国农工民主党的创始人，是一位伟大的爱国主义者。2010年，在庆祝中国农工民主党建党80周年之际，农工民主党大理州委捐款2000元，汇往农工民主党云南省委转交中共惠州市委邓演达先生纪念园筹备工作组，表达对邓演达先生的敬意。

【稳步吸收新党员】　2010年，农工民主党大理州委坚持保证质量、有序发展的原则，新发展党员10名，分别来自大理州发展和改革委员会、大理卫校、大理学院、大理市第一人民医院、大理州疾控中心、大理州妇幼保健院、大理学院附属医院、中国大理洱海湖泊研究中心，从而使党员总数发展到160人，结构进一步优化。

【召开组织宣传工作会议】　3月16日，农工民主党大理州委2010年组织宣传工作会议召开。会议就党员发展的问题进行认真研究，对党费使用和征缴问题进行交流，并对2010年及今后一段时间的宣传工作，提案、社情民意工作作部署。各基层组织主委、负责组织和宣传的党员参加了会议。农工民主党大理州委主委周明华在总结成绩同时，对参政议政工作方面存在的不足和薄弱环节提出了要求。副主委杨瑞东对2009年的提案、社情民意工作作了报告，对2010年的提案、社情民意工作作了部署。会议研究决定，要求各总支、支部每月要采收1份社情民意信息，于当月20日前上报到农工民主党大理州委；每名党员每年要上报1份社情民意和1份提案。会议还就党员发展的原则、程序以及党费的使用和征缴问题，提案、社情民意的写作问题，及加强各基层组织与州委的交流和联系方面提出了具体要求。

【农工民主党大理州委一届四次全委（扩大）会议召开】　1月15日，农工民主党大理州委一届四次全委（扩大）会议在下关召开。会议认真学习了中共十七届四中全会、农工民主党云南省委五届五次全委（扩大）会议和中共大理州委六届八次全委（扩大）会议的精神，审议通过了《中国农工民主党大理白族自治州第一届委员会2009年工作报告》。中共大理州委统战部领导到会指导。农工民主党大理州委主委周明华对2010年的工作做了具体部署：一是要加强政治的学习，二是要增强参政党意识，三是要积极参政议政、不断扩大党派影响力，四是对机关建设的规范化、制度化水平提出了要求。会议审议通过了副主委杨瑞东作的《中国农工民主党大理白族自治州第一届委员会2009年工作报告》。会议还对2010年省州两级“两会”的提案、建议进行了讨论。

【农工民主党大理州委一届五次全委（扩大）会议召开】　8月12日，农工民主党大理州委一届五次全委（扩大）会议在下关召开。农工民主党大理州委主委周明华传达学习了农工民主党云南省委五届十次常委（扩大）会议精神。专职副主委杨瑞东受主委会委托，总结了州委上半年工作。原支部主委余泽高参加了会议。周明华在传达农工民主党云南省委五届十次常委（扩大）会议精神时强调，农工民主党大理州委各基层组织和全体党员要认真学习云南省政协副主席、农工民主党云南省委主委陈勋儒的《建睿智之言，献务实之策，扎扎实实做好参政议政工作》重要讲话，切实创新和改进工作方式，不断加强自身建设的科学化水平，真正卓有成效地提高参政议政的能力和水平。专职副主委杨瑞东从开展形式多样的政治理论教育和学习、稳步吸收新党员，组织队伍进一步充实、积极参政议政，建言献策、开展社会服务活动，扩大党派影响、基层组织党内生活逐渐正规化和丰富化等几个方面对农工民主党大理州委上半年工作进行了总结。并对下半年的工作作了部署：一是要进一步加强参政议政的能力和水平，二是继续稳步推进党员发展工作，三是继续做好庆祝农工民主党成立80周年暨农工民主党云南省委成立25周年系列纪念活动，四是贯彻落实好《农工民主党中央树立和践行社会主义核心价值体系三年工作规划》。

【提案工作效果突出】　在2010年省、州、市（县）政协召开的全会上，农工民主党大理州委的省、州、市（县）8名政协委员积极参政议政，建言献策，共写提案25个，其中：在省政协会上提交提案4个；在州政协十一届三次全委会上提交《关于加强精神卫生服务投入的建议》、《加强学校突发公共卫生事件的检测和预防》、《关于增加民族文化特色教育内容的建议》等集体提案8个，《关于公车管理和改革的建议》等个人提案10个。在市政协七届三次全委会上提交集体提案3个。2010年的提案工作参与度大，全体党员都参与提案工作,对全体党员的参政议政能力有所锻炼。《建议加强对大理州境内工矿企业和外出农民工职业病防治的关注》的提案,被政协大理州委评为优秀提案。

【为大理低碳经济和桥头堡战略建设建言献策】 2010年6月10日,农工民主党大理州委主委周明华、专职副主委杨瑞东参加由中共大理州委统战部召开的民主党派座谈会,就大理低碳经济和桥头堡战略建设建言献策。

【参加大理州统一战线调研座谈会】 2010年8月26日,中共大理州委召开全州统一战线调研座谈会,农工民主党大理州委主委周明华、副主委杨瑞东和杨益琨参加会议。会上,各民主党派就《关于云南桥头堡建设中大理州发展战略的建议》作专题发言。中共大理州委书记刘明在认真听取发言后给予了高度评价。他说,近年来,大理州各民主党派组织高举中国特色社会主义伟大旗帜,充分发扬与中国共产党同心同德、亲密合作的优良传统,围绕中心、服务大局,积极参与事关全州经济社会发展重大问题的政治协商和民主监督,为推动全州经济社会又好又快发展作出了积极贡献。他要求,大理州各民主党派要以强烈的历史责任感和时代使命感,树立参政为民、促进发展的参政理念,围绕大理州发展大局,不断提高参政议政和民主监督的能力与水平,建务实之言,献有用之策,为云南"桥头堡"战略作出新贡献。

【参加中共大理州委政协工作调研座谈会】 2010年,在中共大理州委政协工作调研座谈会上,农工民主党大理州委主委周明华围绕把政治协商纳入决策程序、支持政协民主监督、支持政协参政议政等的情况和建议所做的发言受到好评。

【杨瑞东被聘为大理州检察院首届特约检察员】 2010年10月29日,在大理州检察院首届特约检察员颁证会议上,农工民主党大理州委副主委杨瑞东被聘为大理州检察院首届特约检察员,检察长普赵辉向其颁发了聘书。

【调研工作扎实深入】 7月,农工民主党大理州委围绕大理州"桥头堡"建设,深入云龙县漕涧镇调研,完成《关于着力打造漕涧工业园区的调研报告》,调研报告分为打造漕涧工业园区的有利条件、存在的困难和问题、加快工业园区建设的建议3个部分,就相关问题进行了深入浅出的分析,为大理州人民政府的相关决策提供了参考。同时,农工民主党大理州委积极协助农工民主党云南省委开展调研活动。4月7日,农工民主党云南省委专职副主委张宽寿到大理喜洲古镇开展《云南省生态环境保护工程实施情况》调研。4月8日,农工民主党云南省委办公室主任王洪涛到祥云县进行《云南省旅游小城镇建设情况》调研。农工民主党大理州委认真安排和组织,顺利地协助好省委的调研工作。

【理论研究工作扎实有效】 2010年,农工民主党大理州委继续加强理论研究工作,向农工民主党云南省委提交了《民主党派核心价值观的内涵、特征与基本内容研究》、《网络政治及其对民主党派政治参与的挑战和影响》、《社会转型时期民主党派发展的趋同性现状、原因及其对策分析》等3篇理论文章,受到好评。

【农工民主党大理州委获农工民主党中央表彰】 8月16日至19日召开的中国农工民主党全国社会服务工作会议上,农工民主党大理州委获评农工民主党中央"2007~2009年农工民主党社会服务工作先进市县级委员会"称号。

【开展结核病日宣传活动】 3月23日,农工民主党大理州委与大理州结核病控制项目办公室、大理州妇联、大理州疾控中心、洱源县疾控中心、洱源县妇联等部门到洱源县右所初级中学,开展结核病科普知识及国家结核病防治政策讲座。向学生及村干部、教职工发放印有结核病科普知识的书签、笔记本、作业本、宣传折页及传单等。到中所村集市开展结核病防治科普知识及结核病义诊咨询活动。义诊8人(次),咨询30多人(次)。专职副主委杨瑞东和来自州疾控中心的农工民主党员施照云、罗正达等参加了活动。

【开展"联合国糖尿病日"宣传活动】 11月14日是第4个"联合国糖尿病日",为响应联合国的号召,唤起全社会对糖尿病防治工作的重视,推动糖尿病防控工作的开展,农工民主党大理市总支主委、糖尿病专家沙榆波主任医师一行,深入大理市开发区社区服务中心,就糖尿病的预防和控制开展主题宣传活动。

【农工民主党大理学院总支开展健康生活宣传活动】 11月14日,在"国际科学与和平周"期间,由大理学院附属医院总支牵头,段淑英、周跃兴、尚玲、苏春勤、唐利民等18名党员到凤仪镇开展健康生活宣传活动,积极开展义诊、讲座、科普宣传、法律咨询等一系列既有思想性又具实用性的活动。

【积极开展抗旱救灾捐赠活动】 2010年,大理州遭遇了有气象记录以来百年不遇的特大旱情。灾情发生后,农工民主党大理州委高度重视,大理的广大农工民主党员积极响应号召参加所在单位的捐赠活动,向灾区人民伸出温暖援手,以实际行动支援抗旱救灾工作,帮助受灾群众共克时艰,共渡难关。经统计,大理州的农工民主党员合计85人捐款人民币8290元。

【开展对老党员的慰问活动】 2010年新春佳节前夕,农工民主党大理州委主委周明华、副主委杨瑞东看望并慰问了70岁以上的老党员。表达组织的深情厚谊和良好祝愿、感谢他们对农工民主党大理州委的关心和支持,以及长期以来在工作岗位上的突出贡献。

(周正波)

大理州总工会

【召开州总工会八届三次全委(扩大)会议】 1月15日,大理州总工会八届三次全委(扩大)会议在下关召开。州委常委、州委秘书长杨健应邀到会指导,州人大常委会副主任、州总工会主席彭增梅出席会议,各县市分管或联系工会工作的党政领导应邀出席会议。州总工会八届委员、州总工会八届经审委员、女工委员出席会议。各县市总工会常务副主席,州级各系统工会、工会联合会、直属工会主席和有关部门负责人列席会议。州委常委、州委秘书长杨健作了题为《履行职责、发挥作用,努力促进全州经济社会发展再上新台阶》的讲话。杨健对做好工会工作提出了4点要求:①要强化服务引导,进一步激发广大职工的创造活力和劳动热情。②要推动职工共建共享,切实维护广大职工的劳动经济权益。③要保障职工民主参与,加快落实广大职工的民主政治权利。④要加强工会自身建设,不断增强对广大职工的吸引力和凝聚力。州人大常委会副主任、州总工会主席彭增梅作了题为《维权维稳、构建和谐,为全州经济社会平稳较快发展再立新功》的工作报告。会议审议通过了《经费审查委员会工作报告》(书面)和《女职工委员会工作报告》(书面)。会议由州总工会党组书记、常务副主席赵明光主持。会上,对2009年度工会工作目标责任考核先进单位进行了表彰,对大理州工人先锋号和先进职工之家进行了命名表彰。州总工会与各县市总工会和州级机关工委签订了2010年工会工作目标责任书。

【参加全州群团工作汇报会】 1月14日,中共大理州委召开全州群团工作汇报会。听取群团工作情况汇报,分析当前面临的形势和任务,研究部署今年和今后一个时期的群团工作。州总工会参加汇报会,并进行工作汇报。州委书记刘明在会议上发表重要讲话,他强调,群团部门要围绕中心、服务大局,进一步发挥群团组织的优势和特点,增强责任感和紧迫感,扎实做好新形势下的群团工作,为密切党同人民群众的血肉联系发挥重要作用。州委副书记王雪峰主持会议并作总结。州委常委、州委秘书长杨健,州人大常委会副主任、州总工会主席彭增梅,州政协副主席孙明出席会议。团州委、州妇联、州科协、州文联、州残联、州侨联、州工商联、州红十字会的领导都分别作了工作汇报。会议就做好群团工作提出了要求,并形成了会议纪要。

【开展走访慰问送温暖活动】 1月21日,中共大理州委书记刘明,州委常委、州委秘书长杨健,以及州委组织部、州总工会、州老干部局等部门领导先后走访慰问了木凤章、马品珍、杨旻、杨信全等在关担任过正厅级领导职务的离退休老干部,向他们送去了州委、州政府的关心和诚挚的新春祝福。州政协主席袁爱光,州人大常委会副主任尚榆民,州人大常委会副主任、州总工会主席彭增梅,州人民政府副州长许映苏,以及相关部门的领导组成慰问组,深入到大理市、祥云县分别看望工作在第一线的林业系统职工和困难职工,走访慰问生活困难的职工家庭。袁爱光等一行到喜洲镇林业站、关迤社区、白药集团宿舍区、滇西纺织有限公司宿舍区,先后看望和慰问了困难职工何金妹、丁漾芬、何家英、李汝惠等,并与她们亲切沟通交谈,深入了解面山护林防火工作的具体情况,送上美好的新春祝福。据统计,2010年,全州共筹措资金672.21万元,走访慰问困难职工、一线职工和农民工共计15114人,资助困难职工子女258人,发放资助金68.75万元。

【召开州级机关部分省部级以上劳模座谈会】 2月3日,州总工会召开州级机关部分省部级以上劳动模范座谈会。州人大常委会副主任、州总工会主席彭增梅,州人民政府副州长程云川等领导出席会议。在座谈会上,程云川代表州委、州政府对劳模在各条战线上所作的贡献表示感谢,并致以新春的祝福,并就全州经济社会发展情况向劳模作了通报,充分肯定了劳模和广大职工在现代化建设中作出的贡献,向各级工会组织和劳动模范提出了殷切期望和要求。州人大常委会副主任、州总工会主席彭增梅就全州劳模工作近况以及今后将认真贯彻各级党委、政府的指示精神,建立健全机制,积极协助党委、政府进一步完善培养劳模、选树劳模、表彰劳模的工作机制,为劳模先进人物的不断涌现和健康成长创造良好条件作了讲话。座谈会上,各位劳模代表结合自身实际,分别作了发言,并表示要在自己的岗位上创造新业绩,为全州经济社会平稳较快发展、构建和谐大理再立新功。

【召开州级机关工会主席座谈会】 2月15日,州总工会召开州级机关工会主席、副主席和部分部门负责人座谈会。州总工会副调研员阮荣科就州级机关工会收归管理工作以及州级各党委建立系统工会和2009年工会工作情况向与会同志作了通报,对2010年州级机关工会目标责任考核工作作了说明并征求了与会人员的意见。参加座谈会的人员和相关部门领导就开展工会工作,建立系统工会和下一步开展工作情况作了交流发言。州总工会各部室负责人就相关业务工作作了讲解说明。

【举行"省级文明单位"授牌仪式】 3月2日,州总工会荣获"省级文明单位",授牌仪式在州总工会一楼会议室举行。州人大常委会副主任、州总工会主席彭增梅,州文明办主任王敬元出席仪式并授牌。州直机关纪工委书记张彪,州、市文明办相关科室负责人及州总工会全体职工参加了授牌仪式。大理市文明办主任李秀丽宣读了省文明委《关于命名表彰2009年度省级文明行业、文明单位、文明村镇的决定》,州总工会党组书记、常务副主席赵明光接牌。州人大常委会副主任、州总工会主席彭增梅代表州总工会和全州工会干部向多年来关心、支持工会工作的州委、州政府、州文明办表示衷心的感谢。彭增梅在讲话中要求,要以授牌仪式为动力,珍惜和保持荣誉,迅速掀起保先争优的热潮,以更加饱满的热情投身到工会工作中,为建设和谐大理做出应有的贡献。州文明办主任王敬元就省级文明单位创建工作作了说明。州总工会党组书记、常务副主席赵明光带领州总工会机关全体职工在省级文明单位牌匾前进行宣誓。赵明光简要总结了州总工会在省级文明单位创建活动中的主要工作、取得的成绩和经验。州总工会副调研员阮荣科主持授牌仪式。

【对新闻工作者实施奖励】 州总工会拨出6000多元资金,于3月25日,对2009年度在《大理日报》上刊登工会新闻、评论、特写、图片及有关工会工作信息53篇稿件的韩海娥等20位新闻工作者分别给予了奖励。近年来,工会宣传工作在社会各界,特别是新闻单位的重视支持以及广大新闻工作者的共同努力下,宣传工作取得了优异成绩。州总工会为鼓励新闻工作者积极投身工运事业,加强工会工作的宣传力度,根据州总工会《关于印发〈进一步加强工会宣传报道工作暂行规定〉的通知》的规定,对2009年度在大理日报上发表宣传工会工作的文章给予了相应的奖励。

【省总工会常务副主席卢正国到大理调研指导抗旱救灾工作】 3月28日至31日,省总工会党组书记、常务副主席卢正国带领省总工会慰问组,在州人大常委会副主任、州总工会主席彭增梅等领导的陪同下,分别到鹤庆县、巍山县慰问并指导抗旱救灾工作。卢正国先后听取了州总工会、鹤庆县总工会、巍山县总工会的工作情况汇报。在鹤庆县松桂镇分别听取了鹤庆县委书记单进园、松桂镇党委书记张炳江关于抗旱救灾工作情况汇报。慰问组一行深入田间地头,进家入户,实地查看旱情灾情,详细了解村民生产生活安排和人畜饮水困难及春耕备耕等情况,到鹤庆县松桂乡中窝村、中窝西门子合作伙伴小学以及两户特困户家中,为他们送去了矿泉水、大米、粮油和慰问金。在鹤庆县,卢正国一行还对省总工会驻鹤庆县新农村指导员进行了看望和慰问,并拨出20万专款,分别给鹤庆县和松桂乡各10万元用于抗旱救灾。在巍山县庙街镇,卢副主席分别听取了巍山县总工会、庙街镇总工会的工作汇报，并现场分别给予巍山县总工会、庙街镇总工会2万元、1万元工作经费，在听取了巍山县政府抗旱救灾工作后，协调州总工会拿出5万元用于巍山县抗旱救灾工作。

【开展“星级乡镇”创建活动】 年内，按照建设“六好”乡镇标准，制定出台《大理州乡镇工会工作办法（试行）》、《大理州总工会关于创建星级乡镇工会评比考核办法（试行）》等文件，把星级乡镇工会创建活动与建设职工之家、创建劳动关系和谐企业、工人先锋号、“五一劳动奖状”、“双爱双评”等活动有机结合起来，在全州乡镇工会中广泛开展“星级工会”创建活动。星级乡镇工会建设，设五星级、四星级、三星级三个档次，五星级为最高等级，实行500分考核制。州总工会负责对达到五星级工会标准的乡镇进行考核奖励。从2010年开始，力争用3年左右的时间，使80%以上的乡镇总工会达到三星级以上工会标准，使50%左右的乡镇总工会达到四星级以上工会标准。使20%左右的乡镇达到五星级工会标准，通过几年的努力，把全州110个乡镇工会建设成为凝聚职工、服务大局、充满活力、履职维权的坚强堡垒。

【举行庆“五一”暨劳模表彰大会】 4月24日上午，大理州庆“五一”暨劳模表彰大会在龙山国际会议中心一号厅召开。中共大理州委副书记、州长何金平，州委副书记王雪峰，州人大常委会主任字国顺，州人大常委会副主任、州总工会主席彭增梅，副州长程云川，州政协副主席孙珍玲，州政府秘书长李超，受表彰的劳动模范、先进工作者、五一劳动奖章获得者，五一劳动奖状获得单位代表、劳动关系和谐企业单位代表出席会议。各县市副县市长、州总工会八届委员会常委、州级有关部门负责人、县市总工会主席、常务副主席、州级机关系统工会主席、历届劳模代表、技能状元代表等参加会议。州委副书记、州长何金平作重要讲话，州委副书记王雪峰主持会议，彭增梅宣读大理州五一劳动奖状、奖章表彰决定，副州长程云川宣读劳模、劳动关系和谐企业表彰决定。①表彰了荣获大理州劳动模范的11位个人、34家大理州劳动关系和谐企业、64家大理州五一劳动奖状单位、21名大理州劳动奖章个人。②向4位技工师傅颁发聘书，受聘的4位师傅与他们所带的5名徒弟签订师徒结对活动协议书。③两位劳模代表进行了经验交流发言。会后，与会领导与受表彰的劳模、劳动关系和谐企业和五一劳动奖状、奖章获得单位代表和个人合影留念。

【大理州师徒结对活动全面启动】 年内，全州各级工会组织充分利用现有技师资源，发挥广大技师作用，促进技能人才资源的优化配置，在重点行业、重点领域和重点岗位，启动了师徒结对活动，建立师徒结对活动长效机制。活动实行聘任制，聘期为3年，每届聘任100名中级工以上的技术带头人为名师，每位名师分别带5～10名工作作风优良、有敬业精神、有学艺的愿望，并具有相应职业资格证书的职工作为徒弟。为激发广大职工参与师徒结对活动的积极性，鼓励名师多带徒弟、带好徒弟、尽快出师，所带徒弟经职业技能鉴定，取得高级技师、技师、高级工、中级工资职的，在其所在单位给予精神奖励和物质奖励的同时，州政府分别给予2000、1500、1000、500元的奖励。目前共聘任100名中级工以上的技术骨干、行业标兵、创新能手作为名师，分别与作为徒弟的500名职工签订协议，结成师徒。

【创先争优活动全面启动】 6月初，州总工会安排部署深入开展创建先进基层党组织、争做优秀共产党员活动动员会，至此，创先争优活动在全州工会系统全面启动。自创先争优活动实施以来，全州各级工会组织努力做到“五好”、“五带头”。在实施创建过程中，州总工会明确要求，各级党组织和广大党员要将“五好”、“五带头”具体化，充分发挥基层党组织的战斗堡垒作用和共产党员的先锋模范作用，做到在活动组织上切合实际、在活动程序上简便易行、在实践载体设计上便于操作，贴近基层、贴近党员，切实增强创先争优活动的针对性和实效性。要求全州各级工会党组织和广大干部职工一定要牢牢把握服务人民群众这个落脚点，以“创”促发展，以“争”赶一流，在推动科学发展上当先锋，在维护稳定、促进和谐上争先进，在转变作风、提升效能上作榜样，在服务群众、践行宗旨上做表率。同时，把深入开展“三个一”主题实践活动与开展创先争优活动有机结合起来，做到以创先争优的实际行动促进“三个一”主题实践活动的深入开展，形成以上带下、以下促上、上下联动，州、县两级工会相互衔接、相互促进、环环紧扣、整体提高的工作格局。

【工会工作会议在永平县召开】 8月28～31日，大理州工会工作会议在永平县召开。州人大常委会副主任、州总工会主席彭增梅出席会议。各县市总工会主席，州总工会及永平县总工会机关全体干部职工参加了会议。会议由州总工会党组书记、常务副主席赵明光主持。彭增梅在会上对上半年的工作作了总结和回顾，对下半年工作进行安排部署，要求工会组织应为党委分忧、为政府解压、为职工维权，要围绕中心、服务大局，充分发挥桥梁和纽带作用，为建设和谐大理做出工会组织应有的贡献。永平县委书记程永标介绍了永平县经济社会发展情况，县长张剑萍致欢迎词。12县市总工会主席分别汇报了2010年1至8月份工会工作。州总工会常务副主席赵明光、州总工会副主席赵成明分别就完成年度目标责任情况作了说明。

【卢正国潘宏伟到大理州慰问全国劳模及家属】 9月1日，受省人大常委会副主任、省总工会主席江巴吉才的委托，省总工会常务副主席卢正国，副主席潘宏伟到大理州慰问全国劳动模范及其家属。在州委常委、州委政法委书记茶忠旺，州委常委、州委组织部部长叶翠萍，州人大常委会副主任、州总工会主席彭增梅等领导的陪同下，前往祥云县下庄村，看望全国劳模普发兴遗孀胡芹英及其子女，向他们送上慰问金和节日礼品。到大理市，分别走访看望了全国先进生产者谢播和全国农业劳动模范丁辉，向他们送上慰问金和节日礼物。卢正国、潘宏伟还听取了大理州总工会、祥云县总工会工作汇报，对大理州创先争优和工会工作所取得的成绩给予高度赞誉。

【举行大理州第五届职工技术技能大赛】 大理州第五届职工技术技能大赛从6月1日开始，于9月30日结束。9月2日，大理州第五届职工技术技能大赛进入决赛，州人大常委会副主任尚榆民、刘世兴，州人大常委会副主任、州总工会主席彭增梅，副州长程云川，州政协副主席孙珍玲等到现场指导。第五届职工技术技能大赛工种包括财会业务、公诉业务、医生“三基”、护理、医疗急救、按摩师、计划生育临床、动物疫病防治、动物检疫检验、抄表收费核算、变电检修、有线广播电视机线、汽车维修、汽车驾驶、超市收银、中式面点、中式烹调等20个工种。通过技能比赛州人民政府对取得前10名的选手和团体给予奖励。一是授予个人赛第一名大理州技能状元称号,颁发证书和10000元奖金,晋升或破格晋升相应职称;授予个人赛第二、三名选手大理州技术能手称号,并颁发证书和3000元、2000元奖金,晋升或破格晋升相应职称;授予个人赛第四至十名选手大理州优胜奖称号,并颁发证书和500元奖金,同时晋升或破格晋升相应职称。二是对获得团体赛第一名的颁发奖牌和10000元奖金;对获得团体赛第二、三名的颁发奖牌和3000元、2000元奖金;对获得团体赛第四至十名的颁发奖牌和500元奖金。

【开展中秋慰问活动】 9月14日下午,州人大常委会副主任、州总工会主席彭增梅,副州长程云川,州政协副主席杨泽恒,以及大理市党政领导和州、市相关部门负责人代表州委、州政府开展中秋慰问活动。慰问组冒雨爬上陡峭的山坡,专程到苍山大索道施工现场慰问全体施工人员。程云川在讲话中表达了州委、州政府对全体施工人员的问候,希望大家在施工中坚持安全第一,保证质量,使苍山大索道建设成为优质工程,成为大理州旅游二次创业的标志性工程。州实验中学音乐教师虞爱斌,为在海拔2821米的苍山大索道中站施工的工人们演唱《三国演义》主题曲《滚滚长江东逝水》,州歌舞剧院的演员表演了文艺节目。

【江巴吉才到鹤庆检查指导工作】 12月8~9日,省人大常委会副主任、省总工会主席江巴吉才在省委创先争优活动领导小组办公室负责人陪同下,到鹤庆县检查指导工作。州人大常委会副主任、州总工会主席彭增梅陪同。江巴吉才一行先后深入草海镇母屯村、县人民医院医技楼、丽鹤高速鹤庆段施工现场、铝工业园区、大理星球太阳能科技开发有限公司及县总工会办公楼新址、廉租房施工现场等地进行检查指导。江巴吉才针对鹤庆县的创先争优活动提出要求:一是要继续贯彻落实十七届五中全会精神,统一思想,提高认识,进一步增强创先争优活动的责任感和使命感。二是要突出重点,狠抓落实,努力提高创先争优活动的实效性和创新性。江巴吉才同时对大理州和鹤庆县的工会工作提出了具体要求。

【吸纳职工加入工会组织】 年内,州总工会始终把工会组建和会员发展作为工会重中之重的基础性工作来抓,坚持"哪里有职工,哪里就有工会组织"的建会方针,整体推进建会入会工作,最大限度地把包括农民工、劳务工等在内的广大职工吸纳到工会组织中来。目前全州110个乡镇、12个工业园区、40个社区建立了乡镇总工会、工会联合会或联合工会,2443个机关企事业单位建立了工会组织,会员总数达193091人,年平均递增10%以上。

【继续加强工会组织体系建设】 年内,州总工会根据州委工青妇工作会议精神,在全州110个乡镇中各配备1名专职工会干部,在50个建制镇总工会按实职副科配备1名专职主席。给各乡镇工会每年安排不低于3000元的工作经费补助,列入同级财政预算;州总工会每年补助建制镇总工会3000元、补助乡镇工会联合会2000元工作经费,对经考核验收后确定的五星级乡镇工会,一次性奖励6000元;确保乡镇总工会、乡镇工会联合会的工作经费补助总额分别不少于10000元、8000元。对社区工会干部给予每月不低于100元的兼职津贴。按照"党委政府重视支持好、组织网络健全好、履行基本职责好、指导帮助基层好、服务职工群众好、围绕中心开展工作好"的"六好"标准,以创建"星级乡镇工会"为重点,加强乡镇工会规范化建设,发挥乡镇工会承上启下的重要作用。

【加强职工之家建设工作】 年内,州总工会按照组织健全、维权到位、工作规范、作用明显、党政认可、职工信赖的努力方向,合理充实建家内容,科学设置建家标准,不断拓宽建家领域,把建设职工之家活动融入建企业、建队伍、建机制全过程,不断推动建家活动的创新发展。全州已有1034个基层工会建设成为县以上合格职工之家,276个基层工会建设成州级以上先进模范职工之家。

【州总工会加强机关作风建设】 年内,州总工会按照"组织起来,切实维权"的工作方针,以"强化服务意识、提高服务水平、改善机关作风、优化服务环境"为目标,以实施"四项制度"为动力,进一步健全和完善管理制度,加强工会机关的作风建设。①实行工作问责制,围绕工会工作的职能、结合部室职责,对部门的职能进行科学分解,把职能细化到每一个部室,对每个岗位的职责按照"四项制度"的要求,予以明确,建立权责统一的工作机制,从而做到每项工作有人管、有人问、有人落实。②实行公开服务承诺制,以医疗互助服务承诺制为抓手,健全工会职工维权、困难救助、组织建设、劳模管理、工会信访等事务公开制、逐步深入,推动首问责任制和限时办结制的落实。③实行目标责任考核制,进一步充实考核内容,细化目标,落实责任,确保各项制度真正成为工会干部职工自觉遵守的行为准则。④实行监督制约制,严格实行党内监督、群众监督和行风监督等多种措施,及时发现本单位在机关作风中存在的问题,虚心听取各方面的意见和建议,全面促进县总工会机关作风建设。

【开展职工医疗互助活动】 年内,在州委、州政府和各相关单位的支持配合下,认真做好职工医疗互助活动,第六期职工医疗互助活动圆满完成。为12395名患病住院职工兑付了7290641元互助金,组织145685名职工参加了第七期互助活动,收取互助金11826720元,职工医疗互助活动工作连续7年被云南省总工会评为特等奖。

【开展"寒窗助学"活动】 年内,州总工会按照云南省总工会的工作安排和部署,继续深入开展"寒窗助学"、"金秋助学"活动,帮助困难职工解决子女上学资金难的问题。据统计,2010年全州"金秋助学"活动共资助了256名困难职工子女,发放资金71.75万元,其中资助农民工子女19人,发放助学资金3.2万元;州机关工会资助3名困难职工子女,发放助学资金0.7万元。在助学活动中各县市总工会向困难职工家庭高校毕业生提供就业服务17人,帮助实现就业2人。

【开展"贷免扶补"工作】 年内,根据云南省人民政府办公厅《关于印发<云南省鼓励创业贷免扶补实施办法(暂行)>的通知》和6部门联发的《云南省鼓励创业贷免扶补实施办法细则(暂行)》等文件精神,继续开展"贷免扶补"工作,全州工会系统对200名职工发放了1000万元的贷款。

【州总工会与州地税局召开联席会议】 12月20日,州总工会与州地方税务局召开了2010年联席会议,研究部署2011年全州工会经费地税代收工作。州人大常委会副主任、州总工会主席彭增梅出席会议。2010年,州县市两级地税和工会密切配合,严格按照"税费同管"要求,认真组织开展"工会经费代收标准化建设竞赛活动”，建立以“同案稽查、突出重点、全面覆盖、信息共享”为特点的联合审查制度，全州工会经费征收工作得到进一步规范和发展，被省地税局和省总工会评为特等奖。会议客观分析和总结了当前工作中存在的县市工作发展不平衡、收入结构欠合理和征收业务费管理欠规范等实际问题，并对2011的工作要点进行了研究。会议要求，2011年，各级地税和工会要认真贯彻落实全省工会经费地税代收工作会议精神，转变思维、着重围绕“稳收重管”开展工作，继续巩固工会经费征收机制，着力提升正常申报户征管质量，加大工会经费联合审查工作力度。会议对2011年征收任务的确定、下达和考核等工作进行了研究，形成了一致意见。州地税局领导，州总工会常务副主席赵明光，副主席赵成明等领导参加了会议。

【州总工会与州人大办公室联系会议召开】 12月22日，州总工会与州人大办公室召开联系会议。州人大常委会主任字国顺，副主任杨宴君、张如旺、尚愉民、刘世兴、彭增梅、陆璐、秘书长李宗贤，州人大各专工委负责人，州总工会全体职工参加了会议。会议由州人大常委会主任字国顺主持，州总工会党组书记、常务副主席赵明光汇报了州总工会一年来的工作情况和下一步工作打算，并代表州总工会对州人大办公室2010年工会工作的支持表示感谢。字国顺、杨宴君、张如旺、尚愉民、刘世兴、彭增梅、陆璐、李宗贤分别讲话，州人大各专工委负责人、州总工会各部室负责人分别作了发言。

【职工信访及法律援助工作联席会议召开】 12月23日，州总工会、州司法局、州信访局召开大理州职工信访及法律援助工作联席会议。州人大常委会副主任、州总工会主席彭增梅，州直机关纪工委、州中级人民法院、州总工会、州司法局、州信访局、州普法办的领导参加了会议。会议由州总工会党组书记、常务副主席赵明光主持，会议通报了各相关部门一年来开展职工信访和法律援助工作情况，对2011年的工作作了安排和部署。

【云南清逸堂公司荣获“全国双爱双评先进企业”称号】 大理州总工会受全国总工会的委托，于10月21日下午，到云南清逸堂实业有限公司举行授牌仪式，向公司颁发了“全国双爱双评先进企业”牌匾和证书。这是清逸堂公司迄今获得的国家最高级别的荣誉，标志着企业开始步入了科学化、规范化、法制化的管理轨道，初步跻身于全国先进企业管理的行业。州、市、开发区总工会的领导、公司全体员工参加了授牌仪式。授牌仪式由大理市人大常委会副主任、总工会主席李志东主持，州总工会副主席阮荣科宣读了全国总工会、全国工商联的表彰决定，州人大常委会副主任、总工会主席彭增梅向公司领导颁发了“全国双爱双评先进企业”的牌匾和证书，同时，州总工会领导还受云南省总工会委托，向清逸堂公司工会颁发了“职工书屋”牌匾。

【大理交通运输集团公司工会荣获全国“模范职工之家”称号】 大理交通运输集团公司工会荣获全国“模范职工之家”，11月11日举行授牌仪式。云南省总工会副主席王惠萍，州人大常委会副主任、州总工会主席彭增梅与大理交通运输集团公司的领导参加授牌仪式。王惠萍副主席将全国总工会“模范职工之家”的牌匾颁发给大理交通运输集团公司党委书记。大理交运集团公司是以道路运输为主的运输企业。公司工会在企业改制为民营企业后，及时重组两级工会组织，依法独立开展工作；以创建工人先锋号为平台，广泛开展建功立业活动；努力维护职工合法权益，切实为职工群众办好事办实事；以职工代表工会为基本形式的民主管理进一步加强，职工民主权利得到落实；重视女职工工作，充分发挥女职工的工作积极性；开展形式多样的职工文体活动，使企业充满了朝气，生产经营和各项工作得到了较好发展。公司工会曾获得全州、全省总工会“模范职工之家”等荣誉，受到了各级工会组织的表彰奖励。

【大理州三名职工荣获全国劳动模范全国先进工作者称号】 2010年“五一”国际劳动节前夕，在北京召开的全国劳动模范和先进工作者命名表彰大会上，大理市第一建设工程有限责任公司农民工赵华标、大理市第二人民医院皮肤性病科主任张建波、南涧县环卫工人徐珍分别被国务院授予全国劳动模范和全国先进工作者荣誉称号，受到表彰奖励。作为只有初中文化的农民工赵华标，19年来以强烈的求知欲望和锲而不舍的毅力，苦练技能，不断创新，在平凡岗位上作出了不平凡的突出业绩，实现了一名普通农民工向知识型、技能型、创新型高素质人才的快速转变。他先后被授予大理州劳动模范、云南省劳动模范、云南省“十大杰出农民工”、全国优秀农民工、全国“五一”劳动奖章等荣誉称号。张建波13年来在艾滋病防治实践中，以强烈的社会责任感和良好的职业道德探索出一套适合艾滋病防治的模式，获得省科技成果奖，被卫生部称为“大理模式”，成为指导全省、覆盖全国的主要策略，通过对1万多人次的专题培训和干预，使间接受益人群达10万多人。他先后被授予全球唯一“艾滋病防治特殊贡献奖－贝利·马丁奖”、云南省先进工作者、云南“十大新闻人物”、大理州先进工作者、大理州“十佳医生”、大理市改革开放30年“十大卓越人物”等荣誉称号。

【洪锦文荣获云南省“十佳农民工”称号和云南省“五一劳动奖章”】 年内，全州各级工会组织积极宣传农民工先进典型，在全社会营造了尊重农民工、关心农民工、爱护农民工的良好社会氛围，广大农民工以其特别能吃苦、特别能奉献的精神，为推进大理州工业化、城镇化和现代化建设发挥了重要作用。经基层工会民主评选，州总工会推荐，向社会公示，省总工会研究，大理恒源汽车服务有限公司洪锦文被授予云南省“十佳农民工”荣誉称号，同时获得云南省“五一劳动奖章”。

【大理州省级工会工作先进县和“六好”乡镇工会受到表彰】 年内，全州各级工会组织以“三个代表”重要思想和科学发展观为指导。按照“组织起来、切实维权”的工会工作方针，以构建和谐劳动关系为主线，以增强基层工会活力为重点，充分发挥工会大学校作用，着力夯实工作基础，完善工作机制，改善工作环境，打造工作品牌，全面提升县、乡镇工会围绕中心、服务大局、维权维稳、和谐发展的能力，广泛开展创建工会工作先进县和“六好”乡镇工会活动。经州总工会推荐，云南省总工会决定，授予大理州巍山县总工会为云南省工会工作先进县，授予大理市大理镇总工会、弥渡县新街镇总工会为云南省“六好”乡镇工会称号。

【大理州省级“五一劳动奖状”和云南省“五一劳动奖章”获得者受到表彰】 年内，各级工会组织在党委政府的关心支持下，积极开展争先创优活动，广大职工积极参与争创活动，有效推动机关企业事业单位的建设与发展。经州总工会考核推荐，省总工会决定，授予云南清逸堂实业有限公司云南省“五一劳动奖状”荣誉称号。授予大理州公安局交通警察支队楚大大队二中队指导员赵义添，云南下关沱茶（集团）股份有限公司车间主任段启雷云南省“五一劳动奖章”称号。

【一批车间班组荣获云南省“工人先锋号”称号】 年内，全州各级各类企业在各级工会组织的积极倡议下。面对国际金融危机严峻挑战，团结一心、迎难而上、共克时艰，在全面推动科学发展、转变经济发展方式、推进科学技术进步、提升自主创新水平、实现节能减排等方面，坚持不懈地开展创建“工人先锋号”活动，创建工作有了新的突破。云南四方街商贸有限公司信息部、云南大理交通运输集团公司高快客运公司、弥渡县人民医院外一科、大理市大理一中数学教研组、巍山县农村信用合作联社营业部、大理市地方税务局一分局办税服务厅、漾濞县苍山西镇农业科学综合服务站农业科技推广服务组等31个车间班组被云南省总工会命名表彰为云南省“工人先锋号”。

【一批单位和个人获省表彰】 年内，各级工会组织、工会干部和广大职工以科学发展观为统领，按照建设社会主义核心价值体系的要求，紧紧围绕学习型班组创建和团队建设。广泛动员和组织职工积极投身“创先争优”活动，使“创先争优”活动不断向基层延伸，向班组延伸。经各基层工会组织层层选拔推荐，云南省总工会研究，大理州南涧县人大常委会机关被授予2010年度云南省“创建学习型组织争做知识型职工”先进集体称号；大理市下关第四中学九年级年级组被授予2010年度“创建学习型组织争做知识型职工”先进班组称号；大理市第二人民医院眼科主任洪波被授予2010年度云南省“创建学习型组织争做知识型职工”十佳个人称号；云南红塔滇西水泥股份有限公司矿山车间主任唐旭光被授予2010年度云南省“创建学习型组织争做知识型职工”先进个人称号。

（李军锋）

共青团大理州委、大理州青联

【开展“青春温暖彩云南 真情助困进万家”服务青少年月活动】 2010年按照团省委“青春温暖彩云南真情助困进万家”云南省服务青少年月活动的有关工作要求，共青团大理州委结合实际、整合资源，周密安排了系列活动。①由共青团大理州委于2月8日组织召开的大理州2010年“青春温暖彩云南真情助困进万家”服务青少年月座谈会在剑川县沙溪镇举行。团州委书记丁洪涛、剑川县副县长董洪旺参加了座谈会。来自沙溪镇的创业青年、大学生村官、农村团支部书记、返乡务工青年、受灾学校学生等50名青少年代表参加了座谈会。会上团州委还为50名青少年发放了棉被、年历画和电话卡，为广大青少年送去一份新春的健康祝福。②团州委一行深入沙溪镇红星村红星小学、车记地参厂、沙溪寺登村等单位现场进行了走访慰问。③开展“阳光关爱暖青年”行动，向灾区困难青少年、困难青少年学生、进城务工青年、社区困难青少年共460人每人赠送一床被子。④开展“欢乐文化润青年”行动，在乡村集市、工地、社区、学校发放一万张年历画、二十万张洱海保护课程表。⑤开展“和谐春风拂青年”行动，对10名西部计划志愿者、1名北大志愿者、69个州级基层组织建设示范点团干部各2人、云龙县驻点团干1人进行慰问。

【开展“我为抗旱救灾作贡献”志愿服务活动】 3月5日是第11个“中国青年志愿者服务日”，团州委组织来自安利公司、中石油大理分公司等单位的100多名青年志愿者，到干旱较为严重的巍山县青华乡开展“我为抗旱救灾作贡献”为主题的志愿服务活动，掀起了抗旱救灾的热潮。到大理市西窑村委员会实地查看旱情，为缺水的困难户送去饮用水，并为干渴的核桃树浇水，以实际行动践行“奉献、友爱、互助、进步”志愿精神的同时，为党和政府分忧，为人民群众解难。

【浙江湖州市团委向大理州捐款50万元】 4月6日下午，举行浙江省湖州市抗旱救灾爱心捐赠仪式。在捐赠仪式上，湖州市团委书记许小月将一张50万元爱心捐赠支票交到大理州团委书记丁洪涛的手上。州委副书记王雪峰出席捐款仪式并对开展好抗旱救灾和共青团工作提出了希望要求。湖州、大理两地共青团还签订了友好共建协议书。仪式结束后，湖州市、大理州团委一道深入到巍山县五印乡村民小组、新街小学，为农户和小学生送去了矿泉水、大米、食用油等，并与当地干部群众进行了座谈。

【共青团大理州十一届三次全委（扩大）会议在关召开】 4月13日，共青团大理州十一届三次全委（扩大）会议在下关召开。州委副书记王雪峰，州人大常委会副主任陆璐，州政协副主席孙珍玲等领导出席会议。来自各县市团委、州属各有关单位团委的负责人120多人参加了会议。会议全面总结回顾了2009年的共青团工作，对2010年的共青团工作作了全面部署。会上，王雪峰、陆璐、孙珍玲等领导为设立100万元“大理希望工程同兴爱心基金”的同兴房地产公司，在云龙、永平等县投入100万元援建三所希望小学的惠丰房地产公司颁发了“希望工程”牌匾。对2009年度共青团工作先进集体进行了表彰。

【协助举办青年志愿者服务中国（大理）国际绿色低碳技术高峰论坛】 4月2～3日，2010中国（大理）国际绿色低碳技术高峰论坛在大理举办。大理州接待处、共青团大理州委、大理学院团委组织了30名志愿者全程参与了论坛各项主要活动的志愿服务工作。为办好本次论坛做出了贡献，充分展示了大理青年、大理学院大学生的良好形象和精神风貌。

【举行迎“五四”抗旱救灾志愿者集中行动】 为纪念“五四”运动91周年，进一步加快志愿服务队伍建设，大力弘扬“奉献、友爱、互助、进步”的志愿服务精神，深入开展抗旱救灾志愿服务活动。4月26日，大理州、市团委联合组织开展以“传承五四精神、飞扬青春风采、服务抗旱救灾”为主题的“大理青年迎‘五四’抗旱救灾志愿者集中行动日”活动。州委副书记王雪峰，州人大常委会副主任张如旺及州级有关部门领导出席启动仪式。大理学院、大理卫校、云南建设学校、武警消防大理州支队、人民银行大理支行等20家单位的1500多名志愿者参加启动仪式。此次志愿者行动分为：“志愿广场”、“志愿街”及各县市集中服务活动。

【动员组织青年团员参与抗旱救灾】 面对严重的旱情，全州各级团组织及时动员组织广大团员青年积极参与抗旱工作，为打好抗旱救灾攻坚战作出积极贡献。全州团组织共筹集到社会各界捐款721万元，修建共青团希望水窖1153口、希望水池21个及一批“五小”水利工程。为灾区送去了558吨生活用水、15万瓶矿泉水和500多只水桶等一批抗旱物资。

【开展关爱农民工子女活动】 为推动社会各界关注、关心农民工子女的健康成长，发挥团组织优势，对全州农民工子女进行调查摸底，建立农民工子女档案。“六一”儿童节期间组织志愿者服务队，深入南涧、云龙、鹤庆等县开展了关爱农民工子女活动，为300名农民工子女送去了学习、生活用品，并与他们进行联欢，促进了城乡儿童的健康成长。

【举办2010年云南省青少年“希望之星”英语口语大赛大理分赛区选拔赛】 6月27日，共青团大理州委与大理州教育局联合举办的2010年云南省“希望之星”英语口语大赛，大理分赛区比赛在下关一中顺利举行。活动以“与世界牵手”为主题，吸引了来自全州12县市的483名选手参加。比赛过程中，各位选手尽情展现自身特长，经过激烈的角逐最终评选出幼儿组6名、小学a组6名、小学b组6名、初中组6名、高中组6名、大学成人组6名共计36名选手代表大理州参加云南省总决赛。

【开展“大理西部计划志愿者慰问山区儿童活动”】 2010年为进一步做好西部志愿者服务期满相关工作，增强社会各界对西部计划志愿者的了解，在志愿者一年服务期满之际，大理州、市团委联合开展“大理西部计划志愿者慰问山区儿童暨欢送服务期满志愿者活动”。组织来自大理州各县市的西部志愿者、北大支教志愿者和大理市青年志愿者共20余人深入到大理市太邑彝族乡桃树完小慰问山区儿童，给孩子们送去志愿者的问候和关心。通过开展此次活动，不仅使更多的人认识了解“大学生志愿服务西部计划”项目，目睹了大理西部志愿者的风采，还让山区儿童切实感受到党委政府、共青团组织的关怀与温暖，感受到社会的关心与帮助。

【开展学习“普发兴精神”活动】 8月4日，共青团大理州委组织团州委、大理团市委、祥云团县委和弥渡团县委的团干部和大学生村官到祥云县开展“学习普发兴精神、做青年贴心人”活动。结合创先争优活动的总体要求及共青团四项基本职能，团州委紧紧围绕州委、州政府的中心工作，按照州委提出向普发兴学习，把创先争优活动推向深入的要求，结合工作实际，到实地学习普发兴先进事迹，全面加强基层团干部和大学生村官的理想信念和思想道德教育。

【举行大理州2010年“爱心圆梦”行动助学金发放仪式】 8月23日，大理州2010年“爱心圆梦”行动助学金发放仪式在大理龙山国际会议中心1号厅举行。州委常委、常务副州长马建全，州人大常委会党组副书记、常务副主任杨宴君，州政府副州长洪云龙，州政协副主席张树藩，州政府秘书长李超，州教育局局长刘洪、团州委书记丁洪涛及大理州“爱心圆梦”行动工作领导小组成员单位主要领导出席仪式。此次“爱心圆梦”行动由中共大理州委、大理州人民政府主办，大理州教育局、共青团大理州委共同承办，共募集资金200万元，资助500名家庭经济困难的大学新生顺利入学。仪式上，捐资企业代表、受助学生代表及受助学生家长代表纷纷发言，出席此次发放仪式的领导为捐资助学企业授予牌匾，并为部分受助学生发放助学金。

【州市团委与大理人民广播电台合作创办《青春热线》栏目】 9月17日，州市团委与市广播影视管理局和大理人民广播电台共同举行了“共青团大理州委、共青团大理市委、大理人民广播电台——《青春热线》开播仪式”。团州委书记丁洪涛、大理市委副书记黑尚锋以及团市委、大理市广播影视管理局、大理人民广播电台等单位的领导参加了开播仪式。《青春热线》栏目的开通，为了解和掌握当前青少年的思想状况和需求，更好地服务青少年、服务社会提供了有效载体，搭建了新的信息化服务平台。

【州、市启动“共建创先争优 共创和谐社区”党员团员志愿服务行动】 9月30日，中共大理州委组织部、共青团大理州委在大理市下关镇关迤社区举行大理州、市“共建创先争优共创和谐社区”党员团员志愿服务行动启动仪式。启动仪式结束后，党员团员志愿者服务队分别到关迤社区居民户家中开展了义诊、宣传创先争优活动和创建文明和谐社区活动。

【召开州少工委一届二次全会】 10月11日，大理州少工委一届二次全会在下关召开。大理州少工委第一届委员会委员35名和来自全州12县市110个乡镇的少先队辅导员参加了会议。会议分别对12所“红领巾示范学校”、12个“先进少先队大队”、18名“优秀少先队辅导员”、12名“优秀少先队工作者”、30名“优秀少先队员”和50名“优秀环保小卫士”进行了表彰。为慷慨解囊捐资10万元用于购买少先队鼓号队设备的惠丰房地产开发有限公司授予了“惠丰献爱心，情系少先队”的匾牌。会后举办了为期两天半的大理州少先队辅导员培训班，130名少先队辅导员参加了培训。

【召开州青联五届二次常委（扩大）会议】 11月4日，大理州青联五届二次常委（扩大）会议在下关召开。州委副书记王雪峰，州人大常委会副主任陆璐，州政府副州长许映苏，州政协副主席孙珍玲出席会议。来自全州各行各业的州青联委员160多人参加会议。会议就过去一年来的工作进行了总结，并对今后的工作进行了安排部署，会议还通过了指定席位常委卸职、替补名单。会后组织全体人员到大理市古生村新农村建设示范村、龙龛码头洱海湿地、大理创新工业园区力帆骏马车辆有限公司进行参观。

【举办首期农村青年流通人才培训班】 11月15～17日，共青团大理州委与大理州供销社在大理州财贸学校举办“大理州首期农村青年流通人才培训班”。全州12县市共200多名农村优秀青年流通人才参加了培训。州人大常委会副主任陆璐、省供销社副主任单昆生分别在开班仪式上做了重要讲话。州政协副主席孙珍玲为设在州财贸学校的“大理州农村流通人才培训基地”揭牌。培训期间，省供销社、州农业银行、大理洱宝集团、大理市供销社负责人及州财贸学校讲师分别讲授了《农业专业合作社法》及国家相关政策法规、贷免扶补、农村青年创业贷款、农村金融知识、农产品经纪人概述及农产品市场经营策略与发展趋势等课程。

【召开大理州在关中职中专学校团委书记会议】 12月1日，共青团大理州委召开大理州在关中职中专学校团委书记会议。会议集中学习了《关于做好云南省当前和今后一个时期中等职业学校共青团工作的通知》文件精神，并就当前和今后一个时期中职学校团的重点工作进行了部署。

【12355青少年服务台关爱留守儿童】 12月29日，大理团州委刘海涛副书记率领12355青少年热线工作人员一行到云龙县关坪乡小学，看望、慰问了83名留守儿童，给他们送去了节日的问候和关爱。活动中，团州委刘海涛副书记及12355青少年热线工作人员为每一位留

守儿童送上食用油、文具、台灯等生活、学习用品。并召开座谈会,详细询问了他们的学习和生活情况,鼓励他们把暂时的困难作为精神财富,自强不息、发奋学习,以优异的成绩回报社会。同时给云龙县希望小学送去了由共青团浙江湖州市委捐助的340套床。

【举行在关中职中专学校“我的祖国·我的青春”迎新文艺汇演】 12月30日,共青团大理州委在苍山饭店礼堂举办大理州2011年在关中职中专学校“我的祖国·我的青春”迎新文艺汇演。州委常委、州委统战部部长杨秀星,州人大常委会副主任陆璐,州政府副州长许映苏出席晚会。团员青年们用节目表达了青少年对祖国的无限热爱之情,展现了大理州近年来在“四有”教育和校园文化建设上所取得的成就,体现了新一代青少年蓬勃向上的精神风貌和更加坚定地走中国特色社会主义的信心和决心。

【启动以“创先争优展青春,和谐发展做贡献”为主题的创先争优活动】 为巩固和拓展深入学习实践科学发展观活动成果,团州委于9月初在全州各级团组织中启动了以“创先争优展青春,和谐发展做贡献”为主题的创先争优活动。活动中,全州各级团组织坚持“五好”、“五带头”,并深入开展“争创学习型团组织,争当学习型团干部活动”和不同领域不同主题的共青团创先争优活动。通过创先争优系列活动的开展,团的基层组织建设和团员队伍建设得到进一步加强,团组织联系青年、服务青年、团结青年的作用得到进一步发挥,使创先争优成为广大青年的价值取向和自觉行动。

【加强“两新组织”团建工作】 2010年,以“成熟一个,建立一个”,“建立一个,巩固一个”,“巩固一个,提高一个”的原则,推进“两新组织”团建工作。把团建工作纳入党建工作格局,切实发挥青年团员和团组织的作用,增强“两新”团组织的吸引力、凝聚力和战斗力,从而促进“两新组织”的健康发展。2010年全州共建立非公有制经济团组织419个,新社会组织团组织89个,6803名团员加入到团组织的大家庭中。

【开展基层团干培训】 2010年,为建设一支能适应基层工作新挑战、新变化的团干部队伍。大理团州委以“青年马克思主义培养工程”为主要载体,开展了业务培训、任职培训、挂职锻炼等形式的培训活动,特别是针对乡镇、村两级团干兼职多、经验少的实际,对1000多名基层团干部进行了培训,实现了学习知识、交流互动、共同提高的目的。

【充实农村团干部队伍】 2010年,以村两委换届为契机,组织开展大理州村级团组织换届工作。抓住实施“一村一名大学生”、“大学生志愿服务西部计划”,推选大学生村官担任或兼任农村团支部书记、副书记,进一步充实和加强了农村团干队伍。村级团组织换届结束后,大理州村级团支部(总支)领导班子成员平均年龄为29岁;大专及以上学历229人,占总数的20.95%;进入村两委人数776人,占总数的71%。

【服务青年就业创业】 2010年,扎实稳妥推进鼓励创业“贷免扶补”工作,2010年共帮助扶持658人,完成发放贷款3275.95万元,建立完善了“1+3”跟踪服务机制,大大提升了创业服务的质量和水平。启动了“农村青年创业小额贷款”工作,为解决农村青年创业过程中的资金瓶颈问题提供了新途径。

【开展青少年环保实践活动】 2010年,大理团州委以“大理青少年环洱海‘双十双百’行动”和“洱海保护月”等活动为抓手,通过修建生态环保厕、青少年环保宣传、植绿护绿等措施,使环保理念深入人心。2010年60余名新加坡青年志愿者参与了此项活动,并与当地青年开展了文化交流,为中新青年之间的友好往来和相互学习搭建了平台。

【继续抓实希望工程工作】 2010年,大理团州委一年来共募集到资金220万元,援建希望小学8所,争取各级资金40万元,资助贫困大学生135名,争取省青基会资金26.3万元,资助旱区贫困学生526名。

(董学智)

大理州妇女联合会

【概 述】 2010年,在州委、州政府的领导和省妇联的关心指导下,各级妇联认真学习贯彻胡锦涛总书记在纪念“三八”国际劳动妇女节100周年大会上的重要讲话精神。大理州妇联以把妇联组织建设成为党开展妇女工作的坚强阵地和深受广大妇女信赖与热爱的温暖之家为目标,紧紧围绕州委、州政府的工作部署,按照保增长、保民生、保稳定、保洱海的工作大局,切实履行组织妇女、引导妇女、服务妇女和维护妇女儿童合法权益的职能,团结带领广大妇女为推动全州经济平稳较快发展和促进社会和谐稳定作出积极贡献,各项工作取得了新的成效。主要体现在四个方面:①抓发展,引领妇女在“保增长”中发挥半边天作用。②抓维权,服务妇女在“保民生”中履行职能。③抓宣传,教育妇女在“保稳定”中彰显优势。④抓自身建设,扎实实施好“强基固本”工程。

【省妇联创业先进典型第三巡回演讲报告团到大理演讲】 1月22日,由省妇联组织的云南省创业先进典型第三巡回演讲报告团到大理州开展宣讲活动。大理“双桥园”餐饮发展有限公司、大理毛家饭店总经理刘芬,楚雄州大姚纳苏民族手工艺品发展有限公司董事长樊志勇、丽江市华坪县心联欣药业有限公司董事长高坤达、丽江古城区丽明生态园董事长李文丽、迪庆州香格里拉环太酒店总经理李瑶5名创业女性以自己的亲身经历作了精彩的演讲。州委副书记王雪峰在报告会结束时作讲话,希望广大妇女、青年朋友像她们一样,树立人生的理想和目标,确立努力方向,为理想和目标执著追求,把个人追求与承担社会责任结合起来,努力做一个对他人、对社会有责任感的人。

【召开州妇联九届四次执委会议】 1月27日,州妇联九届四次执委会议在下关召开。州政府副州长许映苏出席会议并对做好2010年的妇女工作提出要求。州妇联主席焦映代表执委常委会作工作报告。会议总结了2009年全州妇联工作,对2010年工作进行安排部署。会议审议并通过了工作报告,决定增补大理州妇联党组成员、副主席李迎春为州妇联九届执委、常委;增补大理州总工会副调研员徐利英为州妇联九届执委。原九届执委彭仕凤、洪玉喜因到龄退休,执委职务自然卸免。

【召开纪念“三八”国际劳动妇女节100周年暨表彰大会】 3月2日,大理州妇联召开纪念“三八”国际劳动妇女节100周年暨表彰大会。州市机关、企事业单位、社区女职工及部分获奖代表近700人参加会议。州政府副州长许映苏作重要讲话,充分肯定了全州各族各界妇女在新中国成立以来特别是改革开放30年来所作出的辉煌业绩，肯定了全州各级妇联组织围绕中心、服务大局，团结带领各族妇女积极投身各项事业建设，在促进妇女进步、推动经济发展、维护社会和谐等方面取得的显著成绩。大会对州级“三八红旗集体”、“三八红旗手”、“五好文明家庭”、“巾帼文明岗”、大理州妇女儿童工作先进集体和个人450个进行了表彰。会上大理天滋实业有限公司、海之源西湖旅游开发有限公司董事长李菊仙，大理毛家饭店总经理刘芬，大理好世界购物广场有限公司董事长董彩萍3名获奖代表作了事迹报告。

【省优秀女大学生创业事迹报告团到大理学院作报告】 3月26日，省妇联副主席和红梅率领云南省优秀女大学生创业事迹报告团到大理学院古城校区作报告。首先和红梅向听取报告的师生介绍了国家及云南省支持女大学生创业就业方面的政策和举措，希望大学生们找好定位，树立正确的创业理念。然后5名成功创业的青年精英向大理学院师生奉献了一场感人至深、启迪心灵、精彩的创业事迹报告。

【省妇联主席胡有兰到永平县杉阳镇抗旱救灾】 3月30日，省妇联主席胡有兰、省发改委能源局总工程师李文光和华能澜沧江水电有限公司苗尾供果桥建设管理局副局长杜文俊一行在永平县委书记程永标的陪同下。到永平县杉阳镇仁寿村完小，参加“云南省妇联抗旱救灾、扶贫捐赠仪式暨永平县杉阳镇华能春蕾小学综合楼落成典礼”。胡有兰代表省妇联向杉阳镇捐赠了10万元抗旱救灾资金。发放5万元扶贫循环金，捐赠1.8万元的净水器，捐赠了价值5万元的矿泉水。李文光代表省发改委向华能仁寿、岩洞两所春蕾小学捐赠图书。胡有兰、李文光、程永标和杜文俊共同为“华能仁寿春蕾小学综合楼”揭牌。杉阳镇党委书记和仁寿春蕾小学校长分别向省妇联和华能集团赠送锦旗。

【樱花国际(上海)有限公司为大理州抗旱救灾捐款】 4月8日，樱花国际(上海)有限公司在大理蝴蝶之梦剧院举行“爱的春雨、母亲水窖”工程现场捐赠晚会。来自全国各地的樱花国际经销商、客户900多人参加晚会，并在晚会上现场捐款。捐款金额总计11.6万元，用在宾川县鸡足山镇修建116口“母亲水窖”。

【推动农村优秀女性进村“两委”】 2010年，州妇联抓住村级换届的契机，积极争取州委、州政府政策支持，在《关于大理州村级党组织和第四届村民委员会换届选举工作的实施意见》中明确女委员比例、设岗定位、专职专选等政策保障。并加强宣传引导和督查指导，推动农村优秀女性进入村“两委”。全州1078个村委会配备女委员1026个，占95%，交叉任职的有563人；有村党支部女书记28人，村委会女主任28人，“一肩挑”的有12人；村妇代会主任进村“两委”911人，占85%。

【召开大理州妇联参与新农村建设永平推进会】 8月25日，大理州妇联在永平县召开“大理州妇联参与新农村建设永平推进会”。州委副书记王雪峰出席会议并作重要讲话，他强调，要发挥优势、扎实工作，团结动员全州广大妇女为建设新农村贡献智慧和力量。会议总结了近年来各级妇联引导广大农村妇女积极参与新农村建设的成功经验及重点开展的“巾帼信用贷款”、“贷免扶补”、“建设新农村·美化新家园·村容整洁大行动”、“平安家庭创建”、“保护洱海·巾帼行动”等工作，并进行交流学习，安排部署妇联参与新农村建设的工作任务。

【发动全州妇女参与全州抗旱救灾工作】 2010年，大理州妇联积极发动全州妇女开展生产自救战胜旱灾。争取中国儿基会、中国妇基会、省妇联的支持，接受价值26.8万元的抗旱救灾款，帮助旱区学校、村庄修建蓄水池、修建水利设施，为旱区农村学校师生、群众送去饮用水及其他应急救灾物资。

【开展“打造一流出租车环境·共树大理美好形象·白州儿女在行动”活动】 4月7日，在龙山国际会议中心举行“打造一流出租车环境·共树大理美好形象·白州儿女在行动”启动仪式。为积极响应州委、州政府提出的“文明大理建设示范工程”10项重点工作，充分发挥部门优势，州妇联与州文明办、州交通局、州公安局交警支队联合在全州开展“打造一流出租车环境·共树大理美好形象·白州儿女在行动”活动。旨在通过教育引导出租车司机及家属讲文明、讲卫生习惯，带动提升城市出租车整体形象。

【举办“预防未成年人犯罪和提高学生安全意识”知识讲座】 2010年，大理州妇联、大理州人民检察院检察官协会女检察官分会、大理州教育局在“六一”期间联合开展了以“关爱生命、共筑青春防线”为主题的预防青少年犯罪和提高学生安全意识的法制讲座。州内14所初级中学及一所小学的15000余名中小学生聆听了讲座。通过开展活动，使学生们认识到违法犯罪行为对个人、家庭和社会造成的危害，明确了违法和犯罪行为应当承担的法律责任，进一步促进学生学法、懂法、守法良好习惯的养成，有效地预防未成年人违法犯罪，共同构建和谐家庭、和谐校园、和谐社会。

【在全州12县市开通12338妇女维权公益服务热线】 年内，开通了12338妇女维权公益服务热线。全州共有13部电话(州妇联1部，12县市妇联各1部)接听和处理妇女维权服务电话。在州内的任何地方只要拨打“12338”，就能接通当地的妇联电话，进行妇女维权服务的咨询。

【慰问优秀村官普发兴遗属】 7月27日，州妇联主席焦映一行到祥云县下庄镇看望慰问了优秀村官普发兴遗属胡芹英，对胡大姐多年来默默奉献，全力支持丈夫工作的行为给予高度评价，号召全州广大妇女在认真学习普发兴无私奉献精神的同时，要学习胡芹英“贤内助、廉内助”的优良品质。

【实施“大理州受艾滋病影响儿童社区关爱项目”】 在全州12县市继续实施由可口可乐(中国)公司资助的“大理州受艾滋病影响儿童社区关爱项目”。年内共收到项目资金102.9万元，为401名受艾滋病影响儿童提供资助，解决他们在学习、生活中的困难。为项目户争取到妇女小额信贷资金8万元，扶持40户。8月2日至4日，对来自11个项目县市的30名目标儿童和14名项目管理人员进行了“儿童权利·心理支持·生活技能”培训。8月6～12日，组织2名儿童参加“机会·和谐·梦想”全国夏令营。

【开展党群共建创先争优活动】 2010年，按照中央、省州党委关于党群共建创先争优的要求，贴近妇女需求，突出妇联特色，以建设“坚强阵地”和“温暖之家”为目标，以打造学习型、实干型、创新型、服务型妇联组织为抓手，以实施妇联基层组织“强基固本”工程为载体，以促进广大妇女“巾帼建新功、岗位创一流”为主要内容，全面推进全州妇联系统创先争优活动。各级妇联机关积极发挥表率作用，通过开展“创建先进党支部、争当优秀共产党员”，“授旗评星”，公开承诺，学习普及兴先进事迹等活动，在全州妇联系统形成比学赶帮超的良好氛围，影响和带动妇女群众创先争优。

【开展“低碳家庭·时尚生活”主题活动】 ①州妇联于9月10日，在下关举办大理州“低碳家庭·时尚生活”暨“保护洱海·巾帼行动”培训会。大理市、洱源县的环保、妇联、乡村干部共110人参加培训。州妇联主席焦映就开展此项主题活动的目的、意义和目标要求作讲话。昆明医学院公共卫生学院教授、硕士生导师刘苹作了《环境与健康——我们面临的挑战》专题讲座。②大理州妇联向全州的广大家庭、妇女姐妹发放《低碳家庭·时尚生活、从我做起》倡议书。③州妇联联合州文明办、州发改委、州环保局发文号召全州家庭实施“家庭低碳计划十五件事”。④组织开展低碳、绿色、环保家庭小创造、小发明征集活动、读书征文和知识竞赛活动，带动广大妇女和家庭参与到主题活动中。通过宣传培训、发放倡议书，在大理州妇联网站、大理妇女简报开设专栏，大力宣传低碳知识和洱海保护知识。

【举办大理州廉政文化进家庭专题讲座】 为进一步加强党风廉政建设和反腐败工作，营造良好的反腐倡廉家庭氛围。10月12日，州纪委、州妇联联合举办廉政文化进家庭专题讲座。州委副书记王雪峰，州委常委、州纪委书记梁志敏，州政协副主席孙珍玲出席。州市机关700多名女职工参加。州纪委副书记、监察局局长何玉兰授课。她从当前反腐倡廉的形势和任务，当好“廉内助”把好家庭廉政关等方面，讲述了家庭在预防和抵制腐败中的重要作用。讲座结束后，举行了反腐倡廉承诺签名仪式。

【启动“大理州家庭教育大讲堂”】 11月8日，州妇联、州教育局、州文明办、州关工委联合举办“大理州家庭教育大讲堂”启动仪式暨大理州家庭教育骨干培训班。12县市妇联，教育局分管家庭教育工作的领导，2010年命名的州级家庭教育工作示范家长学校负责人和骨干教师参加了培训。云南省家庭教育研究会常务理事良辰作了题为《关注儿童的心理健康，促进儿童健康成长》的专题讲座。州妇联主席焦映作了《全国家庭教育大纲》的专题辅导。

【开展妇女社会地位调查】 11月15日开始，第三期中国妇女社会地位调查暨第二期云南妇女社会地位调查工作在大理州祥云、弥渡、永平、巍山4个样本县、20个村（居）委会、300个家庭全面展开。调查采用抽样问卷调查方法进行数据收集，包括基本信息、健康、婚姻家庭、生活方式等10个方面的内容。通过为期3个月的艰苦工作，圆满完成各项调查任务。

【促进妇女创业就业】 年内，与相关部门协作配合，深入开展鼓励创业“贷免扶补”和“巾帼信用贷款”工作。全州妇联共发放“贷免扶补”贷款7549.98万元，扶持1513人创业，共组建193人的“创业导师”队伍，吸纳就业人员2964人，切实带动了一大批妇女创业就业。2005年以来全州累计共发放“巾帼信用贷款”24744.15万元，扶持4593名妇女成功创业。

【继续实施春蕾计划】 年内投入项目资金60多万元，“武警云南森林总队春蕾图书室”、“华能春蕾图书室”等19个“春蕾图书室”相继挂牌，由美国科技教育协会资助的永平县春蕾女童班开班。

【省妇联副主席李毅到永平县、大理市检查指导工作】 11月9～12日，省妇联副主席李毅在州妇联主席焦映、副主席罗丽萍、李迎春的陪同下。深入大理州永平县、大理市检查指导创先争优活动、综治维稳及妇女之家创建等工作。

【省妇联主席胡有兰、副主席和红梅到祥云、弥渡两县调研】 12月9～10日，省妇联主席胡有兰、副主席和红梅在大理州妇联主席焦映、副主席罗丽萍、李迎春的陪同下，深入到大理州祥云县毛光芬前所织布厂、伍泽芬健民豆制品加工厂调研。胡主席一行调查了解了两位女能人的发展情况后，充分肯定了各级妇联对妇女的创业发展所做的工作，并鼓励她们继续努力，实现更大的发展，从而带动更多的妇女姐妹致富。随后，胡有兰主席一行又深入到弥渡县检查指导鼓励妇女创业“贷免扶补”及“巾帼信用贷款”工作。对弥渡县鼓励和扶助妇女创业就业工作取得的成绩给予高度评价，希望弥渡县各级妇联再接再厉，为广大妇女创业就业提供更好的服务。

【表彰奖励】 年内，大理州洱源县三营镇、祥云县刘厂镇大波那社区等8个基层组织被全国妇联命名为基层组织建设示范乡镇、村社区。大理瑞鹤药业有限公司董事长郑昆芳获“全国老区妇女创业创新标兵”。大理市五华社区、祥云县芮家营社区被命名为“全国学习型家庭示范社区”。南涧县张发奎户被表彰为全国“五好文明家庭”。宾川县妇联董爱春、大理州妇联蒋新获全国妇联纪念“三八”节100周年网上征文奖。大理市老体协健身指导站、南涧县偃月公园健身站被命名为“全国妇女健身示范站点”。弥渡县农村信用社、弥渡县妇联被命名为“全国城乡妇女岗位建功先进集体”。大理毛家饭店总经理刘芬、永平县妇联主席赵琼安二同志被命名为“全国城乡妇女岗位建功先进个人”。州妇幼保健院等14个集体被命名为省级“巾帼文明岗”。大理州女子交警中队队长汤宇晴等17名同志被命名为省级“巾帼建功标兵”。大理双桥园等8家企业被命名为省级“巾帼创新业示范基地”。大理州法院杨庆云等5名同志被表彰为省级“三八红旗手”。漾濞县妇联等6个集体被表彰为省级“三八红旗集体”。

（李菊荣）

大理州科学技术协会

【召开大理州科学技术协会第六次代表大会】 11月16～18日，大理州科学技术协会第六次代表大会在下关召开，州委副书记王雪峰等州委领导，州级相关部门领导，12县市分管科协工作的领导，290名全州各条科技战线代表及特邀专家、学者等近400人出席了会议。省科协党组书记、副主席唐兵应邀到会指导。会上，王雪峰代表州委、州政府作题为《抓住机遇，锐意进取，为实现全州经济社会发展新跨越贡献智慧和力量》的重要讲话；州委常委、常务副州长马健全作全州2010年经济运行情况和“十一五”主要经济指标完成情况通报。大会选举产生了州科协第六届委员会和常委会领导班子，审议通过了罗朝玺代表第五届委员会所作的《解放思想、务实创新，努力推动大理州科协事业更大发展》的工作报告，表彰了全州30个科技工作先进集体，59名优秀科技工作者，大会开得民主热烈、团结和谐、催人奋进。

【召开全州全民科学素质工作领导小组会议】 3月26日，州政府召开大理州全民科学素质工作领导小组会议，州委组织部、州发改委等领导小组成员单位领导28人出席了会议。州政府副州长洪云龙出席会议并作重要讲话，州科协主席罗朝玺汇报4年来全州全民科学素质工作实施情况，会议讨论通过了《大理州全民科学素质工作领导小组工作规则》。会议的召开，进一步明确了工作目标任务，细化了各成员单位的职责，完善了工作机制，有力地推动了大理州全民科学素质工作的广泛深入开展。

【继续在全州实施核桃科普示范项目】

2008年，州科协联合州林业局在12县市建立核桃科普示范基地、核桃科普示范村和核桃科普示范乡，并制定了《大理州核桃科普示范基地示范村示范乡创建方案》和《大理州核桃科普示范基地示范村示范乡技术规程》。2009年、2010年两年，继续在全州创建州级泡核桃科普示范村，2010年在大理市、鹤庆县、洱源县、剑川县、弥渡县等5个县开展创建了5个“州级核桃科普示范村”，截止2010年12月，全州12县市都创建了“州级核桃科普示范村”，创建工作辐射全州目标基本完成。

【申报实施科普惠农兴村计划项目】

2010年，大理州巍山彝族回族自治县扎染协会、漾濞县苍山西镇沙河大箐核桃产业协会、祥云县彩云红梨协会、宾川县拉乌彝族乡拉乌核桃研究协会、南涧斯须乐茶叶协会、剑川县林果研究协会、鹤庆县草海镇新华民族手工艺品协会等7个农技协，弥渡县德苴辣椒生产科普示范基地、永平县龙门乡八亩塘肉牛养殖科普示范基地等2个基地，祥云县云南驿镇绿色生态示范园李建雄、宾川县金甸桔果研究协会会长戴永胜等两个科普带头人，共11个项目被中国科协、财政部表彰为全国科普惠农兴村计划先进单位和个人，争取奖补资金190万元。宾川县宾居镇三家村等6个村被省科协、财政厅表彰为云南省科普惠农兴村计划科普惠农示范村，获奖补资金30万元。大理州还向省科协推荐了8个省级科普项目，争取项目资金67万元。这些科普经费全部投入基层，为基层科普能力建设、科技培训和咨询、实用技术推广应用提供了资金保障，助推了新农村建设。

【首次争取承担中国科协调研项目】

2010年，州科协联合州老科协，向中国科协申报“地级市科协决策咨询模式与能力建设研究”调研专题，经调研和论证，于5月31日，赴中国科协作课题开题报告，经过中国科协专家组评审，成功立项。

【开展大理州第一次公民科学素质调查】 4～12月，州科协联合国家统计局大理调查队开展大理州第一次民众科学素质调查。在组织专人到昆明市科协学习考察，了解昆明市调查工作情况基础上，经过多次研究讨论，制定了《大理州2010年第一次公民科学素质调查实施工作方案》，并与大理调查队签订协议，各司其责。此次调查，采用全国公民科学素质调查指标体系，样本总量为1060个。经调查统计，大理州公民科学素质为2.55%。

【召开大理州科协创新工作会议】 8月26～27日，州科协创新工作经验交流会在下关召开，全州12县市科协主席、州科协全体干部职工参加了会议。会上，州科协党组书记、主席罗朝玺作《转变观念，大胆创新，进一步推动科技事业又好又快发展》的讲话，12县市科协主席就开展科协创新工作取得的成果、主要做法和经验，以及对建立科协创新工作激励机制提出建设性意见、建议。

【加强对州属学会的指导和管理】

2010年，为进一步加强对学会的管理，经州科协与州民政局研究，注销了州无线电电子学会、州珠宝玉石学会、州计算机学会、州民族医药研究会、州测绘学会等5个不能正常开展活动的学会。2010年有21个学会申报了24个学术活动项目，经州科协和财政局共同评审，州直机关纪工委参与监督，最后决定对烟草学会等9个学会申报的9个项目进行扶持。

【千村扶贫百村整体推进和新农村建设工作成效明显】 2010年，州科协定点挂钩南涧县小湾东镇新民村委会，面对百年一遇的干旱，主要实施了三个方面扶贫工作：①组织全体干部职工捐款3次，共计捐款3900元。②经争取，新民村被列为云南省科普惠农兴村计划科普示范村，获得省级扶持资金5万元，实施了“七个一”建设。③筹集抗旱经费2万元帮助该村解决人畜饮水。经协调联系，州红十字会赠送新民村价值3万多元的大米、水等救灾物资。州科协新农村指导员派驻在弥渡县弥城镇东风村，在该村实施了“弥渡县‘美国晚熟红提’种植科普示范基地”项目，投入资金5万元，用于技术推广，项目在东风村获得较好经济效益，产生较好的示范作用。由于工作成绩突出，州科协主席罗朝玺被省委、省政府表彰为抗旱工作先进个人，新农村指导员张蕊被评为“州级优秀指导员”。

【农函大办学工作取得新突破】 2010年，州科协向州人民政府上报《关于调整充实云南省农村致富技术函授大学大理州分校校务委员会的请示》并得到批复，调研充实了农函大的领导班子，加强农函大办学管理；州分校印发《农函大大理州分校关于切实加强大理州农函大工作的意见》，总结“十一五”期间各项工作，谋划“十二五”期间主要工作，进一步健全和完善管理制度。2009年大理州分校招收43个专业14240人，结业14223人，结业率99.88%；2010年招生45个专业、285个教学班、14658人，同比增长4%。

【召开全州农技协经验交流会】 6月24日，大理州农村专业技术协会联合会经验交流会在核桃之乡漾濞召开，州农技协联合会理事、农技协代表、县市科协分管农技协工作领导、州科协全体干部职工80多人出席会议。会议学习贯彻州委、州政府《关于进一步加快农村专业技术协会发展的意见》，漾濞县核桃产业协会等7个协会代表作交流发言，组织参会代表考察参观马厂核桃林场、光明核桃基地。会议共征集到13篇经验交流材料，集结成册，印发给出席会议的全体人员，供全州各农技协学习。

【出版《大理核桃丰产栽培技术》光碟】

2010年，州科协联合组织部、大理电视台，邀请杨源编辑脚本，经过多次深入漾濞县、南涧县和大理市等地，拍摄不同时节核桃栽培与管理实景，系统介绍核桃优良品种、繁殖方法、丰产栽培技术措施等栽培管理技术，并制作成光碟，免费发放到全州1100多个行政村，指导群众科学种植和管理核桃。

【“日环食”科普活动取得较好成效】 1月15日16时44分，中国将观测到千年一遇的日环食奇观，大理是最佳观测区之一。州科协在省科协大力支持下，联合云南天文台，精心组织“大理日环食科普系列活动”，通过“科普通”和数字电视滚动字幕宣传，邀请天文专家高衡等同志在下关四中等学校作科普讲座，在“三下乡”活动现场巍山展出天文望远镜和“日环食”科普宣传挂图，在人民公园开展日环食观测和宣传活动等。邀请大理电视台参加报道日食过程，采访天文专家，介绍日环食科学知识，活动结束后电视台作了专题报道。此次活动发放宣传资料2000多份、环保纸袋1000个，有1000多人用专用天文望远镜观看了日食，近万名群众、学生直接受益。大理的日环食活动准备充分，内容丰富，在人民网上作了刊登。

【组织参与科技活动周】 5月12日，州科协联合州地震局等单位在下关民生广场开展防震减灾科普宣传活动启动仪式，现场播放地震科普光碟，展出汶川8级、玉树7.1级地震灾害照片和防灾减灾科普展板，并向市民及学生发放《地震应急自救互救手册》等科普宣传资料和地震法律法规及科普知识现场咨询服务等，掀开全州科技活动周序幕。活动周期间，邀请金明培专家在滇西国家地震预报实验场作《知识守护生命》的科普报告；在大理市下关六小、弥渡县弥城二小等学校举办地震科普知识讲座，组织师生进行了地震应急演练，并向两个学校赠送价值1万多元的科普图书；运用“科普通”向4万用户发出7条科普短信，联合气象局在全州757个气象信息电子显示屏和订制天气预报手机短信用户35万户，发布当前大理州旱情、气象灾害防御措施及防灾减灾日宣传口号共16条。大理州科协科技活动周情况在云南科普网上刊登。

【精心组织全国科普日活动】 大理州“全国科普日”活动于9月27日在鹤庆县城举行。州委常委、州委政法委书记茶忠旺等领导出席开幕式，并在会上作重要讲话，鹤庆县委书记单进园作致辞。茶忠旺书记等领导向鹤庆县科协、云鹤镇科协赠送《大理科普丛书》。云鹤小学、草海小学围绕“坚持科学发展，保护草海生态环境”，表演了精彩的科普文艺节目。活动紧紧围绕“节约资源能源，保护生态环境，保障安全健康”主题，突出“坚持科学发展，倡导低碳生活”，来自省、州、县22个部门的领导及150多名科技工作者，通过科普宣传、科普展览、科技咨询、医疗义诊及联合省少数民族科普工作队开展科普进校园等形式，共展出农业科技、节能环保、低碳生活等内容的展板124块，发放《传播低碳知识，倡导绿色生活》、《地震应急自救互救手册》等17种宣传册和60多种宣传画、宣传单页近4万份，义诊群众400多人，免费咨询200多人次，发放环保袋2000个，展出“科普大篷车”展教具20个，受益人数达11000多人。

【编辑发行《大理科普》第4期、第5期】 2010年，通过在大理科普网上刊登征稿启事，向科协系统发通知，广泛宣传，扩大稿源，并进一步在突出刊物的科普性、吸引力上做文章，不断适应重点人群的阅读需求，提高期刊的质量，精心编辑发行《大理科普》第4期、第5期。

【组织参加省、州青少年科技创新大赛】 年内，第二十五届大理州青少年科技创新大赛共收到12县市80所中小学校提交作品1192项，经州级评委评审，共评选出作品321项上报省科协参赛，210项作品获表彰，获奖率为65%，其中，小论文二等奖4篇，三等奖28篇；小发明（含机器人竞赛）一等奖3项，二等奖2项，三等奖13项；优秀科技实践活动二等奖1个，三等奖3个；科幻绘画一等奖1幅，二等奖17幅，三等奖30幅；科幻作文三等奖5篇；科技辅导员论文二等奖13篇，三等奖83篇；优秀科技教师方案二等奖1个，三等奖6个；鹤庆县云鹤小学获优秀组织奖；大理州青少年科技中心主任张沁姝被评为省级优秀组织工作者。获州级表彰398个，其中，一等奖47个，二等奖91个，三等奖260个。同时评出优秀科技辅导教师58人。

【组织开展科技辅导教师培训】 6月29～30日，大理州青少年科技教育协会四届四次理事会暨青少年科技教育工作者培训会在下关召开。大理州青少年科技教育协会四届全体理事及12县市科协、教育局负责青少年科技教育工作的组织工作者、各中小学校的科技教师、青少年科技教育工作者等100多人参加会议。州科协主席罗朝玺到会作讲话，州青少年科技教育协会理事长张荔萍代表四届四次理事会作工作报告，对第25届大理州青少年科技创新大赛获奖的单位和个人进行表彰奖励。会上，特别邀请了云南天文台高级工程师高衡作《创新大赛大理地区选题探讨》的专题讲座，鹤庆县草海镇中心学校校长赵培强等12县市辅导教师代表进行经验交流。

【争取州委、州政府办公室出台《关于进一步加快农村专业技术协会发展的意见》】 2010年，在深入县市科协、农技协调研的基础上，州科协代州委、州政府草拟了《关于进一步加快农村专业技术协会发展的意见》，经向州委政策研究室、农业局、民政局等单位征求意见、修改完善后，州委办公室、州政府办公室发文全州。这是大理州新时期加强农技协发展的重要文件，为全州农技协发展创造了良好政策环境。

【开展科协创新工作评比】 年内，州科协组织成立考评组，对县市科协自愿申报的25个创新工作成果，进行县市交叉检查，并经州科协考评委考评，对大理市“三个一”建设科普工程进校园，增强农村青少年科技素质；漾濞县核桃无烟节能烘烤房的推广应用；祥云县科普扶贫；宾川县协会为企业提供有偿技术服务；弥渡县实施返乡农民工培训工程；南涧县薪材消耗现状、存在问题与对策；巍山县农函大办学方式创新；永平县建议案制度创建双向互动平台，大协作格局拓宽科普服务领域；云龙县一会一品，致富一方；鹤庆县强化自身建设，构建老科技工作者之家；剑川县与云南农大县校合作促进地方经济社会发展；洱源县科普惠农服务站建设等12个创新工作成果进行了表彰。

【加强与《云南科坛》杂志社合作加大宣传力度】 2010年，州科协将每次主要科普活动情况及时上报《云南科坛》编辑部，通过该《云南科坛》、云南科普网向全省做宣传。与此同时，经州科协的积极争取，《云南科坛》第8期对大理州科协、全州科协工作作重点宣传，宣传了大理州科协工作特色和主要成果，扩大了社会影响力。

【命名巍山县气象站为大理州科普教育示范基地】 5月11日，州科协命名巍山县气象站为州级科普教育示范基地，并举行挂牌仪式。

【命名弥渡县弥城二小为大理州科普教育示范学校】 5月12日，州科协命名弥渡县弥城二小为大理州科普教育示范学校，并举行挂牌仪式。

【州科协获上级部门表彰】 1月31日，州科协被省科协表彰为“2007～2009年度科协系统宣传工作先进集体”；11月，被省科协表彰为“2009年度云南省农函大工作先进集体”，连续五年获省科协表彰；11月17日，被大理州委办公室、州政府办公室表彰为“大理州科技工作先进集体”。

（杨崇斌）

大理州文学艺术界联合会

【长篇小说《喜鹊窝的秋天》获全国第四届“关注森林”文化艺术一等奖】 2010年3月，中国作协会员、大理白族青年作家杨义龙创作的长篇小说《喜鹊窝的秋天》获全国第四届“关注森林”文化艺术一等奖。《喜鹊窝的秋天》是全国第一部以核桃产业为背景的农村题材长篇小说，也是一卷浓郁的民俗风情画。第四届“关注森林”文化艺术奖获奖作品共75件，其中一等奖12件，囊括了电影、电视剧、文学作品、音乐专题、科普片、美术、摄影作品等。

【散文集《那时的洱海》获文学类三等奖】 3月10日，云南省文学艺术创作基金奖揭晓，云南文艺创作基金奖评审委员会、云南省文学艺术界联合会举行隆重的颁奖仪式。大理州老作家张明曾散文集《那时的洱海》获文学类三等奖。云南省文学艺术创作基金奖是1993年经省委、省人民政府批准设立的云南文艺界唯一的全省性常设奖项，该奖项由省文联主管主办，对全省各文艺门类创作进行综合评奖，以鼓励文艺创作，促进和繁荣云南文艺创作。

【2010年云南省美术家协会工作年会在大理召开】 3月27日，云南省美术家协会2010年工作年会在下关饭店召开。大理州州委常委、副州长蔡春生，云南省文联副主席、美协主席郝平，省美协副主席孙建东出席会议。大理州文联主席王峥嵘及各艺委会主任、理事和大理州美术界代表参加会议。会议总结了2009年云南省美协的工作，讨论了2010年的工作计划。蔡春生在讲话中指出：文化立州作为大理建设的一个重点，文化事业和文化产业都要抓。与之相关，大理美术馆的筹建也提上了文化事业建设的议程，而民间美术的发展，也得到了相应的重视，来自全国各地的艺术家在大理生活，他们作为文化的资源也应当加以利用。

【举办大理州白族三弦传艺学习班】 4月22～24日，为了弘扬白族民间优秀传统的曲艺文化，由大理州、市文联联合主办，大理州、市曲艺家协会承办的“大理州白族三弦传艺学习班”在大理州文联开班授艺。此次授艺以全州民间曲艺群体中的年轻骨干为主，参加授课的人员有50%以上都是30岁以下的青年文艺工作者。全州35名民间文艺工作者参加学习了三弦名曲《小摆三台》、《蜂采蜜》和大本曲中的大哭板、小哭板、平板、高腔、数花名、麻雀调等曲目。

【摄影家协会为服刑人员举办专题展览】 4月23日至5月14日，大理州文联摄影家协会和大理州图书馆在其两个所属分馆大理市看守所分馆、大理监狱分馆隆重举行“美丽心灵”帮教活动。活动共展出大理州优秀获奖摄影作品120多幅，旨在赞扬美、传播美、发现美、呵护美。本次展出丰富了服刑人员的精神生活，使他们看到了新生活的希望和美好，极大地调动了服刑人员好好劳动改造的积极性。

【两位作家获第九届云南日报文学奖】 5月23日，第九届云南日报文学奖颁奖典礼在昆明举行，云南省委常委、省委宣传部部长、云南日报文学奖顾问张田欣，中国文联副主席、中国作协副主席丹增，省委顾问邹纲仁等出席颁奖典礼。大理州作家张乃光的散文《蓝洱海白月亮》、赵云的诗歌《绿太阳》获得该项文学奖。云南日报文学奖自1994年设立创办以来，已成功举办了八届，是云南省重要文学奖项之一，对云南省文学的发展繁荣起到了极大的丰富和促进作用。

【州文联与北京西城区文联缔结友好关系】 6月24日，北京西城区文联和大理州文联在北京举行了友好合作协议签字仪式。两地文联作为党委、政府部门联系本地区文艺界的桥梁纽带，作为繁荣发展两地文化事业的重要力量，愿意进一步加强友好合作与往来，建立以两地文联为主体的，旨在促进两地各项文化和社会事业共同繁荣和发展的友好关系。并从以下三个层面开展合作：①本着“相互尊重、相互学习，优势互补、平等互利，加强交流、共同发展”的原则，建立长期、稳定的文化艺术合作和工作交流关系，并逐渐探索、建立长效机制，不断增进友谊，密切关系，促进两地文化艺术和社会事业的共同发展。②利用各自优势，鼓励、倡导和组织两地文化团体和艺术家开展形式多样、领域广泛的联合、协作与交流。③加强各种文化艺术信息交流，互相提供两地文化建设、精神文明建设等方面的信息、经验和体会，为两地的改革、发展、稳定做出应有的贡献。

【散文《红色村庄的笑》获云南省抗旱文学征文奖】 2010年，云南省遭遇百年不遇的特大干旱，省作协、云南日报文化生活部联合举办云南省抗旱文学征文大赛。大理州文联作家协会积极组织稿件参赛，其中左中美的散文《红色村庄的笑》获奖，作品对百年不遇的特大干旱有感而发，充满真情实感，满怀对民生与自然的关注。

【《生命之源》获2010年全国摄影艺术展记录类铜奖】 2010年23届全国摄影艺术展开展，大理州文联摄影家协会会员尹仕学所摄反映云南干旱的《生命之源》一幅获记录类铜奖。全国摄影艺术展是由中国摄影家协会举办的历史最悠久、规模最大的全国性文化盛事，是我国摄影界的最高赛事。第23届全国摄影艺术展自2010年年初启动以来，共有15114人报送的183661幅作品参加了大赛，经专家评审，共有900幅（张）作品入选，分别为记录类、艺术类、商业类、青年组四个组别，有706位摄影家获奖。尹仕学的此次获奖，实现了大理州在全国摄影大赛中获奖零的突破。

【喜洲鱼鹰文化书画展成功举办】 7月11日，由云南省农村文化建设研究会和大理州文联共同主办，大理市文联协办，喜洲镇承办的庆祝中国共产党建立89周年大理喜洲鱼鹰文化书画展暨作品捐赠仪式在喜洲镇海心亭举行。州委常委、副州长蔡春生，省农村建设研究会会长李森和各界来宾及当地群众观看了此次书画展。此次书画作品展得到了云南省20多位著名书画家的支持，展出的38件作品捐赠给了喜洲镇收藏。

【《旭日朝阳新农村》获“第四届全国少数民族曲艺展演”三等奖】 7月15日，第四届全国少数民族曲艺展演闭幕式在贵阳市贵州省国际会议中心隆重举行。由大理州文联上报的白族大本曲《旭日朝阳新农村》获得三等奖。本次大赛是经中央宣传部批准，由中国文联、国家民委、贵州省人民政府、中国曲艺家协会等单位联合主办，来自全国15个省、自治区、直辖市选送的包含有15个少数民族的41个曲目形式的47个节目，经过初评、复评，有35个节目参加了决赛，32个节目分别获得了一、二、三等奖。

【举办“大理集市”专题摄影作品展】 8

月1～10日，第二届大理国际影会专题展《大理集市》在大理古城复兴路上展出。《大理集市》是摄影家濮演在大理生活70余天，对大理12县市的70多个乡镇集市（街子）进行的记录。一幅幅照片是大山里的“清明上河图”，真实地反映了大理的乡村集市场景。

【州文联曲艺家协会到古生村进行曲艺专场演出】　9月1日，大理州文联积极响应中国文联“送欢乐下基层”的号召，在大理市湾桥镇古生村古戏台举办曲艺专场演出。来自大理州各地的民间曲艺表演艺术家欢聚一堂，为群众奉献了一台精彩的视听盛宴，表演涵盖了唢呐吹打乐、白族大本曲、民俗舞蹈、民歌演唱、风情对唱等，得到了古生村及四里八村村民的高度赞誉，不时响起阵阵掌声，节目不断加演。

【州文联到祥云县下庄镇下庄村委会开展创先争优主题学习活动】　9月28日，州文联到祥云县下庄镇下庄村委会，村官普发兴生前工作的村委会开展创先争优主题学习活动。此次学习活动由州文联党支部组织，州文联10位党员干部和职工在州文联党组成员、副主席廖惠群的带领下参加了学习活动。活动的主题是“身边的榜样，学习的楷模”，通过学习楷模，增强争先创优意识。争创一流业绩，是共产党员保持先进性的必备品质，是干事创业、全面建设小康社会的应有作风，能够进一步激发单位各部门党员干部职工的工作积极性、主动性、创造性。

【州音乐家协会举行建国61周年专场音乐会】　10月1日晚，大理州文联音乐家协会会员们精心准备的庆祝建国61周年专场音乐会在明珠广场精彩上演。当晚，音乐家们联奏的具有浓郁现代风格的乐曲《冰与水》和倍感亲切的大理本土乐曲《大理下来草帽街》风格各异，让人耳目一新；《滚滚长江东逝水》、《祖国儿女》、《高原之上》、《爱在大理》、《祖国万岁》等一系列熟悉的歌曲赢得了观众的阵阵掌声。这场高水准的专业音乐会，在为祖国的61岁华诞献上一份贺礼的同时也丰富了市民的文化生活。

【本土歌手唱响“第一届全国乡村歌手大赛云南优秀乡村歌手选拔赛”】　11月3～4日，由省委宣传部、省文化厅、省电视局共同主办的“全国乡村歌手大赛云南优秀乡村歌手选拔赛”在昆明举行。本次大赛是云南省优秀乡村歌手第一次高端亮相和同台竞技，是全省文化艺术界的一件盛事，全省16个州市共选拔推荐了40名选手、35首曲目参加比赛。由大理州文联选送的《渔调》、《啊迟骆》在大赛中取得优异成绩。

【赴临沧参加2010年滇西文学创作年会】　11月9～14日，由州文联领队、州作协副主席杨义龙，大理学院文学院院长、州作协副主席纳张元，州作协副主席、永平县文联主席李智红，州作协秘书长左家琦，州作协理事、鹤庆报社记者周学凤五人到临沧参加2010年滇西文学创作年会。滇西文学创作年会是由云南省文联和云南省作家协会主办，由滇西八州市文联轮流承办的重要文学创作交流平台。本次年会经省文联和省作协批准，并经滇西八州市文联协商同意，由临沧市文联承办，年会的主题是研讨滇西小说创作的成就及存在的问题。同时，还在临沧召开了云南省少数民族文学翻译工作座谈会。

【“大理首届山水书画展”开展】　为庆祝大理白族自治州建州54周年，由大理州文联组织的“大理首届山水书画展”于11月17～21日在州群众艺术馆展出。此次展出汇集了大理州内各界美术家的山水画精品50件，展示了大理州当代国画艺术家的审美取向和独特的艺术风格，为广大群众增加了丰富的精神食粮。展出结束后，还出版印刷了《大理州首届山水画展画册》，对大理州的美术创作起到了极大的促进作用。

【《忆往拾旧集》出版】　12月，马品珍《忆往拾旧集》出版。这是一部汇集了马品珍近30年来，从担任大理州委书记、省委民族工作部部长以及退休后仍然奉献社会的纪实性文稿。作为一位地厅级领导干部，这些文稿是他几十年间认真贯彻党的路线、方针、政策，深入基层调查研究，与班子成员合作共事，运筹帷幄，为地方经济社会的发展、造福一方百姓的真实记录。毫无疑问，它具有很高的文献价值，有着十分重要的存史、咨政和教化启迪的作用。

【“大道之理—杜武杜洋近作展”开展】

12月12日，为繁荣大理州的书法创作，旨在出作品、出人才、推新人，颂扬大理秀美的山川、丰厚的历史遗迹，由大理州文联主办，大理州书法家协会承办的“大道之理—杜武杜洋近作展”在大理州群艺馆开展。此次展出的作品形式多样，体现出较高的艺术水平和两位青年书法家的审美追求，对大理书法艺术的发展起到了促进作用。

【小说《彝山二题》获滇西文学奖】　12月中旬，2010年滇西文学创作年会暨云南少数民族文学翻译工作座谈会在临沧举办，大理学院文学院纳张元教授小说《彝山二题》荣获滇西文学奖，这是滇西文学创作年会首次颁出该奖项，全省共有12篇小说获奖，纳张元教授是大理州唯一的获奖者。从上世纪八十年代中期以来，滇西8州市文学笔会每年举办一届文学创作笔会，成为繁荣云南文学创作、培养文学新人、各州市进行文学交流的重要平台。今年3月，省作协将滇西8州市文学创作笔会更名为滇西文学创作年会。2010年滇西文学创作年会以小说创作为主题，总结滇西文学创作的成果和经验，分析滇西文学的发展现状和不足。会上，纳张元教授作了《大理小说创作症候分析与复调式突围》的专题发言。

（彭琼瑶）

大理州归国华侨联合会

【概　述】　2010年，大理州侨联侨办在州委、州政府的正确领导下，在上级侨务部门的帮助指导下，以邓小平理论和“三个代表”重要思想为指导，深入贯彻落实科学发展观，扎实开展创先争优活动。坚持以人为本、为侨服务，在服务经济建设、华侨农场改革、招商引资、开展海外联谊、参与社会公益事业等方面取得新成绩。2010年被州委、州政府评为“全州民族团结进步模范集体”，受州委、州政府表彰，被评为“优秀基层党组织”，受到州委表彰。

【州领导到宾川看望慰问困难归侨侨眷】　2月9日，州委常委、副州长蔡春生、州委常委、州委统战部部长杨秀星率州委统战部、州侨办侨联等领导到宾川三个华侨管理区看望慰问困难归侨侨眷。他们每到一个管理区，都与管理区的干部职工亲切交谈，对他们一年来为管理区的发展作出的努力给予充分肯定，并对以后的工作提出希望和要求。蔡春生、杨秀星代表州委、州政府给三个华侨管理区送去慰问金，向归侨侨眷致以节日的祝福。2010年春节，全州共慰问贫困归侨侨眷1021户3159人。其中归侨491户1408人，侨眷530户1751人。省、州、县市共计发放慰问金363060元。

【陆璐率队到重点外资和侨资企业开展调研】 在《中华人民共和国归侨侨眷权益保护法》颁布实施20周年之际，为掌握大理州侨资企业的发展经营状况，了解海外侨胞在大理州投资权益保护中存在的主要问题。9月8日，州人大常委会副主任陆璐率州人大外事华侨工作委员会、州侨联、州侨办、州致公党等有关部门负责人，就“海外侨胞省内投资权益保护问题”对大理州重点侨资企业鹤庆县新加坡三德水泥厂、香港嘉士伯大理啤酒厂、天城屋业有限公司、亚星饭店等企业进行专题调研。调研组一行深入企业实地参观考察，并与企业负责人进行座谈交流，了解侨资企业发展情况、存在问题和有关建议。听取了县、市政府有关维护侨商投资权益工作情况汇报。调研组认为，近年来大理州各级各部门高度重视侨资企业的发展和服务工作，认真贯彻执行有关法律、法规，帮助侨资企业解决在建设、发展中遇到的问题和困难，为企业投资创造良好环境。鼓励侨资企业树立克服金融危机的信心，加大投资力度，加快建设步伐，把企业做大做强。

【州政协对侨务工作进行专题协商】 10月25日，政协大理州第十一届委员会第36次主席会议专题听取了州侨联副主席、州侨办副主任邓必安关于《进一步发挥侨界在对外开放中积极作用的情况报告》。通过专题协商，会议认为，大理州是云南省的重点侨乡之一，州委、州人民政府历来高度重视侨务工作，始终坚持以人为本、为侨服务的宗旨，坚持“兴侨务、促开放、促发展”的工作思路，坚持“立足国内、面向海外”的工作方针，紧紧围绕云南省实施“桥头堡”建设战略，充分发挥归侨的优势，积极开展对外联谊、招商引资、以侨引侨等活动。不断促进海外华侨华人纷纷到大理投资兴业，积极开展捐资助学等慈善事业活动，为推进全州经济社会又好又快发展做出了积极贡献。会议还对做好今后的侨务工作提出了意见建议。

【完成华侨农场改革工作任务】 到12月底大理州1899户归难侨危房改造全面完成，实施了79户非归难侨危房改造工作。12月，在宾川县召开了由省、州、县相关部门领导参加的宾川县3个华侨管理区并入周边乡镇交接仪式大会，顺利完成撤销华侨管理区，并入周边乡镇，成立乡镇华侨事务办公室，设立华侨社区，保留华侨农场牌子等侨场改革任务。

【涉侨捐赠取得新成绩】 年内，大理州侨联共争取到海外华侨华人、港澳同胞和社会慈善机构捐赠公益事业项目资金近500多万元人民币。其中，资助贫困学生786名、计200万元人民币；继续争取台湾财团爱基会的捐赠，在祥云四中“珍珠班”招收贫困学生60名，每年对每个学生给予2500元的资助。争取香港福慧基金会、周大福基金等捐赠，在南涧、弥渡、祥云、鹤庆、剑川、洱源、永平、云龙等县建设14幢教学楼和医技楼，计300万元人民币。在百年一遇的干旱救灾中，侨务部门积极发挥对外联系广泛的优势，争取海外华侨华人、港澳同胞援助资金17.61万元，分别帮助受灾严重的宾川、弥渡、永平、南涧等县用于抗旱。

【经济科技交流进一步加强】 2010年，大理州侨联充分发挥联谊、服务、引导的功能，在以侨招商牵线搭桥上取得新进展。年内邀请到美国成功集团项目专家考察团、泰国正大集团、泰国正大制药集团、深圳侨商会马慧仪董事长一行到大理考察项目，向考察团推荐了15个综合开发项目。邀请上海经贸考察团14位企业董事到大理考察，并在大理风花雪月酒店举行了项目会见会，程云川副州长会见了考察团一行，向考察团一行介绍了大理州“十二五”发展战略，目前正在与有关县市开展项目对接。

【台湾作家大陆采风团到大理采风】 10月25日，由台北故宫博物院典藏委员程建人为团长的台湾作家大陆采风团到大理采风。州侨联与州文联联合组织全州作家和知名人士与采风团开展座谈交流，向他们介绍大理在改革开放中取得的巨大成就，宣传多姿多彩的民族文化、悠久的历史、美丽的自然风光，增进了对大理的了解，扩大友谊。

（赵寿辉）

大理州残疾人联合会

【概　述】 2010年是实施“十一五”规划的最后一年，也是科学谋划“十二五”规划的关键之年。在中共大理州委、州人民政府的领导下，在省残联的帮助和指导下，大理州残联以邓小平理论和“三个代表”重要思想为指导，全面贯彻落实科学发展观，围绕中心，服务大局，面向残疾人，以推进残疾人“两个体系”建设为核心，立足于残疾人事业“十一五”各项目标任务的全面落实，着眼于残疾人“两个体系”建设和“十二五”规划的研究制定，认真履行“服务、代表、管理”职能，各项目标任务顺利完成，取得了较好的成绩。

【开展创先争优活动】 2010年，按照州委、州政府的统一部署，州残联在创建基层先进党组织、争当优秀共产党员活动中，以创建“学习型机关、服务型队伍、效能型部门”为主题，将开展创先争优活动与“讲党性、重品行、作表率”、“三个一”、“五比五创”等主题实践活动有机结合，把学习贯彻中央和省委关于促进残疾人事业发展，加快推进残疾人“两个体系”建设的部署意见作为首要的政治任务，用中央和省委关于促进残疾人事业发展的意见等统领残疾人工作，明确工作方向，坚持与时俱进，充分发挥好党和政府联系残疾人的桥梁和纽带作用。通过切实有效的活动，把残疾人工作者的思想引导到与党的路线、方针、政策相一致上来，最大限度地营造了广大残疾人事业工作者创先争优活动与本职工作紧密联系，互为动力、互相促进的生动局面。

【“两个体系”长效机制建设成效显著】 2010年，大理州残联“两个体系”长效机制建设成效显著。认真开展调查研究，全面总结“十一五”残疾人事业发展取得的经验和成效，群策群力，分析研究全州残疾人事业发展面临的挑战和机遇，科学谋划编制全州残疾人事业发展“十二五”规划。《大理州残疾人事业发展规划纲要》已提交州政府审定。重点着手制定、出台大理州加快残疾人事业发展的实施意见。根据州委办、州政府残疾人工作委员会的安排，州残联承担《实施意见》（代拟稿）的起草任务。《实施意见》起草工作坚持以科学发展观为指导，遵循思想性、针对性、实用性、可操作性相结合的原则，把全面贯彻中央7号文件精神和省委18号文件精神与大理州的基本州情紧密结合起来，着力解决残疾人最关心、最直接、最现实的利益问题。《中共大理州委 大理州人民政府关于加快残疾人事业发展的实施意见》

（送审稿）已完成向广大残疾人、基层残疾人事业工作者和州政府残工委成员单位的征求意见工作，提交州委、州政府适时研究出台。

【完善城乡残疾人组织网络体系】 2010年，大理州继续贯彻“城市抓社区农村抓乡镇”的方针，完善城乡残疾人组织网络体系。通过核发第二代残疾人证工作的开展，州、县、乡三级加强对社区残疾人专职委员和村级联络员进行残疾人工作业务知识和业务技能的培训，对照《全国基层残疾人组织规范化建设达标验收》标准，严格进行县自查、州抽查，县市已基本达标。在大理、剑川、巍山三县市试行季报制度，使州、县、乡三级能动态掌握辖区内残疾人的情况变化。有办证意愿又达到办证标准的残疾人办证7.6万人，占应办证的31.87%。州级残疾人综合服务中心国债投资100万元的项目正在抓紧实施，州级残疾人康复中心、托养中心和剑川县、永平县、南涧县、云龙县、宾川县、鹤庆县的康复服务中心和托养中心建设完成前期论证和申报工作。内联外引，分别与昆明红会医院、大理学院附属医院、天邻基金会、香港慈辉基金会合作，开展肢残儿童矫治和白内障复明术。优秀残疾人人才库进一步充实。受理法律援助和服务21人次，残疾群众来访908人（次）、来信14件/次，处结率和回复率均达100%。

【推进“人人享有康复服务”目标的实施】 2010年，大理州残联“人人享有健康服务”目标。①初步完成了残疾人康复需求调查和建立残疾人康复工作档案。全州已有151820名残疾人得到了康复服务（其中持证残疾人已建立了康复服务档卡）。②建立12个县级残疾人社区康复指导站（服务站）和辅助器具供应站，130个乡镇的残疾人社区康复站和村级残疾人社区康复指导站职能作用开始发挥。③大理市“创建全国残疾人社区康复示范县”达省级检查验收标准。④完成贫困残疾儿童抢救性康复项目和贫困肢体残疾儿童矫治手术的筛查和筛选工作，并与美国天邻基金会合作实施手术27例。⑤实施免费白内障复明手术826例，开展盲人定向行走康复训练12人，智力残疾儿童康复训练23人，培训家长23人；肢体残疾儿童机构康复训练18人，社区、家庭康复训练43人，开展聋儿康复训练27人，完成抢救性康复训练聋哑儿童10人；为20名贫困聋儿佩戴助听器，开展麻风畸残矫治手术11例；残疾人辅助器具供应8883件，其中为贫困残疾人免费供应8800件；为贫困残疾人装配普及型假肢8条。巍山、大理、永平三县开展精神病防治工作持续推进，监护精神病人4883人，医疗救助315人。

【推动公共服务机构为残疾人提供优先、优惠、优质的服务】 2010年，大理州在满足残疾人一般性服务的同时，不断满足残疾人的特殊需求；不断扩大残疾人服务体系的覆盖面，提高服务残疾人的能力和水平。城乡困难残疾人普遍纳入最低生活保障，全州共有43388名贫困残疾人参加低保。鹤庆县积极做好新型农村社会养老保险试点工作，符合参保的残疾人80%已参加了新农保，实现了重度残疾人都由财政补助代缴，60岁以上的残疾人全部领到养老金。整合资源，依托州、县福利院开展残疾人机构托养服务。认真落实2010年“阳光家园计划——智力、精神和重度残疾人托养服务项目”，重点突出解决了部分低保家庭、困难家庭居家托养残疾人的需求，完成居家托养588人，依托州、县社会福利中心完成机构托养100人。

【开展农村残疾人危房改造】 2010年，大理州认真开展全州12县市农村贫困残疾人危房状况的调查，并积极协调，有改造需求的贫困残疾人家庭，按“应改尽改”的原则，全面纳入“农村危房改造”安居工程统一实施。共完成1200户的残疾人危房改造任务，其中彩票公益金危房改造380户。

【增强教育培训的针对性 提高残疾人教育培训水平】 2010年，大理州认真落实“两免一补”优惠政策，减轻家庭困难学生的负担，失学辍学现象明显减少，残疾儿童少年入学率达到85%以上。各级残联采取多种方式对各类贫困残疾学生也进行了资助，完善“彩票公益金助学”、“通向明天计划”等项目，共扶持126名残疾学生和残疾人子女完成学业。以实用技术为主，结合各县市产业优势，突出产业特色，选择适宜贫困残疾人的种植、养殖、加工、修理等完成了18000人（次）的农村实用技术及职业技能培训。从实际出发，因地制宜，依托剑川县木雕产业优势，选取有市场前景，又适合残疾人特点的木器加工，挂靠剑川古典木雕家具厂“木雕技艺传习院”，在剑川县挂牌建立了第一个州级残疾人扶贫基地，积极发展“基地+公司+农户”的有效扶贫方式，带动、辐射300多农村残疾人从事木雕行业，平均月收入在千元以上。

【拓展就业服务渠道 提高残疾人就业率】 2010年，大理州认真贯彻执行《残疾人就业条例》，积极开展残疾人就业援助和就业服务，全面推进残疾人就业。①进一步推动福利企业优惠政策的落实，稳定残疾人集中就业规模。鹤庆县太阳能厂正式被批准为福利企业，已吸纳残疾人就业65人。②全面落实分散按比例安排残疾人就业政策，进一步规范残疾人就业保障金征收和管理，扩大审核面和征收面，全年全州共征收残疾人就业保障金700多万元。③拓展盲人就业渠道，进一步发展和规范盲人按摩业。培训盲人保健按摩47人，其中初级33人，中级14人，并全部推荐就业。④大理州参加省第四届残疾人职业技能竞赛选手23名，参加12个单项比赛，共获第一名3项、第二名3项。⑤建立了统一多功能的残疾人就业信息网，为残疾人就业服务机构规范化建设奠定了基础。

【多措并举 加强残疾人事业宣传】 2010年，大理州残联组织残疾人代表参加大理州“爱心放归”活动。在“爱耳日”、“助残日”、“精神残疾人日”、“世界残疾人日”活动期间，充分利用报刊、广播、电视和网络等媒体，进一步加大对残疾人事业的宣传报道力度，深入宣传各级政府为加快发展残疾人事业所采取的政策、措施和取得的成就，以及社会各界扶残助残、帮助残疾人解决实际困难的感人事迹。在州、县电视台宣传报道90多次，省、州残联网站登载信息100多条。

（李成宪）

大理州工商业联合会

【举行非公有制经济代表人士迎新春团拜会】 1月28日，大理州工商业联合会在州工商联会议室举行非公经济代表人士迎新春团拜会，州政协副主席、州工商联主席寇铸勋出席会议并作新春贺词。云南清逸堂实业有限公司、大理华兴企业集团、鹤庆县金盛祥食品饮料有限责任公司等企业负责人作了发言。大家表示在新的一年里，要进一步贯彻落实科学发展观，不断开拓创新，自觉履行社会责任，承担起节能减排和参与社会公益慈善事业的责任，为全州经济社会又好又快发展作出新贡献。州委统战部副部长、州工商联党组书记李立基主持会议。

【州工商业联合会三届五次执委（扩大）会议在下关举行】 3月24日，大理州工商业联合会三届五次执委（扩大）会议在下关州工商联会议室举行。40名执委和32名州工商联直属会员出席、列席会议。中共大理州委常委、统战部部长杨秀星作《深入贯彻落实科学发展观、努力开创工商联工作新局面》的讲话，会议审议通过了州政协副主席、州工商联主席寇铸勋代表州工商联第三届执行委员会常务委员会作的工作报告。州委统战部副部长、州工商联党组书记、副主席李立基主持会议并传达了云南省工商业联合会十届四次执委（扩大）会议精神，州工商联副主席杨自尚出席会议。

【推进学习型党组织建设专题宣讲暨非公有制经济人士培训会议召开】 10月28日，州工商业联合会在州工商联会议室举行大理州工商联推进学习型党组织建设专题宣讲暨非公经济人士培训会议，来自全州12县市工商联主席、党组书记，以及州工商联直属会员60余人参加会议。邀请大理学院廖望科博士就《桥头堡战略》作专题讲座。按照中共云南省委对大理提出的“四个争当”的要求，结合“十二五”规划，抓住发展机遇，加快构建“1+6”城市群，加快苍洱旅游改革发展综合试验区建设，积极探索建立洱海流域低碳经济试验区，加快物流园区建设，积极探索建立洱海流域低碳经济试验区，加快物流园区建设，努力把大理建设成中国面向西南开放桥头堡的滇西中心城市。还邀请大理州委学习型党组织建设宣讲团成员、州委党校马列主义基础理论教研室主任、副教授杨江涛作学习型党组织建设的专题讲座，通过宣讲，帮助全州工商联系统党员和干部提高对开展学习型党组织建设重要意义的认识，切实把思想统一到州委的重大决策部署上来。州委统战部副部长、州工商联党组书记、副主席李立基主持会议。州政协副主席、州工商联主席寇铸勋、州工商联副主席杨自尚出席会议。

【召开全州非公有制经济组织创先争优活动推进会】 8月3日，全州非公有制经济组织创先争优活动推进会在州工商联会议室召开，来自全州12县市非公有制经济组织深入开展创先争优活动指导小组组长、办公室主任及非公有制经济组织深入开展创先争优活动指导小组成员40余人参加会议。各县市汇报了非公有制经济组织创先争优活动开展的情况，州非公有制经济组织深入开展创先争优活动指导小组副组长张能勇就开展创先争优活动工作作了要求；州非公有制经济组织深入开展创先争优活动指导小组组长李立基作工作安排。

【参加全国加强和改进工商联工作电视电话会议】 11月15日，12县市委统战部长、工商联主席、党组书记40余人在电信大楼参加全国加强和改进工商联工作电视电话会议，大理州委统战部部长杨秀星，州政协副主席、州工商联主席寇铸勋，州政府副秘书长李继显，州委统战部副部长、州工商联党组书记李立基，州工商联副主席杨自尚出席会议。此次会议为加强和改进新时期工商联工作作出了系统谋划和全面部署，提出了一系列重要理论观点、政策举措和制度安排，是在新的历史起点上推动工商联事业发展和指导工商联工作的重要会议，与会人员一致认为，这次会议为今后工商联的工作指明了方向，为做好新时期工商联工作提供了坚强的政策支持。

【非公经济组织深入开展创先争优活动现场推进会在弥渡县召开】 12月23日，大理州非公有制经济组织深入开展创先争优活动现场推进会在弥渡县召开，来自全州12县市非公有制经济组织深入开展创先争优活动指导小组组长、办公室主任及非公有制经济组织深入开展创先争优活动指导小组成员60余人参加会议，部分县市交流了非公有制经济组织开展创先争优活动的先进经验及做法。州非公有制经济组织深入开展创先争优活动指导小组副组长张能勇和州非公有制经济组织深入开展创先争优活动指导小组组长李立基分别作讲话。

【开展特色创建活动】 2010年，全州非公有制经济组织认真开展特色创建活动。①在2010年“三月街民族节”期间，全州12县市552家非公有制企业（个体工商户）参加了地方产品展销。②在第十八届昆交会暨第三届南亚国家商品展上，全州有57家非公有制经济组织（个体工商户）参加产品展销和项目推介活动。③为非公有制企业吸纳人才，服务高校毕业生就业，州工商联协同州劳动和社会保障局等部门，组织了非公有制企业50多家，推出各类就业岗位900多个，开展了2010年民营企业专项招聘周活动，有196个高校毕业生与企业签订用工合同。

【开展创先争优活动】 6月28日，州工商联与州委统战部、工商局等部门组成大理州非公有制经济组织深入开展创先争优活动指导小组。7月12日，成立大理州非公有制经济组织深入开展创先争优活动指导小组办公室。7月16日，大理州非公有制经济组织创先争优活动指导小组组长、副组长和成员分为4个组联系4个县市，其中1个组负责联络和宣传工作。11月2日，云南省非公有制经济组织深入开展创先争优指导组一行在大理州工商联会议室听取大理州非公有制经济组织深入开展创先争优活动的进展情况，对全州非公有制经济组织的学习实践活动取得良好成效给予肯定和好评。全州非公有制经济组织的创先争优活动，按照“五好五带头”和“五比五创”的要求有条不紊地开展。

【落实鼓励创业“贷免扶补”政策】 2010年，大理州工商联根据全州鼓励创业“贷免扶补”的任务数由上年的90名增加到400名的实际情况，将创业目标任务科学分解到各县市，不断进行督促指导。到年底，圆满完成云南省工商联下达给大理州400名鼓励创业“贷免扶补”的工作任务，为2011年的鼓励创业“贷免扶补”工作的全面完成打下良好的基础。

【参政议政】 2010年，在州人代会、州政协全会上，大理州工商联组织工商联届别的政协委员和人大代表认真审议“两会”报告，针对全州非公有制经济存在的一些困难和问题，在届别小组讨论的基础上，选派代表在大会上进行专题发言，并提交了代表建议和委员提案118份，多数建议、提案已被有关部门采纳和解决，有力地促进非公有制企业的又好又快发展。

【开展调研】 2010年，大理州工商联按照“少而精、深而实”的原则，紧紧围绕促进非公有制经济科学发展开展专题调研，并形成了《大理州行业商会发展情况及存在问题的调查与思考》、《大理州非公有制经济组织党建工作调查报告》等3篇有情况、有分析、有具体建议的专题报告，为州委、州政府决策提供参考。

【自身建设进一步加强】 2010年，大理州工商联结合实际，制定了《大理州工商联2010年党风廉政建设教育工作计划》和《中共大理州工商联党组关于2010年党风廉政建设工作要点》。6月26日，州工商联全体党员到大理警示教育基地开展党支部年度警示教育活动。7月28日，州工商联全体干部职工观看《村官普发兴》，并要求认真撰写观后感。9月14日，州工商联全体干部职工到大理警示教育基地开展单位年度警示教育活动。10月9日，州工商联全体干部职工参观由州直属机关党委举办的"廉政文化进机关"书画、摄影展览，从而进一步增强了干部职工遵纪守法、廉洁自律的自觉性，在广大工商联干部心中自觉筑起了一道拒腐防变的思想道德防线。12月9日，大理州人民政府下发《关于州工商联作为以非公有制经济为主体的行业商会、同业协会和异地商会业务主管单位的批复》，明确了大理州工商联在非公有制经济领域相关行业协会、同业协会和异地商会的管理职能。12月，顺利通过年度党风廉政建设和预防惩治腐败体系建设考核，考核结果为合格。机关年内无违法违纪现象发生。

【开展招商引资】 2010年，州工商联协助大理洱海金沙旅游假日置业有限公司邀请深圳市服务贸易协会到大理进行投资考察。协助四川省广安市龙凤房地产开发有限公司到南涧县开发县城东片区房地产项目，经过多次洽谈，该项目总投资近5亿元，开发项目占地212亩，房地产开发项目总建筑面积26万平方米并签订了项目开发建设协议书。到年底，项目完成投资3800多万元，其余工程正紧张有序地开展。

【表彰先进】 1月28日，州工商联直属会员云南力帆骏马车辆有限公司董事长、总经理马伟亮，大理华兴企业集团董事长施祥，祥云飞龙有色金属股份有限公司董事长、总经理杨龙，云南清逸堂实业公司总经理张枝荣被中共大理州委、州人民政府表彰命名为大理州第二届优秀高层次人才。2月25日，州工商联直属会员企业云南祥云飞龙有色金属股份公司、大理华成纸业有限公司等被大理州人民政府授予完成节能降耗责任目标先进单位。3月1日，州工商联直属会员云南力帆骏马车辆有限公司董事长马伟亮，云龙县宝丰乡大栗树茶厂厂长尹何春，云南清逸堂实业有限公司董事长张枝荣，云南四方街商贸有限公司总经理李珍，大理恒源汽车服务有限公司董事长李永忠，云南华晶安厦玻璃制品有限公司董事长李建利，云南祥云飞龙有色金属股份有限公司董事长杨龙，鹤庆乾酒有限公司董事长杨金林，云南大理瑞鹤药业有限公司董事长郑昆芳，大理市泉源商贸有限责任公司总经理赵利红，大理漾濞核桃有限公司董事长倪文郁，云南大理东亚乳业有限公司总经理彭金国，大理来思尔乳业有限责任公司董事长董建升被中共大理州委、州人民政府授予大理州非公有制经济优秀创业企业家称号。3月2日，州工商联直属会员大理华兴纺织有限责任公司、云南力帆骏马进出口有限公司等被大理州人民政府表彰为出口先进企业。4月23日，州工商联直属会员云南清逸堂实业有限公司总经理张枝荣被大理州人民政府表彰为大理州第三届劳动模范。6月10日，州工商联直属会员企业云南四方街商贸有限公司被云南省关工委授予爱心奉献先进集体。

【组织建设加强】 2010年，州工商联分别与呼和浩特市工商联和哈尔滨市工商联建立了友好往来。年内，批准成立了"大理州彝族企业家协会"和"大理州福建商会"，为商会组织增强了活力。

【开展光彩行动】 2010年，州工商联配合云南省光彩事业促进会"七彩云南"对2名大理州高考文、理科状元进行奖励性资助，每人3万元奖金。对3名当年考入大学的品学兼优、家境贫穷的少数民族贫困学生进行资助，每人2万元奖金，帮助完成4年大学学业。年内，为应对百年不遇的旱灾，州县工商联早行动、早安排，广泛发动非公有制企业捐资捐物投入抗旱救灾中，据不完全统计，州工商联组织发动全州217家非公有制企业捐款244万元，部分企业还为山区学校和群众送水、送粮食，云南力帆骏马车辆有限公司还发动员工加班加点，生产抗旱送水车。州工商联机关党组织、党员、全体干部职工向灾区踊跃捐款4200元。

【全州工商联组织情况】 2010年末，全州有工商联会员6227个，其中企业会员948个、个人会员5254人、团体会员25个，州工商联直属会员商会1个，异地商会3个、乡镇商会43个、行业商会9个。

（赵红燕）

大理州红十字会

【概　述】 2007年9月，经中共大理州委、大理州人民政府批准，大理州红十字会独立设置为正县级群团组织，2008年1月独立开展工作。至2010年，有干部职工8人，内设办公室、赈灾救护科、宣传筹资财务科、对外联络和事业发展科。大理州红十字会独立开展工作以来，在州委、州人民政府的正确领导下，在社会各界的大力支持下，全州各级红十字会认真贯彻落实科学发展观和党的十七大、十七届四中、五中全会及中国红十字会"九大"精神，服从服务于州委、州政府的中心工作，按照"解放思想、依法兴会、立足州情、把握重点、求真务实、科学发展"的工作思路，围绕中心、服务大局，攻坚克难、锐意进取，充分发挥红十字会在改善民生、促进社会和谐方面的优势。在重大自然灾难面前，全州各级红十字会不辱使命，以实际行动较好地履行了职责。红十字会作为党委和政府人道工作领域得力助手、和谐社会建设重要力量、精神文明建设生力军、民间外交重要渠道的作用日益凸显，得到了州委、州人民政府的充分肯定和社会各界的广泛赞誉，为建设和谐大理作出了积极的贡献。

【组织建设进一步加强】 2008年11月11日州红十字会召开第三届三次理事会。会上，州人民政府副州长洪云龙当选为州红十字会第三届理事会会长，杨泓涛当选为常务副会长，唐苍仁、杨跃华、吕锡培、普映授当选为副会长。州委书记刘明、州人民政府州长何金平被聘为名誉会长。至2010年，全州共有红十字基层组织158个，团体会员单位191个，会员10310人，志愿者3994人。

【体制建设取得新突破】 州红十字会把理顺县市红十字会管理体制和加强机关自身建设作为贯彻依法建会、依法治会、依法兴会的关键性工作。2010年，洱源县率先全面理顺了县红十字会管理体制，大理市红十字会的能力建设得到进一步加强，州、县两级红十字会体制建设迈出了可喜的一步。

【应急能力明显提高】 2008年"5.12"汶川地震，全州红十字会系统共募集2468万元（位居全省第二）支援灾区抗震救灾，州红十字会被省红十字会评为

"5.12"四川汶川地震抗震救灾最佳组织奖。在应对2009年全州遭受的"7·9"姚安地震、"11·02"宾川地震,2010年的"1·01"剑川地震及特大旱灾等重大自然灾害中,全州各级红十字会按照首要任务、第一时间、一线救灾的原则,积极响应,广泛动员社会力量,采取有效措施,开展救灾救援行动并取得明显成效,受到上级红十字会及州委、州人民政府的充分肯定和社会的广泛赞誉。

【募捐及争取援助创历史最高】 大理州红十字会精心打造"大理博爱捐助港"捐助平台、"大理博爱捐助港",至2010年底共募集捐款(物)2685万余元,援助境外和实施大理州境内救灾救助。大理州红十字会独立运行开展工作以来,向上向外共争取到救灾救助资金、物资及援建项目价值2130多万元,受益群众达100万余人次。红十字博爱学校、卫生院(站)、水利工程、博爱新村等项目建设实现了历史性突破。

【"三献"工作取得重大突破】 大理州红十字会独立开展工作以来,加大宣传力度,有力推动无偿献血;遗体捐献实现了"零"的突破;470名造血干细胞捐献志愿者参加了捐献血样采集,2名志愿者成功捐献造血干细胞。艾滋病预防项目、红十字青少年工作、大理市"红十字服务进社区示范市"等项目有特色、有创新。

【建立卫生救护培训新机制】 大理州红十字会独立开展工作以来,积极与公安、运政等部门协调配合,探索了一条机动车驾驶员卫生救护培训的新路子。在全州积极推广卫生救护培训工作,普及卫生救护培训4万多人次,完成卫生救护员培训30550人次(州本级完成13427人),有效地减少了意外伤害和突发事件造成的死亡和伤残。

【公信力不断提升】 大理州红十字会独立开展工作以来,党风廉政建设实行"一把手工程"和"一岗双责"责任制,并将"人道、博爱、奉献"的红十字精神与机关廉政文化建设相结合。加强民主集中制建设,注重源头治理,对重大问题、人事任免、大额资金安排使用等进行集体研究,物资采购实行政府集中招标或"三家报价"采购,大力提倡勤俭节约的风气;加强对募集资金、物资、外援项目资金的管理,主动请求审计部门对接收到的抗旱救灾款物和玉树地震捐款进行审计;班子成员政治坚定、团结和谐、求实创新、清正廉洁。通过加强党风廉政建设,促进了全州红十字事业的健康发展,提升了红十字会的公信力。

【州红十字会召开第三届六次常务理事会】 8月26日,州红十字会召开第三届六次常务理事会。州人民政府副州长、州红十字会会长洪云龙出席会议并作重要讲话,州红十字会党组书记、常务副会长杨泓涛主持会议。会议总结了州红十字会2010年上半年工作和安排下半年工作,审议通过了《关于向州红十字会理事会提出更换、增补理事、常务理事的议案》。常务理事就如何进一步打造"大理博爱捐助港",增强备灾救灾实力提出了意见和建议。

【加强冠名红十字医疗机构的管理】 2010年,按照《云南省红十字会关于对冠名红十字(会)医疗机构进行清理和重新认定的通知》要求,全州红十字会系统开展了冠名红十字医疗机构的清理和重新认定工作,取缔不符合冠名条件的原冠名红十字医疗机构冠名资格1个,新冠名红十字医疗机构1个,重新认定冠名红十字医疗机构11个。

【募捐筹资见成效】 2010年,州红十字会精心打造"大理博爱捐助港",年内募集捐款126万余元;向上向外筹集争取救灾、救助款物806万元,全额专款用于抗旱救灾工作,全州受益群众达21.12万人次。

【积极探索卫生救护培训新机制】 2010年,州红十字会通过积极协调,与公安、运政部门形成联动机制,将卫生救护培训纳入机动车驾驶技术培训内容,打开了全州各县市红十字会卫生救护培训工作的新局面。年内,全州普及卫生救护知识31177人,完成卫生救护员培训22656人,比上年分别上升259%和300%。

【遗体和造血干细胞捐献】 2010年,经州红十字会的宣传动员,大理州军队新桥休养所退休老干部毕星高,将因突患急性胰腺炎死亡儿子的遗体捐献给大理学院,为大理州的医学教育事业做出了积极贡献;另外,已有3名志愿者报名登记,愿意死后捐献遗体。2010年,有470名造血干细胞捐献志愿者参加捐献血样采集,血样采集数比上年提高103%。有两名志愿者捐献造血干细胞配型成功。

【艾滋病预防项目有特色】 2010年,州红十字会把"预防艾滋病青年同伴教育项目"作为一个示范品牌工程来抓,继续代表云南省红十字会承担香港红十字会援助开展的"艾滋病预防青年同伴教育"项目。年内,举办艾滋病预防青年同伴教育培训班45期,艾滋病防治人文关怀与护理培训班5期,培训宣传骨干900多人次;通过宣传骨干向全州传播培训38020人。培训项目顺利通过香港红十字会和省红十字会的考核评估,并代表中国红十字会先后接待了日本、波黑等18个国家和地区红十字会的来访,受到了来访国红十字同仁的高度评价,该培训项目被列为省红十字会的特色项目。

【社区红十字服务工作有创新】 2010年,经州红十字会积极争取,大理市被列为云南省创建省红十字会和中国红十字会社区红十字服务示范市。大理市在全市31个城市社区建立了红十字基层组织,广泛开展"六进社区"活动,在3个农家文化大院建立了红十字服务宣传站,并将传播"人道、博爱、奉献"的红十字精神和红十字基本知识融入当地民间曲艺"大本曲"传颂,有特色的社区红十字服务活动曾在《中国红十字报》和《云南日报》刊登。中国红十字总会党组书记、常务副会长王伟和省红十字会党组书记、常务副会长段鸿一行到大理市正阳社区、玉洱社区实地调研,高度评价"社区红十字服务工作有特色,取得很好的成效",对红十字服务示范市创建工作给予了充分的肯定。

【对外交流与合作成效显著】 2010年,州红十字会进一步解放思想,充分发挥自身优势,采取请进来与走出去相结合的方式加强对外交流与合作,引进新理念,争取建设项目成效显著。年内,州红十字会加入了中国红十字博爱理事会,成为全国31个理事单位之一(为省红十字会系统唯一的一个理事单位);与天津市河西区红十字会缔结为友好区州红十字会。同时,加强对中国红十字会援建大理州"11.02"宾川地震灾区民房恢复重建100万元建设项目的管理工作;实施中国红十字基金会投资140万元援建大理州10个"红十字博爱卫生站"、1所"博爱卫生院"、2所"博爱学校"项目;实施省州各界投资70万元援建1个"红十字博爱老年活动中心"项目、15个抗旱救灾水利工程建设项目。

【构建大宣传格局】　2010 年,州红十字会采取多种形式,广泛深入开展宣传活动,进一步提高红十字会的社会知晓率和公信力,凝聚更多人道力量推动红十字运动。①以大型宣传活动为载体,广泛动员社会力量参与到人道主义行动中。②以报刊、电视、电台、网络、简报为宣传阵地传播红十字知识,推进红十字运动。年内,有关大理州红十字会的新闻报道被中央电视台选用 3 条、《中国红十字会报》采用 10 篇、云南省电视台选用 6 条、省红十字会网站采用 36 篇、《大理日报》采用 21 篇。③学校团体会员单位积极开展红十字青少年宣传教育活动。④把宣传贯穿于救灾、救助、救护、艾滋病防控、推动无偿献血及造血干细胞捐献各项工作中。

【赴沙溪镇地震灾区开展救灾救助活动】　1 月 1 日,剑川县沙溪镇发生 4.6 级地震,州红十字会党组书记、常务副会长杨泓涛及红十字会机关工作人员赶赴剑川县震灾区,深入卫生院、红星村、东南村等看望慰问灾民及伤员,调查了解灾情。为灾区群众送去了过冬的棉衣,为灾区弥沙乡小学争取到恢复重建项目资金 50 万元。

【中国红十字会领导到大理调研】　1 月 10 日,中国红十字会党组书记、常务副会长王伟一行在省政协副主席、省红十字会会长陈勋儒,省红十字会党组书记、常务副会长杜克琳,秘书长魏忠民等领导陪同下,到大理州考察调研红十字会工作。王伟一行实地考察了州红十字会备灾救灾中心,深入到大理市正阳社区、玉洱社区考察社区红十字服务工作,听取了州红十字会党组书记、常务副会长杨泓涛代表州红十字会所作的工作情况汇报。通过考察调研,考察组认为,大理州红十字会在州委、州人民政府的正确领导和大力支持下,工作做得很好,尤其是在争取项目、增强服务能力、拓展服务领域方面很有特色,取得很好成效的高度评价。

【大理市创建社区红十字服务示范市通过省级验收】　1 月 21 日,省红十字会创建社区红十字服务示范市检查验收组在州红十字会党组书记、常务副会长杨泓涛等领导陪同下,到大理市检查验收创建社区红十字服务示范市工作。通过检查验收,验收组认为:大理市开展创建社区红十字服务示范市工作,州、市党委、政府重视,州红十字会具体指导有力,31 个社区同时开展,起点高,行动快,规范有序,资料齐全,有亮点。特别是将红十字精神、红十字知识融入白族《大本曲》及京剧演唱中,这种喜闻乐见的宣传形式很有特色,成为全省最具特色的创建单位。大理市创建社区红十字服务示范市顺利通过检查验收组验收。

【省红十字会“博爱送万家”活动在宾川县举行】　1 月 26 日,省政协副主席、省红十字会会长陈勋儒、省红十字会巡视员和永春率慰问组,到宾川县开展云南省红十字会 2010 年大理州“博爱送万家”活动。州委副书记王雪峰,州人民政府副州长、州红十字会会长洪云龙,州政协副主席孙珍玲和州人大教科文卫委主任杨达亨出席活动。活动仪式由州红十字会党组书记、常务副会长杨泓涛主持。活动仪式上,省红十字会向大理州贫弱人群、受灾群众捐赠了价值 45 万元的物资。

【开展“抗旱救灾博爱送万家”活动】　3 月 22 日,州红十字会到剑川县开展“抗旱救灾博爱送万家”活动,州委常委、州委组织部部长叶翠萍,州人民政府副州长、州红十字会会长洪云龙出席了在剑川县老君山镇举行的捐赠仪式。州红十字会将价值 17 万元的矿泉水等抗旱救灾物资送到了受灾群众手中。捐赠仪式结束后,叶翠萍、洪云龙一行还深入到贫困户和老党员家中看望慰问。

【州红十字会机关干部职工向旱灾灾区捐款】　3 月 25 日,州红十字会将州委奖励的 2009 年惩治和预防腐败体系建设及党风廉政建设责任制考核奖金 3000 元捐赠给灾区。同时州红十字会党组书记、常务副会长杨泓涛带头,党员干部再次向灾区进行党员特别捐款 900 余元。

【中国红十字基金会及捐助方代表到祥云县开展抗旱救灾慰问活动】　4 月 20 日,中国红十字基金会筹资联络部副部长高瑞立,中国海洋石油总公司副总经理、公益慈善委员会主任武广齐,中国海洋石油总公司办公厅综合处处长、慈善委员会办公室主任宋瑞林,中国海洋石油总公司办公厅政务秘书张彦甫,省红十字会党组书记、常务副会长杜克琳,省红十字会赈济救护部副部长番林等一行,在州委常委、州人民政府副州长蔡春生和州红十字会党组书记、常务副会长杨泓涛的陪同下到祥云县开展抗旱救灾慰问活动,并举行中国红十字基金会/中国海洋石油总公司向大理州捐赠抗旱救灾资金及援建水利工程开工仪式。该活动为大理州受干旱影响的祥云、大理、南涧、弥渡等县市捐赠 180 万元的抗旱救灾资金。

【洱源县召开县红十字会二届一次会员代表大会】　4 月 26 日,洱源县召开县红十字会二届一次会员代表大会,选举产生了县红十字会新一届领导班子。州红十字会党组书记、常务副会长杨泓涛到会祝贺并致词。洱源县在全州各县市中率先理顺县红十字会管理体制,核定人员编制 6 人。

【举行“我为旱区献爱心”大型公益活动】　4 月 28 日 ~5 月 1 日三月街民族节期间,由大理州委宣传部牵头,州红十字会、州民政局、州抗旱办、州体育局主办,州电视台承办,在大理三月街举行“我为旱区献爱心”大型公益活动。活动以现场直播、短片播放、主持人访谈、现场捐赠采访、街头募捐等形式对公益活动进行全方位报道,大理州红十字会党组书记、常务副会长杨泓涛作为嘉宾接受采访。州红十字会还组织红十字志愿者进行街头募捐,共募集捐赠款物 3 万余元,发放红十字知识和防灾减灾知识宣传单 2 万余份。

【举办第 63 个世界红十字日宣传活动】

5 月 8 日,州红十字会在下关绿玉公园举行第 63 个“5.8”世界红十字日宣传活动,州人大常委会副主任杨宴君,州人民政府副州长岳黎松,州政协教科文卫体委主任左歧宏出席仪式。红十字会志愿者、团体会员单位的医务人员、爱心单位代表、爱心人士代表、新闻媒体的记者和社会民众等 500 余人参加活动,仪式由州红十字会党组书记,常务副会长杨泓涛主持。活动仪式上红十字志愿者作了宣誓,为志愿者服务队授旗,为向大理州旱灾地区和青海玉树地震灾区捐款的爱心单位和爱心人士代表颁发了“博爱捐助”匾牌。州红十字会团体会员单位的医务人员还开展宣传和义诊咨询服务,共发放宣传资料 2 万余份,义诊咨询 400 余人。

【州红十字会被推选为“中国红十字博爱理事会理事单位”】　5 月 9 日,经中国红十字博爱理事会批准,推选大理州红十字会为“中国红十字博爱理事会理事单位”，成为全国31个州、市级理事单位之一，也是云南省唯一的理事单位。州红十字会党组书记、常务副会长杨泓涛被聘为该理事会理事。当天，中国红十字博爱理事会在上海浦东召开首届年会，杨泓涛应邀出席了会议。

【州广播电台直播“凝聚人道力量的红十字”专题】 5月26日，州人民广播电台新闻综合频率FM102.7《直播大理》举办主题为“凝聚人道力量的红十字”访谈栏目，州红十字会党组书记、常务副会长杨泓涛应邀参加。在访谈中，杨泓涛就红十字会知识、州红十字会基本情况及独立运行两年多来的工作开展情况向听众作了详细介绍，并呼吁社会各界和广大民众积极参与红十字事业，为帮助贫弱人群，促进和谐社会建设贡献自己的一份力量。

【州红十字会/中国神华能源股份有限公司向鹤庆县旱灾灾区捐赠救助款物】 6月5日，州红十字会/中国神华能源股份有限公司向鹤庆县捐赠价值30万元的抗旱救灾款物，州人民政府副州长、州红十字会会长洪云龙出席捐赠仪式。州红十字会党组书记、常务副会长杨泓涛一行还深入到金墩乡龙华新村看望慰问受灾群众。

【省红十字会领导到大理调研】 8月5~6日，省红十字会党组书记、常务副会长段鸿率省红十字会办公室主任梁先平一行到大理州调研红十字会工作，州红十字会党组书记、常务副会长杨泓涛，副会长唐苍仁陪同调研。调研组先后深入大理市正阳社区、玉洱社区调研大理市创建全国社区红十字服务示范市工作，听取了市政府和社区领导的工作汇报，实地查看资料，走访社区居民。段鸿对大理市委、市政府高度重视支持创建全国社区红十字服务示范市工作，有效促进和谐社区建设给予了高度评价。

【杨宴君到州红十字会调研】 9月6日，州人大常委会常务副主任杨宴君在州人大教科文卫委主任杨达亨的陪同下到州红十字会调研。通过调研，杨宴君认为州红十字会独立以来，在救灾、救助、卫生救护培训、艾滋病防治、造血干细胞捐献、社区红十字服务等方面取得的显著成绩，尤其是发挥自身优势，向上向外争取援助款物和项目成绩突出。

【日本红十字会到大理开展友好交流访问】 9月17日，日本红十字会交流团在中国红十字总会双边联络处副处长马文博、云南省红十字会秘书长魏忠民的陪同下，到大理进行为期2天的友好交流访问。日本红十字会交流团深入到大理市兴国社区观摩大理州红十字会预防艾滋病青年同伴教育项目培训，并与大理州红十字会工作人员和项目培训主持人做了深入的了解和交流。

【州红十字会与天津市河西区红十字会缔结为友好红十字会】 11月21日，州红十字会与天津市河西区红十字会举行双方缔结友好区州红十字会暨捐赠仪式。天津市河西区人民政府副区长、区红十字会会长张金英，常务副会长吴子杰，副会长张令家，秘书长王韧，干部于君；大理州人大常委会副主任张如旺，州人民政府副秘书长、办公室副主任杜淑敢，州政协教科文卫委主任左歧宏，州红十字会党组书记、常务副会长杨泓涛及红十字会全体干部职工参加签字仪式。

【中国红十字会总会研修班到大理州红十字会考察交流】 12月14日，来自波黑、越南、缅甸、老挝、加纳、科特迪瓦、孟加拉、约旦等国红十字会的16名代表，在中国红十字会和省红十字会相关领导陪同下，到大理州红十字会考察交流艾滋病预防与关怀工作。代表团一行现场观摩了大理州红十字会艾滋病预防青年同伴教育培训，并与项目主持人进行交流。

（杨泓涛 杨文宁 祝晓飞）

（《民主党派》由赵秀元责任编校，《人民团体》由王超英责任编校）

军　事

大理军分区

【概　述】　2010年，大理军分区部队坚持以邓小平理论和“三个代表”重要思想为指导，深入贯彻落实科学发展观，认真学习党的十七届四中、五中全会精神，紧紧围绕“振奋精神、真抓实干、打牢基础、保持稳定、科学发展”的总体思路，努力工作，扎实推进各项建设的创新发展。军分区被成都军区表彰为“民兵预备役政治工作先进单位”。大理州人民政府州长何金平被成都军区国动委表彰为“西南国防动员建设十佳市（州）长”；大理市人武部部长毛羽亮被成都军区表彰为“军队参加西部大开发先进个人”；祥云县人武部部长李天灿被成都军区表彰为“抢险救灾先进个人”。

【重要会议、活动】　2010年1月25日，大理军分区党委召开第十二届六次全体（扩大）会议，安排部署年度工作。

2月25日，大理军分区司令员李述朗、政委王恩富到抗旱救灾挂钩点大理市双廊镇五星村考察旱情。

3月2日，大理军分区机关干部战士、大理人武部干部职工及民兵应急分队200余人到大理市双廊镇五星村抗旱救灾。

3月27日，成都军区政委田修思到军分区检查工作，看望大理市民兵应急分队，对民兵应急分队抢险救灾、维护社会稳定工作给予充分肯定，鼓励大家为大理经济社会发展作贡献。

4月13日，中央军委委员、国务委员兼国防部长梁光烈上将在成都军区政委田修思陪同下到大理调研国防动员情况，接见军地领导并合影留念。

5月6日，大理军分区召开“青年民兵之家”建设总结表彰会，省军区政治部主任李继才少将莅临指导会议。

5月27日，大理军分区组织机关干部战士、大理市民兵应急分队共200余名官兵，清理整治堵塞洱海支流“波罗江”河道的垃圾。

7月5～7日，大理军分区组织人武部部长、副部长兼军事科长及部分机关干部共46人进行防范重大安全问题集训。

9月25～27日，大理军分区以抗震救灾为背景，组织9县市人武部干部职工、乡镇专武干部以及交战办领导共203人实施远程机动，到大理市湾桥镇大沙坝地区进行野外指挥所开设演练。

10月15日，大理州2010年冬季征兵工作电视会议在军分区召开。

12月21～28日，军分区牵头组织2010年大理驻军“惠丰杯”篮球联赛。

【军事工作】　2010年，大理军分区以深入贯彻《军事训练与考核大纲》为抓手，结合担负使命任务，加紧做好军事斗争准备。一是抓实经常性战备工作。严格落实战备工作，突出抓好战备值班、请示报告、值班登记、统计制度和交接班制度，进一步规范战备秩序。加强战备库室建设，投入10余万元，补充一批战备物资器材。结合抗旱救灾等应急任务，修订完善《抢险救灾行动方案》和《维护社会稳定行动方案》等预案，为完成应急抢险任务奠定坚实基础。二是扎实开展军事训练。认真贯彻新大纲，扎实抓好机关业务基础科目训练，严格落实每天1小时体能训练，组织以3公里、轻武器射击等基础科目为重点的军事训练考核。结合抗旱救灾、扑灭森林火灾，完成省军区赋予的年度民兵军事训练任务。9月份，以抗震救灾为背景，以部队摩托化开进、开设指挥所、野外生存为主要内容，组织军分区首长、机关人武部、专武干部，以及相关县市交战办领导203人，开设野外指挥所演练，提高部队和民兵遂行任务的能力。三是积极做好抢险救灾工作。重点抓好抗旱工作，积极组织全区官兵和民兵预备役抢险救灾。全区各级先后投入抗旱工作经费36.8万元，动用民兵预备役兵力41000多人次，参与地方抗旱救灾工作，出色完成118起森林火灾扑救任务，其中大理市应急民兵常驻分队较好地发挥了主力军突击队的作用，受到军地各级领导和广大人民群众的高度赞誉。四是顺利完成《军事志》编纂工作。军分区和各人武部历时5年时间，先后协调州、县市党委和政府投入经费共计100多万元，完成大理州和所属12县市共13部、4210册《军事志》编纂出版工作。

【思想政治建设】　2010年，大理军分区认真学习贯彻《思想政治教育大纲》，严格按照“三个确保”、“三个紧贴”的要求，加强部队思想政治建设。一是深入抓好学习实践科学发展观活动。全面总结学习实践活动情况，深入分析查找问题，积极探索建立学习实践活动长效机制，在抓好学习实践活动常态化、转化学习实践活动成果和整改落实后续工作上下工夫，推动学习实践活动向深度和广度发展。二是扎实抓好党的创新理论的学习贯彻。认真贯彻落实总政《军队团以上领导干部在职理论学习规定》和《2010－2012年高中级干部三年学习规划》，以学习型党组织建设、基于信息系统作战能力建设和党的十七届五中全会精神为重点，着力在转换成果，指导实践，推动工作上见成效。三是认真抓好条例法规的学习贯彻。结合党委中心组学习、政治教育、干部培训等活动，认真组织学习新修订的《政治工作条例》、《基层建设纲要》、《纪委工作条例》和《预备役军官法》，不断增强官兵的法规意识和依法开展工作能力。四是积极开展专项教育活动。先后组织开展了以“艰苦奋斗、献身使命”为主题的当代革命军人核心价值观教育，“增强党性、严守纪律”专题教育，纪念抗日战争胜利65周年活动，学习龚曲此里、郭明义先进事迹等教育活动，不断夯实官兵听党指挥、献身使命的思想基础。

【后勤建设】　2010年，大理军分区参加省军区培训5次共计17人，军分区组织后勤培训4次共42人，为军分区后勤建设全面健康发展提供了强有力的人才支撑。一是进一步健全社会化保障体系。结合市场情况，加强经费支出和资金集中支付管理，集团优势发挥明显。借助大理学院后勤发展中心资源，积极稳步实施后勤改革；积极与开户银行协调，完成军人保障卡系统建设、机制建设等工作，做好2011年推广使用军人保障卡准备；充分利用社会资源，构建以饮食保障、绿化养护、营房水电维修、车辆维修、油料代储代加、人武部官兵商业医疗保险等社会化保障体系。二是严格坚持好党委理财制度。严格落实预算编制，执行及调整结（决）算制度，每季度向党委汇报预算执行情况，为党委决策提供科学依据。以法规制度建设为重点，严把结算审核关，不超预算结算报销。对不合规定、不经审批、不通过采购办统一购买的高档商品和大宗物资，大项经费开支不通过供应办代付，发票手续不齐全、不合理的支出一律不予审核报销，较好地遏制了经费随意开支、不按规定报销的现象。三是稳步推进基础设施建设。抓好军分区营院改造，大理市人武部民兵训练基地建设，洱源、鹤庆人武部整体搬迁等工程经费动用开支审计，财务、审计人员全程参与招投标、签订合同、经费拨付、预（决）算审计等环节把关，确保了工程经费的使用效益。完成军分区卫生所的搬迁建设，投入3万余元购置了医疗设备，拓宽了医疗服务项目，提高了后勤保障能力。

【国防动员和后备力量建设】 2010年，大理军分区国防动员和后备力量建设坚持以邓小平理论和“三个代表”重要思想为指导，深入贯彻落实科学发展观，积极推进后备力量建设转型，大力加强人武部全面建设，扎实做好兵员动员准备，着力提高民兵预备役部队应对多种安全威胁，完成多样化军事任务的能力，国防动员和后备力量建设保持良好发展势头。一是抓好人武部正规化建设。认真贯彻落实成都军区《县市人民武装部建设要则》，加强人武部正规化建设，在2009年大理市、永平县人武部达标的基础上，2010年剑川、巍山、南涧、云龙4县人武部在省军区的考核验收中达标。其余6县人武部正在按标准要求加紧达标建设工作。二是加强民兵组织建设。认真开展民兵组织整顿，不断优化民兵组织结构。积极探索在县、乡两级党政机关组建民兵应急队伍办法，努力为减少经费投入、增强队伍素质、提高应急能力打基础。大理市民兵应急分队由60人扩编为120人，保障经费增加到每年200万元，在执行抗旱救灾任务中发挥了突出作用。三是按纲规范民兵军事训练。认真贯彻落实《民兵军事训练与考核大纲》，坚持“战训一致、突出重点”的原则，积极开展应急维稳、抢险救灾等非战争行动课目训练，重点抓好应急救援分队训练。完善军事训练监督检查机制，严格落实总部《民兵军事训练组织实施办法》，加强对训练计划、准备、实施、考评、登记统计等全过程的监控，促进民兵军事训练“四落实”。四是扎实抓好年度征兵工作。继续深化征集对象主体调整改革，完善和落实各项优惠政策，加大高学历青年和应届毕业生征集力度，增加少数民族青年征集比例。大力推进征兵廉政建设，建立和完善监督制约机制，落实公示制度，加大巡视检查和暗访督查力度，坚决遏制不正之风。狠抓征兵规范化建设，圆满完成年度征兵任务。五是民兵预备役人员参建参治成绩突出。把组织民兵参建参治的重点放在打基础管长远的教育、卫生和水电路等惠民工程建设上，积极参加新农村援建、以保护苍山洱海为重点的生态文明建设、以应急抢险为重点的维护稳定工作。给扶贫挂钩点协调落实了50吨水泥、20万元的建设资金和价值2万元的电脑电视等学习设备。并组织召开了“青年民兵之家”建设总结表彰会，进一步总结了经验，理清了思路。其经验做法在《国防报》、《战旗报》和省军区《政工信息》上刊载。

【安全管理】 2010年，大理军分区树立“三个作为”思想，坚持依法从严治军，不断巩固发展安全稳定的好形势。一是在强化安全教育上见成效。认真组织学习贯彻全军和两级军区安全稳定工作电视会议精神，以及相关的安全事故通报，用上级的指示要求统一思想、指导工作，吸取借鉴其他单位的教训，抓好落实。认真开展纲要培训、新条令学习、“增强党性、严守纪律”专项教育和倾向性问题专项整治等活动，切实纠治部队建设中的突出问题，不断强化安全意识和遵章守纪意识。二是在强化制度措施上见成效。严格落实党委议管制度和节日安全检查制度，及时发现问题、解决问题。研究制定了《人员、车辆管理补充规定》，修改完善了《干部教育管理规定》、《车辆使用管理规定》、《安全保密管理规定》和《财务管理规定》，建立了涉密计算机网络使用、处理、传输和发布涉密信息审批登记制度，进一步堵塞了安全漏洞，消除了隐患。三是在防范重大安全问题上见成效。认真贯彻全军和两级军区防范重大安全问题集训精神，7月5～7日，组织全区46名干部进行防范重大安全问题集训，集中修订完善了重大安全问题防范预案，为确保重点要害部位、重大任务活动和重要敏感时期的安全奠定了基础。投入31万余元维修改造了全区11个民兵武器装备仓库脉冲电网、避雷设施，并加强对干部住库值班情况的检查抽查，不断提升安全防范能力。

【抢险救灾】 2010年，大理军分区各级先后投入抗旱工作经费36.8万元，动用兵力41000多人次，协调救灾车辆12000多台次，购买抽水机120台、水桶8400只、水管11000米，以及其他抗旱物资器材12000多件（套），积极参与抗旱救灾工作。出色完成118起森林火灾扑救任务，1起抗震救灾任务，2起抗洪救灾任务，抢救受伤群众41名，抢挖被埋粮食和其他物品6000千克，搭建帐篷36顶，转移安置受灾群众402户2800余名，搬运救灾物资2000多件。其中大理市应急民兵常驻分队较好地发挥了生力军突击队的作用，剑川县人武部组织民兵应急分队分别完成1次抗震救灾和抗洪抢险任务，受到了军地各级领导和广大人民群众的高度赞扬，尤其是受到了国务委员兼国防部长梁光烈上将和成都军区政委田修思中将的充分肯定。

【综合演练】 2010年9月25～27日，军分区采取以上带下、野外实地实距离展开的方法，按照“网上专题研究、充分预想情况、实兵实装演练”的步骤，在大理市湾桥镇大沙坝组织抗震救灾指挥所开设演练。军分区首长机关、9个人武部和部分专武干部，以及相关县市交战办领导参加演练。演练紧贴应急抢险任务，结合大理地区地质结构复杂，森林火灾、地震灾害和洪涝灾害频发的实际，重点围绕部队摩托化开进、开设指挥所、野外生存等内容，组织进行“走、训、吃、住、管”综合演练。既提高了首长机关组织指挥能力，又为基层专武干部和地方相关领导接受锻炼、增强素质创造了机会，提高了训练效果和质量，全面摔打锻炼了部队，使全区部队实现了真正意义上的拉得动、用得上、能野外生存，为实际完成应急处突任务奠定坚实基础。

【创先争优活动】 年内，大理军分区认真学习龚曲此里、郭明义的先进事迹，协调军地共同培养宣传了大理市人武部部长毛羽亮这个身边典型。"七一"期间评选表彰了一批先进集体和个人,其中1个团级党委和3名个人受到了上级表彰,4个党支部和24名个人受到军分区表彰。结合年终岁尾总结表彰、士官选拔、老兵退伍、新兵征集等热点敏感问题多的实际,扎实开展"一诺三评"活动,广大基层党组织的战斗堡垒作用和党员的先锋模范作用得到较好发挥。

【援建新农村】　年内,大理军分区在坚持扶持物资、结对帮扶的基础上,按"六个一"的帮建模式(即每年协调投入30万元,给扶贫挂钩点援建一个基层党组织、一所学校、一个农贸市场、一个"青年民兵之家"、一个图书室、一个卫生室),给扶贫挂钩点协调落实了50吨水泥、20万元的建设资金和价值2万元的电脑电视等学习设备,军分区被中共大理州委、州人民政府表彰为社会主义新农村建设先进单位。

【举办首届驻军篮球联赛】　2010年12月21~28日,由大理军分区牵头主办、大理惠丰房地产公司赞助举办了2010年大理驻军"惠丰杯"篮球联赛,驻大理31师机关、武警支队、60医院等八个单位参加了这次篮球联赛,增强了大理驻军间的团结和协作,促进部队全面建设。

【2010年军分区领导名录】

司　令　员	李述朗(2009.09~　)
政治委员	王恩富(2009.09~　)
副司令员	李东生(2001.06~　)
参　谋　长	史殿才(2005.05~　)
政治部主任	李承白(2000.06~2010.07)
	韦继杰(2010.07~　)
后勤部部长	胡海洋(2007.03~　)

(杨志坚)

武警大理支队

【概　述】　2010年,武警大理支队始终按照总部、总队党委年度工作部署,坚持以贯彻三级党委扩大会议精神为牵引,以狠抓经常性、基础性工作落实为重点,以高标准实现"两个确保"为目标,以夯实部队全面发展基础为突破,精心谋划、统筹安排、科学实施、狠抓落实,各项任务圆满完成,部队建设稳步推进。

【党委班子建设】　年内,武警大理支队一是深入抓学习,严格落实机关每周半天理论学习制度,深入转化总队师团干部理论集训精神,积极组织参加云南省时代前沿知识讲座、大理讲坛,扎实推进学习型党委机关建设。二是注重抓团结。党委"一班人"树立"同拉一辆车、同撑一条船"的思想,自觉维护大局,相互支持,搞好协调相互补位,不组"小团体",不搞"和稀泥",形成党委班子心齐气顺、协力运转的良好局面。三是着力抓制度。今年,党委研究提拔干部16名、调整干部52名、选拔技术学兵24名、发展党员116名、晋选士官123名、开支经费600余万元,都坚持"十六字方针",推行"阳光作业",在敏感、热点问题上官兵信服,武警大理支队在士官选取和纪检监督等方面工作受到总参军务局、总政纪检局领导的肯定。四是突出抓作风。坚持深入一线摸实情,沉到末端抓落实,党委成员年度平均蹲点75天,撰写调研文章2篇。重视帮助官兵解决现实困难,发放困难干部补助3.5万元,投入110余万元改善官兵福利待遇,年度干部探亲休假率达到97%。五是持续抓风气。深入学习《中国共产党党员领导干部廉洁从政若干准则》,在党委机关中扎实开展风气教育整顿,重点从振奋精神状态、密切内部关系、秉公执法用权、畅通民主渠道、加强纪检监督等五个方面着手,查摆思想认识、精神状态、工作作风、党性观念等方面存在的突出问题并下大力进行整改。

【夯实官兵思想政治基础】　年内,武警大理支队一是突出搞好创新理论的学习。扎实开展"创建学习型警营、争当学习型军人"活动,采取党委中心组学习、课题调研和网上业务理论研讨,4次组织读书笔记展评、心得体会交流、精品好书推荐、主流思想交流等活动,真正使学习进入思想、进入工作。二是着力抓实思想政治教育。深入开展当代革命军人核心价值观主题教育、"四反五防"、"四不一保持"、新兵入伍、第二适应期、"真知兵、深爱兵"及经常性思想教育。配合教育开展1次"严纪律、铸警魂、树形象"主题演讲比赛,投入1万余元制作125块核心价值观宣传画,加强政治环境建设,组织官兵认真聆听"云岭先锋创先争优——优秀共产党员先进事迹报告会",不断筑牢了广大官兵高举旗帜、听党指挥、履行使命的思想基础。三是过细做好思想稳定工作。不断完善官兵思想周反馈、月分析制度,建立官兵思想档案,对重要岗位人员、执勤人员进行政治考核,指定专人跟踪做好重要时段、重点人员思想工作,确保了官兵思想稳定。扎实开展第六个法律服务到基层活动,组织法纪教育展板巡回展,4次举办心理辅导和心理咨询服务,坚持每月定期组织基层官兵观看法制教育光盘。四是努力拓展政治工作效益。认真组织学习新修订《政治工作条例》,及时修订完善各类处突政治工作方(预)案,积极做好中缅边境维稳等急难险重任务中的政治工作。定期组织召开政治工作座谈会,制定下发《政治工作相关规范》,通过搭建网页制作、新闻播报、文学鉴赏等评比平台,提高了政治工作效益。今年,新华网、中国军网、总部网、总队网刊载支队网页文章320余篇,中央电视台7套、云南电视台、大理电视台先后播出支队新闻20余条。五是切实加强警政警民建设。针对年初驻地旱情严重的实际,指导部队积极开展送水助耕、"特殊团费一元捐"、"共产党员抗旱先锋行动"等活动,向灾区捐款20余万元。积极响应大理州义务植树号召,集中6天时间组织官兵开挖树塘8000余个,支援大理州"生态兴州"的发展战略,支队被大理州人民政府表彰为"民族团结模范集体"。

【提高遂行多样化任务能力】　年内,武警大理支队一是狠抓军事业务训练。扎实开展新兵训练、一大队驻训、反恐分队集训、勤训轮换、预提指挥士官集训,举办了支队第九届军事业务比武竞赛,有效提升支队军事训练质量,在参加总队军事业务竞赛中获得团体第二名的成绩。认真组织参加"卫士——10"实兵演练,抽组兵力担负抗洪抢险应急分队,有效提高应急机动能力。二是严格落实勤务制度。坚持支队每季度、中队每月分析执勤形势,加强勤务分类指导,严格落实"三员一兵一组"组勤模式,不断规范执勤秩序。采取三级网滚动检查、值班首长视频抽查、挂钩领导实地查勤、周交班会通报讲评等形式,加大查勤力度,规范执勤秩序。协调对大理州看守所、巍山县看守所巡视道进行改建,督促洱源县看守所移除违章建筑兰花棚,投入11万余元在六中队完成勤务值班室综合指挥平台升级改造试点,投入5万余元安装了自卫哨监控和语音对讲系统,投入10余万元购置53台彩色摄像机,对所有黑白监控摄像机进行更换,对39个监控摄像头进行调换,进一步提高执勤安全系数,武警大理支队已连续15年实现执勤安全无事故。三是大力加强执勤设施建设。认真落实《执勤设施建设三年规划》和总队“四项设施”建设丽江现场会议精神，推进宾川、永平县中队新建，促成四、五、八中队新建，祥云、弥渡县中队搬迁新建立项。派出由州监管支队和支队相关领导组成的联合工作组对全州15个“两看”目标AB门建设进行调研论证。执勤设施建设配套率达到90%。四是临时勤务完成出色。投入兵力4300余人次，出动车辆160多台次，圆满完成重大临时勤务46起。其中，武装押解勤务6起、武装押运勤务10起、临时警卫勤务7起、现场安全保卫勤务7起、武装巡逻勤务5起、扑救山林火灾和抢险救灾11次。特别是2009年8月以来，支队先后出动官兵2次赴中缅边境担负维稳任务，组织4次换防。目前武警大理支队仍有官兵驻守在临沧市镇康县南伞镇，任务完成十分出色。

【依法从严治警】 年内，武警大理支队一是强化官兵条令意识。深入开展“学法规、知法规、用法规”及“四治九查”活动和新条令知识竞赛，不断增强官兵条令意识和法纪观念。认真贯彻“辽宁会议”和总队依法从严治警集训精神，学习借鉴三支队、昆明市支队试点经验，在一大队组织新条令课目演示，从点滴入手规范官兵言行，确保了部队“四个秩序”正规。二是重点抓好人的管理。依据干部《考核评价实施办法》，制定支队《干部管理目标责任状》，并与所属基层单位主官签订《工作目标责任书》，坚持每天值班首长网络查，每周组成由党委成员带队的查勤组不少于2次实地检查的办法检查基层干部在位情况，有效督促干部在位履职。研究制定《士官管理实施细则》、《士兵量化管理实施办法》，实行士兵月量化评比制度，对38名连续3个月排名倒数的战士集中教导队进行2期整训，在部队中起到了较好的警示作用。三是群策群力确保安全。建立健全各类安全组织，选好配齐各级安全员。持续开展“五个过一遍”活动，对排查出的5类67处安全隐患进行整改。3次派出督导组采取不打招呼、不定单位、随机检查的办法对基层单位执勤战备和安全稳定工作进行随机抽查。认真汲取青海总队“2·23”、重庆总队严重泄密案件及黄金部队酗酒滋事问题教训，深入开展“剎酗酒、守纪律、树形象”教育整顿，制定电脑、MP4、U盘移动介质使用规定，确保安全稳定。

【部队建设】 年内，武警大理支队一是强化组织功能，提高基层自建能力。结合开展“戒骄防满，保持清醒头脑”教育，重点解决盲目乐观和见惯不怪等问题，巩固深化学习实践活动成果。年内调整大、中队主官21人，真正让敬业强、作风实、素质硬、形象好的干部走上领导岗位。年内，1个大队、7个中队受到总队表彰。二是注重培养锤炼，增强干部履职本领。围绕九个方面经常性工作和重、难点工作设置课题，组织全体干部进行网上《纲要》培训，增强各级干部按纲抓建的意识。大力开展“大练基本功”活动，组织4次干部基本功网上研讨交流，选送4名优秀副连职干部、8名优秀机关干部分别参加总队预提中队主官集训和院校培训，组织35名机关干部和基层主官到三支队、昆明市支队参观学习。三是着力搞好帮建，实施科学有效指导。研究制定支队2010年度考察帮建工作计划、重点帮扶计划，下派6个批次工作组深入基层蹲点，提高帮建实效。四是浓厚创先争优氛围。活动中，认真对照“五个好”、“五个带头”的要求，广泛开展“学英模事迹、走英模道路、做英模传人”活动，叫响“我的岗位请放心、我的工作无差错、我的工作有创新”口号，充分利用小广播、政工网以及板报、橱窗等宣传平台，大力宣扬身边的先进典型，党组织的战斗堡垒作用和广大党员的先锋模范作用得到充分体现，全年有35人荣立三等功。

【提升综合保障能力】 年内，武警大理支队一是加强后勤队伍建设。组织2期司务长集训、9期司务长集体办公、2期驾驶员复训、安排8名卫生员到大理州中医院实习、选派24名技术兵参加总队培训，后勤队伍的素质能力得到加强。二是深化后勤规范管理。严格落实党委、支部领导下的双主官联签会签制度，支队财务管理使用情况在总队财务检查中综合评定为优秀。对3个单位兵器室联管联控系统的升级改造，6次组织专人对支队军械仓库、驻关单位兵器室进行安全检查。三是积极推进设施建设。投入400余万元，对教导队、一大队、五中队、六中队、警通中队、勤务汽车中队、大理市中队、剑川、鹤庆、弥渡、巍山、南涧、漾濞县中队进行四项设施建设和营房营区整治。投入65万元完成六中队营房整治试点，投入180余万元新建教导队攀登楼、500米环形跑道、地面硬化。积极推进大项工程建设，协调大理监狱、小湾建管局新建四、五、八中队，支队公寓楼于春节前交付使用，武警小区即将交付，支队新机关整体搬迁进入实质阶段。

【召开党委二届七次、八次扩大会议】 2010年1月29～31日，武警大理支队召开党委二届七次扩大会议。会议传达学习了武警部队党委一届七次、总队党委二届九次全体(扩大)会议精神，分析了2009年度部队建设形势，安排部署了2010年度主要工作任务，总结表彰2009年度先进集体和先进个人。期间，召开了春节官兵家属团拜会。

7月28～29日，支队召开党委二届八次扩大会议。会议传达了武警党委一届八次、总队党委二届十次全体(扩大)会议和武警部队依法从严治警集训精神。会议总结分析了上半年部队建设形势，安排部署了下半年主要工作任务。

【思想政治教育】 2010年3月5日，武警大理支队利用网络系统，召开支队培育当代革命军人核心价值观主题教育准备会。

4月12～16日，支队召开2010年度《纲要》培训，基层和机关126干部参加会议。

5月19日，支队利用电视会议系统组织开展“严纪律、铸忠诚、树形象”演讲赛。

7月15～16日，支队集中43名基层文体骨干在教导队组织篮球裁判员培训。

8月15日，支队隆重举行“八一军旗红”歌咏比赛。

12月21日，支队参加2010年大理驻军“惠丰杯”篮球联赛，取得第三名成绩。

【执勤处突训练】 2010年4月13～14日，武警大理支队11名官兵圆满完成中央军委委员、国防部长梁光烈一行视察大理期间首长专机警卫任务。

4月28日～5月4日，支队出动兵力，圆满完成大理“三月街”安保任务。

7月12～14日，支队在教导队举办第九届军事业务比武竞赛，来自云龙县中队、二大队八中队、宾川县中队的三个单位分别获得团体前三名。

9月11～13日，在武警云南总队组织的比武竞赛中，武警大理支队26名参赛队员团结协作、顽强拼搏、勇争第一，取得了团体第二名，为参加总队比武竞赛史上的最好成绩。其中：军事类排名第3、政工类排名第6、后勤类排名第4，政治处主任李鼎获得政工理论个人第二名，三中队副指导员赵玉文获得政工

“四会”授课个人第二名、三千米个人第二名，六中队文书陈辉获得后勤理论第一名，卫生队卫生员梁光飞获得卫生战救固定技术个人第一名，剑川县中队司务长殷波获得烹饪技能个人第二名，赢得总队首长机关的肯定和兄弟单位的高度赞誉。

9月20日，武警大理支队在一大队组织从严治警暨新条令课目演示。

【后勤综合保障】 2010年8月6～7日，武警大理支队组织机关干部、基层主官共34人，到昆明市支队、三支队参观“四项设施”建设。

10月13～14日，云南总队滇西片区初级厨师考核鉴定在支队教导队举行。

【森林扑火】 2010年2月16～17日，武警大理支队100名官兵圆满完成大理州漾濞县石门关风景区森林扑火任务。

2月13日，武警大理支队云龙县中队15名官兵圆满完成县城北郊一起森林扑火任务。

2月26～27日，武警大理支队250名官兵圆满完成大理市满江镇凤翥山森林扑火任务。

3月13日，武警大理支队200名官兵圆满完成大理市凤仪镇华营照壁山森林扑火任务。

3月19～20日，武警大理支队巍山县中队10名官兵圆满完成巍宝山一起森林扑火任务。

3月23～25日，武警大理支队75名官兵圆满完成大理州云龙县天池自然保护区森林扑火任务。

4月11日，武警大理支队祥云县中队20名官兵配合地方政府成功扑灭一起山火。

4月17日，武警大理支队100名官兵成功扑灭大理市苍山斜阳峰山林大火。

【警政警民关系】 2010年2月25日，面对云南省遭遇百年不遇特大旱情，武警大理支队积极开展向干旱灾区献爱心捐助活动，官兵共为旱区群众捐款22900元。

6月7日，支队集中6天时间开展共筑“森林大理”义务植树活动，共组织官兵开挖树塘8000余个。年内，支队被大理州人民政府表彰为“民族团结模范集体”。

9月28日，支队与云南省地病所、大理州中医院、大理州妇幼保健院和大理市下关一小举行警民联欢会，共祝祖国61华诞。

【基层建设标兵中队】 2010年，武警大理支队六中队坚持正确的建队方向，以科学发展观为指导，依据《纲要》狠抓经常性、基础性工作落实，党支部“三个能力”实现新的突破，组织功能充分发挥；思想政治工作有新的拓展，官兵思想基础更加牢固；执勤能力得到新的提高，中心任务完成出色；严抠细抓的理念得到新的贯彻，部队管理层次再上台阶；后勤规范化管理建设实现新的跃升，保障能力明显增强，有效提高了建队质量。年内，武警大理支队六中队被总队评为“基层建设标兵中队”，党支部被总队评为“基层先进党支部”。

【检查指导】 2010年1月29日，武警云南总队政治部文工团一行36人深入大理支队新训大队慰问演出。

2月2日，省维稳指挥部慰问工作组在总队副参谋长李明辉和临沧市政府领导陪同下，深入到支队中缅边境维稳分队看望慰问官兵。

2月4日，武警云南总队副参谋长李明辉在武警大理支队政委谢如华陪同下，深入新训大队看望慰问新训官兵，并参加支队2010年度新兵授衔仪式。

3月5～8日，武警云南总队副主任王维新一行4人，在武警大理支队支队长姜东明陪同下，深入支队检查指导工作。

3月15～16日，武警云南总队政治部副主任王维新一行工作组在支队政委谢如华陪同下，深入小、散、远、直单位帮建指导，并到武警大理支队驻临沧中缅边境维稳分队检查指导工作。

4月8日，武警云南总队副主任刘振峰莅临武警大理支队宣布团职干部任职命令。

5月11～12日，武警云南总队副参谋长李家贵在武警大理支队政委谢如华陪同下，到支队二大队八中队开展勤务部署和营房建设调研。

6月8～9日，武警云南总队原副总队长杨绍华一行工作组5人，深入支队二大队八中队就小湾电站勤务部署调整和中队营房选址新建问题进行现场办公。

6月9～15日，武警云南总队副参谋长李家贵一行工作组4人，深入支队进行半年工作检查调研。

6月11日，武警云南总队总队长王诚在临沧市委秘书长赵子杰、武警大理支队支队长姜东明陪同下，深入支队驻临沧边境维稳分队检查调研。

6月18～19日，武警云南总队总队长王诚在大理州委政法委书记茶忠旺、副州长郭有兵、武警大理支队支队长姜东明、政委谢如华陪同下，深入武警大理支队检查调研。

6月20日，武警云南总队副政委卢振义深入武警大理支队驻临沧边境维稳分队，检查指导工作。

7月8～9日，武警云南总队副参谋长石伟章一行3人，对武警大理支队进行半年军事训练考核调研。

7月13日，原武警云南总队总队长周军在武警大理支队支队长姜东明、政委谢如华的陪同下，亲切看望武警大理支队官兵，并与官兵合影留念。

8月25日，武警云南总队副参谋长李家贵代表武警云南总队，参加在小湾电站举行地全国水电装机突破2亿千瓦标志性机组揭牌仪式。

9月7日，中共云南省委常委、省政法委书记、公安厅厅长、武警云南总队第一政委孟苏铁在中共大理州委书记刘明、州长何金平、州政法委书记茶忠旺、副州长郭有兵等领导随同下，深入武警大理支队新机关选址调研，检查指导武警大理支队基础设施建设。武警大理支队支队长姜东明、政委谢如华全程陪同。

9月10日，总参军务部、总政纪检部联合工作组在武警云南总队副政委卢振义、副参谋长石伟章陪同下，深入支队检查调研。

10月1日，武警云南总队副参谋长莫裕宽深入武警大理支队检查国庆节日战备工作，对一大队进行紧急拉动演练。

10月30～31日，武警云南总队副参谋长李明辉深入武警大理支队二大队六中队进行标兵中队检查考核，总评成绩优秀。

11月5～13日，武警云南总队政委王海亮考核组一行7人对武警大理支队党委班子建设情况进行考帮建。首先听取了支队党委的汇报，参加了支队党委常委的“述学、述职、述廉”报告会。组织支队正连职以上干部对支队党委成员和班子建设情况进行民主测评，与支队党委、机关股长和基层大中队主官进行谈话，对党委机关进行对口检查和面对面的帮建与指导。

11月26日，武警云南总队参谋长王进视察武警大理支队驻临沧中缅边境维稳分队。

【支队领导和各部门正职领导名录】

支　队　长　姜东明　上校

第一政治委员 郭有兵
(大理州副州长、州公安局长兼)
政治委员 谢如华 上校
副支队长 普绍林 中校
副支队长 谭小军 中校
(4月调)
副支队长 刘建林 中校
(4月任)
副政治委员 王先辉 中校
(4月转)
副政治委员 宋金友 中校
(4月任)
参谋长 李仁海 中校
政治处主任 李鼎 中校
(4月任)
后勤处处长 刿建荣 中校

(霍德有)

大理州公安消防支队

【概 述】 2010年,全州消防部队在各级党委、政府和公安机关的正确领导下,坚持以科学发展观和胡锦涛总书记"三句话"总要求为统领,按照总队"六大战略"和"十大体系",紧紧围绕"在创新上求突破、在特色上出精品、在工作上求实效"的工作思路,转变观念、主动作为,以"三项重点工作"和"三项建设"为重点,以筑牢"云岭防火墙"工程和打造云岭消防铁军为抓手,认真贯彻落实全省州市公安局长会议精神,抢抓机遇,求实创新,一批制约发展的"瓶颈性"问题得到有效破解,全州消防事业呈现出良好的发展态势。

【火灾基本情况】 2010年,全州共发生火灾267起,死亡6人,受伤3人,直接财产损失952.67万元。全州消防部队共接警出动615起,出动消防车辆1053台次,消防官兵5142人次,抢救被困人员263人,疏散人员2555人,抢救财产价值3472万元,持续保持了全州15年没有发生重特大火灾事故和群死群伤恶性火灾事故。

【班子和队伍建设】 年内,大理州公安消防支队各级党委(支部)充分发挥核心领导作用,团结带领广大官兵攻坚克难、锐意进取,大理消防事业发展的"领跑、助跑、跟跑"能力显著增强,"领跑、助跑、跟跑"大队之间的差距逐步缩小。年内,共调整充实12个大队党委、10个中队党支部,所有基层大(中)队党委(支部)书记全部由政治主官担任。深入贯彻落实《公安消防部队思想政治教育大纲》,举办了"践行'三句话'总要求、落实新三年规划、推动云岭消防新发展"暨庆"五·四"演讲比赛,认真开展警营文化建设星级达标创建活动,投入10余万元研发了政治工作业务信息管理系统和多媒体资料库,开设"大理消防思想政治教育大讲堂",建立了思想政治教育"师资库",举办了思想政治教员大比武活动,组织开展了爱民实践"大走访"、以"领导干部执行禁令、执法突出问题、乱收费乱摊派"为主要内容的专项整顿工作及首届"和谐家庭"和第二届"苍洱消防好警嫂"评比表彰活动,营造了和谐的警营氛围,筑牢了官兵思想根基。全面推行廉政风险防范管理工作,在全州消防部队形成"内控防范有制度、岗位操作有标准、事后考核有依据"的风险防控管理体系。2010年,支队被总队党委评为"全面建设先进支队",支队党委班子被评为"好班子",军政主官被评为"一对好主官";支队司令部、防火处分别被总队评为全优司令部和消防监督工作优秀奖,大理市、鹤庆、祥云、南涧四个大队被总队评为基层建设达标先进大队,特勤中队、大理市一中队、鹤庆中队、巍山中队被总队评为基层建设先进达标中队,大理市大队党委、一中队党支部、巍山中队党支部被总队表彰为"云岭消防党旗红"先进基层党组织,鹤庆大队被总队表彰为勤政廉政先进单位,4个集体被评为省级青年文明号,2个单位荣立集体三等功,1名荣立二等功,25名荣立三等功,1名消防干部被总队评为优秀领导干部,1名消防干部被总队表彰为优秀纪检督察干部,2名获总队嘉奖,6名被总队表彰为"优秀消防卫士";1名消防战士被评为大理市民族团结先进个人,1名消防战士被评为大理市十佳优秀人民警察,1名消防战士在"泰斗杯"首届中华"爱国奉献扬国威"演讲大赛中获二等奖。

【社会火灾防控】 年内,大理州公安消防支队党委结合大理州情及地域特点,紧紧抓住实施社会管理创新的有利时机,大力推进构筑"云岭防火墙"工程,着力推动政府、部门、单位、公民落实消防安全责任,走出了具有大理特色的路子,社会管理创新工作相继在全省州市公安局长会议上和总队作了交流发言。依托行业自律,破解消防安全监管"不到位"的难题。将消防安全监管职责赋予州旅游、歌舞娱乐、商场市场等7个行业协会,建立协会消防安全自律监管机制,进一步强化对1200余个会员单位消防工作的自律监管。依托消防服务队,破解单位消防工作"不会管"的难题。成立了由消防监督人员、消防文员(合同制消防员)和中队士官组成的12支消防服务队,每天轮流对辖区单位、社区实施巡查,及时发现和整改动态火灾隐患。同时承担熟悉情况、解答咨询、消防宣传、指导培训等任务,有效避免了单位消防管理人员因"不会管"而"不愿管"的情况发生。全州消防服务队共主动上门服务单位、社区6750余次(家),整改动态火灾隐患1700余处,指导500余家社会单位达到"四个能力"建设标准。依托保消一体化,破解单位消防安全防控"能力低"的难题。成立16支保安消防大队,制订工作方案和12项工作制度,督促指导全州4427名保安员在单位安保工作中履行消防安全检查、防火巡查、初起火灾扑救、消防宣传和单位消防工作档案管理等职责,有效解决了单位消防工作防控能力低的难题。依托中介评价,破解消防监督执法"透明度低"的难题。在建设工程消防设计审核、验收中引入技术服务机构的技术咨询与质量控制,分离行政管理与技术审核。2010年,全州共有291个工程通过技术服务提高了办事效率,节约不合理消防投入700余万元,有效提升了人民群众对消防执法工作的满意度。

【加强消防宣传】 2010年,州公安消防支队依托主流媒体,破解消防宣传工作"覆盖面窄"的难题。在大理日报、大理电视台、大理人民广播电台、云南网大理频道等主流媒体开设"苍洱119"、"苍洱警视"、"消防之声"等消防专栏,不断扩大宣传覆盖面和影响力。创建"两刊两网"(大理消防月刊、大理消防快讯;大理消防信息网、大理行业消防网),利用"两刊"定期向州、县、乡党委政府和有关部门反映消防工作动态、专项整治和应急救援活动;利用"两网"向广大官兵和社会单位传递消防资讯,加强法制和消防知识宣传。编排、演出具有民族特色的白族大本曲、弥渡花灯等特色文艺节目,在大理市周城镇、喜洲镇等15个乡镇建立了消防宣传示范点,充分利用"三月街民族节"、"白族本主节"、"石宝山歌会"等民族节庆场所开展消防宣传,大力宣传农村防火常识。充分利用户外LED、公交电子屏、高速公路广告塔等载体,拓宽渠道,大力实施多元化宣传。与移动、联通等通信公司合作每月向手机用户发送消防安全温馨提示。建立大理州消防科普教育基地，配备流动宣传车，利用阵地宣传和流动宣传相结合的方式向人民群众广泛宣传消防知识。相继开展了重大火灾隐患排查整治、校园周边消防安全和建筑消防设施专项整治、云岭平安专项行动等活动，发动相关部门分阶段做好火灾隐患排查整治工作，有效净化了社会消防安全环境。全州共检查单位5885家，处罚176起，“三停”39起，罚款198.54万元，临时查封16起，行政拘留9人，强制执行8起，挂牌整改重大火灾隐患23家。

【应急救援情况】 年内，大理州公安消防支队根据《国务院办公厅关于加强基层应急队伍建设的意见》和全国公安消防部队应急救援工作会议精神，按照“大胆探索、分步实施、试点先行”及先挂牌组建队伍，后完善运行机制和保障措施的工作思路，完成全州13支应急救援支(大)队的挂牌组建工作。成功处置了剑川“4·3”、漾濞“8·4”等特大交通事故，出色地完成了苍山“7·13”和“8·13”救援，怒江贡山“8·18”泥石流、保山“9·1”泥石流跨区域救援等急难险重任务，在实战中接受了全面检验。面对百年不遇的特大旱灾，支队党委按照总队党委的工作部署和要求，停止一切探亲休假，控制会议、活动和人员外出，集中力量，充分发挥消防车辆装备优势，全州消防部队在做好城市火灾预防的同时，结合旱情严重、森林火灾频发的实际，积极响应地方党委政府号召，全力投入到抗旱救灾和森林火灾预防工作中。期间，在抗旱救灾先锋行动中，全州消防部队共出动警力4056人次，出动消防车2017辆次，送水1万余吨，行程里程3663千米，深入全州88个村寨，惠及群众49970人，为缓解灾情、保障群众生产生活发挥了重要作用，真正树立了大理消防部队“亲民消防”、“魅力消防”的良好形象。

【基层基础建设】 年内，大理州公安消防支队坚持力往基层使的工作理念，结合“校官下基层帮促践行科学发展”活动，千方百计破解基层难题。2010年，投入800万元，征地5500.03平方米，新建祥云县消防大队营房2871.53平方米；投入908万元，新建大理战勤保障大队营房3530平方米，全州消防部队基层基础设施得到明显改善。投入468.1万元资金，集中购置了7辆抢险救援车，3辆水罐消防车，1辆25米高喷车。投入100多万元购置了218件(套)攻坚组器材装备，投入100万元为全州12个大队配备了空气呼吸器充气机，为7个普通中队和1个特勤中队购买了148件(套)特种防护器材。

【正规化建设】 年内，大理州公安消防支队认真开展新共同条令学习宣传贯彻活动，以大理市大队为试点组织召开了支队正规化建设暨精细化管理现场会，以点带面，全面推进全州消防部队正规化建设。严格执行条令条例和各项规章制度，强化机关正规化建设；不断改进督察方法，投入10余万元完善视频监控和电子指纹查铺查哨系统，采取定期不定期巡查、突击检查、明察暗访等形式对基层单位进行督察，切实发现和根治部队管理盲点和死角，全州消防部队连续10年无行政责任事故和案件发生，保持了高度安全稳定。

【岗位练兵】 年内，大理州公安消防支队进一步推进打造大理消防铁军工作，先后举办了两期攻坚组集训，集训官兵82人，圆满完成云南省公安消防部队2010年度滇西片区攻坚组比武暨石油火灾扑救实战演练任务，获得普通中队攻坚组第一名、特勤攻坚组第二名的好成绩，4名消防战士荣获“云岭消防十佳攻坚标兵”称号并被总队记三等功一次。组织了全州公安消防部队攻坚组暨政府、企(事)专职消防队大比武活动，进一步提升部队战斗力。

【信息化建设】 年内，大理州公安消防支队本着以信息化推进整体工作，以信息化推进社会管理创新，以信息化推进执法规范化水平的“三推进”思想，对全州12个大队、支队机关的网络进行了升级改造，实现了大队横向10兆接入公安金盾网、支队百兆接入公安金盾网，支队、大队6兆纵向直连接入总队的要求，按照“集中、整合、共享”的原则，先后投入21.5万元，进一步完善信息化装备的硬件条件；同时，加强计算机网络的安全管理，严防“一机两用”事件的发生；与大理州移动公司合作，充分利用企信通平台定期对全州消防部队会议情况、重点工作进展情况进行短信提醒，督促各级各类人员加大对工作任务的完成力度，有效提升了工作效率。

【州公安消防支队领导名录】

支队长：王梁波

政治委员：肖东坤

副支队长：吴维忠

参谋长：张玉巨

政治处主任：陈子栋

后勤处处长：张 超

防火监督处处长：段学武

(施国志)

人民防空

【概 述】 2010年，全州各级人防部门深入贯彻落实科学发展观，以“长期准备、重点建设、平战结合”的人防工作方针为指导，紧密结合大理州的实际，人防组织指挥、工程建设、通信警报、宣传教育等工作有序开展。在第六次全国人民防空会议上，大理州人防办被国家人防办表彰为“全国人民防空先进单位”，2人被表彰为“全国人民防空先进个人”。

【庆祝新中国人民防空创立60周年宣传活动】 2010年是新中国人民防空创立60周年，大理州人民防空办公室从5月起，扎实开展了12项活动。一是组织召开了县市人防办主任会议。会上各县市重点汇报了开展新中国人民防空创立60周年宣传活动准备情况以及下半年重点工作计划，大理州人防办主任鲁华中传达了全省州市人防办主任座谈会议精神，并就如何开展好宣传活动作了专题部署，大理军分区参谋长史殿才就如何抓好新时期人防工作提了要求。二是组织人防知识巡回展。大理州人防办分别到鹤庆、剑川、洱源、巍山、云龙、大理等6个县市组织了人防知识巡回展览，展出宣传展板80块，发放人防知识宣传资料8000余份。三是拍摄了人防专题宣传片。对大理州人防60年来的工作成就作了总结回顾，同时也收集了人防发展历程中的珍贵史料。四是组织对大理军分区首长的电视专访。专题采访了大理州国动委副主任、大理军分区司令员李述朗，李述朗就和平时期为什么要加强人民防空工作、如何加强大理州人民防空建设等问题作了阐述。人防宣传专题片和电视专访节目分别在大理州电视台1套、3套中播出5期次。五是在大理州人民广播电台开设“人民防空宣传专栏”。从8月20日~9月20日在黄金时段播出。专栏从人防部门职能职责、人防组织指挥、通信警报、工程建设、宣传教育等方面全方位开展宣传。六是编写了《大理州人民防空宣传手册》。宣传人民防空基本知识和法律法规，介绍人防行政审批办事程序和防空、防灾基本技能，帮助广大群众增强国防观念和人防意识，最大限度地减少和避免生命和财产损失。七是刊登领导专版文章。9月14日《大理日报》A2、A3版刊登了大理州人民政府分管领导、大理军分区首长以及州人防办领导的人民防空专版文章3篇。八是召开了纪念大会。9月16日，中共大理州委、州人民政府召开了大理州庆祝新中国人民防空创立60周年纪念大会，掀起了宣传活动的高潮。九是组织了人防知识竞赛活动。中共大理州委宣传部、州人防办在《大理日报》刊登人防知识竞赛试题，组织全民参与。全州共收回答卷3152份，抽出了20名获奖人员，评出15个组织奖。大理市、云龙县也分别组织了有5个代表队参加的人防知识竞赛。九是开展防空警报试鸣宣传周活动。9月13～18日防空警报试鸣宣传周期间，全州通过《大理日报》、大理电视台、州人民广播电台等媒体对试鸣活动作了多渠道、全方位的宣传，发放《大理州人民防空宣传手册》2150册。十是制作手机短信息。编制了庆祝新中国人民防空创立60周年宣传活动和防空警报试鸣短信息，协调电信、移动、联通等部门，通过短信平台为全州广大手机用户发放短信息，做到了家喻户晓，人人皆知。十一是制作播放人防公益广告。在防空警报试鸣宣传周（9月13～18日）和新中国人民防空成立日（10月31日），在大理电视台《晚间新闻》前滚动播出。十二是组织参观人防建设成果展。根据国家人防办和省人防办的通知精神，11月，大理州人防办干部职工和部分县人防办人员到北京军事博物馆参观了新中国人民防空60年来的建设成果展，到人防工作开展较好的北京市朝阳区人防办、上海人防局、宁夏回族自治区人防办、兰州市人防办、重庆市渝中区人防办和九龙坡区人防办进行了考察学习。通过各项活动的深入开展，使大理州人防宣传上了一个新台阶，同时也使广大群众进一步增强国防观念，丰富人防知识，树立居安思危、有备无患、警钟长鸣的意识，营造全社会关心人防、支持人防、热爱人防的良好氛围。

【人防业务建设】 年内，大理州人民防空办公室一是抓好人防组织指挥建设。坚持通信电台值班、通信训练等制度，不断锻炼干部队伍组织指挥能力。二是抓好防空地下室建设项目审批建设工作。2010年，转报省人防办审批锦达大厦、水韵蓝湾、苍洱印象·金石帝豪等9个防空地下室建设项目。各级人防部门认真搞好已建公共人防工程维护管理工作，加强安全检查，及时排查安全隐患，保证其正常的使用功能，为战时应急救援、人员隐蔽提供保障。三是组织防空警报试鸣。9月18日上午10时至10时13分，大理州12县市同时鸣响防空警报，试鸣活动组织有序，圆满成功，各县市城区防空警报试鸣的鸣响率100%，音响覆盖率95%。四是抓好防空警报维护管理。严格按照《云南省人民防空警报设施管理暂行规定》对警报网进行日常维护管理，保证关键时刻拉得响、连得上，最大限度地保障人民生命财产安全。五是完成了全省人防野外综合训练任务。2010年11月28日～12月1日，大理州人防办派员到省人防办参加了车载视频传输系统培训。12月2日，大理州人防办、丽江市人防办、大理市人防办在大理州民兵训练基地开展应急处置突发事件演练，参演人员40余人。演练主要依据省人防办灾情通报展开，参演人员迅速成立了指挥部，完成了灾情判断、联络保障、下定处置决心、完成处置任务等内容。通过演练进一步熟悉人防部门应对灾害事故时的处置程序，有效检验了人防设备性能，突出人防设施在防灾减灾、应急救援中的作用，同时也检验人防队伍的应急保障能力。

【开展洱海保护和抗旱救灾】 年内，大理州人民防空办公室一是深入开展洱海保护工作。根据开展“洱海保护月”活动相关要求，州人防办按照“政府引导、上下联动、部门包村、全民参与”的方式认真开展了“洱海保护月”和环境卫生整治行动各项任务。给大建旁村委会拨付了工作经费5000元，为开展好各项活动提供保障。在各村道悬挂宣传标语，组织州人防办干部职工和大建旁村委会党员、村民代表捡拾垃圾、清理滩地漂浮物。通过多种形式开展活动，不断提高全民保护洱海意识。二是扎实做好抗旱救灾工作。认真贯彻落实中央、省、州关于做好抗旱救灾工作的指示和部署，充分发挥人防部门和干部职工作用，办公室为新农村指导员所在村委会拨付抗旱工作经费5000元。干部职工积极响应中共大理州委、州人民政府、州委组织部和州总工会号召，先后3次为旱区捐款，共计3300元。三是认真开展义务植树活动。按照《大理州2010年州级机关企事业单位义务植树实施方案》要求，完成了22株小叶榕植树任务。通过活动开展，进一步激发广大干部植绿、爱绿、护绿热情，增强植树造林、绿化大理、美化家园的自觉性和主动性，营造全民参与的良好氛围。

（李　斌）

（责任编校：黄克超）

法 制

政 法

【概 述】 2010年,全州政法机关认真贯彻落实全国、全省政法工作电视电话会议以及中共大理州委六届八次全委会、州"两会"和全州政法工作会议精神,以"建设平安大理、构建和谐白州,争创全国长安杯"为主线,深入推进社会矛盾化解、社会管理创新、公正廉洁执法三项重点工作,全面抓实服务经济发展、法制宣传教育、平安建设、打击违法犯罪、禁毒防艾、群众工作等六项工作任务,继续推进政策法规体系、大调解体系、执法监督体系、大保障体系和考核评价体系为主要内容的"五大体系"建设。在全力推进三项重点工作的同时,深入推进社会矛盾化解,扎实做好涉法涉诉信访积案的清理化解工作,下大力抓好社会治安重点地区排查整治工作,切实抓好新一轮禁毒人民战争决战阶段工作,围绕争创"长安杯"的目标,积极抓好先进平安创建活动的各项工作,认真抓好各项维稳措施的落实,高度重视民生、保障民生、改善民生,努力做好新形势下的群众工作,切实维护和实现好人民群众的利益,坚定正确的政治方向,加强领导班子和干部队伍建设,推动司法体制和工作机制改革,切实增强服务大局能力。始终把依法查办职务犯罪、严打经济犯罪作为服务经济建设的最重要、最直接的工作切实抓紧抓好,全州呈现社会和谐稳定、人民安居乐业、经济繁荣发展的良好局面

【推进社会治安综合治理】 2010年,全州政法各部门深入贯彻落实科学发展观,以"建设平安大理、构建和谐白州,努力争创长安杯"为主线,以深入推进三项重点工作为抓手,深化省级"先进平安县市"创建活动,全面推进社会治安综合治理,维护社会稳定各项工作,取得了显著成绩。一是有力地推动了全州经济社会平稳较快发展;二是维护全州社会和谐稳定,没有发生影响全国、全省社会稳定的重大事件;三是社会治安持续平稳,群众对社会治安满意率不断提高,人民群众对社会治安满意和基本满意率为96.9%。2月份召开的全州政法工作会议,中共大理州委副书记王雪峰就加强政法综治维稳工作作了重要讲话,中共大理州委常委、州委政法委书记茶忠旺作了政法综治维稳工作报告,全面安排部署了政法综治维稳工作。中共大理州委、州人民政府表彰奖励了2009年度社会治安综合治理先进县市和先进单位,与各县市和州综治维稳委成员单位签订了2010年度社会治安综合治理维护稳定责任书。中共大理州委、州人民政府决定,从大理州财政中专项列支100万元,对大理州获全国社会治安综合治理优秀地市荣誉称号做出突出贡献的大理市等12个县市和州公安局等35个州综治维稳成员单位进行表彰奖励。中共大理州委、州人民政府制定《大理州2010年度经济社会发展重点工作考核办法》,将综治维稳工作统一纳入全州工作考核体系。为深入推进三项重点工作,中共大理州委办公室、州人民政府办公室下发文件,明确了全州各县市及州级政法综治维稳各成员单位深入推进三项重点工作的主要目标、重点任务、责任主体等,对进一步加强基层政法综治维稳工作,落实各项保障提出明确要求。

【加强综治维稳】 年内,全州政法各部门坚持把综治维稳工作作为经济社会发展的重点来安排部署,高度重视和大力加强综治维稳基层基础工作,乡镇统一增配一名副书记专抓政法综治维稳工作;综治维稳工作经费按州级财政人均不低于1元、县市级财政人均不低于2元列入本级财政预算;州、县市政法机关的人员公用经费和业务经费按照中央和省的保障标准金额保障落实到位,州、县市党委政法委机关的人员公用经费和业务经费参照当地法院、检察院保障标准予以保障落实。大理州政协把平安创建工作列为2010年视察课题,6月中旬组织部分委员对全州的平安建设工作进行了视察,对全州平安创建工作成效给予较高的评价,对平安创建下步工作提出了很好的建议。6月下旬,中共大理州委、州人民政府在祥云县召开了"全州先进平安县市创建活动暨政法三项重点工作推进会议",对全州争创"先进平安县市"工作和综治维稳基层基础规范化建设作了进一步细化和要求。8月下旬,召开了全州社会治安综合治理工作电视电话会议,认真分析了全州社会治安综合治理工作面临的形势,研究部署了下步工作;中共大理州委书记刘明出席会议并作讲话。中共大理州委要求,面对新形势新任务新要求,全州各级党委、政府要深入贯彻落实科学发展观,从战略和全局高度加强社会治安综合治理工作,抓好社会建设和社会管理,研究新情况、解决新问题,为经济社会又好又快发展营造良好社会环境。强化职责,充分发挥综治维稳委的组织推动作用。州、县市综治维稳委先后与教育、卫生、公安、石油等部门联合开展了学校及周边治安整治、医患纠纷处置、县乡平安出行、严厉打击破坏"三电"设施、输油气管线设施安全等违法犯罪行为。公安、消防支队、检察机关开展了易肇事肇祸精神病人专项排查行动、监所安全大检查、消防设施安全大检查、监外执行人员脱管漏管专项清查行动等工作;教育、旅游、卫生、妇联等部门开展了平安学校、平安景区、平安家庭创建工作。各级综治维稳部门牵头组织实施了省级先进平安县市创建活动、党政领导干部综治维稳政绩专项考核、社会稳定风险评估和预警机制、社会矛盾纠纷排查调处、社会管理创新试点、社会治安重点地区排查整治活动、学校及幼儿园安全检查活动,为全州开展综治维稳工作提供了强有力指导。加强督促检查,确保各项措施落到实处。中共大理州委、州人民政府分管领导多次带队到县市基层调研指导工作,现场指挥处置社会热难点问题。5月,州综治维稳委组织人员对全州校园安全工作进行了大检查,对发现问题及

时整改，消除安全隐患。8月，州综治维稳委组成4个督查组对全州排查出的64个社会治安重点地区的整治情况进行了督查，督促各地加强领导，组织人员开展有针对性地整治活动，确保社会治安稳定。12月，大理州综治维稳委组成4个督查组，对12县市和32个州综治维稳委成员单位年度综治维稳工作和党政领导干部履行综治维稳工作情况开展督查，有力地促进了综治维稳各项工作的贯彻落实。落实工作经费，健全完善调研工作。基本摸清了非政府组织在全州活动情况，各有关部门按照各自的工作职责，加强对境外非政府组织的管理和控制，严防敌对势力借各种渠道进行渗透和破坏。加强调研，健全应急处置机制，高度重视健全重大社会安全事件应急处置机制工作。全州健全完善了由中共大理州委、州人民政府分管领导挂帅的应急处置机制工作小组，开展了“现阶段我州群体性事件主要动向及源头治理研究”的专题调研，对全州近年来影响较大的群体性事件进行了摸底调研，认真总结处置群体性事件成功的经验做法，为做好源头治理工作提出对策建议。在对近年来全州处置重大社会安全事件进行系统梳理分析的基础上，州级相关部门先后对《大理白族自治州突发公共事件应急预案》和《大理白族自治州处置大规模群体性事件专项应急预案》、《大理白族自治州处置大规模恐怖袭击事件专项应急预案》等专项应急预案加以完善和改进。大理州公安局印发了《大理州、县两级指挥中心建设意见》、《大理州公安机关处置群体性事件工作规范》，进一步加强了群体性事件处置机制建设。切实增强做好维稳工作的责任感和紧迫感，全力做好维护社会和谐稳定工作。将综治工作经费按州级财政人均不低于1元、县级财政人均不低于2元标准列入年度财政预算。全州年内共投入综治维稳专项经费1560多万元。

【把握综治维稳主动权】 年内，全州各级各部门切实履行第一责任，扎实开展维护社会政治稳定工作。坚持把维护社会政治稳定作为综治维稳工作的重要政治责任，牢牢把握综治维稳工作主动权。一是全州在加快经济社会发展中，不断完善社会保障体系建设。全州经济社会的平稳较快增长，让群众得到更多的实惠，为社会和谐稳定奠定了坚实的物质基础。二是深入开展矛盾纠纷排查化解工作。坚持“边排查、边化解和滚动排查、滚动化解”的原则，重点排查化解“三农”问题、重点工程建设、企业改制、征地拆迁补偿、医患纠纷、移民搬迁、环境污染、经济领域不稳定因素。三是加大涉法涉诉信访案件办理力度，实现了“双零”控制目标。按照中央和省、州关于开展集中清理涉法涉诉信访积案活动的统一部署和要求，开展了集中清理和化解涉法涉诉信访积案活动，取得了明显成效。全州共清理出涉法涉诉信访积案120件，化解涉法涉诉信访积案100件，完成了年度化解工作任务。四是切实加强社会稳定风险评估机制和重大事项预警机制建设。为认真贯彻落实省委文件精神，大理州及各县市制定下发了关于建立维护社会稳定预警工作机制的规定和重大事项社会稳定风险评估制度文件，成立了重大事项风险评估领导小组、维护社会稳定预警工作领导小组，为维护稳定工作提供了组织保障。各级各部门在作出涉及人民群众切身利益的重大决策或实施重大项目之前，进行社会稳定风险评估。对多数群众不支持、不理解并可能影响社会稳定的决策和项目，不予施行或暂缓施行。维稳部门对可能发生影响社会稳定的群体性事件苗头及时发出预警通知。全州对7个重大项目实施了社会稳定风险评估，发出预警通知书33份，全州没有发生因重大项目的实施而影响社会稳定的事件，收到了良好的效果。通过对重大事项进行风险评估，为行政决策提供了科学依据和准确判断，2010年全州未发生群体性事件。

【基层基础建设】 年内，全州政法部门在综治维稳工作中，始终重视和加强基层基础工作。坚持把抓基层打基础作为综治维稳工作的根基，大力推进综治维稳基层基础建设。加强基层组织建设，明确乡镇综治维稳办、综治维稳中心为常设机构，设专职工作人员。全州110个乡镇成立了综治维稳委、综治维稳中心和综治维稳办。年内，全州110个乡镇已增配党委副书记95名，全州将以乡镇换届为契机，全面配齐配强乡镇专抓政法综治维稳工作副书记（副乡镇长）。制定基层综治维稳经费补贴标准，按照州级负责40%、县市负责60%的比例，在落实治保调解干部原有待遇的基础上，州、县市财政对全州1139个村（社区）的治保会主任、调委会主任每人每年再专项补贴840元，副主任或文书每人每年再专项补贴720元；对村（社区）开展治保和调解工作办公经费每年补助600元。同时，由各县市财政负责解决14335名村民小组治安信息调解员每人每年专项补贴240元。全州各级财政每年合计发放治保调解工作补贴680多万元。2010年，弥渡县、大理市、南涧县又对人民调解工作实行“以案奖补”政策，极大地调动了基层调委会干部的工作积极性。不断加强基层群防群治队伍建设，坚持专门工作与群众路线相结合，充分发挥群防群治组织的作用。全州在1137个村委会（社区）成立综治维稳领导小组，健全完善治保委员会、调解委员会；在村（居）民小组建立健全治保调解小组14335个，组长由村（居）民小组组长兼任。全州各级保安公司、治安巡防队等各种形式的群防群治队伍，成为维护社会治安的有生力量。建立健全完善基层培训制度，采取州、县市分级负责的办法，认真抓好乡镇综治办负责人、基层治保会主任和调委会主任的培训工作。8月，中共大理州委政法委投入12万元在州委党校举办了四期上千人参加的政法综治维稳干部大培训，提高了基层综治维稳工作者的综合素质和业务水平。

【落实各项维稳措施】 年内，全州各级政法机关以“防插手、防激化、防渗透、防恐怖”为重点，加强情报信息工作，坚决防止发生暴力恐怖事件，坚决防止发生危害国家安全和社会政治稳定的重大政治事件，坚决防止发生大规模群体性事件，有力地维护了全州的和谐稳定。进一步深入做好群众工作。全州各级政法部门高度重视民生、保障民生、改善民生，努力做好新形势下的群众工作，切实维护和实现好人民群众的利益。进一步牢固树立固本强基的思想，坚持重心下移、关口前移，抓好教育和疏导工作，及时化解矛盾，就地解决问题。在群众工作中结合实际，因地制宜，用新办法解决新问题，把做思想政治工作与解决实际问题结合起来，把依法办事与带着感情做工作结合起来，把言传与身教结合起来，把发扬优良传统与开拓新途径结合起来，不断创新群众工作方式方法，提高群众工作水平。全州共报有一定影响的矛盾纠纷80件，已化解76件，占95%，正在化解4件，占5%；共调处各种矛盾纠纷85375件，调处成功81960件，调处成功率96%；未发生包括因旱灾造成群众生产生活困难而引发的群体性事件；基层调解治保组织调解邻里等民间纠纷1000余件，有力地维护了社会和谐稳定。

【平安创建】　年内，全州各级政法部门把先进平安创建作为社会治安综合治理工作的重要载体，稳步推进平安和谐大理建设。按照省委办公厅、省政府办公厅《关于在全省开展争创先进平安县（市、区）活动的通知》和中共大理州委、州人民政府的安排部署，在全州认真开展先进平安创建活动。一是精心安排，积极推动。6月下旬，经中共大理州委、州人民政府同意，在祥云县召开了全州先进平安县市创建工作推进会议，对全州先进平安县市创建和综治维稳基层基础工作作了全面安排部署，确保了全州平安创建工作始终与中央和中共云南省委、省人民政府的安排部署相一致，并按要求扎实有效开展。二是健全机构，落实人员。为加强对平安创建工作的领导，州及各县市均成立平安创建工作领导小组及办公室，从相关部门抽调人员加强工作力量；各乡镇、村（社区）也分别确定专人专门负责争创业务工作。全州平安创建工作做到了州、县市、乡镇、村（社区）、组五级联动，工作层层有人抓、层层有人管。三是加强指导，强化督查。全州各级各部门切实加强对平安建设工作的督促检查。大理州、县市党委、人大、政府、政协领导、政法部门主要领导经常深入到挂钩联系的县市和乡镇，对平安建设工作进行督促检查。大理州、县市党委政府督查部门把平安建设工作列入督查的重点工作，定期通报各县市平安创建工作开展情况。州、县市平安创建办公室充分发挥职能作用，加强对创建工作情况的收集和调研，全面掌握创建进展情况，强化对创建工作的指导、检查和督促，推动全州平安建设工作的深入开展。四是深入宣传，营造氛围。全州于3月组织开展了有规模、有影响、有力度、有效果的综治维稳宣传月活动。成功举行了声势强、规模大的大理州、市综治维稳宣传月活动启动仪式，组织开展了政法综治维稳活动主题周、安全生产主题周、平安建设主题周、预防打击拐卖妇女儿童主题周等“主题周”和“主题日”集中宣传活动。五是完善机制，提升创建水平。在新一轮平安创建过程中，全州按照平安创建只有起点没有终点及“机构不撤，人员不减，目标不变，措施不弱”的要求，不断完善平安创建工作机制，提升创建层次，巩固和扩大平安创建工作成果，积极争创省级“先进平安县市”，确保平安创建取得实效。2010年，向省申报弥渡、祥云、永平、鹤庆4个省级先进平安县和申报23所省级平安学校。

【抓好新一轮禁毒人民战争】　年内，全州各级政法部门进一步强化措施，完善查缉机制，广辟禁毒情报信息来源，不断加大对毒品犯罪的打击力度，有效减少毒品对社会的危害。切实加大吸毒人员收戒力度，加大戒毒出所人员的社区康复工作力度，确保社会面上基本无失控吸毒人员，不断提高戒毒成功率和戒断巩固率。不断加强对毒品特别是新型毒品危害性的预防宣传，重点抓好青少年特别是在校中小学生和高危人群的毒品预防教育，不断强化人民群众识毒、拒毒、防毒、反毒意识。深入开展巍山永建地区禁毒整治成果巩固工作，派出了州级第十五批工作队员驻村入户开展工作，确保整治成果的巩固和发展。中共大理州委、州人民政府召开了永建地区禁毒整治成果巩固工作现场办公会，及时协调解决永建地区经济社会发展有关问题，推动永建地区经济社会全面发展，进一步巩固永建地区禁毒整治成果，查缉工作成效明显。

【严打整治】　年内，全州政法各部门坚持把打防结合、预防为主作为综治维稳工作的方针，努力构建打防控一体化的治安防范新格局，并结合实际，进一步贯彻宽严相济的刑事司法政策，适时组织开展专项打击和重点整治，强化治安管理，通过人防、物防、技防措施的落实，全面提升防范水平。一是适时组织各类专项打击活动。全州公安机关深入开展专项打击和专项整治行动，加大了打击刑事犯罪的力度。二是深入开展社会治安重点地区排查整治工作，营造良好的社会治安环境。按照中央和省的工作部署，深入开展社会治安重点地区排查整治工作，全州社会治安状况得到了很大改善，突出治安问题得到了切实整治。三是加强物防技防建设，严密社会治安的防范、管理和动态控制。公安机关建立了警务信息化系统，实现了人口管理、阵地控制、情报信息等基础工作的网络化、信息化，走在了全省前列。大力推进城市和县城公共区域、新建住宅区及复杂场所视频监控系统、城市出入口高清视频抓拍机动车辆信息系统建设，目前全州12个县市已安装城市视频监控摄像机，实现社区复杂区域、公共场所、重要部位的24小时实时监控。各单位还在内部安装监控摄像头，防止了盗窃等多发性案件的发生。

【社会管理】　年内，全州各级各部门坚持把社会管理创新作为综治维稳的重要基础性工作，进一步加强新时期社会服务管理工作，加强社会建设、创新社会管理，及时总结推广社会建设和社会管理方面的好经验、好做法，推动社会建设和社会管理取得新进展，夯实社会和谐稳定基础。一是以信息化手段为支撑，着力构建打防控一体化社会治安体系。公安机关引进警务信息综合应用平台，涵盖了绝大部分公安主体业务，产生了规模应用效益。2010年9月在大理召开的全省公安厅局长会议上，大理州交流了加强信息化建设促进社会治安打防控一体化建设的经验。二是做好流动人口的服务和管理工作。进一步健全管理机制，不断优化流动人口就业、就医、子女就学、社会保障等公共服务，保障流动人口的合法权益。加强流动人口协管员队伍建设，全州在社区设置流动人口管理服务站点43个，配备流动人口专职协管员127名，兼职协管员259名。加强流动人口登记管理信息化建设。全州当前有效暂住人口74848人。积极探索“以房管人”的工作机制，登记出租房屋44534户，做到底数清、情况明、管理有序。通过流动人口管理，发现违法犯罪线索438条、破获刑事案件414起，抓获犯罪嫌疑人181人。三是加强对特殊人群的管理。依托大理警务综合信息平台，加强了易肇事肇祸精神病人、违法犯罪艾滋病人、吸毒人员、“法轮功”人员等重点人群的常态化管控。认真做好刑释解教人员的安置帮教工作和社区矫正工作。2010年，全州2475名矫正对象得到有效管理。三年内共接收登记造册刑释解教人员2180人，安置率达90%，帮教率达98%。年内全州新接收刑满释放人员602人，解除劳教人员54人，回农村安置的376人，回原单位安置的83人，从事经营的45人，社会救济98人，安置率达90%，帮教590人，帮教率达98%。四是着力解决好医患纠纷调处和道路交通安全管理问题。针对近年来医患纠纷增多，医患矛盾激化，由其引发的群体性事件不断发生，严重影响社会稳定、影响卫生事业健康发展的问题，中共大理州委政法委、州卫生局下发了《关于预防和处置医患纠纷构建和谐医患关系联动机制的实施意见》。年内，全州各县市均实行了联动机制，总体效果较好，成功化解了一批医患纠纷，预防了群体性事件的发生。切实加强农村地区道路交通安全工作，在全州组织开展“县乡平安出行”创建活动，重点开展道路交通安全整治、培育农村客运市场、完善安全防控体系、强化客运机动车、驾驶人的源头管理等工作，取得了明显成效。五是深入推进社会管理创新试点工作。年内，确定弥渡县为全州深入推进社会管理创新工作试点县，其他11县市各确定一个乡镇为社会管理创新试点乡镇。弥渡县成立了由县委书记、县长任组长的社会管理创新试点工作领导组，在县委政法委成立了社会管理创新试点工作办公室，从县级机关抽调干部充实到办公室工作。弥渡县委常委会议研究通过了社会管理创新实施意见和实施方案，召开了实施动员大会，成立了由县级领导任组长的10个项目工作组，按照“构建三大体系、突出六大重点、着力十二方面创新”的工作部署，全面启动社会管理创新试点工作。

【推进三项重点工作】 年内，为深入推进社会矛盾化解，进一步健全和完善工作机制，认真贯彻落实《大理州重大事项社会稳定风险评估制度（试行）和大理州关于建立维护社会稳定预警工作机制的规定（试行）》，全面推行社会稳定风险评估和维护社会稳定预警机制，实现预知、预警、预防。针对旱灾严重的实际，中共大理州委政法委及时发出预警通知，及时防范各种可能发生的水患纠纷，确保了大灾之年全州社会的和谐稳定。继续推进基层政法综治维稳规范化建设，进一步发挥好基层政法综治维稳力量的作用，努力构建社会治安综合治理的大平台，做到“小事不出村（社区）、大事不出乡（镇）、矛盾不上交”。深入推进社会管理创新。加强协调配合，创新方式，着力构建与新形势相适应的社会管理体系。制定了《大理州关于进一步加强流动人口服务和管理工作意见》、《大理州社区矫正工作实施方案》、《关于进一步加强社会治安重点地区排查整治工作的实施意见》等文件，把社会治安重点地区纳入城乡规划，完善基础设施，改善生活环境，健全基层组织，延伸公共服务，努力使其成为经济发展、环境改善、安全和谐的地方。建立健全了政法综治维稳宣传舆论工作联席会议制度、网上舆情监测研判机制、重大案件事件快速反应机制、网上舆论引导机制，提高了对司法个案、突发事件的网上舆论引导能力。制定出台了《关于预防和处置医患纠纷构建和谐医患关系联动机制的实施意见》、《大理州县市乡镇平安出行创建活动实施方案》等文件，着力解决好社会组织管理服务、医患纠纷疏导管理和道路交通安全管理问题。深入推进公正廉洁执法。严格按照“规范、统一、阳光”的要求，不断提高深入推进公正廉洁执法水平，努力提高政法机关执法公信力。通过举办全州政法干部四期千人培训，提高了基层政法干部把握运用法律政策能力、群众工作能力、突发事件处置能力以及舆论引导能力。建立了案件指导制度和政法干警执法业绩档案，做到既严格公正廉洁执法，又文明执法。按照“一岗双责”、“一案双查”和“讲党性、重品行、做表率”的要求，全州政法系统各级领导班子抓实民主作风建设，加强政法干警的党纪党风廉政勤政教育，不断增强广大政法干警的廉洁自律意识，筑牢了拒腐防变的思想道德防线。

【清理化解涉法涉诉信访积案】 年内，全州各级政法部门高度重视涉法涉诉信访工作，坚持领导干部接待群众来信来访，按照中央和省委政法委的统一部署，全州成立了排查处理涉法涉诉重信重访案件工作领导小组，中共大理州委政法委制定并下发了《关于加强全州排查处理涉法涉诉重信重访案件工作的通知》，进一步明确了各县市党委政法委和州级政法各部门的“一把手”，是本地区、本部门涉法涉诉信访积案清理化解的第一责任人，进一步明确了每件案件的包案领导、办案部门和承办人员，确保每一件交办案件都有人抓、有人管、有人办理。全州共排查办理涉法涉诉信访案件120件，已办结100件，其中：息诉罢访95件，销案5件，办结率83%；进京重复访24件，已息诉18件，办结率75%。全州各级领导亲自安排部署，以深入开展农村矛盾纠纷排查化解工作及国家机关干部大下访活动为切入点，进一步落实信访工作责任制，认真做好排查化解工作，全力控制和有效防止群体性上访事件的发生，认真做好了小湾库区移民、大交集团退休职工、“两案”人员等不稳定人员的稳控工作，并对其合理诉求给予认真解决，坚决防止发生越级上访、重复上访和非正常上访。

【排查整治社会治安重点地区】 年内，中共大理州委政法委继续深入贯彻落实中共云南省委、省人民政府关于“两项排查”的文件精神，专题研究了全州开展排查化解影响社会稳定矛盾纠纷和排查整治治安混乱地区及突出治安问题，先后制定下发了《关于进一步开展排查化解矛盾纠纷和排查整治治安混乱地区及突出治安问题的通知》以及《关于进一步加强社会治安重点地区排查整治工作的实施意见》，将社会治安重点地区排查整治工作列为政法综治维稳的重点工作，作为长期的政治任务抓实抓好。

【司法体制和工作机制改革】 年内，全州各级党委、政府从优化司法职权配置、落实宽严相济刑事政策和健全完善执法监督制约机制入手，切实抓好《中共中央关于进一步加强和改进公安工作的决定》精神的贯彻落实，进一步完善公安管理体制，改革完善公安工作运行机制，加强基层基础工作，逐步实现公安工作重心下移、警力下沉。人民法院着力开展审判组织改革、设立专职审判委员会委员，诉讼程序改革，加快推进法官职业化建设，加快推进执法公开和告知制度，最大限度地保障人民群众的知情权、参与权、监督权。人民检察院继续完善主诉主办检察官办案责任制，抓好人民监督员制度工作，建立符合司法规律的审查逮捕和公诉工作机制、反渎职工作机制，建立健全职务犯罪案件侦查、协作和预防工作机制。大理州人民政府安排260万元作为全州基层司法所建设州级配套资金，着力推动基层基础建设，着力抓好劳教管理特色工作。中共大理州委政法委出台了《关于进一步规范和推进全州政法干警执法业绩档案建设的通知》，加快推进执法规范化建设。大力实施司法救助，制定、修改完善并施行了《大理州涉诉特困人员救助实施办法》。2010年，大理州人民政府每年安排解决涉法涉诉信访问题专项经费30万元，着力化解疑难案件，有效缓和社会矛盾，在全社会体现以人为本的精神。

【队伍建设】 2010年，中共大理州委政法委全面加强学习型领导班子和学习型机关建设。进一步健全和完善了学习机制、培训轮训机制，抓实部门日常理论学习、部门领导班子理论中心组学习，积极完成中央及省组织开展的调训、轮训工作任务。继续深入开展了“个人形象一面旗、工作热情一团火、谋事布局一盘棋”主题实践活动以及创先争优建设学习型党组织活动；努力推进创新型机关和创新型队伍建设。将创新精神融入到政法机关各项工作，不断推陈出新，促进全州政法工作更加充满生机和活力。政法干部“大培训”工作有了新突破。为全面贯彻落实好中央和省州党委、政府关于深入推进三项重点工作的一系列要求，结合中央关于大规模培训干部、大幅度提高干部素质的战略部署，年内分四期组织开展三项重点工作培训班，对全州上千名政法综治维稳干部进行了培训,取得了较好的成效;政法干部"大宣讲"工作有了新发展。组建了大理州政法干警先进个人事迹报告团,深入12县市开展巡回报告,使广大政法干警受到教育,在全州政法机关迅速掀起了学习先进热潮,营造了比学习、比工作、比贡献和学先进、赶先进、当先进的良好氛围;建设公正廉洁的政法队伍。切实加强"从严治警",继续深入推进"四项活动",全面抓实政法机关"七项制度"建设,努力造就一支政治坚定、业务精通、作风优良、执法公正的政法干部队伍,努力推进和谐警民关系建设。严格执行《党员领导干部廉洁从政若干准则》,切实提高领导干部作风建设。认真落实"一岗双责",推进惩治和预防腐败体系建设,严格执行廉洁从政各项规定,严肃查处违法违纪行为,政法队伍进一步纯洁;始终把依法查办职务犯罪、严厉打击经济犯罪作为服务经济建设的最重要、最直接的工作切实抓紧抓好。积极参与洱海保护治理、挂钩联系县乡和包村、包户工作。紧紧围绕"抗大旱、保民生、调纠纷、保稳定"深入扎实开展工作,中共大理州委政法委和全州各级政法部门共深入基层指导抗旱救灾工作300余人次,帮助基层解决实际困难600余件次;全州政法干部共计捐款80余万元;全州共出动抗旱救灾警力993人次,车辆200余辆次;公安消防部门出动消防官兵603人次和消防车325辆次,为饮水困难群众送水511吨、60台次消防水泵共向苍山林区消防洒水1560吨、参与扑救森林火灾7起。全州人民法院妥善调处涉及民生的现实问题,畅通救济渠道,为农民工、下岗职工、老人、妇女、儿童、残疾人等弱势群体提供司法救助案件659件,减、缓、免交诉讼费和申请执行费57.08万元。全州各级政法部门积极主动排查化解群众在抗灾自救、生产生活用水、电力供应、小春生产、山林火灾扑救、救灾物资分配等方面产生的矛盾纠纷。

【表彰先进】 2010年度社会治安综合治理维护社会稳定工作先进县市:弥渡县、祥云县、永平县、鹤庆县、巍山县、宾川县。

2010年度社会治安综合治理维护社会稳定工作先进单位:中共大理州委办公室、州人民政府办公室、州纪委监察局、州委组织部、州委政研室、武警大理支队、大理州公安消防支队、州法院、州公安局、州安监局、州财政局、州人力资源和社会保障局、州教育局、州广电局、州民政局、州发改委、州总工会、大理军分区。

2010年度先进平安乡镇:

大理市:太邑乡;漾濞县:顺濞乡;祥云县:祥城镇。

宾川县:乔甸镇;弥渡县:德苴乡;南涧县:宝华镇。

巍山县:五印乡;永平县:杉阳镇;云龙县:团结乡。

洱源县:炼铁乡;剑川县:马登镇;鹤庆县:草海镇。

2010年度大理州见义勇为先进群体:

①追授宾川县平川镇林业站董兴伟、周叶贵、杨雪磊等3人大理州见义勇为先进群体荣誉称号,给予见义勇为先进群体特殊贡献奖,每人颁发奖金5000元;

②追授巍山县南诏镇南山村委会胡开富、胡志卓、胡开明、胡光明等4人大理州见义勇为先进群体荣誉称号,给予见义勇为先进群体特殊贡献奖,每人颁发奖金5000元;

③授予大理机场航空安全护卫部朱涛、高庆华、字鸿、禹晓宏、杨路军等5人大理州见义勇为先进群体荣誉称号,给予见义勇为先进群体重要贡献奖,每人颁发奖金1500元;

④授予云龙县宝丰乡大栗树村委会杨立泉、董建军、杨庆云等3人大理州见义勇为先进群体荣誉称号,给予见义勇为先进群体重要贡献奖,每人颁发奖金1500元;

⑤授予大理市保安服务公司鲁荣、皇顺存、刘军、林永祥等4人大理州见义勇为先进群体荣誉称号,给予见义勇为先进群体重要贡献奖,每人颁发奖金1500元;

⑥授予大理市保安服务公司施雄军、何栋荣、赵加胜、杨艳兵等4人大理州见义勇为先进群体荣誉称号,给予见义勇为先进群体重要贡献奖,每人颁发奖金1500元;

⑦授予大理市保安服务公司时礼顺、瞿昌荣、华云春、杨明熙、刘国富等5人大理州见义勇为先进群体荣誉称号,给予见义勇为先进群体重要贡献奖,每人颁发奖金1500元;

⑧授予宾川县金牛镇派出所辅警张泽文、子健鹏、谢锋、尚文波等4人大理州见义勇为先进群体荣誉称号,给予见义勇为先进群体重要贡献奖,每人颁发奖金1500元;

2010年大理州见义勇为先进个人:

①追授朱家伟等3人大理州见义勇为先进个人荣誉称号,给予见义勇为先进个人特殊贡献奖,每人颁发奖金10000元;

朱家伟　宾川县力角镇张家村委会曾家庄村民

金长山　剑川县沙溪镇联合村委会西伙山组调解员

金少斌　宾川县水利局大银甸水库管理所职工

②授予李治垚等12人大理州见义勇为先进个人荣誉称号,给予见义勇为先进个人重大贡献奖,每人颁发奖金5000元;

李治垚　大理州民族中学学生
尹云平　弥渡县红云驾驶培训学校教练员
马永能　祥云县祥城镇于官村委会村民
唐东宝　南涧县一中学生
潘明华　大理州妇联聘用人员
赵天胤　大理市钟表修配厂职工
赵宝寿　大理卷烟厂退休工人
马万荣　大理造纸厂职工
李忠品　弥渡县新街镇六一村委会张总旗村村民
康子杨　福建匹克运动集团有限公司昆明分公司职工
余世均　重庆市大足县珠溪乡老君村村民
杨文秀　大理市凤仪镇石龙村委会村民

③授予陈流军等8人大理州见义勇为先进个人荣誉称号,给予见义勇为先进个人重要贡献奖,每人颁发奖金2000元;

陈流军　洱源县炼铁乡茄叶村委会村民
杨　权　永平县博南镇综合办公室职工
尤　威　大理市公安局紫云派出所辅警
杨　柯　大理市公安局北区派出所辅警
董泽林　大理市保安服务公司职工
左利军　大理市市政管理大队职工
李永军　大理市出租车驾驶员
周志彬　宾川县金牛镇畜牧兽医站职工

（侯镇山）

政府法制建设

【概　述】 加强政府法制建设，不断推进依法行政，建设法治政府是深入贯彻落实依法治国基本方略，实现立党为公、执政为民的重要组成部分。随着中国社会主义市场经济的深入推进，人民民主意识的不断提高，要履行好经济调节、市场监管、社会管理、公共服务的政府职能，迫切需要通过法律手段规范市场主体行为，规范政府自身行为，维护公民、企业和其他组织的合法权益。2010 年，大理州政府法制系统发挥了政府法制部门的综合职能作用，政府法制建设工作取得了一定的成绩。大理州法制局作为社会评议州级行政机关和公共服务部门政风行风工作满意率前五名的单位，被州人民政府纠风办通报表彰。

【规范性文件的审查把关】 年内，全州两级政府法制机构认真贯彻落实《云南省行政机关规范性文件制定和备案办法》，按照“有件必备、有备必审、有错必纠”的原则，坚持广泛征求意见制度、网上公开制度和登记备案制度，审核规范了一大批有利于经济社会发展、促进和谐社会建设的规范性文件。严格执行《云南省行政机关规范性文件制定和备案办法》的规定，大理州政府法制局对全州制定和发布的 32 件规范性文件，其中，州人民政府 4 件，州级机关 4 件，各县市人民政府 24 件，进行了严格地把关；12 县市政府法制局对各县市制定和发布的 136 件规范性文件，其中，县政府 87 件，县级部门 51 件，作了登记和备案。同时，对县政府领导 556 件批示件提出了意见，确保了政府决策的合法性。

【行政复议案件办理】 年内，全州两级政府法制机构一是严格按照《中华人民共和国行政复议法》和相关法律法规的规定认真办理行政复议案件。2010 年，大理州人民政府行政复议处共收到行政复议申请 10 件，其中，因不符合行政复议案件受理条件而不予受理 6 件；受理后发现不符合受理条件和申请人主动撤回申请而终止各 1 件；维持 1 件；撤销 1 件。12 县市政府行政复议办公室共收到行政复议申请 16 件，其中，因受理后发现不符合受理条件和申请人主动撤回申请而终止 3 件；维持 13 件。二是州政府行政复议处进一步创新和规范了行政复议工作，制定了《行政复议办案流程内部管理制度》，制作了《大理州行政复议处办案时间表》，出台了《大理州政府行政复议案件流程管理办法》。三是分别在鹤庆县龙开口镇和辛屯镇、南涧县小湾东镇和无量山镇、祥云县祥城镇、云龙县漕涧镇创新设立了行政复议案件受理点，进一步拓宽了行政复议受理渠道。四是全面了解掌握 12 县市政府和州级机关行政复议案件办理的质量，并抽查了 6 个县市政府和 8 个州级行政执法部门的行政复议案卷和部分行政执法案卷。五是积极参与处理全州的热难点问题，充分发挥了政府法制部门在处理复杂疑难问题中的作用，为维护稳定作出了积极的努力。六是接待群众来访 50 余人次，尽力为群众排忧解难。

【民族立法】 大理州政府法制机构承担着民族区域自治地方民族立法政府阶段的起草工作。年内，大理州政府法制局根据州人大民族立法规划和计划，一是起草了《大理白族自治州村庄规划建设管理条例（草案）》，2010 年 3 月 17 日，经州人民政府第 21 次常务会议研究通过了《条例（草案）》，并以议案报送州人大常委会，完成了《条例（草案）》政府阶段的起草工作。二是在《农村公路条例》的州内调研活动结束的基础上，认真分析研究，起草形成了《条例（初稿）》。三是《湿地保护条例》政府阶段的起草工作已按程序报经州人民政府批准，领导机构已经成立，相关工作正按进度展开。另外，大理州政府法制局还积极指导帮助漾濞县人民政府法制局完成了《漾濞彝族自治县核桃保护管理条例（草案）》政府阶段的起草工作。

【政务服务 96128 专线】 2010 年，大理州政府法制局政务服务 96128 专线共为群众提供服务 66931 人次，其中转接成功 65890 人次，转接成功率为 99.85%，群众满意率为 100%；转接失败 1041 人次，转接失败率为 0.15%。一是建成大理人民州政府信息直通车管理专网，通过现代信息技术，建立服务档案，掌握社会热点，了解民生关注，强化监督管理；二是不断推进品牌化建设，下发《大理白族自治州关于按品牌化要求打造 96128 专线工作的实施意见》；扩大了实施范围，将 96128 专线服务部门拓展到党群机关和有关企事业单位；延长了服务时间，将与群众生产生活密切相关的热点部门的服务时间延长为 08:00—20:00，包括节假日和双休日；配发了专用手机，共为全州联络员配发专用手机 1200 余部；整合了公共服务资源，共整合公共服务电话 72 个。三是加大宣传力度，制作了《96128 沟通——从这里开始》、《回顾——“十一五”》、《点击——有事找政府》专题电视宣传片，进一步扩大群众认识度。96128 专线已逐渐成为为民服务的一个重要品牌。

【行政执法和拟任县处级干部法律考试】 2010 年，大理州政府法制局一是分 26 个批次对全州 14 个行政执法系统和永平、云龙、南涧、祥云四个县共计 7300 余人开展了行政执法人员培训工作。二是积极推进相对集中城市综合执法权工作，大理市按程序上报的《大理市人民政府城市管理综合行政执法实施方案》，已于 2010 年 7 月 16 日经《云南省人民政府关于同意大理市开展城市管理综合行政执法工作的批复》同意实施；其余 11 个县已于 2010 年 10 月 31 日前将各自的实施方案上报州人民政府。三是按照拟任县处级领导干部任前法律知识考试的要求，分 2 个批次对全州拟任的 21 名县处级干部进行了任前法律考试。通过培训考试，进一步强化了各级各部门的法治意识，增强了领导干部依法行政的观念，较大地提高了全州行政执法队伍的综合素质和执法水平，对推进依法行政，构建法治政府起到了积极的推动作用，为全州经济社会和谐健康发展创造了良好的法治环境。

【政务服务】 2010 年，大理州政府法制局一是坚持当日报备制度，坚持每天收集汇总州级部门和各政务服务大厅政务服务数据，并在网络公示。2010 年，州政务服务中心共监督、协调州级机关办理政务服务事项 189438 件，其中行政许可事项 93252 件，非行政许可事项 30946 件，咨询解答等服务 65240 件，已办结 189369 件。二是对州级机关办理政务服务事项的情况进行监督。三是运用 96128 专线获取群众诉求，利用政务服务中心的监督、指挥、协调功能为群众办实事、办好事，为群众协调解决办理典型事例 80 余件。四是积极参与了州政务服务体系建设工作。

【政府自身建设】 2010 年，大理州政府法制局一是加强领导，成立机构。州、县两级政府成立了由政府主要领导任组长的政府自身建设工作委员会，设立了行政绩效管理、行政成本控制、行政行为监督、行政能力提升 4 个领导小组。二是细化措施，明确任务。制定下发了深入实施法治政府、责任政府、阳光政府和效能政府四项制度工作方案，明确了实施的范围及时间、推进主体、方法步骤、要求和任务，并对今年的主要工作和时限要求作了明确。三是强化创新意识，设立政府创新奖。草拟并报请州人民政府同意制定下发了《大理白族自治州政府创新奖评选办法（试行）》，这属国内首次以行政机关名义设立的创新奖项。《办法》明确了申报条件、评选标准和奖励措施，该奖从2011年开始评选。四是加强重大决策听证。2010年，全州共开展重大决策听证257次，其中州人民政府和州级机关共计52次、县市人民政府205次，超额完成省人民政府下达大理州184项重大决策听证的目标任务数。五是加强信息公开工作。2010年，全州负有政府信息公开义务的903个主体，其中州人民政府和各县市人民政府13个、州级部门56个、县市部门及乡镇834个，主动公开政府信息3万多条，受理依申请公开50多份，均按要求予以答复。

【突发应急事务办理】　2010年，大理州政府法制局一是对洱海天域项目、南国城项目、州医院丙肝感染、部分大交集团驾驶员罢运等事件，严格依照相关法律法规和政策文件的规定，提出了处理相关问题的法律意见。二是帮助云龙县人民政府和州移民局审查了《澜沧江功果桥水电站工程建设征地移民安置实施意见》并进行了登记备案，协助永平县政府组织召开专家论证会，初步审查修改了《永平县行政程序暂行办法》，帮助州苍山保护管理局起草了《苍山保护管理条例》的配套性文件。三是草拟并报请州人民政府同意下发了《关于进一步加强突发公共事件应急队伍建设的意见》。四是就开发区05－50－58号闲置宗地案组织召开了由法律工作者、政府法律顾问、法学教授等人员参加的专家咨询会，并形成了初步处理意见。五是针对大理州招商引资工作存在的问题，为进一步提高大理州应对招商引资工作风险防范的能力，大理州人民政府法制局起草了《大理州人民政府关于防范招商引资工作风险的规定》和《招商引资意向性协议》范本，并组织召开了专家咨询会对其进行了修改论证。六是积极协助州信访局就多起信访问题的处理提出了法律意见。

（史　凯）

司法行政

【概　述】　2010年，大理州司法行政机关认真贯彻党的十七届四中全会、省委八届九次全会、州委六届九次全会和州"两会"精神以及全省、全州司法行政工作会议精神，坚持围绕中心、服务大局，紧紧抓住影响社会和谐稳定的源头性、根本性、基础性问题，深入推进社会矛盾化解、社会管理创新、公正廉洁执法三项重点工作，以开展"百名机关干部进乡村"、"提高法律服务质量年"、"努力促进提高司法行政基础建设"三项主题活动为重要载体，以务实创新的精神全面推进司法行政工作，为全州经济社会平稳较快发展提供更加有力的法律服务和法律保障。

【队伍建设】　年内，大理州司法局以全党开展创先争优活动为契机，以创建学习型党组织和党员示范岗、党建示范点和岗位大练兵等为抓手，深入学习党的十七届四中、五中全会精神，用中国特色社会主义理论武装全州司法行政干部。进一步深化主题教育实践活动，着力抓好监狱劳教人民警察"规范执法行为、提高执法水平"专题教育实践活动、律师"中国特色社会主义法律工作者"主题教育实践活动，使广大干警和法律服务工作者受教育、得锻炼。先后举办了律师业务培训班、社会矫正工作培训班、普法骨干培训班、法律援助培训班、计财人员培训班，共举办了24个班次，培训干警和法律服务人员1286人。并选派了35名干部参加了司法部、省司法厅及有关部门的调训，全面落实了新一轮大规模培训干部要求。

【廉政建设】　年内，大理州司法局深入推进作风建设和反腐倡廉建设。加强自身建设，认真落实"效能政府"四项制度，继续推进"法制政府"、"责任政府"和"阳光政府"各项制度的落实，努力提高服务能力和水平。全州司法行政机关把实施效能政府四项制度作为加强廉政建设，提升行政能力，提高服务水平的重要举措。大理州司法局制定了《大理州司法局关于推进效能政府四项制度实施方案》，制定了《大理州司法局效能政府四项制度建设2010年主要工作推进表》。并结合效能政府建设，严格要求，严格控制各种考察培训，控制公务接待费用支出，加强公车管理，加强会议管理，节约能源，降低成本。

【抗大旱、保民生、调纠纷】　年内，大理州司法局努力做好维护社会和谐稳定工作。大理州遭遇了有气象记录以来百年未遇的秋冬春连旱天气，全州人民群众的生产生活受到了严重影响。全州司法行政机关紧急行动起来，充分发挥司法行政机关社会矛盾纠纷调解职能和法律服务的作用，全力维护全州的社会稳定。发挥人民调解组织的作用，认真排查、化解各种矛盾纠纷，特别是由旱情引发的水事纠纷。加大法制宣传力度，大力宣传党和政府抗旱保稳定的政策措施，宣传节约用水和预防森林火灾常识。在全州司法行政机关先后组织了大规模的3次捐款，尽力帮助受旱群众渡过难关。

【人民调解】　年内，全州司法行政机关坚持调解优先原则，不断推进人民调解工作创新发展，扎实开展"人民调解化解矛盾纠纷专项攻坚活动"。2010年，全州共调处各类矛盾纠纷85375件，其中，制止群众性械斗121件，防止群体性上访22件，防止民间纠纷引起自杀17件，防止民间纠纷转化为刑事案件79件。把大量的矛盾纠纷解决在基层，解决在萌芽状态，防止了纠纷的激化，消除了当事人之间的隔阂，有效地维护了社会的和谐稳定。大理市司法局、弥渡县司法局被评为全国人民调解宣传工作先进单位，赵朝贵、陈浩、杨根全被评为全国模范人民调解员。

【司法所建设】　年内，大理州司法局继续抓好司法所办公用房建设。采取有力措施，加快建设进程，加强监管监督，保证工程质量，不断推进司法所办公用房建设。大理州应建司法所办公楼114个，2010年已建成并投入使用106个，有3个农场所被行政撤销，2个所准备动工，1个所在建，有2个经省司法厅同意缓建，已全面进入扫尾阶段。其中弥渡县高度重视司法所建设工作，采取有力措施，抢抓进度。8个司法所办公用房全部为独立新建，采用统一外观建设图纸和统一的内部规范化模式，每个司法所占地面积为1亩，建筑面积为234平方米。在全省司法所办公用房建设中率先做到了在县内全部统一独立新建、全部统一内外模式，成为全州司法所建设的排头兵。

【安置帮教】　年内，大理州司法局在安置帮教工作中，积极探索切实有效的帮教方法，运用爱心感化、心理矫正、典型引导等多种方法，采取不放弃、不歧视、不排挤的措施，加强帮教工作。在安置工作方面，采取“自主创业、基地安置为主；社区帮助、政府保障为辅”的工作思路，积极拓宽安置渠道。2010年，全州回归的刑释解教人员602名，目前已基本得到安置，安置率达96%。

【社区矫正】 年内，大理州司法局认真开展社区矫正工作，形成了党委政府统一领导、司法行政机关具体组织、相关职能部门密切配合、乡镇司法所承担日常工作、村(社区)基层组织和社会群众积极参与的工作格局，建立了以司法所工作人员、公安派出所民警为主体的社区矫正专业队伍。制定了《大理州全面开展社区矫正工作的实施方案》，对社区矫正工作内容、工作制度、工作纪律、工作人员职责进一步作了具体的规定。2010年，教育矫正工作逐步深入，仅州级就投入社区矫正经费22.5万元，在矫正过程中，教育改造与奖惩措施综合运用，社区矫正工作在维护社会稳定中的作用逐步得到显现。

【依法治州】 年内，大理州司法局努力做好依法治州工作，让法律走进千家万户，着力提高全州公民的法律意识和素质，积极营造学法、用法、守法、护法的良好法治环境。全州举办领导干部法制讲座15场次，统一组织了28400名公职人员参加的全省法律知识统一考试。在全州组织开展了“民主法治村”、“民主法治社区”创建活动，进一步健全完善基层建设、管理、服务的各项规章制度，实行村(社区)政务、事务公开，推动了社区的和谐稳定，涌现出一大批先进集体。州司法局和州民政局联合对52个村、15个社区州级“民主法治示范村(社区)”进行了命名表彰，进一步推动民主法制创建工作。

【律师工作】 年内，大理州司法局为促进基层民主法制建设，提升基层法律服务层次和水平，在全州开展了律师事务所与司法所结对帮扶活动，为司法所开展业务提供指导，为挂钩乡镇政府提供法律帮助，为困难群众提供法律援助。2010年，全州律师担任法律顾问450家，办理刑事辩护及代理案件1232件，民事诉讼案件2090件，行政诉讼案件11件，办理非诉讼法律事务503件，解答法律咨询12284人次，代写法律文书13076件(次)。2010年8月，兴祥律师事务所自学礼律师被评为“云南十佳律师”。

【公证工作】 年内，全州公证处和公证员不断增强为人民服务意识，从群众最关心、最敏感的事入手，做好招商引资、土地承包经营合同、土地征用补偿安置、基础设施建设公证。2010年，全州公证处共办理公证事项13345件，其中，国内民事公证事项7725件，国内经济公证事项5200件，涉港澳台公证事项20件，涉外公证事项380件，公证收费380万元。2010年9月，大理市公证处、大理经济开发区公证处被省司法厅评为“十佳公证处”，大理市公证处主任许玉侠、剑川县公证处主任段怀珠被省司法厅评为“十佳公证员”。

【法律援助】 年内，全州法律援助工作者认真贯彻司法部《关于加强和改进法律援助工作的意见》，积极开展“法律援助便民服务”主题活动，加大对农民工、残疾人、妇女儿童等特殊群体的法律援助工作力度，大理州法律援助中心被中华全国妇女联合会、全国维护妇女儿童权益暨平安家庭创建协调组授予“全国维护妇女儿童权益先进集体”荣誉称号。2010年全州指派刑事法律援助案件292件，接待来信来访咨询6825人次，指派民事法律援助案件554件，调解非诉讼案件687件，受援人数达1950人次。

【司法考试】 年内，大理州司法局精心组织了2010年度国家司法考试大理考区的工作，滇西八州市1953名考生在大理考区参加了考试，考生人数创历史新高。为确保考试顺利进行，制定了《国家司法考试大理考区工作方案》、《国家司法考试大理考区考务阶段情况预案及应急措施》等四项制度；对近200名工作人员进行了分工，成立了考务组、保密组、巡考组等8个工作组，明确了工作职责，责任到人。由于考前对工作人员进行了认真的培训，2010年国家司法考试大理考区考试工作任务圆满完成。全州508名考生中有125人通过了国家司法考试，通过率为24.6%，再创新高。

【监狱管理】 年内，大理监狱以确保监狱安全稳定为前提，以提高罪犯改造质量为中心，以降低刑释人员重新犯罪为首要标准，贯彻落实司法部《教育改造罪犯纲要》，不断完善、规范和创新教育改造罪犯的方式方法，教育改造工作上新台阶，被省监狱管理局评为全省教育改造工作先进集体，李德全被司法部评为全国监狱劳教工作先进个人。大理监狱的安全生产工作紧紧围绕“年度安全生产目标管理及奖罚办法”开展，重点落实安全责任制，开展安全生产培训教育和深化治理行动，切实加强职业安全防护，加强安全生产标准化建设，加强基层班组建设，加强应急能力建设。2010年，在押服刑人员3468人，完成生产总值3000万元，实现利润250万元。

【劳教管理】 年内，大理州劳教所认真贯彻“教育、感化、挽救”的劳教工作方针，运用管理、教育、劳动等教育挽救手段，不断探索创新教育挽救方法，提高教育挽救质量，努力提高戒毒康复质量，发挥“教育人、感化人、挽救人”的功能，全面开展“三课”教育工作，课堂化教育和集中教育时间平均每周达18.9课时，年内完成政治教学总课时320课时，进一步落实脱毒、康复、适应三期戒毒模式，劳教、强戒人员教育转化效果明显，所内改好率达97.2%。岑万宏被司法部评为全国监狱劳教工作先进个人。

【“五五”普法】 2010年是“五五”普法最后一年，2006年10月31日大理州人大常委会通过《关于在全州公民中深入开展法制宣传教育第五个五年规划的决议》，同年11月20日中共大理州委、州人民政府转发了《州委宣传部、州司法局关于在全州公民中开展法制宣传教育的第五个五年规划》，“五五”普法工作在全州全面展开。五年，取得的成效是：①制定好一个规划，州、县市、乡(镇)及各单位都制定了“五五”普法规划。②落实两个保障，普法机构健全，人员到位，建立了强有力的组织保障。加大投入，落实普法经费保障，五年来，州县两级财政累计投入普法经费1700多万元。③抓实三项工作。抓好普法教材编印发行和人员培训工作，组织发行普法教材和学习资料90多万册，大理、洱源等县市编印《农村常用法律法规知识读本》30多万册。举办普法骨干培训班483期，培训骨干65984人(次)。④围绕党和国家工作大局普法。围绕北京奥运会，开展了“人文奥运·法治同行”主题法制宣传活动；四川汶川特大地震发生后，开展了抗震救灾法制宣传活动；西藏拉萨“3·14”打砸抢严重暴力事件和新疆乌鲁木齐“7·5”事件发生后，开展了“维护宪法法律权威、促进社会和谐稳定”为主题的法制宣传活动。⑤创新普法宣传方式。五年，全州举办法制展览7385场(次)，出动宣传车2417台次，编演法制文艺节目3245个，出墙报14516期，张贴标语10万余条，开展法律知识竞赛152场(次)，接待群众法律咨询6840人(次)，散发法制宣传材料96多万份(册)，宣传法律法规320多个；走进新闻直播间13次，受教育群众达65万人(次)。全州基本形成了立体型法制宣传教育格局，全社会学法用法的氛围日渐浓厚。

(舒　羽)

公　安

【概　述】 2010年，全州公安机关全面落实维护社会治安稳定各项工作，突出抓好"三项重点"及"三项建设"，有力地维护了全州社会、政治和治安稳定。一是社会稳定风险评估和维护社会稳定预警工作机制全面落实。开展重大决策、重大工程项目社会稳定风险评估59次，通过这一制度的实施，从源头上防范社会风险的产生。二是不稳定因素及时得到排查化解。全州共排查出治安"热、难"点问题和不安定因素775个，向党委、政府和相关部门提出工作建议427条，认真开展疏导、化解、调处工作，成效明显。全州未发生50人以上集体到中共大理州委、州人民政府上访，30人以上集体到昆明上访，5人以上集体到北京上访的事件。全州仅发生群体性事件3起，同比下降40%。三是"大调解"工作体系逐步形成。全州公安机关共排查出社会矛盾纠纷1973起，化解1689起；调处治安案件1373起、轻微刑事案件74起、交通事故5061起。由于各项排查化解工作措施及时到位，年内多数县市呈现了"发案少、秩序好、社会稳定"的良好局面。四是公安信访积案得到有效化解。在继续推行局领导和所长接访制度的基础上，建立完善各级信访案件评查制度、分级受理、领导包案责任制以及信访案件终结制度、信访救助制度和听证制度，强化信访案件责任倒查和追究，全面加强信访积案清理、解决工作。

【社会管理创新成效明显】 年内，全州公安机关创新社会管控方式，利用云南省公安厅的情报平台和全州的情报研判模块加强对重点对象的掌控，各基层一线单位除认真开展落地查处公安部、省厅预警信息外，还利用大理州公安局情报研判模块开展重大事件预警工作，对可能引发重大事件的人员、重点上访户以及插手群体性事件的重点人员等进行掌控。此外，利用情报研判模块对传销人员、贩卖使用假币人员、刑嫌分子等进行掌控，积极提前防范，减少危害。创新治安防控方式，一是推进公共安全视频监控管理创新。目前全州12个县市已安装城市视频监控摄像机1709个，城市卡口27个；内部单位视频监控探头6974个；居民小区视频监控探头1283个。二是全州公安机关以警综平台和社区警务图推动全州人口服务管理手段创新、服务水平提升，探索实践"以证管人、以房管人、以业管人"的流动人口服务管理新模式。此外，大理市建立了流动人口服务管理中心、所、站三级服务管理网络，推行暂住人口"市民卡"管理机制。三是大理市局部分派出所还积极开展"亮光工程"、"板凳工程"、"五好小区"评选等小创新，深入推进城市社会治安防控体系建设。创新侦查破案方式，综合利用多个系统开展侦查破案，网上立体作战方式逐渐形成，传统案侦方式正逐步从"由供到证"向"由证到供"转变。2010年，全州公安机关利用情报平台抓获逃犯306名，查获吸毒人员987名。

【创新社会管理与服务方式】 年内，全州公安机关一是大力推进道路交通管理工作创新。创新车辆管理模式，利用互联网和移动信息平台发送手机短信、交通路口设置电子提示牌等方式，提前告知机动车驾驶人安全技术检验、机动车临界报废、机动车驾驶证期满换证、驾驶人记满12分、驾驶证有效期满、提交身体条件证明等内容，不断满足人民群众的知情权；创新事故处理方式，开展非现场执法工作；以大理市为试点开发PDA停车管理系统，加强城区停车管理体系建设，解决"停车不安全、不规范"的问题。二是创新社会消防管理，推行行业消防管理模式。研发了行业消防管理信息系统，设置了基础数据、安全管理、隐患统计、电子档案、办公自动化和短信呼叫等功能模块，根据不同行业的工作要求自动生成消防安全能力建设提示信息，指导会员单位开展消防工作。三是出入境管理部门以群众满意为目标，努力创新社会管理举措，从2010年5月起，推行"五个服务"("阳光"服务、"微笑"服务、"温馨"服务、"快捷"服务、"满意"服务)，努力将公安出入境窗口打造成公安机关密切联系群众的纽带和构建和谐警民关系的桥梁。

【执法规范信息化建设】 年内，全州公安机关充分利用警综平台、执法监督系统、情报研判模块等加强对执法活动每一个环节的控制与管理，实现对执法过程全程化、实时化、动态化控制，走出规范执法的新模式。一是接警数据进入警综平台。对案件实施源头管理，确保接警案件真实全面，保证每一起警情得到及时有效处理。二是处警情况实时记录。通过现场执法取证系统和110车载视频系统全程录音录像，保证民警在出警、处警环节严格公正文明执法，同时保护民警合法权益。三是立案数据受到跟踪。四是全部案件网上办理。全州全部案件强制通过网上办案系统办理(审批)。从案件立案、侦查(调查)、强制措施、羁押、逮捕、起诉(查处)等全过程都在网上流转，每一程序环环相扣。五是实时监督全面准确。依托警综平台，实现对民警个人的执法档案管理。六是办案环节自动控制。全州利用执法监控模块实现对每一个案件每一个环节进行自动监控和办案质量的精确分析。执法监控模块能直观展示一个案件办理到了什么环节，实时掌握办案民警办理某个案件的进展情况。案件办理各个环节期限由系统自动提醒预警，防止超期办理。七是审讯羁押全程监视。犯罪嫌疑人或违法相对人进入讯问(询问)、羁押场所全部被录音录像，有效杜绝刑讯逼供和牢头狱霸。

【和谐警民关系建设深入开展】 年内，大理州公安局一是组织集中开展"大走访"爱民实践活动。2010年1～3月期间，在全州公安机关中集中组织开展了"大走访"爱民实践活动，各级公安机关领导及民警深入城镇社区、企业、农村困难群众家中，与干部群众"面对面"交流，了解治安状况，解决实际问题。州、县两级公安机关领导班子成员119人全部参加了走访，共走访各界干部群众4260多人次，均达到了省厅提出的每人走访应不少于5天的要求。全州公安机关民警21836人次参加走访，共走访机关单位1194个、企业844家、村(居)委会912个、城乡群众35041人次。全州公安机关积极开展向困难群众捐衣捐物、捐赠生活用品、送节日礼品等活动。全州公安机关向困难群众捐款捐物折合人民币共25万余元。二是全警动员积极参加抗旱救灾。全州各级公安机关纷纷组织民警深入灾区，进村入户帮助群众解决生产生活问题，维护旱区社会稳定。全州公安机关民警积极响应党委政府的号召，共向旱区捐款62万余元。其中，大理州公安局机关民警共捐款13万余元。

【加强警察公共关系建设】 年内，大理州公安局认真组织第二届“警营开放日”活动。各县市公安局及部分基层所队也举行了“警营开放日”活动，全州公安机关共举办“警营开放日”活动42场次，开展警民恳谈活动1972次，召开各类座谈会501场次。全州公安机关积极适应构建和谐警民关系对公安舆论引导工作的新要求，进一步完善了大理州公安局新闻发言人制度，提高了突发事件、群体性事件、重大敏感案件的新闻发布和舆论引导能力，完善了公安机关形象危机处置机制，积极做好涉警负面报道的处置工作。全州公安机关在“三项重点建设”中，充分利用信息化促进公安工作创新发展的成效，引起了各级公安机关的重视。9月，全省州市公安局长会议在大理召开，大理州公安机关在会上作了重点交流。同时还引起国内各大媒体关注，中央电视台、新华社、人民日报、法制日报、人民公安报、云南日报等知名媒体记者分别进行了专题采访报道。

【各项公安维稳工作取得新成效】 年内，大理州公安局全力做好“维稳”工作。一是加强情报信息工作，及时获取各类情况信息1968条，上报工作信息1827条。二是加大对“法轮功”、“门徒会”等邪教组织以及有害气功的打处工作力度，继续保持了全州无“法轮功”人员进京上访、无“法轮功”人员聚众滋事的“双零”控制目标。三是高度重视，妥善应对群体性事件。全年共发生各类群体性事件3起，发生的群体性事件都做到了提前预警，妥善处置。未发生百人以上动用公安、武警处置的群体性事件，也未发生公安机关对群体性事件处置不当导致矛盾激化、事态扩大的事件。四是认真做好上海世博会和全国“两会”、广州亚运会、亚残运会安保工作。全州各级公安机关充分认识做好世博会、广州亚运会安保工作的重大意义，作为一项重大政治任务，坚持“以面保点、整体防控”和“从严从紧、重点管控”的原则，努力适应新形势、把握规律性，掌握主动权，从严从紧加强社会面管控，为世博会和全国“两会”、广州亚运会、亚残运会安全顺利进行创造良好的社会治安环境，实现了“六个不发生”、“四个确保”的安保工作目标。

【圆满完成重要保卫任务】 年内，全州公安机关先后圆满完成了中共中央政治局委员、中央书记处书记、中央组织部部长李源潮，中央军委委员、国务委员、国防部长梁光烈上将，全国政协副主席白立忱等党和国家领导人、部队首长、中共云南省委、省人民政府主要领导视察大理和重要外宾到大理参访的重要警卫任务；完成了中国(大理)国际绿色低碳技术高峰论坛、全省党委系统秘书长会议、全省公安局长会、大理州人代会、政协会等重要会议保卫任务，完成了省、州领导到基层调研、指导工作等重要警卫任务、勤务50起，做到了确保安全，万无一失。

【加大“严打”整治力度】 年内，全州公安机关坚持“什么犯罪突出，就重点打击什么犯罪；什么治安问题严重，就重点解决什么问题；哪里治安混乱，就重点整治哪里；用什么方式更为有效，就采用什么方式”的原则，精心组织专项整治行动，继续深化命案侦破工作和“打黑除恶”专项斗争，适时开展整治突出治安问题专项行动，严厉打击各类刑事犯罪活动，打掉了一大批犯罪团伙，侦破了一大批案件，有力地震慑了犯罪，维护了全州社会治安的持续稳定。年内，全州共立各类刑事案件6517件，破各类刑事案件3646件，与去年同期相比，立案数上升283件，升幅为5.1%；侦破案绝对数上升149件，升幅为4.5%。抓获作案成员1369人。侦破八类命案74件，命案破案率达98.7%，11个县市年内实现命案全破。打掉犯罪团伙62个231人，成功打掉恶势力团伙9个。加大了对经济犯罪大要案件的侦破工作力度，全州共立经济犯罪案件201起，破157起；案件涉案金额2180万元，挽回经济损失490万元。

【侦破鹤庆县“8·11”特大杀人案】 2010年8月11日，鹤庆县金墩乡邑头村发现三具女尸，经公安机关检验，认定死者系该村侯某家的三代女性，其中侯某为50岁，女儿侯某某26岁，外孙女张某2岁，并确定系他杀。案发后，大理州人民政府副州长、州公安局局长郭有兵、鹤庆县委书记单进园、县长段智深、政法委书记王耀、副县长马洪斌等领导亲自深入案发现场及侦破一线指挥作战，并听取工作汇报，积极协调相关部门支持配合侦破工作。大理州公安局常务副局长何正荣、副局长张跃光赶赴鹤庆全程指挥破案。案发当天，大理州公安局刑侦、技术等民警和鹤庆县公安局迅速成立了“8·11”联合专案组，副县长、县公安局长马洪斌亲自担任组长，全力开展侦破。8月12日，公安机关经过缜密侦查，确定松桂镇三庄村委会村民周某有重大作案嫌疑，但周某在案发后已经潜逃。8月17日，鹤庆警方在兰坪县某宾馆将犯罪嫌疑人周某抓获。18日凌晨4时20分，周某被带回到鹤庆县公安局接受审讯。周某如实陈述了杀害侯某一家三代女性的犯罪事实。从发现尸体到案件侦破，公安机关仅用了一个星期时间便将嫌疑人成功抓获。“8.11”特大杀人案的成功告破，进一步检验了州、县公安机关攻坚克难能力和信息化建设的成果，也用实际行动表明了公安机关开展“三项重点工作”的决心和能力。

【破获云龙县故意杀人纵火案】 2010年12月5日9时30分云龙县公安局漕涧派出所接到报案：“漕涧铁厂村委会李子坪组的李某家正房起火，现场发现他们家的矮房内有人死亡，请派出所赶紧来看看。”派出所民警到现场后，发现李某家的正房完全烧毁，李某、李某之妻和大女儿的长女、二女儿和她一个月大的女儿已死亡。接到县公安局报告后，大理州公安局领导高度重视，大理州人民政府副州长、州公安局局长郭有兵、常务副局长何正荣及分管刑侦副局长张跃光立即亲率刑侦支队、行动技术支队民警及消防支队干部，及时赶赴云龙指导侦查案件。12月6日11时许，云龙县县委书记徐会良赶到漕涧镇，与先期到达的中共大理州委常委、州政法委书记茶忠旺，大理州人民政府副州长、州公安局长局郭有兵、副局长何正荣，张跃光一并听取了专案组对案件侦破情况的报告。省、州、县公安机关全力开展案件侦破工作。在锁定犯罪嫌疑人后，当地公安机关组织100余名警力；县委县政府调集漕涧镇、民建乡职工及村、社干部、民兵100余人，对犯罪嫌疑人进行围堵追捕。12月6日20时许，犯罪嫌疑人何国全迫于压力，向公安机关投案自首。

【推动禁毒人民战争深入开展】 年内，大理州公安局不断强化禁毒宣传，毒品预防教育深入人心。共建立175个“毒品预防教育示范学校”，20个禁毒教育基地，建立禁毒志愿队伍93支13128人，在校学生、高危人群、城镇和农村的“毒品预防知识知晓率”分别达到

100%、90%、95%和80%。强化堵源截流工作，打击毒品违法犯罪取得实效。全州公安机关共破获毒品刑事案件262起（其中万克以上案件5起），与去年同期持平；缴获各类毒品289.6千克，同比上升1.4%；抓获毒品犯罪嫌疑人445名，同比下降5.9%；缴获毒资人民币823.6万元，同比上升7.3%。同时，查破零星贩毒665件，查处零星毒品违法犯罪嫌疑人665名，共收戒吸毒人员2674人，打击毒品违法犯罪工作不断取得新战果，毒品对社会的危害得到有效遏制，州内毒情形势持续好转，禁毒人民战争取得了阶段性成效。不断创新戒毒模式，积极推进禁吸戒毒工作深入开展。共收戒吸毒人员2674人，超额完成云南省人民政府下达大理州收戒吸毒人员的任务。重点整治工作成效显著，州内毒情形势逐步好转。巍山县永建地区外流贩毒得到有效控制，禁毒整治成果得到进一步巩固。无毒创建及成果巩固工作更加稳固。全州共创建"无毒社区"94个，表彰"创建无毒乡镇工作先进单位"82个，分别占全州110个乡镇总数的85.5%和74.5%，鹤庆、剑川、漾濞三个县先后被省人民政府命名为"无毒巩固县"。目前，鹤庆、剑川已通过省"无毒巩固县"的复查考核，弥渡已通过省"创建无毒乡镇工作先进县"的考核。

【认真开展行政管理】　年内，大理州公安局一是强化各项治安管理，依法查处违法行为。共查处治安案件7746起、同比增加6.13%，查处违法人员10134人（次）、同比下降10.75%；严格枪支弹药、爆炸、危险物品管理，确保了生产、运输、储存、使用过程中不发生大的治安事故；适时开展针对性较强的"整治突出治安问题"专项行动，严厉打击"黄赌毒"等社会丑恶现象以及整治校园周边秩序专项行动，多个治安、交通"热点"、"乱点"以及一大批容易滋生违法犯罪的行业场所得以较好整治，取得较好社会效果。

【全省州市公安局长会议在大理召开】

2010年9月6～9日，云南省公安厅在大理州召开全省公安局长会议暨"三项重点工作"、"三项建设"现场推进会。中共云南省委党委、省委政法委书记、省公安厅厅长孟苏铁到会作重要讲话，中共大理州委副书记、州长何金平致欢迎词。省公安厅党委副书记、副厅长罗石文作了公安信息化建设工作报告，省公安厅党委委员、副厅长蒋平作了公安执法规范化建设工作报告，省公安厅党委委员、副厅长严尚智，中共大理州委常委、州委政法委书记茶忠旺，省公安厅党委委员、副厅长蒋平、董家禄、王建中，省公安厅党委委员、纪委书记、督察长杨建萍等领导出席了会议。省厅巡视督导组、厅直各单位、厅"金盾办"、厅"三项办"，铁路、港航、森林公安局、海关缉私分局、公安部昆明警犬基地主要领导，各州市公安局局长、政治部主任、警令部主任、"三项办"负责人、通信科科长、法制科（处）长以及交流发言的单位的近200人参加会议，大理州12县市公安局长、大理州公安局各部门主要负责人列席了会议。全省5万多民警通过电视电话会议视频收看。大理州人民政府副州长、州公安局局长郭有兵向与会代表汇报大理州信息化推进各项公安工作创新发展情况，大理州公安局禁毒、刑侦、治安、交警、网警、出入境管理、消防、法制等部门及大理市公安局民警以PPT课件形式演示了大理公安机关信息化建设成果及社会管理创新、执法规范化建设工作经验。

【州市公安机关切实维护校园安全】

为认真贯彻落实好"4·29"全省公安机关加强学校和幼儿园安全工作紧急视频会议精神，切实做好大理市中小学及幼儿园安全保卫工作，防患于未然，2010年4月30日下午，大理市召开专题会议，就加强大理市小学和幼儿园保安队伍建设、校园及周边的治安、交通管理等工作作了具体要求和部署。会议由大理州公安局副局长、大理市副市长、市公安局局长李彪主持。市公安局指挥中心、刑侦大队、治安大队及教育局、市保安公司相关领导参加了会议。大理市4月30日组织公安、教育等部门召开了校园安全专题会议，传达了"4·29"全省公安机关加强学校和幼儿园安全工作紧急视频会议精神，就加强大理市小学和幼儿园保安队伍建设、校园及周边的治安、交通管理等工作作了具体要求和部署。按照专题会议要求部署，大理市公安局结合辖区学校、幼儿园及周边治安实际，全警联动，三措并举，进一步加强了学校和幼儿园安全保卫，全力保障师生人身、财产安全，为广大师生创造良好的学习和教学环境。

【道路交通管理、消防管理】　年内，大理州公安机关最大限度地预防和减少道路交通和火灾事故。全年共发生一般程序处理道路交通事故296起，共造成110人死亡，495人受伤，直接经济损失293.56万元，同比事故起数下降8.64%、死亡人数下降0.90%，受伤人数上升4.65%、直接财产损失上升73.44%；共发生一次死亡3人以上的道路交通事故（含路外）14起，同比上升40%；全州辖区未发生一次死亡10人以上的特大道路交通事故。消防工作四项指标三升一降，发生火灾263起，同比上升155.34%；死亡6人，同比下降100%；受伤3人，同比上升200%；经济损失816万元，同比上升99.28%；火灾持续保持总体平稳，持续保持了全州连续10年无行政责任事故和案件发生，连续15年没有发生重特大火灾事故和群死群伤恶性火灾事故。三是加强出入境管理工作，共受理批准公民出国、出境申请8021人次，办理涉外案（事）件15起。四是认真开展重点对象、重点组织网上控制工作，密切关注涉藏、涉恐、现实社会"热、难"点问题在互联网上的反应，为领导提供了决策依据。

【队伍建设取得新进展】　年内，大理州公安局改进思想政治工作，队伍管理水平提升。一是新形势下公安思想政治工作机制进一步完善。6月州公安局在剑川召开了全州思想政治工作会议暨党风廉政建设会议，进一步推动基层经常性思想政治工作的深入开展，进一步落实了队伍思想状况按月分析制度，及时了解掌握民警思想动态。二是抓实干部人事工作。加大对县市公安局领导干部的协管力度，强化对县市公安局领导班子及成员考察考核；大理州公安局机关通过公开竞争上岗，7名副科级干部脱颖而出，进一步增强了干部队伍活力。三是抓好教育培训工作。年内，全州各级公安机关投入教育训练经费近170余万元，大理州公安局先后组织举办了法制业务、通信保障、舆论引导、交通管理等15个全州性的警种业务培训班，各县市公安局共组织各类培训班63期，共5712人次参加了培训，取得较好效果。四是普遍落实了民警优抚优待、休假、年度体检等制度，建立健全服务民警、关爱民警的激励机制，积极营造良好的工作学习氛围。

【加强反腐倡廉教育，推进廉政文化建设】　年内，全州公安机关积极开展"两无"活动和优化经济发展环境工作，不断加强警纪、警风建设，认真落实党风廉政建设责任制，层层签订责任状，形成齐抓共管局面。全州一年来未发生违反禁令、警规事件;开展警示教育,使广大民警进一步增强了廉洁自律意识,从而牢固树立执法为民思想。紧紧抓住执行政令警令和政治纪律、组织纪律、干部人事纪律、财经纪律及容易发生违法违纪和腐败问题的执法环节,加强监督检查,规范执法权力运行,防止权力滥用,推进预防关口前移,最大限度地减少民警执法领域违法违纪案件的发生。

【深入开展立功创模活动】 年内,全州公安机关通过深入抓好队伍建设,最大限度地调动广大民警的工作积极性和创新力,公安队伍中涌现出了一批先进集体和个人。共有66个集体和401名个人受到表彰奖励,大理市公安局被公安部命名为"全国公安机关执法示范单位",鹤庆县公安局民警王兴锋被评为"全国公安机关爱民模范"、入选云南省第二届"百姓最喜爱的十大人民警察"并记一等功,交警支队民警赵义添荣获"云南省五一劳动奖章",1个集体记二等功,17个集体记三等功,2名个人记二等功,71名个人记三等功。

【开展110爱民实践宣传活动】 年内,大理州公安局按照公安部、省公安厅的部署和要求,1月10日上午,大理州、市两级公安机关领导带领指挥中心、交警、消防等部门30余名民警和消防官兵在大理市人民公园联合组织开展了以"危难见真情请拨110"为主题的110爱民实践宣传活动。为充分体现公安机关指挥中心和110接处警系统在维护社会治安、救助群众取得的良好效果,切实加强公安机关110与人民群众的沟通与联系,增进人民群众对110工作的理解和支持,构建新时期和谐的警民关系,促进110接处警工作深入开展,大理市公安局制定了《2010年110爱民实践宣传活动方案》,并成立了宣传活动领导小组。为使110宣传活动扎实有效开展,大理州、市两级公安机关高度重视,把其作为爱民实践活动中的一件大事来抓,精心组织,统筹部署。通过此次110宣传活动,使广大人民群众对接处警工作有了进一步的了解,增加了接处警工作透明度,进一步增强了群众的防盗、防抢、防骗及交通、消防安全意识,增进了群众对公安机关打击犯罪、维护治安、服务群众等工作的了解,密切了警民关系,为下一步更好地开展公安工作奠定了坚实的基础。

【破获运输毒品案】 年内,大理州公安机关在开展以确保社会治安大局稳定为目标的"冬季行动"中,大理市公安局禁毒大队针对毒品犯罪的规律特点,运用灵活多样的侦查手段,坚持"打团伙、破大案、缴毒资"的原则,加大对大要案件的侦办力度,经过连日奋战,连续破获多起运输毒品案,抓获犯罪嫌疑人12人,缴获毒品15228.4克,严厉打击了贩毒分子的嚣张气焰,进一步推动了"冬季行动"的深入开展。2010年1月7日,大理市公安局禁毒大队根据线索在昆明某收费站内查破运输毒品案件1起,抓获犯罪嫌疑人2人,缴获毒品海洛因2809.3克。抓获的12名涉嫌运输毒品犯罪的嫌疑人已全部被采取强制措施。

【反腐倡廉】 年内,为了采取更加严格的教育、管理、监督措施,切实把公安机关党风廉政建设和反腐败工作抓紧、抓落实,大理州公安局党委结合大理州实际下发了《2010年全州公安机关党风廉政建设和反腐败工作实施意见》,要求认真落实中纪委十七届五次全会精神,紧紧围绕政法机关"三项重点"工作和公安机关"三项建设",以规范权力运行和强化执法监督为主线,以落实党风廉政建设责任制为抓手,以构建和谐警民关系为目标,解放思想,开拓创新,努力提升反腐倡廉建设的能力和水平,以九条工作举措推动公安机关反腐倡廉工作。一是以创新的工作方式,抓好党风廉政建设责任制的贯彻落实。二是强化监督检查,确保重大警务部署的贯彻落实。三是加强反腐倡廉教育,筑牢广大民警拒腐防变思想防线。四是严肃查处违法违纪案件,始终保持惩治腐败的强劲势头。五是强化监督制约,进一步规范重点部位和关键环节的执法行为。六是深入推进作风建设,着力加强领导干部廉洁自律工作。七是加强纠风治乱工作,着力构建和谐警民关系。八是加强公安内部审计,强化内部规范管理。九是加强对纪检监督工作的领导,不断提高纪检监督工作能力和水平。

【推进执法规范化建设】 年内,大理州公安局认真贯彻落实全国政法工作会议、省州公安局长会议和省交管会精神,大力加强执法规范化建设工作。大理州公安局交警支队采取六项措施,以创建和培养执法规范化建设示范交警大队,结合工作实际,多措并举,强力推进执法规范化建设。一是切实加强组织领导,查找执法薄弱环节,深入推进执法规范化建设。二是切实加强对执法规范化建设重点任务进行督导和检查,不断提升全州公安交通管理部门的执法能力和执法公信力。三是切实加强民警的教育培训工作,增强民警的执法本领,筑牢执法为民的思想防线。四是切实加强创建和培养执法规范化示范交警大队、中队的力度。五是大力推进公安交警信息化建设,切实加强科技手段在执法工作中的运用。六是切实加强服务群众的能力,深入推进道路交通管理工作的法制化、社会化进程。通过以上六项工作措施,年内,涉及交警支队的信访及行政复议案件大幅下降,人大代表、政协委员对全州的公安交通管理工作没有提出批评性意见,交警的执法能力和水平得到了提高,交警执法规范化建设进程得到较大的推进。

【打击外省籍涉毒人员贩毒活动】 年内,针对西北籍涉毒人员在大理进行贩毒活动较为突出的实际,大理市公安局禁毒大队加大对该类犯罪情报信息的调判力度,获取一批深层次情报线索,经立案调查,发现一个以西北籍成员为主、长期坐镇大理从事跨区域毒品犯罪的外省籍毒品犯罪团伙。通过缜密侦查,继4月3日破获该团伙利用登山鞋藏毒方式进行运输毒品案件后,又于4月8日在大理市辖区内再破获该团伙组织的一起运输毒品案,抓获犯罪嫌疑人员7人(其中,甘肃籍嫌疑人4人),缴获毒品海洛因1096.9克,毒资人民币20.39万元。此案的成功告破,有力打击了外省籍涉毒人员在大理市进行贩毒活动的嚣张气焰,有效遏制毒品渗透和内流。

【大理州公安监所首次对社会开放】 2010年5月18日上午,全州监所首次对社会开放活动在大理市看守所拉开帷幕,大理州、市公安局的部分警风警纪特邀监督员和大理日报、大理电视台、大理人民广播电台、春城晚报、云南法制报等新闻媒体记者30余人,首批应邀参观访问大理州公安监所。大理州人大常委会副主任彭增梅、州政协副主席孙珍玲、州公安局党委副书记杨俐、副局长黄勇、宣传处处长李培荣、州检察院监所管理处处长那红兵、大理市政法委副书记夏阳、市公安局政委甘帆及州图书馆、市畜牧局、下关镇等部门的领导参加了此次活动。大理市公安局副局长杨团柱详细介绍了市看守所的规范化执法、预防"牢头狱霸"工作、人性化管理。大理州公安局副局长黄勇强调看守所向社会公开开放的目的和意义,他说,向社会公开开放，大理市看守所尚属首次，大理州13所看守所也是首次，充分表明了大理州公安机关以更加开放的姿态接受社会监督。大理州公安监管工作从小到大、从弱到强，在服务全局、打击犯罪中心工作，保障社会和谐稳定中发挥着越来越重要的作用，他强调，随着全州看守所文明管理程度进一步提高，监管科技应用发展迅猛，要进一步从制度上、管理上切实保障在押人员合法权益。首次开放后将定期对社会开放监所，进一步增大监管警务公开透明度。此次看守所对外开放日活动的顺利开展，为全州全面开展公安监管场所对社会开放工作奠定了基础，标志着全州公安监管工作正向着更加透明化、人性化和规范化迈进。

【人口普查户口整顿试点工作】　2010年5月20日，大理州第六次全国人口普查户口整顿试点工作在宾川启动，经过6天的紧张工作后圆满完成。为确保此次试点工作取得成功，大理州成立了由州第六次全国人口普查领导小组领导，大理州公安局、州统计局领导及治安支队、政治部、装财处、信通处、外管处、督察支队、宣传处等部门和宾川县公安局领导组成的户口整顿试点工作领导小组，并制定了户口整顿试点工作方案。此次户口整顿试点选在宾川县金牛镇桑园社区、东四居委会、牛井社区、大辛社区、太和华侨农场，共计1367户5156人作为试点工作的核查对象，来自全州12个县市的120多名户口整顿工作人员分组深入各试点区开展入户核对工作，重新核查登记了试点区实有人口数，对部分户口登记项目作了变更及更正。通过开展户口整顿试点工作，掌握了试点区人口数量、结构，找出了目前户籍管理中存在的突出问题，为全州“六普”户口整顿工作的全面开展积累了宝贵经验。

【成立保安消防大队】　年内，为进一步深入贯彻落实新《消防法》，在全州推行“保消合一”的消防工作机制，充分发挥保安队伍在全州实施“防火墙”工程，着力开展单位消防安全“四个能力”建设中的作用。7月16日，大理州隆重举行各县市保安消防大队成立暨器材配发仪式，大理州公安局副局长田树泽、州消防支队政委肖东坤等领导出席仪式，全州12个县市消防大队的大队主官、16支保安消防大队干部和队员共1100余人参加仪式。当日，在宣布16支保安消防大队正式成立的同时，向保安消防大队配发了一批专用器材，主要有多种形式消防值勤车一辆，手抬机动泵1台、抢险救援服4套、头盔4顶、救援腰带4条、消防水靴4双、水带260米、水枪2支、室外消火栓扳手2把、干粉灭火器6具等常用消防器材装备。田树泽受副州长郭有兵委托，代表州人民政府和州公安局向全州各县市16支保安消防大队的成立表示衷心祝贺。大理州各县市16支保安消防大队正式挂牌成立，标志着全州又增添了拥有4427名保安员、服务469家社会单位的16支专业消防队伍。这是消防工作社会化的一种表现形式，是一项完善消防运行机制、弥补现役消防警力严重不足、扩大消防覆盖面的重要举措，是一项实实在在、为民惠民的工程。田树泽强调，在开展消防服务工作中保安消防员要做到懂管理、会管理、能管理、想管理，使单位“无火灾隐患、无火灾事故、无消防违法”，切实解决单位消防安全管理不规范、火灾隐患整治不到位的突出问题，积极创建良好的社会消防安全环境。

【构建“大宣传”格局】　2010年，大理州公安局党委在“三项重点工作”及“三项建设”整体推进过程中，经过周密策划，整合资源，坚持以团结稳定鼓劲、正面宣传为主，唱响主旋律，打好主动仗为指导方针，进一步找准了公安宣传工作的切入点，把握住了关键点，挖掘出了新亮点，经沟通、协调，与国内知名媒体进行良性互动，初步构建起了与媒体建立互信、互动、互助的和谐关系，在媒体的大力关心、支持下，全州从7月起，累计在中央电视台新闻频道、人民日报、新华社、法制日报、人民公安报、云南日报等国内有较大影响的知名媒体刊发大理州公安工作、队伍建设特别是“三项重点”、“三项建设”的正面典型宣传报道11篇（条）。实现了公安宣传工作广度、深度和强度的统一。

【看望慰问民警】　2010年12月20日上午，南涧县委书记苏发吉带领县委政法委书记查政朝、县委办主任黄希里，到南涧县公安局看望慰问制服持刀行凶歹徒的两名处警民警。县人民政府副县长、公安局长阮智齐、公安局政委杨耀参陪同看望慰问。12月15日凌晨4时20分许，在南涧县城安定路口发生一起持刀行凶案件，犯罪嫌疑人自某某持刀将一名男性受害者砍伤。接到报警后，南涧县公安局城镇派出所民警迅速出警，犯罪嫌疑人自某某拒不服从民警指令，反而持刀攻击处警民警，在鸣枪警告无效的情况下，处警民警果断开枪将犯罪嫌疑人击伤制服。案件发生后，南涧县人民政府副县长、公安局长阮智齐第一时间赶赴现场指挥处置，及时启动重大刑事案件处置预案，同时商请县人民检察院派员及时介入调查，南涧县公安局迅速开展现场勘查、受伤人员救治、知情人员调查等工作，并到县人民医院看望本案中的受害者，要求医护人员全力进行救治，同时到城镇派出所看望慰问两名处警民警。

（肖龙灵）

检　　察

【概　述】　2010年，全州检察机关紧紧围绕中共大理州委的一系列决策部署和州十二届人大三次会议要求，以深入推进社会矛盾化解、社会管理创新、公正廉洁执法三项重点工作为载体，切实强化法律监督、强化自身监督、强化高素质检察队伍建设，各项检察工作取得新进步。

【批捕、起诉】　2010年，全州检察机关认真履行批捕、起诉职责，共批捕各类刑事案件犯罪嫌疑人1873人、起诉2716人。重点打击影响稳定和发展的严重刑事犯罪，依法批捕故意杀人、爆炸、强奸、绑架等严重暴力犯罪嫌疑人208人，起诉271人；批捕抢劫、抢夺、盗窃等多发性侵财犯罪嫌疑人654人，起诉805人，确保社会治安稳定和人民群众生命财产安全。批捕走私、生产销售伪劣产品、非法经营等犯罪嫌疑人89人，起诉86人，维护正常经济秩序和群众利益。不断提高工作质量和效率，严把事实、证据关和法律适用关，依法对152名无逮捕必要的犯罪嫌疑人决定不批捕，对17名情节轻微的犯罪嫌疑人决定不起诉，批捕和起诉准确率为100%。追捕74人、追诉37人、纠正漏罪156件。

【职务犯罪查办】　2010年，全州检察机关共立案查办职务犯罪案件104件104人，其中，贪污贿赂案件81件81人，渎职侵权案件23件23人；大案46件46人。通过办案为国家挽回经济损失615.88万元。继续开展集中查办工程建设领域商业贿赂犯罪、危害能源资源和生态环境渎职犯罪、涉农职务犯罪等以保障民生为重点的专项工作，严肃查办涉农职务犯罪案件21件21人，商业贿赂犯罪案件27件27人，工程建设领域职务犯罪案件28件28人，危害能源资源和生态环境渎职犯罪案件14件14人。依法同步介入重大安全事故35起，查办事故背后的渎职犯罪案件4件4人。

【法律监督】 2010年，全州检察机关共依法提前介入侦查活动156次，监督侦查机关立案61件、撤案62件。依法提出刑事抗诉10件，改判8件。以办理群体申诉、劳动争议等涉及社会稳定和民生的案件为重点，全年共提出民事抗诉21件，提请上级院抗诉68件，上级院支持46件。法院再审后，改变28件。提出再审检察建议19件，法院采纳12件。对37件执行监督案件提出检察建议，均被法院采纳。对国家利益、社会公共利益或困难群众遭受损失的，依法支持、督促起诉80件。认真开展"监狱清查事故隐患、促进安全监管"、"被监管人员身体健康状况集中检查"及"保外就医专项检察"等专项行动。对刑罚执行和监管活动中的违法情况提出纠正意见99件次，均得到采纳和纠正。在对刑罚变更执行的同步监督中，纠正减刑、假释、暂予监外执行不当37件，进一步加强了对刑罚执行和监管活动的检察监督；对4827名被监管人员进行身体检查，维护了被监管人合法权益。

【党风廉政建设】 年内，大理州检察院切实履行"一岗双责"，由检察长负总责，强化责任分解、责任考核、责任追究，狠抓自身反腐倡廉建设。建立基层院检察长、州检察院内设机构负责人述职述廉及州检察院检察长、纪检组长与基层院检察长、州检察院内设机构负责人廉政谈话制度，加大对领导干部的监督、管理。强化"反腐者更要注重防腐"意识，举办检察机关自身反腐倡廉展览，组织干警到大理州预防职务犯罪警示教育基地接受教育，提高干警廉洁从检的自觉性。牢固树立监督者必须自觉接受监督的意识，把强化自身监督与强化法律监督放到同等重要的位置，不断完善内外监督制约机制，努力保障执法办案严格依法进行。深入推进执法规范化建设。开展执法作风整改活动，完善检察委员会议事制度，坚持"一案三卡"和执法过错责任追究制度，建立执法业绩档案4600件，开展案件质量评查520件，强化对检察业务的流程管理、动态监督和质量考核，着力解决执法不规范等问题。

【检察队伍建设】 年内，大理州检察院以全州检察机关开展的"加强自侦队伍建设"为抓手，紧密结合"恪守检察职业道德、促进廉洁公正执法"、"创先争优"等专项教育活动，提升干警思想政治素质，确保检察人员始终坚持党的事业至上、人民利益至上、宪法法律至上。进行检察官集体宣誓仪式，增强检察人员的职业使命感、责任感。积极学习检察英模先进事迹，努力营造奋发向上的氛围。把教育培训作为加强队伍建设的重要抓手，突出抓好以领导干部为重点的领导素质培训、以执法办案人员为重点的专项业务培训和以新进新任人员为重点的任职资格培训，先后组织660余人次参加各类培训。在全州范围内首次评选了20名检察业务尖子和11名检察理论研究人才，加强检察专门人才培养。围绕"业务精、能力强"的目标，认真开展岗位练兵和业务竞赛。与大理州总工会联合，将"优秀公诉人"评选活动纳入总工会组织的全州职业技能大赛项目，选拔出的"十佳公诉人"受到大理州人民政府表彰。积极开展"优秀侦查员"评比和"反渎部门大练兵、大比武、大学习"等活动，全州检察机关有1人被评为"全省侦查监督十佳检察官"，1人被评为"全省查办渎职侵权职务犯罪优秀侦查员"，1人进入全省检察机关首批"信息化人才库"。

【成立"全州检察理论研究人才库"】 年内，大理州检察院为进一步加强检察理论研究人才培养工作，促进全州检察理论研究工作不断"增加数量、提升质量、加强成果转化"，根据《大理州检察理论研究人才评选办法（试行）》，大理州检察院党组决定成立"大理州检察理论研究人才库"，并确定了11名全州首批检察理论研究人才。

【派驻市公安局检察官办公室成立】 2010年1月5日，大理市检察院派出检察官办公室在大理市公安局挂牌成立。大理市委常委、政法委书记杨晓、大理市检察院检察长文润祥、市公安局政委甘帆、市人大、政协领导及市法院、市司法局相关部门领导出席了揭牌仪式。驻大理市公安局派出检察官办公室的成立，是贯彻落实中共中央关于加强检察机关的法律监督工作的要求的具体体现，是将事后监督转变为事前监督，将被动监督转化为主动监督的体现，是贯彻预防为主的具体举措之一，也是结合大理市刑事侦查办案的实际创新工作的结果，更是检察机关拓展工作职责和任务的进一步体现。

【开展"进一步加强自侦队伍建设"活动】 2010年2月8日，大理州检察院召开全州检察机关电视电话会议，对全州检察机关开展"进一步加强自侦队伍建设"活动进行动员部署。开展该教育活动的目的是通过加强自侦队伍的政治思想建设、组织建设、业务建设和纪律作风建设，着力解决自侦队伍在执法思想、执法观念、执法行为、执法作风等方面存在的问题，提升自侦干警的综合素质和业务水平，将自侦队伍锻造成为一支政治坚定、业务精通、作风过硬、攻坚克难、善打硬仗的队伍，从而为自侦工作提供坚实的组织保障。

【召开全州检察长会议暨"双先"表彰会】 2010年2月23日，全州检察长会议暨全州检察机关第八次"双先"表彰会在下关召开。大理州政协主席袁爱光，中共大理州委常委、州政法委书记苯忠旺，州人大常委会副主任彭增梅出席了会议。大理州检察院领导班子、调研员、专职检委会委员，各县市院检察长、政治处主任，州、市院全体干警参加了会议。会议回顾总结了2009年工作，安排部署2010年工作，并隆重表彰了在2008～2009年度工作中涌现出的先进基层检察院、先进集体和个人以及荣记三等功的集体和个人。

【马勇杰荣记个人一等功】 2010年2月24日在最高人民检察院召开的"全国检察机关第七次先进集体、先进个人表彰电视电话会议"上，大理州检察院党组成员、调研员马勇杰被最高人民检察院表彰荣记个人一等功。

【聘请民事行政联络员】 年内，大理州检察院为进一步贯彻"强化法律监督，维护公平正义"的检察工作主题，紧紧围绕社会矛盾化解、社会管理创新、公正廉洁执法三项重点工作，充分发挥民事、行政检察的职能作用，加大办案工作力度，确保案件质量，提高抗诉法律文书说理水平，增强办案效果，大理州检察院民行处聘请了10位法律理论深厚、实践经验丰富的民事行政联络员。联络员协助检察机关做好扩大宣传、提高检察干警法律素养、提高民行检察工作水平和案件质量等工作。

【英模事迹巡回报告】 2010年5月12日上午，大理州检察院一楼视频会议室，在中共大理州委政法委统一组织下，大理州公安、法院、司法、安全等政法部门的代表，部分人大代表、政协委员、人民监督员，大理州检察院全体人员共200余人聆听了云南检察英模事迹报告团在大理所做的巡回报告。在12个分会场，各县市的参会人员共1100余人也通过视频同步观看了报告会。云南省政法委巡视员高云福，省检察院党组成员、副检察长李若昆，中共大理州委常委、政法委书记茶忠旺，州政协副主席孙珍玲，州检察院党组书记、检察长普赵辉等领导到会指导，会议由茶忠旺主持。报告会上，七名检察英模用大量生动的事例，从《情系"公诉"终无悔》、《向人民交出满意的答卷》、《做好那颗"定盘星"》等多个角度，作了感人肺腑、催人奋进的事迹报告，展示了英模单位和个人在实践"强化法律监督、维护公平正义"检察工作主题过程中，感人至深的故事和可歌可泣的精神。

【获省"三八红旗集体"荣誉称号】 年内，在全省开展纪念"三八"国际劳动妇女节100周年活动中，大理市检察院获全省"三八红旗集体"荣誉称号。5月22日，云南省政协副主席、省检察院副检察长倪慧芳，云南省女检察官协会副会长、秘书长贺秋萍，省院政策研究室主任朱春丽一行亲临大理市检察院，在大理州检察院党组书记、检察长普赵辉主持下，举行了云南省"三八红旗集体"授牌仪式。

【警示教育】 年内，为了全面加强对检察人员的教育、管理和监督，牢固树立监督者必须接受监督的观念，结合正在开展的"恪守检察职业道德，促进公正廉洁执法"主题实践活动及"加强自侦队伍建设"活动，5月27日，大理州检察院组织院领导班子和全院干警到大理州反腐倡廉警示教育中心、大理州预防职务犯罪警示教育基地接受警示教育。

【王田海到大理州调研指导】 2010年6月8日，云南省检察院检察长王田海到大理州调研指导工作，王田海认真听取大理州检察院检察长普赵辉就2010年全州各项检察工作开展情况以及下步工作打算的汇报，并对大理州检察工作提出要求。

【召开重点公路建设项目预防职务犯罪工作会议】 年内，为切实抓好全州重点公路建设项目预防职务犯罪工作，2010年6月18日，大理州检察院和州交通局决定召开大理州重点公路建设项目预防职务犯罪工作会议。对全州在建的跃龙公路、鸡足山旅游公路、祥姚公路、大凤公路等6个重点公路建设项目的职务犯罪预防工作进行安排部署。

【安全意识和预防犯罪知识讲座】 年内，为了进一步加强中小学生思想道德建设，贯彻落实法制教育进校园活动，让青少年学生了解更多的法律知识，学会用法律知识保护自己，增强青少年学生的安全意识和预防犯罪的能力，2010年6月3~30日，女检察官宣讲团先后在全州12县市的15所初级中学举办讲座。州妇联主席焦映，大理州检察院副检察长、女检察官分会会长韩小红，大理州检察院副检察长、女检察官分会副会长张庆红亲临讲座现场进行指导，全州共有16000余名学生聆听了讲座。

【反腐倡廉教育展览】 年内，为加强检察机关队伍建设和内部监督，规范执法行为，促进公正廉洁执法，检察机关自身反腐倡廉教育巡回展于2010年7月5日在大理州检察院开展。7月5日下午，大理州政协主席袁爱光，中共大理州委常委、州纪委书记梁志敏，州委常委、州委政法委书记茶忠旺，州人民政府副州长、州公安局局长郭友兵，州中级人民法院院长黄为华等领导应邀参观展览，大理州检察院检察长普赵辉及班子成员陪同参观。

【开展举报宣传周活动】 年内，为推动举报工作的深入开展，全州检察机关根据高检院及省院的部署，紧紧围绕社会矛盾化解、社会管理创新、公正廉洁执法三项重点工作，2010年6月21~25日集中开展了以"依靠群众，反腐倡廉，服务大局"为主题的"举报宣传周"活动。全州检察机关主要采取以挂图、上街设点、法律咨询、散发宣传资料，利用报刊、广播、电视等形式，共接受群众咨询240余次，受理举报控告案件31件，深入乡镇和水电、矿山、基础设施建设等单位进行宣传，次数达52次，接受宣传人数近10万余人，制作展板176块，出动宣传车66次，印制法律宣传资料29800余份。

【森林公安局检察官办公室成立】 年内，为认真贯彻落实"三项重点工作"，进一步规范森林公安机关的执法行为，提高办案质量，大理市检察院结合大理市森林公安机关的实际情况，经过与森林公安机关充分协商，决定在大理市森林公安局成立派出检察官办公室，2010年7月9日举行挂牌仪式。

【开展专项行动】 年内，为加强和规范对监外执行罪犯的监督管理，建立健全社区矫正工作长效机制，促进交付执行、检察监督工作的规范化，经大理州检察院牵头并报经州政法委同意，2010年7月25日~9月25日，大理州综治办、州中级法院、州检察院、州公安局、州司法局在全州联合开展"集中清理监外执行罪犯交付执行"专项行动。通过专项行动，将进一步加强和规范对监外执行罪犯的监督管理，建立健全大理州社区矫正工作长效机制，促进交付执行、监督管理和检察监督工作的规范化，预防和减少监外执行罪犯重新犯罪，维护法律尊严。

【举行"检察开放日"】 年内，为深入推进"检务公开"，增加检察工作的透明度和执法公信力，使社会各界更加了解检察工作，2010年8月19日，大理州检察院开展了"检察开放日"活动，来自机关、学校、企业等三方面的50名各界群众和人大代表、政协委员参加了活动。"检察开放日"活动当天，大理州检察院组织社会各界代表参观了检察办公区、会议视频系统、信息网络中心、图书资料室、行贿犯罪档案查询系统、办案工作区，通过观看执法流程，零距离了解检察工作、监督检察工作。

【开展公诉业务专业竞赛】 年内，为认真实施为期三年的全州检察队伍建设规划，大力开展岗位练兵，进一步提高全州干警的业务素质和实际办案能力，2010年8月16日，大理州检察院联合大理州总工会在全州范围内开展了大理州第五届职工技术技能大赛——公诉业务专业竞赛。竞赛分为初赛和决赛两个阶段，初赛由各基层院联合当地工会分别在全州12县市院及州检院进行。经过为期两个月的激烈角逐，共有来自全州各基层院及大理州检察院的30名优秀选手参加在大理州检察院举行的决赛。竞赛通过公诉实务笔试、公诉业务答辩、分组论辩三个阶段，重点考察选手的实际出庭能力、理论应用能力、临场应变能力、语言组织能力、逻辑思维能力等综合业务能力。评委由五位资深检察官担任。竞赛的难度、参赛人数、影响力等在全州检察机关尚属首次，获得全州"十佳公诉人"的优秀选手将受到大理州人民政府的表彰。

【孟苏铁到大理州检察院检查指导】 2010年9月6日上午，中共云南省委常委、省政法委书记孟苏铁在中共大理州委书记刘明，州委副书记、州人民政府州长何金平，州委常委、州委政法委书记茶忠旺，副州长郭有兵等陪同下，到大理州检察院检查指导工作。

【视察反渎职侵权工作】 2010年9月3日上午，大理州检察院邀请大理州人大代表、政协委员视察反渎职侵权工作座谈会在州检察院二楼会议室举行，州人大法制委员会主任周建国、州政协社会法制委员会主任刘波等18名人大代表、政协委员应邀参加会议。

【专题审议反贪污贿赂工作】 2010年10月26日，大理州第十二届人大常委会第十八次会议审议了大理州检察院普赵辉所作的《关于加强反贪污贿赂工作，推动反腐败斗争深入开展情况的报告》，并作出审议意见。

【《大理州涉农职务犯罪预防调查报告》引起领导重视并作出批示】 年内，为扎实开展预防工作，提升预防实效，大理州检察院预防处按照上级检察机关和大理州检察院《专题调研工作安排意见》要求，通过个案剖析和类案分析，在对2005以来大理州检察机关查办的典型涉农职务犯罪案件进行充分调研及分析的基础上，对该类案件的权力结构和运行状态、引发犯罪的原因、症结、特点、规律等提出防范建议和对策措施，形成的《大理州涉农职务犯罪预防调查报告》分别被《大理人大》、《大理纪检监察》、《云南民族时报》等刊载，引起了中共大理州委、州人民政府有关领导的重视并作出了批示。

【召开征询意见建议座谈会】 年内，为进一步加强与人大代表、政协委员的联系，依靠人大代表和政协委员的监督、支持和帮助，不断加强和改进检察工作。2010年12月17日，云南省政协副主席、省检察院副检察长倪慧芳代表省检察院在大理州检察院热诚邀请在大理的全国及省人大代表、政协委员召开座谈会，征询各位代表、委员对检察工作的意见建议。全国人大代表、中共大理州委副书记、州人民政府州长何金平，省人大代表、大理州人大常委会主任字国顺，省政协委员、大理州政协主席袁爱光，全国人大代表、大理州委常委、州委政法委书记茶忠旺，省人大代表、大理州人大常委会原主任赵波，州政协委员、大理州政协副主席孙珍玲，省政协委员、大理州政协副主席寇铸勋，省人大代表，大理学院党委副书记段林等二十三位全国、省人大代表、政协委员及州人大法制委、内司委，州政协社法委负责人应邀参加了座谈会。与会代表、委员们在充分肯定全省检察工作取得成绩的基础上，对加强和改进检察工作提出了中肯的意见建议。

（杨莉妮）

审　判

【概　述】 2010年，全州法院共受理各类案件15547件，新收案件同比增加122件，上升0.83%。其中，诉讼、减刑假释、申诉申请再审、审查行政非诉执行案件收案11513件，同比增加569件，上升5.25%；执行收案4034件，同比减少447件，下降11.79%。截至12月20日，已审结、执行14709件，诉讼案件结案率96.69%，执行率87.23%。共有未审结、执行案件838件。结案标的和执行标的金额为100769万元，同比增加32921万元。其中，大理州中级人民法院受理各类案件3096件，结案2977件，新收案同比增加705件，上升29.63%。

【刑事审判宽严相济】 年内，全州法院共受理刑事案件2051件，同比上升1.44%，审结1993件，结案率为97.17%。全州共生效1409件2391人，其中，免予刑事处分128人（自诉案件54人），给予刑事处罚2243人。对不构成犯罪或证据不足、指控罪名不能成立的20名刑事被告人依法宣告无罪（均为自诉案件）。其中，中级法院受理刑事案件440件，结406件，结案率为92.27%。

【民事审判力求案结事了】 年内，全州法院共受理民事案件7474件，同比收案减少191件，下降2.53%，审结7214件，结案率为96.52%，结案标的57626万元，同比增加16804万元。其中，中级法院受理775件，审结720件，结案率为92.90%，结案标的31321万元，同比增加13784万元。为弱势群体提供司法救助案件798件，减、缓、免交诉讼费及申请执行费45.96万元。

【行政审判注重司法民主】 年内，全州法院通过高效审判，提出司法建议，首次发布《行政审判白皮书》，推动社会管理创新，社会反响较好。共受理行政案件68件，收案上升6.25%，审结68件。审查行政非诉申请执行案件126件，裁定准予执行119件，裁定不予执行7件。向行政部门发出法定代表人建议书14份，有15名行政部门领导出庭支持诉讼。其中，中级法院受理31件，审结31件。审查国家赔偿申请案件4件，决定不予受理3件，立案审查并维持行政复议机关不予赔偿决定1件。

【执行工作攻坚克难】 年内，全州法院共受理各类执行案件4034件，执结3539件，执结率为87.23%，执行标的40452万元。其中，大理州中级人民法院受理72件，执结67件，执结率为93.06%，执行标的28531万元。截至12月，全州执行救助金到位184.92万元，共救助199件执行案件，救助特困申请人296人，其中一次性救助188件278人，共发放救助金61.63万元，救助案件中纳入低保76件111人，纳入医保203件308人，其他渠道救济6件9人。其中，大理州中级人民法院对涉诉的94件147人实施了司法救助，发放救助金38.22万元。救助案件中纳入低保29件41人，纳入医保66件105人。切实开展好“无执行积案先进法院”创建活动，稳步开展受托执行案件专项清理活动，共清理出受托执行案件80件，已按程序结案69件。

【审判监督做到有错必纠】 年内，全州法院再审收案47件，审结43件，结案率91.49%。其中，改判7件，维持12件，调解21件，发回重审1件，驳回1件，其他处理1件。中级法院受理、审结36件，维持12件，调解20件，改判2件，发回重审1件，其他处理1件。依法办理减刑、假释案件1724件。

【加强立案、信访工作】 年内，全州法院共审查各类案件15547件，办理管辖请示案件90件，接待来访人员15730人次，处理来信1291件次。其中，大理州中级人民法院审查各类案件3096件，办理信访事项53件，处理来信124件，参加州人大“主任接待日”、“州长接待日”共24期，接待来访355人次。4月，启动了立案信访窗口建设。5月，全州法院完成了残疾人专用通道建设。4～6月，全州法院开展了清理涉诉信访积案活动，清理并办结了一批信访积案。

【审结管理规范有序】 年内，全州法院共审结刑事 二审案件206件，其中，发回重审10件，改判32件，维持161件，调解1件，以其他方式结案2件；共审结民事二审案件601件，其中，发回重审23件，改判119件，维持319件，撤诉56件，调解45件，以其它方式结案39件；共审结行政二审案件19件，维持13件，改判3件，驳回1件，撤销原裁定指定立案审理1件，其他处理1件。

【开展“创先争优”活动】 年内，大理州人民法院继续开展“人民法官为人民”主题实践活动、开展创先争优活动，组织抗旱先锋活动，深入广泛地学习了全国模范法官陈燕萍的先进事迹，在全州法院系统掀起向龙进品学习的高潮。接受省高院第二司法巡查组对大理州中级人民法院进行司法巡查。

【班子建设】 年内，大理州中级人民法院进一步扎实推进学习型党组织、学习型党员建设，加强和改进工作作风，为实现全州法院新发展提供更加坚强的政治和组织保证。共召开党组会议18次，讨论决定涉及人事、党风廉政建设、经费等重大事项122项。2010年，完成全州法院公开招录41人。

【作风建设】 年内，大理州中级人民法院着力规范车辆管理和固定资产管理，使干警工作作风明显改观、精神面貌焕然一新。10月9日，为4个党员示范窗口和15个党员先锋岗授牌，并进行了党员承诺公开亮诺。在全州法院掀起了向龙进品学习的高潮，洱源县法院被评为省级“文明单位”，龙进品荣获“全省十佳少数民族法官”称号，荣立二等功，陈涛被中共云南省委、省人民政府评为“云南省第二批新农村建设优秀指导员”，大理州人民法院被评为全州维护妇女儿童合法权益先进单位，获大理州直属机关党委组织的“七一”接力赛第一名。

【文化建设】 年内，全州两级法院开展了以“迎七一、庆党建”为主题的廉政文化周活动，举办了全州法院系统廉政书法、绘画和摄影比赛，突出了廉政教育的重点。组织全院干警开展了丰富多彩的文体活动，举行纪念建党89周年系列活动，开展了共产党员抗旱先锋活动，组织干警捐款6.766万元，单位捐款20.72万元，到挂钩扶贫乡村开展对口帮扶活动。法官协会成立后，积极开展了各项工作，征稿37篇。

【党风廉政建设】 年内，大理州中级人民法院用科学发展观统领反腐倡廉工作，以确保司法廉洁，维护司法公正为目标，以严格落实“五个严禁”、违法审判责任追究、领导干部问责制等规定为抓手，坚持标本兼治、综合治理、惩防并举、注重预防的方针，深入推进全州法院的反腐倡廉建设，取得了一定成效。加大反腐倡廉的教育力度，深入开展警示教育，筑牢拒腐防变的思想道德防线。开展了集体廉政谈话及廉政党课活动，开展司法警察警示教育活动，充分发挥廉政监督员的职责，收到良好的效果。大理州人民法院中院党组成员挂钩联系12个基层法院，列席挂钩法院的党组民主生活会，加大了指导、监督的力度。

【干部教育】 年内，大理州人民法院共有63人次分11期参加了最高法院组织的培训，有346人次分17期参加了省高院组织的培训，有1016人次参加了本院组织的培训，通过培训，提高了干警的司法能力。

【宣传报道】 年内，大理州人民法院配合最高法院和省法院对云南省十佳少数民族法官龙进品进行了集中采访、报道；云南电视台《与法同行》栏目播出大理州专题、案例22期；配合央视等19家新闻媒体进行了“媒体眼中的人民法官”集中采访报道活动；省委宣传部组织部分省级媒体对龙进品进行了采访。共播出《法在身边》电视栏目46期。积极完成调研报告、论文、案例117篇，报送三项重点工作信息72篇。据统计，全州法院稿件被国家级媒体刊载150篇，州级以上媒体刊载916篇。

【规范审判管理机制】 年内，大理州中级人民法院共召开61次审判委员会，讨论各类案件、事项279件（项），编发《审判委员会纪要》7期。大理州中级人民法院审判委员会讨论案件中，35次邀请了同级检察机关检察长列席审判委员会，自觉接受检察机关的法律监督。省高院司法巡查反馈意见后，大理州人民法院进一步规范了审判委员会工作，同时，加强了院长参加审判委员会工作。

【司法为民】 年内，大理州中级人民法院共有385件案件邀请人民陪审员参加审理，为117人指定辩护人。积极推行诉讼引导、举证指导、权利告知、风险提示、判后答疑，特别是刑事附带民事诉讼的指导等服务措施，坚持就地审理、巡回审判、简易纠纷速裁等便民诉讼制度，使群众得到更加周到的服务。据统计，全年共巡回审理1328件，速裁762件。

【健全矛盾纠纷解决机制】 年内，大理州中级人民法院健全诉讼与非诉相衔接的矛盾纠纷解决机制，加强对人民调解工作的指导、培训。全州调解及撤诉民事一审案件3759件，调撤率达57.21%。

【政务管理】 年内，大理州中级人民法院通过修订《固定资产管理办法》、《岗位目标管理规定》及执行长效机制等规章制度，使各项工作的管理监督更加规范化、制度化，重点对车辆、固定资产进行了有效的管理。进一步加强了保密工作，加大了日常检查、督查，牢固树立保密安全的意识。对廉政规章制度进行清理、汇编。初步建立了干警和部门业绩档案，建立了干警廉政档案，进一步完善了考评机制。

【规范完善评查机制】 年内，大理州中级人民法院参加政法委组织的“忏案评查”，及时根据要求完成了案件自评、总结，交叉复评以及总结材料报送和督促下级法院的案件评查工作。大理州中级人民法院被抽查的35件案件有1件发现程序瑕疵；中院自查案件1407件，对发现的问题已下发评查通报3期，实行改判、发回重审案件向审判委员会按季度通报制度，通报2期7件，加强了对案件的指导。对全州涉烟案件进行了专项评查。

【社会监督】 年内，大理州人民法院组织开展了“司法公开宣传月”活动，邀请人大代表、政协委员140多人进行庭审观摩，召开座谈会13场。州人大常委会、州政协委员分别对弥渡、祥云、宾川、大理、洱源及中院进行了督查、视察。共办理代表建议案4件，政协提案6件。35次邀请227名代表、委员旁听案件，39次走访139名代表、委员征求意见，36次邀请163名代表、委员座谈。

【基层工作】 年内，全州12个基层法院均完成审判大楼的新建、搬迁工作。弥渡县红岩法庭、南涧县公郎法庭先后建成投入使用。司法行政工作紧紧围绕审判中心工作，牢固树立服务理念，管理工作更加规范、有序、高效，保障更加有力，督促完成了对警务用车清理改牌工作。全州法院共完成基本建设债务清理化解资金1135.37万元，其中省级补助482.37万元，州级补助257万元，县市级补助396万元。圆满完成泰国公主访问及最高法院、省高院、省委政法委等领导的视察调研的接待任务，完成了20余场次视频会议、工作总结、培训、招录及全州法院工作会议的会务及接待工作，圆满完成最高法院在大理召开的全国法院法官等级审核培训会议、省高院在大理召开的征求人大代表、政协委员座谈会等会务及接待工作。完成装备采购480余万元，发放了服装，加强了固定资产管理，归档各类卷宗、文书3700余卷。

【安保工作】 年内，大理州中级人民法院重视安保工作，进一步落实定员定岗负责制，配置了安检设备，加强安全检查，杜绝安全隐患。部分基层法院和基层法庭配备了安保人员，认真落实值班和信 访接待制度，确保安全。认真做好法院自身的安全保卫防范工作，防止突发事件的发生，保障审判工作的顺利进行。进一步建立健全了突发事件和工作报告制度，完善应急预警机制。营造了安全、文明的办公及生活环境。大理州中级人民法院共完成押解、值庭169件，押解人犯375人，动用警力3078人次；执行死刑7次，完成了机关安全保卫任务。认真开展了司法警察警示教育活动，共召开教育会议5次，编发《法院警讯》教育简报5期，对存在问题进行了整改，规范管理、成效明显。

【延伸审判职能】 年内，大理州中级人民法院坚持能动司法，发挥司法的导向作用，深入推进社会管理创新。积极参与社会治安综合治理、维稳、依法治州、“五五”普法、禁毒等工作。推动禁毒工作全面开展，坚持“预防为主，综合治理，禁种、禁制、禁贩、禁吸并举”的禁毒工作方针，深入开展禁毒宣传教育活动，严厉打击毒品犯罪，按要求完成禁毒督导、考核工作任务。积极参与全州新农村建设、扶贫助困、保护洱海等中心工作。

【信息化建设】 年内，大理州中级人民法院根据《人民法院信息系统建设技术规范》和《人民法院审判法庭信息化建设规范》的要求，结合大理州两级法院信息化建设的实际，重点实施了视频会议、三级专网、科技法庭及远程系统四个版块的建设。重点抓好数字化法庭、计算机局域网、审判流程管理系统、执行案件信息管理系统、法院网站建设和管理，完成了三级专网建设，实现了三级法院之间的语音、数据和图像交换。6月10日，电子签章在大理市法院基层法庭首度实现，6月13日中院首次对一起贩卖毒品案件进行远程审判，截至10月，大理、剑川、弥渡、云龙、洱源五县市法院10个法庭实现了省、州、县市、派出法庭四级信息联网，标志着全州法院信息化建设工作推进平稳。全州法院实现了远程开庭、视频会议功能，建成了数字化法庭。在最高法院援建的基础上，全州法院投入500余万元，购买信息化设备，积极推进信息化技术在法院工作中的应用。大理州中级人民法院及12个基层法院均建立了数字化审委会，档案数字化工程取得了阶段性成果，电子归档正有序推进。大理州中级人民法院及12个基层法院均安装了新的审判及办公软件。通过分批次的人员培训，全体人员电脑操作技能基本上能够适应法院管理系统办案的需要。办案的各项指标逐步优化，基本上实现了案件信息同步录入、案件节点智能控制、案件办理网上审批、案件情况实时监督的办公自动化。全州法院共录入14396件案件信息，信息化建设取得了突破性进展，在全省法院名列前茅。

【全省政法工作视频会议】 2010年1月15日，全省政法工作视频会议召开，中共云南省委常委、省政法委书记孟苏铁作重要讲话，州公安局设立分会场，州委常委、州政法委书记茶忠旺出席会议并作重要讲话，全州政法机关副处以上干部参会。大理州中级人民法院党组成员、各部门主要领导参会。

【全省法院工作视频会议】 2010年1月20日，全省法院工作视频会议召开，省高院院长许前飞作了题为《认清当前形势、把握三项重点，为经济社会发展提供良好的司法保障》的重要讲话，大理州中级人民法院设立分会场，院党组成员、各部门正副职领导、全州12县市法院院长参会。

【州人大、政协会议】 2010年1月31日~2月5日，大理州人大第十二届三次会议、政协大理州第十一届三次会议在下关召开，大理州中级人民法院院长黄为华向代表大会作工作报告，并审议通过了法院工作报告。州政协举行法院工作报告协商会，对法院工作给予充分肯定。

【全州政法工作会议】 2010年2月22日，全州政法工作会议在下关召开，中共大理州委副书记王雪峰，州委政法委书记茶忠旺作重要讲话。大理州人民法院副科以上领导干部参加会议，各县市法院院长参加会议。

【全州法院工作暨党风廉政工作会议】 2010年2月22~23日，大理州中级人民法院召开全州法院工作暨党风廉政工作会议，全州12县市法院院长、纪检组长、监察室主任，中院全体干警参加会议。院长黄为华作了专题报告，会议对2009年党风廉政建设工作进行了交流发言，对2009年全州法院工作作了回顾总结，对2010年全州法院工作及党风廉政建设工作作了安排、部署。

【重要会议】 2010年3月16日，云南省高级人民法院召开院志写作视频会议，安排全省法院院志写作工作，大理州中级人民法院副院长李雄章、研究室主任刘征、赵云疆参加会议。

3月29日，在大理州调研工作的省高院院长许前飞专程到大理中院视察信息化建设工作情况，并主持召开了省高院暨大理州两级法院信息化建设视频工作会。在认真听取了大理州中级人民法院院长黄为华信息化建设情况汇报后，许前飞就大理州两级法院信息化建设所取得的成绩给予了充分肯定和祝贺。在中共大理州委常委、政法委书记茶忠旺及大理州中级人民法院党组成员的陪同下，许前飞一行视察了其他信息化建设设施。

5月20日，由省依法治省办公室副主任李云保为组长、州依法治州办公室副主任李小妹为副组长的云南省全国首批法治县创建活动先进单位考核组一行5人，到永平县法院检查指导“法治永平”创建工作。永平县委书记程永标、县长张剑萍、县政法委书记马伟军，副县长、县公安局局长陈学军以及县司法局、县依法治县办公室相关领导参加了会议。县法院党组书记、院长李永忠向指导组汇报了“法治永平”创建工作情况。

6月6~19日，全国高级法官等级集中审核会议在云南大理举行，最高法院法官管理部领导蔡淑先及全国11个省区高级法院的领导出席会议，云南省高级法院政治部主任张晋明、大理中院院长黄为华参加会议。

8月12日，大理州中级人民法院召开全州法院执行工作视频会议，安排部署“无执行积案先进法院”创建活动和

“委托执行案件专项清理”活动。副院长李雄章作动员讲话，执行局局长李胜龙对全州法院开展两项活动作安排部署。

8月30～31日，全省法院信息化建设试点法院工作会议在大理州中级人民法院召开。省高级法院副院长郑蜀饶率省高院技术处、办公室、审务办等相关部门人员出席会议，昆明、大理、普洱、临沧中院及各辖区3家试点基层法院的领导参加会议，会议通报了全省法院信息化建设的情况。

10月13日，大理州中级人民法院召开全州司法统计业务培训会议。全州法院司法统计人员及各业务庭内勤88人参加了培训。

12月17日，大理州州级政法部门政法队伍建设调研座谈会在大理州中级人民法院召开。州委政法委、州法院、州检察院、州公安局、州司法局、大理监狱、州森林公安局、州交警支队、州劳教所等共10家单位的相关领导参加了座谈会。州委政法委副书记周本森出席会议。

12月17日，省高院在大理举行听取省人大代表、政协委员意见座谈会。全国人大代表、州人民政府副州长何金平，省人大代表、州人大常委会主任字国顺，省政协委员、州政协主席袁爱光，全国人大代表、州委政法委书记茶忠旺，省政协委员、州政协副主席寇铸勋，全国人大代表、州卫生局副局长王瑛等18名代表、委员应邀出席座谈会。高级法院副院长田成有向与会代表、委员介绍了2010年全省法院的工作情况。

【重要活动】

1月22～23日，广西高院研究室主任骆金盛一行9人，在云南省高院研究室相关人员的陪同下，就最高法院2009年重点调研课题——林权纠纷的调研到大理州中级人民法院调研、考察，副院长杨学本向调研组介绍了大理州林改纠纷的处理情况，大理州中级人民法院研究室、民一庭、行政庭等部门领导参加座谈。

1月29日，大理州中级人民法院首次向社会发布《行政审判白皮书》。白皮书是大理州中级人民法院将年度内审理的行政案件的基本情况、行政机关应重视的问题、建议等形成书面报告，并向党委、人大、政府、政协及相应行政机关报送。以加强人民法院行政审判工作的公开、透明，主动加强与行政机关沟通，加强情况信息交流，建立司法与行政的良性互动。

2月10日，祥云县法院在刚刚建成的科技法庭公开开庭审理了一起民事案件，这标志着由最高人民法院援建的科技法庭正式在彩云之乡投入使用。

3月16日，泰王国公主到大理州中级人民法院参观访问。

3月26日，大理州中级人民法院副院长杨学本、副院长王晶、政治部主任杨金文、纪检组组长奚云程等党组成员、党总支委员一行到南涧开展抗旱先锋活动，为小湾东镇新民村委会捐赠抗旱救灾资金5万元，全体干警向新民村困难户捐款1.7万余元。中级法院党组成员和党总支委员个人还与新民村受灾的16户特困党员户、特困户结成抗旱帮扶对子，为每户捐赠抗旱救灾款600元，并到老党员和特困户家中走访慰问。截至3月，大理州中级人民法院及全体干警共向南涧县灾区捐赠抗旱救灾资金12.7万余元。

5月25日，由大理州人大常委会副主任彭增梅带队的州人大涉诉信访工作督促检查组一行，在弥渡县人大常委会主任石雄、副主任熊万明和县级相关单位领导的陪同下，到弥渡县人民法院督促检查涉诉信访工作。

5月25～27日，大理州人大常委会副主任彭增梅带领州委政法委、州人大、州检察院、州信访局的相关人员，分别到弥渡、祥云、宾川、大理中院对全州法院涉诉信访工作进行督查。

5月10日～6月20日，大理州中级人民法院组织全州700余名干警在大理学院进行了计算机技能培训。

5月26日，省委巡视组组长、昆明中级人民法院原院长杨玉兰应邀到大理州中级人民法院作《廉洁司法与和谐人生》专题讲座。全院干警在会议室、各县市法院干警通过视频聆听了讲座。

6月1日，由大理州政协副主席孙珍玲为组长的“五五”普法检查组一行6人，在永平县领导马伟军、李永平、陈利仙的陪同下，到永平县法院检查指导“五五”普法工作。

6月9日，大理州中级人民法院举行司法警察片区联动演习，祥云、大理市及中级法院的司法警察分为3个单元，接受了云南省高级法院法警总队队长陆廷明的检阅。

7月6日，弥渡县人民法院与大理学院“教学实践基地”揭牌仪式在县法院举行，大理学院领导和县四班子领导出席揭牌仪式。

9月14～17日，大理州中级人民法院举办全州人民陪审员集中培训，75人参加了培训。

10月21～24日，最高人民法院新闻办主任宋军及中央电视台拍摄组导演宋忆、导演助理张继红及摄影师、灯光师一行五人在省高院新闻办、中院新闻中心陪同下到公郎人民法庭拍摄南涧县法院法官龙进品先进事迹纪录片，龙进品作为优秀少数民族法官代表，展现了基层法官的优秀、敬业、伟大的一面，入选最高法院2010年年终纪实片。

11月4日，全州司法警察警示教育活动工作视频会在大理州中级人民法院召开。全州两级法院分管院领导、政治部（处）、纪检监察室领导及全体司法警察参加了会议，副院长李雄章作了动员讲话，为期3个月的教育整顿活动拉开了帷幕。

11月11日，省妇联副主席李毅、州妇联副主席李迎春等领导一行6人在永平县委副书记杨宁、县委组织部副部长方尔明、县机关党委书记万国萍的陪同下，对永平县法院创先争优活动党建示范点创建工作情况进行检查指导。

11月15～18日，“媒体眼中的人民法官”采访团在省、州法院相关领导的陪同下，分别赴南涧和洱源县，对南涧公郎法庭庭长龙进品、洱源邓川法庭庭长李炬海的工作、生活、学习及先进事迹等情况进行了集中采访。采访团由人民日报、人民网、光明日报、光明网、中央人民广播电台、中国广播网、中央电视台、京华时报、法制日报、人民法院报、云南日报、云南经济日报等省级、国家级媒体组成。

11月18～19日，《人民法院报》记者李阳在云南高院新闻办副主任茶莹的陪同下，到宾川法院采访。这是《人民法院报》在全国开展“记者走基层”系列采访报道活动确定的云南省3家法院之一。

11月23～25日，省委宣传部组织的由省电视台、省广播电台、党的生活、春城晚报、云南政协报、云南法制报、云南信息报、生活新报8家媒体组成的采访团到南涧县采访南涧法院公郎法庭庭长龙进品事迹活动。此次省级媒体集体采访是为贯彻落实省委宣传部关于龙进品列为“云岭楷模”先进人物报道对象决定精神而进行的，目的是充分展现党员法官的“家国情怀”和“法治追求”以及新时期党员法官“公正、廉洁、为民”的良好风范。

12月16日，省高级法院副院长田成有率新闻办主任童晓玲到大理州中级人民法院，与中共大理州委副书记王雪峰、州委宣传部相关人员及大理州中级人民法院干警进行座谈,座谈会总结了宣传龙进品同志的相关工作。龙进品先进事迹入选中国法官形象宣传片《人民法官》,并在最高法院官方网站播出,其先进事迹在国内多家媒体刊载。

【表彰奖励】 1月27日,大理州中级人民法院专题电视节目:《与法同行》——核桃树下化纠纷,被云南省政法委新闻宣传处、云南电视台6频道 评为2009年度法制电视节目“三等奖”。

2月,南涧法院被大理州人民政府表彰为“全州档案工作先进集体”。3月2日,大理州中级人民法院、宾川县人民法院、云龙县人民法院分别被大理州妇女联合会评为维护妇女儿童权益“先进集体”。

4月,大理州中级人民法院表彰奖励调研信息宣传工作先进集体和先进个人。

4月12日,洱源县法院喜获“省级文明单位”称号。

5月,大理市法院副院长杨红英荣获“云南省巾帼建功标兵”光荣称号。

5月,宾川县法院组织的课题《关于农村改革发展中农村土地流转问题的调研》获2009年度全省法院重点调研课题二等奖。

7月1日,大理市法院举行了州级文明单位授牌暨创建宣誓仪式。

8月4~5日,大理市法院副院长杨红英参加了在会泽举行的全省法院“云岭法官为人民”有奖征文颁奖及交流活动。大理市法院获得了此次征文的组织奖,这是全省法院中除活动协办方会泽法院外,唯一获此奖励的基层法院。

8月17日,在全国集中清理执行积案活动先进集体和先进个人表彰电视电话会议上,大理市法院党组书记、院长周天明被中央政法委、最高人民法院表彰为全国清理执行积案先进个人。

8月,鹤庆法院院长段冲、宾川法院副院长王正龙分别被省高院评为全省法院清理执行积案先进个人。

12月14日,经大理州党政机关档案管理考核组的考评验收,鹤庆县法院档案管理达云南省党政机关档案室建设五星级标准。

12月14日,云南省高级人民法院党组根据《人民法院奖励暂行规定》和《公务员奖励规定(试行)》的有关规定,决定为龙进品记个人二等功。

12月31日,龙进品被最高人民法院授予“全国优秀法官”荣誉称号。

【领导关怀】

1月20日,中共弥渡县委书记邹子卿在政法委书记罗鸿文、县委办主任欧阳学礼的陪同下,到县法院调研指导工作。

3月2日,省高院副院长田成有到南涧调研,并深入到公郎人民法庭看望慰问了龙进品及基层法庭干警。

3月11日,省高院副院长赵建生在大理州中级人民法院副院长申晋的陪同下到洱源县法院调研刑事审判工作。

3月28~29日,省高院院长许前飞率调研组人员一行到大理州中级人民法院及云龙、剑川、洱源县法院调研指导工作,详细了解了各法院信息化建设的进展,亲切看望并慰问了法院干警。

4月16日,云南省高级法院副院长郑蜀饶到大理州中级人民法院及市法院指导、调研信息化建设工作。

5月12日,云南省高级人民法院执行局局长杨照民到大理州中级人民法院检查、调研执行工作。大理州中级人民法院院长黄为华、副院长李雄章分别汇报了工作情况。

7月7日,大理州委常委、政法委书记茶忠旺到洱源县法院检查指导工作。

7月29日,祥云县法院档案管理工作以144分的高分,顺利通过云南省档案工作“八项工程”验收考验,被云南省档案局确定为“五星级档案室”。

8月20日,云南省委政法委督察组何开远一行在大理州委政法委副书记赵文宝的陪同下,到大理中院调研指导工作。大理中院副院长杨学本、政治部主任杨金文陪同调研。

9月6日,中共云南省委常委、省政法委书记孟苏铁在中共大理州委书记刘明、州长何金平、州委政法委书记茶忠旺及州人民政府副州长郭有兵的陪同下,到大理州中级人民法院视察工作。

10月27日,南涧县委书记苏发吉在南涧县法院院长姚卫平、副院长李逵、李德斌的陪同下,到公郎法庭调研、指导工作。

11月16日,云南省高级法院副院长田成有、大理州中级法院院长黄为华一行到巍山县法院检查指导工作。

11月17日,云南省高院副院长田成有一行到剑川法院视察指导工作。

12月14日,大理州中级人民法院院长黄为华到宾川法院检查指导工作。

【人事任免】

1月20日,王彪当选为宾川县人民法院院长。

2月26日,州第十二届人大常委会第14次会议根据大理州中级人民法院院长黄为华的提请,任命马钘为审判员、审判委员会委员,任命杨月秀为民一庭副庭长。免去赵云疆审判委员会专职委员、审判委员会委员职务,免去田国兴审判委员会委员、审判员职务。

12月7日,云龙县委任命李晓康任云龙县人民法院副院长,任命李宜谦任云龙县人民法院政治处主任,任命何建伟任云龙县人民法院执行局局长。12月20日,云龙县人大常委会任命李晓康为云龙县人民法院审判员、审判委员会委员、副院长。

【基础设施建设】

2010年2月9日,大理市举行喜洲人民法庭落成暨搬迁典礼。法庭建筑面积1190平方米,投资250余万元。

3月,云龙县人民法院对长新法庭进行改建,9月改建完毕。

5月7日,省、州法院无障碍通道建设工作巡视组到全州法院检查指导无障碍通道建设情况。至此,全州法院无障碍通道建设全面完成。

5月28日,公郎人民法庭竣工验收仪式在公郎镇举行,投资100万元、建筑面积585平方米的公郎人民法庭竣工并投入使用。

7月8日,南涧县人民法院举行公郎人民法庭新址搬迁挂牌仪式。

6月10日,电子签章在大理市法院基层法庭开通,实现远程异地签章,方便群众诉讼,提高工作效率。

6月13日,大理州中级人民法院首次利用远程视频系统对押于云龙县看守所的被告人进行提讯,开庭审理案件。这是大理州中级人民法院信息化建设中科技法庭正式建成使用的标志。

6月24日,洱源县法院成功举办审判法庭搬迁庆典。

7月16日,弥渡县人民法院红岩法庭举行了搬迁揭牌仪式。法庭建筑面积650平方米,投资140万元。

7月19日,洱源县法院成功开通四级联网。

9月20日,剑川法院马登人民法庭按国家三类标准化法庭建设通过竣工验收,并投入使用。

大理州两级人民法院2010年各类案件审理、执行情况统计表

单位	刑事一审案件			民事一审案件			行政一审案件			再审案件						诉讼案件合计			执行案件		
										刑事		民事		行政							
	收案	结案	结案率	收案	结案	结案率	收案	结案	结案率	收	结	收	结	收	结	收案	结案	结案率	收案	已执行	执行率
大理	390	379	97.18	1513	1440	95.18	10	10	100	—	—	6	6	—	—	1919	1835	95.62	993	704	70.9
洱源	91	91	100	437	430	98.4	—	—	—	—	—	—	—	—	—	528	521	98.67	160	156	97.5
鹤庆	107	104	97.2	623	611	98.07	1	1	100	—	—	1	1	—	—	732	717	97.95	219	204	93.15
剑川	72	66	91.67	297	290	97.64	—	—	—	—	—	—	—	—	—	369	356	96.48	90	83	92.22
弥渡	119	118	99.16	477	476	99.79	2	2	100	—	—	—	—	—	—	598	596	99.67	403	403	100
祥云	181	181	100	1077	1016	94.34	10	10	100	—	—	—	—	—	—	1268	1207	95.19	464	436	93.97
宾川	169	169	100	792	775	97.85	3	3	100	—	—	—	—	—	—	964	947	98.24	723	654	90.46
巍山	125	125	100	317	301	94.95	—	—	—	—	—	—	—	—	—	442	426	96.38	148	109	73.65
南涧	76	76	100	390	389	99.74	3	3	100	—	—	—	—	—	—	469	468	99.79	353	346	98.02
漾濞	76	73	96.05	227	221	97.36	6	6	100	—	—	4	0	—	—	313	300	95.85	101	89	88.12
永平	85	85	100	323	323	100	1	1	100	—	—	—	—	—	—	409	409	100	96	96	100
云龙	120	120	100	215	215	100	1	1	100	—	—	—	—	—	—	336	336	100	212	192	90.57
中院	212	199	93.87	85	85	100	11	11	100	1	1	34	34	1	1	344	331	96.22	72	67	93.06
小计	1823	1786	97.97	6773	6572	97.3	48	48	100	1	1	45	41	1	1	8691	8449	97.23	4034	3539	87.73
二审	227	206	90.75	656	601	91.62	19	19	100	—	—	—	—	—	—	902	826	91.57	—	—	—
合计	2050	1992	97.17	7429	7173	96.55	67	67	100	1	1	45	45	1	1	9593	9275	96.69	4034	3539	87.23

注:1. 收案含旧存。2. 办理减刑假释案件1724件。3. 办结申诉、申请再审案件45件。4. 审查行政非诉案件126件。

（黄永明）

（责任编校:黄克超）

农 业

综 述

【概 述】 2010年，面对国际金融危机持续影响、国际国内农产品价格波动、特大干旱及极端天气等多重不利因素给大理州农业生产和农村经济发展造成的严重损失和不利影响，为确保全年粮食安全、农产品有效供给和农民增收，在省、州党委、政府的坚强领导下，在省农业厅及省级相关部门的大力支持帮助下，大理州各级党委、政府按照州委、州政府对农业农村工作的安排部署，认真贯彻落实“小春损失大春补，粮食损失经济作物补，种植业损失养殖业补，农业损失非农补”的抗旱工作思路，紧紧围绕抗旱主题，抓实农业抗旱节水措施落实，加大农业产业结构调整和科技推广力度，努力减轻灾害损失。通过实施大春扩种增收计划，拓展农民收入渠道，强化动物疫病防控措施，确保畜牧业又好又快发展，实现全年农村经济保持平稳较快发展，农民收入持续较快增长。全年农村经济总收入达384.8亿元，比上年增12%；农民人均纯收入3902元，比上年增12%，全州农业农村经济持续发展。

【农业基础设施建设】 2010年，大理州进一步加强农业基础设施建设。完成中低产田地改造1.42万公顷(其中退耕还林基本口粮田和省级中低产田地改造示范工程2773.33公顷)，实施完成弥渡、宾川、南涧、巍山5个县蔬菜和肉牛现代农业示范项目，洱源西湖湿地和鹤庆草海湿地建设完成投资1751万元，建成水果滴灌设施2000公顷。加快畜牧业基地建设，完成40个生猪规模养殖场(区)、6个存栏200头以上的奶牛标准化规模养殖场(小区)建设，完成大理市产品质量安全检验检测站建设主体工程，宾川县、洱源县列入中央建设县。农业综合执法稳稳步进，完成7个县市成立农业综合执法大队任务。建设完成沼气池6500口、完成农村沼气乡村服务网点建设15个，均占计划的100%。实施省级财政扶持村容村貌整治项目41个，集体经济发展项目15个。全州拥有农业机械总动力达208.6万千瓦，同比增13%，农业机械作业面积达36.86万公顷次，同比增37%。农业基础设施和农业装备进一步加强。

种植业

【概 述】 大理州自2009年9月雨季结束到2010年7月中旬雨季开始，连续近10个月无有效降雨，出现了持续时间较长的秋、冬、春、初夏四季连旱，为有气象记录以来最严重的干旱年。从2009年第四季度旱情露头开始，州委常委会、州政府常务会分别专题研究了抗旱保民生、保春耕工作，立足抗大旱提出抗旱生产计划和措施，多途径就位各类良种7558吨，育秧苗5286.6公顷。大力推广地膜包谷、旱育秧、水稻精确定量栽培技术、塑盘育苗移栽等抗旱技术，储备救灾备荒种子187.1吨，对因灾减产减收的山区困难农户给予杂交玉米种子320吨、补贴面积1.08万公顷，补助农户87326户，强化了创建高产示范样板和测土配方施肥等综合措施。2010年全州粮食作物播种面积27.44万公顷(不含晚秋作物面积)，比上年增1.14万公顷，平均亩产308千克，总产126.89万吨。

【调整产业结构，努力减少旱灾损失】 2010年，针对严重干旱和库塘蓄水严重不足的实际，大理州农业部门细算水账，以水布局，加强用水调度，统筹调配好生活用水、生产用水和各种农机具，积极有效地以保高效作物、保长效作物为主，推广间作套种，扩种、改种蔬菜、马铃薯等早熟高效作物1.37万公顷。大春作物调减水稻种植2万公顷，增加包谷种植1.33万公顷，推广杂交玉米制种4000公顷。多种方式扩种晚秋作物，完成6.72万公顷晚秋扩种，占计划168.1%，晚秋作物种植明显增加。努力把干旱、霜冻对农业生产的影响降到最低程度。

【发挥农机在抗旱中的重大作用】 2010年，大理州认真贯彻落实农机购置补贴政策，完成农机购置项目补贴7822万元，新增农机总动力达24万千瓦，全州农业机械总动力累计达208.6万千瓦特。全年完成农机耕、耙作业15.47万公顷。发挥农机在抗旱工作中的作用，投入抗旱农机具40165台(套)，完成机收1.46万公顷，机耕机耙10.13万公顷，抽水保灌2.93万公顷。农业机械对抽水保苗保产、育秧育苗、缓解劳动力紧张矛盾、抢收抢种发挥了重要作用。

【加大农村劳动力转移就业力度】 2010年，大理州抓住“民工荒”和务工工资上涨的有利时机，落实“农村劳动力转移就业特别行动计划”，依托“春风行动”、“雨露计划”、“新型农民”、“阳光工程”等培训项目，加强农村劳动力培训、转移就业服务，积极拓展农民增收渠道。全州新增培训10.96万人，占计划数的115.5%；新增转移11.87万人，占计划数的140.8%，务工收入达21.96亿元。农民非农务工人员增加，工资水平提高，国家补贴增加、转移性收入和农村二、三产业收入增加，务工和非农收入成为农业农村经济增收的重要组成部分。

【切实落实惠农强农政策】 2010年，大理州认真贯彻落实中央、省各项强农惠农政策，及时将各种惠农补贴补助落实到位。全年向农民发放支农资金5.6亿元，其中农业综合直补金额2.1亿元、良种补贴3244万元、粮食直补448万元、发放农机补贴7822万元、巩固退耕还林成果项目5060万元。

【农业科技入户力度加大】 2010年，大理州农业科技入户工作进一步加强。

全年完成10297户入户任务，全州共挂钩农业科技示范户31978户、辐射带动73377户。开展绿色证书培训，全州完成绿色证书培训8614人、结业5921人。农业科技成果转化应用水平不断提高，修订完善桑蚕饲养技术规范、桑树丰产栽培技术规范、测土配方施肥知识、禁用高毒农药、生猪标准化生产技术、种猪饲养管理、水稻高产技术措施和玉米栽培技术，并通过农业专家入户、进田间、农业信息网等途径把农业科技送到农民朋友手中。

【农产品质量安全监管】　2010年，大理州进一步加强农产品质量安全监管工作，加大农产品市场监管和农资打假力度，强化农资市场和农产品质量安全监管，增加检测品种和频次，重点对生产、流通领域蔬菜、畜禽产品、村乡（镇）集市等鲜活农产品开展抽查检测。积极开展上海世博会期间出省农产品质量安全专项整治，对辖区内2987户农资经营单位（种子、化肥、农药、农机具、农膜）、742户兽药经营单位、10家化肥生产企业、5个农产品批发市场、26家饲料厂和1099户饲料经营单位等进行100%备案，落实了相应的监管责任人，签订了质量安全承诺书。出动执法人员11101人次、出动执法车辆666台次，查获各类伪劣农资331.2万千克、462台件，案值金额620万元。对农产品生产基地、批发市场、生产企业等抽检农产品样品数22647个、合格率94.71%；农产品检测5724个，合格率98.32%。完成“三品”认证34个，占全州下达任务的161%；年末，全州通过认证的“三品”累计168个（其中无公害农产品58个、绿色食品69个、有机食品41个），基地面积20.68万公顷。

【加大农业工作宣传力度】　2010年，大理州充分利用大理农业信息网、大理新农村建设信息网（数字乡村网）、阳光政府四项制度、“农信通”（手机短信）、公共服务在线咨询、政府信息公开、LED屏幕等信息发布平台，扩大农业对外宣传。全年在州农网发布特色农产品、市场供求、工作动态等信息7000条，独立IP访问95万人次，总访问量165万人次。全州“数字乡村”工程开展培训65期949人次，在州级部门向州委、州政府报送政务信息考核中，排名均列第一。通过省、州广播电台上线访谈和与州电视台“身边”、“点击”、“大理新闻”等栏目组合作宣传报道农业抗旱、大春备耕、农业产业化等信息10期，与州人民广播电台合作共建“大理新农村”专栏20期，全州农业系统在州级以上党报发表新闻报道119篇。

【开展生态、循环、低碳农业示范】　2010年，大理州积极开展生态、循环、低碳农业示范，大力推广生物发酵床养猪技术、利用牛粪种植双孢菇和巴西菇技术、测土配方施肥技术，发展循环农业，不断改善农业生态环境条件。完成生物发酵床建设2000平方米，利用牛粪种植双孢菇、巴西菇菇床建设2.8万平方米，菇棚3万多平方米，利用鲜牛粪近2000吨。开展了种植业氮磷消减试验示范和农业废弃物的循环利用开源节流，探索减轻农业面源污染的有效措施。

【“一村一品”和乡村旅游休闲农业】　2010年，大理州大力发展“一村一品”和乡村旅游休闲农业。发展一村一品专业乡镇5个、专业村54个，从业农户59897户专业村，经济总收入达173952.1万元。发展旅游休闲农业园区82个、农家乐804户，资产总额12.8亿元，从事乡村旅游休闲农业人数1.55万人，带动农民人数50391人，乡村旅游休闲农业农民获得收入占从事乡村旅游农民总收入的28%。农民专业合作组织不断增多，农业组织化程度日益加强。全年扶持专业合作组织7个，财政扶持资金609万元。

【土地经营权流转】　2010年，大理州坚持“平等、依法、自愿、有偿”原则，积极引导土地承包经营权合理有序流转。全州承包耕地流转面积达7466.66公顷，流转耕地农户47127户。

【土地承包经营纠纷调解仲裁试点】　2010年，大理州开展了土地承包经营纠纷调解仲裁试点工作。宾川、漾濞2个试点县组建了调解仲裁委员会和工作机构、设立了仲裁庭、完善了工作制度，对调解员、仲裁员进行了培训。试点工作顺利推进，为全州推开农村土地承包经营纠纷调解仲裁工作提供了经验、奠定了基础。

（张炳华）

农业产业化

【概　述】　2010年，围绕州委、州政府对全州生物产业发展工作的安排部署，大理州农业部门认真贯彻落实省委、省政府《关于加快推进生物产业发展的意见》和省政府发展生物产业办公室2010年生物产业工作要求，积极应对旱灾影响，大力推进烟草、畜产品、木本油料、冬早蔬菜、特色果品、特色花卉、茶叶、菌类、薯类、蚕桑、生物药业等优势生物资源的产业化开发。加大基地建设、培育龙头加工企业，各项优势生物产业化发展成效显著。2010年，全州优势生物产业实现农业总产值196亿元，同比增8.2%；农业增加值112.97亿元，同比增6.9%；农产品出口创汇7100万美元，同比增21.86%。

【特色优势产业基地规模扩大】　2010年，大理州特色优势产业基地规模进一步扩大。突出特色、生态、高效产业优势，加快特色产业基地建设，完成种植小春油菜1.75万公顷，比上年增406.66公顷；种植马铃薯2.03万公顷，总产35万吨，农业产值约6.5亿元，比上年增收近2.5亿元；种植蔬菜3.75万公顷，总产量120万吨，产值约26亿元，比上年增加近4.8亿元、增22.6%（其中大蒜1.08万公顷，产值10.7亿元，比上年增4.2亿元、增65.6%）；特色水果种植面积3.53万公顷，产量40万吨，产值12亿元；茶园面积累计达1.21万公顷，春茶产量0.5万吨，单价20元/千克，产值近亿元；桑园累计达1.42万公顷，产茧4482.7吨，平均单价达33.23元/千克，鲜茧收入1.58亿元，比上年增32.2%。全州生猪出栏352万头，比上年增4.3%；奶牛存栏13.8万头，比上年增2%；肉牛存栏46万头，比上年增4.5%；肉羊出栏126万只，比上年增3.5%；家禽出栏1605万羽，与上年持平；肉类总产44.19万吨，比上年增6.42%；奶类总产42.45万吨，比上年增10%；禽蛋总产4.15万吨，比上年增8%；大牲畜年末存栏123.86万头，畜牧业产值81.53亿元，比上年增16%。

【龙头企业培植成效显著】　2010年，大理州龙头企业培植成效显著。新认定州级龙头企业12户，年产值超亿元的有10户、千万元以上的有29户、规模以上企业57户，较上年同期增6户，同比增10.52%；规模以上企业加工产值86.09亿元，同比增9.11%；完成固定资产投资3.23亿元，同比增11.9%。全州优势生物产业农业总产值196亿元，同比增8.2%；销售收入154.77亿元，同比增

9.96%;上缴税收13.29亿元,同比增22.03%;出口创汇7100万美元,同比增22.4%,占全州商品出口的82.2%。农产品深加工及农业产业化经营成为农业增效的重要支撑。

【农业招商引资工作成效凸显】 2010年,大理州通过参加国际兰花茶花博览会、生物产业会展、中国昆明普洱茶国际博览会、中国农产品博览会等各种展销会,展示大理特色农产品,宣传大理州特色优势产业。征集与策划大理州农业(生物产业)重点招商引资项目13项,签约项目协议总投资3.6亿元。

【生物药业快速发展】 大理州地处滇西横断山区,生物药材品种资源十分丰富。2010年,全州人工栽培生物药材以红豆杉、附子、续断、红花、灯盏花、秦艽、木香、重楼、川芎等为主,共种植药源植物1.04万公顷,其中红豆杉5400公顷、滇重楼等中药材5000公顷。依托大理药业有限公司、大理瑞鹤药业公司、云南白药集团大理药业有限责任公司、大理州中药制药有限公司、日资企业大理丸荣制药有限公司等一批药业龙头加工企业,全年全州实现生物药业总产值8.5亿元。

(张炳华)

畜牧业

【概 述】 2010年,大理州畜牧业抵御了旱灾、境内疫情等诸多不利影响,取得"大旱之年无大疫",畜牧业健康持续发展,连续32年丰收良好局面,畜牧业产值达78.46亿元,为实现全州农业增产、农村稳定、农民增收作出了积极的贡献。

【畜产品产量大幅度增长】 2010年,大理州畜禽养殖全面发展,畜产品产量大幅度增长。全州生猪存栏261.7万头、出栏352万头,分别比"十五"末增11.7%、31.9%;肉牛存栏87万头、出栏46万头,分别增16.2%、34.8%;肉羊存栏138.1万只、出栏126万只,分别增9.8%、27.5%;家禽存栏1122.6万只、出栏1605万只,分别增48.4%、53.2%;肉类总产44.19万吨,比"十五"末增36.9%;奶类总产42.25万吨,增42.5%;禽蛋总产4.15万吨,增111.6%;人均占有肉奶蛋259千克,居全省第一。畜牧业总产值达78.46亿元,比"十五"末增98%,占农业总产值的40%,比"十五"末提高3个百分点。

【畜禽良种繁育体系不断完善】 2010年,大理州畜禽良种繁育体系不断完善。州家畜繁育指导站牛冻改的龙头作用不断强化,供种能力不断提高,年生产推广冻精27万余剂,全州有牛冻精改良站点419个,完成牛冻精改良18.85万头、产犊14万头,分别比"十五"末增37.4%和45.8%;生猪良繁体系不断完善,有种猪场8家、存栏种猪1918头,年提供纯种公猪和二元杂交母猪三万多头,有猪人工授精站点212个,完成猪种改良52.1万窝,其中猪人工授精19.1万窝,猪良种覆盖率达85%以上,比"十五"末提高10个百分点;巍山种羊场存栏种羊200只,年提供种羊100只;以大理鸡鸣江种鸡有限公司为龙头的蛋鸡良种繁育体系初具规模,存栏海兰、罗曼种鸡10万只,年提供优质蛋鸡苗400万羽。

【畜禽标准化规模养殖发展迅速】 2010年,大理州畜禽标准化规模养殖发展迅速。全州出栏生猪300头以上的规模养猪场(小区)达320户,其中:出栏1万头以上2个、2000头以上35个,规模养殖出栏占出栏总量的10%以上;建成年存栏50头以上的奶牛场25个、100头以上15个,存栏奶牛3260头;建成年出栏100头以上的肉牛育肥场12个,年出栏肉牛突破1万头;建成年存栏10万羽蛋鸡的养殖小区2个、1万羽以上51个、2000羽以上692个,总存栏量达324万羽,蛋鸡规模养殖产蛋量占鸡蛋总产量的90%以上;出栏肉鸡15万羽以上的养殖场2个、1万羽以上的养殖场49个、2000羽以上的养殖场480个,占肉鸡出栏总量的60%左右。

【乳业产业化经营成效显著】 2010年,大理州以乳业为重点的畜牧业产业化经营成效显著。乳业是大理州畜牧产业化发展中起步最早、发展最快、成效最显著的产业。大理州已成为云南省乃至中国南方最大的州市级奶牛养殖、牛奶加工、乳品外销、奶粉出口基地。2010年末,全州奶牛饲养户已达5万户,奶牛存栏13.8万头,牛奶总产43万吨,分别比"十五"末增51%和144.3%,奶牛存栏数和牛奶产量占全省的75%以上。乳品加工企业不断整合,由小而散逐步向大而强发展,从2005年的13家整合为2010年末的8家,日处理鲜奶能力近1500吨,乳品加工工业产值10亿元。大理东亚乳业、新希望邓川蝶泉乳业是农业产业化国家级重点龙头企业,来思尔乳业为云南省农业产业化重点龙头企业。

【畜牧科技推广】 2010年,大理州畜牧科技推广取得明显成效。不断加大畜牧兽医科技推广力度,完成牛冻精改良18.8万头、猪种改良52.1万窝、推广良种禽1094万羽;加工利用青贮饲料50万吨,良田种草9333公顷,分别比"十五"末增37.4%、50.1%、46.8%和12%,累计建青贮氨化窖37.6万立方米,配套铡草机1560台;全州共有饲料加工企业26个,年单班生产能力40万吨,生产加工饲料14万吨;完成畜牧兽医实用科技培训15万人次,全州畜牧兽医科技水平得到较大提升。

【重大动物疫病防控工作】 2010年,大理州重大动物疫病防控工作取得明显成效。面对特大干旱,全州各级各部门按照"加强领导、密切配合、依靠科学、群防群控、果断处置"的防控原则,认真执行重大动物疫病防控目标责任制和以奖代补工作机制,大力推行"政府主导、分片实施、集中力量、整村推进"的动物防疫模式,实现了"大旱之年无大疫"和畜禽疫病死亡率控制在省州要求指标以内的目标。全年共组织发放各类疫苗3907.6万ml,完成动物免疫5903.38万头(只、羽)次。9月,州人大常委会对全州贯彻实施《中华人民共和国动物防疫法》的情况进行了执法检查,检查组充分肯定了全州的动物防疫工作,认为全州贯彻执行情况是好的,取得了可喜成绩。州人民政府对2010年在重大动物疫病防控工作中做出显著成绩的9个先进集体和110名先进个人进行了表彰奖励。

【巩固家畜血防成果】 2010年,大理州组织实施家畜血吸虫病防治,巩固血防成果。全年共完成家畜监测107251头,完成省下达9万头任务的119%;治疗和扩大化疗87117头(匹,只)家畜,完成省下达5万头任务的174%;完成农业血防综合治理项目建设内容,共完成水改旱306.6公顷、养鱼灭螺51.3公顷、卫生厩建造44.4万平方米,圈养家畜67120头,实验室建设5个共907平方米;编制完成《大理州血吸虫病家畜传染源控制项目建设实施方案(2009~2015年)》。

【畜产品质量安全监管】 2010年，大理州畜产品质量安全监管取得初步成效。对全州生鲜乳收购站进行了专项督察，共依法取缔流动奶点362个，关停63个严重不符合收奶条件的奶站（点），收奶站总数从189个减少到126个，并对126个收购站核发了生鲜乳收购许可证。同时，加强畜牧业投入品的监管，全年完成兽药质量抽样114批次，合格87批次，合格率76.3%，饲料监测207批次，合格率89.7%，标签检查250个、合格率98.8%。监测生鲜乳268批、猪尿样品320份、猪肉9批，检测结果全部合格。通过州政府组织的多部门专项督查和畜牧部门的日常监管，保证了全州畜产品质量安全，全州未发生生鲜乳等畜产品质量安全事件。

【洱海流域畜禽养殖污染治理】 2010年，大理州洱海流域畜禽养殖污染治理成效显著。完成生物发酵床"零排放"养猪技术试验研究和示范推广4650平方米，建成20个规模牛场化粪池和堆粪发酵池各2700立方米，建成堆粪发酵池及堆肥试验3.67万立方米，利用牛粪种植双孢菇试验示范推广3万平方米。大理九园生物有机肥有限公司进行扩建改造，年处理畜禽粪便能力从1.5万吨提高到3万吨。

【首次全州免疫检疫技能大赛】 2010年，动物免疫和动物检疫两个专业首次列入大理州第五届职工技术技能大赛，全州12县市的400多名选手参加了预赛，选出了72名选手参加州级的总决赛。通过州级决赛，分别产生了动物免疫和动物检疫前十名优秀选手，漾濞县选手赵茂松获得"大理州动物免疫状元"、巍山县选手陈孟月获得"大理州动物检疫状元"。

（忽克俭）

林　业

【概　述】 2010年，大理州林业工作以中共大理州委林业工作会议精神为指导，积极应对特大干旱、低温霜冻等严重自然灾害的不利影响，坚持一手抓抗旱救灾，一手抓改革发展，强化措施，狠抓落实，全面推进"森林大理"建设，林业改革发展各项工作取得显著成绩。生态建设取得明显成效，森林覆盖率达58.21%，活立木蓄积量达8637万立方米，实现了有林地面积和森林蓄积的持续双增长。林业总产值突破45亿元，仅核桃一项产值就达40亿元，核桃面积和产量占全国的五分之一，大理州成为名副其实的"中国核桃第一州"。林业在农村经济发展中的骨干作用、在全州经济社会发展中的基础作用、在实施工业强州战略中的保障作用、在生态文明建设中的主体作用越来越突出。

【林改获省考核一等奖】 通过全州上下5年的艰苦努力和不懈探索，2010年全州林改已确权面积179.2万公顷，确权率99.39%；均山到户面积159.7万公顷，均山到户率88.56%；核发林权证35.73万本、股权证48.58万本，共计84.31万本。重树了林农的主体地位，激活了林业经济发展机制，提高了农民的组织化程度，促进了农村民主政治建设和林业部门职能转变。7月，大理州被中共云南省委表彰为集体林权制度主体改革目标考核一等奖、大理州林业局被表彰为先进集体。

【州委林业工作会议】 3月2日，中共大理州委林业工作会议在永平县召开。会议认真传达学习了中共云南省委林业工作会议精神，从贯彻落实科学发展观、建设生态文明、培育后续支柱产业、走新型工业化道路、群众增收致富等方面深刻阐明了林业在全州经济社发展中的重要地位，对进一步深化林业综合配套改革、深入推进中低产林改造作了全面部署。会议明确提出了建设"森林大理"的目标任务，到2015年，森林覆盖率达到60%以上，活立木蓄积量达到1亿立方米以上，林业总产值达到100亿元以上，农民从林业获得的人均收入达到2000元以上，城市建成区绿化覆盖率超过35%；到2020年，全州森林覆盖率提高到65%以上，活立木蓄积量达到1.2亿立方米以上，林业总产值超过200亿元，农民从林业获得的人均收入达到5000元以上，城市建成区绿化覆盖率超过40%。会议对全州的城乡绿化工作进行了安排部署，要求全民动员、创新实干，迅速掀起城乡绿化建设新高潮，力争通过6年的努力，实现山区森林覆盖率达到70%以上，坝区森林覆盖率达到45%以上，城市建成区绿化覆盖率达到40%以上，人均公共绿地面积达到10平方米以上，城市中心区人均公共绿地面积达到6平方米以上，初步建成结构合理、功能齐全、城乡一体化的绿色生态屏障。

【集体林权制度综合配套改革】 2010年，大理州集体林权制度以生态受保护、农民得实惠、产业得发展、集体经济得壮大为总体目标，以建立现代林业产权制度、新的林木采伐制度、森林资源资产评估制度、森林生态效益补偿制度和公共财政支持林业发展制度为主要任务，以林业产权流转平台建设、科技服务平台建设、林业融资服务平台建设和森林资源管理体系建设为主要抓手的林业综合配套改革取得了进展。州级和12县市都建立了林权流转管理服务中心，共流转林地4354宗，面积3.5万公顷，流转金9077万元。全州共办理林权抵押贷款1935户3142宗，抵押面积2.1万公顷，发放贷款1.1亿元。累计发放林业贴息贷款1.5亿元，年贴息460万元。全州共成立林产业协会126个，"三防"组织或管护协会137个，林农专业合作社101个。组建基层摩托化森林消防应急队114支，成立专业、半专业扑火队及义务扑火队1297支。

【中低产林改造强势推进】 2010年，州中低产林改造工作强势推进。州人民政府出台了《关于加快推进中低产林改造的实施意见》，明确了中低产林改造的指导思想、目标任务和方法步骤。根据全州森林资源状况，自然条件和培养目标，州林业局编制完成了《大理州中低产林改造总体规划》，全州中低产林面积51.5万公顷，需改造面积35.1万公顷，2010～2012年改造14.5万公顷，到"十二五"末累计改造26.4万公顷，到2020年全面完成改造任务。中低产林改造试点以来，全州已有22家龙头企业及48户种植大户完成低改1.1万公顷，并建成了林产业基地，有力地推进了全州的中低产林改造工作，探索出了一条由龙头企业实行规模化、集约化改造，带动全州中低产林改造的路子。2010年，全州完成中低产林改造1.3万公顷，占年度省下达计划8667公顷的154%，累计完成4.7万公顷。

【林业投融改革取得新突破】 2010年，大理州林业投融资改革取得了新突破。大理州山区、半山区占全州国土面积的93.44%，林业用地占国土面积的72%，农村人均拥有林地9.9亩，是农村人均耕地的10.6倍，林地已成为农村和农民最重要的生产资料，随着集体林权制度改革的不断深入，林农经营主体地位得以明确，社会力量发展林产业的积极性空前高涨，林农靠山致富的愿望更加迫切。然而,发展林业所要的大量资金投入,成为了制约全州林业又好又快发展的瓶颈。为切实加大金融服务林业改革发展力度,大理州从搭建林业服务和金融服务两个平台,完善林业融资政策和林业保险两个体系着手,有效破解了长期以来严重制约金融支持林业的体制机制性障碍,林业投融资改革取得了新突破。

林业服务平台建设取得新突破。林业主管部门充分发挥行业管理职能,着力规范林业资源资产确权、抵押登记等程序,积极创新林业资源资产评估环节、流转环节、采伐环节工作机制,逐步实现了资源资本化的改革目标。州级和12县市都建立了林权流转管理服务中心,并专设林权抵押窗口,开展林权抵押的审核、登记和监督等服务工作。成立了州级林业资源资产评估中心和县市评估所,完成资源资产评估267项,评估值达8亿元。创新林木采伐管理,引导林权所有人科学经营,对抵押期内的林木,未经抵押权人同意不予发放采伐许可证、不予办理林木所有权转让变更手续,保障信贷资金安全回收,为金融服务林业发展创造了有利条件。

金融服务平台建设取得新突破。建立健全了林业融资担保体系,全面完善了风险控制机制,适合林业项目投入大、周期长、见效慢的金融产品得到了广泛推广。将贷款期限最长延长到10年,将贷款利率降低到基准利率的1.3倍以内,切实减轻了林农利息负担。林业小额贷款公司和林业担保公司筹建工作稳步推进,以优化审贷流程、改进林业贷款贴息管理、延长贷款期限、降低贷款利率为主要内容,以服务林业生态、产业、文化体系建设为主要目标的林业金融服务平台初步形成。

林业融资政策体系建设取得新突破。州人民政府出台了《关于改善金融服务支持林业发展和集体林权制度改革的实施意见》,建立了大理州金融林业联席会议制度,成立大理州林业金融联合服务协调工作小组,加强了工作协作和信息交流,健全了林业和金融部门间的信息共享机制,充实完善了林农、林企征信系统。积极引导金融机构积极稳妥开展以林业资源资产抵押为核心的金融创新,为拓宽林业融资渠道、营造金融和林农、林企共同发展的良好氛围提供了完善的政策支持。

林业保险体系建设取得新突破。大理州按照"政府引导、政策支持、市场运作、协调推进"的原则全面启动了政策性森林火灾保险试点工作,各级林业部门深入林区,积极宣传,把政策性森林火灾保险的惠农政策宣传到千家万户。

林权抵押贷款规模取得新突破。州内金融机和林业主管部门构紧密协调配合,充分发挥金融网络的支撑作用和林业部门的政策引导作用,对林农、林企提供了高效、便捷的金融服务。全州林业投融资改革成为了盘活林业存量资产、扩大农村信贷投入的有力措施,为加快林业发展、实现农民增收、促进城乡协调发展作出了显著贡献。

【林业产业快速发展】 2010年,大理州林业产业快速发展。新发展核桃10.4万公顷,全州核桃面积累计达54.9万公顷,产量12.41万吨,产值突破40亿元。大理州核桃面积、产量、产值在全国地级州市中均列第一,科研水平、加工营销、品牌以及标准化建设全国领先。新发展人工红豆杉原料林基地面积667公顷,累计达6067公顷,建成全国最大的人工红豆杉原料林基地。同时,充分利用资源和交通区位两大优势,大力发展林产加工业,充分利用中低产林改造的剩余物,积极发展低次木材综合加工利用产业,稳步推进林浆纸一体化项目,全州林业产值突破45亿元。

【荣膺中国核桃第一州(市)称号】 近年来,中共大理州委、州人民政府出台了《中共大理州委、大理州人民政府关于建设2000万亩林产业基地的意见》,明确提出要建成核桃基地66.7万公顷的目标,进一步加大了林业改革发展和政策扶持力度。随着集体林权制度改革和中低产林改造的深入推进,社会各界和广大人民群众种植核桃的积极性更加高涨。据云南省林业调查规划院营林分院完成的大理州专项核桃核查结果,至2010年底全州核桃基地面积累计已达54.9万公顷,其中2010年完成10.4万公顷,种植范围已经覆盖了全州12县市、110个乡镇的109个乡镇、1123个村(社区)的917个行政村和50%以上的农户,农民人均已达2.2亩。有大理漾濞核桃有限公司、洱源洱宝实业有限公司等企业从事核桃精加工,主要生产核桃乳、核桃粉、核桃胶囊、琥珀核桃、核桃精炼油等系列产品;有核桃仁粗加工户1000多户,仅永平县博南镇、漾濞县苍山西镇、巍山县永建镇、祥云县刘厂镇、宾川县拉乌乡、南涧县公郎镇6个核桃加工交易市场,每年加工交易的核桃就达5万多吨,加工产品远销北京、上海、浙江等省市和韩国、日本、新加坡等国家,大理州已成为滇西最大的核桃产品加工集散地。根据大理州林业局、大理州统计局、云南省林业调查规划院大理分院完成的核桃产量产值调查,2010年全州核桃挂果面积16.4万公顷,产量12.41万吨,产值突破了40亿元,农村居民人均核桃收入1324元,占2009年农村居民人均纯收入3482元的38%。核桃产业的迅猛发展还为农村剩余劳动力提供了充足的就业机会,仅核桃仁加工一项每年就能为农村剩余劳动力创造238万个工日的劳动就业机会。此外,还有很多农户依靠育苗、嫁接走上了致富道路。核桃产业已成为了大理州覆盖面最广、带动性最强、受益面最大的惠民产业。大理州核桃产业的发展,尤其是在基地建设、加工营销、科研水平、品牌以及标准化建设等方面取得的成绩,得到了国家林业局中国经济林协会的充分肯定,8月25日,经国家林业局中国经济林协会专家委员会实地考察,通过中国经济林协会在京组织专家委员会审查,大理州被命名为"中国核桃第一州(市)",并在9月1日的"2010中国·大理漾濞核桃文化节"开幕式上颁发了匾牌和证书,确立了大理州核桃产业在全国排头兵和领跑者的地位。

【退耕还林工程】 2010年,大理州全州累计完成退耕还林荒山荒地造林1333.3公顷,占计划的100%。实施巩固退耕还林成果林业项目造林1.3万公顷,占计划的100%。完成退耕还林阶段验收7853.3公顷,保存率达100%。

【天然林保护工程】 2010年,大理州天保工程实施森林管护140.1万公顷。中央、省投资3824万元,完成天保工程公益林建设1.2万公顷,占计划的100%。2009年列入国家国有林区棚户区改造项目647户,总投资4279.4万元;2010年新争取到棚户区改造722户,总投资5856万元。

【绿化造林和义务植树】 2010年,为切实提高义务植树尽责率,全面提升绿化成效,中共大理州委、州人民政府出台了《关于广泛开展全民义务植树进一步加强城乡绿化工作的意见》,州委办、州政府办制定了《大理州2010年州级机关企事业单位(含中央、省驻关单位)义务植树实施方案》,采取"政府补助引导、个人出资投劳、单位包干负责"的方式开展全民义务植树,明确单位主要领导为第一责任人，实行三包（包种、包活、包管），一包3年。经周密组织，认真实施，州级机关完成义务植树22003株，主要种植香樟、小叶榕、冬樱、云南樱花、天竺桂、大青树、垂柳、滇润楠、红花羊蹄甲等具有典型地方特色的树种，提高了绿化档次和绿化效果，成效显著。在州级机关的示范带动下，各县市结合实际，把开展全民义务植树，加强城乡绿化作为“创绿色家园，建森林大理”的主要抓手来落实，通过各级各部门的共同参与，全州共完成义务植树900万株。

【农村能源建设】 2010年，大理州新建农村户用沼气9000户，累计达21.63万户；节柴改灶18405户，累计达64.73万户；新装太阳能热水器7000平方米，累计达17.89万平方米；建设微小水电8台，累计达495台。农村能源建设成为推进千村扶贫开发百村整体推进、小康示范村建设、洱海保护治理工作的重要支撑，为改善农村生态环境，解决能源问题，建设资源节约型社会作出了重要贡献。

【资源林政管理】 2010年，全州共审核审批各类建设工程征占用林地103起，征占用林地面积1026公顷，经省林业厅批准101起，批准面积1024公顷，为全州重大建设和重要基础产业建设项目的顺利推进提供了重要保障。全州共发生林业行政案件2808起，查处2807起，查处率为99.86%；共没收木材8160立方米，罚款329万元，处罚2860人次。

【打击涉林违法犯罪】 2010年，大理州森林公安充分发挥依法打击各类破坏森林和野生动植物资源违法犯罪活动的职能作用，深入开展了“冬季行动”、“春季行动”等专项行动，认真开展林区禁毒专项整治，狠抓依法治火，共查处各类涉林案件1789起，其中刑事案件201起、行政案件1588起。收缴非法木材6345立方米，为国家挽回经济损失441万元。

【州级林业系统为灾区群众捐款】 2010年，大理州遭遇特大干旱，各族群众特别是山区群众生产、生活受到严重影响。大理州林业局把抗旱救灾作为当前的中心工作，在抓好全州森林防火和核桃、红豆杉等经济林抗旱保苗的同时，心系受灾群众，组织州级林业系统干部职工向受灾群众捐款献爱心。州林业局局机关干部职工捐款19100元，州森警支队官兵捐款8100元，州森林公安局干警捐款10390元，州林科所干部职工捐款3780元，州森林资源管理总站干部职工捐款3970元，州林木种苗站干部职工捐款1560元，州森防站干部职工捐款1150元，西南航空护林总站大理基地、M－26直升机机组、AS－B3小松鼠直升机机组人员捐款4700元。用捐款购买了灾区群众急需的化肥14080千克、大米8625千克、水桶352只，组织人员于2月5日和3月26日先后两次送到受灾群众手中，帮助灾区群众战胜旱灾，渡过难关，让受灾群众深切体会到社会主义大家庭的温暖。

【森林防火】 1月19日，面对特大干旱和异常严峻的森林防火形势，在全州抗旱救灾冬春农田水利建设工作电视电话会议上，州长何金平宣布从1月20日起，全州提前40天进入森林防火戒严期。3月3日，中共大理州委书记刘明作出重要批示，要求全州各级各部门和各级领导干部要以对人民高度负责的态度，下定决心，全力以赴，切实遏制森林火灾多发、频发的势头。州森林防火指挥部通过电视、广播、报纸、短信等方式加强森林防火宣传。组织森林武警和森林公安组成联合巡查组进行武装巡查，狠抓火源管理；在大理驻军中组建森林消防应急队，在州林业局组建森林消防水泵应急队加强扑火应急能力建设；成立由州纪委、州监察局、州农林水纪工委、州林业局组成森林防火工作职责履行情况调查组，对森林防火工作责任单位和责任人履职情况展开全面调查，严格督促检查和责任追究，全面完成了省政府与州政府责任状中的各项任务，为保护森林资源，构建和谐社会作出了突出贡献。全州发生森林火灾44起，受害森林面积285.01公顷，分别占省政府下达大理州控制指标的33.85%和21.51%，全州没有发生重大森林火灾。

【依法治火】 2010年，针对严峻的森林防火形势，州森林公安局把预防森林火灾和火案侦破作为压倒一切的中心工作来抓，成立了大理州森林公安局森林火灾案件查处和处置突发事件领导组，修订完善了《大理州森林公安局森林火灾案件查处和处置突发事件紧急预案》，及时依法依规查处森林火灾案件。全州森林公安机关共立森林火灾案件247起，破案231起，破案率93.5%。其中立刑事案件128起，破案112起，破案率87.5%；抓获犯罪嫌疑人75人，刑事拘留15人，取保候审30人，逮捕30人；立行政案件119起，破案119起，破案率100%；处罚115人，治安拘留12人，警告5人，林政罚款98人。通过从快、从重，严厉打击纵火、失火违法犯罪，充分发挥森林公安震慑违法犯罪的积极作用，为遏制森林火灾高发态势作出重要贡献。

【组建森林消防特战队】 2010年，为加强森林防火能力建设，提高大理州处置森林火灾的综合应急能力，大理州投入专项经费70万元，在大理驻军中组建4支森林消防特战队。每支特战队由50名以上的精兵强将组成，配备GPS、对讲机、风力灭火机、灭火水枪、油锯、望远镜等专业森林消防装备，每名特战队员都配有阻燃服、消防头盔、防爆方位灯、充电电筒、睡袋等专业扑火装备。每支特战队分片负责3个县市的森林防火应急工作，一旦发生森林火灾，4支森林消防劲旅将发挥突击队的作用，执行急、难、险、危任务，解决森林火灾扑救工作中“科学指挥难、科学扑救难”的问题，实现“打早、打小、打了”目标，确保森林资源和生态安全。

【组建森林消防水泵应急队】 2010年，为着力解决森林火灾扑救中“取水难，供水难”的突出问题，进一步提高处置森林火灾的综合能力，大理州从消防、森警、武警部队退伍转业军人中择优聘用政治思想过硬、身体素质好、能吃苦耐劳的青年尖兵，组成12人的州级森林消防水泵应急队。应急队装配水罐消防车、水泵运输车、高压水泵、GPS卫星定位仪、风力灭火机、灭火水枪、油锯、望远镜和测距仪等精良森林消防装备。一旦发生森林火灾森林消防水泵应急队将充分发挥响应迅速、保障有力、装备精良的优势，完成森林火灾扑救中的取水、供水等任务，最大限度减少灾害损失。

【林业有害生物防治】 2010年，大理州认真开展林业有害生物防治，森林病虫害有效监测率98.6%，测报准确率90.26%。种苗产地检疫率为99.66%，商品木材及主要林产品调运检疫率为98.8%。全州共建立国家级中心测报点2个、州级中心测报点22个、一般测报点111个，发布预报52次、1070份。深入开展“利剑2010”云贵川渝藏检疫联合执法专项行动，植物检疫秩序得到规范，执法环境明显改善，执法管理长效机制进一步完善。制定完善了有害生物防控应急预案，进一步完善了重大危险性林业有害生物的预防、除治和应急反应机制。

【举办爱心放归活动】 8月2日,以"人与自然和谐家园"为主题、"崇尚自然、关爱生灵、和谐大理、放飞希望"为主要内容的"在大理的蓝天下爱心放归活动"在三塔公园举行。放生了一批野生动物,向多年来在森林保护工作中壮烈牺牲的烈士遗属和在扑救山火过程中受伤人员代表颁发了社会关爱金,向因野生动物肇事造成人身伤害和财产损失的代表颁发了政府补偿金和社会关爱金。

【举办大理州林业系统职工运动会】 10月28日,"森林大理杯"大理州林业系统首届职工体育运动会在关隆重开幕,来自12县市林业局、森林公安局及州市苍山保护管理局等单位的34支代表队、859名运动员参加了8个大项、18个小项的比赛。运动会充分展示了林业系统广大干部职工拼搏竞争、团结向上的精神风貌,增进了团结,加深了友谊,振奋了精神,增强了林业人的凝聚力和战斗力,为"森林大理"建设营造了良好的文化氛围。

【评选中小学生森林防火优秀作文】 2010年,为进一步提高全州中小学生森林防火意识,以小手牵大手的方式把森林防火宣传教育渗透到千家万户,提高全民森林防火意识,大理州森林防火指挥部、大理州教育局联合在全州中小学校组织开展了森林防火优秀作文评选活动。8月20日,大理州森林防火指挥部、州林业局、州教育局在下关举行百篇森林防火优秀作文表彰暨"生态之旅"夏令营启动仪式,对李钰彤、杨诗诗等百名优秀小作者进行了表彰奖励。100名受表彰优秀中小学生随后到南涧无量山国家级自然保护区、永平金光寺省级自然保护区度过为期4天的亲近自然、保护森林、关爱生命的"生态之旅"。此次活动极大地激发了广大中小学生参与森林防火宣传的热情,有力推动了森林防火"五个一"宣传教育工作的深入开展,全面提高了全州中小学生及其家长们的森林防火意识。

【国有林场危旧房改造】 2010年,大理州争取到国有林场危旧房改造231户。其中祥云县清华洞林场新建30户,弥渡县东山林场新建42户,南涧县国有林管所新建6户,宾川县国有林场新建65户,云龙五宝山林场改造53户,云龙漕涧林场新建35户;总投资1151万元,其中中央和省配套462万元,州、县和林场及职工自筹689万元。

(刘开兴)

水 利

【概 述】 2010年,是大理州实施"十一五"规划的最后一年,也是加快水利发展与改革的关键之年。2009年秋冬至2010年春夏以来全州遭遇了有气象记录以来最严重的秋冬春夏四季连旱,面对突如其来的旱灾,全州水利系统认真贯彻落实中央和省州党委、政府"抗大旱、保民生、促春耕"的战略部署,以超常规的举措和前所未有的力度切实抓好骨干水源工程、病险水库除险加固、农村安全饮水、旱损库塘修复、大型灌区、干支渠防渗、中低产田地改造等工程建设,千方百计增强蓄水保障能力,着力提高抗御干旱灾害的能力,全州抗旱救灾工作取得全面胜利,水利各项工作取得新进展。全州共完成水利和农村小水电投资12.99亿元,其中水利基建投资完成5.47亿元、小型农水投资完成5.27亿元、农电投资完成2.25亿元;新增有效灌溉面积2000公顷,解决农村饮水安全18.9万人;治理水土流失面积141.44平方千米,完成中低产田改造822公顷,完成干支渠防渗165.62千米;新增农村水电装机容量3.8万千瓦,完成蓄水量44401万立方米。

【抗旱工作】 2010年,大理州雨量偏少,气温偏高,无有效降雨,库塘蓄水严重不足,大部分河道断流,全州遭受了特大干旱。据统计,全州小春农作物受旱面积14.57万公顷,受灾率达92%,绝收8.3万公顷;果园受灾2.77万公顷,受灾率达90%;茶园受灾1.61万公顷,受灾率达84%;桑园受灾1.34万公顷,受灾率达95%。全州受灾人口达240万人,饮水困难人口82.15万人(包括578所学校的5.61万名师生)、大牲畜67.29万头,因灾缺粮需救济人口近80万人。全州因旱造成直接经济损失56.86亿元(其中农、林、畜、牧、副业经济损失38.92亿元、工业经济损失17.94亿元),大部分农作物减产、灭产。

面对历史罕见的极端旱情,大理州全力以赴抗大旱、保民生、促春耕,努力将旱灾损失降到最低限度。一是科学决策,及时启动抗旱应急预案;二是切实加强领导,建立完善各项责任制,强化预案准备;三是实行"五包一公示"制度,将抗大旱、保民生、促春耕各项措施落到实处,即:州级领导包县市、县市级领导包乡镇、乡镇领导包村、县市级部门包挂钩村、干部包重点户;四是强化舆论宣传引导,坚定抗大旱、保民生、促春耕的信心和决心;五是坚持把城乡居民生活用水安全放在首位,统筹兼顾各方面用水需求;六是各部门密切协作,加大抗旱工作力度,各级各部门深入农村第一线,加强对抗旱救灾和抓春耕生产的指导;七是制定抗旱救灾"电、油、运"保障供应方案,确保抗旱春耕生产工作顺利进行;八是广泛动员社会各界捐钱捐物,为抗旱救灾工作提供坚强的物质和资金保障。全州共接收各界捐赠资金3134.83万元,其中社会捐赠2580.99万元(州级1558.2万元)、共产党员捐款553.83万元(州级104.17万元)。至2010年7月30日,全州共投入抗旱资金42797.01万元,其中中央资金5713万元、省级补助资金9687.17万元、州县财政安排6518.6万元、群众投入累计达20878.24万元。共组织群众投入劳力105.89万人次,投入抗旱机电井1624眼、泵站1162处、抗旱设备3.98万套(台)、装机容量17.29万千瓦、机动运水车辆15650辆次、抗旱用电1659.5万度、抗旱用油1017.22吨,浇灌面积13.63万公顷,临时解决82.38万人、67.33万头牲畜饮水困难。

【防汛工作】 2010年,进入主汛期以来,大理州降雨依然偏少,直到从7月17日后,全州各地出现了几次较大的降雨,旱情才得到基本解除。为防止大旱之后产生较大的洪涝灾害,大理州防汛工作采取了强有力的应对措施:一是成立了检查工作领导小组,认真落实防汛首长负责制、单位责任制和岗位责任制及汛期值班制度,及时开展了汛前检查。二是进一步落实防汛行政首长负责制,及时调整充实了指挥部成员单位,明确了职责,落实了全州重点河道、重点湖泊、中小(一)型水库、重点防洪城镇行政首长负责人;多次组织检查组对各县市的水库、河堤、塘坝、水电站、尾矿坝等设施进行汛期安全检查和督查,确保其安全度汛。三是建立和完善了防汛联系机制。四是认真编制和修订防汛抗灾预案,狠抓防汛物资储备和防汛队伍的落实。全州防汛应急物资储备的情况是:麻袋3000条、编织袋29.13万条、铅丝1.90吨、桩木1284立方米、橡皮舟3艘、冲锋舟14艘、救生圈500个、救生衣563件、“管涌停”3吨、潜水服1套、自发电照明灯2套。全州组建了208支、10143人的兼职防汛抢险队伍。五是及时组织因旱干涸水库和塘坝应急修复工作。全面修复完成了小(二)型水库20座、塘坝145座,确保了库塘汛期安全和蓄水安全。

【农田水利建设】 2010年,在特大旱灾发生后,大理州把农田水利建设工作摆在了更加突出的位置,与抗旱救灾工作同部署、同落实。全州各级各部门迅速行动,各司其职,广泛动员,精心组织,掀起了农田水利建设新高潮,农田水利基本建设工作在大旱之年取得了新成效,进一步改善城镇居民生活和农业生产用水条件,提高抗御自然灾害的能力。据统计,2010年度(2009年9月~2010年8月),全州共完成农田水利基本建设投资69640.58万元,其中中央23540.45万元、省23544.19万元、市县乡10940.52万元、其他11615.42万元。全州共投入2993.34万个工日,出动机械台班13.43万个,完成土石方2732.87万立方米,修复水毁工程1098处,新增防渗干支渠道405.40千米、田间渠道594.91千米,加高加固堤防41.34千米,疏浚河道223.38千米,清淤渠道1561.10千米,加固水库18座,建设村镇供水工程420座,比去年增加156座;新建小型水源工程水池水窖9406个,灌溉机井1653眼;新增蓄水能力109.30万立方米,旱涝保收面积387公顷;新增灌溉面积2211公顷,改善灌溉面积1.82万公顷,新增除涝面积207公顷,新增节水灌溉面积4482公顷;年新增节水能力567.97万立方米,新增供水受益人口23.6万人。

年内,完成了省级下达大理州山区五小水利工程3.88万件(总投资5.61亿元)的建设任务,其中小水窖3.06万件,小水池4431件,小坝塘570座,小沟渠2139条,小泵站(含机电井)1044座。完成中低产田改造822.2公顷,积极组织实施扶贫示范园区部门责任项目,各项工作进展顺利。

【水利规划和前期工作】 年内,大理州水务部门完成了《大理州水利发展“十二五”规划思路报告》、《大理州水利发展“十二五”规划报告(初稿)》,配合省完成了《云南省百件骨干水源工程建设规划(2009~2012年)》,完成了《西南五省骨干水源工程规划大理州骨干水源工程近期建设规划》、《大理州“十二五”大中型水库建设规划》、《云南省滇中调水大理州二级配水规划》、《大理州小(一)型病险水库除险加固规划报告(2010~2013年)》、《大理州2010~2013年农村饮水安全规划人口调查及复核成果复核》以及省级2010~2015年山区五小水利建设规划的编报工作。完成了剑川县、洱源县、漾濞县和云龙县“十二五”水电新农村电气化建设规划以及漾濞绿源和桑不老、鹤庆三锅桩、剑川海门河4个“十二五”小水电代燃料规划的编制上报工作。

【水利项目前期工作】 年内,大理州水利项目前期工作进展顺利。完成了重点水源工程云龙包罗、巍山巍宝山、弥渡大横箐、永平金河等水库建设项目的前期工作;通过努力总投资约3.4亿元的祥云县青海湖扩建工程、中河蓄水工程、品甸海水库除险加固工程被列入了国家现代烟草农业大型水源工程建设项目;大理市三哨水库扩建,宾川仙鹅水库、祥云邵家水库除险加固、洱源凤羽河水库等项目前期工作进展顺利。

【重点水源工程建设】 2010年,全州13件在建重点水源工程概算总投资14.1亿元,年内完成投资2.5亿元。年内,永平大碱塘水库扩建工程已完成批准建设任务,并节约概算投资588万元,顺利通过了省级竣工验收并投入使用;祥云浑水海水库除险加固工程已完成建设任务投入试运行;引洱入宾北干渠工程概算总投资9958万元,累计完成投资9700万元,基本完成主要建设项目,开始试运行;云龙包罗水库完成导流洞工程提前实现截流;剑川老君山水库顺利完成度汛坝体填筑任务;洱源三岔河水库主体工程基本完成;南涧母子垦水库扩建工程引水二期工程基本完成。2010年新开工的巍山巍宝山水库工程导流洞已贯通,并实现截流目标;永平金河水库和弥渡大横箐水库完成了三通一平工程,开始实施主体工程。列入国家大型烟水项目,总投资3.33亿元的祥云青海湖水库扩建工程、品甸海水库除险加固、祥云中河治理3个项目全面开工建设。

【重点小(一)型病险水库除险加固】 宾川崔家箐、杨公箐水库,鹤庆大龙潭、松桂、羊龙潭、西龙潭水库,剑川大干场、双河、永丰水库,弥渡蒙化箐、大坝水库,巍山锁水阁、磨房箐水库,祥云许长、三甲、罗家村水库16座重点小(一)型病险水库除险加固工程于2010年12月前全面完工,累计完成总投资14559万元,其中中央8636万元、地方5923万元。

【中央财政小型农田水利重点县和专项工程建设】 2010年,中央财政小型农田水利重点县大理州涉及祥云和鹤庆2县,专项工程涉及弥渡。年内下达总投资4600万元,其中祥云2257万元、鹤庆1907万元、弥渡608万元。工程计划2011年3月完工。

【大型灌区续建配套和节水改造工程】 2010年,大型灌区续建配套和节水改造工程第一期项目建设涉及祥云和宾川2个县大型灌区,下达总投资4750万元,其中祥云灌区2500万元、宾川灌区2250万元,工程于10月开工建设,累计完成总投资1930万元。2010年第二期项目建设涉及宾川灌区,计划总投资1500万元,其中申请中央预算内资金1200万元。工程计划2011年3月完成建设任务。

【水库干支渠防渗工程】 省级先后2批次下达大理州2010年水库干支渠防渗工程,项目涉及大理、祥云、巍山、弥渡、宾川、南涧、漾濞、永平、云龙、洱源和剑川11个县市18件工程建设,下达总投资8496万元,其中第一批3723万元、第二批4773万元,已完成工程总投资5387万元。年末,共完成投资7766万元。

【农村饮水安全工程】 2010年,上级下达大理州农村饮水安全工程共有2批次,累计解决全州12个县市16万农村人口的饮水安全问题和56所农村学校2.91万人的饮水安全问题。工程总投资8939.14万元,其中第一批计划总投资8060.10万元、第二批879.04万元。年末,累计完成投资8939.14万元,解决了全州11.92万人的饮水安全问题。

【河道治理】 年内,巍山县、大理市水利血防河道治理工程下达总投资2789万元,其中巍山西河支流莱秧河治理工程1406.39万元、大理洱海西岸苍山十八溪支流治理工程1382.49万元。大理西洱河温泉段治理,长6.05千米,总投资2018.95万元,已完成招标工作。漾弓江鹤庆坝段已下达投资2996万元,沘江云龙石门镇段已下达投资2996万元,金龙河剑川坝段已下达投资2994万元。

【水土保持】 年内,完成水土流失面积治理141.44平方千米,完成年度治理总投资7765.6万元,其中中央投资943.3万元、地方投资5815.8万元、其他投资1006.5万元。完成107件开发建设项目水土保持方案报告书(表)的审查验收工作,组织参加建设项目水土保持执法检查190场(次),检查项目177项,查处违法案件7起。

【水政水资源管理】 年内,认真组织开展水政执法培训,积极开展第18届"世界水日"、第23届"中国水周"集中宣传活动,落实严格的水资源管理制度,抓好建设项目水资源报告的审批,加强对全州境内州市界河水质水量的监测工作。完成了年度水土保持设施补偿费和水资源费的征收工作任务,全年完成水资源费征收5060万元,其中小湾电站征收3560万元、漫湾电站征收913万元、州县两级合计征收587万元。

【农村水电】 年内,新建成大理市万花溪、鹤庆县六合和宾川县盘口箐一级3座水电站,新增农村水电装机3.8万千瓦;完成了漾濞、洱源、剑川3县"十一五"水电农村电气化县建设省级达标验收工作;启动了洱源县龙潭小水电代燃料项目电源点龙潭二级电站建设;全面完成了全州12家县级供电企业整体划转云南电网公司的深化县级供电企业电力体制改革工作。全年完成电网建设投资59991万元,解决无电人口2021户。

【水务改革及其他】 2010年,全州农村小型水利工程管理体制改革工作在完成弥渡试点工作的基础上,大理、云龙、宾川、南涧、巍山5县市完成了年度改革工作任务。继续开展好长江禁渔、稻田养鱼等经常性工作,加大执法力度,加大渔业养殖科普宣传,确保在大旱之年水产品质量安全及渔业工作健康发展。以预防为主、加强监管、落实责任为重点,继续开展"安全生产年"活动,认真抓好水利行业安全生产检查、事故隐患整改和危险源监控工作,有效防范和坚决遏制重特大水利生产安全事故;组织开展生产宣传教育和培训工作,进一步增加安全意识,进一步提高监督管理能力和水平。以教育、监督、纠风为重点,落实党风廉政建设责任制,大力弘扬"献身、负责、求实"的水利行业精神,激发干部职工奋发向上的工作热情,努力提高水利干部队伍整体素质。

【刘宁到大理检查抗旱工作】 2月7日,由国家防总秘书长、水利部副部长刘宁带队的国家防总和国家减灾委联合工作组莅临大理,深入大理州检查指导抗旱减灾工作。省政府副省长孔垂柱,省水利厅厅长周运龙,中共大理州委书记刘明,州委副书记、州长何金平,州政府副州长岳黎松以及州级相关部门的领导等陪同考察。

(赵汝璧)

渔业

【概　述】 2010年,大理州遭受了百年不遇的严重干旱,江河水位下降,不少河流、坝塘干涸使水产业遭受重创。全年计划水产养殖面积8000公顷,因旱造成渔业受灾面积4077公顷,水产品损失15635吨,直接经济损失5.1亿元。其中受灾较重的祥云县损失1.12亿元,宾川县损失0.73亿元,巍山县损失0.74亿元,弥渡县损失0.66亿元。

全州渔业管理部门积极应对大旱,组织调查落实渔业受灾区域,落实专人对养殖大户、苗种培育点进行技术指导,尽力帮助减少损失。加强对鱼病监测,针对病区及病情及时制定防病治病技术方案,采取必要措施,控制病害蔓延,防止疫病流行。组织群众购置小型发电机、小型抽水设备等,及时引水抗旱保鱼;添置增氧机以增加水体溶氧,提高水体自净能力,采用微生物制剂等措施改善水质。根据水位变化,及时捕捞成鱼上市;降低养殖密度,减轻库塘载鱼负荷。强化技术措施,准确计算投饵量,减少残饵对水体造成的污染,防止鱼病发生。全年渔业总产量3.2万吨。

【渔业资源增殖放流】 2010年,大理州渔业部门开展了增殖放流活动,放流地点分别是洱海、洱源西湖、鹤庆草海。其中洱海放流大规格斤两鱼种鲢鱼92万尾、鳙鱼24.5万尾、武昌鱼5万尾,9~10月龄高背鲫鱼80万尾、青鱼96万尾、土著鲤鱼180万尾、武昌鱼250万尾;共计放流鱼种727.5万尾,放流经费为195.94万元。鹤庆草海6月份共放流价值13万元,规格为8~9月龄鱼种30万尾,其中鲤鱼6万尾、鲫鱼6万尾、草鱼10万尾、鲢鳙鱼8万尾。特别是洱海,近年来每年鱼种放流资金都在200万元左右,放流规格逐步增大,极大的提高了放流鱼种的成活率,同时放流品种上增大了洱海土著鲤鱼的数量及以滤食浮游植物为主的白鲢鱼,不但使渔民增收,同时对洱海湖水质净化起到了较好的作用;据统计,近年来洱海湖人工放流鱼类的捕捞产量占洱海总产量的30%左右,年产量约2400吨左右。鹤庆草海及洱源西湖均为大理州重要的湖泊湿地,鱼类增殖放流能进一步加强保护湿地生态系统,改善水域环境,增加生物物种,使更多的候鸟回归,还鱼米之乡的本来面目,构建人与自然环境、人与动物和谐相处的友好型社会。

【继续实施长江禁渔期制度】 2010年,大理州渔业部门根据《2010年大理州实施长江禁渔期制度方案》,按"统一领导、统一时间、统一行动、分区分级负责"的原则,2010年3月1日起对金沙江、渔泡江(90千米)、漾弓江(121.5千米)、落漏河(48千米)实施了全面禁渔工作,达到"江中无渔船,岸边无网具,市场无江鱼"的禁渔要求。在整个禁渔期间,共召开各种形式禁渔动员会4次,电视宣传11次,发放传单3500余份,发放通告2300张,制作永久性标牌1500块,出动宣传车14车次,收到较好的宣传效果。在金沙江流域范围内,共出动22车次、150人次、进行各种形式执法检查25次。查处电捕鱼案件3起,没收电鱼器4台,没收违法销售渔获物5千克。对罚没的电鱼器、迷魂阵、钓钩等分别作了销毁处理,对没收的活鱼放归原水域。通过该项工作的开展,进一步宣传了《渔业法》及各种相关规章制度,既锻炼了渔政执法队伍,又有效地遏止了有害渔法渔具,使长江的渔业资源得到了休养生息和保护。

【稻鱼工程促农民增收】 2010年,由于旱灾使渔业工作遭受重创,大理州渔业部门积极号召广大群众生产自救实施稻田养鱼。其中,大理、洱源、鹤庆、祥云4县市实施稻鱼工程,为实现粮食增产、农民增收作出了积极的贡献。中共大理市委提出"保护洱海、保护海西田园风光"、"切实加强全市生态农业建设,减少农业面源污染,推进洱海综合治理和保护,促进生态文明建设"的要求,在大理市环洱海稻田进行稻田生态养鱼模式试验,通过稻田生态养鱼达到提倡人工薅秧,取消施用农药、化肥、除草剂的目标,实施了200多公顷稻田养鱼项目建设任务,划定市级工程化稻田养鱼综示区项目14公顷进行摸索示范。市人民政府协调整合建设项目资金200万元,投入稻鱼工程建设，采取沟、埂、路工程建设以整合国家项目投资为主，田间工程由农户投劳和政府以奖代补的方式完成项目区机耕路改造900余米、沟渠硬化875米、田埂硬化4880米，鱼沟、鱼凼开挖土方13340立方米，为工程化稻田养鱼奠定了基础。引进了昆明好宝箐生态农业开发有限公司参与稻田养鱼项目的生产经营，采取由银桥镇新邑村委会以土地流转承包形式，将该村76户农户的100余亩土地承包给昆明好宝箐生态农业开发有限公司经营，承包经营合同一订5年，为稻田养鱼向规模化、产业化、集约化经营方向发展探索出一个新模式，为大面积推广稻田生态养鱼模式、减少洱海周边农田面源污染奠定了良好的基础。同时，大大减少了化肥、农药的流失量，减轻了农田污染源对洱海的压力。

【水产品食品安全监管】 2010年，大理州渔业部门充分利用各种方式，做好水产食品宣传工作。发放宣传单2000份，开展以鱼药和鱼饲料为重点的执法检查，为进一步规范全州鱼药和鱼饲料生产经营活动，从源头上控制水产养殖生产中孔雀石绿、氯霉素及其他禁用药物的使用，确保渔民增收和水产品质量安全。

（王志达）

乡镇企业

【乡镇企业平稳发展】 2010年，在省农业厅和省工信委的指导下，大理州认真落实好中央、省"拉内需，促发展"的一系列政策措施，狠抓项目推进和生产要素配置，乡镇企业平稳发展。全年完成乡镇企业现价总产值326.6亿元，同比增长17.2%；完成营业收入309.1亿元，同比增长9.9%；完成增加值84.12亿元，同比增长13.2%，其中工业增加值59.9亿元，同比增长17.9%；实现税收8.95亿元，同比下降2.3%；实现出口交货值4.82亿元，同比增长55.5%；有28.1万人在乡镇企业就业。

【农产品加工业实现快速发展】 2010年，大理州农产品加工业实现快速发展。按云南省农产品加工业统计口径，全州不含大理卷烟厂的农产品加工业完成现价总产值92.9亿元，同比增长27%；工业销售产值83.1亿元，同比增长20.8%；营业收入89.4亿元，同比增长35%；增加值27.2亿元，同比增长30%；上交税金3.8亿元，同比增长18%；出口总额达到9181万美元，占全州出口总额的85%；销售收入超过500万元的企业达到97户。

【全面完成省下达乡企发展目标】 2010年，省乡镇企业局下达给大理州的责任目标为：完成乡镇企业增加值83亿元，同比增长增长12%；完成农产品加工业产值86亿元，同比增长20%；规模以上农业产业化龙头企业达到55个；农产品出口额达到7000万美元。全年实际完成乡镇企业增加值84.12亿元，增长13.2%；完成农产品加工业产值92.9亿元，同比增长27%；规模以上农业产业化龙头企业达到了97个；农产品出口额达到了9181万美元，超额完成各项责任目标。

【申报农产品加工业示范企业】 2010年，农业部开展申报第二批农产品加工业示范企业和第四批全国农产品加工业示范基地工作。通过各级申报和农业部组织有关专家评审，大理州祥云县龙云经贸有限公司被农业部认命为全国果蔬加工类农产品加工业示范企业。至此，大理州已共有全国农产品加工业示范企业4户，农产品加工业示范基地1个。

（鲁树成）

气　象

【概　述】 2010年，大理州气候异常，出现了有气象记录以来最为严重的秋、冬、春、夏四季连旱。全州年降雨量分布不均，中部和西部偏少，其余地区略多，降水除秋季较常年同期偏多外，其余季节均偏少到特少。全州年平均气温16.6℃，为1962年有气象记录以来最暖的一年。其中，冬、春、夏、秋四季气温均偏高至特高，5个县年平均气温创历史极高值，2个县市年平均气温与历史极高值相同。全州雨季开始期特晚，结束期偏晚。少雨、高温、干旱的气候特点十分突出，2009年9月～2010年7月中旬初，大理州连续10个多月持续少雨、高温、干旱天气。强对流天气突出，冰雹灾害较常年偏重发生，大雨、暴雨站次多于常年，汛期单点性大雨、暴雨引发的局部洪涝、滑坡、泥石流频繁发生。各种气象灾害造成的农作物受灾面积明显大于常年，其中主要是旱灾，其次是冰雹和局部暴雨引发的洪涝灾害。总体来看，全年气候对大理州农业生产属于较差年景。

各县市年平均气温为13.3～19.7℃，其中巍山、宾川、弥渡、大理、祥云5县较常年偏高1.1～1.4℃，其余县较常年偏高0.5～0.9℃。宾川、弥渡、祥云、巍山、剑川5县创历史极值，大理、永平2县与历史最高年相同，其余地区为历史第2高至第4高年，年内大部地区气温均为偏高到特高。各县市年降水量为414～1143毫米，其中南涧、洱源、剑川、弥渡、鹤庆5县偏多27～177毫米，漾濞县与历年平均值相同，其余站偏少42～180毫米，宾川县年降水量最少，仅有414毫米，较常年偏少25%，仅次于1977年和1988年，为历史第三少雨年。年日照时数为1781～2534小时。与常年比较，巍山县偏多118小时，南涧、鹤庆、漾濞、弥渡4县偏少6～71小时，其余站偏少200～321小时，全州年平均日照时数2193小时，较常年偏少158小时。

有利的气候条件是：小春播种至出苗期无秋季连阴雨天气。冬春季气温偏高、光温充足，水利条件好、有灌溉条件的地区有利于小春作物生长。大春播种育秧期气温偏高，无"倒春寒"天气影响，水利条件好的地区水稻秧苗长势好。汛期洪涝、滑坡、泥石流等灾害较常年偏轻，造成的粮食损失少于常年。大春粮食作物产量形成最为关键的7～8月，降水、光照适中，气温高，热量条件优，无低温影响，对作物产量形成有利。9～10月大理州降水特多，阴雨日数多，出现了两次"秋季连阴雨"天气，但由于强降水不突出，降水利用率好，对蓄水工作十分有利。

不利的气候条件是：由于2009年降雨量偏少、雨季结束早，导致全州蓄水量明显减少，加之冬春季降水为历史极少值，严重干旱导致人畜饮水困难，大部地区作物无条件保障灌溉。2009年秋旱明显，小春作物种植期间土壤墒情较差，种下后又遭遇秋、冬、春、夏四季连旱，小春作物整个生长期均处于极其严重的干旱情况下，山区、半山区小春作物不出苗或出苗后旱死，坝区小春作物也因长期干旱影响严重，缺水地区出现田地开裂，加之气温偏高，导致小春作物早熟，籽粒不饱满，小春粮食产量出现大幅减产。2009年12月24～26日大理州出现不同程度的霜冻天气，对东南部地区的小春作物和经济作物造成一定危害，北部地区主要影响蔬菜，东南部和南部地区主要影响经济林木、蚕豆、油菜、蔬菜等。年内由于高温干旱持续时间长，蚕豆潜叶蝇、蚜虫等虫害重于往年，对产量也有一定影响。冬春季大风日数明显多于常年，大风打落蚕豆花，影响结荚率，从而影响产量。持续干旱导致库塘蓄水严重不足，有的地区水库、河道干涸，土壤墒情极差，严重影响大春适时栽种。5月25～26日出现区域性降水后，又出现长时间无区域性降水的雨水中断现象，导致玉米等旱地作物种下后水分不足，不能出苗或出苗后雨水中断，因旱死苗的情况普遍发生。旱地和缺水地区的作物反复播种2～3次，玉米出苗不齐，植株矮、穗小等情况普遍存在，对产量有明显影响。雨季开始特晚，缺水地区水稻移栽晚，加之缺水造成局部水稻旱死重栽等，部分地区生育期较常年晚10～25天，影响产量。9～10月大理州降水特多，阴雨日数多，出现了两次“秋季连阴雨”天气，对大春作物的收割、晾晒和入仓造成困难，导致部分粮食霉烂，对产量有一定影响。

2010年大理州各县市年平均气温柱形图

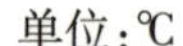
单位:℃

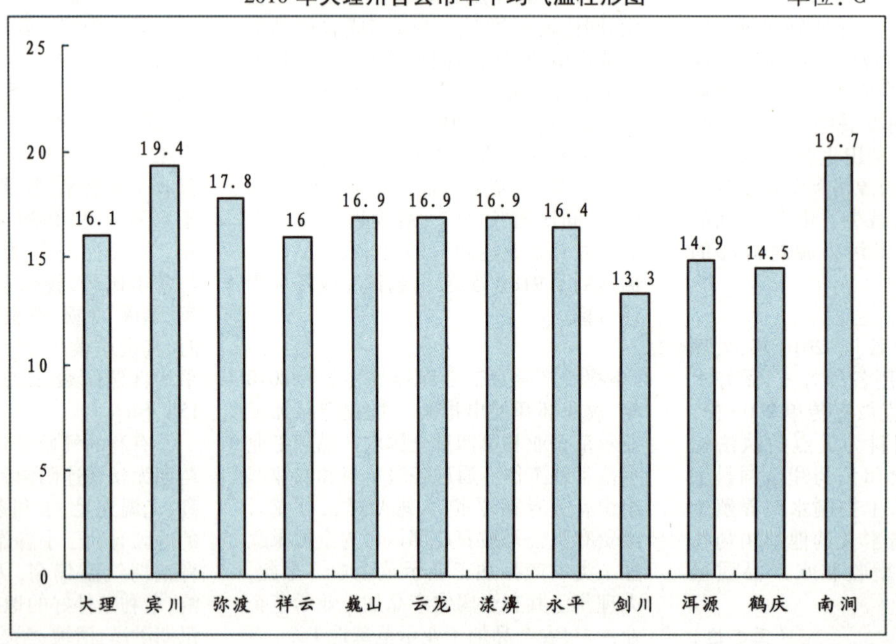

2010年大理州各县市年降雨量柱形图　　单位:毫米

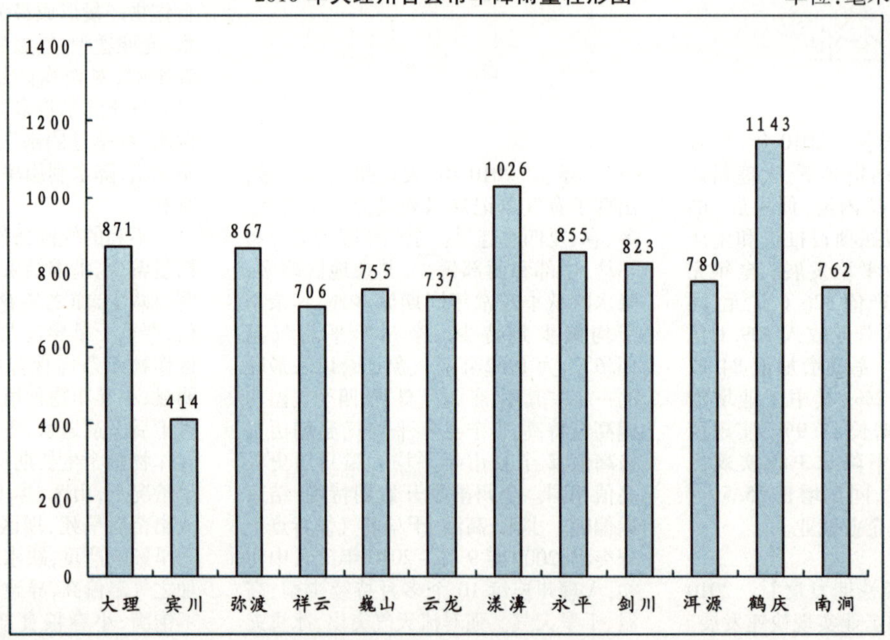

2010 年大理州各县市年日照时数柱形图　　单位:小时

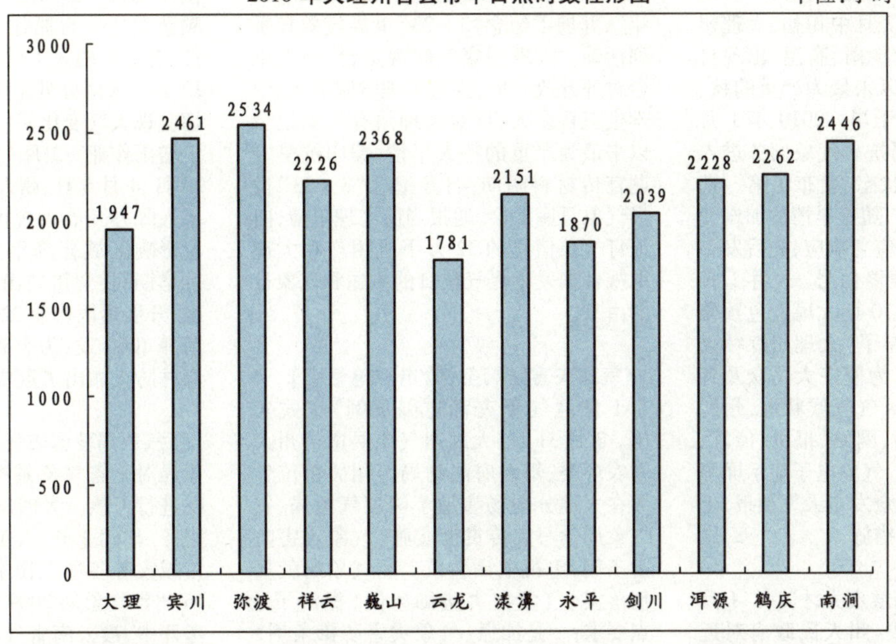

【气象灾害】 2010 年,大理州主要气象灾害是:干旱、大风、冰雹、雷电、暴雨、局部洪涝及滑坡、泥石流等次生灾害。据统计,气象灾害共造成 279.7 万人受灾、3 人死亡、3 人失踪,房屋受损 8389 间、倒塌 355 间;农作物受灾面积 274970 公顷、绝收面积 97880 公顷,直接经济损失 59.5 亿元。各种气象灾害造成的经济损失和农作物受灾面积明显大于常年,其中干旱灾害造成的经济损失占总经济损失的 93.4%。农作物受灾面积最重,占总受灾面积的 95.1%;其次是冰雹和暴雨洪涝灾害。总体来看,2010 年属气象灾害偏重年。

干旱灾害:2009 年 9 月 ~2010 年 7 月中旬初,大理州降雨量持续偏少,气温持续偏高,出现了罕见的秋、冬、春、夏四季连旱,为有气象记录以来持续时间最长、影响范围最广、危害程度最深的特大干旱灾害。致使小春作物严重受灾,人畜饮水困难,大春作物的栽插、生长受影响。严重的干旱灾害造成 31 万人、23.02 万头大牲畜饮水困难,水库干涸 25 座。农作物受旱面积 23.21 万公顷,绝收 8.94 万公顷,全州小春作物大幅减产,持续旱情影响到了大春农作物栽种和作物的生长发育,部分已栽种的包谷、稻谷出现枯死、出苗不齐等情况,山区、半山区尤为突出,其中祥云、巍山、南涧大春减产较为严重。旱灾造成全州直接经济损失 55.59 亿元。

低温霜冻:2009 年 12 月 24 ~ 26 日,大理州出现不同程度的霜冻天气。24 日最低气温:云龙、巍山、宾川 3 县分别为 -2.1℃、-2.1℃、-2.6℃,永平、洱源、剑川 2 县分别为 -3.5℃、-4.3℃、-6.2℃;25 日,祥云、巍山、云龙 3 县最低气温均为 -2.4℃,弥渡、宾川、永平 3 县分别为 -2.8℃、-3.0℃、-3.7℃,鹤庆、洱源、剑川 3 县分别为 -4.6℃、-5.3℃、-7.0℃。以上地区均出现了中等强度的霜冻天气,尤其是永平县 24 ~27 日连续 4 天的日最低气温分别为 -3.5℃、-3.7℃、-2.6℃、-3.7℃,与历史同期最低的 1999 年相同。此次低温霜冻过程,北部地区主要影响蔬菜,东南部和南部地区主要影响经济林木、蚕豆、油菜、蔬菜等。

大风、冰雹灾害:2010 年,大理州大风冰雹灾害较常年偏重发生,主要出现在 4 月中下旬、7 月下旬和 8 月上中旬,造成 19.14 万人受灾、4670 间房屋受损,农作物受灾面积 36402 公顷、绝收面积 7497 公顷,直接经济损失 2.73 亿元,灾害损失较常年偏重。其中较为严重的有:4 月 28 日下午,洱源、永平、漾濞、宾川、剑川、云龙、巍山、祥云、南涧等 9 个县 32 个乡镇发生冰雹、大风灾害,造成 156435 人受灾、1182 间房屋受损,农作物受灾面积 32929 公顷、成灾面积 22524 公顷,绝收面积 6484.5 公顷,死亡大牲畜 30 头,直接经济损失 22539.9 万元,其中农业经济损失 22146.9 万元,在大理州的风雹灾害史上是十分罕见的。7 月 29 日,鹤庆县、剑川县部分乡镇发生大风、冰雹灾害,造成 24366 人受灾、970 间房屋受损,农作物受灾面积 1947 公顷、绝收面积 527 公顷,直接经济损失 3123 万元。

雷电灾害:2010 年,全州雷电灾害较常年偏轻,灾害主要出现在漾濞和洱源。8 月 8 日 17 ~18 时,漾濞县因雷击灾害造成 1 人死亡;8 月 12 日 14 时 45 分,洱源县出现雷电灾害,1 户房屋严重受损、49 户的家用电器全部损毁。

暴雨洪涝灾害:大理州 2010 年全年 ≥25 毫米的降雨日数 100 站次,较常年偏多 13 站次;≥50 毫米的降雨日数 18 站次,较常年偏多 8 站次。大雨暴雨出现次数明显多于常年,但严重洪灾涝灾少于往年,未发生大面积的洪涝灾害。洪灾主要出现在鹤庆、洱源、弥渡、南涧、漾濞等县。全年因局部洪涝灾害造成农作物受灾 5398.3 公顷、绝收 691.9 公顷,因洪灾死亡 1 人,损坏房屋 2897 间、倒塌房屋 229 间,直接经济损失 9210 万元。

滑坡、泥石流灾害:2010 年滑坡、泥石流灾害造成 1 人死亡、3 人失踪,农作物受灾面积 929.1 公顷、绝收面积 234.3 公顷,损坏房屋 822 间、倒塌房屋 114 间,直接经济损失 2471.2 万元。灾害主要出现在云龙、漾濞、鹤庆等县。

秋季连阴雨灾害:2010 年 9 ~ 10 月,大理州降水特多,阴雨日数多,出现了两次"秋季连阴雨"天气,对大春作物的收割、晾晒和入仓造成困难,导致部分粮食霉烂,但强降水不突出,降水利用率好,对蓄水工作十分有利。

【干旱气象预报服务主动及时】 2009年9月底~2010年7月中旬初，大理州连续10个多月持续少雨、高温，出现自1951年有气象记录以来最为严重的秋、冬、春、夏连续特大干旱。2010年1月28日，大理州气象局抗旱气象服务进入干旱三级应急响应状态，发布了第一期干旱红色预警信号。随着旱情的加剧，2月28日启动了一级应急响应，先后发布了16期干旱红色预警信号。3月1日~4月9日，发布了10期大风蓝色预警信号。4月8日，发布了"大理州森林火险红色预警信号"。为使广大民众及各有关部门及时了解天气气候状况，州气象台通过电视、广播、网站、报纸、传真、电话、手机短信平台、气象电子显示屏等公共媒体，及时向公众发布天气预报、干旱实况、预警及应对措施。

【黄慧君获州优秀高层次人才奖】 1月28日，中共大理州委、州人民政府对近年来在不同岗位创造了不平凡业绩，专业技术精湛，具有鲜明时代特征，为全州改革发展和稳定做出积极贡献的49名优秀高层次人才进行了表彰命名。大理州气象局首席预报员、高级工程师黄慧君名列其中。

【大理市局获"全国科普教育基地"称号】 3月4日，中国科学技术协会授予大理市气象局"全国科普教育基地"称号。授牌仪式上，副州长岳黎松对开展好气象科普教育工作提出了6点要求：一是科普教育基地要积极广泛开展贴近实际、贴近生活、贴近群众、有特色、有实效的气象科普活动。二是要注重科普宣传教育的科学性、通俗性和趣味性，利用多种手段开展科普教育活动，使广大市民和青少年充分认识气象、了解气象。三是要加强宣传，使更多的人在更深层次认识气象在防灾减灾、保护人民生命和财产安全中所发挥的重要作用。四是要吸引国内外高层次科学家，联合开展广泛的科技合作，开展高层次气象科普活动。五是要加强管理、加强建设、加强服务，切实承担起对社会公众开展科普教育的职责，为科技发展和经济社会建设做出积极贡献。六是要加强与科技部门合作，在沟通信息和增进了解的基础上，推进科普教育基地建设，努力提升气象科普工作内涵。

【气象日活动丰富多彩】 3月20~22日，大理州气象局、大理州气象学会针对世界气象组织确定的世界气象日主题——"致力于人类安全和福祉的60年"，开展了纪念"3·23"世界气象日系列活动。大理国家气候观象台、州气象台对外开放一周，接待大理学院等大、中学生三百多人；针对大理州有气象记录以来最为严重的特大旱情，编印抗旱专题宣传材料两期；召开纪念"3·23"世界气象日座谈会，通报当前大理旱情；向征订气象信息的32万手机用户和大理电视台编发世界气象日的主题和气象日的由来。

【《气象灾害防御条例》电视电话会】 4月1日，《气象灾害防御条例》正式实施。3月31日，大理州气象局邀请州人大农环委、州政府法制局等相关单位领导在大理分会场参加了国家气象局、省气象局学习宣传贯彻实施《气象灾害防御条例》电视电话会议。州气象局就贯彻落实《气象灾害防御条例》提出了4点要求：一是加强《气象灾害防御条例》的宣传贯彻工作，大力提升气象灾害防御能力和应急能力；二是将学习宣传贯彻《气象灾害防御条例》和抗旱救灾工作相结合；三是加强天气气候的预测预警工作；四是抓住有利时机及时开展人工增雨作业，全力以赴打好抗旱救灾攻坚战。

【森林防火气象预报预警】 大理州干湿季分明，干季降水少，风速大，森林防火气象等级高，防火形势严峻，因此，进行高森林防火气象预报预警，对防灾、减灾、避灾具有十分重要的意义。4月6日，大理州森林防火指挥部与大理州气象局签订了联合开展高森林防火气象预报预警工作的协议：州气象局负责及时将高森林火险灾害性天气信息传送到州森林防火指挥部，州森林防火指挥部负责将森林火灾信息传送到州气象局。在联合发布高森林防火预报预警期间，当出现或可能出现最高森林火险等级即5级并将持续时，应及时主动将预报信息以网络传输、文本、电话等方式与对方进行业务会商，共同发布预报预警信息。州气象局负责预报预警手机短信发布。4月8日，首次联合发布了"大理州森林火险红色预警信号"，使有关领导及相关部门在第一时间获得准确的森林火险信息，为森林防火提供了优质的气象保障服务。

【人工增雨效果明显】 2010年，大理州遭遇有气象记录以来最严重的秋、冬、春、夏连续特大干旱，小春生产遭受严重损失，森林火险等级居高不下，森林火灾频繁发生。为抓住每一次有利天气条件，有效实施人工增雨作业，州人降办及12县市人降办处于临战状态，24小时密切监视天气变化，一有条件，及时开展人工增雨作业。2月17日、3月5日、3月27日、4月6日，州人降办组织全州各县市人降办开展大规模增雨抗旱作业，作业影响区域普降小到中雨，效果明显。抗旱期间，全州共出动作业人员989人次，开展增雨作业329点次，发射增雨火箭弹1060发，为大春育苗、烤烟生产及森林防火做出了重要贡献。

【州气象局获省表彰】 2010年初，省气象局对全省气象系统2009年的工作情况进行考核。大理州气象局在气象预报服务、基础业务、人工影响天气、气象防雷减灾等各项工作中成绩突出，在全省16州市气象局2009年度目标管理综合考评中，被云南省气象局考评为特别优秀单位，受到表彰奖励。

【州气象局短平快课题验收】 6月20日，由省、州气象专家组成的验收组，对大理州气象局2008年下达的10项短平快课题进行验收。与会专家听取了课题组的工作报告和技术报告，对照课题计划合同书，对所提供的技术资料进行了审阅和评议，一致认为：《数值预报产品适用业务平台研究》、《洱海气象服务计算系统开发研究》等10项短平快课题已实现项目目标，完成了合同规定的任务，同意通过验收。专家组还指出，所下达的课题选题好、方向准、内容细、实用性强，希望下一步加大支持力度，继续做好研究和推广应用工作。

【省人大检查气象"一法两条例"实施情况】 6月23~25日，以省人大农业工作委员会主任阿扎为组长的检查组对大理州贯彻落实气象"一法两条例"（《中华人民共和国气象法》、《人工影响天气管理条例》、《云南省气象条例》）情况进行检查，副州长岳黎松就大理州贯彻落实情况作了专题汇报。检查组一行实地检查了州气象局、苍山东坡双阳人工增雨点、大理国家气候观象台、南涧县气象局的气象服务和气象设施建设情况。检查组认为，大理州宣传贯彻"一法两条例"措施有力，地方气象事业发展得到重视；对灾害性天气的监测能力和预报水平不断提高，积极有效开展人工影响天气工作，增强了防灾减灾能力，减轻了气象灾害造成的损失。阿扎强调，要进一步深化对气象"一法两条例"的学习宣传，加强气象事业投入力度，重视气象探测和环境保护问题，加强对人工影响天气作业工作的领导，机构、人员编制要进一步健全和落实，理顺防雷工作管理体制，并疏通气象信息传播渠道。

【州气象学会学术论文集出版】　8月24日，大理州气象学会编印出版了《2006～2009年学术论文集》。该文集收录了62篇论文，内容涵盖天气气候、大气探测、应用气象、人工影响天气、气象科研、综合档案等方面。

【农村气象综合信息服务建设】　2010年，面对全州罕见的特大干旱，大理州气象局不断加快农村气象综合信息服务系统建设，在实施千村扶贫开发百村整体推进的102个行政村，推广使用气象综合信息电子显示屏。气象综合信息电子显示屏采用GPRS无线传输技术，将长、中、短期天气预报、灾害预警信息，第一时间发送到乡镇、村的接收终端电子显示屏上，使广大农民群众能及时了解天气情况，用于指导生产和生活，实现趋利避害、防灾减灾。同时，农民还可以通过电子显示屏了解农村政策、农业生产、农村生活知识、农副产品价格信息等多项农情，使其成为指导生产、富裕农民的金色通道。在显示屏上发布党和政府的惠农政策、农业科普知识、护林防火及节约用水的相关宣传信息等，使其成为政府联系"三农"的桥梁和纽带。该系统的建成，将使大理州内的行政村得到零距离气象服务，切实解决农村信息"最后一公里"瓶颈问题。

【防灾减灾能力建设专项督查】　10月15～22日，由州政府州长助理李文才带队，州政府督查室、州气象局、州财政局、州发改委等部门组成的督查组，对全州12县市政府贯彻落实《云南省人民政府关于进一步加强气象防灾减灾能力建设的意见》情况进行专项督查。督查重点共8个方面：一是对加强气象防灾减灾能力建设重大意义的认识；二是农村气象综合信息服务体系建设，以及气象灾害预报预警信息发布系统建设情况；三是人工影响天气工作开展情况；四是县市级气象灾害预测预报体系建设情况；五是气象探测环境和设施保护责任制执行情况；六是气象防灾减灾信息资源共享、宣传教育开展情况；七是"十二五"期间气象事业以及气象防灾减灾规划落实情况；八是对气象事业建设经费，特别是防灾减灾工作经费的投入情况。通过查、听、看，督查组对进一步推进气象防灾减灾工作提出了以下建议：要高度重视气象防灾减灾工作，要努力提高气象服务水平，要不断推进农村综合信息服务平台建设，要妥善处理好气象探测环境保护等有关问题，要强化对人工影响天气工作的管理，要抓好《气象灾害防御条例》的学习和贯彻，要切实加大气象防灾减灾投入力度。

【省测报竞赛获团体第一名】　云南省气象部门第四届地面测报技能竞赛于2010年11月13～15日在昆明举行。大理州代表队在竞赛中发扬团队精神，顽强拼搏，最终夺得团体第一名，个人全能第四名、第九名和个人单项2个第一名、最佳教练第一名共5个奖项，为大理州气象部门争得了荣誉，受到省气象局表彰奖励。

【苍山——洱海剖面气象观测建成】大理国家气候观象台苍山－洱海剖面观测系统，是由国家、省、州、市气象部门共同组织实施的气象探测及气候研究建设项目。针对苍山气候比较特殊及大理盆地局地环流复杂的特点，选择了大致沿北纬25.4度线，在苍山东坡不同海拔高度的苍山顶（4100米）、杉飑亭（3520米）、白雀寺（2660米）、阳和人工增雨点（2130米）、洱海水面（2009年已建成）、海东天镜阁（2080米）建设5个6～8要素无人自动气象观测站。2010年11月19日进行部分站点设备安装、调试，11月24日进行数据采集、传输测试。该系统建设的目的和意义是：获取苍山东坡不同海拔高度和洱海周边气象资料，分析苍山、洱海气候，为苍山洱海保护提供气象资料；监控苍山东坡不同海拔高度和洱海周边气象要素变化；了解高原典型区域的大气结构、地气交换及局地环流时空变化特征；分析区域气象条件与周边地区天气气候的关系及影响。该系统的建成为数值模式预报能力的改善提供基本观测数据，为提高高原复杂山地预报准确率提供资料支撑。

【州气象系统抗旱工作受省表彰】2010年，在大理州遭受有气象记录以来最严重的秋、冬、春、夏连续特大旱灾过程中，大理州气象部门积极开展全方位气象服务，24小时全天候监测天气变化，认真分析卫星、雷达、自动站等气象监测资料，全力做好气象监测预警服务；及时向党委、政府及有关部门提供旱情发展变化实况，为抗旱工作提供决策依据。州、县市人工影响天气作业人员24小时处于临战状态，捕捉有利时机，及时开展人工增雨作业，增加有效降雨，减轻干旱造成的损失。通过公共媒体及时将天气预报、干旱实况及应对措施向公众发布。多次深入灾区了解旱情，检查抗旱措施落实情况，为灾区捐款、捐物。州气象台、州气象局人影中心、州气象局办公室、祥云县、南涧县、剑川县、漾濞县气象局等7个单位荣获全省气象部门抗旱救灾先进集体光荣称号。李国灿、王永平、李庆红、马汉才、高志伟、杨卫东、杨顺洪、李育、万永斌、易小蓉、章慧英、朱碧文、杨丽、刘明飞、张铁军、马雪飞等16人荣获全省气象部门抗旱救灾先进个人光荣称号。

（周晓玲）

（责任编校：李建川）

工 业

综 述

【概 述】 2010年是大理州"十一五"发展规划的收官之年。年内,全州累计完成工业总产值477.11亿元,同比增长27.48%,是"十五"末的2.9倍,年均递增23.7%,完成"十一五"规划发展目标400亿元的119.28%;实现工业增加值154.4亿元,是"十五"末的2.5倍,年均递增19.8%,增速快于"十一五"规划目标增速(增长15%)4.7个百分点,全州工业经济"十一五"发展规划实现完美收官。具体表现:①轻重工业同步快速发展。2010年,全州轻、重工业增速分别以22.6%和29%的速度实现了快速递增。②工业经济比重持续上升。2010年,全州实现工业增加值154.4亿元,按可比价格计算增长19.8%,高于GDP增速6.8个百分点,工业占GDP的比重达32.5%,比上年末提高了3.6个百分点;全州工业累计上缴税收39.6亿元,占全州税收总额的52%,工业已发展成为"富民强州"的最大产业。③12县市均实现了两位数以上的较快增长。④多数工业产品产量增长。全州重点监测的28种工业品中,有23种工业品产量实现增长。⑤企业效益明显回升,全州201户规模工业企业中,共有149户企业产值实现增长,增长面为74.1%,同比提高13.3个百分点;全州26个工业行业中,有20个行业实现盈利。⑥全面超额完成省定四项责任目标,是省定大理州责任目标完成最好的一年。其中:累计实现增加值127.9亿元,完成省下达年度目标任务的126.6%;实现主营业务收入299.3亿元,完成省下达年度目标任务的119.7%;实现利税总额54.8亿元,完成省下达年度目标任务的114.2%;实现利润21.7亿元,完成省下达年度目标任务的146.6%。

在全州工业经济实现快速发展的同时,全州工业投资、非公有制经济、节能降耗等各项工作也成效显著,具体表现:①工业投资快速增长。全州累计完成非电工业投资43.5亿元,同比增长25%,完成省定责任目标的100.7%;②非公经济发展活力不断增强。2010年,全州非公经济完成增加值208亿元,完成省定目标的100%;③乡镇企业稳步发展,为实现以工哺农、促进农民增收致富发挥了积极作用。全年累计实现增加值84.1亿元,完成省定责任目标的101.4%;④节能降耗成效显著。2010年,大理州单位GDP能耗下降5.96%,超额完成省下达3.4%的年度责任目标;"十一五"期间,全州单位GDP能耗累计下降17.34%,超额完成省下达大理州"十一五"期间累计下降15%的降耗目标任务;⑤淘汰落后产能全面完成。通过州、县各级各部门的协作配合和对有关措施的强力推进,大理州于2010年9月末提前完成了省下达的"十一五"期间淘汰落后产能的目标任务。⑥煤炭资源整合顺利完成。年内,累计整合关闭矿井31对,煤炭资源整合工作成效明显。

(苏发高)

【全州六大工业产业持续发展】 2010年,全州六大骨干工业产业共实现产值340.35亿元,同比增长28.3%,占全部工业总产值的比重为71.33%,比上年末提高了0.8个百分点。全州重点监测的28种工业品中,有23种工业品产量实现增长,其中增速超过20%的品种有7种。机械产业:实现产值70.9亿元,增长19.6%。生产载货汽车64961辆(其中:改装汽车46921辆、低速载货汽车18040辆),增长9.15%;生产中型拖拉机46699台,下降8.45%;生产小型拖拉机206台,增长5.1%。矿冶产业:实现产值77.57亿元,增长29.6%。除生铁(9.9万吨,下降16.64%)和黄金(3237千克,下降3.57%)下降外,其余产品都实现了不同程度的增长。全年共生产铁矿石93.12万吨,增长25.29%;锰矿石8.2吨,增长6.86%;铅1.08万吨,增长16.96%;锌14.1万吨,增长3.2%;成品钢11.66吨,增长17.03%;锑1.39万吨,增长21.13%。烟草产业:实现产值53.57亿元,增长23.7%。全年共生产卷烟42.9万箱,增长3.13%;复烤烟叶4.98万吨,增长28.07%。生物资源加工业:实现产值52亿元,增长18.8%。全年共生产精制茶9214吨,增长40.5%;饮料酒27.9万吨,增长68.17%;生产乳制品18.92万吨,增长13.49%。建材产业:实现产值34.78亿元,增长24%。生产水泥熟料632.77万吨,下降1.9%;水泥837.2万吨,增长22.15%。能源产业:实现产值51.53亿元,增长65.8%。小湾电站的全面投产运行,以及煤炭行业增量增价,是大理州能源产业实现高速增长的主要原因。累计发电85.1亿千瓦时,同比增长107.56%;累计生产原煤331.5万吨,同比增长24.93%。

(苏发高)

【"十一五"工业发展成效显著】 "十一五"期间,大理州工业经济发展成效显著,成为全州工业发展速度最快、增量最多、贡献最大的时期。突出表现为:一是发展速度加快。"十一五"期间,全州工业增加值以19.8%的速度实现了高速增长,比"十一五"规划增速快4.8个百分点,比"十五"时期快4.3个百分点。二是增量工业巨大。2010年,南涧、永平、云龙、弥渡4县工业产值同时突破10亿元大关,12县市工业经济总量均在10亿元以上,全州工业经济总量达477.11亿元,完成"十一五"规划目标400亿元的119.3%,是"十五"末的2.88倍。其中,"十一五"累计新增工业产值311.4亿元,是"十五"工业增量的3.2倍,占全州工业经济总量的65.3%,是大理州工业经济增量最多的发展时期;三是主导作用增强。全州工业增加值占生产总值比重由2005年的26.7%提高到2010年的32.5%;工业税收由2005年的19.2亿元增长为39.6亿元,工业税收占全州税收总额的比重达52%;工业对全州经济增长的贡献率由2005年的45.3%提高到2010年的52.6%,已发展成为富民强州、跨越发展的最大产业。四是企业做大做强。“十一五”期间累计培植规模企业79户，全州规模工业企业总户数达201户（占工业企业总户数的1%）；全州亿元以上工业企业达42户，比“十五”末净增16户；祥云飞龙、力帆骏马两户企业迅速成长为全国大型企业，并成功跻身于云南省百强企业之列。“十一五”末，全州规模工业累计实现增加值119.9亿元，占全州工业增加值的82.8%，已成为全州工业经济的重要组成部分。五是结构调整优化。六大产业占全州工业经济总量的比重达71.3%，产业持续发展优势明显；园区工业占全州工业经济总量的比重由“十五”末的29%提高到38.4%，园区产业集聚平台载体作用明显增强；限制“两高一资”企业发展，加大落后产能淘汰力度，“十一五”期间全州累计淘汰炼铁35.6万吨、炼钢15万吨、铁合金0.4万吨、水泥熟料206万吨，肢解炼铁高炉4座、转炉1座、铁合金电炉1座、机立窑22条；国有企业改革全面完成，非公工业占全州工业经济总量的比重达44%，比“十五”末提高了4个百分点，所有制结构持续优化；全州三次产业结构由“十五”末的29∶33.3∶37.7调整为23∶39.6∶37.4，工业占GDP的比重达32.5%，比“十五”末提高了5.8个百分点。六是节能降耗成效显著。全面开展了清洁生产、节能审计、节能宣传及节能产品推广工作；严格执行国家产业政策，全面淘汰落后产能，降低能源消耗；支持企业做好节能技术改造和资源综合利用，大力发展绿色低碳经济，促进可持续发展。“十一五”期间全州单位GDP能耗累计下降17.34%，超额完成省下达大理州节能规划目标任务。

（苏发高）

【省统筹下达小湾、漫湾电站统计指标】　2010年，经过州人民政府及有关部门的积极向上争取，省人民政府决定将小湾电站、漫湾电站的经济指标按比例下达至相关州市统计，较好地体现了“资源开发与成果共享”的经济发展原则，符合大理州工业经济发展实际。其中：下达大理州的小湾电站统计份额为31%、漫湾电站统计份额为14%。

（苏发高）

【全州加快工业暨非公有制经济发展大会召开】　3月3日，大理州加快工业暨非公有制经济发展大会在下关召开。州委书记刘明、州长何金平、州人大常委会主任字国顺、州政协主席袁爱光等领导出席会议，来自全州工业系统的350余人参加会议。会上，刘明、何金平分别作了重要讲话；大会对21户大理州非公有制经济发展先进单位、47位大理州非公有制经济优秀创业企业家和12户获得2009年云南名牌产品荣誉称号的企业进行了表彰奖励；大会还兑现了完成2009年度工业发展、节能降耗责任目标和获得省级认定企业技术中心单位的奖励；会议签订了2010年度工业发展、节能降耗等相关目标责任书。

（郑巍黎）

【中国企业家论坛2010年夏季高峰会在大理召开】　8月28～29日，中国企业家论坛2010年夏季高峰会在大理隆重召开。中共云南省委常委、省委统战部部长黄毅，大理州党政领导刘明、字国顺、袁爱光、杨秀星、杨健、段玠、张如旺、程云川，中国企业家论坛理事以及来自全国各地的商界精英出席开幕式。开幕式上，黄毅、刘明及中国企业家论坛轮值主席田溯宁分别致辞，中国节能环保集团公司董事长王小康、北京市华远集团公司董事长任志强、云南省城市建设投资有限公司总经理刘猛、香港交易及结算所有限公司集团行政总裁李小加、TCL集团董事长李东生分别作了主题演讲。在随后举行的开幕主题论坛上，万盟投资管理有限公司董事长王巍、著名经济学家赵晓、新东方教育集团董事长俞敏洪、万通地产股份有限公司董事长冯仑、美国德勤会计师行中国业务主管合伙人关德铨、云南红酒业有限公司总裁武克钢、中泽嘉盟投资有限公司董事长吴鹰等围绕“企业家思想力与现代商业文明”这一主题发表观点，畅所欲言，展开了现场讨论。

（郑巍黎）

【技术创新取得新进展】　近年来，通过政府引导，以企业为主体，市场为导向，大理州大力推进技术创新体系建设，工业企业技术创新能力不断提高，核心竞争力得到增强。2010年，大理啤酒有限公司获得省级认定，至此，全州省级企业技术中心达到9家。2010年，9家省认定企业技术中心科技活动经费支出占产品销售收入的比例达4.1%，其中研发（R&D）经费投入强度达2.35%。祥云飞龙锑湿法冶炼新技术开发、大理药业盐酸千金藤碱新产品开发、云南溢鑫铝业石油压裂支撑剂研发等一批新技术、新产品开发项目得到应用，为全州工业产业化升级和技术装备水平的提高提供了强有力的支撑。2010年，全州专利申请和授权数量快速增长，专利申请量首次突破200件，达204件；专利授权量首次突破100件，达131件，均位居全省第四位。

（熊冬良）

【重大经济发展项目协调机制得到进一步强化】　近年来，全州重大经济发展项目推进工作进一步得到重视，责任明确，措施得力，成效显著。至2010年，全州59个重大经济发展项目中，困难和问题已全部解决的有21个，部分解决的有9个；由于前置许可条件不具备，还有24个正在办理，4个暂时无法办理。其中帮助16个项目协调解决贷款共计3.71亿元；协调解决12个项目的用地需求。59个重大经济发展项目中，大理卷烟厂50万标箱就地技改扩建、云南白药集团大理制造中心建设等44个项目已开工建设，其中大理药业公司醒脑静注射液技改、祥云中天锑业公司年产1万吨精锑（一期）等15个项目已经完工或单线投产。

（熊冬良）

【工业项目建设再创佳绩】　2010年，大理州工业项目建设以科学发展观为指导，创新工作方式，注重优化投资结构，抓实重大项目建设，推动企业技术进步，工业实力进一步增强，圆满完成省下达非电力固定资产投资43.5亿元的目标任务。2010年103个工业项目计划中，44个项目顺利开工建设，其中部分项目已完工或单线投产。

（熊冬良）

【工业结构进一步优化】　2010年，全州在努力扩大工业经济总量的同时，积极对工业布局和结构进行了卓有成效地调整，取得了积极成果。①加大对园区各项工作的指导；加强园区组织机构和工作制度建设；加强园区规划修编和评审，使园区建设和发展有法可依。积极引导各类工业项目进入园区，实行集群发展，有效节约了土地、基础设施建设投入等成本，提高了经济效益和社会效益。②严格执行国家产业政策，努力淘汰落后产能。“十一五”期间，全州共肢解机立窑23条，淘汰水泥熟料产能206万吨；共肢解炼铁高炉4座、转炉1座、铁合金矿热电炉1台，淘汰落后炼铁产能35.6万吨、炼钢产能15万吨、铁合金产能0.4万吨。全面完成省下达的淘汰落后产能工作目标任务。

（杨宏垠）

节能降耗

【概　述】　2010年是完成“十一五”节

能责任目标任务的收官之年。年内,全州上下以科学发展观为指导,把节能降耗作为转变经济发展方式,调整和优化产业结构的重要抓手,在应对国际金融危机和面对百年不遇干旱灾害中狠抓节能减排不动摇,通过强化目标责任,加大资金投入,调整产业结构,加快淘汰落后产能,实施节能技改工程,推动企业技术进步,夯实基础工作,完善统计监测,加强监督管理,开展全民节能行动等一系列政策措施,使全州节能降耗工作取得重要进展。

【圆满完成节能目标任务】 2010年,省人民政府下达给大理州的节能目标为万元GDP能耗下降3.4%。通过努力,年内大理州万元GDP能耗下降达5.96%。“十一五”期间,大理州万元GDP能耗累计下降17.2%,完成“十一五”节能目标进度的117.34%,超额完成省政府下达的万元GDP能耗比“十五”期末下降15%的节能目标任务。“十一五”期间,全州共淘汰炼铁产能35.6万吨、炼钢15万吨、铁合金0.4万吨、水泥熟料206万吨,肢解炼铁高炉4座、转炉1座、机立窑23条,超额完成了省政府下达的淘汰落后产能任务。

【绿色高效照明产品推广】 2010年,省、州节能降耗财政专项资金各安排绿色高效照明产品推广经费20万元,大理州全年共推广节能灯47万只。

【强化目标责任考核】 2010年初,州政府统一组织考核组,对全州各责任单位上年度节能目标完成情况、“十一五”目标完成进度和工作开展情况进行了评价考核,严格实行节能减排行政问责,并根据考核结果兑现了奖惩。其中,大理市等7个考核中被评为一等奖的责任单位分别获得3万元奖金,巍山县等12个被评为二等奖的责任单位获得2万元奖金,云南红塔滇西水泥股份有限公司等12户完成节能任务的企业受到通报表扬。3月3日,州政府与各县市、州级节能主管部门和重点用能企业签订了《2010年度节能降耗目标责任书》,并要求各责任单位进一步细化落实目标任务。

【节能降耗工作监督检查】 针对2010年上半年大理州单位GDP能耗不降反升1.81%,节能降耗工作面临严峻形势的状况,省人民政府两次派出节能减排专项督查组对大理州节能减排工作进行专项督查。8月,州节能办对12县市下达了督办函,9月,州人民政府下发了《大理白族自治州人民政府关于开展节能降耗专项督查和预考核工作的通知》,以州政府督查室牵头,州经委、州统计局参加组成督查和预考核组,对12县市进行了专项督查和预考核,认真查找节能降耗工作存在的问题,一县(市)一策,采取切实有效措施,确保目标任务的完成。

【节能降耗基础工作】 2010年,大理州经委、州统计局、国家统计局大理调查队3家单位加强了联席会议制度,定期分析研究节能减排工作形势,做到职责明确、信息共享、集思广益,形成合力,督促企业加强节能减排基础工作。进一步健全规模以上企业能源消费统计制度,建立规模以上工业企业能耗台账和档案。督促各县市尽快完善辖区内年综合能耗1000吨标准煤以上企业能耗台账和档案;完善重点用能企业能源计量器具配备和能源计量管理工作,并按《用能单位能源计量配备和管理通则》的要求配齐配全。年内,红塔滇西水泥公司、大理啤酒公司入选云南省能源计量示范企业。

【加大财政资金投入,支持节能减排技改】 年内,大理州进一步加大财政资金投入,引进先进实用技术和高新技术,支持和鼓励企业加大节能减排技术改造和技术创新。2010年,大理州跃进化工有限责任公司余热发电项目、南涧绿色照明示范项目获得省级财政节能专项补助104万元。州级下达550万元节能降耗专项资金,比上年增长10%。其中支持实施节能项目13个,安排扶持资金440万元,安排全州12县市、州级节能主管部门能力建设补助资金110万元。

【节能评估与能源审计】 2010年,大理州进一步加强固定资产投资项目节能评估和审查制度,大理三德水泥有限公司鹤庆2500吨/日新型干法熟料水泥生产线扩建工程及配套低温余热发电项目等3个项目通过省工信委节能评估审查。2010年,省工信委下达大理州完成能源审计的企业任务数为2户,而大理州有8户企业开展了能源审计工作,其中7户企业通过省能源审计专家组评审。

【贯彻《清洁生产促进法》,推行清洁生产】 2010年,全州工业系统认真贯彻《清洁生产促进法》,将“节能、降耗、减污、增效”理念贯穿于企业生产经营全过程,共有12户企业通过了清洁生产审核验收,全部资金投入达535万元,创造经济效益4197.7万元,节约标煤矿10162吨,节水45306立方米,节电58.39万千瓦时,减排废水28600立方米。红塔集团大理卷烟厂实施第二轮清洁生产审核,达到了清洁生产合格企业验收条件,顺利通过验收,荣获“云南省清洁生产合格企业”称号。

【举办低碳经济论坛,倡导全民低碳生活】 2010年,大理州在全国首届低碳经济论坛上获得“最具竞争力的低碳产业基地城市”称号。4月2~3日,大理州举办了“中国·大理国际低碳经济论坛”,邀请众多国际、国内专家参加论坛,就发展低碳经济发表意见、建议。论坛的举办对深入倡导低碳理念和低碳生活方式,加快发展低碳经济,促进经济与人口、资源、环境的协调发展产生了积极而深远的影响。

(段文泽)

冶金工业

【概　述】 2010年,大理州冶金行业面对复杂多变的市场经济形势,克服生产经营中的各种困难,努力降低成本,消化大量减利因素,积极推进技术进步和管理创新,经济效益有所改善,经济运行总体呈现恢复性增长的良好运行态势。年内,全行业累计完成产值77.57亿元,同比增长29.6%。全年生产铁合金24071吨,同比增长2.17%;锌141041吨,同比增长3.2%;锑13862吨,同比增长21.13%;生铁99346吨,同比下降16.64%;成品钢116600吨,同比增长17.03%;黄金3237千克,同比下降3.57%;铅10779吨,同比增长16.96%。

【祥云飞龙公司认定为“中国中小企业创新100强”】 年内,祥云飞龙公司被云南省科技厅等4部门认定为云南省第五批创新型试点企业,又被中国中小企业协会、中国企业创新成果案例审定委员会认定为“中国中小企业创新100强”,公司研发的“锌氧化矿和二次资源高效清洁冶金新技术”被评为“2010年中国中小企业创新100强优秀科技成果”。

多年来,祥云飞龙公司以技术创新为主线,不断提高创新能力,探寻出一条

"人无我有,人有我优"的特色发展道路,在行业内站稳了脚跟。公司利用自己的"省级企业技术中心",对低品位矿和资源回收再利用进行研究,先后研发出9项发明专利,形成了一整套铅锌冶炼和循环利用的技术,节约了资源,保护了环境。通过不断地技术创新,该公司已打破了用原料适应工艺的常规发展模式,形成了用工艺满足原料的发展新局面,并通过废水废渣资源化,回收废渣、废水中有价金属,循环利用。形成了建设技术创新型、资源节约型、环境友好型企业的新型工业化发展模式,为铅锌冶炼企业做出了示范。低品位氧化矿的处理技术已得到行内一致认可,居于世界领先水平,吸引了世界各地冶炼企业与其洽谈合作事宜。

【剑川1万吨硫酸生产线项目被继续认定】　剑川县上兰工业园区内的原剑川有色金属工业有限责任公司创立于1999年,距矿源地兰坪铅锌矿有46千米,公司拥有年产1.5万吨湿法电锌生产线1条和与之相配套的年产1万吨硫酸生产线1条。1万吨硫酸生产线建设工程由剑川县计委批准建设,该生产线回收利用硫化锌精矿经沸腾炉焙烧产生的二氧化硫,采用二转二吸制酸工艺生产硫酸,项目符合国家产业政策和环保政策,已经原云南省经委认定,并办理了生产许可证。该公司于2010年3月4日被四川宏达集团兼并重组,双方股权转让完成后,重新设立"剑川益云有色金属有限公司"。年内,省对该公司年产1万吨硫酸生产线项目予以继续认定。

【南涧10万吨氧化锌尾渣资源综合回收项目获认定】　南涧县飞龙钾盐综合回收有限公司为云南祥云飞龙有色金属股份有限公司的全资子公司,于2009年12月16日在南涧彝族自治县工商行政管理局注册登记,公司类型为有限责任公司(法人独资),注册资本为人民币1000万元,公司位于南涧县南涧镇白岩河,主要从事氧化锌原矿中的氯化钾、氯化钠及各种有价元素的综合回收、加工、销售。该公司年处理10万吨氧化锌尾渣资源综合回收项目于2009年12月由南涧县发展和改革局备案并批准建设,项目依托祥云飞龙有色金属股份有限公司已有的原料和先进的综合回收技术,投资4929.63万元。该项目建成投产后,年可处理氧化锌粉矿10万吨,回收氯化钾6000吨、氯化钠8000吨、氧化锌4万吨。预计年产值可达2~3亿元,可上缴上千万元的税收,并新增200多个就业岗位。项目于2009年11月开工建设,2010年7月建成试生产。该项目建设手续完备,环保措施落实,符合国家产业政策,属国家《产业结构调整指导目录(2005年本)》鼓励发展的项目。年内,省对该公司年处理10万吨氧化锌尾渣资源综合回收项目进行了国家产业政策认定。

【鹤庆力量钢铁公司氧化球团铁生产线负荷试车】　鹤庆县力量钢铁公司是2008年由鹤庆县人民政府引资成立的民营股份制企业,2010年被省政府列入淘汰落后产能企业名单。年内,企业在执行国家淘汰落后产能政策的同时,投资1.5亿元,扩大氧化球团铁生产规模。该项目主要利用鹤庆北衙矿业有限公司选金后铁尾渣及精粉混合,生产炼铁用氧化球团铁。现投运的是120万吨/年链篦机——回转窑球生产线一期工程——40万吨/年氧化球团铁生产线。该工程于2009年11月开始施工,2010年5月进入负荷试车,是全州重大经济发展项目中推进速度较快、建设质量较高的项目之一。

(杨丽芳)

煤炭工业

【概　述】　2010年,大理州煤炭安全生产与安全管理工作取得了"一增三降"的历史性突破。①煤炭产量再创历史新高,达331.5万吨,比上年增长24.93%,保障了全州煤炭供给;②煤炭销售产值达9.03亿元,原煤利税总额达1.59亿元,职工年平均收入约4万元;③发生安全生产事故两起,死亡2人,百万吨死亡率为0.66人,比省政府下达的控制指标少6人,比上年同期减少2人,安全形势稳定。同时,为增强煤矿企业人员的安全生产意识和安全管理能力,组织煤矿法人、矿长、副矿长等131人,邀请煤科院及国家煤矿安培中心的专家在大理举办了为期一周的"中小煤矿采煤工艺技术"培训班。全年进行各类煤矿安全技术培训55期,总计有10672人次参加培训。

【煤炭安全生产暨煤炭资源整合工作会议召开】　2010年4月26日,大理州2010年煤炭安全生产暨煤炭资源整合工作会议在下关召开。会上,州经委主任李东总结了2009年的工作,并对2010年工作作了安排部署;副州长程云川代表州政府就全州煤炭安全生产工作和煤炭资源整合工作作了讲话;州人民政府兑现了2009年度煤矿安全生产责任状和煤炭资源整合责任状考核奖惩,并与各产煤县政府签订了《大理州2010年度煤炭资源整合责任状》、《大理州2010年度煤矿安全生产工作责任状》,将2010年的主要工作以责任制的形式予以落实。

【开展煤炭资源整合工作】　年内,大理州人民政府全面落实煤炭资源整合工作责任制,州人民政府常务会议对全州2010年煤炭资源整合和整顿关闭小煤矿工作进行了专题研究,成立了专项工作领导组和办公室,由常务副州长和两位分管副州长分县挂钩,并对各县整合关闭进度和工作内容作了全面的要求和部署。与此同时,下发了《大理白族自治州人民政府关于落实2010年大理州煤炭资源整合和煤矿整顿关闭小煤矿工作的通知》;为了规范煤炭资源整合中的"异地接替"问题,专门下发了《大理白族自治州人民政府关于在全州范围内严禁保留煤矿矿井指标跨地州"异地接替"的决定》。有整合关闭任务的祥云、宾川、弥渡3县也制订了实施方案。9月30日,《云南日报》公示了大理州年内关闭的28对矿井名单。至12月底,28对矿井按要求已关闭完毕,按省政府批准方案,全州保留矿井100对。

【推进煤矿安全质量标准化矿井建设工作】　质量标准化矿井建设工作是标本兼治,有效提高煤矿基本安全生产条件的一项长期工作,年内,大理州继续深入推进该项工作。按照国家安全监管总局、国家煤矿安全监察局《关于持久开展煤矿安全质量标准化工作的意见》等文件要求,各产煤县都上报了质量标准化矿井建设规划,其中有46对矿井列入2010年建设规划,大理州确定7对矿井作为全州的示范矿井予以扶持。

(程　林)

机械工业

【概　述】　2010年,全州机械工业累计实现工业产值70.9亿元,同比增长19.6%。全年累计生产载货汽车64961

辆,增长 9.15%;累计生产中型拖拉机 46699 台,下降 8.45%;生产小型拖拉机 206 台,增长 5.1%。全州机械工业总体仍实现增长,主要经济指标保持平稳增长,全行业上下充分认清形势、抓住"桥头堡"建设和西部大开发战略的发展机遇,用好、用足政策,使行业建设得到进一步发展。以云南力帆骏马车辆有限公司为行业龙头的全州机械产业正认真实施事关产业长远发展的大项目、好项目,努力使企业发展再上新台阶。

【省委书记白恩培赴力帆骏马车辆有限公司调研】 2010 年 4 月 2 日下午,省委书记、省人大常委会主任白恩培一行,在省委常委、省委秘书长杨应楠,州委书记刘明,州长何金平,州委常委、州委秘书长杨健,州委常委、大理市委书记段玠的陪同下,深入到云南力帆骏马车辆有限公司考察调研。期间,白恩培强调:发展工业经济一定要做大产业支撑,提高附加值,加速区域经济发展。要借助外力,加大招商引资力度,积极引进先进的技术和省外资金、人才,聚天下之力,办云南发展之事。要发扬团结奉献、锐意进取的精神,以饱满的热情迎接市场的挑战,为云南机械工业发展再立新功。

【力帆骏马车辆有限公司实施技术改造】 近年来,云南力帆骏马车辆有限公司在各级党委、政府的支持下,已发展成为自主研发、自主设计、自主生产的现代企业,成为云南省规模最大、现代化程度最高的汽车生产基地。2010 年,公司为适应不断变化的市场需求及国内外汽车产业发展的新形势,推进产业结构升级,提高公司载货汽车、拖拉机的市场竞争力,使企业的发展达到资产优化、成本降低、生产集中化的要求,实现逐步占领周边省(区、市)和国家的载货汽车、拖拉机零配件市场的目标,结合自身实际,不断创新发展思路,以整车生产为龙头,发展载货汽车、拖拉机配套产业,实施了年产 10 万台(套)载货汽车、拖拉机零部件制造技术改造项目。项目于 2009 年 12 月动工,2010 年 8 月进入设备调试、试生产阶段,2010 年 12 月,项目建设完成,进入生产阶段。项目完成总投资 43817 万元,其中银行贷款 20000 万元,企业自筹解决 22665 万元,项目固定资产支出 32317 万元,其中建设期间利息支付 1152 万元;项目已建成 39284 平方米生产厂房,购置了先进工艺生产设备,建成了传动轴、工作台、玻璃、燃油箱、储气筒、液压油箱、液压油管、汽车座椅、内饰件、灯具、前后桥、线束、钢圈、钢板弹簧、消排、离合助力器、仪表生产车间,预计到 2012 年实现年产 10 万辆载货汽车及拖拉机产品零部件的生产能力,并新增 1500 个就业岗位。

(杨丽芳)

纺织工业

【概 述】 大理州纺织工业主要有棉纺织、茧丝绸、亚麻初加工以及扎染布、扎染服装等子行业,当前只有棉纺织和茧丝行业具有一定的规模和效益,扎染布及服装行业发展较为缓慢,亚麻纺织企业已于 2009 年关闭停产。2010 年,全州有规模以上纺织企业 7 户,其中亏损企业 2 户,7 户纺织企业全年完成工业总产值 2.21 亿元、比上年同期增长 2.03%;实现销售收入 1.99 亿元、比上年同期增长 16.19%,上缴税金 490 万元、比上年同期减少 17%,实现利润总额 -251 万元、比上年减亏 498 万元,全行业从业人员共有 1752 人。

【棉纺织行业发展向好】 2010 年,棉纺织市场需求旺盛,销售价格上涨,给棉纺织企业带来利好。然而棉花价格大幅上涨,人民币升值,招工难等问题导致企业成本大幅上升。针对这一实际,大理州棉纺织企业采取增加员工工资、发放出勤奖励、改善生产生活环境、加强企业管理等一系列措施,促使生产经营向好的方向发展。年内,大理滇西纺织有限公司实现扭亏为盈,大理华兴纺织有限公司亏损比上年减少。

【茧丝业受旱情影响严重】 2010 年,全州有桑园面积 1.21 万公顷,干旱受灾面积达 1.08 万公顷,其中,灭产 133 公顷,减产 1.07 万公顷,祥云县受灾面积 4866 公顷,鹤庆县受灾面积 7 万亩,永平县受灾面积 1320 公顷。百年不遇的旱情导致桑园大面积缺叶,每亩桑园养蚕量和单张产量大幅下降,小茧、薄皮茧的比例增多,鲜茧产量减少、质量下降,加工企业原料短缺、消耗增加、生产成本增大,行业直接经济损失近 2000 万元。

【大理滇西纺织有限公司取得较好业绩】 2010 年,大理滇西纺织有限公司围绕"降成本、调结构、稳队伍、扩产能"开展工作,克服了原燃材料上涨,设备、人员磨合,职工队伍流动性大等诸多困难,抢抓机遇,采取各种措施,实现扭亏为盈,取得了较好的业绩。纱、布产量分别比上年增长 23.27% 和 12.02%,全年完成工业总产值 7805 万元、比上年同期增长 77%,实现销售收入 7769 万元、比上年同期增长 79.31%,出口创汇 586.11 万美元、比上年同期增长 60.3%,实现利润总额 606.31 万元,完成工业增加值 2376.9 万元,上缴税金 139.43 万元。

【大理华兴纺织有限公司积极应对用工荒】 年内,大理华兴纺织有限公司面对用工短缺、招工难的问题,及时分步推出提高员工计件工资和新工试用期工资,对新员工发放社保补贴,发放出勤奖励,改善员工生产、生活环境等一系列措施,积极应对用工荒。上述措施的实施缓解了用工短缺,为完成年度生产任务提供了保障。

【祥云县银龙茧丝绸公司加快项目建设步伐】 年内,祥云县银龙茧丝绸公司注重项目建设,生产经营取得较好的效益。①继续实施"2 万床蚕丝被生产加工扩建项目",建盖标准厂房 4085.12 平方米,扩大蚕丝被生产规模,打造品牌,开拓市场。②继续实施"缫丝生产废水循环使用项目",解决企业生产供水及废水排放问题,有效节约水资源,项目建成后废水回用利用率可达 100%,回用水温度保持在 30℃ 以上,可节约原煤 25%,并减少了二氧化碳的排放。上述项目的实施有力地促进了生产经营的发展,2010 年,该公司饲养蚕种 40763 张,收购鲜茧 889 吨,生产生丝 126 吨,销售白厂丝 139 吨,实现销售收入 4231 万元,实现利润 182 万元,上缴税金 238 万元,发放职工工资 321 万元。2010 年 9 月,公司生产的"赢龙"牌蚕丝被被评为第六届昆明泛亚国际农业博览会优质农产品金奖。

【鹤庆县茧丝有限公司多措并举促发展】 2010 年,面对复杂多变的市场环境,鹤庆县茧丝有限公司采取一系列应对措施,促进了生产经营的快速发展。①不断加强员工的政治思想、职业道德教育,深化员工技能培训,开展了创先争优活动,提高了员工素质。②按季对各茧站收购任务进行考核,实行公司考核茧站,站长考核员工的做法,充分调动了员工的积极性。③开展科技培训,提高养蚕水平。全年开办固定蚕床推广培训班 40 期,受训人员达 3000 人次,组织 30

名技术员及站长到外地考察学习，完成蚕桑嫁接面积 80.96 公顷。④诚信履约。全年兑现蚕户各项扶持资金 260 万元，提供农户使用切桑机 53 台、电动喷雾器 22 台，为农户争取抗旱补助、防病经费、套种马铃薯种补贴等近 40 万元。2010 年，全县养蚕农户达 6385 户、比上年增加 146 户，增长 2.3%；饲养蚕种 46810 张，比上年增加 4360 张、增长 10.2%。全年收购鲜茧 1232.1 吨，收购均价 32.8 元/千克，加工干茧 517 吨，加工蚕丝被 3223 千克、992 床，实现销售收入 4161 万元、比上年翻了一番，实现利润 201 万元，上缴税金 128 万元。

（张雪梅）

医药工业

【概　述】　2010 年，医药行业形势复杂多变，原材料价格大幅上涨，市场竞争激烈。面对严峻形势，全州制药企业以提高产品质量、拓展销售市场、加快项目推进、提升员工素质为重点，千方百计克服各种困难，生产经营继续取得较好的业绩。2010 年，全州规模以上 5 户企业完成工业总产值 7.88 亿元，比上年同期增长 28.39%；实现主营业务收入 9.28 亿元，比上年同期增长 53.26%；实现利税总额 2.07 亿元，比上年同期增长 80%，全行业无亏损企业；全行业从业人员 874 人。

【大理药业股份公司实现持续快速增长】　2010 年，大理药业股份公司着力抓好科技创新、产品质量、品牌建设等工作。①实施了醒脑静注射液技术创新项目，新建 4500 平方米的生产车间，使醒脑静注射液生产能力从 1000 万支扩大到 2000 万支；②新增部分水处理设备、空气净化设备、包装设备，实现了制药设备的升级换代，使公司生产设备设施达到国内先进水平；③加强技术中心建设，提高了检测能力；④产品开发取得新进展，新产品盐酸千金藤碱注射液已完成Ⅰ期临床研究，Ⅱ期临床研究正在进行中；⑤自主知识产权建设有了突破，获得 5 项外观设计专利；⑥品牌建设取得成效，黄芪注射液再次荣获“云南名牌产品”称号，“中精”商标再次被评为“云南省著名商标”，公司再次被评为“云南省质量效益型先进企业”，并获得特别奖。以上各项工作的顺利开展促进了企业持续快速发展，企业全年生产的小容量注射液比上年同期增长 9.8%（其中醒脑静注射液增长 34.2%），还恢复了参麦注射液的生产；全年完成工业总产值 6.5 亿元，比上年同期增长 30%；完成工业增加值 2.8 亿元，比上年同期增长 29%；实现销售收入 6.3 亿元，比上年同期增长 30.8%；上缴各种税金 4364 万元，比上年同期增长 35%；实现利润 8459 万元，同比增长 30.6%。

【中药注射剂安全性再评价工作全面启动】　2010 年，大理药业股份公司根据国家药监局的安排及要求，全面启动了中药注射剂安全性再评价工作。①完成参麦注射液药学研究资料及非临床、临床研究方案，并报送国家药品评价中心，国家局已派专家到公司进行了现场核查；②将鱼腥草注射液恢复生产的资料报送国家局药品评价中心，基本完成了安全性再评价的工艺研究工作，与中南大学签订了质量标准研究协议；③与上海市药检所签订了《黄芪注射液再评价》研究协议，并已展开研究工作；④委托广东不良反应监测中心进行的《醒脑静注射液临床安全性监测》，已完成中期研究工作；⑤与浙江省药检所签订了《丹参注射液标准提高》研究协议，并提供了丹参注射液标准提高所需样品；⑥向北京市药检所提供了柴胡注射液标准提高所需样品。

【大理药业股份公司企业文化建设取得新进展】　企业文化是企业的灵魂，关系到企业是否具有活力和凝聚力。2010 年，大理药业股份公司企业文化建设取得了长足进展。①通过总结公司多年来的管理经验，初步形成了一套企业管理核心理念、价值观和行为准则，明确提出了“企业使命、企业目标、企业精神、企业作风、经营宗旨、员工价值理念”等企业文化内容，企业文化的凝聚作用，导向作用，激励作用，约束作用得到进一步增强，企业形象得到进一步提升。②印发《员工手册》，规定了员工“职业道德，行为准则，礼仪规范”等内容，促进了员工素质的提高。③兴办《大理药业报》，搭建了企业文化建设平台，已经出刊 9 期，刊登了 171 篇稿件和 57 幅照片，较好地发挥了企业文化建设平台的作用。④开展了一些寓教于乐的文体活动，陶冶了员工情操，丰富了员工文化生活。⑤公司表彰了 12 名特别优秀的员工，每人奖励 10000 元，为员工队伍建设树立了榜样，激励了员工奋发上进的精神。

【云南白药大理药业公司建设、生产两不误】　2010 年，云南白药大理药业公司工作任务比较繁重，既要抓好“大理制造中心”项目建设，还要搞好生产经营。“大理制造中心”项目在集团公司的大力支持及大理州、市政府的积极支持下，于 2009 年 10 月开工建设，建设周期一年半，项目概算总投资 6874 万元，占地面积 153.6 亩，项目完工达产后年可生产片剂 20 亿片、胶囊剂 5 亿粒。到 2010 年底，该项目累计完成投资 4395 万元，片剂大楼、锅炉房、职工倒班房、办公楼、动力房等工程已基本完工，外包车间、污水处理、厂区道路等工程正在有序地建设中，计划于 2011 年上半年完成。生产经营方面，2010 年，企业对产品结构进行了调整，承接集团 3 个片剂、3 个胶囊剂的委托加工，共生产片剂 4.39 亿片、胶囊剂 1.4 亿粒。全年实现销售收入 2.1 亿元、比上年同期增长 380%；上缴税金 2009 万元、比上年同期增长 249%；实现利润 6326 万元，比上年同期增长 410%。

【大理州中药制药有限公司重党建、创佳绩】　年内，大理州中药制药有限公司党支部按照党章规定完成了支部换届工作，积极稳妥发展新党员，在创先争优活动中开展创建“党员责任区”和“党员先锋示范岗”活动，并对评选出的优秀党员、优秀责任区、先锋示范岗给予表彰奖励。年内，公司荣获州级、省级“劳动和谐关系企业”、“大理州五一劳动奖”、“巍山县节能降耗先进单位”、“巍山县非公经济发展优强企业”等称号。2010 年，公司面对中药原材料价格上涨、劳动力成本增加的严峻形势，进一步完善了人事、财务、薪酬、奖惩、采购、质量追究、内部控制等管理制度，加大了执行力，促进了劳动生产率和工作效率的提高，经营业绩稳步增长。全年完成工业总产值 1692 万元、比上年同期增长 9.3%；实现销售收入 1365 万元、比上年同期增长 9.7%。

（张雪梅）

食品工业

【概　述】　2010 年，大理州食品工业克服原材料成本上涨、百年不遇干旱等不利因素影响，经济效益稳步提高，在保障供给、扩大内需、促进经济平稳快速发展等方面发挥了积极作用。2010 年，全州食品制造业增速为30.38%,农副食品加工业增速为30.98%,饮料制造业增速为28.65%。全年规模以上食品工业完成工业总产值37.1亿元,比上年同期增长30.15%;实现销售收入35.1亿元,比上年同期增长38.5%;实现利税总额3.62亿元,比上年同期增长11%;全部从业人员9528人。

【清理整顿乳制品生产企业】 年内,大理州相关部门在全州范围内开展了对乳制品、含乳食品生产企业的集中清查和乳制品行业项目(企业)审核清理工作,共有10户乳制品企业被纳入审核清理范围。结果,通过企业自查、州级工信、发改、质监部门组成的检查小组检查,达到规定要求的企业有5户,分别是:云南新希望邓川蝶泉乳业有限公司、大理来思尔乳业有限公司、云南大理东亚乳业有限公司、大理银河乳业有限公司、大理金花乳业有限公司。之后,各部门继续加大对乳制品行业的监管力度,确保了乳制品质量安全。全行业运行状况良好,全年生产乳制品18.92万吨,比上年同期增长13.49%,其中,生产液体乳18.2万吨,比上年同期增长13.5%;实现销售收入8.5亿元,比上年同期增长35.5%;全行业从业人员共有1527人。

【制茶行业生产好转】 大理州茶叶产业的发展具有得天独厚的自然资源优势和悠久的历史,有4个县市20多个乡镇种植、生产茶叶,具有一定的基础和规模。普洱茶市场从2007年下半年下滑以来,一直低位运行,2010年,云南严重干旱造成大面积茶园受灾,毛茶减产,普洱茶需求相对大于供给,精制茶价格上涨给生产企业带来商机,加之云南省加大了对云茶的扶持力度,全州制茶企业生产经营情况好转。全年规模以上制茶企业生产精制茶9214吨,比上年同期增长40.50%;实现销售收入2.68亿元,比上年同期增长88.2%。

【弥渡腌菜形成规模】 近年来,弥渡县通过扩大种植规模、发展产业集群、延伸产业链条等措施,不断培育壮大蔬菜优势产业,培植了弥渡县建林绿色食品有限公司、老土罐绿色食品有限公司等一批农产品深加工龙头企业,形成年加工蔬菜40万吨的生产能力。2010年,该县生产腌菜1.2万吨,实现工业总产值1亿元,主要销往省内各大超市,并远销北京、上海、浙江等多个省(市)。弥渡县腌菜企业的规模化发展,全面提升了蔬菜的附加值。

【鹤庆乾酒被列为云南省接待用酒】 2010年,由省工业和信息化委牵头,会同省质量技术监督局、省工商行政管理局,组织昆明市酒类行业协会及有关专家按照企业申报、初选、现场考察、专家品评、有关部门会审、公示等评选程序,推选出一批云南省接待用酒,大理州“鹤庆乾酒”也被列入白酒类接待用酒。

“鹤庆乾酒”创始于明嘉靖年间,口味醇正,清香宜人,有药曲特殊的苦凉口感。“鹤庆乾酒”采用滇藏纯正的当归、肉桂等56味珍贵药材作曲经长期发酵精酿而成。由于有了独特的酿酒原料和优质西龙潭山泉水,加之精湛的酿造技艺和独特的配方,成为云南小曲清香型白酒的代表,并兼有药曲特殊的苦凉风味。

【加强盐业市场管理】 年内,州盐务管理局深入全州各县市,持续开展盐业法规的宣传、教育活动和市场监督检查。利用街天、集市大力宣传碘缺乏病的危害,发放宣传资料,让群众了解健康平衡营养盐的知识;配合相关部门加大对盐业违法行为的打击力度,累计查处大小案件20多件,移交司法机关处理1件,销毁违法盐2.6吨,收缴20多吨,罚没款2667元。

【下关沱茶(集团)股份有限公司抓管理见成效】 2010年,下关沱茶(集团)股份有限公司抓住“普洱茶”市场回暖的机遇,调整营销策略,狠抓企业管理、适时进行了第六届董事会、监事会的换届工作,全年取得较好的经营业绩。①优化产品结构,加强客户管理,先后推出“下关云梅春圆茶”、“沱之源”、“绿太阳易武老树茶”、“双狮沱茶”、“双虎饼茶”、“金鸡下关沱茶”等产品,满足不同层次消费者的需求,处理了2007年的库存品1000多吨。②加大宣传力度,借助展会、网络等媒介扩大宣传,夯实品牌基础,提高下关沱茶的品牌影响力。年内,先后参加了云南茶叶博览会、义乌中国旅游商品博览会、马来西亚国际食品博览会、广东茶叶国际博览会等展会。③通过了CQC云南评审中心组织的监督审核,完成质量管理体系文件改版工作和继续实施绩效激励机制,完善现代企业人力资源管理体系建立与公司发展战略相适应的企业文化及员工关系体系。④重视知识产权管理和保护,“宝焰牌”商标第三次重新认定为云南省著名商标,下关沱茶制作技艺申报国家非物质文化遗产被列入市、州、省保护名录和国家第三批非物质文化遗产保护名录。企业全年生产各类成品茶4223吨,比上年同期增长69.6%;完成工业总产值1.48亿元,比上年同期增长93.37%;销售各类成品茶5040吨;实现销售收入1.92亿元,比上年同期增长90.9%;上缴税金1122万元,比上年增加811万元,增幅为261%;出口精制茶21.5吨,创汇20万美元。

【大理东亚乳业有限公司实现又好又快发展】 大理东亚乳业有限公司成立8年来,始终坚持科技创新的理念,不断提高产品质量和服务质量,新品研发卓有成效,产品不断推陈出新,满足了消费者需求,市场占有率不断提高。2010年,“欧亚”商标再次被评为云南省著名商标,被云南省科技厅评为创新型试点企业。①加强收奶站的管理,完善规章制度和硬件设施,36个收奶站取得鲜奶收购许可证,16个机械化挤奶站部分投入使用;②在祥云县奶源新区自建规模化养殖场,原建的欧亚风景牧场被农业部评为国家级养殖示范场;③投入近2000万元对生产车间、技术中心进行改造升级,新增了两条利乐生产线,购置了高效液相仪、气相色谱仪、原子荧光仪、冰点仪等先进的检测设备、仪器,对原料奶三聚氰胺、重金属、农药残留等掺杂掺假项目进行彻底检测。企业全年完成工业总产值3.18亿元,比上年同期增长40.76%;实现销售收入3.2亿元,比上年同期增长44.22%;实现利税总额3404万元,比上年同期增长29.5%;全部从业人员650人,比上年增加130人。

(张雪梅)

电力工业

【概　述】 “十一五”期间,大理州能源工业取得长足发展,州内水电资源得到快速开发利用,大中水电站建设全面开工,电网建设步伐加快,电力供应保障能力和水平快速提升,全州能源产业发展的基础得到进一步夯实,为国民经济发展和不断满足城乡人民日益增长的需求提供了坚强的能源供应保障。2010年,大理州并网电源总装机容量为110.51万千瓦,其中,水电87.81万千瓦,风电22.7万千瓦,电力工业产值达31.7亿元,5年平均递增11.8 %。①全州水能资源得到进一步开发利用,成果显著。到2010年已建成的小水电发电装机容量为87万千瓦,在2005年基础上新增水电发电装机31.8万千瓦,建成的小水电发电装机容量占全州中小河流可开发装机量120万千瓦的72.5%,年发电量可达26.5亿千瓦时;积极实施国家西部大开发、西电东送战略工程,建成投产了小湾电站;全面开工建设功果桥、苗尾、鲁地拉、龙开口4个大电站,拉开了大理州境内的大型水电站开发建设的序幕。②风能作为新型能源资源得到重视和开发。2008年7月起,者磨山、大风坝风电场陆续投产,填补了全省风能发电的空白,全州风电装机已建成22.7万千瓦。③电网建设得到快速推进。大理500千伏输变电站成功投运,打通了连接省网的滇西电网大通道,全面完成了西部农城网改造工程,各电压等级的电网结构大为改善,电网的输配能力和供电的可靠性、安全性、适应性得到极大提高,形成与主网以500千伏连接,与周边州(市)220千伏连接,与州内县(市)110千伏连接,乡(镇)以35千伏为主覆盖的电网网络。"十一五"期间,大理州完成110千伏以上变电站续建6座,新建13座,新建及改造城乡电网1.4万千米。至2010年末,大理电网拥有500千伏变电站1座,主变2台,220千伏变电站6座,110千伏变电站32座,形成以500千伏为中心,220千伏为骨干,110千伏为主体的电网网架结构。

【全州社会用电量突破40亿千瓦时】2010年,大理州全社会用电保持了高速的增长态势,用电量达40.05亿千瓦时,比上年33.42亿千瓦时增加6.63亿千瓦时,增长19.84%。

从大理州全社会用电结构分析,城乡居民生活用电6.92亿千瓦时,同比增长11.97%;第一产业用电0.85亿千瓦时,同比增长29.03%;第二产业用电22.99亿千瓦时,同比增长26.25%;第三产业用电3.75亿千瓦时,同比增长19.05%;其他用电5.54亿千瓦时(祥云飞龙、鹤庆糖厂等自发自供、分公司线损),基本与上年持平。

全年工业用电为21.6亿千瓦时,同比增长18.22%,其中:水泥行业用电9.79亿千瓦时,同比增长25.04%;钢铁行业用电1.17亿千瓦时,同比增长17.12%;铁合金行业用电0.69亿千瓦时,同比增长10.37%;铅锌行业用电5.50亿千瓦时,同比增长68.96%。

【县级供电企业管理体制改革圆满结束】2010年7月1~4日,祥云、巍山、漾濞、云龙、剑川5家公司相继挂牌成立,组建云南电网公司的全资子公司。至此,大理州12家县级供电企业全部整体上划云南电网公司,实现"一张网、一体化、全覆盖"管理,全面完成了县级供电企业管理体制改革任务。

【抗旱救灾保供电】年内,面对百年不遇的特大旱灾,州人民政府"三电办"制定了《大理州抗旱救灾电油运保障供应措施方案》,科学编制计划用电方案,单列抗旱用电指标,在电量指标上予以确保,保证了全州抗旱救灾、人畜饮水、农排农灌和农业生产用电。大理供电局成立了抗旱救灾服务队、党员先锋队、青年突击队等共142个,全力投入抗旱保电工作;组建了抗旱心连心联系点24个,开辟抗旱用电"绿色通道";为灾民打"南网井"、送水、架设线路、安装抗旱变压器等,总计投入抗旱资金243万元。

【小湾电站建成投产】小湾电站于2002年开工建设,是华能集团在建规模最大的水电项目,属国家重点工程和实施西部大开发、"云电外送""西电东送"的标志性工程。工程建设历时8年,电站建成的300米混凝土双曲拱坝是世界上已建成的最高的双曲拱坝,开挖边坡高度近700米,堪称世界之最。

2010年8月22日,小湾水电站最后一台机组并网发电,标志着小湾水电站6台共420万千瓦机组全部建成投产。小湾水电站总库容149亿立方米,年发电量190亿千瓦时,兼有防洪、灌溉、拦沙及航运等综合利用效益。小湾电站的建成还将通过库区大容量蓄水使下游的漫湾、大朝山和景洪3个梯级电站的保证出电力提高一倍,增强了云南枯水期的水力发电能力。

(杨会英)

建筑材料开发

【概　述】2010年,大理州内各项基础设施、重点工程和民生工程项目建设有力地拉动了建材工业产品的需求和生产。全州建材行业谋势发展,千方百计确保经济增长的质量和效益,延续了上年平稳较快的发展势头,经济运行和行业发展态势良好。年内,全州建筑材料业实现总产值35亿元,比上年增长24%。全州规模以上及规模以下水泥企业有24户,其中,旋窑8户、立窑1户、粉磨站15户。全年生产水泥837.2万吨,同比增长22.15%;销售水泥838.43万吨,水泥生产达产率100.15%;全年生产大理石板材134万平方米。

【省工信委督促检查大理州淘汰落后产能】2010年5月12~14日,云南省原材料工业处副处长罗志业和产业政策处主任科员尹东子一行组成检查组,对大理州2007年以来淘汰落后产能工作进行了督促检查。

【水泥行业淘汰落后产能工作顺利完成】2010年,大理州建材行业仍然以水泥为主打产品,全行业紧紧把握国家产业结构调整政策,认真贯彻淘汰落后水泥产能的政策文件。2010年,省下达大理州计划淘汰落后熟料生产能力91万吨,拆除8条落后机立窑生产线。通过州、县市各级、各部门和企业的共同努力,9月30日前,全州水泥行业按计划顺利完成淘汰任务。

【云南三江水泥有限公司生产许可证被重新认定】云南三江水泥有限公司日产2000新型干法水泥生产线技改项目由云南省经济委员会核准建设,项目于2006年12月21日开工建设,2008年1月11日建成并投入试生产。该生产线工艺先进、自动化程度高,从原料破碎至水泥包装全过程采用DCS自动控制系统进行集中管理,分散控制。下属永平分公司年产20万吨水泥粉磨站自投产以来,设备运转正常,各项生产技术、节能、环保等指标达到设计标准要求,项目建设手续完备,符合国家产业政策。由于公司2008年6月20日所取《XK23-201-07369生产许可证》将于2010年12月14日到期。年内,根据《工业产品生产许可证条例》的相关规定,公司向质监部门提出换发生产许可证的申请,并最终得到省工信委的政策认定。

【南涧县水泥有限公司水泥粉磨站项目被核准】南涧县水泥有限公司始建于1999年,是南涧县引进的一户水泥粉磨生产企业。按国家产业政策的要求,2006年,公司决定投资260万元对原有Φ1.83×7米粉磨生产线实施技改。该工程于2006年12月动工建设,现全部工程已完工。该项目符合国家产业政策和省州水泥行业发展规划,建设手续齐备,工艺技术和设备较先进,环保设施达标，安全生产措施落实，产品质量体系健全，具备生产条件。根据云南省质监局和省经委《关于在水泥产品生产许可证管理工作中严格执行国家产业政策有关问题的通知》要求，该项目已通过产业政策审查，并上报了质监部门。2010年4月，省质监部门给南涧县水泥有限公司年产20万吨水泥粉磨站核发了生产许可证。

【巍山县五里坡水泥粉磨站进行技术改造】 巍山县五里坡水泥粉磨站建于1999年，是巍山县永建地区回族群众自主出资组建的民营企业。企业原有Φ1.83×7米的粉磨生产线，年产5万吨水泥粉磨。为顺应国家产业结构调整政策，企业于2010年4月通过技术改造，采用生产工艺先进、节能环保型的Φ3.2×11米闭流（预破碎）高产球磨机，配套磨头破碎、配料计量、选粉、环保除尘等相关设备和设施，设备投产后，企业可形成年产60万吨水泥粉磨生产能力。该项目总投资为1300万元。

【华营水泥厂加蒸压加气混凝土项目开工】 大理市华营水泥厂自建厂以来，一直从事立窑生产。2010年，根据《云南省工业和信息化委员会关于2010年云南省淘汰落后产能的公告》和《云南省工业和信息化委员会关于下达2010年淘汰落后产能目标任务的通知》精神，该企业2条26万吨机立窑被列入淘汰范围，该厂积极响应并提前完成了淘汰工作。企业淘汰落后产能关闭后，以厂长为首的领导班子把全厂骨干团结起来，积极想办法、找路子，并最终成功实施了由高耗能、高污染向节能环保生产的转向。①转型为粉磨站；②进行加蒸压加气混凝土新型墙体材料项目建设，为企业后续发展奠定了良好的基础。

【滇西水泥公司余热发电二期工程开工建设】 2010年12月21日，滇西水泥公司余热发电项目二期工程正式开工建设，该项目是公司继2009年4号窑系统余热发电一期工程成功投运后实施的又一个节能减排新项目，此举标志着该公司4条生产线都将配套建设纯低温余热发电系统，成为云南省水泥行业最先实现所有生产线都配备余热发电技术的水泥企业。余热发电是国家“十一五”期间鼓励推广的高效节能新技术，是水泥企业发展循环经济的有效方式。作为云南省第一家采用窑外分解新型干法生产技术的水泥企业和云南省水泥行业的重点企业，滇西水泥公司坚持走新型工业化道路，认真贯彻落实国家节能减排政策，主动采用新技术、新工艺，提高生产技术水平，积极发展循环经济、低碳经济。公司在加强内部管理，实行清洁生产，开展资源综合利用的同时，于2008年11月在4号窑3000吨/日生产线上配套建设了装机6兆瓦的余热发电系统，迈出了发展低碳经济的新步伐。项目建成投运以来，运行良好，在节能减排方面取得了较好的效果，被列为云南省第一批余热发电示范推广项目。为起好示范带动作用，扩大节能减排成效，2010年底，公司又开工建设了二期工程，在1～3号窑上实施余热发电。该项目设计装机6兆瓦和节能变频改造，计划投资8000万元，预计2011年10月发电。项目建成投运后，滇西水泥公司余热发电装机容量将达到12兆瓦，按设计年总发电量可达7800万千瓦时，年节约标准煤2.74万吨，年减排二氧化碳7.4万吨、二氧化硫600吨，环境效益和经济效益将进一步提高。

【钢筋混凝土输水管生产项目填补全州空白】 2010年4月，巍山县兴盛建材有限责任公司生产的钢筋混凝土输水管获全国工业产品生产许可证，填补了大理州钢筋混凝土输水管生产行业的空白。

【水泥企业化验室合格证顺利换证】 2010年，为了加强全州水泥企业管理，强化质量意识，建立健全化验室的检验工作质量和生产过程控制水平，保证企业持续稳定地生产出合格的水泥产品。大理州工业和信息化委根据云南省建材工业行业协会《关于做好水泥企业化验室合格证到期换证工作的通知》精神，于2010年9月起，对全州8家水泥企业（包括水泥粉磨企业）进行化验室合格证到期换证工作。整个过程中，州工信委积极配合省建材行业协会及专家，严格把关，有组织、有计划地认真开展了现场审查工作。至2010年11月，大多数企业都在要求的时间内完成了现场审查，未通过现场审查的3家企业，经过企业认真自查，提出整改意见后，再经有关人员现场复审，也最终于12月顺利通过现场审查，省建材行业协会办理了换证工作的相关手续。

（杨丽芳）

室内装饰行业协会

【州室内装饰行业协会二届二次理事会召开】 2010年1月23日，大理州室内装饰行业协会召开二届二次理事会暨2010年迎春联谊会。大理州室内装饰行业协会会员单位的代表以及州人民政府、州经委、州民政局、大理学院、州工商局、州企业家协会、州房地产协会、大理市消费者协会的有关领导及部分地产、建材、媒体等各界人士共计200多人参加会议。会议总结了协会2009年度的工作，安排了2010年度的主要工作，会议还对先进集体和个人进行了表彰奖励，并举行了联谊活动。

【举办“3·15”“消费与服务”年主题活动】 2010年“3·15”期间，大理州室内装饰行业协会举办“消费与服务”年主题活动，实施了5项举措：①编辑《大理室内装饰信息》“3·15”特刊，宣传2010年“消费与服务”年主题；宣传消费政策、维权知识，大理家装案例剖析；介绍家装常识；介绍家装规范程序；介绍品牌装饰企业、品牌装饰材料；介绍发展中的大理装饰行业等。②下发了《关于进一步开展创建规范服务达标活动的通知》。决定围绕“消费与服务”年主题的目标，进一步扎扎实实的组织会员开展好装饰企业创建规范服务达标活动。③在“3·15”来临之际，创办并开通“大理装饰装修网”这一宣传服务平台，更好地为社会服务。④通过《大理室内装饰信息》“3·15”特刊、“大理装饰装修网”，向社会发出《大理白族自治州室内装饰行业协会关于实施“消费与服务”年主题公告》、向社会公示《大理州室内装饰行业协会家装企业创建规范服务达标验收标准》以及协会监督、举报、咨询服务电话，将活动置于全社会的监督之下，希望社会各界、广大市民，监督开展好创建规范服务达标活动。⑤3月15日，组织工作人员参加州、市消费者协会组织的“3·15”主会场活动，到街头开展家装消费、维权、咨询及宣传活动。当天，协会共发放了3000多份“3·15”特刊、《家装指南》等宣传资料，接受了39位消费者的咨询。

【发出实施“消费与服务”年主题公告】 2010年3月15日，大理州室内装饰行业协会向社会发出《大理白族自治州室内装饰行业协会关于实施“消费与服务”年主题公告》，向社会公示《大理州室内装饰行业协会家装企业创建规范服务达标验收标准》及协会监督、举报、咨询服务电话，将活动置于全社会的监督之下，使社会各界、广大市民监督协会开展好创建规范服务达标活动。

【组团赴上海学习考察】 2010年6月1～7日，大理州室内装饰行业协会组织会员企业的部分领导、设计师共19人赴上海学习考察。期间，考察组参观了上海世博会，游览了苏州园林，考察了上海市室内装饰行业协会部分室内装饰企业，参观了他们设计施工的家装样板房、家装工厂化生产现场，并与上海同行们进行了座谈交流。虽然只短短几天时间，但大家受益匪浅，既开阔了眼界、提升了理念，又学到了经验、找到了差距，明确了今后的努力方向。

【室内设计作品在云南省评选中获奖】 2010年8月26日，大理州室内装饰行业协会选送的7件家庭装饰设计作品在第三届云南省优秀家庭装饰设计作品评选中获得1个金奖、3个银奖、2个优秀奖、1个优秀入围奖。获得金奖的作品是由大理景致装饰公司舒坦设计的“丽江半山别墅”；获得银奖的设计作品分别是大理景致装饰公司舒坦设计的“聆听：自然之音——苍海高尔夫”、“小城市、大建筑——全球通信城建筑方案”和大理凡尔设计工作室设计的“田园物语”；获得优秀奖的设计作品是大理凡尔设计工作室设计的“SOHO一族的精致生活”、大理金翅鸟设计广场设计的“素居”；此外，还有大理精艺家居装饰配套公司符宁交设计的“白族茶苑”获得优秀入围奖，这是大理州室内装饰行业参加历届云南省室内设计大赛取得的最好成绩。

【“喜文化·生活馆”打造家装消费新模式】 2010年9月30日，大理“喜文化·生活馆”携手中国工商银行大理分行在大理首家推出——“刷中国工商银行信用卡装修房子、购买装饰材料可享受零首付、零利息等一系列优惠服务”。

【优秀家庭装饰设计获省奖作品专辑发行】 2010年10月8日，《大理州参加第三届云南省优秀家庭装饰设计作品展获奖作品专辑》发行，开始向行业内外免费赠阅，本书为大16开本，铜版纸彩色精印。刊登有大理州选送参加第三届云南省优秀家庭装饰设计作品展的获奖作品，以及宣传介绍大理州室内装饰行业协会的相关资料。由于获奖作品专辑印制精美、水平高，协会的相关宣传贴近消费者的利益，深受好评。

【8人获得工艺美术专业技术职称】 2010年10月28日，由大理州室内装饰行业协会推荐申报专业技术职称的8人，经云南省工艺美术职称评审委员会评审认定，分别获得助理工程师和助理室内设计师。其中，工艺美术类助理工艺美术师（室内设计专业）4人、工程类助理工程师（装饰施工专业）4人。

【开展家装咨询宣传活动】 2010年11月17日，大理州室内装饰行业协会组织工作人员5人到大理房地产业交易展示会上开展家装咨询宣传活动，向社会各界及家装消费者赠送了《大理家装指南》、《大理州参加第三届云南省优秀家庭装饰设计作品展获奖作品专辑》、《艺海天成室内设计大赛作品辑》等宣传资料1000多册。

【大理州作品在第八届中国室内设计双年展获奖】 2010年12月7日，大理景致装饰设计公司舒坦设计的作品：“丽江半山别墅”在第八届中国室内设计双年展3000块展版中脱颖而出，获得铜奖。

（孙 纯）

州企业家协会

【“大理装饰装修网”开通运营】 2010年3月15日，在大理州室内装饰行业协会的积极配合下，由州企业家协会开发建设的“大理装饰装修网”正式开通运营。设有：协会介绍、行业动态、家装中心、装修指南、企业介绍、市场万象、优秀工程展示、设计师、材料品牌介绍、装饰材料及配套产品等栏目。此网站的开通，为室内装饰行业协会增加了一个宣传装饰行业及装饰装修企业的窗口，搭建了一个为企业服务、为社会服务的新平台，并得到了广大装饰行业企业的高度赞扬。

【开展企业转型发展调研工作】 7月13日，大理州企业家协会积极协助省企协企业转型发展调研组，对云南红塔滇西水泥股份有限公司、大理药业有限公司、云南清逸堂实业有限公司、云南大理东亚乳业有限公司开展企业转型发展调研工作。

【开展第四期职业经理人培训】 7月17日～8月15日，大理州企业家协会举办了第四期职业经理人培训，20多户企业的董事长、总经理、副总经理、中高层领导共30多人参加了培训。

【开展中小企业经营管理者素质提升培训】 10月26日，受州经委委托，大理州企业家协会承办了“中小企业经营管理者素质提升培训”，来自全州180多家中小企业的200多名经营管理者及12县市经济局局长接受综合素质培训。

【企业家活动日活动】 10月22日，以“发展与成功”为主题的“2010大理州企业家活动日”在下关举行。活动邀请了州财政局、州民政局、州工商联、州科协等部门的领导和协会副会长、理事以及会员企业等共180多人参加。

【开展企业上市情况调研】 11月15日，大理州企业家协会积极协助省企协上市工作调研组，对云南清逸堂实业有限公司、云南大理东亚乳业有限公司、祥云飞龙有色金属股份有限公司等拟上市企业开展企业上市工作调研。

【两岸企业合作发展及优势互补双赢的前瞻思考座谈会召开】 12月24日，大理州企业家协会组织的“两岸企业合作发展及优势互补双赢的前瞻思考座谈会”在下关召开。来自我国台湾地区的企业高管一行28人参加了座谈会，与大理企业家共商优势互补的企业发展之路。

（邓菊敏）

（责任编校：杨 虓）

交通运输

公　　路

【概　述】 2010年,大理州交通系统紧紧抓住国家扩大内需、西部大开发、国省干线改造、农村公路通畅通达工程、二级公路退站改革等重大机遇,坚持"顺势而谋,突出重点,注重基础,稳健发展"的交通发展思路,立足州情,解放思想,抢抓机遇,改革创新,着力冲破交通"瓶颈",加大交通基础设施建设力度,交通发展实现了历史性突破。年内,全州交通固定资产投资完成35.5亿元,同比增长55%,为经济增长提供了坚强动力。

【重点路网项目相继开工】 2010年,大理州重点路网项目相继开工建设。大丽高速公路、丽江机场至鹤庆县城公路建设进展顺利;关巍公路于2月11日建成通车;大凤公路(二期)、鸡足山旅游公路、祥姚公路、跃龙公路建设全力推进,路基主体工程全面完工,路面工程已完成30.6%,预计2011年4月底完工;弥渡果河公路正在抓紧建设;214线剑川过境公路已于2010年12月31日开工建设。

【农村交通建设】 2010年,大理州通畅、通达工程建设全面推进。计划实施26个通乡油路项目752.5千米,其中2009年续建项目10个464.4千米,已完工6个253.1千米;计划实施222个通达项目1983.82千米,其中2009年续建项目87个773.3千米,通达239个建制村;续建项目年内完工85个746.4千米,通达139个村,其中通水泥路或沥青路23个村、通弹石路45个村、路基改造71个村,项目正在紧张施工。"十一五"期间,全州完成农村公路通畅、通达工程项目766个7691千米,新增63个乡镇实现通畅和727个建制村通达,实现了全州90%的乡镇通畅和99%的行政村通达。

【农村公路养护】 2010年,大理州农村公路养护管理体制改革成果得到巩固,农村公路养护管理工作逐步规范,日常养护和大中修工程深入开展,路况质量明显提高,全州县道路况综合优良率从2006年的58.01%提高到2010年的65.37%,乡道、村道好路率分别达43.96%和35.69%。

【乡镇客运站建设】 2010年,大理州实施了24个客运站建设项目,全州农村客运发展工作全面铺开,实施了祥云、弥渡、宾川农村客运发展试点工作,实现全州乡镇客运站建有率达85%,乡镇客车通达率100%,行政村客车通达率85%的目标。

【路政执法】 2010年,全州通过公路巡查共查处各类路政案件218起。其中,损坏路面、路基、路肩11起,侵占公路15起,侵占公路用地92起;造成经济损失40.79万元,挽回经济损失39.81万元。启动了新一轮治理非法超限超载车辆工作,全州共出动路政执法人员6884人次,检查车辆15.95万辆,查处超限超载车辆2.89万辆;卸载车辆2.54万辆,卸载重量16.96万吨;收取赔(补)偿费478.7万元,超载率下降到18.1%,杜绝了恶意超载行为,保障了公路安全和畅通。

【全州交通工作会议】 3月16日,州人民政府组织召开全州交通工作会议,会议总结了2010年交通工作,分析交通工作面临的形势,研究部署2011年交通工作任务。州交通局局长周云代表州交通局作工作报告,副州长李红卫出席会议并作讲话。州人大副主任张如旺、州政协副主席张树藩应邀到会作指导,州人民政府副秘书长杨毅平主持会议。州级有关部门负责人,县市人民政府分管领导、交通局长,二级公路建设指挥部指挥长、总工程师,大理公路管理总段、大理公路路政管理支队、省公路投资公司大理管理处、大理交通运输集团公司、云南第一路桥工程集团主要领导,局属各科室、各单位领导干部等120多人参加了会议。

【全省二级公路现场会在大理召开】 8月10～11日,云南省人民政府在大理召开全省二级公路现场会,研究部署全省在建二级公路建设及治超等相关工作,提出了在2011年6月30日前全面完成在建二级公路建设的目标。副省长刘平作重要讲话,省交通运输厅通报二级公路建设情况,各州、市人民政府、省直有关部门分别作了发言,省交通运输厅厅长杨光成作会议总结。会前,实地考察了鸡足山旅游公路和关巍公路建设现场。会上签订了《云南省人民政府治理超限超载车辆工作目标责任书》和《公路水路建管养以奖代补责任书》。省人民政府、省直有关部门、各州市人民政府、全省52条在建二级公路指挥部、省交通运输厅厅属各单位负责人,中共大理州委、州人大、州政府、州政协及州级有关部门和有关县市政府、交通局负责人等300余人出席会议。

【召开全州二级公路推进会】 8月24日,州人民政府在云龙县组织召开了全州在建二级公路建设工作推进会,研究部署二级公路建设相关工作。州委副书记、州长何金平,州委常委、常务副州长马建全出席会议并作重要讲话,州交通局局长周云通报了全州在建二级公路建设情况,跃龙公路、鸡足山旅游公路、祥姚公路、上关至北五里桥公路各建设指挥部分别汇报了工程进展情况,并作了表态性发言,跃龙公路2名项目部经理作了承诺性发言。会前,与会人员察看了跃龙公路顺濞河大桥以及其他高填深挖、路基等控制性工程建设情况。州级相关部门、二级公路建设指挥部和相关县市人民政府、交通局领导出席会议,副州长李红卫主持会议。

【全州农村公路建设工作会议】 9月28日,大理州交通局组织召开了全州农村公路建设工作会议。会议总结了“十一五”以来全州农村公路建设情况，安排部署了2010年农村公路建设、管理养护及农村客运发展工作。州交通局副局长马志雄、李文厚、杨永斌分别就农村公路建设、养护管理及农村客运发展工作做了具体安排。州交通局领导班子及相关科室负责人、各县市交通局局长、分管副局长和基建股长出席了会议。

【高度重视二级公路建设】 2010年，大理州高度重视二级公路建设工作。1月5日，为贯彻落实全省二级公路现场会议精神，进一步加快大理州二级公路建设，确保各项建设任务如期完成，州人民政府召开了大理州二级公路建设工作推进会议，研究部署大理州二级公路建设有关工作。州委常委、州人民政府常务副州长马建全就加快全州二级公路建设作了重要讲话，州交通局局长周云传达了全省二级公路现场会议精神，通报了全州在建二级公路建设情况。

2月25～26日、6月3～8日，州人民检察院、州交通局两次联合对鸡足山旅游公路、祥姚公路等4条在建二级公路开展预防职务犯罪工作检查。3月25～26日，州人大副主任张如旺带队，组织部分州人大代表在州人大财经委、州人民政府办公室、州人民政府督查室、州交通局相关领导的陪同下，采取实地查看、听取汇报、解决问题的方式，先后深入大凤公路二期、关巍公路、跃龙公路、祥姚公路和鸡足山旅游公路施工现场督促检查工程进展情况。5月26～28日，州建设项目督查专员办公室深入跃龙公路、祥姚公路、果河公路开展专项督查，并提出了相应的督查建议。5月19日～6月3日、7月8～24日，州重点公路建设项目督导组按照州人民政府领导的要求，围绕工程进度，对全州在建二级公路进行了督查，有针对性地提出了督查建议。7月8～24日，州重点公路项目建设督导组对全州在建二级公路建设情况进行了督查。9月28日，州建设项目督查专员办公室对鸡足山旅游公路建设情况进行了督查，提出了4点要求。10月21日，省审计厅和交通运输厅检查组对大理州在建5条二级公路建设及锁定债务情况进行了检查。11月5日，州建设项目督查专员办公室对跃龙公路建设情况进行了跟踪督查。

【创先争优活动全面展开】 5月27日，大理州交通局党委召开全州交通系统深入开展创先争优活动动员大会，安排部署交通系统创先争优工作。局机关全体党员，州运政处、州地方海事局全体党员，大交运输集团公司、云南第一路桥工程集团相关领导出席会议。会后，全州交通系统开展了“学习型党组织、和谐机关、廉政集体、文明窗口、优质工程、文明工地、诚信企业、先锋岗位、行业标兵”九大创建工作，形成了“党委领导、行政负责，全员参与、全行业覆盖”的良好局面，创先争优活动得到了中共大理州委、省交通运输厅党组的高度评价。

【举办交通系统职工技能大赛总决赛】 6月17～19日，大理州交通系统职工技能大赛总决赛在下关举行。全州汽车维修工技术竞赛集体组12个队60人，汽车维修工技能竞赛个人组52名，机动车驾驶员（客运）技能竞赛组43名，共计155名选手参加大赛。

【召开重点公路建设预防职务犯罪会议】 6月18日，大理州人民检察院、大理州交通局组织召开了全州重点公路建设项目预防职务犯罪工作会议。会议通报了全国工程建设领域突出问题专项治理工作案件查处情况，大理州重点公路建设进度、质量等相关情况，全州重点公路预防职务犯罪工作存在的主要问题及全州交通行业党风廉政建设方面反映出的突出问题，研究部署了2010年预防职务犯罪工作，组织了参会人员到大理监狱天井山监区开展预防职务犯罪警示教育活动。会议由州人民检察院副检察长杨著逵主持，州工交纪工委书记李仁军到会指导。州人民检察院相关领导；州交通局领导班子成员、机关各科室负责人；州运政处、州地方海事局领导班子成员；全州在建二级公路指挥部指挥长、副指挥长、纪检组长、各处室负责人、项目总监、各项目部经理、总工；各县市交通局局长参加会议。

【组织首届交通杯职工篮球运动会】 6月23～28日，大理州交通系统首届“交通杯”职工篮球运动会在大理市体育馆举行。全州12县市交通局、在建二级公路指挥部、省厅直属有关单位、州属交通企业等24支代表队参加了比赛。

【精心组织“路县长、路乡长”评选】 2010年，大理州交通局按照评选范围、对象和条件在全州范围内精心筛选，组织推荐了3名“路县长”、5名“路乡长”参与省人民政府举办的全省首届“路县长、路乡长”评选活动。经过组委会评审，大理州获得全省首届“路县长”荣誉称号1名、获得全省首届“路乡长”荣誉称号2名、获得全省首届“路乡长”提名奖2名。

【组织抗旱救灾捐款活动】 2010年，针对特大旱情，州交通局号召全州交通系统干部职工积极开展“抗大旱、保民生、云南交通人在行动”、“共产党员抗旱先锋行动”和工会抗旱捐款活动，共为旱区捐款15.93万元，为抗大旱、保民生作出了交通人应有的贡献。

【开展在建二级公路专项效能监察】 9月13～26日，按照州监察局《关于对在建五条二级公路建设项目开展专项效能监察的工作方案的通知》要求，州监察局会同州二级公路建设督导组对大理州在建五条二级公路建设项目开展了专项效能监察工作。专项效能监察小组采取“听、看、查、访”的方式，围绕项目立项审批、项目管理“四制”落实情况、项目资金管理情况、征地拆迁工作、廉政建设和软环境建设情况、工程进度及质量管理、安全生产工作责任制落实情况及项目档案资料管理8个方面开展工作。

【召开全州治超工作会议】 10月21日，州人民政府召开全州治理非法超限超载车辆工作会议。会议分析了面临的工作形势，指出了工作存在的问题和不足，并就下一步如何掀起新一轮治理非法超限超载车辆工作的高潮作了全面安排部署。州人民政府副州长李红卫出席会议并作讲话，州人民政府副秘书长杨毅平主持会议。会上，州治理非法超限超载办主任、州交通局副局长王世明通报了全州治超工作情况，州人民政府与各县市人民政府签订了治超工作目标责任书。各县市人民政府分管领导、交通局局长、治超办主任，州交通局、发改委、经委、监察局、安监局、工商局、质监局、法制局、新闻办、交警支队、运政处，大理总段、大理路政支队、昆瑞路政支队大理大队的主要领导以及州内重点矿产品、煤炭、建材等生产加工企业和重点货运企业负责人参加了会议。

【约谈重点公路项目中标企业法人】 12月22日，州交通局组织召开了在建重点公路项目中标企业法人约谈会议，会议通报了2010年大理州重点公路建设项目“文明平安工地”创建活动考核结果和2010年度大理州公路工程施工企业信用评价结果。州人民政府副州长李红卫出席会议并作讲话,州人民政府巡视员舒自明、州人民检察院副检察长杨著逵、州纪委调研员马绍华分别进行了发言。州交通局局长周云作会议总结。参与大理州交通建设的43家中标企业法人和70个合同段的66个项目经理以及州交通局相关科室负责人出席会议。

【办理回复两会交通类建议、提案】 2010年,州交通局共办理人大代表建议、政协委员提案79件。局党委先后召开3次党委会研究建议提案办复工作,安排专款资金17万元解决代表、委员反映的交通发展项目,面商、面复达100%,满意率达100%,得到州人大、州政协的好评。

(张　宇)

运政管理

【概　述】 2010年,大理州道路运输行业根据省运管局提出的"交通运输管理年"和"运政工作作风转变年"的要求,在巩固"三基两抓一提高"的基础上,按照"管理精细化、服务优质化、执法规范化、监管科学化"的要求,以"三个服务"为目标,全州运政系统进一步发挥道路运输比较优势,将工作重心向"保民生、保稳定、保增长、保安全"方向转移,以构建"协调、平稳、可持续发展的道路运输市场"为目标,加快推进道路运输的跨越式发展。年末,全州共有道路运输从业人员46609人;货运企业(含个体)21590户,货运车辆30595辆;客运企业510户(含个体),客运车辆4189辆;机动车维修业户1619家;驾驶员培训机构30家,教练车821辆;道路运输相关业务1833户。2010年,全州道路运输行业共完成货运量2002万吨,货运周转量305978万吨·千米;完成客运量2195万人次,客运周转量329094万人·千米。

【道路运输能力显著增强】 2010年,大理州通过进一步加强道路运输结构调整和运输市场监管,全州道路运输行业保持较快稳定发展,道路运输能力不断增强。主要表现在"六大能力"的显著增强:一是道路客货运输快速增长,从业人员素质不断提高,服务国民经济能力显著增强;二是依法治运取得突破性进展,依法行政能力显著增强;三是道路运输结构调整取得阶段性成果,行业可持续发展能力显著增强;四是农村运输条件全面改善,道路运输服务"三农"能力显著增强;五是安全管理基础性工作不断强化,安全生产事故防控能力显著增强;六是行业文明建设稳步推进,公共服务能力显著增强。

【道路运输车辆节能减排工作】 2010年,大理州交通部门按照建立"环境友好型,资源节约型"社会要求,认真贯彻落实道路运输车辆节能减排工作。一是进一步强化目标责任制,二是推进节能减排统计监测及考核体系建设,三是实施道路运输车辆燃料消耗量限值标准和准入制,四是加大实施节能技术改造力度,五是强化能耗统计报表质量及监督检查,控制营运车辆的汽、柴油综合燃料单耗,六是组织大交集团开展了宇通杯节能精英大赛。同时,规范了营运车辆燃料消耗量达标车型复查和申请核发营运车辆《道路运输经营许可证》和《道路运输证》的标准和程序,建立和完善了道路运输车辆燃料消耗量达标车型准入制度。

【省创先争优采访团到大理州检查采访】 2010年,大理州交通运政管理处是省运输管理局和大理州交通局"创先争优"示范单位。10月16日,云南省交通运输行业创先争优宣传报道采访团一行在云南省公路运输管理局党委书记江河云、大理州交通局副局长杨永斌等领导陪同下,对大理州运政管理处进行考察采访。采访团进行实地采访考察和听取情况汇报后,媒体(新华社云南分社、中央人民广播电台云南站、云南日报、云南人民广播电台、云南电视台、云南网等)记者对道路交通运输管理的工作性质、任务、工作职责有了初步的了解,并对大理州的道路运输业发展给予了充分肯定。采访团还就学习中共十七届五中全会与深入开展创先争优活动、行业管理工作和争取政府支持、社会理解等方面和州运政处进行了交流。

(杨剑春)

海事管理

【概　述】 2010年,大理州海事部门坚持"安全第一、预防为主、综合治理"的方针,始终把水上安全监管作为加强水上交通行业管理的切入点,全面推进"全国海事一家人,水上监管一盘棋,行政执法一面旗"建设,提高海事公共服务能力。2010年底,全州有持证船员323人,其中省管船员115人、州管船员208人;拥有客船特培资格证283人、高速船特培资格证20人、非机动船船员资格证77人。各类船舶3860艘(含手划船3686艘),其中纳入交通行业管理的运输船舶174艘,核定载客量6253个客位、核定载重量105吨。2010年,完成水上客运量122.06万人次,客运周转量3818万人千米;完成货运量6306.2吨,货运周转量23730吨·千米,客运量占全省的近30%。

【强化水上安全监管】 2010年,大理州水上交通安全管理工作坚持"安全第一、预防为主、综合治理"的方针,完善制度、强化监管、认真履职,层层落实安全生产责任制。共检验船舶183艘(其中机动船105艘、手划船78艘),换发船舶检验证书30本;出动海事执法人员1844人次、出动车船560次,检查各类船舶150艘次;查处违章船舶40起,其中罚款6起、警告15起、现场整改19起;召开安全工作会议102次,累计参会人员3521人次;举办船员培训班8期,参加培训人员779人,参加客船特殊培训考试270人、船员适任证考试8人、基本安全培训4人;换发客船特培证204本,换发船员适任证191本,船员注册、换发新版船员服务簿162本,签发船员适任证书8本。

【大理洱海搜救中心成立】 澜沧江海事局洱海巡逻搜救船的建造工程于2009年1月正式开工建造,2010年8月18日下水,并转入装饰装潢阶段,力争2011年4月底投入使用。经大理州人民政府同意,大理州机构编制委员会批准,在云南省首家成立了大理洱海搜救中心,核定人员编制12人,在全省范围内率先成立水上安全搜救机构。

【航运基础设施建设稳步推进】 2010年,大理州小湾库区南涧、巍山、漾濞、永平、云龙5县的7个码头、14个停靠点建设稳步推进。投资8020万元、占地4.19公顷,设计6个船舶停泊位,港口岸线长514米的大理港改扩建工程于2010年9月全面完成水上主体工程,转入陆上建设工程。云南省库湖区船舶安全监管救助系统集成应用研究科技项目顺利推进,年内完成洱海沿湖基站的建设和搜救船船载指挥中心设备的建设安装工作。全州码头、渡口视频监视系统的建设稳步推进，制定完成了第一阶段洱海湖区的建设实施方案。积极开展了标准化船舶改造工作。

（撰稿人：殷兆忠）

大理火车站

【狠抓铁运安全管理】 2010年，大理火车站始终坚持以运输安全为核心，加强全体人员的安全教育学习，认真贯彻落实铁道部、铁路局、大理州安监局关于铁路运输安全工作的各项要求，以确保客车安全为重点，有针对性地制定措施，完善制度，加强过程管理。开展了与安全管理相关的"安全大检查活动"、"安全生产隐患排查活动"、"2010年安全生产月活动"和"铁路营业线施工安全专项整治"、"平安建设"创建工作以及"上海世博会安保工作"、"119消防宣传日活动"等。截至2010年12月31日，车站实现安全生产4277天。

【提升铁路客运服务质量】 2010年，大理火车站认真贯彻铁道部、铁路局有关提高客运服务质量的要求，坚持以人为本、诚信服务的理念，大力塑造铁路系统的良好社会形象。车站严格执行服务质量标准，认真落实"首问首诉负责制"及"重点旅客服务办法"，以便民利民措施为重点，努力为旅客提供优质服务。聘请大理州人大、大理州政协、大理州委宣传部、大理州纠风办、大理州文明办、大理州消协、主流媒体《滇池晨报·大理版》记者代表8人作为社会监督员，先后3次到车站实地检查。车站还开足售票窗口，采取延长售票时间等超常便民利民举措。优先办理学生票及农民工团体票，适时增开"学生窗口"，确保学生一人一座、按时回乡返校。为让农民工朋友走得好、走得舒心，对农民工用工企业或地方劳动部门组织的20人以上农民工团体，提前12天在车站优先办理团体票。加强重点旅客服务，车站设置"重点旅客候车区"等场所，对重点旅客优先售票、优先安排进站乘车；车站工作人员对无人陪伴、行动困难的重点旅客实行站车交接"一条龙"服务。

【开展志愿者服务】 2010年，大理火车站为了提高"春运"、"暑运"期间的服务质量，铁路局团委积极联系大理学院团委，委托学院志愿者协会招募50名青年志愿者，在"春运"、"暑运"期间分批在站开展服务活动。青年志愿者热情帮助重点旅客，积极协助维持秩序，认真开展安保检查，主动进行服务监督，累计协助服务重点旅客300余人次。通过文明服务、首问首诉责任制等举措，车站为出行的旅客提供了良好的服务环境。

【确保重点运输的落实】 2010年，大理火车站积极做好新老兵运输、"春运"、"五一"、"十一"黄金周等重点运输工作。车站认真部署、提早安排，成立了领导小组，严密组织、全力以赴，确保了重点运输任务圆满完成。

【加强标准化作业意识】 2010年，大理火车站认真落实昆明铁路局有关"百日标准化专项整治"活动的要求，结合本站的实际，制定车站调度员、客运值班员、客运员、售票员、给水员等各岗位作业标准，要求职工严格执行。通过"百日标准化整治活动"，提高了各岗位作业人员对标准化作业的意识，进一步提升了服务质量。

（董仁龙）

大理机场

【概　述】 2010年，大理机场在中共大理州委、州人民政府和云南机场集团的领导下，扎实推进平安、诚信、文明、和谐机场建设，以安全生产为前提，以经济效益为核心，以培育软实力为抓手，开拓创新、锐意进取、努力工作，较好地完成了各项工作任务。年内，大理机场共安全保障各类飞行3000架次，其中起降正班2726架次、加班54架次、包机3架次、专机2架次、调机22架次、训练18架次、试飞2架次、备降12架次、急救3架次，通用152架次、飞越6架次，旅客吞吐量22.71万人次，货邮吞吐量441.5吨，行李吞吐量1487.6吨。

【强化机场安全生产责任制】 2010年，为全面落实安全生产责任制，大理机场根据年度主要工作任务分解方案，层层分解安全责任和经营管理目标，机场负责人与领导班子其他成员签订了《安全生产责任书》，机场与各部室（含非航经营管理办公室）分别签订了《安全生产责任书》、《社会治安综合治理责任书》、《安全保卫责任书》、《消防安全责任书》和《服务质量责任书》，与相关方签订了《安全保卫协议书》，部室与所属班组、班组与个人也签订了《安全生产责任书》，将安全责任层层落实到班组和个人，落实到每一台安全设施设备，为大理机场圆满完成安全生产任务打下坚实的基础。

【机场深入开展班组建设工作】 2010年，大理机场深入开展班组建设工作，对《班组工作考核实施细则》进行了细化。以班组为基础建立起三级评估机制，每周开展风险评估；以危险源辨识为基础，认真开展风险管理工作。同时认真组织开展了争创"2010年度标兵班组"活动，16个业务班组以开展"无差错、无违章、无违纪"的班组成员"三无竞赛"活动为载体，在班组间营造比、学、赶、超的竞赛氛围，以班组为单位的安全管理活动开展得有声有色。在"标兵班组"创建过程中，配合集团公司做好经验交流和成果展示以及巡讲工作。

【顺利通过机场安全审计】 2010年，大理机场按照国家民航总局的安排，由民航华北地区管理局对大理机场进行安全审计。华北地区管理局对大理机场1861审计项目进行了逐条逐项的审计，通过集团公司的2次预审，对不符合的项目全面整改，对仍存在的安全风险加强了管控。经过现场审计，机场以96.88%的符合率顺利通过了安全审计。

【机场应急救援工作不断完善】 2010年，大理机场定期同大理州应急救援领导小组的成员单位联系并对协议单位联系方式进行确认更新。召开了机场应急救援及空防联席工作会议，增强各成员单位之间的沟通交流，为开展好机场的应急救援工作打下基础。按照工作实际的要求完善各项应急预案，组织机场全体员工学习，并开展了3次应急集结演练、2次医疗急救演练，取得了良好的效果。大理机场于5月份制定了《云南省大理州处置民用航空器飞行事故应急预案》，并提请大理州人民政府印发到各应急救援成员单位，建立健全了大理机场民用航空器飞行事故应急机制，以保证民用航空器飞行事故应急工作有序进行，最大限度地减少人员伤亡，保护国家和公众财产安全，促进航空安全。

【重大节日和重要时期航班保障工作】 2010年，大理机场认真做好重大节日和重要时期航班保障工作。在元旦、春运、两会及"五一""十一"、上海世博会和广州亚运会期间，大理机场贯彻落实上级安全工作要求，严格执行保安措施，成立工作领导小组，召开专题会议对节假日和重要活动期间的保障工作进行安排部署，制定工作计划，保证各项工作的有序开展；精心准备，对机场重点区域、场所、岗位及设施设备进行全面排查，消除隐患；机场安检站、护卫部严把旅客人身、行李、货运安全检查关口，杜绝了违法人员、违禁物品登机的不安全事件的发生，确保了机场的空防安全。

【护林防火通用飞行保障】 2010年，西南五省区持续干旱，遭遇了特大旱灾，云南受灾尤其严重。面对严峻旱情，为保障护林防火飞行任务，大理机场专题召开会议部署，要求各个部门做好航空护林的前期准备，气象班组认真研究天气变化形势，为管制提供准确的气象资料；通导班组加强了对设备的维护和保养，确保设备运行正常；机场部场务队加大了场道巡查力度，确保飞行区安全。为确保保障正常航班的同时安全保障通用飞行，机场保障部门调整了工作时间，特别是在特别是在“春节”、“清明”等火灾易发、高发时期，机场积极配合两家通用航空公司，加强了直升机巡逻，通过各保障单位通力合作，机场共安全保障护林飞行80架次、灭火任务46架次，圆满地完成了春季航空护林飞行保障任务。

【航空市场开拓】 2010年，大理机场在抓好安全生产的同时，通过多种措施和办法着力狠抓航空市场的开发营销和外部协调工作。一是积极开展市场调研、统计、分析工作，加强了与地方政府汇报、集团公司职能部门联系，积极争取州人民政府、集团公司、西南管理局、监管办公室等的政策性支持，培育航线网络。二是加强互惠、互利合作，加强与航空公司、旅行社的合作，形成战略一体化经济链，共同开发航空市场，将地方旅游资源优势、机场的服务保障优势和航空公司、旅行社的优势进行互补，达到多赢；3月28日，大理机场开通由西部航空公司执飞的大理至重庆航线；5月7日，大理机场增加由祥鹏航空公司执飞的大理－昆明夜间航班，运营状况良好。

【推进机场“三标”体系建设】 2010年，大理机场按照体系标准，着力推进“三标”体系建设，进一步提升管理效能。对各部门作业文件进行了修订，增加了安全办公室的职责权限、工作流程等方面的内容，依据实际工作流程对作业文件相关内容进行了调整，修订换版后的作业文件与实际工作更加贴近，进一步科学有效地规范了各部门的工作程序。积极响应“创建能源节约型社会”的号召，制定了年度能源（包括水电和办公用品）消耗定额表及车辆油耗计划表，为各部室做好节能减排工作提供了依据。按规定时限对一体化目标完成情况进行统计和考核，保证体系的正常、高效运行。组织开展了内审，针对内审发现的不符合项，积极整改并采取现场走访的形式对相关问题的整改情况进行了验证，顺利通过北京中大华远认证中心对机场“三标一体”管理体系的监督审核。

【加快基础设施建设】 2010年，大理机场共完成固定资产投资计划5项共计50.8万元，包括自动转报终端设备、车载台、磁盘阵列、多通道通话记录仪，机场老航站楼改造工程正在抓紧实施。根据机场围界安全管理要求，年内对飞行区管理、机场标志系统进行了专项整治，大修项目共计完成12项。加强了监控设施的投入，在飞行区、候机楼、停车场新增摄像头12个，加大了治安监控力度，通过上述安全设施、设备的投入，大大提高了机场安全保障能力。对机场内外环境进行了完善，定期检修候机厅饮水机，更换了候机厅卫生间内卫生洁具和用品、更新引导标识标牌，张贴温馨提示，同时加大了绿化经费的投入，及时更换观赏性盆栽，为旅客提供了良好的乘机环境。

【加强培训管理工作】 2010年，大理机场在充分了解各部室培训需求的基础上，本着科学、高效、节约、可操作的原则，制定了机场年度培训计划和《员工教育培训管理办法》。全年，机场按计划共进行了104次培训（其中管理人员培训5次、岗位技能培训68次、专业技术培训20次、综合业务培训11次），培训方式以理论授课与实际操作相结合为主。同时，以“标兵班组”创建为主题组织班组长开展了管理培训，以讲解风险管理、班组经验交流、班组安全管理、班组建设为主要内容，有效地提高了各级安全管理人员的水平。结合安全审计组织开展了安全审计知识、班组建设、风险管理、国防动员知识、医疗急救、消防知识、应急救援、机坪运行管理、安全信息管理等36项培训以及机场相关手册的学习。在5月、10月开展了民航客运员、民航安全检查员、民航特种车辆操作工、机场助航灯光电工的职业技能鉴定。全年共有14人次参加技能鉴定。

【提升航空服务质量】 2010年，大理机场进一步转变服务理念，提升服务质量。继续为旅客提供人性化的“广播引导服务”，为第一次乘坐飞机和对大理机场候机厅不熟悉的旅客节省了大量的时间。在春节、“十一”期间提供特色服务，以悬挂红灯笼等方式营造浓厚的节日气氛，并依照传统习俗为在大年初一早上乘坐飞机的旅客准备了热腾腾的汤圆。机场安检站在工作中做到请字开头，谢字结尾，主动为旅客排忧解难，耐心回答旅客提出的问题；在客流量增多的时段，增派安检员，加快过检速度，尽可能缩短旅客候检时间，避免因为安检原因造成的航班延误；主动引导病、残、孕的特殊旅客从安全门旁通过并对其进行手检。制定了《大理机场服务承诺》并向社会公布，接受社会监督；开展了2010年服务质量专项整治工作，完善标准，规范流程，建立机制，综合运用各种监督管理手段，为旅客、货主、航空公司提供更加高效、优质的服务。同时机场也涌现出了许多拾金不昧，积极寻找失主的先进事迹，机场员工优质的服务态度和服务质量得到了旅客的认可。

【航空人抗旱救灾献真情】 2009年入秋至2010年夏，云南省遭受了特大旱灾，大理州旱情极其严重。大理机场积极响应集团号召，纷纷解囊，踊跃捐款，支持灾区抗旱救灾，帮助受灾群众战胜旱魔。机场员工132人，共计捐款18850元。在机场开展“共产党员抗旱先锋”活动，机场全体党员累计捐款26500元。机场党委还专门深入到挂钩点弥渡县慰问，并为受灾群众送去慰问金。机场团委积极响应集团团委号召，开展了“特殊团费一元捐”活动，同时组织团员到附近村组送水。同时大力宣传节水节电措施，提倡一水多用，提高用水效率，牢记随手关灯，减少用电浪费，使员工树立良好的节约意识。

（李金凤）

（责任编校：李建川）

信息产业

综　述

【概　述】　2010年末，大理州移动电话用户数与互联网宽带用户数在上年基础上分别增至208万户和11.4万户，受市场需求变化等因素影响，固定电话用户数降为46万户；全州通信业务总量共计完成12.2亿元。与上年相比，移动电话与互联网宽带业务各项主要经济技术指标均有增长或较大幅度的增长。在国家及地方政策推动下，TD－SCDMA等3G网络建设按计划稳步推进；农村移动信息富民工程建设完成阶段性任务，并进行了总结表彰。电子政务应用以及无线电管理等工作取得了新的进展。

【"中国·大理"门户网站一期工程完成】　由州信息产业办（网管中心）具体负责，在州人民政府办公室相关科室、州委组织部、州政府法制局、大理日报社、大理电视台、州气象局、州环保局以及各相关单位的支持参与下，顺利完成了"中国·大理"门户网站一期工程建设任务以及2010年度信息更新保障任务。新版"中国·大理"门户网站于2010年1月1日正式运行，同时关闭了原"大理州人民政府公众信息网"。新版网站共设置"大理要闻"、"政务信息"、"视频新闻"、"图片新闻"、"公告公示"、"法治动态"、"自身建设简报"、"政府文件"、"政府办文件"、"政府公告"、"任前公示"、"干部任免"、"阳光政府"（含重大决策听证、重要事项公示、重点工作通报、政务信息查询等四项制度）、"天气预报"、"空气质量"等近20个常设性一级动态栏目，设置"走进大理"、"公众服务"、"热点专题"、"领导信箱"、"图片大理"、"视频大理"等近10个静态与半静态一级主题栏目，整合链接了大理州政府信息公开主站点、大理州人民政府公共服务在线咨询系统、大理州数字乡村工程、大理州网上信访系统以及17个州级部门网站，并链接了中央政府门户网站、省政府门户网站、21个国家部委网站、省内29个政府部门网站、省内15个州市政府门户网站、州内12县市政府门户网站、21个州级部门与企事业单位网站、30个少数民族自治州门户网站、国内31个主要城市政府网站。总体上看，新版"中国·大理"门户网站初步实现了政府网站应具备的"信息公开、在线办事、公众参与、交流传播"等基本功能，并初步形成了各相关部门通力协作、分工负责的较为有效的信息更新保障机制。网站自正式投入运行以来，数次进行了修改完善。

【在线咨询系统升级改版】　2010年初，为进一步加强后台管理、优化前台服务、方便查询使用、强化社会监督，从年初开始，大理州信息产业办（网管中心）针对系统在运行使用中出现的各种问题，对系统进行了全面的改版升级，并于2010年4月底完成了改版升级的主要工作。改版后的系统界面更加友好，操作更加方便，查询更加快捷，结构更加合理，层次更加清晰，管理更加科学，监督更加有效，安全更加保障。截至2010年12月29日，通过系统平台累计办复各类问题4495个（不含以电话、电邮等非公开方式办复的问题），月平均IP访问量和月平均页面访问量分别超过2万个和20万个；同时形成了"统一入口、集中分配，归口办理、部门发布"的二级审核与备案登记制度，并对办复工作按照责任政府四项制度的规定，着重强化了限时办结制的要求，各部门办复的责任意识、时效意识明显增强。

【加强计算机信息系统安全保密】　2010年，根据省工业和信息化委员会《关于开展2010年度云南省政府信息系统安全检查工作的通知》、《关于进一步做好政府信息系统安全检查及整改工作的通知》以及大理州人民政府办公室《转发省工信委关于开展2010年度云南省政府信息系统安全检查工作的通知》的要求，由州信息产业办（网管中心）具体负责，分上半年和下半年两次组织开展了全州政府信息系统安全检查工作，完成了检查整改的各项工作任务。同时，办公室内部还由信息产业办（网管中心）具体负责，按照2010年度全州计算机信息系统保密检查工作的部署和要求，圆满完成了办公室各科队室办计算机信息系统保密检查和整改工作，并建立了网管中心专业技术人员与各科队室办挂钩联系责任制度，强化了计算机信息系统保密工作的制度化建设。

【电子政务视频会议系统运行正常】　2010年，州信息产业办（网管中心）高质量圆满完成了2010年度电子政务视频会议系统的应用保障与日常维护工作。全年共计召开省州县三级视频会议51次（其中州县两级会议7次），信号传输保障工作未出现任何责任事故，传输质量较为稳定，同时，进一步规范了视频会议系统轮值管理，充实了操作人员队伍，加强了视频会议业务骨干的培训。

【"十二五"信息化专项规划编制】　2010年，根据州委办公室、州政府办公室《关于做好大理州"十二五"规划编制工作的通知》的要求，由信息产业办牵头编制全州"十二五"信息化发展规划。年初，信息产业办会同州经委、州发改委、州人事局等州级有关部门，并邀请大理学院与大理财校的高层次计算机科研教学人员，组成了阵容强大的课题小组，认真组织完成了《大理州"十二五"信息产业发展研究》课题调研工作，在此基础上几经修改，于年中编制完成了《大理州国民经济和社会信息化发展"十二五"规划（草案）》初稿。

【加强网络宣传】　2010年，根据中共大理州委、州人民政府工作部署和要求，信息产业办（网管中心）共计完成了抗旱防火、创先争优、政府自身建设、"桥头堡"建设大家谈、中国（大理）国际绿色经济高峰论坛、重庆－大理直航、第二届大理国际影会、三月街民族节等8个网络专题宣传，并加强信息更新保障的责任制要求，确保信息的时效性以及网络宣传效果。同时，还协助三月街工作委员会、州委组织部、州委宣传部、州委保密委、州监察局、州旅游局、第六次人口普查办公室等10余个单位开展了动态标语化主题宣传。

（和云平）

无线电管理

【无线电管理宣传】 2010年，大理州无线电管理处分别于1月、6月和9月在全州范围内开展了《云南省无线电管理条例》宣传月、《云南省无线电电磁环境保护条例》宣传月、无线电管理法规宣传周等活动。全州共悬挂横幅300多条、刊载标语1500余条、发放宣传资料10多万份、发送短信200余万条、电子屏滚动播出2000多小时。通过宣传，加深了人民群众对保护无线电电磁环境重要性和必要性的认识，增强了依法保护和使用无线电频率资源的意识，进一步巩固了开展好无线电管理工作的群众基础。

（张雄辉）

【开展无线电监测技术演练】 2010年，根据年度工作安排，州无线电管理处开展了4次无线电监测技术演练，并于12月底进行了无线电监测技术演练评比考核活动。通过技术练兵，进一步提高了职工的无线电监测技术水平，丰富了无线电监测培训的内容和形式，强化了团队精神，增进了干部队伍团结协作的能力，活跃了工作气氛，为构建大理州和谐无线电管理工作营造了良好氛围。

（张雄辉）

【大理电信 CDMA 基站站址评审】 2010年7月14日，州无线电管理处主持召开了中国电信大理分公司拟建45个CDMA基站站址综合评审会。州规划局、建设局、环保局、林业局和国土局等部门应邀参加了会议，组成7人专家组，对大理电信分公司实际拟建42个CDMA基站拟选站址方案进行了认真审查，并形成专家组意见。

（杨　生）

【无线电电台执照年检换证】 2010年6月，州无线电管理处全面完成了2010年度电台执照年检换证工作。共检审电台执照4317本，换发电台执照1319本，核发新证776本，收取频率资源占用费25.15万元。

（杨　生）

【无线台站行政执法专项检查】 2010年6～8月，州无线电管理处在全州范围内开展了广播电视无线台站行政执法专项检查，共检查设台单位11家、测试调频发射机27套。

（杨　生）

【TD－SCDMA 工程建设会议】 2010年10月19日，大理州推进TD－SCDMA工程建设会议在关召开。各县市分管副县长，县市无线电管理机构负责人，州信息产业办、发改、国土、交通、规划、建设、环保、林业、财政、公安、气象、新闻办、供电、大理移动分公司、无线电管理等27个部门参加会议。副州长程云川出席了会议并作了题为《统一思想，提高认识，加快全州TD等3G通信网络建设步伐》的讲话，并代表大理州人民政府与大理移动分公司、各县市政府签订了2010年度TD网络建设发展责任书。

（杨　生）

【国家无线电监测中心调研组到大理州调研】 2010年10月1～3日，国家无线电监测中心副主任李景春（总工程师）一行4人，到大理州进行调研，重点就无线电管理和无线电监测工作进行了座谈。调研组充分肯定了大理州无线电管理和无线电监测工作取得的成绩，同时也对下一步的工作提出了要求。

（张雄辉）

【重要活动无线电安全保障】 2010年，州无线电管理处认真做好重要活动无线电安全保障工作。全年配合研究生考试、公务员考试、高考、司法考试以及两会等重要活动的无线电监测工作12次，安排人员45人次，固定站开机监测1200多小时。

（张品秀）

【无线电事业发展规划编制】 2010年11月9日，州无线电管理处邀请州发改、规划和主要设台单位13个部门的专家参加《大理州无线电事业发展规划（2011～2015）（草案）》的编制工作专家组会议，对规划草案进行了专题研究和评议。2010年12月23日，州人民政府办公室主持召开了《大理州无线电事业发展规划（2011～2015）（草案）》的编制工作领导组会议，州发改委、经委、信产办、公安局等18家成员单位参加会议，会议对《大理州无线电事业发展规划（2011～2015）（草案）》进行了审议，原则通过规划草案。

（杨　生）

【重点单位无线电台监督检查】 2010年9月20日，大理州无线电管理处联合大理市无委办对大理市苍山保护管理局和大理市森林防火指挥部两家重点设台单位进行了监督检查，就无线电台站行政许可事项的活动情况进行监督检查，并与设台单位一道共同查摆存在的问题，研究制定对策措施，不断完善和规范管理，合法设置和使用无线电台站。

（张雄辉）

【开展对讲机专项行政执法活动】 2010年11月25～26日，州无线电管理处联合大理市无委办在大理市范围内开展清理违法使用对讲机专项执法检查活动，共清理清查违法设台单位25家、对讲机150余台，发出责令整改通知书25份。

（张雄辉）

【开展电磁环境测试工作】 2010年，大理州无线电监测站积极开展电磁环境测试工作。5月10～11日，完成巍山县、南涧县气象雷达站拟选站址电磁环境测试工作；6月29日，完成大理电视台CMMB移动多媒体闭路电视29频道发射台站址电磁环境测试。

（张品秀）

【无线电行政许可工作】 2010年，大理州无线电管理处按照"效能政府四项制度"要求，优质高效地完成了各项行政许可工作。全年许可28个频率点，新设台站1271个，变更台站284个，注销台站1370个，收回11个频率点；受理无线电许可事项71件，完成71件，完成率为100%。

（杨　生）

【查处非法使用对讲机事件】 2010年6月1日，大理海关宾馆投诉，其使用的对讲机受不明话音信号干扰。州无线电管理处接到投诉后立即组织技术人员查找干扰源，通过利用固定监测站和移动监测车监测监听，并进一步交叉定位测向，最终在大理收费站查获了干扰源。州无线电管理处对大理收费站进行了无线电管理方面法律法规的宣传教育，并要求立即停止使用非法对讲机，消除干扰。2010年10月21日，州无线电管理处再次接到大理海关宾馆的投诉，大理州无线电监测站技术人员出动移动监测车，经过多日的监测监听、多地点交叉测向定位，最终于11月1日在大理市六建公司施工现场"南帝观天下"项目点找到了干扰源。执法人员对六建公司非法使用对讲机的情况作了相应的处罚，并要求其立即停止使用非法对讲机。

（张品秀）

【协助省查找电视信号受雷达干扰】 2010年9月26～27日，大理州无线电监测站工程人员配合省无线电监测中心人员赴丽江机场对鹤庆县卫星电视信号干扰成因进行排查。经监测分析，鹤庆县卫星电视接收信号的干扰是由飞机上的机载雷达（测高仪）造成的。为避免机载雷达对鹤庆县卫星电视接收信号的干扰，州无线电管理处当即建议鹤庆县相关部门与丽江机场共同协商，采取必要措施保障卫星电视地面接收站的正常运行。

（张品秀）

【查办移动公司基站干扰】 2010年7月8日，大理州无线电管理处对大理移动分公司900MGSM网络受干扰原因进行查找，经监测，并证实干扰是由大理一中月考使用移动电话阻断器造成的。州无线电管理处执法人员立即要求大理一中停止使用移动电话阻断器，避免对周围的移动通信基站和移动通信用户造成干扰。7月16日，州无线电管理处致函大理州教育局，对教育系统使用移动电话阻断器提出了整改要求，此后州教育局就使用移动电话阻断器的问题专门下发文件，对各学校使用移动电话阻断器提出了明确要求。

（张雄辉）

邮　政

【概　述】 2010年，大理州邮政局在中共大理州委、州人民政府和省邮政公司的正确领导下，紧跟发展步伐，创新发展思路，转变发展方式，加快发展步伐，紧紧围绕"坚持规模效益并重发展，坚持转变发展方式和业务结构调整，坚持深化体制改革创新发展机制，全面推进三大板块协调快速发展"的思路，践行科学发展观，切实树立起以效益和效率为核心的经营发展导向，创新运行模式，有效整合资源，推进精细化管理，提升企业经营管理水平和核心竞争力。各项工作稳步推进，在全省系统综合考核中名列前茅，业务运行连续4年保持两位数以上的较快增长，全州邮政发展呈现业务经营稳步增长、三大板块协调发展、邮政改革扎实推进、企业管理和能力建设成效显著的良好局面。

【邮储、速递、物流业务协调发展】 以加快发展推动改革、以深化改革推进发展是大理邮政长期以来始终坚持的战略方针。2010年，在邮政银行成立和速递、物流专业化运行的历史条件和形势任务下，大理邮政继续深化改革，加大市场竞争，实现了可持续健康发展。切实提高了邮政系统的社会效益和经济效益。

【邮银沟通协调机制效果显现】 2010年，大理邮政储蓄银行携手积极拓展，邮银沟通协调机制效果显现。在"烟邮合作"项目中，为确保及时配送卷烟，准确兑付烟农烤烟款，降低内部运营风险，提高对外服务形象，邮银就卷烟资金的归集采用了6种资金方式，确保3000米外20%非电子结算收现客户资金完整归集，降低资金运控风险，充分体现邮银联动协作共赢的发展模式。邮银协调领导工作小组适时召开联席会议，根据拟订的计划、内容、标准互通信息，确保新业务的有序发展和对存在的问题展开研究，制定并落实相关问题的责任与措施。深入基层网点宣传"相互依托、资源共享、合作共赢、做大做强"的思想，进一步完善和落实好邮储协调机制，促进金融业务协调发展。

【速递物流专业化改制稳妥推进】 2010年，大理州邮政局按照省公司速递物流改制的相关工作部署和要求，速递物流专业化改制稳妥推进。一是做好速递物流财务分账核算期的初建账工作；二是为满足速递物流股份公司登记注册的需要，积极开展速递生产人员职业技能培训和鉴定工作，持证率达到94%以上；三是积极做好工商注册登记、组织机构代码申请、公章门牌制作、税务登记等相关改制工作；四是对合同制A、B类员工重新进行了用工登记和新签了劳动合同，并在当地办理了相应的社会保险。

【召开全州邮政中层干部会议】 2010年1月22日，大理邮政局召开全州邮政系统中层干部会议，传达贯彻落实全省邮政工作会议精神，对2010年经营工作做了全面的安排部署。会议指出，大理邮政在全省2009年总经理提名奖和2009年度预算执行奖中名列前茅，真正体现了"经营上台阶，职工得实惠"的经营理念。2010年要全面落实省公司关于邮政改革和发展的部署，以科学发展观统领全局，坚持规模效益并重发展，坚持转变方式和业务结构调整，坚持深化体制改革创新发展机制，全面推进三大板块协调快速发展。会议要求全体干部要紧扣发展的主线，强化经营和管理，发挥三大板块的优势，牢固树立市场意识、责任意识、竞争意识，实现思想认识提升、员工素质提升、经营能力提升、质量与效益的提升、经营规模的提升。

【全省邮政局长座谈会在大理召开】 7月18~19日，全省邮政局长座谈会在洱源县召开。会议期间，省公司领导和各地州局长抽空参观了洱源局美好家园建设，对洱源局教材发行配送中心、投递站、卷烟配送中转站、职工之家建设给予高度评价。

【召开全州邮政局长座谈会】 8月5~6日，大理州邮政局在巍山县召开全州邮政局长座谈会。会议把加快发展方式转变和调整业务结构作为主攻方向，把实现规模与效益、速度与质量的协调发展作为主要目标，要求各单位要抢抓机遇，迎难而上，为全面完成全年的任务奋力拼搏。会议还提出下半年要做好5项工作：一是协调三大版块，加速企业市场化进程；二是确立下半年重点发展项目，确保全年目标顺利完成；三是全力推进，不断完善核心能力建设；四是夯实基础，全力提升企业管理水平；五是提升质量，打造服务新品牌。

【邮政工会"两会"召开】 12月18日，大理州邮政工会第二次代表大会暨大理州邮政局二届二次职工代表大会召开，来自全州各县的管理岗、生产岗、营业岗共97名正式代表和列席代表出席了会议。省公司党组成员、省邮政工会主席、副总经理部瑛，州总工会副主席赵成明莅临本次会议指导工作，并作了讲话。

【党报党刊发行工作会议】 大理州2011年度党报党刊发行工作会议10月20日在龙山国际会议中心召开，会议强调一定要确保2011年度党报党刊发行任务圆满完成。一是要认真落实订阅范围，确保发行量稳定；二是要严格限定公费订阅报刊种类，确保公费真正用于订阅党报党刊；三是要积极推行"财政代扣、集订分送"办法，在去年取得成功经验的基础上，加大力度，推动这项措施顺利开展；四是要加大农村覆盖面，继续鼓励社会力量通过订阅重点党报党刊支援贫困地区，凡承担对口帮扶任务的各级各部门，都要为帮扶对象订阅一定数量的党报党刊；五是要加强垂直管理系统和部门的发行工作；六是要强化协调服务和督促检查，发行工作开始后，要定期通报订阅进度，以确保下达发行任务的完成。

【邮政系统精神文明建设硕果累累】

2010年,全州邮政系统在州局党委的领导下,不断加强文明单位和文明行业的建设。至年末,共获得地市级青年文明号14个、省级青年文明号4个、国家级青年文明号1个、省级工人先锋号2个。共创建县级文明单位10个、州级文明单位6个、省级文明单位1个,力争用1~3年建成文明行业。

【邮政开展"美好家园"建设活动】2010年,为使员工能共享企业发展成果,大理邮政积极开展"美好家园"建设活动,使之成为大理邮政"共建和谐、共谋发展、共享成果"的一个品牌工程。如营业网点改造后,推行擦去信箱、局所铭牌和营业时间牌上的灰尘,扫去支局(所)周围的蜘蛛网,撕掉局门外的非法小广告,清除营业室内用不着的东西的方法。又如投递站建设,邮政外观形象改善后,如何结合投递站建设规划好整个局的内观形象,建成美好家园。于是一个XX投递站、XX卷烟配送中转站、XX教材发行配送中心、XX职工之家的轮廓开始出现,把一个县邮政局大院建成美好家园不再是梦想。美好家园建设使相伴邮政多年的脏、乱、差现象彻底杜绝。

【社会评议连续两年拔头筹】2010年,大理邮政坚持以科学发展观为指导,坚持以用户满意为标准,扎扎实实做好服务工作,通过服务质量的提升赢得了客户认可。在州人民政府纠风办组织实施对州级53个行政机关和6个公共服务部门(南方电网大理供电局、电信大理分公司、移动大理分公司、中国联通大理分公司、广电网络大理分公司、大理州邮政局)政风行风进行的年度民主测评中,大理州邮政局位居公共服务部门满意率评议首位,州委、州政府特别给予了通报表扬。这是大理邮政在2009年获得社会评议中公共服务行业满意率第一名后,继续发扬优良作风,不骄不躁,秉着用心服务社会、服务人民群众的宗旨,再接再厉创造的喜人成绩。

【特色包裹发展迈上新台阶】2月23日,装载450个小葱包裹的邮车从鹤庆县黄坪镇出发,此次小葱包裹的成功运行,标志着大理邮政发展特色包裹迈上新台阶。小葱大生意,包裹显活力,大理州邮政局走上了特色包裹发展之路。

【规模发展农资业务】农资分销业务是邮政长远发展的一项具有战略意义的业务,是推动邮政快速、高效发展的后劲业务,也是邮政服务"三农"的具体措施和表现形式。2010年,为促进农资业务规模发展,大理邮政主要采取了以下一些做法:一是领导重视、加强培训、转变观念;二是组成营销团队,对片区的大客户实行逐个突破;三是邮政服务三农"夫妻店"形成一个亮点;四是实施整合营销,实现战略合作。大理邮政借助邮政服务"三农"的品牌优势,借助邮政"点多、面广、线长"和"全程全网、联合作业"的网络优势,将农资业务做强做大,成为大理邮政的支柱性产业。

【保险销售精英培训班成绩喜人】3月20日,大理邮政与新华人寿大理分公司正式启动销售精英培训班,大理市各邮政网点共计90人参加培训。此次培训旨在使员工认同代理保险业务,树立销售信心,提高销售技能,最终实现独立销售,使代理保险形成邮政网点一项重要的、常态化发展的金融中间业务。开班短短一天时间,学员销售保险金额达13.2万元,5天时间共计实现保费120万元。

【"新农保"试点工作养老金永平首发】

永平县龙门乡石家村村委会12月8日举行永平县邮政代收新型农村社会养老保险(以下简称"新农保")业务试点工作养老金首发仪式,中共永平县委书记程永标在首发仪式上作了讲话。仪式最后,主席台就座的州、县领导为现场83名参保农户代表发放养老金和首发仪式纪念封。仅2个月时间,永平局代收资金943.9万元、批量开折98848户。

【空白乡镇邮储网点建设】2010年12月25日,永平县龙门乡营业所及中国邮政储蓄银行巍山县马鞍山乡邮政储蓄服务站正式开业,从此结束了山区群众多年来需要到县城办理金融业务的历史。

【邮储业务快速发展】2010年,大理邮储业务快速发展,邮储余额发展呈现喜人局面。年末,大理邮储余额规模达22.91亿元,同比增长30.90%。其中银行自营网点余额2.08亿元,增长23.26%;邮政代理金融网点余额20.83亿元、增长31.72%,余额规模由2000年的2.94亿元到目前的20.83亿元、增长了7.08倍,比上年净增了5.02亿元。

【县域市场发展突起】2010年,大理邮政县域市场发展突起。在经营收入上12个县局实现同比增长,其中洱源局取得较大突破,提前一个月完成计划任务,同比增长37.78%。过千万元业务收入局1个,500万元以上局7个,300万元以上局3个,多梯次阶梯状市场分级格局初步形成,同一梯队内各局形成你争我赶的局面。在教辅征订上,全州2010年春季教材实现码洋43.23万元,仅剑川局就实现码洋28万元。在邮储余额发展方面,各县局发展势头良好,有3个局实现了稳步发展,有9个局的余额增幅均超过31%。

【承办邮政滇西片区棋类赛】2010年是云南邮政职工体育健身年。5月22~23日,为加强云南邮政企业文化建设,在职工中营造"全民健身,增强体魄,促进发展"的良好氛围,调动职工参与企业文化建设,由云南省邮政公司主办,大理州邮政局承办,大理州棋类协会协办的云南邮政滇西片区棋类比赛在大理举行。象棋团体一、二、三名由大理、德宏和临沧队分获,围棋团体一、二、三名分别为大理、临沧、保山代表队;获得象棋个人一、二、三名的分别是张晓东(大理)、罗光文(大理)、王世伟(临沧),获得围棋个人一、二、三名的分别是温熔冰(大理)、杨艳光(临沧)、杨有军(大理)。

【向灾区群众献爱心】3月1~5日,全州邮政系统开展了"为旱区人民送温暖"捐款活动。邮政职工积极响应,纷纷慷慨解囊,向灾区人民伸出援手。5天时间,全州共捐款近2.5万元,大理邮政以企业的名义再次捐款1万元。州局工会还在全州系统内发出倡议,倡导节约资源、保护环境,号召大家珍惜水资源,节约用水用电,共建美好家园。

(甘 静)

中国电信大理分公司

【电信综合信息服务能力增强】2010年,中国电信大理分公司以市场需求为导向,以满足客户不断增长的各类通信需求为目标,进一步整合资源,在不断探索中创新业务,提升全业务综合信息运营服务能力。公司在经营好宽带、固定电话、致富通、小灵通、公话等传统固网业务的基础上,进一步加强创新,融合推广IPTV宽带电视、天翼3G、114号码百事通、ICT等综合信息服务业务,在综合信息服务方面的优势进一步凸显。针对公众客户，以“我的e家”和“天翼”两大客户品牌为主打，为家庭和个人客户提供方便、快捷、质优价廉的全业务通信解决方案，提供包括固定电话、手机、宽带、3G无线宽带、IPTV等业务在内的三网融合业务，受到广大客户青睐。针对政企客户，以“商务领航”品牌和行业信息化应用为主打，为客户提供可订制的一揽子综合信息化解决方案，综合信息化服务能力进一步增强。

【加强对基层单位的管理与帮扶】 2010年，中国电信大理分公司进一步加强对基层单位农村分支机构的管理与帮扶。一是按照收入规模和基础管理水平，对全州101个农村分支机构实行分等分级管理，促进分支机构的标准化、规范化建设。二是对乡镇营业部负责人岗位实行动态管理，选派优秀骨干人员到分支机构挂职，有效调动分支机构负责人的工作积极性。三是加强对农村分支机构的激励和帮扶，表彰先进、选树典型，充分调动分支机构人员的工作积极性。四是以“家园式、标准化、全业务、高绩效”为总体目标，开展小食堂、小浴室、小卫生间、小活动室“四小”家园式建设，千方百计改善基层员工最基本的生活、工作条件，努力将农村营业部建成员工的温暖小家，并以此为契机，进一步提升农村分支机构的全业务运营能力。

【打造精品电信网络】 2010年，中国电信大理分公司不断加快网络的升级改造，加强网络维护保障，用心打造精品网络。一是规划出大量资源，重点对宽带网络实施提质提速改造，使宽带网络质量大幅提升。二是在加强CDMA网络覆盖的基础上，进一步对现有的网络进行优化，对环洱海区域、校区、风景区等重点区域和弱覆盖区域进行了强化，使有限资源得到合理配置。三是加强网络运行维护保障工作。强化对各专业网络的巡检，及时整治存在隐患；进一步提高故障处理速度，网络运行基础指标和维护考核指标不断改善；编制和修订了各维护专业的维护规程、作业计划、应急预案；圆满完成“两会”及节假日期间的通信保障任务，有效保障网络的正常运行。

【提升客户服务水平】 多年来，中国电信大理分公司始终坚持以“用户至上，用心服务”的服务理念，认真对待用户投诉，不断改善服务质量、采取有效措施，努力为广大用户提供优质服务。一是积极优化服务流程，采取各种措施缩短业务办理和故障修复等待时间，努力改善用户感知；二是不断扩充服务渠道，加快建设实体渠道、社会渠道、网上营业厅、掌上营业厅等多种服务渠道，为广大用户提供更加便捷、高效的服务；三是进一步强化营业窗口服务质量管理，重点强化营业员的培训、管理、考核及服务意识；四是适时推出客户回馈及客户满意服务活动，听取客户声音，提升客户满意度，着力营造出诚信经营、放心消费的和谐服务环境。

【剑川地震通信保障工作】 1月1日10时08分20秒，剑川县沙溪镇发生里氏4.6级地震。地震发生后，中国电信大理分公司第一时间了解震情，及时联系县委、县政府，并立即启动通信保障应急预案，成立抗震救灾应急通信保障组，迅速采取措施，投入抗震救灾保通信工作。一是立即展开对灾情的巡查工作，发现情况立即报告并采取相应保障措施；二是加强各乡镇营业部的值班和机房值班工作，24小时值守，遇到问题及时处理；三是准备好应急通信车辆、器材、设备和通信工具、抢修工具，时刻待命；四是时刻保持与县委政府的联系，听从县委、县政府抗震救灾领导组和指挥部的工作安排，确保抗震救灾指挥部通信畅通；五是保持州、县公司之间应急通信保障组的密切联系，一有情况及时上报和支援。在州、县公司的共同努力下，地震灾区的通信得到了保障。

【漾濞森林火灾扑救通信保障】 2月14日，漾濞彝族自治县苍山西镇金牛村石门关风景区发生森林火灾。中国电信漾濞分公司第一时间投入到通信应急保障工作中，迅速启动通信保障应急预案，成立以县分公司副经理为组长的通信应急保障组。保障组及时向县委上报通信应急保障方案，并通过提供致富通、天翼手机、3G无线上网卡、笔记本电脑等多种通信手段，全力为总指挥部、一线扑救指挥部、宣传组、组织协调组等做好应急通信保障支撑和服务。

【在扶贫工作中坚持帮其所需】 中国电信大理分公司积极承担中共大理州委、州人民政府指定的扶贫工作，2010年与大理州洱源县牛街乡福和村委会建立起“一对一”党员干部扶贫联系制度，尽力帮助扶贫点解决生产生活中遇到的困难。3月22日，公司安排相关人员到洱源县牛街镇福和村，参加抗旱帮扶和扶贫工作，给村公所送去抗旱扶贫捐款，走访村委会、卫生所、福和小学和新建村公所工地等，向村民委员会了解福和村经济社会发展现状、基础设施建设情况、群众的经济收入情况等信息，为下一步扶贫工作的开展做好准备。5月13日，公司领导率相关人员，再次深入到洱源县牛街乡福和村开展定点帮扶工作，与牛街乡领导及福和村“两委”班子成员进行了座谈。7月15日，公司领导率相关人员第三次深入到福和村，为扶贫点送去大批扶贫物资。

【为旱灾灾区捐款献爱心】 2009年下半年至2010年6月，大理州遭遇了有气象记录以来的特大旱灾。为帮助灾区群众战胜抗旱，3月起，公司3次发动员工向旱灾灾区捐款献爱心。一是动员全州员工积极参加抗旱救灾捐款活动，共有693名员工共捐款26500元；二是响应大理市总工会的号召，州公司和下关分公司248名员工再次捐款共2480元；三是公司广大党员自觉行动起来，响应“共产党员抗旱先锋行动”号召，踊跃捐款，现业党委五个党支部98名党员再次为抗旱救灾捐款共7550元。

【增进与客户的沟通交流】 5月17日、18日、21日，中国电信大理分公司借助5.17“世界电信和信息社会日”的契机，经过精心策划和周密部署，在下关开发区电信大楼会议室，连续举办了3场以“信息技术让城市生活更美好”为主题的重要客户专场业务推介和客户联谊会，副州长程云川到会并致辞。举办此次联谊会，一是为隆重纪念世界电信和信息社会日；二是为紧密结合客户需求推荐电信新技术、新业务和新服务；三是为听取客户意见和建议，建立和加深客户关系。3场联谊会均取得成功，达到预期效果。5月19～20日，公司成功举办2010年政企客户行业应用重点产品巡展会，邀请到180多位政企单位客户到场参观、体验。

【信息直通车管理专网项目建设】 6月23日，中国电信大理分公司与州法制局签订《大理州政府信息直通车管理专网合作协议》。该项目在“96128政府信息直通车”应用项目的基础上，结合大理州政务中心日常行政管理工作中的信息化需求进行开发，项目包括平台的软、硬件建设及VPDN专网组建3个主要部分，同步实现与全省“96128”平台互联，共享平台通话录音；关联事件受理单与录音；定制热线事件处理流程，提供不同程度事件的统计与分析，助力政府部门了解民众关心的热点、难点等问题。通过信息化手段高效实现各级政府部门对民众热线事件处理情况的跟踪、监督、统计和分析等职能。

【实现10000号话务集中管理】 10月25日08：00时，中国电信大理分公司顺利将10000号话务割接到省公司客服中心，实现了10000号话务集中管理。大理10000号话务割接后，大理分公司将主要负责受理省客服中心通过综合服务支撑系统分派至大理的各类型工单（包括故障、投诉、业务受理），并按服务规范时限完成工单分派，故障、投诉处理，客户回复、回访工作，使工单实现闭环管理，从而进一步提升话务管理和客户服务水平。

（杨 阳）

中国移动通信大理分公司

【概 述】 2010年，中国移动通信大理分公司在州市党委、政府的关心支持下，在省公司的正确领导下，始终坚持以科学发展观为指导，以发展为第一要务，围绕发展和稳定两大主题，狠抓城区、农村、校园、家庭四块市场，突出新客户、新业务、新话务三大驱动力，全面提升服务质量，不断强化精细化管理，较好地完成了各项目标任务，保持了分公司稳定、持续、健康的发展。年末，分公司在网客户规模突破170万户，业务收入突破8亿元；全州基站规模达到1700个，交换机容量达到260万门，客户服务持续保持同行业中领先水平。争创活动中，分公司创建了4个省级文明单位、6个州级文明单位和2个县级文明单位，系统内文明单位创建率达到100%。分公司还荣获2010年度“大理州平安创建先进单位”称号。

【“创先争优”工作有效开展】 2010年，中国移动通信大理分公司在深入学习实践科学发展观的基础上，紧密结合发展中心任务，以创四强争四优为抓手，结合强化“责任心、事业心、进取心”教育，全面开展和持续深化创先争优活动。在争创工作中，通过加强组织领导，做好全员发动；加强宣传引导，营造舆论氛围；组织评选表彰，发挥典型引领作用；实行公开承诺，加强分类指导；创新活动载体，推动公司发展。坚持把创先争优活动与业务发展、服务提升、精细化管理、关心员工群众等活动紧密结合，切实做到“两手抓、两不误、两促进”的要求，真正达到了创先争优活动的预期目的，促进了企业健康、持续发展。

【深化移动信息富民工程建设】 2010年，中国移动大理分公司在省公司的统一部署下，持续推进“136农村移动信息富民工程”。在工程进程中，不断优化农村网络覆盖，强化农村营销服务体系建设，通过喜闻乐见的宣传方式和促销方式，向广大农村群众提供了实惠的移动通信产品、实用的信息化产品和优质的服务，积极为社会主义新农村建设和农村信息化建设做出贡献，得到了农民朋友和各级党委政府的好评，树立了“农民得实惠、企业得发展、政府得民心”的良好口碑。

【集团信息化建设成果显著】 2010年，中国移动大理分公司秉承“正德厚生，臻于至善”的核心价值观，以自身的移动信息技术优势为依托，一如既往地投入到大理州信息化建设中。积极投资开发数字化校园应用，对全州大、中、小学的无线信号实现了无缝隙覆盖，为广大教师、家长和学生提供使用了中国移动校讯通业务；与大理州农业局等部门积极联动，以服务“三农”为宗旨，以农业农村信息化建设为抓手，大力推广农信通应用，通过语音、短信和互联网络等平台建设，为现代化农业管理提供农政、农商、农技、农贸、市场供求、农业气象、病虫害预警等方面信息；与大理州公安系统利用公共移动通信技术、无线终端和安全加密等技术，建立了移动警务系统，实现了随时随地的信息查询和信息采集、现场执法、现场审批、现场办公等应用，极大提高了公安工作效率和侦察破案水平。

【省文明办到大理移动调研】 2010年4月24～27日，省级文明行业考评调研组一行由省文明办专职副主任陈德金带队，来到大理分公司就文明行业创建工作进行考评调研。考评调研组一行从上至下对分公司、分公司营业厅和县公司进行了视察，详细检查了文明创建材料、仔细察看了营业厅服务窗口和基层县公司文明创建工作，并与一线员工进行了面对面的沟通和交流。经过考评调研，考评组对分公司提出的“围绕发展抓文明、抓好文明促发展”的创建理念，及分公司浓厚的创建氛围、完备的创建资料、优质的窗口服务给予了好评。

【开展“3·15”总经理接待日活动】 在第17个“3·15”消费者权益保护日到来之际，根据省公司的统一安排和部署，大理分公司领导班子、各县市分公司经理人员来到营业厅前台，就客户关心的垃圾短信治理、营销活动开展、自助终端设置、网络信号覆盖、品牌套餐资费、业务宣传等问题，与客户进行面对面的交流，切实解决客户的实际问题，充分体现了大理分公司“客户为根、服务为本”的服务理念。

【移动为抗旱救灾工作作贡献】 2010年，面对大理州遭受特大旱灾，大理分公司积极响应地方各级党委政府和省公司的号召，发扬中华民族的传统美德和共产党员的先锋模范作用，分公司积极组织捐款帮助受灾群众度过难关。活动中，收到职工捐款和共产党员特殊捐款10万多元。此外，各县分公司还组织人员，投入大量人力物力到扶贫点指导抗灾工作抗旱救灾，积极为全州抗旱救灾工作做贡献。

（普 峰）

中国联通大理州分公司

【概 述】 2010年，面对复杂的市场环境和艰巨的发展任务，中国联通大理州分公司以科学发展观统领全局，坚持以“抓机遇、保增长、调结构、上水平”为主线，以“融合创造新优势，3G实现新发展”为抓手，以提高业务收入为核心，面对繁重的发展任务，全体干部员工团结一心、努力拼搏，充分发挥电信行业重组融合优势，积极开拓市场，大力推进改革创新，在发展中调结构，在创新中增强活力，全面提升综合实力，把握市场机遇，创新经营模式，努力提升网络质量和服务水平，市场营销能力进一步增强，支撑保障能力进一步提升，精细化管理水平进一步提高，各项业务实现了平稳发展。年内，移动业务累计发展用户141579户，其中发展2G用户131962户、发展3G用户9617户；互联网宽带接入用户净增16535户，其中EOC净增1194户；固话用户（含公用电话）净增1232户。完成通信服务收入8818.11万元，同比增长18.65%，完成省分公司年度计划的96.45%。全年预算完成率96.82%。

【千方百计打开3G销售局面】 2010年,中国联通大理州分公司以经营创新为契机,努力发展3G业务,千方百计打开3G销售局面。一是调整机构,充实3G销售力量。按照省分公司要求及时成立了3G营销中心,专职开展销售工作。3G营销中心统一协调全州3G销售工作,指导各县分公司组建3G直销队伍,开展名单制定客户体验和集团客户发展等工作。二是制定短期目标,开展全员劳动竞赛。结合3G发展情况,州公司制定了最低短期发展目标,组织开展3G业务发展竞赛,次月兑现考核。发展竞赛目标层层分解落实到集团客户部及各县分公司,根据任务分解制订了具体的考核激励措施,销售任务完成情况直接与县分公司总经理的当月绩效硬挂钩。三是加强渠道渗透、扩充3G渠道网点。根据各个手机卖场已经拥有大量的WCDMA终端销售的情况,通过招募的方式,以3G卡和3G终端捆绑销售加强了各个手机卖场的3G业务合作。四是制订多种促销措施,拓宽产品销售面。公司及时制订了iphone终端集团客户担保入网方案,在风险可控的前提下,简化了业务办理流程。同时在完善追缴制度的情况下,放开iphone手机员工担保入网方式,为开展"关系营销"提供支撑。iphone合约计划银行分期付款促销活动全面开展销售,制定了相应的促销活动考核激励措施,充分调动网点营业人员的销售热情。五是快速推进"名单制"客户发展工作。对于公司原有集团客户,按照集团客户资料分析整理名单客户,安排专人按照名单开展电话及现场拜访工作;针对个人高端客户,通过与大理州邮政局合作,依托邮政客户资料系统,收集整理目标客户名单。按照名单采取宣传资料直邮→电话回访→电话预约→上门拜访→宣传销售的流程开展营销工作。名单制客户发展的工作与集团担保及银行分期付款促销结合起来,重点推荐iphone合约计划,发展中高端客户群体。

【2G业务稳定发展】 2010年,中国联通大理州分公司2G业务稳定发展。一是手机路演充分体现了"贴近客户"的营销思路,通过城市、农村的巡回路演,现场发展客户办理业务,吸引了大量的中低端客户入网。二是创新经营模式,成功完成关爱卡的拓展。"关爱卡"资费主要针对话务量少的客户设计,降低了月费门槛,提高单分钟通话单价。借助"关爱卡"产品,通过直销切入药品零售渠道网点。三是针对中高端用户群小的特点,和本地连锁超市门店达成协议,以互动方式向客户推销"南诏实惠卡",通过新型渠道的开发,对传统渠道的销售进行有效补充,提高中高端用户规模。

【宽带业务实现新突破】 2010年,中国联通大理州分公司宽带业务实现新突破。突出宽带战略,加强业务推广,全方位改善宽带业务销售。一是加强市场调研,积极寻找业务发展切入点,对原有资源精雕细琢,引导合作伙伴对在网用户的保有和维系及深挖潜在用户,提高网络资源利用率。二是组织开展夏季宽带营销拉力赛活动。三是持续发展EOC业务,依托广电有线电视网络丰富的接入资源优势,弥补公司网络覆盖局限性,扩大宽带业务的市场拓展空间,EOC宽带接入产品已经在市场上形成了一定的影响。

【增值业务快速发展】 2010年,中国联通大理州分公司增值业务快速发展。一是继续抓好短信、炫铃、GPRS等传统业务,做到重点保障、重点支撑,确保了传统业务的稳步发展;二是开展了系列"热爱生活"、亚运会、世博会、世界杯等营销活动,重点推广手机电视,手机阅读,手机音乐、手机邮箱、手机微博等业务。

【加强基础设施建设】 2010年,中国联通大理州分公司以满足市场需求为原则,结合大理本地网和WCDMA传输网络工程,对大理本地传输网进行了大规模改造、升级,支撑能力进一步增强。GSM替换设备22个、扩容4个、设备搬迁3个,完成下关市区PON的33个点的互联网、固定电话网络建设及34个点的小区接入和集团客户接入。继续贯彻集约化投资策略,在核心发展区域内建设开通WCDMA基站90个、GSM基站225个,GSM基站总数达到676个、WCDMA基站总数达到307个。积极开展电信基础设施共建共享工作,与电信、移动和广电网络公司根据各自传输网络情况,在本地传输网建设施工中,充分利用共建共享资源条件,协调共建共享,为公司节约投资,加快网络建设步伐做出了贡献。

【创新客户服务工作】 2010年,中国联通大理州分公司积极创新客户服务工作,不断提高客户感知度,以3G服务领先为主线,客户服务水平进一步提升。紧紧抓住工作中存在的短板,从强化和端正团队工作作风和信仰入手,专注于事,专注于客户感知,专注于系统和细节并行构建,优化流程,调整人员结构,优化整合,组建业务培训小组,成立"营业培训与管理中心"专门负责县分公司营业工作服务、培训、监督检查和管理,加强客服人员基本技能培训,加大服务和检查监督力度,强化公司客服工作的整体性和统一化,以满足全业务经营下更高的服务要求,提升企业核心竞争力。加强热线及营业厅投诉处理的关键点控制,切实缩短投诉工单处理时长,不断完善电话服务措施,进行电话服务创新,提升电话回访服务水平。开展有目标的电话回访,发挥人工坐席资源的优势,以电话方式接触用户,充分运用公司的客户维系挽留政策与营销政策,实施对用户的主动关怀。

【延伸财务管理】 2010年,中国联通大理州分公司以精细化管理为目标,持续推进基础管理,进一步延伸财务管理,促进公司科学决策。对各县级分公司进行账务检查、ERP系统和会计电算化培训工作,将库存账列入电算化核算,通过系统实现终端进、销、存及成本摊销管理,简化工作流程,提高工作效率;完善代理商押金、用户押金系统管理,建立押金按月与系统核对制度,降低资金风险;全面推行收支两条线管理,强化公司资金收支计划与预算控制相结合的财务管理模式。

(崔茂峰)

(责任编校:李建川)

旅　游

综　述

【概　述】　2010年是“十一五”规划的收官之年，也是“十一五”向“十二五”过渡的关键时期。一年来，在中共大理州委、州人民政府的正确领导下，全州各级、各部门团结拼搏、迎难而上，在改革与创新中增添活力，在严峻挑战下奋勇前进，在攻坚克难中稳健发展，旅游二次创业取得阶段性成果。被云南省人民政府授予“旅游二次创业先进集体”、“旅游经济指标目标责任制考核一等奖”等多项殊荣。旅游产业已成为大理州带动第三产业发展、改善民生、促进就业、推动文化繁荣、建设和谐社会的战略性支柱产业。全州的旅游二次创业工作得到省州党委、政府的肯定，许多做法和措施得到省级新闻媒体和社会舆论的认同，使旅游主管部门进一步坚定了打好大理旅游转型升级攻坚战的信心和决心，为“十二五”加快全州旅游产业发展奠定了坚实的基础。

【旅游经济指标保持稳健的发展态势】　2010年，全州各项旅游经济指标保持了较高的增长幅度。年内接待国内旅游者1296.98万人(次)，同比增长17.28%，5年累计接待5008万人(次)，年均增幅9.3%；年内接待海外旅游者40.75万人(次)，同比增长15.43%；5年累计接待海外旅游者152.8万人(次)，年均增幅14%；年度旅游总收入达115.01亿元，同比增长24.68%。5年累计实现旅游总收入363.7亿元，年均增幅11.4%。

【认真研究旅游行风建设】　2010年2月10日，州旅游局召开党组专题会议，针对2009年社会评议州级行政机关和公共服务部门行风评议结果，州旅游局领导班子的高度重视，全面总结，深刻反思。局党组一致认为，注重抓好行风评议工作是促进全州旅游行业健康发展，深入推进旅游二次创业的一项重要举措。要进一步明确发展思路和工作目标，增强信心和决心，通过一系列切实的整改措施，内强素质，外树形象，加快旅游产业发展。一是统一思想，提高认识，明确思路，召开不同层面的行业座谈会，加强沟通，问计于民；二是围绕旅游综合改革试点工作目标，创新管理体制和经营机制，多方论证，敢闯敢试，尽快出台一批旅游促销、行业管理、企业考核的制度和措施，加快实施旅游综合试点；三是坚定不移地推进旅游重大项目建设，尽快实现旅游产品的转型升级；四是千方百计改善旅游外部交通条件，为旅游企业营造良好的经营环境，鼓励旅游企业拓展旅游市场和经营空间；五是以强化学习制度为切入点，加强机关建设和行业队伍培训，不断提高旅游从业人员的基本素质，树立旅游行业新形象。

【切实推进旅游行风建设工作】　为切实抓好旅游行风建设工作，打好2010年全州旅游行风建设的“翻身仗”，2010年，州旅游局成立“大理州旅游行风建设工作领导小组”，由局长马金钟担任组长并兼任办公室主任，与纠风部门密切配合，按照“标本兼治、纠建并举”的方针和“管行业必须管行风”的原则，围绕“云岭先锋”和“三个一”的标准和要求，制订方案，认真部署，着手解决产业发展、繁荣市场、提升人气，提高机关办事效率，加强机关学风、作风建设工作中存在的各种问题。

【大理州旅游工作会议召开】　为贯彻落实全国、全省旅游工作会议精神，总结回顾2009年全州旅游工作，深入分析旅游业面临的形势和任务，部署全州旅游产业改革发展的年度工作。2010年3月2日，州人民政府召开全州旅游工作会议。中共大理州委常委、副州长蔡春生代表州人民政府与各县市政府签订2010年旅游发展目标《责任书》，并作重要讲话，州人民政府对2009年度鹤庆银都水乡新华村、大理国际大酒店建设项目、崇圣寺三塔景区等14个旅游重大项目建设先进单位，宾川、鹤庆、剑川县政府等12家旅游经济指标完成先进集体进行了表彰。

【表彰2009年度旅游工作先进单位】　2010年3月2日，州旅游局对2009年度工作成绩突出的先进单位进行表彰。大理市，鹤庆、洱源、剑川、祥云、弥渡县旅游局获得旅游重大项目推进及招商引资一等奖；宾川、鹤庆、剑川县旅游局获旅游统计一等奖；巍山、南涧县旅游局，州旅游局市场开发科获旅游信息报送一等奖；大理市、鹤庆县旅游局获旅游安全生产一等奖；大理市，鹤庆、洱源、剑川、宾川、弥渡县旅游局获旅游行业管理一等奖；大理市，鹤庆、巍山、祥云县旅游局获旅游宣传促销一等奖。

【举行旅游系统抗旱救灾捐款活动】　2010年3月2日，州旅游局、州旅游业协会组织旅游行业各企业和干部职工，积极响应州委、州政府的号召，组织“抗旱救灾献爱心”的捐款活动。州旅游局全体干部职工、大理旅游集团和全州的A级景区、星级酒店、旅行社、购物店、古城客栈酒吧分会等共77家旅游企业240多名职工代表参加此次活动，共捐款23.5万元。中共大理州委常委、州人民政府副州长蔡春生到会作动员讲话，充分肯定了旅游系统广大干部职工勇于承担社会责任的精神。

【召开大理州旅游产业领导组第一次会议】　2010年4月12日，全州旅游产业领导组召开会议，中共大理州委书记刘明，州委副书记、州长何金平出席会议并作重要讲话。要求进一步把握住大理苍洱景区列为旅游综合改革试验区的重大历史机遇，坚持旅游的支柱产业地位不动摇，坚持旅游大州向旅游强州转变不动摇，坚持生态为本、历史文化为魂思想不动摇。解放思想，开拓创新，深化改革，创新体制创新。各级各部门要以只争朝夕的精神，抓好旅游重大项目建设的落实；严格依法整治旅游市场；加强旅游景区和城市重要节点的绿化、美化、亮化、净化工作；完善各类标识，努力营造良好的旅游氛围和环境，确保全州旅游二次创业取得突破性进展。

【《大理旅游志》出版发行】 《大理旅游志》历时3年完成编纂，2010年4月，出版发行，共印平装2000本，精装100本。该志书由中共大理州委书记刘明、州长何金平联名作序。共分9章、32节，计27万字，从旅游资源、旅游规划和景区建设、旅游企业、旅游市场、旅游教育、旅游业管理、旅游度假区建设、旅游艺文、组织机构等方面，全面、科学、实事求是地记述了大理旅游产业发展的历史和现状，实现了旅游产业"存史资政"的作用。

【《云南省大理白族自治州旅游条例》公布施行大会召开】 《云南省大理白族自治州旅游条例》经云南省第十一届人民代表大会常务委员会第十六次会议审议通过，将于2010年6月1日正式实施。4月22日，《云南省大理白族自治州旅游条例》公布施行大会在下关召开，云南省旅游局发来贺电，对该《条例》的公布施行表示祝贺。中共大理州委副书记王雪峰、州人大常委会主任字国顺出席大会并讲话。王雪峰指出：《条例》的施行，顺应了旅游产业自身发展的需求，是大理州旅游业发展进程中的一件大事，是大理州旅游立法工作的重大突破，标志着大理州旅游业规范化、法制化建设迈上了一个新台阶。字国顺在讲话中说：《条例》的施行，对加快全州推进依法治旅，进一步合理开发利用旅游资源、规范旅游市场秩序、促进旅游业持续快速发展具有重大的战略意义。会议要求，要切实抓好学习、宣传工作，加快配套法规、规章的制定工作，确保《条例》的顺利施行。州人大常委会组成人员，各县市人大常委会主任、副主任，州级各委办局领导，各群众团体，州旅游局、旅游协会全体人员及大理市辖区内各大景点景区、旅游企业负责人，三星级宾馆以上主管人员，大理经济开发区、大理旅游度假区等领导共250余人参加会议。

【贯彻落实云南省酒店业发展大会精神】 云南省酒店业发展大会召开后，2010年6月18日，州人民政府召开第四十三次常务会，传达学习省长秦光荣、副省长刘平的讲话精神，全面分析了大理州酒店业的现状、存在的困难和问题，提出了加快酒店业发展的体制机制、规划布局、招商引资、监督管理等方面的意见建议。根据会议安排，州旅游局和州政府政研室及时组织调研，制定并出台了《关于促进大理州酒店业发展的实施意见》，确保全州高端酒店建设有突破性进展。

【剑川县领导干部学习旅游产业知识】 2010年7月16日，剑川县借领导干部第六次集中学习日活动之际，邀请昆明学院窦志萍教授作题为《新机遇与云南县域旅游产业发展（战略思考）》的专题讲座，就进一步确立旅游产业地位，全面推进旅游产业快速发展，把旅游业培植成为剑川县富民强县的支柱产业，统一思想，提高了认识。

【成立推进高端酒店建设工作领导组】 2010年8月6日，大理州推进高端酒店建设工作领导组成立，领导组办公室设在州旅游局，由局长马金钟兼任办公室主任。具体负责做好全州高端酒店建设项目统筹、论证、协调等各项工作，以加快高档酒店建设步伐和引进国际酒店管理知名品牌为重点，全力推进高端旅游度假酒店建设。

【南涧县委召开旅游产业专题学习会议】 2010年8月12日，中共南涧县委理论学习中心组举行旅游产业专题学习会议。县委理论学习中心组成员、各乡镇党委书记、副县级以上领导干部、县级有关部门领导及部分旅游企业负责人参加集中学习。会议邀请州旅游局局长马金钟到会介绍全州旅游产业发展现状和趋势。与会人员纷纷畅所欲言，各抒己见，积极为加快南涧县旅游产业发展支招献策。通过集中学习，大家一致认为，南涧县旅游资源丰富，具有广阔的发展前景及明显的区位优势，要坚持抓好旅游规划工作，进一步结合地方民族文化、无量山和生态茶园等优势资源，依托小湾电站的旅游开发机遇，选准突破口，步调一致发展旅游。

【州政协对州旅游局工作进行民主评议】 根据《政协大理州第十一届委员会常务委员会2010年工作要点》的安排，州政协决定在充分发扬民主、广泛听取社会各方面意见的基础上，对州旅游局的工作进行民主评议。2010年8月23日，州旅游局召开"迎接州政协民主评议动员大会"。成立专门领导机构，认真做好各项准备。9月25日，政协大理州第十一届委员会常务委员会第十一次会议听取了州旅游局局长马金钟所作的《大理州旅游局工作情况报告》，州政协常委会坚持实事求是、客观公正、发扬民主的原则，在结合对旅游工作调研、意见征求情况的基础上，充分肯定了州旅游局近年来的工作成绩，对全州旅游工作进行认真协商和评议，提出了一系列意见和建议。州旅游局通过全面分析研究后，提出了具体的整改措施和任务分解：一是完成全州旅游总体宣传策划，建立旅游宣传促销新机制，形成宣传营销合力，开展系列旅游促销活动；二是开展市场调研，创新机制，研究和解决旅游市场管理中的有关问题，加强行业自律，有效约束市场不良行为，加强旅游市场管理；三是采取措施，制定政策奖励和扶持措施，壮大旅行社经营实力，重点培植优势企业；四是开展机关学习和培训，重视队伍建设，提高行政机关工作效率及执行力，建设清正廉洁、务实高效的服务型机关；五是建立旅游建设项目库，突出重点，推进在建旅游重大项目建设，加快旅游行业标准化建设和特色旅游产品开发，实现产业转型升级。

【祥云县召开旅游产业发展大会】 2010年9月2日，祥云县召开旅游产业发展大会，云南省旅游局党组书记朱飞云、州人民政府副州长李红卫、州旅游局局长马金钟出席会议并作重要讲话。会议明确了祥云县"十二五"期间旅游产业发展的基本思路和工作重点，吹响了祥云县加快发展旅游产业的号角，是加快推进祥云县旅游产业发展的一次重要会议。

【大理州旅游工作获得省政府表彰】 2010年9月11日，全省旅游发展大会在西双版纳召开。国家旅游局局长邵琪伟、中共云南省委书记白恩培、云南省人民政府省长秦光荣到会并作重要讲话。会上，省政府授予大理州"2009年度云南省旅游经济指标目标责任制考核一等奖"荣誉，宾川鸡足山旅游景区基础设施建设、大理双廊休闲旅游度假区开发、鹤庆银都水乡新华村4A级景区建设等7个项目成为全省推进旅游重大项目目标任务的获奖项目。

【旅游行业召开创先争优推进大会】 为全面推进全州旅游行业的创先争优工作，引导全行业广大党员以昂扬向上的精神风貌和更加出色的工作业绩，在

"旅游二次创业"中建功立业,争当先锋,向中共十八大献礼。2010年9月17日,"大理州旅游行业深入开展创先争优活动推进大会"召开。州旅游局局长马金钟从"充分认识创先争优活动的重要意义","准确把握创先争优活动的目标要求","狠抓落实,确保创先争优活动取得实效"3个方面作动员和部署。提出全州旅游行业创先争优活动的指导思想、基本原则和方法步骤。为20家单位和个人授予创先争优活动"共产党员先锋岗"、"共产党员示范窗口"示范牌。中共大理州委创先争优活动领导组负责人、州旅游行政管理部门,旅游企业基层党组织、州旅游业协会各分会、旅游行业代表共计120人参加会议。

【召开大理州旅游产业领导组第二次会议】 2010年10月19日,全州旅游产业领导组召开会议,听取省规划编制方介绍《大理旅游产业发展战略与规划》、《苍洱片区旅游产业发展和改革综合试点总体规划》和《大理旅游产业发展战略与苍洱片区旅游产业发展和改革综合试点总体规划旅游项目策划与初步可研》的编制情况;云南省人大财经委副主任、大理规划课题组组长罗明义,中共大理州委书记刘明,州长何金平出席会议并作重要讲话;州政府副州长蔡春生传达2010年全省旅游产业发展大会会议精神;州旅游局局长马金钟汇报2010年国庆黄金周旅游情况及全州酒店业调研情况及加快发展意见。

【开展局机关职工年度工作目标考核】 为进一步加强机关制度化和规范化建设,2010年,州旅游局对2009年度机关干部职工进行工作目标考核。考核工作依据日常工作记录和痕迹管理,按照执行力、出勤率、思想道德和工作实绩4个方面,由"自评考核"、"科室考核"及"领导组考核"3个层次进行,进一步调动了积极性,激发了工作潜能,提高了执行力。

【召开州旅游局领导班子"三个一"主题民主生活会】 2010年11月15日,州旅游局召开以"个人形象一面旗,工作热情一团火,谋事布局一盘棋"为主题的年度民主生活会。按照"三个一"的总体要求,领导班子及成员从工作实际和个人思想出发,重点查找班子和个人在贯彻落实"三个一"主题实践活动方面存在的主要问题,深入分析问题产生的原因,积极开展批评与自我批评。围绕会前向基层和广大干部群众征求到的各种意见建议,提出进一步推动全州旅游经济更好更快发展的目标要求和整改方案,重在解决问题上下工夫,兑现承诺上见实效。州旅游局党组班子、州纪工委负责人参加了此次民主生活会。

【实施效能政府"四项制度"】 根据省、州政府关于实施效能政府四项制度的统一安排和部署,2010年,州旅游局成立领导小组,制定《工作方案》,扎实抓好以行政绩效管理、行政成本控制、行政行为监督、行政能力提升为主要内容的效能政府四项制度。以严格行政机关编制和人员使用;严格公务用车管理;压缩接待、会议经费;厉行节约,强化行政成本核算;提高机关干部素质教育,狠抓行政能力的培训;做好旅游重大建设项目资金使用和绩效考核评价;依法依规进行行政行为的清理与规范为具体工作内容,将效能政府自身建设落到实处。

【召开大理州旅游产业领导组第三次会议】 2010年12月14日,全州旅游产业发展领导组召开会议。总结和回顾大理州旅游产业的发展情况,就进一步在创新求实的基础上激活旅游市场,全面提高旅游产业综合效益做出具体安排和部署。会议指出,2010年以来,全州旅游业在逆境中呈现了良好的发展态势,为实现"十二五"良好开局打下了坚实的基础。下一步要增强紧迫感、责任感和危机感,进一步解放思想,更新观念,用好、用活、用足旅游试验区的各项政策,推动旅游综合试点改革。抓紧落实和实施各重大旅游项目,依托苍山大索道、希夷之大理和鸡足山旅游景区提升改造项目即将建成并投入使用,统一营销,认真策划,着力包装,以全新理念、全新手段,打造大理旅游新形象。

【建设党风廉政惩防体系】 2010年,州旅游局以科学发展观为指导,以开展创先争优活动为抓手,以效能政府四项制度建设为目标,认真落实党风廉政建设责任制,加强内部管理,推进未雨绸缪、警钟长鸣的惩防体系建设。制定了《党风廉政建设工作计划》和《党风廉政建设责任制个性化考核标准》,层层签责,狠抓落实。认真组织政治和业务学习活动,构建拒腐防变的思想防线;到大理监狱进行警示教育;组织观看《村官普发兴》等宣传教育片;组织与扶贫挂钩点的"结贫思廉"活动,联系个人实际"帮贫扶困、思廉思进";为局领导和机关各科室24台办公电脑安装了"反腐倡廉警言警句"屏幕保护,营造廉政机关文化氛围;建章立制,实现机关廉政工作制度化和规范化;将公车管理作为反腐倡廉的一项重要工作来抓,做到了周末和节假日封车工作的"三个有",即"封车有要求,用车有请示,结果有报告";积极开展家庭助廉活动,号召全体家属争做合格的"廉内助",常吹"廉洁风",多念"廉政经",确保了党风廉政建设工作的深入推进。

【机关建设取得新成效】 2010年,州旅游局机关内部管理和队伍建设取得新成效。抓学习教育,坚持周一集体学习制度,不断提高干部队伍素质;抓班子建设,规范议事制度,加强沟通、开诚布公,强化核心领导效能;抓廉政建设,强化内部管理,坚持处人处事阳光公正,不搞亲疏,敢于和善于进行批评与自我批评,机关形象明显好转;抓队伍建设,以导游队伍建设和景区服务为重点,提高服务水平和职业素质;抓调查研究,促科学决策。注重调查研究,推行"决策在一线制定、工作在一线落实、问题在一线解决、创新在一线体现"的"一线工作法";抓活动开展,增强集体凝聚力和向心力。通过组织开展丰富多彩的党支部、工会文体活动和"八一"建军节、义务植树、洱海保护等专项活动,进一步增强了全体干部职工的集体观念,增强了凝聚力和向心力,激发了工作活力。

【大理旅游集团党委创先争优出实着】 2010年,全州旅游行业创先争优活动启动后,中共大理旅游集团委员会结合实际,提出在公司范围内全面推行"一述、二评、三公示"活动。以确保公司开展创先争优活动能够达到"到人头,能落地,全覆盖"的工作成效。"一述":即结合公司中心任务和重点工作,每个党员向党支部,党支部向公司党委陈述个人和支部在创先争优活动中开展工作的情况,明确努力方向和奋斗目标,明确公开承诺事项,使活动载体具体化、实践化;"二评":即公司党委每月对各支部,支部每月对党员围绕中心工作开展创先争优情况进行评议和评比,肯定成绩,指出差距,提出整改意见和建议。"三公示":即设置"创先争优展示台"和"公示栏",公示党支部和党员的评比结果和整改成效。使大公司基层党组织战斗力得到进一步增强,为公司发展提供了强大的思想动力和组织保障。

旅游企业

【概　述】 2010年,全州进一步加强政府引导,制定优惠政策措施,扶持旅游企业做大做强。州旅游局继续坚持深化改革、扩大开放的原则,创新管理体制,激活经营机制,整合旅游资源要素。指导大理旅游集团、大理旅游产业开发公司强化内部管理,积极开拓旅游市场,拓展投融资渠道,加快旅游重大项目进入市场,并尽快转化为旅游生产力的建设步伐;成立大理州推进高端酒店建设工作领导组,以加快高档酒店建设步伐和引进国际酒店管理知名品牌为重点,全力推进高端旅游度假酒店建设;大理海湾国际酒店正式开业并投入营运,鹤庆银都水乡酒店已正式签约聘请香港维景国际酒店管理公司进行内装修和经营管理;弥渡美晨大酒店与锦江国际管理有限公司正式签约,合作方的管理团队已介入酒店的建设和管理;大理国际大酒店建设工程进展顺利;国际顶尖的安缦酒店、悦榕庄等度假酒店项目正在开展前期工作;完成大理兰林阁酒店、大理鸿元体育中心2家四星级饭店评定;大理崇圣寺三塔景区通过国家5A级旅游景区景观评价,鹤庆新华村国家4A级旅游景区创建成功;新开设5家旅行社;至12月底,全州共有17个A级景区,107个旅游星级饭店、34家旅行社、10家旅游车公司、950辆旅游车、6艘大型游船、4家旅游索道公司、9家旅游购物商店、12家文化旅游经营单位。全州旅游行业直接从业人员5万人,社会间接从业人员20万人。

【日环食奇观吸引大量海内外天文爱好者】 据国内外权威天文台发布的消息,2010年1月15日,大理洱海周边区域是罕见的日环食奇观最佳的观测点之一。此次大理上演日环食的时刻表为:初亏15时08分;环食始16时41分;环食终16时49分;复圆18时06分,日环食持续时间8分13秒。当日,来自日本、德国、英国、以色列等国家的210多位海外天文爱好者,广东省天文观测基地、中科院上海天文台以及国内许多旅游团队都齐聚大理观测日环食,共同见证了这一自然奇观。

【大理新开办5家旅行社】 2010年,经州旅游局审核,云南省旅游局批准,州内新开办大理风光旅行社有限责任公司、大理华景旅行社有限责任公司、大理春秋旅行社有限责任公司、大理新旅程旅行社有限公司、大理纵横四海旅行社有限责任公司等5家旅行社。这是大理州紧紧抓住苍洱片区综合改革试点历史机遇,加快旅游产业二次创业步伐,进一步开发旅游市场,发挥旅行社龙头作用,加大宣传和招徕游客力度,积极拓展客源市场的一项重要工作。

【大理古城电动车营运获得市场赞誉】 2010年2月1日,大理古城电动车营运有限公司30辆电动车正式亮相大理古城。公司以大理古城南门为起点站,建盖了电动车第一、第二充电房、发车服务区、游客服务大厅、员工食堂、服务配套设施、游客安全通道及供变电设施等。先期推出古城3条较为成熟的游览线路,分别包含了红龙井水景街、武庙会、吉利坡、洋人街、复兴路花市、人民路老街、天主教堂及洱海门等主要景点。电动车旅游是低碳环保概念在大理古城旅游中的具体表现,优化了古城的交通环境,减少了古城交通噪声的烦扰,保护了古城的生态环境和人文氛围,引导游客实现对古城的深度游览,提升了大理古城的整体旅游形象。一年来,该公司乘坐电动车人数呈增长态势,销售业绩稳步增长,市场认知度也逐渐上扬,成为大理古城旅游的一个新亮点。

【鼓励旅行社设立分社】 按照中共大理州委、州人民政府关于"引进理念、引进人才、引进管理、引进资金",促进旅游产业发展的要求,2010年2月24日,州旅游局专门下发文件,鼓励支持省内外旅行社到大理州设立分社,鼓励州内旅行社到州外客源地设立分社,加大旅行社宣传招徕力度,拓展客源市场。标志着全州已经全面开放旅游市场。

【与云南投资集团建立战略合作关系】 2010年3月3日,州人民政府与云南投资集团签署《战略合作框架协议》。这是旅游综合改革试点工作过程中,大理州加强政企合作的一项重要内容,对于进一步加快全州资源开发和旅游产业发展具有重要的战略意义。按照协议,双方将本着互惠共赢的原则,围绕大理州经济社会发展的重点领域和主要任务,合作进行优质旅游资源开发、旅游产品转型、国际一线品牌的高星级酒店建设、城市片区综合开发、清洁能源建设等项目进行深度合作。

【大理新增2家四星级旅游饭店】 2010年4月13日,云南省旅游饭店星级评定委员会根据《旅游饭店星级的划分与评定》(GB/T14308—2003),正式评定大理兰林阁酒店、大理鸿元体育中心为国家四星级旅游饭店,至此,大理州旅游行业星级饭店总数达到102家,其中,五星级饭店2家,四星级饭店5家。

【大理旅游集散中心完成增资扩股】 随着散客旅游市场的不断扩大,原有的大理旅游集散中心无论是在经营规模,还是在内部法人治理机制方面,都已经不足以适应新的发展形势。在州旅游局的大力支持下,2010年5月,该中心进行增资扩股的改革探索。将注册资本金增加为300万元。由成立之初的9家旅行社股东,增加至14家法人旅行社、24个自然人股东共同持股。股东包括了大部分具备较强散客经营实力的旅行社实体,统一经营管理、经营模式和经营渠道,调整利益分配机制,实现了"强强联合"的改革目标,推动"散兵游勇"的旅游散客经营格局向规范化管理、企业化经营的方向迈进。一年多来,中心接待散客10万多人,营业收入千万余元,实现利润总值近百万元。

【大理"旅游超市"开设】 大理旅游集散中心有限责任公司自挂牌以来,牢牢把握住散客旅游和个性旅游的发展趋势,于2010年7月1日在大理古城设立"旅游超市",以游客的个性需求为核心,推出多款搭配式、半搭配式、零散组合式旅游产品,供游客灵活搭配、自由选择,进一步完善和丰富了大理旅游产品的销售方式及销售渠道,满足了多元化、特色化、个性化的市场需求,在创新体制机制,激活旅游市场,提供精细产品服务,全面提高旅游产业综合效益的探索过程中闯出了一条新路。

【全州A级旅游景区复核工作全面开展】 2010年7月1～15日,大理州开展A级旅游景区质量等级复核工作。严格按照国家旅游《旅游景区质量等级评定管理办法》、《旅游景区质量等级的划分与评定》、《旅游景区质量等级评定报告书》的标准要求,重点围绕A级旅游景区的游客服务中心、停车场、旅游厕所、医务室等旅游公共服务设施、标示标牌等引导系统、导游解说系统、安全管理与卫生、资源与环境保护、网站建设与电子商务、投诉处理、员工培训、游客意见征询等制度实施、档案与台账管理、景区管理水平与服务质量、景区综合效益合情况。采取全面检查与重点抽查相结合,明察与暗访相结合,现场检查、资料审查与游客意见相结合等多种方式开展进行。进一步提高全州A级旅游景区的服务质量和管理水平,强化了旅游景区的标准化、规范化、科学化管理,切实提升了景区的核心竞争力和旅游产业素质。通过复核,崇圣寺三塔文化旅游区、南诏风情岛、宾川鸡足山蝴蝶泉景区、天龙八部影视城、洱海公园、天镜阁景区、上关花公园、弥渡东山国家森林公园、剑川千狮山满贤林风景区、漾濞石门关景区、洱源西湖景区、祥云云南驿景区、鹤庆边陲古寨、大理南国城等15家景区全部通过A级景区复核。

【巍山县旅游投资开发有限责任公司成立】 2010年8月12日,巍山县旅游投资开发有限责任公司挂牌成立,这是大理州县域旅游产业发展过程中,首家建立的投融资平台,对巍山县进一步加快招商步伐,吸引投资资金,推进旅游资源的深度开发具有重要意义。

【剑川首家三星级饭店授牌】 2010年8月18日,剑川君山大酒店三星级授牌仪式举行,成为剑川首家三星级旅游饭店,标志着剑川县旅游住宿设施和服务水平上了一个新台阶。

【大理州旅游营销服务中心成立】 2010年8月9日,州民政局批准州旅游业协会下设成立大理州旅游营销服务中心。该中心系非盈利性质的民办非企业单位,主要职责是为全州旅游企业提供信息服务,定期发布旅游市场发展趋势的报告;整合资源,发挥行业组织优势,为旅游企业搭建统一的营销平台;开展对外旅游营销,增加旅游促销渠道;推进旅游行业公平竞争,提高旅游行业整体实力和市场竞争力。

【实施旅行社团队住宿和会展旅游奖励】 从2010年9月10日起,为引导旅游团队增加在大理的住宿,提高大理发展会展旅游的积极性。州旅游局和州旅游业协会制定《奖励大理旅行社团队住宿试行办法》和《促进大理会展旅游业奖励试行办法》。截至2010年底,共计向业绩突出的大理三塔国际旅行社、大理茶花国际旅行社等13家旅行社,兑现奖励22.4万元。

【大理海湾国际酒店开业】 2010年10月1日,大理海湾国际酒店作为大理州首家高端商务型酒店正式开业。该酒店总占地面积1.8万平方米,拥有多种类型的客房322间,500人级大型宴会厅、中西式餐厅、大小会议室、室内泳池、SPA、顶级观光酒廊、网球场等娱乐健身设施,是大理旅游的“新地标”。

【大理旅行社首次在外地设立分社】 2010年10月21日,州旅游局审核同意大理三塔国际旅行社到昆明设立分社的申请。这是州内旅行社赴外地设立的第一家旅行社分社,标志着州内旅行社强化客源招徕,延伸经营业务,拓展旅游市场的工作步入一个新的阶段。

【出台扶持州内旅游企业发展的意见】 为全面贯彻落实国务院2010年发布《关于进一步加快旅游业发展的意见》和全省旅游产业发展大会精神,结合全州旅游业发展实际,2010年10月28日,州旅游产业发展领导组出台了《关于进一步扶持州内旅游企业发展的意见》,从提高对扶持旅游企业发展重要性认识,进一步加强政府引导,制定优惠政策措施,整合资源,形成合力,培育现代化、国际型、大而强旅游企业等方面提出具体意见。对增强全州旅游企业的发展后劲,壮大旅游市场主体,提高全州旅游企业市场竞争能力和旅游产业核心竞争力具有重要指导意义。

【全州星级酒店复核工作动真格】 为促进星级饭店规范发展,不断提高酒店管理水平和服务水平,维护星级标准的严肃性和权威性,全面提升大理州星级饭店行业的整体形象,2010年11月,州星评委开展全州星级饭店的复核工作。共计有105家星级饭店符合参加年度复核。复核工作采取明察与暗访、实地检查与查阅资料相结合的方式进行。12月24日,星级复核工作全面结束。共有漫湾大酒店、风花雪月大酒店、美登酒店、祥和大酒店、苍山饭店、洱海宾馆、宾川庆远楼、宾川鑫亚酒店、金达酒店、明珠宾馆、大禹酒店、腾越大酒店、泛美酒店,海玉酒店、大运宾馆、金荣宾馆、集盛酒店、忠鹤酒店、雄丰酒店、凤发酒店、明珠酒店、银盛酒店、西电宾馆、玉鑫酒店、兴邮宾馆、榆城酒店、迎宾酒店、银华酒店、金利酒店、兴邮宾馆、军供宾馆、文献酒店、瑞和酒店、宏祥酒店、地质宾馆、泛亚酒店、金鹏大酒店、八鑫楼酒店、世纪大饭店、香苑酒店、苍龙酒店、金鹰大酒店、宏亚酒店、龙园酒店、大理饭店、下关宾馆、文华酒店、茶花酒店,鹤庆宾馆、锦鑫酒店、春玉大酒店、鹤庆饭店、鹤祥酒店、鹤庆大酒店、松花酒店、彩云酒店,祥云茂元大酒店、祥云宾馆、云信宾馆、锦兴酒店,云龙宾馆、大栗树茶苑宾馆、漕涧宾馆;宾川宾馆,南涧宾馆、小湾宾馆,巍山宾馆、云馨兰大酒店、龙溪酒店,洱源九气台温泉宾馆、洱海源温泉宾馆,漾濞好常来酒店,剑川君山大酒店、永昌宾馆、方园酒店、佳利大酒店,弥渡宾馆、鸿林宾馆等78家星级饭店通过此次复核。昆瑞大酒店、蝴蝶泉宾馆、怀仁大酒店、格里酒店、鑫昌宾馆、云苍宾馆、红星饭店、通达宾馆、富达大酒店、电力宾馆等10家星级饭店被取消星级。新世纪大饭店被降低星级等次。

项目开发

【概　述】 2010年是编制全州旅游产业“十二五”规划的关键之年。大理州旅游局结合苍洱旅游综合改革试点的要求,年初,认真开展“十二五”旅游产业发展重大课题调研,起草了《大理州“十二五”旅游产业发展重大课题调研报告》和《大理州“十二五”旅游产业发展规划(草案)》。编制完成《大理州苍洱片区旅游发展和综合改革试点总体规划》、《大理州旅游产业发展战略与规划》和《大理滇西中心城市旅游集散中心规划》。按照大项目带动大发展的战略,全州各级政府和旅游部门牢固树立旅游重大项目建设是旅游二次创业的核心,也是全州旅游转型升级关键所在的思想,以“做精大理,提升品牌”为目标,有序推进全州重大旅游项目建设。一年来,苍山大索道、鹤庆银都水乡新华村、宾川鸡足山景区、希夷之大理实景演出等旅游重大建设项目取得了突破性进展;巍山古城和巍宝山景区、洱源地热王国、洱源西湖景区、剑川石宝山和寺登街景区等一大批旅游重大项目正在紧锣密鼓地进行。大理王宫(博物院)、大理世博城项目、洱源海西海温泉度假区、感通旅游度假小镇、海东华彬低碳旅游示范区、城投康体养生项目、嘉逸大理民族文化旅游等项目正着手进行前期准备工作。

【高起点、高质量完成旅游规划编制】 2010年,州旅游局认真总结“十一五”,规划“十二五”,成立“十二五”期间旅游产业发展重大课题调研组,起草了

《大理州"十二五"旅游产业发展规划(草案)》。结合苍洱旅游综合改革试点的要求,委托云南省旅游局和云南大学组织了一批高规格的专家学者为规划专家组,由云南省人大财经委副主任、省政府参事室参事、省旅游局原局长罗明义为组长,深入全州各县市进行实地调研,通过多次州内外征求意见,反复论证,编制了《大理州苍洱片区旅游发展和综合改革试点总体规划》、《大理州旅游产业发展战略与规划》和《大理滇西中心城市旅游集散中心规划》,并通过了云南省旅游局审查,经云南省人民政府批准正式实施。

【积极推进旅游管理体制和经营机制创新】　根据中共大理州委、州人民政府关于《大理州苍洱片区旅游产业发展和改革综合试点工作实施方案》,2010年,大理州旅游局逐项抓好落实,认真调研起草了《大理州旅游行业服务标准规范》、《旅行社年度业绩考核奖励方案》、《大理州加快高端酒店建设实施意见》和《旅游条例实施细则》;组建了"散客旅游集散中心",整合收客网点,统一价格,统一经营,规范散客接待市场;组建了"旅游营销服务中心",依托协会组织力量,对景点、酒店和购物店实行统一采购,制定旅游团队奖励制度,确保旅游企业的合理收益;组建了"导游服务公司",为导游人员提供技能培训和年检服务,探索导游管理新机制;组建了古城"旅游观光电动车公司",努力改善古城旅游交通环境;组建了"旅游航空开发公司",积极开展直航包机业务,力争突破大理外部通达的"空中瓶颈",开拓高端旅游新市场。

【旅游特色村建设取得新成绩】　2010年,鹤庆长头村、永平曲硐村、巍山东莲花村、大理双廊村进入全省第三批旅游特色村名单。到年底,全州已有12个特色村镇被云南省旅游局确定为特色旅游村,其中,大理周城、鹤庆新华、漾濞光明和剑川寺登街4个特色旅游村通过省级验收。

【剑川旅游产业策划与规划编制通过省级评审】　2010年3月25日,在云南省旅游局主持的评审会上,《剑川旅游产业发展与提升总体策划》、《剑川石宝山—寺登街旅游区总体规划》、《剑川千狮山(满贤林)—金华古城区总体规划》被专家组一致同意通过省级评审。

【《祥云县清华洞景区详细规划》通过专家评审】　2010年6月,州旅游局主持召开《祥云县清华洞景区详细规划》评审会。专家评审组一致认为,祥云县清华洞景区整体开发建设规划符合全州旅游产业发展的总体目标和旅游综合改革试点的具体要求,对全州旅游产业转型升级、提质增效以及推动祥云县旅游业的持续发展具有积极意义。经专家组共同评议,原则同意该《详规》通过评审。

【旅游产业发展和改革综合试点规划专题征求意见会召开】　2010年8月24日,大理州召开旅游产业发展和改革综合试点总体规划征求意见会,对全州旅游改革发展的战略目标、发展方向、总体布局和建设重点征求意见。中共大理州委常委、副州长蔡春生主持会议,州级相关部门、大理学院、大理省级旅游度假区和经济开发区负责人,全州12县市主管旅游的副县市长和旅游局局长参加会议并发言。

【银都水乡新华村国家4A级旅游景区正式挂牌】　2010年9月30日,大理银都水乡新华村国家4A级旅游景区挂牌仪式在鹤庆新华村石寨子举行,中共云南省委常委、省纪委书记李汉柏出席仪式并为景区授牌。鹤庆新华村国家4A级旅游景区建设是全州旅游二次创业工作中的重点项目。大理银都水乡旅游投资有限公司全面启动景区创建工作以来,先后投资建设了民族手工艺展示园石寨子、凤凰山绿化美化、新华国际生态园、寸氏庄园、民族三市街、村内石板路等旅游项目,完善和修复了水磨坊、古戏台等历史古遗址。在大理至丽江黄金旅游线的节点上,发挥了越来越重要的作用。至此,全州A级旅游景区已达17家,其中4A级4家、3A级3家、2A级10家。

【李汉柏对新华特色旅游小镇建设作指示】　2010年9月30日,中共云南省委常委、省纪委书记李汉柏在结束银都水乡国家4A级景区挂牌仪式后,专题听取了新华特色旅游小镇概念性规划汇报会。他提出,旅游业是先导产业,历届省委、省政府高度重视旅游业的发展,目前,新华村旅游小镇建设已迈出了重要的一步,取得了阶段性成果。下一步,一是要抓住西部大开发战略和"桥头堡"建设的机遇,加快旅游业发展步伐;二是要把旅游业作为"十二五"规划的重点产业来规划、来建设;三是滇西北旅游圈作为全省重点旅游区,要发挥各自优势,相互补充,形成整体合力,实现各方共赢。

【喜洲村入选中国十大古村】　近年来,大理市喜洲镇喜洲村作为西南边陲的一座两千多年的白族古村落和白族文化的发祥地之一,坚持政府主导、整体保护与开发,通过科学有序的保护利用,探索出了一套村民与村落和谐共存,旅游发展与乡土建筑保护相互促进的发展模式。2010年10月5~7日,在江苏省华西村举行的第十届全国村长论坛上,喜洲村从全国各地上报参评的100多个古村落中率先入围中国十大古村,这也是云南省唯一入选的古村落。此次中国十大古村评选活动由中国村社发展促进会特色村工作委员会、世界文化地理研究地标研究中心、亚太农村社区发展促进会、亚太环境保护协会APEPA共同举办。其评选标准由历史价值、生态优良、村落特色、景观美学、宜居宜业、保护利用、美誉影响、原貌保存度、现状规模、评价指标等7个一级指标和28个二级指标共同组成。

【大理州乡村旅游产业发展经验在全省乡村旅游工作会议上作交流】　2010年10月13日,全省乡村旅游工作会议在楚雄永仁县召开。州旅游局局长马金钟率大理市,鹤庆、漾濞、剑川县旅游局和周城村、新华村、光明村、寺登街村负责人参加会议。会上,省旅游局向首批获得云南省旅游特色村称号的大理周成村、鹤庆新华村、剑川寺登街村、漾濞光明村等50个特色旅游村授牌。州旅游局局长马金钟结合全州近年来乡村旅游产业的蓬勃发展作了经验交流。会议对全省上下统一加快发展乡村旅游的思想认识,研究部署下一步乡村旅游发展工作,进一步加快旅游特色村建设,通过旅游带动扶贫开发和民族地方经济社会建设,全力推动乡村旅游业又好又快发展具有深远的战略意义。

【州建设项目督查专员办督查旅游重点项目】　2010年11月11日,州建设项目督查专员、督查组办公室主任赵波、副主任杨旻带领督查专员一行,对剑川县石宝山寺登街等一批全州重大旅游项目、旅游重点基础建设进展情况进行督查。成立"大理州建设项目督查专员办公室",开展项目督查工作是大理州创新督查机制,加快推进全州建设项目的一项新举措,对帮助协调项目建设问题,推进项目建设进度,促进旅游产业的发展具有积极的促进作用。

【全州“十二五”旅游规划(草案)编制完成】 根据大理州“十二五”规划编制领导组《关于做好大理州“十二五”规划编制工作的通知》的统一部署,州旅游局组织专门的编制工作班子,认真抓好重大旅游发展课题的调查研究,广泛征求意见建议,编制完成《大理州“十二五”旅游产业发展规划(草案)》,经州人民政府分管旅游工作的领导多次修改后,正式呈报给州规划编制领导组待批复。

【云龙诺邓古村旅游详细规划通过专家评审】 2010年11月5日,州旅游局主持召开《云龙诺邓古村旅游项目修建性详细规划》评审会。邀请了州人大、政协、旅游、发改、规划、建设、环保,云龙县人民政府、县旅游局等部门的专家和领导参加。评审会专家组在认真审阅规划文本、听取规划编制单位云南方城规划设计有限公司介绍规划的基础上,经质询答疑和充分讨论,形成评审意见,通过了该规划评审。

【苍山大索道项目建设进入攻坚收尾阶段】 到2010年12月,作为全州旅游重大建设项目之一的苍山大索道,年内实际完成投资2.5亿元,主要实施了索道上、中、下站基础建设和主要设备安装,索道I、II段支架安装,游客中心、票房、上站游览木栈道等配套项目建设,完成项目总工程量的75%以上,建设工作进入攻坚收尾阶段。

【“希夷之大理”大型实景演出项目蓄势待发】 由著名导演陈凯歌亲自执导,大理州旅游产业开发集团公司投资建设的“希夷之大理”大型实景演出项目自开工以来,工程进展顺利。2010年,实际完成投资2.3亿元。完成彩虹桥、中心舞台、剧场门厅、主体结构、配套用房、观众席、假山等项目内容,已经完成项目总工程量的80%。“希夷之大理”的建设和运营,对拉动大理旅游产业意义重大。从2010年下半年开始,有关部门和机构已经开始着手开展该项目的前期市场宣传和营销工作。

【春节黄金周暴露鸡足山景区基础设施滞后】 2010年春节黄金周期间,鸡足山景区共接待游客8.2万人(次),同比增22.99%;实现总收入272万元,同比增23.23%,各项指标均创历史新高。2月15～16日,鸡足山每日入山旅游车辆超过2000辆以上。由于鸡足山道路交通、客服中心等基础设施相对滞后,游客入山车辆大大超过了景区饱和量,虽经全力调度和协调,仍然出现了景区公路严重阻塞的情况,暴露了鸡足山基础建设滞后的问题。许多游客怨声载道,影响了鸡足山景区的旅游形象。出现上述问题后,州旅游局及时了解情况,并作为全州旅游发展过程中的一个重要问题专题上报。州县党委、政府领导高度重视,要求进一步加快实施与省旅游投资公司的项目合作,全面推进鸡足山山门前区停车场及旅游服务综合配套设施建设、碧云寺至玉皇阁森林防火通道、索道改造3个景区交通基础设施项目建设,确保早日建设完成。

【宾川鸡足山旅游项目建设成效显著】 2010年春节过后,宾川鸡足山旅游景区提升改造项目进一步提速,掀起新的建设高潮,到2010年12月,年度投资总额达14.66亿元,鸡足山旅游公路建设、旅游索道改造、碧云寺至玉皇阁森林防火通道、山门停车场及旅游服务设施综合配套、专线车营运等工程建设进展顺利,旅游重大项目推进工作进展取得重大突破。

【特色旅游客栈产业蓬勃兴旺】 随着大理旅游从传统观光型向休闲度假型的转变,全州旅游的客源市场结构开始发生明显变化。自驾游和自助游的出游方式已渐渐成为大理主要的旅游方式之一,散客旅游和休闲度假旅游也已成为大理旅游新的亮点和增长点。为了更好地服务于散客游客的发展需求,近年来,大理州积极鼓励在历史文化名城、名镇、名村等主要休闲度假旅游区域内,大力发展特色客栈,开展休闲度假旅游。到2010年12月,全州的特色客栈建设已初具规模,形成了以大理古城、喜洲古镇、沙溪古镇、双廊渔村、桃园码头、诺邓古村为中心的特色客栈群。据不完全统计,全州现有约600多家拥有自主客源与个性品牌的特色客栈。其中以喜洲喜林苑、聆海沐月、沙溪老马店、51号小院,大理古城MCA、绿舍青年旅舍、乐游客栈,双廊太阳宫、赵青画室最受广大休闲度假游客欢迎。

【旅游拉动扶贫综合开发示范园区建设上台阶】 2010年,州旅游局结合全州年度旅游工作安排,继续按照《大理州扶贫综合开发示范园区建设实施意见》的部署和要求,循序渐进,因地制宜,以乡村旅游、农业生态旅游和民族风情三大旅游产品建设为突破口,拉动扶贫综合开发示范园区建设上台阶。一是加快特色旅游示范带相关规划建设工作,指导宾川和祥云县完成《宾川县鸡足山镇沙址寺前村旅游特色村系统规划》和《祥云县旅游运营策划》编制以及《祥云县旅游发展总体规划》修编,用高水平、高质量的规划和策划指导示范区旅游开发建设工作;二是加大鸡足山景区、侨乡生态观光园(鸡足山镇杨梅园、冬桃园和太和华侨管理区柑橘园)、拉乌乡核桃谷生态观光走廊、彩凤华侨(越南)风情园、李子园农家乐等项目建设力度;三是加大对祥云、宾川扶贫综合示范园区旅游开发资金的扶持,先后安排220万元经费,投入鸡足山、水目山、云南驿等沿线景区开发建设;四是着手申报将祥云县刘厂镇王家庄村等一批项目申请列入国家、省红色旅游重点开发建设项目;五是继续将扶贫综合示范园区内的旅游资源进行整体打包,通过多渠道、多形式向海内外宣传促销,推动整个示范园区建设取得明显成效,促进园区内经济社会的全面协调发展。

宣传促销

【概 述】 2010年,州旅游局组织参加重庆国内旅游交易会、重庆城际旅游国际交易会、中国国际旅游商品博览会、昆明休闲博览会等展洽会;参加了云南旅游促销团赴日本促销活动;代表云南省参加台北海峡旅游博览会宣传促销活动;接待了泰国民曼自驾车先期考察团、大庆“连理同庆”采风团、台湾中华国际观光协会等组织对大理的旅游考察活动;顺利参与完成2010年三月街民族节、茶花兰花博览会、开海节等几次大规模的节庆旅游接待;编撰出版发行《大理旅游》和《大理旅游信息》;对原大理旅游网进行提升改造,推进了大理旅游信息化建设,丰富了大理旅游文化和旅游信息涵盖面,增强了大理旅游的知名度和美誉度。

【多项旅游优惠措施亮相兰花茶花博览会】 2010年1月29日,中国大理第三届国际兰花茶花博览会隆重开幕。在旅游名胜地大理古城主要游览路线,近5万盆兰花、茶花争奇斗妍,吸引了大量旅游者驻足观赏。这是近年来中共大理州委、州人民政府利用大理独特的资源优势,扶持特色花卉产业发展,提高知名度,促进旅游二次创业的步伐的重要举措。州旅游局精心组织,积极参展,推出了多项旅游优惠政策。大理古城20多家客栈推出部分客房,给予参加本届兰花茶花博览会客人4折优惠;向客商提供优惠卡到大理古城洋人街、红龙井、人民街3条街指定的18家酒吧进行7折优惠消费;各县和大理旅游集团所属景点都在"两博会"期间开展减免门票和住宿折扣优惠活动。同时,州旅游局在大理古城南门外及洋人街口分设旅游咨询服务点,开展优惠活动宣传及旅游咨询投诉。共发放《大理旅游》杂志2800余册,旅游景区宣传品6000多份。

【三月街期间旅游促销收实效】 州旅游局抓住2010年三月街民族节、"五一黄金周"和中国昆明国际文化旅游节"三节并至"的难得机遇,在大理南门、古城洋人街及三月街场设置旅游宣传促销展台,组织开展白族歌舞专场表演,共接待游客7万多人次,发放宣传册3.5万份、直航服务手册300份、《大理白族自治州旅游条例》400份。联合工商、质监等执法部门搭建现场执法宣传台,开展旅游消费维权、旅游服务质量介绍以及旅游商品质量鉴定,增强广大市民和游客的旅游意识和维权意识。整个节期,全州共接待海内外游客32.46万人次,同比增长6.5%,旅游总收入21294.38万元,同比增长5.93% ,其中:接待海外游客1.13万人次,同比增长8%;过夜游客10.67万人次,同比增长4%,国内1日游游客20.66万人次,同比增长6%。主要旅游景点接待人数、旅游星级饭店入住率同步增长,实现了"安全、质量、秩序、效益"四统一的目标。

【"连理同庆"合作深入】 2010年3月5日,大庆市旅游局率大庆旅行社行业代表、大庆报业集团相关负责人来大理举办旅游产品推荐并与大理旅游企业座谈,增进了两地旅游企业合作和行业互信。这是自2008年大连、大理、大庆、大同4城市建立旅游合作联盟后的一次重要活动。

【大理州组团赴日本开展旅游宣传促销】 为了进一步开拓日本客源市场,2010年3月16~24日,云南省人民政府与日本东京广播公司(TBS)合作,在日本举办以"走近云南"为主题旅游宣传促销活动。大理州组成旅游管理部门和旅游企业为主的促销队伍随同参与,赴日本东京和大阪开展旅游宣传促销活动,收到了预期的效果。

【大理—重庆直航开通】 2010年3月28日,重庆—大理直航正式开通,航班将于每天上午7:50从重庆飞往大理,9:50从大理返回重庆。架起了大理与重要旅游客源地之间的一座空中桥梁,促进大理与西南中心城市的密切联系,有利于两地的交流与合作,也将为大理人民的出行提供更加便捷、高效的空中通道。从3月28日~4月30日,共运输旅客5531人,平均上座率63.5%。其中,大理—重庆运输旅客2898人,平均上座率74%;重庆—大理运输旅客2633人,平均上座率53%。进入5月后,全月共运输旅客5061人,平均上座率65%。其中,大理—重庆运输旅客2605人,平均上座率74%;重庆—大理运输旅客2456人,平均上座率56%。上座率增加了1.5个百分点,旅客实际增长了10%以上,航班运营进入正轨。

【重庆记者团游大理"乐不思蜀"】 大理—重庆直航开通后,2010年3月28~29日,重庆主流新闻媒体的26名记者组团来到大理,全面细致地考察了大理古城、崇圣寺三塔、地热国等旅游景区,感受了大理优美的自然风光、丰厚的文化底蕴和完善的旅游服务,对大理的旅游、文化、生态、交通等资源状况和旅游现状进行了深入报道。期间,重庆记者团一行对大理的喜爱溢于言表,并纷纷表示,要让更多的重庆人认识大理、爱上大理、来到大理。

【参加重庆中国国内旅游交易会】 2010年4月23~25日,中国2010国内旅游交易会在重庆举行。同期,重庆城际旅游交易会也在重庆解放碑广场举行,中共大理州委书记刘明亲自带团参展。大理州精心组织,结合重庆客源市场的特点,专题编制了《人文大理凉爽天堂》交易会宣传画册,举办了"大理旅游地产"、"大理旅游形象大使(重庆五朵金花)选拔赛"两场高质量的推介会,组织了5场记者专访活动,在会展中心、解放碑广场举行了4场民族歌舞表演。吸引了数万民众观赏,现场人山人海,气氛热烈。在表演活动中,以大理知识有奖问答的互动方式,发放数百份鹤庆银器和洱宝话梅纪念品,产生了3名免费双飞大理旅游大奖,进一步展示了大理形象,增加了大理的知名度和美誉度。

【参加2010台北两岸观光博览会】 根据云南省旅游局的委托,2010年4月30日~5月3日,大理州代表云南省参加在台湾台北市举办的"2010台北两岸观光博览会"。利用此次博览会的平台开展规模较大的宣传促销活动,全面展示大理历史文化和旅游资源,努力吸引更多的台湾游客前来大理观光旅游、休闲度假。进一步巩固了台湾这一传统的重点客源市场。

【中央电视台拍摄《云南有个新华村》】

2010年5月8日,中央电视台一套《见证》栏目摄制组到新华村拍摄电视纪录片《云南有个新华村》。这是一部纪实反映新华村经济、文化、生活和优美田园风光的电视纪录片,讲述了新华村传统文化的传承与发展。《云南有个新华村》的拍摄,将在更高层次上宣传和推介新华村白族手工艺文化,为新华村旅游产业的发展起到了重要的促进作用。

【大庆采风团到大理采集圣水】 2010年6月1~3日,大庆市人民政府采风团到达大理进行圣水采集活动。利用中国大庆湿地旅游文化节举办的平台,大连、大理、大庆、大同4城市将4地圣水进行汇集,加强合作,展示资源,互补客源,以此见证合作共赢时刻的到来。努力将"连理同庆"的营销合作机制,打造成为全国著名的旅游文化品牌。

【参加"滇川黔十市地州旅游展"】

2010年7月29日~8月1日,大理州组团参加在四川省攀枝花市举办的"川滇黔十市地州合作与发展峰会"和"川滇黔十市地州旅游展"。在展会上大理州参展团全面介绍了大理丰富多彩的自然风光、民族风情、历史文化。州旅游局参与签署了《川滇黔十市地州旅游战略性合作协议》。共发放宣传品2.5万份,接待参观市民3万人次。来自攀枝花、大理、丽江、楚雄、毕节、六盘水、昭通、昆明、凉山、宜宾10市地州旅游局和旅游企业共同参加了此次旅游展。

【第二届大理国际影会暨洱海开海节开幕】 2010年8月1日,以"和谐的家园—人与自然"为主题的大理洱海开海节在大理千年古渔村双廊隆重开幕。本次节庆活动由云南省旅游局和州人民政

府主办，大理市人民政府、大理旅游度假区管委会承办，是大理州成功打造的又一项重要文化节庆旅游品牌

【彝族火把节掀起巍山旅游新高潮】关巍公路通车后，巍山县大力开展旅游宣传促销工作，呈现出游客量剧增、家庭式自驾车游客量攀升的大好趋势。2010年8月5～7日巍山彝族火把节期间，整个巍山古城人头攒动，热闹非凡。呈现出"家家门前竖火把，人人参与撒火把，火树银花不夜天"的热闹景象。期间，全县共接待海内外游客82471人次，同比增长38.42%，其中海外游客129人次，同比增长29.06%，实现旅游总收入4429.32万元，同比增长39.57%。

【首届大理"旅游杯"高尔夫邀请赛开赛】 2010年8月14日，由大理州旅游业协会、大理苍海高尔夫球会共同举办的"旅游杯"高尔夫邀请赛开赛。吸引了来自旅游行业内外共计30多名高尔夫爱好者参与角逐本次比赛的28个奖项，为加快培育全州高端旅游产品发挥了积极作用。

【漾濞核桃节隆重开幕】 2010年9月1日，由大理州人民政府、云南省林业厅、省旅游局主办，漾濞县人民政府、州林业局、州旅游局承办的2010中国大理漾濞核桃节在苍山西坡的光明村隆重开幕。中国经济林协会常务副会长、秘书长杨跃先宣读关于命名大理州为"中国核桃第一州（市）"的通知。开幕式上，获得"大理州核桃种植明星乡镇"荣誉称号的15个乡镇和获得"大理州核桃种植明星村"荣誉称号的30个村委会受到表彰。

【剑川荣获中国青年喜爱的旅游目的地称号】 在2010年9月8日举办的第六届海峡旅游博览会上，剑川荣获"2010中国青年喜爱的旅游目的地"称号。推介活动由中国青年报社主办，自2006年以来已连续成功举办了5届，累计收到有效选票逾1400万票次。本届博览会前，在2个月的提名阶段中，共有137个旅游城市（县）和270个景区景点被提名。

【洱源首届温泉旅游文化节开幕】2010年9月23日，由云南省旅游局和大理州人民政府主办，州旅游局、洱源县人民政府、大理地热国承办的"大理洱源温泉旅游文化节"在洱源县地热国开幕。中央电视台著名主持人赵忠祥主持了温泉旅游文化节开幕文艺演出活动。活动的开展，进一步提高了洱源"温泉之乡"的知名度，推动了洱源以温泉项目为核心的旅游休闲产业的发展。

【云龙县首届传统文化旅游节开幕】2010年9月27日，云龙县首届传统文化旅游节在云龙县文化广场隆重开幕。旅游节以"弘扬中华文化，共建精神家园"为主题，通过开展云龙县独有的原生态的传统文化活动，展现云龙山地文化、独特旅游资源魅力和近年来的发展成果，进一步提高了云龙县的知名度和影响力，推动了云龙旅游产业发展，促进全县经济社会又好又快发展。

【首届"苍山杯"户外运动邀请赛举行】

2010年11月13日，州体育局、州旅游局、大理旅游集团主办的中国大理"苍山杯"户外运动邀请赛正式鸣枪开赛。全国30个参赛队，共120多人参加比赛。比赛历时2天，总赛程约50千米，其中将翻越海拔4092米的苍山第二高峰。经过角逐，来自贵州省的"哥仑步"户外队首个到达终点并夺得桂冠。

【参加2010中国国际旅游交易会】2010年11月18～21日，由国家旅游局、上海市人民政府和中国民用航空局联合主办的2010年中国国际旅游交易会在上海举行。大理州十分重视此次国际旅交会的参展工作。围绕"人文大理，幸福家园"旅游主题，设置5个展位，组织旅游企业单位统一组团参展，统一宣传促销。重点推介了崇圣寺三塔、宾川鸡足山、新华民族村、巍山巍宝山、祥云水目山、漾濞核桃生态旅游村、苍山大花园、诸邓白族村寨、张家花园等旅游景点，展示大理海湾国际酒店、中和坊等一批新建成的酒店产品，开展《希夷之大理》大型实景演出的前期宣传，发放各类宣传营销资料3.8万多份，接待来访客商2000多家，参观洽谈的嘉宾、客商3万多人次，来访市民1.3万人次。达成意向性旅游团队协议30多份，组团人数近10万人次。

【巍宝山自驾车登山露营活动圆满成功】 2010年11月22～23日，州体育局、州旅游局主办，大理金岛旅行社、巍山县旅游局等单位承办的"2010首届巍宝山自驾车登山篝火露营旅游活动"在巍宝山景区举行。有来自州内外的50多名自驾车成员参加活动，进一步提高了巍山旅游的知名度和影响力。

行业管理

【概　述】 2010年，州旅游局高度重视旅游行业管理和市场建设，围绕州人民政府召开的旅游市场专题工作会议精神，深入开展市场调查研究，广泛听取旅游企业意见。加大旅游市场监管力度，健全自律监管机制，制定有效的旅游促销奖励措施。对景点、酒店和购物店实行统一采购、统一考核奖励，促进旅行社的健康发展，繁荣市场，提升人气。以开展旅游质量提升年活动为契机，在行业内开展大规模的岗位练兵和技能竞赛，树立旅游从业人员队伍爱岗敬业、乐于奉献的行业精神，涌现了一大批在省州旅游服务技能比赛工作获得优异成绩的技术能手。组织开展全州星级饭店评定复核检查和A级旅游景区复核，不断提高旅游管理水平和服务质量。按照全省旅游市场整治的统一部署，认真开展旅游市场专项整治工作。积极探索建立旅游综合执法的联动机制。以《大理白族自治州旅游条例》颁布施行为契机，召开全行业宣传贯彻大会，举办旅游条例知识竞赛，开展系列宣贯活动，推进了依法治旅，依法兴旅的工作步伐。围绕规范散客旅游市场、旅游商品市场和打击"三黑"的工作重点，查处了一批违法违规的单位和个人。针对"零负团费"屡禁不止现象，实施"公对公"佣金制度，进一步整顿和规范旅游市场秩序。至12月底，全州共受理旅游投诉116起，处结116起，处结率100%，游客万人投诉率为0.86。

【春节黄金周假日旅游成绩斐然】2010年春节黄金周期间，全州共接待海内外游客55.36万人次，同比增长27%。旅游总收入34122万元，同比增长28.54%。其中：接待海外游客1.67万人次，同比增长27.5%；过夜游客27.49万人次，同比增长26.8%；国内1日游游客27.87万人次，同比增长27.2%；过夜旅游者人均花费616.78元/人天，1日游人均花费378.7元/人天。主要旅游景区（点）接待人数与收入大幅度增长。三塔公园共接待48562人次，同比增加212.82%；洱海游船共接待23540人次，同比增加104.32%；蝴蝶泉公园共接待22534人次，同比增加30.62%；宾川鸡足山共接待71602人次，旅游收入238.8万元，同比分别增长20.06%和21.18%；鹤庆新华村共接待68000人次，旅游收入1460万元，同比

分别增长23.6%和67.8%；巍山巍宝山共接待18496人次，旅游收入310万元，同比分别增长137%和67.31%；剑川石宝山共接待18559人次，同比增长12.48%；洱源西湖共接待2376人次，同比增加8%；大理地热国共接待9500人次，旅游收入130万元，同比分别增长20%；祥云水目山共接待40583人次，旅游收入55.35万元，同比分别增长14.19%和24.38%。全州宾馆饭店出租率为76.74%。其中，大理市五星级旅游饭店客房平均出租率为86.82%，同比增长6.18%；四星级旅游饭店为86.12%，同比增长20%；三星级旅游饭店为82.55%，同比增长9%，古城客栈为98.3%，同比增长27.5%。在客流比较集中的几天内，大理、洱源、鹤庆、宾川等旅游热点县市星级饭店客房爆满，多数县市启动旅游接待应急预案，引导分流部分游客入住到普通旅馆、招待所和农家乐旅游接待点。

【签订旅游安全生产责任状】 2010年3月2日，州旅游局召开全州旅游局长会议。为强化安全管理，全面落实全州旅游安全生产责任制，依照《中华人民共和国安全生产法》、《旅游安全管理暂行办法》和《生产安全事故报告和调查处理条例》，州旅游局与各县市旅游局签订了《大理州旅游行业2010年度安全生产责任状》，制定了《大理州旅游安全生产工作目标责任状量化考核评分表》。进一步明确了各县市旅游安全的职责和责任人，全面落实安全生产责任制，督促健全旅游安全生产长效检查工作机制，建立突发性旅游安全事故应急救援预案和应急救援体系，抓好旅游安全生产宣传教育活动，做到安全工作有安排、有记录、有汇报、有总结，使安全工作制度化、长效化、规范化。

【实施旅游服务质量提升年活动】 为贯彻国家旅游局《旅游服务质量提升纲要》及2010年全国旅游服务质量提升年电视电话会议精神，2010年3月11日，大理州部署旅游服务质量提升年活动，下发《大理州旅游服务质量提升年活动实施方案》，建立服务质量提升责任制，强化旅游企业和旅游从业人员的质量意识、标准意识和品牌意识，使优质服务的理念更加深入人心，旅游服务标准体系和质量管理更加完善，全面掀起提升旅游服务质量的工作热潮。

【漾濞县农家乐协会成立】 为了培育规范、健康、有序的农家乐休闲游，解决漾濞县农家乐发展特色不鲜明、产品单一、服务水平低、吸引力不强、市场竞争力弱等问题。2010年3月19日，在大理州旅游业协会和漾濞县旅游局积极推动下，漾濞农家乐协会挂牌成立，召开了协会第一次代表大会，选举了第一届理事会，共有34名协会成员参加。

【开展旅游市场专项整治】 从2010年5月开始，由州旅游局牵头，州工商局、州公安局、州质检局、州民宗局、州城管局、市旅游局和旅游监管中心等部门共同参与，组建了综合整治队伍，开始旅游市场秩序的专项整治工作。先后对大理古城30多家“工艺品首饰”与“足银首饰”标识不清的旅游银制品商店进行查处，收缴7000多件假冒银器。同时，对高速路口、火车站、汽车站等区域的散客接待门市部门及拉客、追客人员进行整治，重点清理整顿了拉客人员围堵外地车辆的现象，进一步净化了旅游市场。

【完成旅行社质量保证金清缴补足工作】 根据省旅游局《关于贯彻实施旅行社质量保证金存取管理办法有关事项的通知》，2010年，大理州完成州内旅行社质量保证金清缴工作。按照相关规定，全州经营入境业务的旅行社质量保证金从10万元增加到20万元，经营出境业务的旅行社质量保证金从60万元增加到140万元。

【规范旅行社经营行为】 为配合全州旅游市场专项整治行动的开展，规范旅行社经营行为。2010年，州旅游局要求各旅行社不得将旅游团队安排至未经等级评定的酒店住宿和未经等级评定的景区（点）参观游览；不得安排旅游团队至未经登记的购物商店购物；更不准许从事虚假旅游宣传，不得使用“准星、准A”、“相当于×星级、×A级标准”等不规范用语。逐步建立诚信、有序的旅游市场秩序，促进旅游业的持续健康发展。

【建立旅游行业“公对公”佣金返还机制】 2010年，按照全省统一部署，大理州开始着手建立旅游行业“公对公”佣金返还机制，以规范旅游企业经营行为，培育健康有序的旅游市场秩序。各旅游购物商店与旅行社全面签订“公对公”佣金返还协议。杜绝发生现返回佣、二次返佣和支付人头费、刹车费等现象。相关监督管理工作起步顺利，措施有力，运行平稳，效果明显。

【推进旅游标准化建设】 大理州历来高度重视旅游服务标准化建设，把旅游服务标准化视为规范旅游服务行为和旅游市场、增强旅游企业自律和调整旅游企业与服务对象的重要技术支撑。2010年4月，州旅游局根据省人民政府副省长刘平关于“推行标准化管理，全面提高云南旅游接待服务水平”的重要指示，加大旅游标准化管理工作力度。结合旅游产业的发展实际，继续鼓励旅游企业开展ISQ体系认证。与州质量技术监督部门联合成立的“标准化建设领导组”，委托大理学院经济与管理学院帮助编制《大理州旅游服务标准》。按照覆盖旅游行业“食、住、行、游、购、娱”6个方面的基本内容，标准内容要科学合理、与国际接轨并具有民族特色。按照旅行社服务规范、旅游购物商店服务规范、旅游景点服务规范、旅游车从业人员服务规范、旅游餐饮经营单位服务规范、导游人员服务规范、特色客栈服务规范等7个方面具体开展标准化内容编制。到年底，《大理州旅游管理服务标准》已经完成初稿体系编制，进入论证阶段。

【违规旅游景点被责令整改】 2010年初以来，大理上关花公园景点存在门票高额返佣、烧高香等违规经营行为。2010年5月，州物价、旅游部门通过暗访明察的方式对上关花天龙洞景区进行检查。确定其存在门票价格违规行为，相关部门随后责令该景区进行整改，并接受下一步的行政处罚。

【开展旅游行业重大课题调研】 2010年6月7日，州人民政府召开旅游市场运行情况的专题汇报会议。根据安排，州旅游局组织人员围绕旅游营销网络建设、苍山开发和收费渠道整合、旅游标准化体系建设、旅游购物商店管理、洱海游船管理、古城交通环境优化等课题进行调研。以上调研工作的成果，有的已形成决策付诸实施，直接促进了全州旅游产业的发展。

【全国饭店服务行业技能大赛大理州选拔赛举行】 2010年是全国旅游服务质量提升年。6月17日，州旅游局举行全国饭店服务行业技能大赛大理州选拔赛。来自全州四星、五星级旅游饭店7家代表队的35名选手分别参加饭店中式铺床、中餐宴会摆台、西餐宴会摆台、鸡尾酒调制、工装展示和饭店服务英语水平项目比赛，充分展示各参赛旅游饭店从业人员的服务质量和服务技能。通过角逐，来自美登酒店的李婷获得客服组中式铺床第一名；苍山饭店的杨素琴和美登酒店的杨美虹获得中餐宴会摆台并列第一名；美登酒店的黄爱玲获得西餐宴会摆台第一名。

【大理州选手在全省旅游服务饭店技能大赛上取得优异成绩】 2010年6月21日，在云南省旅游饭店服务技能选拔赛中，大理州4名参赛选手全部获奖，成绩仅次于昆明市。其中，美登酒店的黄爱玲获西餐宴会摆台二等奖；美登酒店的杨美虹获中餐宴会摆台二等奖；美登酒店的李婷获中式铺床三等奖；大理古城面对面酒吧的张程敏获鸡尾酒调制第五名，展示了大理旅游从业队伍的业务水平和行业风采。

【3部门联合确保洱海水上客运安全】
2010年，暑期旅游旺季来临之际，为了进一步规范旅游市场，保障旅游者的生命财产安全，州海事局、州旅游局、州运政管理处联合对才村、桃源地区的小游船进行专项检查。重点检查了小游船消防设备、救生设备、防污染设备、船员实际驾驶操作能力、安全管理体系、应急预案和核载人数等情况，确保洱海水上旅游安全。

【举办《大理州旅游条例》知识竞赛】
为深入学习、贯彻、落实《云南省大理白族自治州旅游条例》，不断提高旅游从业人员综合素质和法律意识，规范旅游行业秩序，促进大理旅游产业健康发展，州旅游局开展旅游条例宣传贯彻月活动，于2010年7月6～7日在下关举办《云南省大理白族自治州旅游条例》知识竞赛。来自全州12县市旅游局及各景区、导游、酒店业的代表队参加比赛，巍山县旅游局摘得总成绩桂冠。

【大理州举办全国导游大赛选拔赛】
2010年9月16～17日，州旅游局举行“七彩云南杯导游大赛暨全国导游大赛大理州选拔赛”。此次选拔活动以中国“世博旅游年”和“旅游服务质量提升年”为契机，是全州旅游行业大力实施品质提升战略，充分展示导游形象风采，交流导游服务经验，激励导游提升素质，提高导游服务质量的一项重要工作。来自各12家旅游企业的60多名导游参加比赛。来自州导游服务公司的彭文丽和来自海外旅行社的苏毅东分获普通话和英语组一等奖。

【国庆黄金周旅游接待形势喜人】
2010年国庆黄金周期间，大理州共接待海内外游客659818人（次），同比增长11.09%；旅游总收入37416.71万元，同比增长5.43%。未出现重大安全事故和投诉事件，实现了“安全、秩序、质量、效益”四目标的统一。散客和自驾车游大幅增加是2010年国庆黄金周的一大特点，期间，共有252134辆自驾游车辆进入大理州境内，同比增长36.49%。大理古城休闲度假游持续升温。客栈、餐馆、酒吧、土特产商店、小吃店等游人云集，生意红火。宾川鸡足山、剑川石宝山和寺登街、洱源温泉、洱源西湖、鹤庆新华村、双廊白族渔村、漾濞石门关、巍山古城和巍宝山等特色旅游线路和景点备受旅游者青睐。假日旅游经济效应凸显，极大地带动了大理旅游业的发展。

【大理州选手在“七彩云南杯”导游大赛上取得优异成绩】 在2010年10月14～19日举办的云南省“七彩云南杯”导游大赛上，大理茶花国际旅行社的尹勤、大理旅游集团的杨雪静获得普通话组银奖，大理古城国际旅行社的单汝孝获得英语组银奖，总成绩名列全省第二位。

【州人民政府召开旅游市场专题工作会议】 2010年11月11日，州人民政府州长何金平召开旅游市场专题工作会议，按照“强势管理、规范经营、繁荣市场、提升人气”的要求，全面分析了旅游市场现状和问题，研究采取坚决措施，着手增加旅游竞争力，迅速提升旅游人气，促进旅游业持续健康发展。按照会议的要求和部署，会后，州旅游局连续与州内外旅游企业协商座谈，在对旅游市场充分调研的基础上，帮助旅游企业商定了2011年度全州重点旅游景区景点的销售价格和结算政策，并达成协议，为了全面实现2011年旅游工作目标，提升旅游人气奠定坚实基础。

【推进旅游信息化建设】 2010年11月16日，州旅游局与中国电信大理分公司签订旅游信息化项目合作协议。通过构建旅游行业信息综合平台，创新旅游行业监管模式，进一步推动大理旅游管理向信息化、数字化、网络化方向转变，提升旅游服务水平，促进旅游信息化建设，推进全州旅游二次创业工作步伐。

【全州旅游购物场所等级评定委员会成立】 根据《云南省旅游条例》、《大理白族自治州旅游管理条例》和《云南省旅游购物场所等级划分与评定》（DB53/T309－2010）的规定，为了进一步加强对旅游商店的管理，规范旅游商店的经营行为，维护旅游市场秩序，进一步保障旅游消费者和经营者的合法权益，2010年11月30日，全州“旅游购物场所等级评定委员会”成立。由州旅游局局长任主任。

【启动旅游购物商店等级评定工作】
为了加强购物商店管理，规范旅游商店的经营行为，进一步维护旅游市场秩序。2010年，大理州按照《云南省旅游购物场所等级划分与评定标准》，及早部署，精心安排，开展全州旅游购物等级评定工作。对旅游购物商店实施等级评定，标志着全州旅游购物店进入了标准化和规范化管理新阶段，为进一步规范全州旅游购物市场，提高购物店的服务和管理水平奠定了坚实基础。

【旅游综合执法长效机制初步建立】
2010年，为了进一步加强市场监管和整治的力度，深入持久地抓好旅游市场综合整治，努力解决旅游执法过程中遇到的主要困难和问题，州人民政府协调工商、公安、运政3部门抽调专门人员，与州旅游局执法监察机构合署办公，建立旅游综合执法长效机制，开展联合执法，有计划、按步骤地实施旅游市场整治工作。

【全州开展创建平安旅游和平安景区活动】 2010年，为进一步加强社会治安综合治理，维护好社会稳定，推进大理州平安旅游、平安景区的建设，州旅游局和州社会治安综合治理办公室联合在全州旅游系统、景区（点）开展创建平安旅游、平安景区（点）活动。一是建立平安旅游和平安景区的治安防范机制，狠抓旅游系统、旅游景区的综治维稳工作；二是突出旅游重点环节，要求各旅游景区（点）在涉及险路、险滩、山石松动的危险区域设置标志，对涉及人身安全的特种旅游项目制定严格的安全检查标准，明确操作方法和规范操作规程；三是主要旅游道路设置规范醒目的交通标志和标线，在景区（点）显著位置设立社会治安综合治理永久性宣传牌、警示牌，确保游客游览安全；四是开展联合检查评比，各旅游单位、景区（点）如有治安、刑事案件，重大人员伤亡事故，“法轮功”事件和欺诈游客的行为，实行一票否决制；四是旅游管理部门公正文明执法，快速调解纠纷，为游客创建秩序井然的购物环境。通过努力，全州平安旅游和平安景区建设工作取得较大成效。

【苏毅东被评为全国优秀导游员】
2010年12月，大理州导游员苏毅东被国家旅游局授予全国优秀导游光荣称号。作为大理海外旅行社的1名员工，苏毅东从1999年担任导游至今，在平凡的岗位上一步一个脚印，从普通的导游成长为大理旅游行业共产党员中的先进代表。他曾获全州首届“风花雪月”演讲大赛银奖，全国导游大赛大理州选拔赛英语组一等奖，七彩云南杯全省导游大赛优秀导游奖；先后被授予大理市旅游行业先进个人、全州优秀英语导游、大理首届职工技术大赛英语导游技术能手、大理市十佳文明导游、云南省首批援藏导游先进个人等荣誉和称号。他用自己的实际行动践行了创先争优“五好五带头”的庄严承诺，成为大理州旅游行业创先争优活动过程中涌现出的先进典型和杰出代表。

【旅游投诉处结率达100%】 2010年，大理旅游质量监督管理所全年受理游客投诉116起，处结率为100%，游客对投诉处理结果均表示满意。通过对投诉类别和原因的分析，在所受理的投诉中，涉及旅游景区的18起，占投诉总量的15.3%。主要投诉内容为：景区点道路通行不畅、服务质量差、未按规定给予景区点门票优惠政策等；涉及旅行社的9起，占投诉总量的7.6%。主要投诉内容为：旅行社行程安排有误、购物时间过长等；涉及旅游特色客栈和非星级小酒店的43起，占投诉总量的38.5%。主要投诉内容为：临时取消游客订房、酒店物品赔偿纠纷、游客财物丢失、服务质量等；涉及导游的18起，占投诉总量的15.3%。主要投诉内容为：导游服务质量差、丢团甩团；涉及旅游厕所的6起，占投诉总量的5.1%。主要投诉内容为：鹤庆西邑路段旅游厕所兜售假药材及殴打游客；涉及旅游餐厅的3起，占投诉总量的2.6%。主要投诉内容为：游客财物丢失、菜品量少质低；涉及旅游购物的6起，占投诉总量的5.2%。主要投诉内容为：商品价格过高、商品质量以次充好，以假乱真；涉及旅游交通的3起，占投诉总量的2.6%。主要投诉内容为：旅游车况差、驾驶人员服务态度恶劣；涉及洱海游船公司的10起，占投诉总量的7.8%。主要投诉内容为：游船公共座位少、游客误点误船。

【祥云县召开旅游统计听证会】 2010年12月17日，祥云县旅游局就《祥云县2010年旅游统计数据质量评估报告》召开听证会。会上，县旅游局就《祥云县2010年旅游统计数据质量评估报告》作说明。与会代表听证后认为，祥云县2010年旅游统计工作，统计对象科学合理，范围全面，方法严谨、数据真实可靠。能够较客观的反映祥云旅游产业发展的现状和趋势，以成为政府决策、企业投资的参考依据。来自各界的23位听证会代表、5位旁听人参加了听证会。

旅游培训

【概　述】 2010年，州旅游局以创先争优工作的开展为引领，加强旅游行业队伍建设。一年来，按照"五好"、"五带头"的标准和要求，营造氛围、选树典型、锻造队伍、服务大局，紧紧围绕中心工作，精心组织、服务大局，以提高旅游行业从业人员服务技能和专业知识为重点，认真开展旅游从业人员的岗位培训。以《大理白族自治州旅游条例》颁布施行为契机，认真开展《大理州旅游从业人员服务证》的培训、发证试点；编撰《大理州古城导游辞》并正式对外发行。完成导游年度培训审验和全国导游资格培训考试；全年共举办各类旅游行业培训班27期，2649人参加培训。

【完成年度导游年检】 根据导游管理的相关规定，2010年1～4月，大理州圆满完成2009年度导游人员年检，共计有946名导游人员通过集中培训和考试的方式，通过了此次导游年检。

【旅游培训向接待服务一线延伸】 近年来，随着全州旅游产业的快速发展，苍洱外围区域的州内各县旅游接待人数逐年攀升，帮助这些地区的旅游接待企业尽快提升管理服务技能，成为全面提高大理州总体旅游接待服务水平的一项重要工作内容。2010年3、5、8月，州旅游培训中心派出培训教师，先后赴剑川、漾濞、永平县开展旅游行业服务技能培训。共有77家旅游一线接待服务企业计315名旅游服务人员参加培训。

【举办《大理州旅游从业人员服务证》培训班】 为了加强大理州导游队伍建设，切实规范导游服务标准，根据《云南省大理白族自治州旅游条例》的要求，州旅游局决定率先在全州导游人员和从事旅游散客组团工作的从业人员中实行《旅游服务证》持证上岗制度。2010年6月29日，第一期《旅游服务证》培训班正式开班。共计有600名导游人员参加培训考核。州旅游局向考试合格者颁发了《旅游服务证》，标志着《旅游服务证》持证上岗制度开始逐步在全州旅游行业中推广实施。

【开展小语种导游的业务培训】 近年来，随着海外旅游团队接待工作的需要，部分外地的韩语、泰语、日语导游作为特殊语种人才来到大理，受聘于州内旅行社从事导游工作。虽然这部分导游人员大都具备较高的基本素质和语种优势，但对于大理的人文历史和民族风俗知识了解不足。为此，根据州旅游局的统一部署，2010年5月6～8日，大理州旅游培训中心举办小语种导游培训班，邀请大理学院旅游专业资深教师主讲的《大理导游辞》，共计有27名小语种导游员参加培训。

【开展全国导游人员资格考试】 2010年11月6日，全州导游人员资格考试工作正式拉开序幕。根据要求，本次考试内容包含《全国导游基础知识》、《云南导游基础知识》、《导游业务》、《旅游政策与法规》及《现场导游》5个科目，共计有261人考试报名参试。

【《大理州旅游从业人员服务证》开始在旅游星级饭店管理工作中推广】 在全州导游人员队伍管理试点的基础上，根据《云南省大理白族自治州旅游条例》的要求，州旅游局在全州三星级旅游饭店管理工作中逐步推行《旅游服务证》持证上岗制度。至2010年12月，共计有500名星级饭店服务人员经培训考试合格后，考取了《旅游服务证》。

【完成《大理古城导游》的编纂发行】 近年来，大理古城的休闲度假产品已经越来越为广大旅游者所青睐。州旅游局与大理学院经济与管理学院联合组建写作班子，深入古城街巷人家采风、踩点，收集资料，潜心写作，几经修改。于2010年12月编纂完成《大理古城导游》一书。该书分"古城概览"、"景观精华"、"逛在古城"、"吃在古城"、"闲在古城"、"住在古城"、"古城记忆"等7个部分，充分挖掘和整理了古城的景观风物。进一步丰富和规范导游及其他旅游服务人员在大理古城旅游活动中的导游服务用语，提升了大理古城的历史文化含量，彰显了大理国家级历史文化名城的文化魅力。

（李志刚）

（责任编校：赵秀元）

城乡规划建设管理

国土资源管理

【概　述】　2010年，全州国土资源管理部门始终坚持以科学发展观为统领，立足发展大局，突出工作重点，强化服务意识，主动适应新形势，抢抓新机遇，不断提高国土资源管理水平，较好地处理了保护资源、保障发展和维护稳定的关系，超额完成了国土资源管理各项目标任务，为全州经济社会平稳较快发展做出了积极贡献。

【用地保障增长成效明显】　2010年，大理州国土资源局用地保障工作取得新成效。一是依法依规对部分重点建设项目进行规划调整，对118件（批次）2702公顷项目用地进行了用地（供地）规划审查和预审，确保项目用地的顺利报批。二是对新征收的集体土地，严格按规定审查农用地转用和土地征收报件，凡征地补偿费不到位、被征地农民社会保障未落实的，一律不予审查报批。全年共审查上报77个项目（批次）2728.8公顷农用地转用及土地征收建设用地报件。保证了“两保护、两开发”项目、大瑞铁路、大丽高速公路、洱源县罗平山风电场、马鞍山风电场和各县市“两污”治理等重点建设项目用地需求。三是为确保州内在建二级公路在依法依规用地的前提下顺利建设，多次赴实地对鸡足山旅游公路、祥姚公路、跃龙公路、关巍公路涉及的县市进行用地报件组织的协调指导。

【土地开发整理实现占补平衡】　2010年，大理州国土资源局土地开发整理工作取得新进展。一是完成14个省、州、县投资土地整理、耕地占补平衡项目省级竣工验收工作，建设总规模3617.4公顷，新增耕地900.3公顷，完成投资7312.7万元。其中7个州县投资耕地占补平衡项目建设总规模703.1公顷，新增耕地356.7公顷，完成投资1267万元。二是完成6个省、州、县投资土地整治项目州级竣工初验，建设总规模4779.8公顷，新增耕地1327公顷，完成投资9367.4万元。三是积极组织申报2010年省级以上投资土地整治项目，完成7个省级投资项目入库和项目批准工作，建设总规模5151.7公顷，规划新增耕地184.9公顷，概算投资14080.2万元，资金已全部到位。四是组织审查并批准入库州、县投资耕地占补平衡项目11个，建设总规模2550.6公顷，计划新增耕地1765.7公顷，估算投资9433万元。五是不断加强和改进招投标制度建设，通过公开招标，组织完成各级投资土地整治8个项目共16个标段招标工作，中标价合计比预算价降低831.9万元。2010年，州人大组织部分省人大代表对土地整治项目进行了视察、州政协主席会议对土地整治工作进行了协商，对取得的成绩给予了充分肯定。

【转变土地利用和管理方式】　2010年，大理州国土资源局进一步转变土地利用和管理方式。一是对所有新增项目实行严格的用地预审，认真落实建设用地控制指标。二是对经营性用地、工业用地全部实行招拍挂公开出让，促进土地市场健康、有序发展。全州共以招拍挂方式出让土地319宗399.2公顷，收取土地出让金22.85亿元。三是认真开展节约集约模范县市创建活动，深挖潜力，积极盘活利用存量建设用地，增加有效供给，减少闲置浪费。大理市大庄“空心村”改造试点工作基本结束。四是召开专题会议，制订工作方案，对1999年以来全州批而未供、供而未用、用而未尽的国有建设用地进行全面清理。五是在宾川县探索开展“城增村减”试点工作，专项规划、总体方案和项目区实施方案通过州级评审并上报省厅审批。祥云县废旧老军用机场已正式移交地方政府管理，为下步开展城乡增减挂钩试点工作奠定了基础。

【加强矿政管理】　2010年，大理州国土资源局矿政管理工作取得新成绩。一是完成矿业权实地核查工作，累计完成535个采矿权、209个探矿权的实地核查，并全部通过省级验收。二是深入开展矿产资源利用现状调查工作，完成50个上表矿区、77个未上表矿区的矿产资源利用现状调查省级评审验收。三是全面清理过期勘查许可证、采矿权许可证。四是继续规范矿业权管理，深入推进矿业权市场建设。州矿业权交易中心共接收矿业权出（转）让业务123宗。五是完成矿产资源开发整合工作任务。六是完成矿产资源补偿费征收入库581.35万元，超收231.35万元；完成有偿使用费征收1176万元。

【整装勘查取得突破】　2010年，大理州政府成立了地质找矿重大突破工作协调组，启动了地质找矿重大行动。鹤庆县北衙金多金属矿田和祥云县马厂箐—宾川县小龙潭铜钼金矿被优选为全省首批整装勘查项目，并取得了初步勘查成果。在鹤庆北衙，通过深钻已揭示到较好的金、铅、银、铁、铜多金属矿体，初步估算资源量金70吨、铅1063吨、银1000吨、铁2500万吨以上，展现出特大型贵金属、有色金属矿的规模。祥云县马厂箐铜钼矿勘查工作进展顺利，有望于2011年获得一批重要成果，提交出相当于大—中型矿床规模的资源储量。

【加强执法监管】　2010年，大理州国土资源局继续加强执法监管。一是认真贯彻执行《违反土地管理规定行为处分办法》，全面开展土地违法执法检查工作，严肃查处各类违法案件。全州发现并制止土地违法行为314起，立案查处116起；矿产立案32件，制止和取缔无证开采85起。进一步巩固了土地、矿产资源开发秩序治理整顿成果，维护了正常的资源开发秩序。二是多部门共同监管国土资源工作机制建立，从制度上初步实现了土地管理方式由“一家管、大家用”向“大家用、大家管”转变。州国土资源局被评为“全国国土资源执法监察先进集体”，受到国土资源部表彰。三是结合土地整治和占补平衡工作的深入开展，全州以各级政府为责任主体、部门联动监管、社会广泛参与的耕地保护共同责任机制不断健全完善，耕地保护目标考核全部纳入州、县市政府制度化建设轨道。四是加强信访及土地权属调处工作，受理来信来访413件，办结412件，办结率为99.7%。受理土地权属争议86件，当年处理76件，结案率为88.37%。

【开展地质灾害防治和抗旱打井工程】
2010年，大理州国土资源局积极开展防灾抗灾工作。一是地质环境和地质灾害防治管理体制进一步理顺，组织开展了12县市的地质灾害调查与区划，基本摸清了地质灾害隐患分布现状。地质灾害群策群防网络体系和应急抢险救灾等机制基本建立，最大限度地减少了地质灾害对人民群众生命财产造成的损失。全州共发生地质灾害69起，均为小型，造成直接经济损失1074.2万元。二是完成抗旱救灾地下找水探采井工程320口，竣工出水298口，惠及干旱人口约22万人，极大地缓解了干旱地区的人畜饮水和部分农灌用水困难。

【基础业务工作】 2010年，大理州国土资源局基础业务工作稳步开展。一是认真开展土地利用总体规划修编工作，州级和12县市的土地利用总体规划（2006～2020）经省人民政府审查批复，同意实施。二是稳步开展第二轮矿产资源规划编制工作。州级矿产资源规划已通过省级审查，并经省国土资源厅审批，最终成果将上报州人民政府公布实施。12县市的矿产资源规划编制成果已通过省国土资源厅组织的审查，待审批后由各县市人民政府公布实施。三是第二次全国土地调查进展顺利。省、州、县共到位配套经费4585.2万元。农村部分土地调查工作已完成，调查成果已通过省级验收。12县市“二调”新增耕地核定成果已通过省级审查验收。四是国土资源依法行政、测绘、信息宣传及信息化建设、扶贫挂钩、苍山申报世界地质公园、地质遗迹保护、基层国土资源所规范化建设等工作有序开展。五是共建保障科学发展土地管理新机制试点工作进展顺利，为有效解决土地管理和利用难题作了积极探索。六是认真抓好以行政绩效管理、行政成本控制、行政行为监督、行政能力提升为主要内容的效能政府四项制度建设，机关效能建设持续得到加强。

【干部队伍建设和党风廉政建设】
2010年，大理州国土资源局继续开展干部队伍建设和党风廉政建设。一是全面落实干部教育培训计划，有效提高干部队伍素质。全系统共参加各类培训3930人次，其中参加部、省举办的各类培训班14期、189人次，州级培训班8期、313人次。认真贯彻执行《党政领导干部选拔任用条例》，认真组织开展“干部选拔任用宣传月”活动和“提高选人用人公信度示范单位”创建活动。二是认真学习贯彻《中国共产党党员领导干部廉洁从政若干准则》，严格执行廉洁自律各项规定，不断提高廉洁自律意识。按照“一岗双责”的要求，将党风廉政建设列入重要议事日程，认真落实反腐倡廉重点工作，教育、制度、监督、惩治多管齐下，反腐倡廉建设取得新成效。三是中共大理州委、州人民政府高度重视国土资源工作，主持召开了全州国土资源工作座谈会，出台了《关于进一步加强国土资源管理的意见》，就当前全州国土资源工作面临的一系列问题提出明确要求，为当前和今后一段时间全州国土资源工作的规范健康发展奠定了坚实的基础。

（任茂华）

城乡规划管理

【概　述】 2010年，州规划系统以邓小平理论和“三个代表”重要思想为指导，全面贯彻落实科学发展观，紧紧围绕2009年省政府大理专题会议精神和省委、省政府“两强一堡”战略目标以及州委、州政府确定的经济社会和城镇化发展目标，以城乡规划为龙头，滇西中心城市建设为重点，用科学发展观统领城乡规划，服务经济建设，保护生态环境，弘扬民族文化，提升城镇化质量，健全和完善规划体系，全面提高城乡规划工作质量，促进了大理经济社会的发展，滇西中心城市建设按“两保护、两开发”的要求及“1+6”的发展空间布局拉开了序幕，全州城镇化建设稳步发展，2010年，全州城镇化率达33%，比2009年提高2个百分点，建成区城市绿化覆盖率达23.5%。

【《大理滇西中心城市总体规划（2009～2030）》正式批准实施】 为全面贯彻落实省委、省政府关于大理滇西中心城市建设的战略部署，进一步落实科学发展观，统筹协调区域发展，充分发挥滇西中心城市的辐射和带动作用，州人民政府委托南京大学城市规划设计研究院编制了《大理滇西中心城市总体规划（2009～2030）》（以下简称《总规》）。《总规》成果进行了听证和论证，并经州委常委会、州政府常务会审定，州人大常委会审议通过。同时，为配合《总规》的实施，由州级相关部门组织开展了《总规》的交通、物流、教育、医疗卫生及旅游5个专项规划的编制工作。2010年5月，《总规》及5个专项规划成果由州人民政府正式上报省人民政府。6月，省住房和城乡建设厅在昆明组织召开《总规》及5个专项规划成果省级部门联席审查和专家评审会，规划成果顺利通过评审。2010年11月18日，《总规》由省人民政府正式批准实施。

【城市总体规划修改及控制性详细规划编制进展顺利】 2010年，为进一步推进滇西中心城市“1+6”城市群的建设，各县市根据发展需要，开展了新一轮县城总体规划修改工作。《巍山县城总体规划（修改）（2009～2030）》成果于2010年12月6日由州人民政府正式批准实施；《大理市城市总体规划（修编）（2008～2025）》完成州内相关程序，上报省政府待批；《漾濞县城总体规划（修改）》基本完成，正在报批；宾川县、剑川县城市总体规划修改已经州人民政府批准，总体规划修改工作正式展开。同时，各县市控制性详细规划覆盖面积逐年增加，至2010年底，全州控制性详细规划编制面积达136.5平方千米，控规覆盖率为57.6%。

【村庄规划编制有新突破】 2010年8月，根据省住房和城乡建设厅的要求，结合海西田园风光保护、社会主义新农村建设、扶贫综合开发示范园区建设，州规划局选取了祥云县沙龙镇青海营村和弥渡县寅街镇大庄村作为省级试点开展了村庄规划编制工作，按照既定的内容和标准了完成试点工作，编制完成2个行政村总体规划（含2个中心村建设规划）、6个自然村建设规划，并及时将村庄规划编制成果和试点工作情况报省住房和城乡建设厅。9月，云南省人民政府下发《关于加快推进村庄规划工作的意见》，要求全省在3年内（2010～2012年）完成所有村庄的规划编制工作，州规划局根据相关要求开展了村庄规划编制前期工作。至2010年底,全州完成102个行政村、304个自然村的村庄规划编制工作。

【规划建设项目审查和管理进一步加强】 2010年,大理州规划局按照州委、州政府"加强城乡规划管理,集中审批权、下放管理权"的要求,加强规划建设项目审查和管理。全州城乡规划主管部门共办理建设项目选址意见书379份、建设用地规划许可证893份、建设工程规划许可证1541份,共审批建筑面积466.73万平方米。州规委召开建设项目规划审查会议12次,审查规划建设项目144个,州规划局对喜洲新区天籁家园、锦达大厦等18个限额以上建设项目和重要建设项目的47个行政审批事项开展了规划审批(许可)工作,共审批(许可)建筑面积84.48万平方米。强化批后监督和管理,与房地产开发中违规变更规划调整容积率问题专项治理、工程建设领域突出问题专项治理工作相结合,认真开展限额以上及重要建设项目规划实施情况清查工作,建筑密度、容积率、绿地率等各项规划指标得到有效控制。对全州限额以上项目及重大建设项目进行了规划巡查和动态监管,对规划巡查发现的违法建设项目依法、及时进行查处,维护了规划的权威性。

【城市测量管理不断加强】 2010年,按照城市测量管理相关规定,州规划局不断加强城市测量管理工作,先后组织对南涧县城2.47平方千米和云龙县漕涧镇城镇规划区3.6平方千米1∶500数字化地形测量成果进行验收;配合省住房和城乡建设厅完成了大理经济开发区上登工业园区6平方千米和云龙县漕涧工业园区10平方千米1∶500数字化地形图测量成果的验收工作。

【州委、州人民政府顾问组调研规划建设项目】 为深入贯彻落实省委、省人民政府"两保护、两开发"的战略部署,加快滇西中心城市建设步伐,2010年5月,州委、州人民政府成立了以州政协主席袁爱光为组长的大理州环洱海沿岸建设项目顾问组(以下简称顾问组),对环洱海沿岸建设项目情况进行调研,顾问组办公室设在州规划局。顾问组结合洱海保护和城市发展建设实际,对环洱海沿岸的16个建设项目逐个进行分析研究,提出了部分建设项目调整的建议,并按照保护与开发有机结合的思路,提出了环洱海沿岸保护和开发及下关城区改造提升的建议。2010年6月,州委、州人民政府成立了大理州海东开发规划建设顾问组(以下简称顾问组)对海东开发规划建设情况进行调研,州规划局配合顾问组开展了调研工作。顾问组对海东开发规划建设的现状、存在问题及困难等进行了深入分析研究,对海东开发中健全完善规划体系、强化以洱海保护为中心的环境保护、重视历史文化和民族资源的保护利用、注重城市景观保护和营造、进一步合理布局产业、统筹城乡发展和切实加强领导7个方面的工作提出了意见。州委、州政府在调研的基础上形成并下发了《关于环洱海沿岸保护和开发及下关城区改造提升有关工作的意见》和《关于海东开发规划建设的意见》。

【贯彻实施四项制度】 2010年,大理州规划局按省、州政府的部署,认真贯彻法治政府"八项制度",实施责任政府"四项制度",公开限时办结事项、办结时间和服务承诺,明确岗位职责,严格实行首问责任制和行政问责制,强化了责任意识。全面贯彻阳光政府"四项制度",推行"阳光规划",在政府信息公开网站发布规划工作信息,在"阳光政府"平台公布重大决策听证2项,重点工作通报30多条,重要事项公示20多项,回复96128来电10个,公共服务在线咨询5条。启动效能政府和创新政府建设工作,细化了任务,各项工作顺利推进。通过四项制度的实施,机关作风建设、效能建设得到切实加强,办事效率和质量明显提高。

【《大理州"十二五"城镇化建设专项规划》编制完成】 为总结分析大理州"十一五"城乡规划建设,科学谋划"十二五"时期城乡规划建设工作,2010年3月,州规划局组织开展了"十二五"规划编制工作。4月底,州规划局完成对全州"十二五"城镇化和城乡规划建设调研。7月底,编写完成《大理州"十二五"城镇化建设专项规划》初稿,在广泛征求各县市、相关部门及相关专家的意见建议基础上,对规划进行了不断修改完善。12月底,《大理州"十二五"城镇化建设专项规划》编制完成。《大理州"十二五"城镇化建设专项规划》是州政府确定的大理州"十二五"的重点专项规划,其主要内容包含城镇化发展战略、城乡规划编制管理、城市基础设施建设、房地产发展与住房保障建设等。

(李桂梅)

风景园林建设

【概 述】 2010年,大理州风景园林建设取得新成绩。全州风景名胜区、历史文化名镇(村)规划编制步伐进一步加快,规划管理工作取得显著成绩,基础设施有了很大改善。自然文化遗产资源保护力度加大,国家级、省级历史文化名镇(村)的调查和申报列级工作进展顺利,同时积极向上争取大理苍山与南诏文化遗存国家自然与文化双遗产、历史文化名城(镇、村)保护建设项目国债资金,推进项目建设。加强城市绿化建设与管理,推进创园工作,强化城市园林绿化企业资质管理,行业管理进一步规范。

【历史文化名镇(村)资源调查和申报列级】 2010年1月,永平县杉阳镇、曲硐村和宾川县平川镇被省政府公布为省级历史文化名镇(村);7月,宾川州城镇、祥云云南驿村和洱源凤羽镇被国家住建部和国家文物局公布为第五批中国历史文化名镇(村)。至2010年底,全州省级以上历史文化名城(镇、村、街)达21处,占全省总数的35%。其中,有国家历史文化名城2座,中国历史文化名镇(村)6个。

【祥云省级历史文化名街保护规划经省政府批准实施】 祥云县城历史文化街区于2007年1月被省政府公布为省级历史文化名街,为进一步加强历史文化资源的保护和管理,祥云县积极开展保护规划的编制工作,2010年9月,《祥云历史文化名街保护规划》经省政府正式批准实施。

【喜洲镇被公布为首批全国特色景观旅游名镇】 2010年3月,大理市喜洲镇被住房和城乡建设部、国家旅游局公布为首批"全国特色景观旅游名镇"。喜洲是大理国家历史文化名城和中国优秀旅游城市的重要组成部分。多年来,喜洲镇不断加大旅游基础设施和公共设施建设,开展了白族民居建筑保护和民居建筑风格整治工作,近几年来,通过项目实施,促进了商贸、饮食服务、旅游产品加工、民居旅游等产业发展。

【园林城市(县城)创建稳步推进】 2010年,大理州规划局加强城市园林绿化建设管理,严格实施建设工程"绿色图章制度”，完成限额以上规划建设项目绿地审查11个；加强城市绿地建设，全州城市绿化建设完成投资5744.3万元，新增城市绿地24.55公顷，2010年底建成区城市绿化覆盖率达到23.5%，城市人均公园绿地面积4.53平方米。大理市全面加快国家园林城市创建工作步伐，实施了城区增绿补绿工作，新增绿地5600多平方米，启动城区大树种植工程。云龙县加大城市绿地建设力度，对城市绿地实施有效管护，开展了省级园林县城创建工作，县城污水处理、生活垃圾无害化处理等各项指标已达到《省级园林县城标准》。同时，加强云南省园林单位和园林小区申报工作，12月，全州24个单位、5个小区被省住房和城乡建设厅授予“云南省园林单位（小区）”称号，为大理州创建园林城市（县城）打下良好的基础。

【城市园林绿化行业管理进一步规范】 2010年，大理州规划局加强城市园林绿化行业管理，指导企业强化从业人员培训，提升从业人员的技术水平。开展专业技术职称评定工作，5个非公企业人员获得城市园林绿化工程师资格。加强城市园林绿化企业资质管理，受理新申报资质企业2家，资质升级1家，资质就位2家，全州有园林绿化施工企业19家，其中13家有设计资质。

【大理苍山大索道建设项目进展顺利】 大理苍山大索道是省、州政府确定的“十一五”期间滇西北重点旅游发展项目。项目预算总投资33235.01万元。2010年，项目建设有序推进，大索道主体完成投资13006.35万元，累计完成投资19883.23万元；配套设施完成投资2293.15万元，累计完成投资3480.73万元。

【自然与文化遗产保护设施建设项目稳步推进】 2010年6月，云南省发改委对“大理苍山与南诏历史文化遗存国家遗产地保护设施建设项目”下达了中央预算内资金1800万元，省级地方债券配套500万元，州市配套270万元，共计2570万元的资金计划。项目各责任单位根据州政府批准的《大理苍山与南诏历史文化遗存国家自然与文化遗产保护设施建设项目实施方案》积极开展了巡查道路维修改造及监测巡查设施设备建设，清碧溪、双鸳溪环境整治，苍山遗产展示教育管理基地建设，苍山界桩、标识、标牌建设4个项目的相关工作。

【《大理白族自治州农村住房建设实用图集》推广使用进一步加强】 《大理白族自治州农村住房建设实用图集》自2008年推广使用以来，得到了全州各级各部门的重视和社会各界的广泛支持。2010年4月，州委、州人民政府召开全州《大理白族自治州农村住房建设实用图集》推广使用总结表彰大会，进一步安排部署农村住房建设实用图集推广使用工作，全州40个推广使用先进单位和45名先进个人受到表彰。

（李桂梅）

城乡建设

【概　述】 2010年，全州城乡建设工作坚持以邓小平理论和“三个代表”重要思想为指导，全面贯彻落实科学发展观，积极开展创先争优活动，紧紧围绕全州经济社会发展目标和任务，团结和带领全州建设系统全体干部职工，解放思想，开拓进取，认真履职，扎实工作，争当滇西城镇化进程的领跑者，以滇西中心城市建设为重点，以加快基础设施建设和改善民生工程为抓手，扎实工作，实现了全州城乡建设事业又好又快发展，较好地完成了州委、州政府下达的各项目标任务，为全州经济发展和社会进步做出了积极贡献。

【海西保护】 2010年，大理州建设局围绕“一年出形象、三年大变样”的指导思想，继续开展“整治海西，保护田园”工作，加快实施洱海流域“百村整治”工程。该工程主要为大丽公路沿线及以东洱海双廊范围内、下关镇阳南河以北、上关镇东沙坪以南的105个自然村。工程分两年实施，其中列入2009年实施计划的共41个自然村，涉及海西六镇、28个村委会、9167户农户，要求于2010年6月底完成整治任务；列入2010年度实施计划的共64个自然村，涉及海西六镇、25个村委会、15239户农户，要求于2010年12月底完成整治任务。2010年，列入2009年度实施计划的41个自然村的整治工作已基本完成，完成了42个行政村总体规划、188个自然村村庄整治与建设规划的编制，完成农村危房改造及群众自建房499户、白族民居建筑风格整治4185户；硬化进村道路及村内主干道55条、25485米，硬化入户巷道539条、29953.8米，安装路灯388盏，建成停车场4个、小广场38个；建成村落污水处理设施14座、农户庭院污水处理系统1044座、生态湿地公园2个，敷设排污管网16685米；建成垃圾池40座、垃圾桶480个、堆粪发酵池436个、卫生圈及青贮池340个、太阳能牛粪中温沼气站2座、卫生公厕48座、卫生户厕345座，拆除简易厕所116座，治理沟渠16条、5190米；种植乔木12488棵，矮灌绿化13478.82平方米；建成白族建筑风格牌坊1座、风景石村庄标识34个，修复保护古照壁5座、古戏台2座、古寺庙10座、古大门5座，累计完成投资约1.31亿元。通过全民动员，全员参与，群策群力，依法整治，洱海流域“百村整治”工程“建筑民族化、产业生态化、村容整洁化、管理民主化”稳步开展，海西保护向纵深推进。

【旧城改造】 2010年，大理州建设局坚持以市政基础设施和城市交通基础设施建设为重点，加快旧城提升改造速度。先后完成了下关苍山路改造，全民健身中心北侧通道建设，大理古城三月街南通道及双鹤街、文笔街、玉局街的道路路网改造建设，两城区排水管网及市政工程建设，城市道路、城市水网、电网改造，城市供排水网络初具规模。

围绕西洱河生态文化长廊建设，全面加强西洱河沿线的改造建设，在按时完成“河畔人家”一期（原财校片区）、加快推进“苍洱天籁”（原建校片区）等建设项目的同时，启动了“河畔人家”二期（市第一人民医院片区）、“泰安大厦”、“河畔家园”（洱滨纸厂片区）等洱河沿线旧城改造项目；围绕城市功能设施的配套完善，全面加强下关城区交通干道沿线的改造建设，启动了“锦达豪庭”（原高快客运站）、“泰业国际广场”（下关总站客运中心）、“新建设商贸中心”（交通饭店片区）、“北美商业风情街”（下关粮油加工厂）、“兴盛佳苑”（原五交化站片区）等交通干道沿线的旧城改造项目；加强市政道路及综合管网、交通配套设施及地下空间建设和管理，按时完成了苍山路（兴盛路—人民街）段市政道路改造项目、下关北区全民健身中心北侧通道市政道路工程建设项目，洱河南路扩宽改造工程等市政建设项目，启动了文化路改造工程、泰安路改造工程等市政建设项目和大理市城市道路交通组织优化工程；围绕沙河沿岸的改造提升，在加快推进“惠丰新城”一期（原滇纺片区），“山水丽都”二期（原毛巾厂片区）项目建设的同时，启动了“惠丰新城”二期、沙河沿岸改造提升工程等项目的建设;围绕龙尾古城的保护与开发,启动了龙尾关历史文化街区保护项目,完成了《大理市龙尾关历史文化街区保护与建设规划》编制、报批及龙尾街市政基础设施建设工程、文庙恢复重建工程的立项报批、施工设计等工作,认真落实《大理市创建国家园林城市实施方案》的规定和要求,坚持拆违、拆临、拆围与建绿、透绿相结合,充分利用空闲、宜林地带,见缝插绿、见空栽树,先后完成了泰安南路、环城南路、环城西路、建设路、苍山路、风车广场等道路、节点绿化改造提升工程。

【县城建设改造提升力度加大】 2010年,大理州建设局以县城建设为重点,全力推进城镇化进程。在全面巩固2009年度实施的鹤庆、祥云、弥渡、剑川4个县县城建设改造提升成果的基础上,2010年完成了巍山、云龙、宾川、南涧4个县县城建设改造提升工作。通过各县的努力,城镇生态环境质量和市容市貌有了大的改观,城镇功能逐步完善,对县域的辐射带动作用逐步增强。县城基础设施建设加快,县城综合承载力进一步提高。加强治污工作督促指导,全面推进项目建设,各县市进一步强化责任,落实措施,加快治污项目实施,全州治污项目建设取得了一定成效。

【全州治污项目建设取得新成效】 2010年,全州治污项目积极落实中央及省预算内补助资金、统贷资金、州级奖补资金、县级配套资金。积极协调做好融资工作。大理市、云龙县、南涧县、弥渡县、鹤庆县、永平县、剑川县已与省水务公司签订了正式的合作协议。洱源县、祥云县、漾濞县、巍山县、宾川县、大理经济开发区正在与省水务产业投资公司进行合作事宜的谈判。全州列入《云南省城镇污水处理及再生利用设施生活垃圾处理设施建设规划(2008~2012)》项目24项(后经优化调整变更为23项),其中新建10个污水处理厂,新建配套管网386.8千米,改扩建2座污水处理厂,扩建配套管网118.9千米;新建11个城镇生活垃圾无害化处理设施,扩建1个城镇生活垃圾无害化处理设施。

至2010年12月底,已竣工或基本竣工项目12项,完工率占计划数的70.6%。有11项正在加快建设进度。开工率占应开工数的100%。其中:剑川县、祥云县,鹤庆县、弥渡县4个生活垃圾处理场项目已建成投入试运营;南涧县、祥云县、宾川县3个污水处理厂及配套管网工程已建成投入试运营,其余项目正按计划抓紧实施。

【农村危房改造全面推开】 2010年,在全面完成2009年度省下达大理州农村危房改造任务9120户(拆除重建5420户,修缮加固3700户)的基础上,启动实施了2010年度省下达大理州农村危房改造任务4200户(均为拆除重建),截至2010年12月底,2010年度农村危房改造任务4200户已按要求全部开工建设,开工率100%,竣工1902户,竣工率45.3%,累计完成投资2486.5万元。省补资金4200万元资金已按规定全部下拨到各县市。

【恢复重建进展顺利】 "7.9"地震恢复重建工作进展顺利。祥云、宾川、弥渡3县民房、教育、卫生、水利、交通及其他公用房屋建筑,安排和下达了补助资金12020万元,涉及公共建设项目104个,项目资金2945.5万元,其中重建项目57个,修复加固项目47个。民房建设资金9074.5万元,涉及民房建设48934户,其中重建的有1501户,修复加固47433户。目前"7.9"地震恢复重建项目已全面结束。

宾川"11.02"地震恢复建设正在稳步推进。中央和省下达补助资金4400万元,经州对宾川、祥云、鹤庆3县项目实施计划的批复,共有3604个民房(含村委会等)建设项目,其中重建471个,修复加固3133个,资金安排248 5万元;教育等其他公用建设项目23项,重建9个项目,修复加固14个项目,资金安排了1440万元;应急经费475万元。计划项目中民房建设已结束,除宾川县行政中心外,恢复重建工作已全面结束。

剑川"1.1"地震恢复建设工作取得较好成绩。剑川"1.1"地震发生时,在迅速完成抗震救灾抢险应急工作后,剑川县委县政府及时组织灾情调查评估和鉴定工作,并编制了恢复建设规划方案。省、州政府安排1120万元,接受捐赠资金155万元,资金下达后,剑川县迅速编制了恢复建设项目计划并及时进行了批复。剑川"1.1"地震恢复建设中民房建设有3676户,公共基础设施建设有72项,目前恢复建设工作已基本结束。

【中小学校舍安全工程稳步推进】 2010年,为进一步确保大理州中小学校舍安全工程建筑工程质量和建筑安全生产,督促工程建设各方工作责任的落实,真正把中小学校舍建设成为"放心工程",州建设局认真履行州中小学校舍安全工程技术指导职责,在全州范围内开展自检自查,针对性地对在建及已竣工的中小学校舍安全工程项目进行了专项督查,共完成531项校舍建筑工程的质量和安全检查工作。

(李跃花)

建筑业和房地产业

【概 述】 2010年,州建设局进一步强化监管,确保建筑业和房地产业健康有序发展。一是培育市场,做大做强建筑业。认真贯彻落实《云南省人民政府关于加快建筑业改革和发展的意见》文件精神,建立健全建筑市场法律、法规建设,完善对有形建筑市场的规范管理,加大招投标监管力度,规范运作,采取措施加快建筑业发展步伐。同时严格招投标过程的监管,进一步整顿和规范建筑市场,加大市场化运作的透明度;大力推行新型材料改革和新型建筑节能材料,促进建材业发展。据不完全统计,2010年全州建筑业完成产值54.55亿元,比上年同期增长40.2%。二是进一步贯彻落实国务院和省政府关于加强宏观调控,促进房地产市场持续健康发展的部署,开展全州房地产企业经营行为专项检查和商品房预售项目清理工作,进一步整顿和规范房地产交易秩序,规范房地产企业经营行为,净化房地产市场。2010年全州房地产开发完成投资32.7亿元,同比增长28.1%,其中大理市房地产开发完成投资25.8亿元,同比增长24.7%。

至2010年12月底,全州2010年34.15万平方米6830套廉租住房建设项目10项已全部开工,完成投资38058.78万元,占计划的74.46%,已全面完成省政府下达的完成投资额70%以上的年度建设任务。

【强化资质管理,规范审查机制】 2010年,州建设局加强建筑业和房地产业企业资质管理工作,严格执行资质管理的资质标准和管理规定,进一步规范全州建筑业、房地产业企业资质审查机制,进一步理顺行业管理体制,进一步明确各级各部门责任,构建全州建筑业和房地产业发展的良好氛围,完善建筑业、房地产业企业资质(资格)审查制度,促进全州建筑业、房地产业又好又快发展。一是5月组织召开了大理州建设局资质审查培训会议,对全州各县市分管副局长、建管处(股)长进行集中培训、学习。二是完成了全州重新核定换发工程监理企业资质等级工作。全州监理公司15家,其中乙级资质5家、丙级资质10家,资质重新就位后符合申报条件12家,降级2家,自动放弃1家。三是对全州14家检测机构进行检查和现场考核,完成全州工程质量检测机构换证工作。四是认真做好施工企业资质升级、增项审批、新申办资质的审查上报工作。到2010年底,全州共有施工企业136家。按资质等级分类:一级资质企业4家、二级资质企业33家、三级资质企业94家、劳务分包企业5家。按承包方式分类:施工总承包类企业97家,其中施工总承包一级资质企业4家、施工总承包二级资质企业25家、施工总承包三级资质企业73家;专业承包类企业34家,其中专业承包一级资质企业1家、专业承包二级资质企业8家,专业承包三级资质企业25家;劳务分包企业5家。

【开展工程建设领域突出问题专项治理】 年内,全州建设系统共排查2008年1月1日以来所有竣工、在建和拟建的规模以上投资建设项目183项,其中政府投资和使用国有资金500万元以上项目148个,其他投资3000万元以上的项目有35个。累计投资为578097.53万元,其中政府和使用国有资金5000万元以上项目10个,投资额97310.78万元;3000~5000万元项目20个,投资额86232.45万元;500~3000万元项目118个,投资额139189.39万元;其他投资项目35个,投资额255364.91万元。共发放施工许可证153项,其中政府投资项目123项,非政府投资项30项;正在办理的有17项,其他13项尚未开工建设。公开招标140项,其中政府投资项目136项,非政府投资项目4项。邀请招标31项,其中政府投资项目4项,非政府投资项目27项。累计发现问题17项,纠正问题17项,其中合同备案发现问题1项,纠正问题1项;项目管理班子是否健全发现问题1项,纠正问题1项;项目监理资料是否健全发现问题7项,纠正问题7项。新开工建设项目40项,其中政府投资和使用国有资金500万元以上项目27个,其他投资3000万元以上的项目有13个。清理33个文件,其中州政府发文3个,州局发文15个,县市级发文15个。制定和修改地方性制度13条,信息公开483条,建立市场3个。

【建筑安全生产形势整体稳定】 2010年,大理州建设局通过签订安全生产责任书,深入推进建筑安全生产“三项行动”工作,进一步健全建筑安全生产监管责任体系,全州建筑工程质量和安全生产形势稳定。认真组织开展房屋建筑和市政基础设施工程危险性较大的分部分项工程的专项整治工作,督促建筑企业、监理企业对在建工程项目按专项整治的要求,制定切实的整治措施,全面开展自查整改,同时继续推进建筑施工安全质量标准化工作的深入开展,强化相关标准、规范的贯彻执行,加大对全州在建项目的检查力度,全年共抽查在建项目241个,发出整改通知19份,停工整改13个项目。

【房地产业持续健康发展】 2010年,大理州建设局认真贯彻落实《国务院办公厅关于促进房地产市场平稳健康发展的通知》、《云南省人民政府关于促进房地产市场平稳健康发展的实施意见》、《国务院关于坚决遏制部分城市房价过快上涨的通知》、《云南省人民政府关于切实做好稳定住房价格工作的若干意见》、《关于进一步加强房地产市场监管完善商品住房预售制度有关问题的通知》等一系列房地产调控政策措施,切实加强对房地产市场调控工作的组织领导和工作协调;调整住房供应结构,加快住房建设规划的编制;加快保障性安居工程建设;全面开展房地产开发企业经营行为专项检查;加快商品住房项目的审批进度,严格二套住房购房贷款管理。严格执行国家有关个人购买普通住房与非普通住房、首次购房与非首次购房的差别化税收政策;加强商品房转让管理,严格商品房预售制度等一系列政策措施,全州房地产市场保持了平稳健康发展的态势。

【房地产开发完成投资平稳增长】 2010年,全州房地产开发完成投资326747万元,同比增长28.1%,房地产开发完成投资占全社会固定资产投资完成的11.55%,同比下降0.19个百分点。其中大理市2010年房地产开发完成投资258394万元,同比增长24.7%,房地产开发完成投资占全社会固定资产投资完成的24.11%,同比下降1.08个百分点。

【商品房建设开发】 2010年,全州商品房施工面积395.07万平方米,同比增长40.13%;商品房新开工面积201.94万平方米,同比增长170.59%;商品房竣工面积59.52万平方米,同比下降16.86%;商品房销售面积104.80万平方米,同比增长7.11%。商品房待售面积17.47万平方米,其中一年以内的待销面积10.33万平方米,1~3年待销面积5.85万平方米,3年以上待销面积1.29万平方米,同比增长152.09%。

【商品房销售价格稳中有涨】 2010年1~12月,全州商品房销售均价为3672.55元/平方米,价格指数同比101.2(同比增1.2%),环比101.6(环比增1.6%);其中住宅商品房销售均价为3564.63元/平方米,价格指数同比106.8(同比增6.8%),环比100.2(环比增0.2%)。大理市新建商品房销售均价为3860.6元/平方米,价格指数同比102.9(同比增2.9%),环比100.1(环比增0.1%);其中商品房住宅销售均价为3761.93元/平方米,价格指数同比102.6(同比增2.6%),环比100.0(环比持平)。

【房地产开发信贷和住房公积金贷款管理】 至2010年底,全州投入房地产市场的信贷资金总量为63.61亿元,同比增长17.28%。其中房地产开发贷款余额14.09亿元,同比下降14.92%;个人住房贷款余额49.53亿元,同比增长31.73%。个人住房贷款中住房公积金贷款余额14.35亿元,同比增长26.19%。

【房地产和土地开发管理】 2010年,全州房地产开发购置土地面积70.11万平方米,同比增长7.93%;购置土地成交价56533万元,同比增长22.63%;完成土地开发面积17.54万平方米,同比下降59.52%;待开发土地面积35.24万平方米,同比下降49.41%。

【商品房供应不足情况得到初步缓解】 2010年,大理州认真落实国家和省房地产调控政策,加快商品房审批进度,努力增加商品房特别是普通商品住房供应量,房地产开发新开工面积和销售面积逐步增大,商品房新开工面积同比增幅达到170.59%,且新开工商品房逐步已达到了销售条件,商品房供应不足的情况得到了初步缓解。

【商品房销售价格上涨趋缓】 2010年，随着国家和省房地产调控政策的深入贯彻落实，全州商品房成交量和成交价格虽然仍然处于上升通道，但上涨的幅度已经明显趋缓。而部分房地产开发项目仍然存在排队认购现象，房价持续上涨。投入开发的建设用地供应量不足，土地价与省内绝大多数州市相比居高不下，使房地产开发企业望而却步，是影响招商引资和带动房价持续上涨的重要因素。

【保障性住房建设组织机构设置情况】 2010年，大理州认真贯彻落实《云南省人民政府关于进一步加快保障性安居工程建设的实施意见》，成立了大理州保障性住房建设工作领导小组。组长由州委副书记、州人民政府州长担任，副组长由州委常委、州人民政府常务副州长、州人民政府分管副州长担任，成员由州人民政府秘书长、州人民政府副秘书长、州发改委、财政、建设、监察、民政、劳动和社会保障局、农业局、林业局、民委、扶贫办、国土、审计、教育、卫生、规划、人行大理州中心支行、住房公积金管理中心、侨办、国资委、住房保障和房产管理局等20个部门组成，领导组下设办公室在州建设局，负责日常工作。各县市保障性住房工作领导组也根据州人民政府的统一安排作了相应调整充实。同时，成立了州、县市住房保障和房产管理局，进一步强化对住房保障工作的领导和管理。

【住房保障工作扎实推进】 2010年省下达大理州廉租住房建设项目34.15万平方米。为确保廉租住房建设任务按时按质按量完成，州建设局切实加强领导，精心组织，周密部署，层层抓落实。在州住房保障工作领导组组织下，多次到各县市指导、督促各项政策的落实，同时严格责任追究制度，对不认真实施廉租住房规划，完不成年度建设任务，影响中央、省对州资金补助的责任地区、责任单位，州政府将进行行政问责。形成州、县市各级有关各部门密切配合、齐抓共管，一把手亲自抓，分管领导具体抓的工作格局。

【2010年廉租住房建设计划】 2010年，省政府下达给大理州廉租住房建设计划34.15万平方米、6830套，计划总投资51110万元，其中中央补助17075万元，省级补助3415万元，州级补助3415万元，县市自筹配套27205万元。要求年内必须全面开工，完成投资额60%以上、竣工面积50%以上、入住率20%以上。

2010年，大理州各县市廉租住房建设计划分别为：大理市10万平方米2000套，漾濞县2万平方米400套，祥云县3.85万平方米770套，宾川县1.8万平方米360套，弥渡县3万平方米600套，南涧县0.5万平方米100套，巍山县4万平方米800套，永平县1.5万平方米300套，云龙县2.5万平方米500套，洱源县5万平方米1000套。

【住房保障对象】 2010年，廉租住房保障对象和范围扩大到城镇居民、乡镇中小学低收入教师、乡镇卫生院低收入职工家庭人均月收入1000元以下、人均住房建筑面积低于15平方米的住房困难家庭。

【廉租住房建设投资完成情况】 截至2010年12月底，全州2010年廉租住房建设10个项目6830套34.15万平方米已全部开工，完成投资38058.78万元，占计划的74.46%。

【廉租住房建设资金落实】 全州2010年廉租住房建设除国家给予500元/平方米和省级给予100元/平方米补助资金外，州政府给予100元/平方米的专项补助，其余不足部分由县市人民政府负责。

至12月底，2010年全州廉租住房建设到位资金38764万元，占投资计划的76%，其中：中央补助资金17075万元，占计划的100%；省级补助资金3415万元，占计划的100%；州级配套资金3415万元，占计划的100%；县市级配套资金14859万元，占计划的54.8%。

【公共租赁住房建设】 2010年大理州公共租赁住房建设任务500套，分别为鹤庆县320套、大理市100套、剑川县80套。至12月底，中央下达资金1047.4万元，已全部下达至涉及项目的3个县市。鹤庆县320套均开工，其中竣工200套，120套正在基础开挖；大理市100套公共租赁住房正在进行前期准备工作；剑川县80套基础已开挖。

（李跃花）

住房公积金

【概　述】 2010年，大理州住房公积金管理工作紧紧围绕改善职工住房条件，以“严肃纪律、严格监督、规范运作、强化服务、防范风险”为指导，加大归集力度，大力发展个人住房贷款，强化财务核算管理，加强住房公积金信息系统建设，全州住房公积金管理工作者务实创新，扎实工作，全面完成各项目标任务。为大理州住房公积金安全运营，保值增值，改善干部职工住房条件和全州社会经济发展作出了积极的贡献。

【超额完成年度目标任务】 至2010年12月31日，全州共有12.06万人参加住房公积金归集，归集总额37.80亿元，当年归集9.24亿元，完成全年归集计划的149.33%。累计提取额12.83亿元，当年提取4.19亿元，完成全年提取计划的116.49%。贷款总额23.16亿元，贷款余额14.35亿元，当年发放贷款5.44亿元，完成全年贷款计划的111.92%。通过住房公积金贷款职工购建房面积累计723.69万平方米，实现住房公积金增值收益986.57万元。累计提取贷款风险准备金1483.05万元，累计提取并上缴财政城市廉租住房建设补充资金5639.16万元。

【单位项目逾期贷款全面清收】 2010年，大理州住房公积金管理中心有历史遗留3661万元单位项目逾期贷款，按照省、州人民政府的安排部署，攻坚克难，利用行政、经济、法律的手段加大单位项目逾期贷款催收力度，通过艰辛努力，取得了显著成效。至2010年12月，随着弥渡县政府归还最后的100万元，单位项目逾期贷款清收工作画上了圆满的句号，为化解融资风险做出了积极的贡献。

【住房公积金账户对账单寄送】 根据国家有关规定，每年6月30日是公积金的年度结息日，2010年的公积金结息对账年度为2009年7月1日～2010年6月30日，完成结息对账工作后，大理州住房公积金管理中心于2010年9月免费向全州11.85万缴存职工寄送住房公积金账户对账单，对账单详细记载着缴存职工当年每月缴存额、提取额及缴存、提取时间、上年结转数、利息、年度合计缴存额、总余额明细等基本信息。通过对账单，职工可有效的监督所在单位是否及时、足额为职工缴存公积金，使职工对自己的住房公积金缴存、使用情况了如指掌。

【调整个人住房公积金存贷款利率】

2010年,大理州住房公积金管理中心两次调整了个人住房公积金存贷款利率。一是根据2010年10月20日《中国人民银行关于上调金融机构人民币存贷款基准利率的通知》,从2010年10月20日起,上年结转的个人住房公积金存款利率由现行的1.71%调整为1.91%,当年归集的个人住房公积金存款利率保持不变;上调个人住房公积金贷款利率,5年期以下(含5年)从3.33%调整为3.50%,5年期以上从3.87%调整为4.05%。二是根据2010年12月24日《中国人民银行关于上调金融机构人民币存贷款基准利率和人民银行对金融机构再贷款(再贴现)利率的通知》,从2010年12月26日起,上年结转的个人住房公积金存款利率上调0.34个百分点,由1.91%调整为2.25%,当年归集的个人住房公积金存款利率保持不变;上调个人住房公积金贷款利率。5年期以下(含5年)及5年期以上个人住房公积金贷款利率均上调0.25个百分点,5年期以下(含5年)从3.50%调整为3.75%,5年期以上从4.05%调整为4.30%。

【编制《大理州住房公积金管理资料选编》】 2010年,大理州住房公积金管理中心为进一步加强全州住房公积金的管理,加强宣传和理论研究,为管委会提供科学、民主决策,争取最广泛的社会监督,加强管理队伍建设,整理了2002年中心成立起至2009年的住房公积金管理制度和相关规定,编制了《大理州住房公积金管理资料选编》。

【规范受托银行住房公积金业务操作】 2010年,大理州住房公积金管理中心与委托银行联合印发了《大理白族自治州住房公积金管理中心对受托银行承办金融业务工作规范》,明确责任,进一步规范受托银行住房公积金业务操作,有效规避住房公积金在运作中被截留、挪用的风险。

【加强住房公积金信息系统建设】 2010年,大理州住房公积金管理中心组建了住房公积金业务专网,运行新居住房公积金计算机管理信息系统和自动化办公系统,保障全州住房公积金业务数据传输和保密安全。

(杨晓莉)

(责任编校:冯　燕)

环境保护

综　述

【概　述】 2010年,大理州环境保护工作,紧紧围绕大理州"生态优先"的发展战略,全面实施"七彩云南保护·大理行动",以及污染减排、生物多样性保护,特别是洱海综合保护治理等一系列重大举措。州委、州政府主要领导在部署全州经济社会发展工作时,都把加强生态环境保护作为重要内容,并提出明确的要求,对全州环保工作的创新发展给予了强有力的支持,并提供了重要保证。国家环保部、省环保厅领导多次深入大理州调研指导,在项目支持、装备配备和人员素质提升等方面给予大力帮助,加快了全州环保事业发展步伐。环境保护工作基本形成了政府主导、部门协作、全民参与的环境保护机制,从各级领导到基层干部群众,从党政机关到学校、企业、社区、媒体等各行各业对环境保护的认识显著增强,全社会关心、支持、参与生态建设和环境保护的"大环保"格局正在形成。全州环保系统干部职工不辱使命,团结奋斗,圆满完成了各项年度目标任务,有力地推动了全州环境保护工作的科学发展。

【环保宣传】 年内,州环保部门为加强环保宣传工作,坚持每月在《大理日报》刊登《洱海水质月报》,向社会公布洱海保护治理情况和洱海水质情况,并及时以短信形式向省、州领导以及州洱海保护治理领导组成员报送洱海水质情况;将州级和大理市188个单位确定为责任单位,挂钩联系和负责洱海环湖各村镇的环境综合治理工作;组织开展了一次洱海流域大规模环境卫生整治行动,共出动干部群众81944人次,清理洱海流域117条河道及支流沟渠365.11千米,共清运垃圾4293.66吨,清除淤泥12079.9立方米;积极协助中央、省级主要新闻媒体对以洱海治理保护为主要内容的全面报道。充分利用各级领导走进"直播大理"节目直播间之机,大力宣传生态环境保护,及时为广大听众朋友解难答疑;在"世界环境日"、"科普日",借乡镇赶集农民群众较为集中之机,通过现场答疑和发放宣传画、宣传单、环保袋的方式,有效深化了广大人民群众自觉环保的意识。充分发挥"大理州环境保护局"网站的功用,及时发布环境信息,公示重要环保事项,登载环保动态新闻等,在增强环境保护职能部门工作透明度的同时,进一步促进了社会各界人士自觉环保观念的形成。

【县市环境监察机构全部实现单独分设】 2010年,全州13个环境监察机构被全部批准为参照公务员管理单位。大理市及祥云、宾川、漾濞、永平、剑川5个县的环境监察大队基本完成标准化建设硬件设施的配置,南涧、巍山、弥渡、洱源、鹤庆、云龙6个县的环境监察大队标准化建设硬件设施的配置正在有序推进。全州共有4个环境监测站通过实验室资质认证(州环境监测站,大理市、鹤庆县、宾川县环境监测站),其余各县环境监测站正在积极做好省级实验室资质认证前的相关准备。至年底,全州环保系统共有人员381人,其中硕士6人、大学本科171人、大学专科123人,高级职称21人、中级职称63人,通过积极参加各类业务培训,全体人员业务素质得到提升。

洱海保护

【洱海水质保持在Ⅲ类】 2010年,全州环保部门始终坚持以人为本,全面、协调、可持续的科学发展观,紧紧围绕州政府与省政府签订的"十一五"目标责任书中所确定的年度目标和各项任务,坚持"生态立州"的发展思路,把洱海综合保护治理工作作为滇西中心城市建设的基础和前提,大力推进"两保护、两开发",牢固树立"洱海清、大理兴"的理念。进一步统一思想,提高认识,明确责任,各司其职,密切配合,以洱海水环境质量安全和富营养化控制为目标;以流域产业经济结构和布局调整为根本措施,以城镇、农村生活污水处理和主要入湖河流水环境综合整治为重点,流域生态改善和环境管理相结合,形成了洱海保护治理的完整体系;以洱源县生态文明建设推动洱海保护治理工作,坚定不移地稳步推进洱海保护治理"六大工程"。通过采取切实有效的工程治理和管理措施,加大洱海保护治理资金投入,不断健全法律法规体系,洱海保护治理取得明显成效,洱海水质及流域生态环境得到明显改善。2010年,洱海水质总体稳定保持在Ⅲ类,其中1~4月洱海水质达到Ⅱ类。

【重点工程建设稳步推进】 经调整后的《洱海水污染综合防治"十一五"目标责任书》规划总投资为13.01亿元,到2010年底实施29项,已完成28项,占规划的96.6%,在建1项,占规划的3.4%,已累计完成投资17.11亿元。对已建成的项目建立了完整档案,得到了省"九湖"考核验收组的充分肯定;8个重点集镇污水处理设施建设已全部启动实施,其中喜洲镇、上关镇污水处理设施已通过验收,并投入试运行。乡村环保工程已建成投入试运行小型垃圾焚烧炉15座和8165个简易农户庭院污水处理设施。农业面源污染治理工程推广测土配方施肥6666.7公顷,大春水改旱面积达666.7公顷,建成3.5万方农田堆粪发酵池7294个。湿地生态修复、河道治理及内源污染控制工程中建成环洱海湖滨带58千米和大理市才村、罗时江河口、洱源县邓北桥、葛官营等生态湿地;永安江5.4千米的河道整治、罗时江3.7千米的河道整治工程已完成。10座太阳能中温沼气站已全面建成,洱海东区湖滨带挖色至青山湾段生态修复主体工程已完工。由国家农村环保专项资金支持的36个村的环境综合整治工程已基本完工。

【洱海保护治理工作不断加强】 年内，制定出台了《2010年洱海保护及洱源县生态文明建设工作意见》；《洱海保护及洱源生态文明试点县建设评价考核体系研究》编制已完成，正在开展研究生态补偿机制相关政策。积极配合省、州人大进行洱海保护治理执法条例调研，通过调研在科学决策、充分论证的基础上向州委提供了调研报告，制定出台了《关于进一步加强洱海流域保护治理和监管工作意见》。委托中国环境科学院编制的《云南洱海绿色流域建设与水污染防治规划(2010～2030年)》已获省政府批复同意。委托中国环科院编制的《洱海流域主要中心集镇污水处理工程、洱海流域低污染水处理及环境整治工程》等重点项目可行性研究报告完成(待评审)。洱海流域水污染综合防治"十二五"规划大纲已通过省"九湖"办组织的专家评审。召开洱海水质分析预测会、洱海保护治理项目协调会、洱海保护治理领导组会议，科学分析洱海水质变化趋势，及时研究新情况，解决新问题，有效促进了洱海保护治理重点工作的落实。

【洱海保护治理科研工作有序推进】 2010年，国家水专项洱海项目工作扎实推进；为期1年的洱海水面放置沉水植物实验浮台建设项目获批；位于大理市上关镇的国家洱海项目沙坪工作站(第四个工作站)建成；"洱海研究平台与信息管理中心"临时研究及办公平台初步建成。在洱海的主要入湖河流弥苴河、罗时江、永安江设置了流量监测站点，为入湖河流水量及污染负荷研究，洱海环境容量、承载力研究与计算，污染物总量控制，洱海水资源利用、生态水位调控等项目工作创造了坚实的基础和条件。年内，首次在大理市上关镇引进塔式蚯蚓生态滤池处理技术，成功研制了微型无动力、微动力、太阳能清洁能源户型污水处理技术，农村户型净化槽污水处理技术创新研究有序展开；与中科院水生所共同实施的洱海水专项第六课题《洱海典型湖湾水体水污染防治与综合修复技术及工程示范》的研究，通过国家水专项的中期检查，并受到高度评价。编制的《洱海控藻技术研究报告》通过专家评审验收，并推荐申报科技成果。

【洱海保护治理资金投入持续加大】 2010年，州政府在财力十分紧张的情况下，继2009年通过政府信用合作方式向银行贷款7000万元，补助洱海保护治理资金8680万元的基础上，再补助洱海保护治理资金8683万元。

【洱海湿地保护建设】 2010年，《大理湿地保护总体规划》编制工作有序开展，同时启动《大理湿地保护条例》立法工作，并完成立法调研。在洱源西湖湿地成功申报国家湿地公园的基础上不断加强各项生态恢复措施。积极组织开展剑川剑湖保护前期工作，进一步加大资金的争取力度；剑湖周边村落饮水及农村环境综合整治项目启动。全面实施鹤庆草海生态沟渠建设、土地退植、打捞有害水草等湿地生态恢复措施，草海湿地生物多样性保护宣教基地建设项目有序实施，湿地建设各项工程稳步推进。

【洱源生态文明试点县建设扎实推进】 2010年，全州环保部门始终把握洱海保护源头治理这个重点，认真落实州委、州政府《关于建设洱源生态文明试点县的意见》。年内，累计完成投资3.5亿元，建成项目32个；生态基础设施体系建设不断巩固，生态农业体系建设不断推进，生态工业体系建设不断发展，生态旅游体系建设不断提升，生态屏障体系建设不断健全，生态家园体系建设不断推进，生态文化体系建设不断深入。洱源县被国家环保部门授予"全国首批绿色能源示范县"称号。

污染减排

【污染物总量削减目标完成】 2010年，按照省政府下达大理州的主要污染物总量削减目标责任的要求，不计算增量，削减$SO_2$230吨，削减COD(化学需氧量，下同)220吨。依照上报省环保厅总量减排核查核算表初步核算，2010年全州可削减$SO_2$2064.59吨(包括"十一五"前4年待认可958.51吨)。年内，大理州实施省级重点污染减排项目26个，新增州级重点减排项目5个，共计31个。其中与省政府签订的8个责任项目(后调整为7个)已全部完成，18个省级重点项目(后调整为19个)和5个州级重点项目已基本完成。

【省政府目标责任书项目完成】 2010年，全州环保部门认真落实省政府下达大理州目标责任书的项目，淘汰大理市华营水泥厂的2条立窑生产线，关停漾濞县金牛冶炼厂的锑氧粉生产线，淘汰巍山高炉水泥有限责任公司的1条立窑生产线，实施云南鹤庆锰业有限责任公司钙法烟气脱硫工程，SO_2减排项目均提前或按时完成，减排材料已于2010年12月上报省环保厅。在4个COD减排项目中，祥云县扩建1.25万吨/日污水处理厂、宾川县新建1.0万吨/日污水处理厂按时完成，减排材料已于2010年12月上报省环保厅。根据《省住建厅、省环保厅关于确保完成城镇污水处理重点项目建设任务的通知》精神，鹤庆县、云龙县污水处理厂建设调整为南涧县污水处理厂建设，南涧县0.5万吨/日污水处理厂按时完成，减排材料已于2010年12月上报省环保厅。

【污水处理厂建设项目完成】 2010年，全州共实施COD省级重点减排项目12个，全部为污水处理厂建设项目。具体进展情况如下：鹤庆县0.8万吨/日污水处理厂的新建工程已完成，剑川县0.5万吨/日污水处理厂的新建工程已进入设备安装，云龙县0.5万吨/日污水处理厂新建工程正进行土建施工，巍山县0.7万吨/日污水处理厂、漾濞县0.5万吨/日污水处理厂和永平县0.8万吨/日污水处理厂的新建工程已于2010年12月开工，弥渡县0.6万吨/日污水处理厂新建项目已于2010年9月开工，洱源县0.4万吨/日污水处理厂的扩建项目已完成可研评审(该项目省政府同意调整到"十二五"规划中实施)，洱源县右所镇0.1万吨/日污水处理厂的新建项目已进入设备安装，上关镇0.1万吨/日污水处理厂的新建项目已于2010年12月通过初验。另外，喜洲古镇0.2万吨/日污水收集管网及处理工程、洱源县右所镇三枚村委会下山口0.078万吨/日污水收集管网及处理工程2个项目已完成并通过竣工环保验收，减排材料已于2010年12月上报省环保厅。

【SO_2省级重点减排项目】 2010年，全州实施SO_2省级重点减排项目：洱源县天琪水泥有限责任公司(淘汰1条立窑生产线)、祥云县清华洞水泥厂(淘汰1条立窑生产线)、祥云县水利水电三台坡水泥厂(淘汰1条立窑生产线)、祥云县太鼎水泥制造有限公司(淘汰1条立窑生产线)、巍山红大锑业有限责任公司(4000t/a精锑生产线烟气脱硫工程)、漾濞县跃进化工有限责任公司(清洁生产)。6个项目已全部按时按要求完成实施，减排材料已于2010年12月上报省环保厅。云南弥渡庞威有限公司

(淘汰2条立窑生产线)未列入工信部名单,现正常生产,保留证明材料已于2010年12月上报省环保厅。

【新增重点减排项目】 2010年,全州新增SO_2重点减排项目淘汰大理市上和水泥厂1条立窑生产线已于2010年7月完成;新增COD重点减排大理市公安局强制戒毒所太阳能中温沼气站建设工程以及大理市兴旺养殖场、雄新养殖场太阳能集中供气沼气站建设,洱源县洱海流域村落太阳能集中供气沼气站建设(项目包含洱源县新龙、勋庄、南登、凤河、三营、腾龙、上村7座沼气站),洱源县沿湖沿河50个自然村农户污水收集处理设施4个项目均已于2009年9月完成,减排材料已于2010年12月上报省环保厅。

环境监管

【落实重点污染源管理】 年内,州环保部门制定下发了2010年重点污染源环境监察及监测计划,及时将全州69家重点企业列入环境监察计划,58家重点企业列入环境监测计划。严格落实排污许可制度,至年底,共完成排放污染物许可证年检、审核换发23家,征收排污费1273万元,提前超额673万元完成省环保厅下达的年度排污费征收任务。积极协助相关部门开展沘江综合治理,长江上游水污染防治工作进展顺利。认真组织开展了污染源普查动态更新调查工作,按期完成了国家环保部和省环保厅下达大理州的环境统计工作任务。污染应急会商视频会议系统和CTI(12369)环保投诉系统已建成并投入使用。全州7家国家重点监控企业在线监测系统,除大理水务产业投资有限公司污水处理厂和祥云县供排水有限责任公司污水处理厂完成设备安装未验收外,其余各县均已安装完毕并投入运行使用。严格落实环境状况年度分析报告制度,按时上报《九湖月报》、《重点流域水质月报》、《大理州环境质量月报》、洱海《湖湾水质监测报告》、《洱海及主要入湖河流水质公报》各11期。出具国控省控、节能减排和竣工验收等监测报告近200份。

【环境法治行动】 年内,州环保部门坚持以《环境影响评价法》、《建设项目环境保护管理条例》和《云南省建设项目环境保护管理规定》为依据,进一步畅通环保审批"绿色通道",从严审批建设项目,共审查省级项目36个,审批州级项目59个,环保设施竣工验收项目11个,预验收项目8个;指导解放军第60医院、鹤庆北衙矿业有限公司等放射源使用单位及时办理了辐射安全许可证,收贮了巍山高炉水泥厂等5家落后产能淘汰企业的放射源。不断完善重点项目环评动态管理和环保联动制度,全过程实施"三同时"执行情况监理,有效加大了重点建设项目的跟踪管理力度,大中型建设项目的环境影响评价和"三同时"执行率均达到100%。积极开展技术环评服务工作,全年共受理环境影响评价文件技术审查项目97个,县级开展环境影响评价文件技术审查项目45个。坚持以人为本,大力开展违法排污整治环保专项行动,积极维护广大人民群众的生态环境安全,共出动1000余人次,对洱海流域内11家州级重点企业和其他21家排污单位、19个新建项目、26个村落污水处理系统的污水处理设施运行情况和洱海生态环境进行了现场监察,对7家国控企业、1家省控企业和24个省级重点减排项目进行了每月及季度监察,对46家新建设项目进行了"三同时"监察;妥善处理群众来信来访38起,政风行风热线1件,处理"金色热线"投诉1件,处理率、结案率均为100%。

【重点流域水污染防治】 2010年,全州12县市的县城集中式饮用水水源地环境保护规划、水源地保护区划分方案及集中式饮用水水源地环境保护工程可行性研究报告编制完成并通过验收。为抓好此项工作的贯彻落实,环保部门大力开展全州典型乡镇饮用水水源地环境调查及评估工作,确保了饮用水水源地的安全。同时,沘江流域云龙段污染综合治理工作顺利推进,飞龙公司白石电解锌厂和康云选矿尾矿库的清渣、封库、覆盖绿化工程完成;总投资约2.57亿元的包罗水库的进厂路、施工导流洞、施工管理房主体工程顺利推进;县城垃圾处理场和污水处理厂正在按进度施工。年内,认真组织《三峡库区及其上游水污染防治规划(修订本)》的落实,涉及的鹤庆县城市生活垃圾处理场、污水处理厂建设,宾川县污水处理厂建设,祥云飞龙有色金属股份有限公司废水治理4个项目均已完成并投入试运行。

【污染源普查】 2010年,环保部门认真组织开展并完成了全州第一次污染源普查、污染源普查动态更新调查、持久性有机污染物更新调查、集中式饮用水源地有机污染物调查。建立了全州各类重点污染源档案和州、县市重点污染源信息数据库,为污染源的日常管理奠定了坚实的基础。《大理州第一次全国污染源普查技术报告》荣获国家三等奖。

【重点污染源监管】 2010年,在全州8家国控、省控重点企业安装了污染源在线监控系统,建成CTI(12369)污染应急会商及污染源监控平台,并与省环境监测中心站实现了畅通连接,进一步科学规范了污染源的日常监管。精心组织常规监测、应急监测和竣工验收监测工作,共获得环境监测数据18.13万个(其中水质10.76万个、空气5.03万个、环境噪声1.94万个、降水0.2万个、生物0.2万个),为环境保护治理和实施有效的管理、决策提供了科学及时的依据。

【辐射环境管理】 2010年,全州环保部门先后开展了放射源、放射性同位素和射线装置专项清查行动以及辖区内涉源单位填报放射源申报登记、闲置放射源收贮、辐射安全监管等一系列工作。全州放射源及射线装置工作单位全部纳入动态管理,实现了辐射安全许可、放射性同位素转让、放射性同位素转移备案审批和动态管理,辐射环境管理进入了规范化的轨道。

生态建设

【自然保护区建设深入推进】 2010年,全州建立州级以上自然保护区29个,其中国家级自然保护区2个,省级4个,州级23个,总面积达18.2万公顷,占全州国土面积的6.4%。其中:洱源县西湖州级自然保护区成功申报为国家级湿地公园,南涧无量山国家级自然保护区基础设施建设全面启动,云龙天池省级自然保护区晋升国家级自然保护区申报工作取得重大进展。全州基本形成了物种保护、生态和社会效益显著的自然保护区体系。

【环境综合整治力度不断加大】 2010年,《大理州农村环境综合整治规划(2010~2015年)》通过了专家评审,为农村环境综合整治奠定了良好基础。38个村庄获中央农村环境综合整治专项资金3609万元的支持,有力推动了农村环境综合整治。剑川剑湖、鹤庆草海、云龙天池等湿地保护治理的力度不断加大，湿地生态环境得到明显改善。

【苍山生态自然保护继续推进】 2010年，州环保部门完成了苍山保护区界标和标识牌建设，共埋设保护性界标300棵、标识牌20块。苍山东坡斜阳峰火烧迹地植被恢复建设完成，共造林14公顷，栽种冬樱8000余株、补植补种苗木1815棵。投入苍山洱海国家级自然保护区能力建设专项资金60万元，苍山保护区管护设施、生态监测站(点)、野生动植物监测样带、固定样地等建设正有序开展。积极开展苍山珍稀、濒危动植物保护，共确认苍山鸟类有15目39科201种，其中国家一级保护动物1种，国家二级保护动物20种。

【省农村环境综合整治现场会在洱源召开】 3月4日，云南省农村环境综合整治现场会在大理州洱源县召开。大理州副州长许映苏到会并致辞，省财政厅、省农业厅、省水利厅、省环保厅相关业务处室负责人、各州、市及部分县(市、区)环保局局长及相关工作负责人，乡镇村代表以及部分环保企业代表，共150多人出席会议。会议在充分总结云南省农村环境保护工作取得的成绩基础上，分析了全省农村环保工作面临的困难和形势，并就如何贯彻落实好"以奖促治"政策以及充分认识农村环保工作的重要性。加强对农村环保工作的组织领导和资金投入，以"七彩云南保护行动"为载体，对进一步推进全省农村环保工作提出了具体要求。

【中国国际绿色低碳技术高峰论坛在大理举行】 为呼吁全社会共同关注环保、全民提倡低碳生活，联合全球企业为构建节约型社会贡献力量，同时为构筑中外企业绿色低碳技术产业发展的对话平台，宣传中国政府和企业在"低碳发展"问题上的立场，由华彬集团和中国国际商会主办的2010中国(大理)国际绿色低碳技术高峰论坛于4月3日在云南大理白族自治州如期举行。"低碳经济一中国在行动"的高峰论坛，就是要通过国际交流平台，形成以全球低碳技术研究、低碳产品开发，提高低碳技术的产业化水平的产业联盟的总动员。开幕式上，云南省人民政府副省长顾朝曦、中共大理州委书记刘明、中国国际商会副会长张伟博士以及华彬集团董事长严彬博士分别致开幕词。大家一致认为：希望通过此次高峰低碳经济高峰论坛，共同面对挑战与压力，研讨如何通过产业结构调整、大力发展现代服务业和先进制造业，优化能源结构，大力发展低碳经济，坚持科技引领节能减排等措施来努力实现低碳发展，建设低碳城市与和谐宜居人居环境，开展实现低碳发展的实践和示范。围绕以节约能源、优化能源结构、加强生态保护和建设为重点，以科技进步为支撑，来努力控制和减缓温室气体排放，以不断提高适应气候变化能力，增强可持续发展能力，促进经济与人口、资源、环境的协调发展；希望通过此次论坛宣传云南大理在低碳建设方面的国内外竞争力和影响力，充分展示"风花雪月"之城的美好韵味和风采。论坛上，全国政协副主席白立忱，中共云南省省委书记白恩培，中国贸促会，中共大理州委书记刘明，中共大理州委副书记、大理州人民政府州长何金平，中国国际商会副会长张伟博士以及来自全省各行各业的机构负责人、企业领导者、专家学者纷纷发表演说，从气候变化的挑战与低碳经济发展趋势；中国发展低碳经济的政策展望；加强环保领域合作，提升低碳竞争力；低碳经济对中国企业带来的机遇与挑战；低碳经济与人居环境建设；后危机时代中国经济展望；低碳减排机制对全球经贸格局的影响等方面进行了激烈的讨论。最后大会发布了《大理低碳宣言》，鼓励中国企业及公民团结起来"发展绿色经济，倡导低碳生活，共赢绿色未来"。

【《生态州建设规划》批准实施】 2010年6月13日，《大理生态州建设规划(2009～2020年)》(以下简称《规划》)经州十二届人大常委会第十六次会议审议通过，并批准实施。大理生态州建设是大理州实践科学发展观，争当全省生态文明建设排头兵，加强滇西北生物多样性保护的重要举措。《规划》的实施对提升滇西中心城市整体实力与吸引力，推动大理州可持续发展，建设中国西部国际知名的生态州具有重要意义。《规划》提出用10年左右的时间，按照近期、中期、远期三个时间规划段，围绕大理生态州建设指标要求，以"人文大理·幸福家园"为主题，通过改善生态环境质量、转变产业发展模式、合理配置资源能源、完善基础设施建设、培育生态文明意识，构建生态经济建设体系、自然资源与生态环境建设体系、生物多样性保护建设体系、生态人居建设体系、生态文化建设体系、能力保障建设体系。到2020年规划终期时，达到并通过国家生态州的考核验收标准，把大理州建设成为具有高度发展的生态经济、优美的生态环境、宜人的生态人居、繁荣的生态文化的区域，实现人与人、人与自然、人与社会更加和谐相处，把大理打造成为可持续发展的中国西部国际知名生态州。

【国务院调研洱海流域农业源污染防治工作】 为了解洱海流域农业源污染及防治工作现状，推动"以奖促治"政策落实，加强农业源污染控制，推动洱海流域农村环境综合整治，2010年8月4～5日，由国务院办公厅秘书二局副局长、环保部生态司司长、财政部经建司处长、国务院办公厅秘书二局处长等领导组成调研组，在州人民政府副州长许映苏及州环保局、州农业局、州财政局等相关部门领导的陪同下，先后视察了大理市大理镇才村生态湿地建设项目、大理市湾桥镇稻田养鱼示范点、大理市喜洲镇金泰奶牛养殖场利用牛粪种植食用菌试验示范项目、洱源县邓川镇洱源牧源生猪标准化规模养殖场生物发酵床养猪技术试验示范项目、洱源县西湖农村环境综合整治示范项目。调研组实地察看了现场，听取了大理州、大理市、洱源县人民政府的工作汇报，并与种植、养殖户及部分村民代表进行了亲切交谈，充分肯定了洱海流域农业源污染防治取得的成绩，同时提出了较好的建议和意见。

【环保部农村面源污染防治技术交流会在大理召开】 12月1～3日，国家环境保护部在大理召开了农村面源污染防治技术交流会。会议以深入贯彻中共十七届五中全会精神，分析研究农村面源污染防治面临的形势，进一步加强农村面源污染防治工作，为谋划好"十二五"环保工作，实现污染减排目标，探索环保新道路提供强有力的技术支撑。会上，国家环保部副部长吴晓青作重要讲话，大理州委书记刘明致辞，环保部科技司司长赵英民主持会议。中国环境科学研究院院长孟伟，云南省环保厅厅长王建华、副厅长任治中以及12个省、市、自治区环保部门负责人和中国科学院、中国环境科学院、中国农业科学院和清华大学、北京大学、上海交通大学等知名院校的专家、教授、学者120余人参加了会议。大理州委常委、大理市委书记段玠，副州长许映苏等领导出席会议。交流会上，中国环科院院长孟伟，清华大学教授王凯军、中国农科院研究员梅旭荣等15位专家、学者，就农村面源污染防治方面的技术、措施、政策等方面作了学术交流。

会议期间，国家环境保护部副部长吴晓青对大理农村面源污染防治工作进行考察调研。云南省政府副省长和段琪，省环境保护厅厅长王建华，大理州委常委、大理市委书记段玠，副州长程云川、许映苏等领导陪同考察调研。吴晓青先后深入洱源县邓北桥湿地、下山口污水处理厂、永安江，喜洲镇污水处理厂、古生村等地，对湿地生态修复建设、村镇污水处理、河道污染治理、农村污染防治等情况进行考察调研。吴晓青认为：大理州农村面源污染防治工作，为全国各地农村面源污染防治工作提供了可借鉴的成功经验，在今后的环保工作中，要全力做好新一轮生态建设规划，加大农村环境保护力度，要在深化点、源治污的基础上，全面提高面源污染防治水平，要从源头上控制新污染源的产生，要按照“代价小、效益好、排放低、可持续”的要求，积极开展农业面源污染减排技术攻关，大力发展生态循环农业，为实现“十二五”主要污染物减排目标提供有力保障。

【草海湿地生态多样性调查】 2010年12月3～7日，云南省环境科学研究院生态环境保护中心，组织专家组首次到大理州鹤庆县草海湿地开展生态多样性调查。鹤庆草海湿地位于县城以北2000米，这里水清天蓝，人鸟和谐共处，在核心区域约133.3公顷左右的湿地范围内，有几百只紫水鸡栖息，是目前国内发现的最大的一个紫水鸡种群。专家组在草海考察的5天时间内，不仅观察到紫水鸡，还两次拍摄到了白天鹅。根据现场观察和对录像照片的进一步对比分析，专家组一致认定该白天鹅为云南省从未记录过的国家二级保护动物小天鹅，据县环境保护局草海协管员介绍，小天鹅多次在草海湿地出现。此外，专家组还观察到了赤麻鸭、白骨顶、灰雁、小鸊鷉、凤头鸊鷉、黑颈鸊鷉、普通秋沙鸭、大白鹭、针尾鸭、琵嘴鸭等60多种鸟类，总数约在15000只以上。在如此小的湿地区域，湿地鸟类种类之多、密度之大、数量之巨、距离之近，实为国内罕见，而且在云南省分布有鸭科32种，鹤庆湿地的首次观察就发现17种，占全部种类的一半以上。

【全州生态示范创建工作稳步推进】 2010年，大理州人民政府办公室印发了《大理州生态文明建设及生态州创建实施方案》后，大理市、洱源县、剑川县、云龙县和宾川县相继编制完成生态县市建设规划，并通过省级专家评审及本县市人大、政府批准实施。大理市大理镇、鹤庆县云鹤镇、宾川县拉乌乡成功申报更名为“国家级生态乡镇”。洱源县邓川镇、牛街乡、西山乡、乔后镇、炼铁乡被省政府命名为“云南省生态乡镇”。

（陈体韬、何　波）

洱海保护管理

【2010年“洱海保护月”活动动员大会召开】 2010年度“洱海保护月”活动动员大会在苍山饭店礼堂召开，州委书记刘明，州委副书记、州长何金平，州人大常委会主任字国顺，州政协主席袁爱光，州委常委、大理军分区政委王恩富，州人大常委会副主任尚榆民，副州长许映苏，州政协副主席孙明等出席动员大会，并为受表彰的先进单位颁奖。州委常委、大理市委书记段玠总结动员，市委常委、常务副市长阿泽新主持动员大会，市委副书记杨晓源宣读了《中共大理市委、大理市人民政府关于对2009年“洱海保护月”活动挂钩联系先进单位进行通报表彰的决定》，州、市44家挂钩联系单位受到表彰奖励。大理市“四班子”领导、“两区”、挂钩联系“洱海保护月”活动的州、市各部委办局、各人民团体、各企事业单位和驻关部队评分领导，各镇党政主要领导、分管领导和各村民委员会主任、书记等参加会议。

【开展规范鱼鹰养殖工作】 年内，大理市洱海保护管理局积极开展规范鱼鹰养殖的相关工作。根据《云南省实施〈中华人民共和国渔业法〉办法》的相关规定，禁止使用鱼鹰捕鱼。为传承洱海鱼鹰文化，发展洱海旅游业，结合洱海当前鱼鹰养殖的实际情况，适当保留部分鱼鹰作为观赏及民俗展演使用；洱海鱼鹰保留数量以2009年1月1日前调查并注册在册的为准，数量为122只；2009年1月1日以后新增的鱼鹰不在保留范围，属违法捕捞渔具，禁止进入洱海；在洱海管理区域内一经发现，将按规定处理。对现有的鱼鹰进行登记归档，不得随意增加，可以根据自然繁殖规律科学更替，并按要求上报大理市洱海保护管理局进行登记备案。

【“洱海保护月”活动】 年内，“洱海保护月”动员大会召开后，州、市各级各部门积极投身“洱海保护月”活动，按照活动实施方案“八个一”要求，结合挂钩村实际制订实施方案，协调解决工作经费，开展进村入户发放宣传资料、清理农村垃圾活动和污染物，指导建立环境卫生管理长效机制等活动，形成洱海保护的合力。1月13日，州委常委、市委书记段玠率市委领导及市委办公室干部职工与大理镇下兑村委会一起对下兑村沿湖滩地、村落垃圾等环境卫生进行了综合整治，发放宣传资料2000余份，资金2万元。1月14日，市委常委、常务副市长阿泽新，市委常委、副市长刘琼芬带领市政府办公室干部职工与凤仪镇江西村联合开展“整治环境卫生、清理垃圾活动”。1月22日，大理军分区组织大理军分区机关、直属部队官兵以及大理市下关、上关、喜洲、双廊等10个乡镇和经济开发区民兵共800余人，开展“洱海保护月”活动，集中对渺苴河环境进行整治，并进村入户，粘贴洱海保护宣传画和开展洱海保护知识宣传。据统计，1月底前，所有挂钩单位均参加洱海环境卫生的整治工作。

【规范洱海渔业船舶管理】 1月21日，大理市洱海保护管理局在经过前期公示和反复查验后，对2010年未参加年度审验船牌予以公告吊销。此次涉及的吊销船牌有78户，严重违纪取消捕捞资格1户，极大的规范了洱海渔业船舶管理秩序，为今后洱海渔业船舶的规范和监督奠定了基础。

【洱海渔业资源增殖放流工作启动】 1月25日，以增殖水生生物资源、保护洱海水域生态环境为主题的2010年洱海渔业资源增殖放流仪式在湾桥镇古生码头举行，包括鲢鱼、鳙鱼、武昌鱼、草鱼、青鱼、红鲤鲫、高背鲫等10多种鱼苗被投入洱海水域。2010年的增殖放流继续以投放滤食性鱼类为主，合理搭配土著鱼类和其他经济鱼类。此次投放时间持续到2011年3月，投放349吨大规格鱼苗、729万尾湖鱼鱼苗，投资410万元。

【洱海实施全湖半年休渔】 2010年2月10日，大理市召开2010年洱海全湖半年休渔工作会议。会议总结了2009年洱海全湖半年休渔工作，安排部署2010年全湖半年休渔工作。全湖半年休渔的时间为2010年2月10日～2010年8月1日上午10时止。休渔期间，洱海捕捞渔船归港管理，2月20日大理市洱海保护管理局渔船归港工作全面铺开，渔政执法人员采取宣传教育和强制入港"两手抓"的工作方式指导沿湖各镇做好渔船归港工作，归港采取集中属地管理原则，由专人负责看管，洱海捕捞船办证3051艘，入港共计3045艘，入港率达到99.8%。

【大理市洱海保护管理局被授予省级文明单位称号】 3月2日，大理市洱海保护管理局组织全局干部职工进行了2010～2012年省、州文明单位创建集体宣誓仪式，以动员全局上下干部职工继续组织开展"做文明人、办文明事、护文明旗"活动。大理市洱海管理局自开展文明单位创建活动以来，全局干部职工坚持营造聚精会神搞建设、同心协力抓保护的良好氛围，抓精神文明建设不放松，坚持社会主义核心价值体系建设，使洱海管理精神更加彰显。同时，还始终坚持思想道德教育、坚持文化建设和开展群众性文明创建活动，使队伍综合素质明显提升，广大职工精神文化生活更加丰富，文明风尚得到充分展示。经过3年的努力，洱海管理局再次被授予州级文明单位称号，并首次被授予省级文明单位荣誉称号。

【洱海环保、渔政专项整治行动】 大理市洱海管理局和沿湖各镇(区)于2010年4月15日~4月18日在沿湖10个镇(区)开展了洱海环保、渔政专项整治行动。对事实清楚，可现场进行处理的40多起违法占滩案件进行了现场处理，对在滩地上回填耕种的10.2亩菜地进行了现场清理。据统计，共有28.95亩的洱海滩地被回填占用或耕种，其中被回填占用的有3.61亩，在上一轮"三退三还"已经清退的耕地上占滩耕种的有25.34亩。收缴三无船舶46艘，其中泡沫船43艘，铁皮船3艘，地笼353个，大鱼网9张，丝网120张，机头、压箱各1个，虾笼2个，钓鱼竿2根，绳子50千克，现场处理违反偷捕案件9起；调查43条主要入湖河道的情况，需清淤的淤泥或沙砾量约为27152立方米。"三员"队伍在做好日常保洁工作的同时，对洱海滩地、入湖河口上的垃圾、死亡水草、水面漂浮物等进行了及时打捞，共出动2544人次，清理垃圾约269.35吨。

【开展洱海流域环境卫生全民整治活动】 2010年，洱海流域遭受百年不遇的大旱，导致入湖水量大幅减少、水温升高、大量污染物滞留在入湖河道及支流沟渠中，大理市决定在2010年雨季来临之前，在大理市辖区范围内开展洱海流域环境卫生整治行动。5月17～22日，178家洱海保护月挂钩联系单位的干部职工、沿湖10镇2区机关全体干部职工以及100多个村民委员会村组干部、党团员、青年志愿者、民兵，驻镇(区)未安排洱海保护月活动挂钩联系单位的干部职工积极行动，共有62481人次参加整治行动，清理垃圾4868.49吨、淤泥12079.9立方米。其中洱海流域村落环境整治清理垃圾3487.6吨、清运1824车次，参加人数27501人次；滩地和水面整治清理白色垃圾365.66吨，参加人数6446人次，清运296车次；入湖河道及支流沟渠疏挖淤泥12079.9立方米、长度191661米，清理杂草1015.23吨，参加人数28534人次，清运1482车次。5月以后，各单位继续对环湖道路、溪流、滩地和其他卫生死角进行了整治，共开展889次整治行动，清运垃圾7787.35吨，制定并组织实施环保项目314个，开展黑板报、广播电视宣传2574项，发放宣传资料29.17万份，入户宣传89733户，提供给各村物质折合367.48万元，使流域村庄环境卫生状况得到明显改善。

【州人大对《洱海管理条例》执行情况进行调研】 7月5~9日，州人大常委会组织州、市部分人大代表对《洱海管理条例》及相关政策规定贯彻执行情况进行调研。此次调研的内容主要包括《洱海管理条例》及相关规范性文件贯彻执行情况、《洱海水污染综合防治"十一五"规划》执行情况、洱海治理六大工程实施情况、《洱海水污染综合防治"十二五"规划》应采取的措施、《洱海管理条例》及相关规范性文件需修订完善新增内容共五个方面。调研人员分成5个组，采取边走边看、边问边议、拉家常式的交流；邀请镇区洱海环境管理所、老年协会、农业技术综合服务站、河道管理员、村落垃圾收集员、滩地水面保洁员、村民代表、养殖大户和村组干部等相关人员进行座谈，听取农业面源污染治理、生活垃圾焚烧、农村污水处理、家禽粪便处理、湿地建设、乡村民居建设、河道治理等工程建设和管理中取得的经验、存在问题和要求打算，以及执行《洱海保护条例》等方面的成功经验、好的做法、存在问题及建议。共走访了31个村民小组，召开10余次座谈会，发放400多份问卷调查表。在7月9日举行的调研汇报会上，5个调研组组长进行了系统、全面、具体的汇报。

【洱海科研合作协议签字仪式举行】 8月20日，大理市举行洱海科研合作协议签字仪式，积极与大专院校、各级科研机构开展交流合作，充分运用其科研优势、人才优势、信息优势，切实提高科技水平，指导洱海综合治理保护各项工作顺利开展。根据洱海"十二五"期间的科研工作方向，大理市以大理学院为主要技术依托单位，签订合作协议，共同开展洱海科研合作。同时，根据洱海科研工作项目的具体特点，聘请省环境科学院白晓华博士为洱海生态科学研究的兼职专家，担任技术总负责。科研合作将继续培育富有特色的基础研究团队和基地建设，紧紧围绕环境保护和地方经济社会的发展需求，积极提炼科学技术因素，实现科学引路、科技治湖，推进洱海治理保护工作再上新台阶。

【洱海湖滨缓冲带湿地园林园建设】 年内，大理市加强了大理市下关北片区洱海湖滨缓冲带(兴盛大桥北至阳南河湖滨缓冲带)湿地建设工程的规划工作。该工程是以宣传、教育湿地资源和生态环境为主的湿地园林园，呈南北纵向带状分布，北起阳南河，南至西洱河兴盛大桥，总长2000多米，占地面积约165780平方米，其中湖面面积28616平方米，绿地面积137164平方米。工程建设将湿地的保护与景观规划结合，根据本地区人口、资源、生态和环境的特点，达到维护城市湿地系统生态平衡、保护城市湿地功能和湿地生物多样性，实现资源的可持续利用，充分发挥城市湿地在城市建设中的生态、经济和社会效益。目前该工程的可行性研究报告，地形测绘、地勘、修建性详规已全面展开。

【加大洱海渔政执法力度】 自2月10日封湖休渔开始后，大理市洱管局组织开展了18次联合专项整治，加大巡查力度，实行洱海南北两片区每周至少3次片区专项整治。片区所属小组与执法大船联合巡航，对管辖区域进行全面监控，重点打击，共查处渔业案件4600起，收缴铁质人力船、木质船、泡沫船373艘、地笼、虾笼16388个以及小拉网216张、丝网3851张、迷魂阵22个、电机39个、电鱼器16套、绳子9500千克、铁件1500千克等非法渔具，教育渔民6700多人次。休渔期间对渔业渔民4411人发放6个月休渔补助金132.33万元，最大限度地保护洱海渔业资源，促进渔业生产可持续发展。

【洱海水污染综合防治】 9月28～29日，云南省九大高原湖泊水污染防治"十一五"规划执行情况末期考核组对大理州洱海水污染综合防治"十一五"规划执行情况进行了考核。"十一五"目标责任书签订以来，通过采取切实有效地工程治理和管理措施，逐年加大洱海保护治理资金投入，不断健全法律法规体系，洱海保护治理取得明显成效，洱海水质及流域生态环境明显改善，洱海水质连续六年总体稳定保持在Ⅲ类，部分月份水质达到Ⅱ类，2010年有4个月水质达到Ⅱ类，5～8月达到Ⅲ类。洱海流域经济社会步入了科学发展的轨道，洱海保护治理工作经验被国家环保部概括为"循法自然、科学规划、全面控源、行政问责、全民参与"的经验向全国推广，并认为至目前洱海仍是中国城市近郊保护得最好的湖泊之一。通过认真细致的考核，考核组对大理州洱海水污染防治"十一五"规划执行情况表示满意。

【离退休干部考察洱海保护工作】 9月28～29日，全州副州级以上离退休老干部对洱海"两保护、两开发"工作和重点建设项目情况进行参观考察。老干部们实地参观了东环海公路、洱海湖滨带（东区）一期生态修复建设工程、龙龛码头、湾桥古生态村等建设项目。在9月29日下午召开的工作汇报会上，州委常委、市委书记段玠代表市委、市人大、市政府、市政协对参观考察的老干部们表示热烈欢迎。市委副书记、市长马忠华就大理市经济社会发展和"两保护、两开发"工作向老干部们做了详细的汇报。通过实地参观考察和听取工作汇报，参会的老干部们认为，在市委、市政府的正确领导下，大理市实现了经济效益、生态效益和社会效益良性互动发展，社会事业繁荣进步，全市经济社会和"两保护、两开发"工作实现了健康发展。

【洱海湖滨带生态修复建设工程】 年内，大理市加快洱海湖滨带（东区）一期生态修复工程建设步伐。该工程是洱海流域保护治理"六大工程"之一，在改善洱海水质、保持生态系统的完整性上起到了重要的作用，项目全长70千米，投资19342万元。项目以洱海湖滨带（东区）一期生态修复建设工程为载体，将生态修复建设工程、东环海生态环保公路和社会主义新农村建设相结合。项目需清退农田88公顷，已完成72.6公顷，完成率82.49%；需拆迁房屋855幢，已签订拆迁协议828幢，完成率96.84%；17块安置片区回填平整工程已完成，安置新村的雨污管网、混凝土路面、卫生旱厕及垃圾池基础设施配套工程正在实施中；基底修复工程已完成70%的工程量，生态修复工程正逐段实施。

【召开洱海水质分析会】 10月26日，大理州邀请7位国内著名的湖泊研究专家参加大理州2010年洱海水质分析会。专家们通过对相关数据的分析及有关情况的了解后指出，2010年洱海总体水质较上年有所好转，在2010年异常的气候条件下，洱海治理取得这样的成果实属不易。中国环境科学研究院研究员金相灿，上海交通大学教授孔海南，中科院武汉水生生物研究所研究员刘永定等湖泊研究专家出席分析会，省、州、市驻关媒体参加会议。与会专家听取了州环境监测站近期洱海水质报告和大理市洱海管理局洱海水生生物情况汇报后，从洱海流域环境管理、洱海水生生态系统、藻类水华的检测和防治、洱海水质等方面，畅谈了洱海保护治理中的经验和需要重视的问题。专家们指出，从湖泊水质的变化规律看，现在洱海水质基本保持上半年以Ⅱ类水质为主，下半年Ⅲ类水质的情况都在正常范围。另外，洱海藻类水华的变化情况是必然的，属于在Ⅱ、Ⅲ类水质情况下的正常变化。专家们强调，洱海在经历了2010年前期干旱、后期雨水集中的气候异常情况后，总体水质还能较上年有所好转，并稳定在目前这种状态实属难得；对洱海的保护与治理需要持之以恒，千万不能过度求快，要坚持建设绿色流域，同时，干部、专家、群众、媒体应形成共同治湖的合力；相信通过大理人民的共同努力，一定能把洱海保护得更好。

【召开水专项课题专题培训会】 12月2日，大理市洱海保护管理局邀请中国环境科学研究院专家王圣瑞、储昭升对全局干部职工进行了水专项的专题培训，培训会紧紧围绕"湖泊水生态、内负荷变化研究与防退化技术及工程示范（中期评估报告）"与"湖滨带生物多样性恢复与缓冲区建设技术及工程示范"2个专题展开。培训内容深入浅出，涵盖范围广泛，并有大量基础研究数据佐证，具有很强的教学性。

【严格控制洱海水位】 大理市洱海保护管理局在遭遇从2009年下半年开始的百年不遇的干旱面前，实行"五日一检查、十日一平衡、一月一调整"的水资源调度工作机制，按月报请执行州政府批复水资源调度运行计划。洱海水位达到1966米最高运行水位，实现调水17929.81万立方米，其中发电用水11185.95万立方米，引洱入宾农业用水6743.86万立方米。收缴洱海各种资源费2504.89万元，其中收取洱海风景名胜资源保护费1480万元，发电水费268.89万元，城市生产生活水费374万元，引洱入宾水费382万元。

（罗兆刚）

苍山保护管理

【概　述】 2010年是实施"十一五"规划的最后一年，是贯彻落实省、州"两会"精神的关键一年。全州苍山保护管理系统在州委、州政府的正确领导下，在州人大、州政协的监督下，坚持以邓小平理论和"三个代表"重要思想为指导，以科学发展观为统领，紧紧围绕州委、州政府的工作目标，采取积极有效的措施，创新工作思路，扎实开展好2010年苍山保护管理工作。

【积极参加"两博会"】 1月29日～2月2日，州苍山保护管理局收集苍山上分布的兰花种类，参加了州委、州政府组织的茶花、兰花博览会，单位荣获"两博会""优秀组织奖"。

【开展洱海保护活动】 2010年，州苍山保护管理局坚持"苍山绿，洱海清"，苍山洱海是一家，只有苍山绿了，才能保证洱海清，只有洱海清了，才能涵养好苍山的管理理念。在洱海保护治理中，州苍山保护管理局挂钩大理镇西门村委会，该村是洱海保护治理重要区域之一。为切实做好洱海保护治理，州苍山保护管理局挤出资金，制作了11辆垃圾收集车及相关配套工具，于2月9日赠送给大理镇西门村委会11个自然村，为实现"洱海清、大理兴"作出新的积极的贡献。5月19日，州苍管局全体干部职工来到大理镇西门村委会，与村委会干部一起30多人在大凤公路边、入湖河道两岸对丢弃的生活垃圾、农业生产污染物及其他垃圾进行了清理，经过近3个小时的清除，共清运垃圾20多吨。

【苍山宣传有新亮点】 2010年，州苍山保护管理局开展了苍山保护进社区、进校园、进乡村活动以及“保护苍山、爱我家园”专题宣传。发放苍山保护管理宣传资料及年画4.7万份；开展社区专题宣传12场次；利用各种媒体进行苍山保护新闻报道50余条。并在大理、下关两城区设立《苍山保护管理条例》滚动宣传屏，宣传生物多样性保护知识，增强市民和社区群众保护生态、保护苍山的意识。

【苍山“两费”征收上新台阶】 2010年，苍山管理系统工作人员上下齐心、通力合作，制定切实可行的征收方案，完善征收手段，创新征收方式、方法。完成资源有偿使用费征收70.1万元，在财政下达征收任务60万元的基础上超额完成10.1万元，超16.8%；完成苍山景区门票收入452.6万元。

【严格行政审批】 年内，为提高依法行政能力，州苍山保护管理局组织全系统部分人员参加州政府法制局举办的依法行政教育培训。通过不断完善制度，坚持执法的地域性原则及方法，坚持案件移送的原则及方法，深入实地调查，层层把关，初审同意了3家建设单位在苍山保护范围内选址开展项目建设，批准了6家申请进入苍山保护区活动的申请。

【落实监督举报】 年内，根据“抓监督举报、顺民心民意”的工作指导原则，州苍山保护管理局对每一起违法行为的举报进行及时核实，积极和各有关部门协调解决，共接到举报5起，做到件件有落实，满意率100%，为苍山的保护管理提供了良好的群众基础。

【强化巡护】 巡护工作是苍山保护管理的一项最基本也是最重要的工作。按照《大理州苍山保护管理局巡护制度》的要求和标准(巡护工作计划)，2010年全州苍山保护管理系统人员全年巡护221次1260人次，批评教育违法人员87人次，行政处罚44人次，罚款3.96万元，没收违法工具539件，处置违法工具103件。同时，还在苍山主要入山道路设立堵卡点8个，有效遏制了苍山各种违法活动。

【做好《条例》配套规定的制定工作】 年内，为更好地贯彻和执行好新《苍山保护管理条例》，州苍山保护管理局调整充实《条例》配套规定工作领导小组，并及时深入到大理市、漾濞县、洱源县苍山保护管理分局，摸清第一手资料，并积极配合州政府法制局做好相关工作。通过调研，《苍山风景名胜资源有偿使用费和苍山景区门票征收管理使用办法》和《苍山建设项目和矿产资源开发利用管理规定》的初稿已经形成，正在上报审批。

【开展苍山生态监测】 年内，苍山保护管理局为较好地完成苍山洱海国家级自然保护区管理能力建设，编制了《大理州苍山保护管理局2009年度云南苍山洱海国家级自然保护区能力建设项目实施方案》，并于2010年6月21~22日组织全系统规划信息工作人员及大理学院生化学院部分学生进行苍山生态监测培训，邀请大理学院专家参与指导，完成生物样品的分类、定名等工作。

【滇西北生物多样性保护繁育研究】 “滇西北生物多样性保护繁育(大理)中心”前期工作被列为州政府重点督查的20项重要工作之一。2010年4月，州苍山保护管理局组织专家对《滇西北生物多样性保护繁育(大理)中心可行性研究报告》进行审查并提出修改意见。10月，邀请州人大、州政协、州发改委、州财政局等各个部门的领导和专家，召开了《滇西北生物多样性保护繁育(大理)中心可行性研究报告》评审会，经过认真研讨，形成了评审意见，通过了专家的评审。

【全面完成苍山水资源阶段性调查工作】 在上年苍山各条溪流数据调查的基础上，2010年州苍山保护管理局编制完成了《苍山十八溪水资源调查报告》，并于4月通过州级专家组验收。《苍山十八溪水资源调查报告》的完成，为苍山水资源保护与开发提供了理论依据。

【苍山珍稀、濒危动植物保护】 州苍山保护管理局除开展好苍山万松庵园区白腹锦鸡恢复保护外，继续开展好“漾濞槭”的保护繁育项目。2010年，项目获得云南省绿色环境发展基金会生物多样性保护小额赠款的支持，州苍山保护管理局组织完成了前期宣传与采种工作，同时还开展了国家级保护动物小熊猫的资料收集整理工作。这些项目的实施，对苍山珍稀、濒危野生动植物和生物多样性保护起到关键的作用。

【自然与文化遗产保护设施建设】 年内，根据州政府统一安排，州苍山保护管理局在苍山上开展巡查道路维修改造及苍山界桩、标识、标牌建设项目，即三塔后溪桥起点的中和峰方向，海拔3200米处的杉思亭和烟雨亭等损毁路段的修整修复工程；感通寺景点的清碧溪景点巡查道路修复工程；东坡界桩、标识、标牌建设项目；苍山地质公园科考游路工程建设等项目。项目涉及资金1100多万元，州苍山保护管理局成立了项目建设领导组，下设项目组、财会组和工程建设督查办公室，并制定了相关的管理办法、验收办法和技术规程等文件。

【苍山森林火灾得到有效防范】 2010年，由于受极端天气影响，全州各地持续干旱，气温攀升，大风天气增多，森林火险等级居高不下，全州森林防火形势十分严峻。2月14日漾濞石门关发生森林火灾，经700多人50余小时的奋力扑救，至17日13时左右，森林火灾明火被扑灭，过火面积初步统计约70公顷，火灾原因疑为小孩放鞭炮引起。2月25日，州苍山保护管理局制定了苍山森林防火定期报告制度，州苍山保护管理局职工分为3个组到相关县市进行护林防火检查。4月3~5日，为切实做好清明节期间苍山的森林防火工作，杜绝苍山森林火灾，苍山保护管理系统全体干部职工节日期间照常上班，州苍山管理保护局干部职工分成3个组，深入苍山保护区周边各县市和苍山沿线，进行森林防火工作督查和巡护，并严格按《大理白族自治州人民政府关于2010年森林防火戒严的通告》中的“六大禁令”要求，对苍山实行全面巡查，严防死守，消除森林火灾隐患，切实保护好苍山森林资源。

【开展义务植树活动】 为积极响应2010年度义务植树活动，确保栽种树种的成活率，年内，州苍山保护管理局在西环线地段栽种了26棵小叶榕。并组织州苍山保护管理局全体职工给管理范围的树种浇水，适时进行维护，26棵小叶榕全部成活。

【苍山搜救】 近年来，随着生态旅游的发展，苍山秀美的自然景观、丰富的生物资源、壮丽的地质遗迹、多元的民族文化吸引了越来越多的人到苍山开展旅游、科考、摄影、探险、登山活动，然而由于苍山地形复杂、地势险峻、森林茂密、气候多变，进入苍山人员迷路、遇险、被困事件时有发生。2010年，州苍山保护管理局共组织搜救11次44人，投入人力3000多人次。

（何永娜）

（责任编校：那　鹏）

贸　易

对外贸易

【概　述】 2010年，全州共实施国内经济合作项目259项，其中：当年签约项目162项，往年结转项目97项。引进州外实际到位资金134.99亿元、同比增长82.64%，完成州下达任务100亿元的134.99%，其中省外实际到位资金72.61亿元、同比增长83.45%，完成省政府下达任务42亿元的172.88%。新批外商投资企业6户，实际利用外资2184万美元，完成省政府下达1500万美元年度任务的145.6%，超额完成省州政府下达的年度引进内外资目标任务。2010年，大理州先后成功引进了中国华电集团总公司、中国大唐集团、中国华能集团、国电电力集团、北京华彬集团、泰国国王食品公司、四川宏达股份有限公司、浙江城建建设集团、江苏五洲国际集团、昆钢集团、云南物流产业集团、云南省投资控股集团、云南世博集团等一批大企业、大集团的投资。

【加大招商工作力度】 年内，大理州委、州人民政府非常重视招商引资工作，在《中共大理州委2010年工作要点》中明确提出，要把招商引资作为“一把手工程”来抓，强势推进招商引资工作。根据州委、州政府领导的指示精神，在继续贯彻执行好已出台的招商促进政策基础上，出台了《中共大理州委办公室、大理州人民政府办公室关于调整充实大理州招商引资工作领导组组成人员的通知》、《中共大理州委办公室、大理州人民政府办公室关于州级领导干部挂钩招商引资项目的通知》、《大理州招商引资工作领导组关于进一步建立和完善招商引资责任制的意见》、《大理州招商引资工作领导组关于下达2010年度全州招商引资责任目标的通知》等一系列促进全州招商引资发展的新思路、新举措。调整扩充了州招商引资领导组成员，实行招商引资“一把手”责任制和州级领导干部挂钩招商引资项目，强化招商引资项目形成和推出工作责任制，把州级招商引资责任单位由原来的24个增加到40个，并安排了600万元招商引资年度责任目标奖金和300万元招商引资工作经费。在2月25日召开的全州招商引资和重大项目监督检查总结表彰暨工作部署会议上，州政府和12县市、“两区”、州级36个招商引资责任单位和4个州政府驻外机构签订了2010年招商引资目标责任状，给各县市、“两区”、州级相关部门兑现了2009年的472.26万元工作奖金和245万元工作经费。这些新举措为完成年度招商引资目标任务提供了强有力的保障。

【狠抓项目储备工作】 2010年，大理州商务局及早谋划，做好招商引资项目储备工作，先后召开了全州商务工作会议和全州商务（招商）局长座谈会，及时对全州招商引资工作进行了安排部署。采取多种措施，立足自治州资源和区位优势，结合全州产业发展方向，实施重大项目提报制度，加强项目的动态管理，切实做好招商引资项目的论证、储备工作。州委宣传部、州文产办高度重视文产项目储备，召开了大理州文化产业项目开发建设交流座谈会，加强项目储备工作。年内，全州共收集、筛选、论证、包装、储备、编印推出招商项目306个，投资总额达1926亿元人民币。其中，工业矿冶类项目53个、农业食品类39个、林业环保类26个、旅游文化类69个、能源交通类34个、城建地产类31个、商贸物流类37个、生物医药类17个。策划、编印、刻录了中英文对照的《大理投资指南》10000册、《大理州招商引资项目》10000册、《大理州经济技术合作重点项目》3000册等一系列项目册及光碟，为招商引资工作奠定了坚实的基础。

【积极开展“请进来”工作】 年内，大理州把“请进来”作为招商工作重点，积极邀请国内外客商到州内考察、洽谈。先后邀请了香港联华投资集团有限公司、北京泛华建设集团、广东TCL集团股份有限公司、深圳玉禾田环境事业集团公司、深圳市百思勤置业顾问有限公司、北京柯瑞环宇传媒有限公司、重庆申基实业集团有限公司、云南神工集团、云南吉鑫集团股份有限公司、昆明新世界餐饮娱乐管理策划公司、昆明南园房地产开发有限公司、云南大滇集团、云南铜业房地产开发有限公司、昆明航空公司、云南煤化工集团有限公司、云南玮圣投资公司、云南世博集团、云锡集团（控股）公司、贵研铂业股份有限公司、云南展驰投资有限公司、云南省城市建设投资有限公司、云南文化产业投资控股集团公司、云南昆钢物流公司、云南昆钢房地产开发有限公司、云南物流产业集团等大企业、大集团到大理州考察、洽谈，并初步达成了一批投资合作项目。邀请了江苏省青年商会投资考察团到大理考察，并举办了“大理·江苏省青年企业家经济技术合作项目推介会”，向考察团推介项目。

【主动“走出去”招商引资】 2010年春节前，大理州先后在昆明组织举办了由州委书记刘明、州长何金平及州级相关部门领导参加的大理州与云南物流产业集团有限公司、云南省投资控股集团有限公司、云南省城市建设投资有限公司、云南铜业（集团）有限公司的新春团拜会，就4户企业在大理州的投资项目合作进行了洽谈，取得了积极的成果。另组织了由副州长程云川率队，宾川县委书记陈继谷、县长朱建斌、副县长王绍基，州商务局副局长施曙光及宾川县相关部门负责人参加的考察团，对云南锡业集团（控股）有限责任公司、中国大唐集团公司云南分公司进行考察，积极推进宾川县与两公司在谈项目的落实。

【做好节会展会招商工作】 年内，大理州充分利用节会展会，开展招商引资。①三月街民族节期间，全州新签约国内合作项目5项，协议总投资30.65亿元。②组织永平、大理等9个县市、“两区”

商务局(招商局)参加了在昆明举行的第八届东盟华商会投资西南项目推介会,对大理海东城市新区开发项目等25个重点招商项目进行了宣传推介,来自30多个国家和地区的500余名海外侨胞和华商参会。③组成以州委副书记、州长何金平为团长,州商务局、大理市、大理旅游度假区、大理经济开发区领导及有关企业负责人为成员的大理州经贸代表团参加了在福建省福州市举行的第六届泛珠三角区域合作与发展论坛暨经贸洽谈会。④组成了由州人民政府副州长程云川率队,洱源、剑川、漾濞3县党委、政府领导,州商务局领导和有关企业参加的大理州经贸代表团,参加了第十一届中国西部国际博览会。⑤参加了由云南省政府主办,云南省招商合作局、上海市政府合作交流办承办的"云南省现代服务业(上海)专题招商暨投资洽谈会",推介大理州的招商引资项目。⑥精心筹划参加"昆交会","昆交会"期间,大理州共有"大理世博城项目"等18个招商引资项目签约,投资总额达260亿元。其中,内资项目15个,投资总额198亿元;外资项目3个,投资总额9.06亿美元。

【开展重点招商项目督查工作】 2010年,大理州商务局以重大招商引资项目的落实和实施速度、质量为目标,提请州委实行州级领导干部挂钩联系招商引资重大项目制度,并筛选了26个招商引资重点项目,由26位州级领导对项目进行指导帮助、协调服务、督促检查、回访问效。通过州级领导联系挂钩招商引资项目,挂钩领导对州委、州政府出台的各项招商引资政策的落实情况和项目单位的招商引资工作进度进行督促检查,确保了政令畅通,取得了良好的效果。

【狠抓招商引资项目资金到位】 年内,大理州狠抓了招商引资项目资金的到位工作。①在7月初召开的全州商务(招商)局长座谈会上,对上半年全州招商引资工作完成情况进行了分析,落实"三月街""昆交会"期间签约的招商引资项目的进展情况,安排部署了下半年全州招商引资工作。②向州政府作专题报告,提请州人民政府对有关县(市)、"两区"落实"三月街""昆交会"期间签约招商引资项目工作进行督查。

【实施招商引资项目回访制度】 年内,大理州认真实施招商引资项目回访制度,制定了《2010年大理州招商引资项目回访方案》,并于11月组织全州各县市、"两区",对辖区内的外来投资企业进行回访;认真组织州级相关部门深入投资总额超过5亿元以上的重点外来投资企业进行回访,为外来投资企业排忧解难、答疑解惑,并认真收集、整理相关材料,总结、梳理招商引资工作中涉及的典型问题,按要求及时上报相关材料,为进一步完善全州招商引资服务工作奠定了坚实的基础。

【帮助外商投资企业开展党建工作】 年内,大理州商务局积极帮助大理州外商投资企业开展党建工作,并收集整理了这些外商投资企业党建的相关情况。2010年,全州外商投资企业有59户,有8户企业成立了总支或支部,其中:8户企业成立的支部数量达11个,有3户企业成立了总支;8户企业党员人数246人,党员人数占企业职工总数的12.21%。

【3家外商投资企业受云南省商务厅表彰】 年内,大理州3家外商投资企业被云南省商务厅表彰为2009年度外商投资先进企业。其中:获得"2009年度云南省十大双优外商投资企业"荣誉称号的大理啤酒有限公司排名第6位、宾川宽恳农副产品有限公司排名第7位;获得"2009年度云南省十大高出口外商投资企业"荣誉称号的宾川宽恳农副产品有限公司排名第4位、云南华王绿色食品有限公司排名第8位,3户企业出口总额都超过千万美元。

【进出口贸易保持高速增长】 2010年,大理州进出口贸易保持高速增长的良好势头。全州实现进出口总额18449万美元、同比增长28%,完成省人民政府下达大理州17286万美元进出口目标任务的106.73%。其中,出口额10755万美元,完成省人民政府下达大理州7480万美元出口目标任务的143.78%,同比增长72.5%;进口额7694万美元,同比下降5.8%。

【龙头企业支撑作用明显】 2010年,全州有进出口实绩的企业达31户,其中进出口额超5000万美元的有1户,超过1000千万美元的有5户,超过500万美元的有9户。排名前9位的企业实现进出口总额15684万美元,占全州进出口总额的85%。

【农副产品出口增长强劲】 近年来,香葱、大蒜、水果、野生菌、乳制品、啤酒等农副产品已成为大理州最主要的出口产品。2010年,农副产品出口额达9177万美元,占全州出口总额的85.33%,同比增长82.16%。全州有4户农产品出口企业出口额超过1000万美元,共出口5655万美元,占出口总额的52.58%。

【新兴出口企业后劲十足】 近年来,一些新兴出口企业发展势头强劲,后劲十足。涌现了宾川云福农副产品加工有限责任公司和云南国巨绿色食品有限公司这样的新兴出口企业。2010年度,两户出口企业出口额分别达1077万美元和433万美元,净增出口超过1500万美元,出口形势十分喜人。

【出口品种、出口市场进一步多元化】 经过几年来的不断调整,至2010年,全州已初步形成以农副产品、纺织品、机电、化工、工艺品等各类地方产品共同发展的出口格局。其中农副产品出口独占鳌头,出口额达9177万美元,同比增长82.16%,占全州出口额的85.33%。同时,全州企业紧抓中国东盟自贸区正式启动的契机,进一步扩大对泰国、缅甸、越南、印度尼西亚、马来西亚、新加坡等东盟国家的出口,东盟已成为大理州最主要的出口市场,2010年出口额达7996万美元,占全州出口总额的74.35%;并成功拓展了美国、英国、荷兰、韩国、孟加拉、贝宁、蒙古等新的出口市场。

【进口产品种类增加,进口总额小幅下滑】 2010年,大理州在企业生产所需原辅材料和生产设备进口的基础上,增加了技术类产品的进口,进一步优化了进口产品结构。但受设备进口减少的影响,全州共实现进口总额7694万美元,同比下降5.8%。

【狠抓项目储备工作】 年内,大理州认真做好项目前期论证工作,不断提高储备项目的质量,切实加强招商引资项目的收集、筛选、储备工作,在全州实施了重大项目提报制度,并进一步加强了储备项目的动态管理。2010年共收集各县市、"两区"、州级相关部门报送的368个招商引资项目,经筛选、整理、编印,相继推出项目306个,总投资1926亿元人民币,筛选编印成《重点项目册》3000册,编印《大理投资指南》资料10000册,刻录《大理州招商引资项目》光盘5000张。在"昆交会"、"珠洽会"、"西博会"等各种招商活动中发放《大理招商引资项目册》共计5000册。

【招商引资宣传工作取得新成果】 年内,州商务局积极做好招商引资对外宣传工作,取得新成果。①2010年,“大理商务之窗”网站共发布大理州商务信息1008条,上报州委办、州政府办“政务信息”77条,330多万人次点击网站,点击率进一步提升。②编印《大理商务》信息共11期,对全州商务系统工作性质、内容、责任目标进行了广泛宣传报道,进一步推动了商务工作的开展。

【完成上报省招商局重点项目】 年内,大理州商务局对全州的项目进行筛选,按照省招商局对上报项目的要求和条件,认真做好项目的整理,并总共完成20个项目的上报。

(孙建新)

国内贸易

【“农贸市场改造工程”成效明显】 2010年,大理州的剑川县沙溪镇农贸市场等10个市场,各获得省级扶持资金30万元进行建设改造,合计投入300万元;10个乡镇农贸(集贸)市场建设改造项目共占地965.41万平方米;市场地面硬化2.35万平方米;搭建雨棚29个、8.38万平方米;修建菜台1490个、6064平方米;新修排污水沟4459米;总投资841.58万元,其中省补助300万元,自筹541.58万元;新增市场交易人数26.13万人;新增市场交易额5860万元。2010年开始,州政府每年安排市场体系建设专项资金500万元,安排扶持的宾川县滇西水果蔬菜交易市场等22个农贸市场正在建设改造之中。乡镇农贸(集贸)市场基础设施建设的进一步加强,改善了乡镇农贸(集贸)市场的交易环境;全面提升了乡镇农贸(集贸)市场的整体形象;充分发挥了乡镇农贸(集贸)市场的整体功能;极大的便利了人民群众的生产生活。

【“万村千乡市场工程”建设成效显著】 2010年,全州建成“万村千乡市场工程”配送中心9个,其中:农资配送中心4个,百货配送中心5个。配送中心总投资1744.74万元,新增配送面积21427平方米。建成标准农家店350个,其中:农资农家店23个,百货农家店327个。农家店总投资623万元,共新增加货架120158米,消防设施503个,水泥地面硬化10583平方米,天花板吊顶20133平方米,门面刷油漆38465平方米;新增加销售额4231.4万元、营业面积12380.3平方米、就业597人、税收13.22万元。农村现代流通网络初步建成,农村购物环境得到明显改善,农村消费得到有效拉动。

【“家电下乡工程”促农增收】 年内,全州“家电下乡”活动进展顺利。截至2010年12月30日,全州共备案742个销售网点,销售总量为23万多台,销售总额为4.53亿元。已补贴21万多台,补贴金额为5089万元。为保增长、保民生、保稳定、促发展作出了积极贡献。

【“生猪储备工程”保障肉食品供应】 2010年,大理海春畜牧有限公司承担160吨冻肉储备任务,获省财政补助20.8万元;漾濞县涵轩绿色产业开发有限公司承担2500头活猪储备任务,获省财政补助10万元;祥云县得元食品有限公司承担2500头活猪储备任务,获省财政补助10万元;鹤庆县卧龙湾生态养殖有限公司承担3000头活猪储备任务,获省财政补助12万元;鹤庆县一香食品有限公司承担100吨火腿储备任务,获省财政补助15万元。合计获省财政补助67.8万元。有效改善了生猪、冻肉和火腿的储备条件,增强了市场供应的保障和应急能力。

【典当、拍卖和二手车市场健康发展】 2010年,大理州典当、拍卖和二手车市场体系不断健全,服务功能不断增强,经济社会效益日益明显。境内有1家典当企业,即大理州诚信典当有限责任公司,全年业务97笔,其中,动产65笔,房地产32笔;当金15991万元,其中,动产当金14086万元,房地产当金1905万元。全州共有5个拍卖企业,即云南大理金德尔拍卖有限责任公司、大理商品拍卖中心有限责任公司、大理中意拍卖有限公司、大理正泰拍卖公司、大理天誉拍卖有限公司。全年共拍卖30场次,实现成交金额28324.56万元,收入佣金496.19万元,上缴税金29.94万元,实现利润31.05万元。全州有1个二手车交易市场,即大理州二手车交易市场,全年交易车辆8469辆,其中乘用车4241辆、商用车3673辆、摩托车554辆、其他车型1辆;交易额34828.64万元。

【社会消费品零售总额增长态势喜人】 2010年,全州实现社会消费品零售总额为142.10亿元,同比增长18%,圆满完成年初确定的目标任务。

【农超对接成效明显】 2010年6月30日~7月1日,全球最大的连锁零售商业企业——沃尔玛与深圳鑫荣懋实业发展有限公司合作,与宾川县金牛镇红提种植合作社达成协议,在宾川金牛镇罗官营村13294亩红提葡萄基地中精选出2200亩作为农超对接基地;昆明珍果记商贸有限公司与宾川县州城镇红提葡萄种植合作社达成协议,在宾川县州城镇州城村5800亩红提葡萄基地中精选出2000亩作为农超对接基地。这些合作使当地10000多农户受益,年可增加收入6000多万元。宾川县通过鼓励大型连锁超市和农产品流通企业发挥自身网络、配送、信息技术等优势,积极与农民专业合作社实行对接,延伸产业链条,建立直采基地,创新农产品流通方式,减少鲜活农产品的流通环节,有效降低了营销成本。截至年底,沃尔玛超市两个宾川红提葡萄“农超对接”基地已有约2600多吨红提葡萄运往沃尔玛深圳总部,并在除北方区以外的沃尔玛购物广场进行销售。与上年同期相比,两个基地所产红提葡萄进入沃尔玛的销售额增加了3600多万元。大理市泉源商贸有限责任公司拥有直营连锁店200家,覆盖了州内12个县市,形成了“城乡一体”的营销网络格局。该公司运用农产品现代流通模式,与农民及其专业合作社建立了稳定的合作关系,发挥企业在市场信息、网络布局方面的优势,开展鲜活农产品“农超对接”。至2010年底,公司销售水果850吨、鲜鱼550吨、蔬菜1700吨、禽蛋类1500吨、蜂蜜180吨、乳扇150吨、白芸豆400吨、大蒜800吨、核桃干果及其制品700吨,销售额实现11.8亿元。

(孙建新)

供销合作

【概 述】 2010年,大理州供销社系统以落实国务院《关于加快供销合作社改革发展的若干意见》和云南省委、省人民政府《关于深化改革推进供销合作社“二次创业”意见》及州委、州人民政府《关于深化改革推进供销合作社“二次创业”实施意见》为重点。一年来,大理州供销社系统在州委、州政府的正确领导下,在省供销社的指导帮助下,以科学发展观为统领，认真开展创先争优活动，重点打造农村现代流通经营服务体系和农村合作经济指导服务体系，通过创新工作思路，狠抓各项政策措施的落实，不断加快推进供销合作社“二次创业”步伐，开创了全州供销合作社工作新局面，努力成为农业社会化服务的骨干力量、农村现代流通的主导力量、农民专业合作的带动力量，超额完成了年度工作目标任务和“十一五”发展目标。

【主要经济指标持续快速增长】 年内，大理州供销社系统汇总实现利润2200万元，完成省社下达任务的176%，比上年2156万元增长102%。经营总额239065万元，完成省社下达任务的125.8%，比上年171314万元增长102%。销售化肥468196吨、完成省社下达任务的17.3%，发展“两社一会”437家、完成省社下达任务的132.4%，培训人员10374人、完成省社下达任务的225%。

【供销社改革发展和二次创业工作推进会召开】 为全面贯彻落实国务院《关于加快供销合作社改革发展的若干意见》与中共云南省委、省人民政府《关于深化改革推进供销合作社“二次创业”意见》、中共大理州委、州人民政府《关于深化改革推进供销合作社“二次创业”实施意见》精神，进一步加快供销合作社改革发展和推进供销社二次创业的步伐，着力实施全州“乡村流通工程建设”。州委、州人民政府于2010年4月23日组织召开了大理州供销社改革发展和二次创业工作推进会，省社、州委、州人大、州政府、州政协和各县市党委、政府分管领导，各县市供销合作社主任参加了会议。

【参加云南省“千社千品”暨农特产品展销会】 2011年9月12～20日，云南省供销社在昆明举办首届“千社千品”暨农特产品展销会。按照省供销社的工作部署，大理州供销社积极向州委、州人民政府汇报组织参展工作情况，通过与展销会承办企业的沟通协调和对州内供销企业的精心组织筛选。全州有祥云县米甸助农特色农产品专业合作社、洱源县洱宝梅果专业合作社、鹤庆县腊味品加工协会、宾川县爽馨石榴科技开发专业合作社参加展销，参展农特产品186个，销售额28.6万元。大理州供销系统发展“两社一会”、开展供销“二次创业”的新形象、新面貌在这次农特产品展销会上得到展示。

【充分发挥供销农资主渠道作用】 2010年，全州出现了百年不遇的特大干旱，州社党组对此十分重视，及时成立了抗旱领导工作组及农资供应协调组，深入基层了解旱情，千方百计筹集资金，多渠道组织货源，确保抗旱救灾和春耕生产所需农用物资及时到位。1～6月份，全州销售化肥257015吨，6月末，全州库存各类化肥8万多吨，做到价格稳定，质量保证，保障供应，充分发挥了供销社农资供应的主渠道作用。

【建立农村青年人才培训基地】 为切实服务全州农村青年创业发展，引导农村青年积极投身于农产品经纪人、金融、流通等行业，着力解决农村青年创业发展的知识、资金等瓶颈问题。在团省委、省供销社的倡导下，团州委、州供销社共同举办了两期、有280名农村青年参加的农村青年流通人才培训班，并在大理州财贸学校共同筹建了大理州农村青年流通人才培训基地，在鹤庆县委党校成立了县级农村青年流通人才培训基地。

【以项目建设为抓手，推进乡村流通工程建设】 2010年度，全州供销社拟建省级乡村流通工程项目26个、食用菌项目8个、新网工程项目5个、农业综合开发项目1个、野生食用菌保护与开发项目1个；州级乡村流通工程拟建项目18个；终端服务网络建设标准化综合服务社102个、专业合作社建设200个。为了加快上述项目的建设步伐，州供销社共争取到各级财政资金1139.8万元，其中：中央财政扶持资金130万元，省级财政扶持资金559.8万元，州级财政扶持资金450万元。各级供销社及项目单位投入2000多万元，加上吸纳的社会投资，总计达5000多万元。

【荣获省政府“二次创业”突出贡献奖】 2010年，州供销合作社系统坚持为农服务的方针，大力发展“两社一会”，切实推进“乡村流通工程”建设，取得了显著成绩，为此荣获省政府“二次创业”突出贡献奖，受到通报表彰。

（张 韬）

粮油购销

【概 述】 2010年，面对百年不遇严重干旱的挑战，大理州粮食工作经受了严峻的考验，州粮食局紧紧围绕全州社会发展的战略目标和《大理州粮食局2010年工作意见》，突出重点，狠抓落实，全面完成了粮食流通管理各项工作任务。制定了《大理州“十二五”粮食流通产业发展规划》，全州国有粮食企业实现扭亏为盈，党风廉政建设和平安创建工作分别被评为优秀和先进，有效地保障了干旱时期全州粮食市场供应和粮食价格基本稳定，保障了全州粮食安全。

一是认真学习，加强队伍建设。①组织各县市粮食局长、国有粮食企业经理和局机关中层以上干部到红塔大理卷烟厂、力帆骏马集团等企业参观学习，开阔视野；②购买了《致加西亚的信》、《谁动了我的奶酪》、《野蛮生长》、《粮食危机》、《粮食战争》等书籍送给各县市粮食局长、国有粮食企业经理及局机关干部职工学习；③积极开展有针对性的廉政文化教育，激励干部职工认真学习，树立正确的人生观、价值观和世界观，爱岗敬业，勤政廉政，积极调研，创新工作，开展二次创业；④在调研的基础上制定了《大理滇西粮油储备物流中心实施方案》；⑤组织开展全州粮食系统公务员行政执法等培训，举办了党课和粮食业务技能知识等专题讲座，在组织参加首届全省粮食行业职工技能大赛中获优秀组织奖；⑥按规定程序选拔任用了6名科级干部（领导干部4人，非领导干部2人），轮岗1人。实现了干部合理配置，调动了全局干部职工的积极性。

二是积极应对，全力做好干旱时期的粮食供应保障工作。①召开全州粮食银企座谈会，保障粮食收购、外调、储备的信贷资金支持；②召开全州粮食工作会议，采取措施，积极应对特大干旱，确保粮食供应；③制定了《大理州2010年严重干旱确保全州粮食供应应急预案》和《大理州关于动用州级储备粮保障抗旱救灾救济口粮供应实施办法（试行）》，提供救灾粮400万千克；④新增了粮食库存旬报、粮食四级储备粮稻谷、商品粮稻谷及大米粮食库存应急测算表的上报工作；⑤新增州级临时储备规模，完成了省级临时储备任务和省下达的第二批植物油计划；⑥各县市粮食局、国有粮油购销公司积极筹措资金128万元，改造粮食加工设备，保证政策性用粮和市场粮食供应。

三是认真落实粮食行政首长负责制。按照省政府关于继续完善云南省粮食行政首长负责制考核指标和奖惩的要求，认真履行完成分管的工作任务，并对各县市粮食行政首长负责制落实情况及州级相关部门工作进行了检查考核。受到省、州政府的表彰奖励。

四是加强储备粮管理。①严格按照中央及地方储备粮管理法规和规章管理各级储备粮，做到各级储备粮在需要时调得动、用得上、有保障；②按时、按质、按量完成了省州储备粮年内的轮换任务；③新增粮油储备规模；④完善了州级储备粮管理办法。

五是积极推进依法管粮工作。①依法做好《粮食收购许可证》的申请、审批发放和年度审核工作；②组织全州粮食行政人员执法培训；③认真开展全州粮油统计检查；④按时上报行政许可、行政审批和行政复议事项。

六是积极谋划发展。为保障全州及滇西地区粮食供应和粮食安全，继续深化粮食流通体制改革，培植粮油龙头企业，促进农业产业化发展，适应大理中心城市建设的需要，大理州粮食局在深入调研、广泛征求意见、多方科学求证的基础上提出的《大理滇西现代粮食储备物流中心项目实施方案》，获州政府批准。并根据全州粮食产业情况制定了《大理州"十二五"粮食流通产业发展规划》。

七是积极扩大粮油购销，实现扭亏增盈。2010年，全州国有粮食企业积极到东北粮食主产区和州外组织外购粮源，开展粮食购销，有效增加市场粮油供应，满足了州内市场粮油供应。

【粮食工作会议召开】 2010年4月13日，州政府在下关召开了全州粮食工作会议，副州长程云川作了《认清形势，把握大局，积极应对，确保全州粮食供应和市场稳定》的讲话，省粮食局副巡视员孙卫平到会作指导。程云川对粮食经济运行情况作了认真分析，针对干旱时期存在的困难和问题，提出了应对的工作措施，会议统一了思想，提高了认识，明确了工作任务。会议期间，粮食系统参会人员还参观了欧亚乳业、清逸堂纸业、力帆骏马集团和大理卷烟厂，提高了做强做大企业，促进粮食产业化发展的认识。

【全州粮食系统积极应对百年不遇特大干旱】 年内，州粮食局把抗旱减灾保民生作为最大的政治、最硬的任务和最紧迫的工作认真抓好。①召开全州粮食银企座谈会，保障粮食收购、外调、储备的信贷资金支持；②召开全州粮食工作会议，采取措施，积极应对特大干旱，确保粮食供应；③制定了《大理州2010年严重干旱收起确保全州粮食供应应急预案》；④新增了粮食库存旬报、粮食四级储备粮稻谷、商品粮稻谷及大米粮食库存应急测算表的上报工作；⑤新增州级临时储备规模，认真完成省级临时储备任务；⑥制定《大理州关于动用州级储备粮保障抗旱救灾救济口粮供应实施办法（试行）》，保障了救灾粮供应；⑦各县市粮食局、国有粮油购销公司积极筹措资金128万元，改造粮食加工设备，保证政策性用粮和市场粮食供应。

【滇西现代粮食储备物流中心项目实施方案获准】 针对全州国有粮食购销企业目前普遍存在的仓储设施陈旧落后，储备规模不足，企业"小、散、弱"，缺乏现代化管理和市场竞争力的现状及适应大理中心城市建设的需要。年内，大理州粮食局在深入调研、广泛征求意见、多方科学求证的基础上提出了《大理滇西现代粮食储备物流中心项目实施方案》并上报州政府。州政府于11月3日正式批准了方案，要求州粮食局负责牵头做好筹备工作，大理市政府及相关部门给予积极支持。

【贯彻落实粮食行政首长负责制目标考核工作】 年内，根据《云南省粮食行政首长负责制领导小组办公室关于继续完善云南省粮食行政首长负责制考核指标和奖惩》的要求，州粮食行政首长负责制考核领导办公室完成了2009年度相关考核材料的收集、整理、汇总和上报工作。由粮食、财政、农业、农发行、统计等部门组成考核组，对弥渡、南涧、巍山、永平、剑川6县2009年贯彻落实粮食行政首长负责制情况进行了实地考核，全面完成了对全州12个县市及州级8个相关部门2009年度粮食行政首长负责制目标责任考核工作，并于2010年1月4日接受了省委、省政府检查考核组的实地检查考核。省人民政府对州人民政府2009年贯彻落实粮食行政首长负责制考核结果为合格，并给予了奖励；州人民政府对考核优秀等次的鹤庆县人民政府、考核良好等次的祥云县和漾濞县人民政府、考核合格的其余9个县市人民政府及州级8个相关部门给予了奖励。

【新增州级粮油储备】 面对百年不遇的严重自然灾害，根据全州粮食供需实际，年内，大理州粮食局向州政府提出增加粮油储备规模的建议，州政府随后批准同意了新增州级稻谷临时储备规模和省下达的第二批植物油州级储备计划。通过增加地方储备粮规模，优化储备粮布局结构，保证了粮食市场供应，为确保全州粮食安全、确保应急供应提供了坚实的物质基础。

【完善州级储备粮管理办法】 年内，根据州人民政府对《南涧县人民政府关于动用州级储备粮的请示》的批示，大理州粮食局开展了专题调研，与民政、财政、发改委和农发行会商研究，拟定了《大理州关于动用州级储备粮保障抗旱救灾救济口粮供应实施办法（试行）》，从储备粮动用审批程序、时限、质量、价格、费用、成本核算、补库回购、贷款贴息、监督审查、职责等方面作了规定。于2010年6月以州政府文件下发各县市政府及相关职能部门执行。

【举办粮食行政人员依法行政培训】 2010年9月，州粮食局对128名粮食行政人员进行了综合行政法律、法规和粮食行政法规的行政执法资格培训。参加培训人员经认真学习、考试，取得了省政府核发的粮食行政执法证，为全州依法管粮提供了保证。

【开展粮食统计检查】 年内，按照省粮食局关于开展全省粮食统计执法大检查的要求，大理州粮食局及时成立了以局长为组长，财会、统计、纪检人员为成员的粮食统计执法大检查领导组，制定了工作方案，以各县市自查和州级复查的形式开展全州粮食统计执法大检查。本次共检查粮食企业51户；农村粮食抽样494户，食用植物油抽样197户；城镇居民粮食抽样119户，食用植物油抽样58户。检查结果：①粮食统计工作职能职责到位，做到机构健全，经费落实，制度执行，粮油市场监测得到加强，粮食库存统计管理进一步规范，与政府和相关部门的沟通联系进一步加强，社会粮食统计调查和统计分析得到重视，社会粮油供需平衡分析调查对干旱时期政府正确把握大局提供了科学依据；②粮食统计执法遵纪合规。全州粮食系统无严重统计违法违纪情况，无统计泄密窃密情况，无未经批准擅自篡改或变更统计内容问题，无利用统计调查损害社会公共利益或者进行欺诈活动的问题。

【扩大粮油购销，实现扭亏增盈】 2010年，受百年不遇严重干旱的影响，全州粮食总产与上年同比减产8%，主要消费口粮中的稻谷同比减产12%，口粮消费缺口大。在主要粮食品种产不足需的情况下，全州国有粮食企业克服粮价持续高位运行，成品油价格上涨，运输成本继续提高,给储备粮的轮入补库造成困难的实际,积极开展粮食购销,到东北粮食主产区和州外组织外购粮源,增加省州县(市)粮油储备规模,满足了州内市场粮油供应,为企业扩大销售创造了条件。①增加加工设备设施和市场供应网点投入;②加强粮食市场监测和监管;③及时下达储备粮轮换计划,增加州内粮食供应,动用州级储备粮、县(市)级储备粮和企业周转粮,满足民政救灾救济粮供应,落实省级成品粮临时储备,增加州级和县(市)级粮食储备;④积极组织从主产区调入粮食,充实全州粮食库存。1~12月,全州商品购进贸易粮6413万千克,同比略减5%;销售贸易粮6349万千克,销售量减少2%;全州国有粮食购销企业实现粮油销售收入1899万元,在上年亏损93.7万元基础上实现盈利321.7万元,盈利增幅443%;全州国有粮食购销企业有10户盈利、2户亏损。

(汪自云)

【建章立制,提高企业竞争力】　年内,大理州国家粮食储备有限公司结合工作实际和存在的问题,制定了《大理州国家粮食储备有限公司管理手册》,提出了企业的发展目标、明确了公司各部门的职责,细化了每个员工的岗位职责,设定了考核指标和考核方法,做到奖惩有据,考评有法。层层签订奖惩责任状,将考核结果与年终绩效率工资挂钩,为高质量、高效完成公司的工作,提高公司在市场中的整体竞争实力提供了保证。

(陈志勇)

【提升职工业务技能】　年内,大理州国家粮食储备有限公司鼓励职工学习,钻研技术、苦练技能,公司员工撰写的《轴流风机与离心风机通风降温能耗对比》在全国粮油仓储节能减排专题技术会议上作交流发言。2010年4月,参加了云南省人力资源和社会保障厅、省总工会、省粮食局举办的“首届全省粮食行业职工技能大赛”,取得了粮油检验员第十名的成绩。

(陈志勇)

【扎实推进创先争优活动深入开展】2010年,中央储备粮大理直属库立足实际,积极开展“六比六创”活动:①比学习,坚持每周学习制度,采取集中学习、各人自学、会议讨论、体会谈心等形式,创一流综合素质;②比团结,定期开展领导班子成员与党员、员工之间的交心谈心活动及每周的工作交流会,增进工作合力,形成互敬、互重、互信、互让的氛围,创一流员工队伍;③比干劲,弘扬勇往直前、敢打敢拼的拼搏精神;敢为人先、争创一流的进取精神;爱岗敬业、一丝不苟的敬业精神;淡泊名利、无私忘我的奉献精神;脚踏实地、埋头苦干的实干精神;勇于创新、锐意进取的开拓精神;团结同志、乐于助人的协作精神;胸怀大局、纪律严明的忠诚精神,创一流精神风貌;④比奉献,以创建“五好”党支部,争当“五带头”党员为目标,以先进人物为榜样,把实现人生理想、追求、价值与事业联系在一起,立足岗位、甘于奉献,创一流工作作风;⑤比工作,积极开展比绩效、敢竞赛活动,激发奋进动力,创一流工作业绩;⑥比创新,围绕发展、创新、创先、争优思路,增强改革创新意识,着力破解发展进程中的难题,大胆创新工作方法,创一流发展机制。年内,单位财会、统计工作在省内获先进,受表彰,实现利润260万元,为建库以来之最高,被大理州总工会授予“五一劳动奖状”,通过“六比六创”活动的开展,进一步促进了中央储备粮大理直属库各项工作全面发展。

(孟继斌)

(《粮油购销》除署名外由李宇撰稿)

(责任编校:杨　虓)

财政　税收

财　政

【概　述】　2010年，大理州财政总收入累计完成805678万元，完成年度预算的108.1%，比上年增收129528万元，增长19.2%。其中：上划中央、省级税收收入429517万元，比上年增收68847万元，增长19.2%；一般预算收入完成376161万元，完成年度预算的108.4%，比上年增收60681万元，增长19.2%。财政总收入分征管部门完成情况：国税部门完成426471万元，同比增收60748万元，增长16.6%；地税部门完成290007万元，同比增收64752万元，增长28.7%；财政部门完成89200万元，同比增收4028万元，增长4.7%。全州地方一般预算支出完成1242429万元，完成年度预算的99.5%，比上年增支218506万元，增长21.3%。

【结构调整】　大力支持重大项目建设，2010年，州级财政预算安排项目前期工作经费2550万元、重点建设资金4000万元，落实中央投资项目州级配套资金6947万元。争取并下达中央和省扶持企业发展专项资金2.65亿元，州级财政安排扶持企业发展资金9129万元，集中财力扶持优势产业群体。投入旅游重大项目建设扶持资金2000万元、安排旅游宣传促销费1200万元，支持苍山大索道、鸡足山旅游景区等重大项目建设；积极推进节能减排和生态建设，争取中央淘汰落后产能专项资金1871万元，兑现州级奖补资金456万元，下达环境保护项目资金1.07亿元，全面完成淘汰落后产能任务。

【强农惠农】　及时开通抗旱救灾资金“绿色通道”，全力以赴抗大旱，2010年共下达抗旱资金2.31亿元；大力支持农业加快发展，全州农林水事务支出19.33亿元，比上年增支6.19亿元，增长47.1%；州级财政预算安排农业产业化资金1000万元、扶贫综合开发示范园区建设资金1000万元，千村扶贫百村整体推进建设资金3300万元，支持核桃、茶叶、蚕桑、农产品加工、乳畜业等优势农业加快发展。及时发放惠农补贴资金12.64亿元，农民人均获补贴达417元；积极引导金融机构加大支农力度，金融机构发放涉农贷款96.4亿元，比上年增加30亿元，增幅达45%，共获得财政奖补4502万元。继续实施村级公益事业建设“一事一议”财政奖补试点，共完成1139个试点项目，总投资达2亿元，获得中央和省级财政奖补资金9581万元，全州受益农户14.9万户、59.3万人；累计销售家电下乡产品23.09万台(件)，兑付补贴资金5204万元，拉动农村市场消费4.53亿元；累计销售汽车摩托车下乡产品11.81万辆，兑付补贴资金1.37亿元，拉动农村市场消费13.85亿元。

【惠民兴州】　2010年，全州教育支出完成22.92亿元，比上年增加4.16亿元、增长22.2%；下达中央和省级财政校舍安全资金1.58亿元，州级财政配套3749万元，年内新建26万平方米中小学校舍。全年社会保障和就业支出完成14.19亿元，同比增支6890万元，增长5.1%。州财政下达全国新型农村社会养老保险试点补助资金2551万元，鹤庆、永平、洱源3县试点工作稳步推进。发放失业人员小额贷款2.28亿元，贴息资金1263万元，扶持5191户失业人员创业。全年住房保障支出完成6.46亿元，是上年的3倍，34万平方米6830套城镇廉租住房建设全面开工。文化体育传媒支出2.22亿元，不断加强城乡公益文化事业基础设施建设，促进文化繁荣发展。州级财政安排规划经费1520万元，用于开展滇西中心城市总体规划和5个专项规划；安排县城提升改造经费2200万元，支持巍山、云龙、宾川、南涧4县全面启动县城提升改造工作。

【财政管理】　2010年，对州本级18个部门54个预算单位开展了部门预算内部公开制度试点工作；全州下达财政授权支付额度39.6亿元，同比增加10.46亿元，增长35.9%。实行财政统发工资预算单位1738个，统发人数93403人。在全州启动公务卡结算制度，实行公务卡结算单位1423个，发卡30607张。完成政府采购金额4.84亿元，节约采购资金5811万元，综合节约率达10.72 %。继续推进行政单位和参公管理事业单位经营性国有资产统一管理工作，对行政事业单位所有国有资产实行动态化管理。完成30万元以上的165个项目共4.82亿元资金的绩效目标申报管理。加强行政成本控制，全州因公出国(境)经费支出同比下降2.1%，公务用车购置及运行经费支出同比下降0.1%，出省考察经费支出同比下降20 %，庆典、节会、论坛经费支出同比下降21.1%。

【队伍建设】　2010年，积极开展财政干部培训和“选人用人”公信度示范单位创建，狠抓党建和党风廉政工作，深入开展创先争优活动，财政干部职工的凝聚力和战斗力明显增强；召开县域经济发展与财源培植研讨会，营造全社会关心支持财源培植工作的氛围；举办大理州财会业务实作竞赛，营造财会人员“学技术、钻业务、练技能”的浓厚氛围；认真开展文明单位创建工作，州财政局被评为“省级文明单位”。进一步加强机关作风建设，组织开展科室负责人述职述廉评议活动，在社会各界民主评议行政经济部门中名列前茅。

(杨越冰)

国家税务

【概　述】　2010年，大理州国家税务局在云南省国家税务局党组和中共大理州委、州人民政府的正确领导下，始终坚持以邓小平理论和“三个代表”重要思想为指导，深入学习实践科学发展观，认真落实省国税局“和谐发展年”各项工作部署和州委、州人民政府各项工作要求,坚持“狠抓作风建设,强化责任落实,坚持以人为本,构建和谐国税”的总体工作思路,以“创先争优”为载体,深入实施“效能政府”四项制度,不断推动各项税收工作开展,税收收入实现新跨越、依法治税取得新成效、服务经济发展作出新贡献、税收征管取得新突破、信息化建设迈上新台阶、纳税服务取得新成果、队伍建设迈出新步伐、廉政建设开创新局面、文化建设取得新成果、精神文明建设树立新形象,圆满完成全年国税工作目标和“十一五”各项目标任务,为国家和大理州经济社会和谐发展作出了新的贡献。

【国税收入突破45亿元】 2010年,大理州国税部门共组织税收收入454700万元(含免抵调增值税收入2165万元),是2005年的2.35倍,比2009年增长18.44%,增收70787万元。完成云南省国家税务局年初下达收入目标406450万元的111.87%,超收48250万元;完成省国税局下达奋斗目标417150万元的109.00%,超收37550万元。组织“三税”(增值税、消费税和企业所得税)收入428822万元,是2005年“三税”收入的2.35倍,比2009年增长16.95%,增收62148万元,完成中共大理州委、州人民政府下达“三税”目标任务425000万元(含免抵调增值税收入)的100.90%,超收3822万元,占全州财政总收入805678万元的53.22%。其中,国内增值税收入189603万元(含免抵调增值税收入2165万元),比2009年增长15.55%,增收25517万元;国内消费税收入192069万元,比2009年增长22.60%,增收35408万元;企业所得税收入47150万元,比2009年增长2.66%,增收1223万元;储蓄存款利息个人所得税收入460万元,比2009年下降65.72%,减收882万元;车辆购置税收入25418万元,比2009年增长59.90%,增收9522万元。2010年国税宏观税负为9.58%,税收弹性系数为1.07。

【创先争优活动扎实有效】 2010年,大理州国家税务局按照省国税局和中共大理州委的安排,在全州系统基层党组织和党员中深入开展“创先争优”活动。活动以邓小平理论和“三个代表”重要思想为指导,不断巩固和拓展深入学习实践科学发展观成果,以推进学习型党组织和学习型领导班子建设为重点,着力提高全州国税系统党员干部思想政治水平;以各项税收工作实际成果作为衡量和检验先进基层党组织和优秀共产党员的硬指标、硬要求,切实推动组织收入工作。注重与作风建设、加强政治生态建设、组织税务干部学习有关理想信念和核心价值观的相关理论知识等相结合,积极开展向村官普发兴同志学习活动,以公开承诺、专题点评、共产党员先锋岗和示范窗口等形式不断充实拓展活动内涵。活动开展扎实有效,取得显著成果,1个党总支被省国税局表彰为“先进基层党总支”,7个党支部被表彰为“先进基层党支部”,14名共产党员被表彰为“优秀共产党员”。

【“效能政府”四项制度落实到位】 2010年,大理州国税局认真贯彻落实“效能政府”四项制度并取得扎实成效。①组织保障到位,工作班子落实。成立实施“效能政府”四项制度领导小组,下设行政绩效管理、行政成本控制、行政行为监督和行政能力提升4个工作小组,集中整合人事、监察、财务和督查等力量,明确实施部门和责任推动落实。②学习宣传到位,为全面实施“效能政府”四项制度作好充分准备。③“效能政府”四项制度落实到位,推动各项国税工作成效明显。行政绩效管理顺利推进,提前超额完成全年组织收入任务;行政成本控制顺利推进,2010年“四项”经费总支出实现零增长;行政行为监督顺利推进,依法行政不断规范,税收执法质量明显提高;行政能力提升顺利推进,服务各项工作高效落实。

【依法治税】 2010年,大理州深入贯彻《全面推行依法行政实施纲要》,认真贯彻税收法律法规,坚持组织收入原则,推进税收法制化进程。紧紧依托税收执法管理信息系统,突出税收执法岗位考核、税收执法检查、税收执法监察,执法错误率逐步降低,纳税申报率和税款准期入库率不断提高并稳定在较高水平。结合税法宣传深入广泛地开展了“五五”普法宣传教育活动,纳税人税法遵从度进一步增强,依法治税、促进发展的良好环境初步形成。切实加大稽查工作力度,实施纳税辅导、查前告知,督促企业进行查前自查。重点组织实施分级分类稽查,开展税收专项检查和专项整治,狠抓大案要案查处,严厉打击发票违法犯罪活动,大力整顿和规范税收秩序,打击发票违法犯罪活动先后受到国家税务总局的表彰及云南省公安厅、省国税局、省地税局的联合表彰。2010年查补税款5945万元、加收滞纳金444万元、罚款173万元,合计入库6562万元(含纳税评估),入库率100%。

【服务经济】 全面落实各项税收政策,确保国家税收宏观调控措施落实到位。2010年,共减免税收35491万元,办理出口货物退(免)税6965万元。认真执行中央出台的一系列涉及范围广、实施力度大、针对性强的结构性减税政策,落实增值税转型政策。2010年,全州一般纳税人申报抵扣固定资产进项税额12685万元;小规模纳税人增值税征收率统一下调为3%,减征税款6676万元;落实鼓励汽车消费税收政策,减征1.6升及以下排量小汽车车购税2045万元。这些减免税政策的有效落实,为支持大理州经济社会发展发挥了不可替代的作用,有力支撑和服务大理经济发展。

【税收征管】 征管基础进一步夯实,个体计算机定额核定管理顺利推行,税源与征管状况监控分析一体化工作制度初步建立,税源分析与监控得到加强,税务登记户增加到52583户。2010年正常开业户37461户,其中一般纳税人1591户,占5.25%;小规模企业3568户,占9.52%;个体户32302户,占86.23%。推行四级联动税收分析工作机制、领导管户责任制、税收管理员主副岗制度,继续开展“比执法规范、比管理精细、比优质服务,创建科学管理先进分局”的“三比一创建”活动等,表彰了9个“科学管理先进分局”和103名“优秀税收管理员”,对先进的管理经验进行交流总结,推动税收管理员制度有效落实。重点税源管理质效明显提高,2010年纳入各级重点税源监控管理企业160户,缴税38.63亿元,占全州“三税”总收入的90%。扎实开展纳税评估,切实推进税收征管质量。2010年,全州国税系统共完成675户纳税人的纳税评估,评估发现并纠正了纳税人存在的涉税问题,补缴增值税及滞纳金4212万元,补缴企业所得税及滞纳金1635万元。

【破解水电站征管盲区】 2010年底,大理州国税局破解了水电站在建期间涉及附属企业的税收征管盲区,规范了企业经营行为,促进了地方经济发展,为今后如何做好水电站在建期间的税收征管作了积极探索和实践。功果桥电站是国家发改委批准的重点水利工程。2009

年6月，东芝水电设备（杭州）有限公司在电站建设区内设立了非独立核算的云南省云龙县功果桥转轮加工厂，负责对水轮机进行7道环节42个工序的加工。由于受核算方式和管理体制的制约，全国对运输至使用地进行加工安装的水轮机的结算方式，统一由总公司开具包含货物销售及电站机械本地安装发生应税劳务的增值税专用发票，导致加工环节应在云龙县缴纳的增值税款转移到企业总部。大理州国税局深入实地调研，通过对加工工序的现场核实，根据《中华人民共和国增值税暂行条例》和《中华人民共和国税收征收管理法实施细则》有关规定，作出了该加工厂应向云龙县国家税务局办理税务登记手续并将电站机械在本地安装发生的应税劳务就地缴纳增值税的决定。通过多次沟通协调，处理意见符合现行法规，得到了浙江省国税局、云南省国税局和中共云龙县委、县人民政府的支持，企业方也认可了该处理意见，并在云龙县国家税务局办理了临时税务登记手续。

【普通发票换版工作顺利过渡】 2010年10月15日起，全省国税系统启用新版普通发票。2010年10月15～12月31日为过渡期，新、旧版普通发票可以交替使用。大理州国税局切实加强领导、加强组织落实，稳步推进普通发票换版各项工作。①建立联动宣传机制，为纳税人提供优质服务。送政策上门，争取当地党委政府的支持；全员宣传，争取社会各界的理解和支持，全州张贴公告2500份，发放指南2.3万份；加强学习培训，熟练掌握换版业务，畅通渠道，充分发挥网络和政务信息查询专线为纳税人提供优质服务；针对行业特点，因地制宜开展对纳税人的培训。②摸清家底，调剂使用旧版普通发票，做好发票结存和需求分析；实地调查用票户情况，深入各地督促检查，确保落实到位。③建立发票推行周报、发票信息反馈、注意事项提醒、情况通报、联系电话公开、无假日值班系列制度，确保纳税人新版普通发票使用到位。截至2010年12月31日，大理州国税系统共推行新版普通发票9051户，发售新版普通发票9161份（本）。

【摩托车车购税委托代征工作顺利推行】 2010年8月，大理州国税局结合实际，在条件成熟的祥云、宾川、弥渡3县率先运用车辆购置税代征软件，推行摩托车车辆购置税委托代征工作。代征工作为减少税款流失、提高车购税征管效率、落实“两个减负”、改善纳税服务方式和手段等方面发挥了重要作用。截至2010年底，3县委托代征摩托车6376辆，委托代征车辆购置税259万元。

【信息化建设】 2010年，按照金税三期建设要求，初步建立了以信息化支撑的税收征管业务管理和内部行政管理运用平台，全州共使用76个应用系统，全州5万多户纳税人、100%的征管工作均纳入计算机网络管理，覆盖五大税种征收管理和行政事务管理全过程，有效监管税收征管和行政管理各个环节，实现了金税网络化、办公自动化、征管信息化。积极推行网络申报，实现网上认证、报税、申报、一窗式比对、扣税“一体化”。到2010年末，368户增值税一般纳税人实现网络申报，出口退免税企业网络申报率达100%。

【纳税服务】 2010年，大理州认真开展全国第19个税收宣传月活动，精心策划组织了“助企业发展，建和谐税收”大企业座谈会、“创新创业创发展、税收助力助和谐”主题税法宣传进高校、征集税收宣传“金点子”等一系列税收宣传活动，并取得明显成效，“税收·发展·民生”主题得到进一步认同，纳税人税法遵从度进一步提高，征纳双方更加关注民生、服务民生、发展民生。推行“一窗通办”、一站式服务、首问责任制、限时服务等，加强办税服务厅建设，规范办税服务厅管理，推行多元化纳税申报，改进纳税服务方式。落实“两个减负”，优化服务事项，建设“阳光国税、效能国税”服务体系。推进政务公开，保证“114政府信息直通车”、政务服务“96128”专线及政府信息公开平台等服务渠道畅通，保障纳税人知情权。2010年，与纳税人签订《廉政公约》15042户（次），主动接受纳税人监督，切实维护纳税人合法权益，构建和谐的税收征纳关系。

【队伍建设】 2010年，大理国税系统进一步巩固和拓展深入学习实践科学发展观活动，“三读”活动和“创先争优”活动扎实开展、成效显著，推动学习型机关建设和干部队伍素质提升。重视每个干部职工表达自己诉求的权力，创办职工食堂，激发干部职工的工作热情，树立“我为岗位而贡献，我为岗位而喝彩”的爱岗敬业意识，增强队伍的凝聚力和向心力，建设民主和谐的领导班子和干群关系。以人才兴税为先导，以创先争优为载体，实施“人才倍增”计划，通过比学赶帮超提升队伍整体素质。不断创新人力资源管理机制，加强干部思想教育引导、业务技能培训和学历教育。2010年，全州国税系统组织各类业务培训班278期，共培训7363人（次）；参加国家税务总局、省国税局培训30期，培训145人（次）。截至2010年底，全州国税系统在职人员1006人（其中州局机关123人），离退休人员343人。在职干部职工中有中共党员601人，占59.74%；大专以上学历873人，占86.78%，较“十五”末提高近11个百分点。硕士研究生14人，省州级“业务能手”127人（省级11人，州级116人），注册税务师2人，律师1人。

【廉政建设】 2010年，大理州国税系统廉政教育不断深入，惩防体系初步建立，建立了由各级党组书记负总责，其他班子成员分工负责，纪检组长具体抓落实，各部门各司其职的领导体制和工作机制。领导干部廉洁自律意识不断增强，“两权”运行得到有效监督制约。纪检监察管理信息化程度进一步提高，党风廉政建设责任制作用充分发挥，效能政府“四项制度”积极推行。政风行风建设深入推进，巡视职能得到充分发挥。查办案件工作力度进一步加大，全系统违法违纪率为零。上线大理人民广播电台政风行风热线节目，就规范税收执法和优化纳税服务等问题，接受社会各界和纳税人的监督提问。

【文化建设】 2010年，大理州国税系统秉承云南国税文化建设理念，“文化铸就灵魂，和谐凝聚人心，文明推动发展”的理念得到彰显，“责任·关爱·和谐”主题得到弘扬，国税文化内涵不断得到丰富拓展。将“六做”“十对”风气融入国税文化建设中，营造有激情、有活力的文化氛围。通过举办迎新春文体活动、座谈会、春节慰问活动、女职工知识讲座等，打造积极向上的、温暖和谐的国税大家庭。借助《云南国税讲坛》，丰富干部职工文化涵养，推动国税文化建设。召开国税文化座谈会，开展“笔挥正气丹青趣，墨舞新风九十春”主题书法创作活动。结合大学生暑期“三下乡”活动，与大理学院联合举办“创先争优·和谐发展”文艺晚会。发挥国税部门资源，积极开展扶贫工作和保护洱海整治行动。多次深入挂钩扶贫点鹤庆县龙开口镇上河川村委会和新农村指导员驻村点洱源县三营镇永乐村了解指导抗旱工作。积极组织抗旱救灾捐助活动，全州国税系统干部职工为抗旱救灾捐款135350元，其中共产党员特别捐款54020元。制作专题片，建设荣誉室，修撰税务志、《大理国税志》和12县市国税志，编写《大理国税税收统计资料(1994～2007)》，全方位呈现大理国税发展脉络及取得的辉煌业绩，构建大理国税人共有的精神家园。

【精神文明建设】 2010年，大理州国税系统荣获省妇联、省国税局“巾帼文明岗”3个、省国税局“文明单位”3个、“先进党总支”1个、“先进党支部”7个、“优秀共产党员”14名；荣获中共大理州委、州人民政府颁发的“五一劳动奖状”、“大理州发展非公有制经济先进单位”；荣获中共大理市委、市人民政府表彰的“先进平安单位”和“洱海保护月”活动先进单位。国税工作受到上级局和各级地方党委、政府的肯定和表扬，受到广大纳税人和社会各界的进一步认可。

【重要事件】 2010年，成功协助举办3次国家税务总局会议、1次云南省税务学会会议。①8月10～17日，协助举办国家税务总局金税三期税收收入核算分析系统逻辑设计工作会议。国家税务总局收入规划核算司司长杨元伟及其他人员，以及部分省、市国家税务局、地方税务局收入规划核算部门人员参加会议。②10月19～23日，协助举办国家税务局系统离退休干部工作人员培训班。全国国税系统各省市自治区直辖市和副省级城市的离退休干部工作人员、云南省各州市离退休干部科(处)负责人等近90人参加培训。③10月20日，协助举办国家税务总局金税三期工程外部信息交换项目需求完善会议。国家税务总局征管和科技发展司、电子税务管理中心、金税三期工程办、金税三期工程外部信息交换项目组人员、广东省、云南省国税局征管科技处、大理州国税局征管科、信息中心等40多人参加会议。④12月7日，协助举办云南省税务学会“促进云南经济结构调整相关税收政策的研究”课题研讨会。省国税局、省地税局相关部门、曲靖市、红河州、文山州、保山市、德宏州、丽江市、临沧市、昭通市、大理州税务学会等15个成员单位代表近40人参加会议。各课题成员单位向会议提交论文36篇，重点交流了10篇。

(华　艳)

地方税务

【概　述】 2010年，大理州地方税务局在省地税局和中共大理州委、州人民政府的领导下，认真贯彻落实上级的会议精神，深入贯彻落实科学发展观，全面推进创先争优活动，坚持落实云南省效能政府“四项制度”，围绕服务科学发展、共建和谐地税主题，按照努力学习促提高、优化服务树形象、教育预防促廉政、强化征管促征收、追究责任促绩效、科学管理促发展的思路，全面贯彻州局“三个确保”、“三个抓好”、“四个强化”的工作部署，求真务实、攻坚克难，战胜各种困难，深入推进全州地税事业“二次创业”，充分发挥税收职能作用，优化纳税服务，构建和谐征纳关系，促进和谐平安地税建设，促进地税工作全面发展，为全州经济平稳较快增长和社会和谐稳定做出积极贡献。

【保持地方税费收入增长】 2010年，面临的经济形势复杂，困难较大，全州地税系统迎难而上，认真分析增减因素，强化征收措施，严格税收征管，确保各项收入及时、足额入库。2010年，全州地税系统共组织地方税费收入410655万元，比上年增长24.95%，增收81989万元。组织地方税收收入307186万元，完成省地税局下达计划的100.39%，完成州政府下达计划的100%，比上年增收67168万元，增长27.98%。2010年全州组织社会保险费收入91525万元，征收率达101.09%，比上年增收12622万元，增长16%。2010年全州还完成文化事业建设费214万元，地方教育附加4692万元，旅游宣传促销费36万元(属上年结转收入)，全州代收工会经费和建会筹备金6975万元，税务部门罚没收入27万元。(旅游宣传促销费、水资源费按规定地税部门已停止代征)。

【严格税收执法】 认真贯彻落实《税收征管法》和其他程序法，严格按照法定权限和程序，贯彻执行好各项税收法律法规和政策。坚决依法贯彻执行各项税收优惠政策，2010年，全州享受就业和再就业税收优惠政策户数为63527户(次)，其中：现有企业共计84户，从事个体经营的63396户(次)，减免地方各种税费为529.5万元。2010年，全州审批(审核)减免土地使用税等共21户，免税金额299.83万元，其中：减免房产税14户，减免税金额140.29万元；减免土地使用税6户，减免税金额146.88万元；免征契税1户，免税金额12.66万元。深入开展税收执法检查和执法监察，严肃执法过错责任追究，切实维护税法的权威性。坚决落实“依法征税，应收尽收，坚决不收‘过头税’，坚决防止和制止越权减免税”的组织收入原则，确保税款及时足额入库。认真执行重大税务案件集体审理制度，完善税收优惠政策管理办法，规范审批程序，明确管理责任，强化责任追究，坚决杜绝越权减免税。经州局税收减免审核审批领导小组讨论研究决定，确认符合国家产业政策，同意2010年度继续执行西部大开发税收优惠政策的企业有83户；不符合继续享受西部大开发税收优惠条件的有2户。认真执行税收规范性文件会签制度和备查备案制度，依法严格把关。坚持税费政策执行情况反馈报告，提高反馈问题和解决问题的及时性和深入性。

【推行税收执法责任制】 2010年，大理州地税局制定州局机关执法责任制考核办法，明确了惩扣措施，加大考核力度，改进考核评议方式，严格过错责任追究，强化执法责任制考核结果运用，执法责任制工作不断深入推进。同时，加强对各地税收执法责任制实施情况的督促检查，进一步提高了全州地税系统税收执法及行政管理水平。

【强化税务稽查】 2010年，大理州地税局结合全州实际，对房地产及建筑安装业、药品经销、交通运输、营利性医疗及教育培训机构等行业开展了专项检查，并重点安排布置开展了车船税专项检查，深入整顿和规范地方税收秩序。健全完善税警配合机制，加大对发票等涉税违法行为的打击力度。2010年，州稽查局共完成选案稽查户数106户，共组织稽查查补收入4770.34万元，实际入库4770.34万元，其中：稽查机构查补收入2582.79万元，稽查机构组织企业自查收入2187.55万元。稽查机构查补收入2582.79万元中，税款累计入库2432.08万元，滞纳金累计入库51.25万元，罚款累计入库99.46万元。全州稽查查补收入入库率100%，处罚率4.09%，选案准确率100%。

【加大税收宣传】 2010年，围绕“税收·发展·民生”的宣传主题，结合全州经济社会和税收发展的实际，按照“三贴近”的原则，因地制宜，在全州全面深入开展了全国第19个税收宣传月活动，充分运用电视、广播、报纸、短信、网络等现代传媒广泛宣传。围绕法制政府、责任政府、阳光政府、效能政府“四项制度”建设的要求，利用现有电子显示屏、电子触摸屏滚动向全州发放税收宣传公益信息近30余万条，向手机用户发放短信9万余条。印制了《税收小常识》5000册分发各县。全州各级地税部门组织街头咨询20多次，发放宣传资料3万多份，悬挂宣传标语160多幅，张贴标语1000多条，张贴招贴画500多张，举办宣传栏、黑板报40多期。

【开展纳税服务年】 2010年，大理州地税局制定《大理州地方税务系统关于开展纳税服务年活动的工作方案》，并在全州予以全面深入实施，切实优化纳税服务意识，改进纳税服务手段和方式，强化纳税服务工作。①在办税厅推行办税公开制度；②推行首问负责制；③推行全程服务制；④实行限时服务制；⑤推行延时服务制；⑥实施预约服务制；⑦实施定期上门服务制。

【征管户籍管理】 2010年，大理州地税机关做到了管户清、管户基本情况清、税源情况清、纳税情况清。截至2010年底，全州纳入Mis2.0系统管理的纳税户共有47904户，较上年末的43841户增加4063户，增长9.27%。

【创建优秀办税服务厅】 2010年，全州各县市局以“为纳税人服务、让纳税人满意”为宗旨，以创建“优秀办税服务厅”活动为契机，不断创新，继大理市地税局一分局办税服务厅荣获2008年度全省优秀办税服务厅光荣称号之后，宾川县地税局一分局办税服务厅、洱源县地税局一分局办税服务厅荣获2009年全省优秀办税服务厅光荣称号。

【做好发票换版】 2010年，大理州地税局认真做好发票换版工作。①保证新旧版普通发票顺利衔接，及时对各县（市）局发票管理人员进行了专门的培训；②为了尽量减少换版发票造成的损失，通过“云南地税结合管理信息系统V2.0”对各县（市）地税局的旧版发票库存实行监控，并对各县（市）地税局的旧版发票进行调剂使用；③严格控制冠名发票印制数量，公园门票的数量控制在1个季度以内。2010年，全州共有使用冠名发票的纳税人6户，冠名发票种类10种，共印制500万份。

【推进各税种精细化管理】 2010年，全州共受理2009年度申报年所得12万元以上纳税人679人，申报年所得总额35993.44万元，应纳税所得额24369.91万元，应纳税额4288.32万元，已缴（扣）税额4197.77万元，补缴税额90.55万元。抓好土地增值税清算工作，已完成清算项目11个，补征土地增值税22.8万元。认真开展城建税、教育费附加与增值税、消费税税源信息比对工作。房产税、印花税、烟叶税征管质量不断提高。

【数据清理】 2010年，州地税局根据《云南省地方税务局关于对〈云南地税综合管理信息系统v2.0〉数据进行清理的通知》要求，针对各类数据清理内容，及时在全州开展数据清理核实工作，对登记数据、注销户数据、延期缴纳税款数据以及纳税人基本事项认定数据等进行认真核实，错误数据按程序变更修改。全州共确认、核实或修改“云南地税综合管理信息系统v2.0”数据7083条，其中省局下发疑似问题数据核实修改3843条，自行清理、核实和修改3240条。共完成清理34578户纳税户数据，发现问题户6805户，清理出漏征漏管户250户，清理出应注销垃圾户1724户。数据清理工作的完成，极大地减轻了对Mis系统的压力，提高了系统性能，增强了查询、统计及报表数据的准确性，有利于大集中系统的使用和数据的进一步深度利用。

【强化干部职工理论学习】 认真做好全州2010年政治理论学习，深入学习实践科学发展观，把学习宣传贯彻中共十七届四中、五中全会精神及深入开展创先争优活动，作为全州地税系统干部首要的政治任务，统揽全局、谋划工作，努力把大理地税事业不断推向前进。3月，州地税局组织全系统干部职工进行了政治理论、政策业务知识统一考试，通过以考促学营造了良好的学习氛围，激发了干部职工学习的积极性。认真开展“干部选拔任用工作法规学习宣传月”活动，7月，在全州地税系统统一开展《党政领导干部选拔任用工作条例》和“四项监督制度”的学习宣传，全州共有1048名同志参加了“干部选拔任用工作法规知识竞赛”。全州各级领导班子成员、组织人事、纪检监察人员参加了省地税局组织的“干部选拔任用工作法规知识”考试。通过教育学习，使干部选拔任用工作法规进一步深入人心，做到领导干部熟知、组工干部精通、干部群众了解，充分调动了群众参与的积极性，提高了选人用人公信度

【加强业务学习培训】 为确保全州地税系统网络与安全，按照年初计划，于2010年4月11～15日，组织1期全州有针对性的网络管理技术计算机业务培训，参加培训人员有12个县市地方税务局系统管理维护员、48个分局的业务骨干、计算机操作人员、州地税局各科（室）中心、直属征收分局、稽查局，共计120人。2010年4月6～10日，组织税政业务知识培训1期，参加培训人员为12县市地税局税政科（股）长和负责所得税业务人员2人、分管领导1人，州地税局机关相关科室人员，计112人，以地方税收政策及新企业所得税法及实施条例为主要内容，通过培训学习，不断提高了地方税收政策执行及运用能力。为提高全州地税系统干部队伍的政治、业务素质，2010年6月17～28日，组织64名近年来新录用人员进行为期12天更新知识培训。为了不断提高稽查工作水平和执法能力，于2010年7月5～20日举办为期16天的稽查干部业务培训班，全州79名稽查干部职工参加了学习培训。

【开展创先争优】 2010年，按照中央和各级地方党委关于在党的基层组织和党员中深入开展创先争优活动的安排部署，结合全州地税系统工作实际，制定了《大理州地方税务系统深入开展创先争优活动实施方案》，并及时召开了动员大会、成立了领导机构及活动办公室。全州地税系统把创先争优活动与深化“云岭先锋”工程、推进“大理州党建示范走廊”建设、巩固和拓展学习实践活动成果结合起来，紧密结合地税部门实际开展创先争优活动。地税系统各党支部以建设学习型机关、服务型队伍、效能型部门为主题，把开展创先争优活动与开展“讲党性、重品行、作表率”活动有机结合起来，与开展“个人形象一面旗、工作热情一团火、谋事布局一盘棋”的“三个一”主题实践活动有机结合起来，深入开展比学习，创一流素质；比团结，创一流队伍；比服务，创一流作风；比效能，创一流业绩；比奉献，创一流形象的“五比五创”主题实践活动，通过设立党员先锋岗、党员示范窗口，组建党员服务队、党员结对帮扶等发挥党员作用，切实改进机关作风，提高机关效能。

【加强精神文明创建】 2010年，大理州

地税局机关和11个县市地税局、1个基层分局被中共大理州委命名为州级文明单位，大理州地税系统被州委命名为州级文明行业，州地税局机关和8个县地税局被中共云南省委、省人民政府命名省级文明单位。

【落实党风廉政建设责任制】 2010年，制定并印发《大理州地税系统2010年纪检监察工作要点》、《大理州地税系统2010年党风廉政建设和反腐败工作任务分解》，确定工作目标7项，分解党风廉政建设和反腐败工作任务20项，根据岗位职责，制定了4个类型的《党风廉政建设责任书》，共与12个县（市）地税局和州地税局机关11个部门及2个直属单位签订了《党风廉政建设责任书》，县（市）地税局基层征管单位共与48个分局、11个稽查局签订了《党风廉政建设责任书》，结合“六好”考核，对2009年党风廉政建设责任制的落实情况进行了考核，评选出4个党风廉政建设先进单位。

【落实《廉政准则》】 2010年，为了确保学习取得实效，州地税局成立了领导组，制订了实施方案，把学习贯彻《廉政准则》纳入州地税局党组中心理论学习组和州地税局、各县（市）地税局党组织民主生活会学习的重要内容，在学习教育期间，全州地税系统共有132名副科以上领导干部撰写了学习心得体会，并在党组理论中心组学习会议上进行交流。

【加强两权监督】 2010年，大理州地税局加大监督和检查力度，把重点放在对权力的制约、对财务经费的监控和对干部任用的监督上，落实政务公开，加强审计监督，防止权力滥用和腐败行为的发生。采取党组会议集体研究、召开职工会议通报、局务会通报、公开栏公示等方式对内部工作进行公开，使两权监督工作落到实处。与大理州人民检察院共同制定了《大理州地方税务系统2010年预防职务犯罪工作计划》，坚持每月的“纪检日”学习活动，8月12日，组织全州各县（市）地税局领导和州地税局机关、直属单位全体干部职工共111人到大理州警示教育基地开展警示教育活动。针对4个县级地方税务局建盖票证用房和地震恢复修缮工程项目，由纪检组长分别对4个县局的班子成员进行了“日常廉政谈话”，强调工程建筑中应注意的问题。

【贯彻落实效能政府制度】 实施效能政府四项制度是2010年全系统一项重要的工作，州地税局先后制定了《大理州地方税务系统行政能力提升制度实施方案》、《大理州地方税务系统行政行为监督制度实施方案》、《大理州地方税务系统行政成本控制制度工作实施方案》、《大理州地方税务系统行政绩效管理制度工作实施方案》，确定项目经费绩效评价指标4大类、资金指标4类、管理指标6个、效果指标2个，行政成本控制工作目标4个，行政能力提升主要任务4项，行政行为监督工作内容5项。强化行政行为监督工作制度，确定各级、各部门的关键岗位和重点环节74个、承诺人员545人，并对外公示，确保各项重点工作事事有着落，件件有回音。

【“六好”创建活动】 2010年，大理州地税局认真按照“六好”创建办法督促责任部门对“六好”创建工作抓好落实。1月，州地税局抽调部分业务骨干，组成2个检查组对12个县（市）局及机关各职能部门和直属单位对2009年度的“六好”创建工作进行全面的检查考核，并评定出“六好”创建工作一、二等奖。被考核检查单位对发现的问题及时进行了整改。

【推进平安和谐地税建设】 2010年，全州紧紧围绕构建和谐地税、平安地税的目标要求，实施领导责任制，全面开展“平安单位”创建活动，促进了全系统的平安创建工作，为全面落实和完成全年“综治创安”工作责任目标奠定了基础。年内，州地税局机关综治工作被表彰为标兵单位。明确内部行政管理职责，建立健全目标管理责任制，健全完善了公文管理制度，提升了公文质量，全面推进机关档案达标工作。年内，州地税局机关档案室完成五星级标准晋升工作。提高了固定资产管理，财务管理水平。积极创建节约型机关，完善信访制度，加强保密工作的学习，完善保密工作制度，进一步落实车辆等管理制度，确保全年全局无事故。加大24小时值班执行力度，确保政令畅通。机关后勤保障管理不断提高。切实做好州局党总支和机关工会日常工作，进一步增强了群团组织的凝聚力和战斗力。继续深入开展扶贫开发工作，切实帮助开展抗旱救灾工作，州地税局年内被评为千村扶贫开发百村整体推进先进集体。

（谢悦娟）

（责任编校：章　兵）

金融　保险

金　融

·大理银监分局·

【概　述】 2010年,大理银监分局坚持以科学发展观统领全局,团结率领全体干部职工,紧紧围绕"有效监管强化年"和"内部管理强化年"两条主线,以实现和谐分局、和谐监管、和谐金融、和谐经济为目标,更加注重监管政策引领,更加注重监管方式转变,防化风险担责任,科学监管促发展,监管工作取得"六大新突破",实现了经济金融协调发展新跨越。2010年末,大理州各银行业金融机构存款余额为597.52亿元,较上年增27.14%;各项贷款余额为389.63亿元,较上年增22.67%;实现税后8.82亿元,贷款增量、增幅均创历史新高,增速居全省第3位,开创了银行业蓬勃发展的新局面。

【监管有效性上取得新突破】 2010年,大理银监分局及时研判宏观经济形势和政策走向,积极加强与地方政府的汇报沟通协调,改进联动监管方式,通过窗口指导、形势分析通报会、金融联席会等多种方式,有效运用现场检查、风险提示、监管评级、行政许可和监管意见集体会商制度,着力提升监管效能,切实把"三个办法一个指引"的信贷监管政策落到实处,区域经济金融步入良性互动、共兴共荣的科学发展轨道。受理行政审批事项270项,约见高管谈话60人次,发出监管提示和意见46份,发出警告单19份、提示单1份,开展17项检查,有效促进了银行业合规经营。

【防化金融风险上取得新突破】 2010年,大理银监分局坚持强化管理与完善机制并重,将着眼点和着力点放在风险监管上,切实加强重点风险管控,银行业机构运行平稳,各类风险可控:一是实现不良贷款"双降"目标。不良贷款余额为12.43亿元,较年初减少2.18亿元,不良贷款率为3.19%,比年初下降1.4个百分点。二是实现零案件防控目标。案件防控与分类整治、现场检查、监管评级、高管考核"四结合",银行、监管、公安三方联动,确保全年未发金融案件。三是实现重点风险防控目标。严防房地产贷款、个人贷款、大客户集中度和票据融资等风险,对政府融资平台贷款清理工作提出并坚持"实事求是、正确看待,准确清分、厘定风险,整改保全、分类处置,逐步清收、降低余额"的原则,厘清全州9家银行对46户56亿元贷款的风险。四是着力增强法人机构抗风险能力。采取更加有力的"管人、立制、明责、查处、施教"措施,农村合作金融机构综合实力持续增强,整体健康度明显提升。不良贷款比年初减少1.25亿元,下降1.79个百分点;贷款损失准备充足率达244%;新募集投资股金1.22亿元,优化了股权结构;实现净利润2.44亿元。五是树立平安金融新形象。连续三年被地方党政评为"先进平安单位",局长何显海连续两年被评为平安创建"先进个人",有力维护了银行业稳健运行与社会和谐稳定,树立了平安金融新形象。

【新型银行机构设立上取得新突破】 2010年,大理银监分局致力于深化金融体制改革,不断完善银行体系,大理州业已形成了12家银行机构相互补充、相互促进、相容共生的银行业新格局。一是实现13个空白乡镇金融服务全覆盖。经过深入调研、统筹谋划、积极协调、大力支持,形成了监管部门、地方党政和银行业机构整体联动的态势,争取到州财政补助390万元,县财政补助130万元,13个金融服务空白乡镇有3个已设立固定网点,有10个已开展流动服务并正在进行固定网点建设。二是新引入3家股份制银行。协调州政府对新设3个机构进行财政补助600万元,中信银行、兴业银行大理分行获准开业,交通银行大理分行准备开业。三是努力促成新型金融机构设立。由重庆农村商业银行发起,协调州政府财政补助200万元的大理海东村镇银行获准开业,这是云南首家引进省外金融资源成立的村镇银行。四是完成富滇银行文化路支行的设立工作。五是完成39个邮政储蓄银行代理营业机构验收和换发金融许可证工作。

【金融服务取得新突破】 2010年,大理银监分局针对金融服务中的薄弱环节,以小企业贷款、县域经济发展、新农村建设等为重点,调整优化银行业机构布局,着力提高金融服务的充分性和水平。一是优化贷款新增结构。新增贷款"小农消"成为亮点,中小企业贷款、涉农贷款和消费贷款分别新增21.7亿元、37.68亿元和10.34亿元,增幅分别达18.65%、20%和27.1%;发放惠农卡27.99万张,授信额度达8.86亿元,有效促进城乡消费升级。二是着力推进公众教育工作。银行业公众教育服务日活动中,举办金融知识咨询活动六十多场次,接受咨询二十多万人次,发放金融服务宣传资料超过31万份,进一步普及了金融知识,提升了公众金融安全意识。因组织有力,大理分局被省局通报表扬,辖区5个银行业机构被表彰为"先进单位"。三是着力推进林权抵押贷款。积极与林业部门沟通协调,采取"互相合作、双线调查、共同研究"的方式,以"绿色银行""贷"活山林。发放林权抵押贷款1195户、1.61亿元,有力推动了林农创业发展。四是着力促进网点合理布局。在认真调查了解的基础上,审核批准机构设立23个,搬迁8个、升格8个、装修改造12个,城乡各地设立银行业网点达369个、自助银行达61个、ATM机达294台、布设POS机达4405台,使网点功能更加强大,服务更加完善。

【监管措施取得新突破】 2010年,大理银监分局加强监管引导,积极推进"三个办法、一个指引"的实施,贷款新规贯彻落实做到"四个到位"。一是加强组织领导,坚持安排部署到位。召开监管通报会，提出具体监管意见，明确各方责任，抓住关键环节，不折不扣落实监管工作部署和监管要求。二是细化落实措施，坚持舆论宣传到位。局长何显海到电台上线解读和宣传贷款新规，到银行业机构解读贷款新规，有效确保了宣传的广度和效果。三是及时汇报情况，坚持政府理解到位。地方党政领导对银行监管工作给予较高评价，并支持银行贷款资金支付方式的重大变革。四是持续开展检查，坚持风险防范到位。

【规范内部管理取得新突破】 2010 年，大理银监分局以“内部管理强化年”建设为契机，进一步完善分局内部管理制度，规范管理、有效运行，为持续监管提供有力保障。一是党建工作得到加强。党委中心组学习 16 次，召开专题民主生活会，努力实现党委班子的团结统一。把“创先争优”活动引向深入，改选党总支和支部委员，党委书记上党课，进一步强化了党员的宗旨意识和创先争优意识；纪委书记上廉政课，通过教育倡廉、制度维廉、监督促廉，继续实现了“不让一个人掉队”的工作目标。二是队伍整体素质全面提高。完成培训 13 项，506 人次参训。对 5 名科长轮岗；推荐提拔 3 名干部到银行任职，推荐了 3 名后备干部，使干部职工学有榜样、赶有目标，增强进步动力。三是政务工作保障有力。修订完善 9 项内部管理制度，岗位有职责、审批有程序、时限有要求，形成相互配合、团结协作、安全高效的工作局面。四是文明建设取得新成效。积极开展监管文化建设，与银行业开展丰富多彩的文体活动，组队参加建州 54 周年金融业文艺汇演，分局表演《银监豪情》节目，并获得“一等奖”，充分体现了银行监管者的时代精神和壮志豪情。

（安向辉）

·人民银行大理中支·

【概　述】 2010 年，人民银行大理中支按照人民银行成都分行和人民银行昆明中支年初工作会议精神，提出“夯基础、提质量、上台阶”的工作思路，认真落实适度宽松货币政策，全面提高金融服务水平，为全州经济快速平稳增长发挥了重要作用。

【认真实施适度宽松货币政策】 2010 年，人民银行大理中支突出工作重点，立足实际，与时俱进地创新和改进信贷政策实施方式，积极督促和指导金融机构不断优化金融资源配置，支持全州重点项目、支柱产业、基础设施项目建设。特别是在宏观经济金融形势不断变化的背景下，密切关注国家宏观调控政策，积极主动、灵活地调整工作思路，结合大理州经济发展重点，调整结构，有保有压，持续保持金融对经济的支持力度，切实提高货币信贷政策的导向力。截至年末，全州金融机构人民币各项存款余额 597.52 亿元，较上年增 27.14%；各项贷款余额 389.63 亿元，较上年增 22.67%。

【努力促进金融优惠政策落实到位】 2010 年，人民银行大理中支努力落实金融优惠政策。一是围绕“保民生”，及时发放支农再贷款，增强农村信用社支农资金实力。大理中支支农再贷款限额 5.26 亿元，12 月末，支农再贷款余额 2.27 亿元，比年初增加 1.57 亿元，向大理市合作银行发放 1 亿元，实现了零的突破，较好地支持了“三农”经济发展。二是建立完善制度性监测机制，加强对大学生“村官”创业富民、金融支持抗旱救灾、民贸民品生产等贷款的监测，不断促进信贷政策发挥社会效益。全州下岗失业人员小额担保贷款余额 2.11 亿元（其中贷免扶补余额 1.62 亿元），比年初增加 0.88 亿元；进一步做好国家助学贷款跟踪监测，助学贷款余额 0.42 万元，累计发放人数 4520 人。三是结合大理州作为林业大州的实际，人民银行大理中支联合银监局对辖区金融机构提出创新农村金融产品与服务的举措。积极推动和做好集体林权制度改革与林业发展金融服务工作；积极创新农村金融担保方式，有效扩大抵押担保范围，加强涉农信贷风险管理；大力发展农户小额信用贷款和农村微型金融。同时，建立了林权金融服务联席会制度和推进会制度，推动林权改革发展，促进国家优惠政策落实到位。全州发放林权抵押贷款 781 笔，余额 1.11 亿元，同比增加 0.75 亿元，增长 2 倍。四是联合州经委、工商局、省联社大理办，制定了《建立完善中小企业和个体工商户融资服务机制的意见》，推动金融机构为中小企业和个私企业提供优质服务，解决融资难问题。10 月，人民银行大理中支与大理州经委联合举办中小企业融资专题讲座，推动中小企业发展。

【服务经济社会发展】 2010 年，人民银行大理中支充分发挥服务经济社会的本质特点，一是搭建平台。中支与党委、政府、经济综合部门、银监局、执法机关等部门建立了信息共享、数据共享、工作往来平台，加强对外沟通联系，提高了对外履职的效能。二是选好载体。中支利用金融联席会、金融运行分析会、项目推介会、专题座谈会、定期向党委政府汇报金融工作、列席州政府常务会、邀请党政一把手到行内调研、视察等载体，适时向地方党委政府汇报金融运行情况，提出经济发展建议，向金融机构提示经营风险和意见建议，保证货币政策的有效传达和实施。2010 年初，建立了与州级商业银行日常约见、按月约见、会议约见三种方式的州级商业银行沟通联系制度，人民银行行长约见商业银行行长，沟通经营运行情况，协调解决存在的困难。三是营造环境。通过牵头组织重要活动、会议，协调金融具体事务，召集金融系统负责人联谊等方式，营造了人民银行与政府、银监和金融机构，以及金融系统之间和睦相处、公平竞争的良好环境。四是拓展空间。建立项目协调推荐机制，在项目推荐会前，牵头对全州重大经济发展项目贷款情况进行梳理分类，多次与金融机构会商，由中支集中各银行意见后，在会上，代表银行系统向州县政府和项目贷款单位反馈。

【确保资金往来渠道安全畅通】 2010 年，人民银行大理中支准确、完整、及时处理会计核算和支付清算业务，大、小额支付系统高效安全运行。年内，办理大额支付往账业务 5497 笔、金额 347.31 亿元，大额支付来账业务 10893 笔、金额 353.55 亿元；小额支付往账业务 38 笔、金额 14.51 亿元，小额支付来账业务 59 笔、金额 0.11 亿元；同城票据交换清算业务 256721 笔，金额 303.52 亿元；支票影像交换业务 1 笔；存款业务 32518 笔；贷款业务 17 笔；货币发行业务 3634 笔；表外业务 5612 笔；其他业务 3380 笔。积极推动农村支付体系建设，将洱源县确定为试点，拟定下发了试点实施方案。认真履行人民币银行结算账户管理职责审批及备案工作（12 月末），许可开立基本存款账户 1791（2575）户、一般存款账户 322（442）户、专用存款账户 739（1012）户、临时存款账户 3320（502）户、撤销单位银行结算账户 1661（2522）户。

【认真履行经理国库职责】 2010 年，人民银行大理中支不断加强国库管理，及时办理国库资金入库 33 万笔，办理各类国库资金收、付总计 462 亿元，其中本级收、付 195 亿元。在漾濞支行试行取消同城票据交换业务，同城票据交换取消后，国库同城清算全部通过内部往来，提高国库管理和结算速度，为下一步国库横向联网打下了基础。创新国库资金直补业务，办理家电下乡、贫困学生、涉农财政补助资金直接通过国库发放业务2400笔1001万元。

【全力做好货币发行工作】 2010年，人民银行大理中支认真做好发行基金供应预测，合理摆布发行基金，调整券别结构，保证货币供应。年内，累计投放发行基金85亿元，回笼99亿元。从昆明中支调入发行基金14亿元(9次)，调入县支库21亿元(14次)；火车直通调运8次；各州市中支从大理发行库调出90.9亿元(37次)；调入86.9亿元(33次)。销毁损伤券34.8亿元(6次)。配合公安机关和金融机构加强柜面堵截收缴工作，收缴假币104万元。大理钞票处理中心除完成全州辖内大额回笼券的清分外，清分业务还覆盖滇西7州市，年内，共完成165203万捆钞票清分工作量，每天每台清分机清分钞票约339捆，超过总行定额工作量的25.15%，在全国59家钞票处理中心中，大理年清分实际工作量及单机单日清分工作量，一直排名前10位。

【努力提高外汇管理水平】 2010年，人民银行大理中支进一步转变外汇管理理念和方式，认真落实外汇管理重点领域改革的各项措施，加强异常跨境资金流动性监管，加大外汇管理政策、法规的宣传力度。年内，全州银行结售汇总额2.36亿美元，同比增长51.3%，其中：结汇1.59亿美元，同比增长63.3%；售汇0.77亿美元，同比增长31.3%；顺差0.82亿美元，同比增长112%。深入企业，对跨境贸易人民币结算试点进行了调研，并组织了2期跨境贸易人民币结算业务培训。

【强化金融数据分析水平】 2010年，人民银行大理中支及时、准确发布大理州、市金融统计月报，关注统计数据异常变动情况，并及时分析和反馈。在内网上建立统计数据综合网页，有效共享数据信息。完成了5项制度性调查，认真做好全省唯一的全国城镇储户问卷调查，不断提高分析反馈质量。

【推动社会信用体系建设】 2010年，人民银行大理中支许可发放贷款卡191户，年审贷款卡821户，年审率达86.87%，受理信用报告查询288人次。推动信用采集工作，完成了企业环保、企业拖欠工资、住房公积金缴存等信息的采集上报。通过大理日报开展了征信知识宣传活动，提升了公众信用意识。

【加大反洗钱工作力度】 2010年，人民银行大理中支首次将期货公司纳入反洗钱业务综合管理信息系统。认真分析非现场监管报表，发现异常信息及时处理。加强反洗钱监管，制定了对2家保险公司的反洗钱现场检查方案，首次对保险行业进行反洗钱现场检查。

【提升综合执法检查效能】 2010年，人民银行大理中支经过半年的酝酿准备，制订工作方案，派出15名工作人员，分4个小组首次对建行大理州分行人民币收付业务，国库经收及集中支付业务，人民币银行结算账户，反洗钱，贷款卡和信用信息管理，外汇业务管理等工作开展了为期20个工作日的综合执法检查。此次综合执法检查进一步整合了监管资源，提高了监管效能和执法人员业务素质，有力地推进了依法行政。

(李　娟)

·建设银行大理州分行·

【业务发展促创利能力稳步提升】 2010年，建行大理州分行实现拨备前利润19880万元，比上年增加4153万元，增幅26.4%；主营业务收入达30019万元，同比增收3584万元；中间业务收入4504万元，同比增加1168万元，增幅34.99%。在大力发展资产负债传统业务的同时，建行注重培育和发展战略性业务，努力实现业务发展方式的转变。2010年，除国际业务继续保持良好发展势头外，电子银行、银行卡等战略性业务长足发展。年末，电子银行活动客户达48524户，新增24064户，增幅98%，企业网银活动高级客户净新增240户，电子对账净新增299户，网银代发代扣工资户新增124户；借记卡发卡快速增长，比年初新增14.74万张，增量居全省建行第一；信用卡客户达到26589个，新增客户10411个。

【一般性存款突破100亿元大关】 2010年，建行大理州分行一般性存款突破100亿元大关，成为全省建行系统第七家一般性存款余额突破100亿元大关的二级分行。建行大理州分行以客户为中心，切实加强客户关系的维护和管理，做好客户、账户的营销，狠抓代发工资客户拓展和中高端客户营销维护，从源头抓存款，以销售促存款；依托全行资源优势，上下联动，前中后台支持，对公及个人条线密切配合，强化市场营销；深化网点转型，狠抓服务质量，合规经营管理，促进对公及个人存款业务的健康发展，工作成效显著。年末，人民币一般性存款余额达到107.36亿元，较年初新增19.19亿元。其中：对公存款余额为62.94亿元，较年初新增12.23亿元；个人存款余额为44.42亿元，较年初新增6.97亿元。

【各项贷款快速增长】 2010年，建行大理州分行对公贷款高速增长，个人住房贷款余额突破10亿元大关，新增创历史最好成绩。对公贷款方面，不断加强优势行业、优质客户和重点项目的营销，加强对储备项目的跟踪管理，紧跟市场，加大储备项目的调整和补充工作。年内，该行小企业中心正式挂牌，配备了专职人员，积极推进小企业发展，投放“速贷通”、“成长之路”53笔，金额17125万元。开办了商票即贴现业务和全省建行首笔国内信用证应收款买断业务，进一步丰富了信贷品种。个人贷款方面，坚持量质并举，重点发展个人住房贷款。加大对优质开发商及优质楼盘项目的主动营销力度，累计与36家开发商涉及的54个项目签订《商品房销售贷款合作协议》，并实现贷款投放。创新营销策略，改变单一网点经办合作项目的传统经营格局，采取以个人贷款中心为主、网点配合的营销方式。年末，全行各项贷款余额为61.12亿元，较年初新增12.86亿元。其中：公司类贷款余额47.47亿元，较年初新增10.7亿元，增幅29.11%；个人类贷款余额13.65亿元，较年初新增2.16亿元，增幅18.8%。

【信贷资产质量进一步提高】 2010年，建行大理州分行不良贷款实现“双降”，信贷资产质量进一步提高。该行继续进行信贷结构调整，加大存量不良贷款的盘活处置力度，全年累计处置不良贷款6616万元，其中现金回收不良贷款4433万元。年末，全行五级分类不良贷款余额9381万元，较年初下降1689万元，降幅15.26%；不良率1.53%，较年初(2.29%)下降0.76个百分点。其中：公司类不良贷款余额7759万元，较年初下降1014万元，降幅11.55%，不良率1.63%，较年初下降0.75个百分点；个人类不良贷款余额1622万元，较年初下降676万元，降幅29.41%，不良率

1.19%，较年初下降0.81个百分点。

【国际业务快速发展】　2010年，建行大理州分行国际业务继续保持良好发展势头。该行认真做好存量客户的营销，掌握客户业务动向，有力促进国际业务稳定增长。积极拓展新客户、新产品，在做好融信通、融税通业务的同时，重点营销了祥云飞龙公司进口开证业务。开办了海外代付业务，国际业务从传统的结算业务向国际贸易融资业务迈进。年内，建行大理州分行国际业务结算量10852万美元，比上年增加4132万美元，市场占比45.98%；完成结售汇量8250万美元，比上年增加1837万美元，市场占比34.98%。

【有序推进各项改革】　2010年，建行大理州分行按照总、分行的部署，结合州分行实际，统筹兼顾，积极、稳妥、有序地推进各项改革。先后调研出台了《建行大理州分行2010年～2012年业务发展规划》等多个发展规划和改革方案。一是公司业务部组织构架进一步优化。初步建立起以客户营销和管理、信贷经营、产品支持和综合管理3个任务型团队，明确了员工岗位职责及经营管理目标和质量要求，增强了经营部门与网点的联动，基本实现了对客户进行分层、分级的常态化经营管理，条线经营与层级经营相结合。二是大理市辖区个人贷款业务经营模式改革取得成效。个人贷款中心和网点的经营、管理职责更加明确，以中心为主的营销团队基本形成，销售渠道优势和人力资源有效利用的机制逐步建立。三是岗位梳理工作取得阶段性成果。完成新一轮的部门职责界定、州分行本部岗位设置、大理市辖区网点人员编制方案。

【加强服务质量建设】　5月20日，建行大理州分行在下关隆重举行“合规从我做起，服务看我行动”誓师大会，揭开了该行“合规从我做起，服务看我行动”主题活动的帷幕，进一步加强服务质量建设。州分行领导、本部及大理市辖区全体员工、各县支行行长及会计主管参加了当晚的活动，360余名员工以支行（部门）为单位轮番上场进行了庄严的宣誓。在建总行“合规从我做起”的统一部署下，州分行结合实际，增加“服务看我行动”的警言，将合规与服务作为全行工作的重中之重。该行以牢固树立“诚信、正直、守法、合规”的合规理念，“客户至上，注重细节”的服务理念为目的，进一步动员全行员工的力量。通过主题活动，进一步增强了员工风险防范意识和合规操作意识，可持续发展理念逐步深入人心，网点服务质量进一步提升，被省分行年度总评为服务A级管理行。

【会计基础管理工作成效明显】　2010年，建行大理州分行进一步加强会计基础管理，加大稽核和检查力度，充分发挥会计检查督导作用，加强检查的频率和深度，落实检查责任制。依托不断强化的集中稽核、集中对账、风险预警、柜面监测等系统，不断规范会计核算，强化基础管理，加强对操作风险的防控力度。同时，加强会计基础工作等级管理，有效发挥会计基础等级考核评定活动在促进全行会计机构提高规范管理水平中的作用，强化合规意识，着力降低稽核差错率。全行21个会计机构悉数升级和规范化，其中：一级机构12个，比上年增加1个，二级机构9个，占比分别为57.14%、42.86%。稽核差错率由上年的万分之0.23降低到2010年的万分之0.19。

【企业综合管理工作成效显著】　2010年，建行大理州分行公共关系及企业文化建设等综合管理工作取得显著成绩。州分行党委中心组理论学习取得较好成效，被省分行检查评定为99.5分，居全省27个二级分行第一名；在2010年度全省各二级分行管理业绩评价指标考核中，该行“综合文明创建”指标获评99分，其中，“先进集体及先进个人”、“文明单位创建”等工作再获满分；新闻宣传信息工作得分188分，列州市分行第二名，在《建设银行报》发稿量继续保持全省第一；认真组织开展银行业公众教育服务日活动，被省银监局表彰为“2010年云南银行业公众教育服务日活动先进单位”；“五五”普法及保密管理工作实现痕迹管理制度化、台账化，被评为大理州“五五”保密法制宣传教育先进单位。

【建行“成才计划”在大理启动】　5月4日下午，“中国建设银行少数民族地区大学生成才计划”（简称“成才计划”）暨首批助学金发放仪式在大理学院举行，大理学院副院长李翔，建行大理州分行党委书记、行长李林等双方领导出席仪式。“成才计划”是建设银行关心和支持少数民族地区教育事业发展的公益项目之一。由建总行发起，面向云南等16个省、自治区，在5年内向品学兼优、家庭困难的2万名少数民族大学生提供帮助，计划每人每学年资助3000元，5年累计6000万元。在大理州分行的努力争取下，该行获得了额度达150万元的总资助额，并确定每年向大理学院对100名少数民族大学生进行资助，5年累计500名。“成才计划”是建行积极履行社会责任的诸多项目之一，建行大理州分行多年来积极致力于各种公益事业。年内，建行各类公益捐赠总额达73.69万元，其中，单位捐款66.89万元、员工捐款6.8万元。在抗旱救灾活动中，全州建行捐款总额超过30.2万元。

（刘庆云）

·中国银行大理州分行·

【概　述】　2010年，中国银行大理州分行坚决贯彻落实四年中期发展战略规划，认真贯彻落实省分行2010年工作会议精神和各项工作部署，适时调整发展思路，努力“扩规模、调结构、强基础、增效益”，克服各种困难，扎扎实实推进各项工作。通过全行员工的共同努力，取得了较好的经营业绩。2010年末，各项人民币存款较上年末增加14.5亿元，各项人民币贷款较上年末增加7.4亿元，均创历史最好水平。经营实力和发展能力明显增强，资产结构进一步优化，盈利能力进一步提高。

【强化战略执行能力】　2010年，中国银行大理州分行以省分行2010年工作会议精神和各业务条线工作要求为指导，紧紧围绕本行四年中期发展目标，坚持以市场为导向、以客户为中心的营销理念，以“公司扩规模、个金打基础、各业务条线协调发展”为指导思想，狠抓业务发展不放松，积极调整公司客户结构，行领导带头积极开展外勤营销，各部门努力工作，狠抓当地重点招商引资项目及重点客户的营销，有力地支持了地方重点项目、重点企业的建设。

【个人金融业务取得新突破】　2010年，中国银行大理州分行定期不定期召开业务经营分析专题会议，适时监控并分析通报网点个人业务发展情况，及时总结经验、明确方向，鞭策后进，促使各经营机构网点和全行员工以积极主动的姿态顺势而为，全力做好业务发展工作。加强与客户及业务合作伙伴的沟通交流，努力提高全员的营销技能。积极营销优质房地产开发项目，及时调整工作思路，确保了零售贷款业务的有效增长。以拓展“公务卡”为龙头，积极主动与财政及其他行政单位沟通，大力发展银行卡业务。年末银行卡收益、商户国内卡收单、外卡收单等方面较上年均有显著增长，增幅分别为173.2%、208.8%、110.8%。

【中间业务收入增长成绩显著】 2010年，为全面贯彻省分行中间业务工作会议精神，促进中间业务的持续增长，中国银行大理州分行及时建立完善中间业务工作机制，明确领导班子成员和职能部门的职责，在主要业务条线部门设立了中间业务专管员，在季度考核中对中间业务增长成绩显著的单位实施专项奖励，从而有效激发了全行的工作积极性。年内，中国银行大理州分行中间业务净收入为上年的1.58倍。

【狠抓授信风险管理】 2010年，中国银行大理州分行进一步完善落实授信管理制度，加强授信风险管理，本着质量与效益并重的原则，切实做好资产保全、授信发放审核、授后监督等工作，确保制度健全、流程优化、管理有序、执行到位，使授信业务得以规范、有序地顺利开展。多管齐下加大不良贷款的清收力度，取得较好成绩。扎实开展“三个办法一个指引”的宣传工作，灌输贷款新规理念，帮助客户理解并执行贷款新规，营造良好的金融消费环境氛围，并组织全辖员工进行了“三个办法一个指引”的学习、培训、测试，在授信工作中积极予以贯彻落实，保障业务合规经营。授信风险管理工作继续扩大战果，全年实现不良贷款余额和不良率“双降”。

【狠抓风险控制和案件事故防范】 2010年，中国银行大理州分行根据省分行《关于对2010年内控重点关注机构实施工作督办的通知》的要求，对内控存在问题的整改高度重视，对照2009年度问题清单逐条验证、整改落实，全面加强内控合规管理，有效防范案件和事故的发生。按照本行《2010年内控合规工作规划》，认真开展季度内控风险重点检查，对成效显著的单位授予“流动红旗”并给予适当奖励，按时召开季度内控委员会会议。按照省分行部署认真组织开展案件风险排查工作，组织全辖积极参加省分行新线系统“内控管理技能提高月”活动，认真组织开展“抓基层、排盲区”专项行动。

【扎实推进惩治和预防腐败体系建设】 2010年，中国银行大理州分行认真组织学习并贯彻落实《中国共产党党员领导干部廉洁从政若干准则》和《国有企业领导人员廉洁从业若干规定》，不断提高党员干部廉洁自律的自觉性和组织领导反腐倡廉建设的能力。班子成员严格遵守廉洁自律各项规定，讲正气、顾大局、树形象，努力成为全行坚强的领导核心。严格坚持民主集中制原则，不断完善党内议事规则和决策程序，重大事项党委集体讨论决定，同时认真组织开展“作风改进年”活动，切实改进和加强行务督办工作。全年共发出行务督办59条，对管理层和员工实施问责17人次，有力地推动了全行业务发展和内部管理，提高了工作质量和效率。

【开展银行业公众教育服务日活动】 11月28日，中国银行大理州分行积极投入“2010年大理州银行业公众教育服务日活动启动日”宣教活动。12月5日，在下关民生超市广场布置展台，再次组织员工向过往群众发放公众教育服务日活动宣传材料，进行广泛宣讲。中国银行大理州分行认真制定“2010年银行业公众教育服务日”活动方案及活动实施细则，分解工作任务、统筹、组织、督促辖内各行、各网点落实各项工作要求。同时做好工作进展、宣传信息的及时报送、投稿，做好活动影像、图片、文字等资料的保存工作，及时对活动工作进行反馈、评估和总结，赢得了公众的一致好评，取得了良好的社会效益。

（李若山）

·中国工商银行大理分行·

【概　述】 2010年，中国工商银行大理分行在云南省分行党委、大理州委、州政府的正确领导下，在大理州金融办、人民银行、银监局的关心指导下，以科学发展观为统领，以提升核心竞争力为主线，树立“四硬”经营理念，坚定“三个没有”发展信念，强化“三个主动”工作方法，推进经营转型，营销优质市场，强化内部管理。认真组织开展“夯实基础、强化管理”主题教育活动、“服务价值年”活动和“创先争优”活动。业务工作、内控工作、党建工作、队伍建设得到了进一步加强，较好地完成了各项工作任务。

【经营效益稳步提升】 2010年，中国工商银行大理分行实现拨备前利润18211万元，占全省工行的4.89%，完成省分行下达年度计划的101.37%；实现拨备后利润14764万元，占全省工行的4.26%；实现净利润11034万元，占全省工行的4.26%。费用支出8448万元，占全省工行的4.53%；其中人力费用支出5188万元，占全省工行的4.59%。

【存贷款稳定增长】 2010年，中国工商银行大理分行各项存贷款稳定增长。存款较年初增长74552万元，其中储蓄存款较年初增长42831万元、公司存款较年初减少1337万元、机构及同业存款较年初增长33058万元。各项贷款比年初增长136630万元。其中：公司贷款比年初增长90367万元；个人贷款比年初增长48238万元。

【发挥整体联动功能】 2010年，中国工商银行大理分行积极主动向大理州、市及相关县党政领导汇报请示工作，主动与政府职能部门、人民银行、银监局加强沟通，与大理州人民银行、银监局举办迎“七．一”运动会，三方领导班子、中层干部广泛交流了思想和工作，加深了互信和友谊。实行领导班子、部门与网点帮扶督导责任挂钩，大项目、大客户由行级领导负责营销和维护，中小客户由客户经理负责营销和维护。按照分工与协作，成立行长为组长、其他行领导为副组长、各部门负责人为成员的“百日迎新劳动竞赛”、“服务价值年”、“绩效考核”、“主题教育”、“创先争优”等活动领导小组，适时组织制订和实施活动方案，建立强化执行省行各项工作部署机制。

【努力增加存款】 2010年，中国工商银行大理分行明确目标任务，提早谋划2010年目标计划并分解到16个支行。实行“走出去”的营销模式，从“新客户、新市场、新渠道、新产品、新团队”入手，积极开拓新市场，发展新客户，实现目标客户的集群式发展，推动营销模式向高层次转变。全行动员，开展劳动竞赛。行领导带头营销，支行、部室负责人主动承担任务，全员参与营销存款。

【加强同业合作】 2010年，中国工商银行大理分行通过开展各种理财活动，吸纳保险、证券等同业参与，争取同业营销支持，深化彼此合作关系，实现优势互补和资源共享。同时，通过举办各种投资理财活动，向客户普及金融理财知识，讲解科学理财方法，推介我行理财产品、渠道和工具，提示投资理财风险，有针对性地向客户提供恰当的金融服务，得到了客户的认可。

【加强对优质客户和重点客户的服务】 2010年,中国工商银行大理分行对电站、交通、电力、通讯、财政、社保、移民及军队等重点系统和单位,州分行和各支行上下联动,进行个性化、差别化服务营销,根据客户的不同需求推荐不同的金融产品和金融服务。逐步建立起了多层次、立体化的服务格局,进一步巩固了银企合作关系。

【积极支持大理经济建设】 2010年,中国工商银行大理分行对华能澜沧江水电有限公司功果桥电站项目、漾濞至跃进二级公路项目、鸡足山公路、新华村4A级景区三期项目建设、大理耀鹏地产馨苑二期建设、大理市第一人民医院住院大楼改扩建项目、大理医学院附属医院2号住院楼等项目发放贷款,既有效地支持了地方经济建设,同时为本行的经营效益奠定了良好的基础。

【大力拓展新兴业务市场】 2010年,中国工商银行大理分行在巩固传统业务优势的同时,大力开拓新兴业务市场。一是不断扩大持卡客户群体,二是打造大理第一电子银行品牌,三是大力拓展对公结算账户,四是发展对公理财业务和结构性存款,五是采取多种措施大力推动贵金属业务的发展。

【夯实管理基础】 2010年,中国工商银行大理分行深刻领会省分行党委的意图和部署,结合大理分行实际,扎扎实实开展"夯实基础、强化管理"主题教育活动。成立一把手任组长的主题教育活动领导小组,明确各职能部门在主题教育活动中的工作职责,确保主题教育活动组织落实,人员落实,内容落实,措施落实,不走过场,收到实效。按照省分行的统一部署,结合中国工商银行大理分行实际,认真制定主题教育活动实施细则,做到与其他各项工作相互结合,稳步推进。

【提升服务质量】 2010年,中国工商银行大理分行认真贯彻省分行关于"服务价值年"的工作部署,从业务流程、业务管理、服务管理等方面查找存在问题并加以解决。通过梳理网点现金与非现金柜业务,合理配置现金和非现金柜台资源,较好解决了客户排队等候问题。出台了《大理分行基层网点"行长坐班制"启动方案》和《大理分行"行长坐班制"工作指引》,建立行长、副行长坐班长效机制。要求各级管理人员沉下去,把办公室前移到营业大厅,切实做到"坐得下、坐得住、坐得好",与员工共同坚守业务一线,与客户面对面地沟通,倾听到更多的客户呼声,引导员工积极推介产品的同时,带动和激发员工落实改进服务措施。

【完善考核机制】 2010年,中国工商银行大理分行根据省行的考核办法,结合大理分行的实际对部分指标的设置和权重作适当微调,加大了对中间业务、存款、贸易融资业务、小企业信贷、个人贷款、等重点业务、短板业务的激励,推动信贷结构进一步优化和业务协调发展。激励措施向前台倾斜,向支行倾斜,向业务部门倾斜。引导各支行对各自的考核结果进行对比分析,找出优势和不足的考核指标,在下一阶段的工作中,有针对性的开展工作。

【加强队伍建设】 2010年,中国工商银行大理分行认真贯彻落实总行党建工作会议和深入开展创先争优活动动员视频会议精神,结合实际制定了《大理分行开展创先争优活动实施方案》,扎实做好每一个环节的工作,把创争活动与牢固树立"四硬"经营理念结合起来,与创建"四好"领导班子和党风廉政建设结合起来,党建工作进一步得到加强。认真贯彻落实省分行《干部管理暂行办法》、《加强基层党组织建设和党员队伍建设实施意见》、《加强员工队伍建设实施意见》的有关规定和要求,制定了符合工行实际的实施细则,落实干部管理、组织建设、员工队伍建设等各项措施。增强教育培训的针对性、实效性,实施分层次、差异化、多领域的全员培训,全年组织培训和考试共106期,参加4683人次;参与组织完成远程教育498人。

(李　辉)

·农业银行大理分行·

【概　述】 2010年是中国农业银行成功上市之年。大理分行在上级行、州委、州政府和人民银行、银监局的领导、关心、帮助下,紧紧围绕大理州经济建设和社会发展目标,积极支持大理州重点项目、行业、龙头企业的建设和发展,全面做好服务"三农"工作;认真贯彻落实省分行年初工作会议精神,牢固树立"城乡并举"发展思想,以提升市场占比为着力点,强化目标责任制管理,落实好各项业务指标工作;进一步强化内控合规和党风廉政建设,提高风险防范和预防腐败能力,保障了各项工作的稳健发展。大理分行全年各项工作呈现出存款大幅增长、信贷结构优化、中间业务增收、"三农"业务发展强劲、不良贷款"双降"、价值创造提升、风险管控增强的良好发展态势。年末,全行各项存款余额129.15亿元,比年初增21.97亿元;各项贷款余额92.14亿元,比年初增11.1亿元。

【信贷资金调整优化】 2010年,农业银行大理分行在上级行按月调控信贷规模情况下,加强信贷管理,加大不良贷款清收工作,积极挖掘潜力,保证了重点项目、行业和区域信贷需求,实现了信贷的调整和优化。在信贷供求矛盾突出情况下,顾全大局,严格执行信贷计划,按月保证信贷规模控制在省分行下达计划内,为全省执行信贷调控政策作出了积极贡献。在信贷供求矛盾突出的情况,大理分行突出信贷投放重点,积极调整信贷结构,将有限信贷资源配置到重点项目建设、优势行业发展和城镇居民住房贷款及农户小额贷款等方面,使大理分行在有限的信贷规模控制下,较好实现了信贷资源的优化配置。一是向电力、交通等重点行业和项目投放贷款12.3亿元;二是支持大理州旅游项目建设新投放贷款13350万元;三是将信贷投放重点向城镇居民住房贷款和农户小额贷款倾斜,全年累计发放个人住房贷款34089万元,净增21577万元;累计发放农户小额贷款42335万元,净增29914万元。

【积极支持"三农"经济发展】 2010年,农业银行大理分行积极支持"三农"经济发展。一是认真贯彻落实总、分行服务"三农"方针,坚持服务"三农"思想不动摇,把服务"三农"与业务发展有机结合起来,全面推进县域业务发展。二是明确任务,强化考核,加大惠农卡发放力度,有效支持"三农"经济发展。年初大理分行就根据市场发展目标,及早下达惠农卡发放计划,并将惠农卡发放作为"春天行动"活动和各行、各相关直属机构、部门年终综合绩效考核的一项重要指标加以考核,订立目标责任,实行"三包一挂",保障了惠农卡业务的快速发展,也使支持"三农"经济发展有效落到了实处。至年末累计发行惠农卡213886张,年内新增发卡92644张;累计授信48626户,年内新增授信13948户;累计授信金额为11.43亿元,年内新增授信金额42335万元。该项业务已覆盖全州110个乡镇中的91个乡镇,覆盖乡镇率为82.73%,较2008年此项业务开办时覆盖33个乡镇翻了两番多;覆盖全州1104个行政村中的689个,覆盖率为62.40%,覆盖全州67.15万户农户的31.08%,有效解决了农民生产生活资金需求,成效显著。

【不良贷款呈现“双降”目标】 2010年,农业银行大理分行完成清收不良贷款目标计划的168%,委托不良贷款清收计划任务的118%,不良贷款余额占比5.6%,比年初下降1.4个百分点,实现余额、占比双降。

【风险管控能力显著提高】 2010年,农业银行大理分行不断提高风险管控能力。一是按农行审计体制改革部署,在州分行内设机构设立内控合规部,行使内控合规管理工作,强化合规教育和案件专项治理,督促各种违规违纪的整改。二是全面推行风险经理派驻制,加强对各县支行和机构网点的风险管控工作。三是加大安全保卫管理工作,层层签订安全保卫责任制;加大安防设施的资金投入,全行5个新建金库和7个改建金库全部竣工验收并投入使用,提高了金库安全效能。四是加强会计监控系统预警信息的处置管理,建立集中统一的对账管理中心,开通柜员自办业务监督系统,提高了会计操作运营的安全性。五是加强对各种检查发现问题的整改工作,增强风险管控意识和能力。特别是总行集中审计发现问题的整改工作对全辖强化风险意识、提高风险管理和合规操作起到了很好的警示教育作用,从各个层面较好地规范了业务经营管理。六是按上级行部署认真开展了案件排查和“四项重点”工作的专项治理工作,及时发现和整治业务经营管理中的风险隐患,杜绝违规违纪行为和案件的发生。

(朱艳松)

·省联社大理办事处·

【概　述】 2010年,大理州农村信用社(合行)紧紧围绕“立足三农、服务城乡、支持中小企业、促进县域经济发展”的市场定位,秉承“诚信服务、合作共赢”的理念,以科学发展为指导,以服务创优为动力,以强化管理为手段,通过全体干部职工的不懈努力,呈现出规模增长、质量改善、效益提升、实力增强的良好势头,各项工作走在全省农村信用社前列。2010年末,全州农村信用社(合行)各项存款余额达184.08亿元,净增42.31亿元,增幅为29.84%;各项贷款余额达120.75亿元,净增18.79亿元,增幅为18.43%;不良贷款占比大幅下降,盈利能力、资本充足率、贷款损失准备充足率、拨备覆盖率大幅提高,抵御风险能力明显增强。

【实现农村金融服务全覆盖】 2010年,省联社大理办事处承担着大理州漾濞县鸡街、瓦厂、富恒,祥云县鹿鸣、东山,巍山县巍宝山、牛街,宾川县钟英,洱源县西山,剑川县象图,云龙县民建等11个乡镇金融服务空白网点恢复建设工作,通过一年的努力,年末已获大理银监分局《金融许可证》,实现了金融服务全覆盖。

【干部队伍建设进一步加强】 2010年,省联社大理办事处公开竞聘县联社副职领导干部走出了可喜的一步,通过报名、审查、考试、演讲答辩、民主评议、公示、考核等阳光操作后,选拔和任用了6位年轻有为、德才兼备的县联社副职领导干部;大力推行能上能下激励机制,各行社对部分中层干部实行竞聘上岗,给想干事的人有机会,给能干事的人有平台,让不想干事和不能干事的人有危机感;业绩考核有质有量,按月考核、通报、排名,按绩取酬,从而形成了“岗位凭本事、绩效凭贡献”的良好氛围。

【积极做好信贷支农服务工作】 2010年,全州各县联社、大理市农合行把全面完善农户建档评级授信和全面推广农户小额信用贷款,作为有效解决农户“贷款难”问题和支农创新服务的重要举措,认真执行“一次核定,随用随贷,余额控制,周转使用”的原则,极大地方便了农户贷款,有效地满足了农户合理的资金需求。全年发放农户小额信用贷款36.08亿元,重点支持了一批品质好、效益高、能发挥地方资源优势的特色农业。2010年10月,洱源县联社营业部信贷员段友文获中国银行业协会、美国花旗银行“微型创业三等奖”表彰。

【做好抗旱救灾金融服务工作】 2010年,面对百年不遇的旱灾,省联社大理办事处发出通知,要求全州农村信用社干部职工在抗大旱、抗长旱、保春耕期间,发扬吃大苦、耐大劳的精神,“六个到位”确保抗旱救灾工作落到实处,即:组织实施工作到位、各种资金兑付到位、现金供应保障到位、农民所需贷款到位、空白乡镇服务到位、信贷风险防范到位。各县联社、大理市农合行加大信贷支农力度,创新金融服务,对受灾农民开辟“绿色通道”,确保受灾农户的资金和服务需求;对受灾农户及涉农企业到期贷款,确因受灾造成还贷困难的,经审查核实,可区别情况予以延期,不计收罚息。仅2010年一季度,全州农村信用社累计发放抗旱救灾贷款1.87亿元,增强了人民群众做好抗大旱、促春耕的信心和决心。

【努力创建良好信用环境】 2010年,为优化信用环境,营造诚信社会,实现“诚信服务、合作共赢”的目标,全州农村信用社在深入开展农户建档评级授信工作的基础上,全面开展了“信用村镇(组)建设”工作。对评定为信用自然村(组)的,农户可享受优先安排信贷资金、适当放宽授信额度、贷款利率优惠等优惠政策,同时自然村、村委会及乡(镇)政府适当给予一定的工作经费,信用村镇建设工作深受群众欢迎。年末,全州农村信用社贷款农户达55.67万户,农户贷款面72.87%;评定信用户28.3万户、信用组1409个、信用村357个、信用镇4个,呈现出了“村看村、户看户,大家争当信用村、信用户”的可喜局面。实现了“政府得民心、信用社得发展、群众得实惠”的利民、惠民工程。

【不断推出支农惠农业务】 2010年,各县联社、大理市农合行以新农村建设为契机,有力发挥桥梁和纽带作用,在扎实开展好惠农直补资金兑付等业务的同时,不断创新惠农服务品种。全年发放小额扶贫贴息到户贷款18850万元;发放林权抵押贷款10695万元;与县妇联、工商联、共青团、就业局、个私协会、工会合作,发放“贷免扶补”创业小额贷款5328户(笔),金额26441万元,为近一万失业、无业人员提供了创业和就业机会。

【拓展金融服务“三农”渠道】 2010年,省联社大理办事处不断推出支农惠农业务。各县联社、大理市农合行积极推进“金碧卡”、“金碧惠农卡”业务,在经济活跃、人口稠密的乡镇安装了银行自助设备143台,累计发放金碧惠农卡9.71万张。自助设备下乡,既方便了广大农民群众,又拓展了金融服务“三农”的渠道。

【大打盘活不良贷款攻坚战】 2010年,

全州各行社始终把清收盘活不良贷款作为化解金融风险、搞活经营、提高效益的硬仗来打，向不良贷款要资金、要效益，采取内控外联、合力攻坚的措施，有效地防范和化解了资产风险，提高了资产质量。共清收受不良贷款 10493 万元，不良贷款占比 3.05%，较年初降低了 1.79 个百分点，资产质量明显好转。

【科技支撑多项并举促发展】 2010 年，省联社大理办事处一是全州农村信用社网络进行改造，提高了网络可靠性；二是圆满完成 OA 上线工作，实现办公系统的自动化管理；三是大力推动 POS 业务发展，注入新的业务发展活力；四是成功开办网上银行业务，增强了市场竞争力。

【大力开展读书学习活动】 2010 年，省联社大理办事处党支部按照“建设学习型党支部”的要求，积极开展读书活动，办事处压缩其他方面开支，在做好订阅党报党刊的同时，选购了《深入开展创先争优活动党员干部读本》、《盛世中国》、《苦难辉煌》、《水煮三国》、《菜根谭》、《深思录》等，每人一套。通过开展此项活动，人人养成了读书看报的习惯，个个争当学习型人才，学用结合，学以致用，指导、促进了各项的顺利开展。

【荣膺州庆文艺汇演一等奖】 2010 年，各县联社、大理市农合行积极开展丰富多彩的文艺活动。办事处抽调各行社 31 人参加了州政府金融办、州人行、银监分局组织的州庆文艺汇演，获得一等奖。通过开展多种形式的文体活动，既陶冶了职工的情操，又增进了与各级各部门之间的友谊，取得了较好的宣传效果，大力提升了企业社会形象。

【信息宣传工作有新突破】 省联社大理办事处十分重视信息宣传工作，内铸精神动力，外树企业形象。2010 年，紧紧围绕“提升企业形象，服务业务经营，促进改革发展”的总体思路，把加强信息宣传工作放在突出位置来抓，充分发挥信息宣传的舆论导向作用，全方位、多层次、多渠道地搞好此项工作，年内，编发《大理信合简报》36 期，在报刊、电台、电视台刊登宣传稿件 200 多篇（幅、条），提升信用社的社会影响力和知名度。

【举办首期客户经理培训班】 2010 年，省联社大理办事处为加强农村信用社客户经理队伍建设，逐步培养和储备一支业务素质高、工作能力强的客户经理人才队伍，于 11 月 27 日举办了首期客户经理培训班。11 县联社、大理市农合行及怒江州泸水县联社客户经理等 86 人参加了培训，特邀了省联社副主任万仁礼、云南财经大学传媒学院副院长唐嘉庚、建行云南省分行机构业务部总经理助理彭勇授课。通过此次培训极大提高了农村信用社客户部经理的业务营销能力，为推动全州农村信用社转变观念、树立营销意识、提高服务质量、赢得更大的市场份额起到了较大的作用。

【切实维护员工社会保障权益】 2010 年，省联社大理办事处严格按省联社的相关要求，认真组织辖内各行社及时整理上报员工参保、退休及关系转移等养老保险材料申报工作，做好企业年金对账、信息变更等上报工作，同时向员工将社保相关政策解释到位，切实维护好员工的社会保障权益。

（戴灿涛）

保　险

·中保财险大理州分公司·

【概　述】 2010 年，中保财险大理州分公司紧紧围绕云南省公司提出的“突出效益、强化服务、创新发展”三大主题，围绕“盈利能力保持云南省非寿险行业领先水平，业务发展速度高于云南省非寿险市场平均增速，客户服务水平整体上明显好于、优于云南省非寿险市场其他主体”的总体要求，认真落实三年滚动发展计划。全体员工团结一心、奋力拼搏，在竞争中抢占市场先机，在困难中拓展保险阵地，着力开拓新领域，强化经营管理，锐意进取、扎实工作。不断挑战市场、挑战自我、挑战新的高度，使业务得到快速发展，确保了全年挑战性保费任务和各项工作目标的顺利实现，公司保费规模跻身 3 亿元行业。保费完成情况：实现保费收入 34204.3 万元，完成年初计划任务的 127.31%，与去年同期相比，净增保费收入 9202.3 万元，同比增长 36.13%。其中，企财险保费收入 1394.09 万元，同比增长 2.54 %；机动车险保费收入 25653.37 万元，同比增长 47.33%；人身意外伤害险保费收入 1493.05 万元，同比增长 2.60%；健康险保费收入 634.31 万元，同比增长 32.73%；农业险保费收入 4063.23 万元，同比增长 14.51%。赔付情况：已决赔款支出 14654.65 万元，已决赔付率 42.84%，同比增长 14.19 个百分点。其中，人身意外险 611.55 万元，赔付率 40.96 %；健康险 314.19 万元，赔付率 49.53 %；农业保险 3374.58 万元，赔付率 83.05 %。

【检查验收《人身意外伤害保险业务经营标准》落实情况】 1 月 22 ~ 23 日，由总公司陈旭东组长带队的《人身意外伤害保险业务经营标准》检查验收组到达大理，对大理州分公司贯彻落实《人身险经营标准》的情况进行检查验收。检查验收组通过系统查阅、现场抽查等形式，对大理州分公司贯彻落实人身险《经营标准》所涉及的产品管理、单证管理、财务管理、渠道管理、销售管理等核心内容进行检查，并抽查了大理支公司、古城营业部。

【开展财务业务工作大检查】 为进一步强化财务、业务管理工作，依法合规经营，有效防范经营风险。2 月 21 ~ 25 日，中保财险大理州分公司财务业务自查自纠专项活动领导小组组织 5 个检查组，分赴全州各支公司、营业部及下属营业网点进行财务业务等方面工作的全面检查。各检查组对受检单位的财务业务工作的合法合规性、业务经营、资金管理、理赔等方面进行了专项检查，并特别对财务、承保、理赔等业务领域和业务流程中的关键风险点进行了重点检查。就工作中存在的缺陷和不足提出了相应的指导意见和整改要求。通过检查活动的开展，进一步提高了员工自身责任意识、加强了执行力的培养，提高了工作技能。进一步提高了严格执行规章，完善经营管理，改进内控管理，有效规避风险的自觉性，促进了业务质量的提高，促进了公司经营管理工作的持续稳健开展。

【三级网络视频会议系统投入使用】 2010 年，为加快公司信息网络化建设，中保财险大理州分公司积极配合上级公司网络视频会议系统建设，于 2 月份在省分公司信息技术部门的帮助指导下，对州、县公司网络视频会议系统进行了安装、调试，3 月底，三级网络视频会议系统正式开始运行。三级网络视频会议系统的投入使用，为公司今后总、省、州、县上下同步召开会议，快捷及时获取会议精神提供了有力支持。

【精神文明建设扎实推进】 2010 年，中保财险大理州分公司在狠抓业务发展的同时，努力抓好精神文明建设，做到两手抓两手都硬。公司在全面完成上级下达的各项经营指标的同时，精神文明建设工作方面也取得了较好的成绩。州分公司再次被州委、州政府命名为“文明单位”以后，全州系统再次被州委、州政府命名为“文明行业”；同时，州分公司的精神文明创建工作迈上了新的台阶，被省委、省政府命名为“文明单位”，省精神文明建设办公室向公司颁发了省级“文明单位”牌匾。

【贯彻落实“绿色通道”实施方案】 2010年，中保财险大理州分公司制定下发了《大理州分公司“诉求绿色通道”实施方案》。对州分公司机关各部门更好的服务基层、服务一线提出了更加规范的要求。“诉求绿色通道”实施方案的贯彻落实，对不断提机关工作效率、提高机关的服务质量起到了积极的推动作用。

【深化人事制度改革】 2010年，中保财险大理州分公司深化人事制度改革，科学设置岗位、引入竞争机制、优化人员配置，理顺疏通识人、选人、用人通道，实现人事行政管理的科学化、法制化。通过竞争上岗，建立用工能进能出、用人能上能下、收入能增能减的新机制，增强机关工作人员的责任意识、危机意识和竞争意识，真正树立起“岗位靠竞争、收入靠竞争、晋升靠竞争、发展靠竞争”的理念，激发员工工作热情，激励和引导机关工作人员努力学习、勤奋履职、争创业绩。有力地加强机关人才队伍建设和促进机关作风建设，进一步促进机关工作作风明显转变，机关管理水平明显提高，机关服务基层的能力明显提升。竞聘上岗、员工“双向选择”工作从3月10日开始至4月8日圆满结束，历时一个月。通过管理岗公开竞聘上岗、员工“双向选择”工作的施行，使一批年富力强、德才兼备，具有开拓创新精神和敬业奉献精神的年轻同志走上了领导岗位。同时，促进了员工的合理流动，使每一位同志都增强了内在的压力和动力，增强了工作的责任感和紧迫感，增强了员工队伍的生机和活力。达到了选贤任能，进一步增强干部队伍的活力和工作效率，切实增强公司机关工作的战斗力和凝聚力的目的。

【一季度保费收入首破亿元】 2010年一季度，中保财险大理州分公司保费收入达10117万元，同比增长39.52%，首次实现一季度保费收入过亿元。

【荣获中国人民财产保险总公司表彰】 2010年7月上旬，中国人民财产保险总公司在北京召开半年工作会议，会议上，授予中保财险大理州分公司“地市级分公司2009年度经营业绩50强”荣誉称号；同时，大理州分公司还荣获了2009年度总公司授予的“先进集体”荣誉称号；洱源支公司荣获了“2009年度标杆区县支公司”荣誉称号。

【举办全州系统晨（夕）会比赛】 2010年7月27～28日，中保财险大理州分公司举办了全州系统晨（夕）会比赛。比赛采用视频方式进行，以各支公司、营业部为单位，严格要求按照晨（夕）会标准模板设置各个板块。通过比赛，使全州系统所有综合销售团队更加明确晨（夕）的意义，使晨（夕）会更好的成为服务公司发展战略，提升团队士气，打造高绩效团队的有效手段。

【成功创建“先进平安单位”】 2010年度，中保财险大理州分公司以抓业务发展为工作中心，以抓干部队伍建设为保证，全力维护社会政治稳定、公司稳定为目标，抓实“先进平安单位”创建工作，切实履行了保一方平安的政治责任，保障和促进了以业务发展为中心的各项工作的圆满完成。综治维稳、平安建设工作受到市委、市政府表彰，被评选为大理市2010年度“先进平安单位”。

【带头维护市场秩序】 2010年，中保财险大理州分公司为促进保险市场秩序的好转，维护被保险人及行业的利益，严格按照保监会的相关规定和要求开展经营活动。对全州各分支机构进行了多次业务合规检查，认真梳理清查在经营活动中的不规范行为并严令整改。在做好行业自律工作的同时，公司还加强与保监、公安、工商、银监等监管机构的联系，结合打击“三假”（假保险机构、假保单、假赔案）活动，积极组织全系统进行了自查，纠正经营活动中的不规范行为；同时与公安经侦等部门定期或不定期召开联席会议，及时处理各种违法违规案件。

（李志刚）

·中国人寿保险股份有限公司大理分公司·

【概　述】 2010年，中国人寿大理分公司认真贯彻落实上级公司总体工作思路，以科学发展观为指导，积极迎接挑战，在全司系统树立“发展为了员工，发展依靠员工，发展成果由员工共享”的理念；坚持发展不动摇，明确目标、抓住重点、突出特色；壮大销售队伍，优化业务结构，提升竞争实力，巩固市场份额；采取强有力的措施，促进公司持续、健康发展。一年来，通过全司上下的共同努力，全州系统实现总保费收入30807.18万元，同比增长2.2%。其中，代理集团公司保费收入1638.87万元，同比增长－0.91%；股份公司保费收入29168.31万元，同比增长3.22%。

【市场份额得到了进一步巩固】 根据大理州保险行业协会《2010年12月份人寿保险公司业务统计表》显示，中国人寿保险股份有限公司大理分公司实现保费收入29,168.31万元（不含集团保费），占寿险市场份额的47.50%，居全州寿险行业第一。

【转变增长方式，提升内涵价值】 2010年，根据上级公司的要求，中国人寿保险股份有限公司大理分公司在业务发展过程中，转变增长方式，提升内涵价值，通过实现“五个转变”优化业务结构。即：实现业务增长由趸交推动为主向续期拉动为主转变；实现经营理念由以业务规模为主向注重效益为主转变；实现市场拓展模式由资源驱动为主向机制驱动为主转变；实现管理方式由粗放式向精细化转变；实现公司发展由偏重业务发展向注重业务发展与夯实基础统筹协调转变。在确保市场份领先的同时，坚持在动态中调整业务结构，努力提高创佣、创费、创利能力。

【学生平安保险连续6年正增长】 2010年，全州系统各级公司认真贯彻落实地方党委政府的指示和要求，加强与各级各部门的沟通协调联系，积极做好学生平安保险服务工作，履行社会责任，确保一方平安和构建和谐社会作贡献。在年度学生平安保险承保工作中，全州系统实现保费收入较上年净增长10.34%，连续6年保费收入实现正增长，保持了市场领先地位。

【“保险先进村”创建达标活动】 2010年，为继续贯彻落实州政府下发的《大理州中国人寿“保险先进村”创建活动实施方案》，各级领导班子把“保险先进村”创建摆上议事日程，实行“一把手”

负责制，增强做好创建工作的责任感，把“保险先进村”创建提高到公司长远发展战略的高度来认识。成立了“保险先进村”创建领导组及工作小组，分公司总经理室成员、机关各部室与各展业单位实行定点挂钩考核。真正做到机关与基层上下互动、全司系统整体联动。各县（市）支公司在2009年创建“保险先进村”的基础上，以保险下乡、服务“三农”为载体，加强“保险先进村”建设，实施驻村业务员本土化策略，做到“五统一”即：统一思想、统一标准、统一行动、统一宣传、统一服务。所属分支机构及服务网点引领保险市场诚信经营、优质服务，及时、准确提供保险保障。

【积极参加抗旱救灾】 2010年，大理州遭受百年不遇的特大旱灾，全司上下牢牢把握“以民为本，为民解困”的宗旨，积极配合地方政府参与抗旱救灾，重点做好理赔服务工作，真正做到应赔尽赔、快速理赔。与此同时，全州系统员工向大理州灾区共捐款43590元。

【向玉树地震灾区捐款献爱心】 4月14日，青海省玉树县发生强烈地震后，中国人寿保险股份有限公司大理分公司积极响应上级号召，组织在岗员工伸出援手，向玉树灾区献爱心捐款17267.5元。

（杨　林）

·太保财险大理中心支公司·

【概　述】 2010年，太保财险大理中心支公司在总公司和省分公司的领导下，在大理州党委政府和社会各界的大力支持下，坚持诚信天下、稳健一生、追求卓越的企业核心价值，依法合规经营，保持公司持续稳健发展。承保方面：全年实现保费收入5787万元，与2009年的4163万元相比，增加了1624万元，增长率为39%。其中车险业务保费收入4456万元，占全年保费收入的77%，非车险业务保费收入1331万元，占全年保费收入的23%。理赔方面：全年接报案7581件，已决案件7046件，已决赔款1800万元，未决案件535件，未决估损565万元，已决和估损合计2365万元，案均赔款3119.6元，简单赔付率40.87%，结案率90%。全年实现承保利润为845万元，利润率为14.6%。

【拓展销售渠道】 2010年，太保财险大理中心支公司不断拓展销售渠道。一是产寿险联动，按总、分公司的安排部署，通过产、寿险公司合作，顺利完成上级公司下达的任务指标。二是银行代理的协调合作，加强属地合作，通过日常帮促、指导，实现业务稳步增长、险种结构优良、经营成本合理的目标。获得上级公司2010年银保业务目标达成奖、2010年银保代理规模贡献奖。三是车商渠道业务的发展，2010年9月起与大理的4S店开始全面合作，与大理春风、东风本田、广州本田、通用别克等签订合作协议并完成车商渠道保费400万元。

【提升服务质量】 2010年，太保财险大理中心支公司进一步提升服务质量。一是坚持每周五的学习和业务培训，在搞好承保理赔政策教育，增长保险业务知识的同时，让业绩突出、经验丰富的部门经理交流经验，给员工传经送宝，相互借鉴和学习。二是抓窗口服务的建设，公司共有15个营业网点，所属营业网点以客户至上，对每个上门接受服务的客户均做到热情周到，诚实守信，童叟无欺，尽其所能为他们提供优质服务，树立了保险行业的窗口形象。三是在客户服务工作方面，公司总经理杨爱平亲自抓，全公司树立大服务的观念，只要客户出险，业务部门和具体承办员工积极主动协助客户报案，为客户办理相关理赔手续提供咨询帮助。客户服务中心制定了切合实际的查勘理赔措施，在全公司施行，措施对查勘时限、理赔时限标准作了更加具体的要求。以此同时，公司定期的安排专人对出险客户的回访，主要了解客户对公司理赔工作的意见和要求，以及有无虚假赔案，有无惜赔和乱赔情况，州级行政机关事业单位和企业集团单位客户对公司服务都给予很好的评价，满意度达到96%以上，零散客户满意度达到90%以上。办公室热情受理客户的投诉，对每笔投诉都认真调查，快速处理，及时向客户进行反馈。

【合规与风险管理】 2010年，太保财险大理中心支公司积极倡导合规文化，认真梳理工作中存在的问题，积极整改。大理公司通过加强合规队伍建设，倡导依法合规经营的理念，开展合规风险自测评估。根据总公司《中国太平洋财产保险股份有限公司合规达标考核办法（修订版）》逐项进行自评打分、复查，达标率92%。

【抓县级支公司建设促进整体发展】 2010年，太保财险大理中心支公司有宾川、祥云、洱源、弥渡4个县级支公司。一年来，中心支公司加强对4个县级支公司的建设，公司领导和业务对口部门多次深入基层进行指导帮助工作，从人力、财力以及费用政策上给予了力所能及的支持。各县级支公司按照中心支公司的要求，精心组织，努力拓展业务空间，不断提高服务水平和服务质量，使公司业务有了较大的发展。年内，4个县级支公司共实现保费收入1678万元，占全司保费收入的29%，对全司保费收入的快速增长取到积极的作用。

【优化人力资源配置】 2010年下半年，根据总公司统一规范的组织构架要求，结合太保财险大理中心支公司的自身特点，在分公司的指导下，启动了组织架构优化工作，逐步实现人力资源集中化管理。并在大理面向社会公开招聘了员工和驻店销售人员等11名，充实了大理公司的员工队伍。

【创建公司和谐文化】 大理公司总经理室高度重视员工队伍建设，加强员工的政治、法律、业务教育和培训。年内，每周组织一次公司员工的体育锻炼活动，积极组织各种劳动竞赛，增强了公司凝聚力和归属感。2010年10月16日大理公司成立12周年之际，大理公司在海湾国际酒店举行了“大理公司成立12周年的庆典活动”，邀请了多年来支持和关心太保产险大理公司成长的政府领导及客户代表，期间大理公司员工还精心准备了演出节目，受到业内外好评。

（李　钒）

·太保寿险大理中心支公司·

【概　述】 2010年，中国太平洋人寿保险股份有限公司大理中心支公司以科学发展观为统领，在上级公司的正确领导下，不断优化业务结构，强化风险防范与合规经营，致力于提高各条线销售能力，致力于为客户提供更好的服务，不断推动和实现公司价值的持续增长和市场份额的稳步提升。

【业务快速增长】 2010年，太平洋寿险大理中心支公司抓住市场发展机遇，坚持科学发展观，业务发展加快，市场份额持续提升，成本管控能力增强。实现规模保费8987万元，标准保费9408万元，同比增长23.38%。根据2010年12月行业公布数据，在人寿保险公司中太保寿险大理中支的市场份额位居全州第二位，与去年同期相比提高3个百分点，其中意外险市场份额位居大理州第一位，与去年同期相比提高10个百分点。

【加快干部队伍建设培养】 2010年，太平洋寿险大理中心支公司严格执行上级公司的干部路线方针政策，在干部选拔任用方面，坚持任人唯贤的原则，加快了干部队伍的建设培养，为更好地服务于基层打下了良好的基础。在上级公司的统一部署下，进行了人力资源管理体系的改革与完善，新的组织架构、薪酬体系、绩效考核机制等一系列相关制度，大大提升了公司全体干部员工的工作积极性，工作业绩及机构经营等级均有较大的提升。

【加快机构建设步伐】 年内，在2009年机构基础建设的基础上，太平洋寿险大理中心支公司进一步加强辖内县级机构的内部管理，促进机构业务可持续发展能力的提升。依托分公司制定的三、四级机构经营等级评定管理办法，以提升营销渠道销售能力为核心，以三、四级机构晋级达标为牵引，全面提升机构销售能力和服务水平。2010年辖内9家营销服务部获得云南省保监局批准，经验收合格后，全面升格为支公司。至此，太保寿险大理中支辖内13家机构已有10家升格为支公司。

【服务管理水平不断提升】 2010年，太平洋寿险大理中心支公司正式启用技术领先的新一代数据中心，全面推广集中式客户服务系统，为提升营运效率，强化风险管控，改善服务质量和提供一站式服务提供有力的支持。太平洋寿险大理中心支公司新的核心业务系统也于2010年末成功上线，完成了渠道数据全国集中管理，按照“管理集中、服务延伸”的思路，内强素质、管理集中、服务延伸、理赔提速，以实际行动去佐证“做一家负责任的保险公司”的承诺，实现了服务管理水平的不断提升。

【坚持依法合规经营】 2010年，太平洋寿险大理中心支公司坚持依法合规经营，强化风险与合规工作，加强全员培训教育，有效提升了全辖干部员工依法合规经营的意识和风险处置能力。一年来，共组织开展全面合规自查和专项业务自查工作11次，包括合规风险的全面自查、反洗钱自查、年金业务自查、基础投入自查、意外险经营标准自查等。通过一年来开展的各项自查工作，不仅很好地掌握了公司在内控方面存在的薄弱环节，同时也通过自查这一形式很好地推动了公司合规文化和风险文化的建设。同时，公司还通过强化合同的法务审查、合规预警报告、在用制度梳理等举措，使风险管理工作前移，公司的内控制度体系在健全性和合理性方面得到了明显的改善。中心支公司共组织实施了针对不同层次干部员工的10次合规教育培训活动，组织辖内相关机构及分公司部室人员参与总公司举办的合规培训8期。由于组织到位、准备充分，参训人员不仅提高了认识，同时也提升了风险处置技能，“合规人人有责”、“合规创造价值”的理念已植入广大员工的内心，合规经营已逐步成为各机构及广大干部员工的自觉自发的行为。

【保险服务三农】 2010年，太平洋寿险大理中心支公司认真贯彻落实政府关于金融促进经济发展的指导意见，在拓展新业务、维护老客户的同时，不忘创新发展，不断研究可以为农村经济发展提供服务的保险产品，深入一线宣传培训，受到了广大农民朋友的欢迎与认可，取得了较好的社会效益，为构建和谐社会做出了有益的尝试，也为今后公司继续发挥保险的优势，服务“三农”作出了积极、有意义的探索。

【积极参与抗旱救灾】 2010年，自年初云南省遭受历史罕见的严重旱灾以来，太平洋寿险大理中心支公司积极响应地方党委政府和太平洋寿险云南分公司的号召，组织辖内员工开展了“抗旱救灾献爱心”相关活动。组织员工捐款11790元，同时太平洋寿险大理中心支公司还组成了内外勤员工、共青团员共同参与的“送水小分队”，深入到巍山、弥渡、祥云、永平等县域重灾一线捐赠爱心水。整个爱心水活动，公司发动内外勤员工120余人次，派出车辆10余辆次，总行程1000余千米，共捐出价值5万多元的2940件矿泉水，发放《节约用水倡议卡》1200份。送水小分队分别到达了旱灾较严重的巍山县巍宝山乡、巍山县安乐小学、中河小学；弥渡县苴力镇五台山行政村、德苴乡小里完小；祥云县米甸镇、禾甸镇及由太保公司捐建的张泗营太保希望小学；永平县杉阳镇、水泄乡、厂街中心完小等地。活动受到了当地政府和群众的高度赞誉。

【爱心支教太保希望小学】 “十一五”期间，太平洋保险集团在云南省共捐建太保希望小学22所，其中大理州内有3所，分别为鹤庆邑头太保希望小学、祥云张泗营太保希望小学、云龙长新太保希望小学。“责任照亮未来”是太平洋保险集团在2007年启动的一项长期、固定的公益项目活动。继2009年太平洋保险集团在大理鹤庆邑头太保希望小学进行“爱心支教”和“捐赠爱心书屋”活动后，2010年太保集团的“希望小学爱心之旅——责任照亮未来”活动再次将大理州鹤庆邑头太保希望小学作为援助对象，进行了新一轮支教活动，将爱心再次传递，为贫困地区的儿童带去了实实在在的帮助。

【加强品牌建设】 2010年，根据集团公司的统一部署，太保寿险大理中支在下半年启动了分支机构VI外观项目的更换工作，并按计划进度取得了良好进展。辖内的11家机构，有8家按计划完工，其余的也将在职场搬迁后陆续完工。新改造后的门头，统一了VI外观，给机构职场带来了新意和活力，提升了“太平洋保险”品牌价值。

【积极参加建州54周年金融系统文艺汇演】 2010年，太平洋寿险大理中心支公司积极参加由大理州金融办牵头，大理州银行业协会、大理州保险行业协会、大理银监分局、中国人民银行大理中心支行主办的金融系统庆祝建州54周年文艺汇演，太保寿险大理中支积极参与，由太平洋产、寿险大理中支联合演出了节目《蝶泉飞花》，并在此次汇演中荣获三等奖。

（段　莉）

（责任编校：杨林柏）

经济管理与监督

发展规划管理

【"十二五"规划编制工作进展顺利】 "十二五"时期是大理州全面建设小康社会承上启下的关键时期,是深化改革开放、加快转变经济发展方式的攻坚时期。科学编制和有效实施"十二五"规划,对于积极适应发展形势的新变化、妥善应对发展的新挑战,全面落实建设小康社会的新要求,促进全州经济又好又快发展具有重大意义。全州"十二五"规划编制工作自2009年12月启动以来,在州委、州人民政府的高度重视下,按照国家、省的总体部署和要求,及早谋划,加强领导,明确职责,精心组织,各项工作进展顺利。2010年底,已完成州级40个前期重大课题研究,完成了《大理白族自治州国民经济和社会发展第十二个五年规划基本思路》;开展了现代农业、工业、水利、交通、能源、城镇化、旅游、文化、教育、卫生、劳动就业和社会保障、环境保护12个重点专项规划及30多个部门专项规划编制;根据州委《关于制定大理白族自治州国民经济和社会发展第十二个五年规划的建议》,编制完成了《大理白族自治州国民经济和社会发展第十二个五年规划纲要》(草案),并分别经州十二届人民政府第27次常务会议、州十一届政协常委会第十二次会议、六届州委第79次常委会议、州人大财政经济委员会进行了研究讨论、协商和初审。各县市"十二五"规划编制工作同步进行。

【大理州被列为全国服务业综合改革试点】 加快发展服务业是加快经济发展方式转变和经济结构调整的重大任务,是保持经济长期平稳较快发展和社会全面进步的战略举措。为积极探索加快服务业发展的有效途径,2010年国家开展了服务业综合改革试点工作。经省发改委确定并报省政府同意,推荐大理州作为国家服务业综合改革试点区。经过编制上报相关材料,并在国家发改委试点区域专家评审会上进行申报陈述和答辩后,2010年11月,大理州正式列入了国家服务业综合改革试点区域名单,成为全国37个服务业综合改革试点之一,也是云南省唯一的国家服务业综合改革试点地区。根据国家、省对开展服务业综合改革试点的要求和大理州制定的改革试点阶段性目标,大理州将以体制机制创新为突破,分层次、有重点地推进服务业综合改革试点工作。积极探索以旅游服务业为龙头,生产性服务业为支撑,农业综合服务体系为基础的服务业综合发展有效途径。其中,生活性服务业改革试点以"精品景区+民族文化+城市品质"为模式,依托大理市打造精品旅游示范区,发挥旅游对生活性服务的示范作用,增强城市综合服务功能,提升城市品质。生产性服务业改革试点以"中小企业+金融支持+特色领域"为模式,依托祥云、凤仪工业园区,以中小企业发展为核心,依托科技进步,发挥金融服务业的支撑作用,突出以现代物流为特色领域的服务功能,实现生产性服务业创新发展。农业综合服务体系改革试点以"生产基地+科技示范+专业市场"为模式,以弥渡县为基地,构建和完善以科技、营销、信息、金融和技能培训等为主体的农业产业化服务体系。

(李爱萍)

国有资产监督管理

【概　述】 2010年,大理州国资委在州委州政府的正确领导下,在省国资委的具体帮助指导下,紧紧围绕国有资产保值增值责任目标,不断创新监管模式,深化国有资产管理体制改革,健全完善国有资产监督管理各项规章制度,圆满完成了企业国有资产产权登记年检、国有企业经营业绩考核、企业国有资产统计分析等国资监管各项基础工作,继续深化全覆盖试点工作,建立有效的国资监管、运营机制,开创了国资监管工作的新局面,较好地完成了国资监管各项目标任务。

【企业国有资产产权登记工作】 2010年,大理州国资委周密部署、精心组织,圆满完成了2009年度企业国有资产产权登记工作。2009年通过年检企业101户。其中:新办产权登记企业9户,股权转让注销企业10户,国有资本变动已办理变动登记的企业3户,由于种种原因,缓办登记企业9户。2009年末,101户国有企业占有国有资本360212万元。其中:国家资本262639万元,国有法人资本97573万元。通过产权登记,澄清国有资产家底,及时掌握国有资产增减变动情况,加强国有资产管理,进一步明晰产权,对加快建立健全现代企业制度,规范企业内部法人治理机制,不断提高企业经济效益,具有特别重要的意义。

【国企"三重一大"决策制度深入推进】 2010年,为认真贯彻落实中共中央办公厅、国务院办公厅《关于进一步推进国有企业贯彻落实"三重一大"决策制度的意见》,大理州国资委制定出台了《大理州国有企业贯彻落实"三重一大"集体决策制度的指导意见》,细化了"三重一大"决策制度的具体内容、议事规则、决策范围、责任追究等,下发到各监管企业贯彻执行,并要求企业结合实际制定具体实施细则,将"三重一大"决策制度切实落到实处。"三重一大"决策制度的深入推进,保证了企业决策的科学化、民主化和规范化,有效推进了惩治和预防腐败体系建设,切实加强了党内监督和国有企业反腐倡廉建设,进一步促进了国有企业领导人员廉洁从业。

【国有资产处置审批工作进一步规范】 2010年,为加强州属企业国有资产管理,规范企业国有资产处置审批行为,明确处置权限和审批程序,根据省、州相关文件精神,大理州国资委牵头组织成立了以州国资委主任刘卫东为组长,州国资委及州监察局、州财政局、州国土资源局、州法制局、州政府督查室等相关部门领导为副组长的大理州企业重大国有资产处置审批制度推进协调工作小组，切实加强对全州企业重大国有资产处置审批制度推进工作的组织领导。并制定了《大理州企业重大国有资产处置审批制度推进工作方案》，明确了指导思想、工作目标、工作重点、实施步骤、主要措施以及工作安排，进一步规范了企业国有资产处置审批制度管理。

【国有经济布局和结构进一步优化调整】 2010年，大理州国资委在前两轮深化国有企业改革的基础上，继续完善优化国有经济布局和结构调整，进一步探索深化国有企业改革和完善国有资产管理体制和制度等各项改革工作。2010年，大理州政府将大理州经济开发投资集团有限公司出资人调整为大理州国资委，由州国资委对公司法人治理结构进行调整和充实，并对公司的董事会、监事会成员进行了任命。同时，大理州政府驻昆明办事处"昆明大理东苑温泉酒店有限责任公司"的组建工作也由州国资委牵头进行。

【国有及国有控股企业"小金库"专项治理工作】 2010年，根据中纪委等五部委《关于印发〈国有及国有控股企业"小金库"专项治理实施办法〉的通知》精神，以及省相关文件要求，大理州切实加强组织领导，采取有力措施，制定了《大理州国有及国有控股企业"小金库"专项治理工作方案》，成立了大理州国有及国有控股企业"小金库"专项治理工作领导小组，积极开展大理州国有及国有控股企业"小金库"专项治理自查自纠工作和重点检查工作。大理州应清查的地方国有企业68户，其中县市级国有企业59户，州级国有企业9户，实清查68户，自查面达到100%；参与自查工作人员249人，参与自查的企业内部工作人员205人，真正做到不走过场，不留死角。并在此基础上，由县市检查组对部分县市属企业、州检查组对部分州属企业及部分县市进行了重点抽查，提高自查效果。大理州"小金库"专项治理工作得到了省督察组的充分肯定。

【国有资产经营管理工作座谈会召开】 2010年9月29日，全州县级政府性国有资产经营管理工作座谈会在鹤庆县召开。会议全面总结了国有资产经营管理工作，并对下一步的国有资产经营管理工作进行安排。州委常委、常务副州长马建全在会上充分肯定了全州国有资产经营管理工作取得的成绩和经验。会议要求，在下一步的工作中，县级政府要进一步认识国有资产经营管理的重要性，深刻理解当前经济形势发生的根本性变化，不断加强领导，充分发挥国有资产在当前经济社会发展中的作用；按照市场经济规律，加速推进县域经济发展；要科学运作，依法做强做大公司经营机构和资产管理机构，强势推进国有资产的监管措施；认真做好土地审批手续，严格有序推动房地产的盘活和创收，有效促进经济发展；要突出全局，逐步突破，各县市应结合实际在年内进行一次土地和国有资产拍卖，增加非税收入，为推动经济发展夯实基础。

【全州国有企业经济运行情况良好】 2010年，大理州国有及国有控股企业共101户，其中参与国有资产统计84户。据统计数据显示，84户国有企业资产总额233.6亿元，同比增长26%；负债总额161.5亿元，同比增长23%；资产负债率69%，同比下降1%；营业收入16.4亿元，同比增长86%；实现利润0.6亿元，同比增长700%；利税总额0.5亿元，同比增长25%。另据核算，本年度大理州企业国有资产保值增值率为100.8%，同比增长4.2%，顺利完成了国有资产保值增值责任目标。大理州国资委根据州政府授权，以维护所有者权益，促进国有资产保值增值为目标，对大理州苍山饭店、大理州国家粮食储备有限公司、大理经济开发投资集团有限公司3户企业实施监管，行使出资人职责。2010年，3户监管企业资产总额33.8亿元，同比增长85%；负债总额10.4亿元，同比增长25%；净资产总额23.4亿元，同比增长136%；资产负债率31%，同比下降14个百分点；累计实现收入3904万元，同比减少70%；累计亏损548万元，仅为上年同期水平的28%；累计实现利税总额36万元，同比减少95%。从2010年财务数据上看，3户监管企业的效益指标下降明显，但总体经营状况保持稳定，经济企稳回升趋势逐步显现。

（李冬勤）

审计监督

【概　述】 2010年，大理州各级审计机关坚持贯彻"依法审计，服务大局，围绕中心，突出重点，求真务实"的审计工作方针，充分发挥审计预防、揭露、抵御三大功能，把"推进法治、维护民生、推动改革、促进发展"作为审计工作的出发点和落脚点，积极开展行政绩效审计、不断深化财政审计、优化领导干部任期经济责任审计、强化专项资金审计、加强对政府性投资建设项目的审计监督，审计工作取得了新的成绩。全州全年共完成审计项目905个，查出违规金额12309万元，管理不规范金额29310万元。通过审计处理处罚，已上缴财政1936万元，已减少财政拨款或补贴741万元，已归还原渠道资金2587万元，已调账处理金额3715万元。全州审计机关全年共出具各种审计报告和审计调查报告905份，提出审计意见和建议585条，被各级党委、政府和上级审计机关采纳359条，为大理州经济社会又好又快发展作出了新的贡献。与此同时，全州审计机关以基层党组织创先争优和贯彻实施《云南省人民政府关于加强基层审计机关建设的意见》为契机，大力强化机关自身建设，在开展创先争优活动，加强基层党组织建设，强化审计队伍素质建设，改善县级审计机关基础设施建设等方面都取得了新的成效。

【牵头完成政府行政绩效管理制度贯彻实施工作】 2010年，在全省县级以上行政机关推行行政绩效管理、行政成本控制、行政行为监督、行政能力提升四项制度，其中行政绩效管理制度的贯彻实施工作由审计机关牵头完成。为牵头实施好这项制度，根据州人民政府的安排部署，大理州审计局牵头成立了由州审计局、发改委、财政局、监察局、政府法制局等部门领导组成的"大理州行政绩效管理制度贯彻实施工作协调推进领导组"，下设办公室，具体工作由州审计局牵头落实。为把这项工作落到实处，州审计局专门制定下发了《大理州审计局2010年行政绩效审计工作方案》，将州人民政府确定的20个重点建设项目、20项重点工作、10项惠民工程中的政府廉租房建设等5个惠民工程；大（理）丽（江）高速公路、跃（进）（云）龙公路、祥（云）姚（安）公路、宾川鸡足山旅游公路等10个重大建设项目；洱海保护、扶贫等6项重要工作列入年度行政绩效审计项目计划，要求各县市和州审计局各科室全力以赴，在6月底前对项目实施情况进行全面审计调查，11月底前对全年项目的绩效情况进行评价，形成审计调查综合报告。为了把这项工作做深做实，州审计局多次牵头召开行政绩效管理制度协调推进领导组会议，提高认识，加强领导，明确分工和各部门职责，强化沟通交流与协调配合，同时加强对所确定的绩效审计项目的审计力度，按方案和计划，分别于2010年6月和11月，对所审项目的实施进度和完成情况进行了跟踪检查，形成了分项审计报告和综合审计结果报告，提供州、县市党委、政府决策，从而有力地促进了行政绩效管理制度在全州的顺利实施，并取得明显成效。

【深化财政审计工作】 2010年，大理州审计机关在总结历年审计工作经验的基础上，以规范预算管理、深化财政体制改革、完善财政制度、优化财政支出结构、提高财政绩效水平为目标，进一步深化财政审计工作，按照大财政审计思路，在对全州2009年度财政预算执行和其他财政收支情况进行全面审计的同时，延伸审计了州国有资产经营公司、融资担保公司和小额信贷担保公司，以及弥渡、祥云、南涧、洱源4县部分部门单位的2009年度预算执行情况；完成了对全州地税系统的联网审计和对州公安局、州检察院、州法院、州司法局、州环保局、州外事办、州农业局等单位的预算执行及其他财政财务收支审计。审计结果表明，大多数被审计单位预算执行情况较好，但是也反映出部分单位年初预算不够细化、专项资金核算不够规范、资金沉淀、难以发挥效益、项目实施进度缓慢等问题。通过审计，提出了“加强项目支出评价力度，保证项目实施进度和资金效益发挥；加强对各级财政、预算执行部门往来资金的核算、管理和监督，减少资金沉淀，发挥资金效益；加大税收征管力度，优化财政收入结构”等建议，引起了州、县市政府和财政管理部门的高度重视，受到了州、县市人大常委会的充分肯定与好评，为加强预算管理、壮大财政实力，促进经济发展发挥了积极作用。

【领导干部任期经济责任审计工作】 2010年，全州领导干部任期经济责任审计工作坚持贯彻省、州领导组重点审计“大项目、大资金、大范围”的要求，努力实现监督手段和方法的创新，积极探索新的监督模式，取得突出效果。一是州审计局受州委组织部的委托，采取“审一带三”的方法，同时开展了对大理市人民政府市长、大理市公（公安局）、检（检察院）、法（法院）三长和大理经济开发区管委会主任的任期经济责任审计，走出了集中力量审计和整顿同一地区社会经济秩序的新模式。二是按照统一组织领导，统一工作方案，统一完成时间，统一评价标准，统一工作经费的“五统一”原则，认真开展了对永平、宾川、弥渡3县各1个乡镇长的任期经济责任审计，并在总结提炼成功经验的基础上，提请州委、州政府出台了《大理州领导干部离任经济责任事项交接制度》和《大理州乡镇长经济责任审计评价办法》在全州施行。三是加强协调配合，进一步提升工作开放度。继续贯彻领导干部任期经济责任审计联席会议制度，加强与纪检监察和组织部门紧密配合、协同作战。四是以优秀审计项目评审标准为尺码，不断强化经济责任审计质量。五是注重审计结果运用，进一步增强经济责任审计工作的透明度，对年内实施的经济责任审计结果进行了审计公告。

【加强对扩大内需建设项目审计监督】

中央扩大内需建设项目的实施是大理州社会经济加快发展的关键，也是审计监督工作的重点。2010年，全州审计机关强化了三项措施：一是州县审计机关进一步加大对《大理州政府投资建设项目审计实施办法》的贯彻实施力度，加大了政府投资建设项目的审计监督，全面落实重大建设项目必审制和跟踪审计制，针对建筑市场和建设领域工程价款不实、概预算编报不规范等问题普遍存在的实际，在继续发挥工程建设项目竣工决算审计优势的同时，依法开展了工程量结算计价招标及标底预算审计，按照“抓住源头，审计关口前移”的原则，对新开工的政府性投资建设项目，普遍开展工程发包前工程量结算及预算控制价和标底预算审计，不但进行投标价或工程量清单审计，还进行建设过程中的设计变更、现场变更签证审计。二是进一步加强对扩大内需建设项目和资金的全程跟踪审计，对全州12县市3年来实施农村人畜引水安全项目的情况进行了全面审计检查，促进了资金、项目管理和饮水安全工程及时发挥效益，惠及于民。三是配合大理滇西中心城市建设步伐，先后成立了大理市审计局经济开发区审计分局、旅游度假区审计分局和凤仪工业园区审计分局，切实加强对辖区内的政府投资项目的审计监督。全州全年共完成政府投资建设项目审计（核）738项，比去年同期的368项增加370项，增幅达100.5%，审计投资总额276845万元，审计核减投资额22368万元，平均核减率达8%，为政府节约了巨额财政资金，有效促进了政府性投资建设项目和中央扩大内需建设项目的科学规范管理。

【加强民生资金审计调查】 关注民生是审计机关“执审为民”精神的集中体现，2010年，全州审计机关以改善民生、促进民生资金专款专用、合理使用为出发点，进一步强化了对农业扶贫、抗震救灾、医保、社保等专项资金的审计。全州全年共完成民生资金专项审计和审计调查项目41个。其中：抗旱救灾资金审计项目13个，社会保障资金审计项目3个，科教文卫资金审计项目9个，农林水专项资金审计项目9个，基础设施资金审计项目7个，审计专项资金总额达到18亿元，并对所审项目出具审计报告，提交审计综合报告，提出审计处理意见、建议和要求，从而进一步规范和改善了各种民生资金的管理、使用与监督，促进民生工程建设取得了新的成效。

【《审计法实施条例》和《审计准则》贯彻实施】 2010年2月2日，国务院第100次常务会议审议通过了《中华人民共和国审计法实施条例》，温家宝总理签署第571号国务院令，从2010年5月1日正式施行。结合《审计法实施条例》的贯彻实施，2010年9月1日，审计长刘家义签署了中华人民共和国审计署第8号令，颁布了新的《中华人民共和国国家审计准则》，从2011年1月1日起施行。为促进这两个重要审计法规和规章的贯彻实施，州审计局组织全州审计机关开展了对《审计法》、《审计法实施条例》以及新颁《国家审计准则》的学习活动，在个人自学的基础上，专门举办培训班，邀请省审计厅法制方面的专家给全州审计干部和州级内部审计单位负责人进行讲解，使全州审计干部进一步加深了理解。为更好地促进审计执法工作，2011年5月18～21日，大理州人大常委会对全州贯彻《审计法》情况进行了执法检查，通过执法检查，充分肯定了成绩，指出了存在问题，对进一步改善审计执法环境，扩大审计影响力，提高依法行政水平提出了许多好的意见和建议，对搞好全州审计工作产生了有力的推动作用。

【内部审计协会取得新成果】 部门单位内部审计是国家审计体系的重要组成部分，是国家审计力量的重要补充。2010年，以州审计局内部审计指导科和大理州内部审计协会为龙头，以加强部门单位内部控制和监督为手段，大理州的内部审计工作取得了新的成果，内部审计的职能作用得到了进一步发挥。一是及时召开大理州内部审计协会第二次会员代表大会，选举产生了新一届理事会和秘书处，为更好地发挥内审协会的服务指导作用奠定了基础，并对近3年来在内部审计工作中作出成绩的集体和个人进行了表彰；二是大力促进内部审计管理规范和规章制度的建设，大理州内部审计协会结合实际制定了《大理州内部审计档案管理暂行办法》、《大理州内部审计优秀项目评选暂行办法》等规章制度，使全州内部审计工作做到有章可循，有规可依；三是积极督促重点部门建立健全内部审计制度，配备内审人员，在大理州内部审计协会和州审计局内部审计指导科的具体帮助指导下，州农业局、林业局、教育局、劳动局、卫生局、公安局等部门先后成立了内部审计机构，明确了内部审计人员职责，制定了《内部审计实施办法》，开展了对下属单位的领导干部任期经济责任审计和财务收支审计工作，取得了初步成效；四是进一步做好内审宣传工作，先后编印了5期内部审计简报，其中《大理州公安局积极发挥内部审计机构在加强机关效能建设中的作用》等简报信息分别被《中国审计报》、《云南审计信息网》、《云南内审》、《云南内审工作动态》等报刊采用，为宣传大理的内审工作产生了积极的影响。

【实施“云审工程”规划取得显著成效】为了加强基层审计机关的基础设施和人才队伍建设，云南省人民政府于2009年底印发了《云南省人民政府关于加强基层审计工作的意见》，提出了基层审计机关要用3~5年的时间，全面实现基础设施现代化、审计队伍职业化、机关管理标准化、制度规范体系化的“四化”建设规划(简称“云审工程”规划)。在州人民政府的高度重视与支持下，2010年，全州审计机关按要求认真组织实施“云审工程”建设，拉开了审计机关“四化”建设序幕。一是努力实现审计结果公告全覆盖，早日实现制度规范体系化。要求年内所有审计项目的审计结果，都要向社会公开，为此全州审计机关对所有审计项目采取统一对外公告、专刊公告和送相关领导阅知等形式全部进行审计公告，年内审计公告率达到了100%。二是大力推进“金审工程”(全国审计机关计算机审计工程)的深入实施，努力促进机关建设标准化。作为在全省审计机关第一批实施了“金审工程”的州市，全州审计机关充分利用已经完成了计算机审计硬件建设任务的优势，大力开展计算机审计软件和计算机审计人才建设，要求全体审计人员在取得国家审计署统一组织的计算机审计OA(计算机审计管理系统)和AO(计算机审计操作系统)认证考试合格证书的基础上，进一步报考计算机审计中高级职称，并于年内委托云南财经大学开办了以全州审计机关40名中青年审计干部为学员的、为期3个月的“大理审计计算机中职人才培训班”，为提高计算机审计操作水平，早日实现机关管理标准化作出了积极努力。三是大力改善县级审计机关的基础设施建设。在州审计局党政领导班子的积极争取下，全州12个县市审计机关除大理市审计局等待市政府办公大楼统一规划外，其余11个县审计局都列入了“云审工程”基础设施建设计划，其中有9个县审计局要在两年内新建办公楼。2010年，第一批列入新建办公楼的洱源、弥渡、永平、南涧、剑川5个县审计局和列入装修改造项目的鹤庆县审计局在省、州政府、审计机关和当地党委政府的支持下按计划展开了办公楼建设，年内有洱源、弥渡、永平三个县办公楼建设顺利竣工，其余县工程进展顺利，可以在规定时限内如期完工。基层审计机关基础设施和办公条件的建设，有效地改善了基层审计机关的工作环境，调动了一线审计工作人员的积极性。四是切实加强队伍素质建设，努力实现审计干部队伍建设职业化。按照“云审工程”规划中三年内审计机关审计师、会计师、高级审计师等中职以上职称人数必须达到职工总数50%以上的要求，2010年，州审计局在职称建设方面加大了力度，年内动员31名符合条件的中职人员报名参加了高级审计师考试，符合条件的87名审计干部报名参加了审计师等中级职称考试，要求45岁以下的职工明确学历和职称提升目标，学历不达标、职称不达标的职工必须于2012年前达标，力争通过三年的努力，使全州审计机关中级以上职称人员达50%以上，40岁以下干部全部有计算机中级职称，为审计工作的创新与发展提供重要的人才保证。

(谢云山)

工商行政管理

【概　述】2010年，大理州工商局围绕云南省工商局党组提出的“三个到位”、“六个好”工作目标，按照“五项指标、六项重点工作”和中共大理州委、州人民政府提出的“争当民族团结进步模范州、生态文明建设排头兵、旅游二次创业生力军、滇西城镇化进程领跑者”的总体要求，以建设学习型机关、服务型队伍、效能型部门为主题，以“五好五带头”为目标，围绕中心工作抓推进，突出工商特色创先进，将创先争优活动与工商行政管理各项工作有机结合起来，相互促进，成效明显。

【实施新“三定”工作】2010年，大理州工商系统以机构改革为契机，根据“公开、可控、和谐、创新”的要求，认真开展机构改革“三定”实施工作。对现任43名县市局领导班子成员，采取述职述廉、民主测评、谈话征求意见、征求地方党委政府意见4个程序考核的办法进行了确定任职，对5名班子成员进行了轮岗交流；采取竞争上岗的办法，配备了大理、祥云、宾川等6个县市局缺职的6名班子成员；采取测评考核的办法，对州局机关现任的12名正科级领导、10名副科级领导进行了确定任职和轮岗交流；采取竞争上岗的办法，州局机关配备了缺职的正、副科级领导各5名，12县市局采取竞争上岗和组织选拔等方式，配备了61名副科级工商所(分局)长。

【学习型工商建设】2010年，大理州工商系统一是继续在全系统广泛开展岗位大练兵和“三个能手”竞赛活动，进一步营造全系统业务技能“比、学、赶、帮、超”的良好氛围，全州工商系统参加省工商局能手竞赛取得较好成绩，年内，获得全省工商系统注册登记能手3名、计算机操作能手5名、执法能手9名。二是组织了14名县级工商局领导和工商所(分局)长，分2批到国家总局深圳行政学院和广东省工商局进行学习培训。通过“跳出云南看云南工商”，使大家对云南工商的现实差距、比较优势和发展潜力有了更加清醒、客观的认识，拓展了工作思路。三是积极参加国家总局网络培训教育，先后分三期组织32名县局班子副职和工商所长网络培训班，学员全部完成学业并通过考试，取得了优异的成绩。

【开展党性、党风、党纪专题教育活动】2010年，大理州工商系统一是积极开展创先争优活动。巍山县局党总支部开展创先争优活动以来，先后被州委、县委确定为“基层党建示范点”，并成为巍山县唯一一家"白州党建示范走廊"建设单位。全系统积极开展"三读"活动和以"忠诚"为核心的职业道德教育活动，购买书籍1500余册，广泛开展"三读"活动，营造了浓厚的学习氛围。同时，大力开展了以忠诚教育为核心的主题演讲比赛、主题征文等"七个一"活动，收到了良好效果。二是继续开展"秉公用权、廉洁执法"廉政警示教育活动。大理州工商局组织各县市工商局党组成员和州局机关全体干部职工110余人集中开展了廉政警示教育活动，开展"党风廉政建设"和"预防职务犯罪"两个专题讲座，到大理警示教育基地开展警示教育活动。

【县级工商机关述职述廉活动】 2010年，大理州工商局在总结2009年向监管服务对象代表述职述廉试点经验的基础上，提出"继续推进县级工商机关述职述廉工作，用3年时间在全州工商系统完成推进任务"的目标，确定大理市、南涧县局作为2010年县级工商机关述职述廉的推进单位。大理市、南涧县工商局分别召开县级工商机关述职述廉及测评大会，受到了当地社会各界的好评。州工商局在南涧县召开了全州工商系统"县级工商机关述职述廉"工作总结推进会，组织全系统纪检干部现场观摩南涧县工商局述职述廉评议大会，祥云、大理、南涧3县市在会上作了经验交流发言，更直观、更实际地让全系统学到了模式，借鉴了经验。在推进县级工商述职述廉的同时，全系统还多层次开展述职述廉工作，进一步规范权力运行，切实加强班子和队伍建设，全州工商系统52个单位已全面完成基层执法人员述职述廉工作，平均综合满意率为97、11%。

【工商法制工作】 2010年，大理州工商系统不断加强法制建设。一是加强法制队伍建设。全州工商系统法制机构均配备2名法制工作人员，76个基层分局(所)均配置法制员，逐步形成了一支业务精、能干事的法制工作队伍。各级组织开展法制培训近30期、培训人员达1800多人次，印制下发各种处罚文书1038000份、案件卷宗6200个。二是加强执法监督、规范执法行为。为促进全系统依法行使职权和正确实施行政处罚，2010年4月，大理州工商局出台《关于规范和监督全州工商行政管理机关行政处罚行为的暂行规定》，对实施行政处罚中应严格遵循的基本原则和相关要求作了进一步明确和统一。加强处罚案件核审，全年共核审一般程序案件1169件，核审率100%。强化案件备案审查，积极探索和解、调解和听证等方式，2010年仅受理行政复议案件1件，已由申请人主动撤回。三是开展以案卷评查为重点的行政执法检查。组织各县市局法制股长集中对35卷行政处罚案件进行了评查；对各县市局的行政执法制度建设、法制宣传培训、案件回访和企业档案进行了实地检查考核，全州各级工商部门行政执法检查和绩效考核制度已逐步形成制度化、规范化。四是推进行政指导工作。以即时指导和口头形式为主，通过建议、辅导、提醒、规劝等行政指导方式对行政管理相对人在事前进行规范劝导、事中进行轻微告诫与警示约见、事后进行纠错回访，初步形成了由法规机构牵头组织协调，业务机构制订具体方案指导实施，基层工商分局(所)和服务窗口具体执行落实，分工明确、各负其责、上下联动，共同协作、突出重点、逐步推进的工作格局。

【企业注册登记】 2010年，大理州工商局深入落实《大理州工商行政管理局关于完善市场主体准入制度创新监管服务方式促进经济平稳较快发展工作方案》，不断完善市场主体准入机制，努力提高服务效能，支持各类市场主体科学发展，营造平稳较快发展的良好氛围。一是各类市场主体持续稳定增长。全年新登记内资企业80户，总量达3175户，注册资本(金)86.03亿元；个体工商户新增8680户，户数增长12.05%，总量达80702户，注册资金84.64亿元；私营企业新增648户，户数增长13%，总量达5631户，注册资本(金)121.15亿元；外资企业新增7户，总量达94户，注册资本(金)4.03亿美元。积极完成政府招商引资工作要求，引进州外企业4户，资金4330万元；积极支持小额贷款公司发展，做好小额贷款公司注册登记工作，2010年底，全州登记的小额贷款公司有6户，注册资本额为18250万元。二是推进企业登记管理信息综合运用。依托"一体化软件"数据查询系统，建立立体信息交流平台。大力推进登记管理信息综合服务应用，实现系统内各业务机构、各监管执法层级、各地方的信息互通，最大限度地实现资源共享。2010年共向社会公众提供数据查询3000多次，接待律师查询535人次，向国税、地税、统计、质监等部门提供各类市场主体注册登记监管信息120条次。同时加强信息分析，及时向地方党委政府报送资料，为政府决策提供全方位、多角度的信息参考，积极服务政府决策。

【企业监督管理】 2010年，大理州工商局不断加强企业监督管理。一是继续深入推进企业信用分类监管工作，对列入云南省2010年淘汰落后产能名单的10户企业及时办理了营业执照变更、注销等工作；对地方政府实行责令停产、关闭的4户企业进行了注销登记。大力推进网上年检，为企业年检提供了方便、快捷、优质的服务，全年共检各类内资企业7047户，网上年检率达80.49%。二是培育发展农民专业合作社。2010年全州农民专业合作社达到662户，在上年的基础上新增358户。各县市局都按照重点联系1~3户农民专业社的要求建立了工作机制，全州共确定27户农民专业社为重点服务支持对象，其中：12户农民专业合作社为全州重点服务支持对象，2户为省、州重点服务支持对象。三是个体工商户分层分类监管。2010年，大理州工商局继续加强个体工商户分层分类监管工作，达到100%分层分类监管。对全州8806户企业(其中私营企业5631户)的信用情况进行了分类：A类(守信)8544户(其中私营企业5410户)；B类(警示)41户(其中：私营企业34户)；C类(失信)187户(其中私营企业156户)；D类(严重失信)34户(其中私营企业31户)。四是开展专项查处工作。共查处取缔无照经营案件925件，案值583.78万元，立案查处737件。在清理取缔无照经营的同时积极引导办照961户，取缔无照经营362户。

【市场信用分类监管和"诚信市场"创建】 2010年，全州各类市场共有239个，已录入商品交易市场信用分类监管软件81个，认定等级市场81个，其中A级29个、B级37个、C级11个、D级4个；已经进行企业注册登记的市场有108个。州县两级已将进行企业注册登记的市场录入一体化软件，75%实施商品交易市场信用分类监管，其他没有注册登记的131个各类商品交易市场纳入日常监管，重点开展市场巡查。全年新创建1~4A级诚信市场37个，其中推荐省局5A级诚信市场2个并顺利通过检查验收。

【农村经纪人培养】 2010年，大理州工商局积极与供销社等部门配合，开展培训学习，通过宣传、树立典型、行使登记管理等职能，使农村经纪人的经纪活动合法化、规范化。在示范作用下,全州的农村经纪人队伍不断壮大,农村经纪人和行业协会等经济组织发展迅猛。2010年,培养发展农村经纪人387户,全州农村经纪人达2094户。

【"红盾护农保春耕"专项行动】 2010年,州工商局一是进一步加强农资市场监管,严把农资市场主体准入,认真清理和规范农资经营主体资格。通过清理、指导和规范,全州注册登记的农资经营户2689户,100%的实行信用分类监管,农资经营者100%建立"两账两票、一书一卡"制度。二是强化农资市场开办者、经营者是第一责任人的责任意识。在农资经营户中全面建立和完善"两账两票一书一卡"制度、"种子留样备查公示"制度,对经营种子的430户197个种子品种,100%建立"种子留样备查公示"制度,以确保实现种子商品可追溯管理。三是认真开展农资商品质量监测。抽样15批次的化肥到昆明送检。同时对多种复合肥进行检测,根据检测结果,扣留不合格的复合肥1175千克。四是查处农资违法案件。查处农资违法案件76件,案值42.26万元,取缔无照经营28户,受理投诉2件,捣毁售假窝点2个。五是加大宣传力度。发放《种子质量鉴别和质量标准》、《常用农药对食品的污染》等15种宣传资料共计28932份,开展宣传活动35次、媒体宣传报道56篇次,展出宣传展板6块,向群众展示真假种子、农药、化肥10余个品种,接受群众现场咨询6500余人次。

【品牌汽车、二手车市场监管】 2010年,州工商局对15家品牌汽车经营单位进行实地检查,并建立40家(次)品牌汽车经营单位备案制。强化对二手车市场、汽配市场、废旧金属回收市场的监管,重点打击非法拆解、拼装机动车、假冒伪劣汽配、非法收购盗抢金属等违法行为,规范和净化二手车市场、汽配市场和废旧金属回收行业。开展现场监拍5次,备案7次,拍卖委托书14份,金额4445万元,拍卖确认书60份,金额5186万元。对汽车交易市场进行专项检查,出动执法人员84人次,执法车辆28车次,检查汽车市场101个次,经营户505个次,立案查处案件2件。

【烟花爆竹专项检查】 2010年,州工商局认真开展烟花爆竹专项检查。全州共出动执法人员1014人次、检查从事烟花爆竹批发、销售的企业25个、个体工商经营户1848户,没收过期和进货渠道不明的爆竹150封。对检查中发现存在安全隐患的4户经营户,及时发出限期整改通知书,责令其整改安全隐患后方可销售;取缔无证照经营摊点2户;查处无烟花爆竹经营许可证的经营户38户,并责令限期办证,配合有关部门强行收缴无标识烟花爆竹388盘封。现场受理和解决烟花爆竹申诉1件,切实保护了消费者的合法权益。

【节日市场监管】 2010年,全州工商系统在节日市场监管工作中,重点加强对农村集市、城乡结合部市场和景区景点的市场检查,重点查处无照及食品违法行为;重点检查食品、副食品、饮料、酒类、肉类、保健品、防寒保暖商品及粮油制品;重点加强对旅游景点、景区的旅游商品检查。各级工商机关共出动车辆110台次,执法人员1506人次,检查经营户2239户次,检查市场329个次,教育违规经营户12户次,查处案件17件,受理投诉85件,挽回经济损失2.9万元。

【消费者权益保护】 2010年,大理州工商局不断提升"12315"消费维权网络服务效能,实现了工商12315与政府信息96128专线的并行协作,优化消费者权益保护和群众监督举报工作机制,消费维权开始由事后调处为主向事前调控和防范为主转变。全面推进"一会两站"建设,更加注重巩固和规范,努力确保"一会两站"建成一个、规范一个、发挥作用一个。全州建立"一会两站"1438个,全年共培育"一会两站"示范点36个,在国家级、州级旅游景区景点建立"两站"13个。全年共受理消费者和群众咨询、举报1275件,受理消费者申(投)诉1366件,调解成功率达93.7%,为消费者挽回经济损失87.24万元。

【食品流通监督管理】 2010年,全州工商系统认真抓好食品流通监督管理。一是推进"星级食品安全示范店"。在2009年开展"农村食品安全示范店"创建的基础上,2010年,大理州工商系统按照"五个统一"、"四个规范"的创建条件和标准,进一步规范经营者进、销货台账制度和索证索票等自律制度,切实巩固好"两个100%"。积极探索和推进"农村食品安全示范店"建设,加快推进星级食品安全示范店创建进程,完善创建标准和评定管理规定,进一步抓好规范提高,扩大覆盖面,提升影响力。全州完成了102个"二星级食品安全示范店"培育创建工作,圆满完成目标任务。二是流通领域食品安全监管工作。切实加大规范食品经营主体资格专项执法检查力度,依法查处和取缔无照经营食品行为;开展对重点食品和重点区域、重点场所食品经营以及季节性、节日性食品市场的专项执法检查,检查食品经营户3864户次,检查食用油经营户919户次,查处假冒伪劣食品案件86件,案值41.3万元;开展农村食品市场专项执法检查,检查食品经营户13696户次,检查食用油经营户606户,查处假冒伪劣食品案件38件,案值2.7万元;开展学校周边食品安全专项检查,检查各类经营户6540户,查处无证照加工食品经营户48户,责令停业16户,取缔无照经营流动摊点27户;开展奶制品市场专项执法检查,检查食品经营户9960户次,其中农村市场7650户次,集贸市场等各类市场524个,检查涉乳原料2563批次,涉乳产品13652个次,共清缴问题乳粉7.07千克并全部予以下架。

【家电下乡、汽车摩托车下乡市场专项整治】 2010年,大理州工商局结合职能,严厉打击以"家电下乡"、"汽车摩托车下乡"名义销售不合格和假冒伪劣商品等违法行为,切实保障农村商品市场消费安全,共出动执法人员3100人次,检查各类经营主体3850户次,取缔无照经营2户,查处违法案件11件,案值5.35万元,查处销售不合格和假冒伪劣家电案件8件,案值1.57万元,查处不合格和假冒家电236台,共受理消费者申投诉30件,为消费者挽回经济损失3万元。

【"打黄扫非"工作】 2010年,全州工商系统开展了封堵和查缴政治性非法出版物、打击各类盗版侵权行为、扫除淫秽色情等有害出版物、清理计算机软件制品的无证照经营活动、取缔"黑网吧"规范网络经营等行动。全年共出动执法人员4472人次,执法车辆2726辆次,检查出版物市场821个,检查印刷企业共442家次,检查摊点1980家,处罚违规店摊点72家,查处不规范网吧3家,取缔"黑网吧"1户。

【打击传销工作】 2010年,全州工商系统继续开展打击传销工作。一是加强宣传教育,使广大群众了解传销的严重危害。全系统共出动执法人员100余人次,执法车辆20余台次,发放宣传资料

15000余份，粘贴打击传销宣传画600余份，分别在大理学院古城校区、荷花校区、正阳社区、绿玉公园进行了防止传销进校园、进社区的宣传教育活动，及时向学生、居民进行宣传，同时邀请新闻媒体记者进行跟踪报道。二是加大打击网络传销力度，组织执法人员开展摸底排查及警示防范工作。全州共出动执法人员320人次，执法车辆150台次，走访15个社区及23家企业，发放《禁止传销法律知识宣传单》4000余份。三是开展“禁传销，保亚运”专项行动。共出动执法人员620余人次，执法车辆125余台次，发放《禁止传销法律知识宣传单》6000余份，粘贴打击传销宣传画400余份，接受学生及市民现场咨询20余起，制作了13幅宣传标语在街道明显地段进行悬挂。四是开展全州直销市场专项检查，规范直销经营行为，维护直销市场秩序，严密防范传销活动。共出动执法人员444人次，车辆246台次，检查化妆品经营户326户、美容院118户。

【“两烟”打假打私工作】 2010年以来，大理州工商系统积极配合各地烟草专卖局，进一步规范卷烟市场秩序，查处违法行为。按照“打源头、打网络、端窝点、清市场”的工作方针，充分发挥工商管理职能作用，严格市场主体准入，强化对宾馆、酒店、车辆码头、娱乐场所及旅游风景区等区域的检查力度，重点查处卷烟制假、贩假、售假，非法加工贩卖卷烟、烟丝以及无证照经营卷烟等违法经营行为，严厉打击烤烟、卷烟走私贩私行为。全州共查办各类涉烟案件1037件，案值83.83万元，查获假冒卷烟9593.3条，烤烟5吨。

【打击“傍名牌”工作】 大理州工商局高度重视打击“傍名牌”不正当竞争行为，认真部署，抓紧抓好，抓出成效。2010年，全州共出动执法人员2832人次，车辆1356辆次，查处“傍名牌”侵犯注册商标专用权的案件14件，案值12.8万元，没收假冒注册商标专用权玉米种120千克，没收假汾酒33瓶、假茅台6瓶、假剑南春15瓶、假五粮液27瓶、假泸州窖酒7瓶。

【广告监督管理】 2010年，州工商局继续做好广告监督管理工作。一是开展食品、药品广告专项整治。把食品、保健食品、药品广告的整治与食品安全专项整治工作有机结合起来，共出动执法车辆32台次，执法人员165人次，检查药品广告52条，保健食品广告36条，食品广告89条，其他广告132条，责令停止发布违法广告5条。二是认真贯彻执行《医疗广告管理办法》，开展专项整治。共出动执法车辆168车次，执法人员265人次，检查广告经营单位和医疗机构76户，收缴违法印刷品广告2300多份。全州共监测广告725条，其中查处医疗服务广告7条，立案查处违法医疗广告案件2件。三是清理检查固定形式印刷品广告的发布情况。对辖区内取得《固定形式印刷品广告登记证》的4家广告经营单位进行了认真的检查。四是组织广告审查员培训班的报名工作。共有108人报名参加广告审查员培训。五是做好在“红盾护农保春耕”行动中涉农的广告监管。出动执法人员324人、车辆86台次，检查农资经营户149户，检查农资广告28条。通过检查，共查处农资违法案件1件，没收不合格产品潜水泵7台。六是开展广告经营单位年度检查工作。全州应检广告经营单位数19户，实检19户，年检率达100%。2010年，全州工商机关共立案查处各类广告违法案件81件。

【商标监督管理】 2010年，大理州工商局认真抓好商标的培育、保护和申报工作。一是推进商标战略实施。全年行政指导商标注册申请219件，全州有效注册商标达720件，76个工商所（分局）全面达到“一所多标”的目标，新获准地理标志证明商标注册1件（云龙绿茶），新申报地理证明商标2件（“漾濞核桃”两类）；新申报中国驰名商标1件（云南清逸堂“日·子”）。云南省著名商标共上报申请13件，公示认定11件，全州总数达到50件。全州工商机关共立案查处商标侵权假冒案件16件，收缴商标标识1962件。二是开展“4·26”保护知识产权宣传周活动。派出100多人次，走访企业和经营户80余家，发放宣传资料1200余份，大力宣传知识产权以及商标的基本知识。大理、弥渡、剑川等县市局分别组织开展了“纪念‘4·26’世界知识产权日暨商标知识培训会”。会上，邀请了云南恒润商标事务所专家为参会人员授课，多家企业、个体工商户代表以及基层一线执法人员和县政府领导参加了培训会。大理市在两城区主要街道悬挂标语横幅，电台、电视台、大理公交车载传媒每天滚动播出标语，大理电视台、大理市电视台、大理日报、苍洱时讯等媒体报道了活动开展的相关情况。

【“3·15”消费者权益日活动】 2010年，全州工商系统认真开展3·15消费者权益日活动。一是开展宣传活动，扩大社会影响。全州各级消协紧紧围绕“消费与服务”年主题，邀请政府领导和工商、消协主要负责人发表电视讲话并制作了3·15“消费与服务”年主题专题片，共进行电视报道20期。各地围绕年主题，开展发表电视讲话、制作专题片、开展伪劣商品展示等活动，在各大企业单位和超市、市场悬挂宣传标语口号145幅、制作《大理3·15》宣传特刊并发放5000份。3月15日，州、市工商和消协分别在下关、大理和凤仪等地举办了现场投诉咨询活动，为群众解答和发放宣传资料，同时邀请了电信、移动等多家企业参与现场解答咨询，将3·15宣传活动进一步引向深入。全州共发放宣传材料207860份，接受咨询人数102324人次，现场受理投诉18件，成功调处18件，发放了《问卷调查表》300份，收回300份。二是开展市场检查执法。3月初至15日，全州各级消费者协会联合工商、公安、安监、农业、质监、药监、卫生监督、烟草专卖、供销社等行政执法部门，出动执法人员2599人次、车辆583辆次，对辖区内各大市场进行了专项检查，检查了112个次集贸市场、61个超市、4640家经营户的281种商品，没收“三无”及过期食品2210千克，色情光盘3000张，盗版光盘700张。3.15期间，各县市消协联合公安、烟草、文化等相关单位，销毁假劣物品321种，假劣物品价值378.7万元；销毁假冒卷烟1万多条、价值100多万元。

【受理消费者投诉】 2010年，全州各级消协共受理消费者投诉1201件，成功调解1195件，调解率99%，为消费者挽回经济损失73.2万元，接待来访和接受咨询2393人次。随着汽车的日益普及，汽车质量和维修问题的投诉也越来越多，全年共接到投诉30件；商品房投诉共计15件。对于这些投诉全州各级消费者协会积极采用和解的方式解决消费纠纷，化解了矛盾纠纷，畅通了消费纠纷解决渠道，促进了经营者与消费者和谐，维护了社会稳定。同时定期通报投诉情况分析，通报消费维权热点、难点问题5次，制作大理州消费者协会简报4期。

【消协组织的自身建设】 2010年，州工商局加大推进农村“一会两站”工作力度，全州乡镇应建消协分会110个，行政村应建两站1344个。到2009年底建立消协分会110个，投诉站和联络站共1438个。2010年，按照云南省工商局关于"一会两站"规范化建设的要求，已在营业面积500平方米以上的超市、商场建立"两站"56个，集贸市场、批发市场、专业市场建立"两站"51个，城镇街道社区（居民委员会）建立"两站"59个，国家级、省级旅游景点建立"两站"13个；全州应建数179个，已完成179个。进一步完善了受理农村消费者投诉的救助网络，发挥了消协队伍在化解农村消费者消费纠纷中的作用。同时，在"一会两站"建设上，巩固成果，典型引路，整体推进。2010年全州共建"一会两站"示范点36个，起到了示范带动作用。

【个私协工作】 2010年，州工商局继续开展好个私协工作。一是继续开展鼓励创业"贷免扶补"工作，积极服务鼓励创业促进就业。2010年，大理州个私协会认真落实省州政府以创业促就业"贷免扶补"政策，积极帮助创业人员申请政府创业免息贷款，大力开展培训和帮扶工作。共扶持"贷免扶补"创业人员100人，带动就业人数410人，并按要求全面进行了跟踪服务，实行导师帮扶，建立和完善了贷免扶补"1+3"工作机制。二是做好个私经济党建工作。把加强个私经济党建列入六项重点工作，进一步加大对落实"双报"制度督查调研，充分发挥协会与会员联系紧密的优势，有效利用登记注册、年检、验照和办理会员入会手续等时机，掌握个体私营企业中的党员和党组织情况，逐步建立健全大理州个体私营企业会员单位党建情况数据库。重点抓了规模以上个私企业、党员人数较多个私企业的党建工作，确立一批示范点，形成典型经验带动其他个私企业党建工作，扩大了党务工作覆盖面。

（雷建萍）

质量技术监督

【概　述】 2010年，大理州质量技术监督局在州委、州政府和省局党组的正确领导下，全面贯彻落实党的十七届四中、五中全会、省委八届八次全会、州委六届八次全会和全省质监工作会议精神。牢固树立"大局为重、民生为本、质量为贵、安全为先、监管为要、服务为荣"的思想，认真按照"法制立局、科技兴局、素质强局、创新活局、和谐稳局"的目标，以开展质量提升活动和创先争优为抓手，积极推进"质量兴省"战略，不断改进工作作风，强化监管，优化服务，着力提高技术保障能力，夯实质量基础，全面提升质监工作水平，为全州经济又好又快发展作出积极贡献。

【"质量四兴"工作全面铺开】 2010年，为推进"质量兴省"战略的顺利实施，大理州质量技术监督局在全州茶叶、乳制品等不同行业遴选了50户生产企业开展"质量兴企"、"质量兴业"试点工作。同时，在祥云县和洱源县开展了"质量兴县"试点工作。随着大理州质量兴州工作会议的召开，政府推动、部门协作、企业为主、社会参与的良好工作氛围逐步形成，全州"质量兴州、质量兴业、质量兴企、质量兴品"的"质量四兴"工作全面铺开。

【质量基础数据库逐步成型】 2010年以来，大理州质量技术监督局高度重视质量基础数据库的建立完善工作，通过对企业质量档案的建立、特种设备登记、名牌企业现场调查、组织机构代码办理等工作的有机结合，有计划、分步骤的开展企业绩效评价工作，建立完善质量基础数据库，掌握好全州重要工业产品质量状况。为有效杜绝和防范乳制品质量安全隐患和安全事故的发生，形成动态长效的监测机制，大理州质量技术监督局经过深入调研分析和公开听证，将建立大理州乳及乳制品质量监测数据库。

【食品安全监管成效显著】 2010年，大理州质量技术监督局以落实企业质量安全主体责任为抓手，与全州182户食品生产企业签订了《质量安全责任书》、通过聘请食品安全联络员和协管员、开展产品质量专项整治、监督抽查和风险监测等方式，全州食品生产企业质量安全主体责任意识不断增强，质量水平不断提高。联合国—西班牙千年发展目标基金下属的"儿童食品生产企业加工环节安全控制"项目正式将大理来思尔乳业有限责任公司和云南大理东亚乳业有限公司选定为试点企业，并开展了首期培训工作。

【强化特种设备安全监察】 2010年，大理州质量技术监督局在全州全面推行行政领导特种设备"一岗双责"制度，行政领导为特种设备安全监管第一责任人，对特种设备安全监察工作负总责。通过明确重点单位、重点工程、重点设备和监管内容，共与全州473家特种设备使用单位签订了《特种设备安全使用责任书》和《特种设备安全使用承诺书》。为加快大理州特种设备事故应急救援体系建设，大理州质量技术监督局组织大理感通寺和宾川鸡足山客运索道开展了应急预案演练；联合相关部门到社区开展液化石油气安全使用知识宣传活动。同时不断加大安全监察和安全检验力度，全州共组织124个（次）检查小组，检查448个单位，共发现问题隐患72条，发出安全监察指令书30份，均在限期内按要求进行了整改。

【标准化工作进展良好】 2010年，大理州质量技术监督局通过典型带动，部门配合，标准化工作取得显著成效。全州共调查登记794户企业产品标准，备案企业产品标准24个，有8户企业顺利通过了采用国际标准复审。漾濞泡核桃、宾川白肋烟、洱源大蒜农业标准化示范种植顺利通过验收，成效显著。标准化工作在农业、旅游服务业方面进一步取得突破，大理崇圣寺三塔文化旅游区标准化试点和洱源生态农业技术标准体系建设示范县2个标准化项目获批立项实施，并在有效推进中。漾濞核桃地理标志产品保护申报工作正在加速推进，标准化工作在助推质量振兴中的基础性作用日益凸现。

【计量服务民生作用彰显】 2010年，大理州质量技术监督局发挥计量基础作用，为地方经济发展提供技术保障。全州有11个县局开展了计量建标工作，共对63万余台（件）强制检定计量器具进行建档登记工作，定期检定率100%，维护了民生利益。并对50户重点耗能企业进行了摸底调查和能源计量监督管理工作，全州有2户企业被列为省级示范单位，在全省占四分之一席位。

【执法能力不断提高】 2010年，大理州质量技术监督局依法行政、严格监管，不断加大行政执法力度。全州质监系统共办理各类行政处罚立案案件379件，共实行"开门审案"2件，采用说理式执法文书146件，采用电子式现场检查执法文书63件。安排60万元专项经费对抗旱物资等29类产品开展监督抽查。强力开展了对全州47个实验室和检验技术机构、139个医疗机构和三大通讯机构在用计量器具的检查，拓展了执法监管领域。积极组织人员参加全省质监系统行政执法打假大比武活动，取得了第三名的好成绩。积极提供消费服务，共接听"96128"热线电话102个，当场回复91件，转交部门处理11件，回复率为100%。共接听"12365"有效热线电话68个，其中消费者服务咨询40件，受理移送辖区调解处理的28件。

【规范管理、科学理财】 2010年，大理州质量技术监督局为规范管理、科学理财，制定出台了6个财务制度，明确规定了各级领导干部和财务管理部门的职责。同时严格执行"一支笔"审批制度，严格控制行政成本。全州质监系统财政预算目标任务顺利完成。未有新建的楼堂馆所。认真组织开展了涉企收费自查自纠工作，针对自查过程中发现的问题，按照相关政策和规定，对收费项目进行清理调整，做到收费项目清、依据有效、整改及时，确保全州质监系统涉企收费合理合法合规，维护了质监部门和相关企业的合法利益。

【检验检测能力大幅提升】 2010年，大理州质监局通过购置高端检测设备，改造和完善实验设施和人才引进，并通过走出去、请进来等多种方式对技术人员加强培训，使中心开始走向"以检测为主，检测促科研"的新发展思路，不断提升大理州综合技术检测中心的检验检测能力。与联合国工业发展组织建立"中国大理食品安全检测技术培训交流中心"达成初步协议。经过不断建设，检测中心具备1389个产品标准(检验参数)的检验检测能力，建立有40多项社会公用标准和70项社会公用计量标准，特检资质优势已覆盖到滇西周边的特种设备安全检验工作，承担了部分产品的省级监督抽查任务，基本满足了全州经济发展的需要。

【队伍建设成效显著】 2010年，大理州质量技术监督局进一步加强和改进基层党组织建设、党风廉政、行风建设工作。通过深入开展创先争优活动，按步骤开展党员公开承诺，学习村官普发兴，创建先锋岗活动，推行"党组统一领导，党政齐抓共管，纪检组织协调，部门各负其责，依靠群众支持和参与"的反腐领导体制和工作机制。通过开展纪律教育、落实党风廉政责任制、完善制度约束和监督、建立廉政谈话制度、聘请10名行风监督员，夯实党执政的组织基础，改进工作方式，创新活动内容，努力做到各级领导班子好、干部队伍好、工作机制好、发展业绩好、群众反映好，使基层党组织成为团结型机构、学习型组织、实干型集体、服务型队伍，识大体，顾大局，爱岗敬业，开拓创新，服务群众，公道正派的党组织。

【"团结、和谐、进步年"主题年活动】 2010年，通过在全州系统严格实施首问负责制、限时办结制、责任追究制"三项制度"，加强依法行政体系、服务体系、监督考核体系、绩效考评体系"四个体系建设"。以效能政府四项制度建设为抓手，强化民主集中制，党的政治工作纪律、经济工作纪律、组织工作纪律和群众工作纪律教育与建设工作，全面推进文明质监、服务质监、团结质监、效能质监、廉洁质监、和谐质监建设。2010年分别由大理州质量技术监督局领导带队深入各基层局，就大理州质量技术监督局下发的两个一号文件进行督查，检查核实各基层局党组织建设、党风廉政和行风建设工作情况，调查掌握各级领导班子和职工建设团结和谐质监情况，从而使全系统基层局班子整体面貌得到改观，团结干事的氛围得到巩固。

【制度建设】 2010年，大理州质量技术监督局先后制定出台了全州质监系统《公务接待办法》等10个规章制度(办法)，做到行政行为有章可依、有据可循，使行政管理工作规范化、制度化，并探索制定了《大理州农业标准化(种植)示范项目绩效评价规则》、《大理州质量兴企绩效评价指南》等一系列评价办法。同时，通过开展培训、读书活动、轮岗交流、行政执法大比武等形式，不断提升行政能力。2010年以来，大理州质量技术监督局根据各科室业务工作需要，先后开展了标准化、特种设备、计量、行政执法等培训，共培训相关人员300余人次。

【"大质量工作机制"和"大质检文化"建设】 2010年，全州质监系统各单位加大了向当地党委、政府汇报请示的工作力度，州质量技术监督局坚持每月向当地党委、政府汇报请示工作的制度，做到更紧密地依靠政府、更密切地联系部门、更有效地监管企业和产品。州质量技术监督局党组把对外宣传和协调工作作为一项重要工作来抓，不仅首次与大理日报联合举办了为期一年的"质量在我心中"有奖征文活动，而且自主创办了《大理质监》季刊，编印了《质监动态》和《质监内参》，进一步扩大了大理质监的社会影响面。同时，州局根据工作需要积极与检验检疫、公安交警、检察院、安监等部门建立联席会议工作机制，对外协调联系得到具体落实，相关工作得到了其他部门的大力支持。

【抗旱救灾保民生】 2010年，在全州大范围遭遇百年不遇的特大旱灾时，大理州质量技术监督局积极响应州委、州政府的号召，多措并举，在全系统掀起抗旱救灾的高潮。全州各级质监部门通过捐款捐物、检查抗旱物资产品质量、深入驻村指导调研、开展"共产党员先锋行动"等方式，齐心协力，共抗旱魔，真正做到抗旱救灾保民生，质监帮扶显真情。

(杨金生)

物价管理

【概　述】 2010年，大理州居民消费价格总指数为103.3%。食品类为109.5%，比上年同期上升9.5个百分点；烟酒及用品类为98.9%，比上年同期下降1.1个百分点；衣着类为94.5%，比上年同期下降5.5个百分点；家庭设备用品及维修服务类为102.3%，比上年同期上升2.3个百分点；医疗保健和个人用品类为102.1%，比上年同期上升2.1个百分点；交通和通信类为98.3%，比上年同期下降1.7个百分点；娱乐教育文化用品及服务类为98.3%，比上年同期下降1.7个百分点；居住类为102.8 %，比上年同期上升2.8个百分点。

【保持价格总水平基本稳定】 2010年，是实施"十一五"规划的最后一年，是有效应对金融危机、巩固经济企稳向好各项工作最为复杂的一年，面对百年不遇的全省性干旱，对工农业生产影响很大，国际市场价格振荡走高，通胀预期加深，已出现了价格总水平上涨，大理州发展和改革委员会围绕"增投资、扩消费、转方式、调结构、重民生、建和谐、快发展、上水平的中心任务"，注意通胀预期管理，用好价格杠杆，寻找工作的结合点，做好政策引导，刺激消费，保证民生，促进经济社会平稳较快发展。一方面抓好抗旱期间价格调控监管。切实加强领导，落实责任，对市场出现的苗头性、倾向性问题，及时向政府和上级部门报告，并迅速采取措施。经大理州人民政府同意后一方面对乳制品、桶装水、面粉、大米、食用植物油实行了临时价格干预措施。另一方面对巍山县城供水实行临时价格干预措施，制定了相应的阶梯式水价。确保抗旱救灾物资、农业生产资料和居民生活必需品价格的基本稳定。二是继续健全价格监测预警制度。密切关注宏观经济政策、国内外市场价格变动情况，关注干旱持续发展对大理州主要农产品、市场物价影响，加强对重要农产品、主要副食品等价格监测。截至10月上旬，各县报送监测报表540期，整理汇总向省报送价格监测报表45期，价格运行分析报告12份。

【运用价格杠杆促进经济又好又快发展】 2010年，大理州发展和改革委员会积极推进水价和环保收费改革，建立和完善吸引社会资金投向公益事业的价格机制。一是通过成本监审、征求意见，制定了大理州医疗废物处置收费标准。全州已有5个县市医疗垃圾进行集中处理。二是积极推进水价改革，进一步完善水利工程水价改革。调整制定了宾川县污水处理价格，云龙县城供排水价格。结合投资项目资金争取和建设，对南涧县污水价格进行了承诺。三是积极向上级反映电力体制改革中大理州存在的问题，经过多次汇报、反映，电价政策得到上级明确回函，维护了电站的利益。

【加强价格收费管理】 2010年，大理州发展和改革委员会为优化环境，加强价格收费管理促进消费持续稳定增长，继续加强行政事业性收费管理，取消不合理收费项目，降低偏高的收费标准。一是加强对收费单位的年度审验，审验结束后，通过媒体公布年审合格单位，让交费者、社会参与对收费合法性监督。据统计，全州共审验收费单位684个，参审率达100%，按上级要求提前20天完成年审工作。全州年审金额55324.65万元，占当年财政收入676200万元的8.18%，比上年减少12648.34万元。取消收费项目10项，金额18.58万元。二是完善游览参观点门票价格管理，巩固大理州游览参观点门票价格清理整顿成果，促进旅游消费。三是认真落实教育收费各项政策，审核批复了巍山县二中学生宿舍收费标准。依据省教育厅对大理新世纪中学等级的认定，重新确定了大理新世纪中学校计划内学生学费标准和执行时间，按照新确定的收费标准，从秋季开学起，每生每学年可少交费200元。四是做好大理州全面取消二级公路收费相关工作。根据省汽车运价和道路运输价格管理规范，结合成品油价税费改革实际，及时调整了大理州道路旅客运输价格。五是抓好殡葬服务、协会和中介组织收费的清理整顿工作，着力解决社会反映的收费热点问题。

【解决好群众关注的热点问题】 价格工作关系到社会的和谐稳定。围绕“增投资、扩消费、转方式、调结构、重民生、建和谐、快发展、上水平的中心任务”和温家宝总理“千方百计保证今年农业有个好收成，保持经济平稳较快发展和物价总水平基本稳定”的重要指示，按照年初发改工作安排，2010年，大理州发展和改革委员会始终将民生价格管理放在第一位。一是进一步贯彻落实成品油价格改革的各项政策措施，做好道路客运票价调整的宣传、解释工作。针对燃油联动、公路改造、客运车辆绕行成本增加，对巍山县、宾川县多次反映的问题，经实际路测后，重新审定了巍山县道路客运票价。批复了宾川县修路期间临时道路客运票价。二是认真落实高校和高中服务性收费、代收费办法的贯彻落实，对民办学校收费进行规范。三是加强对非营利性医疗卫生机构服务项目规范，及时下发药品价格文件。调整确认了六十医院、附属医院、州二院住院病人床位费。四是加强对物业服务收费调研，依据《物权法》、《物业管理条例》、《云南省物业服务收费管理实施细则》提出了《加强和规范大理州物业管理工作意见》，报大理州人民政府同意，下发各县市，进一步明确了物业管理权限职责，对规范大理州物业管理和定价形式有据可依。五是加强和规范殡葬服务收费管理。切实维护丧属和殡葬服务单位的合法权益，促进殡葬改革。根据国务院《殡葬管理条例》以及省发改委的相关规定，重新审批了大理市殡葬服务收费标准。

【不断提高价格工作水平】 2010年，大理州发展和改革委员会认真落实国家、省发改委宏观经济政策和价格调控政策，保持价格总水平基本稳定。一是按照省发改委的安排，开展了农村生产和消费、成品油价区调整、民用爆破物品市场流通和服务价格管理、云南省基本药物零售价格、云南省游览参观点门票价格管理办法、云南省道路汽车运价规则及管理实施细则、监测报表指标修改、征求意见稿等专题调研、形成意见报省物价局。二是根据物价形势，对大理州市场动态、分析预测按月按季向省调控处报送。三是践行机关效能建设，简化办事程序，提高办事效率。2010年对不符合办证、列入政府管理的价格、收费项目实行登记备案，全年实行备案管理20个，对实施收费单位加强了管理，简化办事程序。四是加强学习，提高管理水平。积极组织全州收费管理人员参加省发改委在楚雄州组织的培训，提高价费工作管理水平。

【认真治理乱收费行为】 2010年，根据云南省物价局《关于治理规范经营服务性收费的通知》、《关于治理规范社会团体收费的通知》精神，大理州发展和改革委员会及时组织开展了全州治理规范经营服务性收费、治理规范社会团体收费工作。按照省物价局清理规范涉及企业的经营服务性收费的政策界定、清理内容范围以及清理要求，对各县市的清理规范工作进行了积极的督促指导，各县市有关人员深入调查落实。通过此次治理规范，经营服务性收费单位加强了自身建设，进一步完善了内部管理制度和收费公示制度，规范收费管理，杜绝乱收费行为的发生；开展了治理规范社会团体收费工作。通过清理，未发现社团收费将会费与行政许可或行政职能挂钩强制收费等8种违规收费行为。社会团体加强了自身建设，进一步完善了内部管理制度，严格按照章程和服务规范开展业务工作，履行章程规定的程序，切实提高服务质量，规范收费管理，杜绝乱收费行为的发生。

【努力减轻消费者的不合理经济负担】 2010年，大理州发展和改革委员会开展了以下工作：一是根据原国家发展计划委员会《游览参观点门票价格管理办法》和国家发改委、财政部、国土资源部、住房和城乡建设部、国家林业局、国家旅游局、国家宗教事务局、国家文物局《关于整顿和规范游览参观点门票价格的通知》，开展大理古城电动车、大理市罗荃半岛景点、鹤庆县银都水乡新华村景点、苍山大索道运营定价成本和苍山大索道中站滑道车运营旅游定价成本调查和审核，出具了成本调查审核报告。分别核减企业上报成本679.15万元、43.8万元、4716.94万元、1111.29万元和44.38万元。二是开展弥渡县弥城镇新城蔡庄片区农村安全饮水工程供水成本调查审核，出具成本调查审核报告。核减企业上报成本2.44万元。三是根据《云南省发展和改革委员会关于印发〈云南省城市供水定价成本监审办法

（试行）〉的通知》和《云南省发展和改革委员会关于印发〈云南省污水处理定价成本监审办法（试行）的通知〉》，开展云龙县和大理市城市供排水成本监审，出具了成本监审报告。核减云龙县企业上报成本23.2万元。四是开展大理市殡仪馆火化炉成本调查审核，出具了成本调查审核报告。核减企业上报成本151.44万元。五是根据大理丰顺医疗废物处置有限公司运行一年的财务成本情况和《大理州卫生统计年鉴（二OO八年）》，首次采用不变成本和可变成本理论，科学核定了医疗废物处置定价成本，出具了成本调查审核报告。核减企业上报成本71.82万元。六是根据云南省发展和改革委员会、省财政厅、省教育厅《关于开展普通中学教育成本有关情况调查审核工作的通知》和云南师范大学附属中学大理分校定级后需重新核定计划外学生学费的实际，开展了相关项目成本调查审核，出具了成本调查审核报告。核增学校上报成本192.64万元。七是根据《云南省发展和改革委员会关于调整机动车辆驾驶员培训收费标准审批管理权限有关问题的通知》，为准确核定农机培训定价成本，维护农民的合法权益，开展了全州农机培训成本调查审核，澄清了全州农机培训成本的底子，为制定收费提供了科学依据。八是根据巍山县发展和改革局的请示，对巍山县黄栎嘴、福庆（锁水阁）水库水利工程供水定价成本进行了监审，出具了成本监审报告，净核减上报成本110.32万元。

【认真履行价格监督检查职能】 2010年，大理州价格监督检查工作，按照省、州发展改革工作会议精神，全面贯彻党的十七大和十七届四中全会精神，深入学习实践科学发展观，围绕政府中心工作和社会关注的热点难点问题，认真履行价格监督检查职能，增强服务意识，严格依法行政，拓宽监管思路，创新监管方式，提高监管效果，为促进大理州经济平稳较快发展和社会和谐稳定作出了积极努力。据统计，1～11月全州查处价格违法案件77件，经济制裁总额474.30万元，其中，没收价格违法所得金额335.83万元，退还132.20万元，罚款6.27万元，上缴财政342.10万元。

【开展价费专项检查】 2010年，大理州发展和改革委员会一是开展了2009年度教育收费专项检查违法金额收缴工作。责令部分学校退还了学生家长或学生教育违法收费88.37万元，收缴州财政4.36万元，切实减轻学生的教育费用负担。二是认真开展涉农收费专项检查，切实减轻农民负担。为了保障惠农政策的落实，防止农民负担反弹，促进农民增收，维护农村和谐稳定，认真开展涉农收费专项检查。主要检查了涉及农民工的收费、乡镇企业的收费、农民建房相关收费、农产品检验检疫收费、农用机动车相关收费、农村殡葬相关收费等九个方面的政策落实情况。省检查组对大理州9个涉农单位进行了检查，州检查组抽查了3个县6个涉农单位，各县市检查组检查了9个涉农行业的62个单位。全州共查出违法案件6件，查出违法金额161.63万元，退还用户67.05万元，没收13.8万元，其中州级检查组共查出违法案件6件，查出违法金额86.4万元，退还用户33.6万元，没收2.3万元，移交县处理1件，移交违法金额50.5万元。三是开展全国行业协会收费专项检查，规范行业协会收费行为。在检查过程中，加强与各部门间的协调，通过民政部门了解全州行业协会的登记备案情况，通过工商行政部门了解行业协会的经营范围，在此基础上，确定了大理州行业收费检查的思路和重点，选择了交通、建设、工商等代行行政职能或政府指定服务资格、对企业或个人收费较多的行业协会进行检查。有力整治了行业协会乱收费行为。四是组织开展涉企收费检查。认真组织开展了全州涉企收费检查，同时配合省检查组，严肃查处土地、建设、交通及其下属部门、工商、公安消防、煤炭工业局等部门违反规定向企业乱收费的行为，对祥云县、洱源县、弥渡县、宾川县16个单位进行检查，共查出价格违法金额998.22万元，进一步为企业发展创造了良好的经营环境。五是认真开展电力价格检查。采取各县市交叉联合检查的方式，将全州分为3个片区，组织3个检查组，对全州除省直接检查的州供电局、大理市供电公司和宾川县供电公司以外的10个县电力公司进行全面检查。由大理州价格监督检查局组成2个电价督查组，对全州的电价检查进行督查，确保了检查覆盖率100%。此次检查共立案查处价格违法案件13件，查出违法金额654多万元。六是认真开展质量监督检验检疫系统收费专项检查。按照国家和省开展全国质量监督检验检疫系统收费专项检查的部署，大理州发展和改革委员会与质量技术部门进行沟通与协调，两部门联动共同进行检查。全州检查了13个质检单位及其下属12个协会，查出违法金额56.61万元。七是认真开展治理和规范涉企收费检查工作。按照省物价局等13部门联合发文开展治理和规范涉企收费检查工作的要求，大理州发展和改革委员会抽调2个组重点对公安、出入境检验检疫、食品药品监督等部门2009年以来的收费情况进行检查。查出价格违法案件8件，查出违法金额113.2万元，进一步落实了国家减轻企业负担的政策，为企业营造了有利的发展环境。八是认真开展2010年教育收费专项检查。按照国家和省的安排部署和要求，为了进一步规范收费行为，大理州发展和改革委员会抽调组成4个组对全州各级各类学校的收费、服务性收费、代收费等进行了检查。全州共查处收费违法案件16件，查出违法金额392万元，规范了学校的收费行为。

【着力维护市场价格秩序】 2010年，云南省遭遇了特大旱灾，部分农产品价格出现快速上涨，大理州各级价格主管部门组织了检查组对各大商场、超市、农贸市场进行市场价格检查，重点检查捏造散布涨价信息、哄抬价格的行为；查处囤积居奇、牟取暴利行为；查处相互串通，操纵市场价格的行为；查处垄断或阻断流通渠道，造成市场脱销断档的行为。在元旦、春节、五・一、十・一等重大节日来临前，大理州县价格主管部门都要召开相关行业的提醒告诫会，引导经营者加强价格自律。并组成检查组深入到景区、商场、个体经营户、农贸市场进行检查，同时向经营者、消费者宣传价格法规，营造良好的节假日市场氛围。根据大理州旅游市场综合整治领导组的安排，大理州发展和改革委员会积极参与旅游市场综合整治工作。重点对大理洋人街等主要街道的商铺、旅游商品定点销售点进行检查，纠正规范了多起不明码标价或标价不规范的价格违法行为，查处了一起不执行政府指导价进行销售门票的价格违法行为。进一步维护旅游市场价格秩序，促进大理州旅游产业健康可持续发展。

【抓紧抓实价格举报工作】 2010年，全州各级价格举报部门本着服务群众、和谐社会的宗旨，按照“热情受理、快速办理、妥善处理”的要求，做好举报工作。据统计，1～10月大理州价格监督检查局受理群众价格投诉和价格政策咨询21件次，立案查处价格违法案件3件，退还消费者9.94万元，做到件件有落实，事事有回音。

【扎实做好涉案财产价格鉴证】 2010年，大理州各级价格主管部门按照“准备充分、程序合法、计算精确、档案完备”的十六字工作要求，认真做好涉案物品价格鉴证工作，2010年，全州共受理涉案财产价格鉴证案件1597件，涉案金额8090.66万元。其中，刑事案件1296件，涉案金额6591万元；其他案件301件，涉案金额1499.10万元。

（霍沁祥）

统计管理

【概 述】 2010年，全州统计部门紧紧围绕服务党委、政府中心工作，在各级各部门的关心重视和支持下，以提高统计能力、统计数据质量、统计公信力为目标，积极主动适应经济社会发展对统计工作的新要求，务实创新、真抓实干、扎实工作，为党委、政府提供了重要的决策依据，为全州经济社会平稳较快发展作出了积极的贡献。

【统计方法制度改革取得新突破】 2010年，统计方法制度改革取得新突破。一是国民经济核算制度改革稳步推进。建立了县市GDP审核和专业数据质量评估制度，加强了对县市季度GDP报表和专业数据的审核评估，实现了州县GDP数据和专业数据的基本衔接；坚持部门联席会议制度，进一步加强对部门数据的监测、评估、分析和管理，完善工业、投资等专业统计数据质量控制办法；按省的要求，结合大理州实际，认真理顺五个关系确保全年GDP核算目标的实现。二是能源统计得到进一步加强。建立了州县（市）GDP能耗公报制度；根据第二次经济普查中各行业能源消费调查情况和GDP数据调整情况，对州和县市2005至2009年各行业能源消费量进行了初步调整；进一步加强了与省局的汇报沟通和对县市的业务指导、培训力度；部门联审、评估制度得到进一步加强。在各级各部门的努力下，2010年单位生产总值能耗下降5.96%，“十一五”期间累计下降17.34%，超额完成与省政府签订的目标任务。三是固定资产投资统计改革成绩突出。建立了“基础设施重大项目、重大经济项目、领导挂钩项目”三类重大项目的跟踪监测制度；完成了国家统计局建筑业经营地统计大理试点工作；组织实施了大理州祥云县建设项目规范化管理试点工作；加强部门协作配合，进一步规范了招商引资项目统计工作、加大了固定资产投资项目管理信息抄送制度的执行力度；积极探索大理州在新农村建设和千村扶贫工作中的投资统计方法；根据2011年起国家将固定资产投资统计起点由50万元提高为500万元的要求，州统计局及时向政府作了专题汇报，提出了应对的建议和措施，与相关部门密切配合，提前做好了准备工作。另外，与民生相关的专业统计工作也得到了进一步加强，贸易统计和劳动工资统计制度方法改革成效明显，服务业统计工作得到加强。

【统计能力得到新提升】 2010年，全州统计能力得到新提升。一是全州统计信息化建设取得质的飞跃。按照“统筹考虑、统一规划、分期建设、分步实施”的总要求，认真组织实施《大理州统计信息化建设方案》，加大投入，加快构建统计信息化支撑体系，形成了纵联省、州、县、乡4级统计机构的统计信息网络，完成了省州统计专网和文件传输服务器系统的升级改造，实施了州县专项联网和县级网站群建设，基本满足了各级统计机构和各专业统计工作的需要，使大理州的统计网络通信的稳定性、可靠性、安全性都得到了较大提升，为今后开展统计网络应用打下了良好的基础。二是统计法制建设得到进一步加强。全州统计系统以新《统计法》和《统计违法违纪行为处分规定》的颁布为契机，在全州范围内迅速掀起学习、宣传高潮；与州监察局、州司法局和国家统计局大理调查队联合开展了统计法和统计违法违纪行为处分规定贯彻执行情况大检查；完成了统计“五五”普法的全面检查验收；及时公开了统计信息、资料，认真做好统计数据诠释和解疑释惑工作，促进了政府统计工作公开透明，赢得了社会公众的信任和支持，营造了一个良好的依法统计氛围。三是统计基层基础建设取得丰硕成果。自2008年组建调查队和乡镇统计站以来，各县市统计局通过招录和选调补充了近140名优秀的、高素质的年轻同志到统计队伍中来；州统计局积极组织人员参加省局举办的州市级师资培训，对一百五十多名基层统计业务人员进行了大规模的业务培训。四是统计人才队伍建设成效显著。各级统计部门强化工作技能培训，加强政治理论学习，不断提高广大统计人员的业务水平和分析研究能力，统计行风建设取得显著成效，全州各级统计部门加强了学习型党组织和学习型机关的建设；开展了职工“互教互学”活动，祥云县统计局建立了“工作日志”制度，对全局干部职工的工作、学习情况进行严格的考评；全州各级统计机构深入开展“创先争优”活动，并将“创先争优”活动与“三个提高”和州统计局提出的争创一流的队伍建设、一流的统计服务、一流的信息化建设和一流的工作业绩的“四个一流”目标任务紧密结合起来，以创先争优促进统计工作和人口普查工作的高质量完成。

【人口普查工作顺利推进】 2010年，全州各级有关部门按照国务院、省州人民政府的统一部署，始终坚持“质量第一、科学普查、依法普查”的原则，围绕“查准人口数量、查清人口结构、查实人口迁移流动状况”的主要任务，突出重点，强化措施、上下联动，抓住关键环节，采取有效措施。经过各级统计部门和1.7万多名人口普查工作者的艰辛努力，克服流动人口规模庞大、人户分离现象突出、调查对象配合程度低等困难，圆满完成了普查前期准备、入户登记、质量抽查、数据处理光电录入等相关工作，获得了质量较高的人口普查登记数据，取得重要的阶段性成果，得到省人口普查领导小组和州人民政府的充分肯定。

【统计服务水平迈上新台阶】 2010年，全州统计水平迈上新台阶。一是强化统计服务制度建设。印发了《大理州统计局信息管理工作实施办法》，实行统计服务工作一把手负责制；细化了《政务信息》、《统计信息》、《统计资料》、《统计公报》和《大理经济研究》的撰写内容并明确了相关责任人；建立了统计信息采编及报送工作机制，确定了政务信息员和经济信息员，规范了信息采编及报送的工作流程；建立了统计信息服务考核机制工作，下达了县市统计局和州统计局各专业统计信息及统计分析资料的考核目标任务，进一步规范了统计信息服务工作。二是拓宽思路、广纳贤才，全面加强统计信息人才队伍建设。聘请部分大专院校和相关部门知名专家学者为大理州统计学会副会长或常务理事；在系统内的统计信息分析人才队伍建设上，聘请了一批《大理统计》通讯员和统计学会理事、常务理事和副会长，并请有关专家进行了统计分析研究和写作知识培训，使大理州统计分析人才队伍的综合素质得到了较大提高，极大地提升了统计分析人才队伍的水平。三是创新服务方式、强化精品意识，全力提升统计服务水平。密切关注全国、全省和全州经济社会发展变化情况，不断拓展统计服务领域，加大统计分析研究力度，结合大理州经济社会发展中具有综合性、全局性、前瞻性的课题开展分析研究，组织完成了《大理州“十一五”主要经济指标完成情况及全面实现小康阶段性目标分析》、《大理州十二五经济发展战略研究》、《大理州经济结构调整路径研究》、《大理州工业强州战略研究》和《大理全面建设小康社会进程监测》5个重大课题研究，为大理州科学制定“十二五”规划提供了重要的参考依据。

【部门统计工作进一步规范】 2010年，州县市统计部门加强与发改、工信、财税、金融、交通、商务、住房和城乡建设、旅游、农业、林业、水利、公安、人口和计划生育、人力资源和社会保障、科技、教育、文化、卫生等部门的交流与合作。与州科技局、发改委、教育局、财政局等部门联合开展了大理州第二次全国R&D资源清查；在州委组织部的领导下，组织实施了乡村领导干部和领导班子群众公信度调查及创先争优群众满意度调查；配合州机关事务管理局开展了对各单位能源统计人员的业务培训；在各部门的高度重视下，部门统计工作得到了加强，明确了专(兼)职统计人员，改善了部门统计工作条件，实现了部门统计工作的规范化和报送统计数据的高质量。各级政府综合统计部门加强了对部门统计人员业务培训和业务指导力度，坚持和完善了重要统计指标部门联审制度。全州各级各部门专业统计人员业务素质得到了提高，部门统计工作得到进一步规范。

【马建全现场指导人普光电录入】 12月17日，州委常委、常务副州长、州人口普查领导小组组长马建全，深入大理州财校人普光电录入现场看望广大录入人员。马建全详细询问了人普数据处理的整个流程，对参与录入的广大师生和在现场的县市普办人员表示感谢和鼓励。他指出：一是人口普查是一项重大的国情国力调查，州财校承担人普数据处理，任务艰巨、使命光荣，一定要高质量地完成好录入工作。二是时间进度一定要服从质量。三是州人普办和州财校要加强工作协调，确保录入质量和录入师生的安全。四是严格工作规范，要按国家和省的数据处理要求，规范化操作。五是对各级普查员、普查指导员和数据录入师生的人员工资要不折不扣的按时支付。

【弘扬求真务实精神】 为了认真宣传贯彻落实新修订的《中华人民共和国统计法》，营造依法统计环境，弘扬求真务实精神，2010年12月2日，大理州统计局在大理市下关镇绿玉公园开展统计法制宣传活动。此次活动印制了统计法宣传画历7500份，活动日发放1500份，其余分发到全州12个县(市)统计局。各县市因地制宜，灵活多样地进行“12.4”法制宣传日活动，进行统计法的宣传教育。

【召开人口普查工作座谈会】 11月19日下午，州委常委、常务副州长、州第六次全国人口普查领导小组组长马建全主持召开全州第六次全国人口普查工作座谈会，各县市人口普查领导小组组长、州人口普查领导小组成员、州人普办有关人员参加了会议。马建全强调：当前，人口普查正处于登记复查的关键阶段。这一阶段是整个人口普查工作的核心和关键，绝不能有丝毫的懈怠、疏忽和失误。各级、各部门要以对党、对人民、对历史高度负责的态度，进一步强化大局意识、质量意识、时间意识、责任意识，严格按照国务院人普办和省、州人普办的统一要求，进一步加强组织领导，采取有效措施，彻底解决登记复查过程中的薄弱环节，坚决做到不错、不重、不漏，确保人口普查数据的真实性和准确性，确保大理州第六次全国人口普查任务圆满完成。马建全要求，全州要再接再厉，查缺补漏，坚决完成好大理州第六次全国人口普查工作。第一，要切实加强领导，明确责任。第二，要认真分析研究数据趋势和逻辑关系，提高人口普查数据的真实性和准确性。第三，要继续加强对“两员”的管理和教育，提高工作质量和效率。

【姚堂文到大理州检查指导人普工作】 11月9日，云南省第六次全国人口普查领导小组副组长、省统计局局长姚堂文到大理州检查指导人口普查登记工作，州人普领导小组副组长杨瑄汇报了人口普查工作。听取汇报后，姚堂文要求大理州在完成好当前的人普工作中注意抓好五个方面的工作：要处理好登记进度与质量的关系，树立质量第一的观念，进度要服从质量；要进一步提高对人普工作重要性、复杂性、艰巨性的认识，要千方百计抓好数据质量，确保登记一次成功；要增强紧迫感，突出重点地区，狠抓薄弱环节，坚持登记进度和质量两手抓；要加强对普查队伍的管理，克服畏难情绪与盲目乐观的思想；继续广泛深入的加大宣传力度，有针对性地对重点人群进行宣传。

【州政府领导亲临人口普查登记现场视察指导工作】 2010年11月1日是第六次全国人口普查正式登记的第一天，大理州政府领导高度重视，州委常委、常务副州长、州第六次全国人口普查领导小组组长马建全在大理州统计局局长、大理州第六次全国人口普查领导小组副组长杨瑄和大理州统计局副局长、大理州第六次全国人口普查领导小组办公室主任高立宏以及大理市常务副市长、市第六次全国人口普查领导小组组长阿泽新，市统计局局长、人普办主任杨经红的陪同下，到大理市大理镇西门村委会水碓村正在进行人口普查登记现场进行视察指导，马副州长深入到正在现场登记的两个农户家与户主促膝谈心，和正在进行人口普查现场登记的两位普查员一起认真向农户进行询问，在询问过程中，马副州长告诉申报人：人口普查是国家的一件大事，是一次重大的国情国力调查，组织开展第六次全国人口普查，将查清十年来我国人口在数量、结构和居住环境等方面的变化情况，为科学制定国民经济和社会发展规划，统筹安排人民的物质和文化生活，实现可持续发展战略，构建社会主义和谐社会，提供科学准确的统计信息支持；告诉农户要如实向普查员提供自家的人口普查信息，普查员会为他们保密，而且也有为他们保密的义务。马副州长还教导正在填报普查表的两位普查员，对收集到的人口普查信息一定要注意保密，不得泄露，要严格执行《统计法》和《第六次全国人口普查条例》的相关保密规定。在普查员对普查表填报完毕后，马副州长又认真地进行了查看和询问后，才离开登记现场。

【大理州政府领导高度重视统计工作和人口普查工作】 10月20日，大理州人民政府州长何金平召集州级综合部门分析全年经济形势并听取了大理州统计局局长杨瑄关于2010年前三季度经济运行情况、全年经济运行情况预测分析及统计工作和人口普查工作的汇报，何州长充分肯定了大理州的统计工作，指出统计局默默无闻，但做了许多工作，为全州经济社会发展作出了积极的贡献，并表示对统计工作是了解和支持的。对做好下一步统计工作何州长提出了四点意见：一是要切实加强和改进统计工作，他指出，做好统计工作，能够使政府科学判断形势，能够凝聚人心，鼓舞士气，统计要客观反映实际，各级各部门要出实招、办实事，不要单纯追求数字，为数字所累。他强调，统计部门要依据统计法的要求依法行政，对瞒报、漏报、拒报统计数字的行为依法查处，利用统计法来堵塞漏洞，他指出在改进统计工作的同时还要进一步加强统计工作，过去几年州政府在人、财、物等方面给予了统计部门很大的支持，将来还要加大支持的力度，并表示2011年召开一个由州政府主持的高规格的全州统计工作会议，让各级领导进一步关心、重视、支持和了解统计工作；二是切实做好节能降耗的统计监测工作；三是要做好全年经济运行情况的预测分析，认真总结“十一五”取得的成绩和经验，为科学制定“十二五”规划做好服务；四是要高度重视人口普查工作，将人口普查列为州政府近期要做好的工作之一。

【曹志刚到大理调研】 9月29日，国家统计局机关党委专职副书记曹志刚一行就创先争优工作到大理调研。大理州统计局副局长、创先争优领导小组副组长王继林向曹志刚一行汇报了州统计局现阶段开展创先争优活动推进情况，州统计局的创先争优工作坚持以推动科学发展、构建和谐机关、服务人民群众、提高机关效能、加强基层组织为目标，以党组织建设“五好”和党员“五带头”为内容，以“五比五创”为载体，立足岗位，争创四个一流的目标周密部署、精心组织，注重结合、扎实推进。在听取了大理州的情况汇报后，曹志刚对大理州统计局的创先争优工作给予了充分的肯定，要求大家在下一步的创先争优工作中要紧紧围绕中心服务大局，扎实有效地推进大理州创先争优活动。

【全国人口普查宣传月启动】 9月29日下午，大理州第六次全国人口普查领导小组及大理市人民政府、下关镇人民政府等相关单位在大理市人民公园广场举行盛大的第六次全国人口普查宣传月启动仪式。大理州、大理市、下关镇三级人口普查领导小组有关领导和普查办公室、统计局（站）的工作人员及州、市主要新闻媒体的记者参加了启动仪式。州人口普查领导小组副组长、州统计局局长杨瑄受州人口普查领导小组组长、州人民政府常务副州长马健全的委托代表州人民政府第六次全国人口普查领导小组在启动仪式上讲话，他强调：要按照“不留死角、不留盲点、不留空白”的要求，制定周密的宣传计划，坚持把经常性宣传与集中宣传结合起来，把媒体宣传和群众性文艺活动结合起来，迅速在全州范围内掀起声势浩大的人口普查宣传高潮。各新闻媒体要立即行动起来，各展所长，各尽其能，突出宣传重点，丰富宣传形式，重点宣传好第六次全国人口普查工作的重要意义和工作流程，切实做到家喻户晓、人人皆知，真正使广大人民群众了解人口普查、支持人口普查、积极参与人口普查。

【广州市统计局一行到大理考察交流】 2010年6月22日下午，由广州市统计局法制处处长杨启光带队的广州市建设领域统计工作调研组一行9人到州统计局进行考察交流。州统计局管副局长介绍了大理州的基本情况，投资专业统计李靖对大理州进行的建筑业在地统计试点工作进行了详细介绍。双方就建筑业在地统计工作进行了广泛交流，同时对核算、建筑业、房地产方面的统计工作也进行了沟通，达到了预期的效果。

【国家统计局农村司领导到大理调研旱灾情况】 3月26～27日，国家统计局农村司农业处黄加才处长、云南省统计局党组副书记、副局长徐力和云南省统计局农村处处长李建明在大理州统计局局长杨瑄、祥云县人民政府副县长李斌及洱源县副县长马利生等陪同下到大理州祥云县、洱源县对旱情、抗旱救灾工作开展情况和畜牧业规模化养殖情况进行了调研考察。

【国家统计局在大理召开建筑业经营地试点调查工作座谈会】 3月18～19日，国家统计局在大理召开建筑业经营地试点调查工作暨12个县市统计局长座谈会。大理州人民政府副州长洪云龙到会致辞，并对下一步试点工作提出要求。试点领导小组副组长、大理州统计局局长杨瑄代表试点领导小组将大理开展建筑业经营地试点调查工作的情况作了汇报。国家统计局投资司副司长贾海、建筑业处处长李俊波，省统计局副局长罗进忠、投资处处长陈阳东，分别对试点工作给予了指导，并对试点工作中的有关问题提出了要求。大理州建筑业经营地试点调查领导小组成员单位领导、领导小组办公室成员、部分企业统计人员参加了座谈会。3月19日上午，召开了大理州12个县市的统计局分管试点工作的领导和试点工作业务人员的座谈会，贾海一行听取了大理州各县市试点工作的做法，存在的问题、试点经验及建议。贾海一行还深入到大理市统计局实地察看了试点工作及试点表填报情况。

【培训乡镇统计人员】 8月3～5日，大理州统计局在大理市举办乡镇统计站垂直管理后的第一次大规模的业务培训会议，114个乡镇统计站共140人参加了培训。

【举办乡村领导班子和领导干部群众公信度调查培训会】 根据中共云南省委组织部《关于开展2010年度县乡村领导班子和领导干部群众公信度调查的通知》精神，为了认真开展好乡村领导班子和领导干部群众公信度调查，6月22日，中共大理州委组织部与大理州统计局共同组织召开了2010年全州乡村领导班子和领导干部群众公信度调查培训会议。会议由州统计局副局长王继林主持，州委组织部副部长彭智作了动员讲话，并要求要以高度的责任心和责任感，密切配合、精心组织、高质量地完成调查工作。州统计局局长杨瑄对调查工作作了具体部署；农业科科长王宇昀对调查业务进行了详细培训。

【开展小春受灾情况调查】 2010年初，大理州受异常气候影响，全州范围遭受严重旱灾。为了掌握大理州旱情发展情况及旱灾对农业生产及群众生活带来的影响，2010年2月上旬，州统计局制定了《大理州旱灾情况调查实施方案》，按照方案的要求，组织全州统计系统相关专业人员组成调查小组，并在县市党委、政府和县级各相关部门的大力支持和配合下，对全州各地的小春粮食作物播种面积、受灾、成灾、绝收面积；小春经济作物播种面积、受灾、成灾、绝收面积；核桃受灾情况；人畜饮水困难情况等4个方面情况进行一次性调查。调查时点为2010年2月22日。同时要求各县市以乡镇为单位进行认真调查，不得虚报、瞒报。并将调查的情况专题向同级党委、政府报告。

【完成工资统计制度改革试点工作】 2010年，根据《云南省统计局关于工资统计制度改革试点方案的通知》的要求，大理州12个县市开展了工资统计制度改革试点工作，并完成试点各项任务。主要做法：一是领导重视，精心组织。召开了局长办公会议进行专题研究，决定在全州12个县（市）开展工资统计制度改革试点，并成立了以分管副局长为组长的试点领导小组，指导全州工资统计制度改革试点工作。制定《关于大理州工资统计制度改革试点实施办法》。二是严格按执行试点方案开展试点。在全州制造业中按企业规模大、中、小选取了32个企业单位，以2010年1季度数据为基准，在12县市展开了试点。各县市统计局领导非常重视，分管领导负责开展工资统计制度改革试点工作，做到责任到人，为高质量完成试点工作提供了组织保障。三是及时部署，加强指导。各县市以会代训的方式对试点企业统计人员进行了培训，培训会上大家认真学习试点文件、试点方案，特别是此次试点的两个内容即工资构成，包括基本工资（或标准工资、合同工资、谈判工资）、津贴和补贴、奖金和绩效工资、加班工资、补发工资；岗位工资的构成，包括企业单位负责人、专业技术人员、管理人员和办事人员、技术岗位人员、其他工作人员等指标进行了系统的培训，及时部署了工资统计制度改革试点工作。由于组织、培训及前期摸底工作扎实，加之试点企业的积极配合，试点表填表工作顺利完成，试点工作取得初步成效，达到了预期的目的。

【罗进忠到巍山县统计局调研】 8月8日，省统计局副局长罗进忠到州统计局创先争优活动领导联系点大理州巍山县统计局进行辅导宣讲、调查研究、检查督促，了解和掌握创先争优活动开展情况，并与县委、县政府有关领导以及县统计局全体人员进行座谈。座谈会上，罗进忠肯定了巍山县统计局开展创先争优活动以来取得的成绩并对下一步工作提出了四点要求：一是要认真贯彻《统计法》，以新《统计法》颁布实施为契机，加大统计执法及宣传力度，依法办统计、依法治统计，把统计法制作为落实“三个提高”的重要手段之一；二是要根据《国家统计局办公室关于征求对县级统计机构<工作规范>和<考核评价办法>意见并就<考核评价办法>进行试点的通知》要求，结合本县实际，开展试点，提出具体的意见、建议和办法；三是对县统计局在建设发展中存在的问题认真进行梳理，县政府、省统计局、州统计局共同协商解决；四是在创先争优活动中，要做到单位创先进，个人争优秀。

【西安市统计局一行到大理考察交流】 2010年11月10日上午，由西安市统计局投资处副处长李芬带队的西安市建设领域统计工作调研组一行10人到州统计局进行考察交流。州统计局副局长王继林介绍了大理州的基本情况，投资专业统计李靖对大理州进行的建筑业在地统计试点工作进行了详细介绍。双方就建筑业在地统计工作进行了广泛交流，同时对核算、建筑业、房地产方面的统计工作也进行了沟通，达到了预期的效果。

【开展爱国主义教育活动】 5月14日，大理州统计局党支部结合年度党风廉政建设和反腐败工作，在大理州爱国主义教育基地、民族英雄周保中铜像前，举行新党员入党宣誓仪式。活动在庄严的《国际歌》声中拉开帷幕，州统计局党组成员、副局长、党支部书记王继林就开展爱国主义教育活动的目的意义作了动员讲话；州统计局党组书记、局长杨瑄对新加入党组织的两位同志提出希望，对今后的党组织建设工作提出了要求。以充分发挥共产党员的先锋模范作用和党支部的战斗堡垒作用，创一流的工作业绩，争当统计事业的排头兵，为推进全州统计工作科学发展作出新的更大贡献与大家共勉。活动中新党员代表和老党员代表分别作了发言。州市统计局的全体干部职工、州统计局在关的老领导和湾桥镇统计站的全体干部职工近60人参加了活动。

【积极开展核桃产量抽样调查】 大理州是我国核桃的原产地和主产区，经过多年的发展，目前，核桃面积、产量、产值已位居全国第一，是“中国核桃第一州（市）”。为了进一步调查核实大理核桃产业发展水平及效益，为各级党委、政府发展核桃产业提供科学决策依据。2010年8月，大理州林业局、统计局和云南省林业调查规划院大理分院根据国家林业调查和统计的有关技术规程和标准，制定了《2010年大理州泡核桃产量调查技术方案》，从9月13日开始，三个单位共同组织了12个调查组奔赴到12个县市开展核桃产量抽样调查，历时两个月，完成了2010年全州核桃产量、产值的调查统计工作。基本上摸清了大理州核桃产业的发展情况，为下一步开展此项调查打下了坚实基础。

【州统计学会被州委、州政府评为大理州科技工作先进集体】 近几年来，大理州统计学会紧紧围绕“三个提高”加强统计科学研究，统计科学技术水平不断提高，在调动、激发广大统计科研人员积极性，提高统计服务科学发展水平，推动统计工作自身科学发展中发挥着重要的作用。因工作成绩突出，大理州统计学会被州委州政府评为十一五期间“大理州科技工作先进集体”。

（李　江）

食品药品监督管理

【概　述】 “加强食品药品安全监督管理，确保人民群众饮食用药安全”是大理州2010年实施并重点督查的20项重要工作之一。2010年，是州、县食品药品监管体制调整的关键之年，面对食品药品监管的新形势、新任务，全州食品药品监管系统以科学发展观为统领，以保障公众饮食用药安全为中心任务，积极应对“新体制、新职能、新医改”三个挑战，切实解决“工作思路、工作方法、工作机制”三个问题，保障了“食品、药械、队伍”三个安全，促进了全州食品药品监管事业健康发展。

【召开全州食品药品监管工作会议】 3月11~12日，全州食品药品监管暨党风廉政建设工作会议召开。州人民政府副州长洪云龙出席会议并就2010年进一步做好全州食品药品监管工作提出了五点要求：一是要进一步落实食品药品安全监管工作责任；二是要进一步开展食品药品安全专项整治；三是要进一步提高为地方经济社会发展服务的能力和水平；四是要进一步加大食品药品安全宣传力度；五是要进一步强化监管队伍建设。州食品药品监督管理局干部职工，12县市食品药品监督管理局、州食品药品检验所领导班子参加了会议。

【安排部署全州食品药品监管工作】 2010年，在全州食品药品监管工作会上，州食品药品监督管理局结合实际，以“三个三”工作思路安排部署2010年全州食品药品监管工作：一是要统一思想，认清形势，积极应对“新体制、新职能、新医改”三个挑战。即深刻认识食品药品监管体制改革的重大意义，探索适应新体制的监管机制，积极应对新体制带来的挑战；明确职能职责，进一步抓好学习培训和工作调研，切实加强行政执法能力建设，积极应对新职能带来的挑战；充分认识新医改给监管工作带来的影响和变化，及时调整、创新符合科学发展的监管机制及监管方法、措施，确保列入国家基本药物目录药品的质量安全,积极应对新医改带来的挑战。二是要探索创新,以变应变,切实解决"工作思路、工作方法、工作机制"三个问题。即认真总结"十一五",超前谋划"十二五",切实解决好工作思路问题;通过试点示范、典型引路,策划宣传、营造氛围等措施,用新理念研究新情况,用新办法解决新问题,切实解决工作方法问题;落实好食品药品安全"政府负总责、部门各负其责、企业是第一责任人"的责任机制,明确政府、企业和食品药品监管部门在监管工作中的角色和任务,切实解决工作机制问题。三是多措并举,真抓实干,努力确保"食品、药械、队伍"三个安全。即抓好专项整治,强化日常监管,确保药械安全;一手抓综合监管,一手抓履行新职能的调研谋划,确保食品安全;强化制度建设,提升能力素质,确保队伍安全。

【加强药械安全日常监管】 年内,全州共有药品生产企业11家,医疗器械生产企业2家,药械批发企业72家,药品零售连锁企业184家,药械经营企业1515家,医疗机构1998家。全州食品药品监管系统切实加强药械安全日常监管,对辖区内乡级以上医疗机构的监督检查做到了每季度不少于1次,对村级医疗机构的监督检查每年不少于2次;对药品、医疗器械批发企业的监督检查,每季度不少于1次,对零售连锁企业和药品、医疗器械零售经营企业的监督检查,每年不少于2次。同时,通过"上下联动、左右联手、专协结合"监管机制和"四个一、两必到、五不放过"等有效监管方式,严厉打击药械监管领域各种违法违规行为,立案查处了113件违法违规药械案件(其中药品案件87件、医疗器械案件26件),进一步规范了全州药品流通市场秩序。

【开展药品安全专项整治】 2010年,根据州食品药品监督管理局、卫生局、公安局、经委和工商局等五部门联发的《大理州药品安全专项整治工作实施意见》精神,州、县(市)建立了药品安全专项整治组织领导机构,制定了年度药品安全专项整治实施方案,进一步明确了药品安全专项整治的指导思想、总体目标、整治重点、实施步骤和工作要求,进一步落实了"地方政府负总责、监管部门各负其责、企业是第一责任人"的药品安全责任体系。各级各有关部门以严厉打击违法药品广告、大力开展非药品冒充药品专项整治、确保基本药物质量安全、强化药品生产经营准入管理、深入开展各类药械安全专项检查、强化专项整治宣传、服务地方医药产业发展等为工作重点,扎实开展了药品安全专项整治工作。2010年,大理州药品安全专项整治做到了四个"到位",一是加强组织领导,思想认识到位;二是加强协调联系,联合整治到位;三是加强整顿规范,工作落实到位;四是营造舆论氛围,工作宣传到位。

【规范行政行为严把药械市场准入关】 2010年,州食品药品监督管理局认真梳理执法依据,对原来的132项行政处罚类职权进行更新合并,梳理出120项行政处罚类职权,编制了行政执法目录,结合职能职责,清理并重新公布了申请第二类精神药品零售、申请境内第一类医疗器械注册、申办药品零售企业、药品零售企业许可事项变更等四项行政许可项目。2010年,根据《药品生产许可证》、《医疗器械经营企业许可证》、《药品经营许可证》和《医疗机构制剂许可证》等管理办法的规定,全州共办理《药品经营许可证》(零售)108户,换发《药品经营许可证》310户,共完成《医疗器械经营企业许可证》新办证52个、换证26个,变更许可证62个。与此同时,严格按照GMP(药品生产质量管理规范)、GSP(药品经营质量管理规范)加强对药品生产、经营企业的监督管理,年内,完成了对相关药品生产企业的GMP再认证和现场检查,对7户药品批发企业实施了跟踪检查,对644户药品零售企业(包括连锁)进行了第二轮GSP认证。

【加快药械企业诚信体系建设】 2010年,州食品药品监督管理局进一步完善了药品生产质量受权人制度,截至2010年12月31日,全州共有6户药品生产企业实施了质量受权人制度。根据《大理州药品生产企业日常监督管理办法》,建立完善药械生产企业约谈制度,并对14家药械生产企业开展了诚信评定,其中,守信7家,基本守信5家,失信1家。根据《大理州农村药械动态管理实施方案》,对全州1157户药械经营企业和1722家医疗机构进行了评定,其中,守信药械经营企业1028户,占88.9%,警示药械经营企业95户,占8.2%,失信药械经营企业34户,占2.9%。医疗机构评为规范药房338户,占22.5%,合格药房1301户,占75.6%,不合格药房33户,占1.9%。加快诚信体系建设,进一步提升了药械生产、经营、使用单位的责任意识和诚信守法意识,并为日常监管提供了重要依据。

【抓实基本药物质量监管】 2010年,根据省、州关于深化医药卫生体制改革的工作部署,食品药品监管部门承担"建立健全基本药物质量监管体系,加强基本药物生产、流通、使用环节监管,对基本药物进行全品种覆盖抽验和全品种电子监管,完善药品不良反应报告评价体系,确保基本药物质量安全"的重要任务。为进一步落实责任,确保各项工作目标任务如期完成,州食品药品监督管理局结合实际,细化分解了14项监管工作目标任务,与各县市局和州食品药品检验所签订了《2010年度基本药物质量监管工作目标责任书》,建立了工作目标责任制,强化责任抓实基本药物质量监管。

【开展全州药品安全生产大检查和特药经营企业隐患排查】 为加强药品安全管理,积极预防重特大安全事故发生,维护全州药品安全生产的稳定形势,2010年4月6日~5月10日,州食品药品监督管理局组织开展药品安全生产大检查和特殊药品经营企业安全隐患排查。药品安全生产大检查和特殊药品经营企业安全隐患排查采取企业自查和监管部门现场检查相结合的方式,经所有药品生产企业、特殊药品经营企业对药品安全生产情况和特殊药品经营情况进行自查,监管部门重点对10户药品生产企业和4户特殊药品经营企业进行现场检查,全州药品安全生产形势良好,药品生产企业都能按照药品GMP要求组织生产,特殊药品经营企业能够遵守各项相关法律法规,对于特殊药品做到五专管理。

【采取"六项措施"强化"三项监测"】 2010年,州食品药品监督管理局将药品不良反应、医疗器械不良事件和药物滥用监测(简称"三项监测")工作纳入药械监管重点工作来抓,通过狠抓"六项措施",确保"三项监测"工作取得了新的突破。一是健全组织领导机构。在州、县(市)设立不良反应监测中心的基础上,联合州卫生局成立大理州药械不良事件和药物滥用监测工作协调领导小组。二是加强横向沟通联系。向州禁毒、司法、公安等部门通报药物滥用监测情况,深入到辖区强制戒毒所、美沙酮维持治疗社区门诊进行服务指导,为药物滥用监测营造良好工作环境。三是加大监测人员培训。现场培训司法部门药物滥用监测员30名,培训县级药械不良反应/事件监测员134名。四是突出重点品种监测。针对国家基本药物涉及面广、出现不良反应危害大的特点，进一步布置各项监测工作。针对医疗器械使用环节风险监控薄弱、使用不易管理和事件频发、易发的问题，制定了《大理州高风险植入（介入）医疗器械产品目录（2010年版）》，并在全州推广实施高风险植入（介入）性医疗器械使用登记备案制度。五是开展试点监测创建。制定《大理州"三项监测"示范县市建设方案》，认真实施大理州药械安全/药物滥用监测县级示范项目，在大理市、祥云县、南涧县、洱源县、漾濞县等5个县市启动"三项监测"示范县市建设试点工作。六是加大督促检查力度。开展了贯彻落实《医疗器械不良事件监测和再评价管理办法（试行）》专项检查和年度目标的督促检查。2010年，大理州收集上报药械"三项监测"报表的数量和质量有了较大提高，辖区收集上报药品不良反应报告104例，医疗器械不良事件报告362例，药物滥用调查表1000份。

【加强药品广告监测】 2010年，州、县市食品药品监督管理局认真组织开展辖区药品广告定期监测工作，对州电视台、各县市电视台、州广播电台、大理日报等15家各级各类媒体播发的87条次药品广告进行了监测，发现违法药品广告9件，按照职责全部依法移送了工商部门处理。与此同时，组织开展药店广告物专项整治，对全州1118家药品零售经营企业广告的合法性，张贴和摆放位置是否合理等方面进行了全面检查，共清理违法广告招贴、牌匾98张（块），并督促企业严格整改。

【对四大类药品实施电子监管】 2010年，州食品药品监督管理局按照国家和省关于对二类精神药品、血液制品、疫苗、中药注射剂（简称四大类）药品实施电子监管的工作要求，监管部门切实加强监督、指导工作，辖区相关药品生产、经营企业紧密配合，积极参加了全省组织的培训、赋码、核注核销等工作，按实施电子监管的工作要求认真落实了各项工作目标任务。2010年，全州涉及"四大类"药品的1户生产企业、24户经营企业已全部入网，并上传数据。

【招商引资促进地方医药产业发展】 2010年，大理州高度重视医药产业发展，州食品药品监督管理局按照加强监管与促进发展并重的要求，继续做好"云南白药集团大理制造中心"和"云南东融滇西中药材物流经营中心"两个招商引资项目的推进工作。至2010年12月31日，"云南白药集团大理制造中心"建设项目累计投入资金9273万元，云南东骏药业集团"东融滇西中药材物流经营中心"建设项目共投入资金15681万元。据统计，2010年大理州制药企业产值实现8亿元，比2001年大理药监部门成立时，产值增加近10倍。

【认真组织食品安全专项整顿】 2010年，州人民政府印发《大理州人民政府办公室关于做好2010年食品安全整顿工作的通知》，各县市和州级各职能部门根据省、州部署，进一步细化工作措施，落实工作责任，认真组织开展了食品安全专项整顿。全州各级各部门共出动执法人员58411人次，执法车辆5054台次，累计检查食品生产加工企业、食品经营企业、集体食堂、餐饮单位、农贸市场等102263户次，全州没有发生重大的食品安全事故。全州食品安全整顿工作于2010年9月25日接受了省食品安全整顿工作督查组督查，得到了充分肯定。

【扎实开展食品安全专项检查】 2010年，州食品安全委员会根据省、州工作部署要求，积极协调，突出重点，牵头组织了地沟油及不合格一次性筷子专项整治、建筑工地食堂食品安全专项整治、学校食堂食品安全专项整治、一次性塑料盒专项整治等食品安全专项整治。全州各级各部门共出动执法人员4543人次，监督车辆1517台次，检查各类企业（单位）14218户，进一步规范了食品市场秩序，全州餐饮服务环节和建筑工地、学校食堂等食品安全状况进一步改善。

【深入推进农村宴席食品安全监管】 2010年，根据州人民政府印发的《大理州加强农村宴席食品安全监管工作指导意见》，州食品药品监督管理局进一步健全落实了农村宴席申报备案、责任承诺、厨师培训、现场督查、事故应急等工作制度，截至2010年12月31日，全州累计开展农村宴席厨师培训138期，培训厨师9989名，在99个乡镇910个村（居）委会实行了宴席申报备案和责任承诺制度，在23个乡镇66个村（居）委会实行了固定宴席场所管理，累计备案数达34995户次，农村宴席食品安全监管工作进一步推进。

【彻查清缴2008年问题奶粉】 2010年，州人民政府与各县（市）人民政府签订了《大理州清缴问题乳粉责任状》，并向各县（市）人民政府及州食品安全委员会各成员部门下发了工作文件，切实加强对2008年问题奶粉彻查清缴工作的领导。全州各级各部门根据职责认真组织开展彻查清缴工作，相关企业高度重视，积极主动参与了集中清查专项行动工作，全州共出动执法人员5882人次，执法车辆1500余车次，检查企业8544户次，未发现藏匿、使用问题奶粉违法行为。

【加强违法添加非食用物质和滥用食品添加剂整顿工作】 2010年，州食品安全委员会印发2010年加强整顿违法添加非食用物质和滥用食品添加剂工作实施方案，对全州工作作统一安排部署。全州各县市和州级相关部门在巩固前一阶段工作成效的基础上，落实责任，强化监管，进一步规范食品添加剂的生产流通秩序，完善食品添加剂管理，注重提高防范食品生产经营企业滥用食品添加剂的能力，深挖食用农产品种养殖、食品生产、流通和餐饮服务中违法添加非食用物质和滥用食品添加剂行为，扎实开展了整顿工作，共出动执法人员5941人次，检查各类企业8583户次，查处违法案件1件。

【精心组织餐饮服务食品安全监管工作培训】 2010年11月29日～12月2日，州食品药品监督管理局在下关组织开展餐饮服务食品安全监管工作培训，全系统140多名干部职工参加了培训。培训以《大理州餐饮服务食品安全监管工作手册》和《大理州餐饮服务从业人员食品安全培训推荐教材》为基本培训教材，培训内容涵盖了餐饮服务监管的法律法规、专业知识、工作实务、工作思路和今后主要工作等内容。培训形式丰富多样，有专家授课、多媒体音像演示、专题讲座、酒店日常监督检查现场培训等。通过培训，食品药品监管队伍进一步统一了思想，拓宽了思路，提升了能力，为切实履行好餐饮服务食品安全监管职能打下了良好基础。

【进一步加大食品安全宣传工作力度】

2010年，全州食品安全监管各级各部门认真学习宣传贯彻《食品安全法》，联合开展了以"安全饮食，健康生活"为主题的餐饮服务食品安全宣传周活动，结合实际组织开展了形式多样的宣传贯彻工作。年内，全州各级各部门共举办各类食品安全知识培训905期，受训人数41832人次，开展现场宣传咨询27场，发放宣传资料190余万份，在电视报刊等媒体刊播相关新闻信息103条次。通过加大食品安全宣传工作，促进了《食品安全法》的贯彻落实，进一步增强了广大群众的食品安全意识，为进一步开展食品安全监管工作营造了良好氛围。

【调整食品药品监管体制】 2010年8月9日，大理州食品药品监督管理机构移交工作会议在大理州龙山国际会议中心召开，省组织编办、食品药品监督管理、财政、人事、卫生等部门领导组成的移交工作组与州人民政府进行机构移交工作，州对应部门领导参加了会议。会上，省移交工作组组长省食品药品监督管理局局长孙学明和州人民政府副州长洪云龙签订责任书，省州对应部门进行了工作对接，移交了相关材料。9月15日，州人民政府下发《关于做好县市食品药品监督管理机构移交工作的通知》，根据通知精神，州机构编制委员会和州食品药品监督管理局抽调人员组成的4个工作组于9月下旬分赴各县市开展了县市食品药品监督管理机构移交工作。食品药品监管体制调整后，食品药品监管部门由垂直管理改为地方管理。

【编制"十二五"期间食品药品监管事业发展规划】 2010年是"十一五"收官之年，州食品药品监督管理局对"十一五"期间食品药品监督管理工作进行了客观、全面总结，归纳提炼了全系统探索创新的食品药品监管的好思路、好方法、好机制，深入分析了食品药品监管面临的新形势、新情况、新问题，紧紧围绕省、州工作部署要求，紧密结合实际，积极编制《大理州"十二五"食品药品监管事业发展规划》，明确了"十二五"期间重点实施餐饮服务食品安全、基本药物质量安全、食品药品监管技术支撑体系建设、乡镇食品药品安全协管网络建设、食品药品监管业务用房基本建设、食品药品安全应急处置体系建设、食品药品安全队伍建设等七大放心工程。

【州药学会受州委州政府表彰】 2010年，大理州药学会在云南省药学会、大理州食品药品监督管理局、大理州科协的正确领导下，团结广大药学工作者，坚持科技面向基层、服务社会经济发展、面向未来的原则，努力提高药学工作者的科学文化素质，不断增强自主创新能力，大力普及药学科学技术，为构建和谐社会，促进经济社会又好又快发展做出积极贡献。11月17日，在大理州科学技术协会第六次代表大会上，中共大理州委办公室、大理州人民政府办公室表彰州药学会为2010年度先进集体之一。

【积极投身抗旱工作】 2010年，大理州遭遇特大干旱，全州食品药品监管系统心系群众，积极投身抗旱工作，结合实际，切实为基层群众办实事好事。全系统投入近200多人深入一线抗旱，共投入抗旱工作经费60740元，捐赠价值1万元的常用药品，大米1300余千克，衣服300多件，办理为饮水困难学校解决管道问题，加强挂钩帮扶点饮水管道的维护与管理，参与抗旱矛盾纠纷调处等实事好事15件。

【洱海保护工作受表彰】 2010年，州食品药品监督管理认真贯彻落实州、市人民政府关于开展"洱海保护月"活动的部署要求，积极配合有关部门开展了海东镇下河村抽水站至文笔村滩地段的洱海保护工作，共投入40多人到海东镇向阳村向阳大沟开展清扫垃圾活动，投入资金10400元定制垃圾清运车赠送海东镇政府，发放1000多份倡议书和3000多份"合理用药、健康相伴"宣传资料，大力开展宣传活动，抓实洱海保护工作，取得了明显成绩，被评为"洱海保护月"先进单位，受到了大理市委、市人民政府的表彰奖励。

（刘振华）

安全生产监督管理

【概　述】 2010年，大理州安全生产监督管理工作，以深入开展"安全生产年"活动为推动力，以深化巩固安全生产"三项行动"（安全生产执法行动、治理行动、宣传教育行动）和"三项建设"（安全生产法制建设、体制建设、监管队伍建设）为着力点，以"治大隐患、防大事故"为目标，进一步落实政府的安全生产监管责任和企业的安全生产主体责任，抓实领导干部安全生产"一岗双责"、应急救援队伍建设、安全监管装备建设"三件实事"的落实工作，突出事故预防，完善防范事故的体制机制，深化12项安全专项整治，集中开展打非治违，强化安全监管，加强隐患排查治理，加强安全生产基础工作，积极开展创建安全标准化工作，抓好源头管控，严厉查处生产安全事故，使安全生产工作迈上新台阶，取得了新成绩。经省政府综合考核，大理州人民政府2010年度的安全生产工作确定为优秀等次，给予奖励20万元。

【认真落实安全生产责任】 2010年1月27日，州人民政府召开全州安全生产工作会议。12县市政府分管领导、安监局局长、交警大队大队长、消防大队大队长和产煤县煤炭行业主管部门主要领导、州级有关部门和重点骨干企业负责人共计180多人参加了会议。州安监局党组书记常建华代表州安委会作了工作报告，副州长程云川作了重要讲话。会议要求全州各级各部门要进一步深化巩固"安全生产年"活动，突出抓好责任落实、预防为主、安全监管三个方面的工作，实现加强宣传教育和队伍建设、加强安全基础工作、加强协作联动的目标，努力实现全州安全生产形势明显好转。会议总结了2010年的安全生产工作，兑现了州政府与各县市和州级有关部门签订的2010年安全生产责任状，表彰了在2010年安全生产工作中成绩优秀的51个安全生产先进单位，与12个县市政府、12个州级专项整治责任部门和32户中央属、省属、州属重点企业签订了2010年度《安全生产主体责任承诺书》。会后，州长何金平针对各位副州长分管的行业特点，与8位副州长签订了《安全生产一岗双责责任书》。

【州政府兑现2010年安全生产责任奖】 2010年，州政府下达州级有关部门和各县市的安全生产死亡控制指标为149人，同时还对县市政府下达了安全生产基础工作考核指标。经年终考核，漾濞县、祥云县、宾川县、巍山县、云龙县和剑川县全面完成责任状，工作考核为优秀，其余6个县市死亡人数突破责任状控制指标，但基础工作完成考核指标。州政府对实现控制指标和完成基础工作考核指标的县市以及完成责任状的州安监局、州经委、州公安交警支队、州公安消防支队给予表彰奖励；对成绩优秀的专项整治责任单位州安监局、州交通局、州建设局、州质监局、州教育局、州农业局、州旅游局、州公安局治安支队以及为专项整治工作做出贡献的州安委办、州监察局、州总工会给予奖励。

【调整大理州安全生产委员会成员】 因部分州安委会成员发生变动，2010年1月27日，调整充实大理州安全生产委员会成员。州政府副州长程云川任主任，州政府秘书长李超、副秘书长李继显、州安监局党组书记常建华任副主任，州监察局、财政局、人事局、质监局、卫生局、发改委、经委、公安局、交通局、国土局、水利局、农业局、林业局、总工会、交通局、旅游局、商务局、环保局、教育局、劳动和社会保障局、法制局、工商局、供销社、气象局、新闻办、广电局、科技局、司法局、药监局、邮政局、消防支队、交警支队、公安治安分队、武警大理支队、团州委分管领导为成员。领导小组办公室设在州安监局。州安委会的主要职责是：在州政府领导下，研究部署指导协调全州的安全生产工作；研究提出全州安全生产工作的政策措施；协调重特大生产安全事故的应急救援工作；完成州委、州政府交办的其他安全生产工作。

【副州长程云川率队查安全】 2010年1月29日，副州长、州安委会主任程云川率领州安监、交警、交通、旅游、质监、消防等部门人员，在大理市市委常委、副市长刘琼芬及市级有关部门领导的陪同下，先后深入大理港和游船、客运东站、中石化振戎油库，检查"两会"、"春运"前的安全生产工作情况。程副州长一行认真检查了游船的防火防爆工作、应急预案以及客运站的安全设备配置、例检例保制度执行情况、驾驶员持证及培训教育等情况，在油库举行了应急救援演练，对一些在岗人员进行了抽查、提问。针对检查中发现的问题，向企业提出了具体整改要求和措施。程云川在充分肯定企业安全生产工作的同时，要求各企业要进一步强化责任落实，将安全防范措施认真贯彻于生产经营活动中，有效加强安全生产管理，加大对重点环节、重点岗位的安全监管力度，防微杜渐、防患于未然，切实做好安全生产工作。

【开展"两会"春节前安全生产专项检查】 为全面抓好"两会"和春节前的安全生产工作，州安委办在2010年春节前组织了3个督查组，采取"现场抽查1个乡镇、1个烟花爆竹仓库、1个矿山或尾矿库"的方式，对重点县市、部门和企业的安全生产工作进行了专项督查。督查情况为：各县市都及早部署了节前的工作，层层落实了国务院和省州安全生产工作会议精神；县市政府及相关部门针对辖区生产经营企业和节前安全生产工作的特点制定了安全生产大检查实施方案，领导亲自带队抓督促、抓检查、抓落实，开展了全方位、多层次的检查；工作重点突出，按照"分级、分行业、分系统"的原则，对道路交通、煤矿、非煤矿山、危险化学品、烟花爆竹、人员密集场所等高危行业进行了专项督查，有效消除了大量事故隐患。通过检查，发现存在着以下问题：一是部分企业主体责任不落实，安全意识淡薄；二是标准规程执行不严，安全管理不到位；三是安全培训教育针对性不强，特种作业人员上岗持证存在突出问题；四是部分地区尾矿库整治效果不明显，整治难度大；五是乡村道路基础薄弱，安全形势严峻。检查组针对发现的问题和隐患，提出了整改建议，依法下达了整改指令，明确了整改要求和整改时限，并要求对各县市的整改落实工作进行抽查验收。

【加强春节期间烟花爆竹安全监管】 为规范烟花爆竹生产经营行为，消除安全隐患，春节前夕，州安委办召开专题会议，部署对烟花爆竹生产经营活动进行州县乡（镇）三级拉网式安全检查。全州共组织了13个检查组，出动100余人次，发现和整改安全隐患80多条，查处3起非法经营、运输行为，收缴非法烟花爆竹1500余件（箱）。春节期间，采取了4条针对性的安全监管措施：一是继续加大检查力度，始终保持高压态势，促使批发企业和零售网点依法、合规经营；二是继续加大打非力度，重点检查农村集市、城乡结合部和外环线地区；三是督促零售摊点加强安全防范，防止周围火源和雨雪天气引发事故；四是加强宣传教育，充分发挥社会监督作用，增强群众自我保护意识，并积极举报非法生产经营行为。

【解决大保高速公路桥梁安全隐患】 根据云南省公路开发投资有限责任公司大理管理处《关于大理漾洱水电站拦水坝泄洪造成下游大保公路构造物损坏及因此形成重大安全隐患进行协商解决的函》和大理漾洱水电有限公司的复函，州安监局委派调研员段晋槐带领相关科室人员，于2月23日、25日，组织大理管理处、漾洱水电有限公司、漾濞县安监局和县小水电管理局，对大理漾洱水电站拦水坝泄洪造成大保公路两座大桥（k1+277、k1+596）桥墩防护构造物损坏的情况进行了实地调查。2月26日，州安委办召开隐患治理协调会，形成4点意见：一是由云南省公路开发投资有限责任公司大理管理处负责修复损坏的桥墩并提高河床高度，从根本上保证桥墩的稳定性；二是由漾洱水电站对拦水坝下游两边护坡进行恢复和加固处理，尽快清除k1-277处桥墩因弃渣造成的侧压，并立即清理大坝消力池和消力墩施工弃渣，在清理废渣、加固边坡和消力桥墩的设计施工中，水电公司要征求和听取大理管理处的意见；三是路政部门要加大对路面、桥墩的巡查力度，实时监控，及时发现和消除隐患。四是当年雨季后，由州安监局召集与会单位对上述整改措施的效果进行评估，及时提出改进意见。

【综治维稳宣传月安全生产主题宣传周活动】 根据全省综治维稳宣传月的工作安排，2010年3月20日，州综治办、州安监局、大理市安监局在大理市建设路下关宾馆前联合开展"综治维稳宣传月安全生产主题宣传周"活动。活动以"遵章守纪、关爱生命"为主题，以典型事故为案例，采取现场咨询、发放传单、设置展板、悬挂条幅等形式，大力宣传党中央、国务院关于加强安全生产工作的决策部署，宣传安全发展的科学理念、安全生产方针政策和法律法规。事故现场的照片和血的教训，使广大群众受到了深刻的震撼与警醒。活动当天，累计发放各类宣传资料三千余份。

【印发非煤矿矿山建设项目安全设施"三同时"监管工作实施办法】 2010年3月9日，州安监局印发了《大理州非煤矿矿山建设项目安全设施"三同时"监管工作实施办法（暂行）的通知》。《办法》的主要内容有：一、"三同时"监管工作管理权限和实施范围。县市安监局负责50万吨以下的露天小采石场安全设施"三同时"监管工作，州安监局负责井工矿山、金属露天矿山、年生产能力50万吨以上的露天矿山及尾矿库建设项目安全设施"三同时"监管工作。二、建设项目"三同时"监管工作实施办法。州县市安监局分别按照"非煤矿矿山建设项目安全设施三同时办理流程图"开展"三同时"监管工作。三、强化监管，严格实行试生产核准制度。四、其他规定。

【抓好工程建设领域突出问题专项治理工作】 为认真落实中央和省州关于工程建设领域突出问题专项治理工作的安排部署，州安监局牵头，联合州建设局、州检察院反渎职侵权局、州工交纪工委、州公安局治安支队等单位，组成3个督查组，在2010年3月15～19日，对全州在建工程进行抽查。重点检查非法建设、无证无照或证照不全、资质不符、违法分包、转包和资质挂靠、不具备安全生产条件、安全生产责任不落实、施工秩序混乱等问题。通过检查，各县市严格按照在建工程"一个不漏"的要求建立了治理台账，梳理归类存在的问题，分别明确了整改措施，确保了治理工作的稳步推进。但督查中也发现部分建设工程还存在企业主体责任落实不力，安全监管工作措施落实不具体，建设项目安全设施"三同时"工作滞后等问题，检查组当场指出存在的问题，对一时不能整改的，委托县市安监局和建设职能部门督促其整改。

【批复红蜘蛛矿业有限公司安全设施“三同时”工作】 2010年3月31日，州安监局对大理州红蜘蛛矿业有限公司3000t/d采矿选矿扩建项目安全设施“三同时”及相关工作作了3点批复：一是同意大理州红蜘蛛矿业有限公司3000t/d采矿选矿扩建项目安全设施“三同时”工作。其矿山和选厂在建设过程中要严格按照相关规定做好项目报批、安全预评价、安全专篇、基建、试生产、安全验收评价以及申办安全生产许可证等工作。二是该公司3000t/d采矿选矿扩建项目属非煤矿山技改扩建工程，应按照有关规定开展安全设施“三同时”工作并重新申办安全生产许可证。三是同意大理州红蜘蛛矿业有限公司对马厂箐铁矿采空区重大隐患进行综合整治。

【注销第一轮颁发的非煤矿矿山安全生产许可证】 根据《非煤矿矿山企业安全生产许可证实施办法》的规定，州安监局于2010年4月2日下发通知，注销2006年第一轮颁发的144户非煤矿矿山安全生产许可证。通知要求：一是被注销许可证的企业一律不得组织以采矿为主的生产活动，各县市安监局要依法下达停止开采作业的执法文书，收回原安全生产许可证，交回原发证机关；二是被注销许可证的企业今后再进行生产活动的，要依法开展安全生产“三同时”工作，重新申办非煤矿矿山安全生产许可证；三是属省安监局发证的企业，必须在2010年6月底以前完成初步设计，最迟在9月底前提交省安监局审查，重新申办安全生产许可证。

【苍山大索道建设工地“4·17”物体打击较大事故】 2010年4月17日21时20分，大理市大理镇辖区的苍山风景区大索道项目建设工地的临时货运索道在运行中发生故障，导致迂回轮和牵引钢绳脱落，击中正在施工的4名作业人员，造成葛尚元、顾贵元、闵忠文3人死亡、张文明受伤，直接经济损失101.86万元的较大生产安全事故。该项目的实施主体是大理旅游集团，施工方是山东泰安市索道安装公司，事故发生时，施工方正在浇筑苍山大索道塔架基础，发生事故的索道是由山东泰安市索道安装公司自行设计、安装、使用的往复式临时货运索道，全长2647米，高差1058米，有2个料斗，每个料斗承载1.5吨，该形式的索道已向国家有关部门申请专利。3名死者均为大理州巍山县人（庙街镇六合村委会顾旗厂村2人、大仓镇小三家村委会箐底村1人），1名伤者为山东泰安市岱岳区雁北村人。事故发生后，州人民政府依法成立了事故调查组，并积极开展工作。经过认真细致的调查后，2010年6月28日，州人民政府第23次常务会研究了“4.17”较大事故的事故调查报告，经州政府批复，对“4.17”较大事故负有直接责任、主要责任、重要责任的山东泰安市索道安装公司、大理旅游集团公司、云南隆强建设工程监理公司分别给予30万元、20万元、2万元的行政处罚；对负有主要责任、分管责任、直接责任的泰安市索道安装公司经理、副经理、项目部经理分别给予其上年收入40%罚款的处罚；对负有直接责任的工程技术部兼职安全员、施工队长分别给予罚款8千元、6千元的行政处罚；解除负有直接责任的绞车司机的劳动合同；对大理旅游集团公司负有主要领导责任、直接领导责任、领导责任、一定责任的人员给予上年收入40%或5~8千元的行政处罚；对负有领导责任的大理市省级旅游度假区领导给予诫勉谈话或写出书面检查的行政问责。

【“三月街”“五一”节期间安全生产工作成效显著】 为确保“三月街”、“五一”节期间的生产安全，州安委办于2010年4月12~20日，组织州经委、交通局、旅游局、质监局、交警支队、大理煤监分局、工交纪工委监察分局，分5个组，深入12个县市，对危险化学品、煤矿、道路交通、特种设备、旅游行业的安全生产状况和节前的安全工作落实情况进行督查。通过检查，各县市政府都认真贯彻落实了《云南省安全生产委员会办公室转发国务院安委会关于立即开展全国安全生产大检查文件的通知》，并针对事故高发的行业领域，采取有力措施，认真开展工作，较好地保证了节日期间的生产安全，但也存在行业安全监管薄弱、非标准设备和特种设备检验检测不到位、煤矿安全监控系统不能正常运行、执法手段单一等问题。督查组要求县市政府要加强领导，落实责任，强化培训，全力抓好隐患的排查治理，严厉打击非法生产经营活动，严格事故责任追究。

【启动非煤矿矿山安全标准化创建工作】 为加强企业内部的自我约束，改进安全生产条件，有效提高安全水平，实现安全生产工作从事后查处向事前预防转变，大理州从2010年5月5日起启动非煤矿矿山安全标准化创建工作。非煤矿矿山标准化以风险控制为核心，立足于事前防范，从危险源辨识入手，注重全员参与、过程控制和持续改进，采用综合手段管理风险，实现风险控制和事故预防的目标。创建工作采取“统一部署，分步实施，分类指导，先易后难，逐年达标”的方法，力争用4年的时间，使全州的非煤矿矿山企业（含尾矿库）的安全生产工作实现标准化。全州选择了红塔滇西水泥股份有限公司等13户骨干企业作为第一批创建单位，创建目标为达三级或进入三级标准化系统试运行。

【部署非煤露天矿山专项整治工作】 2010年5月6日，州安全生产委员会印发了大理州2010年非煤露天矿山安全生产专项整治工作方案。方案包括工作目标、整治内容、工作方法和步骤、职责分工和工作要求5个方面内容。方案要求企业要合法生产，健全安全管理机构，落实安全责任和规章制度，对矿山和排土场的安全整治标准做了详细规定，要求各地在5月份制定整治方案，6~10月全面开展整治工作，11~12月进行检查验收。安监局负责综合协调和指导，督查安全生产法律法规落实情况；国土资源局负责采矿权的监管；公安局负责爆破物品的监管；质监局负责矿山企业特种设备的监管；环保局负责矿山环境保护和污染防治的监管；发改委负责检查矿山建设工程的立项核准或备案情况；经委负责技改项目的核准或备案；林业局负责林地征用、占用的审核和审批；电力部门负责用电的审核和审批；县市政府负责组织实施整治工作。

【部署高危行业人身意外伤害保险工作】 在高危行业开展人身意外伤害保险工作，可以取得政府提升行政管理效力、企业转移经营风险、职工享有合法权益、保险公司提高经济效益的4方共赢的效果。大理州按照省安监局的统一安排，从2008年6月起开展此项工作后，成绩名列全省前茅。为进一步推动该项工作，2010年5月7日，大理州召开了全州高危行业人身意外伤害保险工作座谈会。12个县市安监局局长、太平洋保险公司大理中心支公司及州安保互动共保体成员单位参加会议。会上，州安监局局长常建华总结了2年来的工作成绩，分析了存在的问题和不足，要求采取加大宣传力度、完善政策措施、建立互动机制和加大执法力度5项措施，积极推进工作。太保公司大理支公司人员讲解了具体业务。

【布置煤矿雨季“三防”工作】 2010年5月12日，州安委办发出《关于切实加强煤矿汛期水害防治雨季“三防”专项整治工作的通知》。要求在5月20日～8月30日开展煤矿汛期水害防治雨季“三防”(防洪、防雷、防排水)专项整治行动。整治内容围绕“五检查、五落实”进行。五检查:一是检查建设项目的合法性。二是检查生产系统的可靠性。三是检查安全生产责任制。四是检查水文地质资料。五是检查防水设计、设施、设备。五落实:一是落实水文地质基础工作,二是落实探放水规定,三是落实安全教育培训规定,四是落实发现灾害征兆及时撤人的规定,五是落实领导干部井下带班制度。通知要求各级要加强领导,落实企业的主体责任,加强安全监管,加强调度值班,及时妥善处理各种突发事件。

【非煤矿矿山安全隐患管理】 经州安委办对纳入州政府挂牌督办的祥云县祥城镇灰窑和华严两个矿区内各采石场安全隐患的整治工作进行验收,安全距离基本满足安全生产条件,分台(层)开采已初步形成,基本达到整改要求,2010年5月17日,州政府办公室批复了《祥云县人民政府关于请求对灰窑和华严露天采矿点进行整治验收销号的请示》,同意两个挂牌督办整改矿区予以销号。同时要求祥云县要进一步加大对非煤矿山的安全监管和监督检查力度,督促企业不断落实安全生产主体责任,严格执行安全生产法律法规和标准规程,确保安全生产。

【省安委会督查大理州安全生产工作】

2010年5月19～21日,以省安监局副局长龙宇辉为组长的省安委会安全生产第二督查组,对大理州开展“安全生产年”的工作情况进行督查。在州安委会副主任、安监局局长常建华和相关部门领导的陪同下,督查组先后深入大理市、弥渡县检查大理红山水泥厂、大理中运汽车贸易有限公司、州烟花爆竹公司、弥渡酒精中转站的安全规章制度、安全责任落实和隐患排查治理情况,督查各级政府安全生产监管责任的落实情况。最后,督查组在听取副州长、州安委会主任程云川的工作汇报后,督查组认为,大理州各级各部门对安全生产工作高度重视,责任落实到位,隐患排查治理抓得实,安全生产大检查行动快,重点突出,效果明显,巩固了年初以来的安全生产平稳形势。同时,督查组也指出大理州还存在县乡安全基础薄弱、经费欠缺和装备匮乏等问题。

【检查跃龙公路建设的安全生产工作】

2010年5月25日,州安委办组织安监、交通等部门,由州安监局副局长何笠原带队,对跃龙公路工程施工的安全工作进行了专项检查。检查组听取了参建单位安全管理工作的情况汇报,对照检查了各单位的安全管理档案资料,先后深入第一合同段的制梁车间及桥梁高墩、第十合同段的隧道工程及炸药库、公路沿线的路基高边坡和民工驻地等重点部位,对现场安全管理、场内机械设备、临时用电和驻地安全等进行了全面排查。检查组肯定了各单位的工作成绩,指出了检查中发现的档案管理不规范、安全经费落实不到位、专项施工方案和应急预案操作性不强、施工现场防范措施不完善等问题,要求相关单位抓好整改。

【召开214线上关至北五里桥建设路段安全生产工作协调会】 州安委办接到州质监局关于山东通达路桥工程有限公司国道214线上关至北五里桥一线公路第一合同段项目部拒不接受质监部门的行政处罚、强行违法使用特种设备的报告后,及时召开会议,专题进行研究,并于2010年5月27日派出由州市安监局、质监局组成的工作组,到大凤中延长线公路建设指挥部召开由建设指挥部、各施工项目部主要负责人和安全部长参加的协调会。州质监局通报了山东通达路桥工程有限公司项目部违法使用特种设备的情况,州市安监局、建设指挥部等领导对该公司进行了严肃地批评教育。会议强调了企业必须依法落实安全生产的主体责任,要求:一是通达公司要充分认识“抗法”的严重性,对州质监局提出的问题做出整改计划并认真整改,同时接受州质监局的行政处罚。二是施工单位严把安全责任落实到每个岗位、每个人。三是规范施工现场管理,在特种设备上杜绝无证安装、无证使用、无证操作。四是加强员工安全教育,做到持证上岗。

【开通中国移动企信通业务】 为了做好因暴雨、洪水等自然灾害引发生产安全事故的防范工作,提高企业紧急情况下的应急处置响应能力,及时、有力、有效地处置可能发生的各种事故险情,确保大理州非煤矿矿山企业、重点建设工程安全度汛,州安监局于2010年6月初开通中国移动企信通集团云南有限公司“企信通”业务,对全州地下矿山、尾矿库、较大排土场以及重点建设工程主要负责人、分管安全生产工作的领导、安全管理人员(企业安全管理机构负责人)、尾矿库安全生产负责人进行汛期异常现象和安全生产工作短信提醒,在实际工作中,将根据需要不断拓宽短信覆盖范围。

【苍山大索道举行应急救援演练】 为确保游客的生命安全,2010年6月11日,大理旅游集团苍山索道分公司举行了因索道故障停运导致游客遇险的空中应急救援演练。州市安监局、质监局、消防支队等单位领导观摩了演练并作了现场指导。演练成立了事故抢修组、后勤保障组、医疗救护组、安全保卫组,落实了工作职责。经过半个小时的紧张抢险救援,成功营救出6名遇险人员。通过演练,使公司员工具体地理解了应急救援预案的内容、要求和程序,检验了员工应急救援的实战能力,提升了企业处置突发事故的保障能力,为有效处置索道突发事件,确保安全生产,起到了积极的推动作用。

【召开大瑞铁路澜沧江特大桥施工安全方案征询会】 2010年6月11日,滇西铁路建设指挥部邀请州安监局、州质监局、州发改委铁建办、永平县安监局、中铁工程设计咨询集团有限公司、武汉铁路四院工程咨询有限公司、中铁大桥局股份有限公司澜沧江特大桥项目经理部召开大瑞线大保段站三标澜沧江钢管拱施工安全措施方案征询会,参会人员查看了施工情况,听取了项目部施工安全措施方案的汇报,经充分讨论后,达成3点共识:一是澜沧江特大桥钢管拱施工安全措施方案总体可行。二是大桥钢管拱施工过程中各项安全措施较为充分、具体,各项管理制度基本涵盖了施工全过程、全体员工。三是大桥缆吊设计方案合理、可行,施工中监管到位,有完善的使用管理制度,技术资料齐全,进行了荷载试验,各系统满足设计及规范要求,可以投入使用。会议对安全措施方案提出了4点建议:一是缆索吊机的避雷设置和检测需请州气象局防雷部门检测确认。二是参照相关规定对缆索吊机管理进行补充完善。三是加强缆索吊机使用过程的检测、养护,并详细记录。四是施工过程中,严禁起重设备载人。

【安全生产咨询日活动】 2010年6月13日是全国第九个安全生产月的“安全咨询日”。州、市安委办组织州市安委会成员单位与下关镇政府等单位,在大理市人民公园隆重举办“安全咨询日”活动。州人民政府副州长程云川、州政协副主席孙珍玲、州政府秘书长李超等州市领导出席活动。活动围绕“安全发展,预防为主”的主题,广泛开展宣传。安监、交警、气象、电力、太平洋保险公司在现场设置了咨询台,解答人民群众关心的安全生产热点、难点问题。活动共发放约5千多份法律法规、防雷避震、安全用电、交通安全、安保互动方面的宣传资料。通过图文并茂、通俗易懂的宣传,生动地普及了安全法规和科普知识,受到人民群众的欢迎。

【安全生产月活动成效显著】 为开展好2010年6月的安全生产月活动,州安委办围绕“安全发展,预防为主”的活动主题,对全州的工作进行了安排部署。各县市、各部门结合实际组织了丰富多彩的活动。大理市开展了安全生产进企业、进乡镇活动,邀请新闻媒体到企业报道安全生产工作,宣传安全生产法规;州交警支队举办了“州级机关驾驶人交通安全教育讲座”和客货运输驾驶人员宣教活动;中运公司、大交集团、中石化大理石油分公司、中石油大理销售分公司等企业开展了应急救援演练;红塔滇西水泥股份有限公司专门组织了安全生产知识竞赛。全州的活动如火如荼,营造了浓郁的宣传氛围,有效地提高了社会公众的安全意识。

【验收弥渡县九顶山矿业有限公司技改工程安全设施】 受云南省安监局委托,州安监局于2010年6月26~27日,按照《非煤矿矿山建设项目安全设施设计审查与竣工验收办法》的规定,组织专家组对弥渡县九顶山铜矿技改工程项目(铜钼矿矿山工程、选矿厂、钼加工厂)的安全设施进行了现场验收,专家组深入矿山现场进行了仔细踏勘,认真听取了矿山设计、建设、施工、监理、评价单位的相关情况介绍,查阅了矿山设计、施工及监理单位的相关资料,听取了有关单位的答疑,经过充分讨论和研究,形成了《安全设施竣工验收专家组意见》。6月28日,州安监局根据专家组的验收意见,对弥渡县九顶山铜矿技改工程项目的安全设施作了竣工验收批复。

【州政府第23次常务会议研究安全生产工作】 2010年6月28日,州政府第23次常务会听取了州安监局的工作汇报。会议充分肯定了安全生产工作取得的成绩,指出了存在的问题。为进一步抓好全州的安全生产工作,会议决定:一是加强对安全生产工作的领导,州政府常务会每季度或半年听取一次安全生产工作情况汇报。二是切实加强安全生产监管队伍建设,进一步理顺和明确州安监局的工作职责,适当增加人员编制。三是增加州安监局的安全生产业务费,从2011年起参照州级政法部门标准执行。四是进一步做好安全监管装备配备工作。从2010年起每年安排100万元装备经费,连续安排3年。五是组建危险化学品应急救援机构,州财政每年补助5万元工作经费。

【推广应用HAN阻隔防爆技术】 HAN阻隔防爆技术能有效防止轻质燃油储存容器因静电、明火、碰撞、误操作等引发生产安全事故,实现本质安全。2010年6月30日,州安监局结合实际对推广应用HAN阻隔防爆技术作出安排部署,明确了该技术的应用范围:一是周边安全防护距离不符合《汽车加油气站设计与施工规范》(GB50156-2002[2006版])要求的埋地油罐。二是城镇人口密集区、重点目标周围加油气站的埋地油罐。三是构成重大危险源或安全距离不符合国家标准的油库储罐。四是新建、改建、扩建加油气站轻质燃油和液化气储罐。五是安全距离不符合国家标准的生产、储存、使用轻质燃油和储存液化气的企业。六是生产、储存、使用、运输危险化学品气体、液体的储罐。

【落实省政府对安全生产工作的要求】 2010年7月7日,国务院召开常务会议,专题研究安全生产工作,温家宝总理作了重要讲话。7月9日,秦光荣省长及时召开省政府常务会议,贯彻落实国务院常务会议精神,并就全面加强全省安全生产工作提出6点要求。大理州安委办结合实际,采取了4条措施,迅速落实省政府的会议精神:一是各级各部门要切实把思想统一到国务院和省政府的要求上,增强信心,抓住机遇,强化措施,狠抓落实,巩固安全生产持续稳定的势头。二是坚决执行企业主要负责人和领导班子成员轮流现场带班制度。三是深入扎实抓好隐患排查治理和专项整治工作。四是突出抓好汛期安全生产工作和应急管理,严密监控重点行业(领域)、重要场所和重大危险源,及时有效处置险情。

【州安委办协调320国道安全保通问题】 2010年7月21日,州安委办召集交通、交警、运政、公路总段、云南公路投资开发有限公司大理管理处等部门,专题协调研究因楚大高速公路大修分流致320国道(普淜—下庄,祥云—下关)安全保通形势严峻的问题。会议听取了大理公路管理总段关于楚大高速公路大修分流以来老320国道路况、安全保通、维护保养、安全隐患等方面的情况和大理管理处对楚大高速公路封闭施工进展情况和预计完工时间的说明,参会部门就各自的职责作了发言。会议决定:一是在确保安全的前提下,大理管理处严格按照施工方案,加快维修进度,确保按期完工。二是明确各部门职责,落实320国道保通责任。三是由州交通局负责320国道分流保通工作的协调。

【召开大丽高速公路隐患整改协调会】 2010年8月2日,州安监局召集大理市安监局、南方电网大理供电公司城东公司、大理供电公司城东公司满江供电所、大丽高速公路建设项目第34合同段、四川岳池安装二处、州供销社、州烟花爆竹经营有限公司、大理市安联土产公司等单位,就整改大丽高速公路建设项目第34合同段施工用10千伏高压线路和400伏线路违规架设,跨越州烟花爆竹仓库造成安全隐患的问题进行协调。会议决定:施工单位立即停止违规施工行为,并停止隐患整改期间施工单位的供电。会议要求:一是施工单位要严格落实安全生产责任制。二是各有关单位要做好沟通,避免发生矛盾。三是施工单位要加强从业人员的安全培训。四是安监局要主动搞好服务保障工作。

【召开剑兰公路危险路段整治现场办公会】 2010年8月17日,州安委会和州预防道路交通事故工作领导组联合召集州安监局、交通局、交警支队、大理公路总段、剑川县交警大队、剑川公路段等单位,对剑川县2010年列入政府督办的剑兰线k28等3处公路危险路段实地踏勘后,共商整治措施,形成4点整治意见:一是k28路段因冬季易结冰,在该路段设置“结冰路段低档慢速通行”的大型提示标牌,并做好日常防滑措施。二是k31路段:在坡顶设陡坡、急弯标志,在连续转弯处设连续弯道标志。三是214线k2218路段:在道路中心设凸起路标,在东侧路口以北至第一个防护墩间加设一个防护墩,并将防护墩全部加高50厘米。四是上述3处路段整治方案按现场商议后统一的意见办理,关于此3处路段的建议治理措施不再执行。

【召开烟花爆竹联系会议】 2010年8月17日,大理州烟花爆竹领导组召开调整后的第一次会议,州安监局、公安局、工商局、质监局、供销社和烟花爆竹经营公司负责人参加了会议。会议要求：要正确认识全州烟花爆竹生产经营安全的严峻形势。企业要完善安全监管体系。要加强从业人员的安全培训教育。各成员单位要严格执法。会议决定：各成员单位要严格按照分工履职。加强联合执法机制，加大打击非法生产经营行为。企业要不断完善仓储设施条件，达到安全生产、经营、储存。制定联合执法工作方案。会议强调：要认真学习和贯彻落实新修订的《烟花爆竹工程设计安全规范》，确保全州烟花爆竹经营安全。各部门之间要信息共享。企业要严防安全事故的发生。

【召开大理汇国民爆公司建设项目协调会】 2010年8月19日，副州长程云川组织召开大理汇国民爆器材化工专营有限公司新建仓库专用道路和新建150吨炸药库建设项目协调会。州安监、公安、国土、林业、规划、消防部门和大理市政府及其相关部门领导参加了会议。参会人员听取了公司的汇报，充分发表了意见。会议同意汇国公司新建150吨炸药库和新修仓库专用道路。会议要求：项目实施必须依法依规进行各项审批。企业要尽快做好各项工作，加强与相关部门的汇报和沟通，争取在2011年底建成并投入使用，彻底消除安全隐患。各级各部门要提高认识，提高办事效率。各有关职能部门要认真做好服务工作，确保施工期间的生产安全。

【验收北衙矿业有限公司氰化钠仓库安全设施】 2010年8月25日，省安监局组织危险化学品专家组，并邀请了州安监局、鹤庆县安监局，对与北衙矿业有限公司的生态环境恢复工程和铁选厂综合利用改造工程配套的600吨氰化钠仓库的安全设施进行竣工验收审查。专家组听取了建设单位、设计单位、施工单位和安全评价单位的情况介绍，详细审查了建设单位提交的竣工验收文件、材料，进行了实地检查。专家组和省州县三级安监部门人员经过合议，同意600吨氰化钠仓库的安全设施通过竣工验收。

【省政府联合督查组到大理检查工作】 2010年8月25～27日，由省交通厅副厅长杨廷仁为组长的省政府第四督查组，对大理州汛期在建工程地质灾害防治、重大建设项目安全、煤矿非煤矿山和尾矿库汛期“三防”等工作进行检查指导。在州政府和州级相关部门领导的陪同下，省政府督查组分成3个小组，分别督查了洱源、漾濞县的工作，检查了洱源三岔河水库、大瑞铁路、大丽高速公路的安全生产工作情况，听取了副州长程云川代表州政府作的综合汇报。督查组充分肯定了大理州的各项工作，认为大理州的工作各级高度重视，组织有力，行动迅速，整治有效，切实取得了一定成绩，同时要求大理州要以此次督查为契机，进一步完善体制机制，强化隐患排查治理，扎实将各项工作落到实处。

【督查工程建设领域突出问题专项治理情况】 2010年9月13日，州安监局联合州建设局，邀请州公交纪工委参加，对洱源、剑川、鹤庆县建设领域安全生产突出问题治理工作情况进行专项督查。督查组听取了县政府的工作汇报，深入24个施工建筑工地，重点检查了行政主管部门和企业的安全生产责任制落实、法律法规和标准规程执行、隐患整改以及应急预案管理情况。督查组认为：3个县的政府领导高度重视，有效落实了安全生产责任制，加强了从业人员的安全教育，加大了监督检查和隐患整改工作力度，建筑施工企业内部安全管理工作进一步加强。下一步，要强化部门间的协调沟通，明确工作重点，加强隐患排查治理，确保重点建设领域安全生产突出问题专项治理工作稳步推进。

【批准剑川鹏发锌业公司尾渣库安全设施试运行】 2010年9月13日，州安监局对剑川县安监局转报的剑川鹏发锌业公司尾渣库安全设施试运行请示作了点批复：同意剑川鹏发锌业公司尾渣库安全设施进入试运行阶段，试运行期限3个月。试运行期间由剑川县安监局督促公司健全安全生产责任制、安全规章制度和操作规程，加强职工安全教育和培训，强化应急救援管理，严格执行安全生产法律法规和标准规范，落实各项安全生产防范措施，确保试运行期间的安全。试运行情况要反映在安全验收评价报告中。试运行期间，公司要做好尾渣库安全设施竣工验收和安全生产许可证取证准备工作，试运行期结束必须取证。

【批复宾川县宝丰寺铅锌磺铁矿有限公司安全设施竣工验收报告】 受省安监局委托，州安监局和宾川县安监局于2010年8月30日组织专家，对宾川县宝丰寺铅锌磺铁矿有限公司铅锌磺铁矿建设项目安全设施进行了竣工验收。宾川县安监局根据专家组的意见向州安监局上报了《关于申请宾川县宝丰寺铅锌磺铁矿有限公司铅锌磺铁矿建设项目安全设施竣工验收的报告》。9月14日，州安监局对宾川县安监局的报告作了批复，同意其竣工验收。

【授予大理恒泰安全科技有限公司安全评价乙级资质】 大理恒泰安全科技有限公司于2010年6月24日向州安监局提交了安全评价乙级资质的申报材料，州安监局转报省局后，省局组织专家组对该公司进行了现场审查。9月16日，省安监局云安监管[2010]211号文授予大理恒泰安全科技有限公司安全评价乙级资质，资质编号：APJ－（滇）－301，有效期3年，业务范围：一类：金属、非金属矿及其他矿选业；石油加工业，化学原料、化学品及医药制造业，燃气生产及供应业，炼焦业。二类：尾矿库；房屋和土木工程建筑业；仓储业；风力、太阳能、再生能源发电业；黑色、有色金属冶炼及压延加工业，金属、非金属矿物制品业；机械设备制造业，电器制造业；轻工，纺织，烟草加工制造业。

【祥云县“9·18”探矿事故】 2010年9月18日9时30分，祥云县裕鼎煤业有限公司大海子煤矿地质详查项目水沟2号探矿井2235水平延煤掘进巷道发生一起瓦斯窒息事故，造成现场作业的普建昌、普勤昌、姚育希、普学华4人死亡。死者均为云南驿镇桂花亭村人。事故直接经济损失162.1万元。接到事故报告后，祥云县政府立即启动应急预案，积极开展事故处置工作。州政府副州长程云川及时率领州国土局、经委、安监局、云南煤监局大理分局等部门人员赶赴事故现场。州人民政府依法成立了事故调查组。经过调查，2011年4月15日，州十二届人民政府第30次常务会议研究了事故调查组上报的《大理州祥云县大海子煤矿地质详查项目水沟2号探矿井“9·18”较大瓦斯窒息事故调查报告》。经会议研究，对事故责任单位作如下处理：一是对祥云县裕鼎煤业有限公司（事故发生单位）给予罚款30万元的行政处罚，并立即停止执行违法承包合同，整改落实情况由县联合执法组验收合格后恢复探矿工作。二是祥云县国土资源局（探矿行业管理部门）依法履行矿产资源勘查监管职责不到位，由州政府在全州通报批评。对事故责任人的处理：在事故中死亡的4名人员，因违章作业造成事故，对事故负直接责任，鉴于其已经死亡，不再追究责任。违法发包勘查项目的祥云县裕鼎煤业有限公司法定代表人、经理段弼仁和违法承包勘查项目的刘本恒对事故负主要责任，移交公安机关立案侦查；在其他负主要连带责任、重要责任的5名企业人员中,2人分别罚款10万、1人给予上年年收入40%的罚款、其余2人分别罚款5千元;县国土资源局云南驿分局副局长和县矿管所所长分别对事故负有主要监管责任和重要监管责任,由检察机关进一步侦查后再由监察部门处理,对县国土资源局局长和分管副局长由监察部门按干管权限进行行政问责。

【查获非法烟花爆竹】 2010年9月19日,经群众举报,在宾川县公安局、安监局的协助下,州烟花爆竹安全管理领导组办公室在宾川县金牛镇金甸居委会坝田村村民的出租屋内,查获各种非法烟花爆竹产品1604件(箱、盒),根据《烟花爆竹安全管理条例》的相关规定,依法对非法储存的不合格烟花爆竹产品全部没收、销毁。

【批复大理三德建材工业有限公司石灰石矿矿山建设项目】 2010年9月25日,州安监局对弥渡县安监局上报的《关于大理三德建材工业有限公司实施矿山建设的请示》作了批复:同意大理三德建材工业有限公司弥渡县蔡家地(东段)石灰岩矿矿山建设项目进入安全设施"三同时"工作。公司应请有资质的安全评价机构进行安全预评价。安全设施设计审查通过后,矿山进入基建阶段,公司应请有资质的施工单位施工建设。矿山基本形成生产系统并具备基本的安全生产条件后,应向州安监局提出试生产申请,并请有资质的机构开展安全验收评价。项目通过省安监局竣工验收后,向省安监局办理安全生产许可证。公司《安全预评价报告》和《安全验收评价报告》要及时报州安监局备案。

【召开安全生产工作及业务培训会】为做好国庆和第四季度的安全生产工作,2010年9月25~26日,州安监局召开全州安全生产工作及统计业务培训会。会议传达了2010年全省安全生产应急备案管理和生产安全事故统计业务培训会精神,通报了1~8月生产安全事故和指标运行情况,布置了国庆期间和第四季度的安全生产工作,业务科室负责人讲解了应急预案管理和事故统计工作,"金安工程"统计软件研发工程师对事故统计软件的使用和维护进行了培训。

【省安监局副局长白光福到大理督查工作】 按照《云南省安全生产监督管理局关于开展年度安全生产工作落实情况调研督查的通知》要求,2010年10月12~15日,省安监局副局长白光福率领第二调研督查组,先后检查了大理州水泥厂、大理市普和箐采石场矿区、祥云飞龙公司有色金属冶炼厂、鹤庆北衙金矿矿山、尾矿库、排土场的安全生产工作,与企业进行了座谈交流,听取了州政府关于六大专项整治进展、控制指标运行情况和安全生产"一岗双责"、安全监管装备建设、应急救援队伍建设工作落实情况的汇报。督查组认为,大理州的专项整治工作成效明显,"三件实事"落实情况较好,打非治违全面开展,事故指标控制良好。同时,督查组指出了工作中的不足,并就普和箐采石场安全距离不够、"一面墙"、高陡边坡等安全隐患下达了整改通知。

【省安委办检查大理粉尘与高毒物品危害治理工作】 2010年10月13~14日,省安委办抽调省总工会、安监局、卫生厅、人力资源和社会保障厅人员组成督查组,在省总工会副主席潘红伟的带领下,对大理州粉尘与高毒物品危害治理专项行动进展情况进行督查。督查组先后深入红塔滇西水泥股份有限公司、漾濞跃进化工有限责任公司,对企业开展职业危害防治自查自检工作及落实职业危害防治责任制、设置健康管理机构、建立职业危害防治规章制度和职业健康防护用品配备等工作进行检查,并听取了副组长程云川的工作汇报。督查组充分肯定了大理州一年来粉尘与高毒物品危害治理专项行动取得的成绩,就部分企业在职业健康防范方面存在的问题提出了建议。

【小湾电站安全生产指导委员会圆满完成历史使命】 小湾水电站6台机组于2010年8月22日零时正式并网发电。为认真总结小湾电站工程建设期间的安全生产工作,10月22日,小湾电站安全生产指导委员会举行最后一次成员会议。会议认为:成立安全生产指导委员会是落实国家重点建设工程属地监管的具体表现,它将政府的安全监管责任和企业的安全生产主体责任有机结合,较好地整合了州、县行政管理资源,将部门职能优势和企业先进管理技术融合成强大的监管合力,科学合理地指导重大安全问题和隐患排查治理,切实有效地加强了对小湾电站建设工程的安全监管,为小湾电站工程施工安全提供全面科学的安全监管和服务,实现了政府与企业的共赢互利。

【省安委会督查大理打击非法违法生产经营建设行为】 2010年11月26~27日,以省工信委副巡视员张世雄为组长的省安委会第四督查组,对大理州集中开展打击非法违法生产经营建设行为专项行动进展情况进行综合督查。督查组检查了永平县金泰矿业公司、东景矿业公司和漾濞县平坡镇石坪砂石厂、漾濞县看守所办公用房建设现场,听取了州政府的工作汇报。督查组认为:大理州各级高度重视打非专项行动,部署周密,组织有力,重点突出,成效明显,有效整顿规范了安全生产环境。督查组要求大理州要采取强硬措施,将打非工作纳入安全生产长效机制建设,加大联合执法力度,对排查出的隐患和问题分门别类、科学彻底地妥善处置,确保打非工作不反弹。

【成立大丽高速公路建设安全生产指导委员会】 2010年11月29日,大丽高速公路建设安全生产指导委员会在下关举行了成立仪式。仪式由州安监局调研员段晋槐主持,副州长程云川出席仪式并作重要讲话,州安监局局长常建华宣读了《关于成立大丽高速公路建设安全生产指导委员会的通知》,对安指委的职责、工作内容进行了说明。大丽高速公路建设指挥部副指挥长刘惠初介绍了大丽高速公路建设以来的安全生产工作情况。安指委由州级负有安全管理职责的部门、大丽高速公路建设辖区涉及县市的政府和县市安监局以及大丽公路建设、施工、监理单位的负责人组成。安指委将定期研究解决工程建设中的重大安全事项、组织安全检查,努力实现大丽高速公路的安全规范建设。

【开展民用爆炸物品经营企业储运安全检查】 根据省国防科技工业局的部署,州安监局于2010年11月底,对全州从事民用爆炸物品储运的1个公司、8个网点开展了安全大检查。重点检查:企业安全生产主体责任落实情况,仓储设施安全状况,新(改、扩)建项目的安全评价、验收整改和"三同时"审查情况,安全生产管理规章制度建立和落实情况,应急救援预案建立和演练情况,从业人员安全教育培训和持证情况,出入库检查、登记、收发、保管制度落实情况等。从检查情况看,全州民用爆炸物品销售企业安全生产状况平稳,管理制度健全,仓储条件基本符合规范,配送车辆安装了GPS定位系统,相关人员持证上岗,但也存在个别企业库容量不能满足需要,值班力量薄弱的问题。

【大理恒泰安全科技有限公司取得金属非金属矿山和危险化学品安全标准化考评资质】 2010年10月27日，大理恒泰安全科技有限公司向州安监局上报了《关于金属非金属矿山标准化考评资质的申请》，州安监局按照《云南省金属非金属矿山安全标准化考评工作办法》的规定转报省安监局。12月22日，大理恒泰安全科技有限公司被云南省安监局确定为金属非金属矿山安全标准化四级考评机构。根据恒泰公司《关于危险化学品生产经营企业安全标准化考评资质的申请》，经州安监局局长办公会研究，同意将大理恒泰安全科技有限公司确定为危险化学品生产经营企业安全标准化建设三级考评机构，2010年12月31日，州安监局作了批复。

【安全培训】 2010年，大理州安全生产宣传教育培训中心共举办企业各类人员安全培训班65期，培训5930人，其中厂矿长（经理）675人，安全生产管理员1052人，危险化学品从业人员1001人，烟花爆竹安全管理员293人，电工2706人，焊工181人，登高架设作业人员22人。在培训总人数中，新取证4075人，旧证复审1855人。州安监局及时为培训人员免费办理了发（换）证手续。

（张润萍）

大理海关

【概　述】 2010年，大理海关在新一届昆明海关党组的正确领导和州委、州政府的关心支持下，以科学发展观为指导，认真贯彻党的十七大、十七届四中、五中全会精神和两级关长会议暨反腐倡廉工作会议精神，盯住指标抓管理，积极探索“用制度管权、按制度办事、靠制度管人”的发展机制，深入推进海关大监管体系建设，支持推进面向西南开放的桥头堡建设，努力建设让中央放心、让人民满意的现代新边关，较好地完成了各项工作任务。2010年，大理海关被大理市委、市人民政府表彰为大理市2010年度先进平安单位，被大理州人民政府表彰为2010年度大理州商务工作先进单位，这是大理海关自2007年以来连续4年获得此称号。

【推进大监管体系建设】 2010年，大理海关结合实际，积极采取措施推进大监管体系建设：一是成立由关长为组长，副关长、各科室负责人为成员的领导小组，并坚持周一例会制度，切实加强大监管体系建设工作的组织领导。二是统一思想，提高认识，认真组织学习《海关大监管体系建设方案（试行）》和《昆明海关党组关于贯彻落实〈海关大监管体系建设方案（试行）〉的意见》，充分认识大监管体系建设的重要意义，全面理解并掌握海关大监管体系的内涵、指导思想和基本原则，将思想认识统一到海关总署党组的重大决策部署上来。三是以优化监管与服务、提升工作效能为切入点，通过向业务一线倾斜人力、延展成品油监管时空、调整邮局监管点工作制度、发挥稽查部门后续管理作用，规范企业进出口行为、发挥审单岗位前导和基础作用、增强全员风险意识，提高对风险信息的捕捉和处置能力等，切实做到有效监管，监管到位。四是结合大理海关成品油监管、邮局监管实际，采取“点、线、面”全方位控制、强化日常监督管理和复核、规范内控流程、综合运用各种控制方法等措施不断加强内控管理，完善内控监督，切实防范两大风险。五是按照“体制不变，机制创新，加强协调配合，提高整体效能”的要求，不断推进反走私工作与业务工作的深度融合与协调发展，提升海关监管和缉私整体效能。六是整合优化大后勤保障资源，强化后勤综合保障，为大监管体系建设提供财力、物力和智力支持。

【服务地方开放型经济发展】 2010年，大理海关在昆明海关党组的正确领导和州委、州政府的关心支持下，紧紧围绕国家面向西南开放的桥头堡建设，以地方党委政府的发展战略作为工作切入点，强化“主人翁、建设者、参与者”意识，不断增强服务发展的有效性和针对性，进一步提高支持地方发展的服务水平。一是认真落实好海关总署、昆明海关制定的各项支持地方经济发展的措施，对州内的重大重点项目，涉及海关工作的，坚持“专人负责、提前介入、上门服务、跟踪服务”。二是多渠道加大对外宣传力度。通过主动向地方党政汇报海关工作、走访企业送政策上门、在报关大厅设立咨询窗口和利用大理电视台、大理日报、大理海关互联网门户网站平台等多种方式，积极宣传国家有关政策和海关规定，帮助企业解决在项目实施和进出口活动中碰到的困难和问题，落实好减免税政策。三是因地制宜，继续推进关区内“属地申报，口岸验放”通关模式，努力为企业提供通关便利，降低企业贸易成本。四是深入推进企业分类管理，及时受理符合A类、AA类管理条件企业的申请，让企业能够享受海关总署制定的各项通关便利措施。五是充分发挥海关统计服务职能，定期向地方党委政府报送统计数据和统计分析，为各级领导决策提供参考。六是积极帮助协调解决州内重点企业在外关区报关进出口出现的困难和问题，年内大理海关关长陪同州政府分管副州长一行赴南宁海关协调祥云飞龙公司进口锌矿石事宜，并多方努力，创造各种机会邀请海关总署宁波商品价格处及南宁海关联合调研组和广州归类分中心赴大理开展铅锌矿进口价格调研，为大理州政府和重点进出口企业搭建了交流沟通的平台，有力促进了相关问题的解决。

【报关员资格考试】 大理海关自1995年开关以来一直致力于大理州专业报关队伍的培养，为方便大理考生多年来一直在大理开设考点（云南省除昆明外仅有6个考点）开展报关员资格全国统一考试。大理考点2010年报关员资格全国统一考试于2010年11月8日上午在下关三中进行，整个考务工作严格按照《报关员资格全国统一考试考务工作规程（试行）》进行，考场秩序良好。此次考试应参考人数65人，实际参考人数41人，参考率为63%，其中共有5人通过考试，通过率为12%，高出2009年6个百分点，是大理考点历年来通过率最高的一次。

【提高打私整体效能】 2010年，大理海关进一步深化关警融合，按照大监管体系“体制不变，机制创新，加强协调配合，提高整体效能”的要求，不断提升海关监管和缉私整体效能。年内，在打击濒危野生动植物非法活动专项行动中，查获涉嫌走私进口的红豆杉木材板块80片，红豆杉制品柜子4个，榧木制品花瓶12支，茶盘1个；联合大理州公安局禁毒支队在版纳破获了涉嫌走私进口汽车案，查扣了涉嫌走私进口汽车7辆，抓获了两名犯罪嫌疑人；通过关警协同配合，顺利侦办了云南怒江林华商号涉嫌走私普通货物案件，年内偷逃税款全额补征入库，补征税款693.74万元。

【立足岗位创先争优】 2010年，大理海关3个党支部和所属党员紧紧围绕“五个好”、“五带头”的要求，立足岗位公开承诺，立足岗位创先争优，在全关范围内营造了学习先进、争当先进、赶超先进的良好氛围。积极开展献爱心活动，发挥党组织和共产党员在抗旱救灾中的战斗堡垒作用和先锋模范作用，全关3个支部21名党员和3名非党同志踊跃向旱灾灾区捐款共计6500元。大理海关第一党支部积极组织开展“扶贫济困送温暖”活动,在“中秋”、“国庆”之际,向所在社区两名家庭贫困人员捐款950元。2010年“七一”,大理海关第一党支部被昆明海关直属机关党委表彰为创先争优活动先进党支部,3名同志被片区海关机关党委表彰为优秀共产党员和优秀党务工作者。

【聘任特邀监督员】 2010年,为深入贯彻执行《海关特邀监督员管理办法(试行)》,进一步加大外部监督力度,大理海关从大理州直属机关党委、商务局、安全局、纠风办、检察院等相关部门和进出口企业聘任了7名特邀监督员。3月26日,大理海关召开特邀监督员座谈会,会上大理海关关长向特邀监督员颁发了聘书和工作证,并进行了座谈。根据《大理海关特邀监督员联系配合办法(暂行)》,大理海关坚持每月向监督员制送工作简报,通报工作相关情况,便于特邀监督员开展监督工作。

【平安建设工作】 2010年,大理海关在昆明海关综治办和大理市综治委、大理市平安创建工作领导组的领导下,按照中央和省、州、市关于开展平安创建活动的总体要求,认真开展平安建设和综治维稳工作。一是加强对平安建设工作的组织领导,将平安建设工作作为一项重要议事日程,与队伍建设、业务建设一起部署、一起检查、一起考核,使之真正落到实处,抓出成效。二是落实责任,层层签订《责任书》,一级抓一级,层层抓落实。三是采取有效措施,认真落实《责任书》有关要求,认真抓好各项安全防范措施的落实,确保综治工作有序开展。通过全关上下的共同努力,2010年大理海关被大理市委市人民政府表彰为大理市2010年度先进平安单位,1人被表彰为平安建设工作先进个人。

【外贸进出口呈现突破性增长】 2010年,大理州外贸进出口增长强劲,对外贸易整体上保持了良好的发展势头。全年进出口总值高达一亿八千多万美元,呈现突破性增长。据海关统计,2010年大理州外贸进出口总值为18449万美元,同比增长28.1%。其中出口总值10755万美元,同比增长72.6%;进口总值7694万美元,同比下降5.8%。年内共有32家企业开展对外贸易,同比增长6.7%。开展进出口贸易的32家企业中,有19家实现增长,7家零增长,6家负增长。进出口额突破百万美元的企业共17家。从商品结构来看,出口商品主要有农副产品(鲜或冷藏的豆类、蔬菜、水果等)、棉纱、啤酒、乳制品等。进口商品主要有金属矿砂、电力控制台等机器设备。总体来看,2010年出口呈现五大特点:(一)农产品出口仍然是增长亮点。由于出口产品具有难以替代性以及产品需求未饱和等优势,2010年农产品出口7621.38万美元,同比增长113.8%,占全州出口额的70.8%。(二)纺织品出口平稳增长。尽管受到人民币升值、境外需求减弱以及原材料价格不停上涨的多重影响,2010年纺织品出口仍然实现稳步增长,出口额为1156.1万美元,同比增长45.6%。(三)部分消费品出口企业由于消费需求弹性较小,出口继续保持较快增长。大理啤酒有限公司2010年出口同比增长72.3%。(四)乳制品出口仍未走出低谷。2010年乳制品出口376.7万美元,同比下滑16.2%。(五)茶叶制品出口仍显乏力。2010年茶叶出口28.7万美元,同比下降66.2%。从贸易国别来看,随着商品结构的进一步优化,逐渐打破以亚洲国家为主的单一格局,涉及亚洲、欧洲、大洋洲、北美洲、拉丁美洲、非洲共38个国家和地区。对亚洲国家和地区的进出口值所占比例呈现逐年下降趋势。

(蹇 镨)

(责任编校:杨林柏)

教　育

综　述

【概　述】 2010年，全州有幼儿园587所，在园（班）幼儿82458人，教职工4081人，其中专任教师2369人；小学1042所，教学点536个，在校学生278684人，教职工15038人，其中专任教师14089人；普通中学212所（其中，完全中学14所、高级中学25所、初级中学162所、九年制学校11所），高中在校学生51101人，初中在校学生138845人，教职工13670人，其中专任教师12203人；中等职业学校19所，在校学生38790人，教职工1973人；特殊教育学校1所，在校学生354人，残疾儿童少年随班就读710人；大学1所，全日制在校学生15493人，成人教育学生9572人，留学生500多人，教职工1262人，其中教授112人，副教授311人。

【教育经费执行情况】 2010年，全州教育经费总收入28.24亿元，其中：国家财政性教育经费收入25.43亿元，民办学校举办者投入0.05亿元，社会捐赠办学经费0.19亿元，事业收入2.36亿元，其他收入0.21亿元。教育经费总支出27.88亿元，其中：普通高等学校支出0.05亿元，中等职业学校支出2.18亿元，普通中学支出10.97亿元，普通小学支出11.22亿元，特殊教育学校支出0.11亿元，幼儿园支出0.78亿元，教育行政单位支出0.84亿元，教事业政单位支出1.57亿元，其他支出0.16亿元。教育经费支出27.88亿元的明细为：人员支出16.9亿元（含学生助学金1.45亿元），公用经费支出9.35亿元（含校舍维修改造支出4.3亿元），教育基建支出1.63亿元。

【“两免一补”实施情况】 全州享受免杂费补助公用经费的在校学生434069人，其中：初中生135732人，小学生298021人，特殊教育316人，公办学校在校学生100%享受。补助免杂费、公用经费资金19057.95万元，补助标准为：农村小学400元/生年，城市小学110元/生．年；农村初中（含职业初中）600元/生年，城市初中190元/生年；特殊教育学校600元/生年。为全州公办学校433275中小学生提供免费教科书，补助教科书资金4471.23万元，中小学省按初中每生每年180元、小学每生每年90元的标准实行统一招标采购，特殊教育学校学生小学90元/生年、初中180元/生年补助学校，由学校自行采购。对贫困家庭寄宿制学生生活费情况。全年享受家庭贫困寄宿制学生生活费补助133595人，其中：初中80796人（含人口较少民族学生165人），小学52483人（含人口较少民族学生442人），特殊教育学生316人。补助贫困家庭寄宿制学生生活费12058.58万元，中央和省补助9649.2万元，州补助经费982.02万元，县级配套1427.37万元。

【全州寄宿制学生生活补助面扩大】 为促进教育公平和社会公正，切实减轻人民群众负担，解决好农村贫困家庭学生上学难的问题，大理州根据省的部署，对农村义务教育阶段贫困家庭寄宿制学生生活补助提标扩面。2010年寄宿生生活补助标准在原补助标准的基础上生均每年增加250元，达到小学生750元/生/年；初中1000元/生/年；人口较少民族阿昌族学生小学1000元，初中1250元；特殊教育学校为1000元/生/年。2010年享受农村义务教育阶段贫困家庭补助的寄宿制学生在2009年的基础上增加了8746人，比2009年增加补助资金3911.26万元。

【大理州顺利通过“两基”国检】 2001年实现“两基”目标后，全州狠抓巩固提高工作。2010年，“两基”迎国检工作启动，大理州成立了州委副书记、州长何金平为组长，常务副州长马建全、副州长洪云龙为副组长，州级32个部门主要领导为成员的“两基”迎国检工作领导小组，12县市也成立相应规格的领导小组。按照“国检”指标要求，州政府对“两基”迎国检工作目标任务、措施要求等进行了全面安排，抽调8名专职人员负责日常业务，安排工作经费70万元。州教育局制定了《大理州“两基”迎国检工作实施方案》，分设综合协调、文秘资料、条件项目、督查督办、宣传报道、后勤保障6个工作组。4月7日，州政府组织召开“两基”迎国检工作动员大会，700余人参加会议。6月，何金平与12县市长签订了《大理白族自治州“两基”国检工作目标责任书》。9月6日，何金平主持召开州十二届人民政府第24次常务会议，专题研究“两基”迎国检工作。6月10～12日，州迎检办在苍山饭店召开“两基”迎国检工作业务培训会议，邀请省政府督学、“两基”工作专家对“两基”国检的程序、重点、指标要求及各种表册的填报工作进行详细讲解，用以会代训的方式对县（市）、乡（镇）的分管领导和业务人员近300人进行培训。6月25日，州财政局组织召开财政部门“两基”迎国检工作业务培训会议。8月13日，州教育局对未取得校长岗位培训合格证的146名初级中学及乡镇中心学校校长进行为期5天的岗位培训。9月6～18日，州“两基”办对12县市和22个州级成员单位的“两基”迎国检工作进行全面检查。通过迎国检，进一步提高了各级党政领导对教育工作的认识，明确各职能部门对教育工作的职责，激发了广大教师教书育人的积极性，极大地改善了办学条件，加强了学校管理，提高了教育质量，受到了国家预检组专家和省检查组的高度评价，为全省“两基”顺利通过国检作出了突出贡献。

【全州补拨教育经费1.1亿多元】 根据国家教育督导团和省委、省政府的安排部署，在2010年“两基”迎国检工作中，对照相关指标要求，通过对照，财政、教育、审计等部门反复核算认定，大理州的州级和12县市共欠教育经费（含教育附加费）1.9亿多元，虽然州、县（市）两级财政十分困难，但经过努力，纷纷补拨所欠教育经费，其中，巍山、南涧两县在国检前就补拨完毕，各地补拨的教育经费及时投入到了教育，改善办学条件，使一些硬件指标能及时达到要求。剩余8000余万元，州、县（市）政府作了书面承诺，按时限补拨完，全部用于教育，确保教育投入“三个增长”。

【建立“一把手”挂钩包干联系县市教育制度】 2010年，大理州在“两基”迎国检工作进程中，认真落实科学发展观，不断深化各级领导干部对教育工作的认识。州委、州人民政府专门发文明确了政府各职能部门对教育工作的各项要求职责，建立了州级政府各部门和各县市政府“一把手”亲自挂帅，包干联系县市教育工作的制度，“两基”迎国检工作结束后这一制度仍是今后考核部门和县市领导工作成绩的重要内容。建立“一把手”包干联系教育工作制度，对于教育工作在一定区域内的地位、决策、管理、投入办学条件，监督等方面都会得到加强，是促进区域内教育工作决策发展，协调发展和均衡发展的政治保障和长效机制。

【州市党政领导教师节看望慰问教育工作者】 9月10日上午，州委常委、州委秘书长杨健，州人大常委会副主任杨宴君，州政府副州长洪云龙和大理市领导来到部分学校、幼儿园，亲切看望和慰问辛勤工作在大理州教育战线上的广大教育工作者和部分退离休教育工作者，向他们致以节日的祝贺和亲切的慰问。杨健、杨宴君、洪云龙等领导一行在大理市有关领导及州教育局负责人的陪同下，先后来到州特殊教育学校、下关一中初中部、州幼儿园、下关一中，看望慰问广大教育工作者，向辛勤工作、默默奉献的老师们表达节日的问候和祝福，并给他们送上慰问金，勉励大家再接再厉，珍惜荣誉，勤奋工作，为促进大理州教育事业又快又好发展再立新功。杨健一行还看望和慰问了离退休教师代表，祝福为大理州教育事业呕心沥血的老一辈教育工作者身体健康、晚年幸福。

【庆祝第26个教师节】 9月10日，大理州在龙山国际会议中心隆重集会，热烈庆祝第26个教师节，并对100名优秀教师和2010年高考质量突出的学校进行表彰。州委副书记、州长何金平，州人大常委会主任字国顺，州政协主席袁爱光，州委常委、州委秘书长杨健，州人大副主任杨宴君，州政府副州长洪云龙，州政府秘书长李超出席大会，州级相关部门领导和学校教师代表、学生代表等360多人参加会议。何金平在会上讲话时说，进入新世纪以来，特别是“十一五”期间，州委、州政府始终坚持把教育放在优先发展的战略地位，认真实施科教兴州和人才强州战略，以办好人民满意的教育为目标，锐意改革创新，狠抓工作落实，全州教育事业发展实现新跨越，有力推动经济发展和社会进步。何金平指出，教育是千秋伟业，关系国家民族长远发展、关系人的全面发展，教育是民族振兴、社会进步的基石，是提高国民素质、促进人的全面发展的根本途径，是最大的民生工程。全州各级党委、政府要认真贯彻落实全国教育工作会议精神，切实加强对教育工作的领导，努力营造全社会关心支持教育发展的良好氛围。要坚持把教育事业摆在优先发展的战略地位，切实保证经济社会发展规划优先安排教育发展、财政资金优先保障教育投入、公共资源优先满足教育和人力资源开发需要；要切实抓好“两基”迎国检和校舍安全工程建设，认真抓好整改落实，确保顺利通过国家的检查验收；要把加强教师队伍建设作为教育事业发展最重要的基础工作来抓，切实改善教师待遇，维护教师权益，加强教师培训，关心教师身心健康，大力弘扬尊师重教的优良传统，让教师成为全社会最受人尊敬、最值得羡慕的职业。杨健主持会议，洪云龙宣读对100名优秀教师的表彰决定。

【省督查组到大理督查“两基”迎国检工作】 9月25～30日，省委高校纪工委书记杨共和带领省“两基”督查组到大理州督查“两基”迎国检工作。督查组采取听、看、查等方式，对南涧、巍山、剑川、鹤庆4个县的11个乡镇、27所中小学校进行了督查，对大理州在“两基”迎国检工作中取得的成绩给予充分肯定。认为大理州在“两基”迎国检工作中，统一认识，加强领导，健全机构，认真落实国家和省“两基”迎国检相关要求；制订方案，认真自查，加大了“两基”迎国检的工作力度；突出重点，抓住难点，确保了“两基”目标达到“两基”迎国检的要求。督查组指出，在“两基”迎国检最后两个月的时间里，大理州要进一步加强领导，强化责任；找准问题，及时整改；加大投入，改善办学条件；查缺补漏，健全档案资料；采取措施，加强师资建设；加强管理，确保校园安全，争取高标准通过“两基”迎国检。副州长洪云龙陪同检查，并作情况汇报。

【高考成绩六年蝉联全省第一】 2010年，大理州高考又创佳绩，高考上线率达98.7%，六年蝉联全省第一，并呈现几个特点：①上线率蝉联第一。2010年大理州普通高考报名18565人，上线率达98.7%，比2009年提高了4.9个百分点，比全省平均上线率94.5%高出4.2个百分点。②2010年大理州高分考生实现新突破。全省600分以上的考生有1276人，大理州达115人，占全省600分以上考生的9.01%。特别是下关一中的考生杨维思以总分671分摘得全省文科第一名。实现了大理州十多年来未夺得全省普通高考第一的突破。③2010年高考大理州的上线率分布情况不断优化。全州12个县市的高考上线率都超过全省平均上线率。全州37所普通高中学校，有9所上线率达100%，有15所上线率为99%，有34所学校超过全省平均上线率。在上线考生中，一本上线率为13.61%，比全省的10.7%高出2.91个百分点；本科上线率为61.93%，比2009年提高7.63个百分点，比全省的49.8%高出12.13个百分点。

【高考录取创历史新高】 由于准备充分，宣传到位，组织得力，2010年，大理州高考录取比例达95.32%，提前批录取385人，本科录取9530人，专科录取7580人，中专录取8人。录取少数民族考生9325人，占录取总数的53.6%。录取少数民族考生中，白族考生6946人，占录取少数民族考生的74.5%，白族考生占录取总数的40.3%。北京大学在云南录取52人，大理州有7人、占13.5%；清华大学在云南录取30人，大理州有3人、占10%；中国人民大学在云南录取54人，大理州有9人、占16.7%。在各批次录取中，一本预科全省录取444人、大理州录166人、占全省录取总数的37.4%，二本预科全省录取1071人、大理州录338人、占全省录取总数的31.6%。昆明冶金高专和云南交通职业技术学院首次实行自主招生715人，全州录取了229人，占全省录取总数的32%，考生录取率远远高于全省平均水平。

【高考省文科状元出自下关一中】 下关一中280班的学生杨维思以总分671分的优异成绩摘取云南省文科第一名，这是继1998年下关一中毕业生赵勤智获得云南省文科状元之后大理州高考成绩的新突破。2010年下关一中高分段成绩获得历史性突破,276班的赵志磊以684分的优异成绩成为全州高考理科第一名。文科考生杨维思、杨继标、艾永斌、吴海军进入云南省高考文科前35名;理科考生赵志磊、杨鹏、张伟、和灿斌进入云南省高考理科前50名。600分以上考生60人(其中文科4人,理科56人),占全省600分考生人数的4.7%,比2009年有所上升。在99.42%的应届毕业生参加高考的前提下,683名学生全部上线,上线率为100%,应届毕业生一本上线人数为418人,一本上线率为61.21%。

【省教育厅厅长罗崇敏到大理调研】 4月16～17日,省高校工委书记、省教育厅厅长罗崇敏率领调研组到大理州调研。罗崇敏先后深入漾濞、大理、祥云等县市的多所学校,认真察看大理州中小学校舍安全工程建设工作、"两基"迎"国检"工作、全州各级各类学校开展抗旱保教工作和职业教育工作等情况,对大理州教育改革发展工作给予高度评价。罗崇敏要求,大理州要解放思想,大力加强现代教育体系建设、现代教师队伍建设、现代教育体制建设、现代教育基础设施建设、学校标准化建设。要充分利用信息化手段来加强现代教育,切实抓实教育的价值建设。要认真抓实现代学校管理,树立以人为本,机制立校、环境兴校的现代化管理理念。要在机制创新上做文章,改革办学体制,加大民办教育发展进程,改革办学管理体制,要努力发展价值教育,要按照建设社会主义价值核心体系的要求,建设现代教育价值体系。要继续做好抗旱保教工作,确保师生不因缺水而停课。调研期间,罗崇敏还看望慰问了州民族中学见义勇为学生李志垚。

【州长何金平到大理农林职业技术学院调研】 1月14日,州政府调研大理农林职业技术学院筹建工作。州委副书记、州长何金平要求,要突出重点,突破难点,理顺体制,创新机制,合力攻坚,切实推进大理农林职业技术学院筹建工作,圆满实现州委、州政府提出的筹建目标。何金平指出,筹建大理农林职业技术学院,是州委、州政府结合大理州经济社会发展实际做出的重要决策部署,是进一步优化提升大理州职业技术教育水平、档次和劳动者素质的需要,是服务"三农"、促进农村经济发展的客观要求,也是加快滇西中心城市建设的需要。他要求,筹建中的大理农林职业技术学院,在学生培养上,要以培养农林一线高级技能实用人才为主体;在招生规模上,要稳步发展,长短结合,实际适度,注重质量与数量的有机结合,通过提升质量逐步扩大数量;在学科设置上,要立足于农,结合大理州特色产业和第三产业,重在实用;在组织机构设置上,行政管理机构要精干、高效,重点加强师资队伍和科研队伍建设,着力提高学校的教学质量和科研能力;在校园建设上,要立足现有基础,按照适度超前、经济适用、突出重点、分步实施的原则,努力打造精品;在建设资金筹集上,要创新融资方式,拓宽融资渠道,做到学校自筹一部分、向上争取一部分、财政支持一部分、金融贷款一部分、招商引资一部分,吸引多种资金参与建设。马建全、李红卫、洪云龙、岳黎松、李超和州级有关部门领导参加调研会,并分别对大理农林职业技术学院的筹建工作提出希望和要求。

【召开全州"两基"迎国检暨校舍安全工程工作视频会议】 6月25日下午,州政府召开全州"两基"迎国检暨校舍安全工程工作视频会议。州委副书记、州长何金平在会上指出,进一步统一思想,明确目标,落实责任,强化措施,确保"两基"顺利通过国家验收,确保如期完成校舍安全工程目标任务。要依法落实教育经费,千方百计改善办学条件,加大义务教育阶段薄弱学校改造力度,以农村学生的入学和巩固为重点,建立和完善控辍保学的长效机制,确保普及程度各项指标达到国家验收标准。何金平要求,校舍安全工程建设要做细做实工程建设项目规划,各县市要根据中小学布局调整规划和校舍排查鉴定结果,制定和完善校舍安全工程总体规划、年度实施计划和每一栋校舍的加固改造方案;要足额筹措工程建设资金;加强工程建设安全质量管理,坚持先勘察、后设计、再施工的原则,严格执行基本建设程序,落实项目法人责任制、招投标制、工程监理制、合同管理制等各项制度;要完善档案和信息系统建设,加强管理人员培训,确保每所学校、每栋校舍都有纸质和电子档案;开展好钢结构校舍建设试点工作,钢结构校舍比较符合大理实际,在试点工作中一定要积极总结经验,及时向上级反馈,一旦试点工作顺利,就要抢抓机遇,加快校安工程建设步伐。副州长洪云龙主持会议,并就贯彻落实此次会议精神提出了要求。州政协副主席张树藩,州、市相关部门、院校负责人出席大理分会场会议。

【州人大对全州"两基"迎国检工作进行视察】 8月3日上午,由州人大常委会党组副书记、常务副主任杨宴君任组长,部分州人大代表和州人大教科文卫工委委员组成的视察组,专题听取了州人民政府关于全州"两基"迎国检工作情况的汇报。随后,视察组深入漾濞、永平等县对"两基"迎国检工作进行实地视察。这次专题视察的内容主要是各地各部门宣传、贯彻落实"两基"迎国检的情况;政府主要领导履行"两基"职责和落实目标任务的情况;义务教育普及、"控辍保学"的基本情况;2008年确定的D级危房排除情况及学校校舍、图书资料、实验仪器设备等办学条件情况;政府确保教育投入"三个增长"的措施和落实情况,教育费附加的依法征收和使用情况;教师队伍结构、编制和素质等情况;校园安全及学校管理、校园文化建设和特色学校创建的情况。

【州四班子领导检查巡视高考考点】 2010年普通高校招生考试期间,州委常委、副书记王雪峰、州人大常委会副主任杨宴君、州政府副州长洪云龙、州政协副主席张树藩等领导在相关部门负责人的陪同下,对大理市部分高考考点进行检查巡视,仔细察看监控指挥中心、考务办公室和后勤服务保障,并向相关人员询问各项涉考工作开展的具体情况。在现场检查并听取相关负责人介绍后,王雪峰对全州高考各项工作给予充分肯定,他指出,高考涉及千家万户,关系到每个考生的成长和未来,是全社会共同关注的一件大事,无论是教育部门还是各个考点,都要认真做好安全、保密、卫生等各项具体工作,确保高考公开、公平进行,各相关部门和工作人员一定要进一步增强做好高考工作的责任感,树立服务意识,创造良好的考试环境,体现以人为本,精心组织,把各项工作做细、做好,绝对不能有影响考生答题的因素存在,要让考生在卫生、安全的环境中轻松考试,为考生发挥出真实水平创造良好条件。

【全州中小学布局调整成效显著】 大理州以教育资源的优化整合为抓手,加快撤并不合理校点,兴建标准化寄宿制学校,大力推进义务教育均衡发展。"十一五"期间共撤并初中11所、完小119所、教学点1442个,其中,2010年撤并533个教学点、43所中小学,在配置资源、安排资金时优先保障薄弱学校，鼓励优秀校长、骨干教师到农村学校和薄弱学校任职支教，促进城乡之间、区域之间、学校之间在校舍设施、师资力量上均衡配置。同时，以升等晋级为抓手，扩张优质高中教育资源，创建省一级一等高中2所、一级二等1所、一级三等5所，认定二级一等7所、二级二等2所，全州一级高中达10所，19所中等职业学校有7所国家级重点职业学校、3所省部级重点职业学校和5所省级示范学校。

【"爱心圆梦"行动资助500名家庭经济困难的学子】 8月23日下午，大理州在龙山国际会议中心举行2010年"爱心圆梦"行动助学金发放仪式，帮助500名家庭经济困难的学子圆了大学梦。为了不使贫困学生因家庭经济困难而辍学，州委、州政府高度重视，及时制定了一系列行之有效的政策措施，形成"党委领导、政府支持、社会参与、上下联动"的良好助学格局，为家庭经济困难子女上大学积极创造有利条件。同时，广大企业家及爱心人士富而思源，尊重知识，慷慨解囊，对家庭经济困难学子上大学给予帮助和支持。州委常委、常务副州长马建全在助学金发放仪式上讲话，副州长洪云龙主持发放仪式，州政府秘书长李超宣读受资助学生名单。州人大副主任杨宴君，州政协副主席张树藩，州级各相关部门负责人和各县市分管领导及受资助学生代表出席助学金发放仪式。

【《红烛精神—大理州优秀教师集锦》画册出版发行】 2010年，为庆祝第26个教师节，在州委、州人民政府的关心和支持下，大理州教育局、大理西部文化编审委员会共同精心策划、编辑出版了《红烛精神——大理州优秀教师集锦》画册。该画册以图文并茂，全彩铜版纸印刷形式，全面宣传和展示近年来大理州教育战线上所涌现出来的优秀教师、先进工作者和先进集体，弘扬尊师重教的良好社会风尚，发挥榜样的作用，激励广大教育工作者积极投身教育事业，营造良好的尊师重教氛围。

【加大教师培养培训力度】 2010年，大理州结合创先争优活动，开展以理念创新、师德创优、管理创效、促进学校科学发展、"三创一促"活动，大力加强师德师风建设。加强以新理念、新技术为核心的教师培训，启动"国培计划"培训40人、置换脱产培训99人、短期培训99人、远程培训1500人。年内，以远程教育手段开展中小学教师教育技术能力培训4000人次、"班班通"建设试点工程项目学校校长和骨干技术人员培训各241人、中小学教师履职晋级培训近8000人次。对146名初中校长及中心校校长进行了岗位培训、对140名中小学校长进行了教育信息化远程培训，县(市)举办小学校长岗位培训580人。新课程培训、名校长培训、骨干教师培训、班主任培训人次达4000人以上。评审推荐副高558人，评审中职1643人，评选推荐特级教师14人。各县市广泛吸引优秀大学毕业生充实高中教师队伍，州级学校完成年度考核录用重点院校毕业生12人，完成4个县特岗教师招聘103人。全州小学、初中、普通高中专任教师学历合格率由2005年的95.08%、96.66%、87.13%分别提高到2010年的97.39%、98.66%和96.68%。小学专任教师专科率达69.82%，初中专任教师本科以上学历达56.53%。组织323位教师分六批参加疗休养。

【校园文化建设得到加强】 2010年，大理州把校园文化建设作为构建和谐校园，营造良好的育人环境为重点，切实提升学校文化品位、育人环境的档次，把德育工作落到实处。按"十有十无"的标准，向省厅推荐了大理二中等9所省级文明学校，通过综合评价认定了下关三中等16所州育人环境优级校，评选出了省级"三好学生"323人，"优秀学生干部"81人，"先进班集体"21个，省级"优秀学生"3人；州级"三好学生"400人，"优秀学生干部"140人，先进班集体21个，中等职业学校省教育工作先进集体2个，先进个人6人。

【全面完成中小学校舍安全工程年度建设】 年内，根据省政府关于中小学校舍安全工程建设三年目标、两年完成的要求，州政府把校安工程列入向社会公开承诺的十大惠民工程和重点督查建设项目，加强领导，加大力度，落实责任。各职能部门密切协作，为项目审批开设"绿色通道"，上半年减免政府性基金收费13.69万元、行政事业性收费218.87万元、经营服务性收费1920.47万元。州县两级加大投入，全力推进工程建设，截止12月底，累计投入资金56707万元，其中州级配套6455.40万元，县(市)级配套13146.79万元。已拆除D级危房62.01万平方米，开工建设，1012栋76.54万平方米，竣工并交付使用834栋65.22万平方米，超额完成19.82万平方米。在工程建设中，严格建设程序，规范资金使用，严肃工程管理，严把安全生产，确保了工程质量。

【教育信息化建设有成效】 2010年，全州普通中学教育技术装备总价值约8750.31万元，有理化生实验室845个，实验教学仪器配备达标学校205所，达标率97.16%。小学教学仪器设备总价值3820.94万元，1024所学校拥有图书馆(室)，占全部小学的98.27%，共有藏书234.95万册，生均13.4册。有电子图书7.43万册、生均0.25册。远程教育"班班通"建设试点工程项目县祥云县共投资767.88万元，实现了校园网、远教网和互联网的"三网合一"。职业学校基础能力明显提升，投资3496万元、实施大理卫校、云龙职中等校舍改扩建项目6个，完成建筑面积24176平方米；投入实训实作资金300万元，扶持了巍山、鹤庆等县6所学校的骨干专业建设。在充分论证的基础上，制定了《大理(滇西)中等职业教育公共实训实作和教师培训中心建设方案》，得到了省教育厅的大力支持，并给予3741万元启动资金。

【校园安全保卫工作成效明显】 2010年，全州共配备827名校园安保力量，其中专职人员425人，专职保安402人。投入安保经费799.74万元，配备安保装备2699件，安装技防设施466套。配备法制副校长和法制辅导员1012人，475所学校在学生上学、放学等重点时段有警察巡逻，211所学校成立了警务室或治安岗亭，在中小学附近设立治安岗亭489个；整治校园周边治安秩序613起、违章建筑47处、疏散通道163处，及时化解涉校矛盾纠纷348个，排查、管控高危人群246个；清理校园周边违规经营文化娱乐场所362个、网吧179个、出租房屋2537个。开展消防安全检查5996次，整改消防安全隐患583处，配合州消防支队启动了2010～2012年消防安全示范学校创建活动，完成了2010年大理卫校、宾川三中、祥云县城南社区完小、巍山一中、鹤庆一中等5所创建学校的考评工作。大理州教育局、大理市教育局和大理州民族中学被省教育厅和省综治办评为2010年度全省教育系统安全保卫工作先进集体，6名先进个人受到表彰。州教育局被州委、州政府评为2010年社会治安综合治理维护社会稳定工作先进单位。

【全面启动“平安校园”创建工作】 年内，全州各级各学校把创建“平安校园”作为确保学校安全稳定和教育事业健康发展的重要基础性工作，加强与辖区内各成员单位的联系和协调，及时成立创建工作领导小组，制定创建方案和规划，全面启动创建工作。经过州、县两级的共同努力，2010 年全州共有 1843 所学校启动“平安校园”创建工作，经逐级考评，112 所学校被认定为县市级“平安校园”，41 所学校被认定为州级“平安校园”，23 所学校推荐申报省级“平安校园”，州民族中学被教育部命名为第三届和谐校园先进学校。

【教育系统抗旱保教取得全面胜利】 2009 年入秋以来，全州遭遇了百年不遇的特大干旱灾害，导致全州范围内 1178 所中小学校幼儿园、27 万多名学生不同程度受灾，24.3 万平方米的校安工程建设受到影响。全州教育系统把确保全系统师生安全饮水放在首位，制定了《大理州中小学校供水应急预案》，群策群力，先后投入资金 521.2 万元，捐款 156.8 万元，投入人力 73 万人次，投入物资 8 万多件，确保学校师生员工安全用水。全州各级各类学校、幼儿园未因干旱而出现教师离岗、学生辍学、食堂停业、学校停课现象，未发生一起由师生员工引发的森林火灾，未产生因供水矛盾而影响学校教学秩序和社会稳定的现象，切实将灾害损失降到最低限度。

【7 位教育工作者获全省首届“教育功勋奖”】 1 月 17 日，在首届“云南教育功勋奖”表彰大会上，大理州有 7 位教育工作者获此殊荣。此次表彰的 100 位“云南教育功勋奖”获得者分别涵盖了各级各类学校以及教育科研机构。大理州下关一中陈培良、大理州实验中学李儒彬、巍山一中李光、祥云四中杨国旺、祥云县祥城镇存德完小李中宣、大理州技工学校唐澄奇和大理学院李树楠，在平凡的教育岗位上做出了不平凡的业绩，体现了当代人民教师和教育工作者为人师表的高尚师德和无私奉献的精神风貌，受到表彰。首届“云南教育功勋奖”的评选活动于 2009 年秋季启动。参加评选教师经过推荐上报、网上投票评选、专家组初审、评会委评审、社会公示等程序后才最终评定，获奖者每人获得 1 万元奖金。

【州教育局荣获省教育厅 2010 年度目标管理考核一等奖】 2010 年，州教育局在州委、州人民政府的正确领导下，坚持以科学发展观统领教育工作全局，认真履行《云南省教育厅对州（市）教育局 2010 年度工作目标管理责任书》，结合大理州教育实际，创造性地开展工作，促进教育改革不断深化，办学水平不断提高，“两基”国检顺利通过，全州教育事业呈现出良好的发展态势，各项工作取得显著成绩，结果考评，获得一等奖，并居于榜首。此外，在各州市教育局申报的 35 项创造性工作中，由州教育局申报的“完善资助体系，不让一名学生因贫失学”工作同获全省二等奖。

【大理州教育改革发展受各级媒体广泛关注】 近年来，在州委、政府的正确领导下，大理州教育改革发展取得了辉煌成就，高考上线率连续 6 年蝉联全省第一名，受到了各级媒体的广泛关注。教师节前夕，《云南教育》推出大理州教育专刊，分人物访谈、专题、特别报道、校园、教师风采等多个栏目，深入介绍了改革开放 30 多年来大理州教育改革发展取得的辉煌成就；10 月 25 日，中央电视台到大理州就深入推进高中改革发展，“宏志班”教育硕果累累进行采访，并于 11 月 4 日在中央四套《中国新闻》中播出；11 月 2 日，州教育局局长刘洪做客中央人民广播电台直播间，就扎实推进“两基”迎国检工作接受记者采访；11 月 1 ~ 2 日，云南电视台到南涧县录制少年跳菜节目，县示范小学 60 名学生参与了节目录制，展示了南涧少年跳菜的独特魅力；2011 年 2 月 20 日，《光明日报》头版刊登《云南大理完善国民教育体系教育列为民生之首》；2011 年 2 月 21 日，《民族时报》A8 版刊登《办人民满意教育是最大的民生工程——大理州“十一五”教育改革发展纪实》。

高等教育

【大理学院举行第四届“挑战杯”大学生创业计划竞赛】 为全面深化教育改革，加强学生素质教育，激发广大学生勤奋学习、勇于创新、勇于实践、奋发成才的积极性和主动性，同时向云南省及全国大学生创业计划竞赛推荐一批优秀的参赛作品，大理学院于 2009 年 12 月起启动第四届“挑战杯”大学生创业计划竞赛。2010 年 1 月 14 日，大理学院初赛立项评审会对 70 个团队提交的 70 项商业大纲进行评审。4 月 23 日，决赛答辩会暨颁奖典礼在古城校区举行，3 个团队赢得大赛的一等奖，4 个团队赢得了二等奖。9 月 25 ~ 29 日，由共青团中央、中国科协、教育部、全国学联共同主办的第七届“挑战杯”中国大学生创业计划竞赛决赛在吉林大学举行，大理学院“苍麓书院雅致和国学幼儿园”创业计划团队在比赛中荣获银奖。

【大理学院重点实验室建设成效显著】 2007 年 10 月，大理学院病原与媒介生物学、昆虫药物研究实验室成为云南省高校重点实验室，两个实验室主任刘光明教授、郭宪国教授是云南省有突出贡献的优秀专业技术人才、云南省中青年学术和技术带头人。两个重点实验室批准成立以来，学校共投入 600 多万元，在科学研究、人才培养等方面成效显著，主持了包括国家自然科学基金 17 项、国家科技重大专项及多项省级课题（含重点项目）3 项，累计申请科研经费达 800 多万元，获得云南省科学技术二等奖、云南省科技进步三等奖等奖励，有两个新药获得国家新药证书。发表级别较高（含 SCI 在内）的论文 96 篇，在云南省同类实验室中处于领先地位，在国内同类实验室中具有较大影响，特别是昆虫药物研究高校重点实验室在对蟑螂系列药品的研究与开发方面，在国内外居领先地位。培养云南省中青年学术和技术带头人 1 人、后备人才 1 人，省高等学校教学科研带头人 1 人，省有突出贡献的专业技术人才 2 人，省政府特殊津贴获得者 2 人，省教学名师 3 人，培养了 101 名研究生，毕业 53 名，联合培养博士后 1 名。昆虫药物研究实验室成功全职引进了“长江学者”特聘教授 1 名。1 月 16 日，省教育厅组织专家组对两个高校重点实验室进行形成性评估，给予了很高的评价，评为优秀，并鼓励申报成为云南省重点实验室。2010 年 1 月 11 ~ 16 日，省教育厅委托云南省教育评估中心对云南省高校重点实验室和云南省高校工程（技术）研究中心进行形成性评估。大理学院的云南省高校病原与媒介生物重点实验室和云南省高校昆虫药物研究重点实验室。

【王毅作品入选《新中国成立 60 周年少数民族文学作品选》】 2010 年，由中国作家协会组织编选的《新中国成立 60 周年少数民族文学作品选》由作家出版社出版。该书所选作品集中反映了新中国成立 60 年来少数民族文学创作的优秀成果，是全国少数民族作家向新中国成立60周年献上的一份厚礼。全国人大常委会委员、教科文卫委员会副主任委员、中国作协副主席金炳华为该书作序。大理学院党委书记王毅的短篇小说《一盆莲瓣兰》入选。《一盆莲瓣兰》是一篇写官场现象和反思官场的佳作。4月14日，根据大理学院党委书记王毅小说《李猛出国》改编的数字电影《罂粟花儿不再开》，在央视《家庭影院》频道播出。这是新中国成立以来根据大理州本土作家作品改编并在央视播出的数部电影之一，影片由北京玉美琳影视文化有限公司、昆明诺西波卡传媒有限公司荣誉出品；由西双版纳州州委政府、昆明诺西波卡传媒有限公司、北京玉美琳影视文化有限公司联合摄制，云南省公安厅文联协助拍摄。

【大理学院被评为“云南省文明单位”】 2010年，经省精神文明建设指导委员会，评选大理学院被省委、省政府授予第十二批“云南省文明单位”称号。长期以来，学校党委、行政高度重视学校文明单位的创建工作，把文明单位的创建列入党委的重要议程，并和学校精神文明建设有机结合，在努力营造健康文明、进取拼搏的育人环境方面，取得良好成效。

【大理学院新增泰语、动画本科专业】 年内，据教育部《关于公布2009年度高等学校专业设置备案或审批结果的通知》，大理学院获准新增泰语、动画本科专业。新增的两个专业，学制为4年，毕业授予文学学士学位。泰语、动画这两个新专业的设置，对完善大理学院的专业结构、展现办学特色、整合教育教学资源有着积极的意义。至此，大理学院本科专业已达42个，涵盖了经济学、法学、教育学、文学、理学、工学、医学、管理学、农学共9个学科门类，初步形成了综合性的专业结构布局。

【吴学东博士成为“云南省中青年技术带头人”】 2010年，大理学院临床医学院副院长吴学东博士被评为云南省第七批中青年学术技术带头人。自2004年，吴学东博士入选为云南省第七批中青年学术技术带头人后备人才，5年来，吴博士严格按照《云南省中青年学术和技术带头人管理暂行办法》的要求，认真履行《云南省中青年学术和技术带头人后备人才培养任务合同书》，在学科建设、科学研究、人才培养等方面取得了显著的成绩，顺利通过了云南省中青年学术技术带头人出站评价。至此，大理学院已有郭宪国、吴学东2名博士获此殊荣。

【武汉大学与大理学院联合办学】 武汉大学与大理学院联合举办2010年在职人员攻读生物医学工程硕士研究生课程班。招生专业为生物医学工程，该专业以生物材料、医疗器械及医学信息处理为主要学习内容，培养具有坚实的生物材料科学与工程、计算机与信息科学、生命科学与医学等基础理论知识，具有工程技术与医学相结合的基本的科学研究能力，能在生物医学工程领域进行科学研究、产品开发、专业教学等工作的高级人才。专业领域（主要研究方向）为生物材料；生物信息；心脏电生理；纳米医药与制药工程；组织工程与干细胞；医学影像；卫生管理工程。招生人数为50人。课程学习方式为在职学习，即学员不脱离工作岗位，武汉大学派教师到大理学院授课。培养过程分为课程学习和申请学位两个阶段。

【大理学院古城校区三号综合实验楼开工】 3月3日，大理学院古城校区三期建设项目三号综合实验楼开工典礼在大理学院古城校区举行。为了贯彻学校党代会提出的在“十二五”期间全日制在校生达2万人的发展目标，学校于2009年底启动了“十二五”基本建设，2010年新学年生命科学与化学学院将整体搬迁到古城校区。整个“十二五”期间，学校将投入4亿元的资金，用于学校基本建设。古城校区3号综合实验楼占地5654.12平方米，建筑面积26000平方米，框架结构，5层，工程总投资4900万元，合同工期163天。三号综合实验楼是集教学、实验、科研等功能为一体的重点工程，项目的开工建设标志着古城校区三期建设项目全面启动，拉开了学校“十二五”建设的序幕。

【大理学院基层党组织党员投身“抗旱先锋行动”】 2010年，大理学院各基层党组织和广大党员积极行动，投身“共产党员抗旱先锋行动”，3个总支324名师生捐款共计41637元，其中捐款1000元以上的有9人，有部分党外干部和学生入党积极分子、共青团员也参与了本次“特别捐献活动”。学校还与挂钩扶贫的云龙县关坪乡开展了“城乡党组织结对抗旱心连心活动”。学校行政划拨出7万元经费，结存党费支出3万元，共向关坪乡拨出10万元抗旱救灾资金，后勤中心也给予了关坪乡1万元的资助。

【大理学院招聘专职辅导员】 3月27～28日，大理学院面向全国高校招聘8名专职辅导员。在公布招聘公告后，先后有360名来自省内外和国外硕士毕业生前来报名，其中“985”高校有61人，国外高校如法国里昂高等农业学院、泰国国立东方大学的留学生有3人。经过资格审查、笔试、面试等程序，政治素质好、逻辑思维能力、临场应变和综合分析能力较强、语言表达流畅、举止仪表好的考生逐步脱颖而出。人事招聘过程规范透明、程序严谨、服务周到。

【李树楠教授科研成果评级优秀】 4月6日，省科技厅在昆明召开了由大理学院李树楠教授等完成的国家“九五”重点科技攻关项目（治疗乙型肝炎新药“肝龙胶囊”和治疗心血管疾病新药“心脉龙注射液”的研制）成果鉴定报告会。知名专家孙汉董院士为主任的专家鉴定委员会听取了李树楠教授代表课题组所作的科研成果、技术研究报告，专家组审阅了相关资料，经质询讨论后一致认为：源自美洲大蠊（蟑螂）研发而成的3项新药“心脉龙浸膏”、“心脉龙注射液”、“肝龙胶囊”，属原始创新成果，在国内外具有领先水平，这些成果具有完全自主知识产权，是屈指可数的几个国家级中药新药品种；课题组提供的资料完整，技术数据准确、可靠；研究成果应用推广性强，设计合理，方法正确，结论可信，具有先进性和科学性，有明显的经济效益、社会效益及理论价值，未见与委托课题查新要点相同的文献报道，研究成果达到国内外领先水平；大理学院自“康复新”创制以来，及至目前治癌新药研究的后续拓展，前后持续已20余年，已形成美洲大蠊药物研究体系，具有十分宽广的后续发展空间。专家对成果予以优秀评级，标志着大理学院科研水平迈上了新台阶。

【大理学院荣获教育部“50所就业典型经验高校”】 4月26日，大理学院副院长钱金栿到教育部参加了“2009年全国毕业生就业典型经验高校经验交流会”，并接受了教育部颁发的“50所就业典型经验高校”牌匾。2009年，受国际金融危机的影响，全国就业形势异常严峻。大理学院在教育部和云南省委、省政府高度重视下，认真执行国家和省关于高校毕业生就业的各项优惠政策，把就业工作与学习实践科学发展观联系起来，动员全体教职员工，以促进毕业生顺利就业和维护社会稳定为目标，努力工作,不断创新,克服困难,再一次取得了云南省就业工作一等奖,实现了就业工作"四连冠",并被教育部评选为"2009年50所全国毕业生就业典型经验高校",大理学院是云南省唯一一所获此殊荣的高校。

【大理学院纳张元教授的4篇文学作品入选大学本科教材】 大理学院文学院纳张元教授的两篇文学作品作为范文入选教育部规划的大学本科教材——《写作教程》(第2版)。该教程的范文还选用了当代著名作家王蒙、余秋雨、贾平凹、铁凝、毕淑敏等人的力作,以及舒婷、三毛、安妮宝贝等青年作家的作品。高等教育出版社2009年10月出版的《写作教程》(第2版),是教育部规划的大学本科写作教材和国家精品课程教材,也是唯一入选全国教师教育优秀课程资源的写作教材,该教材体现了写作学研究和写作教学改革的最新成果。《写作教程》(第2版)的范文中,选编了文学院纳张元教授曾经发表于《光明日报》的《写给女儿》和发表于《小小说选刊》的《猴》。两篇作品精巧的构思、颇具个性的本色化语言集中地体现出纳张元教授独树一帜的个人文学创作风格。2010年8月,纳张元教授两篇的两篇散文入选中国铁道出版社出版的《新编实用写作教程》。

【王坤吉荣膺第十三届"中国武警十大忠诚卫士"】 第十三届"中国武警十大忠诚卫士"评选5月7日在北京揭晓。大理学院临床医学专业2003届毕业生王坤吉,荣膺第十三届"中国武警十大忠诚卫士"。中国人民武装警察部队自1998年开展"中国武警十大忠诚卫士"评选活动以来,共评出12届120名"忠诚卫士",他们是武警部队千千万万个忠诚卫士的优秀代表。第十三届"中国武警十大忠诚卫士"评选活动于2010年年初全面启动,经过全国层层选拔和新华网于4月15日~5月5日组织的网上投票,大理学院临床医学专业98级2班毕业生,现任武警8750部队医院主治医师王坤吉,最终从全国30名正式候选人中脱颖而出,荣膺第十三届"中国武警十大忠诚卫士"。

【大理学院"糖脂康"中试生产研究项目通过验收】 5月18日,由云南省科学技术厅项目验收专家组,对钱金栿、左绍远教授承担的云南省科技计划研究项目——抗糖尿病功能食品"糖脂康"的中试生产研究项目进行了验收。"糖脂康"的中试生产研究项目是大理学院自合并组建以来第一个获得省科技厅立项并资助的应用类科学研究基金项目,资助经费40万元。项目组经过艰苦的探索,按计划完成了各项目研究,验收委员会专家进行封闭评议后一致认为:申请验收的项目已完成和超额完成了项目研究合同规定的任务,并对研究所获得的成果给予了高度评价,同意通过结题验收。该研究为应用生产奠定了基础,建议推进该项目的应用开发。

【张月娥荣获"全国三好学生"荣誉称号】 2010年,在团中央、教育部《关于表彰"全国三好学生"、"全国优秀学生干部"和"全国先进班集体"的决定》中,大理学院数学与计算机学院计算机科学与技术2006级本科二班学生张月娥荣获"全国三好学生"荣誉称号。张月娥在校期间学习勤奋,爱好广泛,积极参加各种学生活动,先后荣获"国家一等奖学金"、"国家励志奖学金"、"云南省省级三好学生"、大理学院"优秀共青团员"、"社会实践先进个人"、入党积极分子培训"优秀学员"等称号。

【华中师范大学与大理学院深化合作】
6月29日,华中师范大学对口援建大理学院框架协议暨华中师范大学、大理学院、大理市人民政府联合共建"大理研究院"协议签字仪式在华中师大正式举行。华中师范大学校长马敏、大理学院院长戴志明、大理市副市长刘琼芬代表三方签字。11月25日,华中师范大学、大理市人民政府和大理学院联合共建的"华中师范大学大理研究院"在大理学院成立。

【大理学院录取130名全日制硕士研究生】 2010年,经初试、复试考核,大理学院在法学和医学2个门类的8个专业录取了130名全日制硕士研究生,圆满完成国家发改委、教育部下达的年度招生计划。其中,马克思主义基本原理14名,思想政治教育13名,病原生物学24名,内科学9名,儿科学12名,外科学22名,流行病与卫生统计学15名,药物化学21名。随着新生入学,学院研究生将达到381人。

【大理学院举行2010届毕业生毕业典礼】 7月2日上午,大理学院先后在古城校区和下关校区举行2010届毕业生毕业典礼。2010年,共有77名硕士研究生,3441名本、专科学生完成学业。有77名硕士研究生全部获硕士学位;在3001名本科生中,有2973人获毕业证书、2865人获学士学位证书;在440名专科学生中,有440人获毕业证书。在今年的毕业生中,有49人次荣获国家和省政府奖学金,59名同学被评为省级三好学生,18名同学被评为省级优秀学生干部,176名同学被评为省级优秀毕业生,183名同学考取了硕士研究生;有7个班集体获得省级表彰;先后有20个班集体和771人次获得过学校表彰奖励。

【大理学院2010年招生情况良好】 大理学院招生圆满完成2010年度各项招生计划,招生形势明显好于往年,招生改革取得新突破。在全国30个省市区实际招生硕士研究生130人,本科生3860人,专科190人,五年制3+2初中起点医学专业300人,预科40人。总的招生计划比2009年多15.7%,招生数量在云南省高校中名列第四位。

【大理学院8个项目获得国家自然科学基金立项资助】 大理学院2010年申报的国家自然科学基金项目获得8项立项资助。分别是:①青藏高原牦牛粪便中捕食线虫真菌多样性及生防评价。课题负责人为苏鸿雁,所属学院是农学与生物科学学院。②火烧遗迹地蜘蛛群落演替研究。课题负责人为杨自忠,所属学院是农学与生物科学学院。③对云南省恙虫病主要媒介分布的质疑和新探索。课题负责人为郭宪国,所属学院是基础医学院。④云南省HIV/AIDS相关淋巴瘤病理组织库建立、基因表达谱研究及STAT3表达的分析。课题负责人为潘云,所属学院是临床医学院。⑤云南大理少数民族地区脑实质囊虫病亚临床期1HMR波谱与MR扩散加权成像的研究。课题负责人为张承志,所属学院是临床医学院。⑥磷脂酶Cγ2在自身免疫调控中的作用及其应用。课题负责人为何颖红,所属学院是基础医学院。⑦几种有代表性的香茶菜属植物地下部分化学成分与抗肿瘤抗疟活性研究。课题负责人为姜北,所属学院是药学与化学学院。⑧美洲大蠊药材养殖及加工过程中化学成分动态变化与生物活性的相关性研究。课题负责人为肖培云,所属学院是药学与化学学院。

【《大理学院学报》被列为美国《化学文摘》来源期刊】 2010年,国际检索系统月报第67号通报:经过评估,《大理学院学报》办刊质量达到CA(Chemical Abstracts,简称CA)数据库要求,被列为美国《化学文摘》的来源期刊。中国高校科技期刊研究会对外联络委员会对中国期刊进行了全面检索,发现CA总计收录了中国(含港台)期刊1447种。其中1672-2345大理学院学报 Dali Xueyuan Xuebao;1674-5507动物学报(英文版)Current Zoology;1674-487X地球科学学刊(英文版)Journal of Earth Science;1001-1447钢铁研究 Gangtie Yanjiu等24种中国期刊首次入库。

【大理学院新增临床医学硕士专业学位授权点】 经过省学位委员会学科评议组专家评审、评审结果公示、省学位委员会全体委员审议、报国务院学位委员会审核批准,大理学院获得了临床医学新增硕士专业学位授权点,被列入2011年全国研究生统一招生专业目录,实现了硕士专业学位授权点零的突破。

【大理学院获得教育部人文社会科学研究7个一般项目】 大理学院申报的2010年教育部人文社会科学研究一般项目经专家严格评审,有7个项目获得立项,它们是:①南诏大理国教育史研究(申请人:张颖夫;单位:教科学院)。②教学改革中经验学习的理论与实践研究(申请人:房慧;单位:外国语学院)。③《蛮书》英语翻译及其研究(申请人:卜绍先;单位:科技处)。④茶马古道:迪庆藏族大理朝圣的调查与研究(申请人:李学龙;单位:民族文化研究所)。⑤白族医药历史与文化研究(申请人:吕跃军;单位:临床医学院)。⑥"盐马古道"与滇西边疆民族社会研究(申请人:赵敏;单位:民族文化研究所)。⑦云南民族文学与地域文化关系研究—以大理白族文学发展与民族文化关系研究为例证(申请人:邓家鲜;单位:文学院)

【大理学院"国际日"活动荣获全国高校校园文化建设"优秀奖"】 在2010年高校校园文化建设优秀成果评选活动中,大理学院"国际日"活动喜获全国"优秀奖"。"全国高校校园文化建设优秀成果评选活动"由教育部主办,已连续举办多年,目的在于激励、引导各高校努力建设体现社会主义特点、时代特征和学校特色的校园文化,营造大学生提高素质和健康成长的良好文化环境。云南省共有64所高校向省高校工委、省教育厅报送了项目,经初评后,有19项向教育部报送,最终仅有2项获得全国优秀奖,大理学院"国际日"活动是其中之一。

普通教育

【大理州牵头命制滇西5州市中考试题】 2010年,全省首次初中毕业水平改革,省教育厅不再统一命制中考试卷。大理州牵头,联合丽江、怒江、迪庆、临沧等滇西5州市中考统一命题,州委、州政府高度重视,大力支持,安排专项经费,精心组织,首次命题取得圆满成功。在滇西5州市中考工作总结上,5州市的教育局长、教科所长、招办主任面总结了2010年中考工作,商议了2011年中考相关事宜。决定从2011年起,大理、丽江、怒江、迪庆、临沧5州市中考数学、物理、化学3个学科考试,不允许学生携带《云南省高中(中专)招生考试说明与复习指导·数学手册》、《云南省高中(中专)招生考试说明与复习指导·物理手册》、《云南省高中(中专)招生考试说明与复习指导·化学手册》和科学计算器进入考场。

【全州"两基"迎国检工作总结会召开】 12月,国家教育部对云南省的"两基"工作进行督导检查,随后下发了《关于认定云南省实现"两基"目标的意见》,标志着云南省"两基"工作顺利通过国检。12月27日,大理州召开"两基"迎国检工作总结会。州委常委、常务副州长马建全,州人大副主任杨宴君,州政府副州长洪云龙,州政协副主席张树藩出席会议。

【省教育厅中小学结构调整工作调研组到鹤庆调研】 6月24~25日,省教育厅副厅长王建颖到大理州调研中小学布局结构调整工作。调研组先后深入金墩乡新庄小学、西甸兴杰希望小学、金墩初级中学、金锁阳光幼儿园、云鹤镇中心幼儿园、草海镇罗伟邑幼儿园就中小学布局结构调整、学前教育、校安工程、"两基"迎国检等开展调研,认真听取乡(镇)、村、学校领导以及群众对中小学校点撤并、集中办学,以及学前教育的情况介绍,对大理州的教育事业以及中小学布局结构调整、集中办学工作给予充分肯定。调研组指出,要坚定信心,坚持发展方向;要从实际出发,循序渐进,先建后撤、打破区域;要科学规划,稳步推进,校点撤并要做到"三个优先";要加强管理,规范办学,尤其要加强对教师的培训和学生的安全管理,要打破乡村界线、区域界线;要在引导上下工夫,要在管理上精细化,要在创新上着力。

【大理州举行大型图书捐赠活动】 2010年,在"两基"迎国检中,有45个单位和集体捐赠图书45309册,价值达45.3万元;个人捐赠图书6866册,价值达6.9万元;教师学生向本校图书馆捐赠图书50万册,价值达200万元。本次活动共捐赠图书55217册,价值达252.2万元,极大地提高了中小学图书馆的藏书量。

【首批高中通用技术专用教室建成】 根据推进普通高中新课程实验工作的要求,大理州及时启动普通高中通用技术教室建设,根据规划,拟用3年时间,投入1480万元,全面完成全州37所普通高中通用技术必修课专用教室建设及必修课仪器的配备。2010年,投入280万元,下关一中、大理州民族中学、大理州实验中学、大理一中、祥云一中、鹤庆一中、南涧民族中学7所高中学校的通用技术专用教室建设已安装完毕,其余30所学校按计划稳步推进。

【祥云县远程教育"班班通"建设试点工程通过验收】 2010年,远程教育"班班通"建设试点工程项目县祥云县共投资767.88万元,建成初中信息中心19个、信息点326个,配备固定多媒体投影设备326套;建成小学有线信息中心54个、无线信息中心22个、信息点798个,配备固定多媒体投影设备176套、移动多媒体投影设备80套、光盘播放设备72套。大部分初级中学通过光纤接入,大部分小学通过宽带接入,实现了校园网、远教网和互联网的"三网合一",为"班班通、时时连、人人用"奠定了基础。年末,该项目顺利通过省验收。

【远程培训蓬勃开展】 2010年,大理州教育系统利用远程教育手段,积极开展各类培训。4月,云南省"班班通"建设试点工程项目学校校长和骨干技术人员培训班(第二期)在大理州举办,241名校长、241名骨干技术人员参训。开展云南省中小学教师教育技术能力全员培训,完成了2500名教师培训任务。5月,通过云南远程培训网远程网络培训了140名中小学校长。南涧县"国培计划——2010年农村义务教育学校教师远程培训项目",1289教师参训,培训16

个学科。开展2010年普通高中新课程改革通识培训,13个学科、1125名高中教师参训。

【"三生教育"深入推进】 2010年,全州全面实施"三生教育",各级各类学校都开设"三生教育"课,帮助学生珍爱生命、学会生存、幸福生活。加强人员和师资培训,积极选派教师、领导参加省级培训,按要求征订好新修订的"三生教育"教材。参加省"三生教育"说课竞赛,大理州1人获三等奖,1人获优秀奖;向省推荐"三生教育"歌词歌曲作品大赛20首,获得1个一等奖,3个三等奖,4个优秀奖;4个优秀作曲奖,1个优秀作词奖,州教育局评为优秀组织奖;参加省厅组织的"三生教育""九个一"征集活动,大理州获得论文二等奖3篇,三等奖24篇,教案一等奖4篇,优秀奖4篇,动漫一等奖1个,三等奖3个,歌谣一等奖1个,三等奖5个,故事二等奖1个,名人名言三等奖4个,是获奖最多的地州之一;向省厅推荐"三生教育"百项体验日9校共18个项目,向省厅推荐"三生教育"优秀学校8所,示范校1所(其中下关四中被省厅认定为"三生教育"示范校,祥云职中、宾川城镇中学、州实验小学、巍山为民小学、州幼儿园被省厅认定为"三生教育"优秀学校);组织"三生教育"巡回报告100场,共有43名师生及家长接受教育。

【下关一中成为云南省高中课改样本校】 下关一中稳步推进高中新课改。从2009级新生起,执行新课程标准,严格依据教育部、省、州审查批准的书目选用各种教材、教辅,严格执行国家课程方案,开足、开齐课程;编写了学生选课指导手册,制订各学科学分认定和评价方案;建成两间通用技术教室,开设了通用技术课程;开设了综合实践活动课程,学校加大投入,进一步完善了理化生实验教室、图书馆、阅览室等功能教室,满足新课程实施的要求;组织高一、二年级所有任课教师参加了新课改培训,在高一年级各学科进行了新课程教学示范观摩课,青年教师技能竞赛;参与大理市新课程教学研讨,承担全市高一生物示范课教学研讨活动;开设高中校本课程本学期共开出10门校本选修课程,教师编写了《品味红楼》、《投资理财方式选择》、《生活英语》等教材;完成了高一学生研究性学习的组织、指导工作,现对学生研究性学习成果进行整理,编写了《下关一中学生研究性学习优秀成果集》;认真研究新课改先进地区的高考模式,学习和探索新课改的教学和复习的规律、方法,为在新课改模式下取得高考好成绩打下坚实的基础。2010年,下关一中成为云南省高中课改样本校,并被授予"大理州新课程改革示范学校"。

【下关一中获得北京大学2011年度"中学校长实名推荐制"资格】 据了解,2009年底,北大正式推出"中学校长实名推荐制",率先在全国13个省份的39所中学进行试点,效果良好。在总结首批试点经验的基础上,北大决定2011年在全国推广"中学校长实名推荐制"。在规定的期限内,北大招办共收到来自全国31个省(自治区、直辖市)近200所中学递交的申请。经北京大学自主招生专家委员会的认真评议,最终确定161所中学(含2010年首批试点的39所中学)获得2011年北京大学"中学校长实名推荐制"资质,推荐学生总额为210名。云南省获得北京大学2011年度"中学校长实名推荐制"资格的中学共有4所,学校及其校长名单为:云南师范大学附属中学、关磊,曲靖市第一中学、李晶,昆明市第一中学、赵灿东,下关第一中学、张金禄。

【州民族中学积极创建省一级一等高级中学】 2009年9月,州民族中学开始筹备创建云南省一级一等学校。2010年底,州教育局对学校申报工作进行了复核评价,同意报请大理州教育局中小学办学水平达标晋级综合评价验收领导组进行审定,并形成专题报告,向省教育厅申报。2011年5月,省教育厅组成以基础教育处杨必俊处长为组长、杨春城副处长为副组长,省教科院中学室主任方贵荣、昆明市第十中学校长刘振昆、曲靖一中校长李晶、楚雄一中校长王宇伟、云南大学附中校长沈紫金、个旧一中校长朱瑾、基础教育处干部李波等为成员的专家组,对大理州民族中学晋升云南省一级一等高级中学进行省级评价。专家组认为,大理州民族中学已具备了省一级一等高级中学的办学条件。

【州民族中学整合优质教学资源】 州民族中学《优质教育资源与学科整合共享研究》的课题自2006年开题以来,对"清华优质资源共享与学科整合"的课题开展实验和研究。经过近4年来的潜心研究和艰苦努力,取得了一定的成果。课题研究首先从语文、英语、政治开始,然后又扩展到了物理、化学、信息技术等学科。通过运用现代教育技术与这些学科的整合,显示出优质教育资源在现代教育教学中高效快捷交互性强的特点。利用天网(卫星),选用地网(Internet网),兼用光盘,建成大理州民族中学教学资源中心,组成三网合一的资源共享方式,将清华大学为龙头的优质教育资源共享到各个教研组、办公室、多媒体网络教室和每一个教师的电脑终端。最终实现:区域内、系统内、校园内外优质教育资源的开发、整合、共享以及有效应用。通过卫星直播搭起了现代远程教育平台,免费把"虚拟大学"办到了民族中学校内,为少数民族贫困地区提供了丰富的教学资源。学校教育教学质量不断提高,教育教学成绩连续六年居于全省民族中学榜首,连续六年被评为云南省教育教学工作"先进学校"。2010年9月,在云南省"十一五"教育技术类研究课题结题成果表彰会上,经审核,准予结题。

【州民族中学宏志班教育结硕果】 2002年起,州民族中学承办了中央文明办"西部开发助学工程"大理高中"宏志班",面向滇西7州市招收品学兼优的贫困农民子女和困难下岗职工子女。2008年又承办了面向大理单独招生的"大理宏志班",共招收九届"宏志班"学生600人。九年来共投入"宏志班"各类经费514.8万元,其中各级文明办拨款315万元,学校筹措144万元,社会资助51万元,教职工捐款4.8万元。"宏志班"以一流的班风,一流的学风,一流的学习成绩成为学校的一面旗帜,连年高考录取率均为100%,2007～2010年连续4年本科率为100%。刘欢欢、李国斌、余有芳等考生分别考取北京大学、中国人民大学、浙江大学等,祝晓琪考生顺利通过清华大学2011年自主招生的面试。24人在校期间就光荣入党,55人次获省部级以上奖励。已毕业六届学生共300人,有的走向了工作岗位,在不同的领域实现着他们的人生理想。"宏志班"现已成为众多品学兼优的贫困学子完成高中学业的梦想圣地,已成为大理州教育的品牌工程。

【州民族中学评星推优树典型】 州民族中学在创先争优活动中开展"授旗评星"活动,引导党组织和党员履职尽责创先进,立足岗位争优秀。通过评比,全体教职工服务观念进一步增强,学校管理和教学质量得到有效提升。教学一线教职工工作积极性得到有效调动,自觉以优秀党员、优秀教师为“标杆”，主动“对标”，营造了干部职工互比互助、共同进步的和谐氛围，充分发挥了先进典型的示范作用和榜样作用，促进了学校工作的有序开展，为争创云南省一级一等高级中学打下了坚实的基础。2010年，该校荣获州属学校党风廉政工作年度考核第一名，党员马琴、杨文彪荣获“云南省特级教师”荣誉称号，党员教师黄成丽、潘瑞武荣获大理州“优秀教师”称号；钱金珍、杨勤仙两位同志荣获“第六届全国优秀班主任”称号，马琴荣获“第六届全国百名优秀中学校长”称号。

【州民族中学扶困助学成效显著】 州民族中学是一所招收大理州山区少数民族学生的全寄宿制普通高中。多年来，学校狠抓捐资助学，爱心育人。为了使每一个少数民族学生不辍学，学校为困难学生减免学杂费，对特困学生进行不定期的特困补助，设立了“大理州民族中学奖学基金”，对品学兼优的学生进行奖励，积极争取社会各界人士的大力资助，帮助学生渡过生活难关，完成学业，全校党员和教职工积极主动地以各种方式对困难学生进行帮助。2005年帮扶资金97.32万元，2006年105.38万元，2007年130.21万元，2008学年149.80万元，2009学年170.96万元，2010学年达191.60万元。28年来，州民族中学没有一个学生因贫困而辍学。

【州实验中学抓实教师队伍建设】 州实验中学通过提升原有教师、从州内外选调优秀高中骨干教师、考核选拔优秀大学毕业生等途径加强教师队伍建设。学校健全考核评估体系，完善奖惩激励机制，充分发挥骨干教师的带头、示范作用，开展新老教师的结对学习，加强教育科研，积极开展教学科研活动，通过走出去学习交流、请专家传经送宝以及开展教学观摩、教学研究、课堂教学竞赛、论文评选等多种形式提升教师业务能力。在省州各类教学及论文竞赛中，学校教师屡屡获奖。在2010年5月省教育厅教科院举办的全省音乐、美术课竞赛中，学校7位参赛教师全部获奖，其中获一等奖3名、二等奖3名、三等奖1名。几年来，教师在省州及国家级刊物上发表论文260多篇，有250多人在各级评比中获奖，多名教师在省州课赛中荣获一、二、三等奖。现在学校教师中有特级教师5人、高级教师47人、一级教师45人、国家骨干教师培训4人、省级学科带头人3人、省级骨干教师5人，50多名中青年教师参加了西南师范大学硕士研究生课程班学习。高素质的教师队伍为学校的可持续发展奠定了坚实的基础。

【州实验中学开展抗旱救灾捐款活动】

州实验中学全体教职工在党总支的倡议下，发扬中华民族“一方有难、八方支援，互助互爱、共渡难关”的传统美德，心系灾区，情系群众，积极向受灾地区捐款，奉献一份爱心，共向灾区捐款11711.10元。同时，校党总支82名党员为灾区捐款7200元，学校工会会员为灾区捐款2030元。开展抗旱救灾工作以来，大理州实验中学高度重视，强化措施，对师生进行节水、节电的宣传教育，切实推行节约每一滴水，节约每一度电，合理安排师生的生活用水，保证师生饮用水的基本供给，以实际行动支援灾区，为夺取抗旱救灾的胜利贡献绵薄之力。

【下关第一中学初中部2010年中考再创佳绩】 下关一中初中部坚持以创新作为学校实施素质教育的着眼点，把努力开发人的潜能，培养人的创新意识、创新精神和创新能力，作为学校实施素质教育的重要内容。2010年中考，下关一中初中部600分以上人数近180人，其中640分以上人数超100人。学校取得连续8年实考分600分以上人数超百人的好成绩，数学获满分的人数高达13人、物理11人、化学4人、英语3人。

【下关一中初中部教学综合楼建成】

2010年学校新建6498平方米的教学综合楼1幢，总投资额为850万元，其中有9间普通教室和12间功能室及行政教学办公室和地下停车场，与原有教学楼合在一起，可满足30个教学班的教育教学需要；改造校园学生运动、活动场所，投资80万元，在原有田径运动场上套建3块塑胶篮球场，总面积为2000平方米；投资45万元，新建校园师生前导广场，总面积为3000平方米；投资30万元，改造学校大门及北围墙，拆除原大门及商用铺面，改建为开放式的大门、围墙，教学综合楼和其他附属工程均已竣工验收并投入使用。

【下关一中初中部实施学校大体育模式】 2010年，学校坚持贯彻“以人为本”的办学宗旨，把体育教学工作放在重要的位置，绝不允许占用学生体育活动时间，坚持教师出早操，坚持了学生在校体育锻炼的时间不少于一小时。学校领导亲自督促全校“两操、一课”，把参加体育锻炼活动的情况和体能达标率、优秀率作为评选先进班集体和评三好学生的重要依据，组建了球迷协会、体育沙龙等师生群众性组织，把师生的课余生活引导到健康有益的体育活动中来，形成了人人爱体育，谈体育，参与体育锻炼的浓厚氛围，有力地促进了学校各项体育活动的开展。

【州实验小学举行改革实验性冬运会】

12月8～10日，大理州实验小学举行2010年冬季运动会。该校作为云南省中小学校运会改革实验研究的试点单位，承担着“校运会改革与地域性、民族性、集体项目的运用”研究。经过两年两轮的运动会课题实验，学生体育素质，体育水平得到明显提高。本次运动会上有9人次打破校运会单项记录，创造了历届运动会打破校运会记录新高。州实验小学的运动会在项目设置上，既做到了所有学生都参与竞赛，体育尖子生有特长得到发挥，让每位学生感受体育竞赛乐趣。平均每生参加4项运动项目，充分体现了人人参与运动，人人参与竞技，“我健康，我快乐”的育人精神。运动会基础项目与培养学生素质结合。学校结合基础项目设置了以年级为对抗赛的比赛项目。如二年级50米接力往返跑比赛；三、四年级运篮球接力赛；五、六年级障碍接力赛。开幕式入场一改过去清一色正步走入场，改为具有地方特色、民族特色，不拘形式的入场，让运动会开幕式成为各班学生展示风采的表演。经过两年两轮的运动会课题实验，州实验小学在体育运动会上取得了丰硕的成果，人人参与运动项目，人人参与竞技，让运动快乐起来的实验目的已初步实现。

【州实验小学语文教研组荣获“云南省工人先锋号”光荣称号】 2010年，大理州实验小学语文教研组被省人民政府、省总工会命名为“云南省工人先锋号”。该校语文教研组以科研为先，硕果累累：2005年，获大理州“明珠杯”作文竞赛组织奖；2006年，获大理州“金叶杯”作文竞赛组织奖；2007年，获大理州“美登杯”作文竞赛组织奖；2008年，获“爱眼护眼”作文竞赛组织奖；2009年，获大理州工人先锋号称号；多个课题实验获国家级省级州级奖励；多次承担教师培训任务。实验小学语文教研组24人中，党员教师16人，占70%，有9人获得过优秀共产党员的光荣称号；小学高级教师17人，占74%；特级教师3人，占13%；

国家级骨干教师4人,省级骨干教师5人;大专以上学历24人,其中大学学历19人;整个教研组中,有20人担任过班主任工作,其中,13人获得过优秀班主任称号,4人获国家、省级班主任工作的表彰。先后承担《注.提实验》《电教媒体优化中年级作文教学实验》《大量阅读,读写结合,分项训练实验》《笔记式自主阅读实验》等10余个国家、省、州级课题实验研究,有多个课题获奖。共发表省级和州级论文270篇,获省级课堂教学竞赛一等奖3人,二等奖7人,为本地区及省内外同行提供公开课、示范课30余节次,参加国家级、省级骨干教师培训9人次。在参加地区小学毕业水平测试中,实验小学的语文成绩一直名列前茅。有20人担任过班主任工作,其中,13人被评为优秀班主任,4人获国家、省级表彰。

【州实验小学荣获"全国艺术教育先进集体"荣誉称号】 2010年,国家教育部在全国范围内开展了学校艺术教育先进集体的评选表彰活动。经过层层推荐、评选。大理州实验小学荣获"全国学校艺术教育先进集体"的光荣称号。大理州实验小学认真贯彻落实《学校艺术教育实施细则》等文件精神,以素质教育为中心,以"加强艺术教育、培养艺术特色、陶冶高尚情操、提高多元智能"为指导思想,突出抓艺术教育,创建艺术教育特色学校。让学生能够享受到比较全面的、高水平的艺术教育。学校设有专门的美术教室、书法教室、音乐教室、舞蹈教室。有专业的艺术教室6人。成立了音乐教研组和美术教研组,每周保证2课时开展教学研究活动,并纳入考评。每天定时开展合唱、舞蹈、鼓号、书法、美术等兴趣小组活动。做到了物资、设备、人员、时间四落实。6名专业教师中,有小学高级教师4人,其中,省级学科带头人1人,省级骨干教师1人。有2人分别被评为省、州级优秀教师。共在省州等各级刊物发表论文40余篇,获省级课堂教学竞赛奖励一等奖2次,多件作品入选全国、全省作品展览。据统计,在学校组织参加的全国、全省绘画、书法、独唱、舞蹈等各种艺术展演和竞赛中,共有600多人次获国家、省、州一二三等奖。艺术组的教师多人次被评为优秀指导教师。

【州实验小学被命名为"云南省示范家庭教育指导中心"】 2010年11月,州实验小学被省教育厅命名为"云南省示范家庭教育指导中心"。这是该校继被命名为"全国家庭教育先进集体""大理州家庭教育示范学校"之后的又一荣誉。

【州实验小学党支部被遴选为云南省创先争优活动示范点】 2010年,州实验小学党支部作为云南省先进基层党组织的实验小学党支部,在创先争优活动中被遴选为云南省委、云南省教育厅高校工委示范点,其特色和经验《云南省大理州实验小学突出重点创先争优》刊登在教育部第151期简报上。实验小学立足实际,突出重点,扎实推进创先争优活动取得实效。以提高科学领导水平为重点,加强领导班子建设;以师德师风建设为重点,建设高素质教师队伍;以先进性教育为重点,提高党员队伍整体素质;以构建和谐校园为重点,推进文明校园建设。

【州实验小学被评为州三八红旗集体】

州实验小学现有教职工60人,其中女教职工45人,占75%。她们当中,涌现出一大批优秀的代表:特级教师常菊兰、刘宏萍,全国模范教师、全国巾帼建功标兵、全国优秀班主任苏莺华,国家级骨干教师皋丽仙,大理州十佳辅导员张炳晶等,在学校9个教研组长及6个年级组长中,女教师有11人,占73%。女教职工已经成为实验小学强大的中坚力量。2010年,实验小学女教职工群体被大理州总工会授予"大理州三八红旗集体称号"。

职业教育、成人教育

【中等职业教育发展概况】 2010年,大理州有中等职业学校19所,其中国家级重点7所,省级重点3所,省级示范5所,学校占地204.47公顷,校舍建筑面积40.7万平方米。全日制在校学生38790人,与普通高中在校生比例达到0.8:1,有教职工1943人,其中文化课教师744人,专业课教师939人,其他260人。教师合格率达88.61%"双师型"教师比例达到47.8%,毕业生推荐就业率保持在95%以上。完成各类短期职业培训52万人次,比2009年增加2万人次。鹤庆职中、弥渡职中被省教育厅评估验收为省部级重点职业学校。

【中等职业教育招生实现新突破】 通过改革招生办法,拓展招生范围,确定实行春秋两季招生、向企业和行业延伸招生,设点办学,开展送教下乡实施农民学历教育培训,拓展招生的范围和空间,2010年全州完成招生16953人,其中:送教下乡招生3062人,设点办学招生903人,向企业行业延伸招生560人,在校学生达38790人,招生和在校生分别比2009年增加4211人和4099人,与普通高中在校生比例达到0.8:1,保持了与普通高中大体相当的发展目标。

【中等职业学校建设和专业建设得到加强】 2010年,大理州继续加大投入,改善办学条件。组织实施了大理卫校、云龙职中等学校教学综合楼、学生宿舍等校舍改扩建项目6个,完成建筑面积24176平方米,总投资达到3496万元。比2009年新增校舍面2万平方米,办学条件得到进一步改善。州委、州人民政府决定在大理市海东开发区征地200亩,投资1亿元,建立加工制造、汽车应用与维修、旅游、电子信息4大类实训基地,满足大理及滇西地区3000人同时实习实训。组织了全州中等职业学校骨干专业的申报评审工作,通过组织专家对各学校申报专业的评审,全州评审出各学校骨干专业33个。为加快全州职业教育又好又快发展创造了条件,同时安排实训实作资金300万元,重点扶持了巍山、鹤庆等6所学校的骨干专业建设。组织中等职业教育管理干部和骨干教师参加了上海电子信息职业技术学院(上海电子工业学校)、德国汉斯.赛德尔基金会,省教科院教材培训、电子信息化管理等培训65人次。

【职教集团办学进入实质阶段】 2009年,大理州成立了以优质学校为龙头,成员学校为基础、企业为依托的大理州旅游和加工制造集团,集团通过近一年的调研、论证,2001年6月正式确定按照集团章程和"五个统一"的原则,实行1十1十1或1.5十0.5十1的模式集中办学,3月,全州旅游类和加工制造类专业学生已陆续集中到大理市职业学校和州技工学校强化训练。同时,以教学联谊会为单位分别组织了电子信息、加工制造和旅游3大类专业教学联谊会活动,集中研究统一了3个专业的教材、教学计划、办学模式、教研竞赛和毕业生集体推荐就业等事宜,同时举办了全州旅游类学生"中餐摆台"技能竞赛,参赛学生30多人。大理市中等职业学校与东南汽车有限公司联合办学,招生50人;

大理卫校与日本国清幸会联合招生日语护理专业50人，毕业后直接到日本就业，标志着大理职教走出了国门。

【滇西技师学院工程建设进展顺利】 大理滇西技师学院建设完成教学楼、学生食堂、学生宿舍、实训楼等主体建筑，完成土建工程近12万平方米，工程进度良好。大理技师学院规划用地面积86.9公顷，总建筑面积37.5万平方米，概算总投资6.99亿元，按一次性规划、分三期实施的原则，5年内完成建设。学校专业设置将在现有数控应用技术、机电一体化、维修电工、汽车装配与维修、旅游服务、中餐烹饪、计算机应用与维修等14个专业的基础上，根据发展的需要逐年拓展。2010年，已建成5幢教学楼，13幢学生宿舍及公寓、食堂，以及9幢实训车间、实训楼，共计12万平方米，完成投资4.67亿元。

【州技工学校晋升为国家级重点技工学校】 州技工学校认真贯彻执行党的教育方针，扎实开展职业教育，大力培养高素质技能人才，招生数量逐年增多，办学规模不断扩大，就业率保持98%以上，年开展多工种培训、鉴定10000人次以上，办学效益显著。2010年4月被人力资源和社会保障部命名为“国家级重点技工学校”，提升了办学层次，为学校的进一步发展打下了坚实的基础。

【州技工学校获ISO9001质量管理体系认证】 州技工学校坚持以质量求生存，以特色求发展的办学理念，不断加强教育教学各个环节管理，抓实“技能教育，技能就业”，教学质量稳定提高，师生参加各级各类技能竞赛均取得较好成绩，就业供不应求，办学质量和效益显著。2010年获ISO9001质量管理体系认证，这对于进一步规范教学管理，提高人才培养质量将起到积极的推动作用。

【州技工学校2个专业被列为省级骨干专业】 州技工学校根据社会需要办学，不断优化专业设置，加强师资和设备的建设投入，部分专业在全州起到了较好的示范作用。经2010年11月云南省教育组织专家评审，大理州技工学校的《电气自动化》、《计算机应用》两个专业被命名为第三批中等职业学校省级骨干专业，张立慧老师被命名为“餐旅服务与导游”学科带头人。这对于全面提高中等职业学校教育教学质量，做大、做强、做优职业教育，加快学校专业建设起到积极的促进作用。

【大理农林职业技术学院筹建工作取得进展】 2009年，州人民政府决定以大理农业学校为基础，筹建大理农林职业技术学院。一年来，在“大理农林职业技术学院筹建工作领导组”的领导下，由云南人防建筑设计院有限公司负责，对“大理农林职业技术学院修建性详细规划”进行精心规划调整，分区布局，经大理州城乡规划委员会审查批准实施。学院筹建二期主要建设项目，教学楼、实训楼、学生食堂、综合馆、办公楼、教职工周转房等6个建设项目实施性方案设计已通过评审；按照成熟一项，建设一项的工作要求，总长980米、路宽9米的校园主干道路（毛路）、2960平方米的学生宿舍男生楼改造提升工程已完成并投入使用，学校东大门、东大门前道路等配套工程均已竣工验收，州委、州政府安排项目补助资金1000万元。大理州交通局安排校园道路建设资金35万元，州水利局安排水利建设资金50万元，大理市人民政府免除东大门前214国道开口费，为学校节省资金约50万元。

【大理农校对内设机构进行调整】 大理农校按照学院筹建“理念先行、组织架构先行”的思路，经上级人事部门批准，对原有职能部门进行了调整，把原有的科室改设为处室，在原有职能部门基础上根据需要增设了组织人事处、纪检监察室、计划财务处、保卫处4个处室，修改定下发了《大理农业学校内设机构编制职责》。学校遵循“按需设岗、精简高效；合理设置、科学管理；兼顾现状、注重发展”的原则，经教职工（工会会员）大会审议通过《大理农业学校岗位设置管理实施办法》，完成了学校第三轮全员聘任，开展了中层干部第三轮竞争上岗，对19个中层岗位实施了竞争上岗，对4个副科级职位面向全州公开选拔。年内考核录用硕士研究生1人，211重点大学本科毕业生2人，考试招聘大学本科生3人。

【大理卫校被确定为农村中医药知识理论培训示范基地】 国家中医药管理局根据《中医药继续教育基地管理办法》的要求，在全国遴选确定了一批国家中医药继续教育基地，包括中医药优势学科继续教育基地、城市社区中医药知识与技能培训示范基地和农村中医药知识与技能培训示范基地。大理卫校被国家中医药管理局确定为云南省唯一一所农村中医药知识理论培训示范基地，并在国家中医药管理局《关于公布中医药继续教育基地的通知》进行公布。

【大理卫校陈德军校长荣获云南省第二届“黄炎培杰出校长奖”】 2010年12月，在省教育厅、云南中华职教社联合举办的“黄炎培职业教育奖”颁奖大会上，大理卫生学校陈德军校长荣获“黄炎培杰出校长奖”。黄炎培职业教育奖已成为通过国务院专项审核、职业教育界广泛认可、具有很高荣誉的知名奖项。本届云南省黄炎培职业教育奖中，陈德军校长是全省卫生学校中“黄炎培杰出校长奖”的唯一获奖者。

【大理卫校与日本社会福祉清幸会签订合作开办护理专业意向书】 2010年5月，日本社会福祉清幸会会长渡边升先生一行3人对大理卫生学校进行了为期2天的友好访问，商谈与大理卫生学校合作开办护理专业有关事宜。双方就合作内容、合作方式及双方国家的有关政策法规等方面作了深入的探讨，本着相互尊重，真诚沟通，着眼未来，携手共进的目的，达成了合作意向，签署了合作意向书。此举将是大理卫生学校深化教育改革、拓展办学渠道、提升学校品牌的又一重要举措，是为学生谋求更广宽的就业空间、更多的就业机会、更高发展层次的开创性工作。

【大理卫校争取到华夏基金会社区护理师资/管理项目】 7月，华夏基金会2010～2011年度社区护理师资/管理项目启动会在辽宁省丹东卫生学校召开，会议由卫生部科教司主办，获得2010～2011年华夏基金会社区护理师资、管理人员培训项目的5所项目学校及项目学校所属省份卫生厅科教处负责人参加了会议。会议对5所项目学校“华夏基金会项目文件”进行了审议并举行了启动仪式。大理卫校在卫生部的关心支持下，又争取到“华夏基金2010～2011年度社区护理师资/管理项目”，以改善项目学校社区护理教学条件，培训社区护理师资和教学管理人员为重点，分别资助项目学校价值8.4万美元的社区护理实验室、临床教学设备，并委托浙江省全科医师培训中心、卫生部全科医师培训中心为5所学校进行社区护理师资及管理人员的培训工作。

【大理卫校2010年招生人数再创历史新高】 2010年秋季，大理卫校新生实际报到2134人（校本部1884人，与云南省中医药学校及云南省骨伤科学校联合办学点250人），招生人数较去年增加了17.9%，占全州中专、职业高中和技工学校招生人数的16.6%。大理卫校全日制在校学生达5813人，加之各类成人学历教育学生896人，在校生达6682人。外州市到校本部报到就读新生达667人，占报到就读新生的35.4%，比上年增加一倍多。在护理、助产、中医和临床医学等传统优势品牌专业招生继续火爆的同时，以往相对不被认知的眼视光、康复技术等专业报考和报到人数也较往年有较大幅度的增加，使实际报到的新生超过原招生计划的招生人数。

【大理卫生学校获准设立“国家职业技能鉴定所”】 2010年9月，经省人力资源和社会保障厅批准，大理卫生学校获准设立“国家职业技能鉴定所”，定名为“云南省第257职业技能鉴定所”。鉴定工种（职业）为保健按摩师、保育员、医药商品购销员、眼镜验光员、眼镜定配工等5个工种，鉴定级别为初、中级。国家职业技能鉴定所的获准设立，使学校具备了职业技能培训资格和鉴定资格，把学历证书和职业资格证书的“双证”书培养方式落实到实处。同时，学校可以对社会人员培训、技能鉴定，使社会待岗和转岗人员获得就业机会，减轻社会压力。通过开展医学理论和医学技能培训、鉴定工作，还可以迅速提高专业教师的总体实践能力，也可以为学校与医院合作、学校与企业合作提供有效的平台，实现学校与医院及其他机构资源共享，发挥岗位培训、技术升级培训、职业资格与技术能力等级的认证等社会服务的职能，促进医学职业教育改革的深入开展，提高大理州医疗卫生人员的实践动手能力，从而促进大理州医疗技术水平的提高，产生良好的社会效益和经济效益。

【大理卫校组建三支红十字志愿服务队】 为建立长效、稳定、专业的红十字志愿服务队，大力弘扬“人道、博爱、奉献”的红十字精神，进一步做好红十字会在人道救助等领域的工作，大理卫校校团委在全校范围内招募一批热心红十字事业的志愿者。2010年，经过精心选拔后，成立了由14名取得医师资格证或护士证的老师组成的“医疗救护服务队”、以55名在校学生组成的“宣传无偿献血志愿服务队”和57名在校学生组成的“宣传预防艾滋病志愿服务队”。

【大理卫校开办涉外（日语）护理班】
大理卫校在开办涉外（英语）护理班基础上，决定增设涉外（日语）护理班。2011年1月，学校举行首届涉外（日语）护理班开班典礼。涉外护理在全世界和全国的发展方兴未艾，开设涉外护理日语班充分体现了学校办学的新思路、新理念，是大理卫生学校深化教育教学改革、拓展办学渠道、提升学校品牌的又一重要举措，为培养国际护理人才奠定了基础，顺应了形式的发展，满足了社会的需要。目前学校已特招了两名日语教师。学校希望在培养护理专业目标的基础上，培养学生的日语交流能力和读写能力，通过国际相应级别的考试，具有初步的多元文化知识。2010年5月学校分别与日本社会福祉清幸会、澳大利亚启思蒙职业技术学院签订了合作办学协议，为学校实施“输出拉动教育教学发展”奠定了基础。

【大理卫校多个信息化项目建成投入使用】 大理卫校高度重视学校信息化建设工作，近年投入240万元，通过政府公开招标购置学校信息化设备。全校目前计算机达到550台，建成校务管理信息系统、教学资源系统、校园电子图书系统、学校网站、视频点播系统、网上教学与远程医学教育系统、多媒体教学系统、校园电视转播系统、计算机生物信号采集系统。

【州教育局成立开放教育办公室】 10月26日，大理州开放教育推进工作会议在下关召开。会上，出席会议的云南广播电视大学副校长张平、省教育厅职成教处副处长王志华等领导向州教育局授牌，大理州教育局开放教育办公室正式成立。开放教育是将现有的教学资源开放出来，供学习者自由参考、学习。它以学生和学习为中心，采用各种教学方法，对入学者的年龄、职业、地区、学习资历等方面没有太多的限制，凡有志向学习者，具备一定的文化、知识基础的，不需要参加入学考试，均可以申请入学；学生对课程选择和媒体使用有一定的自主权，在学习方式、学习进度、时间和地点等方面也可由学生根据需要决定；在教学上采用多种媒体教材和现代信息技术手段。国际上的开放大学都是进行远程教育的，目前中国广播电视大学的发展目标，就是要尽快建设成为具有鲜明中国特色的现代远程教育开放大学。

学前教育、民办教育、特殊教育

【州幼儿园教师签订师德承诺书】
2010年8月，州幼儿园召开新学期全园教职工大会，在会上全体教职工进行了加强师德师风建设公开承诺的签名仪式。为贯彻落实《中小学教师职业道德规范》实施意见，幼儿园根据师德师风建设的总体要求，联系幼儿园实际，制定了“大理州幼儿园教职工职业道德规范”、“大理州幼儿园教职工职业道德规范实施细则和考核办法”、“大理州幼儿园教师师德承诺书”，引导全园教师严格遵守师德规范，弘扬新时期师德师风，努力打造一支具有品德高尚、业务精湛的教职工队伍，增强服务意识，全面推进幼儿园各项工作的可持续发展。全体教职工在“师德承诺书”上郑重签上自己的姓名，教师们决心：关爱幼儿，亲切和气的对待每一位幼儿和家长；热情礼貌的接待家长，善于听取家长的意见和建议，促进家园合作；爱岗敬业，乐于奉献；团结协作，互相关心，不搬弄是非；坚持不断学习，提高自身素质和水平。幼儿园将把教师们的承诺书向社会及家长公开，请社会及家长们予以监督，从而更好地促进幼儿园师德师风的建设。

【州幼儿园师生书画比赛再创佳绩】
州幼儿园非常重视素质教育，注重发挥教师专长、挖掘幼儿的潜质，从小培养幼儿发现美、欣赏美，给幼儿提供自由的想象空间，让每个幼儿都有创造美、表现美的机会。5月，参加全国中小学生幼儿、教师优秀美术书法摄影作品大赛，两位小朋友荣获特等奖，130名幼儿荣获金奖，60名幼儿荣获银奖，6名幼儿荣获铜奖，李琳琳老师荣获模范辅导教师特等奖，16位教师荣获模范辅导教师二、三等奖，4位教师的绘画作品荣获三等奖、1位教师荣获优秀奖。在省教育厅组织的第二届“三生教育”书画作品评选中，17名幼儿荣获一等奖，24名幼儿荣获二等奖，30名幼儿荣获三等奖，6位教师荣获指导教师一等奖，3位荣获指导教师二、三等奖；教师个人参赛，6位教师荣获一等奖，8位教师荣获二等奖。6月，在第四届云南省青少年学艺大赛中，11名幼儿荣获金奖，28名幼儿荣获银奖，21名幼儿荣获铜奖，7名幼儿荣获参赛奖，7位教师荣获优秀指导教师奖。

【州幼儿园在全国万人健美操大赛暨省幼儿体操少儿健美操锦标赛创佳绩】
6月,州幼儿园18名幼儿体操健将,代表大理州组队赴昆明参加2010年"浩沙杯"全国万人健美操大赛(云南分赛区)暨云南省幼儿体操少儿健美操锦标赛。小选手们在比赛中发挥稳定、表演突出、创下佳绩,获得快乐操一等奖、彩穗操响铃操一等奖;大众锻炼标准(少儿二级)两个一等奖;大众锻炼标准(二级)一等奖,大众锻炼标准(少儿三级)一个一等奖、一个二等奖;省编啦啦操一等奖、快乐操一等奖,团体第二名和体育道德风尚奖优良成绩。同时,两位小选手还获得德风尚奖的荣誉称号。

【州幼儿园教师教育教学竞赛获佳绩】
3月,州幼儿园组织教师参加云南省教育协会论文比赛,2名教师获一等奖,11名教师获二等奖,18名教师获三等奖。11月在云南省幼儿教师教学技能竞赛中,谢秀娟获"儿童歌曲弹唱"一等奖,文枝丽获"儿童主题绘画"三等奖,刘利华获"讲故事"三等奖。12月在"第三届全国幼儿园优秀活动案例"征文比赛中,6名教师获一等奖,6名教师获二等奖,3名教师获三等奖。

【民办教育稳步发展】 2010年,全州共有民办教育机构586个,在校学生75119人。其中幼儿园524所,在园幼儿56591人;中小学6所,在校生6196人;中等职业学校1所,在校生436人;各类培训机构55个,年培训11898人。学校占地80万多平方米,建筑面积近40万平方米,在民办学校从业的专职人员2944人。与"十一五"末相比,学校数增加了237所,在校学生数增加了35996人,专职从业人员增加了875人。初步形成从幼儿教育到高中阶段教育多层次多形式、适应社会发展需要的办学格局。

【州教育局获首届民办教育优秀组织奖】 在2010年云南省首届民办教育大奖评选活动中,按办学年限、办学规模、办学设施等条件,在各民办学校自评申报,县市教育局评选推荐州教育审核上报的基础上。省民办教育协会组织专家评审,大理州祥华中学等11所民办教育学校和个人获奖。州教育局获首届民办教育优秀组织奖,是地州教育局中唯一获奖单位。

【七所民办幼儿园获省专项资金扶持】
根据省教育厅《关于做好2010年云南省民办教育发展专项资金项目申报工作的通知》精神,州教育局高度重视,及时与州财政局进行了沟通协调,并联合下发文件,对做好2010年民办教育发展专项资金项目申报工作提出了具体的要求。通过州、县市教育局、财政局的共同努力,大理市爱心幼儿园、大理市第三幼儿园、宾川县艺术幼儿园、宾川县金牛镇爱心幼儿园、南涧县公郎镇小天使幼儿园、巍山县永建镇新月幼儿园、永平县怀恩幼儿园等7所分别获得了10万元民办教育发展专项资金扶持。

【大理州特殊教育学校办学条件显著改善】 2010年,大理州特殊教育学校拆除D级危房2834平方米,重建校舍7286平方米,加固改造850平方米,有效地改善了教育教学的基础设施。8月,学校拆除重建一幢六层(框架结构)综合职教楼,建筑面积3006.6平方米,计划投资499.87万元。年内到位中央及省级资金292万元,计划于2011年9月竣工验收并投入使用。

【特殊教育学校招收首届职业高中班】
2010年9月,经大理州教育局批准,大理州特殊教育学校首届职业高中班开班。职业高中班主要面向滇西地区招生,首届招生33人,将在校接受计算机应用专业知识的培训,大理乃至滇西地区提升残疾学生受教育层次将得到提升。

【特殊教育学校文体教育硕果累累】 2月,学校自编自排的舞蹈节目《竹韵》荣获国家教育部组织的"全国第三届中小学生艺术展演活动艺术表演类中学组二等奖"。12月,职高班在参加共青团大理州委组织的"大理州在关中职中专学校'我的祖国·我的青春'迎新文艺汇演节目表演"中获得一等奖。

【特殊教育学校办学规模进一步扩大】
2010年,在各级教育、残联等部门的大力帮助下,大理州特殊教育学校适龄残疾儿童入学人数不断增加,现有23个教学班,在校生达354人。其中聋生310人,盲生44人;少数民族学生188人,占53.1%;女生167人,占47.2%。

(赵 鳌)

(责任编校:刘丹霞)

科　学

综　述

【概　述】　2010年，在州委、州政府的领导和省科技厅的指导下，大理州科技局深入贯彻落实党的十七届三中、四中全会精神和州委六届八次全会精神，坚持科学发展观，解放思想，开拓进取，扎实工作，创新型云南行动计划顺利实施，八大工程建设全面推进，自主创新能力不断提高，科技事业发展稳步推进，为全州经济社会又好又快发展提供了科技引领和支撑。2010年，全州科技进步对国民经济增长的贡献率达到48.8%，比2009年提高0.7个百分点。

（卜怀志）

【召开全州科技工作会议】　3月11日，全州科技工作会议在下关召开。州人民政府副州长洪云龙出席会议并作重要讲话，州政府副秘书长段志宏主持会议。州人大常委会副主任杨宴君，州政协副主席张树藩出席会议。会议强调，2010年全州科技工作要紧紧围绕经济社会发展大局，结合实施建设创新型云南行动计划和全省确定的十大重点工作，以项目为抓手，支撑引领全州经济社会又好又快发展。州科技局局长李建昌在会上作工作报告，大理学院从浙江大学引进的“长江学者”赵昱博士应邀出席会议并作专题讲座。

（石湖波）

【州政府举办“创新决定未来”报告会】　3月11日，大理州政府举行创新决定未来报告会，邀请省委、省政府引进的高层次人才，大理学院院长助理、药学院名誉院长、“长江学者”赵昱教授作《创新决定未来》的专题报告。州政府分管领导和州人大、政协教科文委负责人，各县市政府分管科技工作的领导、各县市科技局局长及助手，州级科研院所，大中专学校负责人、重点科技活动单位负责人，州级有关部门负责人及州科技局全体职工等160多人参加了报告会。赵昱从科技创新决定城市发展的速度与质量、科技创新投入决定未来国家的生命安全、科技创新投入决定未来的经济走向及活跃程度、推进科技创新的技术和手段和要依靠科技创新实现跨越式发展等5个方面，阐述了“强化创新、推进发展”的重大意义及其紧迫性，分析了中国同发达国家、大理同杭州等经济发展领军城市在创新意识及创新投入方面的明显差距，论述了创新能力决定一个国家或地区核心竞争力及科技创新投入应与经济发展相匹配的重大命题。

（周　新）

【签订《实施建设创新型云南行动计划目标责任书》】　为提高自主创新能力，促进大理科学发展，创造性地贯彻实施建设创新型云南行动计划，充分发挥科技对经济社会发展的支撑引领作用。2010年3月11日全州科技工作会议上，大理州政府副州长洪云龙与各县市政府副县市长及大理省级高新区负责人，分别签订了《2010年度实施建设创新型云南行动计划目标责任书》，将省政府下达大理的建设创新型云南行动计划目标任务分解落实到各县市及大理省级高新区。

（周　新）

【出台贯彻知识产权战略的实施意见】　《国家知识产权战略纲要》和《云南省人民政府关于贯彻国家知识产权战略的实施意见》出台后，大理州人民政府高度重视，2010年3月16日，《大理州人民政府关于大力推进知识产权战略的实施意见》（以下简称实施意见）印发实施。《实施意见》明确了到2015年，要建立与大理州经济社会发展相适应的知识产权管理、保护和服务新体制，建立有利于知识产权创造和运用的新机制，建立尊重和保护知识产权的良好法制和市场环境，知识产权综合实力明显提升，知识产权整体发展水平位居全省前列。提出了涵盖专利、商标、版权、植物新品种权、地理标志、技术标准等知识产权领域的具体定量目标，还提出了具体的经济指标，如培育具有自主知识产权的产品年销售收入超亿元的企业（集团）达到10户以上，超10亿元的达到3户以上等。

（董文煌）

【科技特派团为民族地区抗旱救灾支着】　3月31日～4月2日，由科技部、杨凌农业高新技术产业示范区、西北农业科技大学、云南农科院、云南农业大学等水文气象、作物栽培、节水灌溉、植保专家组成的第二批“云南省抗旱救灾科技特派团”，到大理州的祥云、弥渡县等重灾乡镇调研指导，为民族地区打赢抗旱救灾攻坚战支招。在实地调研和听取两州科技部门及相关县市、乡镇领导的工作汇报后，4月2日上午，“云南省抗旱救灾科技特派团”在弥渡召开座谈会，与省、州、县三级干部和科技人员共同研讨抗旱救灾措施。科技特派团建议大理州进一步强化科技抗灾措施，因地制宜开展抗旱救灾。

（周　新）

【云南省科技下乡集中示范活动在永平县举行】　3月30日，一年一度的全省科技下乡集中示范活动在大理州永平县隆重举行。本次活动由云南省科技厅、共青团云南省委、大理州人民政府主办，大理州科技局、永平县人民政府及云南省科技交流中心承办。活动的主题是科技抗旱减灾，目的在于落实省委、省人民政府抗旱减灾工作部署，做好科技抗旱工作，提高公众的科学文化素养。省科技厅副厅长罗国权，中共大理州委常委、州委统战部部长杨秀星，州人大副主任杨宴君，州人民政府副州长洪云龙，州政协副主席张树藩，团省委青农部部长张晓憬以及永平县党政领导出席开幕式。省科技交流中心、省科技厅宣教中心、省气象局、省科协、云南农业大学、省林业科学院、昆明医学院第一附属医院、省疾病预防控制中心等10个省属部门及单位，州科技局、团州委、州科协、州卫生局、州农业局、州畜牧局、州文化局、州林业局、州气象局、州水利局、州地震局、州教育局等12个州级单位参与服务。洪云龙副州长向嘉宾介绍了大理州基本州情，同时要求大理州科技工作有关单位加强与省级有关部门及单位的合作互动，打造大理州全方位、多功能的社会化科普工作平台，更好地发挥科技对经济社会的支撑引领作用。罗国权副厅长在充分肯定省、州、县各级各部门为本次活动所作出的努力的同时，希望本次活动对科技抗旱减灾以及改善生产生活方面起到很好的示范和推动作用。省州县各有关单位摆摊设点，以图文展板、实物展品、科普大篷车展示、散发科普资料等形式，开展抗旱节水、防灾减灾、农业科技、饮水安全、人畜疾病预防等知识宣传，现场开展相关专家咨询、技术服务、医疗义诊，农需物资及科普读物赠送等服务活动。当天现场活动共有5000多人参与，接待咨询1200多人，义诊450余人，发放科普资料25000多份，出现了群众排队咨询、就诊，争先索取科普资料及赠品的热闹场面。当天上午，主办及承办方还邀请省州有关专家举办了3场高水平的专题讲座。即针对县城广大中小学生的《青少年心理健康》及《青少年科技创新大赛》辅导讲座；针对畜牧系统职工的《动物常见疾病防治措施和研究进展》辅导讲座，以及由大理学院院长助理、长江学者赵昱主讲，针对县乡镇领导干部的《科技创新决定未来》形势讲座。据统计，共有2910余人聆听讲座。

（范洵涛）

【州科技局科技下乡示范活动扎实有效】 2010年1月4日，全州科技、文化、卫生“三下乡”示范活动在巍山县城举行，全州2010年“三下乡”活动由此拉开帷幕。州科技局参加整个活动并组织开展科技下乡示范活动。①赠阅《云南科技报》“三下乡”特刊、《农民科普手册》、《农作物种植技术资料》、《抗震减灾读本》等科普资料。②组织科技型企业大理顺风农资向农民群众免费赠送生态复合肥。③开展科技咨询，州、县科技管理干部和顺风农资公司的专家为群众现场解答问题。④用科普展板宣传新《科技进步法》和知识产权知识。据统计，活动中共发放《云南科技报》“三下乡”特刊1000份、《农民科普手册》500本、《农作物种植技术资料》1000份、《抗震减灾读本》200本、《艾滋病预防读本》200本、《专利申请与保护指南》100本，赠送生态复合肥1000袋，展出展板4个，参加活动的州、县科技管理干部和专家16人，受益群众达6000多人。

（卜怀志）

【开展2010年科技活动周活动】 5月14～21日，大理州以“提高自主创新能力，推进大理科学发展——携手建设创新型大理”为主题，开展了2010年科技活动周活动。州级主要开展6项活动：①科技小分队进农村启动。②科技小分队进社活动。③科技小分队进校园活动。④科普教育基地免费向公众开放。⑤新闻媒体系列报道。⑥手机“科普通”短信宣传科技活动周。各县市把科技活动周作为集中展示科普能力和动员全社会参与科普活动的有效平台，围绕“节约能源资源、保护生态环境、保障安全健康”，有计划、有选择地开展科技专项活动，在内容和形式上不断创新，充分体现地域特点及优势特色，在科学规划的基础上，精心组织开展各类实用技术培训及科技下乡村、进厂校活动，开展青少年科技活动，为群众提供丰富的科普产品和服务。科技活动周期间，全州共订阅发送科技报刊2万多份，组织科技培训66场次、受训人数6000多人次，组织城镇专题科普宣传活动38场次、参与人数3.6万人次，开展科技咨询活动26场次、参与人数1.2万人次，开放科普教育基地共接待3000人次，举办科普展览36场次、接待人数近8000人次，组织科技下乡服务50场次、直接受众达1.2万多人次。

（卜怀志）

【省委调研组到大理调研科技工作】 7月27～29日，受省委常委、常务副省长罗正富的委托，省科技厅李树洁副厅长率省科技厅发展计划处、条财处、农村处、工业与高新技术产业处领导和省科技情报院的专家，深入大理就省委“关于提升科技整体水平，促进经济社会可持续发展”课题开展前期调研。调研组在全面听取大理州政府关于大理州经济社会发展现状、“十一五”科技发展概况、发展中存在的主要问题、大理“十二五”经济社会及科技发展思路和促进科技整体水平提高的对策建议等工作汇报后，又深入到大理药业、云南远益园林工程公司和大理洱宝公司等重点科技型企业，进行实地调研和指导。调研组充分肯定了大理州“十一五”期间科技支撑引领发展所取得的成绩，分析指出了大理财政科技投入偏低、科技人才数量少和分布结构极不合理等影响科技整体水平提升的制约因素，结合实地调研情况，有针对性地为进一步推进大理创新发展提供指导和支招。调研组希望大理继续加强重点科技示范引导服务、加强对社会科技资源的统筹协调、加强对特色优势资源的产业化科技开发、加强科技计划与全州经济社会发展规划的衔接、加强推进产学研结合的管理指导服务、加强体制机制创新与科技政策在创新发展中的引导和激励作用，提高科技整体水平，促进大理经济社会又好又快发展。

（周　新）

【知识产权资助办法（试行）出台】 为激励自主创新，全面提升自主知识产权的数量和质量，加快创新型大理建设，大理州知识产权局近日出台了《大理州知识产权资助办法（试行）》（以下简称办法），对专利、集体商标和证明商标、地理标志、植物新品种、计算机软件的申请（注册、登记）费用，州级财政给予一定额度的资助，其中获得授权的国外发明专利资助金额高达每个国家或地区1万元/件。

（董文煌）

【省科技厅在大理举办知识产权法律公益性服务与培训】 10月28～29日，省科技厅在大理举办了一期高新技术企业知识产权战略暨知识产权法律公益性服务培训，来自昆明、版纳、丽江、普洱、德宏、保山、迪庆、怒江和大理9州市的企业代表及部分科技管理干部约130人参加了学习培训。应邀前往授课的省律师协会知识产权委员会主任林文、昆明海关法规处孙小梅、省知识产权研究会李云、省科技厅成果转化中心副主任李敦评等专家和领导，结合相关工作经验及典型案例的分析解评，分别给参训人员系统介绍了高新技术企业自主知识产权问题及认定管理办法相关政策，知识产权的海关保护、司法保护及法律服务，企业开展科技创新活动中的知识产权问题及应对措施，十七届五中全会关于科技创新、人才建设及提高自主创新能力的战略性要求。

（周　新）

【又有3户企业成为省级创新型试点企业】 2010年12月1日，省科技厅、省国资委、省工信委、省总工会发出《关于确定云南省第五批创新型试点企业的通知》，大理州有云南力帆骏马车辆有限公司、云南祥云飞龙有色金属股份有限公司、云南大理东亚乳业有限公司等3户企业获得认定，成为云南省创新型试点企业，每户企业获得50万元创新试点引导经费支持。目前，全州省级创新型试点企业已达8户。

（卜怀志）

【扎实推进高层次科技人才培养工程】

认真实施省高端科技人才引进计划、省创新人才团队选拔培养计划、省中青年学术和技术带头人后备人才及省技术创新人才培养计划。2010年，组织推荐2名省中青年学术技术带头人及省技术创新人才，1名通过省级评审，成为省技术创新人才培养对象。州农业科学研究所陈国琛通过省技术创新人才培养对象出站评价，经云南省人民政府批准，被授予“云南省技术创新人才”称号。

（卜怀志）

【安排州级科技计划项目】　州科技局按照大理州产业发展政策和科技发展规划，2010年，同州财政局共安排科技计划项目，下达科技三项费400万元，其中，党政一把手科技工程配套经费2项，安排经费130万元；工业科技项目4项，安排经费20万元；农业科技项目6项，安排经费40万元；社会发展及其他科技项目4项，安排经费30万元；解科技难计划项目163项，安排经费100万元；知识产权项目19项，经费80万元。安排科普计划项目16项，下达科普经费60万元。

（卜怀志）

【科技成果登记】　根据“云南省科技成果登记实施细则”的有关规定，经过形式审查合格，2010年度，全州共办理科技成果登记手续10项。经过鉴定的成果项目数2项；验收的成果项目数5项；评审的成果项目数2项；知识产权数1项。其中生物、医药和医疗器械1项，农业6项，环境保护1项，其他2项；成果应用行业上，农、林、牧、渔业6项，制造业1项，卫生、社会保障和社会福利业1项、其他2项。成果类别：应用技术成果8项；基础理论成果2项。

（覃晓玲）

【推荐云南省科学技术奖请奖项目】　2010年，根据云南省科技厅《关于推荐2010年度云南省科学技术奖有关事项的通知》要求，大理州科学技术局共组织推荐云南省科学技术奖请奖项目4项，其中农业3项、林业1项，其他渠道推荐的3项。经过云南省科学技术奖励委员会全体会议审定，由云南省烟草公司大理州公司与其他单位共同完成的“烟草三种主要病害抗药性研究及应用”、大理学院完成的“源于美洲大蠊的三种新药的研究与开发”项目获得2010年度云南省科学技术奖科学技术进步类二等奖。大理市农业技术推广中心与其他单位共同完成的“优质粳稻新品种云粳25号选育及应用”项目获得2010年度云南省科学技术奖科学技术进步类三等奖。

（覃晓玲）

2010年大理州科学研究与技术开发机构概况表

单位名称	人员（人）			从事科技活动人员按技术职务分类（人）					课题数（项）	科技成果登记（项）		科技成果奖励（项）				地址
	总数	其中		总数	高级	中级	初级	其他		总数	已应用数	总数	国家级	省部级	地市级	
		甲类	乙类													
大理州农业科学研究所	51	28	23	43	10	18	4	11	15			3		3		大理市凤仪镇
大理州经济作物研究所	53	28	25	53	16	12	10	15	7							宾川县牛井镇
大理州农业机械技术推广站	9	5	4	9	1	4	2	2								大理市下关镇关平路39号
大理州林业科学研究所	24	14	10	24	5	9	6	4	10	1						大理市下关镇福文路193号
大理州矿冶开发研究所	11	7	4	10	2	5	3	1								大理市下关镇苍宝巷3号
大理州血吸虫防治研究所	77	14	63	19	19	10	7									大理市下关镇关平路31号
大理洱海湖泊研究中心	8	7	1	8	1	3	1	3	8							大理市下关镇山西村198号
云南烟草大理公司烟叶技术中心	19	19		17	5	7	5		38	4	4	6		1	5	大理市下关镇鹤庆路71号
大理州环境科学研究所	8	5	3	8	1	2	2	1								大理市下关镇幸福路49号
大理州科技情报研究所	4	3	1	4	2		2		4							大理市龙山州级行政办公区
合　计	264	130	134	195	62	70	42	37	82	5	4	9		4	5	

注：甲类：大学毕业及以上学历或具有高、中级技术职务人员；

乙类：大、中专毕业学历或具有初级技术职务人员

（马世祥）

自然科学

【《生物发酵床养猪技术试验示范项目》通过专家验收】 随着养猪业的不断发展，养殖规模的不断扩大，规模养殖比例的不断提高，养猪业的粪便污物排放，给生态和环保造成了极大的压力，生产实际中需要找到对这一问题的有效解决方法，才能实现养猪业的可持续发展。州科技局针对这一问题下达课题，由大理州畜牧工作站承担《生物发酵床养猪技术试验示范》工作，经过一年的实施，完成了计划任务书的各项工作，2010 年 4 月 19 日，由州科技局组织邀请州内有关专家组成验收委员会对该项目进行了验收。生物发酵床养猪技术试验示范项目，切合大理州养猪业的实际，对当前实施的加强洱海保护和进行洱海流域农业面源污染防治意义重大。项目技术路线正确，有完整的技术规程，并按规程的要求组织了实施，在洱源牧源猪场和大理河矣江猪场开展了厩舍改造，发酵床的管护，不同菌种的筛选以及生物发酵床养猪效果的观察等实施内容，2 个猪场出栏肉猪 1200 头，产值达 144 万元，出栏 100 千克左右的肉猪，节料 40 ~50 千克，节水 80 ~ 90%，节省劳力；发酵床出栏的猪售价比普通猪每千克提高 0.6 ~ 1.0 元，出栏一头猪增效 50 ~ 80 元，全年效益提高 7.8 万元；按照技术数据测算，通过项目所完成的推广量，直接减少了养猪污染物排放 530 吨（其中粪 95 吨、尿 134 吨、污水 301 吨），有效解决了粪尿排放污染环境的问题，取得了较好的经济、生态和社会效益。生物发酵床养猪技术试验示范项目，进行了菌种和不同垫料的对比试验，测定了发酵床温度变化及猪只增重等方面的大量基础数据，数据翔实，在大理州属于首次推广，新颖度高，推广前景好。

（罗惠文）

【弥渡县科技抗旱水稻高产创建项目通过验收】 2010 年，弥渡县被省科技厅列入水稻高产创建示范区建设，由县科技局组织实施，项目资金 40 万元。虽然该县遭受百年不遇的旱灾，给水稻高产创建工作带来很大的难度，但通过各级的努力及采取一系列的抗旱救灾措施，使 2.3 万亩水稻高产创建工作顺利开展。9 月 6 日，由省科技厅委托州科技局主持，邀请州级有关专家组成验收组，对弥渡县 2010 年科技抗旱水稻高产创建项目现场验收。验收组根据云南省农作物高产创建测产验收办法中的水稻测产方法要求，按好、中、差随机抽取寅街镇百亩核心区三块田进行实产验收。验收结果：核心区加权平均亩产量达 842.67 千克。通过验收，专家组一致认为：一是该产量已经超出了水稻高产创建核心区 750 千克的创建目标，同意通过项目验收；二是该项目在充分发挥科技抗旱减灾下，百亩核心区水稻高产创建群体表现整齐，长势均衡、秆清叶秀，株高适中，熟期落黄正常，田间表现抗稻瘟病、白叶枯病，为当地大面积种植增产增收起到了积极的带动作用。

（何　艳）

【茄子嫁接技术推广应用前景广阔】 随着蔬菜主产区茄子的长年栽培及生产面积的不断扩大，茄子黄枯病、枯萎病、青枯病及根线虫病等土传病害日趋严重，应用化学药剂防治效果不明显，同时还会造成环境污染，生产上传统的防治方法是靠轮作来防治，但由于轮作时间长，一般需 4 ~ 5 年，对于大面积生产及蔬菜主产区来说实行起来非常困难，茄果类蔬菜病虫害防治问题显得尤为突出。针对这一情况，2005 年大理州科技局下达“茄子嫁接技术试验示范”项目，由大理州园艺站组织实施，通过项目的实施，成效明显，增强了茄果类蔬菜的抗病、抗寒、抗旱能力，改善了品质，提高了经济效益和生态效益。在试验取得成功的基础上，大理州园艺站于 2006 ~ 2009 年，对该项技术进行了深入研究，并在茄子主产区进行了茄子嫁接技术的示范推广。2010 年 8 月 6 日，由大理州科技局主持，大理州园艺站实施的“茄子嫁接技术试验示范”项目通过了专家的验收。“茄子嫁接技术试验示范”项目取得的科技成果是：①项目针对大理州茄果类蔬菜病虫害日趋严重的实际，通过嫁接试验解决了连作病害这一重大技术难题，实现了抗病、增产、减少农药用量，有利于无公害蔬菜生产的发展。②筛选出了最佳的作砧木的野生茄子优良品种，为充分开发利用大理州野生生物资源打下了基础，并为大理州乃至云南省野生茄子砧木品种向外供应提供依据。③总结出了一套简单、易操作的嫁接及栽培技术。④效益显著。2007 ~ 2009 年，累计示范嫁接面积 22658 亩，平均亩产茄子 7046 千克，总产 159840 吨，平均亩产值 2382 元，比自根茄（对照）平均亩产 4832 千克，亩增产 2324 千克，增产率 47%，增产增收效果显著。项目具有创新性、可行性和易操作性，推广应用前景十分广阔。

（罗惠文）

社会科学

【概　述】 2010 年，大理州社科联在州委、州政府和州委宣传部的领导下，在省社科联的指导下，带领广大社会科学工作者，积极开展社会科学理论研究，普及社会科学知识，加强社科学会管理，搞好社科学术交流，开展社科优秀成果汇编出版工作，促进社科队伍建设，开展创先争优活动、社科专家云龙行、社会团体小金库治理工作等，为繁荣发展全州的哲学社会科学，促进全州经济社会又好又快发展，作出了社科理论界应有的贡献。

【开展创先争优活动】 2010 年，大理州社科联紧紧围绕深入学习实践科学发展观这个主题，结合州委组织的创先争优活动，认真组织社科理论界深入开展创先争优活动。在活动中认真落实《州直机关党委关于在创先争优活动中全面推行“四项制度”的通知》，州社科联综合科定为州委宣传部党员先锋岗，综合科长在活动中评为“五带头”五星级党员，扎实开展“学习杨善洲先进事迹、争做优秀共产党员”活动，完成州委创先争优活动领导组办公室创先争优活动理论研讨课题《新形势下创先争优活动面临的挑战与对策》和《以创先争优活动为载体、推进新型社会组织党的建设》。州社科联还积极配合州民政局对州属各学会、协会、研究会组织开展创先争优活动进行指导。

【积极抓好课题成果编纂出版】 2010 年 3 月，对 2007 ~ 2009 年公开评审立项的社会科学研究课题成果专辑进行汇编，经过编委会的认真审稿校验，《大理发展探索》（上、下册）8 月由云南人民出版社印刷出版。全书汇编了 26 个社科理论课题，课题紧紧围绕“把工业建成富民强州的最大产业；把大理建设成为滇西现代化交通枢纽；把大理建成全国著名的旅游胜地和全国经济建设、政治建设、文化建设、社会建设、党的建设搞得最好的民族自治州之一”的战略目标，紧紧围绕大理州“十一五”规划中所提出的重大理论和现实问题，展望“十二五”奋斗目标，从不同的角度、不同的层面进行深入调研、理论探索、发展透视的成果。以科学发展观为指针，围绕州委、州政府的工作重心，精心做好社科课题的设置、立项、研究和评审，使课题研究工作成为学习宣传贯彻科学发展观的具体行动,成为“围绕中心,服务大局”的具体实践。这种课题研究的方式,较好地解决了理论工作者如何为党委政府的决策提供服务的问题,也充分调动了专家、学者的积极性,有效整合了全州社科人才资源。

【加强对社会团体指导管理】 2010年,对州工业经济协会、州统计学会的换届工作进行了指导,在3月、4月分别顺利完成了换届工作。4月15日,州白学会举行成立20周年座谈会。5月,州社科联配合州民政局对长期不组织活动、不进行年检的州金融学会、州哲学学会等6个社会组织进行了清理整顿。

【大理本土学者再上“云岭大讲坛”】 5月15日,大理州民族史学者、大理市地方志办公室副主任杨周伟在由省委宣传部、省社科联主办的全省社会科学界规格最高的文化讲坛“云岭大讲坛”主讲的“西南六朝古都大理与南诏大理国”取得较大成功,香港明报、香港大公报、中华网、新浪网、云南网、滇池晨报等州外媒体广泛进行了报道,在社会科学界掀起了新的“中华大古都及南诏、大理文化热”,扩大了大理的影响力。8月28日,宾川县学者黄向实在“云岭大讲坛”主讲了“鸡足山佛教文化”。这两次大理学者的主讲,积极宣传了大理,对外树立了大理良好形象。

【开展社科专家云龙行】 2010年月9月27~29日,云龙县委、县政府举办云龙县首届传统文化旅游节暨云龙县文化旅游发展专家咨询会,云南省社科联常务副主席范建华、副主席靳昆萍亲临云龙指导,参加的省州社科专家有:省级社科专家昆明学院教授窦志萍、云南中华周易研究会会长申雄、云南省再生经济产业开发研究会常务副秘书长、研究员陈金荣、云南大学文化产业研究院院长、教授李炎,州级社科专家大理学院民族文化研究所研究员张锡禄、原大理州博物馆馆长谢道辛、大理学院民族研究所常务副所长赵敏、大理学院艺术学院院长赵全胜、“云岭大讲坛”主讲嘉宾、大理市地方志办公室副主任杨周伟。省州社科专家按照“三贴近”的要求,紧紧围绕云龙县发展文化旅游产业的理论和实际问题,准确把握云龙发展文化旅游产业面临的新形势、新任务、新机遇、新挑战,探索云龙发展文化旅游产业的新思路、新途径、新举措,深入研究了云龙县发展文化旅游中面临的重点、难点问题,提出具有理论指导性和实践应用性的发展思路和办法措施。在县委政府主办的专家咨询会上与会专家为云龙县发展文化旅游产业积极建言献策,会后共收到专家精心完成的关于发展云龙文化旅游的咨询报告10篇。

【圆满完成社会组织小金库治理】 2010年,结合开展创先争优活动,州社科联严格按照中央及省州关于社会团体“小金库”治理工作要求,督促检查落实社科联所属29个学会的治理工作,完成了责任书的签订、自检自查报告和《社会团体和公募基金会“小金库”自查自纠情况报告表》上报州社会团体小金库专项治理工作指导组。

（何正春）

地方志、年鉴

【概　述】 2010年,全州第二轮地方志续修工作稳步进行,总体进展顺利并取得阶段性成果。《大理白族自治州志》(1978~2005)共有主体志49部,截至2010年12月底,承编《大理白族自治州志》的中央属、省属和州属单位完成专业志送审稿34部,其中11部已进入分纂阶段;未组合成专志的部门志送审稿7部23部分。未完成的单位正在抓紧进行编写、修改校对和审稿工作,积极推进续修志书工作。全州12部县市志中,《南涧彝族自治县志》已出版发行,成为全州第二轮地方志编修出版发行的第一部县志,有2个县基本完成送审稿、1个县通过县级评审、2个县已进入分纂阶段、6个县基本完成了资料搜集任务。《大理州年鉴》(2010)如期出版发行,全州12个县市中有11个县市编辑出版年鉴。

【《大理州年鉴》(2010)出版发行】 2010年10月,《大理州年鉴》(2010)由云南民族出版社出版。全书1480千字,采取以条目为主的栏目编排形式,设特载、专文、年内要事、概况、政治、军事、法制、农业、工业、交通、信息产业、旅游、城乡规划建设管理、环境保护、贸易、财政税收、金融保险、经济管理与监督、教育、科学、文化、卫生、体育、民族宗教、社会、县市要览、统计资料选编、人物、附录29个部类。本年鉴把大理州2009年内的大事、要事、新事和重大进展以图、文、表的形式展现给读者,反映了大理州政治、经济、社会、文化等各方面的发展情况,是了解大理、建设大理的指南。年鉴出版后,及时赠送州级100多家部门及领导存阅,有效扩大了影响范围。

【开展创先争优活动】 2010年,大理州志办深入开展了创建先进基层党组织、争当优秀共产党员活动,5月20日,中共大理州地方志办公室支部成立了深入开展创先争优活动领导组,并于5月21日召开了深入开展创先争优活动动员大会,州志办副主任杨林柏主持会议,主任、党支部书记赵秀元作动员讲话,全体党员干部职工学习并通过了《大理州志办党支部关于深入开展创先争优活动的实施意见》。创先争优活动是巩固和拓展全党深入学习实践科学发展观活动成果的重要举措,是加强和改进党的建设,推动基层党组织和党员立足本职发挥先锋模范作用的一项重要的经常性工作,要以邓小平理论和“三个代表”重要思想为指导,全面贯彻落实党的十七大和十七届三中全会、四中全会以及省委八届七次、八次全委会,州委六届八次全委会精神,以深入学习实践科学发展观为主题,坚持从本单位实际出发,改革创新,务求实效,统筹推进党的建设其他经常性工作,充分发挥基层党组织的战斗堡垒作用和共产党员的先锋模范作用,在推动科学发展、加强基层组织的实践中建功立业。主要内容是创建先进基层党组织,学习型党组织建设成效明显,出色完成党章规定的基本任务,努力做到“五个好”;争当优秀共产党员,模范履行党章规定的义务,努力做到“五带头”。精心组织开展好“五比五创”和“三注重三争做”主题实践活动,通过公开承诺、领导点评、群众评议、评选表彰等方式深入开展创先争优活动,要加强领导、明确责任,要大力宣传各领域、各行业先进基层党组织和优秀共产党员的先进事迹,引导广大党员以先进典型为榜样,争做优秀共产党员,努力形成学习先进、崇尚先进、争当先进的良好风气;把培养典型、树立典型和宣传典型作为实施创先争优活动的一项重要措施,注重发现培养不同类型先进典型,充分发挥典型的示范作用;全体党员要紧密结合实际,按照创先争优活动的要求,认真开展好创建先进基层党组织、争当优秀共产党员活动。

【召开学习贯彻《云南省地方志工作规定》暨地方志工作会议】 2010年10月

25日，大理州学习贯彻《云南省地方志工作规定》暨地方志工作会议在苍山饭店召开，云南省地方志编纂委员会专职副主任、云南省地方志编纂委员会办公室主任李一是，大理州人民政府副州长蔡春生出席会议并讲话；州人大常委会常务副主任杨宴君、州政协副主席孙明出席会议；州地方志办公室主任赵秀元就贯彻会议精神作了讲话。参加会议的人员有12县市志办主任、部分州级修志单位的领导等近百人。

会上，副州长蔡春生就如何学习领会、贯彻落实《云南省地方志工作规定》讲了四点意见：一是充分认识学习贯彻《规定》的重要意义；二是认真领会《规定》的精神实质，把握好《规定》的主要内容；三是掀起学习宣传《规定》热潮，营造依法修志良好舆论氛围；四是认真履行好《规定》赋予的职责，努力开创地方志工作的新局面。他还要求各级各部门以《规定》颁布实施为契机，以党的十七届五中全会精神为指导，以对党和人民负责、对历史负责的政治责任感和使命感，开拓创新，精心编纂，不断提高大理州依法修志水平，努力开创地方志事业发展新局面。

省志办主任李一是高度评价了大理州学习贯彻《云南省地方志工作规定》暨地方志工作会议的召开，他认为这次会议体现了党委、政府对地方志事业的重视、关心和支持，将有利于地方志工作的进一步开展。他指出，加强学习是贯彻《规定》的基础，领导重视是落实《规定》的保障。他要求以《规定》指导大理州的地方志工作，保证地方志事业持续、稳定、健康发展。

州志办主任赵秀元就贯彻好会议精神及两位领导的重要讲话精神讲了三点意见：一是带头学习，进一步掀起宣传贯彻《云南省地方志工作规定》的热潮；二是再接再厉，全面完成2010年的各项任务；三是及早谋划2011年工作，努力开创大理州地方志事业科学发展的新局面。他最后总结道，随着《规定》的贯彻实施，大理州的地方志事业在州委、州政府的正确领导下，在省地方志办公室的指导帮助下，必将和全省一样迎来持续、稳定、健康发展的崭新局面。

【开展“小金库”专项治理】 2010年9月，按照州纪委《关于开展社会团体、国有及国有控股企业“小金库”专项治理工作的通知》的有关要求，大理州地方志协会开展了治理“小金库”自查自纠及重点检查，将治理“小金库”与创先争优活动有机结合起来，认真学习领会中央、省、市和有关文件精神，全面安排部署此项工作。协会把深入开展“小金库”专项治理工作，作为源头上防治腐败和深入贯彻落实建立健全惩治和预防腐败体系的一项重要举措。成立了“小金库”专项治理工作领导小组，抽调政治素质高、业务能力强的工作人员充实到领导小组办公室，明确任务分工，按照要求积极完成各项工作任务。为使“小金库”专项治理工作深入开展，采取了多形式、多角度的举措，通过宣传中央、省、州关于“小金库”专项治理工作的重要意义、工作内容和政策规定，召开单位全体干部职工座谈会，深入学习“小金库”专项治理的各种文件和政策要求，鼓励广大干部群众积极参与“小金库”专项治理工作，有效地促进了自查自纠工作的开展。认真开展了“回头看”工作，认真总结了前一阶段的工作，并对存在的问题和下一步工作进行了分析研究，要求相关部门认真组织自查自纠“回头看”，负责人及财会人员在规定时限内，进一步开展自查自纠工作。通过深入自查自纠，协会财务管理均按照国家有关政策法规执行，收入、支出全部纳入财务部门法定账目统一核算，未侵占、截留国家和单位收入，没有单独账户，未设任何形式的“小金库”。

【开展“洱海保护月”活动】 2010年5月21日，大理州志办在红山村委会石房子村民小组举行2010年“洱海保护月”活动启动仪式，州志办全体职工、满江办事处及红山村委会的全体领导和部分村民参加启动仪式。启动仪式后，在石房子村民小组开展了环境卫生大清扫活动。通过这次活动，进一步增强了大家的环境保护意识，使大家认识到，保护洱海就是保护我们自己的生存环境，这也是一项长期而艰巨的任务，要坚持在日常生产生活中，按各级各政府有关洱海保护的条例，从自己做起，爱护环境，保护家园。

【开展抗旱救灾捐款】 2010年3月，大理州志办组织全体干部职工为旱灾灾区捐款。大理州自2009年9月开始，遭遇了有气象记录以来百年不遇的特大旱情，抗旱形势异常严峻，为帮助灾区群众战胜灾害、渡过难关，响应省委、省政府、州委、州政府关于开展抗旱救灾的号召，大理州志办共组织抗旱救灾捐款3次，14人捐款金额合计1830元。

【组织党员观看廉政文化进机关书画摄影展】 2010年9月30日，大理州志办组织全体党员干部参观了州直机关党委组织的廉政文化进机关书画摄影展览。清正廉洁是促进地方志事业发展的需要。这些年来，地方志事业发展迅速，为社会主义精神文明建设做出了突出贡献。地方志系统多数党员干部能够牢记党的宗旨，发扬清正廉洁的优良传统，自觉经受住市场经济条件下各种诱惑的考验，党员队伍风正、气顺、劲足。参观展览使党员在观看廉政书画、摄影作品的同时，受到廉政文化教育，增强了廉洁从政意识和反腐倡廉的自觉性。通过观看展览，州志办党员干部经受了一次精神洗礼和文化熏陶，提高了贯彻落实党风廉政责任制的自觉性，营造了“以廉为荣，以贪为耻”的良好机关廉政文化氛围。

【州地方志协会获学会工作目标管理先进集体二等奖】 2010年，大理州地方志协会深入学习实践科学发展观，认真贯彻落实党的十七届五中全会精神、州委六届十次全委会精神和州科协“六大”精神，围绕州委和州政府的工作大局，充分发挥自身优势，为经济社会全面协调可持续发展提供咨询服务；积极开展学术交流，活跃学术思想；反映地方志工作者的意见和建议，组织地方志工作者参与修志调查研究；不断提高修志水平，推动大理州地方志事业向前发展，在州科协开展的学会工作目标管理考核中荣获先进集体二等奖。

（冯　燕）

白族研究

【概　述】 大理州白族文化研究所建立于2001年2月，是直属大理州人民政府的科研文化事业机构，主要负责白族文化的收集、整理、研究、开发、利用工作。研究所成立10年以来，大力开展了白族历史文化的收集、整理、研究工作，编纂出版《大理丛书》本主篇、大藏经篇、方志篇、白语篇、考古文物篇，《白族文化研究》(2001～2010)，《南诏史论丛》(4～8辑)，《白族研究百年》(4册)，《历代白族作家丛书》(16卷)，《当代白族作家丛书》(18卷)，《中国民间故事全书·大理州12县市卷》，《云南甲马》，《五华楼》，《白族的文化》，《南诏史稿》等百余种图书近6000万字，为大理州的民族文化建设做出了重要贡献。2010年是大理州白族文化研究所领导新老交替之年，各项工作继往开来，又有了新的突破和进展：实施“中国白族百村百人”大型影像工程，建立“中华白族网”，启动《白族通史》编纂工程，出版《大理丛书·考古文物篇》、《白族文化研究》(2010)、《南诏史论丛》第八辑等等，为大理州民族文化建设做出新的贡献。

【实施“中国白族白村百人”大型影像工程】 影像工程从2009年9月启动，至2010年8月基本完成拍摄。在不到一年的时间里，工程组跑遍了全国白族相对聚居的省、州、县(市)、乡(镇)、村寨、街道，行程10万多千米，远达四川、贵州、湖南、湖北、黑龙江、西藏等省份，共拍摄全国150多个白族村寨和聚居点居民合影照片及有关生产生活、自然风光、历史文化、民族风情照片约30000多张，收集整理有关文字资料150多份约30万字，真实纪录和生动反映了当代白族的生存发展现状。工程组精选了其中的100幅白村百人照片，于2010年8月，在第二届大理国际影会上展出，参观人数创历届影展新高，全国各大媒体发表了上万条报道和评论，被列为大理州2010年十大新闻之一。目前，工程组正积极筹备到各地作巡回展出，并编辑出版《中国白族村落》、《中国白族群像》、《中国白族分布》等图文并茂的图书和画册，制作5集白族电视专题片，进一步开发利用影像工程的丰硕成果，为大理州民族文化建设和经济社会发展服务。

【建立“中华白族网”】 为有一个全面宣传介绍白族情况的网站。2010年大理州白族文化研究所开展了“中华白族网”的建设工作。经过一年的努力，已完成了版面设计，资料录入工作，并已开始试运行。“中华白族网”设民族概况、历史沿革、社会经济、文化艺术、民间信仰、教育科技、医药卫生、白族人物等22个栏目，图文并茂、音像互动、便于点击查阅，是全面介绍白族历史文化和经济社会发展状况的最权威系统的信息交流平台和窗口。

【启动《白族通史》编纂工程】 白族历史悠久，但迄今只有1988年出版的一部《白族简史》，已适应不了大理州民族文化建设和经济社会发展的需要。为此，大理州白族文化研究所决定启动《白族通史》编纂工程。经反复调查研究，多次征求专家学者的意见，终于在2010年年底拟定了《白族通史编纂方案》。《白族通史》设通纪、通典、人物、史表四大篇，篇下设26卷，分篇分卷论述白族5000年的文明发展史。《白族通史》的编纂预计5年完成，是大理州“十二五”期间一项重大的民族文化建设工程。该项目已报请大理州人民政府批准实施，2011年将全面开始编纂工作。

【《大理丛书·考古文物篇》出版发行】 2010年3月，大理州白族文化研究所编纂的大型资料书《大理丛书·考古文物篇》由云南民族出版社出版发行。该书大16开精装本，共10卷约600万字，收录大理及相关地区旧石器、新石器、青铜器时代至明代的考古发掘报告、简报、调查资料共600多份，研究论文200多篇，并附未选录著作和论文目录索引1600余条；收录珍贵文物古迹彩图200多幅，黑白插图上万幅；可谓是大理文物考古资料的集大成者，对研究地方民族史有重要参考价值。该书由大理州著名考古学专家田怀清先生主持编纂工作，州内外有关专家学者和研究所全体职工为该书的编纂出版做了大量的工作。

【《白族文化研究·2010》出版发行】 《白族文化研究》是大理州白族文化研究所主编的学术年刊，主要选编当年国内外有关白族文化研究的最新学术成果，一年一本，以书代刊，2001~2010年已出版10本约500万字。《白族文化研究·2010》于2010年11月由云南民族出版社出版发行，收录有关南诏大理国和白族历史文化研究的论文、调查报告30多篇约50万字。分为历史回眸、民间文化、白族民居、白语研究、民间信仰、人物春秋、调查思考7部分编排。集中反映了2010年国内外有关白族历史文化研究的最新学术成果，对深化白族文化研究有一定参考价值。

【《南诏史论丛》第八辑出版发行】 《南诏史论丛》为大理州南诏史研究会主编的学术刊物，原已出版了3辑。2005年南诏史研究会挂靠白族文化研究所，论丛由两家合编。2005~2010年，又继续出版了4~8辑。《南诏史论丛》第八辑于2010年12月内部出版发行，收录有关南诏大理国和白族历史文化研究的论文及调查报告40多篇约30万字。分为特别报道、历史回眸、文物古迹、白语研究、民间信仰、民间文化6部分编排。集中展示了近年南诏史研究会会员的学术成果，对深化南诏大理国和白族历史文化的研究有一定参考价值。

【州白族学会召开学会成立20周年座谈会】 2010年4月15日，大理州白族学会在下关召开了学会成立20周年座谈会。中共大理州委、州人大、州政府、州政协有关领导，州白族学会理事及会员，各兄弟民族学会代表130多人出席了会议。州委常委、州委秘书长杨健在会上作重要讲话，强调白族学会要深入挖掘白族文化内涵，积极推动和谐大理建设。白族学会会长赵济舟作学会工作报告，总结学会成立20年来的成就，提出今后的奋斗目标。中共大理州委原书记钟振川、州彝族学会副会长杨培香、《白族学研究》原主编杨永昌在会上作了发言。大会表彰了《白族学研究》50篇获奖论文的作者，旨在鼓励进一步深化白族学研究。

【《大理州白族学会二十年·获奖论文五十篇》出版发行】 2010年12月，大理州白族学会编纂的《大理州白族学会二十年·获奖论文五十篇》由云南民族出版社出版发行。该书收录了白族学会成立20年以来的获奖论文50篇，由云南著名白族学者张文勋题词，白族学会会长赵济舟和云南大学教授林超民分别作序。作者包括马曜、张旭、王云等老中青三代白族学者，内容涵盖白族的历史文化、社会经济、民俗信仰、语言文字等方方面面。书后附有《白族学研究》18期和《白族文化研究》2期的总目索引，便于读者查阅检索。该书集中展示了白族学会成立20年来的丰硕学术成果，对进一步深化白族学研究具有重要参考价值。

【《大理丛书·金石篇》增补本完成编纂工作】 《大理丛书·金石篇》于1993年12月由中国社会科学出版社出版，收录东汉至民国年间有关大理的碑刻资料1400多份。但原书版本太大，印数太少，为统一版本，增补近年新发现的碑刻资料，大理州白族文化研究所决定重新编纂增补本。经过一年多的努力，于2010年年底完成了编纂工作。增补近年新发现的碑刻资料200多份，其中包括了珍贵的《南诏仓贮碑》、《大理国烈女史梅凤墓幢》、《渤海郡高老官人墓志》、《喜洲义学碑记》等，对研究地方民族史有重要参考价值。

【《中国民俗志》祥云、弥渡、鹤庆县卷完

成送审稿】《中国民俗志》为中国民间文艺家协会主编的大型民俗文化资料丛书,一县一卷。大理州12县市卷由州民委和白族文化研究所牵头,各县市民宗局负责本县市卷的编纂工作。2010年,大理州白族文化研究所领导和有关专家学者,多次深入各县市督促、指导编纂工作。在各县市民宗局及编纂人员的努力下,2010年祥云、鹤庆、弥渡完成了本县卷送审稿的编纂任务,为各县市卷的编纂积累了经验,打下了基础。

【州南诏史研究会召开2010年学术年会】 2010年8月24日,大理州南诏史研究会在下关召开了2010年学术年会。大理州人民政府副州长洪云龙,名誉会长赵济舟、李一夫,顾问李彪,研究会会员,各兄弟学会代表近100人出席了会议。副州长洪云龙在会上作重要讲话,回顾南诏史研究会的奋斗历程,提出今后的发展目标。副会长董国胜作研究会工作报告,总结近年的工作,安排2011年的工作任务。名誉会长李一夫,会员张建平、周锦国、杨周伟、陈亮旭、杨发祥在会上作学术交流。会后又召开了理事会,强调南诏史研究会要加强自身建设,深化学术研究,更好地为大理州民族文化建设和经济社会发展服务。

【州白族学会召开第二次白祖课题研讨会】 2010年7月27~28日,大理州白族学会召开了第二次白祖课题研讨会。白族学会会长赵济舟,有关副会长,学术部负责人,课题组成员及有关学者20多人出席了会议。会长赵济舟在会上作重要讲话,强调白祖课题的重要性和“认祖”应把握的要素及推进课题研究的方法。会议就白祖认定、祖庙选择、工作步骤等进行了深入探讨。白祖初步人选为沙壹祖母、白王仁果和“兜波”(白族祖先);祖庙地点倾向选择在苍山中和峰麓和太和金刚城;会议决定进一步深入研究白祖课题,并建立工作班子,开展祖庙选址和设计工作。

【州白族文化研究所设立三室一部】 大理州白族文化研究所成立于2001年2月。由于各种原因,研究所成立10年以来,一直只设有办公室和编辑部。随着白族文化研究所事业的发展,一室一部已适应不了工作的需要。经所领导争取和人事部门同意,2010年研究所增设两个研究室,设三室一部。即办公室,主要负责研究所的行政管理和后勤服务;编辑部,主要负责《白族文化研究》、《南诏史论丛》的编辑工作;研究一室侧重白族历史文化的研究;研究二室,侧重白族经济社会发展的研究。至此,研究所内设机构基本建立健全,为进一步深化白族文化研究打下了坚实基础。

【州白族文化研究所逐步完善规章制度】 在原有规章制度的基础上,2010年,大理州白族文化研究所进一步完善各项规章制度:明确了三室一部的工作任务和岗位责任制,制定了财务、图书、办公用品管理制度,拟定了科研成果奖励办法等等。进一步建立健全各项规章制度,用制度管人,按规章办事,调动了工作人员的积极性,提高了工作效率。

(李 公)

地震科研

【推进监测台网建设】 2010年,大理州在已建成的前兆观测网络体系的基础上,结合省地震局的规划和项目需求,改善监测台网布局,完成大理市洱滨纸厂井、永平白果树井、云龙温泉、巍山温泉、洱源炼昌温泉的调研,祥云地电场和云龙地磁场项目的预征地工作;鹤庆黄龙潭山洞、剑川人防洞形变观测的调研和初设工作;协助国家地震局、省地震局完成了宾川气枪主动震源项目台站选址、科学论证、实地考察、项目征地、资金管理制度制订等工作。这些项目的逐步实施,推进了大理州的地震监测台网建设。

【地震监测环境保护】 2010年1月20日,大理州地震局协调解决214国道建设影响省局形变测量中心在洱源县的两观测点的改建、赔偿问题,妥善解决了监测设施保障问题。提前介入,逐一核实排查了黄坪—仁和输电线路工程和弥渡一中运动场建设项目对周边监测设施是否造成影响问题,保证地震监测工作的顺利进行。

【信息传输工作取得全国第一名】 年内,大理州严格操作,加强管理,完善制度,信息网络运行和资料传输工作成绩显著,2010年6月被中国地震局评为全国市县信息节点综合评比第一名,针对没有信息节点的11个县市地震局,州局配发和安装了VPN,签署了保密协议,进行操作培训,建立了FTP服务器,更好地报送信息资料,保证震情跟踪工作的顺利进行。

【推进防震减灾工作责任制考核】 从2010年起,大理州政府将全州防震减灾工作纳入州政府对县市政府和相关部门的目标责任制考核,州政府每年出资30万元对优秀单位进行考核和奖励。2010年各县市政府和相关部门将任务分解到各乡镇、各相关部门和科室,逐级签订目标责任书,层层分解细化各项任务和指标,有力推进了大理州的防震减灾工作,为在全省推广积累了经验。

【震情跟踪】 2010年4月,大理州地震局制定《大理州2010年度震情跟踪工作方案》,成立领导组和工作组,明确相应的工作职责,与各县市地震局局长和州局全部业务人员签订震情跟踪工作责任书,做到任务明确,责任到人。州地震局于4月和9月对各县市地震局的震情跟踪工作情况进行检查。全年共上报周震情跟踪意见41期,《震情反映》和《震情跟踪工作月报》各10期,编印《震情跟踪工作简报》3期;编写剑川4.6级地震的震情报告、情况汇报材料和地震趋势判定报告6份;4月和9月组织召开了2次州震情跟踪领导组和州级震情跟踪工作会议;核实上报宾川崔家箐水库大面积发浑、大理市光邑水塘发浑等36起宏观异常现象;11月9日对表现优秀的17名宏观观测员、防震减灾助理员进行表彰奖励。在全省的评比中,大理州地震局荣获2010年度云南省地震监测预报先进单位第二名、预报效能第二名,震情跟踪在全省评比中被评为“好”。

【编制防震减灾“十二五”规划】 2010年3月,大理州地震局组织专家组,按照州委、州政府的要求,编制大理州防震减灾“十二五”规划,从宣传贯彻防震减灾法律法规和标准、建设防震减灾基础信息调查、评价和服务体系、建立立体监测网络、提高地震趋势预测和短临预报水平、提高城乡建设工程的地震安全能力、强化突发地震事件应急管理、完善地震救援救助体系、增强防震减灾科技支撑能力、提高公众防震减灾素质等九大方面进行规划。

【严格抗震设防管理】 年内,大理州按照“预防为主,防御与救助相结合”的防震减灾工作方针,加强以增强建筑抗震设防能力和全民防震减灾素质作为地震灾害防御的两大主线,以防震减灾规划、抗震设防管理、安全性评价、农居工程、校安工程、强震动台网管理为着力点,推进全社会防震减灾综合能力的提高。切实抓好重要(重大)建设工程、生命线工程场地的地震安全性评价监督管理,切实加强建设工程抗震设防要求的监督和管理,将建设工程抗震设防要求管理纳入基本建设管理程序,全年州、县共受理建设工程抗震设防要求管理项目申请91项,其中备案83项、许可8项。

【剑川县沙溪4.6级地震应急】 2010年1月1日,剑川县沙溪发生4.6级地震,大理州地震局立即启动应急预案,派出工作组,及时到达地震现场,调查了解灾情,迅速判明地震类型,开展强余震预测预报,对后续小震进行了监测,对宏、微观异常现象进行调查落实,为州委、州政府和省地震局决策提供了依据,为稳定震区群众,争取恢复重建破坏房屋做出了贡献。

【地震应急装备得到加强】 2010年,州政府安排300万元的特大自然灾害专项应急储备金,同时安排150万元资金用于救灾物资储备,充实了救灾帐篷、棉被衣裤、粮油食品、医疗药品的储备,为州地震局、民政局、建设局新配备了3辆应急指挥车和4部海事卫星电话,全州各县政府应急办和相关部门先后共配置卫星电话31部,州地震局还补充购置26部对讲机、2部中继台、1部车载电台,并与原建成的13部电台组成了无线电短波—超短波异频转接应急通信网,购置16台GPS定位仪,3台笔记本电脑,6部数码相机,制作112幅专用地图,震后保障能力有所提高。

【开展科普宣传】 以科普教育基地、科普示范学校、网站等为载体,大力开展科普知识的宣传教育。2010年大理州防震减灾科普教育基地共接待大理州气象局、下关四小等8个单位的14批约1200人次参观。全州12个县市建立了26所防震减灾科普示范学校,并申报成功了2所省级科普示范学校。11月举办了第二期学校教师防震减灾知识培训班,培训了80多名教师。科普宣传活动走进机关、学校、社区、企业、农村和军营取得较好效果,州县两级地震部门利用科普活动周、"5·12"、"11·6"等宣传特殊时间,在大理市及各县城主要城市街道、人口密集的集镇摆摊设点,开展形式多样的宣传活动40余次,全州全年共出动人员350多人次,宣传车93辆次,共悬挂宣传横幅60余幅,发放各种宣传材料20余万份(页),展出展板870块次,发放宣传册10余万册,还利用州委、州政府政务服务网、大理日报、大理州广播电台等各种新闻媒体刊播宣传新闻10余次(条)。在机关、学校、社区开展防震减灾知识讲座13场次,将各种宣传资料送到千家万户,全年共发放《地震应急手册》10.5万册,《防震避震常识》14万册、《宾馆酒店防震避震常识卡》4万份,《防震避震科普挂图》3万册,《防震减灾法挂图》400份、《防震减灾基础知识问答》1410本,《蟾童》、《地震来了怎么办》、《地震灾害自救常识》等防震减灾宣传光碟6000碟。

(李　滔)

水文监测

【概　述】 2010年是实施"十一五"规划的最后一年,是云南水文事业发展的关键之年,是总结"十一五"、制定"十二五"规划的承接之年。大理分局在厅党组、省局党委的正确领导下,坚持以十七届四中、五中全会精神为指导,贯彻落实科学发展观,积极开展创先争优活动,以《云南省水文条例》颁布实施和贯彻省委、省政府关于加快水利建设发展决定为契机,顺势而为、扎实苦干,圆满完成全年各项工作任务。

【水文监测站网】 至2010年底,大理分局管理的国家基本水文(位)站有24个。其中,国家重要水文站6个、省级重要水文站12个、一般水文站5个、水位站1个。按水情报汛站类,包括中央报汛站5个、省级报汛站9个、地方报汛站10。24个基本站中除开展水位、降水量、流量(水位站不测)基本项目观测外,开展蒸发量观测的有16个,水温观测的有6个,泥沙测验的有5个。还包括委托雨量站102个,常规水质站点14个为支持国家大电开发及水源工程建设,承担着澜沧江、金沙江干支流大中型水电站所属的小湾、功果、里底、曲孜卡、龙开口、顺濞桥专用水文站的运行管理,以及弥渡大坝、宾川仙鹤、云龙勒子箐、兰坪黄木水库专用水文站建设与运行管理。还承担大理州宾川大银甸、海稍、花桥、祥云邵家、普溯、新兴苴、小官村、巍山福庆、五茂林、弥渡栗树营、洱源海西海、跐碧湖、南涧母子埂、剑川玉华等14件中型水库水文监测指导和水库水文资料整编工作。

【水文自动测报系统建设与运行管理】

水文情报与预报是及时掌握雨情、水情信息及其变化,并据此作出未来水文情势变化的预测,向公众发布;是防汛抗旱、防灾减灾工作中一项重要的工程措施;是防灾减灾的耳目和自2006年起建设水文自动测报系统以来,经过几年来不断完善改进,各类终端采集、传输、处理等系统得到升级换代,最终使多个仪器设备厂商独立的运行管理系统得到整合应用。2010年,全州新建或改建49个中小河流(洪水易发区)水文监测遥测雨量站,完成73个委托雨量站的自动测报系统更新。加强对服务于洱海保护和综合治理的苍山十八溪、永安江、罗时江等入洱海周边河流的水质水量监测工作,不断完善洱海水文水资源监测系统建设,与大理湖泊研究中心合作共建共管4个遥测水位站。至此,大理分局已建成中心站1个,遥测水文(水位)站34个、遥测雨量站126个,共计各类遥测站160个的规模,中心站能准确实时接收遥测站雨量、水位,并远程访问、监控其运行状态。通过水文自动测报系统的建设和运用,既能满足汛期水情报汛要求,又能满足水文资料整编、水文分析评价的要求。

【水环境监测站网】 云南省水环境监测中心大理州分中心(与云南省水文水资源局大理分局同一机构两块牌子)隶属于云南省水环境监测中心,是云南省水环境监测中心网点之一。1997年8月通过国家计量认证水利评审组(水利部计量办公室)的网点认证工作,取得水利质检机构国家计量认证合格证书,并于2003年、2008年通过国家计量认证复查评审换证。2010年,根据省水利厅、省水环境监测中心的安排,新开展10个站点的行政区划州市界河水资源质量监测工作。至此,大理分中心承担了鹤庆、舍茶寺、中江、云龙旧州、永保桥、功果桥、钢架桥、漾濞羊庄坪、平坡、434KM(原滇缅公路)、洱源炼城、跐碧湖水库、海西海水库、宾川大惠庄、南涧大东勇、安定、永平水泄、巍山朱国地(珠街)、回辉登、剑川甸南、下关鸡舌箐、大关邑、洱海周边(团山、崇益、才村、桃源、海东、海印)、香格里拉下桥头、桑那水库、维西维登、泸水麻布河、兰坪兔娥、金顶、金顶(七联)等35个监测站点的水质检测分析,涉及州市界河水资源质量监测、重要城市饮用水水源地、主要水功能区、重要湖库水质监测。

【站网规划与建设】 2010年,大理分局积极主动争取上级支持和建设经费资金投入，相继完成了白济汛、顺濞桥、东武邑等3个站水文测验设施改造，以及东武邑、塘上、洗澡塘、溜筒江、鹤庆、顺濞桥等6个站的测站饮水及周边村组饮用水管线改造。2009年秋冬至2010年夏初的特大干旱，更突显出解决当地人畜饮水问题的紧迫性。2010年6月，大理分局与弥渡县水利局、弥渡县寅街镇东武邑村委会协商，通过三方共同合作和投资，启动了东武邑村及东武邑水文站的人饮工程建设。大理分局及时协调经费30余万元，镇政府水管站负责协调、查勘饮水水源地、方案设计，并负责工程建设以及水源安全管理和供水工作。本工程采用打井方式取水，水源为深层地下水，日出水量约110立方米。供水范围涉及东武邑村223户，人口987人及东武邑水文站。

【大理州地下水利用与保护规划】 根据国家水利部、省水利厅关于做好全国、全省地下水利用与保护规划工作的相关通知要求，大理州2008年年底开始开展规划编制工作。2010年底，由大理分局相继完成所承担的《大理州地下水功能区划》、《大理州地下水利用与保护规划》报告编制工作。规划报告共划分地下水一级功能区45个，其中开发区9个、保护区24个、保留区12个；地下水二级功能区87个，其中集中式供水水源区4个、分散式开发利用区5个、生态脆弱区9个、地质灾害易发区1个、地下水水源涵养区37个、不宜开采区4个、储备区18个、应急水源区9个。据资料统计分析，大理州历年来地下水利用率较小，地下水供水量仅占全州总供水量的5%左右，地下水资源的利用主要为饮用、农业灌溉和地热水疗养与旅游。通过地下水功能区划，确定其保护目标，遵循地下水资源保护优先的原则，分别提出治理与保护方案。通过节约用水、利用替代水源、水资源合理配置和联合调度等措施，合理利用地下水、保护与修复地下水。对地下水遭到污染的局部区域，实施污染控制、加强保护与治理修复等措施；已造成环境地质问题或导致地下水状况发生恶化的局部区域，逐步压缩开采量或禁止开采。充分发挥地下水在形成、转换和迁移过程中，对维持地表植被生长、调节江河径流、维护良好生态环境的不可替代作用。规划报告将为大理州地下水资源的合理开发、保护、治理与管理提供科学依据。

【召开宣传贯彻《云南省水文条例》座谈会】 5月27日，大理州人民政府在下关龙山国际会议中心举行宣传贯彻《云南省水文条例》座谈会。参加会议的有州人大副主任尚榆民、州政府副秘书长阎炳安、州水利局局长茶崇亮，以及州级有关部门、部分县（市）政府、水利局领导。座谈会由大理分局局长邱伟主持。

【精神文明建设再创佳绩】 2010年，大理分局各项水文事业得到长足发展，同时积极参与地方经济建设，并得到各级党委、政府的认可和好评，精神文明建设再创佳绩。连续3年被大理州委、州政府评为千村扶贫开发百村整体推进先进集体。5月，被大理州总工会授予“大理州五一劳动奖状”荣誉称号。9月，大理分局组队代表大理州水利系统工会参加州级机关系统工会首届职工运动会，在旱龙舟项目比赛中荣获一等奖。11月，组队参加云南省水文系统第三届“水文杯”运动会，大理分局荣获女子篮球第一名、男子篮球第三名，乒乓球男子单打第二、第五名的佳绩。

（邱　伟）

（责任编校：刘丹霞）

文　化

综　述

【概　述】　2010年，全州文化工作紧紧围绕州委、州人民政府“文化立州、建设民族文化强州”的发展战略和年初制定的工作思路，开拓创新，真抓实干，各项工作取得成效。“两馆一站”建设稳步推进，文化基础设施进一步夯实；节庆文化、广场文化等城乡群众文化大发展大繁荣，充分保障了人民群众的文化权益；艺术精品创作亮点纷呈，参加各种比赛摘金夺银；文化遗产保护工作长足发展，文化遗产局挂牌成立；成立了州级文化市场综合执法支队，新闻出版和文化市场繁荣有序。

【社会文化事业全面发展】　2010年，大理州文化局在推动社会文化事业全面发展方面做了大量工作。组织实施“十一五”期间扩大内需中央新增投资乡镇综合文化站20个项目的申报、初设、环评、开工、督促、检查等工作。开展2010年全州28个乡镇综合文化站建设的前期工作，开展2010年大理州乡镇综合文化站评估定级工作。组织实施2009年文化信息共享工程全州5个县级支中心、1个州级支中心和39个乡镇基层站点的建设工作，于2010年8月通过省级检查验收并投入使用。完成向省文化厅申报大理州城市社区文化中心（文化活动室）器材配发的各项前期工作。开展“桥头堡”文化项目建设的初步论证、上报工作。组织实施大理周城、剑川狮河、鹤庆辛屯3个云南省“文化惠民示范村”建设工作。组织参加第十五届“群星奖”的初赛、复赛、决赛，小白剧《白曲声声》和巍山彝族打歌《阿克里》获文化部“群星奖”。组织开展三月街民族节洞经古乐大赛、情歌大赛、大理武庙会非物质文化遗产活态展示、社区文艺调演等系列活动。组织参与了云南省文化厅在昆明举行的非物质文化遗产传承人活态展示活动。完成了大理州农村电影放映“2131”工程管理职能的划转和移交工作。

【艺术工作成效显著】　2010年，大理州艺术工作成效显著。由大理州民族歌舞剧院创作排演的现代白剧《洱海花》参加全国第二届少数民族戏剧汇演，荣获综合银奖和5项个人优秀奖。白族健身操舞蹈《花帽健身操》和《霸王鞭健身操》参加云南省健身操比赛，荣获1个金奖、1个银奖。州歌舞剧院、各县市文艺团体用不同的方式为当地群众送去了丰富多彩的文艺节目。举办“礼仪接待歌曲”传唱表演比赛暨颁奖文艺晚会。全州组织形式多样的培训活动283期，接受培训人数达7.8万人次。组织“2010中国（大理）国际绿色高峰论坛”迎宾晚宴和联欢晚会文艺演出，受到来宾的好评。圆满完成2010年三月街开街演出和昆明国际旅游节演出任务。参与2010年云南省首届宗教界运动会暨文艺汇演开幕式及闭幕式的文艺演出策划、组织和实施工作。参与2010年云南省军队离退休老干部文艺体育比赛开（闭）幕式文艺演出，受到省州领导的好评。为庆祝中印建交60周年，印度宝莱坞艺术团到大理演出，州文化局协助州外事办完成演出的组织工作。完成第二届大理国际影会暨大理洱海开海节开（闭）幕式文艺演出及影会期间大理古城的文艺演出任务。组队参加上海世博会云南馆文化宣传周演出，受到好评。

【文化遗产保护工作稳步推进】　2010年，全面完成第三次全国文物普查第二阶段实地调查工作。做好文物普查第二阶段的验收工作，验收合格率100%，顺利通过验收。组织全州文博单位和个人参加全省第三次文物普查第二阶段文物实地调查突出贡献先进集体和突出贡献先进个人评选活动，大理州普查办等6个单位被评为全省第二阶段文物实地调查突出贡献先进集体，王东等27人被评为第三次文物普查突出贡献先进个人，先进集体和先进个人数量位居全省16州市前列。认真编制文物保护项目及经费需求“十二五”规划。实施馆藏文物调查及数据系统建设项目，截至6月10日，全州完成馆藏一级珍贵文物32件的信息采集、审核工作，按时上报国家和省文物局。开展茶马古道大理州境内段重点调查工作，形成完整充实的茶马古道调查图片资料和研究报告。按照省文物局的工作安排，做好第七批云南省重点文物保护单位和大理州第五批重点文物保护单位的申报审批工作。开展第五个“文化遗产日”宣传活动。根据全州文化遗产保护工作的形势和要求，成立了大理州文化遗产局。完成云南省第四批省级非物质文化遗产项目传承人的申报工作，大理州有10名传承人申报成功。为119名州级非物质文化遗产项目传承人颁发了荣誉证书。与大理州人民广播电台合作推出大理州国家级、省级非物质文化遗产传承人系列访谈录。三月街民族节期间，在大理古城武庙会举办“非遗”活态展示活动，弘扬优秀民族文化。

【文化市场管理规范有序】　2010年，大理州文化局组织开展了元旦、春节期间文化市场专项整治行动，确保全州节日期间文化市场健康有序；组织开展了三月街民族节文化市场整治工作，确保全州节日期间文化市场稳定繁荣；组织开展了高考、中考期间文化市场专项整治工作，为全州考生提供了一个良好的文化应考环境；组织开展了上海世博会期间文化市场专项治理工作，保障了全州文化市场稳定繁荣。组织开展了对歌舞娱乐场所卡拉OK曲库中违禁曲目的专项查处工作。巩固了网络文化市场计算机监管平台建设，开业在线率和桌面展示率保持在全省前列。结合文化市场行政执法换证工作，对全州文化市场行政执法机构及队伍建设做了深入调研，注重对全州文化市场管理人员的教育，从互联网上将有关理论文章及信息传送至各县市。截至2010年6月，全州有文化市场行政执法机构13个，文化市场行政执法人员188人。专项行动与日常监管相结合，不断强化对网吧、歌舞、电子、娱乐场所及营业性演出市场、艺术品市场的监管，规范文化市场秩序。2010年，全州共出动文化市场行政执法人员12852人次，检查文化市场经营单位7864个次，对违法违规经营者给予警告124次、罚款7.54万元，收缴电脑75台，停业整顿24个次，取缔违规经营摊点52个。

【出版物市场进一步净化】 2010年，全州报刊管理工作规范有序，全年新审批印刷企业6个，审批内部资料出版物171个，完成了33个州直管印刷企业的年审换证工作，并加强了日常监管。开展行业统计工作，按照各单位填报的统计报表，将印刷、出版物发行行业630个企业的资料录入了数据库。为确保“两会”、上海世博会、亚运会期间的政治稳定，州文化局加强了对印刷企业和出版物市场的监管，增强经营者的法制意识。根据云南省综合执法总队要求，完成了全州文化市场稽查队及出版物市场分类情况的普查统计。建立健全全州各类出版物市场的有关档案，进一步掌握全州出版物市场基本动态。全面推动全州企业使用正版软件工作，健全版权保护体制和机制，在全社会形成遵纪守法、诚信经营、抵制盗版软件、使用正版软件的社会氛围。稳步推进“农家书屋”建设各项工作，2010年大理州新建“农家书屋”326个。组织开展“我的书屋，我的家”主题演讲比赛。贯彻落实第二十三次全国“扫黄打非”电视电话会议精神，组织实施“扫黄打非”专项行动和“梅里”工程，集中整治印刷、复制业，对文化垃圾进行集中统一销毁。年内，全州共出动行政执法检查人员3716人次，检查出版物市场、店档、摊点3008个次，印刷复制企业843个次。收缴非法出版物27017册(盘)，其中色情淫秽出版物576册(盘)、侵权盗版出版物25781册(盘)、盗版教材教辅读物190册、非法报纸期刊470份，删除、屏蔽网络有害信息8条，取缔关闭出版物市场、店档、摊点85个，停业整顿24个，收缴电脑75台。行政处罚35起，移交公安机关处理3起，违规经营处罚罚款7.56万元。

【召开全州文化遗产保护工作会议】 5月17日，州委、州政府召开全州文化遗产保护工作会议。会议强调，坚持文化立州，全面推进文化遗产保护工作，努力开创全州文化遗产保护工作新局面。州委书记刘明在会上作重要讲话，州委副书记、州长何金平主持会议并作总结。会议要求，做好当前和今后一个时期的文化遗产保护工作，要坚持以科学发展观为指导，始终坚持“保护为主，抢救第一，合理利用，加强管理，传承发展”的方针，坚持政府主导、社会参与、统筹规划、突出重点、分类指导、分步实施、分级负责的原则，正确处理经济发展与文化遗产保护的关系，不断加大文化遗产保护力度，充分发挥文化遗产在传承民族文化、提高人民文化素质、增强民族凝聚力、构建社会主义和谐社会中的重要作用，加快推动民族文化大州向民族文化强州转变。要确保文化遗产保护经费保障到位，“十二五”期间，州级财政将按每年不低于20%的幅度增加经费投入，各县市也要加大财政投入力度；要妥善处理好基本建设项目与文物保护的关系，正确处理好经济社会发展与文化遗产保护的关系；要全力抓好文物安全防范工作，加大文物保护单位的检查和指导，建立健全各项安全保卫制度，排除安全隐患；要加大文物保护宣传工作，全州宣传文化部门和媒体要深入宣传《文物保护法》、《国务院关于加强文化遗产保护工作的意见》以及《云南省民族民间传统文化保护条例》，提高文化遗产保护的意识；要狠抓各项工作的落实，树立责任心和使命感，以求真务实的作风抓紧抓好文化遗产保护工作。会上，州文化局汇报了近年来全州文化遗产保护工作情况，大理市政府汇报了龙首关遗址损毁情况及整改措施、巍山县政府汇报了巍宝山斗姥阁火灾损毁及处置情况。

【召开全州文化工作会议】 2010年3月9日，全州文化工作会议在下关召开。州委常委、副州长蔡春生，州人大副主任杨晏君、州政协副主席张树藩、各县市分管文化的副县长、各县市文化(体育)局局长、文化馆馆长、图书馆馆长、稽查队队长，州级文化系统各部门负责人参加了会议。会议由州政府副秘书长段志宏主持。州委常委、副州长蔡春生作了题为《贯彻落实文化立州战略思想，全面加快民族文化强州建设》的讲话，大理州文化局领导作了题为《以科学发展观为统领，以文化立州为使命——全面推进我州文化工作向深度和广度发展》的讲话。会议上，颁发了全省基层文化工作先进单位奖牌、先进工作者奖状，颁发了“中国民间艺术之乡”奖牌，发放了文化部、财政部“送书下乡工程”图书和文化馆(站)的设施设备。

【大理州文化遗产局成立】 6月4日，大理州文化遗产局正式成立，这是全国30个民族自治州成立的首个文化遗产局。大理、剑川、巍山3县市文化遗产局同时成立。大理州文化遗产局的成立将进一步完善文化遗产保护规划，使文化遗产保护由被动保护向主动保护转变、由单一保护向全面保护转变、由静态保护向动态保护转变；从源头上坚决遏制对文化遗产造成破坏的行为，防止开发建设中造成破坏文物的事件发生；制定历史文化名城、重点文物保护单位和古镇、古村、古街、古建筑的保护利用规划，在保护中逐步开发，在开发中实现保护，努力开创全州文化遗产保护工作新局面。

【大理州文化市场综合执法支队成立】 按照国家和省、州关于文化市场综合执法改革的要求，经中共大理州委、州人民政府同意，大理州文化市场综合执法支队于8月13日在州文化局正式挂牌成立。州委常委、州政府副州长蔡春生在成立仪式上讲话，州人大常委会常务副主任杨宴君、州政协副主席张树藩为州文化市场综合执法支队成立揭牌。新成立的大理州文化市场综合执法支队将整合州文化局、州新闻出版(版权)局、州广播电视局市场执法职能，加大文化市场执法力度，推进全州文化市场沿着健康有序轨道不断向前发展。

【省“打非”督查组到大理州督查】 11月26～27日，省“打非”专项行动第四综合督查组到大理州督查打击非法生产经营专项行动工作。大理州有关领导汇报了“打非”专项行动情况。2010年，大理州安全生产工作以预防为主，加强监管，落实责任，构建起“横向到边，纵向到底”的责任体系，全州安全生产工作取得了阶段性成果。在集中开展严厉打击非法生产经营专项行动中，全州各级各有关部门认真履行监管职责，切实加强对重点行业重点领域的安全监管，狠抓生产经营单位主体责任落实，并综合运用法律手段、经济手段和行政手段，切实加大安全生产执法监督力度，严厉打击各种违法生产经营行为，整顿规范安全生产秩序，有效预防和坚决遏制了重特大生产安全事故的发生，确保了全州安全生产形势的好转。省“打非”专项行动督查组通过深入永平、漾濞县的相关企业和单位检查，对大理州开展打击非法生产经营专项行动工作给予充分肯定。督查组建议，在下一步工作中，大理州要有效解决发展中的平衡问题，要强化企业主体责任，切实加强安全监管队伍建设，不断提高监管队伍素质。

【《大理·一见钟情》开机拍摄】 4月29日上午，在天龙八部影视城，州人大常委会主任字国顺和美国好莱坞著名导演克里斯蒂·里比共同把一块红绸布从一台摄影机上揭去，意味着由云投集团大理旅游集团有限公司和美国蒙娜瑞克斯好莱坞电影公司及全国政协协力国际经济文化交流中心合作拍摄的大型纪录片《大理·一见钟情》正式开机。《大理·一见钟情》是系列纪录片《神秘中国》的第八部。《神秘中国》始拍于2006年，由克里斯蒂·里比创作执导，摄制目的旨在探索中国在5000年文明历史长河中积淀的灿烂文化，公正客观地向世界介绍中国，从而让世界更真实地了解这个有着悠久历史的东方大国。《大理·一见钟情》是大理牵手好莱坞，从全新视野、用创新手法诠释大理的风花雪月、文献名邦、妙香佛国、诗意栖居等人文、历史、文化与自然内涵的一部力作，以彰显“人文大理·幸福家园”为主线，充分展示大理的美丽风光和多元文化。州政协副主席孙明等领导和来自国内外的30多家媒体记者出席开机仪式。

【印度宝莱坞歌舞团到大理演出】 7月22日晚8时，印度宝莱坞歌舞团中国巡演大理站演出在苍山饭店礼堂举行。印度驻华大使苏杰生、印度驻广州总领事潘迪，大理州领导王雪峰、字国顺、蔡春生、杨秀星、马建全、梁志敏、叶翠萍等观看了演出。演出前，州委常委、副州长蔡春生代表州委、州政府致辞。2010年是中印建交60周年，中印两国分别在各自国家举办“印度节”和“中国年”活动。当晚，印度宝莱坞歌舞团为大理观众表演了孟买之恋、宝莱坞生死恋等充满浓郁印度风情的歌舞节目。当日下午6时，州委常委、副州长蔡春生会见了印度驻华大使苏杰生、印度驻广州总领事潘迪一行。

（李文波）

文化产业

【深化文化体制改革】 2010年，全州文化体制改革工作认真贯彻落实省委、省政府《关于进一步深化文化体制改革，推进经营性文化事业单位转企改制的实施意见》，全面完成了全州广播电视网络“事转企”改革，不断深化内部管理机制，逐步建立现代企业制度。继续推进州图书馆、州博物馆、州群艺馆等公益性文化单位人事制度、收入分配制度和社会保障制度改革。开创性地成立了州文化遗产保护局，挂牌成立了州文化市场综合执法支队，顺利完成电影行政管理职能调整划转工作。编制了《大理州建设民族文化强州实施意见》，正在研究制定《关于加快大理影视产业发展意见》。探索文化产业体制机制创新、艺术创新、运作方式创新，全州初步形成了特点鲜明、成效明显的文化产业体系，以项目为支撑，多元投入的文化产业格局基本成型。

【文化产业与旅游产业和谐发展】 2010年，通过政策调节、市场监管、完善法制等引导企业积极参与文化产业的开发建设，打造文化味浓的精品线路和精品景区。一方面，着力抓好苍山大索道、宾川鸡足山改造提升等文化旅游重大项目建设；另一方面，以旅游为平台，县域文化建设取得突破性进展。大理的旅游逐步从“看景点”向“品文化”转变，大理文化旅游产业的核心竞争力和综合实力不断增强。

【公益性文化事业建设得到加强】 2010年，大理州启动了民族民间文化保护工程，切实推进“两馆一站”建设、广播电视村村通工程和文化信息资源共享工程。组织实施“边疆解五难”工程、“2131”电影放映工程、百县千乡宣传文化工程、万村书库工程及社区和乡镇综合文化站、农家书屋等文化惠民工程。发展了云龙天池村农民读书会等一批农民自助读书组织，壮大了金花艺术团、祥云古云南艺术团等一批热心服务农村的群众演出团体，培育了一批农村文化专业户。开展文化、科技、卫生“三下乡”活动。文化遗产抢救和民间传统文化保护工作成效显著，全州有368项民族民间传统保护名录、8个中国民间艺术之乡、55名省级以上民族民间艺术大师。以事业建设为基础，不断增强广播影视的公共服务能力，建设完善了大理在线、新闻制作网、新闻回传系统等网络，基本实现全台节目采、编、播整体数字化、网络化，建立适应高清、标清数字电视应用与平移的技术规划，完成“8+2”讯道标清数字转播车项目建设，全州广播、电视覆盖率分别达96%和98.75%。

【节庆文化品牌得到提升】 2010年，大理州利用丰富的节庆文化资源，加强节庆活动的策划、包装、宣传，进一步完善了节庆文化活动的领导管理机构，初步形成了“文化铺垫，活动支撑，品牌牵引，媒体放大，项目推进”的模式。做精做强三月街民族节、洱海开海节、大理国际影会、大理茶花兰花博览会、漾濞核桃节等节庆活动，使这些节庆品牌顺应时代发展潮流，增强大理独有节庆文化的吸引力、凝聚力和传播力，最终实现较好的节庆经济效益和社会效益。

【推进影视基地建设】 2010年，大理州文化产业办以“五个一”精品工程建设为重点，挖掘丰富厚重的民族文化和历史文化资源，创作大理独有的文艺精品。引进了30集大型神话电视连续剧《又见白娘子》、好莱坞著名导演克里斯蒂·里比执导的大型纪录片《大理·一见钟情》等。由著名导演陈凯歌执导的奇幻大型实景演出《希夷之大理·望夫云》项目正在实施，电影《村官普发兴》等引起强烈反响。

（阮正德）

民族文化建设

【三月街民族节开幕式简朴务实】 2010年4月28日上午，三月街民族节在三月街古街场北通道石牌坊前举行开幕式。州委书记刘明，州委副书记、州长何金平，州委副书记王雪峰，州人大常委会主任字国顺，州政协主席袁爱光，州委、州人大、州政府、州政协的其他领导，大理军分区及驻军首长，担任过正厅级实职的在下关的离退休老领导，州级有关部门领导和大理市四班子领导，各族各界人士和中外来宾等出席开幕式。大理市市长马忠华主持开幕式，州长何金平在开幕式上致辞。刘明、何金平、王雪峰、字国顺、袁爱光、马建全、段玠等领导共同为开幕式剪彩。州委书记刘明宣布三月街开幕式开始，随着刘明的高声宣布，五彩缤纷的电子纸礼花射向天空，文艺表演队伍鼓乐齐鸣，近500名身着各民族服装的演员和各乡镇群众载歌载舞，欢庆2010年三月街民族节的到来。整个开幕式简朴务实，前后不到20分钟。

【举办非物质文化遗产活态展示活动】 4月28日下午，作为三月街民族节重要文化活动之一的“非藏大理”——非物质文化遗产活态展示在大理武庙会开展。州委书记刘明出席并宣布非物质文化遗产活态展示开展。中国文联党组成员、书记处书记、省政府副秘书长白庚胜,州人大常委会主任字国顺,州政协主席袁爱光,州委常委、副州长蔡春生,州政府秘书长李超等领导出席开展仪式。举办这次展示活动,目的在于充分展示大理州“非遗”项目的文化内涵和艺术魅力,把武庙会打造成大理人文瑰宝的集中体验平台、大理民间艺术的大观园,进一步增强全州人民参与非物质文化遗产保护的意识,传承、弘扬优秀民族文化,推动大理文化旅游产业大繁荣大发展。此次活动从大理众多“非遗”项目中遴选出白族扎染、剑川木雕、银器手工制作、剑川白族布扎、白族刺绣(含白族剪纸)、瓦猫制作、凤羽砚台制作、甲马纸制作、白族民间手工造纸、白族民间面塑和白族造船等13项技艺展示给观众。

【大理州10人入选非物质文化遗产项目传承人】 2010年6月,大理州有10名少数民族民间艺人被公布为云南省非物质文化遗产项目传承人:杨克文(白族民居彩绘传承人),段银开(白族扎染技艺传承人),赵光宗(白族“绕三灵”传承人),李宝妹(剑川白曲传承人),张庆昌(剑川木雕技艺传承人),张月秋、字升(彝族打歌传承人),黄纯(高台艺术传承人),杨春文(云龙耳子歌传承人),赵彭云(白族吹吹腔传承人)。为了有效保护和传承非物质文化遗产,鼓励和支持非物质文化遗产传承人开展传习活动,省文化厅于2010年上半年开展云南省非物质文化遗产项目代表性传承人的申报和认定工作。经大理州非物质文化遗产保护专家委员会遴选、论证、评审,于4月9日从全州申报的45名传承人中,评选出符合申报条件的23人推荐上报。经云南省非物质文化遗产保护工程专家委员会评审,报省文化厅和省民族事务委员会审核,大理州有10人入选云南省第四批非物质文化遗产项目代表性传承人。

【开展“文化遗产日”宣传活动】 6月12日是全国第五个“文化遗产日”,根据国家和省文物局的通知要求,州文化局与大理市文化局联合在大理古城开展“2010年文化遗产日”宣传活动。展示第三次全国文物普查成果,发放州、市博物馆免费开放的宣传资料6000余份,制作《文物法》、《大理历史文化》、《洱海保护条例》展板进行宣传,给荣获国家级、省级、市级非物质文化遗产名录代表性传承人授牌,开展“非遗”专题文艺演出及保护成果电视展播等活动。

【文化部调研组到大理州调研】 7月15日,中国艺术研究院党委书记、中国非物质文化遗产保护中心常务副主任、国家非物质文化遗产保护工作专家委员会委员张庆善带领文化部调研组到大理州调研文化生态保护工作。州委常委、副州长蔡春生陪同调研并向调研组介绍文化生态保护工作情况。近年来,大理州确立了“文化立州”的战略思维,形成了“生态文明为本,历史文化为魂”的旅游二次创业总体构想图,为文化遗产保护提供了更大的发展空间。工作中,坚持“保护为主,抢救第一,合理利用,传承发展”的方针,坚持政府主导、社会参与、统筹规划、重点突出、分类指导、分步实施、分级负责的原则,编制文化遗产保护规划,探索全社会参与文化遗产保护工作的新机制。调研组一行深入剑川县对石宝山歌会传承点、李宝妹非物质文化遗产传承点、剑川县古典木雕家具厂、石宝山进行实地调研。通过调研,调研组对大理州文化遗产保护工作和白族文化生态保护实验区建设取得的成绩给予充分肯定。

【举办第二届大理国际影会暨洱海开海节】 8月1日上午,2010第二届大理国际影会暨洱海开海节开幕。中国文联副主席廖奔,中共云南省委常委、迪庆州委书记齐扎拉,省人大常委会副主任杨保健,省政协副主席顾伯平,中纪委委员、财政部原纪检组组长贺邦靖,新闻出版总署党组成员、中纪委驻新闻出版总署纪检组组长宋明昌,中共大理州委书记刘明,州委副书记、州长何金平,州委副书记王雪峰、州人大常委会主任字国顺、州政协主席袁爱光、大理州四班子的其他领导、州级各部门和12县市的领导,来自国内外的学者、摄影家及各级媒体的新闻记者出席开幕式。开幕式在洱海东岸的红山景帝祠前举行。中共大理州委副书记、州长何金平主持开幕式,州委书记刘明和中国文联副主席廖奔先后致辞。随着中共云南省委常委、迪庆州委书记齐扎拉的高声宣布,2010第二届大理国际影会暨洱海开海节正式拉开帷幕。随后,举行了盛大的开海祭祀仪式和民俗文艺表演、龙舟竞赛、鱼鹰捕鱼等活动。

第二届大理国际影会由国务院新闻办、中共云南省委宣传部、中国摄影家协会、云南省广播电视局、云南省文学艺术界联合会和中共大理州委、大理白族自治州人民政府共同主办。主题是“和谐家园·人与自然”。影会组织国际展20余个、国内主要媒体摄影作品展6个,摄影师邀请展、专题展和报名展数十个。在专题展中还专门设置了云南省抗旱救灾专题摄影展及大理“湖泊、湿地、草甸”专题摄影联展,举行纪录片收藏协会挂牌仪式、新闻媒体展演、纪录片展演和论坛学术交流会等活动。

【省文化体制改革督查组到大理州督查】 7月24日,省文化体制改革进展情况督查组到大理州就文化体制改革和文化产业发展情况进行督查。督查组在听取了州文产办关于大理州进一步深化文化体制改革工作进展情况的汇报并实地调研后指出,大理文化体制改革工作起步早,改革工作一度走在全省前列,探索和总结了一些宝贵的经验和做法。在新一轮的文化体制改革过程中,大理州委、州人民政府及有关单位也正做着一些积极、有益的探索,相信大理州文化体制改革和文化产业发展都将会有一个新的突破。督查组要求,在新一轮的文化体制改革中,大理州要进一步细化相关改革方案,特别是要按时完成好文化市场综合执法改革和电影行政管理职能调整划转工作,争取对全省的文化体制改革工作有进一步的推动和促进。

【大理风花雪月文化传播公司被定为示范基地】 2010年12月10日,在天津召开的文化部第四批国家文化产业示范基地命名授牌大会上,以大型歌舞《蝴蝶之梦》为主营业务的大理风花雪月文化传播有限责任公司被命名为“国家文化产业示范基地”,这是全省唯一一个国家级的文化产业示范基地。文化部部长蔡武和天津市市长黄兴国为基地授牌。

【5个县荣获云南省文化先进县称号】 2010年,大理州弥渡、永平、剑川、鹤庆、南涧5个县荣获云南省文化先进县荣誉称号。根据云南省文化厅的相关要求,州文化局组织开展了云南省文化先进县的复评工作,经省文化厅组成的云南省文化先进县复评工作领导小组复评并广泛听取社会各界意见,以上5个县再次荣获云南省文化先进县称号。

【举办中国·大理首届珠宝博览会】 1

月26日上午,2010年中国·大理首届珠宝博览会开幕,这届博览会以"人文大理·幸福家园"为主题,以"云岭翡翠走廊,古都藏宝之城"为内涵,来自省内外的110多个商家参加了珠宝交易博览会。博览会由州文产办、州文化局主办,大理古玩城文化产业发展有限公司承办,时间为1月26日~2月2日。内容包括翡翠、珠宝首饰展,传统青白玉、云南黄龙玉展,古玩文物艺术品、民族民间工艺品、旅游产品展,寸发标银器精品展,精品翡翠拍卖会,大理国际奇石、化石、根艺展,大理近代名人书画展等。州收藏家协会邀请省内著名专家举办2场专题讲座并为州内外收藏家免费鉴定珠宝。

【大理州南诏史研究会召开学术年会】

大理州南诏史研究会2010年学术年会于8月24日在下关召开,来自州内外的会员代表60余人出席会议。州白族学会、彝族学会、延安精神研究会、孔子学会和大理龙尾古城保护协会负责人应邀到会。南诏史研究会自上世纪80年代初成立以来,组织会员对南诏大理国历史和白族、彝族等民族的历史文化进行了深入研究,取得了丰硕的学术成果。先后编辑出版了《南诏史论丛》7辑,发表会员的学术论文和调查报告300余篇共200多万字,会员出版个人学术专著数十部。副州长洪云龙出席会议并讲话。会议听取了理事会的工作报告,进行了学术交流。

【举办大理巍山·南诏文化节】　首届大理巍山·南诏文化节于2010年3月20日~3月24日在巍山县举办。活动内容:首届南诏文化节开幕式、中国彝族祭祖、首届"金虎杯"全国彝族民间原生态歌舞乐精英选手邀请大赛、首届南诏文化高峰论坛、旅游文化商务推介会、中华彝族企业家协会大理州分会成立仪式等。3月23日上午,首届大理巍山·南诏文化节在巍山县蒙阳公园内隆重开幕。《求是》杂志社原总编、云南省民族文化发展基金会会长王天玺宣布大理巍山·南诏文化节开幕。省人大常委会原主任李桂英、省人大常委会副主任卢邦正、省政协秘书长龙忠志,大理州委、州人大、州政府、州政协领导,国家民族博物馆领导,贵州省、丽江市、红河州、楚雄州、凉山州的有关部门领导及全国各地的彝族学会负责人出席了开幕式。

【"七彩云南·神秘大理"民族风情展在美国展出】　11月6日,"七彩云南·神秘大理"民族风情展在美国纽约展出。此次展览由纽约美中泰国际文化发展中心和依凌爱心源博物馆联合策划,由曼哈顿艺术团等单位协办。巡回展的主旨是扩大云南特别是大理民族文化艺术在世界的影响,促使大理走向世界,让世界走进大理。这次民族文化展包括中国摄影家拍摄的云南大理风光图片、民族服饰、手工艺品、民族歌舞及三道茶演示等。展览分别在纽约(美华艺术协会、唐人街)及曼哈顿等地展出。著名社会活动家陈香梅为这次活动发来了贺词"爱的奉献",赞扬展览丰富了社区文化生活。美国国会议员艾克曼从华盛顿发来贺信,称赞主办者为促进美国民众对中国艺术的了解做了一件好事;纽约州众议员奥迪兹、纽约市议员顾雅明前往祝贺。

【中美民族文化国际交流中心开馆展览】　4月28日下午4时30分,中美民族文化国际交流中心在喜洲苍逸图书馆正式开馆展览。中国文联党组成员、书记处书记、省政府副秘书长白庚胜,州人大常委会主任字国顺、州政协主席袁爱光,州委常委、州政府副州长蔡春生等领导出席开馆仪式并为中心成立剪彩。在中心成立仪式上,大理中美文化交流中心、美中泰国际文化交流中心总裁李依凌介绍了中心成立的情况。美方代表向中心捐赠了展品,泰国前总理乃川医学总顾问李国栋先生向中心赠送了书法作品,美国纽约布鲁克林区中美事务部主任、亚美文化经贸促进会会长、中美友好协会荣誉主席郑祺容宣读了纽约市布鲁克林区区长马蒂·马科维兹的贺信。中美民族文化国际交流中心旨在推介海内外文化艺术团体、个人前来大理举办文化、教育、艺术、慈善等活动,促进沟通、交流与发展。三月街民族节期间,该中心展出白族民俗文化、"飞虎队"抗战史绩、中美艺术家作品等系列展品。

(李文波)

文学艺术

【《洱海花》获少数民族戏剧会演多项奖】　在2010年7月17~24日举行的第二届中国少数民族戏剧会演中,大理州选送的现代白剧《洱海花》获得6个单项奖、1个银奖。《洱海花》荣获剧目综合银奖,杨益琨、杨刘忠、赵福仙荣获优秀表演奖,张亮山荣获优秀音乐唱腔设计奖,杨华、王虎荣获优秀舞蹈编导编舞奖。第二届中国少数民族戏剧会演由国家民委、文化部、中国少数民族戏剧学会、宁夏回族自治区民委、宁夏回族自治区文化厅共同主办,是集中展示近年来中国少数民族题材戏剧作品创作成果的艺术盛会。现代白剧《洱海花》是由大理州本土剧作家创作,特邀云南省著名戏剧导演王鹰执导、上海京剧院著名作曲家龚国泰配器,聘请上海越剧院院长、著名剧作家、大理州歌舞剧院名誉院长李莉为艺术顾问,继《白洁圣妃》之后精心打造的一台现代白剧。该剧讲述了洱海生态保护退田还湖拆迁工作中发生的喜剧故事,以现代白族地区的生活为素材,讴歌了在加快大理发展中"党心民心一条心"的主题,塑造了以海花、阿水等为代表的识大体、顾大局的基层干部和群众的正面形象。

【大理州2个节目获全国"群星奖"】

全国第十五届"群星奖"颁奖晚会于5月24日在广州举行。云南省共有7个节目获奖,其中,由大理州选送的小白剧《白曲声声》荣获作品类(戏剧)"群星奖",巍山彝族打歌《阿克里》荣获作品类(舞蹈)"群星奖"。

【举办大理国际影会闭幕式颁奖晚会】

8月5日,第二届大理国际影会闭幕式颁奖晚会在大理全民健身中心举办。中国摄影家协会副主席王文澜、中国民族音像出版社社长景宜、中国摄影家协会副秘书长顾立群,云南省委宣传部常务副部长、省文产办主任、省摄影家协会主席尹欣,云南省文联副主席段斌、著名舞蹈艺术家杨丽萍,大理州领导刘明、何金平、王雪峰、字国顺、袁爱光及州级各部门领导,各方嘉宾以及来自国内外的学者、摄影家和各级媒体的新闻记者出席闭幕式颁奖晚会。州委书记刘明和中国摄影家协会副主席王文澜先后致辞。晚会邀请嘉宾对"魅力大理"摄影大赛和"金翅鸟"大奖现场开奖。来自河南洛阳的摄影家朱天文拍摄的《大理印象》获得"魅力大理"特级收藏奖,来自昆明的李一波的作品《民主的脚步》、来自大理的张继麟的作品《和谐的田园》、来自大理的张雁昭的作品《低碳家园》分别获得"魅力大理"纪实类、艺术类、商业类一级收藏奖;有2名摄影师获得"魅力大理"二级收藏奖、3名摄影师获得三级收藏奖、50名摄影师获得优秀奖。"金翅鸟"摄影大奖从12个展览中产生了5个大奖和1个提名奖;“金翅鸟”新媒体大奖从85部短片中产生了5个大奖。本届影会还特设了“金翅鸟”特别贡献奖,A·D·柯曼、阿诺·拉斐尔·闵奇恩、奈杰尔·马文、王川等国内外摄影大师获此殊荣。王文澜、尹欣、刘明、何金平、王雪峰、字国顺、袁爱光等领导为获奖的摄影家颁奖。晚会回顾了首届大理国际影会摄影节盛况,展示了摄影节开幕式(开海节)等活动,简明扼要地介绍了第二届大理国际影会、“金翅鸟”大奖、“魅力大理”评奖活动的盛况以及“魅力大理”摄影大赛的宗旨和意义,介绍了影会总顾问及国际著名策展人、摄影人的作品。晚会主持人还进行了现场采访,邀请著名影像评论家对本次影会进行评论和讲述。赵云红、王红星、赵履珠、刘全和、刘全利、李建英、高洪章等省内外著名艺术家与大理州文艺工作者联袂表演了歌舞小品节目。

【“欢乐中国行·魅力大理”在京录制】 12月2日晚,在北京星光影视城演播厅内,由中央电视台和大理州委、州人民政府主办,大理电视台承办的央视新版“欢乐中国行·魅力大理”现场录制正式开始。州委常委、州政府副州长蔡春生,州委常委、州委宣传部部长王以志到录制现场看望演职人员,并与大理籍在京部分大学生、观众一同观看演出。张伟、徐千雅、纪敏佳、欢乐颂组合、李玲玉、黄征、刘颖、张浩南、黑鸭子组合、楼慧珍、张泽群、毛宁等明星来到录制现场为《魅力大理》倾情献艺。晚会还围绕“人文大理·幸福家园”的主题,设计了展示魅力大理的许多互动环节。晚会穿插了由《欢乐中国行》栏目组深入大理实地拍摄的大理白族扎染、漾濞打核桃、大理崇圣寺三塔、剑川木雕及千狮山、蝴蝶泉、鹤庆银器、洱海鱼鹰捕鱼等电视短片。整台录制晚会长达3个小时,最后在《跟我出发》的旋律中落下帷幕。州委宣传部、州广电局、州文化局、州政府驻京办、大理旅游集团等单位配合节目录制,州歌舞剧院、《蝴蝶之梦》艺术团以及南涧、巍山、剑川、漾濞县的150多名演职人员赴京参加现场录制演出。节目录制完毕后,在CCTV三套综艺频道中播出。

【“南涧跳菜”亮相农民春节联欢晚会】 1月14日,“南涧跳菜”艺术团再次赴京参加中央七套农民春节晚会的节目录制。“南涧跳菜”艺术团是整台晚会中唯一一个由农民业余演员组成的文艺团体,在2010年农民春节联欢晚会中演出的节目是南涧彝族民俗歌舞《丰收长街宴》(即“南涧跳菜”),晚会于大年三十晚18点到20点在央视七套频道播出。“南涧跳菜”自1998年被央视二套摄制为专题片,首次亮相央视舞台以来,以其独特的民间艺术魅力得到广大观众的好评,得到了中央、省、州各级文化部门及媒体的重视和肯定。至此,“南涧跳菜”相继10次被中央电视台邀请参与节目表演。

【央视播出《东方彝风·魅力巍山》大型文艺演出】 3月24日上午,中央电视台《艺苑风景线》栏目专题录制节目《东方彝风·魅力巍山》大型广场文艺演出在巍山县蒙阳广场举行。演出由《魅力巍山》、《璀璨彝星》、《东方彝风》3个篇章组成。由贵州省、四川省和云南省的原生态艺术家表演的歌舞《彝族大三弦》、《穿花跌脚》,舞蹈《阿买戚托》、《铃铛舞》、《海马舞》,乐器马布独奏《大凉山》以及原生态民歌《小哥呀》,展示了各地多姿多彩的彝族风情。一大批演艺界知名彝族歌手为现场观众献上了自己的主打歌,第十二届CCTV全国青年歌手电视大奖赛原生态唱法金奖获得者李怀秀、李怀福姐弟把唱响神州大地的原生态民歌《海菜腔》带到了巍山。此次大型文艺演出是2010年云南巍山首届南诏文化节的重要组成部分,节目于5月10日在央视三套频道首播。

【全省军队离退休干部文体比赛在大理举办】 10月18日晚,为期3天的云南省军队离退休干部第六届“夕阳红杯”文艺体育比赛在大理州体育馆拉开帷幕。来自全省16个州市17支代表团的550余名演职人员和运动员,参加本届“夕阳红杯”文艺体育比赛大会的演唱、舞蹈、小品等文艺项目比赛和门球、乒乓球、象棋、桥牌等体育项目比赛。本届文艺体育比赛大会,红河州代表队的舞蹈《怀念战友》获文艺类比赛一等奖,昆明市的金钱板《钱》和大理州代表队的舞蹈说唱《三弦情》,分别获文艺类二等奖。体育类比赛中,保山市代表队获门球比赛第一名,昆明代表队的余春强获乒乓球比赛第一名,昭通市代表队的陈金海获象棋比赛第一名,昭通市代表队的陈广达、张家正获桥牌比赛第一名,昆明市代表队的杨保承获钓鱼比赛第一名,大理州代表队的王鼎文、张崇金获得双抠比赛第一名。

【云南省宗教界运动会暨文艺汇演在大理闭幕】 6月22日,为期4天的2010年云南省首届宗教界运动会暨文艺汇演在大理州体育馆闭幕。省委常委、省委统战部部长黄毅等领导为获得“道德风尚奖”的代表队颁奖,云南省政协副主席马开贤宣布闭幕,州委副书记、首届宗教界运动会暨文艺汇演组织委员会执行主任王雪峰主持闭幕式。省委统战部副部长杨光海、省宗教事务局局长熊胜祥,州政协主席袁爱光,州委常委、副州长蔡春生,州委常委、州委统战部部长杨秀星,州委常委、州委政法委书记茶忠旺,副州长洪云龙,州政协副主席毕熊光,省委统战部相关领导、全省16州市相关领导及云南省宗教负责人出席闭幕式。

【《喜鹊窝的秋天》获“关注森林”文化艺术一等奖】 2010年,中国作协会员、大理白族青年作家杨义龙创作的长篇小说《喜鹊窝的秋天》获全国第四届“关注森林”文化艺术一等奖。在全国“关注森林”活动10周年总结表彰大会上,中共中央政治局常委、全国政协主席贾庆林接见了获奖者代表。

【《家山万里梦依稀》入选“红色太行中国画展”】 2010年,中国美协云南分会会员、大理州美协副主席、弥渡县文联兼职副主席马立康的中国画《家山万里梦依稀》,入选中国美协主办的“红色太行中国画展”。这次展出全国入选作品260件,其中云南省入选2件。这些作品展出后,经作者同意,将由组委会收藏。

(李文波)

群众文化

【“文化三下乡”活动在巍山县启动】 1月14日,大理州“文化三下乡”活动启动仪式在巍山县城举行。在本次活动中,州民族歌舞剧院共演出歌舞节目11个,观众近万人次。州图书馆为农民群众发放《农科信息指南》等资料5200份,向县图书馆赠送图书500多册,向群众发放窗花纸2000份、春联400多副,折合人民币1.5万元。州新华书店优惠售出近3000元的书。

【足额兑付“2131”电影放映补助资金】 大理州文化局重视“2131”电影放映补助资金兑付工作,严格执行国家、省专项资金管理办法的相关规定。2010 年，国家、省、州的补助资金全部按时足额下拨到全州各县市文化(体育)局，及时兑现到农村放映队放映员手中，累计兑付资金 166.17 万元。

【加强乡镇文化站建设】“十一五”期间，大理州抓住扩大内需，加强农村公共文化服务体系建设的机遇，积极促进构建公共文化体系建设。2006～2010 年，投入资金 1891 万元，建设 58 个乡镇文化站。不断加大文化投入力度，其中：国家、省投入 1728 万元，州投入 163 万元(给 53 个文化站安排设备购置补助 58 万元)。到 2010 年底，全州每个乡镇都有 1 个功能完善的综合文化站。

【农家书屋工程建设通过省级验收】2010 年 10 月 18～22 日，云南省新闻出版局对大理州 2009 年新建农家书屋工程建设进行验收检查。大理州 2009 年度争取到农家书屋建设 326 个，经过州、县两级文化部门的努力，已完成工程建设，于 2010 年 9 月全部投入使用。通过此次检查，验收组一致认为大理州农家书屋均达到了国家新闻出版总署的基本建设要求，全州各县市的农家书屋建设情况完成较好，基础条件较好的行政村(社区)能够配置符合要求的农家书屋设施设备，条件较差的山区农村也能因地制宜建设农家书屋。

(李文波)

文 博

【大理州博物馆免费开放】 1 月 11 日，大理州博物馆举行免费开放启动仪式，州、市相关领导部门及大理军分区、大理市消防大队官兵代表，大理学院、下关七小师生代表，吉昌、泰安社区代表，新闻媒体、文化艺术、文物收藏等各界代表共 700 多人参加了启动仪式，大理州博物馆正式向社会全免费开放。州博物馆建立于 1986 年，是云南省州市级最早建立的博物馆。博物馆占地面积 3.3 万平方米，建筑面积 8800 平方米，绿化面积 1800 平方米，展厅面积 4600 平方米。馆藏文物有石器、青铜器、陶器、瓷器、铁器、纸质、木质、金器、银器、玉器等类别，藏品有 1 万余件。州博物馆有 12 个展厅，分为 7 项专题来展示，分别为大理青铜文化、陶瓷艺术、南诏大理国历史文化、南诏大理佛教文化(3 个展厅)、大理石文化、大理历史文化、白族文化(2 个展厅)。州博物馆从 2009 年 6 月 1 日进行免费开放试运行，经过半年的运行，硬件设施得到显著改善，服务水平不断提高。随着各种条件逐步成熟，正式向社会免费开放。

【完成文物普查第二阶段实地调查任务】 2010 年，大理州第三次全国文物普查第二阶段文物实地调查工作圆满结束。全州完成 110 个乡镇共 1123 个行政村、10281 个自然村的文物普查工作，完成率分别为乡镇 100%、行政村 100%、自然村 95.75%，新发现文物 1804 点(处)，复查文物 657 点(处)，消失文物 38 点(处)。在新发现的 1804 点(处)文物中，古遗址 118 点(处)，占 6.5%；古墓葬 117 点(处)，占 6.5%；古建筑 1107 点(处)，占 61%；石窟 109 点(处)，占 6%；近现代主要史迹 314 点(处)，占 17%；其他 39 处，占 2.2%。大理州第三次全国文物普查实地调查阶段，新发现文物数量较为突出的有 4 个县市，分别为：大理市 221 点(处)、巍山县 212 点(处)、剑川县 211 点(处)、祥云县 205 点(处)。复查数量较为突出的有大理市 176 点(处)、巍山县 71 点(处)、剑川县 65 点(处)，其余各县市基本平衡。

【开展文物普查实地调查验收工作】为了开展第二阶段文物普查实地调查验收工作，大理州文化局在组织州级普查专家指导组认真学习省、州文物及文化部门制定的验收办法的基础上，开展对大理市的试点验收工作。通过试点验收，进一步掌握实际验收工作的技术运用，于 2010 年 4 月 23～28 日，组成 4 个验收组分赴各县市进行验收。2010 年 5 月 11～13 日，省普查办第一督查组赴剑川县、巍山县进行第二阶段文物普查实地调查验收，并对其余 10 个县市进行了抽查，共抽查登记表、材料 111 件，验收合格率 100%，顺利通过验收。

【申报第七批全国重点文物保护单位】 2010 年 6 月，大理州文化局完成申报第七批全国重点文物保护单位工作，确定了“大理弘圣寺塔”等 20 项申报单位为大理州申报第七批全国重点文物保护单位的项目。根据国家文物局和省文物局的有关通知精神，大理州文化局广泛发动，做好申报的相关准备工作，拟定了《大理州申报第七批全国重点文物保护单位初审工作方案》，成立了领导组和专家初审组，负责申报工作的组织领导和初审工作；认真履行职责，严把责任关，确保各项申报文本符合省文物局、国家文物局的要求。

【阿嵯耶观音回归大理】 2010 年 8 月 19 日，在大理古城文献楼举行了隆重的国宝阿嵯耶观音造像回归仪式。省文化厅厅长黄峻出席仪式并讲话。州委书记刘明，州委副书记、州长何金平出席仪式并为阿嵯耶观音造像揭幕。阿嵯耶观音是大理历史文化的重要标识，它承载了丰富的历史、宗教、文化信息，是云南目前发现最早的观音造像，被誉为“云南福星”，是南诏大理国时期大理地区独有的佛教艺术珍品，全世界目前发现的尚不足 20 余尊。此次展示的这尊阿嵯耶观音造像，是在省文物部门的关心、支持下，通过大理州文化、文物和旅游部门的共同努力而征集回归的。州委、州人民政府和文化、文物部门对阿嵯耶观音等珍贵文物的征集一直以来都十分重视。2010 年 7 月，得知云南省文物总店从美国征集回一尊大理国阿嵯耶观音珍品后，州、市文化、文博和大理旅游度假区管委会等有关部门及时协调，州人民政府出资 178 万元，重金征集到了这尊从美国回归的观音造像，归属大理州博物馆收藏，由州旅游度假区管委会在大理古城文献楼展示。

【国家文物局局长单霁翔一行到大理考察】 4 月 16～17 日，国家文物局局长单霁翔一行到大理州考察文物保护工作。省文化厅副厅长、省文物局局长熊正益，州委书记刘明，州委常委、州政府副州长蔡春生等领导陪同考察。在大理期间，单霁翔一行深入巍宝山、大理古城、下关龙尾关进行实地考察，检查文化遗产保护各项工作情况，并前往州博物馆参观指导。刘明代表州委、州政府对单霁翔一行的到来表示欢迎，并介绍了大理州的历史沿革、经济社会发展情况，特别是多年来全州开展文化遗产保护工作的各项措施和总体情况。

【恢复重建巍宝山斗姥阁】 11 月 12 日，巍山县巍宝山斗姥阁恢复重建工程开工。斗姥阁古建筑群建于清朝初年，乾隆四十年(1775 年)重建，属巍宝山古建筑群的重要组成部分，由西厢房北斗殿、东厢房南斗殿、过厅和斗姥大殿组成，是云南省政府公布的省级重点文物保护单位。2010 年 3 月，因极度干旱引发山林火灾，导致主体建筑被毁。在省、州党委和政府的支持下，巍山县委、县人民政府积极采取措施，全面开展恢复重建工作，投资220多万元对斗姥阁进行恢复重建，重建面积577.23平方米，预计建筑工期150天。

【开展茶马古道大理州境内段专题调查】 2010年，大理州文博部门认真做好茶马古道大理州境内段专题调查工作。根据州委书记刘明对州规划局《调查与研究》第1期刊载《茶马古道大理海西段调查报告》一文的批示精神，结合全省开展第三次全国文物普查专题调查的有关通知要求，州文化局于2009年10月20日召集了文物、文博专家进行专题研究，成立了专家指导组，拟定了《关于开展茶马古道大理州境内段重点专题调查的工作方案》，组织全州各级普查办开展"茶马古道"大理境内段的专题调查，内容包括茶马古道周边经济状况、文化线路、人文景观、自然状况等。对保存完好的古道进行全方位、多角度地拍摄，测量绘制图纸、图片，对消失的古道进行说明，绘制消失的线路图，形成完整充实的茶马古道调查图片资料和研究报告。

（李文波）

图书

【州图书馆"送书下乡"服务基层群众】 2010年初，州图书馆对"三下乡"活动进行了部署，成立由馆领导、信息资源部、南诏大理文献中心、借阅部及办公室组成的领导与服务组。在对巍山、永平等地的种植养殖、民间习俗进行调研后，有针对性地编印科技资料、筹备物资。1月，参加了州委宣传部在巍山组织的"三下乡"活动，向当地群众发放《农科信息指南》5000多份、窗花剪纸600余份、日历450余份、春联900多副，并向县图书馆赠书500多册。3月，全州文化工作会议期间，组织"送书下乡"及乡镇文化站设施设备发放活动，送书2.7万册、电视机5台、DVD影碟机5台、钢质书架5组，总价值88.08万元。3月30日，参加由团省委、省科技厅在永平县组织的抗旱救灾活动，向群众发放《农科信息指南》6000多份，向永平县图书馆赠书500余册。5月，向大理镇东门村委会赠书600余册，价值1.7万元。9月，在"两基"迎国检赠书活动中，向各级学校赠书500余册。

【大理沧海书院挂牌成立】 8月9日上午，大理沧海书院在大理古城正式挂牌成立。中央党校资深教授任登第、大理籍著名作家景宜等出席挂牌仪式。大理沧海书院由毕光辉个人出资5万元，会同张锡禄、杨恒灿、何子雄、顾树春等人共同发起创办。书院的创立，旨在通过学习、研究和传承以《弟子规》为主的优秀传统道德礼仪文化，达到继承和弘扬中华民族优秀文化，提高市民道德素养，构建和谐社会、和谐家庭的目的。该书院主管单位为中共大理市委宣传部，属于公益型书院。

【举行《誓言无声》图书首发式】 6月10日上午，《誓言无声》图书首发式在苍山饭店国际会议中心举行。州委常委、州委秘书长杨健主持首发式，州委书记刘明为老党员代表赠书，州委副书记王雪峰讲话。《誓言无声》是一本反映大理州60名有60年以上党龄的基层老党员事迹的图书。州委书记刘明为该书题名并作序。《誓言无声》在成书之前举行了专题图片展览，有190个单位、2万多人参观。春节期间，中央政治局委员、中组部部长李源潮到大理考察时曾参观该展览并给予高度评价。

【《剑川民族文化丛书》第二辑首发】 《剑川民族文化丛书》第二辑于4月27日在下关首发。州委副书记王雪峰，州人大常委会主任字国顺，州政协主席袁爱光，州委常委、州政府副州长蔡春生，州委常委、州委组织部部长叶翠萍，州政协副主席张树藩、孙珍玲、寇铸勋等领导出席首发式。丛书第一辑9册于2009年9月出版发行。第二辑由《走出剑川》、《感悟剑川》、《剑川画卷》、《在沙溪阅读时间》、《不是传奇的传奇》5册组成，全景式地展示了剑川的人文历史、风物景观、文化底蕴和民风民俗。首发式上，剑川县还向州志办等单位赠送了丛书。

（李文波）

广播电视

【概　述】 2010年，全州广播影视工作以邓小平理论和"三个代表"重要思想为指导，深入贯彻落实科学发展观，坚持"高举旗帜、围绕大局、服务人民、改革创新"的总体要求，按照"提高加快广播影视又好又快发展的重要性、紧迫性的认识，推进观念、体制机制、内容形式、传播手段4个创新，构建宣传引导、安全播出、公共服务、数字化、产业发展、行业管理、人才队伍7个体系"的发展思路，充分履行"引导社会、教育人民、推动发展"的职能。不断解放思想，开拓创新，扎实工作，顺利完成各项任务，广播电视工作取得显著成绩，连续3年在全省广播电视年度目标责任制考核中评为优秀，受到省广电局表彰奖励。

【实现广播电视全年安全播出目标】 2010年，州政府充实调整州广播电视安全播出应急协调领导小组，加强对安全播出工作的领导。全州广电系统加强安全播出学习培训，增强安全播出意识；健全完善安全播出预案、应急协调预案和保障方案；坚持安全播出联系会议制度，及时研究部署工作；完善安全播出指挥调试中心建设，加强安全播出值班、带班制度；组织应急演练，完善技术监测监管；适时组织安全播出工作检查，及时整改发现问题；突出抓好重要节庆和重大活动重保期工作，做好日常安全播出各项工作，实现全年广播电视安全播出。2010年，州广播电视事业局被国家广播电影电视总局安全播出调度中心评为先进单位。

【广播电视公共服务能力得到提升】 全州广播电视系统认真组织实施州政府2010年重点督查20项重大建设项目之一的广播电视"村村通"工程，圆满完成全州第二、三批广播电视"村村通"直播卫星覆盖工程建设任务，安装设备92709套。完成"十二五"广播电视发展规划编制工作。完成省级广播电视节目无线覆盖工程，全州11个台站22部广播电视发射机建设安装调试完成并进入试播，全州广大农村群众无偿收听、收看到省电台新闻广播节目和云南卫视节目。在大理市建成地面数字电视国标无线发射台，发射数套高清和标清数字电视信号。建成大理市和祥云县CMMB移动多媒体广播发射点，覆盖地区可收到数套移动数字电视和广播节目。全州广播和电视覆盖率分别达到96%和98.75%，分别比上一年度提高了1.00和0.75个百分点。广播电视传播能力得到增强，全州建成广播电视播出机构14个，发射台及转播台18座，共有广播发射机53部、电视发射机39部，传播中央、省、州、县市多套广播电视节目，信号覆盖全州；有线电视传输模拟电视节目39套、数字电视节目160余套（含高清电视节目9套)、音频广播节目20套。电影职能管理和农村电影放映工作有效加强,完成州级电影行政管理职能调整划转,推进农村电影放映体制改革。完成国家配发的42套农村数字电影放映设备的下发工作,指导组建大理州星影农村数字电影院线有限责任公司,指导、督促各县市落实农村电影放映任务。启动筹建大理电影历史博物馆工作和《大理州电影志》编纂工作。大理电视台购置了8+2讯道标清数字电视转播车,进一步完善大理在线、新闻制作网、新闻回传系统的数字化、网络化建设;大理州人民广播电台完成现场直播系统、采访工作站、安全播出保障系统建设;苍山电视转播台完成位于海拔4000米处10KV高压专用输电线路段的改造。云南广电网络大理分公司实施了全州县城以上城区有线电视网络双向化改造及梳理工程、州至县10GMMTP骨干传输系统建设工程。技术维护管理和指导工作进一步加强,成立了州广电局科学技术委员会,定期开展技术交流和技术评审,对全州广播电视技术维护工作进行指导和维护检查。

【加强广播影视行业管理】 2010年,大理州广电局加强广播影视依法行政和行业管理,巩固法制政府、阳光政府建设成果,实施效能政府四项制度建设,机关工作更加规范,行政效能得到有效提升。认真履行社会管理、行业管理职责,在各级综治、公安、工商、国安、信息等部门配合下,开展对卫星电视地面接收设施销售安装使用、广播电视医疗广告、广播电视医疗资讯服务和电视购物节目内容、有线电视网络传输境外节目、互联网传输色情等有害信息、互联网上传播视听节目的整顿和专项治理。加强对广播电视播出机构频率、频道、台标、频道标识、呼号和IPTV、CMMB移动多媒体广播等新媒体的管理。加强安全播出工作,充实完善组织机构,建立健全综合防范和应急处置机制,加强责任和值班检查,确保了州"两会"、上海世博会开幕式、广州亚运会等重保期广播电视的安全播出。

【广电产业经营快速发展】 2010年,按照事企分开、制播分离的原则,逐步推进大理电视台和州人民广播电台的内部改革。进一步理顺经营管理体制,强化营销规划和推广,拓展经营市场,打造品牌节目栏目,营造良好的产业发展环境,经营收入稳步增长。大理电视台经营收入达到1500万元。云南广电网络大理分公司改善服务质量,调整经营结构,积极稳妥地开展数字化整体转换工作,拓展互动电视、宽带上网、行业专网、大理视讯网站等新兴业务,年收入突破1.1亿元。

【开展年度广播电视节目政府奖评选活动】 4月8日,大理州开展2009年度广播电视优秀节目评选活动,有115件广播电视作品参加评选。评委由州县市专家20人组成,评选分为广播、电视特别奖和电视新闻、电视社教、广播新闻、广播社教5个组。按照《大理州广播电视优秀节目评选办法》,在评选监督组的监督下,共评出45件获奖作品,其中一等奖1件、二等奖20件、三等奖24件。

【省广电局副局长李凡一行到大理检查指导】 2月1日,云南省广电局副局长李凡、宣传管理处处长刘赛龙一行到大理州广电局检查指导,听取州广电局工作情况汇报,通报省广电局2009年度对各州市广电局工作目标责任制考核结果。大理州广电局2009年度工作成绩突出,在全省州市广播电视工作年度考核中综合得分排名优秀第三名(共设优秀奖7名)。州委宣传部部长王以志参加汇报会并讲话,州委常委、副州长蔡春生会见了李凡一行。

【省广播电视政府奖评选会在大理举办】 4月16~17日,云南省2009年度广播电视政府奖广播新闻、社教奖评选会在大理举办。评选会由云南广播电视局主办、大理州广播电视局承办。州委常委、州政府副州长蔡春生出席评选会并讲话。评选分广播新闻、广播社教和民族语节目3类,全省180多件作品参加评选。

【广播电视节目创优工作取得好成绩】 2010年,全州广播电视创优工作取得好成绩。在全省优秀广播电视节目评选中,大理州选送的节目分别在电视新闻奖、电视社教奖、广播新闻社教奖、广播电视文艺奖、广播电视播音主持奖、广播电视广告奖、广播电视论文奖、县市优秀节目奖等奖项评选中,共获得2个"十佳栏目"奖、16个一等奖、18个二等奖、17个三等奖。其中,大理电视台《身边》和大理州人民广播电台《直播大理》获"十佳栏目"奖;大理电视台系列报道《宾川柑橘滞销》、系列片《洱海》、电视播音作品《张黎明〈大理新闻〉》和电视主持作品《潘越华〈身边特别节目〉》、片头《大理讲坛》,大理州人民广播电台广播新闻《弥渡超级稻创水稻单产世界纪录》、广播社教节目《阳光校园——我在大理的留学生活》、广播民语节目《白族作家景宜创作的电视剧〈金凤花开〉在央视热播》,广播剧《喜鹊窝的秋天》、大理市电视台电视消息《双廊白族渔村旧貌换新颜》、大理市电台广播文艺节目《完全音乐时间》、宾川县广电局广播节目《移民老周改门换"县"开启新生活》、大理市电台广播节目《直击爱心送考》、祥云县广电局电视专题《烟蚜茧蜂》、大理市电视台电视专题《走在乡间的小路上》、大理州广播电视局论文《大型活动对地(市)级电视台的影响》获一等奖。

【广播电视对外宣传取得成效】 2010年,全州各级广电部门围绕扩大影响、提升形象这一中心,推进"走出去"战略,坚持用"政治头脑、市场眼光、艺术手段"大力推进节目内容、形式创新,强化品牌建设,突出重点特色,外宣工作取得成效。一是全州各级广播电视媒体树立精品意识,创优意识,播出了一大批形式多样、内容鲜活、效果良好的新闻和栏目。二是以重大活动为契机,搭建对外宣传平台,突出特色扩大对外宣传茶花兰花博览会、三月街、洱海开海节、大理国际影会、漾濞核桃节、文明大理示范工程等重大节庆活动。三是加大与上级主流媒体的联系,积极送稿播出,2010年大理电视台送中央电视台播出稿件121条,列全省州市级电视台之首;送云南电视台播出稿件近378条,居各州市电视台前列。州人民广播电台连线新闻《3月26日大理州普降春雨》在中央人民广播电台中国之声《央广新闻晚高峰》、《全国新闻联播》节目中及时发布,新闻专稿《云南大理三月街民族节热闹开街》在中央台中国广播网、中国国际广播电台国际在线网等十多家网站转载刊发。全年共有14条稿件在中国国际广播电台播出、有86条稿件在云南人民广播电台播出。州人民广播电台被评为云南广播电台2010年新闻宣传先进单位。

【州级广播电视媒体公益广告获奖】 大理电视台和州人民广播电台作为州级广播电视主要媒体,始终坚持正确的舆论导向,配合党委、政府各阶段工作重点,适时制作播出公益广告。12月1日,云南省广播电视局、云南省防治艾滋病局下发《关于表彰防治艾滋病优秀公益广告的决定》,大理州人民广播电台《消除歧视,实现有价值的人生》获广播类防治艾滋病公益广告优秀奖,大理电视台《“艾”与被爱》获电视类防治艾滋病公益广告优秀奖。

【加强广播电视宣传监管】 2010年4月20日,州广电局根据国家广电总局《关于开展广播电视节目监听监看工作的意见》、《广播电视节目监管细则》、《广播电视广告播出管理办法》和省广电局《云南省广播电视监听监看工作实施办法》,结合大理州实际,制定下发《大理州广播电视节目监听监看工作实施办法》。《实施办法》对指导思想、组织机构、监听监看的内容、监听监看的范围、监听监看的方法、实施要求等方面作了明确要求。同时充分发挥局编委会的作用,定期或不定期召开工作会议,及时研究工作中出现的问题,编发《宣传简报》,加强对全州广播电视宣传工作的指导和监督。

【广播影视舆论引导能力增强】 “十一五”期间,全州广播电视宣传舆论引导能力明显增强。一是围绕中心、服务大局,宣传工作成绩突出。5年中,各级广播电视部门紧紧围绕党委、政府中心工作,坚持正确的舆论导向,以新闻宣传为重点,栏目报道为补充,直录播活动为特色,完成各年度“两会”、“两博会”、三月街民族节及中共十七大、北京奥运会、60周年国庆活动、实施“桥头堡”战略、滇西中心城市建设、“两保护、两开发”、解放思想大讨论、深入学习科学发展观、“创先争优”、“抗大旱、保民生、促春耕”等重大活动、重大事件的宣传报道任务。大理电视台共播出电视新闻2.5万多件,送中央电视台播出200多件,送云南电视台播出1890多件,送黄河电视台、美国斯科拉电视台等媒体播出400多件;州广播电台开播3年共播出广播新闻1.2万多件,送中央台播出20多件,送省电台播出200多件。二是打造精品栏目节目,内容和质量有较大提升。按照“政治头脑、市场眼光、艺术手段”的要求,推进节目内容、形式创新,打造出一批以《大理新闻》、《全州新闻联播》、《大理讲坛》、《身边》、《点苍说书楼》、《政风行风热线》、《热区农家》等为代表的骨干栏目和一批有特色、有质量、有深度、有影响的优秀节目。三是创优工作实现历史性突破,共有158件节目获省以上优秀广播电视节目奖,其中一等奖29件、“十佳”栏目奖3件。

【大理电视台节目改版】 大理电视台投入资金50多万元,于2010年3月完成对全台自办节目的改版工作。改版后的节目特点更加突出,节目质量得到提升,宣传效果更加显著。新闻节目突出《大理新闻》栏目,根据不同阶段主要工作增设各项小专栏,把握导向,突出重点,时政新闻重点报、重大新闻系列报、民生新闻随时报。《身边》栏目突出“寻访”、“经历”、“沟通”3个重点;《采风》栏目打造“风韵”和“风采”,突出反映历史文化、风土人情;《点击》栏目突出新闻事件的访谈、调查、评述;《大理讲坛》栏目深入挖掘本土文化内容;新推出的《和谐家园》栏目突出道德、和谐主题;联办栏目《大理党建》、《苍洱警视》、《人与家》、《红土地》、《品牌大理》等进一步加大合作,丰富内容;经营性栏目《旅游生活》、《房地产在线》、《车行天下》和《平安是福》突出特色,增加更多服务内容。

【大理电视台新闻宣传见成效】 2010年,大理电视台坚持新闻立台宗旨,增强新闻宣传的政治意识和职业使命感,配置强有力的人员和设备办好《大理新闻》。《大理新闻》紧紧围绕党委、政府中心工作,突出对重大新闻、重要新闻、时政新闻、民生新闻的宣传报道,宣传党和政府的方针政策、决策部署和经济社会建设成果,全年播出新闻6000多条。《大理新闻》根据年度各阶段的工作重点,结合深入学习科学发展观、州“两会”、抗旱救灾、文明大理建设、“桥头堡”建设、洱海保护、“创先争优”活动、三月街民族节、大理国际影会暨洱海开海节、漾濞核桃节、选人用人、总结“十一五”等工作开设专栏18个。《大理新闻》对外宣传作用进一步增强,积极与上级媒体合作和选送新闻节目,年内与中央电视台、云南电视台合作宣传报道春节、抗旱救灾、西部宣传等活动。全年选送中央电视台播出121条、云南电视台播出378条。

【大理电视台推出《回望“十一五”》专栏】 从11月22日大理白族自治州成立纪念日起,大理电视台开始在《大理新闻》中推出《回望“十一五”》专栏。专栏以总结5年来全州经济社会发展取得的成就和改革开放给全州带来的巨大变化为主题,通过具体事件和典型人物,深刻反映全州“十一五”期间各个领域取得的成效。

【《身边》栏目被评为“十佳”电视栏目】 9月,在云南省广播电视优秀节目评选活动中,大理电视台《身边》栏目因其贴近性、本土化、以人物为主的文化特性,被评为2009年度云南省“十佳”电视栏目。《身边》栏目2004年6月28日开播,每期长度20分钟,在大理电视台第一、二频道播出,每周播出3期。第一频道周二、四、六首播,周三、五、日重播;第二频道每周二、四、六播出。该栏目是一档关注平凡人生、表现人性人情,记录普通人的生活、命运和情感的电视杂志栏目。栏目开播6年来充分体现了栏目的定位宗旨,坚持“三贴近”原则,始终关注本土新闻事件的深度报道,关注寻常百姓在社会时代中的命运沉浮,关注他们在生活中的喜怒哀乐,逐步成为大理电视台收视率最高、创优率最佳、满意度最好、经济创收最多的品牌栏目之一。

【大理电视台举办中秋电视晚会】 9月19日晚,由大理电视台主办,大理烟草专卖局(公司)、红塔集团大理卷烟厂、南方电网大理供电局、大理市农村合作银行协办的2010年中秋电视晚会《洱海月圆》在大理州广电中心电视演播大厅举行。晚会以“洱海月圆”为主题,分乡音、乡情、乡恋3个篇章,共13个节目,充分展示白州风花雪月美景、文献名邦神韵及大理州各族干部群众积极投身生态环境建设和洱海保护治理的实践历程。中共大理州委常委、州委统战部部长杨秀星,州委常委、州政府常务副州长马建全,州委常委、州纪委书记梁志敏,州人大副主任杨宴君、彭增梅,州政府副州长许映苏,州政协副主席张树藩、寇铸勋,州政府秘书长李超、大理市政府的主要领导,州级有关部门负责人以及来自社会各界的代表共300多人出席晚会。

【《大理周刊》发行1万份】 由大理电视台负责编辑发行的《大理周刊》,发行范围覆盖全州12县市,2010年共发行54期,每期发行量1万份,报纸容量对开8版。《大理周刊》2010年11月改版,在保留原有的热点关注、本土文化等版面内容的同时,扩展了广电风采、星娱速递、一周娱乐、广电视野等新内容。在《欢乐中国行》“魅力大理”录制期间,出版了以《欢乐中国行》为主要内容的《大理周刊》特辑。

【《直播大理》被评为“十佳”广播栏目】 9月,在云南省广播电视节目优秀节目评选活动中,大理州人民广播电台

《直播大理》栏目以其直接性、贴近性和感染力强、宣传效果好等特点，被评为2009年度云南省"十佳"广播栏目。《直播大理》每周1期，每期60分钟，邀请全州县市委书记、县市长，州级各部委办局负责人走入直播间访谈。

【州广播电台新闻宣传成绩突出】 2010年，州人民广播电台紧紧围绕州委、州政府的中心工作开展新闻宣传，圆满完成全州"两会"、三月街民族节、"创先争优"活动、洱海开海节、全州抗旱救灾、中国大理国际影会、"文明大理"示范工程等重大宣传任务。《全州新闻联播》全年播出新闻6300多条，《直播大理》栏目播出64期，其他栏目共播出1450期。

【州广播电台宣传报道大理国际影会】 8月1～10日，第二届大理国际影会在大理举办。州人民广播电台在《全州新闻联播》中开设宣传专栏，并在《1027午间资讯》、《1027早知道》栏目中对影会工作及相关情况进行宣传报道。在《直播大理》栏目中进行新闻专访，通过《大理好地方》介绍大理著名景区、景点；在《口述大理》栏目中，对大理的历史文化、人文景观和自然景观进行宣传报道；在《1027近距离》栏目中，采访报道大理知名摄影家的故事；通过《大理交警之声》栏目为影会提供交通安全信息服务。为影会营造了良好的宣传舆论氛围，较好地完成了2010年第二届大理国际影会广播电视宣传报道任务。

【州广播电台开设"创先争优"专栏】 为切实开展对全州"创先争优"活动的宣传工作，在全州广大共产党员中营造浓厚的"创先争优"氛围，按照州委在全州深入开展"创先争优"活动的总体部署要求，州人民广播电台在州委"创先争优"办公室的支持配合下，从2010年8月4日起在自办栏目《直播大理》中开设《创先争优大型系列访谈》节目。通过对州级部门和各县市"创先争优"活动开展情况进行访谈，全面宣传"创先争优"活动取得的成绩和进展情况，推广各地区各部门在"创先争优"活动中的先进经验。此外，州人民广播电台从5月开始在《全州新闻联播》节目中开设了《深入开展创先争优活动，推动全州科学发展》和《贯彻落实科学发展观，加快经济发展方式转变》等专栏，对全州各级各部门开展"创先争优"活动进行集中宣传报道，共播出直播访谈节目12期，播发稿件210件。

【州广播电台完成第三次节目改版】 州人民广播电台于2008年1月1日开播以来，充分发挥州级广播主流媒体的作用，提升宣传水平，体现广播特色，不断探索和改进宣传模式。2010年7月，对节目进行第三次改版。改版后播出节目总计27档，其中直播节目10档计9小时、录播节目每天播出5档、重播节目每天播出8档、引进节目2档、转播新闻节目2档，全天播音共计17.5小时。经过第三次节目改版，州人民广播电台新闻综合频率FM102.7初步形成以新闻类节目为核心，旅游文化类节目为重点，文化教育、资讯娱乐节目为补充的框架，宣传水平和舆论引导水平得到提升。

【省州广播电台异地同步直播《抗旱热线》】 2009～2010年，大理州面临秋冬春3季连旱的严峻形势。为反映全州上下奋力抗旱救灾的情况，2010年4月12～18日，云南人民广播电台与大理州人民广播电台异地同步直播《抗旱热线——大理州抗旱保民生促春耕》。深入报道全州各级党委、政府高度重视抗旱救灾工作，为实现保人畜饮水安全、保困难群众生活、保长效经济作物、保春耕生产、保森林防火安全、保社会和谐稳定的目标，把抗旱工作作为当时十分紧迫的头等大事和重要任务来抓的工作措施和所取得的成效。

【州广播电台实现户外直播】 2008年1月1日州人民广播电台开播以来，因设备、人员等条件限制，一些重大活动仅采用电话回传直播室的直播连线方式进行现场直播，现场效果和直播质量都不理想。2010年，州人民广播电台投入25万元，配备先进的直播设备。8月2日，圆满完成2010年第二届大理国际影会——在大理蓝天下"爱心放归"活动2个多小时的户外大型现场直播任务。

【州长何金平批示广播电视"村村通"工程】 2009年8月12日，州长何金平上线云南人民广播电台《金色热线》，回答云龙县永登村农民李才根反映看电视难的问题。事后，州广电局狠抓落实，将反映问题的云龙县长新乡永登村作为全州广播电视"村村通"第二批直播卫星覆盖工程小规模建设试点村。州县广电部门组织技术人员逐户为农户安装调试设备，于2010年2月4日完成任务，使永登村100多名群众在2010年春节前收看到了电视节目。永登村村民联名写信给州长："感谢州长情意深，过去梦想变成真；电波传来新喜讯，更觉党的恩情深！"2月21日，州长何金平在州广电局"村村通"工作情况报告上批示："群众利益无小事，广电局在抓落实、求实效，维护党和政府的权威和信誉方面做得很好，望继续发扬成绩，把全州广电事业推上一个新的台阶。"

【召开全州广播电视工作会议】 3月9日，全州广播电视工作会议在大理市召开。州委常委、州人民政府副州长蔡春生到会作了题为《开拓创新，狠抓落实，努力开创全州广电工作新局面》的讲话。会议对2009年全州广电工作进行总结，对2010年工作进行部署。州人大副主任杨宴君、州政协副主席杨泽恒到会指导，州政府副秘书长段志宏主持会议。全州12县市分管副县市长、广电局局长，州级广电、发改、财政、扶贫、宗教、610办、州人大教科文卫委、州政协教文卫体委、州文教卫纪工委等部门领导，州级广电系统各单位领导，州广电局机关科室领导，云南广电网络大理分公司、省属653台领导参加会议。

【州政协视察"村村通"直播卫星覆盖工程】 2010年6月11～12日，州政协组织政协委员对全州广播电视"村村通"直播卫星覆盖工程建设情况进行专题视察。州政协主席袁爱光，州委常委、副州长蔡春生，州政协副主席毕熊光、张树藩、孙明，州政协秘书长欧阳任参加汇报会。会后，州政协视察组到祥云县禾甸镇，南涧县碧溪乡、公郎镇实地查看工程建设情况，走访农户，征求意见。视察组对广播电视"村村通"工作给予了充分肯定。8月25日，州委办公室在《大理调研》第50期刊发大理州政协《关于对我州广播电视村村通直播卫星覆盖工程建设情况视察的报告》。

【调整广播电视"村村通"工作领导小组】 2010年7月9日，州人民政府办公室下发《关于调整州广播电视村村通工作领导小组的通知》，对州广播电视"村村通"工作领导成员作了调整。州委常委、副州长蔡春生任组长；州政府副秘书长、办公室副主任段志宏，州广电局局长阿苍洱任副组长；州发改委副主任赵存芬、州财政局总会计师段文荣、州宗教局副局长胡玉涛、州广电局副局长李成林、州扶贫办副主任李时光为成员。

【调整广播电视安全播出应急协调领导小组】 2010年7月9日，州人民政府办公室下发《关于调整州广播电视安全播出应急协调领导小组的通知》，对州广播电视安全播出应急协调领导小组成员作了调整。州委常委、副州长蔡春生任组长；州政府副秘书长、办公室副主任段志宏，州委宣传部常务副部长曹劲鹄，州广电局局长阿苍洱，州委政法委副书记、610办主任张彤为副组长；州委政法委副书记、综治办主任李勇，州发改委副主任赵存芬，州公安局常务副局长何正荣，州财政局总会计师段文荣，州国家安全局副局长周正才，南方电网大理供电局副局长李仁杰，州广电局副局长、大理电视台台长李江，州广电局副局长李成林、苏兴龙，州人民广播电台台长张朝举，州政府信息产业办主任、网管中心主任和云平，云南广电网络大理分公司总经理杨诚森为成员。办公室设在州广电局，阿苍洱兼任办公室主任。

【调整广播电视管理工作协调领导小组】 2010年7月9日，州人民政府办公室下发《关于调整州广播电视管理工作协调领导小组的通知》，对州广播电视管理工作协调领导小组成员作了调整。州委常委、副州长蔡春生任组长；州政府副秘书长、办公室副主任段志宏，州广电局局长阿苍洱，州工商局副局长成云滔为副组长；州委政法委副书记、综治办主任李勇，州委610办副主任杨嘉明，州公安局副局长田树泽，州发改委副主任赵存芬，州国家安全局副局长周正才，州政府信息产业办主任、网管中心主任和云平，州广电局副局长李成林，州工商局企业注册科科长丁梅，州工商局市场监管科科长杨嵩山，州广电局社管科科长李金亮、副科长赵志良，大理市广播影视管理局局长邹勤为成员。办公室设在州广电局，李成林兼任办公室主任。

【移动多媒体广播电视信号开通】 2010年2月8日，州广电局在下关团山发射台建成移动多媒体广播电视发射台，发射功率1KW，发射频道29（中心频率642MHz），建成后覆盖大理市下关城区、大理古城以南、海东等地区。2010年6月28日，对覆盖网络进行了进一步的优化，在大理古城建设1KW发射台的单频网，信号基本覆盖整个洱海地区。可以通过移动G3手机、PDA、MP3、MP4、数码相机、笔记本电脑等CMMB终端接收设备和车载移动接收设备接收中央1套、5套、新闻、睛彩电影、睛彩天下和云南电视台都市频道、大理电视台1套等7套电视节目及3套广播节目。11月26日，在祥云县建成移动多媒体广播电视发射台，开通7套电视节目及3套广播节目。

【地面数字电视国标信号成功试播】 2010年2月8日，州广电局在大理团山电视发射台利用28频道开通地面数字电视节目，转播中央电视台高清频道和大理电视台一套电视节目，试播成功。按照国家广电总局的规划要求，2010年年底设备全部到达后，对节目内容进行调整，转播中央电视台一套（高清）、中央电视台七套、云南卫视和大理电视台一套共4套电视节目。

【完成“村村通”第二、三批直播卫星设备安装任务】 7月15日，2009～2010年度第二批直播卫星设备86232套的安装任务顺利完成；11月15日，完成第三批6477套设备的安装任务，全州92709套设备全部安装到位。第二批共配发给大理州直播卫星接收设备81652套，2009年11月国家广电总局的招标结果出来后，大理州各县市根据州县两级的资金配套情况在第二批追加购买了4580套、第三批追加购买了6477套。工程实施过程中，大理州还利用州县配套资金购买了7952台电视机免费配送给特困户，解决广大农村群众听广播、看电视难的问题。

【全州广播电视覆盖率提高】 2010年，大理州广电系统采取各种技术模式，有效提高全州广播电视覆盖率。通过全面完成新时期广播电视“村村通”直播卫星接收第二、三批工程建设，新增收视户92709户；增加有线电视用户2.9万多户、有线数字电视转换4万多户。全州广播和电视覆盖率分别达到96%和98.75%，分别比上一年度提高了1.00和0.75个百分点。

【广播电视公共服务能力大幅提升】 “十一五”期间，大理州广播电视公共服务能力大幅提升。先后建成广播电视“村村通”综合工程481座，对全州12县市20户以上已通电的4868个自然村115066户农户免费安装了直播卫星接收设备，并为8952户特困户赠送了电视机；完成13个无线广播电视发射台站基础设施改造，安装了59部广播电视发射机，各县市县城及周边群众通过无线方式可免费收听、收看到3套广播和3套以上电视节目；完成了161038座卫星地面接收设施的转星调整工作。同时，加快推进有线电视综合覆盖工作，至2010年12月底，全州有线电视用户达48万户，其中数字电视26.5万户。通过加大力度实施广播电视“村村通”工程、无线覆盖、有线电视三大工程，全州广播、电视覆盖率不断提高，分别为96%和98.75%，比“十五”期末提高了5.9%和2.6%。本地节目的人口有效覆盖率达到了50%。在全州102万户居民中，80多万户的收听、收视条件得到改善，解决了41.5万户群众看电视、听广播难的问题。

【广播电视传播能力明显增强】 通过“十一五”的建设和发展，全州广播电视传播能力得到明显增强，2010年，全州有广播电视播出机构14个，中波发射机10部，发射台及转播台18座，广播发射机43部、电视发射机39部。大理电视台办有电视节目3套、自办栏目15个；州人民广播电台有自办栏目22个；苍山电视转播台转播5套广播电视节目，信号覆盖全州；云南广电网络集团大理分公司传输模拟电视节目39套、数字电视节目160余套（含高清电视节目9套），音频广播节目20套；省属653台转播5套中波广播节目、4套调频广播节目。

【农村电影放映工程稳步推进】 “十一五”期间，全州农村电影放映工作稳步推进。2010年5月完成州级电影行政管理职能从文化局调整划转到广电局的工作，按照“企业经营、市场运作、政府购买、群众受惠”的发展思路，稳步推进农村电影放映管理改革，指导成立大理州星影农村电影数字院线有限责任公司，全面启动农村数字电影放映工程。5年来，国家和省、州各级投入全州农村电影放映免补经费600多万元，配发农村电影流动放映车9辆、数字电影设备42套，为1077个行政村免费放映公益电影4.8万场次，到“十一五”末基本实现1个行政村1个月放映1场电影的公益服务目标。

【编制《大理州广播影视“十二五”发展规划》】 按照州委、州人民政府要求，根据广电总局和省广电局编制“十二五”规划的通知精神，州广电局成立编制工作领导小组，编制《大理州广播影视“十二五”发展规划》。经过充分调查研究，广泛征求意见，反复修改，形成2.1万字的《大理州广播影视“十二五”

发展规划》。《规划》分为形势分析、指导思想和发展思路、主要任务、保障措施、重点建设项目5个部分,系统地提出了推进观念、体制机制、内容形式、传播手段4个创新;构建宣传引导、安全播出、公共服务、数字化、产业发展、行业管理、人才队伍7个体系的发展思路和总体目标;对舆论宣传、安全播出及监管、广播影视公共服务体系建设、数字化网络化发展、广电影视产业发展、依法行政和行业管理、人才队伍建设等7个全面作了详细规划。提出了具体可行的思想、组织、人才、体制机制和政策保障措施;对36个重点建设项目从内容规模、建设性质、投资估算、资金来源、预计开工竣工时间等方面作了详尽的规划。

【州人大代表调研广播电视工作】 10月18~20日,州人大常务副主任杨宴君带领州人大调研组调研大理州广播电视事业发展情况。调研组到州广电局听取了工作汇报,全面了解全州广播电视事业发展情况,深入云龙县天池村、鸡山中波台,祥云县祥城镇、芮家村等地实地调研,到山区农户家中了解情况。调研组对广播电视工作给予了充分肯定,并提出了"进一步总结经验,发扬成绩,加强技术培训,创新运行维护管理机制,结合'十二五'规划,认真做好广播电视发展规划,继续把广播电视事业发展壮大"的建议。

【州人大审议通过广播电视事业发展情况报告】 10月26~28日,州十二届人大常委会第十八次会议听取和审议并通过大理州人民政府关于全州广播电视事业发展情况的报告。州人大常委会在前期深入州县广电部门和乡、村、农户对全州广播电视事业发展情况调研视察的基础上,听取和审议了报告,对"十一五"期间全州广播电视事业发展情况给予了充分肯定,并对加强全州广播电视事业发展、深化电台电视台的改革、加大农村公共影视文化建设、加大对州级节目无线覆盖、加大广播影视法制建设、组织实施"兴农网"建设、加快农村有线电视数字化整体转换等工作提出意见和建议。

【州级电影行政管理职能调整划转】 按照省委宣传部、省编办、省文化厅、省广电局《关于尽快完成电影行政管理职能调整划转工作的通知》精神,大理州开展了州级电影行政管理职能调整划转工作。5月12日,州委常委、副州长蔡春生组织召开由州委宣传部、州文化局、州编办、州广电局等有关部门负责人参加的州电影行政管理职能调整划转专题会议,对调整划转工作进行了安排部署。会后,州委宣传部、州编办、州文化局、州广电局联文下发《关于调整划转电影行政管理职能的通知》,对州级电影行政管理职能调整划转工作提出要求。2010年6月4日,州委宣传部、州编办、州财政局、州文化局、州广电局、州审计局等相关单位负责人参加,州文化局向州广电局移交了州级电影行政管理职能。州文化局整体将原承担的电影发行、放映,市场准入,市场监管,农村电影放映工程实施、管理等职能统一归口划入州广电局。

【大理州星影农村数字电影院线有限公司成立】 州广电局按照"市场运作、企业经营、政府购买、群众受惠"的农村电影改革发展新思路,结合大理州的实际,推进农村电影改革。指导组建了民营性质的具有承担农村数字电影放映资质的大理州星影农村数字电影院线有限责任公司,于8月3日向国家广电总局电影管理局完善了备案手续。2011年1月25日,大理州星影农村数字电影院线有限责任公司正式挂牌成立。

【安装党员干部远程教育"卫星模式"终端站点】 为确保党员干部现代远程教育工作有效开展,大理州成立工作领导小组,制订方案,精心组织实施,于11月10日圆满完成了全州11个县市48个乡镇100个边远山区行政村的100座党员干部远程教育"卫星模式"终端站点的安装调试工作。按照建管并重的要求,在高质量、高标准完成工程建设的同时,对行政村相关人员进行了业务培训,使每个站点的工作人员都学会操作和使用,并掌握了日常维护、维修技术,确保党员干部现代远程教育"卫星模式"终端正常运行。

【大理电视台启用标清电视数字转播车】 为进一步加大宣传力度,提高电视直录播水平,大理电视台耗资700多万元购入"8+2"讯道标清电视数字转播车。4月26日,在大理州三月街民族节到来之际,大理电视台举行转播车启用仪式。州委常委、副州长蔡春生参加仪式并致辞,州委常委、常务副州长马建全,州人大常委会副主任杨宴君、州政协副主席张树藩、州政府秘书长李超、云南电视台副总编曾庆光、州委宣传部常务副部长曹劲鹄、州广电局领导及周边州市广电局嘉宾出席仪式。新转播车在2010年三月街民族节期间正式投入使用。

【整治非法卫星电视广播地面接收设施】 2010年,大理州广电系统继续开展整治非法销售、安装卫星电视广播地面接收设施的活动。春节前,协助和指导大理市广播影视管理局对辖区违规卫星电视广播地面接收设施进行了一次集中整治,销毁了一批违规安装使用的卫星电视广播地面接收设施。9月2日,州广电局牵头,州经委、州无委会、州工商局、州质监局、州公安局、610办、州安全局、大理市广播影视局、云南广电网络大理分公司组成联合执法组对州级所在地进行集中专项整治,共没收非法卫星电视广播地面接收机244台、接收天线23套、高频头115只、接收机遥控器73个。州、市电视台、广播电台对这次专项集中整治活动进行了集中宣传报道,营造了良好的宣传氛围。同时,严密监视非法销售具有"网络共享"功能卫星电视广播地面接收设备在大理州区域内出现,严格控制广播电视有线网络传送境外电视节目,有效抵御了境外敌对势力的渗透,确保了广播电视节目的安全接收、播出和传送。9月7日,大理州专项整治工作经云南省广播电视局传媒处、电影处评分,得分95分,名列全省前茅,受到通报表扬。

【大理网络公司成为卫星接收设施服务试点单位】 云南广电网络集团公司大理分公司是在大理州从事广播电视有线网络建设、运营的主体。1月5日,经州广播电视局审核,省广播电视局审批核准下发《关于同意大理州广电网络分公司从事国内卫星地面接收设施安装服务业务的批复》,批准其作为大理州境内独家安装服务网点的试点单位,从事国内卫星地面接收设施安装服务业务。

【加大广播电视广告监管力度】 2010年,全州广播电视部门严格执行《广告法》和《广播电视广告播放管理办法》,净化银屏、声频,确保广告节目导向正确。州广电局及时转发《云南省广播电视局转发广电总局关于进一步加强广播电视广告审查和监管工作文件的通知》,在重点"监管周"和"重点监管季"中,组织广播电视广告播出法规培训,2次到大理电视台经营管理中心、大理市广播影视管理局对广告播出内容进行检查和督查。同时配合云南省广电局对洱源县广播电视广告播出情况进行检查,对检查和督查中发现的问题及时要求播出单位进行整改。要求各县市广电局按《广播电视播出机构违规处理办法(试行)》和《广播电视广告播放管理办法》的要求,做好辖区内的广播电视广告播出工作。

【广播电视社会管理工作联席会作用大】 2010年,由州广电局牵头建立的州级和大理市辖区内广播电视社会管理工作联席会议制度的作用继续得到发挥。州、市广播电视行业管理联动机制协调领导组由州市广电局、公安局、安全局、综治办、610办、工商局、旅游局、信产办等部门组成。2010年共召开4次广播电视社会管理工作联席会议,在各个专项整治活动和重要工作阶段,充分发挥联席会议制度的协调、联动作用,有效开展对大理市辖区内广播电视社会管理的各项工作,维护了广播影视市场秩序。

【广播电视安全播出措施有力】 2010年,全州广播电视系统继续抓好安全播出工作。一是不断提高思想认识,增强安全播出工作是广电工作生命线的重要性的认识,增强责任感和使命感。二是调整充实安全播出应急协调领导小组,定期召开联席会议,及时分析总结和研究部署安全播出工作,全年根据安全播出工作形势要求和重保期工作安排,共召开6次联席会议。三是健全完善安全播出制度,完善州安全播出调度中心,增强了综合防范能力和应急处置能力。四是对照《2010年云南省广播电视安全播出检查提纲》,定期开展安全播出检查,及时堵塞安全漏洞。五是认真执行重保期间24小时值班双人双岗制度、领导一线在岗带班制度等,确保了全国、全省和全州两会、上海世博会、广州亚运会、广州亚残会等重保期广播电视的安全播出。2010年,在全国移动多媒体广播电视安全播出竞赛活动中,大理州广播电视事业局被国家广播电影电视总局安全播出调度中心评为先进集体,局机关赵毅明、大理电视台杨京隆、白绍武,苍山电视转播台张国庆被评为先进个人。

【苍山电视转播台完成广播电视发射转播任务】 苍山电视转播台苍山4092高山台承担着中央人民广播电台第一套、云南人民广播电台第一套、大理州人民广播电台、云南电视台第一套、大理电视台第一套节目等多项转播发射任务。按照"不间断、高质量,既经济又安全"的技术维护总方针,做好播出机房、远动控制、无线发射各个环节的技术维护和保障工作。投入资金17.5万元完成10KV电力线路入地360米改造工程,提高电力保障能力;实行24小时工作责任制,提高安全播出保障效能;完善处置突发事件机制,加强演练,提高应对突发性自然灾害的应急处置能力;与610办、综治办、公安局、三电办、无委会等部门沟通联络,全力配合做好广播电视设施保护和安全防范工作。实现全年广播电视节目安全、优质播出,圆满完成了2010年度全年广播电视安全播出任务。截至2010年12月30日,累计播出电视11频道6397小时、17频道5060小时,广播91MHz8736小时、102.7MHz6349小时、101.2MHz8686小时。

【下关653台实现优质转播】 云南省广电局下关653中波转播台承担着在大理州转播中央人民广播电台、云南人民广播电台等广播节目和大理地区的广播实验任务。全台通过6部中波发射机、4部调频发射机,总功率28KW,转播和实验发射中央、省、州及大理市8套广播节目。2010年,全台职工紧紧围绕中波转播和实验的工作中心,抓好"安全播出"的生命线,认真按照"满时间、满功率、满调幅"和"不间断、高质量、既经济又安全"的播出和维护总方针,搞好转播工作。同时,投资68.07万元,完善设施设备,进行技术改造。更新转播中央台一套10KWDAM发射机,更新传输馈管,新增柴油发电机组和三相稳压柜低压分配柜,改造设备控制、监测系统,保障播出质量。圆满完成2010年度广播转播和实验任务。

【广电网络大理分公司业务运营上新台阶】 2010年,云南广电网络大理分公司社会效益和经济效益双丰收。新发展有线电视用户29136户,全州有线电视入网用户达到48万户;数字电视整体转换用户40352户,全州数字电视用户达到26.5万户;新发展互联网用户12207户。加大数字电视付费节目、高清互动电视业务的推广和用户发展工作,拓展基于广电网络资源应用的行业信息化专网业务,新建专网18个;继续抓好卫星节目落地业务,加强宣传频道和《大理视讯》网站建设工作。经营总收入突破11000万元。

【广播电视有线网络基础设施建设得到加强】 2010年,云南广电网络大理分公司对项目建设投资战略进行重大调整,加大基础设施建设投资,调整网络双向化改造和建设投资的重点,从普遍投资转为重点投资,重点投资建设业务发展快、市场潜力大的区域的双向网络,加快实施网络的数字化、双向化改造,加强项目建设和管理,以业务拓展引领项目建设为主导,科学规划建设项目,合理安排建设资金,项目建设稳步实施。年内上报总公司批准立项27个,投资金额830.16万元。续建完成南涧、巍山、云龙支公司城区的网络双向化光缆改造和MMDS方式覆盖用户的光缆化改造及县乡骨干光缆网建设,完成剑川、洱源、鹤庆支公司的MMDS光缆改造工程。

【州电影公司经济社会效益双丰收】 2010年,州电影公司进一步开拓市场,加强公益服务,转变服务职能。年内,投资170多万元,对新建电影院进行提升改造,新增1个放映厅,形成1院3厅格局。同时,改善影院环境条件,提升技术设备水平,安装太空座椅、空调等,将胶片放映机更新为数字电影机,达到放映全球和国内首轮优秀影片的条件。通过加强营销和服务,电影院全年放映2000多场次,放映收入160万元,实现社会、经济效益双丰收。

【广电系统单位和个人获多项奖】 2010年,州广电系统单位和个人在多项工作中受到表彰奖励。州广电局被大理州委、州人民政府评为"全州防范和处理邪教工作先进单位"和对大理州获全国社会治安综合治理优秀地市荣誉称号做出突出贡献的州综治维稳成员单位,年底被评为2010年度推进惩治和预防腐败体系建设暨党风廉政建设责任制优秀单位、社会治安综合治理维护社会稳定工作先进单位。大理电视台那建萍、州人民广播电台文国韬被州委、州人民政府评为"全州防范和处理邪教工作先进个人"。大理电视台宋词被评为大理州"共产党员抗旱先锋行动"优秀共产党员。大理州广电局被国家广电总局评为2010年广播影视基层统计工作先进集体。云南广电网络大理分公司获国家广电总局2010年广播电视技术网络传输维护先进集体二等奖。苍山电视转播台和州广电局总工程师董南星、云龙县广电局王效东被云南省广电局确定为全省广电系统"创先争优"活动州市媒体宣传典型。大理电视台郭文平、宾川县广电局杨宏毅、云南广电网络大理分公司魏明被州委、州人民政府命名为大理州第二届优秀高层次人才。宾川县广电局杨宏毅被评为大理州先进工作者。州广电局在全省广电系统年度目标责任制考核中被评为优秀等次。

【州广电局被确定为选人用人公信度示范单位】 2010年，州广电按照干部管理选拔任用的相关规定，完成局机关和州广播、电视台16名科级干部、14名部门副主任的任免工作，配齐、配强了州电视台和州广播电台领导班子和中层干部。强化干部职工的教育培训，选派了1名挂职副镇长和2名新农村建设指导员到基层锻炼。继续在局机关开展科级干部竞争上岗工作，2名优秀年轻干部走上正科级领导干部岗位。年内，州广电局被州委确定为选人用人公信度示范单位。

【广播电视专业技术人才工作取得实效】 2010年，州广播电视系统专业技术人才工作取得成效。一是抓好全州广播电视专业技术职称评定工作，共评定出新闻宣传和工程技术系列高级专业职称2人、中级专业职称10人、初级职称4人；二是注重专业技术人员招聘工作，通过州人事部门统一组织，严格按照事业单位招考办法和有关程序，在有关部门的监督指导下，完成大理电视台、州人民广播电视6名专业技术人员的招聘工作，以新生力量充实广电专业技术队伍；三是进一步规范专业技术岗位设置和管理，根据国家人事部和省人事厅、州人事局《关于事业单位岗位设置管理试行办法的通知》精神，局机关、局属各台切实加强领导、周密部署、精心组织，于2010年12月28日完成局属事业单位专业技术人员岗位设置工作，对1名正高、15名副高、61名中职、29名初职专业技术人员的岗位进行了设置和定级，进一步规范了专业技术人员的管理。

【州广电中心实现全年安全运转目标】
2010年，州广播电视局加强对广播电视中心的管理，在消防、保卫、水电、保洁、环境、人员出入、车辆管理和设施设备维护维修等方面建立完善各项管理制度。针对中心内工作单位和部门多，各项重要活动多的特点，州广播电视中心管理委员会定期召开会议，部署工作，研究查找和解决问题；对中心内工作的干部职工加强制度学习和安全教育，组织干部职工、保安人员进行消防演练培训，提高责任意识和消防知识；组织定期不定期检查，对各项工作提出要求，对存在的问题及时整改；加强保安队伍建设，建立、完善考核制度，奖优罚劣，提高责任心；加强技防建设，完善电子监控系统和保安装备。全年安全运转无事故，确保了州广电中心各单位工作的正常开展。

【州广电局预防腐败和党风廉政工作成绩突出】 州广电局注重惩治和预防腐败体系建设和党风廉政建设工作，特别是针对2009年大理电视台经营管理中心发生的贪污受贿违纪违法案件，在全系统加强了预防腐败体系建设和党风廉政建设工作。一是深入开展反腐教育，组织干部职工到大理州党风廉政建设警示教育基地进行党风廉政警示教育，对身边的案例深入反思，从思想上打牢防线。二是完善防腐体制建设，与下属单位层层签订预防腐败和党风廉政建设责任书。对重要工程项目和较大的开支，专题研究，公开招标和采购；对一般项目实行前置审批和项目验收制度。三是加大对各级领导干部的管理，将科以上领导干部纳入个人重要事项登记。四是严格公务活动和公务用车管理，对局机关及各直属台严格按照有关规定执行。在大理州2010年度推进惩治和预防腐败体系建设暨党风廉政建设责任制考核中，大理州广电局被评为优秀等次，受到中共大理州委、州人民政府的通报表扬。

【大理州广播电视局召开党员大会】 8月20日，中共大理州广电局党委召开党员大会，党委所属局机关、大理电视台、州电台、苍山台、省广电局下关653台和局老年协会6个党支部的135名党员参加会议。大会对5名优秀党务工作者和28名优秀共产党员进行表彰，通报党风廉政建设工作和综治工作考核结果，通报大理电视台栾玉春、牛新云违法违纪案件，11名新党员进行了入党宣誓。会上，党组书记阿苍洱给到会党员上了党风廉政教育课。

【州广电局社会治安综合治理见成效】
2010年，州广电局加大社会治安综合治理工作力度，狠抓州级广电系统及省属下关653台的社会治安综合治理和维护社会稳定工作。构建广电"安全平安"核心价值观，加强社会公德、职业道德、家庭美德、个人品德教育；与下属各单位和省属653台签订社会治安综合治理责任书，分解任务，抓好落实；深入开展"平安家庭"、"和谐广电"创建活动；结合广电安全播出工作，加强各单位安全保卫工作，制定消防安全制度，加强防控措施，全年无安全事故。经考核，州广电局被州委评为2010年度社会治安综合治理维护社会稳定工作先进单位。

【州广电系统加大扶贫工作力度】
2010年，州广电系统继续抓好扶贫工作。一是领导亲自带队，在春节、春耕生产等时节深入挂钩点调查研究，共谋发展，帮助解决问题；二是组织州级广电系统干部职工深入挂钩村社和农户开展一对一挂钩帮扶工作；三是组织干部职工进行扶贫和抗旱救灾捐款，州级系统干部职工共捐款5.02万元，各单位筹资6.2万元，为宾川县大营镇萂村、力角镇米汤村贫困户、受灾户购买了生活用品和抗旱救灾物资，同时对老党员、贫困学生以及特困户进行入户慰问；四是筹资1万多元，帮助新农村建设指导员挂钩村老年协会购买了电视机、音响等文化活动器材。

【广电网络大理分公司获技术技能大赛多项奖】 2010年7～9月，州人民政府举办第五届职工技术技能大赛。在州广电局的统一协调下，云南广电网络集团大理分公司组队参赛，周剑洪获有线电视检修技能状元奖，李智、张国彦获有线广播电视技术能手奖，史健等7人获有线广播电视检修优胜奖，州广电局获第五届职工技术技能大赛组织奖。12月30日，州人民政府召开表彰大会，对第五届职工技术技能大赛的优胜选手和团体进行表彰奖励。

【州广电局完成抗旱救灾各项任务】
2010年，在抗击特大干旱的工作中，州广电局上下团结、共同努力，完成州委、州政府部署的各项工作任务。一是完成所承担的全州抗旱救灾深入春耕生产挂钩县的督促、检查、指导、帮助工作。分批、定期深入挂钩的剑川县乡、镇、村，完成各项抗旱救灾和春耕生产任务。二是充分发挥宣传媒体的作用，为全州抗旱救灾工作服务，在电台、电视台和《大理周刊》各栏目开办专栏，加大新闻宣传力度，宣传州委、州人民政府"抗大旱、保民生、促春耕"的重点工作和决策、部署，宣传各地抗旱救灾的先进事迹和好的经验，宣传抗旱救灾的科学方法，激励全州人民团结奋发、艰苦奋斗、攻坚克难，全力投身到抗旱救灾的行动中，为全州抵御特大旱灾营造积极奋进的舆论环境。三是在三月街民族节期间，由州委宣传部、州抗旱办、州民政局、州红十字会、州体育局和州广电局主办，大理电视台承办，州人民广播电台和云南移动大理分公司、云南广电网络大理分公司协办，在大理三月街街场举行了“我为旱区献爱心”大型公益活动，共筹款9万元。四是动员广电系统广大共产党员和干部职工，积极向灾区、灾民献爱心，捐款助困、抗旱救灾。

【广电系统庆祝第十一届中国记者节】 11月7日，州广电局在州广电中心演播厅举行第十一届中国记者节庆祝活动，广播电视新闻工作者欢聚一堂。活动由州广电局局长阿苍洱主持，州委常委、州政府副州长蔡春生，州政府副秘书长段志宏、州委宣传部副部长曹劲鹄参加活动。蔡春生在庆祝活动上代表州委、州政府向全州广电系统新闻工作者表示节日的问候，曹劲鹄代表主管部门讲话。活动中，州广电局对一批优秀广播、电视作品作者和先进个人进行表彰，并向大理电视台、州人民广播电台赠送了慰问品。

【职工体育活动丰富多彩】 2010年，州广电局抓好职工体育活动，增进友谊和体质。在州级广电系统举行职工羽毛球循环赛，每季度安排半天，局机关、大理电视台、州人民广播电台、苍山电视转播台、云南广电网络大理分公司和云南省广电局下关653台等6个单位组队参加，分设男女单打、双打、混双项目，循环比赛至年底以积分取团体成绩。在广电中心设置运动场地和体育器材，为职工提供健身条件。由工会联系全民健身中心场地和运动器材，组织职工参加各项运动锻炼。参加州级机关工会举行的第一次运动会，组队参加男女篮球、划旱船、“齐头并进”、跳绳等项目，获得1个二等奖、4个三等奖。

【州广电局多种形式培训干部职工】 2010年，州广电局狠抓干部职工培训教育，组织多种形式的培训学习，职工队伍素质不断提高。一是组织专业培训，举办全州广播电视播音员和主持人培训班、广播电视“村村通”技术培训班200多场次，近1000人参加，邀请省州专家、老师讲课。二是采取在职学历教育、专题讲座、外派培训、顶岗培训、自学等多种形式培训职工。三是组织职工外出参观学习培训，开阔眼界，拓宽思维。四是组织参加省、州、局的各项竞赛、考试，年内参加“五五”普法考试、全国保密承诺书签订人员知识竞赛、干部选拔任用工作法规知识竞赛、《中华人民共和国行政监察法》知识测试、公共服务职业道德与技术方法考试等活动。

【州广电系统老干部工作成绩显著】 2010年，州广电局加强老干部工作，促进广电各项工作的开展。一是把省属下关653台、云南广电网络大理分公司及州广电局所属单位老干部工作列入统一管理，统一活动；二是充分发挥广电老年协会的作用，在搞好各项工作的同时，为全州广电事业出谋划策；三是利用老协每月2次的集中统一活动时间，传达学习文件，通报工作情况；四是每年召开老同志新春座谈会和“九九”重阳节集体祝寿会，为老同志拜年，送去新春和生日的祝福，听取老同志的意见建议；五是承办了大理州广电杯第二届老年门球赛；六是结合老干部工作特点成立了老协党支部。通过一年的工作，大理州广电局在大理州老干部工作目标管理责任制考核中以97.72分的成绩获二等奖。

【州广电局老年协会党支部成立】 根据中组部《关于印发〈关于进一步加强新形势下离退休干部工作的意见〉的通知》精神，结合州级广电系统离退休党员多、学习生活规律不同的特点，州广电局党委决定将分布在所属5个支部的26名离退休党员集中起来，成立州广电局老年协会党支部。2010年8月13日，在州广电局党委指导下，大理州广电局老年协会召开党员大会，成立老年协会党支部，选举产生出党支部书记。

【广播影视产业取得新业绩】 2010年，全州广播电视产业不断得到加强，经营收入稳步增长。大理电视台经营收入突破1500万元，州人民广播电台完成广告经营创收19.6万元。云南广电网络大理分公司改善服务质量，调整经营结构，积极稳妥地开展数字化整体转换工作，拓展高清互动电视、宽带上网、行业专网、大理视讯网站等新兴业务，完成年度经营总收入1.11亿元。大理州电影公司实现年度票房收入160多万元。

【州广播电视局获全省目标责任制考核优秀奖】 2010年年底，在云南省广播电视局对全省16州市广播电视局2010年度目标责任制考核工作中，州广电局再次荣获优秀奖，连续3年获此殊荣。从2008年开始，云南省广播电视局把全省16个州市广播电视局的年度工作纳入目标责任制考核管理，每年年初与各州市广播电视局签订责任书，从宣传工作、事业建设、安全播出、社会管理、队伍建设和产业发展6个方面提出具体要求，每年考评结果分为优秀、良好、合格和基本合格4个等次。2010年，省广电局根据全省广播影视发展现状，将考评对象按经济发达地区和经济欠发达地区进行划分，大理州广电局与昆明市、曲靖市、玉溪市、楚雄州、红河州广电局作为经济发达地区进行考核。经省广播电视局综合考核评价，大理州广电局获经济发达地区优秀等次第二名，受到省广电局表彰。

（齐云彬）

新闻出版

【概　述】 2010年，大理日报社领导班子认真落实科学发展观，坚持改革创新，团结带领全社职工，牢牢把握正确的舆论导向，围绕州委、州人民政府中心工作，落实“三贴近”，唱响主旋律，打好主动仗，如期完成全年的各项新闻宣传和广告创收任务。报纸的服务性增强，舆论引导力提升，为大理州经济社会又好又快发展营造了良好的舆论氛围。

2010年，针对外界媒体对大理的热点及负面报道较多的情况，大理日报社坚持团结、稳定、鼓劲和正面宣传为主的方针，充分发挥党报的主流媒体作用，以“三贴近”为突破口，不断增强时效性，提高可读性，提升舆论引导力，以主流舆论引导全州人民攻坚克难，加快经济社会发展速度。大理日报社还重点策划并加大了州委、州政府确定的“生态优先、农业稳州、工业强州、文化立州、旅游兴州、和谐安州”发展思路的宣传力度。圆满完成了“两会”、三月街民族节、中国（大理）国际绿色低碳技术高峰论坛、“两博会”、洱海开海节、大理国际影会、漾濞核桃节等重要会议和重大活动的新闻宣传报道任务。在对重点工作的报道中，一是针对百年不遇的大旱灾情，围绕州委、州政府工作重点，在一、二版开设了“抗大旱、保民生、保春耕”专栏，在B1版开辟“在抗旱第一线”专题，共刊发全州抗大旱、保民生、保春耕的稿件500多件。二是推广“发展绿色经济，倡导低碳生活”新理念。在“中国（大理）国际绿色低碳技术高峰论坛”期间，在B1版连续刊发了10篇“探访低碳经济发展模式”系列报道。三是继续加强以“两保护、两开发”为重点的滇西中心城市建设的宣传、旅游二次创业和省委、省政府关于将云南建设成为面向东南亚开放“桥头堡”的战略任务的宣传，在A1版连续刊发《建设桥头堡，大理怎么办?》评论员文章。通过专题采访、新闻述评等形式，为加快滇西中心城市建设、旅游二次创业和大理桥头堡建设造势助力。四是关注民生，发挥舆论监督作用。特别是B1版“有话就说”栏目，全年刊发各类建议、意见500多条，引起了相关单位和部门的高度重视，所反映的问题80%以上得到回复或解决，架起了党委、政府和群众之间的桥梁。五是开设专栏，加大对文明大理建设、党风廉政建设、“创先争优”活动、学习型党组织建设、人口普查、学习贯彻十七届五中全会精神等工作的宣传力度。

【大理日报社被评为全国经营管理优秀单位】 大理日报社经营管理中心是报社实施管理并开展经营的主要部门，中心全体员工热情服务，做好经营创收工作，扩大了市场，进入云南省地市报创收大户的前列。经营管理中心拓展了大理日报手机报、各种会展及书刊的编辑、编排等业务。报社在经营创收管理工作中遵章守纪，从未因违反报纸出版以及广告法律、法规而受处罚。2000年，大理日报社被评为全国地方报社管理先进单位，经营管理中心多次被云南省工商行政管理局、云南省广告协会评为“精神文明先进单位”；2009年，被云南省总工会评为云南省“工人先锋号”；2010年，被中国报业协会评为全国报业经营管理优秀单位。

【大理日报新闻网点击率提高】 大理日报新闻网站是大理州第一个专业新闻网站。2008年1月改版后，新闻网通过不断改进和创新，点击率从“冷”发展到“热”，截至2010年12月底，点击率突破了350万大关，日均点击率达5700人次以上。2010年4月19日，网站最高日点击率达12490人次，成为大理地区点击率最高、最具影响力的第四媒体门户网站。访问者有本地区和国内各省市的，还有亚太、欧洲、美洲的60多个国家和地区的。

大理日报新闻网有本地时政新闻、社会新闻、图片新闻，国际国内要闻、新闻视界、经济、科技、文娱、体育等栏目，因其清晰靓丽的首页、精致合理的频道、全新时尚的内容受到广大网民的热捧。同时，大理日报新闻网发挥独家优势，创立数字报刊平台，使读者能够“原汁原味”地读到当天的《大理日报》。

【大理日报首家报道龙进品先进事迹】

大理日报社重视先进典型的挖掘和宣传报道工作，推出了普发兴、赵立军等先进典型人物。2010年3月，得知法官龙进品的先进事迹线索后，立即派出记者到南涧县人民法院公郎法庭进行深入采访。4月7日，《大理日报》用一整版特别报道，以长篇通讯的形式报道了全国优秀法官——南涧县人民法院公郎法庭庭长龙进品的先进事迹，成为首家宣传报道龙进品先进事迹的主流媒体。此后，各大媒体纷纷进行采访报道，通过广泛宣传，2011年2月24日，中共云南省委召开命名表彰大会，授予龙进品“爱民为民模范法官”荣誉称号。

【大理日报推出《居大理》月刊】 为进一步满足不同广告客户群体的需求，扩大报纸的广告竞争力，2010年7月15日，大理日报推出了《居大理》号外刊。该刊是滇西地区第一份完全生活指南读本，刊物的内容以房、车和旅游为主，囊括大理的吃、住、行、游、购、娱等方面的内容。《居大理》每月15日出版，每期发行2万份，覆盖全州党政机关、企事业单位及大理市内大中型商铺、宾馆酒店、餐饮企业、休闲娱乐场所等，并以邮递的方式直接向各县市党政机关主要领导和委办局主要领导投递。《居大理》版面内容共分为4个板块，每期版面36版以上，全彩印，其中封面、封二、封三、封底铜版纸印制。

【开展印刷、复制企业和出版物市场专项检查】 为确保2010年全国“两会”期间出版物市场繁荣有序、社会和谐稳定，根据第二十三次全国“扫黄打非”工作电视电话会议精神和新闻出版总署部署，大理州在3月8日前集中对所辖区域印刷、复制企业和出版物市场进行检查，及时解决存在的问题，对严重违规企业依法进行处理。检查期间，全州共出动检查人员336人次、车辆45辆次，检查印刷复制企业、出版物经营单位、店档摊点622个次，收缴各类违法出版物2571册(盘)，取缔无证照摊点8个，行政处罚12家，限期整改4家。

(李文波)

【《大理上下四千年》获中华音像出版物提名奖】 2010年，《中国新闻出版报》刊出了《第三届中华优秀出版物奖公示》，由大理学院民族研究所撰写、云南大学电子音像出版社出版的20集专题音像制品《大理上下四千年》获中华音像出版物提名奖。该作品以20集的篇幅，讲述了大理的历史与文化，通过人物小传的方式纵向贯通历史，让人们能快速总揽大理的文化传承与历史发展历程，同时也为专业人士研究大理文化提供了参考资料。中华优秀出版物奖由中国出版工作者协会主办，与“五个一工程”奖、中国出版物政府奖并列为业界三大奖。

(李文波)

(《新闻出版》除署名外由李根撰稿)

档 案

【概 述】 2010年，州档案局紧紧围绕州委、州人民政府的中心工作，求真务实、开拓创新、依法治档、强化服务，圆满完成了年初制定的各项目标任务。

全州档案局、馆编制共131人，其中行政60人、事业71人。实有150人，其中行政67人、事业83人；34岁以下17人，35～49岁104人，50岁以上29人；大专(含大专)以上126人，其中研究生2人、大学本科67人、大专57人、大专以下24人；具有副研究馆员职称7人，实际聘用4人，有馆员38人、助理馆员29人、管理员7人。

【州政府制定加强档案工作实施意见】

为了认真贯彻落实《中华人民共和国档案法》、《云南省档案条例》，进一步加强全州档案工作，促进全州档案事业持续健康发展，大理州人民政府于10月27日下发了《大理州人民政府关于进一步加强档案工作的实施意见》，要求切实加强领导，为档案工作提供可靠保障；坚持依法治档，着力提高档案管理的法制化水平；加强档案信息化建设，不断提升档案服务水平；重视民生档案，不断拓宽档案服务渠道和方式；整合档案资源，不断夯实档案资源基础。

【州档案事业局更名为州档案局】

2010年，中共大理州委办公室、大理州人民政府办公室《关于印发<大理州州级政府机构设置方案>的通知》，明确大理州档案局为州人民政府直属的参照公务员管理的事业单位。州委常委、常务副州长马建全在州级政府机构改革动员会议上宣布：大理州档案事业局更名为州档案局，由副处级升格为正处级。大理州人事局核准大理州档案馆设置

11个专业技术岗位，其中高级3个、中级6个、初级2个，在以往2个高级岗位基础上增加了1个四级岗位。

【州档案局获多项奖】 2010年，州档案局获档案工作先进集体、保密工作先进集体、党史工作先进集体、"五五"普法先进集体、科技工作先进集体、老干工作先进集体、学会目标管理一等奖等奖励，先后2次在全省档案工作会议上交流经验。局长和生弟连续3年被评为州党风廉政建设先进个人，张永钦等9人被州政府表彰为档案工作先进个人。

【召开州档案馆建馆30周年纪念暨档案工作会议】 2010年2月26日下午，大理州人民政府在下关召开大理州档案馆建馆30周年纪念大会暨全州档案工作会议。州委书记刘明，州委副书记、州长何金平分别题词，对30年来的档案工作给予肯定，对今后的工作提出希望和要求。州委常委、州人民政府常务副州长马建全，州委常委、州委宣传部部长王以志，省档案局副局长王志强、州人大副主任杨宴君、州政协副主席孙明、州长助理李文才出席了会议。马建全、李文才、王志强在会上讲了话。副州长马建全在讲话中要求：一要切实加强对档案工作的领导，切实把档案事业发展纳入全州经济社会发展规划，列入重要议事日程，建立领导协调机制，加大档案工作经费投入，认真研究解决影响和制约档案事业发展的重大问题；二要突出工作重点，档案部门要根据州委、州人民政府的工作思路和工作重点，为完成好各项重点工作做好档案服务工作；三要进一步提高服务水平，努力创新档案工作管理体制、工作机制和服务手段；四要不断加强干部队伍建设，全州各级各部门要重视对档案干部的培养、选拔和使用，加大档案系统干部的任用和交流力度，努力建设一支政治强、业务精、作风硬、纪律严、群众信得过的高素质干部队伍，为促进全州经济社会又好又快发展作出新的贡献。会上，州人民政府表彰了30个档案工作先进集体和50名先进个人。

【州档案馆达到国家二级综合档案馆标准】 2010年11月30日，根据大理州档案馆的申请，国家档案局馆室司副司长王雁宾、云南省档案局局长黄凤平率领测评组对大理州档案馆进行实地测评。测评组按照《县市级国家档案馆测评办法》，逐项、逐条对大理州档案馆各项工作进行考核，查证相关证明材料，对有关情况进行了核查，综合评议得分86.75分，测评结果达到国家二级综合档案馆要求，大理州档案馆顺利晋升为国家二级综合档案馆。

【举办档案系统行政执法培训班】 2010年4月，大理州档案局与州法制局联合举办档案系统行政执法培训班。全州65名档案人员参加培训，参训人员经考试合格取得了执法证书。

【加强档案业务监督指导】 2010年，大理州档案局继续加强对机关、企事业单位落实《云南省档案条例》、《机关文件归档范围和文书档案保管期限规定》的监督指导工作，督促各单位认真制定文件材料归档范围和文书档案保管期限表，完成了91个州级单位文件材料归档范围和文书档案保管期限表的审批工作。全州有95%的立档单位完成了年度文件材料的归档工作。

【档案馆星级达标工作有进展】 2010年，全州档案部门紧紧围绕"七项工程"，着力做好档案馆星级达标工作。在年初的全州档案工作会议上，把档案馆星级达标工作作为重点进行了全面的安排和部署。各县市档案局也紧紧围绕"七项工程"，认真抓好档案馆室星级达标工作。全州共完成134个机关企事业单位的星级管理认定工作，其中大理州地税局和剑川、鹤庆、宾川、漾濞、洱源县地税局、大理市、鹤庆县检察院等单位的档案室达到"五星级"档案室标准。

【评定档案专业技术职称】 2010年，州档案中级职务评审委员会按照有关规定，组织开展档案专业技术职称评审工作。通过评审，全州共评定档案中级职称2人、初级职称5人，向省档案高级职务评审委员会推荐副研究馆员1人。

【县市档案馆建设得到加强】 2010年，州档案局全力配合各县市抓好档案馆库项目建设工作。借助国家扶持中西部地区档案馆建设资金支持的东风，着力解决各县市档案基础设施落后和制约档案事业发展的"瓶颈"问题。大理市档案馆完成了可行性研究报告的评审工作，其余11个县档案馆全部列入"十二五"中西部县市档案馆建设规划，祥云、永平、剑川、宾川县档案馆列入2011年开工建设项目。

【加强档案安全管理】 2010年，全州各级档案部门切实履行档案安全管理职责，不断完善档案安全管理的各项规章制度，落实档案保管、整理、鉴定、数据处理、利用等环节的安全监管措施，确保了国家档案资源的完整安全与有效保护。州档案馆制定了《大理州档案馆自然灾害应急处置预案》、《大理州档案馆安全管理办法》，使档案馆对突发事件的应急处置更具有科学性、实用性和可操作性。年内，全州未发生档案安全责任事故。

州、县市综合档案馆对重要档案采取缩微、数字化等复制措施，并封存原件，日常利用使用复制件，保证档案原件安全。大理州档案馆与昆明市档案馆于12月签订了《重要档案异地异质备份协议》，做好重要档案复制件异地异质保存工作。

【检查验收林改档案】 为做好迎接省级验收的准备工作，大理州对林改工作进行了检查验收。州档案局派出4人于3月22～31日参加了大理州集体林权制度主体改革检查验收工作，对12县市林改档案管理工作进行了重点检查验收。

【全州馆藏档案丰富】 2010年，全州馆藏档案1723个全宗，520859卷，排架长度9668米；630747件，排架长度802米；录音录像、影片档案1247盘，照片44542张，底图2450张，磁盘49张，光盘268张，卷片3295卷。其中明清档案120卷，21件；民国档案14146卷，2件；革命历史档案54卷。州档案馆馆藏331个全宗，79945卷，排架长度1576米；23316件，排架长度39米；录音录像、影片档案247盘，照片20605张，磁盘26张，光盘40张，卷片3295卷。全州馆藏资料73997册，其中州档案馆藏8348册。

【档案接收】 2010年，全州共接收档案14098卷、73696件，接收录音录像、影片档案44盘、照片1192张、磁盘1张、光盘57张。其中州档案馆接收1856卷、5912件，照片234张、光盘27张。

【抢救重点档案】 2010年，州档案局申请到国家和省项目补助经费25万元。全州应抢救档案总数46170卷、154043件，年内共抢救档案1005卷、1026件。

【档案编研取得实效】 2010年，全州共编纂档案史料7种71万字。《大理白族自治州档案志》的编纂工作有序开展，完成了约50万字的初稿。如期上报了《云南省志·档案志》大理州补充资料。

【档案接待利用率提高】 年内，全州档案馆共接待查阅利用8787人次，提供利用档案15340卷次、17830件次。其中州档案馆接待查阅利用532人次，提供利用档案4754卷次、8323件次。主要为编史修志、工作查考、学术研究、经济建设、宣传教育等提供档案依据。

【档案学会获多项奖】 2010年，大理州档案学会团结和依靠全体会员及广大档案工作者，圆满完成学会各项工作，获州科协学会目标管理工作一等奖（连续5年获此殊荣）。10月中旬，州档案学会25名会员代表参加了云南省档案学会在文山州召开的第七次会员代表大会暨2010年档案学术研讨会，州档案学会理事长和生弟当选为云南省档案学会第七届理事会副理事长，州档案学会荣获组织工作奖。在11月召开的州科协第六次会员代表大会上，州档案学会被州委办公室、州政府办公室表彰为科技工作先进集体。

【《档案中的大理三月街》获奖】 2010年1月6日，大理州档案局申报的科研项目《档案中的大理三月街》获云南省档案优秀科研成果三等奖。

【爱国主义教育基地接待参观1250人次】 2010年，州档案馆爱国主义教育基地接待国家、省档案局和州县市领导、干部职工参观1250人次。

【加大档案宣传力度】 2010年，州、市县档案局、馆充分利用各种媒体，进一步加强档案法律法规的宣传力度，全面报道档案工作中的人和事，全年累计给各种刊物、报纸报送信息150条。全州共完成《云南档案》杂志542份征订任务。

大理州档案馆在州幼儿园门口的宣传橱窗内展出了2期《大理州档案工作发展纪实》专题宣传；制作了《大理州档案工作发展纪实》专题宣传片，在大理电视台多次播放，反映大理州档案馆30年的巨变：馆库面积从建馆时的1054平方米增加到现在的4400平方米，人员编制从5人增加到现在的20人，馆藏档案从7700多卷增加到95490多卷，从单纯为机关服务到服务民生，正朝着档案安全保管基地、爱国主义教育基地和档案利用中心、政府信息查阅中心、电子文件管理中心“五位一体”公共档案馆方向发展。

【加强档案信息化建设】 2010年，州档案局制定了《大理州档案馆“十二五”期间数字档案馆建设规划》，报州发展和改革委员会和州信息产业办公室，争取列入大理州“十二五”信息化总体规划。

2010年，州、县档案局、馆进一步加大投入，购置计算机、扫描仪、数码相机等设施设备。开展档案原文数字化和档案条目著录工作，充分利用政务信息公开平台加强档案网站建设，实现档案目录在线查阅。大理、祥云、永平、巍山等县市档案馆加强婚姻、林权和土地证存根等民生档案条目及全文数据库建设，提高了人民群众查阅利用效率。年内全州共完成697175万条文件级档案条目的著录及656500万页档案原文的数字化工作。

（杨金萍）

（责任编校：杨文琴）

卫　生

综　述

【概　述】　2010年，在卫生改革困难多，体系建设任务重，处置突发公共卫生事件压力大的形势下，全州卫生系统坚持以邓小平理论和“三个代表”重要思想为指导，全面落实科学发展观，深入开展创先争优活动，认真贯彻落实中共大理州委、州人民政府的决策部署，加强领导，强化责任，突出重点，突破难点，认真扎实地推进各项卫生工作，并取得了明显成绩。一是医药卫生体制改革深入推进。基本医疗保障覆盖面进一步扩大，保障水平明显提高。二是农村卫生、妇幼卫生工作进一步加强。三是疾病预防控制工作扎实开展。坚持“突出重点、分类指导”的原则，突出重点疾病防治，落实责任，细化措施，加强监测预警，扎实推进疾病预防控制工作。四是医院监督管理不断加强。五是中医药事业健康发展。六是卫生监督执法力度不断加大。七是党风廉政建设、反腐败工作和创先争优活动扎实开展。

（黄志刚）

【机构建设】　2010年，大理州卫生局坚持标本兼治、综合治理、惩防并举、注重预防的方针，结合卫生实际，扎实有效地开展党风廉政建设及反腐败工作。突出重点，扎实抓好效能政府四项制度建设，大力推行政务公开，接受社会监督，进一步加强卫生行政机关自身建设。制定了《中共大理州卫生局党组关于进一步加强治理医药购销领域商业贿赂工作的通知》，建立健全了以严禁统方、医院院长不任药事委员会主任、重点岗位人员定期交流轮岗为重点的制度，进一步加大源头治理医药购销领域商业贿赂工作力度。卫生行业作风建设取得新成绩，县级以上医疗保健单位患者问卷调查的七项综合满意度平均为94%，疾控中心和卫生监督所社会问卷调查的四项综合满意度平均为97%。

（黄志刚）

【省卫生厅到大理考核卫生工作】　1月6～9日，省卫生厅副厅长徐和平率考核组，对大理州2009年卫生工作及艾滋病防治工作进行考核。考核组听取大理州卫生工作情况汇报，到州卫生局查看了资料，实地察看了30个州、县、乡、村医疗卫生单位，以听、看、查、访等方式，对大理州2009年的卫生工作责任目标及防治艾滋病责任目标完成情况进行了考核。

（黄志刚）

【剑川境内发生4.6级地震】　1月1日10时08分，剑川境内发生4.6级地震，震中位于沙溪镇。由于震源离地表较浅，裂度达到了6度强，造成了震中及周边乡镇破坏性的灾害，医疗卫生机构不同程度受损。经调查核实，沙溪等7个乡镇卫生院受损，面积达3445平方米，经济损失达413.4万元；村卫生室受损19个，面积1520平方米，经济损失达152万元。

（黄志刚）

【州政府召开全州卫生工作会】　3月10日，全州卫生工作会议在下关召开。州委常委、州委宣传部部长王以志，州政府副州长洪云龙、州政协副主席张树藩出席会议。会议充分肯定了卫生工作取得的成绩，对做好下步工作提出了明确要求，通报了2009年卫生工作责任目标和艾滋病防治工作责任目标考核结果，并为获得2009年度全州卫生系统新技术、新项目奖的代表颁奖。副州长洪云龙与12县市政府领导分别签订了2010年卫生工作责任目标书和艾滋病防治工作责任目标书。

（黄志刚）

【深入挂钩村帮助指导抗旱救灾工作】3月26～27日，为帮助指导挂钩村抗旱救灾，州卫生局组织州级医疗卫生单位领导深入到鹤庆县金墩乡磨光村、孝廉村，西邑镇西园村，祥云县米甸镇米甸村，洱源县右所镇中所村，帮助指导抗旱救灾工作，为基层解决实际问题。州卫生局局长丁一先一行深入到扶贫挂钩点鹤庆县金墩乡磨光村帮助指导抗旱救灾工作，给予磨光村受灾较为严重的33户特困户共计10000元的运水补助。

（黄志刚）

【州级医疗卫生单位踊跃向灾区捐款】2010年，为支持抗旱救灾，州级医疗卫生单位及干部职工踊跃献出爱心，共计向灾区捐款126855元。其中：大理州卫生局8100元，大理卫校12070元，州医院41430元，州血防所12870元，州疾控中心7330元，州中医院8115元，州卫生监督所5550元，州妇幼保健院18130元，州精神病院9410元，州中心血站3850元。

（黄志刚）

【州级医疗卫生单位大力引进研究生】2010年，为认真贯彻人才强州战略，解决卫生人才匮乏问题，州级卫生事业单位拿出38个岗位考核招聘专业技术人员，对于紧缺急需专业、硕士及以上学历、985院校毕业生及一本毕业生，卫生系统招聘不限生源地和户籍。经过资格审核，符合报名条件的有38人，经笔试、面试、操作等多种形式，对考生的专业能力、综合素质进行全面考核测评并经过体检，有19人被录用到州级各医疗卫生单位工作，其中研究生13人、本科生6人，是州级卫生事业单位引进研究生人数最多的一年。

（黄志刚）

【全州卫生系统启动创先争优活动】　5月19日，州卫生局召开动员大会，在全州卫生系统启动创先争优活动。党组书记、局长丁一先作动员，要求各县市卫生局、州级各医疗卫生单位按照州委的要求，切实担负起行业指导的责任，在创先争优活动中明确目标任务，突出行业特色，以深入学习实践科学发展观为主题，以保障人民群众健康为着力点，以“落实医改任务，提高服务水平，改进医德医风，加强基层组织”为目标，在党的基层组织和党员中深入开展创建先进基层党组织、争当优秀共产党员活动，扎实有效地推进全州卫生系统创先争优活动的深入开展。

（黄志刚　刘丛东）

【杜克琳到大理调研】　6月9日,省卫生厅副厅长杜克琳一行到大理州调研卫生事业发展情况。先后走访了大理学院附属医院、省地病所及大理州医院等9家州级卫生单位,在实地了解各单位工作,听取州卫生局的工作汇报后,杜克琳认为,大理州卫生工作思路清晰,发展速度快,基础设施建设、人才培养、新农合、传染病防治等工作亮点频出,为全州人民的健康做出了贡献。同时,她对改厕、血吸虫病防治、应急处置、项目建设等工作提出了要求。

(黄志刚)

【州人大开展《传染病防治法》执法检查】　7月26~28日,在州人大常委会副主任杨宴君率领下,州人大检查组对全州贯彻《传染病防治法》情况进行执法检查。检查组听取了副州长洪云龙关于贯彻实施《传染病防治法》情况的报告,然后到宾川、洱源两县县医院、疾控中心、乡镇卫生院,就卫生事业发展情况、疾病预防控制体系、乡级卫生院发展情况进行检查。检查组指出,要进一步健全防控工作指导体系,加大相关部门工作配合、沟通、协调力度;完善体系建设,以适应公共卫生服务均等化实施;多方投资,加大政府对公共卫生服务的投入,专项安排重大传染病防控、免疫规划、卫生应急、基本公共卫生服务等工作经费。

(黄志刚)

【全国人大调研组到大理州调研医改工作】　10月18~20日,全国人大常委会委员、教科文卫委员会副主任委员宋法棠率调研组一行,深入大理开展深化医药卫生体制改革专题调研。10月19日,州政府召开深化医药卫生体制改革工作情况汇报会,向调研组一行汇报全州医改工作,州人大副主任杨宴君主持汇报会,副州长洪云龙在会上作了工作情况汇报。

(黄志刚)

【中央、省、州加大对卫生事业投入】　2010年,中央、省、州共安排下达大理州卫生事业专项资金104756.53万元。其中:中央补助88589.45万元;省级补助9753.57万元;州级补助6413.51万元。

(金建秀)

【卫生事业经费执行情况】　2010年,全州卫生事业总收入21.16万元,比上年同期增加4.6亿元,增长27.72%,其中:各级政府共投入全州卫生事业经费6.73亿元,占当年财政支出的7.18%。全州卫生事业总支出为19.57万元,比上年同期增加3.92亿元,增长25.08%。

(金建秀)

【州卫生系统医疗机构业务收支及财务基本情况】　2010年末,全州卫生系统医疗机构职工人数为6246人,离退休人员为2489人,临时工人数为3478人。年末拥有固定资产原值143033万元,房屋建筑面积为65.3万平方米,医疗卫生机构全年总收入为160705万元,比上年同期增加38673万元,增长31.69%,其中:财政补助32833万元,上级补助收入326万元,医疗收入65508万元,药品收入60417万元,其他收入1621万元。总支出为148830万元,比上年同期增加27523万元,增长22.69%,其中:医疗支出74561万元,药品支出59337万元,专项支出14250万元,其他支出682万元。全年收支结余为11875万元,其中:财政补助专项结余6149万元。年内完成门急诊6635249人次,完成出院人数254862人次,每职工平均业务收入205787.03元,百元固定资产医疗收入48.59元,每门诊人次收费水平67.10元,城市医院192.60元,县医院73.76元,乡镇卫生院41.39元;每床日平均收费水平341.56元,城市医院499.07元,县医院353.78元,乡镇卫生院143.40元;出院者平均医药费用3239.55元,城市医院8892.12元,县医院3108.05元,乡镇卫生院1087.67元;药品收入占医药收入的47.98%,城市医院为45.29%,县医院为44.5%,乡镇卫生院为61.17%,平均流动比率为152.19%,平均速动比率为149.73%,平均资产负债率为30.11%。

(金建秀)

【州"十二五"卫生事业发展规划编写】　2010年,大理州卫生局按照州政府的部署,通过认真调查研究、征求意见和收集资料,按期完成大理州"十二五"卫生事业发展规划编写工作。

(金建秀)

【农村卫生服务体系国债建设进展顺利】　2010年,中央预算内投资卫生建设项目安排大理州7个县医院、7个中心卫生院、24个村卫生室共38个项目。计划总投资26909万元,其中:国债资金支持14536万元,省级配套补助5343万元,州级配套补助落实740.5万元,县级落实配套补助和单位自筹6289.5万元,计划总建设规模110016平方米。截止12月底,有7个县医院、6个卫生院、24个村卫生室共37个项目已开工建设。大理市凤仪中心卫生院已经落实土地,正在办理招投标手续。

(金建秀)

【完成中医设备招标采购】　2010年,省卫生厅、省财政厅下达中医设备采购资金430.64万元,安排大理州8个中医院设备补助。经过多次收集、确认各项目单位需求情况,完成汇总和技术参数的编制工作,按程序上报州财政局审批,州政府采购中心两次组织招标采购,8个中医院共采购医疗设备325台(件),使用采购资金396.076万元。

(金建秀)

【招聘乡镇卫生院执业医师】　2010年,为解决乡镇卫生院执业医师紧缺的现状,经积极争取国家和省的项目支持,大理州共招聘了10名执业医师到乡镇卫生院工作,由国家和省给予每名执业医师每年3万元的补助,在乡镇卫生院工作5年后经考核合格录用为在职在编专业技术人员。

(李宏骏)

【建立4个高校毕业生见习基地】　2010年,为做好高校毕业生就业工作,州卫生局在大理州人民医院、大理州中医医院、大理州第二人民医院、大理州妇幼保健院建立了4个高校毕业生见习基地,提供了95个见习岗位。

(李宏骏)

【组织开展听证】　2010年11月,大理州卫生局对《大理州十二五卫生人才发展规划》和《大理州十二五卫生事业发展规划》进行听证,广泛征求社会各方的意见和建议,为科学合理规划好"十二五"卫生发展工作提出了意见,并进行了认真修改和完善。

(何　炯)

【组织实施州卫生监督人员培训项目】　2010年,大理州卫生局积极组织开展培训。5月20~21日,举办了全州卫生监督信息报告管理培训,全州12县市卫生监督所及州卫生监督所卫生监督员共41人参加了培训;5月31日~6月2日举办了2010年全州卫生监督员培训班,来自全州12个县市卫生监督所的负责人和业务骨干34人,以及州卫生监督所36人共70名卫生监督员参加了培训;6月21~25日举办了两期"云南省放射工作人员法律法规大理培训班",共培训454人;11月16~18日,举办了公共场所、食品安全法人及卫生监督人员培训,来自全州12个县市卫生监督所的负责人和业务骨干及相关人员90人参加了培训。

(何　炯)

【组织开展卫生专业职工技能大赛】　8月25~26日,州卫生局组织开展了大理州第五届职工技术技能大赛卫生专业决赛,决赛设医疗急救、中医推拿、护理、医生三基等4个专业，12县市以及州级的13支代表队共153名选手踊跃参赛。经过理论考试和实际操作两个环节的激烈角逐，大理州人民医院的杨素斌、张云红、大理州中医医院的丁宇、大理市第一人民医院的赵子丽4位选手分别获得了医疗急救、医生三基、中医推拿、护理专业的第一名。

（刘丛东）

【大理州卫生系统工会活力增强】 2010年，州卫生局机关、州医院、州疾控中心、州卫生监督所、州中医院、州保健院先后换届成立了新的工会组织，配齐配强了工会班子，基层工会进一步壮大，基层工会活力不断增强，有力推动了工会工作的开展。在广大职工的参与下，积极开展职工喜爱的健康有益活动。一是成立了卫生系统兰花协会，组织卫生系统的名兰参加了中国大理第三届国际兰花茶花博览会的展览；二是组织举办了“5·12”国际护士节文艺联欢活动；三是积极组织全系统干部职工参加了全省百万职工抗旱献爱心活动和节能减排知识竞赛活动；四是参加了州级工会系统首届职工运动会并取得良好成绩。

（刘丛东）

【人才培养不断加强】 2010年，卫生系统培养学科带头人26人，业务骨干87人，全科医师188人，在岗护士培训192人。大理卫校2010年招生2612人，其中：中专1956人、中医中专学历教育480人（全免费）、和大理学院联合办学五年一贯制临床医学全日制专科班招生176人。

（凌发义）

医　疗

【概　述】 2010年，全州医疗管理工作认真贯彻落实全国、全省医政工作和医疗服务监管工作会议精神，紧紧围绕深化医药卫生体制改革这一中心，坚持以人为本，求真务实，深化改革，开拓创新，加强医疗机构、人员、技术的准入和管理，进一步规范诊疗行为，提高医疗质量，推进护理事业发展，不断加强血液管理，确保用血安全，认真做好公立医院改革、医院评审评价、医疗质量和医疗安全监管、平安医院创建、城乡医院对口支援等各项重点工作，不断提高医疗服务监管效率和水平。

（黄志刚）

【基本医疗保障】 2010年，全州有22.8万人参加城镇职工基本医疗保险，有19万人参加城镇居民基本医疗保险，逐步实现了城乡居民基本医疗保障全覆盖的目标。基本医疗保障水平不断提高，城镇居民基本医疗保险的筹资标准提高到220元，启动实施了城镇居民基本医疗保险门诊统筹和城镇职工基本医疗保险州级统筹，新型农村合作医疗参合率达95.4%。城乡医疗救助制度进一步完善，投入城乡医疗救助专项资金4163万元，累计救助困难群众35.6万人次。基层医疗卫生服务体系进一步充实完善，启动实施农村基层卫生服务体系二期工程建设，7个县医院、7个中心卫生院和24个村卫生室改扩建总面积10.8万平方米，总投资2.7亿元（国债资金支持1.5亿元）。基本公共卫生服务逐步均等化扎实推进，启动实施9项国家基本公共卫生服务项目以及重大公共卫生服务项目，城市居民健康档案建档率达25%，农村居民健康档案建档率达23%，管理高血压病人54652人、糖尿病人12720人、重性精神病人4471人，完成各年龄组出生儿童乙肝疫苗补种201450针次、白内障复明手术2693例、农村改厕17000座、农村妇女宫颈癌检查19000人、农村生育妇女补服叶酸18980人份。2010年11月，各县市全面启动实施国家基本药物制度。积极推进公立医院改革试点，在大理州医院、大理学院附属医院、大理市一院、祥云县医院急诊科开展了“先救治、后付费”试点。

（黄志刚）

【深化医疗机构改革】 2010年，一是起草了《大理州公立医院改革实施意见（讨论稿）》。二是积极开展预约诊疗服务工作，全州二级及以上医院均开展了不同形式的预约诊疗服务。三是积极开展临床路径管理。确定大理州人民医院、大理市第一人民医院作为大理州临床路径管理试点医院，结合实际开展多病种临床路径管理，全州二级以上医院全部开展了临床路径管理。四是大理市第二人民医院、祥云县人民医院率先探索开展了电子病历试点。

（陈丽萍）

【加强医疗质量管理和医疗监管】 2010年，医疗质量管理和医疗监管工作不断加强。一是认真组织开展大型医院巡查及医疗质量万里行活动，组织完成了对大理州人民医院、大理市第一人民医院的大型医院巡查和对18所州县市级医院医疗质量万里行活动的督导检查（其中，公立医院15所，民营医院3所；综合医院16所，专科医院2所）。二是加强病历、处方管理。下发《病历书写基本规范》、《电子病历基本规范（试行）》、《中国国家处方集（化学药品与生物制品卷）（2010年版）》、《医院处方点评管理规范（试行）》。二级及以上医院积极开展医院处方点评，规范病历书写，进一步提高病历、处方书写质量。按照省卫生厅统一要求，对全州医疗机构门诊病历内容格式进行了修改。三是组织州人民医院参加全省三级综合医院病历质量评比活动。

（陈丽萍）

【加强医疗广告监管】 2010年，大理州卫生局制定下发《关于开展医疗广告专项检查的通知》，在全州范围内组织开展了专项检查，进一步净化了医疗广告市场。组织开展了网上性病治疗医疗广告的专项检查。针对“药品”虚假广告坑害群众、非法私设频道、当地执法部门不履行监管职责等举报投诉，在认真调查基础上，依法依规进行了答复及处理。

（陈丽萍）

【加强血液透析质量安全监管】 2010年，大理州卫生局全面加强血液透析质量安全监管工作，切实做好血液透析质量安全管理、技术准入、执业登记工作，做好血液透析治疗病例信息网络直报工作。妥善处置州人民医院血透患者感染丙肝事件，按照有关规定对相关责任人进行了责任追究。

（黄志刚）

【血液管理不断加强】 2010年，无偿献血进一步加强，临床用血100%采自无偿献血，全年无偿献血28010人次，采集血液662万多毫升，确保了108所医疗机构的临床用血安全和用血量。针对采供用血中存在问题，制定下发了《大理州采供用血管理规定》。举办了2010年大理州首届输血技术规范师资培训班，来自各县市卫生局、全州临床用血机构的近200位管理及专业人员参加了培训。

（陈丽萍）

【加强医院感染控制】 2010年，大理州邀请云大医院感染管理部主任授课，组织全州县级及以上医院、中医院、部分民营医院领导及感染管理部门人员参加感染管理培训，开展了医院感染管理全员培训。抽调省、州、市级医院感控办主任、血透室主任和护士长，对辖区内医院的血透室质量管理工作进行了两次专项检查。按照《关于加强血液透析质量安全监管工作的通知》、《医疗机构血液透析室管理规范》、《关于对医疗机构血液透析室实行执业登记管理的通知》、《关于做好血液透析室执业登记和血液透析技术准入工作的通知》等文件，积极做好血液透析质量安全管理、技术准入、执业登记工作。

（陈丽萍）

【整治非法行医、非法采供血】 2010年，大理州卫生局对医疗机构、医疗美容诊所（美容科室）和56家美容院进行了监督检查，对25家涉嫌开展医学美容活动的美容院予以处罚；开展清理整顿“医托”、“坐堂医”专项行动，共检查药品经营企业287家，其中开展诊疗活动的20家，对无《医疗机构执业许可证》的12家予以处罚。重点对采供血机构（大理州中心血站）的献血者管理情况、血源管理、血液储存、医疗机构血液来源等进行核查，严肃查处冒名顶替、超采频采等违法行为，经查无偿献血比例为100%，献血者管理、血源档案管理规范，确保了每一袋血液具有可追溯性，从源头上保障血液安全。

（何 炯）

【积极开展万名医师支援农村卫生工作】 2010年，大理州卫生局制定下发了万名医师支援农村卫生工程项目执行方案，州医院与永平、南涧、宾川等受援县医院签订了协议，派出医务人员按期到达对口支援的县医院开展为期一年的支援工作。组织完成了全州2009～2010年度万名医师支援农村卫生工程项目三级医院支援二级医院项目考核评估工作。落实省际对口支援项目，争取到上海第九人民医院对祥云县人民医院的支持，签订了沪滇医院对口支援协议书，3月下旬医务人员就位。

（陈丽萍）

【开展医疗事故技术鉴定】 2010年，州医学会组织医疗事故技术鉴定16起，鉴定结论为属于医疗事故10起，其中二级医疗事故1起、三级医疗事故9起。

（陈丽萍）

【圆满完成征兵体检】 2010年，大理州卫生局因圆满完成征兵体检工作，被成都军区授予2009年度征兵工作先进集体称号。

（陈丽萍）

中医中药

【概 述】 2010年，大理州继续坚持中西医并重的方针，以推进中医药服务进农村为重点，以创建“农村中医工作先进单位”为抓手，加强领导，加大投入，打牢基础，大力扶持，全面推进中医药事业发展，争取国家中医药管理局西部开发县级中医院能力建设项目13个，获得资金扶持484.4万元。农村中医工作深入开展，州、县、乡、村四级中医药服务网络不断健全，农村中医工作先进县建设不断推进，大理市、宾川县被评为国家级中医工作先进单位，洱源县、鹤庆县被评为省级中医工作先进单位，中医药工作基础不断夯实，中医药特色优势不断增强，中医医疗服务水平不断提高，中医药事业发展步伐不断加快。

【2县市获全国农村中医药工作先进单位】 1月25日，宾川县、大理市被国家中医药管理局命名为全国农村中医药工作先进单位。

【完成中医药治疗艾滋病工作】 2010年，全州中医药治疗艾滋病任务数为500例，累计入组682例，累计脱失117例，累计死亡29例，累计转介HAART治疗33例，正在治疗503例，其中中西医结合治疗的有146例，全州治疗任务数已超额完成。对患者服药后进行随访观察，大多反映疗效良好，自觉症状明显改善。通过临床资料分析，中医药治疗能有效改善艾滋病患者的临床症状，提高生活质量，增强免疫功能，疗效确切可靠，至今尚未发现明显的不良反应及毒副作用。

（《中医中药》由凌发义撰稿）

卫生防疫

【概 述】 2010年，大理州认真贯彻落实《中华人民共和国传染病防治法》，坚持“防治结合、分类管理、依靠科学、依靠群众”的方针，坚持以“重点疾病重点防治，重点地区重点预防，重点人群重点保护”的防治策略，主要以艾滋病、结核病、鼠疫、霍乱、云南不明原因猝死、病毒性肝炎、“两脑”等重点疾病防治为重点，同时做好地方病碘缺乏病、克山病、疟疾、砷中毒、布鲁氏菌病、麻风病防治、手足口病等全州甲、乙类传染病人报告管理防控工作。做好全州免疫规划工作和突发公共卫生事件处置工作，加强了农村地区癫痫防治项目、死因监测工作项目、高血压、糖尿病及重性精神病管理治疗项目等慢性病防治工作，以及公共卫生服务均等化项目。积极开展爱国卫生大检查，主要以开展卫生城市的创建、农村改水改厕、以灭鼠为中心的除四害工作和全州城乡卫生的整治等方面为主的各项工作。

（黄志刚）

【开展鼠害联防】 2010年，全州共有997个村委会组织开展灭鼠工作，占村委会总数的100%，自然村10105个，占自然村总数的98.41%，参加灭鼠的居民户、农户614467户，占总户数的95.69%；鼠密度调查点数201个。全州共筹集灭鼠资金65.44万元、粮45.87万千克，耗用鼠药4792.15千克。两次灭鼠统计，全州室内鼠密度由灭前的7.78%，降至灭后的0.85%，灭鼠有效率达85.09%，农田鼠密度由灭前的7.46%降至灭后的1.96%，灭鼠有效率达81.05%。挽回粮食损失734.45万千克，折合人民币1164.49万元。

（朱 忠）

【鹤庆慢性病综合防制试点项目启动】 2010年5月27日，大理州卫生局在鹤庆县启动慢性病综合防制试点项目工作，对高血压、糖尿病及重性精神病患者实施规范化管理。

（朱 忠）

【重性精神疾病管理治疗项目点不断扩大】 2010年，大理州卫生局在大理市、祥云县、鹤庆县、弥渡县启动实施重性精神疾病管理治疗项目，积极探索由单一的精神病专科医院到疾病预防控制、精神病专科医院、社区为一体的精神卫生社区管理模式。完成1618名重性精神病人登记、危险性评估、信息录入工作，对接受项目管理的839名病人家属进行护理培训1678人次，提高了病人家属的护理能力和病人治疗的依从性。完成48名贫困重性精神病人免费紧急住院治疗。解锁救治关锁病人2人。为贫困重性精神病人65人提供免费门诊服药治疗，为免费门诊服药治疗病人61人提供免费专项化验84次。对辖区内30名有危险行为倾向的重性精神病人进行应急处置。对有危险行为倾向的475名重性精神病人进行随访2573人次。举办6期相关培训班，培训计算机数据管理员23人、医师规范化治疗26人、个案管理员187人、民警及居委会人员197人、质控培训15人、工作规范培训64人。

（朱 忠）

【加强结核病防治】 年内，州对县督导4轮次，对12县市督导覆盖率达100%，州、县对乡督导807乡次，访视病人2154例次。全州疾控机构共初诊疑似肺结核11871人，肺结核初诊率为337.61/10万。全州累计治疗管理项目病人1963例，其中，新发涂阳1143例、复治涂阳46例、涂阴（包括重症涂阴）

749例,其他结核25例。新涂阳病人发现完成省下达任务数(1055)的108.34%。涂阳肺结核病人2月末痰菌阴转率92.67%,3月末痰菌阴转率96.81%,涂阳肺结核病人治愈率95.49%。医疗机构参与结核病防治工作达100%。医疗机构病人报告率100%、追踪到位率85.76%、总体到位率93.09%,县级CDC病人系统管理率98.56%,病人家属筛查率97.38%。在大理市、祥云县开展了TB/HIV双重感染防治项目,在结核病人中筛查艾滋病病毒感染660人,确诊双重感染13人,完成任务率达110.37%;在艾滋病病毒感染/病人中筛查结核1863人,确诊双重感染78人,完成任务率达154.86%。开展复方新诺明治疗84人,完成任务率达98.82%。

(朱　忠)

【全州法定传染病发病情况】　2010年,全州共报告乙类传染病15种,发病5102例,发病率145.10/10万,与上年同期相比下降9.39%,死亡144例,死亡率4.10/10万,无较大范围的乙类传染病暴发流行。发病数前五位的是肺结核、肝炎、痢疾、梅毒、艾滋病,发病数占发病总数的92.25%,发病率前五位的县市是云龙、大理、洱源、永平、祥云。呼吸道传染病发病占传染病总数的39.67%,肠道传染病发病占21.03%,血源性传染病发病占37.97%。报告丙类传染病8种,发病3578例,无死亡,发病率101.76/10万,发病较上年同期上升12.27%。完成对12个县市210个医疗单位的传染病报告情况调查,门诊日志登记率81.32%,传染病漏报率0.83%,传染病报告卡填写完整率98.77%。

(朱　忠)

【免疫规划正常运转】　2010年,全州乙肝疫苗、卡介苗、脊灰疫苗、百白破疫苗、麻疹疫苗适龄儿童接种率,以乡为单位达到95%以上;甲肝疫苗、流脑疫苗、乙肝疫苗基础免疫以县为单位达到85%以上;血热疫苗、炭疽疫苗、钩体疫苗、根据疫情的目标人群接种率达70%以上;流动儿童常规免疫接种率达85%以上。

(朱　忠)

【妥善处置突发公共卫生事件】　2010年,全州共报告突发公共卫生事件18起,发病579例,死亡9例。其中,暴发疫情8起,发病224例,占总病例数的38.69%,无死亡;食物中毒9起,发病330例,占总病例数的56.99%,死亡9例;医源性感染事件1起,发病25例,占总病例数的4.32%。州县两级对18起突发公共卫生事件都做到及时报告并调查处理,其中四级13起,三级5起,未发生事态扩大蔓延情况。

(朱　忠)

【农村改水改厕】　到2010年底,全州累计建成卫生户厕377586座,全州卫生厕所普用率51.51%,其中无害化卫生户厕普用率28.84%,投入改厕经费2906.99万元,其中,国家投入1563.66万元,集体投入21.01万元,群众集资1322.32万元。全州农村改水累计受益人口达到2190812人,占农村总人口的72.19%。

(朱　忠)

【圆满完成血吸虫病防治任务】　2010年,全州血吸虫病防治成果不断巩固,共完成查螺2.91亿平方米,未发现阳性钉螺;完成药物灭螺8307.3万平方米。在306个行政村1680个自然村开展查病32.59万人次,其中:血清学查病27.25万人次,粪检5.29万人次,粪检阳性280人,粪检阳性者全部进行了治疗。完成人群扩大化疗24.96万人。救治晚期血吸虫患者229人。疫区居民平均感染率由64.2‰降低到0.14‰,家畜感染率由38.1‰降低到0.03‰,钉螺面积由3058万平方米下降至1330万平方米,全年未发现急性感染病例。

(左中勋)

【编制《大理州血吸虫病综合治理重点项目实施方案(2009~2015年)》】　2010年,州血吸虫病防治工作领导小组办公室组织全州疫区县市血防办和州农业、畜牧、水利、林业、林业、国土资源等相关部门,完成了细化到全州360个流行村的《大理州血吸虫病综合治理重点项目实施方案(2009~2015年)》,经相关领导和专家的反复讨论修改,并征求了各县市和各有关部门的意见后,报请州血防工作领导小组领导审核同意,上报省血防办。

(左中勋)

【深入推进艾滋病防治】　2010年,大理州围绕减少新发艾滋病病毒感染人数、降低艾滋病病死率、提高艾滋病病毒感染者和病人生存质量的“两降一升”总体目标,进一步加强组织领导,强化保障措施,深入推进艾滋病防治各项工作。

(黄志刚)

【签订防艾工作责任状】　2010年,大理州防治艾滋病工作继续坚持并认真落实党政“一把手”负责制、一票否决制、责任追究制。3月10日,在全州卫生工作会议上,州政府与各县市政府签订了《2010年防治艾滋病工作责任目标书》,将防治工作任务层层分解落实到各级、各部门。

(马宝明)

【各级进一步加大对防治艾滋病工作的专项投入】　2010年,州财政预算安排专项经费200万元,县级财政预算安排130万元,中央补助1068.24万元,省补助617.3万元,全部按项目资金管理方案,以任务带补助经费的形式下达到各地各单位,有力地保障了各项防治工作的顺利开展。

(马宝明)

【召开全州防治艾滋病业务工作会议】　3月4日,州防艾办组织召开全州防治艾滋病业务工作会议,总结2009年防艾业务工作,安排布置2010年工作任务。

(马宝明)

【开展形式多样的防治艾滋病宣传教育】　2010年,各级各部门充分利用广播、电视、报纸、互联网和集会、节日、讲座,采取播放录像、发放宣传资料、张贴标语、出黑板报等形式,广泛开展艾滋病防治知识宣传教育。州防艾委在“12·1”第二十三个“世界艾滋病日”期间组织开展系列宣传活动,并印制相关宣传品,副州长洪云龙和州防艾委部分成员参加了街头艾滋病宣传活动,到州医院慰问艾滋病防治一线的医务人员和艾滋病患者。据不完全统计,2010年,全州在各级电视、报纸、广播等新闻媒体刊播防艾消息360篇(条),举办知识讲座165场次,设立大型户外公益广告牌36块、小型户外宣传栏326个,刷写防艾宣传标语2600多条,展板宣传1500块次,图片展览600次,发放宣传材料60多万份,农村入户宣传近40万户次。全州共开展医务人员全员培训3000多人次,培训党政干部26500多人次、妇女骨干13200人次、公安干警2694人次、羁押和戒毒场所人员2000多人次、公共服务场所服务人员6597人次,培训劳务输出人员36352人,对近10万人次农民工进行防艾知识宣传,建立禁毒防艾志愿者队伍120支,先后创建148所禁毒防艾示范学校,在校大中专及初高中学生近10万人次接受艾滋病宣传教育。抽样问卷调查显示,艾滋病防治知识知晓率城镇居民达到95%,农村居民达到90%,学生达95.1%,校外青少年达82.2%以上,农民工达82.1%,党政干部达100%。

(马宝明)

【建立健全州县乡三级艾滋病检测网络】　2010年,为扩大艾滋病监测检测范围,提升艾滋病监测检测能力,建立健全州、县、乡三级艾滋病检测网络，年末，全州已先后建立1个艾滋病确证实验室、17个艾滋病筛查实验室、4个CD4检测实验室、2个病毒载量实验室、26个检测咨询门诊、167个初筛检测点（其中乡镇卫生院105个），全州95%的乡镇卫生院、80%的社区卫生服务中心和私立医院能够开展艾滋病初筛检测工作，100%的县级以上医疗、保健、疾控、采供血机构均能开展艾滋病检测咨询工作。

（马宝明）

【全面开展艾滋病监测检测工作】 2010年，全州共监测各类人群血清237879份，检出HIV抗体阳性1222份（含复检），平均检出率0.51%。其中：各类哨点监测3558份，检出HIV抗体阳性230份，平均感染率6.46%。在各类重点人群HIV/AIDS监测检测中，羁押人员检出率6.72%，自愿咨询检测检出率4.51%，其他就诊者检测检出率0.83%，术前检测人群检出率0.25%，婚检人群检出率0.23%，孕产妇人群检出率0.10%。全州95%以上孕产妇和婚前保健人群均接受HIV抗体免费检测。

（马宝明）

【加强艾滋病病毒感染者和病人的随访管理】 2010年，全州新报告感染者告知率为97.6%，累计报告感染者随访率为90.3%，CD4检测率达70.8%，配偶检测率达75.3%，符合抗病毒治疗者转介成功率达93.1%。

（马宝明）

【积极推进美沙酮社区维持治疗】 2010年，卫生、公安、药监部门密切配合，积极推进美沙酮药物维持治疗工作。全州共设立美沙酮维持治疗门诊7个，治疗拓展点8个，累计入组治疗2162人，正在治疗811人，治疗维持率为65%左右，平均每个门诊在治人数115人，艾滋病阳转率控制在1%以下。将HIV、HCV和梅毒检测纳入门诊日常管理。

（马宝明）

【预防艾滋病母婴传播成效显著】 2010年，全州有妊娠结局的HIV阳性孕产妇82人（含09年怀孕2010年分娩产妇）：自然流产1人，终止妊娠35人，分娩46例，有44例分娩产妇服用抗病毒药物，母亲服药率达95.65%，出院42天随访结案后均被转介到疾控中心。阳性产妇所生46例儿童，婴儿服药46例，服药率为100%，其中死亡3例（围产儿死亡1例），其余43例儿童均由妇幼保健机构免费提供婴儿奶粉并科学指导人工喂养和随访管理，并全部服用抗病毒药物。实施母婴阻断儿童随访结局情况：有47例HIV阳性孕产妇所生儿童结案（含2009年出生管理的儿童）：12月、18月HIV抗体检测阴性结果为41人，阴性检测率为97.62%；确认阳性1例，阳性检测率为2.38%；死亡3人（6.82%），儿童失访2例（8.70%）。

（马宝明）

【认真落实"四免一关怀"政策】 2010年，卫生、民政部门对受艾滋病影响儿童及未成年人进行登记造册。全州有465名受艾滋病影响儿童得到相关机构的救助。接受机会性感染治疗的艾滋病病人或感染者享受新农合和民政医疗救助政策。民政部门将3370名感染者和病人纳入城乡低保（其中城市低保3164名，农村低保206名），年支出低保金102.74万元，有149名感染者接受临时救助，救助金额为10.4万元。

（马宝明）

【积极开展国际国内合作项目】 2010年，大理市实施的国家艾滋病综合示范区项目、克林顿基金项目及州疾控中心、大理市实施的省级创新项目进展顺利。大理市、祥云县实施的国家"十一五"重大科技项目按要求积极开展。永平、巍山省级艾滋病综合防治项目及南涧、巍山州级艾滋病综合防治项目有序推进。覆盖全州12个县市的全球基金艾滋病项目启动实施。6月13日，召开了全州2010年全球基金艾滋病项目工作会议，州级执行机构与县级执行机构、社会招标组织签订了项目执行协议，安排布置了2010年项目工作。以上项目的实施，有力地推动了项目地区和全州艾滋病防治工作的深入开展。

（马宝明）

【开展食品安全专项整治】 2010年，全州餐饮服务单位监督覆盖率为100%，监督频次为4次/户，量化分级管理率为98%，完成全州餐饮服务单位新办理卫生许可证444户，换发证986户，全年共抽检餐具879份，合格848份，合格率为96.47%；糕点20份，合格16份，合格率为80%；空气119份，合格118份，合格率99.15%。查出职业禁忌人员14人，调离率为100%。

（何　炯）

【对乳制品及含乳食品中三聚氰胺进行抽样送检】 2月6～8日，大理州卫生局按规定在大理市、洱源县完成样品采集并立即组织专人运送样品至云南省卫生厅卫生监督局。大理市卫生监督所完成样品50份，洱源县卫生监督所完成样品26份，经云南省疾病预防控制中心检验结果均未检出三聚氰胺。

（何　炯）

【开展节日食品安全检查】 2010年，大理州卫生局围绕节日、"两会"期间食品安全监管重点，对重点品种、重点区域、重点场所食品安全监管，组织开展食品安全联合执法检查活动，圆满完成元旦春节期间餐饮服务环节食品安全监管工作。此次检查全州共出动执法人员300余人次，车辆180余台次，检查餐饮服务单位1200余户，检查食品生产、流通销售单位560余户，对检查发现的问题给予警告36户，限期改正7户。

（何　炯）

【重大活动食品卫生保障】 2010年，大理州卫生局共参加重大活动食品卫生保障任务80次，共出动车辆20辆次，卫生监督员354人次，每次重大活动期间未发生食物中毒、食源性疾患等突发公共卫生事件，保证了全年重大活动和重要会议的顺利举行。

（何　炯）

【开展"地沟油"、"不合格一次性筷子"专项检查】 2010年3月23日～4月15日，大理州卫生局在全州开展了严防"地沟油"、"不合格一次性筷子"流入餐饮服务环节的专项检查。在此次检查中共出动卫生监督员628人次，车辆148辆次，共检查餐饮服务经营单位3085家，使用一次性筷子的餐饮单位1429家，未发现有使用"地沟油"加工食品及使用"不合格一次性筷子"的违法行为，制作《卫生监督意见书》320份，责令限期整改7家，依法进行行政处罚1家，共罚款3000元。

（何　炯）

【开展职业危害企业建设项目的申报及审查、竣工验收】 2010年，大理州卫生局对全州95家企业进行全面的监督检查，对三家违反《职业病防治法》的单位给予行政警告处罚，并责令限期整改。建立职业健康监护档案47家，上岗前体检5355人，在岗体检7075人，检出疑似病人56人，调离53人，新确诊职业病人1人。积极开展职业病危害建设项目监督检查，对云南红塔滇西水泥厂等二十多家存在职业危害因素的建设项目进行了多次现场监督检查，通过监督检查，全年已有八家职业病危害建设项目经卫生行政部门进行了预评价的审查、控制效果评价及职业危害防护设施竣工合格验收。

（何　炯）

【开展公共场所卫生大检查】 2010年，大理州卫生局开展了宾馆酒店客房、娱乐场所、理发美容、游泳场馆的监督检查,加大对非法经营行为的查处力度。全面开展公共场所量化分级管理工作,提高公共场所卫生条件和传染病防治的能力,共评出旅店业A级30家,B级100家,C级727家;理发美容业A级8家,B级91家,C级5家;游泳场所A级1家,B级1家,均在经营场所悬挂卫生信誉度等级公示牌。

(何　炯)

【开展学校食堂及校周边小餐饮店的综合执法整治行动】 2010年,大理州卫生局共出动卫生监督员1510人次,车辆274辆次,历时50天,重点检查食品加工场所的布局及卫生条件、餐饮具的清洗消毒设施情况、食品卫生管理制度及食品库房食品分类存放情况等,对达不到卫生要求的30户食堂给予行政处罚。加强辖区内的学校特别是农村学校饮用水卫生工作的监督检查。重点检查饮用水卫生管理制度建立和落实饮用水卫生管理措施、供水设施卫生状况及饮用水水质情况。检查的969所学校中,市政供水有145所,自备供水有369所,二次供水有365所、分散式供水有79所。自备供水和二次供水中蓄水设施定期清洗消毒的学校数占71.5%,消毒产品有卫生许可批件的学校有65所,仅占8%,自备供水定期进行水质监测的学校有142所,占38.5%。提供开水的学校有182所,占18.8%。

(何　炯)

妇幼保健

【概　述】 妇幼卫生是卫生工作的重要组成部分,2010年,全州在认真总结"十一五"前三年全州妇幼卫生工作取得好成绩的同时,正确分析当前妇幼卫生工作面临的困难和问题,结合州情县情,研究制定了相应的工作措施,妇幼卫生工作取得了长足的发展。

【全州妇幼卫生工作情况】 2010年,孕产妇、儿童系统保健管理率分别达到96.8%和77.81%,住院分娩率达94.16%,新法接生率达99.44%,婴儿和五岁以下儿童死亡率分别控制在11.87‰和14.02‰,孕产妇死亡率控制在20.62/10万以下。继续巩固创建爱婴医院成果,重点加强产科建设,提高住院分娩率,减少孕产妇、婴儿死亡的发生。

【建立健全社区卫生服务网络】 2010年,大理经济开发区社区卫生服务中心和大理镇社区卫生服务中心、大理市西大街社区卫生服务中心均已完成业务用房改造。新批准成立了剑川县南门社区、北门社区及大理市幸福社区3个社区卫生服务站。大理市经济开发区社区和幸福社区卫生服务中心得到省级设备补助资金30万元。

【基本公共卫生服务情况】 2010年,大理州按照人均15元的补助标准,共筹措基本公共卫生服务补助资金5222万元。其中,中央补助4176万元、省级补助696万元、州级补助350万元,为城乡居民提供3类9项基本公共卫生服务。

(沈锦相)

农村卫生

【概　述】 2010年,大理州新型农村合作医疗工作持续健康开展、稳步推进,新型农村合作医疗制度已实现行政村覆盖率100%,2010年全州参合农民达287万人,占全州总农业人口的95.38%,比去年提高了2.13个百分点,高于全省平均水平。人均筹资标准提高到140元,资金使用率和实际补偿比例不断提高,住院补偿封顶线提高到3万元。

【农村卫生基础设施建设得到加强】 2010年,大理州争取到中央预算内专项投资卫生项目38个,其中:县医院7个、中心卫生院7个,村卫生室24个,计划总投资2.7亿,绝大部分项目已开工建设。得到中央财政补助资金1280万元,按照每个15万元的标准,为34个中心卫生院配备救护车34辆,按照每个10万元的标准,为77个一般卫生院下拨配置医疗设备款770万元。得到省级财政补助乡镇卫生院等基层医疗卫生机构的设备购置补助资金330万元。

【新农合制度框架基本形成】 2010年,大理州基本建立了政府组织引导,部门协调配合,农民自愿参加,个人、集体和政府多方筹资,大病统筹为主,门诊补助为辅,适当兼顾群众受益面,补偿合理,监管严密,服务便捷的新农合制度框架。2010年,按照人均140元的筹资标准,共筹措合作医疗资金40350.58万元。其中,中央、省级财政补助资金分别为17219.52万元、14958.91万元,大理市配套2261万元,农民个人缴费5739.85万元。

【新农合保障水平大幅提高】 2010年,大理州在坚持以大病统筹为主的基础上,12县市均推行了门诊统筹、住院分娩等补偿制度。各县市门诊、住院报销比例较上一年均有不同程度的上升,其中:乡村两级门诊补助标准提高到40%,门诊封顶线统一为200元;在乡、县两级起付线统一定为50元和100元,补偿比例有较大幅度提高,在乡卫生院住院补偿比例提高到70%~85%,县级医院提高到65%~75%,县级以上提高到35%~40%;住院补偿封顶线从去年的2万元左右统一提高到3万元。

【参合农民受益水平提高】 2010年,全州新农合基金支出总额42460.95万元(使用累计结余2110.37万元),有921.73万人次得到门诊补偿,人均补偿11.06元,实际补偿比例达到35.62%,有23.23万人次得到住院补偿,人均补偿1368.23元,实际补偿比达到47.24%,政策范围内住院费用报销比达到61.16%。

【加强农村卫生人员培训】 2010年,大理州依托大理卫校和滇沪项目远程网络教育,完成乡村医生师资培训65人次、乡村医生培训1679人次、乡镇卫生院公共卫生人员培训220人次、乡镇卫生院卫生技术人员培训220人次;聘请国内外专家举办乡镇卫生院管理人员培训1期共120余人次;举办全州新农合管理人员培训班1期,培训80人次,委托州妇幼保健院举办妇幼卫生工作人员培训3期,培训168人次。共选派153名卫生专业技术人员到51个乡镇卫生院开展对口支援工作一年。

(沈锦相)

(责任编校:冯　燕)

体 育

综 述

【概 述】 2010年是"十一五"规划的最后一年，也是全州体育工作取得显著进步的一年，州体育局在州委、州政府的领导和省体育局的指导下，始终坚持以邓小平理论、"三个代表"重要思想为指导，以科学发展观统揽工作全局，认真贯彻落实党的十七大、十七届四中全会，省委、州委党代会精神，紧紧围绕省委、省政府"两强一堡"的战略和州委、州政府中心工作，努力发挥体育在推动经济发展、构建和谐社会中的重要作用，各项业务工作有序推进，取得良好的社会效果，较好地完成"十一五"规划。

【开展"创先争优"活动】 根据《中共大理州委办公室关于在全州党的基层组织和党员中深入开展创先争优活动的实施意见》的具体要求和刘明书记在全州开展"创先争优"活动动员大会上的讲话精神，州体育局认真组织开展各项活动。按照文件通知要求，成立开展"创先争优"活动领导小组并设办公室，制定《州体育局开展"创先争优"活动实施方案》下发机关各科室和两个直属单位，严格按照实施方案的要求，通过强化领导、深入动员、组织学习、党员承诺、领导讲评、评星授旗等环节认真组织实施。

【实施云南省"效能政府"四项制度】 依据省州政府文件精神，州体育局从体育系统的实际出发认真开展"效能政府"四项制度的实施工作。一是成立了实施领导小组和办公室，局长高志宏任组长，副局长熊国槐、张爱珍任副组长，并设立了实施"效能政府"四项制度办公室。二是结合州体育局的实际制定实施"效能政府"四项制度的工作方案，并下发机关各科室和两个直属单位遵照实行。通过实施"效能政府"四项制度达到促进体育局机关作风建设，提高服务水平，加强廉政建设，促进党风廉政建设工作的目的。

【大理州体育场馆改造工程全面启动】 2010年3月，为办好2012年在大理举行的云南省第八届农民运动会，州人民政府决定对州体育场、馆进行建设改造。州委副书记、州人民政府州长何金平先后两次到州体育馆就体育场馆改造工作主持召开现场办公会。整个改造工程于2010年12月30日全面开工建设，计划在2011年12月30日全面完工。

【编制"十二五"体育事业规划】 2010年，州体育局成立"十二五"规划编制工作领导小组，抽调专人负责"十二五"体育事业规划的编制，对"十一五"的工作进行认真总结回顾，对"十二五"的工作进行认真规划，在形成初步规划上报到相关部门，并发到各科室和县市体育部门征求意见，再进行完善和修改，局领导多次召开会议，讨论十二五规划的修编情况，几易其稿，最终形成定稿，并报相关部门。

【农民体育健身工程继续深入实施】 自2006年大理州实施农民体育健身工程试点工作以来，州体育局加强与发改、财政等部门联系，使农民体育健身工程顺利进行并逐步引向深入，通过工程的实施在大理州广大农村新建了大批体育场地，配备大批体育器材，极大地改善了广大农村群众参与体育健身活动的条件。2006～2010年9月，共为基层配备篮球架762副，乒乓球桌550张，健身路径50条。其中国家实施的农民体育健身工程在大理州实施139个，为行政村配备篮球架139副，乒乓球桌278张，国家补助场地建设资金221.2万元。州级配套实施的农民体育健身工程，从2007～2010年9月，共为全州12县市配备篮球架623副、乒乓球台272个、健身路径50条。

【2010年体育工作会议在下关召开】 2010年3月18日，大理州体育工作会议在下关召开，州人民政府蔡春生副州长作重要讲话，州体育局杨建宇局长作2009年体育工作总结并安排布置了2010年体育工作，州人大常委会副主任杨宴君、州政协副主席张树藩出席会议，大理州州级相关部门、12县市分管副县市长，文体、体育局长，分管副局长、体育股长、少体校校长、州体育局机关全体干部职工、州体育馆、州体育中学副科以上领导参加会议。

【州体育局领导班子调整】 2010年5月，州委调整体育局领导班子，由高志宏任州体育局党组书记、局长。

【"姚之队"在大理训练】 9月1～11日，上海东方男子篮球俱乐部下属的上海东方大鲨鱼男子篮球队"姚之队"，在大理进行为期10天的高原集训，为新赛季做体能储备。近年来大理州已先后接待国内外多支运动队来大理进行高原训练。"姚之队"在大理训练促进了大理体育训练和管理理念的提升，进一步宣传了大理，扩大了大理的国际影响力。

【体育彩票销售平稳有序】 2010年，尽管受云南百年不遇的大旱影响，但大理州体育彩票销售工作始终坚持"安全第一，服务至上"的宗旨，销量保持平稳，共计销售彩票1.7亿元，完成省下达的任务。

【州体育馆创收超过50万元】 2010年，州体育馆克服云南省第八届农民运动会场馆改造带来的不利影响，盘活场馆资源，搞好经营管理，积极向社会公众开放，认真承办各种运动会，全年创收超过50万元。

【永平县国家体育总局"雪炭工程"项目完工】 国家体育总局2009年援建的云南省"雪炭工程"项目—永平县综合健身馆建设项目经过近一年的紧张施工，于2010年10月完工，工程总投资410万元，包括新建一栋办公楼、一栋综合训练馆、两块灯光球场,工程完工极大改善永平县体育设施水平,为群众健身提供场所。

【"大理苍山户外运动"项目获国家体育旅游项目优秀奖】 年内,州体育局与大理旅游集团联合向国家体育总局申报了"大理苍山户外运动"和"环洱海自行车赛"两个精品旅游项目,其中"大理苍山户外运动"项目获国家优秀奖,参加了在海南三亚举行的体育旅游精品项目博览会。

群众体育

【举办第四届中国·大理三月街"蝶泉乳业杯"赛马大会】 2010年4月28日~5月1日,第四届中国·大理三月街赛马大会在大理举行。2010年的赛马大会共有来自全国各地14支队伍共150名教练员、运动员和130匹赛马参加了比赛,大会邀请了新疆昭苏的马术表演队在每天的比赛开始前进行精彩的"叼羊"表演,比赛共分4天进行,设12个项目,速度赛马4个,走马两个,民族组设3个速度赛马项目,另设跑马射击、跑马射箭、跑马拾哈达。经过紧张激烈的角逐,北京京华兴代表队的麻连凯一举夺得混合组1000米、2000米速度赛马第一名,继去年之后再次荣膺赛马大会最高奖"马王奖"。祥云代表队的杨杰分别获得混合组1000米、2000米走马和5000米速度赛马的第一名。北京国发代表队的房玉龙,香格里拉代表队的史楚、向青,昆明螳川代表队的杨平,分别获得混合组3000米速度赛马、民族组3000米速度赛马、民族组2000米速度赛马、民族组1000米速度赛马的第一名。剑川代表队的罗军、巍山代表队的杨焕松、洱源代表队的陆金贵分别获得民族组跑马射击、跑马拾哈达、跑马射箭的第一名;香格里拉代表队荣获民族组团体第一名,大理祥云代表队荣获混合组团体第一名,新疆伊犁叼羊队比赛蓝队获胜。赛马大会期间,北京京华兴马业俱乐部、北京国发马术俱乐部、新疆伊犁哈萨克自治州昭苏马场马术队、迪庆香格里拉呀啦嗦民间走马俱乐部、祥云黄金公司马术队、迪庆香格里拉茶马古道马术队等14支代表队以及获奖选手为大理州旱灾地区现场捐款2万多元,其中北京京华兴马业俱乐部捐赠了1万元。州体育局和大理电视台联合实现了对2010年的赛马大会全程现场直播。在4天的比赛中,据不完全统计到现场观看赛马的观众达到了20万人次,而在电视机前观看比赛的全州观众达到200万人次以上,为全州人民在三月街期间呈现了一道视觉盛宴,已经成为三月街的特色和亮点,国内多家媒体以多种形式报道了大理三月街赛马大会的盛况。

【举办"小河淌水"之旅自行车越野暨户外登山活动】 5月29日,"小河淌水"之旅2010年大理州自行车越野邀请赛暨太极顶户外登山活动在弥渡举行,比赛由弥渡县人民政府、大理州体育局主办,弥渡县文体局、大理州恒久体育产业发展有限公司、弥渡县密祉乡人民政府承办。自行车越野邀请赛的路线为,弥渡县花灯广场至建安路,往东上文笔路,往北至连接线口进入果河路,至太极山哨所,全长51千米,比赛分为男子精英组、业余组和女子组,共有来自美国和江西、湖南、重庆、丽江、大理等地的126名运动员参赛。太极山户外登山活动的路线从密祉乡太极山哨所出发至太极山"三圣庙"平台,全长1.9千米,共有来自大理、丽江等地的17个队、170名运动员参赛。同时,大赛组委会还组织了搭帐篷比赛及篝火晚会。

【举办云南足球业余联赛大理赛区比赛】 6月,大理州足球分会主办的2010年云南足球业余联赛大理赛区比赛在大理学院荷花校区举行,历时1个月的时间,比赛利用双休日进行,共有12支队伍180人参加。

【举办云南省首届宗教界运动会】 6月20~22日,为进一步提高宗教界人士的身体素质,促进宗教关系和谐。云南省在大理市举办首届宗教界运动会暨文艺汇演。活动本着"竞技性、群众性、趣味性、艺术性"相结合的原则,以"爱国爱教、团结和谐、加强交流、增进友谊"为主题,全省16个州市和省佛教协会、省道教协会、省伊斯兰教协会、省基督教"两会"、省天主教"两会"等5个全省性宗教团体共组织了21个代表队共922名运动员,围绕100米、800米、4×100米接力、跳远、乒乓球、羽毛球、篮球、象棋、跳绳、拔河等比赛项目展开角逐。

【参加云南省青少年足球联赛】 7月,云南省青少年足球联赛在西双版纳州举行,全省共有32支队伍500多人参赛,大理州足球分会选派了4支队伍参赛,获得U—13年龄组冠军和U—11年龄组第三名。

【举办首届青少年户外运动拓展训练】 7~8月,大理州登山协会结合学生的"生命、生存、生活"教育与"野狼户外俱乐部"在巍山县瓦房哨林场举办了大理州首次青少年户外运动拓展训练。

【参加"沃特杯"全省民族健身操比赛】 8月7~9日,云南省"沃特杯"2010年全民健身日活动首届少数民族健身操在昆明市南屏街音乐广场举行。大理州代表队参加了本次比赛并获得优异成绩。本次比赛共有来自16个地州的18支代表队200余人参赛,经过激烈角逐,规定套路《白族霸王鞭健身操》荣获比赛一等奖、自选套路《白族花帽健身操》荣获比赛二等奖。

【被省体育局表彰的群众体育先进单位】 为充分肯定和广泛宣传群众体育工作业绩,让全社会都关心、关注全民健身工作。2010年8月,在云南省十三届运动会期间,云南省体育局决定表彰"十一五"期间群众体育先进单位和群众体育先进个人,大理州被表彰的先进单位有:大理州体育局、大理州财政局、大理州残疾人联合会、大理州老年人体育协会、大理州体育馆、大理州漾濞彝族自治县文化体育事业局、大理州鹤庆县文化体育事业局、大理州南涧彝族自治县文化体育事业局、大理州剑川县文化体育事业局、大理州巍山彝族回族自治县永建镇人民政府。

【被省体育局表彰的群众体育先进个人】 2010年,云南省体育局表彰"十一五"期间群众体育先进个人,大理州被表彰的先进个人有:熊国槐、李建培、张爱珍、马琴、赵云峰、杨志兵、林家波。

【举办"云铜地矿杯"五人制足球业余联赛大理赛区比赛】 10月,大理州足球分会主办的2010年"云铜地矿杯"五人制足球业余联赛大理赛区比赛在大理学院荷花校区举行,共有8支队伍120人参加。

【协助州财政局承办滇西5州市门球联谊赛】 2010年,大理州老年人体育协会协助州财政局承办了滇西5州市门球联谊赛。

【洱源县、剑川县承办全州老年人体育

运动会】 2010年，洱源县承办“洱海源杯”全州老年人运动会，剑川县承办“石宝山杯”全州老年人运动会。全州共有640名运动员、教练员裁判员参加了运动会。

【协助州民政局承办夕阳红杯文艺体育比赛】 年内，州老年人体育协会协助州民政局承办云南省第六届军队离退休干部夕阳红杯文艺体育比赛，比赛共设门球、乒乓球、象棋、桥牌、双抠5个项目。

【举办大理州“三八”节妇女钓鱼比赛】

大理州体育局、大理州妇女联合会、大理州钓鱼协会共同举办了“大理州‘2010年三八’妇女节妇女钓鱼比赛”，共有18个州级单位、25支队伍共150人参加了比赛。

【举办大理州第二十二届钓鱼比赛】

2010年，在巍山县人民政府支持下，州钓鱼协会举办了“大理州第二十二届钓鱼比赛”，设老年组、中青年组和手竿混重、抛竿三尾重项目，有28支队伍参加比赛。

【参加云南省老年人钓鱼比赛】 大理州钓鱼协会派队参加了在红河州泸西县举办的2010年云南省老年人钓鱼比赛，取得团体总分第四名的好成绩。

【举办“巍宝山”百人自驾车户外露营活动】 2010年州庆期间，天行健户外运动有限公司、大理金岛旅行社、山杰户外运动俱乐部联合组织“巍宝山”百人自驾车户外露营活动，丰富和拓展了体育旅游、体育休闲内容。

【举办“问顶点苍、喝彩亚运”“苍山杯”户外运动邀请赛】 2010年11月，大理州体育局、大理州旅游局、大理旅游集团共同举办了“问顶点苍、喝彩亚运”2010年中国．大理首届“苍山杯”户外运动邀请赛，来自北京、吉林、浙江、湖南、贵州等17个省(市、区)33个专业、半专业的运动队参加了比赛，赛事在国内外影响很大，对促进大理旅游二次创业有很大推动作用。

【参加省第九届少数民族传统体育运动会】 2010年11月，云南省第九届少数民族传统体育运动会在普洱市举行，大理州派出由210人组成的体育代表团，参加了赛马、射弩、秋千、武术、龙舟、高脚竞速、板鞋竞速、陀螺、摔跤和表演项目共十个大项的比赛。共夺得金牌9枚、银牌6枚、铜牌7枚，金牌总数位列第五，完成了预定任务。

【协办“森林大理杯”林业系统运动会】

年内，协助大理州林业局举办“森林大理杯”大理州林业系统首届职工运动会，本次比赛项目多，参赛人数超过800人，是近年来大理州行业系统规模最大的运动会。

【大理州第九届体育系统职工运动会在弥渡举行】 11月5～7日，大理州第九届体育系统职工运动会在弥渡县举行。来自全州12县市的文体局、体育局，州体育局机关、州体育馆、体育中学共15支代表队参加了广播体操、齐头并进、乒乓球、飞镖、篮球5个项目的比赛。

【国家体育总局表彰优秀组织奖和先进单位】 2010年12月，国家体育总局表彰大理市老年人体育协会为2010年全民健身活动优秀组织奖单位，大理州鹤庆县文化体育事业局为2010年全民健身先进单位。

竞赛训练

【承办云南省青少年排球锦标赛】 1月，大理州体育局承办云南省青少年排球锦标赛，全省有5个州市及师大附中、昆二中、官渡一中、个旧一中等派出了15支男女运动队，共200多名男女运动员参加了比赛，大理州排球队取得优异的成绩。

【举办全州中长跑比赛】 2010年2月3～5日，大理州中长跑比赛在大理州体育馆举行。全州12县市派队参加了比赛，共设男子：400米、800米、1500米、3000米、5000米、4×1200米接力和女子：400米、800米、1500米、3000米、4×800米接力12个项目。最后鹤庆、祥云、巍山3县获得男子团体前三名，鹤庆、祥云、云龙3县获得女子团体前三名。

【参加云南省业余拳手对抗赛】 2010年7月，云南省业余拳手对抗赛在楚雄州举行，大理州拳击、散打分会派出了大理州代表团参加比赛，获得金牌1枚，银牌2枚，6人进入前八名。

【2010年全国沙滩排球巡回赛在大理举行】 2010年7月28日，由国家体育总局排球运动管理中心主办，大理白族自治州体育局、大理电视台、上海驰策市场营销策划有限公司承办的“2010年全国沙滩排球巡回赛大理站”比赛开幕式在大理州全民健身中心广场前举行，共有来自全国12个省(市)和解放军的男子28支、女子25支队伍共110名运动员参加比赛。

【备战和参加省第十三届运动会】 8月18～26日，云南省第十三届运动会在文山州举行，大理州组成了由州委常委、副州长蔡春生任团长的大理州体育代表团，共派出185名运动员参加了田径、游泳、自行车、皮划艇、举重、摔跤、拳击、柔道、体操、击剑、武术、跳水、乒乓球、排球等14个项目的比赛，经过全体运动员、教练员和工作人员的努力，最后获得金牌40枚、银牌18枚、铜牌26枚，金牌总数位列全省第六，并获得体育道德风尚奖，完成了州委、州政府下达的目标任务。

【参加川滇友邻市州男子篮球联赛】

2010年8月，大理州代表队参加了在楚雄州举行的川滇友邻市州第六届男子篮球联赛，联赛共有楚雄、大理、昭通、迪庆、宜宾、凉山、攀枝花、乐山、绵阳9个市州参加，最后大理州代表队获得第二名的好成绩。

【严格审批申报国家二级运动员和裁判员】 通过2010年的云南省年度比赛和省十三届运动会，按照《国家等级运动员标准》大理州体育局共审核批授了31名国家二级运动员，全部在国家体育总局的网站上公示，接受社会监督。按照国家等级裁判员条件和管理要求，联合大理学院举办培训班，并经过严格考核，批授了网球、健美操、排球、篮球、田径5个项目共156名二级裁判员，向省体育局上报一级裁判员5人。

(吴敬贤)

(责任编校：刘丹霞)

民族　宗教

民族工作

【概　述】 2010年，在中共大理州委、州人民政府的正确领导和省民委的重视关心下，全州民族工作坚持以邓小平理论和“三个代表”重要思想为指导，以科学发展观为统领，认真落实全省民族工作会议、州委六届八次全委会、州“两会”和大理州民族工作会议暨第四次民族团结进步表彰大会精神，突出重点，务求实效，狠抓落实，为全州经济发展、民族团结、社会和谐稳定充分发挥了职能部门的积极作用。①抓贯彻，及时落实全省民族工作会议精神。②抓调研，充分发挥参谋助手作用。③抓宣传，使“三个离不开”思想更加扎根在各族群众心中。④抓创建，扎实推进民族团结进步事业。⑤抓项目，努力促进少数民族地区经济发展。⑥抓统筹，不断推进少数民族地区和谐发展。⑦抓参赛工作，进一步发挥民委的职能作用。⑧抓建设，不断提高工作效率。

【省民委对“民族团结目标管理责任制”进行考核检查】 2010年1月4～5日，省民委副主任木桢带领政策法规处曹新富和教育科技处吕江红，对大理州2009年度“民族团结目标管理责任制”进行考核检查。检查组先后查看了大理市龙下登民族团结示范村和弥渡县祁家营民族团结示范村。在听取州民委主任张其富，副主任王超英、吴文光和科室相关负责人对2009年民族团结目标管理责任制实施情况的汇报，以及查阅痕迹资料后，考核组认为2009年大理州民委各项工作完成得较好，有特点，特别是在民族团结教育宣传、民族文化的传承、民族政策的贯彻落实等方面都有创新。木桢还对2010年的工作向大理州提出了指导性的意见：①大理州民委对州与州结合部地区的调研工作是一个亮点，符合“两个共同”的主题，希望可以列入大理州“十二五”规划；②维护“平等、团结、互助、和谐”的社会主义民族关系，就是在关注主体民族发展的同时，更加关注人口较少民族的发展；③继续做好民族工作的宣传；④继续做好民族团结示范村的创建工作；⑤《大理白族文化大全·100卷》在保证质量的基础上，要抓紧完成。并做好少数民族传统体育运动会的动员、组织、参赛工作。

【参加双廊镇2010年洱海保护月启动仪式】 2010年1月16日，作为大理市双廊镇青山村委会洱海保护的挂钩联系单位，州民委参加了双廊镇“洱海保护月”启动仪式，并与当地群众一道进行垃圾清运等活动。

【深入扶贫挂钩点洱源县炼铁乡田心村慰问】 2010年1月22日，针对大理州出现60年未遇的特大旱情，州民委全体干部职工在主任张其富的带领下，到洱源县炼铁乡田心村委会指导抗旱救灾和冬春农田水利建设工作，并看望慰问了10户少数民族贫困户，为每户送上了200元的慰问金。在田心村委会，听取了村两委班子关于抗旱救灾工作的汇报，并实地察看了谭溪村和下大七村，深入农户仔细了解他们的生产生活情况和人畜饮水情况，并鼓励他们要自立自强、坚定信心，创造幸福生活。指导组要求按照州委、州政府的统一部署，科学调配水资源，做好挖潜蓄水和节约用水工作，抓好病虫鼠害防控工作，全力做好抗旱救灾，确保全年生活稳定、农业丰收。

【省电脑农业专家系统培训班在大理举办】 2010年1月25～30日，由大理州民委承办的云南省电脑农业专家系统第28期培训班在大理州技工学校举办。来自大理、楚雄、丽江、保山、怒江、德宏、临沧、迪庆8个州市近40个县市人员参加了此次培训。

【召开5个民族学会负责人座谈会】 2010年1月27日，州民委召开州级民族学会座谈会，参加会议的有州民委副主任吴文光、副调研员杨登龙，大理州白族学会、彝族学会、回族学会、康巴文化研究会、纳西文化学会等5个州级民族学会负责人。会议主要商谈民委系统关于推荐大理州第四次民族团结进步表彰大会模范集体和模范个人的相关事宜。5个民族学会负责人都纷纷发言，一致推荐州民委为民委系统的模范集体，推荐大理州康巴文化研究会会长陈益裕为模范个人。

【州委统战部慰问州级各民族学会】 2010年2月8日，中共大理州委常委、州委统战部部长杨秀星带领州委统战部、州民委领导，分别走访慰问了州白族、彝族、回族、藏族（康巴）和纳西5个民族学会，并代表州委、州政府把慰问金送到各民族学会手中。

【召开参加省第九届少数民族传统体育运动会组织工作会议】 2010年11月13～26日，云南省第九届少数民族传统体育运动会将在普洱市思茅区举行。为组织好大理州参赛工作，州民委分别于3月12日、7月7日、9月27日召开参加云南省第九届少数民族传统体育运动会领导小组组织工作会议。

【云龙县实施扶持人口较少民族发展规划通过省级考核验收】 2010年3月14日，省考核验收组对大理州云龙县实施《扶持人口较少民族发展规划（2006～2010年）》进行考核验收。验收组采取深入实地察看、查访农户了解、认真听取汇报、查看痕迹资料、意见反馈等方式，对项目实施情况进行认真、细致的检查考核。考核验收组认为：通过5年的实施，该规划“四通五有三达到”12项指标已全面实现。

【州人大常委会主任字国顺深入洱源县西山乡调研】 2010年3月15日，州人大常委会主任字国顺带领州人大常委会副主任刘世兴、州人大民族委主任李绍平、州民委副主任王超英一行，深入洱源县西山乡，就西山乡的民族工作开展情况和抗旱救灾工作进行调研和指导，并帮助解决实际困难。

【民委系统干部参加国家民委培训班】
2010年4月8～17日，由国家民委组织的云南省民委系统干部培训班在中央民族干部学院举行。大理州选派州民委和大理市、弥渡县民宗局等民委系统干部10人参加了培训。培训期间，国家民委副主任吴仕民、国家行政学院教授于军等10位专家、学者为学员授课。

【出台《关于争当民族团结进步模范州的实施意见》】 2010年4月19日，根据中共云南省委、省人民政府《关于进一步加强民族工作 促进民族团结 加快少数民族和民族地区科学发展的决定》要求，中共大理州委、州人民政府出台《关于争当民族团结进步模范州的实施意见》，对争当民族团结进步模范州的工作进行安排部署，是大理州近期民族工作的指导性意见。《实施意见》突出体现在3个方面：①明确提出了争当民族团结进步模范州的指导思想、基本原则、主要目标和主要任务及措施等，是一个安排部署争当民族团结进步模范州工作的系统、完整的规范性文件；②明确安排了民族团结进步模范州建设专项资金，从2011年起州级财政每年安排500万元，并规定根据财政增长情况逐年增加；③各县市党委、政府要按照实施意见的精神，结合实际，制定贯彻落实的具体措施。

【召开全州民族工作会议暨第四次民族团结进步表彰大会】 2010年4月20日下午，中共大理州委、州人民政府在下关举行大理州民族工作会议暨第四次民族团结进步表彰大会，隆重表彰大理市下关镇党委政府等57个"全州民族团结进步模范集体"和王健丽等118名"全州民族团结进步模范个人"。州委书记刘明出席大会并作重要讲话，州委副书记、州长何金平主持会议；省民委副主任木桢到会指导并讲话；副州长洪云龙宣读了《大理白族自治州人民政府关于表彰全州民族团结进步模范集体和模范个人的决定》。

【大理州召开2010年民族工作会议】
2010年4月21日，大理州2010年民族工作会议在下关召开，中共大理州委常委、州委统战部部长杨秀星，州政府副州长洪云龙，州政协副主席毕熊光等领导出席会议，州政府副秘书长、州政府办公室副主任段志宏主持会议。会上，副州长洪云龙作了重要讲话，州民委主任张其富安排部署了今年的工作任务，并与各县市民宗局（民族局）签订了2010年民族团结目标管理责任书。会议表彰了2009年度民族团结目标管理责任制先进集体。各县市分管民族工作的副县（市）长、州人大民族委、州政协民族和宗教联络委员会以及全州各县市民宗局（民族局）负责人、州民委全体干部职工参加了会议。

【州市民族团结宣传周启动仪式暨民族团结宣传日活动】 2010年4月26日，由州市民委主办，州市宣传部、总工会、共青团、妇联协办的大理州市民族团结宣传周启动仪式暨民族团结宣传日活动在大理古城举行。活动过程中，向各族群众发放《党和国家民族政策宣传教育提纲》、《民族团结教育宣传读本》、《中华人民共和国民族区域自治法》、《城市民族工作条例》、《云南省民族乡工作条例》、《关于中国公民确定民族成分的规定》、《大理州民委变更民族成分审批办理若干规定（试行）》、《大理州民委管理办理证明民族成分事项有关规定（试行）》、《大理民族工作》以及禁毒防艾知识读本等宣传资料。为各族群众现场提供民族政策、法律法规咨询，热心解答少数民族群众关心的热点、难点问题。

【中美民族文化国际交流中心在民族节期间开馆】 2010年4月28日，中美民族文化国际交流中心在喜洲苍逸图书馆正式开馆展览。中国文联党组成员、书记处书记、省政府副秘书长白庚胜，州人大常委会主任字国顺，州政协主席袁爱光，副州长蔡春生等领导出席开馆仪式并为中心成立剪彩。州市相关部门参加了开馆仪式。

【编辑出版《大理州第四次民族团结进步表彰大会模范事迹材料汇编》】
2010年4月，中共大理州委、州人民政府召开大理州第四次民族团结进步表彰大会，大会表彰了57个模范集体和118名模范个人。州民委将此次受到表彰的模范集体和模范个人事迹材料汇编成册，大力宣传模范集体和模范个人的先进事迹，树立典型、弘扬了正气，扎实推进全州民族团结进步事业，为"争当民族团结进步模范州"营造了良好的氛围。

【编辑出版《民族工作专题摘编》】
2010年4月，《民族工作专题摘编》编辑出版。新中国成立以来，党和国家领导人，各级党委、政府高度重视民族工作，对民族工作发表了重要讲话，制定出台了一系列加快少数民族和民族地区发展，促进民族团结进步的政策文件，为更好地便于学习和贯彻落实，州民委借州委、州政府召开大理州第四次民族团结进步表彰大会之机，收录党和国家领导人及中共云南省委领导有关民族工作的讲话材料，有关民族工作的法律法规、文件等，编辑成书，供各级各部门学习、参考。

【向弥渡县牛街彝族乡马鞍完小送爱心】 2010年5月5日，州民委副主任王超英等一行在弥渡县民宗局陪同下，为牛街彝族乡马鞍完小赠送了30套双层铁架床，基本解决了该校学生住宿方面的困难，给师生们送去了党和政府对少数民族学生的关怀和温暖。

【省政协到云龙县调研】 2010年5月11～12日，由云南省政协民族和宗教委主任郭秀文率领的省政协民族地区"十二五"经济社会发展思路专题调研组，在州、县政协、民委（民宗局）相关领导的陪同下，到云龙县漕涧镇鹿山村热水河村民小组的苗族群众家和漕涧老街居住地，对民族经济社会发展工作进行专题调研。

【黄毅到大理州调研】 2010年6月18日，中共云南省委常委、省委统战部部长黄毅带领省宗教局局长熊胜祥、省委统战部副部长杨光海、省民委副主任马春一行到大理州调研民族宗教工作。州委常委、州委统战部部长杨秀星，州政府副州长洪云龙，州民委主任张其富等领导陪同调研。调研组一行深入巍山县永建镇西莲花民族团结示范村、东莲花国家级历史文化名村和回辉登清真寺、大理市南五里桥清真寺进行实地调研，并对大理州民族宗教工作取得的成绩给予了充分肯定。

【马开贤到巍山县调研】 2010年6月22日，省政协副主席、省伊斯兰教协会会长马开贤在州政协副主席毕熊光等领导陪同下，到巍山县调研民族宗教工作。马开贤一行先后深入东莲花清真寺、马家大院以及巍山县伊佳清真食品厂，调研东莲花古建筑保护、民族宗教工作以及回族地区经济社会发展情况。

【州政协视察民族团结示范村创建活动】 2010年6月29～30日，由州政协副主席毕熊光带队，州政协秘书长欧阳任、民宗委领导和部分政协委员对永平县古富、曲硐和洱源县郑家庄、三枚等民族团结示范村进行视察。6月30日，在视察结束后，州民委主任张其富受州人民政府副州长洪云龙的委托，向州政协和部分政协委员、州民族工作领导小组部分成员单位对大理州创建民族团结示范村基本情况、取得的成效、做法、经验、存在的困难和下一步工作打算作了汇报。副州长洪云龙、副主席毕熊光作了重要讲话，政协委员和民族工作领导小组部分成员单位领导纷纷发言，充分肯定了大理州民族团结示范村创建活动取得的成绩。

【现代白剧《洱海花》获第二届中国少数民族戏剧会演银奖】 2010年7月19日，在宁夏回族自治区银川市秦腔剧院，由州民委、州文化局、州歌舞剧院选送的大理现代白剧《洱海花》精彩亮相第二届中国少数民族戏剧会演，并获得银奖。《洱海花》是由大理州本土剧作家创作，特邀云南省著名戏剧导演王鹰执导、上海京剧院著名作曲家龚国泰配器，聘请上海越剧院院长、著名剧作家、大理州歌舞剧院名誉院长李莉为艺术顾问，继《白洁圣妃》之后精心排演打造的又一台现代白剧。第二届中国少数民族戏剧会演是由国家民委、文化部、中国少数民族戏剧学会、宁夏回族自治区民委、宁夏回族自治区文化厅共同主办，集中展示近年来我国少数民族题材戏剧作品创作成果的艺术盛会。

【中华青年民族学习交流营到大理进行交流活动】 2010年7月30日～8月1日，在国家民委港澳台办和中央人民政府驻澳门特区联络办公室台务部的支持下，由中华青年进步协会主办的以“亲水·共融”为主题的中华青年民族学习交流营，在省民委党组成员、纪检组长张卫东的带领下，到大理开展3天的交流活动。交流营参观了大理市民族中学，剑川县玉华水库、沙溪古镇，大理古城。交流营来自澳门各大专院校选拔出来的大学生、香港的青年代表，来自台湾阿美、布农、鲁凯、排湾、泰雅、赛夏等地和云南的少数民族青年，共110多人。

【剑川县成立彝学学会】 2010年8月2日，剑川县彝学学会第一次会员大会在中共剑川县委、县人民政府和各级各部门的大力支持下顺利召开，会议表决通过了剑川县彝学学会章程（草案）及剑川县彝学学会第一次会员大会选举办法（草案），通过了第一届理事会组成人员建议名单29人，并选举产生了剑川县彝学学会第一届理事会会长、副会长和秘书长。罗汉清当选为剑川县彝学学会第一届理事会会长。

【《大理回族文化丛书》出版发行】 2010年8月10日，由州回族学会主持，《大理回族文化丛书》（首辑4册）在下关新世纪饭店正式出版发行。州、市民委（民宗局）以及各县市回族学会、伊斯兰教协会和有关回族知名专家学者参加了发行座谈会。会上，原州人大常委会主任、州回族学会会长马国盛全面介绍了《大理回族文化丛书》的编辑出版发行情况，州民委主任张其富作了发言。《大理回族文化丛书》4个分册为《大理回族史料集》、《影印孤本〈咸阳家乘〉考释》、《珂里庄志》和《随心集》。

【剑川县召开第一次民族团结进步表彰大会】 2010年8月18日，剑川县召开第一次民族团结进步表彰大会，会议表彰了在民族团结进步事业中作出突出贡献的金华镇桑岭村党支部、村民委员会等29个模范集体和王利锦等50名模范个人。

【州民委与州委统战部开展工会活动】 2010年8月20日，为进一步加强部门间的合作，共同做好民族工作，州民委工会与州委统战部工会组织了以“增进交流、和谐你我、共谋发展”为主题的文体竞技活动。

【国家民委副主任杨健强到永平检查指导】 2010年8月24日，国家民委副主任杨健强在省民委顾学忠、州民委办公室主任王建国等同志陪同下，深入永平县指导民族工作。杨健强一行深入曲硐回族文化城察看并听取情况汇报后，对永平县的民族工作、城镇建设等工作给予了充分肯定。

【西双版纳州民族工作考察团到大理考察】 2010年8月26～27日，西双版纳傣族自治州民宗局组织州、县（市）、有关乡镇长及村干部就少数民族特色村寨建设情况到大理州进行考察。考察组一行考察了大理镇龙龛村委会龙下登民族团结示范村、鹤庆县草海镇新华民族村、鹤庆县金墩乡银河村委会金翅鹤民族特色村寨。

【完成少数民族聚（散）居村基本情况统计】 2010年4～8月，大理州民委完成全州少数民族聚（散）居村委会及自然村（指本村委会内的少数民族人口比例在30%以上的行政村）基本情况调研统计。这次统计范围达12个县市、106个乡镇、6377个自然村，涉及白、彝、回、苗、傈僳、拉祜、布朗、藏、壮、纳西、哈尼、阿昌、普米、布依、佤、怒、傣、景颇、蒙古、满、瑶等21个少数民族。统计分析内容包括：户数，人口，人均纯收入，人均占有耕地面积，水、电、路、广电“四通”和教育等情况。

【鹤庆县召开进一步论证白族特色村寨保护与发展项目实施细节座谈会】 为广泛听取各方面意见建议，进一步论证并处理好金翅鹤白族特色村寨保护与发展项目实施细节工作。9月27日，鹤庆县民宗局召集县文史、文物、古建、民间文艺等方面的12位专家学者召开座谈会，听取金翅鹤白族特色村寨保护与发展项目实施中的各方面意见建议。在听取前期工作情况介绍和参观已改造院落的基础上，与会人员各抒己见，对下步保护与开发提出了宝贵意见，提出既要保护好有形的古建筑群和整个村的建筑风格以及田园风光，又要研究好无形的历史和民族文化，要把民族文化陈列室建好、展示好，以保护促旅游开发，促全村的经济发展。

【州康巴文化研究会举行“金秋十月康巴节”庆典】 2010年10月16日，大理州康巴文化研究会在下关举行“金秋十月康巴节”庆典活动。中共大理州委常委、州委统战部部长杨秀星，州政府副州长洪云龙，州政协副主席毕熊光，迪庆州政协副主席舍子活佛，州民委，大理市，州级各民族学会领导和负责人等出席了庆典活动。

【省委第一督查组对大理州民族工作进行督促检查】 2010年10月18～22日，中共云南省委第一督查组对大理州民族工作进行督促检查。以省委督查室副厅级督查专员李国臣为组长、省民委监督检查处副处长鱼波、省委督查室赵功伟为成员的第一督查组主要围绕贯彻落实《中共云南省委云南省人民政府关于进一步加强民族工作促进民族团结加快少数民族和民族地区科学发展的决定》、《中共云南省委办公厅云南省人民政府办公厅印发〈关于进一步加强民族工作促进民族团结加快少数民族和民族地区科学发展的决定〉主要任务分解的通知》的情况进行督促检查。督查组在州民委主任张其富、州委督查室主任王利言等有关人员陪同下，先后深入洱源县右所镇三枚民族团结示范村、三营镇郑家庄民族团结示范村，大理市龙龛村龙下登民族团结示范村，巍山县永建镇西莲花民族团结示范村、东莲花国家级历史文化名村和回辉登村进行督查，并听取3县市关于民族工作的情况汇报。10月21日下午，中共大理州州委、州人民政府在龙山国际会议中心召开大理州民族工作情况汇报会，向省委督查组进行专题汇报。

【召开《中国民俗志·大理县市卷》编撰工作座谈会】 2010年11月8日，为总结前一阶段的工作，为下一阶段志书的出版发行奠定基础，州民委、州白研所在下关召开《中国民俗志·大理县市卷》编撰工作座谈会。全州12县市民宗局（民族局）领导及《中国民俗志·大理县市卷》编撰负责人参加了会议。会上各县市对前一阶段的进展情况分别进行了汇报，完成编撰工作较好的鹤庆县还作了经验交流。

【举办全州民族专项资金项目申报监管工作培训】 2010年11月9～10日，为落实全省民委经济工作会议精神和民族团结目标管理责任制，进一步做好全州民委系统民族专项资金项目管理和申报工作，大理州民委在州委党校举办全州民族专项资金项目申报监管工作培训会。会上，州民委主任张其富，副主任王超英、吴文光，经济发展科科长罗万金，州财政局农业科副科长骆兴春，州审计局内审指导科科长段晓洋分别授课。各县市民宗局（民族局）局长、分管民族工作的副局长、民族工作专职人员、州民委全体干部职工共50余人参加了此次培训会。

【召开参加云南省第九届少数民族传统体育运动会动员大会】 2010年11月13日，大理州代表团参加云南省第九届少数民族传统体育运动会动员大会在大理州民族中学体育艺术馆召开。会议对大理州代表团、教练员、运动员等参赛人员进行动员鼓劲，以实际行动确保大理州组团参赛各项工作圆满成功。州政府副州长、代表团团长洪云龙出席会议并作动员讲话，州政府副秘书长、代表团副团长段志宏主持会议。出征教练员和运动员代表分别在会上宣誓，洪副州长向大理州代表团授代表团团旗。州民委、州体育局、州文化局、州人事民政纪工委等部门负责人和大理州参加云南省第九届少数民族传统体育运动会代表团全体人员参加会议。

【甘肃省甘南藏族自治州考察团到大理考察】 2010年11月25日，甘肃省甘南藏族自治州民委在网站上搜索到大理州创建"民族团结进步模范州"的信息后，由甘肃省甘南藏族自治州统战部、民委、宗教局主要领导组成的考察团深入大理州，考察大理州"民族团结进步模范州"创建工作，得到了州委统战部和州民委领导的热情接待。考察团一行还在州民委副主任王超英、永平县民宗局局长马永生及相关人员的陪同下，深入永平县龙街镇古富村进行实地考察，现场听取了古富村民族团结示范村、"866"工程等建设情况介绍，并在古富村委会进行了座谈。

【永平县回族学会成立】 2010年11月29日，永平县回族学会成立暨第一次会员大会在永平县城隆重召开。会议听取了筹备工作报告，通过了永平县回族学会章程，选举产生了永平县回族学会理事、常务理事、会长、常务副会长、副会长、秘书长，聘请了永平县回族学会顾问和名誉会长。大会选举产生了44名理事，曹泉当选为永平县回族学会会长。

【台湾屏东县原住民部落大学代表团到大理访问】 2010年12月7日，台湾屏东县原住民部落大学代表团一行19人，在州民委领导的陪同下前往大理州民族中学进行参观访问，并与州民族中学进行了民族教育工作经验交流。

【对民族团结目标管理责任制进行考核】 2010年12月8～11日，州人事民政纪工委与州民委，分为5个组对12县市的民族团结目标管理责任制贯彻落实情况，2008～2010年的项目资金实施、管理和使用情况等进行考核。通过实地察看12个民族团结示范村建设项目、24个民族机动金建设项目，听取县市、乡镇、村的汇报，查看资金下拨、使用和管理的相关档案和痕迹资料等方式，对12县市2010年贯彻落实民族团结目标管理责任制、项目资金管理使用情况予以充分肯定。

【省民委考核检查大理州2010年度民族团结目标管理责任制完成情况】 2010年12月21～23日，省民委考核组一行在副主任张慧星的带领下到大理州对2010年民族团结目标责任制实施情况进行考核检查。在州民委主任张其富、副主任吴文光和相关科室人员的陪同下，张慧星一行深入到永平县龙街镇古富民族团结示范村、大理市下关镇大庄村委会罗久邑民族团结示范村、大理镇龙龛村委会龙下登民族团结示范村、洱源县右所镇三枚民族团结示范村等，对贯彻落实党的民族政策、法律法规、项目实施情况等进行考核检查。通过检查，张慧星对大理州2010年的民族工作给予了高度评价，她认为中共大理州委、州人民政府高度重视民族工作，认识到位、措施到位，民族工作一直走在全省前列；大理州的民族工作有思路、有亮点、有创新。近年来民委在组织能力、统筹能力等方面有较大提高，作用和地位明显加强；大理州民族工作实现了"五个创新"，即在全国自治州中率先制定了争当民族团结进步模范州实施意见、将民族团结示范村纳入大理州20项重点工作、积极开展示范村创建工作、积极组织《洱海花》参加全国少数民族戏剧会演、将民族团结进步"十二五"规划纳入全州"十二五"规划。

【州民委受到省民委表彰】 在2010年度全省民族工作会议上，大理州民委被省民委表彰为"实施民族团结目标管理责任制优秀单位"和"全省民族信息工作先进集体"，王永伦被表彰为"民族信息工作先进个人"，受到表彰奖励。

【参加省第九届少数民族传统体育运动会取得优异成绩】 由云南省政府举办，省民委、省体育局主办，普洱市政府承办的云南省第九届少数民族传统体育运动会于2010年11月16～23日在普洱市思茅区隆重举行。大理州高度重视，积极组团参加这次民族运动会。通过认真策划，精心组织，奋勇拼搏，摘金夺银，实现了比赛成绩和体育道德双丰收，充分展示了大理州各民族平等、团结、进步、繁荣、和谐的新气象。在竞赛和表演2个项目中共夺得11金8银7铜，在18支代表团中，金牌数排名第5，团体总分排名第7。大理州代表团荣获"优秀组织奖"，女子龙舟等6个队获得了"团体体育道德风尚奖"，秋千运动员紫春润、罗存节等31名运动员和1名教练员获得"个人体育道德风尚奖"。大理州民委、大理州体育局和大理州祥云黄金工业有限责任公司被授予“少数民族传统体育先进集体”，州政府副秘书长、办公室副主任段志宏等3名同志被授予“少数民族传统体育先进个人”。

【编制《大理州“十二五”民族团结进步事业发展规划》】 2010年，根据州委办、州政府办《关于做好大理州“十二五”规划编制工作的通知》要求，由州民委牵头，州宗教局配合，共同完成，把民族团结进步事业由州委办、州政府办列为大理州经济社会发展规划进行编制，这在大理州民族工作部门来说是第一次。州民委高度重视，成立领导小组，认真制定编制工作方案；结合全州民族团结进步事业实际，确定了开展调研的9个方面的课题；组成2个小组分别深入到6个县和各民族乡及相关乡镇，历时1个月开展专题调研。在全面调研，切实掌握和了解民族团结进步事业情况的基础上，多次召开论证会，认真总结“十一五”以来的成功做法和经验，分析未来5年面临的形势和任务，并参考借鉴外地经验，按时呈报了《大理州“十二五”民族团结进步事业发展规划（2011～2015）》。规划总结了“十一五”以来全州民族团结进步事业取得的主要成就和6条经验，明确了“十二五”民族团结进步事业发展的指导思想、基本原则和发展目标，提出了“十二五”民族团结进步事业发展的主要任务、重要建设项目和对策措施。

【民族成分变更工作规范有序】 根据国家民委、国务院第四次人口普查领导小组、公安部《关于中国公民确定民族成分的规定》和国家民委办公厅、教育部办公厅、公安部办公厅《关于严格执行变更民族成分有关规定的通知》文件规定，以及《大理州民委变更民族成分审批办理若干规定（试行）》，州民委严格按照以上文件精神办理民族成分变更手续，到2010年底，共办理民族成分变更635人。

【加大扶贫开发示范园区投入】 根据中共大理州委、州人民政府《关于大理州扶贫综合开发示范园区建设实施意见》和目标责任制的相关要求，大理州民委切实加强领导，明确工作职责，加大民族专项资金对综合开发示范园区的重点倾斜和投入。2010年，对宾川、祥云县投入民族专项资金达到200万元，其中，米甸、禾甸、拉乌、平川、钟英等重点示范园区106万元，涉及交通、人畜饮水、“民族团结示范村”、民族政策法律法规培训、教育、少数民族传统文化抢救与保护等，为顺利完成责任目标，加快示范园区各民族的发展和民生改善提供了保障。

【出台《关于进一步加强少数民族干部队伍建设的意见》】 2010年，大理州出台《关于进一步加强少数民族干部队伍建设的意见》，《意见》提出：州级机关、事业单位和群团组织的领导班子中至少配备1名少数民族干部；力争用4～5年时间，使县以下政法部门及政法基层单位都有知晓当地主体语言的法官、检察官、警官和司法调解员；对录用少数民族干部采取特殊政策，州级机关和州属垂直管理部门招录公务员时，招录5人以上的按不低于1/3、招录10人以上的按不低于15%的比例招录少数民族人员。努力使世居民族中正处级干部数占州直机关正处级干部的30%，民族自治县主体民族中至少要有1名干部在县市四班子中担任主要领导。同时，明确要求在事业单位招聘工作人员时，少数民族人员一般应占招聘总数的1/3以上，同等条件下优先聘用少数民族人员；少数民族人口较多的县市和乡镇，应在领导班子中积极配备少数民族干部。

【加大人口较少特困民族地区的扶持力度】 2010年，省、州民族部门加大对大理州人口较少特困民族地区的扶持力度，共计投入资金700万元，州县民族工作部门认真组织实施各个项目，共实施了12个民族团结示范村、4个扶持人口较少和特困民族示范村、2个边远结合部少数民族扶持发展建设示范村、1个特困民族扶持发展试点，共涉及18个乡镇，19个村委会，27个自然村的白、彝、回、傈僳、苗、阿昌、布朗7个少数民族，使4556户、17850名群众受益。

【开展民族团结示范村建设】 2010年，在省民委的支持下，大理州共安排建设12个民族团结示范村，总投资390万元。州民委直接抓好州县共建的炼铁乡田心村山羊坪民族团结示范村工作外，还认真抓好其他11个民族团结示范村建设。除整合各种资金2600多万元外，进一步改进了示范村的村庄道路，改善了村容村貌，提高了各族群众的生产生活水平，增加了群众收入，使白、彝、回、苗、傈僳、汉等2984户，10723名少数民族群众受益。民族团结示范村已建成了当地新农村的示范窗口。

【开展人口较少民族的扶持发展】 2010年，全州共安排了7个人口较少民族扶持发展项目，总投资250万元。其中省民委安排5个，投资150万元；州长何金平直接安排2个，投资100万元。共涉及6个乡镇，7个自然村的傈僳、苗、布朗、白、彝等民族群众，使1572户、7127名少数民族群众受益。

【抓好民族特色村寨的建设】 2010年，州民委认真督促鹤庆县金翅鹤白族特色村寨的保护和发展工作，先后实施了李恒春旧宅2院的保护修缮、墙体维修，村间主道路、支道路和排水沟的修建，民族文化广场和民族文化陈列室的征地，制作安装了标识牌，正在修建民族文化陈列室和旅游卫生厕，除按计划投资100万元外，还整合资金近200多万元，修建了通往村庄的柏油道路，进一步突出了白族特色，提升了特色村寨的文化气息。

【申报少数民族传统文化抢救项目】 2010年，为加快少数民族文化教育事业发展，大理州向省民委共争取到少数民族传统文化抢救保护项目7个、资金94万元，用于启动编辑出版《中国·大理白族文化大全（100卷）》，少数民族文物、古籍抢救保护，周城白族民俗文化展览，彝族毕摩文化抢救保护，祥云县禾甸镇大营彝族文化哑巴文化传承活动，南涧县乐秋乡瓦午苗族传统文化抢救保护，宾川县平川镇古底村委会汉邑村少数民族文化抢救保护等项目。

【中小学生民族团结题材作文评选结果揭晓】 由大理州民委、教育局共同举办的大理州中小学生民族团结题材作文评选结果揭晓，92篇优秀稿件获奖。2010年4～12月，州民委、教育局联合在全州中小学校开展“两个共同”宣传教育和中小学生民族团结题材作文征集评选活动。截至12月底，州民委、州教育局先后收到来稿近100篇。为保证评选工作公平公正，主办方邀请了资历深厚的教师组成评委会对全部作文进行初评和复评，《期待》等5篇优秀作文荣获特等奖，评选出一、二、三等奖和优秀奖共87名，45名老师入围“指导老师奖”。

【云龙县团结彝族乡河东村被评为“全国科普惠农兴村先进单位”】 2010年，云龙县团结彝族乡河东村被中国科协、财政部评为“全国科普惠农兴村先进单位”。该村采取“支部 + 协会 + 合作社 + 农户”方式，在核桃树下种植黄金梨、在黄金梨树下种植药材的“立体”种植模式，共种植核桃 1.7 万亩，人均超过 10 亩，种植续断 6000 亩、优质豆类 4000 亩、烤烟 600 多亩。走出了高、中、低优势互补、以短养长、以矮扶高的低碳经济发展路子。

（杨艳霞）

民风民俗

【彩轿迎寿星——“耆英会”】 在大理市上关镇河尾村，每年农历二月初二都要举行热烈隆重的“迎寿星”活动。这天，当年年满 80 周岁的一位位老人精神焕发，穿戴一新，胸戴大红花，肩披红绶带，端坐于装饰华丽的彩轿之中，由子孙们、年青小伙们扛抬扶护着，依次行进在巡游队伍的前列。这支巡游队伍前有五色彩旗、牌匾、乐队导引，后有 300 多名“耆英会”会员，文艺演出队跟随一路上唢呐高奏，鼓乐齐鸣，载歌载舞，很是壮观。庞大的队伍簇拥着几顶新轿，浩浩荡荡，从张家桥沿弥苴河向河尾的圣谕堂缓缓行进。沿河两岸，男女老幼驻足观看，欢声笑语不断，使全村沉浸在热闹欢快的氛围之中，这就是河尾村“耆英会”一年一度“迎寿星”活动的场景。“耆英会”是群众的自愿组织，宗旨是敬老尊贤，孝敬父母，团结爱国。凡年满 60 周岁的男性村民自愿报名申请即可入会，会员入会退会自由，有选举被选举权。有教育年轻一代团结爱国，尊老敬老，孝顺父母，在群众要求下帮助解决一些家庭矛盾，邻里纠纷，维护村庄安宁等义务。

【朝山太平会】 太平会会场位于洱源北缘牛街坝子东边的太平山之巅，每年的农历七月初三，大山丛中人山人海，熙熙攘攘。传说在很久很久以前的某个农历七月初三，有位牧羊人在太平山放牧，忽然看见一只小兔绕岩而跑，牧羊人很是惊异，望兔追去，却见是一位和蔼可亲的老大爹现身于石岩中，据说这便是观音老爹，现身告谕世人此处可安家，于是人们为了报答观音老爹，便在太平山山巅建起了太平寺，还千年一会、一会千年地赶太平会“祭观音”。

【嫁妆会】 农历八月十五，洱海北岸邓川的嫁妆会（又叫“渔潭会”）热闹非凡。冬天农事较少，天气也好，于是，老百姓历经一年的劳苦之后，就在这难得休息的冬日里用一年劳动的积蓄大办喜事，娶亲嫁女，立木起房。嫁妆会专是为老百姓买卖嫁妆而赶的，各种民间木式家具，各种首饰，大牲畜（被称为乳牛之乡的洱源常把牛马也当嫁妆）的交易，还引来周边县市人口乃至外省和境外人的光临。而成交量的多少，也便是一把直接能衡量出洱源经济活跃程度的尺子。

【大理白族“绕三灵”】 “绕三灵”，用白族话说叫“观（guān）上（shàng）南（nǎn）”，若翻译成汉语，“观”为闲逛或游乐的意思，“上”为三，“南”含有圣地园林之意。所以“观上南”就是载歌载舞逛游在苍山脚洱海边耸立了 1000 多年 3 个灵验的圣地。这“三灵”就是“佛都”崇圣寺、“神都”圣源寺、“仙都”金圭寺。所以，“三灵”实际上就是白族人民最崇拜的几位重要本主和传入大理地区的佛教神祇。每年的农历四月二十三至二十五日，各村寨的白族人民，互相邀约，各自为阵组成歌舞的队伍，每支队伍数十人、上百人不等，昼行夜宿，吹吹打打，唱唱跳跳，谈情说爱，自娱自乐，不分男女老幼，都插花戴朵，身着节日盛装。近则数里、数十里，远则 100～200 里或更远，携带祭祀用具和简单的行李及炊具等，以村寨为单位组成队伍，从四面八方赶来赴会。人们满怀热情，希望通过自己虔诚祭拜，祈盼各路神灵的庇佑，使今年风调雨顺、五谷丰登。也祈祷阖家平安，益寿延年。每队带队是手扶树枝的一男一女 2 位老人。第一天来到苍山应乐峰下的“佛都”崇圣寺祭祀后，大家组成浩浩荡荡、欢歌曼舞的队伍，边唱边舞，沿苍山麓绕到五台峰下的“神都”圣源寺，进行祈年等活动。夜晚便在附近的田野或园林中谈情说爱，彻夜歌舞，通宵达旦。第二天再由圣源寺出发，边唱边舞到洱海边的“仙都”金圭寺祭祀洱河灵帝，昼夜狂欢到第三天早晨，才沿洱海西岸往南绕回到马久邑村，在保安景帝和公主的本主庙前，欢歌曼舞祭祀后，才各自散去。

【白族奇葩“大本曲”】 大本曲是大理白族人民生活中喜闻乐见的一种曲艺演唱形式，广泛流行于大理、洱源、剑川、宾川、漾濞等县市的白族村寨。演唱大本曲一般从农历春节开始，到九月九结束，每逢过年过节，红、白喜事，白族群众都喜欢在广场或庭院演唱大本曲。过去民间流行一句俗语叫：“三斋不抵一曲”，这曲指的就是大本曲，意思是说，与其求神拜佛办 3 次斋，还不如请艺人唱一回大本曲，所以，不少人把大本曲称为“高谈教化”、“劝化世人”、“祝福消灾”的一种民间娱乐形式。

【鹤庆白族麦秸编工艺】 麦秸编品，是一种用麦秸为料编制的民间草编工艺品。过去，鹤庆的白族妇女，人人都能用麦秸编制出一些精美的作品，其间，草海镇迎春尾村的麦秸编工艺，特别有名。麦秸编用料选用麦秆的头节。炫彩要求要洁白、无折痕、无斑点、不开裂。编织方法多样，常用的有经纬编织、穿插编织、挑压编织等等。编织成品包括草帽、挂包、提兜、杯、盘、箱、坐垫、扇子等等。鹤庆白族的麦秸编工艺历史悠久，造型设计精美，是一种具有地方特色和民族特色的工艺品。

【阿昌族祭龙神】 每年到了农历五月十三日，老天还不下大雨，云龙县漕涧镇阿昌族人就要上苗丹山龙潭祭龙神“求雨”。相传，从前居住在漕涧坝的阿昌族首领与漕涧志奔山龙王交情甚厚，往来密切。遇到大旱年间，漕涧坝万亩水稻无法栽插时，首领就要祭龙神，请求龙王降雨，以求五谷丰登。祭龙神这天，村民们选好 1 个熟悉祭龙神咒语和祭神龙时会施展法术的中年男子当主事，带领 20～30 个男人，背着牲礼、供品、香烛、纸火、炊具等，顶着烈日，爬上苗丹山龙潭祭龙神。牲礼煮熟以后，就在龙潭边那几块光滑如洗的大石板上祭，主事人焚香化纸，念咒画符，施展法术，请见龙神。众人虔诚跪拜磕头，默求龙王降雨。太阳偏西后，祭龙神的人穿着短裤，满脸和全身糊着稀泥巴，下山往田坝里跪。田坝里做农活的人看见祭龙神“求雨”人回来了，就大声喊叫：“龙王显圣，老天要下大雨了。”祭龙神“求雨”人又往别处跑去，直到太阳落山才回家。

【白族腰路祭】 腰路祭是指人死后，在发送灵柩时，其亲属、近亲属、婚亲在灵柩必经之路设香檀对死者的拜祭悼念活动。腰路祭在鹤庆县的金墩乡、云鹤镇、草海镇最为常见。腰路祭的具体祭祀方法是，在某一位亲人死亡后，其亲家、出嫁的儿女、兄弟、姊妹，除了上祭挂礼哭丧外，在发送安葬死者的那天某时（一般在中午 12 点或下午 4 点），在发送灵柩的路途中选好位置，于路边横向摆上长条案桌 1 张，在面向灵柩的方向的桌子一侧挂上 1 块四方形的黑边红金绒或红段子围桌布，围住桌沿；又在桌子另一边放1张草席，草席上铺垫1床毛毯；桌子上摆上香炉、燃上香火，散发出浓郁的气息。点燃白蜡烛1对，摆上净水花瓶1对，根据当季鲜花或者塑料制花束；桌上放置糖果、饼干、新鲜水果、枣子各1盘、2瓶白酒和香烟1条，在路边等候，待八仙将抬着灵柩路过时祭拜者进行祭祀。送葬的队伍和经班吹弹着乐器往两边闪开，花圈孝帐也往一边站立，灵柩徐徐向前，由司仪指挥，八仙把灵柩放稳在预先准备好的2条矮条凳上。设腰路祭一方随着乐器声行礼（一般先由女眷拜祭，再由男士行礼）：一敬香、二跪拜、三敬香，孝子贤孙在灵柩一侧行叩谢礼，然后将四色糖果礼、香烟装入袋内连酒一同交给八仙领班人，由他们带到坟上慢慢享用，以此来表示对八仙的感谢，请八仙一路照顾好亲人。其他亲人则行跪拜礼，撤去香檀，让开路，八仙吆喝着起！起！继续往坟地前进。

【弥渡多祜彝族龙舞】 多祜彝族龙舞是春节至元宵节期间玩龙灯时表演的一种多人舞蹈。大龙龙身12段，由12个人要，每段表示1年内的1个月，1人手持长柄龙珠在前引导，龙的颜色为黑色，大龙由身强力壮的小伙子要，要龙以站式和行进式居多，也有跪着要的。音乐伴奏用威武雄壮、嘹亮开阔的大锣鼓和声音传导深远的铜钹，此外还伴有唢呐，唢呐按不同的表演情节吹奏不同的曲调。多祜舞龙的习俗，最初是作为祈求降雨的一种仪式，相传在很久以前，龙潭里的小黑龙生了病，就变成了1个小伙子到彝族村寨求医。他找了许多人，都没有看出是什么病来。最后他遇到了1位名医，医生在号了小伙子的脉之后，就说小伙子的脉和其他人不一样。小伙子迫不得已，只好承认了他就是龙潭的小黑龙，说他的腰间又疼又痒。医生说，只有他变成龙之后才可以为他诊断。因为龙是不能轻易让人看见的，但小黑龙生了病要医治，只好答应了医生的要求。医生发现在龙腰间一片龙鳞里藏着1条蜈蚣，就把蜈蚣取出来，又给龙敷了些药，小黑龙的病就完全好了。小黑龙为了报答医生，就告诉他回家后，可按小黑龙显形的样子扎一个龙的形状，每年挥舞它，就可以风调雨顺。从此，多祜彝族村寨就有了龙舞。

【周城白族趣味婚俗“吟诗会”】 周城白族婚礼的特点隆重、热烈而又趣味盎然，其中仍留有一个别有韵味的当地婚礼习俗——“吟诗会”。结婚当天，一对新人在举行了具有当地浓郁白族风情的婚礼仪式后，吃了晚饭入洞房前，要由村里有名望的文人来主持举办1场吟诗饭会。首先在堂屋上方摆上1张高桌子，摆好饭菜，两边摆好几排凳子，为了不冷场，能说会道的坐在中间，新郎新娘坐一边，旁边坐1对童男子，陪郎陪娘坐一边，席间童男子、陪郎陪娘会使劲地挤坐在中间的新郎新娘，气氛很快融洽和谐，亲朋好友围坐在一起，外面挤满了人观看，场面热闹欢快。吟诗内容主要以食品、物件或所能见到、想到的东西，自由作诗，格式很有讲究，所说诗句都要成双不成单，每首诗至少4句，如果口才好的可以说多句。主持人要事先安排好，一人说一句，尽可能地让每一位客人都说到，不会说的还要拿烟去向前辈请教呢。周城村是1个白族聚居村，所以多用白语来说，其中夹有汉话，用白族方言说起来很是押韵，听起来也就别有一种韵味。

（杨艳霞）

宗教工作

【概　述】 2010年，大理州宗教工作在中共大理州委、州人民政府的坚强领导下，在州人大、州政协的关心支持和云南省宗教局的帮助指导下，在各级各部门的密切配合下，坚持以马克思列宁主义、毛泽东思想、邓小平理论和“三个代表”重要思想为指导，深入贯彻党的十七大、十七届四中、五中全会精神和中共大理州委六届九次、十次全会精神，深入贯彻落实科学发展观，全面贯彻党的宗教工作基本方针、深入贯彻落实宗教事务条例，维护稳定，促进和谐，大力加强宗教工作“三支队伍”建设，抵御境外利用宗教进行的渗透，妥善处理宗教领域的热点难点问题，发挥宗教界人士和信教群众在促进经济社会发展中的积极作用，全州宗教工作迈上了一个新台阶。为全州“保增长、保民生、保稳定”和经济社会的全面发展作出了积极贡献。2010年，大理州宗教工作获得云南省宗教工作目标管理一等奖；被国家宗教事务局表彰为“五·五”普法先进集体；在全国创建和谐寺观教堂活动中，有2个宗教活动场所、1个宗教团体、2名宗教界人士获“首届全国创建和谐寺观教堂先进集体和先进个人”殊荣。①服务中心，维护大局，全面贯彻党的宗教工作基本方针。一是开展有组织有计划朝觐，坚决制止零散朝觐，全州194名哈吉顺利完成朝觐功课；二是坚决抵御境外利用宗教开展的渗透活动；三是发挥宗教在文化、教育、生态与环境保护中的积极作用；四是积极配合省、州人大、政协对宗教界代表人士培养问题和宗教团体有关问题的调研；五是充分发挥思想理论阵地的作用以及举办各种培训班，广泛深入的宣传党的宗教政策和法律法规。②深入贯彻落实《宗教事务条例》，依法加强对宗教事务的管理。一是认真贯彻执行《宗教活动场所财务监督管理办法（试行）》；二是开展宗教教职人员认定备案工作；三是开展宗教活动场所爱国主义和法制宣传教育活动和创建和谐寺观教堂活动；四是全面开展治理基督教私设聚会点工作。③圆满完成由中共云南省委统战部、省宗教事务局主办，中共大理州委、州人民政府承办的2010年云南省首届宗教界运动会暨文艺汇演的各项工作。全省16个州市、5个全省性宗教团体共21个代表团1200多名运动员、演职人员参加了以“爱国爱教、团结和谐、加强交流、增进友谊”为主题的“云南省首届宗教界运动会暨文艺汇演”，通过健康有益、丰富多彩的文体活动，展示和提升全省宗教关系和谐新形象，促进五大宗教和谐、团结、进步，推进了“和谐寺观教堂”的创建活动。大理州积极组团参赛，大理州代表团取得6金8银的好成绩。④加强党政领导干部、宗教工作干部、宗教界人士“三支队伍”的培训，提升宗教干部的管理水平和宗教界代表人士的综合素质。⑤认真贯彻落实中共云南省委“6·15”专题会议精神，切实改善宗教团体的各项条件。

【国务院办公厅、国家宗教事务局到大理州调研】 2010年11月20～23日，国务院办公厅、国家宗教事务局调研组一行在省宗教事务局副局长陆永耀的陪同下，到大理州调研宗教教职人员社会保障问题。州劳动和社会保障局、州人事局、州卫生局、州财政局、州民政局、州宗教局参加了在大理崇圣寺召开的座谈会。调研组一行还深入大理、巍山2县市宗教活动场所，通过召开座谈会和实地调研了解宗教教职人员的社会保障问题。调研组对大理州落实中共云南省委“6·15”专题会议精神，增加州级宗教团体工作经费，给宗教代表人士发放生活补助费，解决宗教团体人员社会保障问题工作给予了高度评价和肯定。

【省委统战部部长黄毅到大理州调研】

6月18～21日，中共云南省委常委、省委统战部部长黄毅到大理州就宗教工作进行专题调研。黄毅在省委统战部副部长杨光海，云南省宗教事务局局长熊胜祥、副局长陆永耀、杜吉、马开能，云南省民委副主任马春，大理州政协主席袁爱光，中共大理州委副书记王雪峰，中共大理州委常委、州委统战部部长杨秀星，大理州人民政府副州长洪云龙等及相关部门领导的陪同下，先后深入巍山县永建镇，大理市南五里桥清真寺，大理州伊斯兰教协会，大理州基督教“两会”，大理市古城天主教堂民主管理委员会看望慰问宗教界人士，与宗教团体及宗教场所负责人座谈，了解宗教团体建设情况、宗教学校办学情况，以及宗教工作开展情况。中共巍山县委、县人民政府对民族宗教工作情况进行汇报；州伊协会长杨泽雄汇报了州伊协抓学习、抓教育以及如何做好朝觐工作和团结稳定工作。大理市南五里桥清真寺、大理州基督教“两会”、大理市古城天主教堂民主管理委员会负责人在座谈中汇报了工作开展情况。调研结束后，黄毅充分肯定大理州在促进民族团结、宗教和谐、维护社会稳定中所取得的成绩。黄毅指出：大理州委、州政府高度重视民族宗教工作，认真贯彻落实中国共产党的民族宗教政策，为全省开展民族宗教工作积累了许多好的经验和做法。黄毅要求，各级各有关部门要进一步统一思想、提高认识，高度重视宗教工作，加强各级宗教团体建设；认真贯彻落实党的宗教工作基本方针，依法管理宗教事务；要坚持民族团结进步，促进经济社会健康发展，积极引导宗教与社会主义社会相适应；保护合法，制止非法，抵御渗透，打击犯罪，确保宗教活动规范有序，为建设和谐大理作出应有的贡献。

【国家宗教局一司副司长裴飚到大理考察】 9月28日，中央统战部、国家宗教局、中国佛协、公安部和西藏、四川、云南、甘肃、青海5省区统战、宗教、佛协等部门领导参加中央统战部、国家宗教局、中国佛协在香格里拉召开的藏传佛教教职人员、活佛证颁发工作会议后，由国家宗教局一司副司长裴飚等32名参会领导组成的考察组到大理考察。考察组考察了崇圣寺和大理古城。崇圣寺方丈崇化大和尚详细介绍了崇圣寺的历史渊源。

【省宗教事务局局长熊胜祥到鹤庆检查指导】 在中国·大理银都水乡新华村4A级旅游景区挂牌之际，应鹤庆县人民政府邀请，2010年9月29～30日，省宗教事务局局长熊胜祥一行到鹤庆县检查指导工作。熊胜祥在州政府副州长洪云龙、州宗教事务局局长杨化宇和鹤庆县民族宗教事务局局长王桂芳的陪同下，参加了新华村4A级景区的挂牌仪式，并深入延寿寺、鹤阳寺检查寺院建设情况。熊胜祥一行在听取了鹤庆县民族宗教事务局局长王桂芳的工作汇报后，对鹤庆县在近年来宗教工作及和谐寺观教堂创建工作、爱国主义和法制宣传教育及重点佛教寺院恢复建设等工作取得的成绩给予了高度评价，对下一步工作提出具体要求。

【省委统战部及省宗教局领导到大理崇圣寺调研】 2010年5月14日，中共云南省委统战部副部长杨光海、云南省宗教局副局长马开能在中共大理州委统战部常务副部长杨建军、副部长林曙盛及相关部门领导的陪同下，深入大理崇圣寺调研。杨光海、马开能看望了宗教界人士，与宗教界人士及崇圣寺管理人员进行座谈，详细了解党的宗教政策落实情况、寺院的建设管理情况和寺院法制宣传教育情况。崇圣寺宗教人士和管理人员简要介绍了寺院活动的开展情况，管理情况和下一步的打算。两位领导强调，要准确把握新时期党的宗教工作基本方针，紧密团结广大信教群众，依法对宗教事务进行管理，深入开展宗教矛盾纠纷排查，把问题消灭在萌芽状态，确保宗教工作规范运行。坚持和发扬爱国、爱教的优良传统，为促进社会稳定、宗教和顺多做工作。加强寺管会班子自身建设和寺院、僧众管理，努力打造一支“政治上靠得住、宗教上有造诣、品德上能服众、关键时起作用”的宗教教职人员队伍，保证宗教组织领导权牢牢掌握在爱国爱教人士手中。

【省宗教局副局长杜吉到大理检查指导】 2010年1月12～13日，云南省宗教事务局副局长杜吉一行4人到大理州检查指导宗教工作。杜吉一行在大理州宗教局局长杨化宇，中共大理市委常委、副市长刘琼芬及相关人员的陪同下，先后深入大理观音塘、大理南五里桥清真寺、古城基督教堂及基督教圣经培训中心实地调研，与宗教人士亲切交谈，详细询问场所建设、人员构成、贯彻《宗教事务条例》以及在宗教场所开展爱国主义和法制宣传教育活动的情况。在全州宗教工作目标管理责任制考评汇报会上，杜吉听取了大理州宗教局局长杨化宇就全州宗教工作及2009年度宗教工作目标管理责任制情况汇报后，对大理州的宗教工作给予高度评价，指出，中共大理州委、州人民政府高度重视宗教工作，调整配齐配强了班子成员，职能部门工作积极主动，依法管理宗教事务工作进一步加强；妥善处理有关宗教热、难点问题，引导宗教与社会主义社会相适应等方面，开展了富有成效的工作，切实维护了宗教领域的和谐稳定。宗教工作目标管理责任制落实得好，且特点突出、有很多创新之举，在宗教活动场所认真开展爱国主义和法制宣传教育活动，成效显著。

【王爱国到大理调研宗教学校】 2010年10月14日，省宗教局副巡视员王爱国在州宗教局副局长胡玉涛、余泳澎及相关人员的陪同下，到大理市南五里桥经文学校调研办学情况。

【州领导对崇圣寺的管理与发展进行调研】 2010年7月6日，中共大理州委常委、州政府副州长蔡春生，州委常委、州委统战部部长杨秀星，副州长洪云龙在州、市有关部门负责人的陪同下，对大理崇圣寺管理与发展情况进行调研。州委统战部、州宗教事务局、州文化局、州文化遗产管理局、州旅游局和大理旅游产业开发集团主要领导以及大理市政府及相关部门负责人参加调研。调研组一行认真察看了崇圣寺护法殿、弥勒殿、大雄宝殿、阿嵯耶观音阁、望海楼等的管理情况，听取了大理旅游集团关于大理崇圣寺建设与发展情况汇报以及省佛教协会副会长、州佛教协会会长崇化关于崇圣寺管理情况汇报和州、市相关部门负责人的发言。调研组指出，大理崇圣寺不仅是大理的象征，是云南古代历史文化的象征，也是中国南方最古老、最雄伟的建筑之一。崇圣寺着重体现了“景观形象、生态功能、宗教氛围”三大要素，在下一步管理与建设发展中，要进一步弘扬历史文化，不断提升硬件设施与软件体系，营造崇圣寺“佛都”浓郁的宗教氛围。

【大理州人大对宗教工作进行调研】 2010年5月中下旬，大理州人大常委会副主任刘世兴带领州人大民族委主任李绍平、副主任杨凌，州宗教局局长杨化宇、副局长胡玉涛组成调研组深入大理市、宾川县、巍山县、洱源县调研宗教工作。调研组实地察看了大理市古城基督教堂、天主教堂,宾川县佛塔寺、祝圣寺、九莲寺,巍山县巍宝山文昌宫、土主庙、永建镇东莲花历史文化名村,洱源县回果清真寺、圆通禅寺、城隍庙等宗教场所,听取了县(市)人民政府分管领导,县(市)人大常委会主任、副主任,县(市)人大常委会民族委主任,县(市)民宗局(宗教局)局长、副局长,各县市宗教团体负责人关于宗教工作的汇报,与各宗教场所负责人座谈,详细了解宗教场所的建设和管理情况。

【杨秀星 洪云龙到崇圣寺调研】 2010年6月2日,中共大理州委常委、州委统战部部长杨秀星,州人民政府副州长洪云龙在州宗教局局长杨化宇,州政府副秘书长段志宏,大理市委常委、副市长刘琼芬,市政协副主席、市委统战部部长王健丽等州市有关部门负责人陪同下,在大理州佛教协会会长崇化大和尚,大理州佛教协会常务副会长圣光大和尚的热情接待下,深入崇圣寺调研,杨部长一行先后参观了崇圣寺天王殿、弥勒殿、观音殿、大雄宝殿等殿宇;听取了崇圣寺方丈崇化大和尚关于寺院的历史及寺院建设情况、寺院日常管理、道风学风建设、创建"和谐寺观教堂"和信众参加佛事活动等情况介绍。杨部长、洪副州长对寺院"弘扬文化、强化管理、爱国爱教、服务社会"的做法表示肯定,指出:崇圣寺的恢复重建在党和政府的正确领导下,按照源于历史,超越历史,集唐、宋、元、明、清历代建筑特色精华而建成一座气势宏伟、规模庞大的寺院。在寺院建设和管理上,体现了人与自然、人与社会、人与人的和谐。希望佛教界为进一步协助党和政府落实宗教信仰自由政策,引导四众正知正见,弘扬佛教六和精神,高举爱国爱教旗帜,坚持走与社会主义社会相适应道路,为创建"和谐寺院",为构建"和谐社会"作出应有的贡献。

【洪云龙到鹤庆龙华山调研】 2010年6月3日,副州长洪云龙在鹤庆县县长段智深,州宗教局局长杨化宇,云南省佛教协会副会长、大理州佛教协会会长崇化大和尚以及有关部门领导的陪同下到鹤庆县龙华山考察指导佛教寺院的恢复建设。实地考察南北刹、妙明居内的碑刻、古木、古寺院落遗址,与寺院管理人员和僧尼座谈,了解寺院恢复建设情况。

【省宗教局王耿民到大理调研】 2010年4月22日,省宗教局三处处长王耿民、副处长查洁贵、四处副处长杜忠初、副调研员杨秀蓉一行在州宗教局局长杨化宇、副局长马永宏的陪同下,到大理市南五里桥清真寺、大理古城基督教堂召开座谈会,对大理州宗教办学的情况进行调研。

【杨化宇到洱源邓川镇腾龙村委会调研】 2010年3月31日,州宗教局局长杨化宇、副局长马永宏率有关人员前往洱源县邓川镇腾龙村民委员会,就当前抗旱救灾和新农村建设工作进行调研。

【杨化宇到鹤阳寺调研】 2010年6月4日,州宗教局局长杨化宇、副局长胡玉涛,在县民宗局局长王桂芳等有关人员的陪同下,深入鹤庆县佛教场所鹤阳寺调研。在听取县民宗局局长王桂芳对鹤阳寺恢复重建情况的汇报后,实地察看鹤阳寺恢复重建的各项工程。

【杨化宇到洱源、鹤庆、剑川等县督查指导】 2010年9月初,州宗教局局长杨化宇、副局长余泳澎一行深入到洱源、鹤庆、剑川等县对宗教教职人员的认定备案、宗教活动场所财务监督管理、2010年伊斯兰教朝觐等工作进行督促、指导、调研。

【孙云霞到大理调研】 2010年12月1日,省宗教局一处副处长孙云霞、副调研员曹明煌一行在大理州宗教局相关人员陪同下到大理市部分宗教场所进行走访调研。孙云霞一行先后走访了大理感通寺、万佛寺、寂照庵等3个宗教活动场所,与宗教界人士座谈。孙副处长一行每到一处活动场所都仔细询问场所的活动情况、信徒基本情况、宗教教职人员社会保障和活动场所财务管理等情况。对各宗教活动场所管理表示肯定,并要求严格按照《宗教事务条例》的规定开展宗教活动,为构建社会主义和谐社会做出积极贡献。

【2010年云南省首届宗教界运动会在大理举行】 由中共云南省委统战部、云南省宗教事务局主办,中共大理州委、州人民政府承办,象征着云南省五大宗教团结、和谐、进步的盛会——2010年云南省首届宗教界运动会暨文艺汇演,于2010年6月19~22日在大理隆重举行。省佛教协会、省道教协会、省伊斯兰教协会、省天主教"两会"、省基督教"两会"等5个全省性宗教团体,16个州(市)共21个代表团的1200名运动员和演职人员参加了比赛。昆明代表队获金牌之首,大理代表队共获得6金、8银、3铜的好成绩,奖牌总数全省第一,金牌数居全省第二。

【召开宗教界人士迎春茶话会】 2010年2月8日下午,大理州宗教局在下关召开全州宗教界人士迎春茶话会。州佛教协会、州伊斯兰教协会、州基督教"两会"、大理古城天主教堂民主管理委员会、巍山县道教协会等宗教团体会长、副会长、秘书长、副秘书长共70多人参加会议。

【全州宗教工作会议在下关召开】 2010年3月16日,全州宗教工作会议在下关召开,州人民政府副州长洪云龙出席会议并讲话。中共大理州委常委、州委统战部部长杨秀星,州人大常委会副主任彭增梅,州政协副主席毕熊光出席会议。州宗教工作领导组成员单位负责人,州人大民族委、州政协民族宗教和联络委员会、州人事民政纪工委负责人,全州各县市人民政府分管宗教工作的副县(市)长,12县市民宗局(宗教局)局长,分管宗教工作副局长、办公室主任,州宗教局副科以上领导干部参加会议,州宗教局局长杨化宇在工作报告中总结过去一年的工作,安排部署2010的宗教工作。会议对2009年度宗教工作目标管理责任制先进单位进行表彰,州宗教局局长杨化宇与各县市宗教管理部门及州级宗教团体负责人签订了2010年度宗教工作目标管理责任书。

【召开全州宗教工作专题会议】 2010年7月12日,大理州宗教局在洱海宾馆召开2010年全州宗教工作专题会议。会议贯彻落实《宗教教职人员备案办法》,传达全省宗教工作专题会议精神,安排相关工作。

【召开宗教团体爱国主义和法制宣传教育培训会】 中共大理州委统战部、大理州宗教局于2010年9月16日召开宗教团体爱国主义和法制宣传教育培训会。

【举办宗教界人士政策法规培训班】 为全面提高全州宗教界人士政策法规水平,州宗教局于2010年11月17~19日在下关举办大理州宗教界人士政策法规培训班,州佛协、州伊协、州基督教"两会"会长、副会长、秘书长、副秘书长;县(市)佛协、道协、伊协、基督教"两会"会长、副会长、秘书长;大理古城天主教堂民主管理委员会主任、副主任、办公室主任;大理州宗教局全体人员近100人参加培训,大理州宗教局局长杨化宇在培训班上讲话;省宗教局副巡视员郭滇明作《宗教事务条例》及宗教政策法规讲座,省宗教局办公室主任熊国才作"爱国爱教"专题讲座,省宗教局副调研员褚昆燕作"宗教活动场所财务监督管理工作"专题讲座。

【省宗教局对大理州2010年度宗教工作目标管理责任制进行考评】 2010年12月17日,以副巡视员郭滇明为组长的省宗教局考评组一行4人到大理州考评宗教工作目标管理责任制。大理州召开汇报会,向省宗教局考评组汇报2010年度宗教工作目标管理责任制落实情况。考评组听取汇报、查阅资料、深入宗教场所实地调研。

【做好全州宗教工作目标管理责任制考评】 为全面总结大理州2010年宗教工作目标管理责任制落实情况,大理州宗教局2010年宗教工作目标管理责任制考评工作在各县(市)宗教管理部门及州级宗教团体自检自查的基础上,于2010年12月20~22日对大理、祥云、弥渡、洱源、剑川等县市进行抽查。为使各县(市)宗教管理部门及州级宗教团体在实施过程中的好经验好做法得到交流和推广,12月23~24日,大理州宗教局在下关召开2010年全州宗教工作目标管理责任制考评会议。各县(市)宗教局(民宗局)局长、分管宗教工作的副局长、宗教工作专干,州级宗教团体负责人、秘书长参加会议。会上,州宗教局局长杨化宇作讲话,各县(市)、州级宗教团体负责人就各自落实宗教工作目标管理责任制情况作交流发言。

【《大理寺观庙堂之旅》一书出版发行】 由云南科技出版社出版、大理州宗教局组织编写的专门介绍大理州主要寺观庙堂的书籍《大理寺观庙堂之旅》于2010年3月16日在下关举行首发仪式。中共大理州委书记刘明为该书作序,云南省宗教局局长熊胜祥为该书题字。

【开展党风廉政宣传教育月活动】 按照《大理州宗教事务局2010年党风廉政建设工作意见》的安排部署,州宗教局把2010年7~8月确定为"党风廉政宣传教育月"。认真开展法律法规集体学习和正反面典型教材示范、警示教育活动。

【开展扶贫挂钩点抗旱救灾】 为认真贯彻落实全州抗旱救灾暨冬春农田水利建设工作会议精神,大理州宗教局积极开展扶贫挂钩点抗旱救灾工作和春节慰问活动。2010年1月27日,组织全局干部及州佛协、州伊协、州基督教"两会"、大理古城天主教堂民主管理委员会等宗教团体负责人前往大理州宗教局扶贫挂钩点洱源县炼铁乡田心村民委员会进行旱情调研。就田心村民委员会现有引水沟仅有20%是三面光水沟及新栽种的核桃树苗灌溉困难的实际,挤出办公经费1.7万元补助村委会改造水沟和抗旱保苗。州宗教局干部职工和宗教团体负责人深入五十石、山羊坪、坝尾、田心等自然村,对何顺发、宋玉花等10户困难户进行春节慰问,把党和政府的关怀送到困难群众家中。

【开展"洱海保护"活动】 2010年,大理州宗教局认真落实州委、州政府关于"洱海保护"的各项工作,认真指导帮助挂钩联系村委会——大理市双廊镇青山村委会开展"洱海保护月""八个一"主题活动。挤出办公经费5000元支持青山村委会开展洱海保护工作。为提高全民保护洱海意识,巩固洱海综合治理保护成果,强化洱海流域的环境保护,5月21日,大理州宗教局局长杨化宇带领全局干部职工前往青山村委会,打捞水草,清理淤泥,打扫垃圾,使人人参与"保护母亲湖、保护环境、爱我家园"的行动落到实处。

【开展义务植树活动】 2010年7月14日,大理州宗教局全体干部职工顶着烈日,挥锄抡铲、运水浇灌,在大理市下关西环线公路中间的绿化带中种下24棵小叶榕绿化树。

【支持扶贫挂钩点抗旱救灾】 2010年,面对百年不遇的旱情,州宗教局认真贯彻落实中共大理州委、州人民政府关于抗旱救灾的工作部署和要求,牢固树立"抗大旱,抗长旱"的思想,采取有力措施支持扶贫挂钩点——洱源县炼铁乡田心村委会抗旱救灾工作。①切实加强领导,提高抗旱救灾意识,组织全局职工通过行政、党组织、工会等方式向灾区捐款。②由局领导带领全局职工深入村社了解灾情,与村干部一道共同探讨抗击旱灾措施,鼓励村社干部积极动员全村干部群众,采取各种措施,实现小春损失大春补,农业损失林果业和畜牧业补。③动员宗教团体募集善款,通过多方协调将州佛协募集到的12万余元善款用于田心村民委员会修建引水工程。

【州宗教局考察团赴保山市考察学习】 为学习友邻州市做好宗教工作的好经验、好做法,特别是贯彻落实中共云南省委"6·15"专题会议精神的情况,大理州宗教局考察团于2010年7月23~26日在保山市考察学习。了解到保山市及所辖区县认真贯彻落实省委"6·15"专题会议精神的力度;学习保山市如何构建社会主义和谐社会的好做法好经验,受到了一次深刻的爱国主义教育。

【四川省攀枝花市仁和区考察团到大理崇圣寺考察】 2010年5月22日,以四川省攀枝花市仁和区委常委、区政法委书记、区委民族工作委员会书记陈建新,仁和区人民政府副区长盛庆书为团长的攀枝花市仁和区考察团到大理考察崇圣寺建设、投资、管理的有关经验。

【迪庆州德钦县学经回流僧人考察团到大理参观考察】 2010年9月13~17日,中共迪庆州德钦县委统战部、宗教局组织学经回流僧人代表考察团一行16人到大理州参观考察。考察团考察了宾川鸡足山、大理崇圣寺等佛教场所以及大理市下关、大理两城区的市容市貌。

【云龙县开展爱国主义和法制宣传教育】 2010年,云龙县民宗局多项措施开展爱国主义和法制宣传教育活动,①建立领导机构,加强组织领导。成立了以县委、县政府分管领导为组长,县委宣传部、县委统战部、县民宗局、县司法局等为成员的云龙县宗教活动场所开展爱国主义和法制宣传教育工作领导小组。②精心组织,认真收集整理编印出具有针对性和实用性的宣传资料,分发到各有关乡镇和宗教活动场所,共发放2000多份宣传资料。③深入重点宗教活动场所开展宣传教育工作。宣讲团先后到旧州、漕涧、诺邓、民建等乡镇的佛教、道教、伊斯兰教、基督教等重点宗教活动场所开展了6场宣传教育活动,爱教、信教群众600多人。

【弥渡县采取措施支持挂钩村抗旱】 2010年,弥渡县民宗局采取措施支持挂钩村抗旱工作:①给予资金支持,在办公经费极为紧张的情况下,给予了太平村委会8000元抗旱经费补助。②深入做好灾情调查工作,及时与村组干部召开座谈会,深入广大农户及田间地头做好太平村委会旱情调查工作,详细了解和掌握小春作物受灾情况。③协助做好宣传动员工作。④帮助做好抗旱自救工作。与村组干部一道组织群众寻找适宜地点开挖抗旱井,找水源,渡难关。⑤帮助村委会做好项目申报工作,目前已向有关部门申报总投资63.995万元的抗旱水利工程项目7个,其中小坝塘建设项目5个、人畜饮水工程项目2个。

【宾川县与宗教活动场所签订安全防火责任书】 为切实做好宾川县各宗教活动场所的财产安全和人生安全工作以及森林防火工作,根据《宗教事务条例》、《中华人民共和国国家安全法》和《云南省森林消防条例》的规定,2010年春节期间,由宾川县宗教事务局牵头,公安、消防、林业、电力、佛协等有关单位参加,对全县各宗教场所防火安全工作进行了认真检查,对存在问题的宗教场所现场提出限期整改的具体要求,为完善和建立防火安全的长效机制,把防火安全措施真正落到实处,做到有章可循。宾川县宗教事务局与全县各宗教活动场所签订了2010年度安全防火责任书。

【弥渡县开展"和谐寺观教堂"创建活动】 弥渡县民宗局采取措施抓实"和谐寺观教堂"创建活动。①明确目标。通过在各宗教活动场所中深入开展"和谐寺观教堂"创建活动,进一步增强宗教活动场所自我管理能力,提高宗教教职人员队伍自身素质,努力维护"宗教和谐,社会稳定"的良好局面。②从爱国爱教、知法守法、团结稳定、活动有序、教风端正、管理规范、安全整洁、服务社会等8个方面明确了创建活动的基本标准。③加强指导。成立由局长任组长,副局长任副组长,各股室负责人、各宗教团体负责人为成员的创建"和谐寺观教堂"工作领导小组,全面负责创建活动的组织实施,加强日常督促检查。④结合宗教活动场所爱国主义和法制宣传教育活动的深入开展,通过召开动员会,设置专栏,强化宣传。

【宾川县推进"和谐寺观教堂"创建】 2010年,宾川县为认真贯彻落实党的宗教工作基本方针,改变工作方式,开展"亲情式"服务,稳步推进"和谐寺观教堂"创建工作。①加强与宗教界人士的交流,主动深入宗教活动场所,与宗教界人士交心谈心,与他们交朋友、做挚友,在交流中建立感情,拉近关系,在交流中宣传国家的宗教政策和宗教法规,让中国共产党的宗教政策深入到每一位信教群众心中。②加强对宗教人士进行法制宣传教育活动。积极主动在宗教活动场所开展爱国主义和法制宣传教育活动,以举办"爱国爱教,团结进步"为主题的演讲比赛,召开茶话会、座谈会、场所负责人会议、个别座谈、走访座谈等形式,对宗教界人士和信教群众宣传党的宗教政策及宗教法规。③帮助宗教界人士解决实际困难,在交流中,了解他们真实想法和思想动态,积极主动帮助想办法、出主意,解决他们在生活上、工作上的困难和问题,对场所管理上存在问题的,帮助他们制定内部管理制度,使他们的管理得到健康发展。

【永平县为宗教团体和宗教界人士解决实际问题】 永平县认真贯彻落实中共云南省委"6·15"专题会议精神,为宗教团体和宗教界人士解决实际问题:①县财政每月给县伊斯兰教协会会长、副会长、秘书长发放生活补助,其中会长每月补助200元,副会长、秘书长每人每月补助150元;②解决宗教教职人员的社会保障问题。为12名宗教教职人员解决每月50~60元的低保;③解决了县伊斯兰教协会的办公地点。县人民政府将原博南镇曲硐村委会办公楼无偿划拨给县伊协作为办公地点,并安排了2万元的房屋维修经费。

【云龙县表彰年度信息宣传员】 云龙县民宗局高度重视信息工作,2009年,共编发"民族宗教信息简报"135期。其中26期(条)分别被《今日民族》、《大理民族工作》、《大理宗教工作》、大理日报等新闻媒体采用。2010年1月初召开信息宣传工作会议,对上年度的优秀信息宣传员张菊胜等4位同志进行表彰和奖励。

【永平县对宗教界人士进行春节慰问】 2010年1月28~29日,永平县由统战部、民宗局、新闻中心、报社等4个部门组成的春节慰问组,在中共永平县委副书记马宽品、县人民政府副县长吴德莲、县政协副主席统战部部长赵丽帆的带领下,前往宗教活动场所,对15位民族宗教界人士进行春节慰问。

【永平县博南镇开展宗教场所安检】 2010年2月6~9日,永平县博南镇民族宗教工作领导组办公室,组织镇民宗、安监、司法、派出所、信访等部门人员组成安全生产联合检查组,对本辖区内各宗教场所,重点是依法登记的宗教场所开展了安全生产大检查工作。

【剑川县帮助道教协会建立健全财务制度】 剑川县道教协会成立后,县民宗局作为宗教团体的主管部门,在财务工作上给予道教协会很大的帮助,2010年3月,派出专职会计及宗教专干,指导协会按照社会团体财务管理的有关规定,制定了财务管理制度,完成账务设置,账务处理等工作。

【永平县宗教界积极捐款献爱心】 2010年3月26日,永平县民宗局组织全县宗教场所、宗教界人士在寿佛寺举行宗教界抗旱捐款仪式。宗教界人士积极弘扬中华民族"一方有难、八方支援"的传统美德,发扬扶危救难,乐善好施,慈悲济世的精神,纷纷伸出援助之手,慷慨解囊,以实际行动向灾区人民献上一份爱心。参加捐款的有县民宗局全体干部职工,佛教、道教、伊斯兰教、基督教、民间信仰等宗教活动场所的负责人、宗教界人士、信教群众60多人,现场捐款共计19709.5元。

【永平县召开宗教工作会议】 2010年4月26日,永平县召开宗教工作会议。会议由县人民政府办公室主任唐仕新主持,副县长吴德莲到会并作了《总结经验、明确任务、创新举措、狠抓落实,全面完成民族宗教事业"十一五"各项目标任务》的重要讲话,县民宗局局长马永生向与会人员介绍了2009年取得的工作成绩,安排部署了2010年的工作,会上副县长吴德莲代表政府和7个乡镇签订了2010年民族宗教工作目标管理责任书。全县7个乡镇的分管领导、民宗专干、县民族宗教工作领导组成员单位、县人大民工委、政协民宗委等35人参加会议。

【大理市为挂钩村农户排忧解难】 面对2010年的旱情,大理市民宗局已先后援助后山村1.5万元经费补助困难群众、修缮人饮管道。5月5日,向31个困难户送去救济粮、食用油和发放籽种补助,以解燃眉之急。

【宾川县妥善解决回族墓地遗留问题】 2010年6月18日,宾川县与相关农户达成协议,将被占用的96亩墓地交回金牛伊斯兰教管事会。回族墓地被占用一事得到了彻底解决。

【弥渡县召开宗教工作会议】　2010年6月23日，弥渡县在县政府会议室召开会议，深入贯彻落实全国、全省、全州宗教工作会议精神，总结2009年宗教工作，安排部署2010年宗教工作，中共弥渡县委常委、副县长赵克智在会上讲话，要求各级各部门在2010年要坚持以科学发展观统领宗教工作，并与各乡镇分管副乡镇长签订了弥渡县2010年度宗教工作目标管理责任书。县政府表彰奖励了2009年度宗教工作目标管理责任制工作先进集体。

【巍山县举行宗教政策法规及禁毒防艾知识培训】　2010年8月9日，巍山县民族宗教事务局与县伊斯兰教协会在县伊协对全县22所清真寺管事、吾梭、阿訇及部分教职人员共130人进行宗教政策法规及禁毒防艾知识培训。副县长杨利军针对当前民族宗教面临的机遇和挑战提出了要求。培训班上，县民宗局累计印发了《宗教教职人员认定备案办法》和《宗教活动场所财务监督管理办法(试行)》宣传材料500余份，并进行了专门培训。县委统战部，县卫生局、永建镇人民政府、永建公安分局等相关部门领导参加了会议。

【宾川县宗教界举行庆中秋迎国庆茶话会】　2010年9月19日下午，宾川县宗教界庆中秋迎国庆茶话会在鸡足山举行。宾川县佛教、伊斯兰教、基督教和天主教4大宗教的20个宗教活动场所的宗教界人士欢聚一堂，共庆中秋、同迎国庆。

【永平县开展宗教政策法规培训】　2010年11月30日，永平县民宗局深入北斗彝族乡双河村，开展宗教政策法规及基督教知识培训。

【云南子元集团为鸡足山修复建设捐资】　云南子元(集团)股份有限公司董事长林立东一行考察鸡足山后，公司决定捐赠给宾川县鸡足山人民币1000万元，用于鸡足山华首门、铜佛殿及弥勒院的修复建设。2010年6月20日下午，云南子元集团董事长林立东为鸡足山修复建设捐资仪式在龙山国际会议中心举行。中共云南省委常委、省委统战部部长黄毅，中共大理州委书记刘明，州委副书记、州长何金平，云南省宗教局局长熊胜祥，州委常委、州委统战部部长杨秀星，州人大常委会副主任刘世兴，大理州、宾川县有关领导及宗教工作部门负责人，省佛教协会副会长、大理州佛教协会会长释崇化，大理州佛教协会副会长、宾川县佛教协会会长释惟圣等出席捐资仪式。

【省佛教协会捐赠支持大理市抗旱救灾】　2010年3月26日上午，省佛教协会副会长淳法大和尚、崇化大和尚等一行16人带着佛教弟子的一片爱心，向大理市上关镇大把关村干旱灾区捐赠人畜饮水项目修建经费10万元。在捐赠仪式上，中共大理市委常委、市人民政府副市长刘琼芬代表大理市人民政府致词感谢省佛协的捐赠支持，并向省佛协赠送了“情系旱区、爱心无限”的牌匾。省佛协领导还实地察看了人畜饮水项目的建设情况。

【省佛教协会在崇圣寺举行“传授三坛大戒”法会】　经中国佛教协会批准，由云南省佛教协会主办，大理崇圣寺承办的“传授三坛大戒”法会于2010年9月24日~10月24日在大理崇圣寺举行。来自全国各地的151位新戒弟子集中在崇圣寺接受传戒。9月25日举行法会请职仪式。中共大理市委常委、副市长刘琼芬致辞，中国佛教协会副会长、云南省佛教协会会长刀述仁讲话，云南省佛教协会会长、昆明圆通寺方丈淳法大和尚为151位新戒弟子开示。

【州基督教两会举办“爱国主义暨宗教政策法规”教牧培训班】　2010年1月18~28日，大理州基督教“两会”在大理古城基督教培训中心举办“爱国主义暨宗教政策法规”教牧培训班，全州各教会及依法登记的基督教活动场所负责人60多人参加培训。州委统战部、州宗教事务局、大理市民宗局的领导干部出席开班仪式，州委统战部副部长林曙盛在开班仪式上作了讲话。此次培训把爱国主义教育、宗教政策法规、观念与更新、《圣经》等作为培训的主要内容。

【州佛教协会举行抗旱赈灾祈福法会】2010年，面对百年不遇的特大旱灾，大理州佛教界积极行动，奉献爱心。2010年3月4日上午，州佛教协会在大理崇圣寺举行抗旱赈灾祈福法会，法会和募捐仪式由大理州佛教协会副会长兼秘书长惟圣大和尚主持，云南省佛教协会副会长、大理州佛教协会会长崇化大和尚致辞，州内各大寺院的高僧大德、法师、居士近300人诵经祈福，祈愿风调雨顺，人民安乐。为体现佛教慈悲济世精神，法会进行了募捐仪式，当天收到126504.1元善款，此款项将作为专款投入抗旱救灾工作。

【州佛教协会召开会长办公会】　2010年3月8日下午，州佛教协会在大理观音塘召开会长办公会。崇化会长、圣光常务副会长、崇利副会长、妙智副会长等州佛协负责人参加会议。会议决定将募捐到的12余万元抗旱资金交州民政局，指定帮扶洱源县炼铁乡田心村委会修建抗旱水利工程，项目实施期间，组织人员亲自到现场查验，工程圆满合格时，书传立石作纪，永作功德丰碑。会议组织与会人员认真仔细学习2010年3月1日起实施的《宗教活动场所财物监督管理办法(试行)》；研究了拟于2010年4月6日举行首次大理白族自治州佛教寺院当家住持及场所负责人培训会议的相关事宜。

【州佛教协会举办全州佛教寺院当家住持培训班】　2010年4月7~8日，大理州佛教协会在大理观音塘举办全州佛教寺院当家住持培训班。州内80多名佛教寺院当家住持参加了培训。

【州佛教协会聘请律师李庆为法律顾问】　为深入学习、宣传和贯彻国务院《宗教事务条例》及相关的法律法规，让宗教界人士知道通过法律途径可以很好地保护合法权益和解决问题，形成人人懂法的良好氛围，大理州佛教协会于2010年4月聘请律师李庆为法律顾问，在4月7~8日大理州佛教协会举办各寺院当家住持培训班开班会上，州佛教协会会长崇化大和尚为李庆颁发了聘书。

【五十石灌渠建成揭牌仪式在炼铁乡田心村举行】　百年不遇的旱情牵动着佛教弟子的心，2010年3月，州佛教协会决定将抗旱救灾祈福法会募集的12.7万元善款捐助洱源县炼铁乡田心村民委员会修建引水灌渠。在州宗教局、洱源县有关部门的共同帮助下，历时2个月，完成1580米灌渠，有效改善五十石、下大七2个村民小组520亩农田灌溉条件，保证了100户、500多名各族群众大春满载满插。为小春损失大春补打下了坚实的基础。2010年6月2日，五十石灌渠建成揭牌仪式在洱源县炼铁乡田心村民委员会举行。

【州基督教“两会”举办第三期教牧义工

培训班】 2010年7月16～31日，大理州基督教“两会”在大理基督教圣经培训中心举办教牧义工培训班。全州各基督教活动场所主要负责人、管理组骨干人员90多人参加培训。

【大理州伊协举办“卧尔兹”演讲比赛】 2010年8月3～4日，由大理州伊斯兰教协会主办、大理市芝华清真寺承办的大理州第三届在职阿訇“卧尔兹”演讲比赛，在大理市凤仪镇芝华清真寺隆重举行。来自大理市、巍山县、永平县、洱源县、南涧县、漾濞县、宾川县和祥云县的21位选手参加比赛。“卧尔兹”演讲比赛，以伊斯兰教教义教规、伦理道德为依据，倡导穆斯林群众发扬爱国爱教的优良传统，为民族团结、经济发展、社会稳定、宗教和顺、构建社会主义和谐社会作出积极贡献。经过激烈的比赛，大理市的马海斌阿訇获得一等奖；巍山县的马孟克阿訇、大理市的马再瑜阿訇获得二等奖；巍山县的赛宇、马介苏、马显阿訇获得三等奖。

【州伊协召开开斋节祝贺会】 2010年9月8日，大理州伊斯兰教协会在下关召开2010年开斋节祝贺会。中共大理州委常委、州人民政府常务副州长马建全，州政协副主席毕雄光，州人大常委会原主任马国盛，州宗教局局长杨化宇，副局长余泳澎，州民委、州人大民族委、州政协民族宗教与联络委及州市有关部门的领导和穆斯林群众代表210多人参加会议。副州长马建全作了重要讲话，总结了十一五期间大理州经济社会发展取得的成就，展望了十二五规划的美好前景，对全州穆斯林教胞提出了殷切希望。洱源县伊协会长马月恒代表县市伊协交流发言。州伊协会长杨泽雄汇报了州伊协的工作。

【州伊协举办伊斯兰文化宣传教育研讨会】 2010年12月16日，大理州伊斯兰教协会在大理市南五里桥清真寺举办了伊斯兰文化宣传教育研讨会。中共大理州委原书记马品珍出席研讨会，州委统战部副部长林曙盛，州宗教局副局长余泳澎，省伊协副会长、州伊协会长杨泽雄到会并作了讲话。州伊协秘书长马敦主持研讨会，来自昭通、文山、曲靖、楚雄、玉溪、大理等6个州市的36位阿訇、学者提交了论文，15位阿訇、学者在会上作了交流发言。大理州各县市伊协负责人以及大理市18所清真寺的阿訇、清真寺管委会成员和南五里桥清真寺的穆斯林群众近1000人听取了领导讲话和阿訇、学者的交流发言。

【大理州29名道教人士被云南省道教协会认定为道教教职人员】 大理州根据州内实际情况，经过认真、周密、细致地安排，全州申报道教教职人员共87人，经省道教协会研究，被认定道教教职人员共29人。29名道教教职人员于12月7～9日参加全省第一批已被认定的道教教职人员培训。待教职人员备案程序完成后，省道教协会将向被认定的道教教职人员颁发中国道教协会统一制定的《道教证》。

【穆斯林朝觐人员平安归来】 2010年12月4日上午6点，大理州2010年度赴沙特阿拉伯麦加——伊斯兰教圣地朝觐的194位穆斯林，从沙特阿拉伯吉达国际机场乘飞机平安抵达昆明国际机场。州伊协秘书长马敦、副秘书长马宝丽、杜宝汉前往飞机场迎接。朝觐人员当天中午13点平安返回下关，受到前来迎接的州、县(市)伊协领导、清真寺负责人、亲友和穆斯林群众的热烈欢迎。大理州朝觐人员于2010年10月24日从下关出发，26日晚在昆明乘飞机直达沙特阿拉伯第二圣城麦地那。在国外40多天的时间里，在国家、云南省朝觐总团的领导下，大理州朝觐团全体人员发扬爱国爱教、团结互助的精神，遵守纪律，服从指挥，人人平安圆满完成朝觐功课顺利归来，受到国家、省朝觐总团的充分肯定，树立了大理州穆斯林的良好形象。

【鸡足山祝圣寺隆重举行宽霖老和尚舍利塔落成庆典法会】 2010年1月16日，由云南省鸡足山祝圣禅寺和四川省成都文殊院主办，云南省鸡足山祝圣禅寺承办的鸡足山祝圣禅寺第七代方丈宽霖老和尚舍利塔落成庆典法会在祝圣禅寺隆重举行。来自川、渝、贵、云的诸山长老及四众弟子1000余人云集祝圣禅寺表示祝贺。

【天主教大理教区慰问麻风病人】 2010年1月29日，是国际麻风病纪念日，大理古城天主教堂民主管理委员会主任陶志斌神父带领有关人员前往距祥云县城18千米的祥云县皮肤病防治站看望慰问麻风病人。

【大理观音塘举办居士菩萨戒传戒法会】 2010年3月5～9日，大理观音塘举办居士菩萨戒传戒法会。云南省佛教协会副会长、大理州佛教协会会长崇化，云南省佛教协会副会长淳法，大理州佛教协会副会长妙智等大和尚主持法会。法会在宣讲戒条、仪轨的同时，向参加法会人员进行了爱国爱教、遵纪守法、守持戒律、发展生产、维护社会和谐的教育。省内外712人在大理观音塘受居士菩萨戒。

【崇圣寺举行消防安全救护实战演练】 在大理市消防大队的大力支持和帮助下，崇圣寺三塔文化景区管理委员会于2010年5月19日上午9时30分，在崇圣寺大雄宝殿前举行消防安全救护实战演练。100多名干部、职工、僧人参加，大理市消防大队、古城中队派出10名官兵，调用2辆消防车进行协助、指导。

【弥渡县宗教界捐善款为灾区献爱心】 2010年，百年一遇的旱灾使弥渡县灾区老百姓的生产生活受到极大的影响，生产生活用水严重缺乏，小春生产基本绝收，灾区群众面临缺水缺粮的困境。面对严重的旱情，弥渡县宗教界积极行动，纷纷捐善款，向灾区群众献爱心。截至2010年6月底，弥渡县宗教界通过州佛教协会、县民政局和直接向灾区捐款的方式共捐出抗旱救灾资金32450元。

【宾川县成立伊斯兰教协会】 2010年7月21日，宾川县伊斯兰教协会第一次代表大会在县城隆重召开，全县伊斯兰教界51名代表参加会议。会议听取了宾川县伊斯兰教协会筹备组《关于宾川县成立伊斯兰教协会筹备工作情况的工作报告》，会议通过了《宾川县伊斯兰教协会章程》、《宾川县伊斯兰教协会选举办法》，并民主选举了宾川县伊斯兰教协会领导班子：马正忠为会长，杨太和、杨怀锋、马绍忠为副会长，马芬(女)为秘书长，黄正荣(阿訇)、张海涛为副秘书长。

【云龙县召开佛教协会第四次代表大会】 2010年7月26日，云龙县佛教协会第四次代表大会在县城石门隆重召开。会议回顾总结了县佛教协会第三次代表大会以来的工作、修改通过了《云龙县佛教协会章程》、选举产生了县佛教协会新一届领导班子，教明法师当选为会长，正如法师、悟禅法师当选为副会长，悟禅法师当选为秘书长(兼)。

【大理市下关基督教堂举行教堂奠基仪式】 2010年9月20日，下关基督教堂在天宝街隆重举行了“基督教下关感恩堂”奠基仪式。

【云龙县虎头寺举办传授居士菩萨戒法会】 经云南省宗教事务局批准，云龙县诺邓镇石门社区虎头寺于2010年10月22～25日（农历九月十五至十八）举办传授居士菩萨戒法会。来自县内外参加受戒的居士共有120人，法会礼请省佛教协会副会长、昆明圆通山方丈淳法大和尚为得戒和尚，州佛教协会副会长、鸡足山金顶寺方丈惟圣大和尚为羯摩阿阇黎，州佛教协会副会长、大理观音塘方丈妙智大和尚为教授阿阇黎，并礼请了相关长老法师10余人为传戒法会的尊证师和引礼师。法会如法如律、组织有序，圆满完成各项议程，达到了进一步引导佛门弟子正确修持、弘扬佛法、利乐有情、爱国爱教的目的。

【云龙县首届国学文化基础培训班结业】 2010年10月30日上午，由中共云龙县委宣传部、云龙县教育局共同举办的“云龙县国学文化基础培训学校第一届国学文化基础培训班”在云龙县城青少年活动中心举行结业典礼。

【大理无为寺举行药师殿佛像开光法会】 经云南省宗教事务局批准，由大理州佛教协会主办，大理市佛教协会承办的大理无为寺药师殿佛像开光法会于2010年11月5日在无为寺举行。

【巍山县伊斯兰教协会成立30周年庆祝大会隆重举行】 2010年12月14日，巍山县伊斯兰教协会成立30周年庆祝大会暨《巍山伊协三十年》一书发行仪式在回辉登清真寺隆重举行。

【东莞市网络文化协会广东狮子会为太平村群众送水】 东莞市网络文化协会和广东狮子会通过大理州宗教局、大理州佛教协会、弥渡县民宗局等部门，了解到太平村委会旱情极为严重的情况后，于2010年3月30日为太平村委会的广大群众送去了价值近3万元的饮用纯净水1200件，为旱区群众暂时缓解了饮水困难。

（杨旭芸）

（责任编校：章兵）

社 会

人口与计划生育

【概　述】 2010年,大理州人口和计划生育工作,通过认真贯彻落实党的十七届五中全会精神,围绕年初确定的工作思路和主要奋斗目标,切实加强领导,及早部署创建全国统筹解决人口问题试验区各项工作,全面贯彻落实《中共中央国务院关于全面加强人口和计划生育工作统筹解决人口问题的决定》、《中共大理州委大理州人民政府关于创建全国统筹解决人口问题试验区的实施意见》,全州人口和计划生育工作始终坚持以人为本,统筹解决人口问题,抢抓机遇,攻坚克难,在人口计生系统内全面开展创先争优活动、岗位科技大练兵活动,争做合格公务员、争做优秀共产党员活动取得了较好的成绩,人口和计划生育事业健康发展,全面完成与省人民政府签订的年度《人口和计划生育责任书》,适度低生育水平进一步稳定,大理州人口与计划生育工作保持了良好的发展态势。

【统计数据】 2010年末,大理州总人口(常住人口)350.12万人,期内出生30925人,出生率为8.84‰,死亡21344人,死亡率为6.10‰,自然增长人口9581人,人口自然增长率为2.74‰,计划生育率为99.17%,综合节育率为90.6%,人口出生性别比保持在100 :107以内(据计划生育统计报表)。

【考核结果】 (一)根据省人民政府与州人民政府签订的《人口和计划生育目标管理责任书》,经过云南省人口计生委检查组的考核,大理州全面完成了2010年度人口和计划生育各项目标任务。(二)州人民政府与12县市人民政府签订了《大理州创建全国统筹解决人口问题试验区2010年度目标管理责任状》;与涉及流动人口计划生育管理的财政、人事、公安、劳动和社会保障、规划建设、卫生、民政、工商、地税9个州级有关部门签订了《流动人口计划生育2010年度目标管理责任状》,12县市目标管理责任状完成情况纳入大理州经济社会重点工作考核。(三)全州人口计生系统"统筹解决人口问题试验区2010年目标管理"由州人口计生委组织检查,经过考核获得一等奖的是:祥云、剑川、永平、南涧4个县人口计生局;获得二等奖的是:鹤庆、云龙、大理、漾濞、弥渡、宾川、洱源、巍山8个县市人口计生局。

【全面完成"十一五"人口发展规划】 "十一五"期间,全州认真贯彻落实《中共中央国务院关于全面加强人口和计划生育工作统筹解决人口问题的决定》、《中共云南省委云南省人民政府关于进一步加强人口和计划生育工作统筹解决人口问题的决定》,为开创"十一五"人口和计划生育工作的新局面,努力把大理州建成全国统筹解决人口问题的试验区,根据《中共大理州委大理州人民政府关于创建全国统筹解决人口问题的示范区实施意见》,州人口计生委提出的"十一五"时期人口发展和计划生育工作目标是:到2010年"十一五"末大理州人口出生率控制在12.9‰以内,自然增长率控制在6.6‰以内,总人口在353万人以内,出生婴儿性别比保持在正常范围,出生人口素质显著提高,城乡人口结构进一步优化,计划生育服务网络更加完善,综合服务能力进一步加强,人民群众对人口与计划生育工作的满意度不断提高。"十一五"实绩:(根据计划生育统计报表),2010年末总人口比规划的353万人减少2.88万人,人口出生率为8.84‰,"十一五"期间,全州共出生15.7万人,年均出生3.14万人,年平均出生率为9.07‰,自然增长人口5.68万人,年均自增1.14万人,年均人口自然增长率比"十五"期间降低3个千分点。人口自然增长率控制在"十一五"规划6.6‰的目标以内。出生婴儿性别比保持在100 :107的正常范围,城乡人口结构得到优化,全州城市化率达到33%。"十一五"期间全州人口与计划生育事业费人均投入达到30元,农村税费改革后财政转移支付经费用于乡村两级的人口与计划生育工作经费达到人均2.40元,全州人口和计划生育工作整体水平得到提高,广大育龄夫妇避孕节育知情选择得到广泛有效落实,依法实行计划生育已成为广大育龄妇女的自觉行动,人民群众对人口与计划生育工作的满意度从"十五"末的93%提高到97%,经过努力全面完成了大理州"十一五"人口规划。"十一五"时期是大理州人口和计划生育事业取得长足进步的5年,为全面建设小康社会,构建和谐大理创造了良好的人口环境。

【重点工作进展情况】 (一)认真实施惠民工程,继续贯彻执行云南省农业人口独生子女家庭奖励政策和国家"特别扶助"制度。到2010年末,全州农业人口家庭累计办理《独生子女父母光荣证》62587户,办证率达38.7%,2010年度办理农业人口《独生子女父母光荣证》3220户,享受一次性奖励2993户,其中享受1000元奖金2815户,享受500元奖金178户,兑现一次性奖励金290.43万元;符合享受教育奖学金33837人,其中小学生20465人,初中生11117人,高中生1813人,大专生186人,本科生256人,小学、初中、高中及大学阶段累计兑现奖学金871.30万元;符合享受"养老生活补助"5977户,其中独子3124户,独女2851户,无子女2户,兑现养老生活补助464.59万元;符合享受国家"特别扶助"制度的独生子女家庭1276人,其中子女伤残享受960元的253人,子女死亡享受1200元的1023人,年内兑现特扶资金147.05万元;享受农村部分计划生育家庭"新农合"个人参合补助261826人,其中:独生子女父母105030人,年龄不满18周岁的独生子女43653人,只生育2个女孩且采取了节育措施的农村夫妻113143人,共补助资金785.54万元,年内共争取中央和省"奖免补"专项资金2131.82万元,州级累计配套资金173万元。(二)继续完善计划生育合同管理。在全州积极开展计划生育工作纳入村(居)民自治,流动人口与常住人口同服务同管理,以户籍地和现居住地分别签订合同方式管理流动人口计划生育事务，切实帮助流动人口解决计划生育方面存在的困难和问题。在全州73万已婚育龄妇女中，已落实各种避孕节育措施人数达到93%，在合同管理中于2010年取消了收取履约担保金的规定，合同签约率占应签对象的80%以上，合同管理情况良好。(三)深入开展计划生育优质服务，不断提升计划生育水平。在重点抓好县、乡服务站所建设的同时，开展创先争优，积极争创“省优国优”活动。州人口计生委认真督促指导省级优质服务先进单位，开展创建国家级优质服务先进单位活动。督促指导巍山、漾濞县争创省级优质服务达标县。在开展出生缺陷一级预防工作中，规范地开展了宣传倡导、健康促进、优生咨询、高危人群指导、孕前检查和营养素补充等一级预防工作，祥云、弥渡、永平3个试点县孕前检查率达到65%，宾川、鹤庆、南涧3个重点县孕前检查率达到60%。年内，全州为育龄妇女免费提供“叶酸片”13025人份，推广使用“福施福”11529盒，推广使用“福格森”3220盒。

【开展基层文明执法专项活动】 为深入贯彻落实全国人口计生系统基层文明执法专项活动电视电话会议精神，进一步推进人口和计划生育依法行政、便民维权和行风建设，提升人口和计划生育依法行政水平，根据《云南省人口和计划生育委员会基层文明执法专项活动实施方案》，大理州人口计生委高度重视，及时成立领导机构，精心组织，突出重点，认真实施，全面完成了各个阶段的工作。通过开展基层文明执法专项活动，使全州人口计生系统进一步加强队伍建设，提高队伍素质；规范执法行为，强化便民维权意识；端正执法理念，改进执法作风；清理规范性文件，切实保障了群众的合法权益。

【开展人口计生系统职工岗位技能竞赛】 在大理州职工经济技术创新工程领导小组的关心支持下，全州计划生育临床、护理两个专业纳入大理州第五届职工技术技能大赛。6月20～24日，12县市开展初赛，每个县市决出优胜者6名参加州级决赛。全州参加理论初赛人数397人、实作竞赛人数390人，分别占参赛人员的92.5%和91%。临床、护理两个专业成绩及格率分别为95.5%和96%。8月18日在下关一中综合馆举行“大理州计划生育技术服务人员岗位技能决赛启动仪式”。州级决赛于8月17～19日在大理卫校举行，通过3天的决赛，计划生育临床、护理两个专业共决出“技能状元”各一名、“技术能手”各2名、“优胜者”各7名，受到州人民政府表彰奖励。通过开展职工岗位技能竞赛在全州人口计生系统进一步形成了学理论、练技能、比成绩、比奉献的良好氛围，内强素质，外树形象，取得了较好的成效，得到各级领导和上级主管部门的充分肯定，深受广大人口计生工作者的欢迎和好评。这次竞赛祥云县代表队获得集体一等奖，漾濞、永平、南涧、巍山4个县代表队获得集体二等奖，宾川、云龙、大理、剑川、洱源5个县市代表队获得集体二等奖，鹤庆、弥渡2个县代表队获得组织奖，受到州人口计生委的奖励。

【国家人口计生委科技司副司长王巧梅到祥云县调研】 1月23日，国家人口计生委科技司副司长王巧梅一行8人，在州人口计生委主任芮雪梅的陪同下，到祥云县调研优生促进工程工作。2006年以来，大理州在争创全国统筹解决人口问题试验区、推进人口计生综合改革的实践中，坚持把实施优生促进工程作为重要抓手，认真按照国家和省人口计生委的要求，率先在全省以点带面开展出生缺陷一级预防工作。在全州12个县市中，被列为省级出生缺陷预防试点县3个、重点县3个，其他6个县市按照省的实施方案，由州县市政府自筹资金开展工作。经过4年的实践探索，立足州情创新模式，把开展出生缺陷一级预防与实施优生促进工程有机结合，初步建立了“政府主导、部门配合、专家支撑、群众参与”的优生促进长效工作机制，为提高出生人口素质作出了贡献。调研组听取了州、县优生促进工程开展情况汇报，询问了各部门配合开展工作的情况，并深入到县服务站、祥城镇计划生育服务所检查指导。调研组一行对全州及祥云县的优生促进工作给予了高度评价，王巧梅说：“大理州的优生促进工作做得非常规范、系统，效果非常明显”。

【全州人口计生工作暨先进表彰会召开】 3月19日，全州人口和计划生育工作暨先进集体先进个人表彰会议在下关召开。会议总结了全州2009年度人口和计划生育工作，确定了2010年的主要工作任务，对“十五”以来涌现出来的33个先进集体、74名先进个人进行表彰。州委副书记、州长何金平出席会议并为受表彰的先进集体和先进个人颁奖。州委常委、州委统战部部长杨秀星，州委常委、常务副州长马建全，州人大常委会副主任刘世兴，州人民政府副州长许映苏，州政协副主席孙明，州长助理李文才出席会议。副州长许映苏在会上讲话并提出要求和希望。省人口计生委副主任金桂兰到会讲话，她充分肯定了大理州人口计生工作取得的成绩，对2010年的工作提出了要求。州人口计生委主任芮雪梅向大会作工作报告，报告回顾总结了2009年度的工作，分析了大理州人口计生工作面临的形势，对2010年的工作进行安排部署。副州长许映苏代表州人民政府与12县市人民政府签订了《2010年度统筹解决人口问题目标管理责任状》，与州级9个相关部门签订了《2010年度州级部门流动人口计划生育目标管理责任状》，州人口计生委与各县市人口计生局签订了《2010年度人口和计划生育目标管理责任书》。

【省人口计生委主任郝青山到大理调研】 3月5～6日，省人口计生委主任郝青山在副州长许映苏、州人口计生委主任芮雪梅等领导的陪同下，到大理州永平、宾川、祥云3个县调研，检查指导基层计划生育和抗旱救灾工作，并到计划生育贫困户史永平、单永芬、单汝茂、杨菊珍等家中看望慰问。通过调研，郝青山主任就当前做好人口和计划生育工作提出四点要求。

【举办“十二五”人口规划编制培训班】 4月22日，州人口计生委举办“十二五”人口规划编制暨信息化培训班。这次培训的目的是：认真编制好“十二五”人口发展规划，圆满完成第二阶段基础信息核查工作。12县市的人口计生局分管副局长、统计工作人员共35人参加培训，州人口计生委副主任李少泉在培训班上讲话，他就“十二五”人口发展规划编制纲要、原则、控制目标、主要任务和保障措施提出明确要求。州人口计生委计统财务科董金诚讲解人口和计划生育基础信息采集和操作录入、“十二五”人口预测框架，以及国家人口计生委人口预测软件(CPPS)的应用和操作进行了系统培训。

【召开党风廉政建设工作会】 5月11日，州人口计生委召开党风廉政建设专题工作会，委机关全体干部职工、大理生育健康服务中心负责人参加会议，州农林水纪工委王玉林调研员到会指导，会议由党组成员、副主任李少泉主持，党组书记、主任芮雪梅作题为“加强党风廉政建设做好新形势下人口和计划生育工作”的专题发言。结合全州人口和计划生育工作实际，她提出要求和希望。会上，芮主任与分管领导、分管领导与科室负责人分别签订了党风廉政建设责任书。

【开展中国计生协成立30周年纪念活动】 2010年5月29日是中国计划生育协会成立30周年。5月27日，大理州人口计生委、大理州计划生育协会与巍山县、大仓镇、团结村3级计生协共同开展了内容丰富、形式多样的纪念活动。州人口计生委主任、州计划生育协会副会长芮雪梅在纪念活动中发表讲话，巍山县人民政府副县长、县计划生育协会副会长熊艳平对大仓镇团结村委会进行了“人口文化大院”授牌。州、县、镇、村200多名计生协会理事、会员、干部职工、计生宣传员欢聚在一起，用文艺表演形式开展了人口和计划生育相关政策的宣传，同时向群众发放了宣传品。

【流动人口计生服务管理工作会议召开】 7月20～21日，全州2010年流动人口计划生育区域“一盘棋”工作暨流动人口信息统计工作会议在下关召开，会议总结了2009年流动人口计划生育省内“一盘棋”工作，全面安排2010年流动人口计划生育区域“一盘棋”工作和全员流动人口信息统计工作。州人口计生委主任芮雪梅在讲话中指出，2009年大理州围绕建立“统筹管理、服务均等、信息共享、区域协作、双向考核”的流动人口计划生育工作机制，突出抓好方案制订、业务培训、队伍建设、责任落实和制度建设等五个方面的工作，全州流动人口计划生育区域省内“一盘棋”工作取得阶段性成效。2010年流动人口计划生育服务管理工作要以统筹解决人口问题为指导，认真落实《流动人口计划生育条例》，加强政策研究和体制创新，最大限度提升流动人口公共服务均等化水平，促进“一盘棋”新机制的全面建立。省人口计生委流动人口管理处处长范雅康到会指导，流动人口管理处蔡军、丁军分别就流动人口计划生育统计业务、流动人口信息化工作和PADIS管理子系统操作知识进行了培训。

【州人大农环委调研流动人口计生工作】 8月31日～9月1日，州人大常委会副主任尚榆明带领农环委主任张寿松、副主任左仕明、综合科科长刘峰调研流动人口计划生育服务管理工作。调研组听取了州人口计生委副主任李少泉关于全州流动人口计划生育服务管理的情况汇报，调研组分别深入大理市人口计生局、流动人口计划生育管理站、下关镇金星村委会了解流动人口“一盘棋”工作和PADIS管理子系统运行情况。到祥云县流动人口计划生育管理所、城南社区查看全员流动人口信息采集、核实反馈等工作情况，与基层干部和流动人口计划生育管理员座谈，了解执法和服务管理工作中存在的困难和问题。调研组对全州流动人口计划生育服务管理工作表示满意，在肯定成绩的同时，对存在的困难和问题进行了深入分析、认真梳理、形成调研报告，提出建设性的意见和建议。

【开展《公开信》发表30周年纪念活动】 9月25日是《中共中央关于控制我国人口增长问题致全体共产党员、共青团员的公开信》发表30周年纪念日。全州开展了系列纪念活动，10月22日，大理州召开座谈会，纪念《中共中央关于控制我国人口增长问题致全体共产党员、共青团员的公开信》（以下简称《公开信》）发表30周年，全面总结30年来特别是“十一五”以来，大理州人口和计划生育工作取得的辉煌成就。州委常委、统战部部长杨秀星、州人大副主任张如旺、州政府副州长许映苏、州政协副主席孙明等领导出席会议。副州长许映苏在会上讲话，她回顾了《公开信》发表30年来人口和计划生育工作取得的巨大成就，对在新形势下稳定低生育水平、统筹解决人口问题、促进人口长期均衡发展提出要求。州人口计生委主任芮雪梅报告了工作情况，回顾总结大理州30年来人口和计划生育工作取得的成就和经验。座谈会上，来自弥渡县的大理州最早带头实行计划生育、享受国家计划生育奖励优待政策、持有“001”号《独生子女父母光荣证》的杨文新代表发言；原州计生委主任杨多良代表离退休老干部发言；巍山县人口计生局主任科员杨宝玉代表从事计划生育工作时间最长的干部发言；剑川县何志成局长代表12县市人口计生局局长发言，会议还向全州从事计划生育工作时间最长的工作者和“001”代表颁发了慰问金。

【州政协主席会议协商出生缺陷预防工作】 10月14日，州政协召开第十一届委员会第35次主席会议，对州人口计生委在12县市开展出生缺陷预防项目实施情况进行专题协商。州政协主席袁爱光主持会议，州政协副主席孙明介绍了州政协对全州开展人口出生缺陷预防项目实施情况专题协商的调研情况；会议听取州人口计生委主任芮雪梅关于大理州开展人口出生缺陷预防项目实施情况的报告；州政协人资环委主任梁袁华宣读州政协第十一届委员会第35次主席会议对全州开展人口出生缺陷预防项目实施情况专题协商的意见建议。会议围绕州人口计生委开展出生缺陷预防项目实施情况的报告和州政协对开展人口出生缺陷预防项目实施情况专题协商的意见建议展开讨论，通过专题协商，开展人口出生缺陷预防项目取得的成绩得到州政协第十一届委员会第35次主席会议的充分肯定，州政协主席袁爱光就专题协商的意见建议提出了具体要求。

【州人口计生委开展“双评活动”】 9月1日～10月30日，州人口计生委结合抓党风廉政建设工作在全州人口计生系统开展“请农民兄弟姐妹评计生”和“请流动人口农民工评计生”活动。这次活动是为贯彻落实全省纠风工作会议精神，进一步推进人口计生系统党风廉政建设、基层文明执法，促进人口计生干部改进工作作风，严格规范行政执法行为，努力提高技术服务质量，切实保障人民群众的知情权、参与权、表达权和监督权，以群众的满意度来检验计划生育各项工作成果。评议方法是：发放调查表，对计划生育服务对象进行问卷调查；调查表采取召开座谈会、入户访谈或其他方式现场发放、无记名填写收回。全州共发出评议问卷15022份，收回14350份，群众对计划生育整体工作的满意率达97.9%。

【州人口计生委召开听证会】 12月31日，州人口计生委召开《大理州人口和计划生育社会抚养费征收自由裁量权实用规定（试行）》听证会。听证会由州人口计生委副主任李少泉主持，决策发言人为州人口计生委主任芮雪梅、政策法规科科长苏志敏，听证监察人为州农林水纪工委副调研员李云岗、州政府法制局法规科副科长冯晖。芮雪梅主任在听证会上对制定《规定》的必要性、制定依据和起草情况、《规定》的适用范围、《规定》中从轻、减轻、从重处理与细化指导标准的关系以及县市级执法主体是否在本《规定》的基础上再进行细化的问题作了说明。13名听证代表积极提问和发表意见，踊跃质询，提出20条建设性的意见建议。

【荣誉表彰】 2010年12月，国家人口计生委授予大理州人口计生委“全国计划生育科技大练兵活动先进单位”荣誉称号；授予廖云虹等5名“全国计划生育科技大练兵活动先进个人”荣誉称号。2010年3月19日，大理州人民政府作出《关于表彰全州人口和计划生育工作先进集体先进个人的决定》，对祥云县沙龙镇人民政府等33个先进集体，程建云等74名先进个人进行表彰。

（杨文光）

民政工作

【概　述】 2010年是实施“十一五”规划的最后一年。在州委、州政府的领导和省民政厅的大力支持下，全州各级民政部门围绕中心，服务大局，全州民政事业实现大跨越、大突破，取得丰硕的成果。全州民生保障和改善工作取得突破性进展，救灾能力和水平不断提高，优抚安置政策得到认真落实，民间组织和专项社会事务管理服务水平得到提升，社会福利事业得到大力发展，孤老残幼等特殊群体的帮扶工作不断深入，老年人合法权益得到较好的维护，基层民主政治建设稳步推进，为今后的发展奠定扎实的基础。

【稳步推进城乡低保】 2010年，全州共有农村低保对象8.51万户，23.34万人，月人均补差70元，月需资金1633.8万元。城市低保对象5.02万户、74227人，月人均补差157.6元，月需救助资金1169.8万元。2010年全州共发放农村低保资金2.08亿元，发放城市低保资金1.39亿元。鉴于旱灾和市场物价上涨，为不降低困难群众生活水平，及时落实发放城乡低保和农村五保户两个月的临时生活补助、临时价格补贴、一次性生活补助和两节慰问金共支出7890万元。按时完成省厅下达的1.47万人农村“低保扩面”任务。根据省民政厅、财政厅通知精神，对城乡低保对象提高补助水平（农村10元/人．月，城市20元/人·月），同时，经召开听证会，提高全州农村最低生活保障线，由原来840－900元/年·人，提高至1020－1200元/年·人。

【启动城乡医疗救助“一站式”即时结算服务管理模式】 2010年，全州农村医疗救助26.86万人次，支出救助资金3095.75万元；城市医疗救助8.72万人次，支出救助资金1064.73万元。

【落实农村五保供养政策】 2010年，全州共有五保老人11563人，月供养补助费最高为397元，最低120元。年内，南涧县、剑川县、永平县、洱源县中心敬老院和巍山县永建回民敬老院、弥渡县新街、苴力、宾川县乔甸镇等敬老院一期工程已全面结束并投入使用，新增集中供养人数110人；宾川、巍山、云龙、祥云、大理市中心敬老院正在积极建设中。全州共有敬老院32所，集中收养五保老人1859人。2010年，鹤庆、弥渡两县的中心敬老院被省命名为三星级敬老院。

【开展临时救助】 2010年，全州共计救助46.61万人次（其中农村33.34万人次），支出救助资金3864.71万元（其中农村2652.52万元）。

【抗灾救灾成效显著】 2010年，大理州遭受干旱、地震、泥石流、冰雹等自然灾害。农作物受灾面积275.7千公顷，成灾223.4千公顷，绝收98.1千公顷，因灾死亡3人，失踪3人，民房倒塌119户、469间，受损38545间，紧急转移安置受灾农户1518户、6069人。面对严重的灾情，全州各级民政部门：①认真做好查灾核灾报灾工作。②在认真做好灾情的核查统计工作的基础上对全州缺粮人数进行了认真细致的排查、摸底，准确掌握因旱缺粮人口情况。③及时下拨救灾资金和物资，确保受灾群众生活不受影响。年内，共下拨救灾资金7844.7万元，发放救灾大米4500吨。④切实做好抗旱救灾接收捐赠工作，共接收社会各界捐赠资金1769.7万元。接收矿泉水及饮料15725件，救济受灾群众42.9万人，确保了灾区的社会稳定和民心安定。

【双拥和优抚工作有效开展】 2010年，安排部署了全州2010年元旦、春节、抗战胜利65周年和“八一”建军节“双拥”走访、慰问工作。将全州35名无档案记载复员退伍军人精神病患者移交州精神病康复医院住院治疗。完成了17名退役士兵伤残关系转移和12名评调残人员材料的审核上报工作。对全州33名残疾军人更换假肢等辅助器械情况进行了普查。完成了拟解决的54户危房优抚对象住房问题的前期工作。

【积极抓好退役士兵安置和军休服务】 2010年，大理州共接收退役士兵、转业士官1038人。符合政策规定应在城镇安排工作281人，其中城镇义务兵112人，复员士官67人，转业士官82人，政策性安置20人。通过“双考”实施岗位安置的有84人，占应安置数的30%，实行经济补偿安置的有183人，自谋职业率占70%，回农村安置757人。组织完成全州500多名军队离退休人员服务管理信息系统基础数据录入工作。完成年度军休机构人员、服务机构情况统计上报。积极开展全州军休服务机构行风建设示范单位创建活动。圆满完成省民政厅委托承办的全省军队离退休干部第六届“夕阳红杯”文艺体育比赛大会的各项工作。

【全面加强城乡社区建设和村民自治】 2010年，圆满完成了全州第四届1078个村民委员会换届选举工作。完成全州176个村委会办公用房及活动场所建设。按照整体项目投资20万、单建综合活动室投资10万的标准，省州县共投入资金3110万元。进一步推进全州和谐社区建设工作。及时调整充实大理州和谐社区建设工作领导小组，制定下发《中共大理州委办公室、大理州人民政府办公室关于解决全州和谐社区建设中几个突出问题的意见》和《大理州和谐社区建设工作领导小组成员单位职责》，进一步加强全州城乡社区服务体系建设，大幅度提高社区办公经费、教育培训经费和社区工作人员待遇。对全州开展社区创先争优活动进行安排部署。积极争取省对大理州城乡社区基础设施建设的支持，争取到祥云县“一个中心四个服务站”、大理市和漾濞县社区日间照料中心等建设项目和省城乡社区服务设施建设项目18个，补助资金240万元。进一步推进全州村务公开和民主管理工作。结合第四届村“两委”换届选举工作，进一步健全完善村级各项规章制度，强化对新当选村干部的培训，全面推行村级民主“四议两公开”工作法，组织开展全州村务公开和民主管理工作专项检查，对一批“重点村”和“难点村”进行了治理。按标准认真落实全州原大队干部、原村公所（办事处）干部和建国前入党无工作老党员的生活补助，确保符合条件人员的基本生活得到保障。

【社会福利事业健康发展】 2010年，①完成大理市投资750万元的儿童福利院主体工程建设项目。②完成了概算投资2759万元的大理州民政精神病医院A、B栋住院楼和门诊医技综合楼的立项、可行性研究报告评审、环评、地勘等工作，该项目中的A、B栋住院楼已于2010年9月动工，预计2011年4月底可完成主体工程的建设。大理州社会福利院按期完成了投资240万元的业务用房工程建设项目。加强组织领导，切实做好城市无着落流浪乞讨人员的救助工作，年内全州救助人数共计6539人次。积极地、有步骤地推行火葬,改革土葬,年内,全州共火化遗体1960具。切实保障孤儿合法权益。及时发放孤儿基本生活费618.62万元,确保了1432名孤儿的健康成长。

【圆满完成社会组织清理整顿工作】 2010年,全州共注销46家社会组织,其中社会团体23个、民办非企业单位23个(州级:社团11个、民非12个;县市:社团12个、民非11个)。认真组织开展了对社团和民间组织的"小金库"清理整顿工作,效果明显,得到省检查组的高度评价。

【加强区划地名管理】 2010年,大理州加快地名公共服务工程建设进度,按计划完成了州、市县行政区域界线联检工作,不断深化平安边界创建活动,确保了全州边界地区和谐稳定。

【加强婚姻登记规范化建设和窗口建设】 年内,办理国内结婚登记25262对,离婚登记3525对,涉外婚姻14对;祥云、弥渡、巍山、漾濞、鹤庆5县被省列为婚姻登记规范化建设达标单位,其中漾濞县被评为全国民政系统行风建设示范单位。

(李阳 赵文 米凯凯)

老龄工作

【概　述】 2010年,大理州老龄工作在各级党委、政府的领导下,在省老龄委的指导和全社会的支持下,坚持以"三个代表"重要思想为指导,认真落实科学发展观,围绕州委、州政府中心工作,切实贯彻执行《中华人民共和国老年人权益保障法》和《云南省老年人权益保障条例》,坚持"党政主导、社会参与、全民关怀"的老龄工作方针,树立"以人为本、为老服务"的理念,按照老有所养、老有所医、老有所教、老有所学、老有所为、老有所乐的工作目标要求,加强老龄宣传工作,深入开展各项老龄工作,认真落实各项老年人优待政策,开展百岁老人和贫困老人慰问活动,给老年人办好事实事,为老年人提供良好服务,促进城乡社会和谐、稳定,推动全州老龄事业向前发展。

【全国首次确定"敬老月"活动】 2010年6月25日,全国老龄工作委员会下发了《全国老龄工作委员会关于开展"敬老月"活动的通知》,第一次在全国范围内组织开展"敬老月"活动。全国老龄委确定"敬老月"活动的主题是"关爱老人、构建和谐"。活动时间为10月1~31日。全国老龄委还提出开展"敬老月"活动的内容,并提出了相关要求和20条"敬老月"活动宣传口号。

【开展敬老月活动】 2010年10月16日是中国的传统重阳节,也是云南省的第23届敬老节。为了在新形势下大力弘扬中华民族尊老敬老传统美德,进一步营造良好的社会氛围,全国老龄工作委员会将2010年10月确定为"敬老月",云南省老龄委确定10月为"敬老宣传月"。大理州老龄委及时转发了省老龄委《关于组织开展敬老月活动的通知》,要求各级各单位以"关爱老人、构建和谐"为敬老月活动主题,因地制宜,认真组织开展敬老月活动。州老龄办在敬老月期间,一、对全州18位百岁老人进行了走访慰问。二、慰问了100名特困老人和正阳社区老年公寓的老人。三、在街头开展《老年法》和《老年人权益保障条例》宣传咨询活动。四、与州扶贫基金会和大理东方妇产医院共同组织了一次为老年人作医疗保健义诊活动。五、对全州落实高龄老人发放津贴情况进行了督促检查。六、组织明珠老年艺术团代表云南省参加全国第二届老年文艺汇演并获金奖。七、参与全省军休文体运动会服务工作。八、代表省老龄办走访慰问了大理州社会福利院。同时,全州州级各部门、各单位和省属单位及12个县市均广泛而深入地开展了敬老月活动。主要做法:①领导带队开展走访慰问百岁老人、高龄老人、老干部和贫困老人及敬老院老人活动。②召开敬老节座谈会、庆祝会。③举办专场文艺演出晚会,或老年人体育运动会,丰富老年人节日精神文化生活。④表彰敬老先进典型。⑤为老年人作电视点歌,祝老年人健康长寿、节日愉快。⑥为老年人进行义诊,为百岁老人免费体检。⑦祥云、云龙两地个体私营企业出资慰问老人和捐款赠物。通过全州上下共同开展敬老月活动,使全州43万老年人度过了一个热烈、欢快的敬老节。

【作出贯彻执行《云南省老龄事业发展"十一五"规划》终期评估报告】 为了全面贯彻科学发展观,推动大理州老龄事业与经济社会协调发展,根据省的《规划》和《大理州国民经济和社会发展"十一五"规划》精神,大理州人民政府办公室于2007年9月19日发出《关于印发〈大理州老龄事业发展"十一五"规划〉的通知》,下发全州贯彻执行。根据省老龄办的通知要求,结合几年来大理州老龄事业发展的实际,大理州老龄委办公室于2010年8月26日,向省作出了《关于贯彻执行〈云南省老龄事业发展"十一五"规划〉》的终期评估报告。

【大理州提高80周岁以上高龄保健补助标准】 根据2007年3月30日省人大常委会新修订并颁布实施的《云南省老年人权益保障条例》的规定,结合大理州实际,2007年9月19日,州人民政府发出《关于认真贯彻实施〈云南省老年人权益保障条例〉的通知》,将大理州对80周岁以上老人发放的高龄保健补助标准确定为每人每月10元,全年每人120元。随着经济社会的发展,按照省的有关要求,州人民政府于2010年6月25日召开州政府23次常务会议,听取了州民政局局长、州老龄委常务副主任杨泽兵的汇报,决定从2010年1月起,将全州4.8万多80周岁老人的高龄保健补助标准从每人每月10元,提高到每人每月30元。仅此一项,每年全州要支出1700多万元。这部分资金,采取省补助一部分,不足部分由州财政补助30%,县市财政承担70%的方法解决。

【开展全州基层老龄工作专题调查】 根据省老龄委办公室的统一安排,2010年5月5~14日,州老龄办下发《关于开展基层老龄工作专题调查的通知》。调查采取实地调查和问卷调查两种方式。首先由州老龄办抽调人员,深入大理、弥渡、漾濞3个县市作实地调查,召开有关人员参加的座谈会3次。其次在12个县市开展了问卷调查。再次,在实地调查的基础上,将12个县市上报的问卷调查表作了分析研究,向省作出《关于大理州老龄工作情况的调查报告》。

【老龄工作目标管理责任制被列为全省检查考评项目】 2010年10月8日,云南省检查考评工作综合协调领导小组办公室发出《关于印发〈2010年度全省检查考评项目〉的通知》。经省检查考评工作综合协调领导小组研究,并报省委、省政府同意,印发了《2010年度全省检查考评项目》,要求按照《关于开展2010年度全省检查考评工作的通知》精神,结合本地实际,认真抓好工作落实。这次确定了检查考评项目包括经济建设方面20项、政治建设3项、文化建设方面2项,社会建设方面25项,生态文明建设方面7项,党的建设方面9项,共66项。

其中省统一组织实地考评项目20项，统一组织在昆评审29项，州市实地考评、部门在昆评审2项，牵头单位自行组织考评15项。在社会建设方面的25项中，其中就确定了《云南省老年人权益保障条例》行政执法检查和老龄工作目标管理责任考核一项，由省民政厅牵头，被列为省统一组织在昆评审项目。2010年12月29日，省民政厅组织检查考评组，对大理州的老龄工作目标管理责任制落实情况进行检查。州老龄办主任杨菊瑛向检查组作了专门汇报。随后，省将在昆统一对老龄工作目标管理责任制落实情况进行统一评审。

【省、州、县(市)三级共同承担高龄补贴发放资金】 2010年，全州80周岁以上高龄老年人共有4.8万多人，按州政府规定，给予80周岁以上老人每人每月发放高龄补贴30元，全年应发放高龄补贴1755万多元。其中省补助大理州236.32万元，州财政补助12县市455.82万元，12县市财政还应支付1063万多元。由于省、州两级财政共补助了县(市)级近700万元，减轻了县市级财政的负担。对全州12个县市落实高龄补贴发放标准每人每年360元创造了有利条件，顺利地完成了全年高龄补贴发放任务。

【州老年艺术团参赛节目获金奖】 2010年9月12～14日，全国老龄委办公室在内蒙古的呼和浩特市举办第二届中国老年文化艺术节节目现场比赛。由大理州老龄委办公室组织，水电十四局大理管理处大理明珠老年艺术团排演节目《节日的歌舞》参加了比赛。经过现场各代表团队角逐比赛，大理州代表队参演的《节日的歌舞》最终获得金奖。

【全州17万多老年人喜领《云南省老年人优待证》】 从2007年7月1日起实施的《云南省老年人保障条例》规定60周岁以上老年人可在县级老龄委办公室办理《云南省老年人优待证》。由于省、州老龄办保证《优待证》证源供应，加之又免除了老年人办证工本费，老年人积极申领全省的《优待证》。截止2010年12月末，全州共有172888名老人领到了《云南省老年人优待证》。

【大理州10名"五老"困难人员解决住房难获省补助】 2010年4月，由州老龄委办公室上报的10名老乡干部、老优抚对象、老党员等"五老"对象，存在住房难的特殊问题，得到省老龄委办公室、省老龄事业发展基金会的重视。经过州、县、乡层层上报，省统一审核，并经过村级公示，确定了10名为"五老"对象解决住房难补助金20万元。其中弥渡县的徐华章、李枝先、刘会、谢恩高，云龙县的施顺文、杨永达、李仕方，漾濞县的段桃、字学书、王朝祯。这10名"五老"对象分别获得省老龄事业发展基金会1.5～2.5万元的补助金，基本解决了他们的住房难问题。这部分资金已于2010年底下拨到"五老"对象所在县。

【宾川县宾居镇举办老龄干部培训班】 宾川县宾居镇于1987年成立老龄委以来，历届党委、政府十分重视老龄工作，关心老龄事业，注重老龄干部的培养。现全镇有206名老龄老协干部，8个村委会均建立健全了老年人协会，会员达4960多人。老年人在党政的领导和支持下，广泛开展"六个老有"活动，促进了经济社会发展稳定。为提高老龄老协工作干部的政治业务素质，宾居镇在2009年12月2日～2010年元月1日，举办了各村委会副主任、老年协会正副会长和文书共34人参加的老龄老协工作干部培训班。镇党委书记丁益军到会作指导讲话，副镇长、镇老龄委主任张志超，镇老龄委副主任陈能，分别以《当前老龄工作任务》和《充分发挥老协会作用 认真做好新形势下的老协会工作》为题，给参训人员进行授课，并安排了2010年的老龄工作任务。

【鹤庆县新农保养老制度实施惠及2.8万农村老人】 2009年，鹤庆县被确定为全国新型农村社会养老保险试点县之一，由于组织领导和服务工作到位，各项工作扎实推进。选择农村信用社作为新农保金融服务机构，认真组织，加强宣传动员，并举行了养老金首发仪式，全县在15个网点设立新农保金融服务窗口，为农村老人领取养老金服务，广大群众踊跃参加。截止2010年12月末，全县有28076名农村老人已全部按月领到当年的养老金，共发放养老金1853多万元。使全县农村老人享受到改革开放和经济建设的成果。

【社区老人谢彩兰积极捐款1000元支持抗旱救灾】 2010年，靠领取微薄退休金，年近80岁的巍山县南诏镇日昇街社区的谢彩兰老人，于2月26日，到巍山县民政局办公室，个人自愿捐赠了1000元，支持全县抗旱救灾。

【宾川县出台高龄补贴发放管理办法】 根据《云南省老年人权益保障条例》和《大理州人民政府关于贯彻〈云南省老年人权益保障条例〉的实施意见》精神，大理州于2008年起，对全州80周岁以上老人发放高龄补助和长寿补助。这是一项惠及高龄、长寿老人的好政策，并将长期坚持下去。对80周岁以上老人发放高龄、长寿补助，宾川县坚持落实政策和管理并重。为把此项工作开展好，使之规范化、制度化，于2009年出台《宾川县80周岁以上老年人高龄和长寿补助发放方案》，2010年6月11日又出台《宾川县80周岁以上老人高龄津贴发放管理办法》，使高龄(长寿)津补贴发放步入制度化管理轨道。

【巍山县老龄办组织开展为老年人免费照相活动】 为进一步弘扬中华民族尊老、敬老、爱老、助老的传统美德，切实为老年人做好事、实事，巍山县老龄办，认真组织专业人员，开展为老年人免费照相活动。活动于2009年11月开始进行，到2010年6月，为近1万名老年人免费照相。这次活动的内容是：①为60岁以上老人免费照相，赠送5份标准像8张。②向90岁以上老人和革命伤残军人免费赠送12寸相片1张。③向百岁老人免费赠送16寸相片1张。

【大学生深入剑川开展老年人维权宣传活动】 目前，农村人口老龄化日益突出。为了保障农村老年人的合法权益，加深老年人对有关法律法规的了解，不断提高自我保护意识，用法律武器维护自身权益。2010年7～11日，由云南大理学院政法与经济管理学院法律系组织，大理州"真情助老，爱撒金晖"维护老年人合法权益35名大学生暑期法制宣传团，深入剑川开展宣传。

【洱源、祥云两县开展城乡老年人口状况追踪调查】 根据全国老龄委的安排，2000年洱源县和祥云县被确定为全国城乡老年人口状况抽样调查县。2010年10月25日～12月20日，两县按照全国和省的安排，继续开展了城乡老年人口状况追踪调查。整个调查分为宣传培训、调查摸底、入户调查三个阶段。调查标准时间为2010年12月1日零时，调查对象为2006年被调查过的城乡老年人(失访替补调查样本截止到调查时点年满60周岁以上老年人)。

(张元祥)

(责任编校：刘丹霞)

县市要览

大理市

【自然概貌】 大理市位于大理白族自治州中部，地跨东经99°58′～100°27′，北纬25°25′～25°28′之间，地处金沙江、元江和澜沧江三大水系分水岭地段。境内地形复杂，高山、湖泊、河流、丘陵、盆地相间分布，东有玉案山、南有哀牢山、西有点苍山，三山环状相连，中间则有洱海断陷盆地及西高东低的狭长缓坡区。苍山洱海相对高差2000米以上，平坝海拔在2000米左右，全市地处低纬高原型气候带。

【行政区划】 2010年，全市下辖10镇1乡及大理经济开发区、旅游度假区；乡镇下设111个村民委员会、30个社区居民委员会。

【人　口】 2010年末，全市总户数191480户，总人口607478人。其中非农业人口225905人；男301779人，女305699人。全年平均人口611603人，年内出生人口4565人，死亡人口3144人，人口自然增长率2.32‰。

【国土资源】 2010年，全市总面积1815平方千米，其中山地面积1278.8平方千米，占总面积的70.5%；坝区面积286.2平方千米，占总面积的15.8%；洱海水域面积250平方千米，占总面积的13.7%；耕地面积24135.4公顷，基本农田11976.19公顷，园地2695.53公顷；林地88778.93公顷，草地13273.24公顷，工矿、交通用地3652.46公顷，未利用土地5841.32公顷。全市土地利用率为97%。2010年，全市(含"两区")共上报省国土资源厅农用地转征收6个批次，面积205.91公顷，单独选址项目5个，面积97.56公顷，合计上报面积303.47公顷，保障了昆明东道饲料有限公司挖色镇年产18万吨项目、大理市烟草公司挖色烟站仓库改扩建、喜洲古镇保护和开发用地、大理技师学院、大理州劳教所艾滋病隔离区、凤仪工业物流片区开发建设等重点项目用地需求。严格执行经营性用地招标拍卖挂牌出让制度和工业用地严格按照招拍挂出让最低价标准。全市(含"两区")共供应土地68宗，面积455.85公顷。在供地455.85公顷中有123.73公顷属盘活存量土地。依据总规及土地利用年度计划严格审查，全年通过初审项目6个，总面积约79.29公顷(其中农用地75.65公顷，农用地中含耕地15.66公顷)。其中单独选址项目5项，面积62.60公顷，批次用地项目1批，面积16.69公顷。全年共收储土地9宗，收回、收购土地11.17公顷，共支出土地收储成本6162.5万元。

【经济综述】 2010年，全市地区生产总值完成179.68亿元，同比增长12%；财政总收入完成22.23亿元，同比增长15.82%，其中地方一般预算收入完成14.21亿元，同比增长15.7%；工业总产值完成200亿元，同比增长17.63%；固定资产投资完成107.16亿元，同比增长30.16%；城镇居民人均可支配收入达15801元，同比增长11.43%；农民人均纯收入达5407元，同比增长10.98%；单位GDP能耗下降3.94%。

【劳动和社会保障】 2010年，大理市围绕"安民生、保发展、促和谐"这一主线，积极促进就业再就业，不断完善社会保障体系，推动劳动关系和谐发展，全市劳动和社会保障事业实现又好又快发展。审核发放2009年度灵活就业人员社保补贴9754人次、973.66万元；2010年度灵活就业人员社保补贴9132人次、1054.95万元；审核发放鼓励创业"贷免扶补"小额贷款61户299万元；审核发放小额担保贷款27户128万元；为42户困难企业发放社保补贴460.89万元，稳定就业岗位2845个。2010年，开发公益性岗位1794个，支付公益性岗位补贴687.32万元，帮助"零就业家庭"等就业困难人员实现就业1794人，并保持"零就业家庭"动态清零；建立9个高校毕业生就业见习示范基地，安排大学生就业见习210人，拨付见习生活补贴28.34万元；面向下岗失业人员、农民工、大学生，举办大型专场招聘会4次，提供就业岗位3758个，达成意向性就业协议2713人。年内，共开展农村劳动力转移培训10293人，累计转移农村富余劳动力6605人；开展就业前培训920人、再就业培训606人、农民工在岗培训88人、农民工转岗培训5100人、机关事业单位工人技术等级培训98人；全市参加养老保险企业980户、80587人(其中企业在职职工34169人，个体工商户及自谋职业人员22469人，离退休人员23949人)；全市企业退休人员月平均养老金为1153.63元。2010年，收缴基本养老保险金25873万元，支付企业离退休人员基本养老金32876万元；审批退休1147人，认定参工时间和出生年月84人，审核上报特殊工种436人，组织劳动能力鉴定164人。市辖区内城镇职工基本医疗保险参保单位987户、参保职工99120人(其中单位在职职工51634人、在职个体11780人、退休35706人)；全市城镇居民基本医疗保险参保人数79823人(其中成年人39233人，未成年人27473人，大学生13117人)。2010年，征收城镇职工基本医疗保险金16907.7万元(其中统筹基金8804.1万元，个人账户基金8103.6万元)，支出城镇职工基本医疗保险费16750.7万元(其中住院医疗费统筹基金支出10295.7万元，个人账户支出6455万元)；征收2010年度城镇居民基本医疗保险基金1783.1万元，报销城镇居民基本医疗保险费14644人次1987.4万元；报销特殊人员门诊医疗费3658人次208.5万元，报销特殊人员住院医疗费676.5万元；办理特殊慢性病审核、认定3281人，办理转诊转院391人，审核上报工伤215人；全市失业保险参保单位940户、参保人数50029人；征收失业保险金1706.53万元，累计发放失业救济金826.66万元；全市工伤保险参保单位950户、参保职工38742人；全市生育保险参保单位947户、参保职工34040人。收缴工伤保险金760万元，发生工伤事故229件、236人次，支付工伤保险金253万元；收缴生育保险金495万元，发生女职工生育639例，支付生育保险金373万元。2010年，全市农村养老保险参保人数达4256人，累计收缴农保金110.81万元，领取养老金人数313人，累计发放养老金23.47万元；对318户企业进行了劳动执法年审；对全市842家用工单位、35319名劳动者，依法进行了劳动用工登记；对166户企业的集体合同及工资集体协议进行了备案审查，涉及职工11224人；对7户国有及国有控股企业进行了工资总额备案审查；受理劳动争议仲裁案件30件，群众投诉、举报、来信688件，接待来访2203人次，依法为482名劳动者追回工资、保证金、抵押金165.92万元。

【工　业】　2010年，全市辖区内工业企业累计完成总产值200亿元，同比增长17.63%。其中：市属工业完成139.35亿元，同比增长17.8%。其中：中央、省、州属7户完成总产值60.65亿元，同比增长17.22%，市属规模企业60户完成总产值95.66亿元，同比增长19.1%。辖区内工业企业累计实现销售收入169.01亿元，同比增长14.6%。其中：市属工业企业实现销售收入111.82亿元，同比增长14.62%。规模工业企业实现销售收入151.65亿元，同比增长18.79%。其中：中央、省、州属企业实现销售收入57.2亿元，同比增长14.55%；市属规模企业实现销售收入94.45亿元，同比增长21.53%。辖区内工业企业累计完成税金（销售税金及附加，应交增值税之和）总额28.1亿元，同比增长14.25%。其中：市属工业企业完成税金总额3.95亿元，同比增长22.2%。规模工业企业上缴税金27.07亿元，同比增长12.91%。其中：中央、省、州属企业上缴税金24.15亿元，同比增长13.04%；市属规模工业企业上缴税金2.92亿元，同比增长11.45%。辖区内工业企业实现利润总额10.55亿元，同比增长15.11%。其中，市属工业企业实现利润7.31亿元，同比增长40.16%。规模工业企业实现利润总额9.15亿元，同比增长8.51%。其中：中央、省、州属企业实现利润总额3.24亿元，同比下降17.96%；市属规模工业企业实现利润总额5.91亿元，同比增长31.92%。完成工业总产值200.00亿元。实现工业增加值75.00亿元。规模以上工业实现增加值66.00亿元。规模以上工业实现主营业务收入151.65亿元。

2010年，规模以上工业实现上缴税金27.07亿元，规模以上工业实现利润总额9.15亿元。完成工业固定资产投资（含电力）16.16亿元。企业68户中：盈利企业52户，同比盈利户数减少1户，盈利总额9.79亿元，同比增加5.22%；亏损企业16户，亏损面23.53%，同比亏损企业户数增加1户，亏损总额0.65亿元，比上年同期减亏0.23万元，盈亏相抵后盈利9.15亿元，同比增长8.51%。2010年，重点骨干企业快速发展，大啤公司、东亚乳业、力帆骏马、来思尔乳业、大理娃哈哈食品、大理药业、清逸堂纸业7户企业，累计实现工业总产值72.15亿元，同比增长19.87%，占市属工业总产值139.35亿元的51.78%；实现销售收入69.28亿元，同比增长20.32%；上缴税金1.54亿元，同比下降8.88%；实现利润4.16亿元，同比增长1.22%。特色支柱产业运行良好，汽车机械、食品饮料、建材水泥三大特色支柱产业增势强劲。以力帆骏马为龙头的8户机械工业企业，完成工业总产值53.61亿元，同比增长19.24%；实现销售收入50.78亿元，同比增长18.87%；上缴税金0.17亿元，同比下降59.57%；实现利润1.06亿元，同比增长45.21%。以大啤公司、东亚乳业、来思尔乳业、大理娃哈哈食品为骨干的15户食品饮料工业企业，完成工业总产值16.93亿元，同比增长19.14%；实现销售收入16.96亿元，同比增长17.21%；上缴税金1.03亿元，同比增长5.1%；实现利润1.71亿元，同比下降19.34%。以滇西水泥、大理水泥、红山水泥为龙头的6户建材工业企业，完成工业总产值13.45亿元，同比增长25.82%；销售收入13.65亿元，同比增长25.11%；上缴税金1.07亿元，同比下降6.14%；实现利润0.79亿元，同比增长132.35%。规模工业企业发展加快，全市规模以上工业企业产值上亿元的有17户，企业销售收入上亿元的有17户，上缴税金上千万元的有14户，实现利润上千万元的有17户。规模以上工业企业产值、销售收入、税金、利润占辖区工业企业的比重分别达78.16%、89.72%、96.35%、86.68%；累计实现增加值71.54亿元，同比增长23.6%，占辖区工业企业增加值的比重达38.07%。2010年，建成投产工业项目有10项，分别是云南力帆骏马车辆有限公司载货汽车、拖拉机产品零部件制造建设项目；大理美环建筑设备经营有限责任公司附着式升降脚手架生产建设项目；云南大理东亚乳业有限公司特珍生物乳品（鲜花、谷物系列）开发项目；云南清逸堂实业有限公司技术中心新产品研发中试车间建设项目；云南恒力塑业贸易有限公司塑编包装袋生产项目；大理长江成套电器设备有限责任公司大理电力装备产品生产项目；水电十四局聚能公司大理风电场二期项目；云南力帆骏马车辆有限公司导热油循环供热技术改造项目；大理恒丰印铁制盖有限责任公司异地搬迁技改扩建项目；大理华成纸业有限公司A级瓦楞原纸技改项目。2010年全市GDP能耗下降3.94%，淘汰落后生产能力水泥熟料32万吨。

【非公有制经济】　2010年12月，全市共有私营企业2642户，分支机构614个，投资人数5284人，雇工人数52175人，注册资金达48.82亿元。其中，农、林、牧、渔业70户，分支机构3个，投资人数163人，雇工人数1106人，注册资金1.87亿元；采矿业13户，分支机构1个，投资人数47人，雇工人数130人，注册资金1107.00万元；制造业279户，分支机构40个，投资人数619人，雇工人数16499人，注册资金6.02亿元；电力、燃气及水的生产和供应业9户，分支机构2个，投资人数68人，雇工人数95人，注册资金930万元；建筑业168户，分支机构31个，投资人数512人，雇工人数9964人，注册资金9.11亿元；交通运输、仓储和邮政业132户，分支机构32个，投资人数243人，雇工人数1822人，注册资金1.48亿元；信息传输、计算机服务和软件业196户，分支机构8个，投资人数243人，雇工人数861人，注册资金3893.00万元；批发和零售业967户，分支机构351个，投资人数1563人，雇工人数9517人，注册资金9.41亿元；住宿和餐饮业122户，分支机构29个，投资人数155人，雇工人数2594人，注册资金1.99亿元；金融业3户，分支机构1个，投资人数6人，雇工人数18人，注册资金1290.00万元；房地产业181户，分支机构20个，投资人数563人，雇工人数3086人，注册资金1.37亿元；租赁和商务服务业317户，分支机构60个，投资人数703人，雇工人数3380人，注册资金2.98亿元；广告业100户，分支机构13个，投资人数194人，雇工人数759人，注册资金2010.00万元；科学研究、技术服务和地质勘查业28户，分支机构11个,投资人数66人,雇工人数422人,注册资金2319.00万元;水利、环境和公共设施管理业35户,分支机构5个,投资人数92人,雇工人数352人,注册资金3713.00万元;居民服务和其他服务业76户,分支机构14个,投资人数135人,雇工人数1263人,注册资金3936.00万元;教育业8户,分支机构3个,投资人数34人,雇工人数97人,注册资金166.00万元;卫生、社会保障和社会福利业9户,分支机构1个,投资人数13人,雇工人数321人,注册资金1507.00万元;文化、体育和娱乐业29户,分支机构3个,投资人数59人,雇工人数628人,注册资金4000.00万元。

【旅　游】　2010年,全市共接待海内外旅游者590万人次,同比增长5%,其中,接待海外旅游者30.81万人次,同比增长10%,实现旅游社会总收入46.21亿元(旅游外汇总收入9522.05万美元,国内旅游收入39.33亿元),同比增长10%,旅游经济实现持续、快速、健康发展。2010年,继续加强旅游基础设施建设,旅游接待能力有了显著提高,全市有旅游星级饭店69家:其中五星级饭店2家,四星级5家,三星级22家,二星级40家;全市共有旅游商店8家,旅行社20家,A级旅游景区7处;南诏风情岛、崇圣寺三塔文化旅游区为国家4A级旅游景区(点);蝴蝶泉公园、天龙八部影视城为国家3A级旅游景区(点);洱海公园、天镜阁景区、上关花景区和南国城为国家2A级旅游景区(点)。崇圣寺三塔文化旅游区整个5A级创建工作顺利通过省旅游局的初评,已报至国家旅游局待(终)评;张家花园待评国家3级A旅游景区;玉几岛待评国家2A级旅游景区。大理古城提升改造项目预算总投资6亿元,已累计投资2亿元,其中,2010年1~11月投资7050万元。省城投公司的"武庙会"项目建设已完工。文献楼营造工程已于2010年8月19日正式投入使用。苍山大索道建设项目预算投资3.32亿元,已完成投资2.33亿元。2010年,大理市乡村旅游休闲农业目前园区总数为26个,现代农业科技园2个,农业观光采摘园4个,专业村4个,农家乐550个,资产总额4.5亿元,固定资产投资2.5亿元,年营业收入4.2亿元,实现利润8500万元,上缴税金2500万元;农产品销售收入6500万元,从业人员5000人,农民就业人数4000人,带动农户数7000户,带动农民人数3万人;实现年接待人数840万人次,人均消费500元。2010年春节黄金周期间(2月13日~2月19日),全市共接待海内外旅游者24.75万人次,同比增长3.13%,其中过夜游客14.91万人次,一日游游客9.84万人次;实现旅游总收入达1.25亿元,同比增长2.46%;平均住房率为70.23%。2010年中秋节期间(即9月22日~9月24日),全市共接待海内外旅游者5.98万人次,实现旅游总收入达2468万元。"十一"黄金周期间(即10月1日~10月7日),全市共接待海内外旅游者23.55万人次,同比增长2.2%,其中过夜游客16.96万人次,一日游游客6.59万人次,实现旅游总收入达1.2亿元,同比增长9.09%;平均住房率为79.99%。年内主要旅游节假日全市旅游业发展实现"安全、有序、质量、效益"四统一的目标,取得显著的经济和社会效益。

【农　业】　2010年,全市完成农作物总播种面积28928公顷,比上年增加11918公顷,其中粮食播种21282公顷,比上年增1072公顷;粮食平均单产达484千克,与上年持平;总产粮食154570吨,比上年增7827吨。2010年,在全市推广测土配方施肥技术24686公顷,推广配方肥1000多吨,示范推广水稻施用精制有机肥200公顷,推广精制有机肥700多吨,开展技术培训807场次,培训人数91178人次,发放科技资料68950份,发放配方施肥建议卡及挂图139052份;实施稻田养鱼200公顷,涉及农户1638户,其中:银桥镇核心区46公顷,涉及农户310户,各乡镇示范154.5公顷,涉及农户1328户,现已投入项目资金472万元;经测产和环境分析,全市200公顷稻田养鱼共增产56047.92千克,增产鱼88339.44千克,折合经济收益使农户每亩增收810.7元。全市完成无公害农产品生产基地认证8828.67公顷。根据国务院关于农业科技推广体系改革的文件精神,大理市2009年实施了农业科技推广体系的改革,理顺了以市为主的管理体制,完善了相关的制度。2009年争取到农业科技推广体系改革与建设示范县项目,该项目主要以2010年大春为主要实施周期,以水稻、玉米、蔬菜和奶牛4个产业作为主导产业,建设10个试验示范基地。全市范围内遴选4个主导产业的100名科技指导员每位指导员挂钩指导10户科技示范户,共1000户科技示范户,每个示范户辐射带动20户农户,全市共辐射带动2万个农户。2010年,全市共培训农村劳动力10293人,新增转移就业6605人。2010年,中央财政农业机械购置补贴大理市共实施两批,补贴资金总额560万元,共补贴农户4434户,补贴农机具4761台,包括10大类、53种品牌;其中:动力机械(大中型、小型拖拉机)139台,畜牧水产养殖机械356台,耕整地机械745台,排灌机械1520台,收获后处理机械197台,田间管理机械1783台,其他机械21台;完成补贴资金559.977万元。2010年全市村级公益事业建设"一事一议"财政奖补项目106个,由106个自然村组织实施。其中:村内道路建设项目77个、建设村内水泥路面53.11千米,其他路面12.72千米;人畜饮水项目8个、架设村内饮水安全管线39.05千米;文化娱乐活动场所项目17个、公共活动场所6729.72平方米;环卫设施建设项目1个、小型农田水利建设项目4个、小型农田水利工程修建小型灌溉渠6.37千米;堰塘水窖103立方米;机电井2眼。通过项目的实施,农村受益人口89198人,受益农户数21763户,自然村覆盖率达21.15%,农村受益人口达农村总人口的22.29%。106个项目投资总额4643.49万元,其中:财政奖补资金1546.90万元,村民筹资230.10万元,村集体投入1027.10万元,村民捐资和社会捐赠36.35万元,投工折资1053.85万元,其他财政资金749.19万元。2010年在落实惠农政策中,采用"一折(卡)通"的方式,共发放涉农补贴资金1832.02万元。

【畜牧业】　2010年,大理市生猪存栏24.81万头,出栏61.02万头,猪肉产量5.5万吨;肉羊出栏1.16万只,家禽存栏255.8万羽,出栏475.3万羽,肉类总产量完成7.13万吨,同比增长5.63%;奶牛存栏达3.42万头,同比增长2.09%,奶类产量完成16.5万吨,同比增长8.75%;禽蛋产量达1.24万吨,同比增长9.73%,畜牧业产值达13.24亿元。年内,东海生态牧场、金泰养殖有限公司、峰松奶牛场列入奶牛标准化规模养殖场改扩建项目实施,总投资569.7万元,项目实际投资592.15万元。改造牛舍3600㎡,新建牛舍1640㎡,产房1000㎡;建设供水管道5500米,蓄水池150立方米;购置移动式挤奶机8台、直冷式奶罐2台;安装鱼骨式挤奶机2套,完善场区内消毒防疫设施。生猪存栏243500头,其中能繁母猪30200头,出栏60万头;完成投保能繁母猪26449头,兑现死亡补助能繁母猪10.786万元。全年开展猪瘟免疫395006头次,免疫密度为95.4%；开展猪口蹄疫免疫561325头次，免疫密度为93.9%；开展猪高致病性蓝耳病免疫320675头次，免疫密度为89.7%；牛口蹄疫免疫112255头次，免疫密度为93.67%；羊口蹄疫免疫16349头次，免疫密度为98.7%。开展高致病性禽流感免疫3745823羽，免疫密度为98.76%；开展新城疫免疫3559316羽，免疫密度为95.7%。全年免疫反应猪4162头、牛943头、羊12只；免疫反应死亡猪595头，牛28头，羊10只；开展狂犬病免疫6046只次，发放犬免通告2000余份。全年共完成奶牛结核病检疫6712头、布置病情检疫2790头（不包含东海生态牧场1~7月3次监测790头次），检出结核病阳性病牛16头、布置病情40头，对阳性病牛严格按技术规范进行扑杀净化，保障了乳畜业的安全健康发展及食品安全工作。口蹄疫免疫抗体水平监测共520头，鸡免疫抗体监测271羽，高致病性猪蓝耳病监测脾肺脏采集2次共30头，禽流感病源学监测喉气管采集3次共75羽。共检查家畜13805头，检出阳性8头，阳性率为0.057%，治疗和扩大化疗家畜11590头。

【水　利】2010年，全市共完成水利工程项目145件。其中：机电排灌5件，机电井1口，人畜饮水22件，河道治理20件，砌筑河堤1.34千米，加高加固堤防19.42千米，疏浚河道68.2千米，渠道39件，清淤渠道19.66千米，修建田间机耕路17条，其他工程41件，累计投入劳动积累工315.58万个工日，累计投入资金6482.35万元，其中：中央投入3039万元，省投入1612.15万元，州投入127.5万元，市投入1100万元，乡镇投入242.3万元，自筹298.3万元，其他63万元。累计完成工程量242.02万立方米。通过去冬今春农田水利基本建设，新增有效灌溉面积60公顷，新增节水能力4650万立方米，新增节水灌溉面积433公顷，改善灌溉面积1127公顷，新增旱涝保收面积6.67公顷，改造中低产田53公顷，治理水土流失面积18平方千米，修复水毁工程74处，新建小水池、窖341个，改善了3.29万人、0.3万头大牲畜的饮水条件。

【文　化】2010年，大理市文化事业以科学发展观为统领，紧扣科学发展、和谐发展、又好又快发展这一主题，紧紧围绕“抓文化基础设施建设，构建公共文化服务体系；抓群众文化活动开展，丰富城乡群众文化生活；抓民族文化继承和弘扬，促进文化旅游产业发展；推动全市文化事业发展繁荣”的目标任务扎实开展工作，有力推进了全市文化事业的快速发展和全面繁荣。在元旦春节和三月街民族节期间，组织了系列文化活动，在营造欢乐祥和的文化氛围的同时，极大地丰富和活跃了群众节日文化生活；第三次全国文物普查田野调查阶段工作顺利通过省州文化部门验收，组建成立大理市文化遗产局，成立大理市非物质文化遗产保护管理所，进一步理顺和完善了大理市文化遗产保护管理机构。全面完成了首批72家文化信息资源共享工程村级和社区服务网点的建设，为文化信息资源共享工程村级基层服务网点在“文化乐民、文化育民、文化富民”中发挥作用奠定基础。启动了下关文庙恢复重建工程，实施了湾桥古生戏台、大石庵（观音塘）签亭、圣源寺观音阁、南北厢房，金镑寺漂来阁等各级重点文物保护单位的保护维护工程，使全市文物得到有效保护。大理市图书馆被命名为国家二级图书馆，大理文化馆被命名为国家一级文化馆，大理市博物馆被评定为国家三级博物馆，先后建成了功能、设施齐全的11个乡镇文化站、56个农家书屋、11个农民文化大院，111家村级文化室、31家社区文化活动中心，在全市建成了“三馆一站一室一屋一院”的城乡公共文化服务体系。推荐公布了大理白族唢呐、大理面塑等第三批市级非物质文化遗产保护项目16项和赵彩庭、杨惠梅等代表性传承人16名。由大理市文化局、大理州群众艺术馆创作指导，大理市文化馆排练上演的小白剧《白曲声声》轻喜剧，于2010年1月晋京参加了“大地情深”全国城乡基层群众小戏小品展演暨“群星奖”复赛，并成功入围复赛；5月，赴广州参加了复赛，成功夺得第十五届群星奖。下关沱茶制作技艺被公布为国家级非物质文化遗产保护名录，积极开展了第四批省级非物质文化遗产项目代表性传承人的推荐申报，经过州文化局的筛选推荐，全市共推荐申报了何善禄、赵彩庭、李丽等13名省级非物质文化遗产传承人；龙尾街申报中国历史文化名街工作已启动。为净化文化市场，2010年组织开展“扫黄打非”专项行动，全年共出动执法人员2462人次，检查出版物市场929户、印刷复印业527户，共收缴非法出版物15582盘（册），其中非法音像制品8515盘、非法书刊6553册，取缔非法摊点74个，办理行政处罚案件27件，罚款14300元。

【教　育】2009~2010学年，大理市辖区内共有各级各类学校279校。其中：省属本科院校1所，州属学校13所（中专4所，技校1所，高级中学3所，职业高中1所，特殊教育学校1所，初级中学1所，完全小学1所，幼儿园1所）；市属学校169所（高级中学5所，完全中学2所，教师进修学校1所，中等职业学校1所，初中23所，九年制学校1所，完全小学132所，幼儿园4所）；社会力量办学单位96个（高级中学2所，职业中学1所，九年制学校1所，完全小学1所、幼儿园57所，培训单位34个）。辖区内在校中小学幼儿学生105549人，其中：普通高中在校生302班15623人；职业高中在校生81班3521人；初中在校生429班22955人；小学在校生1358班47605人；幼儿园学生14761人；特殊学校在校生473人。辖区内基础教育阶段学校及单位在册教职工6739人（含社会力量办学单位、不含中小学代课教师和临时工），其中小学2429人，普通中学教职工2825人，幼儿教职工1094人，特殊教职工60人，中等职业学校教职工245人，其他86人。小学、初中、高中专任教师学历达标率分别达98.61%、99.62%、98.01%。2009~2010学年统计，小学适龄儿童入学率达到100%，初中毛入学率达到115.3%，年巩固率分别达到99.68%和99.9%，初中毕业生升学率达到85%。全市小学生均校舍面积5.91平方米，生均图书12.81册，教学仪器配备率达100%、实验教学普及合格率99.25%；全市中学生均校舍面积6.67平方米，教学仪器配备率达95.8%，初中生均图书14.30册；高中生均图书33.32册，实验教学普及合格学校22所，占总校数的91.67%。2010年，全市财政性教育总投入3.74亿元，同比增长15.43%；农村义务教育补助公用经费1639.59万元，受益学生45896人；城市义务教育免杂费补助经费325.12万元；全市享受家庭经济困难寄宿生生活费补助的人数6363人，补助经费455.825万元。2010年春秋二季，共发放义务教育阶段免费教科书140235套，享受免费教科书金额达666.87万元。积极开展爱心助学活动，资助经费达89.1万元，让187名新录取的贫困大学生“圆梦大学”。认真组织实施生源地信用助学贷款工作，顺利完成687人的助学贷款工作，助学经费达386.88万元。2010年，全市有5222人参加高考，上线率97.9%，本科率71.59%，600分以上92人，占80%。上线率、本科率、高分率连续七年蝉联大理州第一名。下关一中、大理一中、州民中、大理新世纪中学、大理二中、黄冈实验中学等学校高考上线率均达100%。

【卫　生】 2010年,全市共有各类医疗卫生机构511家,其中:市级医疗卫生机构8家,乡镇卫生院9家,民营医院15家,个体诊所280家,个体卫生室77家,标准化村卫生室108家,社区卫生服务中心7家,社区卫生服务站7家,共设有病床1429张。全市卫生系统共有职工1968人,其中在职人员1316人,离退休人员652人。在职各类专业技术人员1140人。其中:具有高级职称100人,中级职称308人,初级职称732人。年内,大理市中医院通过招标确定了设计单位;市第二人民医院改扩建二期(外科大楼)改造项目已经完成,于2010年7月投入使用。市第一人民医院住院楼建设项目和挖色中心卫生院业务用房建设项目进展顺利,分别于2010年底和2010年11月底完工并投入使用。2010年,共审批新设置医疗机构21家,完成《医疗机构执业许可证》换发及年度效验124家;取缔黑诊所79家,查处游医、假医8家,限期整改8家,停业整顿1家;培养学科带头人1人,业务骨干13人。全年总诊疗776725人次,入院48654人,出院47909人,其中治愈36292人,好转9443人,死亡60人;住院病人手术10420人次;住院危重病人抢救1934人次,其中抢救成功人次数1879人次,抢救成功率97.2%;总收入3.10亿元,其中:医疗收入1.22亿元,占总收入的39.23%,药品收入9364.69万元,占总收入的30.14%;固定资产总值2.52亿元。2010年,全市376768人参加新型农村合作医疗,参合率达98.55%;门诊就诊841155人次,发生医疗费用2347.50万元,报销768.02万元;住院就诊36922人次,发生医疗费用12560.76万元,报销5276.72万元,基金共计支出6044.74万元,资金使用率为114.6%。全市共报告法定传染病19种,2109例,死亡91例(均为艾滋病)。发病率为343.63 /10万,死亡率为14.83 /10万,病死率为4.31%。2010年,共办理食品卫生许可证2783户,其中新办证1232户,审验1470户。

【领导名录】 2010年末,中共大理市委书记段玠、副书记马忠华、杨复兴;市委常委薛伟民、段直霞、杨晓、阿泽新、刘琼芬(女)、黑尚锋、师尚琨、莫育岗;市人大常委会主任、党组书记李国源,副主任刘斌、潘鸣林、张晋芬(女);市人民政府市长马忠华,副市长阿泽新、刘琼芬(女)、李彪、陈东发、杨永福;政协大理市委员会主席、党组书记杨跃光,副主席钟益民、贾劬(女)、王健丽(女)、闫文玲(女);市纪委书记薛伟民。

【大理市三级干部大会召开】 1月7日,大理市召开2010年三级干部大会。会议以科学发展观为统领,认真学习贯彻党的十七大、十七届三中、四中全会、中央经济工作会议、中央农村工作会议和市委七届六次全委会精神,总结2009年工作,部署2010年工作,安排加强农村基层组织建设和党风廉政建设任务,表彰奖励先进,动员全市各级党组织和广大干部群众,立足新起点,再铸新辉煌,为实现全市经济社会又好又快发展作出新的贡献。州委常委、市委书记段玠在会上作重要讲话。市委常委、常务副市长阿泽新主持会议。市委副书记杨晓源宣读市委、市政府关于兑现2009年度经济社会发展重点工作及重大项目专项经费的决定,市委、市政府关于兑现2009年度村(居)干部工作实绩评价考核报酬补助的决定。市委常委、市纪委书记杨瑜就全力推进新农村基层党风廉政建设工作作安排部署。市委常委、市委组织部部长师尚琨就进一步做好全市基层党建工作作安排部署。会议对一批先进单位和先进个人进行表彰奖励。

【中国红十字会调研组到大理市调研】 1月10日,中国红十字会党组书记、常务副会长王伟等领导组成的调研组一行在省、州、市相关领导陪同下,对大理市红十字服务进社区工作进行调研。为了充分发挥红十字服务进社区的服务功能,经过积极争取,大理市被列入创建云南省社区红十字服务示范(区)的3个城市之一。市委、市政府高度重视此项工作,及时成立创建领导小组,制定切实可行的实施方案;大理经济开发区、下关镇、大理镇成立基层红十字会组织,在全市31个社区成立红十字服务站,全面开展红十字会服务进社区工作。大理市已有理事成员单位75个,红十字基层组织34个,团体会员22个,个人会员2.5万人。当天,调研组深入下关镇正阳社区、大理镇玉洱社区详细了解社区红十字服务工作情况。通过听取工作汇报,走进健身室、文化活动室、老年公寓了解社区服务设施,观看群众文艺表演和卫生救护培训,查看展板、资料,调研组高度肯定了大理市社区红十字服务工作,认为大理市红十字服务进社区工作有声有色,成效显著,亮点频出,充分发挥了政府在人道救助领域的助手作用。

【市供销社受全国供销合作总社表彰】 4月,市供销社被中华全国供销总社表彰为“2009年度全国供销合作社农民实用技能鉴定和农产品经纪人星火科技培训工作突出贡献单位”,这是全国受表彰单位中唯一的县级社。工作中,市供销社广大干部职工,坚持为农服务宗旨,采取有力措施,按照州供销社年初下达的培训任务,立足于“培养领头雁、建设新农村”的工作思路,狠抓乡村流通工程人才队伍建设,大力开展以农产品经纪人培训为主的乡村流通工程人才培训,加大职业鉴定力度,创新培训方式、拓宽培训范围,培训工作不断深化。2009年,市供销社共兴办农产品经纪人培训班12期,投入经费18.47万元,培训农产品经纪人1041人;开展农村实用技术、《农民专业合作社法》培训13期,培训农民1101人次;全年累计完成各类农民培训3243人次。许多受过培训的农民和农产品经纪人已经成为当地农村合作经济组织的领办、创办人和农村致富的带头人,为促进当地农业局增效、农民增收做出了积极贡献。

【上海市长宁区“双拥”工作考察团到大理市考察】 4月11日,上海市长宁区“双拥”工作考察团一行到大理市考察“双拥”工作。考察团对大理市“双拥”工作、民兵训练基地建设、民兵队伍建设等进行考察。大理市常驻民兵应急分队为考察团一行汇报表演了抢险救灾、维稳处突、森林灭火等,双方还就“双拥”工作进行了交流座谈。多年来,大理市高度重视“双拥”工作,以人为本、情系官兵、打造精品,不断推进“双拥”工作的创新和发展。“双拥”工作实现组织领导机构建设、宣传教育、建章立制、优抚安置、拥军优属、军民共建“六个新突破”,谱写出“双拥”工作的新篇章。大理市驻军把驻地当故乡,围绕市委、市政府中心工作,情注大理,心连人民,以饱满的热情投身大理市经济社会建设,深入开展拥政爱民工作,促进军地和谐发展,增强军政军民团结,拥政爱民创造新业绩。军爱民,民拥军,大理市“双拥”工作取得了可喜的成绩,1997年以来已连续4次荣获“全国双拥模范城”荣誉称号,连续7次蝉联“全省双拥模范城”。

【大理市荣获"实施农民体育健身工程先进县(市)"称号】 4月,大理市被国家体育总局表彰为"实施农民体育健身工程先进县(市)"。在贯彻落实《全民健身计划纲要》工作中,大理市采取政府主导、体育部门强力推进的措施,狠抓农村体育健身工程建设,使党的惠民政策在群众享受体育健身活动中得到最充分的体现。多种途径建设体育健身场地,不仅为广大群众搭建了广阔的运动健身平台,而且为社会主义新农村建设增添了新的景观。

【大理市被评为国际文化休闲旅游魅力城市】 4月,在上海举行的"迎世博·2010中国文化旅游主题年高峰论坛"上,大理市被评为国际文化教育休闲旅游魅力城市。论坛由世界华侨华人社团联合总会、中华文化促进会旅游文化研究中心、国际休闲经济促进会共同主办,100余位国内外旅游界专家、学者和政府官员及海外华侨华人代表参加了此次论坛。论坛期间,大理市被评为国际文化休闲旅游魅力城市,其他获此殊荣的城市还有浙江舟山市、广东增城市。

【大理镇五华社区被评为全国创建学习型家庭示范社区】 2010年,大理镇五华社区被全国妇联、民政部、环境保护部、文化部、国家广电总局评为全国创建学习型家庭示范社区。近年来,大理镇五华社区围绕党委、政府中心工作,以和谐家庭创建为载体,以促进家庭美德建设为主要内容,立足社区和家庭,积极组织开展丰富多彩、适合不同年龄层次家庭成员多元化需要的读书、学习活动,提高广大家庭及家庭成员的学习能力和综合素质,引导社区家庭学知识、用知识,树立终身学习理念。通过活动开展,有力地调动了社区居民崇尚学习、参与学习的积极性和自觉性,促进社区创建学习型家庭活动深入开展,为推动学习型社会建设贡献力量。

【喜洲村入选中国十大古村】 10月,在江苏省华西村举行的第十届全国村长论坛上公布了中国十大古村,大理市喜洲村以其深厚的历史文化和别具一格的民居建筑等条件优势入选。这是云南省唯一入选的古村落。此次评选活动由中国村社发展促进会特色村工作委员会、世界文化地理研究地标研究中心、亚太农村社区发展促进会、亚太环境保护协会APEPA共同举办。据了解,十大古村落是从全国各地上报参评的100多个古村落中评选出来的,评选标准由历史价值、生态优良、村落特色、景观美学、宜居宜业、保护利用、美誉影响、原貌保存度、现状规模、评价指标等7个一级指标和28个二级指标组成。喜洲村作为祖国西南边陲一座两千多年的白族古村落,中国白族文化的发祥地之一,不仅是内地汉族与西南各民族文化连接的纽带,也是中国多元化相互融合的一个典范。近年来,喜洲村因坚持政府主导、整体保护与开发,通过科学有序的保护利用,探索出了一套村民与村落和谐共存、旅游发展与乡土建筑保护相互促进的发展模式,从而跻身中国十大古村。

【华中师范大学大理研究院落户大理】 11月25日,由华中师范大学、大理学院、大理市政府联合共建的华中师范大学大理研究院揭牌仪式在大理学院举行。华中师范大学与大理有着悠久的历史渊源,其前身华中大学在抗战期间西迁到大理市喜洲镇,在喜洲镇8年的办学中,华中师范大学与大理人民结下了深厚友谊,开创了大理高等教育的先河。基于特殊的历史渊源和珍贵的传统友谊,同时为了更好的贯彻落实教育部"对口支援西部地区高等学校计划",推动大理乃至滇西地区的教育发展和文化进步,2010年6月,华中师范大学、大理学院、大理市政府三方在华中师范大学共同签署了联合共建华中师范大学大理研究院的合作协议,同时华中师范大学还与大理学院签署了《华中师范大学对口援建大理学院框架协议》。25日,华中师范大学、大理学院、大理市政府三方领导为华中师范大学大理研究院揭牌,标志着华中师范大学大理研究院正式落户大理学院。三方联合共建的大理研究院的主要职能是:合作研究大理市政府委托的研究项目;作为"孵化器",将成熟的科技成果向大理市转化;联合培养大理市的农业推广硕士及教育硕士;合作开展水专项研究工作;共同争取研究项目和研究经费等。

【大理市连续9次被评为省甲级卫生城市】 12月16日,省"爱卫会"命名了2010年度全省爱国卫生先进单位,大理市被评为省甲级卫生城市。这是自1994年以来,大理市连续九次获得全省甲级卫生城市称号。在全国卫生城市创建工作中,大理市充实工作领导组,配备专职人员,定期研究解决问题,加强督促检查。加强健康教育,开展全方位的宣传活动,倡导公共场所禁烟;加大投入,不断改善医疗就医环境,投资1.89亿元实施了市第一人民医院改扩建等一系列项目;重视生态保护,投资8.48亿元积极推进洱海综合治理保护"六大工程";加强市政基础设施建设,实施了大树种植工程,扩大城市绿地覆盖率;坚持新区开发和旧城改造并举,不断提升城市形象;开展城市环境综合治理,查处收缴小广告40多万张,清理乱喷涂、乱粘贴小广告4.8万平方米,收缴塑料袋和发泡餐盒等22.5吨;认真开展检查,大力实施食品放心工程。同时,市、乡(镇)、村(居委)三级预防保健网络体系成型,突出公共卫生事件处置有力,市疾控中心服务能力和检验水平提升;清理"鼠、蚊、蝇、蟑螂"四害孳生场所,社区和单位卫生做到了日常性清扫和保洁,重点整治市容市貌和背街小巷的环境卫生。通过努力,城市全年空气污染指数小于100的天数占全年天数比例达到100%,小于50的天数达到82%;集中式饮用水源地水质达标率达96.16%,生活污水处理率达95.13%,城市生态环境明显改善。

【下关镇】 全镇总面积168.71平方千米,下辖14个村委会、63个自然村、123个村民小组和20个社区居委会,聚居着白、汉、回、彝等21个民族,2010年全镇辖区人口20多万人,户籍人口167189人(其中农业人口37686人)。全镇经济总收入完成490131万元,财政总收入累计完成26700万元,其中:一般预算收入完成17809万元,上划收入完成8891万元,工业总产值完成111720万元,工业增加值完成15150万元,农民人均纯收入达6168元,全面或超额完成预期目标任务。加强以苍山洱海保护为核心的生态文明建设,努力建设环境友好型、资源节约型社会。全面落实市委、市政府《洱海综合治理保护目标责任书》的要求,积极投身洱海治理保护六大工程,聘用25名保洁员,加强对辖区的河道、滩地、洱海湖面的保洁。严格按照"八个一"标准种植162公顷泡核桃;发放测土配方施肥卡9340份,认真抓好993公顷大春作物的播种指导,及时为种养殖户提供技术咨询服务。全年共争取农田水利设施建设资金1220.29万元,完成大庄、刘官厂、洱滨、太和、大麦地、吊草、温泉等农村饮水安全项目、水利血防灌溉和抗旱应急工程。2010年全镇粮食播种1121公顷,总产8562吨,平均亩产510千克。围绕建设大理滇西中心城市核心区的目标任务,充分发挥在城市建设、管理、经营中的职能作用，完成了客运中心、交通饭店、文化路等旧城改造项目的基础工作；完成关巍公路、“三路一园一桥”等项目的征地拆迁扫尾工作；完成原滇纺厂大门至南环路沙河东岸道路建设；按期完成大瑞铁路、风电场第二期、市廉租房建设、大丽高速公路等项目的征地拆迁工作，累计征地772公顷，提供临时用地21公顷，拆迁540户，拆除建筑面积10.37万平方米，征用林地233公顷，迁坟3609家，兑付各项资金8104.2万元。大理感通国际养生度假小镇项目征地拆迁、嘉逸大理民族文化旅游度假综合开发项目林地流转、下关北区土地整合和收储等工作有序推进。为城市居民1517户3307人，农村特困居民226户625人申办了最低生活保障金。完成了文化路改造建设、“幸福家苑”通道建设以及兴盛路东沿线景观营造工程等项目的前期测算及评估工作；完成了旧城改造的摸底调查工作。加大征地拆迁工作力度；完成了大瑞铁路的征地拆迁工作，如期将各施工场地交付给施工方使用；完成了风电厂第二期建设项目20167.68㎡的征地工作；完成了市廉租房建设项目的土地征收工作；完成了大丽高速公路征地协议的签订工作；大理感通养生生态小镇项目征地拆迁工作预期有序推进；完成大理嘉逸民族文化旅游度假综合开发项目林地征地占用手续及133公顷林地流转手续；积极完成关巍公路、“三路一园一桥”等项目的征地拆迁扫尾工作；妥善解决214国道新桥至纸厂联络线征地拆迁遗留问题；完成“西环洱海村村通工程（下关段）”锁水阁至小关邑段前期摸底、征地搬迁评估、安置用地勘界等工作，完成洱滨段700m工程，涉及太和、大庄工程正在加紧筹备推进。

2010年末，镇党委书记张霞，镇人大主席杜利光（白），镇长杨洪（白）。

【大理镇】 全镇总面积76.48平方千米，辖12个村委会，5个社区居委会。2010年，总人口68481人，居住着白、汉、回等14个民族；全镇农村经济总收入完成20.7亿元；农民人均纯收入完成5802元；财政总收入完成4693万元；社会固定资产投资完成6.6亿元。全年共接待中外游客580万人次；私营企业已达238户；个体工商户达2353户。建成民居客栈、“农家乐”等共679家；有农业高产示范样板和无公害蔬菜基地、特色花卉（苗木）种植基地2.6万公顷；全镇肉牛存栏1818头，生猪存栏10318头，禽类近40万羽；建立农村各类经济组织45个，开展农民技能培训105期6245人次，转移农村富余劳动力4208人次；共兑付各项惠农支农补贴1078万元；重大动植物疫病防治得到加强。到2010年底共整合各类资金1.6亿元，实施了一大批事关农业发展的河道治理、中低产田改造、机耕路建设、排灌渠改造和事关农村生活的民居建筑风格整治、空壳村改造、老年人活动场所、文体活动场所、人畜饮水工程、村庄道路硬化、排污管网、党员活动中心等项目建设。年内，5个州、市、区级示范村建设通过验收；总投资2500万元涉及15所中小学校17个项目的校园环境改造提升建设和“校园安全工程”推进顺利；“两基”工作顺利通过国家评估验收，成果得到巩固，中考成绩显著，多年名列全市前茅，全镇教育教学质量稳步提高。完善基层公共卫生服务网络，实施城镇职工居民医疗保险和新型农村合作医疗，新农合参合率到2011年达99.1%。8400平方米的廉租房建成并已投入使用；建成17个村（居）文化室、12个老年人活动中心，全镇文化建设不断加强，群众性文体活动蓬勃开展。五华社区荣获“全国创建学习型示范社区”、“省级文明社区”称号；银苍社区在2010年荣获“首批全国妇联基层组织建设示范社区”及“省级绿色社区”称号。2010年大理镇荣获了“全国文明村镇创建先进集体”荣誉称号。

2010年末，镇党委书记赵伯廉（白），镇人大主席赵德远（白），镇长李金灿（白）。

【凤仪镇】 全镇总面积307.9平方千米，辖14个村民委员会，74个自然村，83个村民小组。2010年，总人口6.5万人，有白、汉、回、彝等12个世居民族，其中白族人口占55%，是一个以农业为基础，工业化、城市化发展为主要支柱的新型工业城镇。2010年，大理创新工业园区和凤仪镇按照市委、市人民政府《关于理顺大理创新工业园区、凤仪镇管理体制机制，促进凤仪开发的实施方案》，实施“区镇合一”，按照事权与责权相统一、责任与权限相统一的原则，切实履行好市委、市政府授予大理创新工业园区管委会的部分县级行政管理权和部分行政执法权，进一步确立大理创新工业园区管委会在凤仪开发建设的主体地位，全面负责凤仪片区开发建设和社会事业管理工作，不断促进凤仪开发建设。通过体制机制的理顺，充分调动了干部职工的工作积极性，激发起干事创业的热情，打破了困扰多年的土地征收、报批、供地、收储工作中职能分割、手续繁琐、资金紧缺等困扰，凤仪开发建设战略得到不断推进。全镇经济和社会各项事业继续保持了持续、稳定、健康发展的良好势头。2010年，全镇农村经济总收入完成40.14亿元，辖区工业总产值完成60.24亿元，财政收入完成1.35亿元，农民人均纯收入6955元，固定资产投资完成1.24亿元。投资1100万元，全面实施完成了工业园区已建成区的配套基础设施、绿化亮化美化等工作。启动了总投资2.3亿元，规划面积22.53公顷、14.5万平方米的标准厂房及配套设施建设工程。先后引进了投资7亿元的大理国际物流园建设，投资1.2亿元的大理药业项目；结合标准化厂房建设引进了投资1亿元以上的台湾燎原照明科技有限公司LED灯等多家有实力的企业项目；截至2010年底，园区规模以上工业企业达13户，上缴税收100万元以上的企业达13户。投入1700余万元完成了罗时江西路5千米排污干管铺设，以及3千米的路面硬化、绿化、美化和亮化工程；实施了横穿大凤路排污干管连接段顶管施工工程。基本完成了城市新区兴凤路北段、金穗路西段、三厂路西段、锁水阁北段4条道路计2773.3米的土方及管网工程。完成了境内320国道芝华至飞来寺段改造项目的前期工作。

2010年末，镇党委书记熊红兵，镇人大主席赵昊厚，镇长赵德雄。

【喜洲镇】 全镇总面积161.2平方千米，全镇耕地总面积1996.67公顷，其中：水田1466.67公顷，水浇地433.33公顷。全镇辖13个行政村，55个自然村，84个村民小组，169个农业社。2010年，总人口65278人。其中：非农业人口3268户，6126人；人口以白族为主，占总人口的90%。2010年，全镇经济总收入完成253650万元；财政总收入完成1505万元，其中，地方一般预算收入完成999万元，全镇财政实现收支平衡；固定资产投资完成27214万元；工业总产值完成4999万元；农民人均纯收入达6026元。喜洲旅游品牌和知名度不断提升，年内全镇共接待国内外游客150万人次，同比增长18%，旅游社会总收入28000万元。全镇发展烤烟193公顷，新建烤房11群63座，收购烟叶51.57万千克，烟农总收入791.41万元，烟税收入达172.70万元。2010年全镇农业收入达12157万元；林业收入1110万元；牧业收入26169万元;渔业产值9759万元。按照“治湖先治污、治污先治源”的思路,在继续推进洱海保护治理“六大工程”的基础上,多措并举,进一步加强生态建设。金圭寺太阳能中温沼气站和上关污水处理系统,被列入2009年中央农村环保专项资金补助的农村环境综合整治项目,解决了金圭寺村100户的生活用气问题和上关村300户的生活、养殖污水处理问题。周城集镇污水处理系统建设已基本完成。农户庭院式污水处理设施,总投资619.8万元,完成了3102户的建设任务;周城集镇垃圾处理项目为省级农村垃圾处理试点工程,目前工程已基本完成。全镇列入“百村整治”的项目村有22个自然村,完成总投资1664.67万元,其中“百村整治”工程完成投资659.71万元,通过筹集资金、整合项目投入1004.96万元。落实26.6公顷稻田养鱼示范项目,共投放鱼苗6000千克,发放有机肥66吨。国道214线改扩建工程顺利实施。喜洲境内涉及10个村委会、108个村民小组、2942户,全线长约12千米。自2009年4月工作开展以来,完成总征地面积87.27公顷,征地1534户;房屋拆迁面积69360平方米,拆迁315户;及时足额兑付资金6601.12万元;完成10个安置片区的征地、规划设计、土方回填、通水、通电工作。

2010年末,镇党委书记张勇,镇人大主席何善正(白),镇长周丽玲(女,白)。

【海东镇】 全镇总面积128平方千米,有8个村委会,31个自然村,62个村民小组。2010年总户数7391户,总人口24070人;耕地面积658公顷,常耕地面积433公顷。2010年,全镇农村经济总收入105570万元,财政收入2388万元,农民人均纯收入6001元,全镇工业总产值28778万元。农业总产值8453万元。全镇4个种烟村委会完成指导性烤烟种植157公顷,收购烟叶3.5万千克,总产值达503万元,创税110万元。全镇工业平稳发展,营业总收入完成3.03亿元,全年现价总产值完成3.58亿元,其中工业总产值完成2.88亿元,全年工业增加值完成5593万元。云南卷烟材料厂大理三塔分厂生产咀棒16.50万箱,上和水泥厂生产水泥1.95万吨,大理建中香料有限责任公司加工80%的蓝桉油1175吨,镇辖区砖厂和石厂生产红砖280万块、生产碎石72万立方。新农村建设,南七场示范村按照“四通八达十六有”的建设标准,实施了18个项目,总投资987.6万元,示范村建设荣获二等奖。文笔搬迁示范村,实施了5个项目,总投资3085万元。上登村委会“千村扶贫百村整体推进”项目,按照“866”建设标准,完成村心道路改造2条2.3千米,完成道路硬化6条,共5000平方米;2010年,全镇小春受灾面积224公顷,成灾103公顷,绝收60公顷。努力筹措抗旱资金,在安排各村12万元抗旱经费的基础上,又争取到开发区20万元抗旱资金。积极完善抗旱基础设施,老太箐灌区项目争取到省级资金50万元、市级资金100万元、开发区资金90万元,整合国债项目资金220万元,全面规划实施老太箐核心区和重点集镇供水工程。

2010年末,镇党委书记李洋(白),镇人大主席张问社,镇长李奇彬(白)。

【挖色镇】 全镇辖6个村民委员会,14个自然村,56个村民小组,辖区总面积为114.8平方千米。2010年末全镇总户数6504户,其中农业户4991户,总人口22012人,其中农业人口20499人,白族人口占总人口的99%,常耕地面积645公顷,人均0.47亩。2010年全镇经济社会呈现出又好又快发展的良好局面。全镇财政总收入完成527万元,其中完成地方一般预算收入425万元,全镇经济总收入完成61364万元,固定资产投资完成9151万元;农民人均纯收入达4672元。全镇小春农作物播种面积810公顷,其中粮食作物种植430公顷,粮食总产量1200吨;大春农作物种植面积1142公顷,其中粮食作物种植817公顷,粮食总产量5495吨,全年粮食总产6695吨,比上年增产350吨;烤烟生产稳步增长,2010年全镇累计收购烟叶6万千克,完成任务的100%,实现均价14.23元,中上等比例为86.02%,烟农总收入853.54万元,完成税收206万元。全年全镇生猪存栏24956头,牛存栏1063头(其中奶牛存栏602头)、马存栏76头、毛驴存栏1021头、骡子存栏79头、家禽存栏36551羽。年内,大丽高速公路、鸡足山旅游公路、环洱海公路建设顺利开展,按期完成了挖色镇洱海湖滨带(东区)一期修复建设工程沿湖3村144院(247户)的征地拆迁任务,安置用地征地6.91公顷;密切配合大丽高速公路、鸡足山旅游公路建设的征地拆迁,其中:大丽高速公路建设共征地57公顷,涉及拆迁56户,兑付征地拆迁资金2036.6万元;鸡足山旅游公路建设共征地31.30公顷,涉及拆迁23户,兑付征地拆迁资金1248.6万元。完成麻甸箐水库的病险鉴定和规划设计、立项工作。

2010年末,镇党委书记李德忠(白),镇人大主席李明贵(白),镇长汪一平(白)。

【湾桥镇】 镇辖区国土面积63.8平方千米,耕地面积1235.87公顷,辖湾桥、云峰、甸中、石岭、中庄、上阳溪、向阳溪7个村民委员会,26个村民小组,74个农业生产合作社。镇党委下设8个党总支,36个党支部。2010年末,全镇总人口26011人,其中白族占总人口的95%以上。财政总收入完成1203万元,其中地方一般预算收入完成876万元,固定资产投资完成10082万元;镇属工业总产值达9240万元,工业增加值完成325万元;农村经济总收入达123926万元,农民人均纯收入达5450元。全力推进洱海流域“百村整治”工程和社会主义新农村建设。以规划为引领,编制完成了7个村委会的村庄规划;投资1135万元实施中庄村委会古生自然村的民居风格整治、环境整治、产业发展、文物保护修缮等工程;分别投资658.9万元和435万元实施向阳溪村委会南片村、北片村建筑风格、村容村貌整治,产业发展扶持等工程,投资154.4万元实施石岭村委会小宁邑村建筑风格、环境整治等工作。整合资金2030多万元,建设产业支撑、经济发展、卫生整洁、环境优美、管理民主的古生、小宁邑两个示范村和体现“十新”标准的湾桥新村;投资2391万元全面推进面上的新农村建设,开展道路建设、环境整治,产业发展扶持,实施技术培训等工作。通过一系列的整治和建设工作,全镇农村面貌得到极大改善,人民居住条件得到明显提高。优化种植业结构,种植烤烟274.33公顷,较上年增加86.67公顷,超额完成烤烟90万千克的种植任务,实现税收317万元;种植玉米23.33公顷,落实稻田养鱼27.39公顷;鼓励无公害蔬菜种植,在古生连片种植蔬菜13.33公顷;鼓励经济林果规模化种植,2009年至今累计实施云峰94.56公顷泡核桃种植。肉猪出栏数52306头,肉牛出栏数3788头,家禽出栏数165458羽;组织甸中、中庄和向阳溪3个村委会开展农业血防家畜圈养项目,总投资57万元,共建500口2124.24立方米储粪池,4000平方米的圈舍硬化地面积。启动甸中江心庄校点撤并工作,总投资200万元,修建的湾桥完小教学楼、甸中完小教学楼已竣工验收,投入使用;古生完小综合楼建设工程全面结束;保中中学二期改扩建工程已将规划上报市发改委。2010年全镇参合率达98.66%;完成北甸自然村血防监测试点工作。

2010年末,镇党委书记杨寿龙(白),镇人大主席张建文(白),镇长周亚敏(回)。

【银桥镇】 2010年,全镇完成农村经济总收入19.5亿元;完成工业总产值6.4亿元;完成工业增加值20亿元;财政总收入完成3606万元,其中地方一般预算收入完成1024万元;完成固定资产投资6237万元;农民人均纯收入达5888元。全镇大春完成粮食播种面积1299公顷,小春完成粮食播种面积1253公顷,实现粮食平均亩产483千克。年内,举办各类农业技术培训10多期,培训近2000人次,转移输出农村剩余劳动力498人;新建了银桥镇磻溪珠联乡村旅游专业合作社、银桥镇马久邑综合服务社、银桥镇马久邑农资服务社和银桥镇马久邑养殖服务社,规范运作,有效带动了300多户农户增收。加强畜禽防疫工作,2010年全镇共投入防疫经费120455元,完成生猪W病免疫注射33884头,猪瘟免疫注射21793头,牛W病免疫注射6118头次,猪蓝耳病免疫注射26796头,注射数均达到100%;禽流感免疫注射238064羽次,总免疫率为88.7%,鸡新城疫免疫注射217627羽,总免疫率为81.1%。2010年全镇面上新农村建设荣获全市一等奖,示范村建设荣获全市一等奖。生态环境持续好转,人居环境不断优化,结合"洱海保护月"、文明卫生村创建工作的实施,创新完善了农村垃圾收集清运模式,建立健全了洱海保护七项长效机制,充分发挥环保学校及环保协会的作用,开展洱海保护的宣传和行动。不断改善办学条件,加强和改进全镇教育教学工作,提升教育水平。2010年度全镇"新农合"参合率达98.15%;不断扩大农村低保覆盖范围,86户共220人列入农村低保;投入资金16.98万元,改造96户农村危房,组织实施280例白内障免费复明手术。

2010年末,镇党委书记李庆培,镇人大主席张发祥(白),镇长赵永祥(白)。

【双廊镇】 全镇国土面积218.28平方千米,辖7个村民委员会,有78个村民小组,41个自然村。2010年末,全镇有4997户、总人口17991人,其中白族人口为15195人,占85%;汉族人口2587人,彝族、傣族、苗族、傈僳族、纳西族、藏族等多民族杂居。2010年,全镇农村经济总收入7506万元,财政总收入628万元,主要以农业、旅游业和建筑业收入为主;固定资产投资完成5662万元;财政总收入628万元,比上年增加155万元;人均纯收入2055元;完成工业总产值534.8万元,完成工业增加值140.5万元。扎实推进洱海湖滨带(东区)一期生态修复工程、环洱海环保公路建设与社会主义新农村建设三个结合工程的顺利实施。积极配合协调推进大丽高速公路(双廊段)过境线路长16.4千米建设。投资800多万元对双廊民族文化一条街进行改造;投资近50万元建设了魁星阁旅游文化广场;投资近100万元对飞燕寺及广场进行修建;实施了4个村委会抗震安居工程255户,拆除重建55户,加固改造200户,完成投资150万元。总投资约2000万元,实施伙山村、石块村的农村电网改造。新农村示范村、千村扶贫整村推进项目村和农村居民地震安全工程建设等方面得到整体推进。依托南诏风情岛、岛依旁、玉矶岛、红山半岛以及18千米沿湖线等自然资源优势,加大招商引资力度,引进到位投资2080万元,把投资重心放在旅游产业开发上,着力发展以"农家乐"为主的旅游服务行业,到2010年末,全镇共有30多家"农家乐"开展旅游服务接待,实现了群众增收,行业增效。同时,利用红山本主会、洱海开海节等大型节日加大对外宣传力度,集镇知名度不断提高。2010年,接待中外游人80多万人次,旅游社会总收入7000多万元,实现就业1700多人,直接财税收入130多万元。2010年,种植核桃533公顷,烤烟235公顷,烟农收入近700万元;日产牛奶18吨,奶农收入近500万元;完成26.6公顷蚕桑,6.67公顷梨树,6公顷板蓝根种植;组织劳务输出技能培训523人次,劳务输出500人,帮带输出114人,自发输出386人。

2010年末,镇党委书记段志卿(白),镇人大主席尹春明(白),镇长谢德钦(白)。

【上关镇】 全镇国土面积115.59平方千米,耕地面积1324公顷,森林覆盖率达57%。下辖13个村委会,56个自然村,142个村民小组。境内以白族为主,汉、回、傣、纳西等多民族世代杂居,2010年末总人口41455人,总户数10505户,其中农业人口有9618户40251人。2010年,全镇以"保增长、保民生、保稳定、保洱海"为重点,坚持以经济建设为中心,全镇农村经济总收入达31766万元,比上年的28842万元增2924万元,同比增长10%;农民人均纯收入达3018元,比上年的2744元,增收274元,同比增长11%。年内完成社会固定资产投资8983.5万元,比上年的6767万元增长2216.5万元,增长33%;完成财政总收入552万元,比上年的286万元增收266万元,增长93%;地方一般预算收入完成465万元,比上年208万元增收257万元,增长123.56%。全镇乳牛存栏达1.3万头,占全市奶牛存栏的40%,生猪存栏30107头。累计牛猪口蹄疫免疫136471头次,其中,牛82018头次,猪54453头次;猪高致病性蓝耳病累计免疫55663头次;完成猪瘟、副伤寒、猪肺疫累计免疫达18151头次,猪瘟免疫密度97%,仔猪副伤寒免疫密度94%,完成狂犬病免疫2300只,占存栏的44.18%,鸡新城疫免疫161199羽次,免疫率达100%。2010年全镇粮食作物播种总面积2174公顷,总产达16276吨,人均占有粮达404千克,同比增加8.67千克。烤烟种植面积168公顷,烟农收入达472万元,创税103万元,实现了烟农增收、财政增长和企业增效的目标。稻田养鱼经实地验收,平均亩产成鱼50千克,项目区共产成鱼10010千克;水稻平均亩增35千克,项目区共增产7007千克,提质增效目标圆满实现。生态修复建设工程公路面积已清退35公顷,未清退58公顷,共涉及拆迁户318院,其中涉及房屋拆迁217院,宅基地和附属设施101户,现房屋217院已全部拆迁。大丽高速上关段全长8.8千米,征地拆迁涉及5个村委会,涉及拆迁72幢,拆迁面积共有18145㎡,已全部拆迁结束;214国道改扩建工程工作顺利推进,征地拆迁涉及5个村委会,总共占地42公顷、拆迁121户,已全面结束。年内,投资26.1万元种植黄金梨11公顷,种植核桃90公顷、补助购买奶牛50头;青索村投资499.8万元,完成安居房建设38户、改造安居房26户、墙体粉刷5.4万平方米、改造文化室60平方米、改建兽医室55平方米;投资77.25万元完成院心硬化80户、完成硬化进村路和村心路各1条;投资17.91万元完成节能灶76口、卫生厕80间、卫生间5间。

2010年末,镇党委书记李文伟(白),镇人大主席张铨(白),镇长赵娥忠(白)。

【太邑乡】 全乡国土面积106.5平方

千米，下辖太邑、者么、桃树、乌栖、己早5个村民委员会，42个自然村，60个村民小组，以扇状分布在5座大山之上。居住着白族、彝族、傈僳族、汉族等，其中以彝族和白族居多，境内山川秀丽，群山叠翠，属高山峡谷地形，由于山高地广，气候复杂多样，具有立体气候的特征，从低势河谷到高寒山区，冷暖悬殊较大。境内最高峰为笔架峰，海拔2934米，最低点坦底么海拔1340米，是大理市的最低点。2010年，全乡经济总收入2.65亿元，比上年同期2.36亿元增2900万元，增长12%；财政收入1016万元，比上年同期729万元增287万元，增长39%，突破了“千万元”大关；农民人均纯收入3016元，比上年同期2741元增275元，增长10%。全乡工业经济总产值完成13837万元，比上年同期11300万元增2537万元，同比增长22%；工业企业增加值完成3459万元，比上年同期2823万元增636万元，同比增长23%；完成固定资产投资4424万元，比上年同期的3375万元增1049万元，同比增长31%；规模以下工业产值达5893万元，比上年增678万元，同比增长13%。新种植优质核桃546.67公顷、华山松133.33公顷，核桃经济总收入达4000万元，比上年增5%。农作物总播种面积684.47公顷，单产402千克，粮食总产4130吨；引进蚕桑、冬桃、黄金梨种植项目各6.67公顷，新种铁观音生态茶13.33公顷；推广小麦“粉锈宁”拌种播种226.67公顷，推广优质玉米籽种10.2吨，地膜5.7吨，推广了纪元2号、广玉5号、长城799等7个品种的示范种植。巩固培植山区特色养殖业，强化畜牧业科技服务，加大疫情防控，年内无重大动物疫情发生。2010年，投入33万元，完成了太邑畜牧兽医站办公楼建设项目；投入12万元，扶持土鸡养殖户15户、养蜂户8户、养羊户12户，生猪养殖户20户；兑现了毛驴养殖互助金10488元；全年肉类总产量达1972吨，蛋类总产量达320吨，实现畜牧业现价总产值2164万元，畜牧产业已成为山区群众增收致富的有益补充。2010年确定了坦底么以“自然生态活村、产业项目拉动；村企互动强村、公益建设惠民”的新农村示范村工作定位。投入275万元，以“四通八达十六有”为标准，全面实施了示范村产业发展、基础设施、科技培训等相关项目，投入200万元，在坦底么新农村建设示范村1450米农灌沟进行修复；投入10万元，在桃树村委会3个村民小组，实施了50口共青团水窖的修建。

2010年末，乡党委书记梁泉(彝)，乡长李伟鹏(彝)，乡人大主席段崇智(白)。

(洪仁邦)

漾濞彝族自治县

【自然概貌】 漾濞彝族自治县，地处云南省西部，大理白族自治州中部，点苍山之西，境跨北纬25°12′～25°54′，东经99°36′～100°07′，东与大理市、巍山彝族回族自治县接壤，北与洱源县相连，西靠永平、云龙2县，南和保山市昌宁县毗邻，总面积1957平方千米，其中山区面积占98.41%。县境水平距离东西最长53千米，南北最长79千米，版图略呈蘑菇形状。辖区地域北宽南窄，地势由北至南渐次降低，最高为东北部点苍山之马龙峰，海拔4122米，最低点在境南羊街河注入漾濞江处，海拔1174米，相对高差2948米。从1300米海拔的河谷到2500米海拔的高山，都有居民点和农田分布。年平均气温15～16.8℃，年降雨量684.3～1380.4毫米，年日照率不小于44%，年总辐射不小于126.1千卡/平方厘米。全县设3个镇6个乡，乡镇下辖1个社区、65个村民委员会、648个村(居)民小组。县城在县境中部偏北漾濞江畔的苍山西镇，县人民政府驻地上街，标准高程1600米，距省会昆明356千米，离州府驻地下关29千米。2010年，平均气温16.9℃，年降雨量1024.4毫米。主要自然资源有林业资源、水能资源、旅游资源。主要旅游景点有国家级风景名胜区点苍山西坡万亩野生杜鹃花园、省级历史文化名城漾濞县城、省级风景名胜区石门关风景区和光明村万亩泡核桃生态园。主要土特产品有核桃系列产品、腌生、油炸鸡纵、香软米、树头菜、高禾菜、蕨菜、鱼腥草，“雪山清”牌荞酒、“苍洱春”牌白酒等。

【经济综述】 2010年，全县实现生产总值(可比价)10.70亿元，比上年增长13.70%，一、二、三产业比重由29：51：20调整为28：49：23；其中第一产业2.96亿元，比上年增长10.60%；第二产业5.43亿元，比上年增长15.10%；第三产业2.30亿元，比上年增长14.30%。财政总收入1.31亿元，比上年增长14.22%，其中地方一般预算收入7764万元，比上年增长13.74%；地方财政一般预算支出5.10亿元，比上年增长44.52%。全社会固定资产投资9.43亿元，比上年增长25.02%。社会消费品零售总额2.89亿元，比上年增长18%。农村居民人均纯收入3232元，比上年增长15.02%。总人口103060人，人口自然增长率4.05‰。

【农　业】 2010年，全县农林牧渔及其服务业总产值(现价)4.80亿元，比上年增长15.60%。其中：农业总产值1.52亿元，比上年增长2.49%；林业总产值1.81亿元，比上年增长36.40%；牧业总产值1.23亿元，比上年增长10%；渔业总产值30万元，比上年增长3.45%；农林牧渔服务业总产值0.24亿元，比上年增长5.58%。全年粮经播种总面积1.62万公顷，其中经作面积0.23万公顷。受旱情影响，粮食总产量比上年下降8.02%，达4603万千克；种植核桃0.69万公顷，总面积5.47万公顷，核桃干果产量1303万千克，比上年增长19.71%；栽种烤烟0.12万公顷，收购烟叶250万千克，烟农收入3464万元，实现烟叶税收759万元。年末大牲畜存栏8.25万头(匹)，比上年增长2.29%；全年肉类总产量1455万千克，比上年增长6.41%。累计投入各类资金5705万元，实施了石钟村、上邑村、普坪村、抱荷岭村、长寿村、密马村、顺濞村、蛇马村、水竹坪村的扶贫开发整村推进项目；投入549万元，实施了黎家、李家庄、母猪厂等8个省级重点村建设项目；投入247万元，实施了平坡镇石坪、高发以工代赈农业片区开发项目；投入2124万元，新建小水窖、小水池528个、农村饮水安全工程59件、修复水毁工程443件，新增灌溉面积3300亩，解决了8438人、9540头大牲畜饮水困难；投入309万元，实施了全国山洪灾害防治试点县项目并通过省级验收；投入1310万元，实施了中西部地区农网完善工程，新建10千伏线路55.6千米，低压线路295千米，安装变压器88台，解决无电人口通电289户，“十一五”期间农村电气化试点项目通过省级验收。当年解决温饱的贫困人口2000人，农村贫困人口减少到1.53万人。

【工　业】 2010年，总投资5.3亿元、装机容量4.98万千瓦的漾洱电站建成发电；全县累计建成水电站32座，总装机37.74万千瓦；在建电站4座，总装机3.24万千瓦；电力企业实现总收入1.81亿元，实现利税7100万元。投资8000万元的大钢公司料场建设项目基本完工；跃进化工厂余热发电项目投入运营；

驻县企业生产的安奕牌电动车入围云南省家电下乡中标产品;风力发电、核桃产品开发等项目前期工作有序推进。年内引进工业项目6个,协议投资20亿元,实际到位资金4.23亿元。2010年,全县工业总产值(现价)19.05亿元,比上年增长16.03%;工业增加值4.45亿元,比上年增长13.23%。主要工业产品:发电量17亿千瓦时、供电量1亿千瓦时、硫酸0.76亿千克、钢材1.12亿千克、铁合金443万千克、白酒263万千克、核桃乳123万千克。

【第三产业】 2010年,全县第三产业实现增加值2.42亿元,比上年增长13.58%。金融机构年末各项存款余额11.88亿元,比上年增长28.32%;各项贷款余额4.71亿元,比上年增长12.60%。年末,有个体工商户2218户,比上年增长16.19%;从业人员4948人,比上年增加6.07%;注册资金2522万元,比上年增长39.18%。有私营企业164户,比上年增长11.56%;从业人员2452人,比上年增长5.28%;注册资金2.81亿元,比上年增长16.94%。有内资企业96户,比上年减少1户;注册资金9552万元,比上年下降2.23%。年内,接待游客总数29万人次,旅游经济总收入8550万元,比上年增长27.36%;全社会客运量74.3万人次,比上年增长2.92%;收入4920万元,比上年增长5.53倍;货运量15.30亿千克,比上年增长41.54%;收入1.17亿元,比上年增长36.34%。2010年,各项保费收入1727万元,比上年下降10.05%;已决赔款541万元,比上年下降20.56%。建成了132个"万村千乡"农家店,增加农村就业岗位200人,受益群众5000多户。全县备案家电下乡销售网点23个,售后服务网点3个,家电、汽车、摩托车下乡实现销售额1.2亿元,兑付补贴1250万元。2010年实现进出口总额30万美元。

【固定资产投资】 2010年,完成全社会固定资产投资9.43亿元,比上年增长25.02%;完成城镇投资8.64亿元,比上年增长21.52%,其中:基本建设投资4.83亿元、更新改造投资0.88亿元、其他投资1.08亿元、私营企业投资1.51亿元、城镇个体私人投资0.34亿元。完成农村投资0.78亿元,比上年增长83.24%,其中:农村非农户投资0.16亿元、农村私人投资0.62亿元。实施续建、新建政府投资项目45项,总投资5.81亿元,其中续建工程23项,总投资3.88亿元,完成17项;新建工程项目22项,总投资1.9亿元,完工3项,完成投资8424万元。市镇基础设施不断改善,县城垃圾处理场、污水处理厂、跃进林场棚户区改造、2010年度2万平方米廉租住房、苍山东路和苍山西路延长线以及漾江北路、县广播电视大楼等项目开工建设,全县城镇化率27.83%。交通基础设施加速推进,富塘公路改造工程进入扫尾阶段,鸡街、顺濞客运站、移民公路、农村公路通达工程等交通项目建成投入使用;投资1323万元的雪山河三大桥和投资2000多万元的龙扎公路、脉双公路柏油路面改造工程开工建设。大瑞铁路建设征地拆迁稳步推进,跃龙公路建设协调服务工作进展顺利。

【社会事业发展】 2010年,普通高中招生465人、职业高中招生202人、普通初中招生1099人、小学招生1222人;小学升入初中毛入学率98.33%、初中升入高中毛入学率72.25%;苍山西镇初级中学整体搬迁一期工程建成并投入使用,全县80%以上小学毕业生到县城上初中;排除中小学校舍危房3.37万平方米,新建校舍2.1万平方米;发放教育公用经费385万元,免费发放教科书2.19万套,和发放贫困寄宿制学生生活补助390万元,资助贫困大学生63人;高考综合上线率98.84%,本科上线率42.4%;职高毕业生就业率97.74%。总投入3000万元的县医院住院综合楼开工建设;漾江、平坡、顺濞、太平、瓦厂、龙潭、富恒、鸡街8个乡镇卫生院和县妇幼保健院扩大内需项目建成并投入使用;投入45万元,为漾江镇、龙潭乡、富恒乡配发了3辆医疗救护车,全县共有医疗救护车8辆。启动了漾江镇、太平乡、鸡街乡、龙潭乡综合文化站建设工程;建成农家书屋36个;放映电影650场次;举办各类广场演出68场次;完成了文物普查88个项目资料的微机录入工作;编印了《蒙秦古乐》乐谱300册。2010年,参加新型农村合作医疗的人口比例达95.51%,补偿19.52人次,支付基金1268.69万元。举办了县第十四届女子职工排球赛和县第三十二届男子职工篮球赛、县第十三届民族射弩比赛等活动。第六次人口普查工作顺利开展。全县61个单位档案室实现"星级"目标管理。总投入400万元的县广播电视事业局业务综合楼完成主体工程建设。实施了509个20户以上已通电自然村的广播电视"村村通"直播卫星电视覆盖工程建设,规划批准总投资381.75万元,到位并发放安装设备10877套、州级免费配发电视机300台,受益农户达10887户3.5万人。发展有线数字电视用户880户。广播电视覆盖率分别达到91.22%和96.41%。

【精神文明建设】 2010年,县广播电视台共制作播出《漾濞新闻》147期、1381条,《一周要闻》47期,专题片6部。《漾濞时讯》共编发58期、刊登稿件10440条;《漾濞时讯·核桃源》共编发12期,刊登各类文艺作品292篇(首);创立了"核桃源"论坛,注册会员2000余人,日发帖量200条以上。《大理漾濞宣传网》发布信息8100多条;本土文学爱好者在省、州级刊物发表文学作品142篇。据不完全统计,全年在州级以上媒体刊播涉及漾濞的稿件2.65万篇(件),其中中央级媒体482篇(件)。本土作者的个人著作《不见秋天》(左中美著)、《核桃花开》(李晓波著)、《唐标铁柱背后的故事》(李洪文著)公开出版发行。5位文学爱好者加入省作协。县委宣传部编辑的《话说漾濞》一书公开出版发行。县政协征编的《漾濞文史资料第八辑——漾濞彝族文化选编》内部出版发行。组织了"漾濞题材"摄影作品评比活动。成功承办了"2010'中国·大理漾濞核桃节"系列活动。组织开展了漾濞彝族自治县成立25周年系列庆祝活动。漾濞原生态歌舞在央视音乐频道播出;漾濞作为全国有经济特色的100个县,成为中央电视台的"县域财经资讯采集平台"。县委理论中心组围绕4个专题进行集中学习,撰写体会文章100多篇。举办各类培训班、座谈会、研讨会、报告会等数百场次,累计参学人数2.9万人。组织了文化卫生科技"三下乡"活动。举办了"做文明人,行文明事"为主题的演讲比赛。印发《漾濞彝族自治县文明礼仪读本》3万册。制作发布公益广告牌76块、大型灯桥3座6面,建成"清洁乡村、美化家园"文化墙1500余处。共创建省级文明单位8个、文明村1个,州级文明单位26个、文明村4个、文明小城镇1个、文明社区1个,县级文明单位15个、文明村1个、文明社区1个、文明街道1个。

【政治建设】 1月17日,县委十届十次全体(扩大)会议召开。1月22日,县委举办学习贯彻中共十七届四中全会和中央经济工作会议精神培训班。1月27～30日,县政协七届三次全体会议召开,97件委员提案办复率100%。1月28～

31 日，县十四届人大三次会议召开，124 件代表批评、意见、建议办复率 100%。2 月 26 日，县纪委十届五次全会召开。3 月 26 日，全县深入学习实践科学发展观活动总结大会召开。3 月，9 个乡镇配备专职政法副书记。4 月 19 日，县总工会召开九届二次全委（扩大）会议、县妇联召开十届二次执委（扩大）会议。4 月 20 日，县科协召开五届二次全委（扩大）会议、县工商联召开四届五次执委会。4 月 23 日，全县工作部署大会召开。4 月 29 日，共青团漾濞县委第十六次代表大会召开。2～4 月，65 个村"两委"换届选举，产生第四届村"两委"班子；将全县 65 个村党支部改设为党的总支部委员会，各村党总支部下设 3～5 个党支部，新成立村党总支下属党支部 223 个；落实了村级、非公有制经济组织和新社会组织的基层党建工作经费，兑现了农村党支部书记、党小组长及村级配套组织负责人的补贴；进一步完善乡镇"农民服务站"建设，全面推行"四议两公开"工作法。4 月，全县 65 个村委会、1 个社区建立勤政廉政监督委员会，共选举委员 324 名。5 月 20 日，全县在党的基层组织和党员中深入开展创先争优活动动员部署会议召开，为期 3 年的创先争优活动正式启动。5 月，派出第八批年轻干部离岗到省外谋职锻炼 1 年。5～8 月，开展了革命遗址普查工作，确定革命遗址 8 个、"抗战"遗址 5 个。8 月 12 日，县委十届十一次全体（扩大）会议召开。7～10 月，公开选拔科级领导干部 8 名。10 月 31 日，全县民族工作会议暨第二次民族团结进步表彰大会举行，表彰了 15 个民族团结进步模范集体和 60 位民族团结进步模范个人。12 月 28 日，漾濞县工商业联合会（商会）第五次会员代表大会举行。《漾濞彝族自治县核桃产业发展条例》通过党内送审程序。加强"三公开"、"三资代管"工作监督，完成乡镇党务、政务公开 318 场、村务公开 330 场。对 25 个政府职能部门和 5 个公共服务部门进行了政风行风民主评议。对全县 10 项惠民工程 20 项重大建设项目进行专项行政效能监察，对 10 个部门开展了以实施"四项制度"为重点的综合行政效能监察，与上年相比，全县公务用车购置经费减少 1%、公务接待经费减少 1%、会议经费减少 4%。严格执行领导干部问责制，对 12 名相关责任人给予行政问责。认真落实"一岗双责"和"一案双查"制度，将全县党风廉政建设和反腐败工作 50 项具体任务分解落实到 77 个单位，9 个乡镇、60 个县直部门签订责任书 1154 份，并进行了半年检查和年终全面考核。全年共查处党员违纪违法案件 8 件 8 人，其中开除党籍 6 件 6 人、党内严重警告 1 件 1 人、党内警告 1 件 1 人。

【和谐社会建设】 2010 年，全县参加职工养老保险 2512 人、城镇职工基本医疗保险 6192 人、城镇居民基本医疗保障 4775 人，失业保险 3051 人、生育保险 1275 人、工伤保险 1639 人及农村基本养老保险 520 人，各类参保人数 1.62 万人；各类基金收入 1929 万元，发放保险金 1504 万元、城乡低保补助 1286 万元、五保供养金 52 万元、救灾救济资金 489 万元、廉租住房租赁补贴 878 户 157 万元、救灾救济大米 39 万千克；新增就业 1008 人，发放创业贷款 465 万元，城镇登记失业率 3.8%；主动监察用人单位 53 户次，涉及职工 5278 人，追发劳动者工资 13 万元。经"一折通"（一卡通）方式发放各项惠农补贴 2094 万元，其中粮补 21323 户、133 万元，退耕还林 4812 户、622 万元，能繁母猪补贴 11453 户、46 万元，森林生态效益补偿 10497 户、280 万元，核桃基地建设补助 2900 户 145 万元，玉米地膜补贴 5721 户、54 万元。县财政安排扶贫开发整村推进建设资金 547 万元、重点村项目建设资金 270 万元、村组人员报酬及村级办公经费 270 万元、村委会办公用房和活动场所建设资金 109 万元、"一事一议"财政奖补资金 207 万元。兑付家电汽车下乡政策补贴资金 485 万元，其中 2995 户家电补贴 117 万元、495 户汽车补贴 201 万元、3373 户摩托车补贴 166 万元。审判机关共受理各类诉讼、非诉行政案件 313 件，审结 306 件，结案率 97.78%；受理各类执行案件 101 件，执结 89 件，执行率 88.12%。检察机关共受理公安机关和自侦移送审查逮捕案件 45 件 74 人、审查起诉案件 61 件 96 人。县公安局设立鸡街、瓦厂、顺濞、太平 4 个乡的派出所，恢复"一乡镇一派出所"的警务运行模式。完善领导干部接访下访制度，妥善处置各种矛盾纠纷。狠抓安全隐患排查治理，强化冶金、矿山、道路交通等重点行业和领域的安全监管，全面落实安全生产责任，县乡（镇）村（居委）三级开展现场检查 500 余次。加强"禁毒防艾"工作，和重点建设项目的协调服务工作。公共安全支出 2333 万元，比上年增加 383 万元。年内，漾濞县被省委、省人民政府表彰为"云南省先进平安县"。

【领导名录】 年末，在任县委书记张郭宏（彝），副书记毕才伟（彝）、张晶；县委常委罗明栋（彝）、张忠海、杨金华（彝）、李汝刚（彝）、邵漾华（彝）、曹树华、盛喜春、赵琳（女，白）；县人大常委会主任李华荣（彝），副主任左汉华（彝）、李树平（彝）、陈高美（女，苗）、杨凤鹏（白）；县长毕才伟（彝），常务副县长李汝刚（彝），副县长罗明栋（彝）、薛登华、雷家彬（女）、杨燕彬（白）、李勇（任至 6 月）；县政协主席代罗新（彝），副主席苏丽萍（女、白）、窦玉文（彝）、鲁朝旭（彝）、李如泰；县纪委书记张忠海。

【超额完成全县"十一五"规划目标任务】 "十五"期间，全县生产总值年均递增 18.8%；财政总收入年均递增 18.27%，地方一般预算收入年均递增 16.94%，农民人均纯收入年均递增 15.37%，人口净增 2397 人；农村经济总收入年均递增 15.28%；畜牧业总产值年均递增 9.87%，烟叶产量增加 90 万千克、核桃产量增 1 倍，新增蓄水能力 26 万立方米，累计减少农村贫困人口 1.55 万人。"十一五"期间，全县工业总产值年均递增 42.87%，发电量增 2.4 倍，工业企业税收增 1.95 倍，单位 GDP 能耗下降 15%，"漾江工业走廊"布局初具雏形；全社会固定资产投资年均递增 26.19%，城镇化率累计提高 7 个百分点，新增公路通行里程 346 千米，新增校舍 155 栋 3.5 万平方米、医药楼房 22 栋 1.2 万平方米、文化图书楼房 9 栋 0.24 万平方米，解决无电人口通电 0.13 万户，新增互联网用户 0.23 万户、移动电话用户 3 万户；社会消费品零售总额年均递增 15.32%，旅游业总收入年均递增 112%；累计建成廉租房 500 套 2.5 万平方米，改造棚户房 102 套 0.57 万平方米；累计完成人工造林 2 万公顷，森林覆盖率达 78%。"十一五"时期成为全县经济社会发展最好最快、城乡面貌变化最大、各族群众得实惠最多的时期之一。

【制定全县"十二五"规划主要目标】 在广泛调研、层层论证、多方征求意见的基础上，制定了全县"十二五"规划主要目标：按照略高于大理州平均发展水平的战略，实现全县生产总值年均递增 15% 以上，财政总收入年均递增 15% 以上；地方一般预算收入年均递增 15% 以上，农民人均纯收入年均递增 12% 以上。核桃种植面积达到 8 万公顷，成为中国优质核桃基地；建成 0.27 万公顷特色农作物基地。巩固水电产业，加快风电开发,工业总产值年均递增15%以上。做好农业观光、森林旅游、民俗欣赏、核桃品尝等旅游项目,第三产业年均递增25%以上。基本普及高中阶段教育,新型农村合作医疗覆盖率达100%,专利申请量新增15件以上,文化产业发展取得明显成效,人口自然增长率控制在6‰以下。城镇化率达到30%以上,县城生活污水集中处理率达90%以上,县城规划区绿化率达到15%以上,城市生活垃圾无害化处理率达100%。全县森林覆盖率达80%以上,耕地保有量与"十一五"期末持平,单位生产总值能耗累计下降15%。累计减少贫困人口1万人,累计解决安全饮水人口6万人,村道路面铺装率达40%以上,电网"一户一表"改造率达95%以上,农户安装使用互联网比例明显提高。

【抗旱救灾】 2009年入秋开始到2010年7月中旬,漾濞县出现了80~100年以上一遇的秋、冬、春、夏连旱,其中2009年10月中旬至2010年1月上旬降水量不足4毫米。据统计,全县农作物受灾面积0.59万公顷,其中成灾0.53万公顷、小春作物绝收0.27万公顷;0.8万人、9万头大牲畜饮水困难;3万人缺粮。面对严重的灾情,县委、县人民政府先后派出1000多名干部深入一线,组织群众奋力抗灾。开展"抗旱救灾献爱心捐助"活动和"共产党员抗旱救灾特别捐献"活动,捐款近百万元,修建"共产党员爱心水窖"189个;投入各类抗旱资金985万元,实施地下找水钻井工程17件、地表找水通水工程1671件,发放救灾大米35万千克、棉被300床、衣服600套、救灾应急矿泉水15万千克,免费运送清洁饮用水数十万千克,将灾害造成的损失降到了最低限度。

【漾濞原生态歌舞走进央视】 2010年8月30日~9月4日,漾濞原生态民歌"漾濞核桃乡"走进央视,以"漾濞民歌周"系列节目形式在央视音乐频道《民歌·中国》栏目播出。节目分为《民歌·经典》、《民歌·发现》、《民歌·故事》、《民歌·版图》、《民歌·博物馆》和《新民歌》6集,每集播出时间30分钟。节目把访谈和舞台表演有机结合起来,访谈节目从民族分布、民族音乐舞蹈特点、民族节庆等方面对漾濞民族民间歌舞进行了深入阐释;舞台表演节目充分展示了漾濞彝族、白族、苗族、傈僳族等原生态歌舞的艺术美感和文化内涵。舞台表演节目大部分由来自县内鸡街乡、富恒乡的民间歌手表演录制完成。

【"2010'中国·大理漾濞核桃节"成功举办】 2010年9月1日,由大理州人民政府、云南省林业厅、云南省旅游局主办,漾濞县人民政府、大理州林业局、大理州旅游局承办的"2010'中国·大理漾濞核桃节"在苍山西坡光明村鸡茨坪核桃林中启动。启动仪式上,中国经济林协会命名大理州为"中国核桃第一州(市)"并颁发牌匾和证书,州委、州人民政府命名了15个乡镇为"大理州核桃种植明星乡镇"、30个村为"大理州核桃种植明星村"。"2010'中国·大理漾濞核桃节"从9月1日开始至9月30日结束。期间,在漾濞境内开展相关合作项目签约、漾洱电站投产发电仪式、"走进生态漾濞"采访活动、核桃商贸暨招商引资活动、走进核桃之乡旅游活动以及录制和播出"说漾濞核桃,唱漾濞风情"专题节目,并赴上海举办漾濞核桃推介会等。

【扎实开展"创先争优"活动】 2010年5月开始,漾濞县按照"推动科学发展、构建和谐漾濞、增进民族团结、服务人民群众、加强基层组织"的总体要求,以"科学发展、富民强县"为主题,扎实开展"创先争优"活动。活动涉及县乡机关和县级部门等80个单位、134个党组织、1418名党员;农村党总支部65个、党支部244个、党员4841名;社区党支部1个、党员156名。自"创先争优"活动开展以来,全县机关党组织深入开展"五比五创"主题实践活动,通过设立党员先锋岗、党员示范窗口,组建党员服务队、党员结对帮扶等发挥党员作用,争做"服务先锋"。全县农村党组织深入开展"双强双带"主题实践活动,通过开展设岗定责、评星挂牌、依岗承诺和"五访五问"、"四百"活动等民情调查工作法,以及建设农民服务站等形式充分发挥党员作用,争做"带富先锋"。社区党组织深入开展"四讲四创建"主题实践活动,通过建立党员责任区、党员示范楼院、开展党员志愿服务等发挥党员作用,引导社区居民努力建设文明和谐社区,争做"和谐先锋"。同时,在109个中小学校深入开展"三树立三争当"主题实践活动,争做"奉献先锋";在国有企业、非公有制经济组织和新社会组织通过设立党员创业先锋岗、党员责任区、诚信经营户等活动,努力争做"创业先锋"。

【张郭宏出席中国县域经济发展高层论坛】 2010年12月19日,中共漾濞县委书记张郭宏应邀出席由中央电视台财经频道主办,在人民大会堂举行的"中国县域经济发展高层论坛"。漾濞县是云南省与中央电视台财经频道合作财经资讯采集的四个县之一,是大理州唯一参与的县份。参会期间,张郭宏就"如何发展县域经济"、"农民的组织化是否能推动农业现代化"、"联系县情如何规划十二五"、"如何进一步发展壮大漾濞核桃产业"等专题,接受了中央电视台财经频道《对话》、《经济信息联播》、《中国财经报道》等栏目的访谈,录制了"寄语2011中国县域经济发展"宣传片。与此同时,漾濞核桃系列产品还在人民大会堂进行了展示。

【漾濞"2·14"石门关森林火灾】 2010年2月14日15时,漾濞县苍山西镇金牛村省级风景名胜区石门关一带发生森林火灾,先后有50多名专业扑火队员、300多名各级干部、100多名当地群众、500多名部队官兵直接参与扑火工作,动用直升机10余架次实施吊水扑火作业,至2月18日上午10时,明火扑灭,造成过火面积70公顷,无人员伤亡。

【苍山西镇】 苍山西镇,位于点苍山西麓偏东北,在县境中部,东以点苍山脊为界交大理市,南接平坡镇、顺濞乡,西连富恒、太平二乡,北倚漾江镇,国土面积372平方千米。镇设16个村委会和1个社区、205个村(居)民小组。县城在其辖区内,是全县政治、经济、文化、交通、生活的中心。全镇处于漾濞江河谷区,水能、旅游资源富集,全县绝大部分自然景观和人文景观在其境内;居民点和农田分布于海拔1520~2400米之间的河谷区和山地间,粮林牧均宜,是县内的稻谷、泡核桃、玉香梨主产区。镇人民政府驻地县城东区,离州府(下关)29千米。2010年末总人口40989人,农村经济总收入3.90亿元,工业总产值4.10亿元,财政总收入1572万元,农民人均纯收入3389元。核桃种植总面积1.26万公顷,粮经作物播种总面积0.41万公顷,经作面积379公顷,粮食总产量1547万千克,大牲畜存栏1.78万头,肉类总产量519万千克,互联网宽带用户2100户。年内,筹集并投入154万元,新建镇计生、司法、文化业务办公用房;建成了美翕村、金星村卫生室;实施了石钟村扶贫开发整村推进工程、石钟村村级组织活动场所建设工程和总投入100余万元的农村饮水安全工程项目21件。

总投入400万元的小春箐水库干渠防渗工程以及花椒园、小水塘、马鹿塘村民小组的10千伏输电线路改造工程和沙河村公路建设一期工程正在施工中。2010年,国家补助资金60万元,扩建了3个生猪标准化规模养殖场;启动了总投入340余万元的密场、白羊、金星、光明、白章、秀岭6所完小的校安工程建设工作。

2010年,镇党委书记蒋拓东,镇人大主席李光,镇长曾银中。

【漾江镇】 漾江镇,地处点苍山西麓偏北,在县境北部,位于漾濞江河谷区上游段,东以点苍山与大理市交界,南连苍山西镇,西接富恒乡、云龙县团结乡,北邻洱源县西山乡、炼铁乡,是1999年中共云南省委、省人民政府确定的全省40个革命老区之一,国土面积415平方千米。镇辖12个村委会、109个村民小组。该镇沿漾濞江河谷区土地资源、水能资源丰富,是县内的粮食主产区,而西北部山区生态优越,植被良好,是县内的主要森林资源区之一。镇人民政府驻地脉地村(平甸公路37千米处),距县城20千米,距州府下关49千米。2010年,年末总人口15447人,农村经济总收入1.11亿元,工业总产值3.12亿元,财政总收入466万元,农民人均纯收入3142元;核桃种植总面积1.18万公顷,粮经作物播种总面积0.27万公顷,经作面积326公顷,粮食总产量884万千克,大牲畜存栏1.32万头,肉类总产量2699万千克。年内,总投入1027万元的脉双公路柏油路改造工程动工建设;投入700余万元,实施了上邑村、普坪村、抱荷岭村扶贫开发整村推进工程;投入40余万元,实施了荨麻箐村、阿家村、上邑村、江桥村村级组织活动场所建设工程;投入200余万元,实施了麻地坪等20个村民小组的10千伏输电线路改造工程;投入100余万元,实施农村饮水安全工程建设项目17件。2010年,国家补助25万元,改造生猪标准化规模养殖场1个;启动了总投入340万元的弯坡、阿家、普坪、安南4所完小和双涧九年制学校校安工程建设工作和总投入25万元的镇文化站综合楼工程建设工作。

2010年,镇党委书记马倩,镇人大主席赵春林,镇长杨迎军。

【平坡镇】 平坡镇,位于点苍山西麓偏东,在县境东部,居漾濞江河谷区下段,东、南交大理市以点苍山、西洱河为界,西南以漾濞江为界与巍山县隔河相望,西抵顺濞乡,北止苍山西镇,曾名洱尾,喻西洱河下游之意。全镇国土面积128平方千米,辖4个村委会、49个村民小组。平坡镇处于320国道、大漾二级公路、大保高速公路交汇地,交通便捷,区位优越。县内最大的两条河流漾濞江、西洱河在平坡镇东境汇集后逶迤南去,多座梯级小水电站驻其境内。镇内有2处温泉,居民点和农田分布于海拔1500～2300米之间,是县内的水稻和泡核桃主产区。2010年,年末总人口8204人,农村经济总收入0.82亿元,工业总产值3亿元,财政总收入1262万元,农民人均纯收入4556元;核桃种植总面积0.61万公顷,粮经作物播种总面积0.11万公顷,经作面积51公顷,粮食总产量300万千克;大牲畜存栏0.37万头,肉类总产量113万千克;民营企业26户,营业收入1.73亿元,其中上缴税金100万元以上的有4户。年内,总投入1000多万元的平坡村社会主义新农村建设示范村项目全部完成并通过验收;实施了总投入281万元的石坪村、高发村小型基础设施片区综合建设工程和黑大么等6个村民小组的10千伏输电线路改造工程;启动了总投入174万元的平坡、石坪、高发3所完小的“校安工程”建设工作。

2010年,镇党委书记杨家才,镇人大主席余化东,镇长施文妍。

【顺濞乡】 顺濞乡,位于县境中部,东接平坡镇,南连龙潭、瓦厂2乡,西倚太平乡,北靠苍山西镇,国土面积137平方千米,其中山区面积占99.7%。乡辖5个村委会、53个村民小组,自然村皆通公路、通电、通电话。境内最高海拔3235.8米,最低海拔1270米,居民点和农田分布于海拔1400～2500米之间。320国道穿乡机关驻地而过,过境17千米,大保高速公路在乡机关驻地留有岔道并设收费站,穿境8.4千米,区位优越,交通便捷,县内重点工业企业多分布于此。漾濞江、顺濞河在东境交汇,水能资源丰富。乡人民政府驻地顺濞村,距县城35千米,离州府(下关)38千米。2010年末,总人口有6043人,农村经济总收入0.41亿元,工业总产值6.32亿元,财政总收入1274万元,农民人均纯收入3020元,核桃种植总面积0.43万公顷,粮经作物播种总面积0.12万公顷,经作面积182公顷,粮食总产量238万千克,烟叶产量26万千克,大牲畜存栏0.67万头,肉类总产量103万千克,互联网宽带用户110户。年内,总投入181万元的30套廉租住房和总投入52万元的乡机关综合办公楼建成并投入使用;实施了总投入192万元的顺濞村、小村村小型基础设施片区综合建设工程和旧村村民小组的10千伏输电线路改造工程;实施了总投入71万元的顺濞村抗旱应急供水工程,总投入200余万元的顺濞村“千村扶贫开发百村推进”工程,总投入20余万元的顺濞村村级组织活动场所建设工程以及瓦窑村一组、顺濞村五组、乡九年制学校的饮水安全工程;启动了总投入285万元的瓦窑完小、哈腊左完小、乡九年制学校校安工程建设工作。

2010年,乡党委书记左学军,乡人大主席罗达真,乡长代洁文。

【太平乡】 太平,曾名汉营,相传诸葛亮南征军曾在此安营扎寨而得此名,后因乡人民政府驻地在太平铺而取名太平,位于县境西部。东连顺濞乡,南与龙潭乡隔顺濞河相望,西界顺濞河靠永平县北斗乡和龙街镇,北接富恒乡、苍山西镇,国土面积239平方千米。乡辖6个村委会、49个村民小组,皆通公路、通电、通电话。太平乡是一个典型的山区农业乡,宜林、牧,主产泡核桃,居民点和农田分布于海拔1400～2300米之间。国道320线与省道漾梅线均过本乡。境内最高海拔3236米(老和尚山),最低海拔1390米(岩路沟入顺濞河处),立体气候明显。境内红豆杉、红椿等珍贵树种皆有分布,森林覆盖率81.60%。乡人民政府驻地太平村,距县城24千米。2010年,年末总人口6816人,农村经济总收入0.39亿元,财政总收入231万元,农民人均纯收入2741元;核桃种植总面积0.43万公顷,粮经作物播种总面积0.15万公顷,经作面积105公顷,粮食总产量381万千克,烟叶产量13万千克;大牲畜存栏0.79万头,肉类总产量105万千克。年内签订风能开发项目1个,协议投资5亿元;实施了劳动伙房、下龙潭、新街子、龙潭、岩橄榄5个村民小组的饮水安全工程和太平村村级活动场所改造工程;启动了总投入360万元的箐口、罗士登、构皮、平地4所完小的校安工程建设工作和总投入204万元的乡机关站所综合办公楼工程建设工作。

2010年,乡党委书记黄志忠,乡人大主席窦秀宇,乡长杨富昌。

【瓦厂乡】 瓦厂乡,位于县境南部,东与巍山县紫金乡等地隔漾濞江相望,南连鸡街乡,西接龙潭乡,北靠顺濞乡,国土面积110平方千米。乡辖5个村委会、49个村民小组,居民点和农田分布于海拔1300~2300米之间山地。瓦厂乡光热资源、土地资源较好,粮林牧烟均宜,是县内的烤烟主产区之一。乡人民政府驻地瓦厂村,距县城51千米。2010年,年末总人口5229人,农村经济总收入0.35亿元,财政总收入171万元,农民人均纯收入2899元;核桃种植总面积0.4万公顷,粮经作物播种总面积0.13万公顷,经济作物种植面积244公顷,粮食总产量255万千克;烟叶产量24万千克,大牲畜存栏0.58万头,肉类总产量75万千克,互联网宽带用户50户。年内,总投入115万元的20套廉租房建成使用;投入386万元,18户78人小湾电站移民如期迁居;实施了蛇马村"扶贫开发整村推进"工程和蛇马村村级组织活动场所建设工程以及蛇马村苏家、黄山2件饮水安全工程;启动了总投入87万元的乡中心学校、瓦厂完小校安工程建设工作和总投入43万元的乡财政所办公综合楼建设工程;实施了总投入28万元的瓦厂司法所办公楼工程建设工作、乡邮政所建设工作;估算投资1600万元的乡道柏油路面改造项目已经计划部门批准立项。

2010年,乡党委书记任国怀,乡人大主席王德书,乡长沐永健。

【龙潭乡】 龙潭乡,位于县境南部白竹山西、北麓,东抵瓦厂乡,南达鸡街乡,西连永平县龙街镇,北与太平、顺濞乡隔顺濞河相望,国土面积144平方千米。乡辖7个村委会、51个村民小组,皆通公路、通电、通电话。居民点和农田分布于海拔1450~2150米之间。龙潭乡生态资源、光热资源、土地资源较好,粮林牧烟均宜,是县内的泡核桃和烤烟主产区。乡人民政府驻地龙潭村,距县城85千米。2010年,年末总人口6289人,农村经济总收入0.24亿元,财政总收入314万元,农民人均纯收入2900元;核桃种植总面积0.65万公顷,粮经作物播种总面积0.14万公顷,经作面积323公顷,粮食总产量290万千克,烟叶产量60万千克;大牲畜存栏0.71万头,肉类总产量60万千克。年内,完成了清河村、龙潭村、水竹坪的村级组织活动场所建设工程和清河完小搬迁新建工程;实施了水竹坪村扶贫开发整村推进工程和大堆子、赶马腊、新火山、大麦地4个村民小组的10千伏输电线路改造工程以及瓦窑、洒密度路2个村民小组的饮水安全工程;总投入1000多万元的龙扎公路柏油化改造工程全线开工;启动了总投入30万元的乡文化站综合楼工程建设工作和总投入240万元的清河村、水竹坪村小型基础设施片区综合建设工程工作。

2010年,乡党委书记廉子新,乡人大主席杨应峰,乡长罗荣峰。

【富恒乡】 富恒乡,位于县境西部,东交苍山西镇、太平乡,南邻永平县北斗乡,西连云龙县团结乡,北接双涧乡、洱源县西山乡(洱源飞地),国土面积231平方千米。乡辖6个村委会、45个村民小组,皆通公路、通电、通电话。居民点和农田分布于海拔1600~2600米之间。该乡拥有丰富的生物资源、矿产资源、水能资源,林地总面积9.47万公顷,森林覆盖率72%,是县内的主要林区之一;植物种类丰富、类型多样,尤以蕨类、菌类为最;矿产资源居县内第一,有金、锌、汞和黑色大理石等。乡内彝族山歌对唱、彝族唢呐调等民族文化资源丰富。乡人民政府驻地富恒村,距县城102千米。2010年,年末总人口8411人,农村经济总收入0.46亿元,财政总收入374万元,农民人均纯收入2709元;核桃种植总面积0.8万公顷,粮经作物播种总面积0.19万公顷,经作面积354公顷,粮食总产量464万千克;烟叶产量70万千克;大牲畜存栏1.03万头,肉类总产量123万千克。年内,实施了总投入近600万元的密马村、长寿村"扶贫开发百村推进"工程、母猪厂省级重点村建设工程、铁匠房等6个村民小组的10千伏输电线路改造工程;多多母等6个村民小组和乡九年制学校的饮水安全工程;实施了总投入160万元的县农村信用联社富恒乡服务网点建设工程;总投入130万元的乡集贸市场建设完成第一期工程;总投入70万元的乡党政办公楼工程和总投入140万元的20套廉租房工程动工建设;启动了总投入95万元的建材完小"校安工程"建设工作。

2010年,乡党委书记陈迤君,乡人大主席张世新,乡长罗海勇。

【鸡街乡】 鸡街乡,位于县境最南端,地处2地(大理、保山)4县(漾濞、巍山、永平、昌宁)结合部,东与巍山县马鞍山乡隔漾濞江相望,南与保山市昌宁县接壤,西与永平县龙街镇相连,北与本县龙潭、瓦厂两乡毗邻,国土面积143平方千米。乡辖4个村委会、38个村民小组,皆通公路、通电、通电话。该乡大部分地区燥热少雨,居民点和农田分布在海拔1200~2200米的山地间;主产粮食和烤烟,多芭蕉和柑橘。乡人民政府驻地鸡街村,距县城103千米。2010年,年末总人口5108人,农村经济总收入0.37亿元,财政总收入293万元,农民人均纯收入2834元;核桃种植总面积0.28万公顷,粮经作物播种总面积0.11万公顷,经作面积349公顷,红花种植面积189公顷,膏桐种植面积670公顷,粮食总产量243万千克;烟叶产量40万千克,大牲畜存栏1万头,肉类总产量88万千克。年内,投入300多万元,实施地下找水钻井工程12件、抗旱应急供水工程18件、饮水安全工程3件;实施了总投入105万元的县农村信用联社鸡街乡服务网点建设工程;启动了总投入139万元的乡九年制学校"校安工程"建设工作,总投入43万元的乡文化站综合楼工程建设工作,乡邮政所建设工作;估算投资1575万元的乡道柏油路面改造项目已经计划部门批准立项。

2010年,乡党委书记张根发,乡人大主席杨永伟,乡长常学明。

(朱应旭)

祥 云 县

【自然概貌】 祥云县位于云南省中部偏西北,大理白族自治州东部边缘,总面积2425平方千米,其中山区占86.33%,坝区占13.67%。县城位于县境西北部,东距省府昆明298千米,西距州府大理45千米,海拔1996米。县境属北亚热带偏北气候,冬无严寒、夏无酷热。2010年,年平均气温16.0℃,创历史最高年份,比常年平均高1.4℃,各月平均气温属偏高至特高。年降雨量705.6毫米,比常年平均少92.9毫米,冬、春、夏旱持续时间长,为百年不遇旱灾;年日照时数2225.5小时。

【行政区划】 县辖祥城、沙龙、云南驿、下庄、普淜、刘厂、禾甸、米甸8镇,鹿鸣、东山2乡,下属城东、城西、城南、华严4个城区社区,17个农村社区,115个行政村。

【人口 民族】 2010年末,全县总户数138401户,人口468397人,其中:男237019人,女231378人;农业人口426873人,占总人口的90.65%,年内出生4490人,死亡3147人,人口自然增长率2.88‰。汉族382715人,占总人口的

82.49%，少数民族82437人，占17.51%；少数民族中，白族人口占总人口的9.62%，彝族35400人，占总人口的7.23%，傈僳族1269人，占总人口的0.75%，回族570人，占0.13%，苗族759人，占0.13%，其他民族768人，占0.16%。

【经济综述】 2010年，全县生产总值633297万元，比2009年增长13.05%，为第十个五年计划末期2005年的3.3倍，年均递增27%，其中：第一产业完成增加值171989万元，比上年增长8.85%；第二产业完成增加值333498万元，比上年增长15.7%；第三产业完成增加值127810万元，比上年增长12.69%。人均生产总值13620元，比上年增长10.87%。一、二、三次产业比例由上年的29.4∶45.6∶25.0调整为27.2∶52.6∶20.2。第二产业生产总值首次超过一产、三产总合，工业强县战略明显凸现。

【农　业】 2010年，克服了百年不遇的特大干旱，切实抓好调整结构、压缩水稻、扩大旱作、稳定粮食、增加经作、提质烤烟、巩固蚕桑、壮大畜禽、拓展就业，大力发展辣椒、青菜、马铃薯等产业，多措并举，抗大旱，促增收，保民生工作，实现农村经济平稳增长。全县农村经济总收入359033万元，比上年增长9.02%，为2005年的1.6倍，年均递增9.2%。全年粮食播种面积3.13万公顷，比上年增长10.11%；平均亩产311.2千克，比上年减20.81%；粮食总产14612.8万千克，比上年减12.77%。其中，小春粮食作物种植面积1.29万公顷，总产2051.2万千克，比上年减57.56%；大春粮食作物播种面积1.84万公顷，总产12561.6万千克，比上年减5.38%。全县共种植晚秋作物6966.7公顷。其中：净种1560公顷、间套种5406.7公顷。全年饲养蚕种85035张，比上年减16.85%；产鲜茧336.94万千克，比上年减17.04%；鲜蚕茧平均销售价格为36.54元/千克，比上年高12.71元/千克，创历史最高水平；蚕农全年售鲜茧收入12310.94万元，比上年增2631.34万元，增27.19%；烤烟种植5966.7公顷，收购烟叶1568.5万千克，烟农收入2.26亿元。全年争取到农机购机补贴、粮种补贴、粮食增产科技推广经费、抗旱救灾经费、村容村貌及农村集体经济扶持资金等省州项目扶持资金3488万元。年内改造低产桑园342公顷，创建高产桑园667公顷；实施测土配方施肥核心示范1333公顷，完成各种试验15组，引进玉米品种72个试种；实施降解膜覆盖技术87公顷、小春农业综合开发项目优质饲料粮基地建设187公顷；完成水改旱3467公顷、粮食高产创建4000公顷、地膜包谷种植2667公顷、良种推广2.09万公顷、水稻旱育秧280公顷、水稻精确定量栽培1000公顷、测土配方施肥1.71万公顷；完成农机作业1.72万公顷；培训G证258人，绿色证书培训236人；完成中央财政农业机械购置补贴资金310万元，补贴机具2171台，受益农户2034户；培训农村劳动力10418人，实现新增就业转移8820人；完成无公害产品认证企业2家、产品17个，检测农产品取样1102个，样品合格率95.6%，办理调运检疫516批次，开展植物调运检疫506车次，签证506份。年末，全县拥有农业机械总动力33025.42万瓦特，比上年增长10%；拥有拖拉机4491台，比上年增长10%；联合收割机14台，与上年持平；农用排灌动力机械5191台，比上年增长40%；农副产品加工机械4079台，比上年增长20%；耕整机2397台，比上年增长97.9%；农业机械总值23061.97万元，比上年增长10%。全年机耕面积1.73万公顷，比上年增长12%；机收1557公顷，比上年增长107%。

【畜牧业】 2010年，全县举办科技培训班30期，完成猪品种改良4.82万窝，推广三高母猪2140头、良种禽175万羽、牛冻精改良2344头。加强免疫，全年注射猪肺疫苗6.9万头次、猪蓝耳病疫苗52.2万头次，防治密度达107.6%；注射新城疫苗318万羽、禽流感疫苗220万羽；完成猪、牛、羊"W"强制免疫75.2万头次；增强产品检疫工作，全年检疫肥猪5.5万头、仔猪0.97万头、大牲畜2800头（匹）、鸡62万羽，检疫猪胴体4.9万头、大牲畜胴体2500头（匹），有效保证了肉食品安全。全年检查城乡饲养、兽药经营市场217人次、经营户583户。2010年，全县生猪存栏25.8万头，比上年减2.17%，其中纯繁殖母猪2.7万头，增长2.6%，肥猪出栏37.2万头，增长12.14%，出栏率130.7%；大牲畜存栏7.69万头，增长1.56%；羊存栏5.76万只，增长1.75%，出栏2.45万只；家禽存栏237.6万羽，增长23.6%，出栏150.2万羽，增长15.7%；禽蛋产量16143吨，增长14.81%；鲜奶产量1323吨，增长33.5%；肉类产量39403吨，增长12.56%；畜牧业总产值12.7亿元，增长15.83%。

【林　业】 2010年，天然林保护工程稳步推进，林业重点工程建设取得显著成绩，全县完成森林管护任务16.94万公顷；完成扩大内需公益林建设1133公顷，完成封山育林667公顷，人工造林467公顷，改造中低产林1927公顷；云南松小蠹虫防治9667公顷，防治率85%；全民义务植树109万株；完成核桃基地建设6667公顷，全县核桃产量4765吨，产值17154万元；全县野生食用菌产量3520吨、产值12200万元。2010年，全县林业总产值31374万元，比上年增48.5%；完成沼气池640口、节柴改灶1515眼、太阳能建设40户；全县发生森林火灾6起，过火面积125.31公顷，低于州控制数6起。年内，加大林业执法力度，共查处各类涉林案件548起，行政处罚564人，没收木材1842立方米，罚款14.42万元。

【水　利】 2010年，浑水海、水许、三甲水库除险加固工程通过验收，中国烟草云南祥云大型水源工程建设正式开工。全县共投入水利建设资金16876万元，投入劳动工日310.55万个，修复水毁工程49处，新增防渗渠道227.84千米，加固水库（塘坝）16座，新增蓄水能力8.1万立方米，疏浚河道150.97千米，清淤渠道649.28千米，建水池16件、水窖313个，改善灌溉面积3120公顷；改造中低产田373公顷；治理水土流失面积9平方千米，解决了32997人的安全饮水问题。全年县管水库供水3995万立方米，其中：城镇用水301万立方米、工业用水212万立方米；乡镇水利工程供水2611万立方米。年末水库蓄水6803万立方米，其中县管水利工程419万立方米，乡镇管水利工程2611万立方米。

【工　业】 2010年，全县完成工业总产值89.43亿元，比2009年增长29.70%，为2005年的3.3倍，年均递增27%；完成工业固定资产投资7.91亿元，比上年增长43.04%；规模以上工业企业发展到28户，总产值69.12亿元，实现工业税收2.8亿元，占财政总收入的47.4%，年均递增13.3%。主要工业产品产量：水泥95.53万吨，比上年增长44.22%；锌138033吨，比上年增长5.93%；硫酸153890吨，比上年增长7.3%；野生菌6407吨，比上年增长72.79%；黄金420千克，比上年下降63.64%；原煤173.66万吨，比上年增长

57.53%；复烤烟叶49781吨，比上年增长28.07%；白厂丝160吨，比上年下降50%；供电量57411万千瓦时，比上年增长13.07%。年内，刘厂农产品加工、县城食品加工、板桥再生物资回收加工和下庄、云南驿工业小区开发建设稳步推进，“一园五区”的工业经济发展格局初步形成。财富工业园区被命名为全省首批新型工业产业化示范基地，园区集聚效应进一步凸现，项目建设进度加快，完成了14个工业项目的立项备案工作，促成了10个工业项目的竣工投产，实施了20个工业项目的新建技改工程。全县万元GDP能耗下降3.9%以上。

【乡镇企业】 2010年，全县乡镇企业达11160个，从业人员达37515人。乡镇企业完成总产值42.23亿元，营业总收入39.82亿元，增加值12.1亿元，利润2.89亿元，上交税金1.02亿元，发放劳动者报酬3.92亿元。

【商　贸】 2010年，实施消费拉动战略，完成40户“万村千乡市场工程”农家店建设；开展好“农电、汽车、摩托车下乡”工作，共组织下乡网点70家，销售家电21220台，兑付补贴资金2497万元。2010年，社会消费品零售总额实现18.2亿元，比上年增长22.13%，为2005年的2.5倍，年均递增19.5%。按销售地区分：城镇消费品零售额145629万元，比上年增长22.13%；乡村消费品零售额36407万元，比上年增长22.13%。按行业分：批发业31957万元，比上年增长9.7%；零售业94383万元，比上年增长32.86%；住宿业429万元，比上年增长45.06%；餐饮业51405万元，比上年增长11.95%。按经济类型分：公有制经济33286万元，比上年增长22.08%；非公有制经济148750万元，比上年增长22.15%。年内，加大农产品出口企业培育力度，获得进出口经营权企业14个，出口品种达90个，实现进出口总额10986万美元，首次突破亿元大关，比上年增长84.79%，为2005年的12.3倍，年均递增65.3%。其中出口3568万美元、进口7418万美元。

【非公有制经济】 2010年，全县非公有制企业及个体工商户达9045户，占全县经济组织的99.68%，从业人数23684人。非公有制企业实现工业总产值73.13亿元，占全县工业总产值的80.97%，比上年增长27.85%；非公有制经济实现税收38986万元，比上年增长13.33%，占全县税收额的74.64%。非公有制经济组织注册资金163901万元，比上年增长12.77%；非公有制经济实现增加值占全县GDP的比重达57.62%。

【招商引资】 2010年，全县引进项目21个，其中资金上亿元以上项目4个，协议资金41.84亿元，实际到位资金11.43亿元，比上年增长76.93%。

【财税　金融】 2010年，强化税收征管，合理控制支出，确保了全县财政较快增长和收支平衡，财政总收入59086万元，为2005年的2.4倍，年均递增19.10%，比2009年增长13.22%。其中：地方一般预算收入33392万元，比上年增长17.15%；财政总支出113780万元，比上年增长14.14%。国税收入28369.1万元，比上年增12.8%；地税收入26675万元，比上年增长17.67%。金融风险防范进一步加强，年末金融机构存款余额545514万元，比上年增长31.48%，存款中储蓄存款余额334674万元，比上年增长23.30%；年末金融机构贷款余额260319万元，比上年增长19.62%。保险事业继续发展，全县各种保险保费收入10741万元，比上年增长15.83%，其中：财产险收入5966万元，比上年增长17.63%；人身险收入7475万元，比上年增长13.83%。赔付额2634万元，比上年减少16.51%，其中：财产险赔付2390万元，比上年减少15.52%；人身险赔付245万元，比上年减少25.15%。

【城乡建设】 2010年，县城重点建设项目进展顺利。县医院综合大楼、地震办公楼建成投入使用，敬老院、环卫中心综合楼、县城排水管网、污水处理厂二期工程、防林防火中心、土地流转中心、房地产交易中心、防汛抗旱调度中心等一批工程正加紧实施。县城建成区面积达8.3平方千米，全县城镇化率33.85%。全面完成了老城区改造工作，县城形成一古一新发展格局。省级园林县城创建工作扎实开展，县城绿地率13.62%，绿化覆盖率18.62%。乡村建设积极推进。加紧实施云南驿镇、鹿鸣乡集镇总体规划，完成禾甸镇、米甸镇集镇总体规划修编及小波那等5个中心村、老街等3个自然村的规划工作；13个新农村省级重点村建设全面展开，米甸镇整乡推进扶贫开发试点项目建设进展顺利，实施了600户农村贫困户危房拆除重建工程。全年审查建设项目40项，审批办理《建设工程规划许可证》142证。完成招标工程25个，招标金额达9211.85万元，中标合同金额9007.89万元，节约建设资金203.96万元。完成工程质量监督注册项目97项，竣工验收备案工程51项。办理建设工程施工许可证111个，建筑总投资38842.36万元，建筑面积409949平方米。完成6961户、26602人低收入住房困难家庭的住房保障申请、调查、审核工作，全年共核发住房保障租赁补贴资金335.09万元；完成了7800平方米、156套廉租住房的建设工作，新入住户156户，共发(换)房屋所有权证1018本。年内，完成商品房开发面积29.93万平方米，完成投资36722万元，商品房销售12.73万平方米；完成房屋产权登记447户22万平方米；办理二手房转移登记1172宗、房地产抵押登记2200宗；拍卖国有资产4处，挂牌出让土地8宗，共筹集城市建设资金6436万元。2010年，城镇管理得到加强，取缔占道经营857起，新开行车道12条，审批户外广告213块，清除墙面非法广告2390平方米；强化县城环境卫生管理，继续保持省甲级卫生县城称号。

【固定资产投资】 2010年，加大了对基础设施、市政建设、小城镇建设等项目建设的投入，固定资产投资实现又好又快发展。全县全社会固定资产投资完成181438万元，比上年增长30.86%。其中：城镇投资112186万元，比上年增长4.49%；房地产开发投资18582万元，比上年增长37.43%。

【交通　邮电】 2010年，交通基础设施建设改造工作步伐加快，投资2835万元，实施了米甸至宾川拉乌24.9千米四级沥青路面公路新建工程；投资1400万元，完成鹿鸣乡26.5千米公路沥青路面改造工程；投资8.33亿元的祥云至大姚二级公路改造工程进展顺利。全年共完成县乡公路通达工程35项，建设里程220千米，投资3300万元；全年农村公路建设总投资达7535万元。年末，全县县乡镇公路总长2129千米，其中县道323千米、乡镇道846千米、村道959千米，投入养护费用677万元。全县有营运客车566辆，其中省、州县际车111辆，客运线路12条；县内农村客运车313辆，线路16条；出租车100辆；城市公交车42辆；客运量163万人次，周转量24953万人千米。全县有普通货车3350辆，新增850辆，货运量209万吨，周转量31926万千米；全县3个机动车驾驶员培训学校，共培训汽车、摩托车驾驶员3354人，培训营运从业人员1726人。2010年，全县邮政业务总量完成849万元，比上年增长12.6%；电信业务总量2717万元，比上年增长4.9%；固定电话用户7.72万户，比上年减少0.90%；移动电话用户21.62万户，比上年增长22.35%；百人电话普及率64部；互联网用户1.29万户，比上年增长44.94%。

【科　技】 2010年，全县立项实施科技项目64项，其中工业9项、农业23项、社会发展29项、其他3项。飞龙公司"铅锌冶炼厂废水零排放工艺装置研发及应用示范"、怀宝公司"核桃精加工产品系列化开发"、云龙公司"2005吨/年野生食用菌罐装精加工"等省列重点科技项目的实施取得了成效。建立完善了20个村委会科技活动室。全县命名科技示范户1000户，以示范带动水果、干果、烟草、种子培育、养殖等项目为主的"一村一品"的绿色科技支柱产业得到发展。增强全民科技意识，认真组织好"三下乡"活动，全县共开展各类培训549期、参训人员69323人次。其中种植业147期，养殖业85期，技能培训35期，其他科技知识培训282期。科技对国民经济增长的贡献率达47.8%。

【教　育】 2010年，全县有小学151所（其中完全小学113所，教学点88个），普通中学22所（其中普通高中3所，初级中学18所，民营股份制完全中学1所），职业高中1所，教师进修学校1所，公办幼儿园3所，民办幼儿园105所。全县小学在职专任教师1489人，学历合格率为96.64%；初中专任教师1066人，学历合格率为99.06%；普高专任教师418人，学历合格率为97.13%。小学在校生43372人，初中在校生21356人，普通高中在校生6456人，职业高中在校生2373人，幼儿园（学前班）在园在班儿童13287人（其中民办幼儿园10040人）。全县3~6岁儿童入园率75.68%，小学适龄儿童入学率99.96%，辍学率0.19%，初中毛入学率101.06%，辍学率1.25%，残疾儿童入学率91.49%。15周岁人口初等教育完成率99.77%，17周岁人口初级中等教育完成率98.33%。全县青壮年人口262863人，非文盲率达99.88%，非农业人口的文盲率为零，15~24周岁人口非文盲率达100%。小学和初中生均占地面积分别为16.1平方米、24.33平方米，生均校舍面积分别为6.35平方米、8.22平方米，生均图书分别为8.38册、11.76册。2010年高考上线率99.63%，各项考核指标均名列全州前茅，县教育局连续3年被州教育局考核表彰为"大理州高中教育管理先进单位"。年内，共为958名家庭贫困大学生提供生源地助学贷款514.38万元。实施"7·9"地震中小学校舍恢复重建项目37个20441平方米，投入资金1505万元。实施中小学校舍安全工程项目48个，投资3156.2万元，拆除D级危房47277平方米，新建校舍39460平方米。教育信息化建设"班班通"工程总投资770万元，建成初中信息中心19个、信息点326个，固定多媒体投影设备326套；建成小学有线信息中心54个、无线信息中心22个，信息点798个，配备固定多媒体投影设备176套和移动多媒体投影设备80套、光盘播放设备72套。

【文　化】 2010年，继续实施"民族文化工程"、"文化精品工程"以及州"两馆一站"建设规划。全年共承办大型文艺演出4场，文艺下乡巡回演出20场，文艺专场演出5场。举办了祥云县文化遗产图片展、图书馆知识讲座2期。全县11支电影放映队开展"2131"电影放映392场次，观众18万人次。图书馆全年外借书刊6.84万册次，共接待读者13.7万人次；新华书店销售图书100.7万册，销售额突破1000万元。全县有文化市场经营户152户，其中歌舞娱乐、卡拉OK等娱乐场所经营户22户，音像制品35户，书刊21户，五小印刷41户，网吧15户，录像放映4户，电子游戏14户。全年共发放宣传材料416份，新闻宣传报道3次，受理文化市场举报4件，办复率100%。累计出动执法检查人员430人次，出动执法车辆105车次，清理检查各类文化市场经营户1117户次，责令停业整顿违法违规文化经营场所2家，取缔无证店、摊点2个，取缔黑网吧3家；制止非法演出4起，收缴各种非法书刊260余册，各种非法音像制品、电子出版物612碟。年内，完成了第四批中央扩大内需禾甸镇、米甸镇、沙龙镇、东山乡4个综合文化站建设，启动了祥城镇、普淜镇、鹿鸣乡3个文化站建设工作；完成了31个村级文化室建设，每个补助资金5000元；完成了30个"农家书屋"的建设及书籍配发工作，继续申报了25家"农家书屋"工程项目和50个村级文化信息资源共享点；争取到王家庄、下庄、城东社区3个党员干部远程教育与文化信息资源共享工程终端站点。

【体　育】 2010年，继续推行全民健身计划，并以节假日为载体全面开展形式多样的群众性体育活动。组队参加了全州长跑比赛、门球年度赛、洱海源杯老年人体育运动会、三月街民族节"蝶泉乳业杯"赛马大会、自行车邀请赛暨太极山登山比赛、石宝山杯老年人体育运动会、老年人地掷球比赛及云南省老年人地掷球比赛。县内举办了老年人乒乓球友谊赛、机关国庆拔河赛、"迎新年"千人穿城赛等大型体育比赛活动。年内，全县参与全民健身活动人数达29.75万多人次，在县内3所中学中建立起体育训练网点，举办体育骨干培训2期、老年人沙式太极拳（剑）培训班1期。完成了云南驿镇妙村、祥城镇严家村、东山乡大古者3个自然村文化体育活动广场建设，省投入资金32.4万元；向11个村级老年活动中心赠送乒乓球桌11张。年内，向上级输送运动员6名。

【广播电视】 2010年，继续实施广播电视"村村通"工程，完成用户9700户。全县广播覆盖率100%，电视综合覆盖率98%。年末电视用户86091户，其中数字电视用户47368户；运营收入1701.1万元，累计发展计算机宽带互联网用户1641户，其中年内新增902户。县广播电台播出祥云新闻2285条，有178条被州广播电台采用；县电视台播出祥云新闻2285条，有32条被省电视台采用，468条被州电视台采用；《祥云实讯》刊出52期，稿件139件，被《大理日报》采用506件、省级媒体采用20件。

【卫　生】 2010年，全县有各类卫生机构203个，其中：国有19个、民营个体48个、村卫生室136个、学校厂矿医务室5个；医院和卫生院有床位1321张，有卫生技术人员872人。年内，县本级财政实际卫生支出2795万元；法定报告传染病发病率154.28/10万，孕产妇死亡率46.13/10万，婴儿死亡率13.84‰，住院分娩率98.66%。2010年，县人民医院住院综合楼项目建设全面完工并投入使用，禾甸中心卫生院实现整体搬迁，禾甸中心卫生院医技业务综合楼、米甸卫生院综合楼、沙龙卫生院综合楼相继建成并投入使用，东山卫生院门诊楼修缮完工并投入使用，云南驿中心卫生院、下庄中心卫生院国债建设项目建成并投入使用；云南驿中心卫生院、下庄中心卫生院和禾甸中心卫生院分别配备救护车1辆。

【生态环境保护】 年内，坚持污染治理与生态保护并重原则，取缔了3条落后水泥水产线，清理露天堆放煤矿企业12家；开展城镇集中饮用水源地基础调查及评估工作；召开了象鼻水源管理环境保护警示教育，对区内污染进行分析，提出了治理意见；对40家企业的粉尘、烟土、污水、噪声、二氧化碳排放情况进行监测，出具监测报告95份；完成地表水环境能力区划及水质测量工作；完成村庄环保治理规划40家；监测水源29个，获取水质数据145个、噪声监测数据79个。2010年，加大治理力度，完成县城污水处理厂二期工程，新增日处理污水能力1.25万吨；银龙公司投资1000万元，建成国内领先的生产废水综合循环系统，废水利用率大于90%以上。全年推广节能灯具5万只；开展好“七彩云南保护行动”，发放环保宣传画册600册、环保型购物袋1600个。依法行政，排查重点污染企业25家，查处环境违法行为3起；对126个单位的排污许可证进行了年检核证，全年征收排污费189万元。全年完成二氧化碳削减量151.2吨，比2005年减少500吨，化学需氧量削减105.3吨，比2005年减少80吨。

【民　政】 2010年，全县共安排救灾救济款381.99万元，其中：旱灾捐款211.99万元，常规灾民生活救助拨款170万元；救灾救济物资折合123.3万元，大米640吨。城乡临时困难救助9854人次，资金135万元；大病医疗救助1268人，资金202.23万元；补助农村“五保”、低保户参加2011年新型农村合作医疗救助22045人，资金66.14万元；救助城市流浪乞讨人员425人次。按重点保障和分类施保要求，新纳入特困居民、下岗、失业人员城镇最低生活保障416户500人，扩大农村低保330户800人；根据“动态管理”原则，调整和取消因再就业或生活变好转等低保对象579人；农村低保补助标准从60元提高到70元，城镇低保对象在原基础上人均月增补助20元。年末全县有城市低保人数8442户9919人，人均月增补助202元，年发保障金1949.4万元；有农村低保人数8367户22553人，人均月补助70元，年发放保障金2076.50万元；农村“五保”保障人数1550户1558人，人均月补助80元，年发放保障金171.4万元，其中集中供养的100人，除保障金外，每月增发不低于110元的实物；接收退役士兵127人。全县有民间组织48个，其中：社团36个，农村专业经济协会8个，民办非企业4个。年内，办理婚姻登记2482对，收养登记39件；祥云县被评为全国婚姻登记机关规范化建设窗口单位。

【社会保障】 2010年，坚持以创业促进就业的工作方针，就业再就业总量稳步提高。全县实现新增就业人数1864人，完成州下达目标的116.5%，其中下岗失业人员再就业516人，特殊困难群体就业371人，失业率为2.3%，低于全州4.5%的控制线；全县新增农村劳动力转移就业6116人，其中输出省外1066人，省内县外1952人，县内转移3098人，占州下达目标的174.8%。继续实施“贷免扶补”创业工作，为大学毕业生，农民工，复转军人，下岗失业人员等自主创业，提供贴息贷款、税费减免、创业服务、资金补助等服务措施。社会保险覆盖面逐步扩大，以民营企业、个体工商户、灵活就业人员、大中专毕业生和城镇居民为参保重点，不断提高社会保险参保率。年末，全县参加各类社会保险80009人，其中：城镇职工养老保险13235人，城镇职工医疗保险14717人，城镇居民医疗保险16120人，失业保险7420人，工伤保险14337人，生育保险14198人，保费征缴率达100%。全年共征收社会保险费8477.5万元，其中：养老保险费4596万元，医疗保险费2809万元，城镇居民医疗保险费274万元，失业保险费268.5万元，工伤保险费390万元，生育保险费140万元。全县享受养老金的离退休人员已达2528人，发放基本养老金3581万元，支付丧葬抚恤金52人90万元。年内，为全县2408名退休人员调整增加了养老金，人均月增资140元；为符合享受失业救济条件的397名下岗失业人员发放失业救济金166.22万元；全年共支付工伤保险待遇168人295万元；支付生育保险待遇62万元。全县养老金、失业救济金和工伤、生育保险金的发放、支付率均达100%。完善医疗费用定额结算办法，全县参保人员患病住院3162人次，发生住院医疗费1664万元，患者报销基本医疗费1205万元，综合报销比例72%；划入参保职工个人账户1105万元。2010年，城镇居民医疗保险稳步推进，全县参保16102人，征缴保险基金108.75万元，参保患者住院2491人次，发生住院医疗费813万元，患者报销医疗费348万元，综合报销比例为43%。农村社会养老保险工作面扩大，全县参保7161人，有485人领取农村养老保险待遇，发放养老金9.96万元。完成工伤事故认定138起150人，全年处理劳动争议50起50人，结案率100%。年内共办理劳动用工登记130户，职工6000人，全县用人单位劳动合同签订率达90%；加大劳动保障监察执法力度，对全县用人单位贯彻执行劳动保障法律、法规情况进行年审，涉及劳动者21818人，年审率100%；责令31户用人单位补签劳动合同1530人；督促15户用人单位163人参加社会保险，纠正用人单位规章制度5件；受理投诉14起，涉及劳动者113人，追发拖欠劳动者工资43.39万元。

【物价水平】 2010年，市场价格总水平全面较快上升，全县农产品生产价格总水平比上年上升3.5%，工业品出厂价格总水平上升8.8%，固定资产投资价格总水平上升2.7%，建筑安装工程价格总水平上升3.5%，商品零售价格总水平上升3.6%，居民消费价格总水平上升3.7%，房屋销售价格总水平上升6.8%，服务项目价格总水平上升2.0%。

【人民生活】 2010年，农民人均年纯收入达3801元，比上年增长13.16%；农民人均生产粮食310千克，比上年减86千克，减少21.72%。全县在岗职工人均年工资26326元，比上年增长8.82%，其中：国有单位在岗职工人均年工资33595元，比上年增长9.64%；集体单位在岗职工人均年工资14890元，比上年增长29.68%。

【领导名录】 2010年，县委书记杨建华（白），副书记：赵基（白）、李宗贤（任至7月）、陈述云（2月任）、杨祥（7月任）；县委常委薛伟民（任至6月）、彭云宁、袁玉峰、伍加光、程永嘉、黄瑞云、姚曙光、杨学辉（白，3月任）；县人大常委会主任普新中，副主任杨树金（任至1月）、李庆元（1月任）、李光隆（任至7月）、陈桂珍、阮兴跃；县人民政府县长赵基（白），常务副县长杨祥（任至1月），副县长李庆元（任至1月）、丁洪涛（任至1月）、杨学辉（白）、程建云（女）、莫志龙（白）、田六三（1月任）、李斌（3月任）；县政协主席杨以红，副主席李忠、马国芝（女）、周嘉雄（白）、王万超；县纪委书记薛伟民（任至6月）。

【李源潮到祥云视察】 2月3日，中共中央政治局委员、中央书记处书记、中组部部长李源潮在省委书记白恩培，省委常委、省委秘书长杨应楠，省委常委、省委政法委书记、省公安厅厅长孟苏铁，省委常委、省委组织部部长辛桂梓，州委书记刘明等陪同下到祥云视察。李源潮一行深入云南驿镇看望慰问困难群众，实地调研云南驿旅游景区开发建设情况。

【易地扶贫搬迁】 2月10日，三家村委会阿标箐自然村28户农户、121人整体易地搬迁到三家村委会小松坡小组大松坡脚搬迁点内。房屋为砖混二层结构，一层建筑面积89平方米由财政投资，二层根据各农户经济条件自己建盖。3月28日，子乍么上村62户266人整体搬迁至新田，该搬迁点因山体滑坡加之受2009年7月9日地震影响，失去生存条件而新建，总投资315.24万元，其中：公建挡墙、人畜饮水、村庄道路硬化、架高压电线等建设投资160.24万元，民居建设155万元。12月，鹿鸣乡异地搬迁项目工程结束，涉及龙水、桑木箐两个村农户58户，234人。项目总投资117万元，房屋建筑总面积4640平方米，户均80平方米。

【城南农产品批发市场建成】 3月3日，全国“双百市场工程”祥云县城南农产品批发市场通过省级验收。项目共投入资金450万元，先后建成商务楼、商铺综合楼，改造2个交易区的商铺，新建和改造棚房，开凿了深水井，并改造了卫生公厕等。

【大型水源工程项目建设】 5月4日，中国烟草云南祥云大型水源工程建设项目协调会在祥云县召开，5月14日工程建设项目指挥部成立。5月22日完成规划编制，项目建设总投资34434万元，其中：青海湖水库扩建工程投资17999万元、青海湖水源配套工程投资320万元、中河蓄水灌溉工程投资14951万元、品甸海加固扩容工程投资1164万元。12月10日，项目开工。

【玉米产量创纪录】 8月18日，祥城镇黄家村委会第四小组村民杨凤龙、罗国平2户种植的玉米品种“世纪超人”、“东315”分别创亩产819千克和972千克的历史纪录。

【飞龙公司获奖】 10月，飞龙公司被中国中小企业协会、中国企业创新成果案例审定委员会评为“中国中小企业创新100强”，“锌氧化矿及二次资源高效清洁冶金新技术”被评为“优秀创新成果”。

【“云南亮睛行动”在祥云】 12月1日，全县实施国家百万贫困白内障患者复明工程“云南亮睛行动”，免费为全县10个乡镇的340名贫困白内障患者实施复明手术。

【进出口额破亿美元大关】 年内，祥云县进出口总额实现10985.51万美元，比上年同期增长27.36%，其中进口7417.76万美元，比上年同期增6.78%；出口3567.75万美元，比上年同期增112.48%，首次在全州县市中实现进出口额破亿美元大关。

【全州首家建设廉租住房的乡镇】 年内，下庄镇完成概算投资1152万元、建筑面积7200平方米的144套廉租住房建设项目，成为全州首家建设廉租住房的乡镇；云南驿镇第一期廉租房建设启动，投资960万元，建筑面积8400平方米，共有保障性住房168套，预计2011年2月底完工，3月底前城镇低收入家庭户可入住新居。

【祥城镇】 位于县境西部，总面积323.62平方千米，其中城区面积8.3平方千米，街道总长37.92千米。辖4个城区社区，2个农村社区，25个行政村，共167个自然村，236个村民(居民)小组。2010年末，总户数31190户，总人口113189人，其中农业户23289户、84400人；流动人口16677人；人口自然增长率3.6‰；人口密度349人/平方千米。有汉、回、傈僳3个世居民族，少数民族人口占总人口的1.38%。

2010年，农村经济总收入86136万元，农民人均纯收入4203元，比上年增466元；工业总产值57434万元，增长35.5%；乡镇企业总收入63752万元，增长9.7%。耕地面积4177公顷，其中，水田3069公顷，农民人均占有耕地0.74亩。全年粮豆作物播种7222公顷，粮食总产量3351.18万千克，农民人均有粮425.4千克；种植烤烟874公顷，总产量231万千克，总产值37304万元。林地面积1.356万公顷，有林农户17112户；年内退耕还林780公顷，义务植树23.2万株，有核桃1134公顷。大牲畜存栏12068头，出栏6306头，生猪出栏7.7万头，蛋鸡存栏52.79万羽。全年完成水利工程770件，总投资19002万元。

镇有初级中学4所、小学31所、成人技术学校1所、幼儿园65所；在校中学生5035人、小学生11820人，在园幼儿4312人；小学适龄儿童入学率99.9%，辍学率0.01%；初中毛入学率106.77%，辍学率1.04%；15周岁初等教育完成率99.91%，17周岁初等教育完成率99.36%；中学生均校舍建筑面积5.37平方米；小学生均校舍面积4.73平方米。有镇卫生院3所，医务人员51人；村卫生室31所，乡村医生98人。计划生育率100%，节育率95%，综合避孕率88%以上。有镇文化站1个，“万村书库”32个，藏书5900册。全镇236个村民小组全部通公路通电，24321户通有线电视，拥有电视机农户30720户，拥有电话农户32911户，其中移动电话18361户。办理《失业证》284人，转移输出劳动力1207人，新增就业人数1005人。农村低保、“五保”户2139户4366人，发放低保、“五保”补助金268万元；城市低保6800户8007人，发放补助金118.67万元。2009年“7·9”地震恢复重建65户，复修建设3000户，竣工率100%，补助资金400万元。

2010年，镇党委书记杨孝祥，镇人大主席何律宏，镇长庞生明(任至5月)、自清泉(5月代理)。

【沙龙镇】 位于县境西部偏中，国土面积68.53平方千米，镇辖2个农村社区，5个行政村，24个自然村，57个村民小组。2010年末，全镇总户数8939户，总人口33834人，其中农业人口33413人；年内出生373人，死亡248人，人口自然增长率为3.72‰，汉族为世居民族。全镇生产总值21037万元，比上年增长12.6%；农村经济总收入27413万元，比上年增长11%；农民人均纯收入3772元，比上年增长12.02%；财政收入160万元，比上年增长11.4%；全社会固定资产投资3797万元，比上年增长29.98%；乡镇企业总收入26044万元，比上年增长10%。全镇有耕地面积1264公顷，农作物总播种面积2423公顷，其中：粮豆作物1996公顷，粮食单产364千克，总产量109.12万千克，农民人均有粮336千克；烤烟67公顷，收购烟叶15.7万千克，产值217万元；油料234公顷，产量157吨；蔬菜126公顷，产量1150吨；水果93公顷，产量381.2吨；桑园面积185公顷，鲜茧产量60.3吨，实现产值160万元。年内，水域养殖面积111公顷，产量458吨，产值458万元；大牲畜存栏3319头(匹)，出栏1343

头(匹);生猪存栏20200头,肥猪出栏29691头;羊存栏1804只,出栏1102只,肉产量30900千克;家禽存栏432367羽,出栏185611羽,蛋产量2800吨;畜牧业总产值7866万元。年内外出务工6490人,占农村劳动力的37%,劳务收入3203万元。林地面积2093公顷,新建核桃基地143公顷,“天保”公益林49公顷,义务植树7.8万株。有初级中学1所,完全小学7所,教学点4个,民办幼儿园7所。小学在校生2808人,入学率100%,巩固率100%;初中毛入学率100.28%,巩固率98.87%;在园幼儿897人,4~6周岁幼儿入园率76%。有镇卫生院1所,病床20张,医务人员23人,村卫生室7所,乡村医生24人。有30071人参加新型农村合作医疗保险,参合率达94%;有384人参加城镇居民医保;传染病发病率0.15‰;婴幼儿死亡率5.89‰。有计划生育服务所1所,年内农业人口领取《独生子女父母光荣证》33户,计划生育率达100%,综合节育率达93.72%。全镇1798人享受农村低保,118人享受农村“五保”,100户103人享受城市低保。有镇文化站1个,藏书2000册;有村文化室7个。安装闭路电视9989户,其中数字电视5654户。全镇安装固定电话4212部,有移动电话11455部、宽带276户。

2010年,镇党委书记万丽春(女,任至4月)、赵仕禄(5月任),镇人大主席杨春华,镇长赵仕禄(任至4月)、杨春涛(5月代理)。

【云南驿镇】 位于县境西南部,总面积218.76平方千米,辖5个社区村民委员会、22个村民委员会,97个自然村,204个村民小组。2010年,全镇总人口100175人,其中:男51164人、女49011人,年内出生人口893人,死亡670人,世居民族为汉族。全镇有耕地4333公顷,其中水田1608公顷,地2726公顷。全镇大小春播种面积7650公顷,其中:粮食播种面积6531公顷,总产量2844.36万千克;烤烟种植896公顷,产量215.86万千克,产值2965.78万元;蚕桑种植1126公顷,产鲜茧566.1吨,总产值2039.48万元。国民生产总值103610万元,比上年增长12.12%。固定资产投资15992万元,比上年增长34.4%。农村经济总收入88039万元,比上年增长11.8%,农民人均纯收入3610元,增加387元,增长12%。小学适龄儿童入学率达99.98%,小学巩固率达99.5%,初中入学率达99.17%。巩固乡村卫生一体化服务管理,配齐配强防保、妇保医生,村卫生室集体办医巩固率达100%,乡村卫生一体化服务管理覆盖率达100%;认真开展新型农村合作医疗工作,全镇参合率达94.77%。

2010年,镇党委书记张永建(任至5月),化晓燕(女,11月任),镇人大主席李大章,镇长杨武。

【鹿鸣乡】 鹿鸣乡位于县境南部,乡辖7个行政村,57个村民小组,101个自然村。2010年,总户数3491户,总人口12946人,其中农业人口12786人,男6875人;少数民族以彝族为主,占总人口的3.86%;年内出生161人,死亡120人,人口自然增长率3.16‰。生产总值9123万元,比上年增长19.2%;农村经济总收入5368万元,增长10.9%;粮食总产量370万千克,人均占有粮食411千克,比上年增9千克,增2%;农民人均纯收入2629元,增317元,增长13.7%;工业总产值2600万元,增长10.4%;固定资产投资1390万元,增长27.4%。烤烟种植205公顷,总产量47.25万千克,产值569.14万元。生猪存栏9193头,肥猪出栏12685头,牛存栏4525头,骡存栏1826头,家禽出栏31433羽、存栏30827羽。有1所中学,9个教学班,在校生465人;7所小学、2个教学点,48个教学班,在校生1121人;中小学教职工共109人,小学适龄儿童入学率100%,中学入学率99.1%。有乡卫生院1所,医务人员10人;村级卫生室7所,乡村医生16人。

2010年,乡党委书记王以权,乡人大主席罗国祥,乡长王丽(女)。

【下庄镇】 位于县境中部偏东南,总面积225.5平方千米。2010年总户数15189户,其中非农业户1529户;总人口55597人,其中非农业人口2368人,男28378人;全年出生550人,死亡348人,人口自然增长率3.7‰;人口密度246人/平方千米。境内有汉、彝2个世居民族。汉族51667人,占总人口的92.93%;彝族3708人,占6.67%。金旦村是彝族聚居村,彝族人口达95.49%。国内生产总值58098万元,比上年增长18.98%;工业总产值47750万元;财政收入1639万元,财政支出511万元;农村经济总收入44613万元,农民人均纯收入3815元。固定资产投资完成6614万元,比上年增长25.1%。全镇有耕地总面积2342公顷,其中田1398公顷、地944公顷,农业人口人均占有耕地0.66亩。全年粮食播种面积3599公顷,粮食总产1449.21万千克,农民人均有粮272千克;种植烤烟982公顷,收购烟叶282.65万千克,收购金额4108.47万元。镇内有县办完中1所(祥云四中),共有高中教学班38个,在校生2100人,教职工148人;初级中学2所,小学18所,村小5所、幼儿园7所,在校生7895人,教职工356人;小学适龄儿童入学率达100%,初中毛入学率达99.1%。有中心卫生院1所,私立医院2所,村卫生室12所,病床150张,医务人员121人。新型农村合作医疗农民参合率达93.5%。

2010年,镇党委书记杨振富(白,3月任),镇人大主席张正友,镇长杨永生。

【普淜镇】 位于县境东南部,总面积325.35平方千米。镇辖14个行政村,204个自然村,160个村民小组。2010年总户数7738户,其中农业户7263户;总人口27562人,其中农业人口26851人,男14232人;有汉、彝族2个世居民族,其中彝族9349人,占总人口的33.9%;人口密度84.71人/平方千米;年内出生271人,死亡207人,人口自然增长率3.9‰。全镇生产总值23819万元,比上年增长18.3%;农村经济总收入9995万元,增长10%;固定资产投资1580万元,增长25.3%;地方财政收入637万元,增长16.6%,财政支出680万元;农民人均纯收入2444元,增长12.32%;年末各项存款余额6422万元,贷款金额4586万元。全镇有耕地面积1250公顷,其中田612公顷,农民人均占有耕地0.69亩。全年大小春粮食作物播种面积2124公顷,粮食总产1189.69万千克,比上年增长10%,农民人均占有粮食443千克;大牲畜存栏10223头,出栏1178头;生猪存栏17947头,出栏24630头;羊存栏13321只,出栏4728只;家禽存栏65793羽,出栏45685羽;畜牧业产值2650万元。有初级中学1所,18个教学班,在校学生1028人;完小14所,初小2所,教学点16个(其中一师一校14个),在校生2584人;有民办幼儿园2所,在园幼儿108人;小学适龄儿童入学率99.96%,初中毛入学率98.28%。有镇卫生院1所,病床30张,医务人员26人;村卫生室14所,乡村医生31人;镇计生服务所1所,医务人员3人。已婚育龄妇女5965人,计划生育率达100%,有20户领取了《独生子女父母光荣证》;全镇25167人参加新型农村合作医疗,参合率94.28%；输出农村剩余劳动力4200人，实现外出劳务收入2660万元；有文化站1个，藏书3900册，村文化室14个（其中通过州县验收达标的8个），建成村级“农家书屋”4个。广播电视覆盖率100%，电视人口覆盖率84%；有线电视用户1530户，其中数字电视用户90户；固定电话用户3808户。

2010年，镇党委书记李光辉，镇人大主席罗如富（彝），镇长杨跃峰。

【刘厂镇】 位于祥云县境中部，总面积90.12平方千米，镇辖4个社区村民委员会、4个村民委员会、26个自然村、79个村民小组。2010年，全镇总户数10150户，总人口38273人，其中农业户9074户，农业人口37581人；男19259人。有汉、白、彝3个世居民族，少数民族人口1575人，占总人口的4.12%。年内出生人口314人，死亡人口238人，人口自然增长率1.99‰；计划生育率100%，综合节育率95%。全镇有耕地1844公顷，其中水田929公顷，人均占有耕地0.76亩。2010年生产总值完成45649万元，比上年增长12.14%；农村经济总收入33766万元，比上年增长12%；农民人均纯收入3938元，比上年增长12%；财政总收入818万元，比上年增长57.3%；工业总产值33200万元，比上年增长10%；固定资产投资2958万元，比上年增长25.02%。粮食作物总播种面积1436公顷；烤烟总产量159.2万千克，总产值2304万元；桑园面积714公顷，养蚕1287户，产鲜茧850.4吨，产值31841.31万元。乡镇企业户数1176户，从业人数4578人，营业收入37881万元，工业总产值33200万元。全镇从事野生食用菌、瓜子仁、核桃仁、蚕茧收购加工的经营户发展到150多户，年出口创汇400多万美元。输出农村剩余劳动力6954多人，年劳务输出收入3500万元。2010年引进资金2100万元，引进昆明客商赵贵明投资建烘烤食品生产线、昆明恒源公司王建华投资建速冻野生菌生产线、四川谷志新建石材加工厂、广西客商投资建大棚蔬菜4个投资项目。有成人文化技术学校1所，初级中学1所，完小9所，幼儿园12所。初中教学班29个，在校生1680人，初中毛入学率101%；小学教学班99个，在校生3654人，小学入学率100%；幼儿园30个班，在园幼儿1011人，入园率60.4%。小学升初中入学率100%，初中在校学生年辍学率1.5%，初级中等教育完成率95.9%。有镇文化站1个，藏书2300册；村文化室8个，业余文艺演出队17支，其中花灯队1支。

2010年，镇党委书记自清海（任至5月）、赵武（5月任），镇人大主席穆光银（白），镇长赵武（任至5月）、朱继璋（5月代理）。

【东山乡】 地处县境东部，总面积316平方千米，乡辖8个行政村，78个自然村，82个村民小组。2010年末，全乡总户数2540户，总人口9939人，其中农业人口9697人；全年出生人口87人，死亡人口102人，人口自然增长率－1.5‰；有彝、汉、白、傈僳、苗5个世居民族，少数民族占总人口的96.27%；彝族人口居多，占总人口的86.73%；人口密度31.45人/平方千米。2010年，全乡生产总值6502万元，比上年增长12.13%，农村经济总收入4111万元，增长10.01%；农民人均纯收入1957元，增长12.8%；财政收入250万元，增长79.86%；工业总产值495万元，增长14.32%；固定资产投资1720万元，增长25.8%。全乡有耕地面积535公顷，其中水田294公顷，人均占有耕地0.83亩。小春粮食播种面积539公顷，总产量79.6万千克；大春粮食播种面积842公顷，总产量315.08万千克；烤烟总产量46.4万千克，产值609.6万元。农业总产值2664万元，林业产值1815万元，畜牧业产值1991万元，渔业产值29万元，农林牧渔服务业33万元。有初级中学1所，在校生490人；小学8所，教学点15个，在校生973人，小学适龄儿童入学率100%，普及率100%，升学率100%。有乡级卫生院1所，村级卫生室8所，病床10张；共有9268人参加了新型农村合作医疗，参合率达95.15%。

2010年，乡党委书记戴兴成（任至5月）、邹文华（5月任），乡人大主席熊桂香（女，彝），乡长熊世明（彝）。

【禾甸镇】 位于县境东北部，总面积305.88平方千米。镇辖12个（社区）村民委员会，94个自然村，114个村民小组。2010年，总户数12252户，总人口48043人，人口密度157.06人/平方千米。禾甸是全县白族主要聚居地，有白、汉、彝、苗、傈僳5个世居民族，其中白族人口39929人，占总人口的83.11%；年内出生人口467人，出生率9.69‰，死亡人口309人，死亡率6.39‰，人口自然增长率3.3‰。2010年，生产总值46638万元，比上年增长18%；农村经济总收入34303万元，增长10 %，农民人均纯收入3444元，增长14.5 %；财政收入1510万元，增长44.36%。有个体工商户1052户，从业人员2365人；总收入12198万元，其中工业收入12091万元。全乡有耕地3339公顷，其中田2429公顷，农业人口人均占有耕地1.05亩。2010年，全镇粮豆作物播种面积3364公顷，单产374千克，总产量1186.72万千克，减少16.4 %；农民人均占有粮食253千克，比上年减少46%。种植烤烟1224公顷，总收购量336.4万千克，烟农总收入5150万元，比上年增加298万元，平均亩产值2804元；桑园面积1315公顷，产鲜茧91.24万千克，产值3258.3万元，比上年增长49.05%。大牲畜存栏11037头，出栏1811头；生猪存栏28400头，出栏41048头；羊存栏4498只，出栏1802只；家禽存栏113175羽，出栏78397羽；禽蛋产量59.09万千克。新发展核桃393公顷、云南红梨13公顷，全民义务植树11.4万株。有县办中学1所，镇办中学1所，在校生2107人，村完小12所、教学点18个，在校生4545人；小学适龄儿童入学率100%，巩固率100%，普及率100%，升学率100%；初中阶段毛入学率达102%；幼儿园19所，7个幼儿教学点。有镇中心卫生院1所，镇计划生育服务所1所，村卫生所12所，乡村医务人员49人。计划生育率达100%，综合节育率95%。有镇文化站1个，村级文化活动室11个，有线电视工作站1个。年内，转移输出农村剩余劳动力720人，实现再就业60人；纳入城镇居民基本医疗保险289人，新农合参合率达92.3%，纳入最低生活保障困难群众2151人。

2010年，镇党委书记赵国茂（白），镇人大主席王凯，镇长丁红军。

【米甸镇】 位于县境东北部，总面积413平方千米，镇辖10个行政村委会，72个村民小组，92个自然村。2010年，总户数7439户，总人口28346人。其中农业6995户27674人；男14360人。有汉、彝、白、苗、傈僳等5个世居民族，汉族17424人，少数民族10922人，其中彝族8360人、白族1914人、苗族408人、傈僳族224人；人口密度68.6人/平方千米。年内出生人口376人，死亡人口202人，人口自然增长率6.138‰。全镇国内生产总值25192万元，增长12.14%；农民人均纯收入2929元，比上年增长12.09%；地方税收收入979万元，增长22.1%。乡镇企业及个体户1076个，从业人员5698人，营业总收入

29806万元，比上年增10.7%。全镇有耕地面积1317公顷，其中田881公顷。全年农作物总播种面积2174公顷，粮食总产量768.39万千克，单产304千克，人均占有粮食275千克。移栽烤烟244公顷，烟叶收购55.28万千克，收购总产值743.27万元。蚕桑面积509公顷，产茧262吨，产值917万元，比上年增长42%。全镇累计发展泡核桃8681公顷，种植农户占全镇农户的99.12%，人均种4.7亩，核桃产量1936吨，产值5808万元。大牲畜出栏1655头，存栏10606头；生猪出栏19858头，存栏15876头；羊出栏8101只，存栏11707只；家禽出栏56492羽，存栏27498羽；畜牧业产值5893.28万元。有初级中学1所，在校生1048人，初中升学率76%；村小学10所，寄宿制小学1所，教学点26个，教学班89班，在校生2616人；小学适龄儿童入学率99.95%，巩固率99.56%。有镇卫生院1所、镇计生服务所1所、村卫生室10所、医务人员57人、床位90张。累计安装闭路电视用户3926户，拥有电视机6373台，有线电视覆盖率56%。有移动信号发射塔23座、移动电话11807部、固定电话8216部。

2010年，镇党委书记蒋吉富，镇人大主席李茂松，镇长何国永。

（廖　严）

宾　川　县

【自然概貌】 宾川县位于云南省西部，大理州东北部，地处金沙江南岸干热河谷地区。地跨北纬25°32′～26°12′，东经100°16′～100°59′之间，东接楚雄州大姚县，南邻祥云县，西连洱源县、大理市，北交鹤庆县和丽江市永胜县。总面积2562.67平方千米，其中，山区面积2135.63平方千米，坝区面积427.04平方千米。县人民政府驻地金牛镇，海拔1430米，距省会昆明340千米，距州府驻地大理市龙山办公区50千米。

宾川，具有悠久的历史。“宾川”之名，系由宾居—宾居川—宾川演变而来。明弘治七年（1494年），割太和、云南县、赵州地置宾川州，治所州城。清因之。民国2年（1913年）改州为县。1949年12月23日，宾川和平解放。1950年1月1日，中共宾川县委、县人民政府成立。1958年，县委、县人民政府迁牛井街。是年11月，宾川、祥云、弥渡3县合并为祥云县，1961年3月，撤大县，恢复宾川县建制。

境内有纳西河、平川河、清水河、朵背箐河4条河流。宾川县属亚热带冬干夏湿低纬高原季风气候，光照充足，热量充分，干旱少雨，亚热带气候明显。2010年平均气温19.4℃，比上年增0.5%，年极端最高气温36.3℃，出现在5月6日；极端最低气温－2.7℃，出现在1月4日。年均日照时数2459.7小时，年均降雨量416.9毫米，比上年少47.6毫米，减10.25%。全年蓄水量8510万立方米，比上年的6873万立方米增加1637万立方米，增23.82%，引洱入宾引用洱海水1.1亿立方米，比计划数多4500万立方米。气候、土壤适合多种农作物生长。

【行政区划】 2010年底，全县辖8镇2乡3个华侨管理区，下设86个村（居）委会，825个自然村，1278个村民小组。

【人口　民族】 2010年末，全县总人口351962人，其中男178842人，女173120人；农业人口322007人，非农业人口29933人。总人口中有少数民族人口82070人，占总人口的23.32%。年内出生人口3439人，比上年增178人，出生率9.78‰。年内死亡1898人，比上年减264人，死亡率5.40‰，人口自然增长率4.38‰，人口密度每平方千米137人。

【土地资源】 全县国土面积2562.67平方千米。土壤属8个土类，16个亚类，25个土属，87个土种。年末耕地面积24811.07公顷，其中田14017.53公顷，地10793.53公顷；耕地复种指数184.16%。人均占有耕地1.06亩。

【经济综述】 2010年，全县生产总值（现价）实现468479万元，比上年增12.6%。其中：第一产业213436万元，比上年增8.1%；第二产业113062万元，比上年增22.7%；第三产业141981万元，比上年增11.5%。一、二、三次产业比重由47∶22∶31调整到46∶24∶30。人均生产总值（人均GDP）实现13328元，比上年增10.04%。财政总收入完成30069万元，比上年增25.64%；工业总产值180880万元，比上年增19.8%；农村经济总收入（不含基金收入）254708万元，比上年增13.76%；全社会固定资产投资总额262419万元，比上年增35.08%；农民人均纯收入3914元，比上年增11.8%。

【人民生活】 2010年末，全县在岗职工11271人（其中国有单位职工7889人），比上年增1.39%，在岗职工年平均工资29404元，比上年增13.13%，其中国有单位30171元，增9.94%。农民人均纯收入3914元，比上年增11.8%；农民人均生产粮食406千克，比上年减15.42%；人均占有粮食268千克，比上年减19.52%。2010年解决温饱1075户4300人，有896户3584人巩固了温饱；累计解决温饱人口301932人，占全县农业人口的93.77%，当年返贫1220户4876人，返贫率为17%。全县贫困地区农民人均经济纯收入2351元，比上年增108元，人均占有粮食315千克。

【农　业】 2010年，全县农作物总播种面积45692.07公顷，比上年减2.16%，其中粮食作物21796.93公顷，比上年增0.23%；经济作物23895.13公顷，比上年减4.24%。主要农产品产量：粮食127384吨，比上年减16.53%；油料11224吨，比上年减10.34%；烟叶12518吨（其中烤烟8091吨，白肋烟4427吨），比上年减24.91%；水果27.40万吨，比上年增19.63%。农村经济总收入25.47亿元，比上年增13.76%；农村经济纯收入12.71亿元，比上年增17.7%，农民人均纯收入3914元，比上年增11.8%，农业总产值（现价）完成377894万元，比上年增12.68%，其中种植业281025万元，增15.9%，林业11076万元，增5.79%，畜牧业78074万元，增3.96%，渔业4897万元，增4.73%，农林牧渔服务业产值2822万元，增6.41%。

【畜牧业】 2010年末，大牲畜存栏98059头，比上年减730头，减0.74%，大牲畜出栏16120头，比上年减273头，减1.67%；生猪出栏358986头，比上年增1579头，增0.44%；生猪存栏260722头，比上年减3972头，减1.50%；外销肥猪22万头，比上年增1万头，增4.76%；外销仔猪1万头，比上年减0.5万头，减33.33%，山、绵羊存栏139199只，比上年减5549只，减3.83%；外销山羊67000只，比上年增1000只，增1.51%；家禽存栏717478羽，比上年增20528羽，增2.95%；出栏873658羽，比上年增32163羽，增3.82%；奶产量5868吨，比上年减90吨，减1.51%；肉类总产41218吨，比上年增386吨，增0.95%；畜牧业产值（现价）78074万元，增3.96%，占农业总产值的20.66%。

【林　业】　2010年，全县造林2413.33公顷，全部为人工造林；封山育林2666.67公顷，累计封山育林12146.67公顷；四旁植树110.5万株，育苗面积152.1公顷。主要林产品产量：油桐籽97.1吨，棕片18.8吨，核桃4510.9吨，板栗203.1吨，花椒103.3吨，松子380.7吨，其他林产品36.9吨，竹材1104万根。林业产值11076万元，比上年减50.76%。

【渔　业】　2010年，全县共有水产养殖面积1352.13公顷。水产品产量4863吨，比上年增100吨，增2.10%。渔业产值（现价）4897万元，比上年增4.73%，占农业总产值的1.30%。

【乡镇企业】　2010年，全县有乡镇企业10288户，比上年增2%；从业人员38243人，比上年增7.5%。乡镇企业总收入28.82亿元，比上年增14.41%；实现乡镇企业总产值27.04亿元，增14%；完成增加值8.31亿元，比上年增12.2%；上缴税金7798万元，比上年增47.13%；实现利润3.40亿元，比上年增6.25%。

【工　业】　2010年，全部工业总产值实现180880万元，比上年增19.80%，其中限额以上企业产值76653万元，比上年增56.97%；限额以下企业产值104227万元，增2.04%；轻工业产值77120万元，增25.44%；重工业产值103760万元，增15.93%。主要工业产品产量：发电量1739.29万度，减72.08%；原煤58万吨，增0.29%；水泥30.53万吨，减9.91%；砖45241万块，增45.85%；瓦27701万块，增48.25%；石灰2.11万吨，减20.97%；水泥预制构件35516立方米，减2.67%；自来水166.4万吨，增69.80%；食用植物油2813吨，减11.54%；糕点439吨，增13.44%；白酒2562吨，减30.76%；服装13.5万件，增8%；家具11.7万件，增0.86%。

【交通　邮电】　2010年末，全县公路通车里程1640千米，与上年持平；货运量613万吨，比上年增12.07%；货运周转量96125万吨/千米，比上年增13.81%；客运量459万人，比上年增13.33%；客运周转量25533万人/千米，比上年增14.52%。全县拥有各种机动车80324辆，比上年增20.47%，其中摩托车65372辆，比上年增16.11%。邮电业务总量完成9455万元，增3.84%；年末有移动电话209730部，比上年增22.89%；年末固定电话31457部，比上年减9.02%；电话普及率68.53%。

【非公有制经济】　至2010年末，全县有个体工商户9455户，从业人员10226人，注册资金31518万元；依法核准注册的内资企业268户，注册资金38702万元，私营企业418户，从业人员4991人，注册资金68678万元。有农民专业合作社66户，成员525人，出资总额4421万元。查处各类经济违法违章案件456件，收缴罚没款51.12万元。

【旅　游】　2010年，全县接待游客131.98万人次，比上年增13.48%，其中国（海）外旅客12646人次，比上年增10.31%。旅游社会总收入136606万元，比上年增14.11%，其中鸡足山门票收入884万元，比上年增6.51%；索道收入443万元，比上年减26.9%（因索道改造）。

【商　业】　2010年，全县农副产品出口总额3638.36万美元，是上年的1.1倍。社会消费品零售总额完成105917.7万元，比上年增18%；居民消费价格指数104.34%；商品零售价格总指数105.24%。“十一五”期间宾川共签订招商引资项目47项，2010年到位资金113057万元，比上年增54.93%。

【财政　税收】　2010年，全县财政总收入30069万元，比上年增25.64%，其中上划中央收入11077万元，比上年增40.68%；地方一般预算收入18992万元，比上年增18.27%。基金收入1360万元，比上年增11.84%。国家税收收入14164.89万元，比上年增66.24%；地方税费收入总计16202.43万元，比上年增17.12%。财政支出99520万元，比上年增8.71%。

【金融　保险】　2010年，全县金融机构各项存款年末余额383534万元，比上年增24.80%；各项贷款余额216466万元，比上年增22.53%，金融机构现金收入903504万元，比上年增11.90%；现金支出960316万元，比上年减19.01%。全年保费收入4373万元，比上年增25.34%；赔款支出1660万元，比上年增32.06%。

【固定资产投资】　2010年，全社会固定资产投资总额262419万元，比上年增35.08%，其中：城镇投资231792万元，比上年增35.42%；农村投资30627万元，比上年增32.59%。

【教育　广播　电视】　2010年，全县在校学生56811人，增0.45%。其中高中4878人，初中12517人；小学27298人；幼儿园10272人；职业高中1850人。全县有教职工3249人，减0.73%。其中：公办教师3089人，代课教师160人。全县大中专录取2446人，减1.45%，其中大专以上1907人，中专539人。广播人口覆盖率96%，电视人口覆盖率98.6%。

【文化　卫生】　2010年，全县有文化机构11个，其中县级文化馆1个，乡镇文化站10个。全县有卫生机构133个，比上年增7个，其中县级9个，乡镇卫生院10个，村卫生室86个，县内诊所、卫生所28个。有病床1032张，增0.58%；每千人拥有床位数2.93张，增0.34%；卫生技术人员643人，减1.08%，其中医师399人。每千人拥有卫生技术人员1.83人，比上年减0.02%。

【劳动与社会保障】　2010年，城镇登记失业260人，比上年增84.4%；城镇登记失业率3.1%；新型农村合作医疗参保82412户307289人，比上年增2.97%，参合率93.91%；城镇居民享受低保6789人，与上年持平；农村特困居民最低生活保障17600人，比上年增7.47%。

【领导名录】　2010年，县委书记陈继谷（任至6月）、朱建斌（6月起任），副书记朱建斌（任至6月）、王远（1月起任）、张建东（3月起任，挂职）；县委常委陈继谷、朱建斌、王远、熊春林、文慧君（女）、张成良、魏向东（任至8月）、施榆兵、王建平（任至3月）、洪润基、朱贵雄（8月起任）；县人大常委会主任李建业，副主任陶玉斌、张元龙、王韶萍（女）、禹美丽（女，1月起任）；县人民政府县长朱建斌，副县长王远（任至1月）、文慧君（女）、解明洲、熊永祥、王绍基（彝族）、王灿明、袁继毕（1月起任）；县政协主席曹建康，副主席杨树荣（白族）、黄学标、王银美（女、非党）；县纪委书记熊春林。

【县委权力公开透明运行试点工作】　2010年7月，宾川被州委、州纪委确定为县委权力公开透明运行工作试点县后，按照“先行试点，逐步推开”的原则，确定了在县委、县人大党组、县政府党组、县政协党组、县委工作部门中开展权力公开透明运行试点工作。通过梳理权限，理清了权力清单；把群众和社会各界广泛关注的县委重大决策、重要人事任免、重大项目安排、重大事件处置、大额资金使用“四重一大”内容作为规范县委权力公开透明运行的重点。明确规定县人大党组、县人民政府党组、县政协党组、县委工作部门、其他党委（党组）涉及“四重一大”事项和其他需要提请县委常委讨论研究的议题，分别由党委（党组）提出，县委只保留决策权，实现了决议权和决策权的分离；对县委权力公开透明运行的整个流程进行再造，制定了详细的公开流程。从公开的范围、方式、程序、时效等公开要件逐一明确，确保了公开的效果；以强有力的监督为保障，规范县委权力行使、保证县委正确运用权力，营造良好的环境。通过开展权力公开透明运行试点工作，实现了以“权”制权，规范了县委职能职权；以“督”限权，确保了权力规范运行；以“试”促健，实现了经济社会快速健康发展。

【“中间村”、村级公益事业“一事一议”工作】 2010年，宾川县认真抓好“中间村”建设工作，实施好村级公益事业“一事一议”财政奖补项目和省级重点建设村项目，协助抓好新农村示范村和扶贫开发重点村建设。全县通过自下而上逐级推荐、筛选的方式，2010年共申报实施“一事一议”财政奖补项目村113个，最后确定94个，其中：中央和省、州、县投入财政奖补资金实施的项目村66个，概算投资2298万元，实际完成投资3035万元，其中：中央和省预拨奖补资金900万元，州级投入100万元，县级财政投入167万元，部门整合600.1万元，村民筹资76.3万元，村民捐资431.8万元，村集体资金投入693.5万元，社会捐赠赞助12万元，村民以工折资44.8万元。在66个“一事一议”财政奖补项目村示范带动下，村组干部群众积极主动筹资投劳要求实施村级公益事业建设，县级财政单独投入536.3万元组织实施“一事一议”财政奖补项目村28个，完成投资1053.1万元。通过该项工作的实施，村容村貌焕然一新，群众生产生活环境得到极大改善，掀起了新一轮新农村建设热潮。

【大理州扶贫综合开发示范园区（宾川项目区）建设】 2010年，大理州扶贫综合开发示范园区（宾川项目区）建设累计完成投资177921.5万元，其中，三大工程（基础设施建设、产业发展、新农村建设）、十个重点项目（交通建设、农田水利建设、电力通讯建设、特色生态林果产业、特色生态农业产业、家禽产业发展、农副产品加工示范基地建设、特色生态旅游产业发展、扶贫综合开发建设、农村精神文明和公共服务体系建设）累计完成投资173311.2万元，其中：中央及省级30127.56万元，州级1977.95万元，县级11934.23万元，群众自筹20189.29万元，信贷资金90715.09万元，其他资金18367.1万元。宾川拉乌乡的拉乌、来凤和平川镇的平川、李子园“四个重点村”建设项目已累计完成投资4610.28万元，完成计划的100.56%，其中：省级资金190万元、州园区建设专项资金543万元、县级投入（部门整合）2391.83万元、群众自筹（投工投劳）资金1216.95万元、信贷资金16万元、其他资金252.5万元。项目已顺利通过州考核组验收。

【省级扶贫开发整乡推进试点工作】 2010年，拉乌乡被列为省级“扶贫开发整乡推进试点乡”，该项目计划总投资7158.3万元，实际完成7158.3万元。其中：中央和省扶持资金600万元，州级财政资金605万元，县级财政资金130万元，整合部门资金4551.6万元，信贷资金300万元，社会帮扶资金66万元，群众自筹及投劳折资905.7万元。新建平川至米甸柏油公路43.1千米，硬化村间道路2.05万平方米，建卫生公厕11座、垃圾池及焚烧炉19个，改厨改灶1225间，植树造林140公顷，新建安居房850户8.5万平方米，美化亮化1500户，使拉乌乡的基础设施和贫困群众的生产生活条件得到了明显改善；新植核桃700公顷，种植经济作物233.33公顷，养殖七彩山鸡（土杂鸡）3万只，带动了周边地区的产业发展，农业产业结构进一步优化，发展速度明显加快，贫困人口逐年减少，农民收入明显增加。通过整乡推进扶贫开发项目的实施，2010年，拉乌乡人均经济纯收入3813元，比2009年增长了25.1%，增幅高于全县年均递增13.5%的平均水平，试点工作成效明显。

【引洱入宾北干渠工程】 引洱入宾北干渠工程全长28.41千米，工程于2006年9月20日开工，至2010年12月工程渠道部分、凤山隧洞、白荡坪隧洞、磨房箐倒虹吸、水保工程及其他渠系建筑物已全部完工，控制性工程老鹰岩隧洞已完成洞身混凝土衬砌、隧洞回填灌浆和隧洞出口明渠段工程，累计完成投资9700万元，现正组织工程扫尾工作。

【抗旱防汛】 2009年9月27日～2010年7月19日，宾川未有效降雨，发生了百年不遇的特大干旱，旱灾导致了全县10个乡镇3个华侨管理区86个村（居）委会、842个自然村、77所学校、9.806万人以及7.147万头大牲畜饮水困难；全县农作物干旱受灾面积26890公顷，因旱造成直接经济损失406331万元。县水利局向省州水利部门争取抗旱资金729万元，10吨运水车2辆，30KW柴油发电机2台，抽水机10台，并全面执行轮灌制度，确保洱海水的有效利用，采取拦、提、引、蓄等措施，充分利用有效水资源服务春耕生产。

【罗官营至皮厂段公路建成通车】 宾川县平川线罗官营至皮厂段公路共完成投资12625.72万元，全长71.26千米，其中，罗官营岔路至平川段44.022千米，路基路面宽7.5米；平川至钟英皮厂段27.238千米，路基路面宽6.5米。工程于2008年5月16日动工建设，2009年10月完成路基工程，从2009年11月转入路面工程建设。整项工程于2010年6月30日全面完工，8月23～29日通过了上级交通主管部门的验收并投入试运行。

【“2·16”森林火灾】 2010年2月16日12时30分，宾川县钟英乡和平川镇交界处蜈蚣山发生一起森林火灾，火场过火面积达50公顷。由于天干物燥火势较大，平川镇周叶贵、杨雪磊、董新伟3名护林员为保护其他队员在火灾中不幸牺牲。

【全州首家车管便民服务点落户宾川山区】 为切实解决宾川县平川、拉乌、钟英等边远山区群众摩托车“考证难、落户难、检车难”等困难和问题，切实落实“便民、利民、惠民”措施。2010年9月13日，宾川县公安局交警大队在平川交警中队正式成立了全州首家山区车管便民服务点。平川、拉乌、钟英是宾川最边远的山区乡镇，辖27个村委会，共有人口56000多人，距县城52千米以上。现有在册机动车5549辆（其中摩托车5090辆），驾驶人4293人（其中摩托车驾驶人3802人），摩托车成为山区群众出行的主要交通工具。由于3乡镇地理位置偏远，人口分散，山路崎岖，广大农民群众到县城办事极不方便。为方便群众办理车驾管业务，全力减少无牌无证摩托车上路行驶，有效预防交通事故的发生，交警大队结合丘北经验和县乡平安出行工作的深入开展，经过多方努力，筹集资金，精心准备，为平川交警中队添置了电脑、打印机等办公设备，设立了业务受理、收费、车辆购置税、违法处理等服务窗口。从多方位、多层面的就近受理群众摩托车业务，实现了山区群众摩托车注册登记、核发牌证、核发检验合格标志当日制证、当日发证的新要求，最大限度地方便了山区群众。

【打掉多个盗窃机动车犯罪团伙】 2010年7月，县公安局金牛派出所民警摧毁了以周某、李某、刘某、沈某等人为主的2个盗窃机动车犯罪团伙，抓获团伙成员7人，破获摩托车被盗案件10起、微型车被盗案件3起，及时为失主追回被盗摩托车5辆、微型车2辆，7名犯罪嫌疑人被依法刑事拘留。7月26日，钟英派出所民警在钟英至平川的公路上，将准备流窜至皮厂街盗窃摩托车的张某等4人抓获，当场缴获当天被盗的摩托车1辆。经过进一步深挖犯罪，专案民警先后奔赴下关等地，抓获3个盗窃摩托车团伙的主要成员13人，作案范围涉及宾川县的平川、钟英、拉乌、金牛、宾居、乔甸、鸡足山等乡镇和祥云、弥渡等县，作案30余起。鸡足山派出所破获了以谢某、付某、吕某等人组成的盗窃摩托车犯罪团伙，抓获犯罪嫌疑人4名，破获摩托车被盗案件5起，追回被盗摩托车5辆。经深挖线索，抓获14名团伙成员，追回被盗摩托车14辆、面包车1辆。

【协助河南警方成功抓获持枪抢劫逃犯】 2010年8月14日，县公安局协助河南省项城市公安局将持枪抢劫后逃到宾川开三轮车的袁某抓获，查获仿“六四”手枪1支、子弹4发、银行卡1张和三轮摩托车1辆，县公安局依法将袁某移交河南警方。袁某，河南新野县人，于2010年6月21日12时许，伙同他人窜至河南省项城市团结路“上海老庙金楼”持枪抢劫黄金首饰，涉案价值达116万余元，为公安部督捕逃犯。

【乔甸镇】 乔甸镇位于县境东南部，东、南、北三面分别与祥云县的禾甸、祥城、米甸3个镇接壤，西与州城镇相连，总面积196.5平方千米。镇辖6个村委会、64个自然村、77个村民小组。镇政府驻地杨保街海拔1650米。主产水稻、玉米、小麦、烤烟、柑橘、葡萄等。

2010年，全镇5935户、23139人，比上年增212人，总人口中男11810人，女11329人；农业人口22552人，非农业人口587人。20人以上的民族：汉族6844人，彝族3068人，白族13170人。少数民族人口有16295人，占总人口的70.42%；人口自然增长率3.52‰；人口密度118人/平方千米。年初实有耕地1334.67公顷，年末实有耕地1334.67公顷，与上年持平，其中田976.93公顷，地357.74公顷，人均耕地0.87亩。有效灌溉面积1.15千公顷，有效灌溉面积1.15千公顷。全年农作物播种面积2826.67公顷，比上年减0.93%，其中粮食作物面积913.33公顷，总产3390吨；油料种植886.67公顷，总产2394吨；烟叶种植900公顷，总产2000.2吨；蔬菜种植120公顷；水果种植670.27公顷，总产17208吨。人均生产粮食150千克，比上年减127千克。农村经济总收入12257万元，比上年增9.39%；农村经济纯收入7910万元，比上年增13.75%；农民人均纯收入3492元，比上年增329元。大牲畜存栏10954头，出栏1857头；年末生猪存栏18973头，出栏34316头；山、绵羊存栏8074只，出栏5300只；家禽存栏60761羽，出栏90891羽；肉类总产3930吨。乡镇企业总产值18713万元；营业收入18894万元。当年造林213.33公顷，累计封山育林1653.33公顷，四旁植树10万株，育苗6亩。有初级中学1所，在校学生876人；完小6所，在校学生1947人；幼儿园3所，学生520人。有教职工178人，其中公办172人，代课6人。镇级卫生机构1个，医务人员13人，其中卫生技术人员12人，病床28张。

2010年，镇党委书记王志远，镇人大主席王建宏，镇长李宇。

【宾居镇】 宾居镇位于县境南部，东邻州城镇，南接祥云县象鼻镇，西与大理市凤仪镇接壤，北与大营镇、州城镇相连，全镇总面积130.6平方千米。

2010年，全镇有10102户，总人口38685人，比上年减296人，其中男19497人，女19188人，农业人口37748人，非农业人口937人。20人以上的民族：汉族34811人，彝族261人，白族3137人，傣族92人，苗族23人，傈僳族35人，回族149人，其他少数民族111人。少数民族人口有3874人，占总人口的10.01%；人口自然增长率9.22‰；人口密度296人/平方千米。年初实有耕地2394.33公顷，年末实有耕地2388.53公顷，比上年减0.24%，其中田1331.13公顷，地1057.4公顷，人均耕地0.93亩。有效灌溉面积2.18千公顷，实际灌溉面积1.98千公顷。全年农作物播种面积4696.33公顷，比上年减0.51%，其中粮食1886.67公顷，总产13824吨；油料种植166.67公顷，总产22.1吨；烟叶种植20公顷，总产57.5吨；蔬菜种植2256.33公顷；水果种植1454.93公顷，总产40739.8吨。人均生产粮食365千克，比上年减53千克。农村经济总收入25703万元，比上年增11.17%；农村经济纯收入15128万元，比上年增12.79%；农民人均纯收入4151元，比上年增427元。大牲畜存栏7989头，出栏2364头；年末生猪存栏35108头，出栏46818头；山、绵羊存栏10020只，出栏7570只；家禽存栏68290羽，出栏100460羽；肉类总产5299吨。乡镇企业总产值27748万元，营业收入28713万元。当年造林126.67公顷，累计封山育林266.67公顷，四旁植树10万株，育苗4亩。有初级中学2所，在校学生1220人；完小8所，在校学生2648人；幼儿园10所，在园幼儿1229人；有教职工254人，其中公办242人，代课12人。有镇级卫生机构1个，医务人员31人，其中卫生技术人员30人，病床80张。

2010年，镇党委书记丁益军，镇人大主席邹贤军，镇长杨丽娟（女，白族）。

【州城镇】 州城镇东靠乔甸镇，南邻祥云县象鼻镇，西与宾居镇毗邻，北与金牛镇接壤。镇政府驻地州城，距县城11千米。全镇总面积195平方千米，辖8个村委会，60个自然村，180个村民小组。州城“东枕钟英，南屏帽岭，西峙笔架”，中为平坝，除少数人户居于山腰外，大多数居住平坝地区，主产水稻、玉米、烤烟、柑橘、黑腰枣、葡萄等，州城自1494年就作为宾川州治驻地，已有400多年历史，至今还保留南薰桥、钟鼓楼、文武庙等古建筑。

2010年，全镇有12340户，总人口46344人，比上年减322人，其中男23391人，女22953人；农业人口45107人，非农业人口1237人。20人以上的民族：汉族44745人，彝族565人，白族650人，傣族25人，傈僳族27人，回族203人，纳西族32人。少数民族人口有1599人，占总人口的3.45%；人口自然增长率3.76‰；人口密度238人/平方千米。年初实有耕地面积2701.67公顷,年末耕地面积2701.67公顷,与上年持平,其中田2122.94公顷,地578.73公顷,人均耕地0.87亩。有效灌溉面积2.99千公顷,实际灌溉面积2.94千公顷。农作物总播种面积4621.33公顷,比上年增0.03%,其中粮食作物1806.67公顷,总产14150吨;油料种植253.33公顷,总产456吨;烟叶种植28公顷,总产79.8吨;蔬菜种植1686.67公顷;水果种植1616.93公顷,总产59156吨;香叶种植200公顷。2010年,人均生产粮食305千克,比上年减12千克;农村经济总收入42768万元,比上年增11.38%;农村经济纯收入19091万元,比上年增21.68%;农民人均纯收入4053元,比上年增470元。大牲畜存栏7444头,出栏2247头;年末生猪存栏32869头,出栏48453头,山、绵羊存栏8669只,出栏5917只;家禽存栏102747羽,出栏116316羽;肉类总产5419吨。乡镇企业总产值40062万元,营业收入43445万元。当年造林200公顷,累计封山育林780公顷,四旁植树12万株,育苗6亩。有完全中学1所,在校学生1344人;初级中学2所,在校学生1634人;完小9所,在校学生3669人;幼儿园11所,在园幼儿1231人。有教职工439人,其中公办433人,代课6人。有镇卫生机构1个,医务人员15人,其中卫生技术人员14人,病床52张。

2010年,镇党委书记杨映红(任至9月)、杨矗(9月起任),镇人大主席环学勇,镇长杨矗(任至9月)、杨武(9月起任)。

【金牛镇】 金牛镇位于宾川中部,东靠平川镇和祥云县米甸镇,西靠大营、鸡足山两镇,北与力角镇毗邻,面积237.9平方千米。镇政府驻地金南苑,海拔1430米。镇辖16个村(居)委会,109个自然村,248个村民小组,主产水稻、玉米、甘蔗、烤烟、蔬菜、柑橘、葡萄等。

2010年,全镇有28946户,总人口92812人,比上年增803人,其中男47041人,女45771人;农业人口77082人,非农业人口15730人。20人以上的民族:汉族86655人,彝族1235人,白族4046人,壮族26人,傣族47人,苗族60人,傈僳族109人,回族351人,纳西族40人,其他少数民族140人。少数民族人口有6157人,占总人口的6.63%;人口自然增长率4.85‰;人口密度390人/平方千米。年初实有耕地5033.87公顷,年末实有耕地4977.2公顷,比上年减1.13%,其中田3562.27公顷,地1414.93公顷,人均耕地0.80亩。有效灌溉面积5.29千公顷,实际灌溉面积4.43千公顷。全年农作物总播种面积8864公顷,比上年减0.56%,其中粮食作物面积4318公顷,总产27770吨;油料种植958公顷,总产2428吨;烟叶种植227.33公顷,总产626.4吨;蔬菜种植2003.27公顷;甘蔗种植83.33公顷,总产6750吨;水果种植1949.67公顷,总产58900.8吨。2010年,人均生产粮食360千克,比上年减118千克;农村经济总收入84226万元,增15.61%;农村经济纯收入37530万元,增22.28%;农民人均纯收入4710元,比上年增455元。年末大牲畜存栏9570头,出栏2530头;生猪存栏40926头,肥猪出栏62617头;山、绵羊存栏6976只,出栏6667只;家禽存栏110271羽,出栏169852羽;肉类总产6853吨。乡镇企业总产值106500万元,营业收入122150万元。当年造林126.67公顷,累计封山育林2753.33公顷,四旁植树15万株,育苗4亩。有高级中学、完全中学和教师进修学校各1所,在校学生3068人;有初级中学4所 ,在校学生3871人;有完小15所,在校学生8403人;有幼儿园18所,在园幼儿3803人;有教职工1244人,全部为公办教师。有镇级卫生机构1个,医务人员18人,其中卫生技术人员15人,床位94张。

2010年,镇党委书记张云龙(任至9月)、黄章保(9月起任),镇人大主席张作蛟,镇长黄章保(任至9月)、张评(9月起任)。

【鸡足山镇】 鸡足山镇位于县境西北部,东连金牛,南与宾居、大营毗邻,西北与大理市海东、挖色、上关3镇接壤,东北与力角镇相邻,总面积315.78平方千米。

2010年,全镇有7651户,总人口29485人,比上年增80人,其中男14808人,女14677人;农业人口28981人,非农业人口504人。20人以上的民族:汉族12942人,彝族3192人,白族10943人,傈僳族2127人,拉祜族26人,其他少数民族197人。少数民族人口有16543人,占总人口的56.11%;人口自然增长率3.64‰;人口密度93人/平方千米。年初实有耕地2141.93公顷,年末有耕地面积2141.93公顷,与上年持平,其中田956.87公顷,地1185.07公顷,人均耕地1.09亩。有效灌溉面积1.50千公顷,实际灌溉面积0.83千公顷。全年农作物播种面积3623.33公顷,比上年减9.80%,其中粮食作物1973.33公顷,总产11244吨;油料种植433.33公顷,总产1157吨;烟叶种植736.67公顷,总产1912吨;蔬菜种植353.33公顷;甘蔗种植66.67公顷,总产8000吨;水果639.73公顷,总产22707.6吨。2010年,人均生产粮食556千克,比上年增179千克;农村经济总收入17460万元,比上年增12.20%;农村经济纯收入9854万元,增12.77%;农民人均纯收入3403元,比上年增306元。年末大牲畜存栏7845头,出栏369头;生猪存栏20508头,肥猪出栏27461头;山、绵羊存栏2314只,出栏5255只;家禽存栏50892羽,出栏63854羽;肉类总产2944吨。乡镇企业总产值18535万元,营业收入18489万元。当年造林26.67公顷,累计封山育林1133.33公顷,四旁植树9万株,育苗面积2亩。有初级中学和九年一贯制学校各1所,在校学生1015人;有完小8所,在校学生2339人;有幼儿园6所,在园幼儿582人。有教职工213人,其中公办186人,代课27人。有镇级卫生机构1个,医务人员14人,其中卫生技术人员14人,床位40张。

2010年,镇党委书记张继(任至8月)、赵忠(9月起任),镇人大主席徐志凌,镇长徐勇。

【大营镇】 大营镇位于县境西部,东接金牛镇,南连宾居镇,西与大理市海东、挖色两镇接壤,北与鸡足山镇毗邻。镇政府驻地大营街,海拔1660米,国土面积294.98平方千米,镇辖4个村委会,49个自然村,85个村民小组。

2010年,全镇有6818户,总人口26234人,比上年增770人,其中男13404人,女12830人;农业人口25561人,非农业人口673人。20人以上的民族:汉族13706人,彝族144人,白族11526人,傈僳族355人,苗族435人。少数民族人口有12528人,占总人口的47.75%;人口自然增长率3.13‰;人口密度89人/平方千米。

2010年初全镇有耕地面积2299.6公顷,年末耕地面积2351.73公顷,比上年增2.27%,其中田1142.53公顷,地1209.2公顷,人均耕地1.34亩。有效灌溉面积1.76千公顷,实际灌溉面积1.44千公顷。农作物总播种面积3991.33公顷,比上年减1.87%,其中粮食作物播种2186.67公顷,总产12939吨;油料种植166.67公顷,总产347.1

吨;烟叶种植431.33公顷,总产934吨;蔬菜种植820公顷;水果种植876.6公顷,总产20773.7吨。2010年,人均生产粮食553千克,比上年减210千克;农村经济总收入16860万元,增17.7%,农村经济纯收入9375万元,增19%;农民人均纯收入3695元,比上年增341元。年末大牲畜存栏12283头,出栏1498头;生猪存栏23137头,肥猪出栏35026头;山、绵羊存栏14824只,出栏13004只;家禽存栏54604羽,出栏69270羽;肉类总产4067吨;乡镇企业总产值15641万元,营业收入14611万元。当年造林153.33公顷,累计封山育林1473.33公顷,四旁植树10万株,育苗2亩。有初级中学2所,在校学生1112人;有完小4所,在校学生1868人;有幼儿园7所,在园幼儿1086人。有教职工196人,其中公办185人,代课11人。有镇卫生机构1个,医务人员15人,其中卫生技术人员13人,床位20张。

2010年,镇党委书记字振辉,镇人大主席杨志华,镇长彭昌云(女,任至9月)、杨珏婵(女,9月起任)。

【力角镇】 力角镇位于县境北部,东与平川、钟英2乡镇交界,南连金牛镇,西与鸡足山镇及鹤庆县黄坪镇接壤,北与丽江市永胜县片角镇毗邻,总面积193平方千米。镇辖8个村委会,81个自然村,112个村民小组。

2010年,全镇有8259户,有总人口32656人,比上年增356人,其中男16564人,女16092人;农业人口31950人,非农业人口706人。20人以上的民族:汉族29757人,彝族2280人,白族256人,傈僳族38人,纳西族28人,其他族227人。少数民族人口有2899人,占总人口的8.88%;人口自然增长率5.60‰;人口密度169人/平方千米。年初耕地面积3268.47公顷,年末耕地面积3271.6公顷,比上年增0.10%,其中田1690.73公顷,地1580.87公顷,农业人口人均有耕地1.5亩;有效灌溉面积2.57千公顷,实际灌溉面积2.44千公顷。全年农作物播种面积6826公顷,比上年减5.83%,其中粮食作物3108.07公顷,总产21653吨;油料种植733.33公顷,总产1720.1吨;白肋烟种植993.33公顷,总产2895吨;蔬菜种植1202公顷;水果种植1550.87公顷,总产24563吨。2010年,人均生产粮食674千克,比上年减127千克;农村经济总收入21066万元,比上年增20.01%;农村经济纯收入12389万元,比上年增14.51%;农民人均纯收入3879元,比上年增357元;乡镇企业总产值13629万元;营业收入12766万元。年末大牲畜存栏8594头,出栏910头;生猪存栏29610头,肥猪出栏40629头;山、绵羊存栏12351只,出栏13170只;家禽存栏60731羽,出栏58182羽;肉类总产4507吨。当年造林13.33公顷,累计封山育林766.67公顷,四旁植树10.5万株,育苗3亩。有职业高级中学1所,在校学生1850人;有初级中学1所,在校学生1123人;有完小8所,在校学生2608人;有幼儿园8所,在园幼儿1154人。有教职工241人,其中公办232人,代课9人。有镇级卫生机构1个,医务人员14人,其中专业技术人员13人,床位33张。

2010年,镇党委书记王建春(女),镇人大主席赵燕冰,镇长周敏。

【平川镇】 平川镇位于县境东北部,东邻楚雄州大姚县铁锁乡,东南接拉乌乡,西连金牛、力角2镇,北交钟英乡,总面积458.5平方千米,镇政府驻地平川街海拔1760米。镇辖14个村委会,170个自然村,199个村民小组。

2010年,全镇有9779户,总人口36016人,比上年减265人,其中男18542人,女17474人;农业人口34217人,非农业人口1799人。20人以上的民族:汉族24484人,彝族5851人,白族4513人,傈僳族518人,回族67人,其他少数民族543人。少数民族人口有11532人,占总人口的32.02%;人口自然增长率2.60‰;人口密度79人/平方千米。年初实有耕地2421.6公顷,年末耕地面积2421.6公顷,与上年持平,其中田982.87公顷,地1438.73公顷,人均耕地1.01亩。有效灌溉面积1.30千公顷,实际灌溉面积1.17千公顷。全年农作物播种面积5692.8公顷,比上年减1.83%,其中粮食作物面积3291.13公顷,粮食总产11328吨;油料种植482.8公顷,总产1752.6吨;烤烟种植1210公顷,总产2577.3吨;蔬菜种植248.33公顷;药材种植410.8公顷,总产5156.8吨;水果种植566.4公顷,总产1519.7吨。2010年,人均生产粮食338千克,比上年减144千克。农村经济总收入25390万元,增10.17%;农村经济纯收入10185万元,增11.25%;农民人均纯收入3043元,比上年增282元。年末大牲畜存栏21977头,出栏3642头;生猪存栏41327头,肥猪出栏44127头;山、绵羊存栏40877只,出栏29777只;家禽存栏119501羽,出栏108745羽;肉类总产6138吨;乡镇企业总产值15069万元,营业收入16121万元。当年造林740公顷,累计封山育林1133.33公顷,四旁植树12万株,育苗面积1.2亩。有完全中学1所,在校学生462人;有初级中学2所,在校学生1147人;有完小13所,在校学生2373人;有幼儿园7所,在园幼儿602人。有教职工303人,其中公办263人,代课教师40人。有镇卫生机构1个,医务人员42人,其中卫生技术人员36人,床位95张。

2010年,镇党委书记谭家林,镇人大主席李建珍(女),镇长俞少敏。

【钟英乡】 钟英乡在县境东北部,东南与平川镇接壤,西与丽江市永胜县片角乡毗邻,北以金沙江为界,国土总面积292平方千米,乡辖6个村委会,92个自然村,75个村民小组。钟英是山区乡,除钟英村委会是高山小盆地外,其他均在山区,乡政府驻地海拔1820米。该乡产赤石,质坚硬,制成红砚池,经久耐磨,色鲜,现已停止制作。

2010年,全乡有2563户,总人口9003人,比上年增13户,减162人,其中男4703人,女4300人;农业人口8780人,非农业人口223人。20人以上的民族:汉族3598人,彝族1899人,白族60人,傈僳族3232人,拉祜族180人。少数民族人口有5405人,占总人口的60.04%;人口自然增长率0‰;人口密度31人/平方千米。年初实有耕地1313.13公顷,年末耕地面积1313.13公顷,与上年持平,其中田103.4公顷,地1209.73公顷,人均耕地2.19亩。有效灌溉面积0.15千公顷,实际灌溉面积0.06千公顷。全年农作物种植面积1664.8公顷,比上年减0.83%,其中粮食作物1142.93公顷,总产5004吨;油料种植80公顷,总产127吨;烤烟种植246.67公顷,总产584.6吨;蔬菜种植133.33公顷;药材种植16.47公顷,总产321.1吨;水果种植74.73公顷,总产352.1吨。2010年,人均生产粮食563千克,比上年减6千克;农村经济总收入3737万元,比上年增7.41%;农村经济纯收入1720万元,比上年增7.84%;农民人均纯收入1957元,比上年增168元。年末大牲畜存栏3967头,出栏335头;生猪存栏9208头,肥猪出栏9373头;山、绵羊存栏22952只,出栏4843只;家禽存栏33986羽,出栏36107羽;肉类总产935吨。乡镇企业总产值1437万元,营业收入1791万元;当年造林513.33公顷，累计封山育林186.67公顷，四旁植树6.5万株，育苗0.5亩。有初级中学1所，在校学生245人；有完小5所，在校学生672人。有教职工101人，其中公办68人，代课33人。有乡级卫生机构1个，医务人员6人，其中卫生技术人员5人，床位7张。

2010年，乡党委书记谷国锋，乡人大主席杨凤德，乡长郭仕军（任至8月）、毛跃龙（9月起任）。

【拉乌乡】 拉乌乡位于县境东部，东接楚雄州大姚县三岔河乡，南连祥云县米甸镇，西、北交平川镇，国土总面积230.6平方千米。拉乌是山区乡，辖7个村委会，74个自然村，69个村民小组。

2010年，全乡有2833户，总人口10329人，比上年减102人，其中男5419人，女4910人；农业人口10029人，非农业人口300人。20人以上的民族：汉族5823人，彝族4311人，白族27人，傈僳族141人。少数民族人口有4506人，占总人口的43.62%；人口自然增长率2.89‰；人口密度45人/平方千米。年初耕地面积797.87公顷，年末耕地面积797.87公顷，与上年持平，其中田199.8公顷，地598.07公顷，人均耕地1.16亩。有效灌溉面积0.56千公顷，实际灌溉面积0.51千公顷。全年农作物播种面积1441.33公顷，与上年持平，其中粮食作物884.67公顷，总产3758吨；油料种植110公顷，总产144吨；烤烟种植366.67公顷，总产851吨；蔬菜种植80公顷；水果种植16.67公顷，总产34吨。2010年，人均生产粮食415千克，比上年减10千克。农村经济总收入5241万元，比上年增20.18%；农村经济纯收入3937万元，增28.49%；农民人均纯收入3813元，比上年增766元。年末大牲畜存栏7340头，出栏325头；生猪存栏6780头，肥猪出栏7288头；山、绵羊存栏12081只，出栏3423只；家禽存栏21629羽，出栏25395羽；肉类总产735吨。乡镇企业总产值633万元，营业收入751万元。当年造林300公顷，四旁植树5.5万株。有初级中学1所，在校学生274人；有完小6所，在校学生771人；有幼儿园1所，在园幼儿65人。有教职工80人，其中公办64人，代课16人。有乡级卫生机构1个，医务人员8人，其中卫生技术人员8人，床位15张。

2010年，乡党委书记子建权，乡人大主席李志刚，乡长吴慧琴（女，彝族）。

【彩凤华侨管理区】 1979年6月18日为安置越南归侨，经云南省革命委员会批准，撤销原牛井劳改农场，在该场地上建立国营彩凤华侨农场。农场包括3个互不相连的地区，即牛井地区、大营地区和干甸地区，总面积6.4平方千米，人口主要是越南归侨，其次是原牛井农场留下的职工。2009年3月20日，国营彩凤华侨农场改制为宾川县人民政府彩凤华侨管理区。2010年12月，撤销彩凤华侨管理区，分别并入金牛镇、大营镇，改制为华侨社区。

2010年，全区有1098户，总人口2408人，比上年减41人，其中男1305人，女1103人，非农业人口2408人。20人以上的民族：汉族2131人，白族41人，壮族26人，瑶族107人。少数民族人口有277人，占总人口的11.5%；人口自然增长率－0.82‰；人口密度376人/平方千米。年初耕地面积346.53公顷，年末耕地面积346.53公顷，与上年持平，其中田210.6公顷，地135.93公顷，人均耕地2.16亩。全年农作物播种面积511.53公顷，比上年增20.95%，其中粮食作物186.13公顷，总产1599吨；油料种植28公顷，总产108吨；蔬菜种植47.87公顷；水果种植249.53公顷，总产7103.9吨。年末大牲畜存栏10头，出栏30头；生猪存栏1200头，肥猪出栏1500头；家禽存栏15000羽，出栏17000羽；肉类总产213吨。

2010年，区党委书记张沛聪，主任贺胜红（女，傈僳族）。

【太和华侨管理区】 1958年1月，在太和区内建设太和农场，主要任务是接收州、县下放干部进行劳动锻炼改造，属省农垦局领导。1960年10月，为接纳安置归国华侨，改为国营太和华侨农场，归省侨务处领导。农场东紧靠癞山，南至新坪村，西至纳西河，北至埃东村，东西长4.4千米，南北长8.5千米，国土总面积5.8平方千米。2009年3月20日，国营太和华侨农场改制为宾川县人民政府太和华侨管理区。2010年12月，撤销太和华侨管理区，并入金牛镇，改制为华侨社区。

2010年，全区有15个生产队，1172户，2477人，比上年减26人，其中男1170人，女1307人；非农业人口2477人。20人以上的民族：汉族2169人，白族192人，彝族44人。社区内少数民族人口有308人，占总人口的12.43%；人口自然增长率－0.80‰；人口密度427人/平方千米。年初耕地面积395.93公顷，年末耕地面积373.93公顷，比上年减5.56%，其中田362.6公顷，地11.33公顷，人均耕地2.26亩。全年农作物播种面积466.27公顷，比上年增3.20%，其中粮食作物71.33公顷，总产497吨；油料种植16公顷，总产38吨；水果种植338.27公顷，总产10751.5吨。年末大牲畜存栏26头，出栏13头；生猪存栏260头，出栏230头；山、绵羊存栏61只，出栏43只；家禽存栏13260羽，出栏6100羽；肉类总产36吨。

2010年，区党委书记王琪琳，主任汪国武。

【宾居华侨管理区】 位于宾川坝子南部，场部距县城20千米，东、南、北与州城镇相连，西与宾居镇毗邻，南窄北宽，东西最大横距2.5千米，南北最大纵距3.9千米，总面积5.61平方千米。地势平缓，南高北低，最高海拔1596米，最低海拔1525米。场内道路基本是双沟抬路，形成田园式耕作区，道路四通八达，沟渠纵横，田块方整。全场属中亚热带低纬高原季风气候，气温高，日照足。2009年3月20日，国营宾居华侨农场改制为宾川县人民政府宾居华侨管理区。2010年12月，撤销宾居华侨管理区，并入州城镇，改制为华侨社区。

2010年，全区有1019户2352人，比上年减46人，其中男1166人，女1186人；非农业人口2352人。20人以上的民族：汉族2205人，白族99人。少数民族人口有147人，占总人口的6.25%；人口自然增长率为－2.53‰；人口密度419人/平方千米。年初实有耕地面积364.87公顷，年末耕地面积364.87公顷，与上年持平，其中田364.87公顷，人均耕地2.33亩。全年农作物播种面积466.33公顷，比上年增0.29%，其中粮食作物28公顷，总产228吨；蔬菜种植68公顷；水果种植335.13公顷，总产10149吨。年末大牲畜存栏60头；生猪存栏816头，出栏1148头；家禽存栏5806羽，出栏11486羽。肉类总产142吨。

2010年，区党委书记张光鹏，主任杨正军。

（张红云）

弥渡县

【自然概貌】 弥渡县位于云南省西部，大理白族自治州东南部，地跨东经100°19′～100°47′，北纬24°47′～25°32′之间。

东至水目山顶与祥云县交界;西至隆庆关(鸟道雄关)丫口与巍山彝族回族自治县分疆;北至九顶山巅与大理市、祥云县相接;南至牛街乡太平顶与景东彝族自治县毗邻,东西宽26千米,南北长82千米。地势西北高,东南低,自西北向东南呈狭长地形。地貌分构造剥蚀山地、切割中山峡谷山地、溶蚀中山峡谷山块、山间断陷盆地四大类型。最高点为县域西北部的九顶山山峰,海拔3117.9米,最低点为县域东南部金宝山东麓的礼社江心,海拔1223米,县城海拔1667.72米。县内自然条件好,风光秀丽,气候宜人,生态良好,有着“天气浑如三月里,风花不断四时春”之美誉,属中亚热带季风气候区;光照充足、土壤肥沃、矿藏、动植物资源丰富。县域国土面积1523.43平方千米,其中山区、半山区1391.43平方千米,占总面积的91.34%;坝区132平方千米,占总面积的8.66%。县内河流属红河上游元江支流,分别为毗雄河水系、毗雌河水系、白云河水系、牛街河水系,另有28条小河组成河网,但都属于季节性河流,其中以毗雄河为主干河流。区位优越,国道214线、320线及广大铁路穿境而过,县城弥城镇距省会昆明市320千米,距州府下关61千米,交通便利。全县国土面积1523.43平方千米,总耕地面积13449.87公顷,其中水田面积8583.6公顷,人均耕地面积0.62亩。

【建置沿革】 弥渡历史悠久,是人类发祥地之一,早在旧石器晚期,就有先民在这块沃土上繁衍生息,境内现存有旧石器时代的古代文化遗物。相传古代弥渡是一片浩瀚的水乡泽国,行者易迷津,故名“迷渡”,为讳水患,清代改称弥渡。自西汉迄南北朝属云南县,唐代南诏国时置白崖赕,元明时属赵州。清沿明制,仍属赵州,雍正九年(1731年),大理府南关分府通判驻弥渡,称弥渡市督捕通判,置址在弥城西街。民国元年(1912年)获准设弥渡县,隶属腾越道,民国17年(1928年)废道直属云南省,为三等县。1950年1月1日,成立弥渡县人民政府,属滇西人民行政督察专员公署辖,同年3月1日归大理专区。1958年弥渡、宾川、祥云3县合并设立祥云县。1961年,经国务院批准,复置弥渡县,仍属大理白族自治州。1995年被国务院列为对外国人开放县。弥渡历史文化灿烂,素有“文献名邦”、“花灯之乡”誉称。南诏铁柱,“标绩全滇”,古称“六诏咽喉”,是东方小夜曲《小河淌水》的发源地。弥渡花灯源远流长,有“灯从唐朝起,戏从唐朝来”之说和“弥渡好地方,村村有灯班;十个弥渡人,九个会唱灯;才到定西岭,听见锣鼓声”的赞誉。2000年、2008年弥渡县被国家文化部命名为“中国民间艺术之乡(花灯)”和“中国民间文化艺术之乡(花灯)”。

【行政区划】 全县辖5镇3乡,即弥城镇、红岩镇、新街镇、寅街镇、苴力镇、密祉乡、德苴乡、牛街彝族乡,共89个行政村(社区),986个自然村,1229个村民小组。

【气候特点】 县内属中亚热带季风气候区,冬无严寒,夏无酷暑,气候温和,没有明显的四季之分,只有干季、雨季之别。立体气候明显,河谷热,坝子暖,高山寒。2010年,平均气温17.8℃,降雨量866.2毫米。

【人口 民族】 2010年末,全县有总人口325712人,比上年增长0.18%。其中:农业人口300562人,比上年增长0.21%,非农业人口22916人,比上年减少1.2%;全县有93482户,比上年增长0.94%,其中:农业户80264户,非农业户13218户。年内,全县共出生2849人,占年计划出生人数3970人的71.76%,比上年同期减少1人。人口出生率8.81‰、自然增长率1.52‰、死亡率7.29‰。县内有汉、彝、白、哈尼、壮、傣、苗、傈僳、回、拉祜、佤、景颇、瑶、藏、布朗、纳西、怒、普米、德昂、独龙、蒙古、满、布依23个民族,少数民族人口32223人,占总人口的9.96%。其中彝族28762人,占总人口的8.52%;白族人口1962人,占总人口的0.52%;回族人口1709人,占总人口的0.53%。

【矿产资源】 县境内矿藏资源有铂、钯、铜、钼、铅、锌、镍及石膏、石灰石、高岭土等10余个金属和非金属矿种。年内共挂牌出让砂、石、土采矿权4宗,收取出让金10.9万元;办理采矿权延续变更登记手续5宗,收取价款8.8万元;累计收取矿产资源补偿费45万元,收取矿产资源有偿使用费49.45万元。

【经济综述】 2010年,全县完成地区生产总值(现价)233213万元,为计划的107.1%,同比增长13.2%,其中:第一产业完成增加值71325万元,为计划的103.7%,同比增长9%;第二产业完成增加值65517万元,为计划的112.4%,同比增长15.6%;第三产业完成增加值96371万元,为计划的106.4%,同比增长14.9%。同时,一、二、三次产业增加值由上年同期的33.1∶26.2∶40.8调整为30.6∶28.0∶41.4。

【财政 金融】 2010年,全县完成财政总收入20068万元,为年初预算的112.1%,较上年增收3798万元,增长23.3%。其中:一般预算收入完成13039万元,为年初预算的107.2%,较上年增收2184万元,增长20.1%;上划收入完成7029万元,完成年初预算的122.3%,较上年增收1614万元,增长29.8%。按部门:①国税完成总收入6212万元,完成年初预算的112.7%,较上年增收962万元,增长18.3%。②地税完成总收入12101万元,完成年初预算的109.1%,较上年增收2401万元,增长24.8%。③财政部门全年完成非税收入1755万元,完成预算的135%,较上年增收435万元,增长33%。财政支出85624万元,金融机构年末各项存款余额282844万元,为计划的110.5%,同比增长18.8%,增加44784万元;各项贷款余额136166万元,同比增长17.1%,增加19928万元。

【农村经济】 2010年,实现农业总产值157551万元,同比增长12.4%。其中,农业产值81099万元、林业产值2633万元、牧业产值60781万元、渔业产值8338万元、农林牧渔服务业产值4700万元,分别比上年增长3.6%、4.9%、31%、-3.7%、8.3%。实现农民人均纯收入2899元,同比增长3.33%。粮食作物种植面积18.33万公顷,同比增长2.1%,粮食总产量10094万千克;经济作物种植面积完成6339.4公顷,同比增长1.9%;烤烟收购937.5万千克,其中指令性收购烟叶611万千克、专项收购烟叶280万千克、出口备货烟叶47万千克,实现烟农收入13719万元、烟叶税2827万元。

【工 业】 2010年,全县完成工业总产值(现价)120139万元,首次突破10亿元大关,完成计划的100.1%、同比增长25.1%;完成工业增加值35247万元、同比增长10.3%。其中规模以上企业完成工业产值33909万元,为计划的106%,同比增长47%;规模以下企业完成工业产值86230万元,同比增长18.2%。从产品产量看,原煤产量43.2万吨,水泥产量20.1万吨,为计划的

118%;供电量14614万度,同比增长25.4长%;自来水生产量159万吨,为计划的109.7%,同比增长15%。固定资产投资完成22292万元,完成计划1.71亿元的130.36%,同比增长55.56%。

【劳动就业】 年内,全县完成社会保障和就业支出12078万元,较上年增支701万元,增长6.2%。城市低保资金支出1120万元、农村低保资金支出1879万元,受益人数分别为5900人、22055人;支持创业促进就业工作,通过开展"贷免扶补",安排财政贴息资金150万元,发放就业贷款4077万元,795人实现自主创业,带动就业2457人。

【商 贸】 2010年,全县社会消费品零售总额98064万元,同比增长17.50%。其中:定点屠宰猪42926头,食盐批发1120吨,成品油销售23548吨,确保了消费品市场运行平稳;建成20户农家店,配送中心建设项目建成并投入使用,农村消费环境得到改善。年内,全县备案登记家电下乡销售网点57家,补贴品种10类,销售家电下乡产品19269台(件),销售金额3615万元,补贴19375台,补贴金额381万元;销售量居全州第四,财政补贴资金居第三,保持了经济平稳增长。全县招商引资共推荐项目48个,洽谈项目28个,在建招商引资项目24个(其中继建项目12个,新建项目12个),累计到位资金11.28亿元。

【扶贫开发】 2010年,县委、县政府把扶贫开发工作摆在重要位置,层层抓落实。一是"千村扶贫百村整体推进"项目实施的8个行政村累计完成总投资5348.73万元,占计划投资的191.46%;二是"866"项目分别完成:①农户安居工程新建415户,改造1307户,粉刷墙体4046户588951平方米,院心硬化2275户;②能源建设沼气池367口,节能灶2031口;③水利建设水窖(池)604个,库塘8个,人饮工程18件,人饮管道87500米;④建卫生厕1898户,公厕33座,卫生厩2292户42040平方米;⑤经济发展核桃701公顷、板栗20.6公顷,茶叶178.9公顷,花椒6.7公顷,蚕桑36.7公顷,冬桃52公顷,其他经济林果101公顷,肉牛改良365头,羊464只;⑥中低产田改造13.3公顷。自然村"六个有":新修乡村公路2条,11千米,改造公路14条52.34千米,村内弹石路硬化2条4499平方米,村内水泥路硬化35条33135平方米;农村实用技术培训9072人次,劳动力转移培训100人。行政村"六个有":文化室建设新建310平方米,改造180平方米;卫生室建设60平方米;兽医室建设280平方米;村委会办公房新建200平方米,改造400平方米。

【畜牧业】 2010年,全县畜牧生产呈现稳步发展态势,至年底奶牛存栏达1.34万头,牛奶产量3.26万吨,乳业产值7835万元;生猪存栏35.49万头,出栏38.79万头,产值40948万元;存栏肉牛7.47万头,出栏肉牛3.16万头,产值达6151万元;肉类总产44887吨;畜牧业产值6.08亿元。重大动物疫病防控因出现百年不遇旱情,导致大量牲畜饮水困难、饲草饲料缺乏、动物疫病发生流行潜在危险性加大。面对日益严重的动物疫病防控形势,因各种防疫机制措施扎实有效,全县未发生重大动物疫情。

【交通 运输】 2010年,全县公路续建在建项目15个187.1千米,完成总投资13290万元。其中:苴德柏油路工程,全长20千米,完工总投资1299万元;通达工程项目共12个167.1千米,完成总投资4181万元;牛街大沙河桥完成总投资450万元;建安桥完成总投资360万元;果河公路二期工程,完成投资7000万元,路基工程进入扫尾阶段,路面工程已完成招标。年内,加强公路工程建设管理,对实施的16个公路建设工程分3个工程管理组进行管理;对在建公路工程每日进行巡查,及时发现及时解决,确保工程质量;出台《农村公路建设项目管理办法》、《农村公路建设项目工程违约处罚实施细则》等制度,有效提高工程建设管理效率;聘请17名项目区所在地的人大代表、政协委员等为社会监督员进行实时监督;强化"安全责任重于泰山"的意识,全力打造"平安工程"。农村公路管理方面,年内按标准配套农村公路养护配套资金58.2万元,确保农村公路养护资金到位使用。加强和突出"春运"、"三月街民族节"两个重点,严格客运车辆定期维护和检查,确保运输市场健康发展。

【水利设施】 2010年,全县完成水利投资10238万元,其中:农水项目完成投资5327万元,基建项目完成投资4911万元。农水项目共投入劳动工日341.52万个,出动机械台班1.83万个,完成土石方253.62万立方米,修复水毁工程17处,新增防渗渠道干支渠道15.30千米,田间渠道22.27千米,加高加固堤防5.66千米,疏浚河道5.40千米,清淤渠道46.50千米,新建塘坝15处,新建水池水窖池1988个,灌溉机井64眼,新增蓄水能力4.89万立方米,新增旱涝面积6.7公顷,新增灌溉面积86.7公顷,改善灌溉面积1013公顷,新增除涝面积13.3公顷,改造中低产田66.7公顷,新增供水受益人口0.99万人。

【医疗卫生】 2010年,全县新型农村合作医疗参合人数达281488人,参合率94.13%;共补助76853人次,补助资金4085.19万元。其中:门诊748161人次,补助782.78万元;住院20369人次,补助3302.41万元。年内,完成寅街中心卫生院住院综合楼累计投资108万元;红岩中心卫生院住院综合楼累计投资146万元;牛街卫生院住院楼改建及德苴卫生院职工周转用房建设工程分别完成投资63万元和90万元;计划总投资7000万元,建设规模32803平方米的县人民医院整体搬迁主体工程开工建设。年内,全县传染病发病率168.19/10万,传染病发病数前3位是肺结核、肝炎、手足口病;积极开展艾滋病防治工作和血防工作。认真开展食品安全知识宣传以及职业病防治知识宣传;坚持食品安全整顿及专项检查以及生活饮用水和学校卫生专项检查。

【文化 体育】 2010年,围绕"唱响小河淌水,做精花灯品牌,抓好全民健身,培养体育苗子"思路,文化体育全面推进。基层文化活动:一是采取"请进来、走出去"方法,聘请省艺术学院和省艺术职业学院的专业教师,按"菜单式"选择确定课题进行培训;挑选年轻,素质好的专业人员10人到省花灯剧院等地锻炼和学习,提高艺术业务能力。二是采取"城乡联动,提质增效"措施,培养乡村骨干,提升群众文化活动水平,举办培训48期,参加培训对象4200余人次。三是采取"下基层,零距离"方法,推进"三下乡"活动。累计送戏下乡演出44场,受益观众22万多人次;农村电影放映"2131"工程共放映1223场,观众近20万人次;送书下乡覆盖5个乡镇,书籍价值7.2万元,群众看戏、看电影、看书难得到较好解决。四是以"立舞台、搭戏台"为载体,强力推进广场文化活动。举办春节、抗旱救灾、"五一"劳动模范评选、"七一"建党节等广场文化演出21场,参演单位达178个,演出节目

356个,观众达10万余人次。五是采取“借船出海,借台唱戏”方式,扩大弥渡文化对外宣传。组队参加“三月街”民族节文艺汇演,全州非物质文化遗产(弥渡花灯)展示等活动,巩固提升花灯文化名县地位。六是以“小河淌水”为品牌,以密祉旅游为龙头,把文化体育、品牌体育、旅游体育有机结合,组织开展“小河淌水”之旅全州自行车越野邀请赛暨太极山户外登山活动。年内共争取各类体育基础建设经费40余万元,购置了篮球板、乒乓球桌和全民健身路径42件,组织开展乡村各种体育活动140场次,观众达20余万人,对推进全民健身活动起到了积极的推动作用。

【生态环保】 年内,制定“七彩云南保护行动”实施办法,将任务细化分解到相关部门及责任人;开展“整治违法排污企业,保障群众健康环保专项行动”和“涉重金属污染企业专项检查”执法活动;严格执行环境影响评价制度,把好环保准入关;发挥自然保护区的集中保护和示范作用,实施《弥渡县县城绿地系统规划》,推进全县生态保护工作;结合新农村建设,在开展农村环境整治、创建生态乡镇、校园等绿色示范区和利用各种节假日纪念活动集中宣传的同时,在县环保局网站上加载公开信息48条,积极营造全民环境保护氛围。

【邮政 电信】 2010年,邮政业务总量收入982.09万元,比上年增长19.27%;订阅报纸206.43万份,比上年增3.40%;订阅杂志期刊6.14万份,比上年增0.65%;移动通信用户达12.5万户。

【旅 游】 2010年,全县共接待游客41.59万人次,比上年增54%;旅游收入3亿元,比上年增34%。年底全县共有宾馆旅社47家(二星级宾馆2家),客房962间,床位1751张;旅游接待餐厅24家,可接待3000多人同时就餐。

【林 业】 2010年,面对百年不遇的严重旱情,林业部门始终把森林防火工作作为林业抗旱的首要任务抓紧抓实。全年共发生森林火灾3次,成灾面积32公顷,未出现重大森林火灾和人员伤亡事故。加强营林生产:一是加强抗旱保苗技术宣传,林业技术人员深入田间地头宣传抗旱保苗技术,同时在网络部门信息内发布林业抗旱保苗技术,宣传和发动广大林农参与抗旱保苗;二是发动林农采取浇水、中耕松土等抚育措施加强抗旱保苗工作。全县营林生产累计投入抗旱人数4.04万人,投入抗旱资金325.41万元。全年完成中低产林改造1313.93公顷;完成林业沼气池建设300口,太阳能推广20户,节柴改灶1000户。“天保”、退耕还林工程:完成天保工程森林管护7.2万公顷;完成栽植泡核桃5866.7公顷;推广无烟烘烤房100座。年内,集体林权制度改革以及资源林政管理工作已完成。

【广播电视】 2010年,广播电视事业健康发展。内宣新闻:①宣传好全县在经济建设和社会发展中取得的成绩、经验和做法;适时在《弥渡新闻》中开设“创一流业绩促科学发展”、“抗旱保民生”、“榜样在身边”、“劳动者之歌”、“文明弥渡”、“冲刺十一五展望十二五”、“新农村”等专栏,为社会主义新农村建设营造良好舆论氛围。②做好全县“两会”等重要会议和“广场文化”、“国庆文艺晚会”等重要活动宣传报道,充分发挥新闻媒体喉舌作用和拍摄制作《抗旱汇报片》、《水改在弥渡》、《托起明天的太阳》、《大旱有爱》等专题片;电视台共制播《弥渡新闻》224期1515条和《弥川视点》53期,专题片17部;人民广播电台共制播《弥渡新闻》224期1515条,《弥川关注》53期。外宣新闻:积极向国家和省州媒体选送新闻稿件,共在中央电视台新闻频道播出新闻稿件3条、军事频道播出1条、《新闻联播》播出新闻稿件2条,云南电视台《云南新闻联播》播出新闻稿件9条,大理电视台《大理新闻》中播出411条,积分11050分,居全州第三;在州人民广播电台播出新闻稿件200条居全州第一。广播电视村村通工程:年度内广播电视“村村通”直播卫星覆盖工程总投资379.5万元(中央投资126.5万元,省级配套63万元、州级配套57万元,县级配套133万元),解决了全县8个乡镇、253个自然村、6585户、2万余人山区群众“听广播看电视难”问题。

【教 育】 2010年,全县教育工作始终以牢固树立现代教育理念为基础,以加快教育发展、提高教学质量为目标。普通高考上线率99.47%,从上年全州第六名跃居到第四名;“三校生”高考上线率100%,蝉联全州第一名;中考600分以上人数达410人,占考生人数的15.46%,600分以上人数比上年增加23人;小学毕业生全科合格率达85.7%。基础设施建设不断加强,中小学校舍安全工程进展顺利,排除D级危房46085平方米,38所学校、43栋、面积45586平方米主体工程全面竣工;弥渡一中学生食堂餐厅楼、弥渡二中围墙大门附属工程和弥渡职中学生宿舍楼建设竣工并投入使用。弥城三小、苴力完小、密祉中心完小以及3所明德小学建成投入使用;弥城一小搬迁教学楼主体工程完工。

【科 技】 年内,按照中央省州扶持政策,突出“三新”(新产品、新工艺、新技术)引进开发和科技项目申报实施。抓实科技项目实施,共向国家、省州申报项目8项,补助经费91.6万元,县安排列项目10万元。做好科技抗旱服务,组织实施热区优质特色水果开发示范项目。结合实施科技示范村、科技活动室等建设,加大科技宣传普及力度。加强对重点地区、行业、企业知识产权宣传服务,鼓励企业进行技术创新,提高运用知识产权能力和水平,共申请专利54件,居全州第三位。

【领导名录】 2010年末,县委书记邹子卿,副书记沙伟风(回)、李郁华、杨力(挂职);县委常委赵克智、刘福康(任至7月)、李奭(女)、段志伟、舒平、谭利强、罗鸿文、欧阳学礼(1月起任)、王勇(7月起任);县人大常委会主任石雄,副主任熊万明(任至7月)、唐育琴(女)、刘国中、胡宗藩(彝);县人民政府县长沙伟风,副县长舒平(常务副县长,1月起任)、赵克智、蔡云丽(女)、王建生、李正坤(彝)、张嘉杰、张桂芬(女,任至1月);县政协主席李正能(彝),副主席:张跃琳(女)、马联生(回)、涂正坤、彭云龙;县纪委书记:李奭(女)。

【省、州领导到弥渡指导和调研】 1月5日,由省民委副主任木桢带队的一行6人检查组到弥渡检查指导民族团结目标管理责任制工作。

1月13日,州人大常委会副主任杨宴君、尚榆民等带领州级有关部门负责人并在县领导邹子卿等陪同下先后深入牛街、德苴等乡指导项目工作,并对项目建设提出希望和要求。

2月6日,省水利厅副厅长杨荣新、副州长岳黎松等在弥渡县委副书记、县长沙伟风等县领导陪同下,深入到苴力镇五台村委会和李子园村田间地头实地察看旱灾情况,检查指导抗旱工作。

2月9日,州人大常委会主任字国顺、副主任彭增梅,州政府副州长洪云龙,州政协副主席孙明等在县委副书记、县长沙伟风等县领导陪同下先后分别深入到施碧、杨芹珍、谭名等生活困难党员、老党员家中走访慰问,代表州委、州政府向他(她)们送去节日的问候和新春祝福。

3月8日,州人民政府副州长许映苏深入弥渡苴力镇五台、李子园自然村和五台完小等检查指导抗旱救灾工作。通过实地察看和听取汇报,许映苏对抗旱救灾工作提出希望和要求。

3月8~9日,州人大常委会主任字国顺在弥渡县委书记邹子卿等陪同下,先后深入德苴乡黑泥海、牛街乡大桥等村实地指导抗旱救灾工作。通过听取汇报和实地查看救灾,字国顺对在抗旱救灾工作中广大干部群众因地制宜,分别采取"一乡一村一策"等措施给予肯定和高度评价,并对下步工作提出希望和要求。

3月18日,州委副书记、州长何金平在州委常委、常务副州长马建全,副州长岳黎松以及州水利、农业、环保、卫生等部门负责人和县领导沙伟风等陪同下,先后深入德苴乡德苴村委会黑泥海村、塘子村委会花鱼洞村等查看灾情,听取工作情况汇报,鼓舞各级干部群众采取有力措施,众志成城抗旱救灾。

3月20日,州委书记刘明在州委副秘书长肖云江和弥渡县领导沙伟风等陪同下,先后深入弥渡德苴乡小里村委会多格者村,牛街乡康郎、团结等村委会查看灾情,鼓励在抗旱救灾一线的干部群众战胜旱灾。通过听取汇报和实地查看灾情,刘明对广大干部群众在抗旱救灾工作中取得的阶段性成果给予充分肯定,同时要求继续想方设法增加应急水源,保障饮水和切实解决群众的生产生活困难,全力以赴做好抗旱救灾和森林防火等工作。

3月24日,大理州政协副主席孙珍玲及州政法委副书记、综合治理办公室主任李勇一行到弥渡调研平安创建综治维稳工作。

3月27日,国家水利部副部长胡四一率领国家防总工作组深入到弥渡抗旱救灾一线查看旱情,检查指导抗旱救灾工作。胡四一一行在州委副书记王雪峰、副州长岳黎松,县领导邹子卿等陪同下,先后深入弥城镇红星、双海村委员会部分村组和红岩大坝水库除险加固现场等地查看农作物受灾、库塘蓄水、中低产田改造、水利设施建设等情况,听取抗旱救灾工作汇报,看望奋战在抗旱救灾一线的干部群众。通过听取汇报和到实地察看,胡四一对目前县乡村采取的各项抗旱救灾措施给予充分肯定,同时提出希望和要求。

3月31日,省司法厅厅长何剑文在州政府副州长、公安局局长郭有兵等领导陪同下先后深入到寅街镇、苴力镇司法所等实地察看办公设施建设,了解全县抗旱救灾和司法行政工作情况,同时为战斗在抗旱救灾一线的司法干部送上慰问金。

4月6日,省农业厅副厅长汤克仁分别率厅属农技、植保等部门负责人并在州农业局局长王兆炜等州、县领导陪同下,深入到红岩镇仙女庄、新街镇玉米制种连片种植示范、弥城镇李官营等村组指导农业生产,并对农业生产和抗旱救灾等工作取得的成绩给予充分肯定,对下步工作提出希望和要求。

4月6日,州委常委、常务副州长马建全带领州经委、金融办等部门负责人先后深入到弥渡九顶山矿业有限公司、果河路二期工程、县医院搬迁建设工地、腾峰商业城等地检查指导工业生产和项目建设工作,并对工作中取得的成绩给予充分肯定和下步工作提出希望和要求。

4月14日,州人大常委会主任字国顺一行分别在州人大、州发改委及弥渡县领导邹子卿、石雄等陪同下,先后深入到弥渡果河路二期工程现场、红岩烤烟育苗点、并对工业项目和抗旱救灾等工作作指导。

4月15日,省交通厅厅长杨光成、州人民政府副州长李红卫在县领导邹子卿、沙伟风等陪同下,深入到新街镇公路管理所、果河路二期工程、苴德公路沿线等地调研交通工作。通过到实地调研和听取汇报,杨光成对近年来全县交通建设取得的成绩给予了高度评价并提出相关要求。

5月11日,州人大常委会副主任尚榆民一行先后深入到红岩、新街等镇指导大春生产,详细了解生产进度及在抗旱保春耕工作中采取的各项政策措施。通过实地查看,尚榆民对广大干部群众在大春生产和抗旱救灾工作中取得的经验和存在的不足给予肯定和提出希望,县人大常委会主任石雄等陪同。

5月19日,州委副书记王雪峰到弥渡检查指导抗旱救灾和春耕生产。王雪峰一行先后深入到红岩镇果园、大营等村,新街镇永祥、小陈家营等村详细了解抗旱救灾、春耕生产等情况。通过实地了解、查看,王雪峰对相关乡镇及部门在抗旱救灾和春耕生产各项工作中取得的成绩给予肯定,并提出了3点希望和要求。

6月5日,州人民政府副州长岳黎松在县人民政府副县长李正坤及县农业、烟草等部门负责人陪同下,深入到新街镇董和村等地检查指导农业生产。通过到田边实地查看,岳黎松对烤烟、中低产田改造、无公害蔬菜基地等工作提出相关希望和要求。

8月17日,州委常委、常务副州长马建全带州经委、州财政局负责人到弥渡检查指导项目建设工作。马建全一行在弥渡县委书记邹子卿等陪同下先后深入到青螺古纺、美晨大酒店、果河路二期、县医院搬迁等建设工地了解和听取情况汇报。马建全希望和要求全县进一步抓住新一轮西部大开发建设机遇,加大招商引资力度,抓好项目工作,推动全县经济社会快速健康发展。

9月8日,州委常委、州纪委书记梁志敏和州委常委、州委组织部长叶翠萍到弥渡检查指导工作,要求切实加强党风廉政建设,深入开展创先争优活动,全面推进县域经济社会快速协调发展。

9月11日,州烟草专卖局(公司)局长、经理樊在斗,副经理李文璧等一行到弥渡对烟草收购等工作作调研,县人民政府副县长李正坤等陪同。

9月28日,省人大常委会原主任尹俊在州长助理李文才等陪同下先后深入弥渡分别对县人民医院整体搬迁、果河公路二期工地建设等进行视察,对全县经济社会等方面取得的成绩给予高度评价,并希望继续抓好全县各项工作,推动经济社会快速协调发展。

10月3日、10日,省烟草公司副总经理童荣崑和高体仁在州、县相关部门领导陪同下分别深入到弥渡指导烟叶收购等工作。

11月28日,州委书记刘明在州委常委、州委秘书长杨健陪同下到弥渡调研滇西中心城市建设。通过调研,刘明强调指出,弥渡是"1+6"城市群中的一个重要组成部分,须站在全省全州的角度,找准特色优势,打好"生态农业"和"小河淌水"两张牌,科学规划"十二五"发展,加快推进滇西中心城市建设。

12月9日,省妇联主席胡有兰、副主席和红梅,州妇联主席焦映等一行在县相关领导陪同下深入弥渡检查指导鼓励妇女创业"贷免扶补"及"巾帼信用贷款"工作。

【县花灯剧团获全省先进单位殊荣】 1月,弥渡县花灯剧团被云南省人力资源和社会保障厅、省文化厅表彰为“云南省基层文化工作先进单位”。县花灯剧团自1956年2月建团以来，始终坚持文艺工作“二为”方面和“双百”方针，贴近基层、贴近实际、贴近群众，积极组织开展社会主义文化工作，近5年累计送戏下乡225场，创作演出节目36个，受众面25.8万人次；完成礼仪接待、迎宾演出186场次，参加省州文艺汇演18场次。参加广场文艺汇演和协助相关部门演出30场次，经多年努力，有效解决了广大人民群众看戏难，看好戏更难的问题，多次被州、县党委、政府评为“先进单位”；同时，演出的花灯剧《正月十五闹花灯》、《爱在天地间》等节目多次获省州奖励。

【举办“抗旱救灾情暖弥川”公益文艺晚会】 3月8日晚，弥渡县在花灯广场隆重举办“抗旱救灾情暖弥川”公益文艺晚会。一方有难、八方支援，大旱无情、人间有爱。晚会以“抗旱救灾情暖弥川”为主题，呼吁全县各级各部门、各企事业单位、各人民团体、社会各界人士伸出援手，献出爱心，募捐善款，为全县抗旱救灾工作贡献力量。晚会开展了现场捐助行动，现场共筹抗旱救灾善款854690元。

【荣获省“双拥模范县”称号】 7月，在“全省第八届双拥模范城(县)命名表彰大会”上，弥渡县第四次被省委、省政府、省军区命名为“双拥模范县”称号。

【县医院整体搬迁工程开工建设】 4月28日，全县十大重点建设工程之一的县医院整体搬迁工程正式开工建设。县医院整体搬迁工程项目按国家二级甲等综合医院标准建设，总投资7000万元，建筑面积32491.4平方米。按规划建住院综合大楼、门诊医技楼、传染病楼、食堂综合楼等设施。建成后的县人民医院将成为一所配备40多个科室、400～500张病床，设施完善，管理先进，服务一流，集医疗、急救、教学、康复为一体的现代化综合医院。

【县妇联文体局分别获全国表彰】 4月，县妇联在实施鼓励创业“贷免扶补”项目工作中成绩显著，被表彰为“全国城乡妇女岗位建功先进集体”。同月，县文化体育局在全县城乡文化体育、全民健身等各项事业建设中成绩显著，被国家体育总局表彰为“全国群众体育先进单位”。

【表彰抗旱救灾先进集体和个人】 6月21日，弥渡县在会务中心举行抗旱救灾工作总结表彰大会，隆重表彰在抗旱救灾工作中表现突出的50家先进集体和150名先进个人，并向在抗旱救灾工作中踊跃捐款奉献爱心的县烟草分公司、九顶山矿业有限公司、大理神野矿泉有限责任公司等34家企业授予“大爱无旱情暖弥川”纪念匾牌。

【大横箐水库开工建设】 6月29日，投资6000多万元的弥渡县大横箐水库开工建设，该工程为列入全省100件水源工程建设计划和进入国家西南5省骨干水源工程近期实施的规划工程。大横箐水库建设工程地处弥渡县城西南毗雄河支流大横箐上游的新街镇小甲板村附近，属红河水系，距县城15.75千米。水库坝址以上集水面积10.3平方千米，年径流量340.1万立方水，工程设计概算总投资6153.62万元。水库建成后，总库容达167万立方，年供水量为195.8万立方，将解决水库周围2.90万群众的生活用水和下游114公顷农田灌溉用水。

【电力调度大楼建成】 12月13日，电力调度大楼建成并投入使用。工程位于建安路与彩云路交叉路口处，占地5608平方米，建筑面积4888平方米，主楼6层，累计投入资金1.58亿元。

【《弥渡县志(1978～2005)》志稿通过初评】 12月23日，《弥渡县志(1978～2005)》志稿评审会召开，广泛征求各级领导和专家以及县级相关部门意见和建议。《弥渡县志(1978～2005)》在1993年出版的《弥渡县志》基础上进行续修，时间上限为1978年，下限到2005年，该志稿历时4年，经多次修改，基本形成近130万字初稿。

【红岩镇】 红岩镇总面积126.6平方千米，其中耕地面积2392.5公顷，人均耕地面积0.69亩。在耕地面积中，水田2282.5公顷，旱地102公顷。2010年末总人口51520人，其中：农业人口49871人，占总人口的96.8%。人口密度每平方千米405人，人口自然增长率2.12‰。全镇辖12个村民委员会，108个自然村，173个村民小组。镇内有3个集市。

2010年，农村经济总收入57258万元，农民人均收入3234元。粮食作物播种面积3233公顷，粮食总产1985万千克。有林面积4293.7公顷，森林覆盖率39.61%。大牲畜存栏9898头，肉牛出栏1202头；生猪存栏33590头，肥猪出栏52250头；山、绵羊存栏2685只，肉羊出栏1906只；家禽存栏8.5万羽，出栏9.67万羽。禽蛋总产量32.50万千克，肉类总产量483.3万千克，畜牧业产值9327万元。乳牛存栏5610头，牛奶总产量1336.2万千克。烤烟种植面积514.13公顷，其中：中上等烟108.4万千克；大蒜种植面积814公顷，总产905.2万千克。年末有乡镇企业6个，从业人员185人，营业总收入15968万元，总产值22340万元，利润486万元，完成税收12万元。全年财政收入1270万元，其中：本级收入1001万元；财政支出1057万元。学龄儿童入学率99.98%，巩固率100%，毕业率100%；中学巩固率99.5%。有私立幼儿园9所，在园幼儿1297人。有全民医疗单位1个，医务人员32人，病床20张；个体私营诊所7所，医务人员7人；村卫生室12个，乡村医生34人。电视普及率100%。有镇文化站1个，村文化室12个。

2010年，镇党委书记李增强，镇人大主席杨发昌，镇长李雄。

【新街镇】 新街镇总面积124.6平方千米，其中耕地面积2477公顷，人均耕地面积0.71亩。在耕地面积中，水田2073.95公顷，旱地342公顷。2010年末总人口52275人，其中：农业人口50482人，占总人口的96.57%。人口密度每平方千米420人，人口自然增长率2.11‰。全镇辖12个村民委员会，107个自然村，173个村民小组。镇内有4个集市。

2010年农村经济总收入33294万元，农民人均收入3912元。粮食作物播种面积26027公顷，粮食总产1461.3万千克。有林面积4176.8公顷，森林覆盖率35%。大牲畜存栏7804头，肉牛出栏1567头；生猪存栏24410头，肥猪出栏45281头；山、绵羊存栏1140只，肉羊出栏1995只；家禽存栏7.6万羽，出栏18万羽。禽蛋总产量67.1万千克，肉类总产量5862万千克，畜牧业产值6431万元。乳牛存栏3876头，牛奶总产量2.89万千克。烤烟种植面积804.53公顷，其中：中上等烟203.40万千克；大蒜种植面积829.67公顷，总产2000万千克。年末有乡镇企业13个，从业人员396人，营业总收入14318万元，总产值12595万元，利润710万元，完成税收459万元。全年财政收入1239万元，其中本级收入848万元。财政支出970万元,其中本级支出688万元。学龄儿童入学率100%,巩固率99.64%,毕业率100%;中学巩固率99.86%。有私立幼儿园12所,在园幼儿1376人。有全民医疗单位1个,医务人员18人,病床20张;个体私营诊所5所,医务人员7人;村卫生室12个,乡村医生38人。电视普及率97.26%,有镇文化站1个,村文化室12个。

2010年,镇党委书记段尚勤,镇人大主席董正喜,镇长白儒君。

【弥城镇】 弥城镇总面积174.32平方千米,其中耕地面积2420.64公顷,人均耕地面积0.43亩。在耕地面积中,水田1483公顷,旱地937.6公顷。2010年末总人口85022人,其中:农业人口69539人,占总人口的81.80%。人口密度每平方千米488人,人口自然增长率0.24‰。全镇辖17个村(居民)委员会,124个自然村(街道办),223个村民小组(街道小组)。镇内有5个集市。

2010年农村经济总收入110125万元,农民人均收入3536元。粮食作物播种面积3125.9公顷,粮食总产2073万千克。有林面积875.27公顷,森林覆盖率40.89%。大牲畜存栏13856头,肉牛出栏2613头;生猪存栏59218头,肥猪出栏91960头;山、绵羊存栏9333只,肉羊出栏9012只;家禽存栏11.54万羽,出栏16.54万羽。禽蛋总产量21.7万千克,肉类总产量1009万千克,畜牧业产值13552万元。乳牛存栏3366头,牛奶总产量8058万千克。烤烟种植面积237.37公顷,其中中上等烟65万千克;大蒜种植面积924.6公顷,总产1.63万千克。年末有乡镇企业2951个,从业人员6004人,营业总收入87690万元,总产值86394万元,利润2282万元,完成税收1760万元。全年财政收入4260万元,其中本级收入2824万元。财政支出1923万元。学龄儿童入学率100%,巩固率100%,毕业率100%;中学巩固率93.76%。有私立幼儿园23所,在园幼儿3017人。有全民医疗单位1个,医务人员13人,病床35张;个体私营诊所47所,医务人员86人;村卫生室16个,乡村医生55人。电视普及率99%,有镇文化站1个,村文化室17个。

2010年,镇党委书记姚武,镇人大主席范兆金,镇长李国才。

【寅街镇】 寅街镇总面积207.2平方千米,其中耕地面积1726公顷,人均耕地面积0.55亩。在耕地面积中,水田1132公顷,旱地594公顷。2010年末总人口47410人,其中:农业人口46005人,占97%。人口密度每平方千米228人,人口自然增长率0.68‰。全镇辖11个村民委员会,73个自然村,170个村民小组。镇内有1个集市。

2010年农村经济总收入43932万元,农民人均收入2950元。粮食作物播种面积2470公顷,粮食总产1562.1万千克。有林面积9837.56公顷,森林覆盖率达58.85%。大牲畜存栏6145头,肉牛出栏2099头;生猪存栏35224头,肥猪出栏74117头;山、绵羊存栏5078只,肉羊出栏4894只;家禽存栏5.71万羽,出栏7.89万羽。禽蛋总产量14.9万千克,肉类总产量816万千克,畜牧业产值9654万元。乳牛存栏725头,牛奶总产量170.3万千克。烤烟种植面积340公顷,其中:中上等烟72.02万千克;大蒜种植面积146.7公顷,总产243万千克。年末有乡镇企业724个,从业人员3419人,营业总收入30812万元,总产值31462万元,利润1043万元,完成税收709万元。全年财政收入586.53万元,其中本级收入438.23万元。财政支出920.38万元,其中本级支出253.55万元。学龄儿童入学率98.51%,巩固率100%,毕业率100%;中学巩固率99.73%。有私立幼儿园17所,在园幼儿1281人。有全民医疗单位1个,医务人员22人,病床29张;个体私营诊所3所,医务人员6人;村卫生室11个,乡村医生29人。电视普及率99.8%,有镇文化站1个,村文化室13个。

2010年,镇党委书记李太,镇人大主席雷国民,镇长李俊。

【苴力镇】 苴力镇总面积195.56平方千米,其中耕地面积1184.57公顷,人均耕地面积0.69亩。在耕地面积中:水田503.27公顷,旱地681.6公顷。2010年末总人口25632人,其中:农业人口24759人,占总人口的96.6%。人口密度每平方千米131人,人口自然增长率5.25‰。全镇辖7个村民委员会,89个自然村,130个村民小组。镇内有3个集市。

2010年全年农村经济总收入7667万元,农民人均收入1623元。粮食作物播种面积1819.93公顷,粮食总产9572万千克。有林面积13710.88公顷,森林覆盖率44.4%。大牲畜存栏10565头,肉牛出栏4191头;生猪存栏26137头,肥猪出栏40223头;山、绵羊存栏3643只,肉羊出栏391只;家禽存栏3.77万羽,出栏4.72万羽。禽蛋总产量43.13万千克,肉类总产量514.99万千克;乳牛存栏117头,牛奶总产量236万千克。烤烟种植426.67公顷,产中上等烟84.35万千克,红花种植203.3公顷。年末有乡镇企业14个,从业人员1025人,营业总收入10876万元,总产值10876万元,利润1198万元,完成税收465万元。全年财政收入700.02万元,其中本级收入508.42万元;财政支出747万元,本级支出747万元。学龄儿童入学率99%,巩固率100%,毕业率100%;中学巩固率94%。有私立幼儿园6所,在园幼儿1081人。有全民医疗单位1个,医务人员28人,病床20张;个体私营诊所3所,医务人员3人;村卫生室7个,乡村医生20人。电视普及率85%,有镇文化站1个,村文化室7个。

2010年,镇党委书记袁学礼,镇人大主席刘荃,镇长李鹏飞。

【密祉乡】 密祉乡总面积132.05平方千米,其中耕地面积536.2公顷,人均耕地面积0.49亩。在耕地面积中,水田402.70公顷,旱地133.54公顷。2010年末总人口16448人,其中:农业人口15908人,占总人口的96.7%。人口密度每平方千米118人,人口自然增长率1.65‰。全乡辖6个村民委员会,36个自然村,40个村民小组。乡内有1个集市。

2010年农村经济总收入9575万元,农民人均收入1590元。粮食作物播种面积933.3公顷,粮食总产452.6万千克。有林面积10698.4公顷,森林覆盖率72.4%。大牲畜存栏6654头,肉牛出栏2719头;生猪存栏18746头,肥猪出栏20849头;山、绵羊存栏5460只,肉羊出栏2719只;家禽存栏6.35万羽,出栏9.17万羽。禽蛋总产量10.32万千克,肉类总产量291.4万千克。烤烟种植面积273.3公顷,其中中上等烟51.7万千克。年末,有乡镇企业246个,从业人员1721人,其中营业总收入9300万元,总产值9730万元,利润900万元。全年财政收入296.93万元,其中本级收入243.32万元;财政支出658.28万元,其中本级支出279.28万元。学龄儿童入学率99.64%,巩固率99.50%,毕业率100%;中学巩固率99.98%。有私立幼儿园7所,在园幼儿417人。有全民医疗单位1个,医务人员43人,病床10张;村卫生室6个,乡村医生20人。电视普及率98%,有镇文化站1个,村文化室6个。

2010年，乡党委书记涂茂，乡人大主席李曰祥，乡长杨俊华。

【德苴乡】 德苴乡总面积299.22平方千米，其中耕地面积1600.47公顷，人均耕地面积1.64亩。在耕地面积中，水田370.47公顷，旱地1230公顷。2010年末总人口24760人，其中：农业人口24102人，占总人口的97.34%。人口密度每平方千米83人，人口自然增长率0.85‰。全乡辖13个村民委员会，109个自然村，161个村民小组。乡内有3个集镇。

2010年农村经济总收入6846万元，农民人均收入1387元。粮食作物播种面积2494.8公顷，粮食总产8320万千克。有林面积22989公顷，森林覆盖率46.2%。大牲畜存栏24404头，肉牛出栏8778头；生猪存栏26954头，肥猪出栏29547头；家禽存栏6.3万羽，出栏7.65万羽。禽蛋总产量11.64万千克，肉类总产量405.2万千克，畜牧业产值4959万元。烤烟种植面积873.3公顷，其中：中上等烟172.51万千克。年末，有乡镇企业401个，从业人员539人，营业总收入2710万元，总产值1870万元，利润275万元，完成税收50万元。全年财政收入633万元，其中本级收入598万元。学龄儿童入学率100%，巩固率100%，毕业率100%；中学巩固率100%。有私立幼儿园4所，在园幼儿97人。有全民医疗单位1个，医务人员22人，病床16张；个体私营诊所1所，医务人员1人；村卫生室13个，乡村医生42人。电视普及率98%，有乡文化站1个，村文化室13个。

2010年，乡党委书记张磊，乡人大主席白如亮，乡长聂继民。

【牛街乡】 牛街乡总面积263.89平方千米，其中耕地面积1219公顷，人均耕地面积0.90亩。在耕地面积中，水田119.4公顷，旱地1099.6公顷。2010年末总人口20411人，其中：农业人口19896人，占总人口的97%，人口密度每平方千米78人，人口自然增长率负1.91‰。全乡辖11个村民委员会，289个自然村，145个村民小组。乡内有3个集市。

2010年农村经济总收入7748万元，农民人均收入1550元。粮食作物播种面积1646.27公顷，粮食总产770.3万千克。有林面积18666.67公顷，森林覆盖率达56.07%。大牲畜存栏24184头，肉牛出栏8412头；生猪存栏30630头，肥猪出栏33649头；山、绵羊存栏11001只，肉羊出栏16735只；家禽存栏5.54万羽，出栏11.39万羽。禽蛋总产量7.71万千克，肉类总产量26.68万千克，畜牧业产值4125万元。烤烟种植面积560公顷，产中上等烟114.31万千克。年末有乡镇企业197个，从业人员273人，营业总收入2580万元，总产值2230万元，利润311万元，完成税收30万元。全年财政收入478.9万元，其中本级收入450.7万元；财政支出839.4万元，其中本级支出717.8万元。学龄儿童入学率99%，巩固率99%，毕业率98.9%；中学巩固率99.88%。有私立幼儿园1所，在园幼儿53人。有全民医疗单位1个，医务人员28人，病床24张；村卫生室11个，乡村医生31人。电视普及率85.6%，有乡文化站1个，村文化室11个。

2010年，乡党委书记李开运，乡人大主席鲁国强（任至11月）、鲁学凤（11月起主持工作），乡长乍文举。

（丁　良）

南涧彝族自治县

【自然概貌】 南涧彝族自治县位于大理白族自治州南端，地处东经100°06′～100°41′，北纬24°39′～25°10′之间。东与弥渡县接壤，南与景东县毗邻，西南与云县以澜沧江为界，西至黑潓江与凤庆县隔水相望，北与巍山县山水相连。县域东西横距59千米，南北纵距55千米，边界长约215千米，总面积1731.63平方千米。县人民政府驻南涧镇，距省会昆明356千米，距州府下关103千米。县境内海拔最高点3061米，最低点994米；年平均气温19.7℃，年极端最高气温34.3℃，年降雨量762.1毫米，年日照时数2442.9小时。地形以山地为主，大部分地区山高、谷深、坡陡；地貌分为侵蚀构造地貌、侵蚀堆积地貌、剥蚀地貌、断块山地貌和岩溶地貌；气候分为低纬山地季风气候、垂直气候和地域气候；山脉分为哀牢山与无量山。无量山脉横亘在县境西南，向东南延伸的部分是构成南涧县地形的主要骨架之一；哀牢山脉横卧县境东南，是西部季风的屏障。江河分为元江和澜沧江两大水系，有9条干流、59条支流，总长286千米。

【建置沿革】 西汉武帝元封二年（前109年），南涧地属于益州郡的邪龙县（今巍山）。元至元十二年（1275年），中央朝廷将南涧地设置为县一级政区，命名为定边县，隶属镇南州（州治在南华）辖。至元二十四年（1287年），省革定边的建制，改为乡。明洪武十七年（1384年），明朝廷又将南涧地恢复为县一级政区，仍称名为定边县，改由楚雄府直接管领。清雍正七年（1729年），终止了定边县的建制，原定边县辖的“东三百里”地，仍由楚雄府辖，其余之地则裁归蒙化府辖。民国3年（1914年），原蒙化府改为蒙化县后，南涧地设2个分县，即南涧分县、浪沧分县。民国21年（1932年），撤销2分县，在蒙化县下设四、五、六3个区，民国29年（1940年）裁区制改为乡镇制。1961年10月，开始筹建南涧彝族自治县。1963年9月，经国务院第135次会议通过，批准成立南涧彝族自治县。1965年11月27日，南涧彝族自治县正式成立。

【行政区划】 全县辖5镇3乡，即：南涧镇、小湾东镇、公郎镇、宝华镇、无量山镇和拥翠乡、乐秋乡、碧溪乡，下辖80个村（居）民委员会、1133个自然村、1607个村（居）民小组。

【人口 民族】 2010年，全县总人口225550万人，其中：农业人口20.67万人，占总人口的93.3%；少数民族11.01万人，占总人口的49.7%。非农业人口1.49万人，占总人口的6.7%；男11.56万人，占总人口的51.58%，女10.99万人，占总人口的48.42%。年内，出生2030人，死亡1328人；人口自然增长705人，自然增长率3.19‰；人口密度每平方千米127人。县域内居住着汉、彝、白、哈尼、壮、傣、苗、傈僳、回、拉祜、佤、纳西、景颇、瑶、藏、布朗、怒、独龙、满、土家20种民族。

【土地资源】 根据1995年完成的全县土地利用现状调查结果：县域共有国土面积17.39万公顷，其中：耕地2.49万公顷；园地7960.06公顷；林地9.28万公顷；其他用地1.08万公顷；建设用地3595.05公顷；未利用土地3.39万公顷。土地资源的特点是山地占绝大多数，耕地资源有限，土壤类型较多，宜种植物较广，植被覆盖率低，水土流失面大，山高缺水，水土潜力难以充分发挥。土壤资源有棕壤、黄棕壤、红壤、紫色土、石灰（岩土）、冲积土、水稻土、盐土8个土类，分为16个亚类、34个土属、66个土种、10个变种。

【经济综述】 2010年,全县实现地区生产总值176735万元,比上年增加26715万元,增长12.91%,其中:第一产业67010万元,比上年增加6430万元,增长7%;第二产业30309万元,比上年增加9496万元,增长30.34%;第三产业79416万元,比上年增加10789万元,增长12.36%。一、二、三次产业比重调整到38:17:45。2010年,实现财政总收入24697万元,比上年增加6911万元,增长38.86%,其中一般预算收入16339万元,比上年增加4220万元,增长34.82%。完成全社会固定资产投资67491万元,比上年增加15730万元,增长30.39%。全县金融机构各项存款余额180302万元,比上年增加33621万元,增长25.49%;贷款余额227332万元,比上年增加2509万元,增长12.41%。实现农业总产值118384万元,比上年增加12659万元,增长12%;农村经济总收入114193万元,比上年增加13532万元,增长13.44%;人均总收入5525万元,比上年增加637万元,增长13.03%;农民人均纯收入2502元,比上年增加260元,增长11.6%。

【劳动和社会保障】 2010年,全年城镇新增就业1253人,安排公益性岗位240人,农村劳动力转移就业3071人,劳动力职业技能培训623人。继续做好大中专毕业生、复退军人、返乡农民工、失地农民创业"贷、免、扶、补"工作,全年扶持404人实现自主创业,发放创业贷款1260万元,累计发放创业贷款2020万元。全年参加养老保险2622人,失业保险4213人,基本医疗保险7773人,工伤保险4235人,企业生育保险6804人,支出社保基金1405.07万元。全年发放灾民生活救助金734.3万元,粮食1152吨,救助灾民11.8万人,发放城乡低保保障金及其他生活补贴2215.9万元。农村危房改造完成拆除重建90户,5000平方米(100套),廉租住房主体工程完工,敬老院工程投入使用,入住孤寡老人45人。全年查处涉农价格违法案件3件,涉案金额13.16万元,受理价格鉴定案件43件,鉴定金额95.14万元。

2010年,组织农村劳动力职业技能培训9期623人,完成全年目标任务400人的156%;组织创业培训1期41人,完成全年目标任务40人的102%;转移输出农村劳动力就业3071人,完成全年目标任务3000人的102%。城镇登记失业人数1253人,失业率为2.3%。为申请创业扶持的275人积极办理贷款手续,其中成功创业250人,完成全年目标任务246人的102%,新增创业贷款1350万元。通过鼓励创业"贷免扶补"等工作的开展,解决了创业人员资金、技术、管理、发展等方面遇到的困难和问题,提高了创业成功率,有效地带动了其他人员就近就地就业。

【农 业】 2010年,认真贯彻落实强农惠农政策,争取农业抗旱资金649.5万元,落实农业机械购置补贴,争取农机具购置补贴312万元,其中补贴农户各种农机具1363台,受益农户1363户,补贴额度52.09%,补贴后带动农户投资286.98万元。兑付玉米种植补贴156.05万元、水稻种植补贴40.44万元、小麦种植补贴47.6万元、地膜玉米种植补贴227.82万元以及高产创建资金40万元、间套种资金30万元、农村劳动力转移培训资金40万元、其他各类农业抗旱资金57万元。全县批复111个项目,涉及村组公路建设60件,村内户外道路硬化29件,小型水利建设1件,公共活动场所5件,人畜饮水12件,小型桥梁4件;项目总投资1237.78万元,其中:财政奖补资金420万元,其他财政资金82.45万元,群众筹资55.49万元,自愿捐资318.56万元,村集体投入80.84万元,社会捐赠9.56万元,以物折资8.35万元,村民筹劳13.13万个工折资262.53万元;项目覆盖8个乡镇,52个村委会,274个自然村的13093户、49074人,占全县自然村总数的24.1%。截至11月15日,已完工项目53个,继续实施项目58个。11月3日,在全省农村综合改革办公室主任会议上,南涧获全省第二批奖励资金160万元。全县计划改造中低产田地2453.33公顷,其中:烟草部门2333.33公顷,农业部门120公顷,计划总投资3608万元,完成中低产田地改造面积2520公顷,其中:烟草部门2333.33公顷,农业部门186.67公顷;完成配套资金3705.4万元(烟草3500万元、农业205.4万元),其中:省级以上投资3668万元,群众投劳折资37.4万元。完成小型水利工程114件,新建小水池(窖)100个容积6430立方米,新建小坝塘8座容积17.79万立方米,新建排洪沟渠1条2.5千米,新建管网5条391.43千米,新建田间机耕路62.41千米,坡改梯120公顷,土地平整120公顷,配套生物农艺措施2520公顷。

【畜牧业】 2010年,在乐秋乡东升、乐秋和南涧镇白云等10个村委会继续实施血吸虫病农业综合治理家畜圈养项目,完成家畜圈养3120户,建畜圈4.09万平方米,圈养家畜2.05万头。积极培植无量山乌骨鸡特色产业,发展乌骨鸡养殖示范户34户,建鸡舍3380平方米,鸡存栏1.03万羽,出栏5.78万羽,无量山乌骨鸡规模养殖户累计达到162户。新建永宏生猪养殖场、华亿生猪养殖场、何建生猪养殖场,新建猪圈2970平方米,生猪存栏1401头,出栏5817头。扶持发展10头以上母猪养殖示范户22户,饲养能繁母猪154头。在无量山镇的新政、保平、光明、发达,宝华镇的拥政、宝华、无量,公郎镇的沙乐8个村委会实施退耕还林成果巩固养殖业建设项目,计划建设450户,完成502户,其中退耕农户332户,涉及1324人。完成棚厩建设1.17万平方米,建青贮窖3159立方米,饲料地112.4公顷,开展科技培训2391人次。实施中央财政现代农业《南涧县发展优质肉牛产业》项目,新建标准化牛舍1.63万平方米,其中:在建1.34万平方米,完工2960平方米;新建青贮窖4912立方米,其中:在建3063立方米,完工1849立方米。蓄粪池建设4330立方米,化粪池建设2819立方米;种植优质牧草151.27公顷,购置饲草机60台,建设180个标准化现代养牛场(户)。实施优质奶源试验示范项目,在交通沿线和集镇区重点巩固扶持肉乳兼用牛养殖户5户,奶牛6头,鲜奶供应254户。3月,实施肉牛良种补贴项目,固定专人负责良补冻精的发放、配种牛登记和使用后的细管和杂交犊牛耳标管理工作,建立配种档案,完成良种补贴冻精配种1.31万头。完成肉类总产量32575吨,禽蛋产量1721.3吨,实现畜牧业产值51085万元。

【林 业】 2010年,全年发生林业行政案件86起,查处86起,没收木材42立方米,罚款8万元,处罚教育87人次。开展非法占用林地、盗伐滥伐林木及违法违规采脂整治行动2次,查处盗采国有林松脂刑事案件1起,治安案件6起,拘留6人;查处非法占用林地行政案件6起,罚款1.22万元;查处盗伐滥伐林木行政案件10起,处罚18人,处理违法行为人20人,批评教育105人,调处护林员6人。办理木材运输许可证236份4009.95立方米;办理建设项目临时占用林地1件1.23公顷,征收森林植被恢复费6.69万元;办理永久占用林地1件

5.37公顷，征收森林植被恢复费15.47万元；办理野生动物驯养繁殖许可2户；受理4家企业的木材经营加工许可，并对原来的11户企业进行换证；下达农民自用材采伐指标7000立方米。查验相关车辆9687辆次，查办违法贩运木材的林业行政案件53起，没收因无证运输、规格不符、证货不符等违法运输的木材计220立方米，处理涉案当事人和驾驶员60人，收缴行政罚款和木材变价款28万余元。年内，完成泡核桃栽植4445公顷、全县泡核桃种植面积累计达4.60万公顷，产量达6000吨，比上年增加3266吨，增长119.46%；中幼林抚育管护2.77万公顷；无烟烘烤房建设54座，累计建设无烟烘烤房92座，年烘烤量达2000吨；认真贯彻林业小额贴息贷款政策，完成林业小额贴息贷款2092.6万元，申报贴息额104.63万元，涉及林农353户，新增核桃、石榴、芒果、龙眼造林379.73公顷。

【茶叶生产】 2010年，面对百年不遇的旱灾，南涧茶园受灾极为严重，春茶产量大幅减产。全县2007～2009年种植的茶园面积1999.93公顷中，幼龄茶园死亡率达70%以上的面积有266.67公顷，死亡率达30～70%的面积有933.33公顷，死亡率30%以下的面积有800公顷。年内创建罗伯克、黑龙潭和德安片区标准化茶园示范园166.67公顷。全县茶园面积6931.73公顷，其中新发展补植补造281.73公顷，占计划296.4公顷的95%；完成低产茶园改造868.2公顷，占计划906.67公顷的96%。全县茶叶产量338.8万千克，比上年减少25.2万千克，下降6.92%，占全年计划400万千克的84.5%；成品茶产量250万千克，比上年增加10万千克，增长4%；其中无公害茶130万千克。实现茶叶总产值16404万元，比上年增加825万元，增长5%。其中农业产值5904万元，占年计划5870万元的100.58%，比上年增加80万元，增长1.4%；工业产值10500万元，比上年增加745万元，增长7.1%。

【烤烟产业】 2010年，扎实推进山区现代烟草农业项目，建成烟水配套工程12件、密集式烤房1000座、机耕路78条139千米。全县继续加大“一县一品”“红大”种植计划，下达计划收购量1200.5万千克，种植烤烟5240公顷，签订合同户数6374户，户均种植面积12.33亩，收购烟叶897.5万千克，占计划74.76%，收购总值12178.62万元，平均亩产值1549.44元，均价13.6元/千克，烟农户均收入（不含红大补贴）19047.7元；全等级上等烟比例36.53%、中等烟38.52%、下低等烟24.95%，上、中、下部位烟叶比例分别为25.58%、64.93%、9.19%。烟农总收入1.32亿元，实现“两烟”税收4305万元。

【水　利】 2010年，完成水利投资4230.35万元，修建农村供水工程152件，县城应急供水工程1件，修复水毁工程92处，修复小水窖730个，新建烟水管网工程12件。清淤沟渠19.4千米，疏浚河道9.3千米，新增防渗渠道18.1千米。解决农村不安全饮水人口10150人，建设旱涝保收田406.67公顷，改善灌溉面积1610公顷，新增灌溉面积200公顷，新增节水灌溉面积153.33公顷，新增节水能力6500立方米，新增供水受益人口9433人。投资7267.78万元，完成母子垦水库除险加固扩建二期工程。投资912万元，完成发达水库除险加固扩建工程。投资490.19万元，解决无量山镇、宝华镇、公郎镇、小湾东镇、碧溪乡、拥翠乡6个乡镇14个村委会64个自然村9123人以及14所农村中、小学3723名学生的饮水安全问题。

【工　业】 2010年，认真实施《南涧县鼓励外来投资办法》和《南涧县招商引资绩效考核办法》，编制《南涧县工业园区总体规划》，成立工业园区管委会，组建工业园区开发投资有限公司，加快工业园区建设，重点工业项目有序推进。积极推进招商引资工作，全年签约招商引资项目27个，到位资金57036万元。飞龙钾盐综合回收、云南凤凰木业开发、凤凰生态茶厂、无量山倚天达核桃加工等项目正式投入生产，无量牧业科技项目完成投资300万元，沃南特农产品开发项目完成厂房建设，正在安装机械设备。全年实现工业总产值104100万元，增长73.21%；工业增加值17798万元，增长35.3%，其中规模以上工业增加值8767.8万元，增长57.2%；工业固定资产投资10200万元，增长66.78%。

【交　通】 2010年，投资4968万元，实施完成中央扩大内需新增项目文启公路沥青路面建设工程13.4千米。将2009年度农村公路通达工程12项94.6千米，县内自定农村公路改造项目3个39.2千米，争取无量线23千米，白云线等25条乡道228.2千米，全部列入2010年农村公路通达通畅工程项目计划并于12月开工建设；投资105万元，完成县运管站建设项目；投资20万元，建成宝华客运招呼站；投资20多万元，请云南省交通勘察设计研究院编写了《南涧县祥临公路团山至原国道214线拥政公路工程项目建议书》，请上海林同炎李国豪土建工程咨询有限公司编写了红星、碧溪至宝华、公郎大独木至沙乐六保村3条农村公路改造工程的工程可行性研究报告。组织力量编写的小湾库区岔江、瓦木自2个码头的工程可行性研究报告，4个公路建设项目和2个水运码头项目，全部通过了省级项目评审，6个储备项目涉及公路里程150.72千米，公路投资60173.93万元，码头投资1300万元；总投资1959.29万元的小湾库区岔江、瓦木自2个码头及4个附属水运停靠点于2010年9月列入大理州小湾库区航运基础设施建设计划，工程设计及招投标工作正在组织实施之中。

【邮政　电信】 2010年，南涧县邮政局实现收入379万元，比上年增加23万元，增长6.24%，其中“思乡月”实现销售收入15.1万元、贺卡实现销售收入21万元、集邮实现销售收入11.4万元，完成2011年报刊大收订流转额135万元。中国电信南涧分公司新建CDMA移动网络基站9个，新建大二层交换机3台，新建1台中兴S390（2.5G）设备。年内，中国移动南涧分公司实现收入4289.49万元；净增客户1.46万户，在网客户8.97万户，全员劳动生产率126.16万元/人，上缴各项税收123.4万元；投资362万元，建成移动信息化乡镇3个、移动信息化乡镇创建进步乡镇3个，建成移动信息富民示范村3个、移动信息富民村达标村31个，创建进步村17个；投资近1000万元，建成136农村移动信息富民村57个，创建率达71.25%。向农村79个移动惠农网集团赠送手机、信息机1.13万台，惠及50695个移动惠农网短号成员。

【环境保护】 2010年，环保现场监察51次、检查企业40户、接访群众来访23批次、受理投诉20件、协调处理环境纠纷20件。实施“七彩云南保护行动”，利用世界“环保日”、“水日”、“地球日”和“环保世纪行”等开展方式多样、群众喜闻乐见的宣传活动。以“七彩云南保护行动”简报的形式向社会各界通报，制作、设置大型广告牌，展出宣传板，悬挂宣传标语，以及定制环保宣传图画、环保宣传手册，利用街天宣传，设置咨询台，解答群众关心的环保问题，粘贴并发放宣传材料。

【生态建设】 2010年，完成天然林保护工程公益林建设1666.67公顷，完成无量山、宝华云华小流域治理，综合治理流域面积17平方千米。公路沿线“绿色走廊”工程继续推进，完成县域内公路绿化263.2千米。大力推进柴改煤电气工程，建成沼气池1400口、节能灶3175眼。落实减排目标责任制，推广节能灯20万只，加强项目环评审批和节能审查，强化污染物减排和治理，加快城镇污水、垃圾处理设施建设，县城污水处理厂完工试运行，配套管网正在建设完善，县城垃圾处理场土建和防渗工程基本完工。万元国内生产总值能耗同比下降3.01%，化学需氧量和二氧化硫排放量控制在下达指标以内。

【城镇建设】 2010年，以建设彝族文化生态园林山城为目标，实施了偃月公园提升改造工程，栽植大树121棵，完成了富民街延伸段路面工程和无量山镇集市道路改造工程；金龙路改扩建、滨河休闲长廊、雕塑广场、十六米街及湿地公园正抓紧实施；县城及东片区供水管网配套工程已启动。至2010年，全县城镇建成区面积4.68平方千米，城镇总人口约5.96万人，城镇化率预计达26.60%。县城规划区控制面积6.75平方千米，建成区面积1.82平方千米，规划区人口2.75万人，街道面积34.62万平方米，供水主管网43千米，日供水能力达15000吨，排水管（沟）29千米，路灯1500盏，新建生活垃圾处理场和污水处理厂各1座，开放式广场6座。

【财政 税收】 2010年，全县实现财政总收入24697万元，完成调整预算数24697万元的100%，同比增长38.86%；实现地方一般预算收入16339万元，完成调整预算数16289万元的100.31%，同比增长34.82%；实现地方一般预算支出69255万元，完成调整预算数69272万元的99.98%，同比增长37.03%。南涧县国家税务局累计收入7480万元，其中：增值税、消费税、企业所得税“三税”完成7311万元，比上年增加2146万元，增长41.55%；“二税”收入6347万元，比上年增加3211万元，增长97.67%；企业所得税964万元，比上年减少9904万元，下降50.69%；车辆购置税收入152万元，比上年增加27万元，增长21.36%；储蓄存款利息个人所得税收入18万元，比上年减少19万元，下降51.42%。南涧县国税局为地方经济发展做出应有的贡献，被大理州国家税务局评为一级局。南涧县地方税务局累计收入16126万元，完成州局下达年度计划任务数16100万元的100.16%，比上年增加3810万元，增长30.94%。其中：工商税收入11932万元，比上年增加119万元，增长1.01%；农业税收入4194万元，比上年增加3690万元，增长732.14%；全局累计组织县级税收收入14680万元，完成县级一般预算收入11892万元，占全县地方一般预算收入16339万元的72.78%。

【金融 保险】 2010年，全县金融机构各项存款余额180302万元，比上年增加36621万元，增长25.49%；全县金融机构各项贷款余额227332万元，比上年增加2509万元，增长12.41%。中国人民财产保险股份有限公司南涧支公司，完成毛保费收入1459.47万元，增长59.79%；完成保费收入1457.98万元，超过上级下达年初实收保费收入计划数428.8万元，年度实收保费占计划的141.66%，增长56.54%；保险赔付支出共计632.93万元，比上年增加127.45万元，增长25.21%，简单赔付率为43.37%，比上年下降11.97%。中国人寿保险股份有限公司南涧县支公司，实现股份总保费达到1154万元，其中：个险首年期交保费287万元，比上年减少23万元；银保趸交保费210万元；短期意外险保费128万元，比上年增加21万元，增长19.62%；续期保费530万元，比上年增加208万元，增长64.60%；赔付支出109.62万元。

【工商管理】 2010年，县工商部门认真组织开展打击流通环节违法添加非食用物质和滥用食品添加剂专项整治、节假日食品安全监管检查、仿冒知名品牌商品检查、食品监测工作，出动执法人员531人次，检查食品经营户1776户次，抽样检测5个商品，合格率达92%；查处不合格白酒系列案共56件，查处无证经营食品案3件；在全县范围内集中开展查处取缔无照经营餐饮、食品行业的“促卫”行动以及查处取缔农资市场及校园周边无照经营的“护苗”行动，查处无照经营15户，办理营业执照13户，办理商标案件4件，罚没款3.4万元。加强广告管理，对349条广告进行了监测，登记户外广告61条次，办理广告案件2件，罚没款9000元。在全县159户农资经营户中全面建立“两账两票、一卡一书”制度，对全县156户农资经营户实行A类监管，3户实行C类监管，实现了100%的信用分类监管，出动执法人员719人次，车辆236车次，检查农资经营户881户次，整顿市场231个次，查办涉农物资案件7件，没收侵犯注册商标农药107袋，51瓶，罚款2.27万元。配合有关部门开展农村家电市场、“两烟”市场、“扫黄打非”等专项整治工作，查办案件45件，案值52.52万元，收缴罚没款31.95万元。

【教 育】 2010年，全县现有中学15所，其中：普通高中2所，职业高中1所，初级中学12所；有小学83所，教学点10个；有幼儿园31所，其中：公办1所，民办30所；有乡镇成人技校8所，村级成人技校80所，县教师进修学校1所。有教职工1942人，其中：普高228人，职高63人，初中673人，小学916人，幼儿园18人，进修学校10人，县教研室人员34人；有代课教师212人，其中：初中7人，小学205人。2010年，全县普通高中在校生2797名，职业高中在校生1132名，初中在校生9171名，小学在校生19093名，在园幼儿4472名；全县有974人报名参加高考，上线950人，上线率97.54%。其中：本科上线420人，上线率43.1%；全县有1605人参加中考，其中：600分以上265人，最高分691分，最低分30分，总平均分497.12分，高于州总平均分12.68分。

【文 化】 2010年，文化部门组织开展各类文化活动演出146场，观众达54万人次，演出实地跳菜36场，接待人数6400人次；开展文艺培训辅导326场次，4864人次，辅导文艺队180多支；组织编创《五星红旗》、《绣荷包》、《和谐中国》、《大红枣》等一批优秀的群众性文艺作品；《打歌》、《跳菜》、《彝族健身操》等优秀传统歌舞节目向机关、校园、村寨广泛普及，极大地丰富了广大城乡群众的精神文化生活。组织正月初九龙灯会、火把节民族团结周系列活动等大型文艺演出50场，观众达12.4万人次；开展“文化、科技下乡”为主题的专场演出15场；策划完成“无量山镇撤乡建镇大型庆典晚会”，观众达1.8万人次。年内，完成老年大学舞蹈课程教学1期，学员人数50人次；完成H1N1流感、防灾减灾、民族民间文化、南涧新闻报刊集萃等文化工作简报宣传橱窗6期；完成南涧现有文艺队伍的全面调查，形成完整系统的调查档案。利用文化广场，每晚播放"打歌"、"跳菜"相关音乐视频资料，在全民中普及推广南涧民族民间传统歌舞，使广大群众在健身娱乐的同时更好地了解和传承本土文化。

【广电 网络】 2010年，实施3619套广播电视"村村通"直播卫星覆盖工程，受益农户累计1.46万户。全县广播电视村村通设备安装，收集、审核、录入、扫描等用户信息采集工作均在全州各县市率先完成，受益农户占总农户数的30%。全县电视覆盖率达98.6%，广播覆盖率达71.96%。实施县城区双向光纤网改造工程，地埋管道开挖埋设1.5千米，布放管道光缆1.5千米，布放架空光缆62.3千米，安装野外防水箱102只，安装光缆交接箱13个，改造联网数字电视用户5500余户。完成公郎、宝华2个乡镇光缆联网改造，改造联网用户1300余户，新建光缆18.25千米，开通乡镇光节点17个。实施城郊数字电视传输网络升级改造工程的收尾和验收工作，新建光缆9千米，新建支干线15千米，新增光节点20个，改造联网用户1000余户。改建肉牛厂干线1千米、安定小学干线1千米、电杆厂干线1.5千米、富民街延伸段干线1千米。

【卫 生】 2010年，全县有医疗卫生机构127个，其中：国家医疗卫生机构31个，集体医疗机构80个，企业、民营医疗机构2个，符合法定资质批准的个体行医户14个；全系统有在职职工391人，其中：医疗卫生专业技术人员333人，行政管理和工勤人员58人。全年在国家医疗机构就诊24.62万人次，住院1.27万人次，业务收入4596.02万元。全年县财政拨款1417万元，比上年增加387万元，占地方财政总支出的2.04%。全县纳入卫生法制管理的食品行业共467户，全年监督1307户次，监督频次县城均4次，乡镇均2次，监督覆盖率达100%；受理食品卫生许可申请41户；纳入监督管理的学校97所，学校食堂96户组；受理举报案件3件，查处3件，打击游医摊点11起。公共场所卫生管理65户，监督145户次。投资2505万元，建筑面积为1万平方米的县人民医院门诊医技综合楼，3月开工建设。

【计划生育】 "十一五"期间，南涧县建立健全"依法管理、村民自治、优质服务、政策推动、综合治理"的工作机制，统筹解决人口问题，为全县经济社会又好又快发展创造良好的人口环境。全县出生人口10604人，比计划数13192人少生2588人，年均人口出生率9.64‰，比计划数14.88‰低5.24‰；死亡6739人，比实际死亡数6710人多29人，年均死亡率6.13‰，比实际死亡数7.48‰低1.35‰；自然增长3868人，比计划数6852人少2984人，年均自然增长率3.52‰，比计划数7.40‰低3.88‰。2010年，全县总人口221609人，人口出生率9.18‰，死亡率5.99‰，自然增长率3.19‰。全县已婚育龄妇女总数46282人，占总人口的20.88%，落实各种避孕40420人，综合节育率87.33%，采取长效节育措施38634人，长效节育率83.48%。

【民 政】 2010年，全县农村低保人数达24100人，城市低保户2716户3836人，农村"五保"供养983户993人，发放城乡低保保障金及其他生活补贴2215.9万元；进一步扩大农村低保覆盖面，完成州下达的1099人"扩面"任务，健全临时救助制度，帮助低保及低保边缘人口等低收入群体解决特殊性、临时性困难，对2400户低保边缘户给予一次性补助300元/户，对993人"五保户"人均慰问300元，支出慰问金101.79万元，救助人员达10953人。全年支出医疗救助资金262.5万元，切实为患者解决就医难问题。城乡大病医疗一站式管理模式和门诊救助工作于12月启动实施，对符合条件的城乡困难群众实施门诊和住院医疗救助。完成总投资165万元的中心敬老院建设项目，可提供48人入住，已入住45人。

【千村扶贫开发百村整体推进】 2010年，南涧县千村扶贫开发百村整体推进项目涉及5个镇、9个村委会、128个自然村、204个村民小组的6927户、26955人，项目计划投资4068.25万元，实际完成投资9034.47万元；新建安居房312户3.12万平方米，改造安居房844户8.44万平方米；建设沼气池170口，节能灶3368口，水窖141个，水池779个，人饮工程32件16.18千米，人饮水池123个；建卫生厕2642个，公厕8座，卫生厩1263个1.89万平方米。年内，发展泡核桃524.67公顷，茶叶262.33公顷，黄金梨22.67公顷，冬桃10公顷，杨梅21.33公顷，其他果类216.67公顷；肉牛改良2080头，养牛2854头、猪1773头、山羊252只；新建乡村公路12条22千米，改造乡村公路15条56千米，村内弹石路5条5.82万平方米，水泥路面68条8.45万平方米，修建桥涵1座；开展农村实用技术培训1422人次，劳动力培训转移2276人；新建村完小5所2785平方米，文化室建设124平方米，卫生室124平方米，畜牧兽医室80平方米；新建、改造村两委办公房1160平方米，新建村两委办公室83平方米。

【领导名录】 2010年末，县委书记苏发吉，副书记莽绍标（彝）、陈策、浦丽合（挂职，2月任）；县委常委吴家良（彝）、李光琴（女，彝）、董建明（彝）、张若尘、黄希里、查政朝（彝）、沈文荣、田强；县人大常委会主任石含铭，副主任查朝政（彝）、李树德、王淑青（女）、吕宗祥；县人民政府县长莽绍标（彝），常务副县长沈文荣，副县长李光琴（女，彝）、何亚宁（1月免）、阮智齐、李宏才、李华东、茶绍荣（彝，1月任）；县政协主席李德忠（彝），常务副主席刘增武，副主席杨发英（女，白）、李文荣、卢志坚；县纪委书记张若尘。

【徐珍荣获"全国劳动模范"称号】 徐珍自1991年7月从事环卫工作以来，凭着对本职工作的热爱，以"当环卫工人就要对城市的清洁和美丽负责"的职业道德信念，十多年来，她干一行，爱一行，钻一行，干好一行，"她真是一个优秀的城市美容师。"这是南涧县城老百姓对她爱岗敬业、扎实工作和无私奉献精神的充分肯定。2004年4月，被大理州人民政府授予"大理州先进工作者"称号；2005年4月，被云南省人民政府授予"云南省劳动模范"称号；2008年3月，被中华妇女联合会授予"全国三八红旗手"荣誉称号；2010年4月，被国务院授予"全国劳动模范"荣誉称号。

【龙进品荣获"全国优秀法官"称号】 龙进品，一级法官，17年如一日扎根基层，服务群众，其中在公郎人民法庭工作16年，好学上进，顽强拼搏，兢兢业业地工作在条件艰苦的基层法庭，无怨无悔地奋战在审判工作任务繁重的最前沿。他牢记宗旨、忠于职守、甘于奉献，公正司法、清正廉洁，在平凡的岗位上创造出了不平凡的业绩，得到了各级各部门和广大人民群众的高度赞誉。自参加工作以来，龙进品共获得各级表彰26次。2004～2010年连续7年在公务员考核中被评为优秀公务员，连续7年被县法院党支部评为优秀党员；2008年7月，被云南省高级人民法院和省司法厅表彰为“全省指导人民调解工作先进个人”；2008年，被南涧县委、政府评为“2003～2007年度先进工作者”；2009年8月，被大理州中级人民法院记个人三等功一次；2010年2月，被大理州中级人民法院评为“人民法官为人民”主题实践活动先进个人；2010年4月，被云南省高级人民法院、云南省民族事务委员会联合授予“云南省少数民族优秀法官”荣誉称号；2010年12月，被最高人民法院授予“全国优秀法官”荣誉称号；2011年1月，被中共云南省委授予“爱民为民模范法官”荣誉称号。

【电影《茶道》在南涧全景拍摄】 6月6日，由陈凯歌监制、金平导演的电影《茶道》在南涧正式开机，苏发吉、吴家良、李光琴、沈文荣、李华东、卢志坚等县领导出席开机仪式。县委书记苏发吉在开机仪式上致辞说：电影《茶道》在南涧全景拍摄，必将充分展示南涧丰富的自然资源、优美的山水风光、多姿多彩的民族风情和深厚的历史文化底蕴，让更多的人了解南涧、关注南涧，不断推动南涧茶文化、茶产业和旅游业的大繁荣大发展。

【州委书记刘明到南涧县公郎镇调研】 6月19日，州委书记刘明在州委常委、州委组织部部长叶翠萍的陪同下，到南涧县公郎镇调研新农村建设、小集镇建设和民族团结等工作。

【国家林业局驻云南专员到南涧检查指导】 7月1～2日，国家林业局驻云南专员办一行3人在州林业局相关领导的陪同下，到南涧县检查无量山自然保护区二期工程建设项目实施进展情况。

【州长何金平到南涧调研】 7月2日，州委副书记、州长何金平到南涧县调研经济社会发展情况。何金平一行先后深入到南涧牧业科技有限公司、小军庄平交口、太平小村、大乌木龙村、南涧一中、南涧飞龙钾盐综合回收有限责任公司等地，全面了解南涧的抗旱救灾、粮烟生产、工业经济、城镇规划建设、中小学校舍安全工程以及新农村建设等经济社会发展情况。

【红塔集团王洪云到南涧调研烤烟基地单元建设】 7月23日，红塔集团大理卷烟厂副厂长、高级工程师王洪云一行4人在南涧县烟草专卖局(分公司)局长(经理)杨祥等陪同下，深入宝华镇查看了工商研合作管理中心、全州山地红大烟叶生产技术科技研发及烘烤培训中心以及无量山镇华山片区牛街塘绿色烟叶示范种植。

【云南中烟公司领导到南涧调研】 8月4日，云南中烟工业公司总经理张水长、副总经理李天飞一行在州长助理李文才及州级相关部门领导的陪同下深入宝华阿克塘现代烟草农业核心示范区、红塔集团南涧基地单元工商合作管理中心、中部高山基地单元烟农综合服务中心调研，对密集式烤房群农村文化阵地建设、南涧县承担的国家烟草专卖局重大科技专项“不同香型烟叶典型产区生态基础研究”试验项目和大理州山地红大种植生产技术研发和烘烤培训中心以及红塔集团绿色烟叶示范种植大田长势等项目提出了可行性意见建议。

【国家一级保护动物蜂猴放归无量山】 2010年，第二届大理国际影会“在大理的蓝天下爱心放归活动”放归的国家一级保护动物——蜂猴，在州林业局相关领导、森林公安干警、野生动物保护人员和动物专家护送下，回归南涧无量山国家级自然保护区。此次放归的这只蜂猴由大理森林公安收缴、救助，体长39厘米，体重1200克，尾长25厘米，牙齿36枚，头圆，吻短，眼大而向前，背部棕红色，背中央有1条褐色纵纹，腹面棕色，身上带着无线发射器。

【凤凰山鸟类环志工作拉开帷幕】 8月30日，南涧凤凰山鸟类环志工作正式拉开帷幕，保护区管理局干部职工积极投身一年一度的鸟类环志工作。2001～2010年，凤凰山鸟类环志放飞鸟类236种、39169只，隶属14目、30科。2001年环志放飞的1只红尾伯劳在印度被回收。基于对候鸟迁徙通道的保护和候鸟迁徙的研究，保护区管理局对2010年的鸟类环志工作提早安排，以环志鸟类3000只为目标，及时开展鸟类环志工作，加大鸟类保护、环志宣传和夜间巡察，让更多原来是捕鸟的人变成现在的护鸟人，确保大量候鸟安全迁徙。

【专家为凤凰山发展支着】 10月18日，南涧邀请全国鸟类环志中心副主任钱法文，云南大学生物系退休老教授、昆明市鸟类协会理事长王紫江，云南省广西商会相关领导，省林业、农业等方面的专家、领导，州林业局、森林防火指挥部相关领导齐聚凤凰山，对凤凰山鸟类环志监测发展规划咨询专家意见和建议。专家们指出，要在不破坏生态环境的基础上，做好凤凰山旅游景区整体规模定位，栽下梧桐树，迎来金凤凰，以高质量满足游客“吃、住、娱、乐、行”为目标，全面打造南涧凤凰山特色旅游景区，打造生态产业一条线，观茶品茶一条线；建设农村星级别墅，集生态饯行、民族文化、鸟类观测、无公害蔬菜为一体，让凤凰山旅游景区具有唯一性、独特性；要跳出保护区来做大文章，全力挖掘“南涧八景”，甚至更多的景，将“高峡平湖”、“百鸟朝凤”、“南涧跳菜”、“无量翠绿”、“凤凰归巢”、“万亩茶园”、“灵宝仰花”、“土林奇观”等全面结合在一起，精心打造南涧旅游这张名片，满足大众旅游“贪大求全”的心理，吸引更多的游客；要加大宣传力度，精心策划，系统持续地宣传南涧，全力提升南涧对外的知名度、美誉度，为南涧旅游文化事业的发展营造良好氛围。

【央视《讲述》栏目走进南涧凤凰山】 11月4～7日，中央电视台科教频道《讲述》栏目记者胡文一行在昆明鸟类协会理事长王紫江等人的陪同下到南涧县无量山国家级自然保护区凤凰山拍摄鸟类环志，再度探秘《飞鸟自焚》。此次央视《讲述》栏目到南涧凤凰山拍摄候鸟环志专题是继2009年央视《走进科学》栏目到无量山拍摄《深山角怪》和《飞鸟自焚》2个专题片后再次到凤凰山解谜鸟类环志工作。此专题于12月在央视科教频道《讲述》栏目中播出。

【国家Ⅰ级保护动物灰叶猴活跃在无量山】 灰叶猴属森林生态系统重要的指示性物种，在无量山国家级自然保护区有一定数量分布，栖息于海拔2100～2600米的半湿润常绿阔叶林和中山湿性常绿阔叶林中，群体生活，外形易于识别。该物种在无量山国家级自然保护区良好栖息生存，亦即表明无量山区域植被的完好性。无量山国家级自然保护区在建区科考调查的基础上，依托国际国内项目一直将灰叶猴作为重要的监测对象进行长期监测，监测研究工作逐年取得进展和突破。此次监测旨在进一步调查清楚灰叶猴在无量山国家级自然保护区的种群分布、群体数量和大小、活动范围和规律等，为持续监测、研究和有效地保护管理提供科学决策依据。

【小湾电站全部机组提前2年投产】 2010年8月22日零时，国家重点工程、

“西电东送”标志性工程小湾电站最后一台机组顺利通过72小时试运行，正式投产发电。至此，小湾电站6台70万千瓦机组全部投产，标志着该电站机组全部发电时间比最初建设计划提前2年，比机电安装合同工期提前一年零三个月，实现“330天六投”，开创了国内水电站70万千瓦机组安装的先例。小湾电站1～3号机组分别于2009年9月25日、11月15日、12月23日先后投产，创下了70万千瓦“89天三投”的全国纪录；4～6号机组分别于2010年4月25日、6月22日、8月22日相继投产发电。各台已投产的发电机组均运行平稳，并已累计发电85亿千瓦时。

【省扶贫办主任王智到南涧调研】 6月2～3日，省扶贫办主任王智一行在州长助理李文才，县委副书记、县长莽绍标及省、州扶贫部门有关领导的陪同下，先后察看云南南涧凤凰生态茶厂厂房建设和南涧镇杨免庄村扶贫开发项目建设情况。3日上午，李文才主持召开了由省扶贫办主任王智及省扶贫办相关领导，州扶贫办相关领导，全州各县市扶贫办主任参加的“省扶贫办大理调研座谈会”，县四班子领导参加了座谈会。

【防汛抗旱】 2010年，南涧县出现连续7个月无有效降雨的极端气候，是南涧自1961年有气象记录以来最严重的持续旱情，持续干旱导致库塘蓄水严重不足，人畜饮水安全保障困难，农经作物受灾严重，森林火险等级极高，给群众生产生活造成了极大损失。全县1519个村民小组，49649户，198597人受灾；粮食作物受灾1.18万公顷，成灾1.12万公顷，其中绝收9306.67公顷；经济作物和其他作物受灾9246.67公顷，成灾7186.67公顷，其中绝收1326.67公顷。全年因灾减产粮食2500万千克，小春粮食减产80%以上、经济作物减收70%以上；全县6.18万人、6.39万头牲畜饮水困难。特大旱灾造成全县直接经济损失2.68亿元，其中：农经作物损失6300万元，茶叶损失1556.7万元，林业损失9109万元，渔业经济损失200万元，畜牧业经济损失3928.7万元，工业损失5705.6万元。

【南涧镇】 南涧镇位于县境东北部，东与弥渡县接壤，南与拥翠乡、宝华镇相连，西与乐秋乡、巍山县巍宝山乡交界，北与巍山县、弥渡县毗邻，总面积362.93平方千米。其中：耕地面积2385公顷（水田649公顷，旱地1736公顷），农民人均耕地面积0.95亩；林地面积2.63万公顷，森林覆盖率48.7%，林木绿化率72%。辖南街、安定、西山、小军庄、团山、保安、瓦折、文启、东涌、得胜、太平、复兴、白云、新山14个村（居）委会，178个自然村，265个村（居）民小组。2010年，全镇有14241户、47284人，其中：农业人口37816人，非农业人口9468人，人口密度每平方千米130人。镇内居住着16个民族，除汉族以外其他少数民族12998人，占总人口的27%；年内出生人口405人，人口自然增长率3.22‰。

2010年，全镇农作物总播种面积5485公顷，总产1092万千克，比上年下降33.58%；农民人均占有粮289千克，比上年下降33.72%。种植烤烟1066.67公顷，收购烟叶190.25万千克，比上年下降16.96%；产值2621.31万元，比上年下降23.05%；农村经济总收入26986万元，比上年增加3104万元，增长13%；人均总收入7136元，比上年增加800元，增长12.63%；农民人均纯收入2730元，比上年增加237元，增长9.51%。完成全社会固定资产投资22630万元，比上年增加5222万元，增长30%。金融机构各项储蓄存款余额3714万元，比上年增加631万元，增长20.47%；各项贷款6051.5万元，比上年增加1303.5万元，增长26.72%。

年内，投资253.17万元，其中拟奖补资金97.5万元，完成12个村（居）委会17个村级公益事业“一事一议”财政奖补建设项目。投资241.03万元，建设水窖140个，修复水塘4个，实施3个村的人畜饮水工程，建设三面光沟渠2千米，开展沟箐治理200米，新修机电井120口。投资1210万元，完成13.4千米的文启柏油路面和6.7千米的瓦折村水泥路面建设。启动投资630万元的保安村委会混凝土路面建设工程、投资299万元的白云村委会路基改造工程和投资126万元的国道214线—安定线通达工程。投资39.4万元，完成家畜血防卫生厩建设220间。投资416.74万元，完成5个村委会578户农村电网改造。投资300多万元，南涧镇行政服务中心办公楼建设主体工程竣工，进入装饰装潢阶段。投资130万元，完成东涌、白云、复兴村级活动场所建设和文启活动室建设。投资309.95万元，在保安村委会实施千村扶贫开发百村整体推进工程，到位资金1151.42万元，完成投资1156.92万元。投资773.36万元，其中：政府补助项目资金326万元，群众自筹412.38万元，其他资金34.98万元的南涧镇2009年度易地扶贫开发项目建设。投资629万元，完成镇中学“邵逸夫教学楼”、南涧小学教学综合楼、保安小学教学综合楼、安定小学教学综合楼、西山小学教学综合楼的校安工程建设。

2010年，镇党委书记李春达，人大主席陈建文（彝），镇长罗如钧。

【拥翠乡】 拥翠乡位于县境中部，东与宝华镇紧靠，南与公郎镇交界，西与乐秋乡、碧溪乡接壤，北与南涧镇毗邻，总面积118.12平方千米。其中：耕地面积1407公顷（水田38公顷，旱地1369公顷），农民人均耕地面积1.05亩；林地面积7226.6公顷，森林覆盖率54.2%，林木绿化率57.1%。辖拥翠、龙凤、安立、胜利、温泉、旧马街、新华7个村民委员会，85个自然村，126个村民小组。2010年，全乡有5343户，其中：农业户5127户，非农业户216户；有总人口20686人，其中：农业人口20068人，非农业人口618人；男10686人，女10000人；人口密度每平方千米175人。乡内居住着11个民族，除汉族以外其他少数民族12036人，占总人口的58%。年内出生人口163人，人口自然增长率1.21‰。

2010年，全乡农作物总播种面积3340公顷，总产725.67万千克，比上年下降33.04%；农民人均占有粮361.6千克，比上年下降33.16%。种植烤烟693.33公顷，收购烟叶108.85万千克，比上年下降31.37%；产值1341.19万元，比上年下降38.93%；农村经济总收入10545万元，比上年增加1214万元，增长13.01%；人均总收入5255元，比上年增加596元，增长12.79%；农民人均纯收入2392元，比上年增加226元，增长10.4%。完成全社会固定资产投资1776万元，比上年增加410万元，增长30.01%。金融机构各项储蓄存款余额3966万元，比上年增加607万元，增长18.07%；各项贷款3300万元，比上年增加652万元，增长24.62%。

年内，投资1024.88万元，实施温泉村委会千村扶贫开发百村整体推进工程。完成投资169万元的65座标准化烤房建造项目、投资430万元的龙凤片区烟水工程项目和投资130万元、长8.7千米的机耕路建设项目。投资210多万元、长22千米的拥翠至碧溪弹石公路建设项目和总投资70多万元、长8.4千米的旧马街公路路基改造工程按期完工并交付使用。投资103万元、长9.3

千米的安立公路和预算总投资69万元、长7.1千米的胜利公路路基改造项目进展顺利。完成投资300多万元的拥翠小学、胜利小学和大波罗小学校校舍安全工程建设。投资45万元,第四批国家扩大内需拥翠文化站综合楼建设项目并通过县级验收。投资117万元进行整体搬迁的拥翠村委会和龙凤村委会村级组活动场所建设的各项主体及附属工程建设任务顺利通过上级验收。

2010年,乡党委书记张敬宗(彝),乡人大主席张启宏,乡长马勇(回)。

【乐秋乡】 乐秋乡位于县境西北部,东与南涧镇接壤,南与拥翠乡隔河相望,西与碧溪乡交界,北与巍山县清华乡相连,总面积163.26平方千米。其中:耕地面积1411公顷(水田198公顷,旱地1213公顷),农业人口人均占有耕地1.2亩;林地面积1.12万公顷,森林覆盖率58.6%,林木绿化率67.3%。辖米加禄、东升、乐秋、麻栗、联合、上虎、猪街7个村民委员会,116个自然村,136个村民小组。2011年,全乡有4688户、18167人(农业人口17665人);人口密度每平方千米111人。乡内居住着汉、彝、白、苗、壮、哈尼、回、傣、拉祜、纳西、布朗、布依12个民族,除汉族以外其他少数民族11709人,占总人数的65%,出生人口131人,人口自然增长率0.83‰。

2010年,全乡农作物总播种面积3307公顷,总产535.5万千克,比上年下降35.52%;农民人均占有粮303千克,比上年下降35.8%。种植烤烟473.33公顷,收购烟叶67.81万千克,比上年下降44.52%;产值865.17万元,比上年下降42.69%;农村经济总收入8299万元,比上年增加987万元,增长13.5%;人均总收入4698元,比上年增加540元,增长12.99%;农民人均纯收入2283元,比上年增加198元,增长9.5%。完成全社会固定资产投资4178万元,比上年增加964万元,增长29.99%。金融机构各项储蓄存款余额2895万元,比上年增加787万元,增长37.33%;各项贷款2527万元,比上年增加382万元,增长17.81%。

年内,投资10万元,实施乐秋小学、东升小学师生饮水工程。投资30万元,完成密食禄片区抗旱应急水源工程(中央预算内投资)。投资24.4万元,完成共青团希望水窖122口。投资66万元,新修村组公路44千米。启动投资332.8万元的联合水泥路工程和投资220万元的麻栗薛家湾片以工代赈弹石路工程。投资43万元,建成乡文化站综合办公楼。投资15万元,建成乡全民健身活动广场。投资20万元,建成乡集镇水冲式公厕1座。投资45万元的乡劳动保障服务中心正式开工建设。投资263.4万元,完成乐秋小学、东升小学、上虎小学校安工程建设。投资97万元,建成乡政府综合办公楼。投资20万元,完成乡村两级办公设备以及绿化亮化办公环境。

2010年,乡党委书记查卫东(彝),乡人大主席范有德,乡长张廷伸。

【碧溪乡】 碧溪乡位于县境西南部,东连拥翠乡,南接公郎镇、小湾东镇,西隔漾江与凤庆县相望,北靠乐秋乡、巍山县青华乡,总面积124.88平方千米。其中:耕地面积1456公顷(水田99公顷,旱地1357公顷),农业人口人均占有耕地1.25亩;林地面积7817.8公顷,森林覆盖率49.9%,林木绿化率55.8%。辖中华、松林、杏子山、回龙山、永宁、新虎、和乐、凤仙8个村委会,98个自然村,139个村民小组。2010年,全乡有4768户、17983人(农业人口17391人);人口密度每平方千米143人。乡内居住着汉、彝、苗、白、傣、布朗、哈尼、壮、回、佤、景颇、傈僳、纳西13个民族,除汉族以外其他少数民族8705人,占总人口的48.6%,出生人口198人,人口自然增长率5.13‰。

2010年,全乡农作物总播种面积3168公顷,总产590.4万千克,比上年下降33%;农民人均占有粮339.5千克,比上年下降33%。种植烤烟480公顷,收购烟叶80.86万千克,比上年下降27.26%;产值1113.55万元,比上年下降29.38%;农村经济总收入9811万元,比上年增加1146万元,增长13.23%;人均总收入5641元,比上年增加638元,增长12.75%;农民人均纯收入2446元,比上年增加219元,增长9.8%。完成全社会固定资产投资2553.44万元,比上年增加1287.2万元,增长101.66%。金融机构各项储蓄存款余额5264万元,比上年增加601万元,增长12.89%;各项贷款3498万元,比上年增加638万元,增长24.26%。

年内,投资54万元,完成杏子山、新虎、凤仙2009年度饮水安全工程项目建设。投资202万元,完成永宁42.5千米烟水管道架设。投资71.88万元,完成新力小学、新虎小学、利备苴、蝙蝠山、锅底塘新村、大树村等村组的长期、临时饮水工程。投资117.2万元,建成回龙山小学教学楼、学生宿舍楼。投资58万元,建成松林小学宿舍楼。投资45.43万元,建成凤仙斑鸠村小学教学楼。投资42万元,建成回龙山村委会办公楼。投资50万元,建成中华村委会主体及附属工程。投资46万元,完成乡文化站附属工程。投资104万元,建成40座机烤箱群。

2010年,乡党委书记罗林周(彝),乡人大主席吕亚新(女),乡长沈志荣。

【小湾东镇】 小湾东镇位于县境西南部,东北与公郎镇、碧溪乡接壤,西南与临沧地区凤庆县、云县隔江相望,总面积204.44平方千米。其中:耕地面积1368公顷(水田41公顷,旱地1327公顷),农业人口人均占有耕地1.14亩;林地1.3万公顷,森林覆盖率49.3%,林木绿化率55.1%。辖神舟、营盘、龙街、新龙、新民、龙门和岔江7个村委会,100个自然村,167个村民小组。2010年,全镇有4810户,其中:农业户4471户,非农户339户;有总人口18554人,其中:农业人口18046人,非农人口508人;男9662人,女8892人;人口密度每平方千米91人。镇内居住着汉、彝、白、苗、壮、佤、布朗、布依、拉祜9个民族,除汉族以外其他少数民族14818人,占总人口的80%,出生人口182人,人口自然增长率3.99‰。

2010年,全镇农作物总播种面积2905公顷,总产569.2万千克,比上年下降36.63%;农民人均占有粮315千克,比上年下降36.49%。种植烤烟560公顷,收购烟叶98.22万千克,比上年下降16.47%;产值1426.21万元,比上年下降21.06%;农村经济总收入8214万元,比上年增加945万元,增长13%;人均总收入4552元,比上年增加535元,增长13.32%;农民人均纯收入2338元,比上年增加216元,增长10.18%。完成全社会固定资产投资5163万元,比上年增加1339万元,增长35.02%。金融机构各项储蓄存款余额8546万元,比上年增加2763万元,增长47.78%;各项贷款3510万元,比上年增加577万元,增长19.67%。

年内,实施投资31.22万元的马鹿塘、阿务里农网完善工程建设。完成投资308万元,长8.7千米的神舟公路水泥路面工程。完成投资95万元,长9.5千米的银山茶厂弹石路面建设工程。完成投资1298.08万元,"千村扶贫开发百村整体推进"项目,涉及营盘、新龙、新民3个村委会、68个自然村、1906户、

7961人。兑付后期扶持款、移民安置等款项1323.8万元；积极向上争取抗旱专项资金167万元。

2010年，镇党委书记陈以高，镇人大主席茶文高（彝），镇长王崇标。

【公郎镇】 公郎镇地处县境西南部，与本县的无量山镇、小湾东镇、宝华镇、碧溪乡、拥翠乡接壤，与临沧市的云县、凤庆两县毗邻，与思茅市的景东相连，总面积290.85平方千米。其中：耕地面积1885公顷（水田264公顷，旱地1621公顷），农业人口人均占有耕地0.89亩；林地面积1.89万公顷，森林覆盖率71%，林木绿化率72.5%。辖新合、中山、底么、凤凰、凤岭、回营、公郎、龙平、金山、板桥、沙乐、官地、自强、落底河14个村民委员会，183个自然村，226个村民小组。2010年，全镇有8353户，有总人口31516人，其中：农业人口30291人；人口密度每平方千米108人。镇内居住着汉、彝、回等13个民族，除汉族以外其他少数民族21129人，占总人口的67%，出生人口355人，人口自然增长率5.19‰。

2010年，全镇农作物总播种面积4141公顷，总产1054.5万千克，比上年下降23.12%；农民人均占有粮348千克，比上年下降23.52%。种植烤烟433.33公顷，收购烟叶66.65万千克，比上年下降29.18%；产值882.97万元，比上年下降31.35%；农村经济总收入18237万元，比上年增加2126万元，增长13.2%；人均总收入6021元，比上年增加678元，增长12.69%；农民人均纯收入2547元，比上年增加268元，增长11.76%。完成全社会固定资产投资3170万元，比上年增加1586.99万元，增长110.25%。金融机构各项储蓄存款余额7306万元，比上年增加1386万元，增长23.41%；各项贷款6621万元，比上年增加1138万元，增长20.76%。

年内，投资36万元、建筑面积的302平方米的公郎镇文化站和投资156万元、建筑面积为753.11平方米的公郎中心卫生院业务综合楼及辅助设施建设项目投入使用。投资180万元、建筑面积1300平方米的政府综合业务用房进入装饰装潢阶段。完成投资102万元，受益12个自然村496户农户的农村安全饮水建设项目。投资398.22万元的凤凰、凤岭烟水工程，长73.8千米，受益18个自然村372户，灌溉面积330.6公顷，于4月竣工。投资1576万元，长40千米的沙乐水泥路工程和投资130.47万元，长4.7千米的凤凰水泥路工程投入使用。投资100万元，长7.7千米的官地弹石路，完成总投资的95 %。实施投资853万元，长62.7千米的龙平、金山、底么、自强、落底河村委会的5条公路建设。完成投资942.09万元，千村扶贫开发百村整体推进项目涉及底么、凤岭2个村委会。大乌木龙“五新村”建设投资240万元，完成投资170万元。完成投资177.475万元的2009年19个村级公益事业建设“一事一议”财政奖补项目涉及9个村委会23个村民小组。

2010年，镇党委书记李晓华，镇人大主席何瑞祥（彝），镇长字文源（彝）。

【宝华镇】 宝华镇位于县境中部偏东，东与无量山镇和弥渡县牛街乡接壤，南与公郎镇相连，西与拥翠乡交界，北与南涧镇毗邻，总面积240.81平方千米。其中：耕地面积2066公顷（水田153公顷，旱地1913公顷），农业人口人均占有耕地1.04亩；林地面积1.31万公顷，森林覆盖率57.1%，林木绿化率63.1%。辖宝华、云华、美星、兔街、光乐、白竹、拥政、小铁窑、虎街、无量10个村委会，151个自然村，258个村民小组。2010年，全镇有8282户，其中：农业户7802户，非农业户480户；有总人口31183人，其中：农业人口30161人，非农业人口1022人；男16153人，女14865人；人口密度每平方千米144人。镇内居住着汉、彝、白、回、佤、傣、藏、哈尼、傈僳、拉祜、纳西、布朗12个民族，除汉族以外其他民族9895人，占总人口的31.7%，出生人口299人，人口自然增长率2.83‰。

2010年，完成农作物总播种面积4692公顷，总产832.9万千克，比上年下降34.12%；农民人均占有粮276千克，比上年下降34.6%。种植烤烟1053.33公顷，收购烟叶190.22万千克，比上年下降36.58%；产值2638.07万元，比上年下降55.3%；农村经济总收入15300万元，比上年增加1816万元，增长13.47%；人均总收入5073元，比上年增加570元，增长12.66%；农民人均纯收入2530元，比上年增加265元，增长11.7%。完成全社会固定资产投资2670万元，比上年增加616万元，增长29.99%。金融机构各项储蓄存款余额7640万元，比上年增加1351万元，增长21.48%；各项贷款5787万元，比上年增加1113万元，增长23.81%。

年内，投资181万元的云华片区以工代赈项目建设全面完成。投资71.62万元的10个村安全饮水工程正在建设中。投资418.1万元，实施“一事一议”项目中的25个项目。投资47万元、34.21万元、33.1万元，完成美星、白竹、拥政村级活动场所建设。投资240万元，完成兔街公路水泥路面建设工程和87万元的白竹公路改扩建工程。投资78万元，启动美星弹石路面和投资80万元的光乐水泥路面建设工程，建成沼气池470口，完成节柴改灶80户，完成美星丰田、白竹西边、无量农网改造升级工程建设。投资3241.47万元，新建卧式密集式烤房群6群240间，新建美星—兔街片区、云华—宝华片区、拥政格止腊—密么片区现代烟草农业建设灌溉水利设施3件，修建机耕路14条30.93千米。投资953.81万元，完成宝华村委会千村扶贫开发百村整体推进项目。投资165万元的宝华小学教学楼和投资46.2万元的兔街小学教学综合楼投入使用。投资75.6万元的玉碗水小学综合楼投入使用。投资218.8万元，完成了以路灯、绿化、人行道、临时停车道、给水和排水管网为主的集镇市政建设一期工程。

2010年，镇党委书记邹国仁（彝），镇人大主席洪赛全（白），镇长查政权（彝）。

【无量山镇】 无量山镇位于县境东南部，地处哀牢山和无量山中部，东接弥渡县，南连普洱市景东县，西界公郎镇，北邻宝华镇，总面积251.95平方千米。其中：耕地面积1994公顷（水田107公顷，旱地1887公顷），农业人口人均占有耕地0.78亩；林地面积1.65万公顷，森林覆盖率53.8%，林木绿化率59.9%。辖光明、保平、德安、新政、古德、马街、可保、卫国、红星、发达、保合、和平、华山13个村民委员会，222个自然村，290个村民小组。2010年，全镇有9860户，有总人口36236人，其中：农业人口35236人；人口密度每平方千米143人。镇内居住着汉、彝、苗等11个民族，除汉族以外其他少数民族18219人，占总人口的50.28%，出生人口297人，人口自然增长率2.65‰。

2010年，全镇农作物总播种面积4210公顷，总产1057.5万千克，比上年下降26.92%；农民人均占有粮299千克，比上年下降27.43%。种植烤烟480公顷，收购烟叶94.5万千克，比上年下降4.06%；产值1290.15万元，比上年下降11%；农村经济总收入16801万元，比上年增加2194万元，增长15.02%；人均总收入4768元，比上年增加609元，增长14.64%;农民人均纯收入2480元,比上年增加370元,增长17.54%。完成全社会固定资产投资7200万元,比上年增加6398万元,增长797.76%。金融机构各项储蓄存款余额7553万元,比上年增加2301万元,增长43.81%;各项贷款7835万元,比上年增加1711万元,增长27.94%。

年内,投资110万元,新建街道水泥路面2千米。投资21万元,安装街道路灯45盏。投资75万元,美化亮化政府机关办公环境。投资25万元,改造无量镇中学庆典活动场所,修建水泥路面,绿化校园环境,修缮美化房屋。投资58万元,实施公路沿线村庄美化亮化工程。投资65万元,建成公路沿线“绿色走廊”25千米,移栽泡核桃树8600株,小叶榕200株。投资167万元,完成华山片区土地开发项目。完成投资14600万元,修建小普线的可保、新政等6条公路。投资425万元,修建古德公路水泥路面9.6千米。完成投资1000多万元建成新政、光明、华山、和平、保平小学校安工程,新建无量山镇中学教学楼、住宿楼。投资1105万元,架设发达、和平、保台、可保、华山、马街片区烟水管网26.3千米,新增灌溉面积602.67公顷,新修机耕路10条12.3千米,新建密集式烤房75座。投资200万元,完成可保、新政、保平、保台、和平村委会办公用房建设。投资341.1万元,完成道路硬化、桥梁建设、活动场所及25个“一事一议”财政奖补项目。投资686.25万元,完成保平、马街百村推进工程接近扫尾阶段。投资48万元,完成和平大条重点村建设。投资71.4万元,完成农村民居抗震安全工程。投资24.9万元,完成光明龙潭省级重点村建设。投资168万元,完成保台片区开发项目。投资642.2万元,完成排危、扩大内需、校安等工程;新建无量中学住宿楼和保平、新政、和平、华山、古德、光明6所小学教学楼,改造学校危房1.7万平方米。投资62万元,完成镇卫生院综合楼建设。

2010年,镇党委书记丰崇武,镇人大主席李平山(彝),镇长鲁国盛(彝)。

(袁登雁)

巍山彝族回族自治县

【自然概貌】 巍山彝族回族自治县位于云南省西部,大理州南部,地处东经99°55′~100°25′、北纬24°56′~25°32′之间。县境北与大理市相连,东与弥渡县毗邻,南与南涧、凤庆县相邻,西与漾濞、昌宁县以漾濞江为界。境内河谷、盆地、山地相间分布,地势由西北向东南倾斜和降低,西部为高山峡谷,东部为高山,中间为巍山盆地。最高海拔3037米,最低海拔1146米,县城海拔1725米,总面积2200平方千米。全县属红河和澜沧江两大水系,以境内西部山脉为分水岭,山脉以东为红河水系,以西为澜沧江水系的漾濞江,红河发源于县境内永建镇北部,年水量2.11亿立方米。

2010年,气候特点是气温偏高,干旱特重。高温干旱造成大地干裂、河塘干涸、人畜饮水困难、森林火险等级长期居高不下,工农业生产受到严重影响。全年平均气温16.9℃,比历年平均偏高1.3℃,比上年同期偏高0.2℃。年内没有出现“低温霜冻”、“倒春寒”和“八月低温”等冷害天气,是有气象记录54年来平均气温最高的一年。全年总降雨量为754.6毫米,比历年平均量少45.8毫米,有效降雨不明显,未能缓解旱情,汛期洪涝不突出;秋季降雨量偏多,雨季结束期正常。全年日照时数2372.6小时,比历年平均多54.4小时,比上年同期多63.4小时。

【建置沿革】 巍山历史悠久,是云南省设置较早的郡县之一。春秋战国时,属滇国地,西汉元封二年设邪龙县,隶益州郡,唐代是西南少数民族政权南诏国故都,宋代设阳瓜州、开南县,元代设千户所,明代设蒙化府,清代设直隶厅。1956年11月成立自治县。1988年10月,国务院公布巍山为对外开放县,1992年林业部批准巍宝山为国家级森林公园,1994年巍山县城被公布为国家级历史文化名城。

【行政区划】 全县辖南诏、庙街、大仓、永建4镇和巍宝山、紫金、马鞍山、五印、牛街、青华6乡,有83个村(居)民委员会。

【人口 民族】 全县年末总人口314829人,人口出生率8.15‰,人口自然增长率为2.68‰。总人口中,少数民族人口141728人,占总人口的45.02%,彝族108472人、回族23207人、白族7231人、苗族1673人、傈僳族584人。

【土地资源】 年末,完成《巍山县土地利用总体规划》编制并上报,《巍山县城总体规划》调整和《巍山县城镇体系规划》编制通过州级评审。城镇建设投、融资渠道有效拓宽,土地收储工作明显加强,年内收储土地33公顷,极大地促进了城镇建设。农村集市、建制镇基础设施配套水平不断提高,城镇化率达23%。全年上报3批次城镇建设用地报件,共19个小项目,涉及坝区南诏镇、巍宝山乡、庙街镇、大仓镇、永建镇5个乡镇,总面积28.99公顷,其中耕地面积19.16公顷。上报5个单独选址用地报件,面积17.66公顷,其中耕地面积9.90公顷。全年供应国有建设用地13宗,面积5.38公顷,其中出让11宗,面积0.07公顷,收取出让金35.74万元。划拨供地2宗,面积5.31公顷。国有建设用地转让45宗,面积0.55公顷,收取出让金30.51万元。

【经济综述】 2010年,全县生产总值完成22.8亿元,按可比价格计算,比上年(以下简称同比)增长12.9%,其中:第一产业增加值8.89亿元,同比增长8.7%;第二产业增加值5.51亿元,同比增长18.4%;第三产业增加值8.39亿元,同比增长13.5%。一、二、三次产业结构为39∶24∶37。非公经济增加值完成10.61亿元,占全县生产总值的46.6%,同比提高了0.6个百分点。

【人民生活】 全县单位从业人员年末人数16224人,单位从业人员劳动报酬33470万元,同比增长2.7%;年人均工资20732元,同比增长1.2%。农民人均纯收入2532元,同比增长16.9%。全县新增转移劳动力24527人,组织转移输出5503人,实现全年劳务经济总收入50000万元。

全县共有5726人参加基本养老保险,失业保险参保5461人,城镇职工基本医疗保险参保10800人,城镇居民基本医疗保险参保10389人。全县城镇最低生活保障对象4463人,共支付保障金768万元;农村最低生活保障对象2.04万人,共支付保障金1502万元,发放80周岁以上人员高龄津贴119万元。年末城镇登记失业率为2.9%。

【农业和农村经济】 全年农作物总播种面积3.59万公顷。全县农村经济总收入完成141900万元,同比增长13.9%;农林牧渔业总产值149342万元,同比增长13.1%。粮食播种面积2.65万公顷,产量112690吨,比上年下降14.9%。其中:稻谷播种面积4383.5公顷,产量36400吨;玉米播种面积

8040.8公顷,产量53580吨;啤大麦播种面积5304公顷,产量9964吨;小麦播种面积2329公顷,产量1341吨;油菜子播种面积2674公顷,产量3681吨;烤烟播种面积3956.3公顷,产量9458吨。

全县拥有农业机械总动力13336万瓦特。有大中型拖拉机1751台、小型拖拉机490台、农用排灌动力机械1529台。机械耕耙面积17806.67公顷,机械收获面积1066.67公顷,机械脱粒粮食33993吨。农机化经营总收入3005万元,实现利润1112万元。全县农村用电量3350万千瓦小时,同比增长15.5%;化肥施用量(实物量)23963吨,同比减少8.2%;农药施用量173吨,同比减少8.5%;农膜施用量280吨,同比增长25%。

【畜牧业】 全年完成畜牧业产值64269万元,同比增长10.2%。肉类总产量38178吨,同比增长10.1%。年末,生猪存栏19.19万头、牛存栏9.05万头、羊存栏14.28万只,生猪出栏22.94万头、牛出栏7.55万头、羊出栏20.60万只。牛奶产量3596吨、禽蛋产量1764吨。

【林业】 完成林业产值25669万元,同比增长60.6%。主要林产品产量:水果6818吨、核桃5204吨、茶叶517.5吨、松子1519千克、板栗78.8吨,木材采伐量3759立方米、竹材采伐量41.75万根。

【水利】 完成水利投资5624万元。五茂林水库全面完工并通过省级验收;东山干渠一期10.5千米建设主体工程基本完工,完成投资2090万元;水利血防、农村饮水、节水灌溉、磨房箐、锁水阁水库除险加固主体工程等工程通过州级验收;2009年基本烟田水利设施牛街、马鞍山250千米管网工程竣工;全县64件小(二)型水库安全鉴定评估工作全面完成;完成九联塘等5件小(二)型水库的初步设计工作;全面完成农业血防二期养鱼灭螺建设项目;巍宝山水库新建和锁水阁、大石板水库扩建工程、水土保持项目等前期工作进展顺利。

【乡镇企业】 全县有乡镇企业7025个,从业人员18068人。完成现价产值15.93亿元,其中现价工业总产值11.12亿元,实现营业收入15.49亿元,利润总额1.33亿元,上缴税金0.41亿元。

【工业】 全年完成工业总产值144296万元,同比增长20.2%。其中,规模以上工业企业共13户,完成总产值42776万元,同比增长47.7%;全年完成工业增加值35745万元,按可比价格计算,同比增长16.6%。其中规模以上工业企业完成增加值16140万元,按可比价格计算,同比增长23.1%。主要工业产品产量:水泥74800吨、中成药293吨、酱油282吨、饮料酒3600吨、扎染布98万米、玻璃啤酒瓶24402吨、锑产品10749吨、砖14394万块、机制纸及纸板11070吨。

【固定资产投资】 全年全社会固定资产投资完成94194万元,同比增长32.3%。其中:城镇投资72149万元、农村非农投资12668万元、房地产投资4415万元、农村私人投资4962万元。工业项目投资完成13703万元。全县具备资质等级的3个建筑企业完成建筑业总产值4091万元,实现利润134万元。

2010年全县共实施建设项目105个,竣工65个。总投资1320万元的古街改造项目开工建设,蒙阳公园改造提升完成投资120万元。县城供水改扩建二期建设净水厂工程投入试运行。投资8670万元的"两污"建设项目扎实推进,垃圾处理场进场公路已开工建设,污水处理厂项目可行性研究通过省级评审。北隅小区二期工程进入扫尾阶段,9400平方米的廉租住房建成7400平方米。

【招商引资】 全县与县外客商签订项目合作协议15个,协议总投资120220万元,实际到位资金25220万元,比上年同期增加11720万元,同比增长86.8%。四方街超市等3个项目正常生产经营,马氏木业、源鑫矿业等7个项目正在施工,华能东山风电、龙源西山风电等2个项目进入前期工作阶段,歪角河梯级水电站进场公路开工建设。

全年与外商签约并实施招商引资项目20个(含上年结转项目7个),项目协议总投资232300万元,实际到位资金43593万元,比上年同期增加18373万元,增长72.9%。其中:省外到位资金18430万元、省内州外到位资金22763万元、州内到位资金2400万元。

【交通 邮电】 完成交通投资19918万元。关巍公路年内完成投资1.74亿元,累计完成5.3亿元;大仓至紫金公路沥青路面改造工程已完成26千米建设任务;81.9千米的农村公路通达、通畅工程开工建设;青华、龙街、分河、弥巍公路可行性研究报告通过省级评审,完成大理州旅游南环线可行性研究,者么山隧道前期论证工作正在积极推进。全年交通运输和邮政业完成增加值13029万元,按可比价格计算,同比增长15.0%。

年末,全县通车里程2419.1千米,其中省道77.01千米、县道281.81千米、乡道525.47千米,专用公路15.92千米、村社公路1518.89千米,公路密度1.1千米/平方千米。

交通运输主要指标完成情况:客运量422万人,客运周转量12384万人千米;货运量69万吨,货运周转量3286万吨千米。全年邮政业务总量721万元,电信年末交换机总容量2万门,本地网用户(含固定电话和CDMA电话用户)2.66万户。年末移动电话用户11.88万户,其中移动公司10.75万户、联通公司1.13万户。年末互联网用户6300户,其中电信网络用户5200户、广电网络用户1100户。

【非公有制经济】 全县共有私营企业305户(含分支机构),投资人数492人,注册资金42839万元。新开业67户,注销17户。有个体工商户5752户,注册资金17397.77万元,新开业1144户,注销546户。有农民专业合作社21户,出资总额948.96万元,成员总数390人,新开业19户。有内资企业150户,注册资金15439.26万元。办理了1户股权出质登记,登记出质股权147.08万元,被担保债权数130万元。

【旅游】 全年共接待游客65万人次,同比增长29.4%;实现旅游社会总收入55693万元,同比增长9.2%。

2010年,县城古民居开发利用工作稳步推进,"巍山小吃街"一期工程竣工并顺利开街,有46户餐饮户入驻。旅游职工技能大赛成功举办,"风情巍山,休闲天堂"旅游专题宣传网页完成制作并正式开通,《巍山导游手册》、《巍山旅游》编印完成。成功举办了彝族祭祖节、"铃木风——巍山自驾游"活动,"云岭大讲坛"推出《解读历史文化名城巍山》,录制《魅力滇西——走进巍山》节目并在旅游卫视黄金时段播出,巍山旅游的知名度和吸引力进一步扩大。巍山县被省政府列为全省30个重点旅游文化产业发展示范县之一,参加首届"发现中国魅力小城"评选活动并获金奖。

【商业】 全年社会消费品零售额完

成7.7亿元,同比增长18.5%。其中:批发零售贸易业6.33亿元、住宿餐饮业1.37亿元,比上年比分别增长17.1%、25.4%。完成出口总额143.3万美元,其中,鑫湖食品有限责任公司102万美元、巍宝彝族染织厂22万美元、蓝龙扎染有限责任公司16万美元、兴巍民族工艺厂3.3万美元。完成州下达年目标64万美元的223.91%。

全县居民消费价格总指数102.9,商品零售价格指数102.8,农业生产资料价格指数98.1。居民消费价格总指数102.9,其中食品类104.9、烟酒及用品类97.7、衣着类100.5、家庭设备用品及维修服务类102.8、医疗保健和个人用品类104.4、交通和通信类103.7、娱乐教育文化用品及服务类102.6、居住类101.0。

【财政　税收】 2010年,全县财政总收入83695万元。县级财政收入完成21387万元,其中:上划中央和省税收收入完成7955万元、地方一般预算收入完成13432万元。地方一般预算收入中税收收入完成11013万元、非税收入完成2419万元。财政总支出完成83695万元,其中一般预算支出82463万元,上解支出723万元,增设预算周转金500万元,滚存结余9万元,净结余9万元。一般预算支出中,上级专款支出37453万元。地方财力安排支出45010万元。其中:地方财政收入13432万元,返还性补助收入1141万元,一般性转移支付补助29799万元,专项转移支付补助37453万元,财政部代理发行地方政府债券1233万元,上年结余637万元。全县财政收支平衡。

县国税局共组织税收收入7771万元,其中:增值税6242万元、消费税20万元、企业所得税1180万元、个人利息所得税20万元、车辆购置税308万元。县地税局全年共组织税收收入12356.8万元,其中完成省级收入386.3万元、州级收入108.3万元、县级收入11862.2万元,完成县级一般预算收入9548万元。

【金融　保险】 全县金融机构存款余额242722万元,比年初增长26.5%。金融机构年末贷款余额102191万元,比年初增长19.3%。财产保险公司完成保费收入1650万元,与上年同期相比净增580万元,增长率52.25%。其中机动车商业险840万元、交强险400万元,企财险14万元、意责险140万元、健康险23万元、农业保险223万元。全年共支付赔款530万元,累计上缴税收81.2万元。

【科　学】 全年共向省、州争取科技项目8项,批准实施"云药之乡"、巍山县特色中药材种植及关键技术研究、自动轧花机研制、科技特派员培训等6项,项目经费105万元。科技项目《8万亩优质油菜种植示范及产业化》进入扫尾阶段,《护色低盐抗氧化保鲜清真牛干巴研制》、《绿色无公害蔬菜种植推广示范》、《开心核桃果系列产品深加工》等项目正在实施。全年专利申请数1件,未完成3件。专利授权2件,其中实用新型专利授权2件。全年本级财政科技经费预算投入235万元,同比增长4.44%。县科技局掌握使用科技经费20万元,同比增长567%。

【教　育】 全县有普通高中2所、职业高中1所、教师进修学校1所、初级中学15所、小学78所、教学点84个、幼儿园67所。全县在校学生:普通高中3621人、职业高中2861人、初中13840人、小学28469人,在园幼儿6396人。2010年全县小学适龄儿童入学率达99.8%,初中毕业生升学率69.5%。当年有1243人参加高考,上线率99.3%,比上年提高5.9个百分点;有2642人参加中考,600分以上考生429人。

【文　化】 文化遗产保护工作得到加强,成功申报巍山洞经古乐等3项非物质文化遗产,彝族舞蹈"阿克里"荣获第九届中国艺术节"群星奖"。文化市场发展健康有序,影视作品拍摄、"农家书屋"建设和农村电影放映工程扎实开展。巍山县获得"文化大篷车·千乡万里送戏行"活动"先进基层单位"称号。年末全县广播、电视人口覆盖率分别为91.5%和98.5%。

【卫　生】 全县共有全民所有制卫生单位17个,病床727张,各类卫生技术人员444人。有村卫生室79个,在册乡村医生334人;诊所、卫生所、医务室合计39所共98人。全县有275791人参加新型农村合作医疗,参合率达97.7%,有1123694人次享受到补偿资金3787万元;下年度筹资率为97.2%。

【体　育】 全年举办县级运动会及单项体育比赛4次,参赛运动员1579人次;组织开展全县群众性体育竞赛活动85次,参加人数近14.2万人次。全县有体育传统项目布局学校5所,其中小学2所、中学3所。全县有县级项目体育协会11个、群众体育协会1个、行业体育协会3个,乡(镇)级项目体育协会5个、群众体育协会6个,村级群众体育协会1个。

县总工会被云南省体育局授予"2010年全民健身活动优秀组织奖",永建镇被云南省体育局表彰为"2006～2009年度云南省群众体育先进单位"。巍山籍击剑运动员杨争荣获全国青年击剑锦标赛女子重剑第二名、全国击剑冠军赛第一站女子重剑团体第三名、全国击剑冠军总决赛女子重剑第十名。县象棋青少年体育俱乐部被命名为国家级青少年体育俱乐部。

【领导名录】 2010年,县委书记张继霖,副书记常耀辉(彝族)、洪波(2月起任)、常于忠(彝族,5月起任);县委常委熊艳平(女)、杨新华(彝族)、陈明烽、汤云海(任至5月)、马伟(回族,任至12月)、张修泉、鲁学诗(彝族)、席海雄(彝族,5月起任)、王建涛(5月起任);县人大常委会主任字绍华(彝族,任至1月),茶兴培(彝族,1月起任),副主任苏嘉林 、王秉剑、康晋星、胡鸿飞(女,回族);县长常耀辉,副县长席海雄、熊艳平(女)、高康、杨利军、李光举、茶崇辉、毕迎春;县政协主席马克伟(回族),副主席吴丽萍(女,彝族)、赵锦、彭彬、赫振伟(彝族);县纪委书记杨新华(彝族)。

【南诏镇】 全镇辖区面积149.96平方千米。耕地面积1715.8公顷,其中水田1086.9公顷、水浇地470.8公顷、旱地158.1公顷。农民人均耕地面积0.79亩。

2010年末,全镇总户数14484户,其中农业户8808户。总人口45813人,其中农业人口32419人。人口密度每平方千米306人。少数民族人口10329人,其中彝族8912人、回族530人、白族716人,其他少数民族171人。

全镇辖4个居民委员会、9个村民委员会,共47个居民小组、105个村民小组。

全年农村经济总收入17046万元,农民人均纯收入2883元。全年农作物播种面积3233.3公顷,其中粮食作物2478公顷,粮食总产13343.99吨。经济作物500公顷。种植油菜106.7公顷,总产172.24吨;种植烤烟333.3公顷,收购烟叶849.43吨，实现烟农收入1149万元。畜牧业产值7939.4万元。全镇有小(二)型水库16个，蓄水170万立方米；小库塘105个，蓄水480万立方米；小水窖3200个，蓄水4万立方米。

2010年末，全镇有私营企业56户，从业人员1416人，个体工商户1861户。乡镇企业营业总收入56978万元，乡镇企业总产值60620万元，其中工业总产值35431万元。

全镇有初级中学2所、中心完小9所、教学点5个，有教职员工348人。初级中学在校学生2423人，小学98个教学班，在校学生3908人。有公立幼儿园2所，在园幼儿702人；有私立幼儿园7所，在园幼儿541人。有文化站1个。有镇卫生院1所，医生5人；有村卫生室8个，乡村医生25人。

2010年，镇党委书记刘建军，镇人大主席黄荣堃，镇长朱从斌。

【巍宝山乡】 全乡辖区面积152.55平方千米。耕地面积1346.06公顷，其中水田214.33公顷、水浇地441公顷、旱地690.7公顷，人均耕地面积0.99亩。

2010年末，全乡人口总户数3620户，其中农业户3529户。总人口13491人，其中农业人口13292人。人口密度每平方千米88.43人。乡内有10个少数民族，少数民族人口7956人，其中彝族7831人、白族7人、苗族90人，其他少数民族23人。

全乡辖6个村民委员会、40个自然村、72个村民小组。

全年农村经济总收入4922万元，农民人均纯收入2229元。全年粮食播种面积1577公顷，粮食总产量4572吨。主要经济作物及产量：种植烤烟551公顷，收购烟叶1222吨，实现烟农收入1828.75万元，烟叶农特税收374.3万元，亩产值3444.2元；种植油菜37.3公顷，总产量114吨，产值24万元；种植啤大麦333.3公顷，产量1246.7吨，产值137.1万元；种植薯类16公顷，总产量50.5吨，产值4.5万元；豆类70公顷，总产量173.2吨，产值72.7万元；玉米制种1.76公顷，总产量7.3吨，产值5.4万元。全乡有林业用地面积1039.8公顷，有林面积9073.3公顷。当年种植核桃400公顷，累计发展核桃2973.3公顷。年末森林覆盖率为59.1%。全乡有小(二)型水库1座，蓄水10万立方米；有小水池、小水窖4239个，蓄水10万立方米；有小塘坝77座，蓄水28万立方米；机电井26口。水产养殖总产量10吨。畜牧业总产值2349万元。

全乡有个体工商户338户，从业人员725人。营业总收入2037万元，总产值(不变价)2881万元，其中工业总产值(不变价)完成1833万元，利润总额99万元，完成税收收入43万元，完成上级下拨487.91万元的财政控制支出任务。

乡内有中心完小4所、教学点7个。全乡有小学教职员工67人，小学在校学生1151人。有私立幼儿园1所，在园幼儿85人。乡内无初级中学，适龄少年就读于南诏镇文笔中学。有村级成人文化技术学校6所、乡级成人文化学校1所。有乡卫生院1所，医务人员10人，病床6张；有新型农村合作医疗村卫生室6个，医务人员14人，年内参加新农合12740人。有线电视覆盖率17%，“211”工程地面卫星接收差转收视覆盖率100%。

2010年，乡党委书记闭星江(女，彝族)，乡人大主席余春森(彝族)，乡长罗林旺(回族)。

【庙街镇】 辖区面积236平方千米。耕地面积3187.8公顷，其中水田2558.73公顷、水浇地614.73公顷、旱地14.33公顷，人均耕地面积0.78亩。

2010年末，全镇人口总户数16627户，其中农业户15208户。总人口62500人，其中农业人口60634人。人口密度每平方千米264.83人。镇内有17个民族，少数民族人口14321人，其中彝族14060人、白族198人，其他少数民族63人。

全镇辖12个村民委员会、119个自然村、221个村民小组。

全年农村经济总收入25081万元，农民人均纯收入2070元。全年粮食播种面积3733.33公顷，粮食总产25666.56吨。主要经济作物及产量：种植烤烟812.07公顷，累计收购烟叶2045.32吨，实现烟农收入2864万元，烟叶农特税收630万元；种植啤大麦1066.67公顷，产量5295.80吨，产值1165.08万元；播种油菜子1393.33公顷，总产4466.60吨，产值2590.63万元；种植亚麻120公顷，总产1385吨。全镇林业用地面积1.2万公顷，有林面积达1.1万公顷，当年完成人工造林华山松66.7公顷，栽种行道树3100株；种植核桃667公顷，全镇累计发展核桃1331.3公顷，成活率在85%以上，年末森林覆盖率达60.2%。全镇建有蓄水库塘1140件(其中小二型水库18件)，蓄水976万立方米。有机井55口、抽水站59座，装机总容量1.99万千瓦。有山区水窖1975个。禽蛋总产量25.3吨，肉类总产量1984.8吨。

全镇有私营企业8户，个体工商户1020户，从业人员3766人。营业总收入21171万元，总产值(不变价)19402万元，其中工业总产值(不变价)完成12754万元，利润总额1129万元，完成税收收入303万元。完成地方财政收入574万元，财政支出576.4万元，比预算数347.8万元增支228.6万元。

镇内设有初级中学3所、成人文化技术学校1所、中心完小12所(分校6所、教学点7个)。全镇有教职员工408人。初级中学在校学生2587人、小学在校学生6670人。有私立幼儿园17所，在园幼儿2013人。成人文化技术学校当年开展各种专业技术培训8期，受训364人次。有镇卫生院1所，医务人员29人，病床50张；有新型农村合作医疗村卫生所(室)12个，乡村医务人员60人；年内新农合参合率达93.8%。有线电视和“211”工程地面卫星接收差转收视覆盖全镇。

2010年，镇党委书记茶向金，镇人大主席李正华(彝族)，镇长罗宝林。

【大仓镇】 全镇辖区面积174.1平方千米。耕地面积2467.9公顷，其中水田1653.1公顷、水浇地611.2公顷、旱地203.6公顷。人均耕地面积0.7亩。

2010年末，全镇人口总户数14700户。总人口52231人，其中农业人口48991人。人口密度每平方千米333人。镇内有26个少数民族，少数民族人口12419人，其中彝族10060人、回族1447人、白族466人，其他少数民族446人。

全镇辖10个村民委员会、116个自然村、208个村民小组。镇内有大仓街、甸中街2个集市。

全年农村经济总收入30800万元，农民人均纯收入2892元。全年粮食播种面积3200公顷，粮食总产18092.79吨。种植烤烟492公顷，累计收购烟叶1223吨，实现烟农收入2100万元，烟叶农特税收361.5万元，亩产值2875.5元。种植杂交玉米制种1000公顷，总产5120.5吨，产值3000万元；种植啤大麦866.7公顷，总产2170.6吨；种植蔬菜202.67公顷，实现菜农收入1000万元。全镇林业用地面积11406.4公顷，有林面积9276.7公顷，当年完成人工造林种植核桃933.3公顷，累计发展核桃4106.67公顷；四旁绿化、义务植树16

万株，成活率85%以上。年末森林覆盖率达60%。全镇有小(二)型水库12座，蓄水168万立方米；有小水窖1263个，蓄水2万立方米；有小塘坝409座，蓄水198万立方米；有"三面光"引水沟渠156千米。水产养殖总产量43.6吨，产值26万元。禽蛋总产量421.15吨，肉类总产量5904吨。畜牧业总产值9949万元。

全镇有私营企业35户，个体工商户1160户，从业人员2956人。总产值28880万元，其中工业总产值完成20760万元，税收收入360万元。完成地方财政收入442.71万元，上级专款284.78万元，收入合计727.49万元。全年财政支出727.49万元。

镇内设有初级中学2所、成人文化技术学校1所、中心完小11所、6个教学点。全镇有教职员工339人，其中中学教师128人、小学教师211人。初级中学在校学生2068人、小学在校学生4754人，有私立幼儿园18所，在园幼儿1300人。有镇卫生院1所，医务人员61人，病床110张；有私立医院1所，医务人员65人，病床70张；有新型农村合作医疗村卫生所(室)10个，乡村医务人员55人，年内参加新农合46998人。有线电视和"211"工程地面卫星接收差转收视覆盖率98.4%。

2010年，镇党委书记杨世新(彝族)，镇人大主席官福基，镇长杨波。

【永建镇】 全镇总面积204.60平方千米。耕地面积1921公顷，有效灌溉面积1867公顷，其中水田1462公顷、水浇地405公顷、旱地54公顷。人均耕地面积0.52亩。

2010年末，全镇总户数15210户，其中农业户13930户。总人口55177人，其中农业人口53211人。人口密度每平方千米296.7人。全镇有15个少数民族，少数民族人口29022人，其中回族21211人、彝族5998人、白族1558人，其他少数民族255人。

全镇辖10个村民委员会137个自然村、185个村民小组。镇内有河底街、红河源街、西山街等3个集市。

全年农村经济总收入22680万元，农民人均纯收入2517元。农作物播种面积3840.6公顷，粮食播种面积3066.6公顷，粮食总产16799.96吨。种植烤烟285.8公顷，收购烟叶797吨，实现烟农收入1023.59万元；种植啤大麦866.6公顷，产量2420.5吨；种植双低油菜366.6公顷，总产615.7吨。全镇林业用地面积12409.4公顷，当年完成泡核桃种植866.6公顷，四旁绿化、植树16.2万株，成活率85%以上。实现林业总产值2826.4万元，森林覆盖率达53%。全镇有小(二)型水库5座，蓄水144万立方米；有小水窖600个，蓄水1.2万立方米；有小坝塘81座，蓄水75万立方米。禽蛋产量123727千克、肉类总产量5722吨，畜牧业总产值10340万元。

有乡镇企业831个，从业人员3160人。现价总产值19931万元，工业总产值14071万元，营业收入11600万元，增加值5100万元。企业、项目、个体户征税144万元。城镇居民存款余额增长31.2%，贷款余额增长41.8%。

镇内有初级中学2所、成人文化技术学校13所、中心完小1所、完全小学16所、教学点32个。全镇有教职员工316人，其中中学教师138名、小学教师178名。初级中学在校学生2572人、小学在校学生5202人。有私立幼儿园15所，在园幼儿1400人。成人技术学校开展各种技能培训27期。有医疗单位11个，其中镇卫生院1所(病床20张，医务人员12人)；村卫生室10个，乡村医生73人；血防站1个，医务人员7人。年内参加新农合49143人，参合率96.12%。

2010年，镇党委书记饶以政，镇人大主席沙嘉喜(回族)，镇长朱江苇(回族)。

【紫金乡】 全乡辖区面积171.6平方千米。耕地面积1140.8公顷，其中水田186.6公顷、水浇地149.2公顷、旱地805公顷，人均耕地面积1.26亩。

2010年末，全乡人口总户数3571户，其中农业户3269户。总人口13588人，其中农业人口13234人。人口密度每平方千米79人。乡内有6个少数民族，少数民族人口10335人，其中彝族6406人、白族3880人，其他少数民族49人。

全乡辖4个村民委员会、69个自然村、76个村民小组。乡内有新合街、白马塘、岩鸡场、洱海村、金沙坪5个集市。

全年农村经济总收入5928万元，农民人均纯收入2193元。全年粮食播种面积2130.8公顷，粮食总产6530吨。主要经济作物及产量：种植烤烟20公顷，累计收购烟叶43.78吨，实现烟农收入81.86万元，亩产值2728元；种植啤大麦400公顷，总产240吨；大豆净种104.2公顷、套种200公顷，总产210吨；种植脱毒马铃薯113公顷，总产961.1吨；白芸豆净种27公顷、间套种100公顷，总产80.9吨。全乡林业用地面积12784公顷，有林面积11743.4公顷。当年种植核桃473公顷，累计发展核桃5073公顷。年末森林覆盖率达66%。全乡有小(二)型水库3座，蓄水24万立方米；有小水窖2300个，蓄水4万立方米；有小塘坝112座，蓄水32万立方米；有"三面光"引水沟渠114.74千米。禽蛋总产量71吨，肉类总产量1754吨，畜牧业总产值(不变价)2829万元。

全乡有私营企业2户，个体工商户147户，从业人员290人。营业总收入762万元，总产值(不变价)845万元，其中工业总产值(不变价)完成445万元，利润总额66万元。财政总收入392.5万元，财政收支平衡。

乡内设有初级中学1所、中心完小4所、分校(教学点)10所。全乡有教职员工92人，中学教师38人、小学教师54人。初级中学在校学生476人、小学在校学生1128人。有私立幼儿园2所，在园幼儿130人。有乡卫生院1所，医务人员13人，病床12张；有新型农村合作医疗卫生所(室)4个，乡村医务人员20人；年内参加新农合12976人，参合率98.47%。全乡境内移动电话信号覆盖率和广播、电视人口覆盖率均达98%。

2010年，乡党委书记罗忠伟(彝族，任至12月)、左红才(彝族，12月起任)，乡人大主席苏光平(白族)，乡长徐学俊。

【马鞍山乡】 全乡辖区面积247.27平方千米。耕地面积1432.13公顷，其中水田245.47公顷、水浇地630.87公顷、旱地555.79公顷，人均耕地面积1.36亩。

2010年末，全乡人口总户数4333户，其中农业户4022户。总人口16315人，其中农业人口15887人。人口密度每平方千米66人。乡内有11个少数民族，少数民族人口13181人，其中彝族12395人、苗族565人、白族190人、傈僳族22人。

全乡辖6个村民委员会、59个自然村、78个村民小组。乡内有三胜街、红旗街、青云街、三鹤街、江桥街5个集市。

全年农村经济总收入7668万元，农民人均纯收入2279元。全年粮食播种面积2047.07公顷，比上年增18.34公顷。粮食总产6189.78吨，平均单产202千克。主要经济作物及产量：种植烤烟278公顷，累计收购烟叶60.99吨，实现烟农收入1013.98万元，亩产值2449

元;种植核桃5722.7公顷;红雪梨种植面积800公顷,年产量10000吨,产值1000万元;播种啤大麦450.93公顷,产量307吨;播种油菜子20.6公顷,总产0.35吨。全乡林业用地面积16790.4公顷,有林面积19836.3公顷。种植核桃475.3公顷,累计发展核桃5722.7公顷,年末森林覆盖率达82%。全乡有小(二)型水库1座,蓄水10万立方米;有小水窖3880个,蓄水7.76万立方米;有小塘坝136座,蓄水5.4万立方米;水产养殖总产量5吨,产值7万元。禽蛋总产量75.94吨,猪肉总产量1499.58吨,畜牧业总产值(不变价)4758.96万元。

全乡有私营企业1户,个体工商户213户,从业人员566人。营业总收入2094万元,总产值(不变价)2094万元,其中工业总产值(不变价)完成1221万元,利润总额143万元。财政收入472.84万元,其中上级专款196.9万元,全年财政支出472.84万元。

乡内设有初级中学1所、中心完小6所。全乡有教职员工98人,其中中学教师38人、小学教师60人。初级中学在校学生581人、小学在校学生1620人。有私立幼儿园3所,在园幼儿133人。有乡卫生院1所,医务人员4人,病床7张;有新型农村合作医疗卫生所(室)6个,乡村医务人员17人;年内参加新农合15290人。共发放"211"工程地面卫星接收装置307套、21英寸彩色电视机10台。

2010年,乡党委书记李建勇,乡人大主席只廉清(彝族,任至7月),乡长张学武。

【五印乡】 全乡辖区面积440.40平方千米。耕地面积2749.33公顷,其中水田552.53公顷、水浇地1103.73公顷、旱地1093.07公顷,人均耕地面积1.68亩。

2010年末,全乡人口总户数7077户,其中农业户6590户。总人口25793人,其中农业人口25131人。人口密度每平方千米59人。乡内有13个少数民族,少数民族人口20522人,其中彝族19836人、苗族408人、傈僳族227人、白族51人。

全乡辖8个村民委员会、143个自然村、175个村民小组。全乡有蒙新街、新街、鼠街、岩子脚等4个集市。

全年农村经济总收入9684万元,比上年增1065万元,农民人均纯收入2106元。全年粮食播种面积3713.33公顷,粮食总产10703.52吨。乡内主要经济作物有烤烟、啤大麦、红花等。全乡种植烤烟592.47公顷,累计收购烟叶1319.20吨,实现烟农收入1956.15万元,农民户均烟叶收入2968元;种植啤大麦433.33公顷,产量232.06吨,产值32.49万元。全乡林业用地面积32584.60公顷,有林面积达32133.33公顷,当年种植核桃1986.67公顷,累计发展核桃8633.33公顷;年末森林覆盖率达72.30%。全乡有小(二)型水库5座,蓄水6万立方米;有小水窖8638个,蓄水2万立方米;有小塘坝1103座,蓄水5万立方米;有"三面光"引水沟渠159.23千米。禽蛋总产量181.28吨,肉类总产量508.30吨,畜牧业总产值(不变价)7496万元。

全乡有私营企业1户,个体工商户239户,从业人员337人。营业收入1779万元,总产值(不变价)2072万元,其中工业总产值(不变价)完成1551万元,利润总额672万元,上交税金160万元。

乡内设有初级中学2所、成人文化技术学校1所、中心完小9所、分校12所。全乡有教职员工165人,其中中学教师66人、小学教师99人。初级中学在校学生1006人、小学在校学生2156人。有私立幼儿园1所,在园幼儿89人。成人文化技术学校开展各种专业技术培训13期,受训1650人次。有乡中心卫生院1所,医务人员25人,病床30张;有新型农村合作医疗卫生所8个,乡村医务人员27人;年内参加新农合23619人。广播电视"村村通"卫星接收设备收视覆盖率达55.05%。

2010年,乡党委书记茶崇辉(彝族,任至6月),乡人大主席字有新,乡长刘泽云。

【牛街乡】 全乡辖区面积167.1平方千米。耕地面积1188.7公顷,其中水田176.9公顷、水浇地806.9公顷,人均耕地面积1.53亩。

2010年末,全乡人口总户数3302户,其中农业户3104户。总人口11649人,其中农业人口11361人。人口密度每平方千米69人。乡内有8个少数民族,少数民族人口10199人,其中彝族9802人、白族109人、傈僳族208人、苗族80人。

全乡辖4个村委会、90个村民小组。全乡有1个集市。

全乡农村经济总收入6061万元,农民人均纯收入2228元。全年粮食播种面积2437.5公顷,粮食总产517.76万千克,平均单产196千克。种植烤烟224.2公顷,累计收购烟叶51万千克,实现烟农收入773万元,亩产值2298.5元。全乡林业用地面积11768.4公顷,有林面积达7784.7公顷,当年种植核桃600公顷,累计发展核桃3666.7公顷,四旁绿化、义务植树200公顷。年末森林覆盖率达67%。全乡有小(二)型水库3座,蓄水27万立方米;有小水窖4794个,蓄水3.528万立方米;有小塘坝88座,蓄水20万立方米;有"三面光"饮水沟渠52.3千米。肉类总产911吨,禽蛋产量64吨,畜牧业产值3150万元。

全乡有个体工商户159户,从业人员177人。完成乡镇企业总产值14862万元,实现营业收入10748万元,利润总额701万元;完成工业总产值14120万元,实现营业收入10413万元,利润总额653万元。生产原矿石4.33万吨,实现年产值12372万元,创造利税2066万元。部门决算收入556.44万元,决算支出388.57万元,年终结余167.84万元。

乡内设有初级中学1所、成人文化技术学校1所、中心完小4所、分校3所。全乡有教职员工97人(其中公办合同教师82人、中学专任教师27人、小学专任教师67人、代课教师15人)。初级中学在校学生443人、小学在校学生1035人。有乡卫生院1所,医务人员9人,病床20张;有新型农村合作医疗卫生室4个,乡村医务人员14人;年内参加新农合10688人,参合率97.07%。有线电视和"211"工程地面卫星接收差转收视覆盖率100%。

2010年,乡党委书记杨锡彬,乡人大主席张继忠,乡长危荣福。

【青华乡】 全乡辖区面积249.8平方千米。耕地面积1965公顷,其中水田263公顷、旱地1701公顷,人均耕地面积1.7亩。

2010年末,全乡人口总户数4622户,其中农业户4391户。总人口16422人,其中农业人口15979人。人口密度每平方千米66人。境内主要少数民族有彝族、苗族,少数民族人口12317人,其中彝族12070人、白族21人,其他少数民族226人。

青华乡辖10个村民委员会、123个村民小组、132个自然村。

全年农村经济总收入5080万元,农民人均纯收入2087元。全年粮食播种面积2960.33公顷,其中小春作物面积1493.33公顷,粮食总产846.54万千克,平均单产191千克。主要经济作物及产量:种植优质烤烟400公顷,累计烤烟收购总量88.8万千克,实现烟农收入1250.3万元,烟叶农特税收250.06万元,亩产值2083元;种植啤大麦166.67公顷,产量5.51万千克,产值16.52万元;种植红花133.33公顷,总产3055千克,产值24.4万元;种植白芸豆180.67公顷,总产47.43万千克,产值237万元。全乡林业用地面积16307.9公顷,有林面积12675.8公顷;种植泡核桃2000公顷,累计发展泡核桃8200公顷,年末森林覆盖率70%。全乡有小(二)型水库2座,蓄水16.5万立方米;有小水窖5129个,蓄水75120万立方米;有小塘坝16个,蓄水8000万立方米。禽蛋产量99.25吨,实现畜牧业产值3606.18万元。

全乡有私营企业3户,个体工商户135户,从业人员195人。营业总收入647万元,总产值(不变价)647万元,其中工业总产值(不变价)完成343万元,利润总额146万元。地方财政收入291.60万元,上级专款126.74万元,收入合计418.34万元;全年财政支出360.2万元,年终结余58.14万元。

乡内设有初级中学1所、成人文化技术学校1所、中心小学6所、校点12个。乡内共有教职员工134名,其中中学教师41人、小学教师88人。初级中学在校生709人、小学在校生1478人。有私立幼儿园2所,在园幼儿83人。成人文化技术学校当年开展各种专业技术培训10期,受训1056人次。有乡级卫生院1所,医务人员13人,病床17张;有新型农村合作医疗卫生所10个,乡村医务人员24人,年内参加新农合15871人。有线电视和"211"工程地面卫星接收差转收视率90%。

2010年,乡党委书记左廷水,乡人大主席董智勇,乡长罗忠智。

(张家锐)

永　平　县

【自然概貌】　永平县位于大理白族自治州西部,地处东经99°17′~99°56′、北纬25°03′~25°45′之间。东邻漾濞彝族自治县和巍山彝族回族自治县,南接昌宁县,西隔澜沧江与保山市分治,北与云龙县山水相连。东西最大横距64.5千米,南北最大纵距77千米,全县土地总面积2884平方千米。昆畹公路和大保高速公路穿越县境。县人民政府驻地博南镇,东距省会昆明市430千米,距州府驻地大理市90千米,西距保山市政府驻地隆阳区80千米,地处昆明至畹町和大理至保山的中间地段。永平县地处云岭山脉分支博南山和云台山之间,地势西北高,东南低。最高海拔点2933米(青神龙山),最低海拔点1130米(渔坝平坦),县城海拔1620米。境内山峦重叠,河川纵横。银江河为县内主要河流,由西北向东南纵贯县境,最后注入澜沧江。过境河流有澜沧江、顺濞河。银江河之东、顺濞河之西是云台山,银江河之西、澜沧江之东是博南山,形成三河夹两山,高山、河流、坝子纵横交错的独特地形。永平属北亚热带季风气候区,立体气候较为明显。2010年,年平均气温16.4℃,最高气温24.1℃,最低气温-10.8℃;年霜期105天,年日照1868.8小时,年降雨量853.8毫米,年均风速1.6米/秒。由于境内海拔差异大,地区性气温差异也较大,故有"一山分四季,隔里不同天"之说。

【行政区划】　永平县建置历史悠久。东汉永平十二年(69年)立博南县,属永昌郡。东晋永和中改置永平县,遂废。元至元十一年(1274年),复改置永平县,仍属永昌府。明、清两代,称谓和隶属关系未变。民国时期,称谓不变,长期隶属保山。1949年12月,永平从保山划归大理。1956年,建立大理白族自治州,永平隶属大理州辖至今。2010年12月,县辖3镇4乡(有3个民族乡),即博南镇、杉阳镇、龙街镇、龙门乡、厂街彝族乡、水泄彝族乡、北斗彝族乡,下设73个村民(社区居民)委员会、1230个村民小组、1543个自然村。

【人口　民族】　2010年底,全县总户数56525户,总人口18.25万人,其中农业人口16.26万人、非农业人口1.99万人。有22个民族成分,其中汉族10.52万人、彝族4.98万人、回族1.43万人、白族0.67万人、苗族0.23万人、傈僳族0.34万人,这6个民族为世居民族。少数民族人口占全县总人口的42.36%,人口密度每平方千米63人。

【经济综述】　2010年,全县完成生产总值17.32亿元,比上年增长17.58%;财政总收入完成19866万元,同比增长29.5%;地方财政收入13789万元,增长30.4%;财政总支出61479万元,增长15.42%。年末,金融机构各项存款余额17亿元,增长22.1%;各项贷款余额9.47亿元,增长18.28%。全年社会消费品零售总额完成4.64亿元,增长18.1%。农村经济总收入完成109777万元,增长7.5%。农民人均纯收入3060元,增长19.38%。全县有个体工商户3927户,从业人员5395人,注册资金10475万元。有私营企业158户,从业人员2697人,注册资金51584万元。居民消费价格总指数103.4。

【农　业】　2010年,全县新农村建设稳步推进。新建基本口粮田220公顷,购买农机具补贴80.3万元,补贴农户474户。兑补各项支农惠农资金1493.27万元,农业生产补贴1244.38万元。全县农作物播种面积26143公顷,其中小春播种面积8034公顷、大春播种面积18109公顷。全年粮食总产量7.3万吨。种植蚕桑1667公顷,养蚕3339张,收购蚕茧126.67吨,产值392.5万元;种植亚麻73公顷,产量484吨。全县农业总产值30219万元。

【林　业】　全县集体林权制度改革稳步推进,林业产业快速发展。集体林累计确权面积303.72万公顷,发放林权证书31779户、33321本,确权率和发证率100%,面积发证率99.92%,宗地发证率100%,完成天然保护工程森林管护面积172.4万公顷,人工造林面积333公顷,补植补造333公顷,森林抚育补贴试点666.7公顷,累计完成公益林区划界定面积62000公顷,兑补生态效益补偿资金426.31万元,其中:区划界定国家重点公益林22273.33公顷,兑补生态效益补偿资金155.12万元,区划界定省级公益林39953.33公顷,兑补生态效益补偿资金271.19万元,累计审核审批各类建设工程征占用林地6起,征占用林地面积19.78公顷,办理采伐林木蓄积1730.9立方米,出材量663.4立方米,办理木材运输许可证5072.81立方米,办理木材经营加工许可证26户,未出现超限额、超计划采伐和违规审核、审批现象。森林覆盖率70.6%,当年启动封山育林生态效益补偿项目,产品兑付资金426万元。新发展泡核桃57586.67公顷,泡核桃总面积85520公顷,总产量1.6万吨,产值40068万元。林业总产值43696万元。

【畜牧业】　2010年,全县大牲畜存栏11.36万头(匹),其中黄牛3.97万头、马5522匹、驴4940匹、骡1.68万匹,羊存栏15.51万只、生猪存栏23.88

万头，家禽存栏 55.15 万羽。肉类总产量 21448 吨，比上年增长 6.58%；畜牧业总产值 34356 万元，比上年增长 5.69%。

【水 利】 全年累计投入农田水利建设资金 4935.72 万元，完成农田水利建设工程 411 件。大碱塘水库扩建工程投资 4064 万元，全面实施农村人饮工程项目，解决了 21682 人的饮水困难问题。全县有小水窖 33019 口。全县水产品养殖面积 88 公顷，产量 484 吨，产值 577 万元。

【烟草业】 烤烟种植 2858 公顷，产量 657.75 万千克，收购烟叶 13.15 万担，均价每千克 13.91 元。种烟农户 2673 户，烟农收入 9147.71 万元，烟农户均收入 3.42 万元。

【工交企业】 全县完成工业固定资产投资 2.43 亿元，实现工业总产值 10.87 亿元，增长 26.4%；工业增加值完成 3.3 亿元，规模以上 11 户企业产值 0.93 亿元，利税总额完成 3100 万元。客运量 81 万人、货运量 92 万吨，客运周转量 7342 万人千米、货运周转量 13372 万吨千米。有固定电话 1.4 万部，移动电话 8.8 万部，电话普及率 56 部/百人。有手机信号基塔 145 个，互联网用户 3300 户。电信业务总量 1200 万元。邮政业务总量 710.03 万元。

【扶贫开发和社会保障】 2010 年，全面完成了 45 个千村扶贫开发项目建设任务，累计完成投资 5.9 亿元，启动了石家村、七屯村小康示范村及曲硐村社会主义新农村示范村建设。龙门乡扶贫开发“整乡推进”试点、杉阳地区综合扶贫开发、新农村省级重点建设村等工程进展顺利，以工代赈片区开发、易地扶贫搬迁、农村民居地震安全工程、贫困村村级发展互助资金试点、小额信贷扶贫贴息贷款等工程成效明显。机关事业单位合同制工人参加养老保险 557 人，支付 15 人，发放金额 17.5 万元；企业参保人数 3176 人，发放人数 1023 人，其中离休 14 人、退休 1009 人，支付保险金 1352 万元。城镇居民参加各种保险人数 16528 人，其中参加职工基本医疗保险 7887 人。参加失地农民基本养老保险 606 人，新农保参保率达 96.35%。实施了城乡低保提标扩面工作，累计发放保障资金 6013 万元，实施城乡医疗救助和城乡临时救助，累计救助 8.96 万人次，发放救助金 755.38 万元；实施农村民居地震安全工程 7740 户，农村危房改造 600 户。建成廉租房 4.4 万平方米，累计发放住房补贴 138.6 万元。全县人均住房面积 29 平方米。

【科教文卫】 全面实施“科技富县强县”战略，科技进步对国民经济的贡献率达 47.9%。切实加强学校基础设施建设，投入项目建设资金 4591 万元，新建校舍 31038 平方米，排除危房 30373 平方米；拨付义务教育经费 2155.32 万元，发放寄宿生生活补助费 972.8 万元，发放职业中学学生助学金 40.2 万元，免费发放教科书价值 204.94 万元。全县第二轮地方志编修和年鉴编纂工作稳步推进。全民健身活动、群众文艺活动蓬勃开展，第三次文物普查工作进展顺利。完成了 741 个 20 户以上通电自然村广播电视“村村通”工程，广播、电视覆盖率分别达 95.5% 和 97.3%。全县有线电视用户 15935 户。全县人口出生率 8.9‰、死亡率 4.92‰、自然增长率 3.98‰。投入卫生事业经费 4607 万元。新农合报销 480027 人次，累计报销金额 2288.75 万元；新农合参合人数 152244 万人，参合率 93.97 %。有县、乡卫生医疗机构 13 个，病床 544 张，专业医务人员 313 人；有村卫生室 73 个，乡村医生 169 人。2010 年救助贫困孕产妇 1620 人，救助金额 67.95 万元。建成农村卫生厕所 844 座，在建 55 座，普及率 44.17%。

【民主和法制建设】 全县民主和法制建设取得新进步。各级各部门自觉接受县人大及其常委会的法律和工作监督，依法向县人大常委会报告工作；自觉接受县政协及其常委会的民主监督。年内，县人大常委会共举行会议 8 次，听取和审议“一府两院”专项工作报告 11 个，听取县人民政府专项工作汇报 7 个，就重大事项作出决议、决定 3 个，开展执法检查 2 次，开展调查、视察及代表培训活动 25 场次，依法进行人事任免 19 人次。政协提案工作正常开展，共收到提案 101 件，审查、立案 101 件。县检察院批准逮捕犯罪嫌疑人 40 人；依法立案侦查国有企业工作人员贪污贿赂犯罪案件 1 件 1 人；对 20 名民事案件当事人及特殊刑事案件受害人进行回访。县法院依法惩治犯罪，全年共受理各类刑事案件 88 件 161 人，全部审结；依法判处罪犯 155 人，结案率 100%。

【领导名录】 2010 年，县委书记程永标、副书记张剑萍（女，白族）、马宽品（回族）、杨宁（2 月起任）、周曙光（12 月起任）；县委常委程永标、张剑萍（女，白族）、周曙光（12 月起任）、马宽品（回族）、杨宁（2 月起任）、李旷、李苏、李春、马伟军（回族）、王文天、胡勇、段辰（白族）、王灿光（傈僳族）；县人大常委会主任李伟龙，副主任曹学璋（彝族）、王文军、云定国、王瑛（女）；县人民政府县长张剑萍（女，白族），常务副县长王灿光（傈僳族）、李苏、吴德莲（女）、陈学军（任至 7 月）、李永平、赵栋新；县政协主席字绍军（彝族），副主席陈利仙（女）、陈显光（彝族）、赵丽帆（女）、李进东（任至 1 月）；县纪委书记李旷。

【永平县 2 个村镇被列为历史文化名村（镇）】 永平县杉阳镇和博南镇曲硐村历史悠久，民族特色浓郁，文化底蕴深厚，具有较高的历史文化价值和较好的旅游观光前景。2010 年 1 月，杉阳镇被省人民政府列为云南省历史文化名镇、曲硐村被列为云南省历史文化名村。

【州委书记刘明、州长何金平到永平检查指导】 3 月 1 日，州委书记刘明在永平县委书记程永标，县委副书记、县长张剑萍等领导陪同下，到永平县核桃交易市场、美食街、曲硐小狮山、廉租房等重点项目建设现场检查指导。3 月 2 日，州委副书记、州长何金平在永平县委常委和县委常委、常务副县长王灿光陪同下，到县云森木业有限公司、大碱塘水库指导工作。刘明、何金平强调：要积极主动做好项目建设的协调服务工作，加快项目实施进度，加强项目管理和工程质量监管，造福一方百姓。

【州委林业工作会议在永平县召开】 3 月 2 日，中共大理州委林业工作会议在永平召开。州委书记刘明、州长何金平出席会议并讲话。州委副书记王雪峰，州委常委、常务副州长马建全，州委常委、大理市委书记段玠，州人大常委会副主任尚榆民，州政协副主席张树藩出席会议，副州长岳黎松主持会议。会上，永平县、祥云县作了交流发言。会议期间，与会人员参观了永平县云森木业有限公司林产业工业园区、北斗乡常永祥户中低产林改造及核桃抚育现场、新村建标公司中低产林改造及林产业基地现场。

【新闻媒体采访团到永平县采访】 3 月 17～18 日，云南信息报、云南经济日报、大理日报、大理电视台和大理州人民广播电台5家新闻媒体组成抗旱救灾采访团到永平采访抗旱救灾工作情况。采访团一行在县委常委、县委宣传部部长段辰的陪同下，到杉阳镇杉阳村和厂街乡炉塘村实地采访抗旱救灾工作情况。

【全省科技下乡集中示范活动在永平举行】 3月30日，由省科技厅、团省委和大理州人民政府共同主办，以“抗旱减灾”为主题的云南省2010年科技下乡集中示范活动在永平举行。当日上午，省、州专家分别在永平会堂、县畜牧局、老街中学开展《科技创新决定未来》、《动物常见疾病防治措施和进展》、《青少年心理健康》及《青少年科技创新大赛》等主题知识讲座。下午，在永平县市政广场举行科技下乡集中示范活动开幕式，省科技厅副厅长罗国权宣布开幕，大理州领导杨秀星、杨宴君、洪云龙、张树藩等相关部门领导，永平县委、人大、政府、政协领导参加了开幕式。永平县委副书记、县长张剑萍主持开幕式，永平县委书记程永标在开幕式上致辞。

【省委省政府慰问组到永平慰问抗旱突击队】 4月21日，由省政协副主席王学智带队，省财政厅、省国土资源厅等部门参加的省委、省政府慰问组，在州委副书记王雪峰、副州长岳黎松及相关部门领导的陪同下，到永平慰问国土资源系统西南抗旱找水打井突击队，即支援永平的湖北省国土资源厅地质环境监测总站，感谢他们在抗旱救灾中为云南人民所作出的贡献。慰问组在永平县领导陈永标、张剑萍、马宽品、字绍军、李苏、李春及相关部门领导的陪同下，到杉阳镇岩硐村慰问找水打井的湖北省国土资源厅地质环境监测总站的工人，详细了解找水打井情况，并希望突击队员积极工作，让当地老百姓及早受益。

【永平县境内发生一起重大交通事故】

4月25日19时，怒江州兰坪县一辆越野车在永平县境内的320国道K3304+20M处翻下山坡，车上7名乘客（包括驾驶员），有4人死亡、1人重伤、2人轻伤。事故发生后，永平县快速启动应急预案，迅速开展事故处理和抢救伤员工作。县长张剑萍等领导第一时间赶往事故现场指挥处理工作，州安监局、州公安交警支队领导也迅速赶到现场指导工作，并到医院看望伤员。

【省州考核组到永平县考核】 永平县在开展“全国法治县先进单位”创建活动中，经过层层推荐评选，被确定为全省十家考核对象之一。2010年5月19～20日，省、州创建“全国法治县先进单位”考核检查组到永平对创建“全国法治县先进单位”工作进行考核检查。县委书记程永标向考核检查组汇报了永平县创建“全国法治县先进单位”工作。考核检查组听取了工作汇报后，在与会领导的陪同下，到县司法局查看了创建“全国法治县先进单位”工作台账，到县工商局、县人民法院抽查考核。通过听取汇报、查阅资料、座谈等方式，考核检查组对永平创建“全国法治县先进单位”工作给予了充分肯定。认为永平县领导重视，思路清晰，措施有力，工作到位，创造了团结、和谐、稳定的良好氛围，促进了经济社会健康发展。

【举行金河水库建设项目奠基仪式】

金河水库位于永平县杉阳镇金河村，蓄水量185万立方米，项目总投资6661万元。于2010年5月26日举行奠基仪式。

【县文体局荣获全国群众体育先进单位称号】 5月，在全州体育工作会议上，州人民政府代国家体育总局向永平县文化体育事业局颁发了“2005～2008年度全国群众体育先进单位”匾牌。

【“杉阳牌”商标被定为云南省著名商标】 6月，永平县天然食品有限责任公司的“杉阳牌”商标被认定为云南省著名商标。至此，永平县实现了云南省著名商标零的突破。

【永平县延安精神研究会成立】 7月26日，永平县延安精神研究会正式成立。

【国家联合检查组到永平检查退耕还林工作】 8月10日，国家发改委西部开发公司巡视员张亚丹率国家巩固退耕还林成果专项规划建设项目联合检查组到永平检查项目实施情况。副州长岳黎松及省发改委、省林业厅、省农业厅、省财政厅、省统计局等有关负责人陪同检查。检查组一行分别到厂街乡炉塘村、杨柳树村，采取听汇报、实地检查的形式，重点检查永平县2008～2009年度基本口粮田、农村能源建设、后续产业发展、补植补造等建设项目进展情况、资金使用情况和建成项目发挥效益情况等。通过检查，检查组一行充分肯定了永平县巩固退耕还林成果专项规划建设工作，同时指出在项目建设中存在的问题。县委书记程永标表示，将认真梳理检查组提出的意见和建议，按国家和省、州的要求，推进巩固退耕还林成果专项规划建设工作。

【永平县“云南鹅”被确定为国家级畜禽遗传资源】 8月，主产于永平县的肉用型品种“云南鹅”，通过国家畜禽遗传资源委员会审定、鉴定和公示，被农业部确定为国家级畜禽遗传资源。

【全省贫困村互助资金试点工作会在永平召开】 9月26～27日，省财政厅和省扶贫办在永平县联合召开全省2010年度贫困村互助资金试点工作会议。省扶贫办、省财政厅、全省16州市扶贫办及财政局相关领导和2010年新增20个中央和省级试点县扶贫办、财政局领导及相关人员参加会议，大理州人民政府州长助理李文才到会致辞。会议全面总结了2007年以来互助资金试点工作开展情况，交流了永平、宣威2个县市的经验和做法，并对2010年的试点工作进行了安排部署和培训。

【召开新农保试点工作启动暨培训会】

10月28日，永平县委、县人民政府召开永平县新型农村社会养老保险试点工作启动暨培训会议，安排部署新型农村社会养老保险试点工作。副州长程云川、州政府副秘书长李继显、州劳动和社会保障局局长张松到会指导，永平县副处以上领导出席会议，副县长李永平主持会议。会议要求，要加强领导、精心组织、强化宣传、扎实工作，切实把“新农保”试点工作的各项政策落实到位，确保广大农民群众真正得到实惠。会议还进行了“新农保”试点工作相关业务培训。

【大碱塘水库扩建工程竣工】 11月4日，由省发改委、省水利厅、州发改委、州水利局、州财政局等部门有关领导及专家组成的验收组，到大碱塘水库扩建工程建设现场，实地察看了主坝、副坝、泄洪隧道、引水干渠、管理用房及其他项目建设完成情况。次日上午，验收组组织召开了大碱塘水库扩建工程竣工验收会议。县委副书记、县长张剑萍到会致辞，大碱塘水库扩建工程建设管理局作了工程建设管理工作报告，县委常委、副县长李苏代表县人民政府作了表态发言。设计方、监理方、施工方和运行管理方、大碱塘水库管理所汇报了相关情况。验收组通过实地检查相关情况，查阅工程建设相关资料并充分讨论后，一致认为，大碱塘水库扩建工程建设项目已全面完工，工程质量合格，同意通过验收，并交付运行管理使用。

【全县事业单位岗位聘用工作启动】 为进一步深化事业单位人事制度改革，实施好事业单位岗位设置管理工作，组织引导全县事业单位按因事设岗、按岗聘用、以岗定薪、合同管理的原则，建立科学、规范的岗位设置管理制度体系，11月16日，县人事局组织开展事业单位岗位设置聘用管理及工资待遇兑现工作业务培训，对事业单位岗位聘用和工资待遇兑现工作进行安排部署。当日，全县首次事业单位岗位聘用工作正式启动。

【永平县回族学会成立】 11月29日，永平县回族学会成立暨第一次会员大会召开，标志着永平县回族学会正式成立。

【省"先进平安县"考评组到永平考评】 12月5日，省"先进平安县"考评组到永平，对永平县争创省级"先进平安县"工作进行检查考评。州委政法委领导和县领导程永标、张剑萍、李伟龙、字绍军，李春、马伟军、王瑛、陈利仙等领导陪同考评组开展考评工作，并就永平县争创省级"先进平安县"工作进行汇报。考评组先后到龙街镇、博南镇和县委政法委，采取实地踏看、查阅资料、召开会议、听取汇报等方式，对永平县争创省级"先进平安县"工作进行全面检查考评。最后，考评组认为，永平县委、县政府高度重视争创省级"先进平安县"工作，做到了组织领导到位、经费保障到位、舆论宣传到位，确保了创建工作的顺利开展。

【核桃林标准化示范项目通过验收】 12月，永平县全国核桃林标准化示范项目通过了云南省全国核桃林标准化示范项目验收组验收。

【永平县荣获"全国法治县创建活动先进单位"称号】 12月，永平县被国家普法办授予首批"全国法治县创建活动先进单位"称号，成为太理州唯一获此殊荣的县市。

【综合经济实力迈上新台阶】 2010年，永平县生产总值完成173156万元，占"十一五"规划目标的107.6%，是2005年的1.9倍，年均递增10.8%。人均生产总值9483元，比"十五"末的5243元增加4240元，增长80.8%。财政总收入完成19866万元、地方一般预算收入完成13789万元，分别占规划目标的240.5%和258.7%，是2005年的3.87倍和3.8倍，年均分别递增30.3%和29.6%。财政总支出61479万元，是2005年的3.45倍，年均递增28.1%。社会消费品零售总额完成46397万元，占规划目标的141.6%，是2005年的2.28倍，年均递增17.9%。年末金融机构各项存款余额170091万元，是2005年的3.04倍；各项贷款余额94710万元，是2005年的3.05倍。城镇居民人均可支配收入10210元，占规划目标的100%，是2005年的1.3倍，年均递增5%。农民人均纯收入3060元，占规划目标的166.8%，是2005年的2.13倍，年均递增16.3%。一、二、三次产业结构从"十五"末的47∶16∶37调整到41∶26∶33。

【博南镇】 2010年，全镇总人口54320人，其中男性27281人、女性27039人，农业人口41258人、非农业人口13062人。农村劳动力24425人。耕地面积2442公顷，其中水田1229公顷、旱地1213公顷。镇内矿产资源主要有铁、铜、沙金、花岗岩、高岭土、水晶石等。土特产品有黄焖鸡、腊鹅、牛干巴、木瓜酒、泡辣椒、泡大蒜、野生食用菌等。

全镇工农业总产值52936万元，其中工业总产值46600万元，农业总产值6336万元。全年农村经济总收入29419万元，农民人均纯收入3040元。全年农作物播种面积4791公顷，其中小春作物面积1997公顷、大春作物面积2794公顷。粮食总产量19055吨，其中小春产量3416吨、大春产量15639吨；烤烟种植面积281公顷，产量68万千克。大牲畜年末存栏2.3万头（匹），生猪年末存栏6.2万头，羊年末存栏1.8万只，家禽存栏10.5万羽；肉类总产量6352吨，水产品产量250吨。有乡镇企业61个，从业人员1169人，营业收入31234万元。主要工业门类有食品加工业、农产品加工业、交通运输业、矿冶业等。全年财政收入3835万元，财政支出1337万元。全镇公路通车里程169.74千米。有集贸市场2个，年成交额18000万元。

有中学2所，在校学生2148人；有村完小16所，在校学生4294人。有中小学教师512人。适龄儿童入学率99.81%，小学毕业生升学率100%。有村图书室15个，藏书6万册。有镇卫生院1所，医务人员22人，病床23张；有村卫生室14个，医务人员38人，病床42张；有计生服务站1个，医务人员3人，病床2张。

2010年，镇党委书记杨勋，镇人大主席莽学忠（任至9月）、杨世逊（10月起任），镇长杨乐。

【杉阳镇】 2010年，全镇总人口42703人，其中男性21539人、女性21164人，农业人口40237人、非农业人口2466人。农村劳动力25606人。耕地面积1883公顷，其中水田837公顷、旱地1046公顷。镇内矿产资源主要有石膏、铜矿、铁矿、石灰石等。土特产品有热区水果、野生食用菌、泡核桃、板栗、腌制食品等。

全镇工农业总产值32809万元，其中工业总产值7754万元、农业总产值25055万元。全年农村经济总收入19180万元，农民人均纯收入2968元。全年农作物播种面积4605公顷，其中小春作物面积1383公顷、大春作物面积3222公顷。粮食总产量14549吨，其中小春产量2060吨、大春产量12489吨。烤烟种植面积234公顷，产量56万千克；蚕桑种植面积170公顷；亚麻种植面积40公顷，产量243吨。大牲畜年末存栏1.96万头（匹），生猪年末存栏5万头，羊年末存栏1.3万只。肉类总产量4157吨，水产品产量124吨。有乡镇企业7个，从业人员217人，营业收入2538万元。主要工业门类有矿产业、农产品加工业、建材加工业等。全年财政收入876万元，财政支出876万元。全镇公路通车里程251千米。有集贸市场3个，年成交额17600万元。

有中学2所，在校学生2007人；有村完小18所，在校学生3647人。有中小学教师407人。适龄儿童入学率100%，小学毕业生升学率100%。有镇图书室1个，藏书1500册；有村图书室9个，藏书17830册。有镇卫生院1所，医务人员32人，病床35张；有村卫生室12个，医务人员33人，病床12张；有计生服务站1个，医务人员4人，病床4张。2010年，镇党委书记马永理，镇人大主席刘程君，镇长陈思。

【龙街镇】 2010年，全镇总人口23393人，其中男12022人、女11371人，农业人口22154人、非农业人口1239人。农村劳动力12158人。耕地面积2018公顷，其中水田423公顷，旱地1552公顷。

镇内矿产资源主要有铜、铁、锌、石膏矿等。土特产品有泡核桃、白大蒜、西归、黄果、佛手柑、板栗、鸡㙡、松茸、花椒、白木瓜等。

全镇工农业总产值19193万元,其中工业总产值2770万元、农业总产值16423万元。全镇农村经济总收入15888万元,农民人均纯收入2961元。全年农作物播种面积3672公顷,其中小春作物面积1454公顷、大春作物面积2218公顷。粮食总产量9726吨,其中小春产量1300吨、大春产量8426吨。烤烟种植面积551.4公顷,产量124.89万千克。大牲畜年末存栏1.6万头(匹),生猪年末存栏2.7万头,羊年末存栏2.97万只,家禽存栏5万羽;肉类总产量2299吨,水产品产量43吨。有乡镇企业7个,从业人员36人,营业收入460万元。主要工业门类有制造业、酿酒业、食品加工业和采矿业等。全年财政收入618万元,财政支出371.3万元。全镇公路通车里程580千米。有集贸市场6个,年成交额8360万元。

有中学1所,在校学生672人;有村完小8所,在校学生1777人。有中小学教师199人。适龄儿童入学率100%,小学毕业生升学率100%。有镇图书室1个,藏书3000册;有村图书室19个,藏书4.7万册。有镇卫生院1所,医务人员14人,病床20张;有村卫生室11个,医务人员24人,病床50张;有计生服务站1个,医务人员2人,病床10张。

2010年,镇党委书记杨金红,镇人大主席字绍华,镇长李晓松。

【龙门乡】 2010年,全乡总人口12429人,其中男性6289人、女性6140人,农业人口11629人、非农业人口800人。农村劳动力6287人。耕地面积1231公顷,其中水田1082.8公顷、旱地148.2公顷。乡内矿产资源主要有原煤、金、铜、铁等。土特产品有泡核桃、生态茶、"大红袍"花椒、白木瓜、鸡㙡、松茸、蜂蜜、木耳等。

全乡工农业总产值17385万元,其中工业总产值6490万元、农业总产值10895万元。全年农村经济总收入10895万元,农民人均纯收入3351元。全年农作物播种面积2255公顷,其中小春作物面积1022.6公顷、大春作物面积1232.4公顷。粮食总产量7181吨,其中小春产量1552吨、大春产量5629吨。烤烟种植面积239.1公顷,产量326万千克;蚕桑种植面积160公顷;亚麻种植面积30公顷,产量322吨。大牲畜年末存栏1.1万头(匹),生猪年末存栏2万头,羊年末存栏1.9万只,家禽存栏4.5万羽。肉类总产量2064吨,水产品产量64吨。有乡镇企业5个,从业人员78人,营业收入640万元。主要工业门类有煤矿开采、生态茶叶加工、石膏加工等。全年财政收入496万元,财政支出437万元。全乡公路通车里程151千米。有集贸市场1个,年成交额1380万元。

有中学1所,在校学生413人;有村完小7所,在校学生1034人。有中小学教师137人。适龄儿童入学率100%,小学毕业生升学率100%。有村图书室7个,藏书1.23万册。有乡卫生院1所,医务人员22人,病床33张;有村卫生室7个,医务人员14人,病床28张;有计生服务站1个,医务人员2人,病床2张。

2010年,乡党委书记赵国军,乡人大主席高翔,乡长杨应龙。

【厂街彝族乡】 2010年,全乡总人口19497人,其中男性10065人、女性9432人,农业人口18626人、非农业人口871人。农村劳动力10657人。耕地面积2667.3公顷,其中水田313.3公顷、旱地2354公顷。乡内矿产资源主要有铜、钴、硫等。土特产品有卤腐、小锅酒等。

全乡工农业总产值22788万元,其中工业总产值7155万元、农业总产值15633万元。全年农村经济总收入15633万元,农民人均纯收入3423元。全年农作物播种面积4276.5公顷,其中小春作物面积1546.5公顷、大春作物面积2730公顷。粮食总产量8863吨,其中小春产量971吨、大春产量7892吨。烤烟种植面积883.2公顷,产量197.22万千克。大牲畜年末存栏1.89万头(匹),生猪年末存栏2.9万头,羊年末存栏2.54万只,家禽存栏6万羽;肉类总产量2118吨,水产品产量4吨。有乡镇企业2个,从业人员133人,营业收入2510万元。主要工业门类有采矿业、烧制业、食品加工业等。全年财政收入1111万元,财政支出432万元。全乡公路通车里程250千米。有集贸市场1个,年成交额6400万元。

有中学1所,在校学生757人;有村完小11所,在校学生1769人。有中小学教师126人。适龄儿童入学率为100%,小学毕业生升学率100%。有村图书室8个,藏书2万册。有乡卫生院1所,医务人员12人,病床30张;有村卫生室11个,医务人员22人,病床20张;有计生服务站1个,医务人员2人,病床4张。

2010年,乡党委书记李庚昌,乡人大主席施开程,乡长李屏峰。

【水泄彝族乡】 2010年,全乡总人口17012人,其中男性8876人、女性8136人,农业人口16331人、非农业人口681人。农村劳动力8905人。耕地面积2255公顷,其中水田348公顷、旱地1907公顷。乡内矿产资源主要有铜、铁、石膏等。土特产品有泡核桃、鸡㙡、白木瓜、野生天麻、木耳等。

全乡工农业总产值31775万元,其中工业总产值27707万元、农业总产值4048万元。全年农村经济总收入14010万元,农民人均纯收入2920元。全年农作物播种面积3812公顷,其中小春作物面积1333公顷、大春作物面积1767公顷;粮食总产量7766吨,其中小春产量106吨、大春产量7660吨。烤烟种植面积432公顷,产量98万千克。大牲畜年末存栏1.34万头(匹),生猪年末存栏2.87万头,羊年末存栏1.93万只,家禽存栏8万羽;肉类总产量1930吨,水产品产量13吨。有乡镇企业399个,从业人员882人,营业收入28060万元。主要工业门类有铜矿采选、金属硅冶炼、电力生产等。全年财政总收入1058万元,财政支出579万元。全乡公路通车里程597千米。有集贸市场3个,年成交额17000万元。

有中学1所,在校学生626人;有村完小9所,在校学生1224人。有中小学教师156人。适龄儿童入学率100%,小学毕业生升学率100%。有乡图书室1个,藏书1.5万册;有村图书室9个,藏书5000册。有乡卫生院1所,医务人员9人,病床20张;有村卫生室9个,医务人员20人,病床18张;有计生服务站1个,医务人员2人,病床2张。

2010年,乡党委书记陈义凯,乡人大主席穆亮殷,乡长李峰。

【北斗彝族乡】 2010年,全乡总人口13272人,其中男性6844人、女性6428人,农业人口12336人、非农业人口936人。农村劳动力7302人。耕地面积1394.3公顷,其中水田116.8公顷、旱地1277.5公顷。乡内矿产资源主要有铅锌矿、铜矿、硅、无烟煤、石灰石等。土特产品有泡核桃、美国山核桃、白木瓜、食用菌、苦荞、天麻、蜂蜜等。

全乡工农业总产值5174万元,其中工业总产值1647万元、农业总产值3527

万元。全年农村经济总收入13819万元,农民人均纯收入2971元。全年农作物播种面积2731公顷,其中小春作物面积1060公顷、大春作物面积1671公顷。粮食总产量5635吨,其中小春产量767吨、大春产量4868吨。烤烟种植面积237.8公顷,产量55.49万千克。蚕桑种植面积90公顷。大牲畜年末存栏1.3万头(匹),生猪年末存栏2.2万头,羊年末存栏2.9万只,家禽存栏8.5万羽;肉类总产量2300吨,水产品产量7吨。有乡镇企业8个,从业人员164人,营业收入2363万元。主要工业门类有水电业、采矿业、石料加工、建材加工、农特产品加工等。全年财政收入538万元,财政支出362万元。全乡公路通车里程470.5千米。有集贸市场3个,年成交额9730万元。

有中学1所,在校学生337人;有村完小6所,在校学生1078人。有中小学教师119人。适龄儿童入学率100%,小学毕业生升学率100%。有乡图书室1个,藏书3500册;有村图书室3个,藏书1000册。有乡卫生院1所,医务人员9人,病床20张;有村卫生室9个,医务人员9人,病床18张;有计生服务站1个,医务人员2人,病床4张。

2010年,乡党委书记孙丽娟,乡人大主席陈学贤,乡长茶正林。

(王春荣)

云龙县

【自然概貌】 云龙县地处滇西澜沧江纵谷区,东经98°52′~99°46′,北纬25°28′~26°23′之间。是大理州、保山市、怒江州的结合部。东与洱源县和漾濞县接壤,南与永平县、保山市相交,西与怒江州泸水县毗邻,北与剑川县、兰坪县交界。东西最大横距91.8千米,南北最大纵距109千米,总面积4400.95平方千米,基本地势是东西高、中部低,从北往南逐渐降低。云岭和怒山两大山脉贯穿全境,怒江从西部边界流过,澜沧江由北向南纵贯县境中部,境内山峦重叠,河谷交错。最高海拔3663米、最低海拔730米,县城海拔1640米。县城居县境中部诺邓镇狮尾河谷,东距大理州府大理市158千米,距省会昆明市518千米。2010年年平均气温16.9℃,为历史次高年(历史最高年为1999年,17.℃);年内最高气温33.2℃,最低气温-2.3℃,无霜期291天。年总降水量736.1毫米,比历年平均值少48.1毫米;年总日照1779.6小时,比历年平均值少308.7小时,为历年最低值。

【建置沿革】 西汉元封二年(前109年)设比苏县,属益州郡。东汉永平十二年(69年)属永昌郡。唐(南诏)分属剑川节度和永昌节度。宋(大理)名“云龙赕”。明、清称云龙州,属大理府。民国2年(1913年)改州为县。1950年属大理专区。1956年属大理白族自治州。

【行政区划】 县辖宝丰、关坪、团结、检槽、长新、表村、民建7个乡和诺邓、漕涧、旧州、白石4个镇,共86个村民(居民)委员会。

【人口 民族】 2010末,总人口206067人,其中男性106359人、女性99708人,农业人口186550人、非农业人口19517人。汉族25804人,占总人口的12.52%;少数民族180263人,占总人口的87.48%。在少数民族人口中,白族150467人,占73.02%;彝族12418人,占6.03%;傈僳族11115人,占5.39%。全年出生1764人,出生率8.55‰;死亡1236人,死亡率5.99‰;人口自然增长率2.56‰。

【经济综述】 2010年,全县完成生产总值195443万元,比上年增长15.9%。其中第一产业58496万元,增长8.2%。第二产业79247万元,增长25%。第二产业中,工业增加值30721万元,增长24.1%;建筑业增加值48526万元,增长25.5%。第三产业57700万元,增长11.9%。财政总收入17209万元,比上年增长18.1%,其中地方一般预算收入10930万元,增长22.5%;财政支出79730万元,增长34.6%。

【农 业】 2010年,农业总产值122300万元,比上年增长14%。其中种植业产值39427万元,同比下降4.04%;林业产值31838万元,同比增长67.66%;畜牧业产值50855万元,同比增长8.12%。农民人均纯收入2377元,比上年增长13.1%。粮食播种面积28333公顷,比上年增长7.57%,粮食总产量98000吨,比上年增长2.1%。收购烟叶87796担,烟农收入6266万元,烟叶税收1378万元。

【工 业】 2010年,有工业企业724个,从业人员13445人。工业总产值125799万元,增长39.6%。主要产品产量:发电量31574万度,比上年下降10.41%;水泥307556吨,比上年下降48.23%;铁矿石原矿181944吨,比上年增长3.97%;精制茶叶232吨,比上年下降41.85%。

【固定资产投资】 2010年,全县固定资产投资280600万元,比上年增长30.13%。其中城镇投资249443万元,增长35.82%;农村非农户投资17903万元,下降29.63%;农村私人建房投资8716万元,增长33.37%。全年固定资产投资突出了电力、交通等行业,电力投资180642万元,占64.38%;交通投资53572万元,占19.09%;房地产投资13915万元,占4.96%。

【商 业】 2010年,社会消费品零售总额51585万元,比上年增长16%。其中批发业144.2万元,增长19.37%;零售业35453万元,增长16.18%;住宿业567.8万元,增长18.27%;餐饮业15420.3万元,增长15.47%。按地区分:城镇消费品零售额28084万元,增长17.2%;乡村消费品零售额23501万元,增长14.6%。

【水 利】 2010年,共投入水利建设资金5550万元,完成水利投资6500万元,群众投工投劳266万个。建成人畜饮水工程77件,解决2.48万人饮水困难。完成农村安全人饮工程项目涉及11个乡镇、63个行政村和5所学校1.75万人。修复水毁工程98处,完成三面光渠道12件,衬砌28千米,疏浚河道10千米,清淤渠道30千米,修建村(镇)供水工程14处,新建塘坝2件,水池(窖)939个。新增蓄水能力5万立方米,新增旱涝保收面积200公顷,新增灌溉面积133.33公顷,改善灌溉面积213.33公顷,新增节水灌溉面积180公顷,治理水土流失面积8平方千米,新增供水受益人口5680人、牲畜4700头。

2010年,全县发生特大干旱灾害,因灾造成小春农作物受灾15020公顷,因灾造成5.31万人、6.8万头大牲畜饮水困难。全县投入抗旱资金1428万元,共解决4.96万人、6.2万头大牲畜饮水困难,解决2153.33公顷农作物灌溉用水。

【城建 环保】 2010年,云龙县城镇化率25%。全县城镇人口5.15万人,城镇建成区面积7.21平方千米,其中县城建成区面积1.88平方千米。县城绿化总面积52.2万平方米,人均公共绿地10.8平方米,绿化覆盖率37%。县城黄龙山公园一期工程建成使用,县城灯光亮化进一步完善。县城垃圾处理填埋场、污水处理厂及配套管网工程动工建设,玉龙湾(下坪)小区和太极商住城等房地产开发项目完成前期工作,廉租房建设进展顺利。

2010年大理州安排云龙县2.5万平方米廉租房建设任务。在县城实施1.54万平方米,由诺邓镇、民职中、县医院、果郎中学建设,中标价为1708.37万元,分为5个标段建设;在交林小区购买600平方米住房作为廉租房;在白石镇、民建乡、白石卫生院和云龙二中实施9000.13平方米,中标价为1063.05万元,分为5个标段建设,2010年6月动工建设。

2010年,申报天池湿地保护、锁里场箐污染治理,大达、宝丰、诺邓3个村的农村环境综合整治等18个项目。申请项目资金5696万元,年内到位资金170万元。对全县工矿企业进行204次现场监察,对天池生态功能区进行12次生态监察。收缴排污费50.9万元。安排62万元专项资金对全县8个乡(镇)17个村(社)进行整治。发放环境保护法律法规、环保节能知识、低碳知识等宣传资料共5000多份,展出宣传展板12块。投资4万元,在县城开发区制作了2座长期性环保宣传灯桥,在天池制作了24块饮用水源地保护宣传牌。

【财政 税收】 2010年,全县财政总收入17209万元,比上年增加2642万元,增长18.14%;地方一般预算收入10930万元,比上年增加2007万元,增长22.49%。财政组织非税收入1366万元,占财政总收入的8%。全县一般预算支出79730万元,为年初人大通过预算64898万元的122.85%,比上年增加20505万元,增长34.62%。上解支出590万元。增设预算周转金400万元。财政总收入自2007年突破亿元后,2010年一般预算收入和地税收入双双突破亿元大关,分别达10930万元和10001万元。财政支出突破8亿元,年净增支出超2亿元。2010年,全县民生支出63038万元,比上年增长38.84%,占一般预算支出的79.06%。农林水事务支出14850万元,同比增加5121万元,增长52.64%。

2010年,全县地税收入14112万元,比上年增收3310万元,增长30.64%。组织地方教育附加收入91万元,代征工会经费379万元,组织文化事业费收入2万元。全县地税地方税收收入11567万元,比上年增收3005万元,增长35.11%,地方税收收入首次突破1亿元大关。全县地税系统共征收社会保险费2545万元,比上年增收305万元,增长13.62%,征收率100%。

【金融 保险】 2010年末,各项存款余额238176万元,同比增加80991万元,增长51.52%;各项贷款余额153413万元,同比增加50701万元,增长49.36%;现金净投放49265万元,同比增加14269万元,增长40.78%。

中国人寿保险云龙支公司签保单1214件,实收保费1265万元,处理各种赔案800件,赔付金额94万元;财险云龙支公司签保单6972万元,实收保费1449.45万元,处理各种赔案1087件,赔款支出534.97万元。经营利润123万元。

【扶贫 开发】 2010年,全县扶贫项目财政总投入1968.5万元,其中中央财政资金1357.5万元、省级财政资金50万元、州级财政资金296万元、县级财政资金265万元。

全县共安排"整村推进"村9个,完成总投资6489.61万元,其中财政扶贫资金1101万元、部门整合3297.44万元、群众自筹2091.17万元。投入资金150万元,建成2个移民点,转移安置70户300人,建成安居房70幢。建成人畜饮水工程2件,管道7.5千米。完成通电工程1件0.6千米,开挖简易公路1条10千米。通过易地扶贫试点工程与生态工程结合实施,实现40公顷耕地退耕还林。全年发放3200万元扶贫贴息到户资金,覆盖11个乡镇65个村、1029户。其中,扶持粮食作物2806.67公顷、经济作物2613.33公顷、经济林果563.33公顷,扶持种植业337户1043万元;扶持养牛0.97万头、养猪2.31万头、养羊1.7万只、养家禽0.9万羽。

2010年,加强劳务输出工作,开展以中级工、电工、维修电工、计算机、客房服务等10多个专业为主的劳动力技能培训,转移就业703人,补助资金56万元。取得证书694人,其中初级470人、中级224,取证率达98.72%。组织输出劳务人员702人,其中省内416人、省外286人。完成2006年度和2007年度遗留的引导性培训5000人,补助资金70万元。

【交通 邮政】 2010年末境内有公路里程3912千米,其中省道222千米、县道237.2千米。全县11个乡镇除民建、检槽2个乡镇正在实施水泥路面工程外,其余乡镇均已实现通畅,乡镇通畅率达73%。乡道683.9千米,已改造678.23千米。有村社道路2769千米,全县86个村委会中已通畅的有19个,已通达未通畅的有66个,未通达的有1个(松炼村)。总投资18.9亿元的跃龙二级公路建设,路基工程基本结束,云龙境内总里程48千米,完成投资5.1亿元。投资90多万元,开工建设长新、关坪、团结3个农村客运站。

2010年,云龙县邮政局设有综合服务部、市场拓展部、县局投递站,有3个联网网点、7个手工网点、1个代办点。开办有信函、包裹、汇兑、代理储蓄、集邮、报刊订阅、代理保险、物流及烟草配送等业务,全年业务收入428万元,同比增长23%。中国邮政储蓄银行云龙县人民路支行年末贷款余额469万元。

【教 育】 全县有各级各类学校124所,其中完小91所、初小点2个、"一师一校"点8个、初级中学13所、九年制学校1所、高级中学1所、完全中学1所、职业高级中学1所、幼儿园5所(民办3所)、教师进修学校1所。小学在校学生15385人、初中在校学生7561人、普高在校学生2410人、职高在校学生1302人。幼儿园在园幼儿327人,学前班儿童2671人。教职工2208人,其中小学专任教师1199人、中学专任教师873人、职业高中专任教师71人。中小学总占地面积87.62万平方米,建筑面积25.96万平方米。

2010年小学适龄儿童入学率99.97%、初中适龄少年毛入学率102.5%,残疾儿童入学率94.4%。"两基"迎国检的各项指标通过了国家教育督导组的验收。

2010年对中小学校舍进行全面排查,拆除2008年锁定的D级危房。实施"校安工程"44所学校(集中办学收缩撤并6个),开工建设45个,完成建筑面积3.54万平方米。2010年9月,有39个项目交付使用。全面化解十年来所欠的农村义务教育债务。通过财政特色专户下拨到各中小学校公用经费1175.99万元,其中:中央下达公用经费855.25万元、省下达公用经费213.83万元、县下达义务教育阶段公用经费106.9万元。下拨到各中小学校农村义务教育阶段家庭经济困难寄宿制学生生活补助

1123.59万元,其中中央下达生活补助556.67万元、省下达生活补助344.28万元(含省下达特少民族生活补助10.28万元)、州下达生活补助111.32万元、县下达生活补助111.32万元。下拨中央免费教科书专项资金240.61万元。

2010年高考上线率95.29%。中考680分以上有8人,居全州第二位(并列);670分以上25人,居全州第三位。"三校生"上线率90.37%。职高毕业生就业率96.8%。

【科技　卫生】 2010年大理州科技局下达申请专利3件,完成2件(外观设计),累计申请专利20件(发明专利1件)。年内授权专利2件实用新型,累计授权专利19件。

全县科技活动周共发放科普宣传资料185种15万多份,展出展板41块、宣传横幅10条,出动宣传车10辆,接受群众咨询6446人次。印发《农业抗旱科技成果及措施简介》500份。全年举办各种培训318期(场),受训人员51286人次。

年末全县有15个全民所有制卫生机构,在职职工391人,其中卫生技术人员338人(大专以上209人,高职18人、中职102人、初职166人)。有85个村(社区)卫生室,共有乡村医生200名。县、乡镇医疗机构有131人获得执业医师资格、33人获助理医师资格;有3名乡村医生获得执业医师资格、6名乡村医生获得执业助理医师资格。全县每千人拥有病床2.26张,每千人拥有医务人员1.76人。全县县、乡镇医疗卫生单位2010年业务总收入3814.91万元,门诊就诊309248人次,住院10592人次。

【招商引资】 2010年,共引进经济技术合作项目13项,协议总投资28.9亿元,投资额在亿元以上的项目有6项,外来投资到位资金6.48亿元,完成州下达任务的129.6%。新包装储备37个概算投资108.27亿元的科技含量高、资源浪费少、环境污染小、市场前景广阔的好项目、大项目。编制《投资指南》、《太极之地,投资热土》光碟、《云龙县招商引资项目简介》8000余册(碟)。利用省、州"经济技术合作项目推介会"、"昆交会"、"东盟华商会"、"上海世博会"等平台,大力宣传能源、畜牧、林果、矿冶、房地产、生物资源开发、旅游文化、建材等资源优势和产业发展重点。多渠道、多领域、多方式宣传云龙,推介项目。制定《招商引资工作实施意见》及《招商引资责任目标分解表》、《2010年招商引资责任目标考核评价办法》。对11个乡镇和县级18个责任部门目标任务完成情况进行综合考核,实行重奖制度,兑现专项招商引资奖励资金57.8万元。

【劳动和社会保障】 2010年末,全县基本养老保险参保4048人,其中企业职工3707人。年内共支付基本养老金1417万元,支付率100%。全县参加城镇职工基本医疗保险157户,参保8989人。年内参保人员住院1054次,发生医疗费用658万元,统筹金支付462万元,报销率70%。城镇居民基本医疗保险参保8391人,年内参保人员住院212例,发生医药费用96万元,统筹金支付55万元,报销比例57%。失业保险参保97户3948人,2010年失业保险基金支出78万元,其中发放社会保险补贴40万元,发放失业保险、医疗补助金15万元。生育保险参保950人,年内支付生育保险待遇11.7万元。工伤保险参保1153人,年内支付工伤保险待遇11.5万元。

2010年启动实施云龙县被征地农民养老保险工作。共征收养老保险统筹金2708万元,其中个人缴费29万余元。

新增就业人员1248人。开发公益性岗位241个,优先安置零就业家庭人员、"4050"人员等就业困难人员。新增农村劳动力转移就业2053人。城镇失业率控制在4.4%以内。全年累计开展农村劳动力转移培训2039人,其中引导性培训1255人,开展茶园工、果树工、电焊工等职业技能培训784人次。

年内开展劳动执法年审45户,开展劳动保障监察巡察30户,调处劳务纠纷69起,涉及农民工290人,金额160多万元。

【领导名录】 2010年末,县委书记徐会良,县委副书记徐思锦、常于忠(彝,2~5月)、张国雄(5月起任)、张建萍(女,回,2月起任)。县委常委字云飞(白)、李棣、常于忠(彝,任至5月)、张国雄、干成斌、杨明、舒进、杨斌(白)、王会琴(女,傈僳)、王兴顺(12月起任)。县人大主任杨立章(白),副主任尹树凡(白、任至5月)、车志春(白)、杨勤(女,白)、张建周。县人民政府县长徐思锦,县政府常务副县长字云飞(白),县政府副县长常于忠(彝,任至2月)、杨明、施泽锋(白)、黄泽富、尹丽萍(女,白)、周武军(白)。县政协主席字剑梅(女,彝),县政协副主席余务清(彝)、施溟枢(白)、董利斌(傈僳)、夏云龙。县纪委书记李棣。

【兑现"家电下乡"补贴资金757万元】 2010年,全县共备案38个"家电下乡"销售网点,覆盖诺邓、漕涧、长新、宝丰、关坪、旧州、表村7个乡镇。全年累计兑现"家电、汽车、摩托车下乡"补贴资金757万元,销售家电下乡产品16379台(部),汽车、摩托车下乡产品4137辆。产品涉及冰箱(冰柜)、洗衣机、电视机、手机、太阳能等10余种。

【实施《云龙县工作绩效问责办法》】 为进一步加强和改进干部队伍工作作风,提高办事效率和服务水平,进一步优化经济社会发展环境,推进机关效能建设,确保县委、县政府各项重大决策部署和目标任务的完成,云龙县制定了《云龙县工作绩效问责办法(试行)》,加大对"怕、慢、懒、滑"等不良工作作风的整治力度,促进全县经济社会又好又快发展。该《办法》于2010年1月20日开始正式实施。

【仁山村"扶少"民族发展项目通过省级验收】 3月14日,云龙县漕涧镇仁山阿昌族村扶持人口较少民族发展项目通过省级验收。

【锁里场箐开发项目启动】 3月18日,云龙县举行锁里场箐开发及旧城区改造建设项目签约仪式,云龙县人民政府与云南鸿曦企业集团有限公司签订建设项目协议,计划投资5亿元对锁里场箐及县城旧城区进行整体规划改造和建设开发。该项目分3期进行整体规划改造和建设开发。其中一、二期工程同时启动,投资2.4亿元,建设占地约27亩的商业街及商住小区,开发建筑总面积9万平方米以上;三期工程预计投资2.6亿元,建设占地约100亩的商住楼及别墅小区,开发建筑总面积约16万平方米。

【检槽中心完小贫困学生获资助】 3月29日,云南省宏星物流有限公司给检槽中心完小因灾困难学生送去5万元抗旱救灾资助款,为125名贫困学生家庭缓解了经济压力。其中获200元资助的学生41人、获300元资助的学生38人、获400元资助的学生46人。

【云龙县国学培训学校开班】 云龙县在中小学校开展以"学习中华传统文化、传诵中华经典,做一个有道德的人"为主题的"学国学文化、诵中华经典"的国学培训学校开班。6月5日，首期试点班级在县城青少年活动中心开学，招收学员50名。学校聘请对国学文化有深入研究和有音乐、美术、书法等特长的热心于青少年培养的退休老教师授课。

【举办“希望之星”英语口语选拔赛】 7月10日，团县委联合县教育局共同举办了以“与世界牵手”为主题的“希望之星”英语口语大赛云龙选拔赛，全县200多名青少年报名参加了比赛。经过初赛、复赛，43名选手晋级进入州级复赛。在云龙选拔赛中，诺邓镇九年制学校的杨砚珣、杨诗、赵倩倩和云龙三中的赵梽锟、检槽中学的赵永乐获得初中组一等奖，云龙一中的董怡获得高中组一等奖。

【云龙县延安精神研究会成立】 8月26日，云龙县延安精神研究会召开第一次会员大会。来自全县各行各业的138名会员参加了成立大会。会议审议通过了《研究会章程》，选举产生了第一届理事会理事、会长、副会长、秘书长等，云龙县延安精神研究会正式成立。

【白石镇发生泥石流灾害】 9月2日晚23时左右，白石镇松水村石河场村民小组因单点暴雨造成泥石流灾害，冲毁4户农户的住房，致使1人死亡、2人失踪、1人受伤。

【召开泡核桃苗木管理办法及价格方案听证会】 12月23日，县林业局举行《云龙县2010年泡核桃基地建设苗木管理办法》和《云龙县2010年泡核桃苗木价格拟订方案》听证会。县公证处工作人员进行了现场公证。听证代表26人，县人大等相关部门负责人应邀参加了听证会。

【举办吹吹腔艺术传习班】 为更好地挖掘、保护和传承云龙县独有的山地白族吹吹腔文化艺术，11月21～23日，云龙县举办了白族吹吹腔艺术传习班，来自全县各地8个业余剧团的50多名吹吹腔民间艺人参加了培训。

【白石镇】 位于县境北端，地处云龙、剑川、兰坪3县结合部，全镇国土面积321.5平方千米。全镇辖7个村，共93个村民小组、116个自然村。2010年末总人口14080人，其中农业人口13330人，占总人口的94.7%；非农业人口750人，占总人口的5.3%。人口密度每平方千米44人。全乡境内主要居住有白族、汉族、傈僳族、彝族4个民族。

2010年，全镇实现生产总值2.13亿元，比上年增长12%，其中第一产业增加值4833万元，比上年增长6%；完成税收485万元；第三产业增加值124万元，比上年增长24%。农村经济总收入7374万元，比上年增长12%。按年末总人口计算的人均生产总值达到6870元，比上年增加1374元，增长20%。人均纯收入2339元，比上年增长13.4%。

2010年，全镇农林牧渔业总产值9302万元，按可比价计算，比上年增长14%。其中：农业产值3498万元，增长22%；牧业产值5804万元，增长49%；渔业产值5万元。全年农作物总播种面积3206.67公顷，比上年下降5%。

全年义务植树2万株，出产水果、核桃、板栗、花椒等1157吨；完成天然林保护公益林建设2060.53公顷。种植麦地湾梨56.13公顷。推广地膜玉米266.67公顷、玉米良种480公顷。示范种植烤烟760户，面积228公顷，总产值1393万元；示范种植药材96户，面积147.2公顷，采收104公顷，总产值234万元。

全年大、小牲畜存栏4.65万头，比上年增长1.2%；出栏4.8万头，比上年增长4.4%。肉产量3425吨，牧业产值3771万元。

全镇有初级中学1所，在校学生611人，教职工45人，其中专任教师45人。初中入学率100%、升学率94%、巩固率100%。有完全小学7所、教学点7个，在校学生1214人，教职工78人，其中专任教师78人。小学入学率100%、巩固率100%、升学率100%。

全镇有卫生院1所，医务人员14人，病床20张。2010年新型农村合作医疗参加人数1.3万人，参加人数占农业人口的91.2%，参合率94.8%。全年共办理1.05万人次的减免手续，补偿资金146万元。有村卫生室7个。

有乡镇企业3个，从业人员68人，全年乡镇企业收入870万元。

全镇财政总收入485万元，比上年降低1.04%；全年财政支出442万元。年末，各项存款余额2940万元，比上年增长600万元。各项贷款累计发放3000万元，累计收回2124万元，年末余额2547万元，存贷比例94%，各项业务支出及业务费用210万元。

全镇境内公路贯通，7个村民委员会均通公路，96个村民小组通公路，其中52个村民小组已经建成卫生路面。全镇有大小车辆174辆。程控固定电话装机850部，电话普及率7部/百人。全乡境内安装有移动（联通）电话发射基站11座。

农民人均纯收入2339元，人均占有粮食447千克。全年劳务输出1548人，年收入1733万元。

2010年，镇党委书记赵德旺，镇人大主席杨梅坤，镇长陈云吉。

【长新乡】 位于县境内东北部，全乡国土面积463.68平方千米，下辖新和、新塘、永香、包罗、长春、豆寺、新松、丰云、松炼、佳局、丰胜、丰华12个村民委员会，共118个自然村、149个村民小组。

2010年末，全乡总户数6571户，总人口22619人；其中农业户5846户，农业人口21612人。是一个典型的山地白族聚居乡，白族22190人、彝族347人，其他民族82人。

2010年末，全乡经济总产值1.67亿元，经济总收入8150万元，全乡财政收入827万元，农民人均纯收入2390元，粮食总产量8849吨。

年内，烟草产量3.98万担，烟农收入2638万元，烟税收入641.25万元。畜牧业总产值7050万元。

年内，投资2.6亿元的包罗水库建设顺利推进，完成三面光沟改造110千米，丰胜河流域治理37.91平方千米，完成库塘改造2件、烟水管网工程3件，实施中低产田改造266.67公顷。建成村组公路330千米，村组公路通达率提高到95%。投资432万元，完成乡政府附属工程，实现了乡政府的全面搬迁；实施丰华、松炼2个村的整村推进工程，投资47万元新建长新计生服务所。投资988万元，先后新建和翻修中学、小学校舍，校舍建设面积8282平方米。

有初级中学1所，在校学生850人，中学教职工60人。有小学教学点14个，在校学生1819人，教职工126人。中学占地面积2.56万平方米，建筑面积8098平方米；小学占地面积4.26万平方米，建筑面积1.5万平方米。有乡卫生院1所，医务人员23人，住院病床25张；有村医务室12个，乡村医生25人。新农合参合率为98.3%。有1个文化站，总建筑面积320平方米。

年末，有耕地面积1554公顷，其中水田549公顷、旱地1005公顷，人均耕地1.08亩。

2010年，乡党委书记姜学飞，乡人大主席杨灿奇，乡长杨云飞。

【检槽乡】 位于县境北部，国土面积

436.23平方千米，耕地面积846.67公顷。辖检槽、哨上、清朗、文兴、师井、炼登、大工厂、清文、三合9个村民委员会，共139个村民小组，主要居住着白、汉、傈僳、彝等民族。

2010年末，全乡总人口15933人。全乡生产总值20546万元，比上年增长13%；财政总收入1146万元，增长72%；社会固定资产投资5618万元，增长12%；农村经济总收入5895万元，增长4%，农民人均纯收入2443元，增长13%。人口自然增长率控制在4‰以内。

2010年，基础设施明显改善，行政村全部通公路，自然村通路率达85%，农户通电率90%，广播、电视人口覆盖率分别为98%和95%。

全乡中小学入学率达98%。有村卫生所9所，乡村医生19人。2010年农村新农合参合率达95.3%。

2010年，乡党委书记阿静泉，乡人大主席杨金浩，乡长杨志宾。

【诺邓镇】 位于县境中部，是县城所在地，也是全县政治、文化、商贸、信息中心。全镇国土面积400.04平方千米，其中有林地面积16529公顷，经济林果5501公顷，耕地面积1404公顷(其中水田235公顷)。全镇山区面积139平方千米，占总面积的60%。镇政府驻地沿江开发小区海拔1620米。

全镇辖10个村、1个社区，共166个村民小组、212个自然村。2010年末，全镇总人口24877人，其中农业人口16171人，占总人口的65%；非农业人口8760人，占总人口的35%；少数民族人口21148人，占总人口的85%；人口密度每平方千米62人。境内居住着彝、白、哈尼、壮、傣、苗、傈僳、回、纳西、景颇、瑶、阿昌、蒙古、布依、普米、土家、汉等17个民族。

2010年，全镇实现地区生产总值24409万元，比上年增长16%。其中第一产业增加值1749万元，比上年增长16%；第二产业增加值2084万元，比上年增长23%；第三产业增加值706万元，比上年增长16%。农村经济总收入7992万元，比上年增长8%。人均纯收入2686元，比上年增加156元，增长6%。

全年农作物总播种面积2823公顷，比上年增长0.77%。其中：粮食作物播种面积2320公顷，增长6%。粮食总产量7616吨，增长6%。稻谷1080吨，下降3%；小麦102吨，增长4%；玉米4027吨，增长5%；薯类301吨，增长3%。蔬菜种植面积266.7公顷，蔬菜类产量500吨，增长12%。

全年造林面积933公顷，零星植树3.2万株，出产水果、核桃、板栗、花椒等5650吨。完成天然林保护公益林建设2601.7公顷，其中人工造林33.3公顷。完成退耕还林工程401.7公顷。

大牲畜存栏1.55万头，比上年增长2%；出栏6280头，比上年增长1%。生猪存栏2.41万头，比上年增长15%；出栏2.54万头，比上年增长10%。羊存栏1.68万只，比上年减少8%；出栏1.36万只，比上年减少8%。肉类总产量3865吨，比上年增长4%。

全镇有中学2所，在校学生1081人，有教职工209人，其中专任教师206人；初中毛入学率100.4%、升学率78%、辍学率4.5%、巩固率95.5%。有完全小学11所、教学点1个，在校学生1694人。小学入学率100%、辍学率1%、巩固率100%、升学率99%。

2010年，全镇有村级卫生室10个，从业人员10人。2010年新型农村合作医疗参加人数15847人，比上年增加128人。参合率98%，全年共办理3213人次的减免手续，共补偿资金48544元。

全镇有文化站1个，工作人员2人。2010年完成了59个自然村1410户广播电视"村村通"工程，电视覆盖率95%以上，广播覆盖率100%。

全镇有乡镇企业955个，从业人员1533人。全年乡镇企业收入14025万元，比上年增长31%；乡镇企业总产值9058万元，比上年增长33%。

财政总收入4416万元，比上年增长11%。其中，一般预算收入完成4396万元，比上年增收425万元，增长10%，完成县级下达数的101%。全年财政支出10200万元，比上年增加400万元，增长4%。其中：一般预算支出9180万元，上解支出297万元，专项支出723万元。

全镇9个村均通公路，有84个村民小组通公路，其中5个村民小组已经建成卫生路面。全镇有大小车辆582辆。全镇已开通程控电话和移动电话，程控固定电话装机已达1254部，电话普及率7.7部/百人。有移动(联通)电话发射基站6座。

农民人均纯收入2686元，比上年增加156元；农业人口人均占有粮食467千克。全年劳务输出358人，年收入358万元。

2010年，镇党委书记余务洪，镇人大主席杨正芳，镇长赵亮。

【漕涧镇】 位于云龙县城西南部，全镇国土面积393.65平方千米。耕地面积2170.7公顷，其中旱地1446.7公顷、水田1424公顷。人均耕田(地)1.04亩。全镇辖漕涧、仁德、仁山、大坪、铁厂、新胜、鹿山7个村民委员会，共200个村民小组。2010年末全镇总人口34265人，其中农业人口31317人。镇内居住着汉、白、彝、苗、阿昌5个民族。

2010年农村经济总收入由0.83亿元提高到1.62亿元，年均递增14%，是"十五"末的1.9倍。财税总收入由1283.2万元增长到3126.9万元，年均递增20%，是"十五"末的2.5倍。农民人均纯收入由1335元提高到2377元，年均递增12%，是"十五"末的1.8倍。

2010年实现工业总产值3.3亿元，基本形成以矿冶、建材、能源、生物资源为主的工业发展新格局。

年内，总投资1.7亿元，建筑面积为7.75万平方米的"嶲唐苑"集镇开发项目开工建设；投资318万元对老瓦贡公路进行全面改造。

仁山特少民族扶持项目和热水河苗族扶持项目顺利推进。完成2个重点村、102户危房改造、75户抗震安居工程建设，完成铁厂街场硬化工程。大、小牲畜存栏8.3万头(匹、只)，出栏9.9万头(匹、只)。

发放低保金586.7万元，"五保"供养金14.2万元、临时救助金34.8万元、城乡大病医疗救助金23.7万元，发放复退军人优抚定补金29.7万元，发放高龄老人保健费18万元，发放春、夏荒及救灾粮88吨。

2010年，镇党委书记施耀东，镇人大主席李绍何，镇长钏国东。

【团结彝族乡】 位于县境东南部，是一个集高寒、民族、边远、贫困为一体的典型的山区农业乡。全乡国土面积302平方千米，其中山区面积272平方千米，占总面积的94%。

全乡辖5个村民委员会，共88个村民小组、106个自然村。全乡2010年末总人口3095户、10857人，其中农业人口10151人，占总人口的94.6%；非农业人口576人，占总人口的5.4%。人口密度每平方千米32人。全乡境内居住有彝族、白族、汉族、苗族、傈僳族等12种民族。

全乡实现生产总值4083万元，比上年增长9.4%。其中第一产业增加值530万元，比上年增长19%；农村经济总收入4083万元，比上年增长9.4%。按年末总人口计算的人均生产总值达到3600元,人均纯收入2310元,比上年增加210元,增长9.9%。

2010年,全乡现价农林牧渔业总产值3249万元,按可比价计算,比上年增长14%。其中:农业产值1523万元,增长10%;牧业产值393万元,增长1%;渔业产值4万元,增长2%。

全年农作物总播种面积2197.47公顷,增长3.49%。其中粮食作物播种面积1646.67公顷,增长6.5%。粮食总产量5007吨,增长5.63%;稻谷总产量547吨,增长0.2%;大麦总产量340吨;玉米总产量3006吨,增长12%;薯类总产量175吨。蔬菜种植面积66.67公顷。全年造林面积600公顷,零星植树6万株,出产水果、核桃、板栗、花椒等990吨。

大、小牲畜存栏2.33万(头、匹、只)、出栏1.71万(头、匹、只);生猪存栏1.97万头、出栏1.83万头;羊存栏1.79万只、出栏1.39万只。肉类总产量2742吨,比上年增长9%。

全乡有初级中学1所,在校学生349人;有教职工32人,其中专任教师32人。初中入学率99.15%、辍学率2.35%、巩固率97.65%。有完全小学5所,在校学生907人,有专任教师58人。小学入学率99.77%、巩固率100%、升学率100%。

全乡有卫生院1所、村卫生室5个,病床20张,医务人员14人。全年完成门诊1.09万人次。2010年新型农村合作医疗参加人数达9862人,参合率达99%。2010年,全乡人口出生率7.79‰,比上年同期下降0.4‰;计划内生育83人,持证生育率达100%,比上年同期下降0.5‰。年内死亡人数30人,死亡率4.55‰。全年有72对夫妇领取了《独生子女父母光荣证》,兑现独生子女保健费5820元,兑现独生子女奖学金41人8360元。全乡独生子女户中60岁以上享受补助的老人有24人,涉及资金1.68万元。

全乡有文化站1个,工作人员3人。电视覆盖率75%,广播覆盖率75%。

全乡有乡镇企业6个,从业人员50人。全年乡镇企业收入936万元,比上年增长45%;乡镇企业总产值748万元,比上年增长20%。

全乡财政总收入279万元,比上年增长18%。其中,一般预算收入完成238万元,比上年增收38万元,增长18%,完成县级下达数的108%。全年财政支出373万元,其中一般预算支出373万元。

全乡境内公路贯通,5个村民委员会均通公路,有88个村民小组通公路,其中6个村民小组已经建成卫生路面。全乡有大、小车辆1233辆。境内安装有移动(联通)电话发射基站8座。

2010年,全乡农民人均纯收入2310元,比上年增加210元。农业人口人均占有粮食485千克。全年劳务输出35人,年收入42万元。

2010年,团结彝族乡被州委、州人民政府评为"先进平安乡镇"。

2010年,乡党委书记张伯川,乡人大主席字雄军,乡长孙庆霖。

【宝丰乡】 位于县城之南,国土面积474.74平方千米,耕地面积1830公顷。辖金麦、庄坪、宝丰、东山、福利、南新、大栗树7个行政村,居住有白、汉、傣、傈僳等8个民族。年末总人口18081人。

2010年全乡地方生产总值1.54亿元,同比增长14%;财政总收入完成718.74万元,同比增长20.8%;全社会固定资产投资1.58亿元,同比增长30.2%;工业总产值实现5798万元,同比增长33.19%;农民人均纯收入2194元,同比增长9%。粮食总产量8926吨。

主导产业有核桃、茶叶、畜牧、烤烟、小水电等。后继产业为服务业、旅游业和中草药材种植业等。有宝丰古镇、盐马古道、大栗树生态茶园、功果桥炮台抗战遗址等旅游景观。

2010年完成投资690万元、路线总长13.9千米的宝丰村松子坪移民新村弹石路建设工程;完成投资1400万元、路线总长4.3千米的石功公路大栗树连接线水泥路面建设工程;投入25万元,建成人马驿道桥4座;实施东山、福利、金麦3个村公路通达工程50千米,总投资750万元。

2010年,投资80.86万元对古街道进行修复和建设,投资170万元恢复重建孔庙,投资35万元对魁阁进行修建、对董泽大院进行回收修建,投资60多万元修缮扩建三崇庙,投资26.22万元完成古镇二期美化、亮化等工程。

2010年,乡党委书记张劲松,乡人大主席杨卫民,乡长张建雄。

【关坪乡】 位于县境东部,全乡国土面积268平方千米,山区面积占总面积的100%。1996年被列入全省506个、大理州45个扶贫工作重点扶贫乡之一,其中胜利、高明2个村为省级特困村。

全乡辖关坪、自新、新荣、胜利、高明5个村民委员会,共119个村民小组。2010年末全乡总人口11652人,其中农业人口11044人,占总人口的94.8%;非农业人口608人,占总人口的5.2%;少数民族人口11162人,占总人口的98.5%。人口密度每平方千米44人。全乡境内居住有白、汉、彝、傈僳等5个民族。

2010年,全乡实现生产总值5167.5万元,比上年增长13%;人均纯收入2095元,比上年增加277元,增长15.2%。

2010年,全乡现价农林牧渔业总产值6834万元,按可比价计算,比上年增长13%。其中:农业产值2111万元,增长2%;林业产值1319万元,增长5%;牧业产值2966万元,增长11%;渔业产值9万元。

全年农作物总播种面积1860公顷,比上年增长0.4%。粮食总产量5041吨,比上年下降19%。稻谷总产量526吨,比上年增长0.1%;玉米播种面积540公顷,产量3367吨,比上年增长8%。薯类播种面积100公顷,产量103吨,比上年下降17.6%。

全年大牲畜存栏8912头,出栏4749头;生猪存栏1.44万头,出栏1.32万头;羊存栏2.11万只,出栏1.67万只。肉类总产量2379吨,比上年增长5%。畜牧业产值2658万元,人均畜牧业收入1201.6元,占农民人均纯收入的58.5%。

全乡有初级中学1所,在校学生420人;有教职工31人,其中专任教师30人;初中入学率99.1%、升学率99%、辍学率0.1%、巩固率95%。有完全小学5所,在校学生1138人,有教职工58人,其中专任教师58人。小学入学率100%、辍学率0.01%、巩固率99.99%。新建校舍1348平方米,排除中小学危房650平方米。有乡卫生院1所、村卫生室5个,有医务人员14人。有病床20张,每千人有病床1张。全年完成门诊1.1万人次,住院368人次。新型农村合作医疗参加人数1.15万人,参合率98.43%,全年共办理1.15万人次的减免手续。

全乡有文化站1个,工作人员3人。2010年,完成3个村农家书屋建设。电视覆盖率92%,广播覆盖率97%。

全乡有乡镇企业163个,从业人员398人。全年乡镇企业收入2295万元,比上年增长41.5%;乡镇企业总产值2109万元,比上年增长35.2%。

全乡财政总收入151.5万元,比上年增长16.5%。其中:一般预算收入完成138.7万元,比上年增收30.5万元,增长28.2%,完成县级下达数的105%,专项资金收入278.625万元。全年财政支出390.94万元,比上年增加151.54万元,增长63.3%。其中:一般预算支出428.1万元,专项支出234.4万元。

年末,各项存款余额2817万元,比上年增长1133万元;年内各项贷款累计发放2998万元,累计收回2283万元,年末余额2760万元,存贷比例94%,各项业务支出及业务费用939.4万元。

全乡境内公路贯通,5个村民委员会均通公路,有119个村民小组通公路,其中15个村民小组已经建成卫生路面。全乡有大、小车辆189辆。全乡已开通程控电话和移动电话,电话普及率5部/百人。全乡境内安装有移动(联通)电话发射基站7座。

全乡农民人均纯收入2526元,比上年增加708元,农业人口人均占有粮食456千克。全年劳务输出168人,年收入78万元。

2010年,乡党委书记李进,乡人大主席汤李维,乡长张秀华。

【旧州镇】 位于县境西南部,全镇国土面积529.43平方千米。辖13个村民委员会228个村民小组。2010年末总户数10443户,总人口35427人,其中:男性18276人、女性17151人,非农业户1312户、2059人。出生人口624人,出生率17.5‰;死亡327人,死亡率9.2‰。全镇有汉、白、傈僳、彝、回等18个民族,白族为主体民族。少数民族人口占总人口的63.4%,其中:汉族12892人,占总人口的36.6%;白族18400人,占总人口的51.9%;傈僳族2729人,占总人口的7.7%;彝族450人,占总人口的1.27%;回族346人,占总人口的1%;其他少数民族610人,占总人口的1.7%。

2010年末,全镇实有耕地面积2423公顷,其中水田面积1020公顷、旱地面积1403公顷。粮食总产量2.01万吨,其中小春2908吨、大春1.72万吨,人均占有粮食547千克。优质稻种植面积666.67公顷,产量210万千克。农业总产值18750万元。

农村经济总收入14377万元。财税收入3860万元,年均递增94.1%。农民人均纯收入2467元。各项存款余额18616万元。主要农特产品面积及产量:茶叶140公顷,产量53吨;泡核桃7050公顷,产量8500吨;花椒1097公顷,产量78吨;麦地湾梨431公顷,产量3000吨;油桐720公顷,产量1100吨;蔬菜200公顷,种植大棚蔬菜11户,大棚25个。

年末大牲畜存栏2.44万头,生猪存栏6690头,山、绵羊存栏4.07万只,家禽存栏9.96万羽。大牲畜出栏5025头,肉产量573吨;生猪出栏3.23万头,肉产量2900吨;山、绵羊出栏2.84万只,肉产量1138吨;家禽出栏12.48万羽,肉产量315吨,禽蛋产量761吨。蜂蜜产量42吨。

全镇有初级中学2所(含县属第三中学)、小学18所。小学在校生2491人,初中在校生1133人;小学适龄儿童入学率100%,初中毛入学率100.3%;小学巩固率100%,初中巩固率99.6%。投入310万元改造中小学校舍2746平方米,完成中小学排危工程3837平方米。

全镇共有集贸市场5个(水井、桥街、旧州街、汤涧街、鲁庄街),农贸市场3个。全镇村村通公路,有202个村民小组通公路,占村民小组总数的88.6%。

年内,完成小湾电站涉及的41户202人的移民搬迁安置工作,完成功果桥水电站施工区84户366人的移民搬迁安置工作,库区150户610人签订搬迁安置协议书,已有50户212人搬入新居。启动了下田坝、汤涧、山西、桥街、龙滩、旧州6个移民安置点建设工程。

完成旧州中心卫生院住院大楼建设工程。卫生院有医务人员28人,病床50张。全镇新型农村合作医疗参合率95.9%,兑付新型农村合作医疗补偿9.12万人次共389万元。

2010年,镇党委书记成磊,镇人大主席张正平,镇长杨紫江。

【表村乡】 位于县境西北部,全乡国土总面积422.02平方千米。全乡辖表村村、松坪村等5个村(居)民委员会,共38个自然村、66个村民小组。2010年,全乡年末总人口2849户、8944人。其中农业人口8482人,占总人口的95%;非农业人口462人,占总人口的5%;少数民族人口8715人,占总人口的97.4%。人口密度每平方千米22人。全乡境内居住有傈僳族、白族、彝族、怒族、汉族等19种民族。

2010年,全乡实现生产总值8681万元,比上年增长13%。其中第一产业增加值3911万元,比上年增长13%;第二产业增加值2106万元,比上年增长15%;第三产业增加值2664万元,比上年增长11.5%。农村经济总收入4218万元,比上年增长1.4%。按年末总人口计算的人均生产总值达到9705万元,比上年增加1101万元,增长12.8%。人均纯收入2245元,比上年增加200元,增长9.8%。

2010年,全乡农林牧渔业总产值7652万元,按可比价计算,比上年增长18.3%。其中:农业产值3268万元,增长8.9%;牧业产值2272万元,增长3.8%;渔业产值12万元,与上年持平。

全年农作物总播种面积1946.67公顷,比上年增长8.6%。其中粮食作物播种面积1513.33公顷,增长12.4%。粮食总产量6350吨,增长3.4%。稻谷2487吨,与上年持平;小麦350吨,增长139.7%;玉米2422吨,增长2.6%;薯类210吨,增长33.8%。蔬菜种植面积266.67公顷,蔬菜类产量5万吨,增长81.8%。全年造林面积1013.33公顷,零星植树3.15万株;完成天然林保护公益林建设1013.33公顷,其中人工造林533.33公顷;完成封山育林项目166.67公顷。

全年大、小牲畜存栏3.37万头,出栏2.15万头。其中:生猪存栏1.21万头、出栏1.15万头,羊存栏1.28万只、出栏7415只。肉类总产量1696吨,比上年增长6%。

全乡有初级中学1所,在校学生285人,有教职工24人,其中专任教师23人;初中入学率98.96%、升学率65%、辍学率3%、巩固率98%。有完全小学4所,在校学生560人,教职工54人,其中专任教师54人。小学入学率100%、辍学率0.36%、巩固率99.4%、升学率100%。

全乡有卫生院1所、村卫生室5个,病床30张,每千人有病床3张。在院医务人员14人,有卫生技术人员13人。全年完成门诊1.88万人次。全年实现业务总收入87万元,比上年增长33%。2010年新型农村合作医疗参加人数8955人,比上年增长1295人,参合率92.51%。全年共办理2.47万人次的减免手续,共补偿资金36.19万元。年内,人口出生率9‰、死亡率3.6‰,人口自然增长率5.6‰。全年有14人领取《独生子女父母光荣证》,全乡兑现独生子女保健费6000元,兑现独生子女奖学金49人1.04万元。全乡独生子女户中60岁以上享受补助的老人有27人,涉及资金2.15万元。

有文化站1个,工作人员1人。电视人口覆盖率86%,广播人口覆盖率92%。

有乡镇企业(含个体)130个,从业人员510人。全年乡镇企业收入6392万元,比上年增长36.8%。乡镇企业总产值9000万元,比上年增长36.4%。

全乡财政总收入292.03万元。其中一般预算收入完成357.89万元,完成县级下达数357.89万元的100%。上级补助收入357.89万元,上年结余73.19万元。全年财政支出293.96万元,其中一般预算支出167.41万元,专项支出126.55万元。

年末,各项存款余额5050万元,比上年增长1720万元。年内各项贷款累计发放2500万元,累计收回1900万元,年末余额2300万元,存贷比例49.5%。

5个村民委员会均通公路,有59个村民小组通公路,其中5个村民小组已经建成卫生路面。全乡有大、小车辆1967辆。程控固定电话装机1762部,电话普及率19部/百人。全乡境内安装有移动(联通)电话发射基站3座。

农民人均纯收入2245元,比上年增加200元;农业人口人均占有粮食728千克。全年劳务输出880人。

2010年,乡党委书记丰志坚,乡人大主席杨红梅,乡长罗树翔。

【民建乡】 位于县境西部,国土面积214.7平方千米,人口密度每平方千米43.96人,耕地面积1153公顷(水田73.33公顷、旱地1079.67公顷),林地面积13066.67公顷,森林覆盖率68%。

全乡下辖坡脚、布麻、只嘎、岔花、边江5个村民委员会,共69个村民小组,有汉、白、苗、傈僳等8个民族。2010年末,全乡总户数2481户,其中农业户2248户,非农业户233户;总人口9380人,其中男4962人、女4418人,农业人口9044人、非农业人口336人。

2010年全乡工农业生产总值6596万元,财政收入完成220万元,固定资产投资完成6400万元,粮食总产量5817吨,农民人均纯收入1842元。支柱产业为林果、畜牧、水电、矿业,主要粮食作物有玉米、水稻,经济作物有核桃、甘蔗、咖啡、枇杷、木瓜等。

有中、小学教师92人,在校学生925人。小学义务教育普及率100%,九年制义务教育普及率99.5%。有乡级卫生院1所,专业医护人员11人,病床15张;有农村卫生室5个,医务人员11人。新农合参合率89.14%。

全乡5个村民委员会均通公路,境内有乡村公路171千米。有水窖(池)1211个、沼气池760口,有卫生厩、卫生厕4356个。电网已覆盖5个行政村,自然村组通电率100%。各行政村均通程控电话,境内开通了3座移动手机信号塔和1座联通信号塔,通讯信号覆盖率95%。

年末全乡大、小牲畜存栏3.52万头(匹、只),出栏2万头(匹、只),畜牧业产值1000万元。

完成民建乡集镇建设总体规划,启动大坪子农贸市场和廉租房建设,完成投资260多万元的政府办公大楼建设,县信用联社民建分社恢复营业,完成丙栗北村67户288人异地扶贫搬迁工程,实施农村民居地震安居工程建设250户。完成累计投资2300多万元的民建公路(漕涧—大坪子段)硬化项目。

2010年,乡党委书记杨雁,乡人大主席张建何,乡长杨学诚。

(杨茂川、王文松、张礼彬)

洱源县

【自然概貌】 洱源县位于云南省西北部、大理白族自治州北部,东与鹤庆县相连,南与大理市、漾濞县接壤,西与云龙县分疆,北与剑川县相毗邻。全县总面积2614平方千米,县城驻茈碧湖镇,海拔2060米,距省会昆明389千米,距州府下关69千米。

洱源县地处横断山脉与云贵高原交界地带,境内山岭纵横,层峦叠嶂,湖泊星罗棋布,河流如织,盆地、河谷错落其间。县域地势由西北向东南倾斜,东部马鞍山、中部罗坪山、西部西罗坪山三支主山脉由北向南纵贯全境。河流、湖泊随山势分为黑潓江、弥苴河两大水系,均归属澜沧江流域。海西海、茈碧湖、绿玉池、东湖、西湖散落于县境东部,分别经弥苴河、永安江、罗时江往南注入洱海。东部多有盆地,由北至南分布有牛街、三营、茈碧湖、凤羽、右所、邓川等6个坝区镇乡;西部是高山峡谷,分布有乔后、西山、炼铁3个山区、半山区乡镇。东北部南无山为境内最高点,海拔3958.4米;西部黑潓江南出县境处的乌梢箐口为最低点,海拔1645米。洱源县属北亚热带高原季风气候类型,具有干湿季分明、光照充足、"四序恒温"、立体气候和区域性小气候明显等特点。多年平均降水732毫米,年日照2061~2439小时,洱源坝区(温凉层)年平均气温13.9℃。2010年,洱源地区总降雨量778.5毫米,较常年偏多46.5毫米,比上年偏多202.0毫米,属正常年份;年平均气温为14.9℃,属偏高年份;年总日照时数为2224.9小时,比上年偏少406.5小时,比常年平均偏少203.0小时,属偏少年份,年日照百分率为50%;年极端最高气温29.7℃(7月12日),极端最低气温为-5.4℃(1月3日)。2010年洱源气候属典型的前旱后涝年份,2009年10月~2010年5月,全县降雨特少,连续192天无有效降水,出现严重的秋、冬、春、初夏连旱气候,给全县农作物、经济作物及部分地区人畜饮水带来极大影响。

洱源土地肥沃,灌溉便利。农作物以水稻、玉米、烤烟、蚕豆、小麦、油菜为主,植被主要由云南松、华山松、栎类、杜鹃、竹类等针阔叶树和黄花草、马豆草等组成,林产品有木材、梅、梨、木瓜、核桃、板栗、花椒、柿子等,主要花卉为杜鹃、素馨兰,主要矿产为岩盐、煤、桃红大理石、硅藻土、钛矿,向为"鱼米之乡"、"乳牛之乡"、"梅果之乡"、"兰花之乡"和"温泉之乡"。

【建置沿革】 洱源,西汉至隋朝属叶榆县地。唐麟德元年(644年)设治,境内置浪穹、遵备、舍利等州。南诏时为浪穹州。大理国时设宁北赕、邓赕、凤羽郡。元宪宗七年(1257年)置浪穹、德源2个千户所,隶大理上万户府。至元十一年(1274年)云南行省建立,置邓川州,领浪穹县、凤羽县,隶大理路。明裁凤羽县归浪穹,设邓川州,领浪穹县,隶大理府。清沿明建置。民国元年(1912年),浪穹县改称洱源县,邓川州改为邓川县,两县先属迤西道,后属大理督察专员公署。中华人民共和国成立后,洱源县、邓川县同属大理专区,1956年起同属大理白族自治州。1958年10月,洱源、邓川、剑川3县合并,成立剑川(大)县。1961年6月撤销剑川(大)县,原洱源、邓川县合并称洱源县。

【行政区划】 2010年末,洱源县设6镇3乡,下辖88个村民委员会、2个社区居委会。茈碧湖镇13个村民委员会、2个社区居委会,邓川镇4个村民委员会,右所镇14个村民委员会,三营镇10个村民委员会,凤羽镇9个村民委员会,乔后镇11个村民委员会,牛街乡11个村民委员会,炼铁乡11个村民委员会,西山乡5个村民委员会。

【人口　民族】2010年，洱源县出生人口2380人，人口自然增长率为3.15‰。年末，全县总人口287830人，其中男145010人、女142820人，农业人口266088人、非农业人口21745人。

洱源是以白族为主的多民族聚居县，白、汉、彝、回、傈僳、纳西、傣、藏等族为世居民族，民族分布呈大杂居小聚居。2000年第五次人口普查结果，境内共有27个民族成分。2010年末，白族179550人、汉族87431人、彝族11642人、回族6584人、傈僳族1116人、纳西族491人、藏族328人、傣族146人、其他少数民族545人。

【经济综述】2010年，全县完成生产总值25.4亿元，同比增长12.1%。其中，第一产业增加值完成9.6亿元，同比增长9.5%；第二产业增加值完成7.8亿元，同比增长19.5%（其中工业增加值完成6.4亿元，同比增长20.7%；建筑业增加值完成1.4亿元，同比增长14.8%）；第三产业增加值完成8.3亿元，同比增长9%。一、二、三次产业结构比例由上年的36.6：28.4：35.0调整为37.3：30.3：32.4。社会消费品零售总额完成7.29亿元，同比增长22.67%。固定资产投资完成138520万元，同比增长36%。其中：城镇固定资产投资完成110551万元，比上年增长47.15%；非农户固定资产投资完成10047万元，增长34.58%；农村私人投资完成17922万元，增长5.69%。

【人民生活】2010年，城乡居民收入稳步提高，人民生活进一步改善。全县农村经济总收入达16.19亿元，同比增长12.33%。其中农业收入72176.8万元，比上年增长8.56%；林业收入5695万元，增长21.27%；畜牧业收入39307万元，增长17.4%；渔业收入2026万元，增长10.2%；农民净收入82676万元，比上年增加8162万元，增长10.95%。农民人均纯收入3439元，比上年增加390元，增长12.79%；人均占有粮食572千克。在岗职工年平均工资26633元，比上年净增1744元。

社会保障和社会救助工作力度加大。新农合参保人数250011人，兑付医药费3792.97万元；城镇居民基本医疗保险参保人数7132人，城镇职工“五险”参保26098人。农村纳入低保对象6479户18156人，发放低保金1512.6万元；城镇纳入低保对象4761户5991人，发放城镇低保金1012.2万元；全县纳入农村“五保”对象676户737人，支出供养金158.1万元。支出城乡医疗救助资金578.8万元。新型农村社会养老保险试点工作顺利实施，参保人数达16万人，参保率93%，26344名老年人领取了基础养老金。完成廉租房建设3.25万平方米，新增廉租房650套。启动5万平方米廉租房建设工程。安排抗旱救灾资金691万元，有效应对特大旱灾给群众带来生产生活中的困难。

继续落实国家就业政策。城镇新就业1385人，开发公益性岗位297个，城镇登记失业率控制在4%以内，稳定困难企业就业岗位776个，劳务输出3047人。落实“贷免扶补”政策，为县内44名创业者提供担保贴息贷款215万元。转移农村富余劳动力27423人，全年农民外出务工收入9011万元，比上年6825万元增加2186万元，增长32.01%。兑付支农惠农补贴资金4579万元，比上年增长40.8%。其中：良种补贴340.3万元、地膜补贴37.5万元、购农机补贴1000万元。兑付“家电下乡”政策补贴6618台145万元，“汽车、摩托车”下乡政策补贴4881辆634万元。

全县共有卫生医疗机构17个，床位566张。有各类卫生技术人员449人，其中执业医师164人、执业助理医师63人、护理人员130人。

【农　业】2010年，全县农业产值86651万元，比上年增长9%。全县粮食作物播种面积26778公顷，粮食总产量15278.8万千克，同比增长2.3%。其中稻谷播种9107公顷，产量7789.1万千克；玉米播种4420公顷，产量3333.9万千克；小麦播种410公顷，产量36.3万千克；啤大麦3226公顷，产量1128.3万千克；蚕豆播种5753公顷，产量1346.3万千克；薯类（马铃薯）播种1620公顷，产量968.7万千克；种植油菜1394公顷，油菜子总产量295.2万千克。种植大蒜2570公顷，产量7206.30万千克，产值3.24亿元。梅子种植面积6466.67公顷，鲜梅总产量1170万千克，总产值2457万元。全县核桃面积37828.67公顷，总产量510万千克，产值1.275亿元。

【烤烟生产】2010年，全县种植烤烟2519.73公顷，烟叶总收购量11.24万担（含出口备货和抗旱专项），其中上等烟占36.78%、中等烟占42.66%、下低等烟占20.57%。年内，烟叶均价每千克13.81元，烟农售烟总收入8289.36万元，上缴烟叶税1708.8万元。

【畜牧业】2010年，全县畜牧业产值达87369万元，比上年增长13.6%。年末，大牲畜存栏14.39万头（匹），比上年减少2275头（匹），减幅1.61%。其中：牛存栏12.86万头（乳牛7.90万头、肉牛2.85万头、役用牛2.11万头，依次比上年同期增长5.3%、3.6%、0.9%），存栏马4643匹、驴2564头、骡8039匹。生猪存栏19.22万头，出栏30.80万头；山、绵羊存栏16.17万只，出栏17.38万只；家禽存栏50.55万羽，出栏69.96万羽。肉、奶、蛋产量分别为3258.6万千克、19268.6万千克、168.4万千克，依次比上年同期增长3.3%、6.8%、13.1%。

年内，全县完成牛品种改良5.96万头，其中改良乳牛5万头、黄牛7032头、水牛2569头；改良生猪2.95万头（窝），其中人工授精8459头（窝）。推广良种禽26.15万羽，引进种羊71只发至山区进行改良串换饲养。推广农田种植优质牧草2438.7公顷，指导农户制作青贮饲料8400万千克，碱化及氨化处理饲料1672万千克。开展畜禽科学饲养及疾病防治技术培训11期，受训人数3541人次，印发宣传资料6354份。开展畜禽免疫和血防查治工作，严防重大动物疫病发生。注射猪瘟疫苗43.66万头（份）、猪副伤寒疫苗4.63万头（份）、牛气肿疽疫苗4954头、牛出败疫苗7684（头）份、炭疽疫苗6818头（份）、羊四防苗2946只（份）、鸡新城疫苗100.13万羽（份）、禽霍乱疫苗5.13万羽（份），注射禽流感疫苗96.42万羽（份）、高致病性猪蓝耳病疫苗35.66万头（份）、牛羊猪W病疫苗92.80万头（份）。做好家畜血防工作，完成检查家畜3.35万头（匹），扩大化疗牲畜2.29万头（匹）。实施6683户农户改厩项目，完成改厩面积160287.33平方米，圈养家畜2.14万头，新建畜粪堆放发酵池3839个计17275.5立方米、青贮窖1121个3296.75立方米。对全县1.92万头能繁母猪和3.81万头适保奶牛实施保险。

【林　业】2010年，洱源县林业工作坚持生态立县战略和生态建设产业化、产业建设生态化的林业发展思路，大力加强生态、产业、文化三大林业体系建设，抓改革、严保护、强科技、促产业、创特色，充分发挥了林业在生态文明建设和社会主义新农村建设中的重要作用。在全面扩大林权制度主体改革成果基础上全力推进配套改革，加大了均山到户面积,启动了林权抵押贷款工作,积极开展中低产林改造工作。全县集体林地面积146393.33公顷,已明晰产权141793.33公顷,确权率达96.86%;确权到户面积141473.33公顷,确权到户率达96.63%。完成中低产林改造任务811.67公顷。林地流转16宗,林权抵押贷款12户,抵押林权证12本,贷款资金142万元。完成林业小额贴息贷款申报1219.15万元。巩固退耕还林成果经济林种植1606.67公顷,补植补造22.67公顷;实施"天保"工程森林管护135333.33公顷,累计完成公益林建设28946.67公顷。代收城乡绿化以资代劳费145个单位5377人计127.91万元,绿化县城2.65千米,义务植树80万株,全县林木绿化率达58.4%;完成55口沼气池、8户太阳能、140眼节能灶建设任务。林业有害生物成灾率控制在8.6‰以下,测报准确率达80%以上,无公害防治率达80%以上(其中生物防治率达60%以上),种苗产地检疫率达98%以上,苗木检验率达100%。严格种苗生产经营管理,为以核桃苗为重点的全县10万公顷林业产业基地建设提供了种苗保障。年内全县核桃基地建设完成5907.3公顷,占任务数的80.55%。实现林业总产值13073万元,同比增长32.2%。

【水　利】 2010年,全年投入水利建设资金4924万元,初步建成蓄水工程1件、渠道防渗及小型水利工程13件、"共产党员爱心水窖"230个,建成安全饮水工程41件。其中:投资3000万元完成三岔河水库拦河坝封顶工程;投资509万元完成9个镇乡35件人畜饮水工程;投资225万元完成8镇乡13件渠道防渗处理和小农水项目建设,治理渠道3.8千米;投入抗旱资金555万元,小型抽水机5台,发电机1组,接收送水车1台。达到的效益是:新增节水灌溉面积100公顷,改善灌溉面积350公顷,解决1.78万人、4400头大牲畜饮水困难。

年末,全县共有库塘坝146座,其中:中型水库2座(海西海、茈碧湖)、小(一)型水库1座(上村水库)、小(二)型及其以下库坝塘144座,总库容15345万立方米,有效灌溉面积为163.9万公顷。年末全县库塘蓄水量7623.5万立方米,比上年增长7.63%。其中:海西海水库5318.9万立方米,比上年增长2.47%;茈碧湖水库1964.6万立方米,比上年增长3.82%;上村水库110万立方米,比上年减少10%;小(二)型水库及坝塘230万立方米,比上年增长15%。年内,全县水产品产量647.8万千克,渔业产值4625万元,比上年增长4.4%。

【乡镇企业】 2010年,全县有乡镇企业128个,从业人员4711人。完成总产值37202万元,同比减少3.76%;增加值11030万元,同比增长12.13%;营业收入34526万元,同比减少6.15%;利润总额3183万元,同比增长1.4%;上缴税金1151万元,同比增长4.64%。主要产品产量:铁矿石原矿1.1万吨,同比减少4.9万吨;石材加工总产量9.57万平方米,实现总产值1270万元;发电量10704万千瓦时。加工粮食17.68万吨、食用植物油1.46万吨、果制品0.19万吨、软饮料0.95万吨、精制茶4.5吨、砖5167万块。全县有个体工商户4234户,从业人员6946人。完成总产值48010万元,同比增长34.2%;增加值9827万元,同比增长18.51%;实现利润总额3804万元,同比增长15.91%;上缴税金1165万元,同比增长57.22%。

【工　业】 2010年,全县工业总产值完成302751万元,同比增长18.19%;完成工业增加值6.4亿元,同比增长20.7%;实现主营业务收入286605万元,同比增长15.65%。其中:规模以上工业企业(即国有企业及年销售收入500万元以上的非国有工业企业)完成工业生产总值250783万元,同比增长21.91%;实现工业增加值51512万元,同比增长25%;实现主营业务收入204785万元,同比增长2.48%。实现利税35745万元,同比增长44.48%。其中:实现利润32790万元,同比增长41.6%;实现税金306万元,同比增长4.08%。完成工业固定资产投资(不含电力)14368万元,比上年减少8.48%。

年内,云南力帆骏马车辆有限公司邓川拖拉机装配厂完成工业生产总值168013万元,同比增长20%;完成工业增加值33903万元,同比增长21.33%;生产拖拉机46699辆,同比减少8.45%。实现主营业务收入162807万元,同比增长20.35%;实现利润13711万元,同比增长34.38%;上缴税金520万元。邓川新希望蝶泉乳业有限公司完成工业产值38783万元,同比增长18.09%;完成工业增加值13186万元,同比增长15.28%;年收购鲜奶量62850吨,生产乳制品47474吨,同比增长3.18%。支付奶款16512万元,产品销售45742吨,实现销售收入28296万元,出口创汇389万美元。

全县水电装机40300千瓦,有110千伏变电站1座、35千伏变电站6座,变电容量为62500千伏安。有35千伏输电线路14条,总长123千米;10千伏配电线路32条,总长267千米;10千伏配电变压器1161台,配电容量124273千伏安。供电量17543.75万千瓦时,售电量16141.31万千瓦时,销售收入6018万元,实现利润373.44万元,上缴税金1008万元。

【交通　邮电】 年内,全面完成投资1990万元的14条农村公路通达工程项目建设,建设里程130千米。其中:弹石路66.7千米、旧弹石路改造11.8千米、路基改造25千米、水泥路15.9千米、沥青路10.6千米。完成计划投资818万元的4个通达工程项目共41千米公路的测量、设计、项目报批、施工招标等前期工作,并于11月10日开工建设。全面完成投资2250万元、长51.2千米的农村公路通畅工程洱炼线沥青路面改造工程。实施西山、凤羽、茈碧3个乡镇通畅工程。西山乡通畅工程长40千米,计划投资2400万元(中央投资1600万元);凤羽镇通畅工程长14千米,计划投资790万元(中央投资560万元)。凤羽、茈碧公路于11月10日开工。5月2日,投资746万元的洱源县汽车检测站投入使用。总长51.6千米的大丽高速公路洱源段建设有序开展,完成投资7.4亿元,占计划总额的102.8%。年末,全县公路通车里程2026千米,其中国省道220千米、县道188.6千米、乡道530.6千米、村道1059.6千米、专用公路27.2千米。公路通车里程中,沥青路286.5千米、水泥路24千米、弹石路280千米。全年完成客运量223.3万人,旅客周转量12580.3万人千米;货运量310.5万吨,货物周转量21766.8万吨千米。

全县有邮路4条,单程总长150千米。邮政业务总量586.97万元,同比增长30%。全年征订党报、党刊3792份。

2010年末,全县有固定及移动电话用户159518户、互联网用户5663户。年内,电信洱源分公司有固定电话用户33152户、移动用户8304户、互联网用户4885户,业务收入1321.73万元;中国移动通信用户110978户,业务收入5043.25万元;联通用户7084户,业务收入516.5万元。广电网络电视入网总用户28975户,其中光纤模拟用户20827

户、数字电视用户8143户、互动电视用户5户,广电宽带数据用户778户。全县广播覆盖率91%,电视覆盖率99%。

【旅　游】 2010年,洱源县围绕建设生态文明试点县和滇西北旅游黄金线上的温泉休闲度假基地总目标,以打造"生态水乡,养生天堂"为发展思路,突出"水乡、温泉、民俗、生态"主题,改善旅游基础设施,强化行业管理,提高服务质量,旅游市场日趋看好。投资3000万元完成大理地热国九气行宫、游客接待中心、旅游商品购物中心、兰花和洱源土特产展厅、会议会展中心、精品温泉贵宾服务区等项目建设;投资4100万元完成下山口普陀泉度假区建设征地、景区道路、景观河道、温泉泡池、客房、大厅、餐厅及客房配套设施等项目建设;投入1000万元完成大理西湖景区白族民居客房装修及3A级景区改造,西湖景区被评为国家3A级旅游风景区;投入30余万元完成梨园村景区道路水泥路面硬化400多米;完成《云南大理洱源海西海温泉度假区总体规划》编制及评审、注册工作。年内,全县共接待海内外游客64.14万人次,比上年增长10%;实现旅游社会总收入4.49亿元,比上年增长13%。

【财政　税收】 2010年,全县财政总收入完成18006万元,比上年增收2431万元,增长16%。其中:上划中央和省税收5979万元,比上年增收472万元,增长9%;地方一般预算收入12027万元,比上年增收1959万元,增长19%。全县财政一般预算支出完成85022万元,比上年增支20994万元,增长33%。其中:省、州专款支出43936万元,比上年增支10969万元,增长33%;地方本级支出41086万元,比上年增支10025万元,增长32%。国税收入5478万元,地税收入9251万元。

【金融　保险】 2010年末,全县有金融机构网点19个,从业人员217人。金融机构各项存款余额27.23亿元,比年初增加8.32亿元,增长44%;各项贷款余额14.96亿元,比年初增加4.67亿元,增长46%。全年保费收入6501万元。

【教　育】 2010年,洱源县落实义务教育经费保障工作,切实加强教育经费的管理和监督,保证了农村义务教育经费足额发放和使用。实施校舍安全工程,落实国家助学政策,顺利通过"两基"迎国检验收。年内,中央、省、州补助给洱源县各种教育经费2643.61万元,其中义务教育学校公用经费1691.35万元、贫困家庭寄宿制学生生活补助经费665.84万元。为义务教育阶段中小学生35623人免除学杂费,并全部免费提供教科书,贫困家庭寄宿学生7622人享受生活补助。至年末,全面排除2008年省锁定洱源县中小学校舍D级危房40225平方米,撤并教学点(含"一师一校"点)50个。投资300万元完成凤羽一中学生宿舍和食堂建筑面积2492平方米的农村初中校舍建设工程,打造中所初级中学等50所育人环境优级学校,实施42所学校50个单体39194.72平方米校舍安全工程建设(完工47个单体37955.59平方米,3个单体1238.13平方米建设进入主体施工阶段)。办理贫困家庭大学生助学贷款833人468.34万元,发放中职学生国家助学金167.19万元,发放贫困家庭大学生和普高生助学金328万元,实现了学生不因家庭贫困而失学的目标。年内,参加普通高考报考1315人,上线1312人,上线率99.77%。其中:一本70人,占5.3%;二本339人,占25.8%;三本289人,占22%;专科614人,占46.7%。中考报考人数2223人,600分以上405人,居全州第五位。7科平均分507.94分,居全州第三位,最高分686分。初中升普高1093人、职高326人、五年制大专班及其他中职316人,升学率78%。

年末,全县有完小92所、初小10所、教学点25个、"一师一校"点31个,小学在校学生24763人;初级中学17所,初中在校学生10860人;普通高中3所,在校学生3381人;职业高中1所,在校学生1684人。有县机关幼儿园1所,在园幼儿353人;镇乡民办幼儿园61所,在园幼儿6163人。有教师进修学校1所。全县小学学龄儿童入学率99.45%、辍学率1.05%,初中阶段毛入学率101.61%、辍学率2.68%。

年末,全县有教职工2660人,其中小学教职工1225人(专任教师1083人),初中教职工632人(专任教师602人),普通高中教职工298人(专任教师253人),职业高中教职工69人(专任教师64人),县机关幼儿园教职工12人。

【领导名录】 2010年末,县委书记许云川,副书记杨作云、杨代兴、曹兵。县委常委许云川、杨作云、杨代兴、曹兵、张志雄、严启红、王利伟、杜志红、李国侯、杨文泽、李桂瑞(女)、罗之武。县人民政府县长杨作云,副县长张志雄、李桂瑞(女)、杨杰、吕实才、马利生、杨智。县人大常委会主任宋传璧,副主任杨云洲、马培华、杨益红(女)、田华。县政协主席尹作方,副主席赵克选、郑和书、赵红(女)、杨伟。县纪委书记杜志红。

【生态环保项目稳步推进】 2010年,洱源县生态建设"六大工程"取得实效,垃圾分类收集处理工作全面推行,40个生态文明示范村建设项目基本结束,21个中央资金环境综合整治村、西湖生态修复项目全面完成,下山口、凤翔、洱源一中3个污水处理项目及邓北桥湿地建设项目已投入使用,60座小型垃圾焚烧炉建设项目已建成16座,右所集镇(西片区)污水处理系统、洱海农业湿地保护管理区项目建设进展顺利。生态屏障建设力度加大,落实135333.33公顷"天保"工程森林管护和退耕还林工作,巩固退耕还林成果1520公顷,新造特色经济林1606.67公顷,补植补造226.67公顷。全县森林覆盖率47.9%。开展绿色走廊、绿色村庄建设活动,牛街、邓川生态示范建设项目共植树8.4万株,炼铁乡河道治理项目完成绿化5.3千米。继续开展"保护洱海——洁净·绿化家园"活动,共清理弥苴河、永安江等8条河道173千米,清运垃圾440吨。执行环评制度,"三同时"执行率均达90%以上。天琪水泥有限公司落后产能淘汰工作通过州级验收,万元生产总值综合能耗下降3.1%,化学需氧量和二氧化硫排放量分别有效削减561吨和99吨。

【垃圾分类收集处理工作全面启动】 8月1日,洱源县在洱海流域范围内的邓川、右所、茈碧湖、三营、牛街、凤羽6镇乡所有村委会及乔后、炼铁、西山3镇乡政府所在地的村委会全面启动垃圾分类收集和处理工作。全县垃圾分类收集和处理坚持"全面推行,培育典型,市场运作,逐步提升"的工作方针,将生活垃圾分为可回收、不可回收、餐厨、有害4类。针对城乡差异,强制执行垃圾分类收集。对县城生活垃圾实行"源头管理,分类存放;统一收集,定时清运;集中处理,综合利用"的收集处理模式,取缔传统使用的大垃圾桶,划片区分时段每天由3辆垃圾车集中清运。对镇乡垃圾采用"农户缴费、政府补贴,源头分类、桶装收集、定时清运、分类收集"模式。

【举办温泉旅游文化节】 9月24日,由云南省旅游局和大理州人民政府主办,大理州旅游局、洱源县人民政府、大理地热国景区共同承办的“2010年大理洱源温泉旅游文化节”在洱源县隆重举办。活动主题为“感悟苍洱之源魅力，体验温泉养生文化”，由“高原水乡，唱响经典”文艺演出活动、“高原水乡，养生天堂”温泉旅游文化论坛、温泉体验、白族民俗民间文化活动及温泉特色饮食品尝、“美丽地热国，激情中秋夜”篝火晚会组成。

【公务用车统一标识管理】 针对群众反映强烈的公车私用和领导干部违规驾驶公车问题，6月2日，洱源县对全县党政机关、行政事业单位公务用车管理作全面安排部署，对全县211辆公务用车实行统一标识管理，强调严格执行双休日、节假日公务用车封存规定。

【三岔河水库拦河坝提前封顶】 6月8日，洱源县三岔河水库拦河坝举行封顶仪式，比预期提前22天。三岔河水库工程总投资12166.65万元，总库容为1152万立方米，水库拦河坝坝型为黏土心墙风化砂砾石坝，全长185米，最大坝高69米，坝顶宽10米。水库建成后，灌溉年供水量可达1593.7万立方米，村镇生活年供水量可达759.9万立方米，将会大幅度增强洱源县的蓄水、调水能力和改善人畜饮水及农业灌溉条件。年内，三岔河水库工程在完成水库公路、输水隧洞、溢洪道、管理房建设的基础上，主要完成拦河坝填筑封顶、库区清理、下游坝坡护坡工程，完成总投资3000万元。

【抗旱工作扎实有效】 2010年，洱源县遭遇百年不遇特大干旱，给群众生产生活造成极度困难。抗旱期间，洱源县共投入人力150余人次检修抗旱抽水站5站12台，并启动全县所有抗旱站。在上级支持下，先后下达3批总投入321万元的应急人饮项目，解决了9250人的饮水困难。下拨抗旱资金555万元，其中：上级下拨共产党员捐款46万元，用于建爱心水窖230个；下拨县级共产党员捐款25.01万元，解决了右所起胜、牛街上站、乔后永兴等3个自然村906人1031头大牲畜饮水困难。下拨小型抽水机5台，发电机1组；接收并投入使用上级配送的送水车1辆。为确保夏季栽插按时完成，全县各级各部门干部职工全力以赴，深入乡村田间地头，做到计划用水、科学调水、节约用水，坚持“先生活、后生产，先地表、后地下”的原则，严格管水，及时调处水事纠纷，确保了全县旱灾之年粮烟栽种按时完成。

【城乡居住条件明显改善】 年末，全县共有161个单位近7000人实行住房公积金制度，住房公积金归集余额1006万元，贷款余额5793万元。洱源县先后建成了县城河滨路商品房住宅群、安居小区、玉湖商贸小区、温泉小区、气象小区、腾飞路北区、腾飞路南区、财政小区、信合小区、海之源小区、鑫达花园小区，连续3年总投资11925万元共建廉租房1710套8.5万平方米，有效解决了城镇居民住宅供需矛盾。行政机关、企事业单位和城镇居民拥有各类住宅面积超过10万平方米，人均30平方米。连续4年实施农村居民地震安全工程建设，按地震设防标准拆除重建952户、加固6424户。农村危房重建项目，完成2009年380户，启动实施2010年300户。

【风电建设项目快速推进】 2010年，马鞍山风电开发建设在不改变原一、二期开发方案的前提下，经省发改委审查通过，调整了三期干海子风电场开发范围，增补了四期大龙潭、五期观音山风电场，装机容量从原来的13.95万千瓦增加到22.8万千瓦，装机由93台（单机容量1500千瓦）调整到152台。9月22日，投资5.8亿元总装机4.95万千瓦的马鞍山风电一期33台风机实现并网发电。年底，投资5.4亿元、总装机4.95万千瓦的马鞍山风电二期黄草坡风电场33台风机并网发电。12月，马鞍山风电三期干海子风电场27台风机开工建设。年底，完成马鞍山风电四期大龙潭风电场33台风机建设征地等项目核准前支持性文件编报审批工作。9月15日，马鞍山风电五期观音山风电场26台风机建设项目预可研报告通过审查。

罗平山风电场装机容量28万千瓦，装机224台（单机容量1250千瓦），分五期开发。12月25日，投资6.4亿元总装机4.88万千瓦的罗平山风电一期39台风机实现并网发电。年底，二期骑龙山风电场39台风机开工建设；三期丰乐风电场39台风机建设可研报告9月15日通过省发改委审查，环评、水保、土地预审等前期工作进展顺利；四期恩兆山风电场建设完成风资源评估，五期凤羽风电场正在开展鸟类观测主测风工作。

【全国人大代表视察组到洱源视察】 1月9日，原海军副政委邬华扬中将、十一届全国人大外事委员会委员、军事科学院副院长徐根初中将等在京部分军队全国人大代表视察组一行5人，视察洱源依托独特区位条件、丰富的资源优势，建设资源节约型、环境友好型社会情况。

【省委宣传部捐款援助西山乡抗旱救灾】 4月2～3日，省委宣传部将全体党员捐赠的46万元抗旱扶贫救灾款送到西山乡，援助西山乡抗旱救灾工作。

【国家血防春查组到洱源县检查指导】 5月21日，国家血防春查组一行14人由农业部首席兽医师于康震带队，到洱源检查指导血防工作。

【江苏省副省长徐鸣一行到洱源县考察】 8月10日，江苏省副省长徐鸣率领江苏省环保厅、太湖办、水利厅、省政府办公厅领导到洱源县考察湿地生态恢复建设情况。

【洱源县被命名为绿色能源示范县】 10月底，洱源县被国家能源局、财政部、农业部命名为首批绿色能源示范县。

【环保部副部长吴晓青到洱源县调研】 11月30日～12月1日，国家环保部副部长吴晓青到洱源县调研生态文明建设工作。

【凤羽镇被列为全国历史文化名镇】 12月，凤羽镇被列为全国第五批历史文化名镇。

【茈碧湖镇】 茈碧湖镇是县城所在地，镇政府驻地海拔2060米。下辖玉湖、九台2个社区和大庄、海口、永兴、碧云、果胜、松鹤、哨横、永联、中炼、丰源、文强、巡检、鹅堆13个村民委员会，共90个自然村、222个村民小组。全镇总面积280平方千米，耕地总面积2555.93公顷，人均耕地0.80亩。全镇总人口58751人，其中农业人口47784人。镇内冷、热水资源丰富，九气台温泉理疗功效神奇，天生硫磺被明代《浪穹县志》称为“天生之宝”、“其价比金”，温水莲根颇受青睐，“气磺蛋”闻名四方。每年农历六月二十五日开始，在县城举办7～10天的“民族火把节”物资交流会。

2010年，全镇农村经济总收入30580万元，粮食总产量2813万千克，农民人均占有粮食589千克，农民人均纯收入3647元，乡镇企业营业收入12766万元。地方财政收入2232.46万元、支出1362万元。

2010年，镇党委书记赵栋葵，镇人大主席赵灿文，镇长丁畅和（女）。

【邓川镇】 位于洱源县城东南部，距离县城23千米，镇政府驻地海拔1980米。镇辖新州、旧州、中和、腾龙4个村民委员会，共25个自然村、56个村民小组。全镇总面积57平方千米，耕地总面积559.47公顷，人均耕地0.58亩。全镇总人口16701人，其中农业人口14577人。邓川镇是洱源县的南大门、中国西南最大的乳制品加工基地、云南省重要的农用车装配出口基地、以大蒜为龙头的农副产品集散地、钛金属粗、精加工新区。每年农历八月十五日开始，在沙坝街场举办的7～10天的物资交流会（俗称渔潭会），规模仅次于大理三月街。

2010年，全镇农村经济总收入9805万元，粮食总产量731万千克，农民人均占有粮食501千克，农民人均纯收入3886元，乡镇企业营业总收入10040万元。地方财政收入609万元、支出424万元。

2010年，镇党委书记字力辉，镇人大主席张俊权，镇长赵荣。

【右所镇】 位于县城东南部，距离县城22千米，镇政府驻地海拔1971米。下辖右所、三枚、梅和、中所、团结、西湖、幸福、温水、松曲、永安、陈官、焦石、腊坪、起胜14个村民委员会，共103个自然村、163个村民小组。全镇总面积269平方千米，耕地总资源2353.6公顷，人均耕地0.65亩。全镇人口55956人，其中农业人口54270人。永安江、弥苴河、罗时江蜿蜒镇境，西湖、东湖、绿玉池镶嵌沃野，西湖列为国家级湿地公园，右所是闻名遐迩的高原水乡。有下山口、城西、温水等自然出露的温泉，是旅游观光、度假休疗的理想之地。据灌溉之利，享渔田之饶，被誉为鱼米之乡，是县内大蒜、烤烟的主要种植区，奶牛、生猪存栏名列各镇乡之首。

2010年，全镇农村经济总收入38303万元，粮食总产量2557万千克，农民人均占有粮食464千克，农民人均纯收入3718元，乡镇企业营业总收入11405万元。地方财政收入1102.46万元、支出968万元。

2010年，镇党委书记（暂缺），镇人大主席杨仁秀，镇长董占雄。

【三营镇】 位于洱源县东北部，距离县城15千米，镇政府驻地海拔2110米。下辖三营、士登、永胜、共和、新联、永乐、大坪、石岩、白草、新龙10个村民委员会，共90个自然村、153个村民小组。全镇总面积277平方千米，耕地总资源4024.87公顷，人均耕地1.49亩。全镇总人口40483人，其中农业人口39011人。镇内土地面积广阔，是商品粮及烤烟的主要种植区，也是滇西最大的中药材集散地。农历二月十五起，境内举办5～7天的“庄稼会”，极富地方风味的“毛驴汤锅”是会期最受欢迎的滋补佳肴。

2010年，全镇农村经济总收入25569万元，粮食总产量3221万千克，农民人均占有粮食834千克，农民人均纯收入3701元，乡镇企业营业总收入7159万元。地方财政收入1648万元、支出1156万元。

2010年，镇党委书记杜金，镇人大主席卞乃江，镇长李中正。

【牛街乡】 位于洱源县北部，距离县城18千米，乡政府驻地海拔2115米。下辖牛街、西甸、西坡、大同、太平、白塔、上站、龙门、福田、福和、松坪11个村民委员会，64个自然村、133个村民小组。全乡总面积267平方千米，耕地总资源1834.73公顷，人均耕地1.20亩。全乡人口23953人，其中农业人口22917人。农牧业是该乡的重点产业，主产水稻、玉米、蚕豆，特产荷包豆、檀香鱼。

2010年，全乡农村经济总收入13300万元，粮食总产量1307万千克，农民人均占有粮食570千克，农民人均纯收入3463元，乡镇企业营业总收入8100万元。地方财政收入279.3万元、支出252.97万元。

2010年，乡党委书记杨武，乡人大主席张春松，代理乡长杨丽松。

【凤羽镇】 位于洱源县城西南部，距离县城18千米，镇政府驻地海拔2210米。下辖凤翔、源胜、上寺、白米、江登、凤河、庄上、振兴、起凤9个村民委员会，共43个自然村、121个村民小组。全镇总面积195平方千米，耕地面积2215.67公顷，人均耕地1.04亩。全镇人口33122人，其中农业人口32093人。凤羽镇是大理白族自治州白族人口最为集中的城镇之一，是州内商品粮生产区和油菜重点种植区；旅游景点清源洞、鸟吊山久负盛名。2001年4月，凤翔古镇被命名为省级历史文化名镇。

2010年，全镇农村经济总收入19581万元，粮食总产量1914.2万千克，农民人均占有粮食596千克，农民人均纯收入3384元，乡镇企业营业总收入6536万元。地方财政收入326万元、支出708万元。

2010年，镇党委书记李树林，镇人大主席李飞荣，镇长马明。

【炼铁乡】 位于洱源县西部，距离县城52千米，乡政府驻地海拔2040米。下辖炼铁、新庄、前甸、北邑、江旁、茄叶、翠屏、长邑、田心、纸厂、牛桂丹11个村民委员会共，129个自然村、134个村民小组。全乡总面积247平方千米，耕地总资源1688公顷，人均耕地1.11亩。全乡人口23766人，其中农业人口22910人。该乡是省列506个、州列47个扶贫攻坚乡之一。核桃、板栗产量高、品质好，松茸、牛肝菌等资源开发势态良好。每年农历七月初六起，在炼铁乡举办为期5天的物资交流会。

2010年，全乡农村经济总收入11852万元，粮食总产量1152万千克，农民人均占有粮食504千克，农民人均纯收入3143元，乡镇企业营业总收入2564万元。地方财政收入422.9万元，支出1016.06万元。

2010年，乡党委书记杨碧文，乡人大主席张隆康，乡长李银政。

【乔后镇】 位于洱源县西北部，距离县城70千米，镇政府驻地海拔1870米。下辖乔后、大集、源安邑、柴坝、大树、温坡、丰乐、文开、永新、黄花、新坪11个村民委员会，共103个自然村、123个村民小组。全镇总面积505平方千米，耕地总面积1675.6公顷，人均耕地1.29亩。全镇人口21702人，其中农业人口19426人。该镇除乔后河谷区外，多为高寒山区，野生植物和矿藏资源丰富，是云南主要的岩盐生产基地。

2010年，全镇农村经济总收入8549万元，粮食总产量939万千克，农民人均占有粮食485千克，农民人均纯收入2818元，乡镇企业营业总收入4222万元。地方财政收入468.88万元、支出926.32万元。

2010年，镇党委书记杨永胜，镇人大主席张景文，镇长何家伟。

【西山乡】 西山乡位于洱源县西南部，距离县城92千米，乡政府驻地海拔2500米。下辖西山、建设、胜利、团结、立坪5个村民委员会，共204个自然村、131个村民小组。全乡总面积517平方千米，耕地总资源1207.2公顷，人均耕地1.38亩。全乡人口13399人，其中农业人口13100人。主体民族为白族，杂居少数彝族，三分之二的人口居住在海拔2500米以上的高寒山区。西山白族文化古朴淳厚,被称为“仙女撒歌”的地方,“里格高”被誉为白族歌舞的“活化石”。2001年6月,西山乡被列为全省贫、特困重点扶持乡。

2010年,全乡农村经济总收入4370万元,粮食总产量602万千克,农民人均占有粮食460千克,农民人均纯收入1768元,乡镇企业营业收入188.9万元。地方财政收入58.3万元、支出644.19万元。

2010年,乡党委书记余利斌,乡人大主席尹树良,乡长李培钧。

(李志诚、杨国培、杨树星、杨杰超)

剑川县

【自然概貌】 剑川县位于云南省西北部、大理白族自治州北部。东连鹤庆县、南接洱源县、西靠兰坪县、北邻玉龙县。地跨北纬26°12′~26°42,东经99°33′~100°33′。地势西北高东南低。东部、中部、西部为高山山地地带,山脉河谷呈南北向分布,盆地、河谷间杂分布。县境东北金华坝有淡水湖泊剑湖。全县东西相距58千米,南北纵距55千米,总面积2250平方千米,山区面积占90%以上,盆地占7%,其余为湖泊、河流,属高寒山区农业县。剑川距大理白族自治州州府所在地下关126千米,距省会昆明市460千米。属南温带高原型季风气候,长冬无严寒、短夏无酷暑,年温差小、日温差大,由于受海拔与地形影响,呈环境立体型气候,有“一山分四季、隔里不同天”的特征。年降水量822.4毫米,年均气温13.3℃,年均日照2036.3小时,平均霜期150天。有晚霜重冻、降温过早、干旱、洪涝、冰雹等自然灾害,为地震多发地区。

县境地处滇西北要冲,素为战略要地,滇藏公路开通后,剑川成为扼滇西北陆路交通咽喉重地,史有“全滇保障”之称。

【建置沿革】 剑川于元代建县,明清建剑川州,民国2年(1913年)恢复剑川县建制。1949年10月,滇西北行政专员公署在剑川成立,1949年12月底改设为丽江行政专员公署。1956年8月,剑川县划属大理专区;11月,大理白族自治州成立,剑川仍属大理州。1958年,剑川、洱源、邓川3县合并称剑川县。1961年9月,洱源(含邓川)从剑川分出,剑川县恢复原建制。

【行政区划】 2010年,剑川县辖5镇3乡93个村民(社区居民)委员会。

【人口 民族】 2010年,剑川县总人口177875人。在总人口中,按性别分,男89883人、女87992人;按职业分,农业人口160754人、非农业人口17121人;按户数状况分:农业户38840户、非农业户9594户。按民族分,主要民族为白族,白族161056人,占总人口的90.55%;汉族6541人,占总人口的3.68%;彝族5398人,占总人口的3.04%;傈僳族2238人,占总人口的1.26%;回族1262人,占总人口的0.71%;纳西族1148人,占总人口的0.65%;哈尼族、壮族、傣族、苗族、拉祜族、佤族、瑶族、布朗族、怒族、藏族、普米族、独龙族、蒙古族、满族、水族等15个民族及其他民族的人口均在1~85人之间,占总人口的0.13%。人口自然增长率4.06‰。

【国土资源】 2010年,通过省、州部门验收的土地开发整理项目有老君山镇、甸南兴水、马登太平3个项目,项目总投资2429.32万元,建设总规模1067.13公顷,新增耕地370.73公顷。等待验收的项目有金华镇螳螂河、羊岑金坪土地开发整理项目,2个项目总投资1172.86万元,建设总规模592.37公顷,新增耕地67.21公顷。

【经济综述】 “十一五”期间,剑川县地区生产总值由6.9亿元增长到13.3亿元,年均递增13.33%,完成计划数的116.54%;财政总收入由6226万元增长到1.66亿元,年均递增21.69%,完成计划数的165.71%;财政支出由1.95亿元增长到6.5亿元,年均递增27.23%;工业总产值由6.56亿元增长到16亿元,年均递增19.52%,完成计划数的106.67%。社会消费品零售总额由1.92亿元增长到4.17亿元,年均递增16.8%。

经济结构更趋合理,一、二、三产业比例由“十五”末的31.5∶37.5∶31调整到25.6∶44.6∶29.8。农业基础地位进一步巩固,粮食总产量从6500万千克,增长到7275万千克,年均递增2.28%。畜牧业总产值从1.88亿元增长到3.08亿元,年均递增10.38%。烟叶收购指标从4万担增长到8万担。种植泡核桃45333.33公顷。森林覆盖率从68.3%提高到70%。工业强县战略继续得到推进,新增20万吨生铁、20万吨水泥、6000吨电炉锌粉、2000吨精镉、3万吨硫酸、1万吨粗铜的生产能力。循环经济和清洁生产工作得到推进,“十一五”污染减排目标任务圆满实现。旅游基础设施不断完善,完成了沙溪复兴二、三期工程,寺登街的承载能力明显提升,石宝山、千狮山景区的基础设施进一步完善。沙溪镇先后被命名为国家级历史文化名镇、全省20个特色旅游小城镇和10个旅游名镇之一。全县接待游客从28.78万人次增长到57.44万人次,旅游业总收入从2574万元增长到2.87亿元,分别递增14.82%和61.98%。5年完成全社会固定资产总投资22.11亿元,占计划的176.88%。改造了平甸公路、环剑湖公路、剑云公路和农村公路482.46千米,新增公路通车里程407.5千米。建成了玉华水库补水工程、剑湖节制闸、后箐水库和双河水库西干渠,对玉华、大干场、双河、永丰等水库进行了除险加固,新增和改善灌溉面积4493.33公顷,解决了5.1万人的安全饮水问题。整理土地1712.69公顷,新增耕地724.76公顷。新增城镇建成区面积1.2平方千米,城镇化率提高了4个百分点。对县城供排水系统和主要街道进行了改造,建成了县城生态垃圾处理场,污水处理厂全面开工,城乡面貌和人居环境进一步改善。新增水电装机1.34万千瓦,第二批农村电网改造、中西部城农网改造和无电地区电力建设工程全面完成。大丽高速公路、剑兰二级公路、老君山水库、县医院整体搬迁、民族中学等重大项目工程相继开工。

【人民生活】 2010年,剑川县农村经济总收入71107万元,比上年增加6892万元,增长10.37%。农民纯收入总额37886万元,比上年增加5519万元,增长17.05%;农民人均纯收入2356元,比上年增加311元,增长15.21%(农民人均纯收入2000~3000元的有7个乡镇,15.50万人;人均4000~5000元的有3个村,2114人)。粮食总产量7275万千克,比上年增加143万千克,增长2%;农民人均占有粮食452千克,比上年增加1千克,增长0.22%;全县财政总收入1.66亿元,比上年增加2305万元,增长16.11%。金融机构各项存款余额19.99亿元,比年初增长38.6%;实现社会消费品零售总额4.17亿元,同比增长19.17%。广播、电视覆盖率分别为98.3%和98%。新增有线电视用户1300户,启动了县城有线电视数字化整体转换工作。全县职工年平均工资

27479 元，居民消费价格总指数为 104.23。

【农 业】 “十一五”期间，剑川县共投入农田水利建设资金 1.2 亿元，新增灌溉面积 926.67 公顷，改善灌溉面积 3486.67 公顷；投资 343.5 万元实施中低产田地改造和血吸虫农业综合治理项目，建成高稳产农田 546.67 公顷，新建机耕路 5 条，排灌沟渠 16 条；投资 412 万元在甸南、金华、马登、老君山、羊岑等乡镇完成国债沼气池 3000 口，配套完成“一池三改”，建成农村沼气池服务网点 6 个；配合土地、烟草等部门投资 3975.81 万元，完成了马登乌嘴坪、老君山、甸南大青坪、沙溪塔坪、羊岑金坪等土地开发整理项目和烟田改造项目，新增耕地面积 409.79 公顷，建设高稳产农田 545.79 公顷。5 年来全县各级各部门累计建设高稳产农田 1092.46 公顷，2010 年农业部门完成中低产田地改造 106.67 公顷 。全县中小型水利、水毁修复工程全面推进，农业基础设施得到加强，生产生活条件极大改善。2009 年争取到测土配方施肥新建县，投入总资金 160 万元，建成了土壤肥料化验室，全面开展了五大作物测土配方正规试验，推广配方施肥，减少面源污染、降低投入成本，提升当地农产品综合生产能力和市场竞争力。

2010 年申报农机具购机补贴资金 423 万元，分 2 批实施。完成机具补贴 1840 台，受益农户 1725 户；动力机械 92 台（其中大拖拉机 24 台）、畜牧水产养殖机械 141 台、耕整地机械 512 台、农产品初加工机械 379 台、排灌机械 436 台、收获后处理机械 40 台、收获机械 11 台、田间管理机械 229 台。2010 年全年省、州下达强农惠农资金 1983.85 万元，通过“一折通”补贴资金 1524.85 万元，分别是：油菜种子补贴 10 万元、马铃薯原种补贴 50 万元、地膜包谷补贴 70 万元、农资综合补贴 1194 万元、种粮补贴 200.85 万元，兑付困难农户杂交玉米种子补贴 36 万元、农机具购置补贴 423 万元。

年内中药材种植规模达到 333.33 公顷以上，其中：种植灯盏花 10.45 公顷，平均亩产值 3500 元，最高产值 7000 元；种植当归 93.33 公顷、续断 33.33 公顷、云木香 10 亩、秦艽 10 公顷、附子 173.33 公顷。全县推广种植啤大麦 3666.67 公顷，比上年 3400 公顷增加 266.67 公顷。沙溪镇种植地参从零星种植向龙头企业带动转变，实现了公司加农户带基地的生产经营模式，种植规模达 166.67 公顷。春蒜产业不断壮大，2010 年在甸南镇种植 16.67 公顷。

【畜牧业】 2010 年畜牧业产值（现行价）30838 万元，比上年增长 10.1%，完成年计划任务的 100.1%，比“十五”末的计划任务增长 71.3%，年平均增长 14.3%。大牲畜存栏 9.40 万头，其中肉牛 7.34 万头、奶牛 6607 头；生猪存栏 18.05 万头、羊存栏 12.88 万只。出栏生猪 16.97 万头、肉牛 4.22 万头、肉羊 9.16 万只、家禽 51.51 万羽。肉类总产量 21982.6 吨，其中：猪肉 13938.2 吨、牛肉 5113.5 吨、羊肉 1691.6 吨、禽肉 929.1 吨。奶类产量 20127.6 吨，禽蛋产量 998.8 吨。

【林 业】 “十一五”期间，剑川县累计完成新建泡核桃种植面积 56480 公顷，已挂果 8000 公顷，其中初果期面积 5500 公顷、盛果期面积 2500 公顷，单株最高产量 150 千克，平均产量 90 千克，最低产量 3 千克，年均产量 648 吨，年均产值 1296 万元。

年内，全县共发生森林火灾 2 起，比州政府下达控制指标 11 起少 9 起；森林受害面积 2.7 公顷，比州政府下达的控制指标 116 公顷少 113.3 公顷；森林受害率 0.02‰，比州政府下达的控制指标 1‰少 0.99‰；森林火灾案件查处率 100%，比州政府下达的指标 85% 高 15%。与各乡镇林业站、管护所、木材公司、林产品公司签订森林管护责任合同，全面完成森林管护续建任务 16.64 万公顷。完成《云南省退耕还林工程剑川县 2009 年作业设计说明书》的编制，并通过州级评审批复实施，建设规模 666.67 公顷，其中：金华镇 97.67 公顷、甸南镇 569 公顷，已完成 62.6 公顷。完成《云南省巩固退耕还林成果剑川县 2009 年度林业项目作业设计》的编制，并通过州级评审批复实施，实施完成巩固退耕还林任务 833.33 公顷，其中新植 780 公顷、补植补造 53.33 公顷。完成《云南省巩固退耕还林成果剑川县 2010 年度林业项目作业设计》的编制，建设任务涉及 8 个乡镇，其中营造林 5 个乡镇，后续产业发展及补植补造规模 833.33 公顷，新造特色经济林 780 公顷，补植补造 53.33 公顷。完成退耕还林工程 2002 年 533.33 公顷的到期阶段性验收工作，并于 2010 年 7 月通过国家级重点核查验收，验收结果面积保存率 100%。《天然林资源保护工程云南省剑川县 2009 年度第四批扩大内需公益林建设项目作业设计说明书》通过州级评审并批准实施，公益林建设总规模 1666.67 公顷，其中：封山育林 1333.33 公顷、人工造林 333.33 公顷。编制完成《天然林资源保护工程云南省剑川县 2010 年度公益林建设项目作业设计说明书》，通过州级评审并批准实施，公益林建设任务总规模为 2666.67 公顷，其中：人工造林 666.67 公顷、封山育林 2000 公顷。实施国有林棚户区改造项目建设。

【水 利】 “十一五”以来，全县农田水利建设共投入资金 1.2 亿元，新增蓄水能力 140.87 万立方米，新增灌溉面积 926.66 公顷，改善灌溉面积 3566.67 公顷，解决 5.1 万人、4.86 万头（匹）大牲畜的安全饮水问题。

2010 年投资 206 万元实施了永丰河二期治理以工代赈示范工程，治理永丰河接满贤林水库段 0.43 千米和永丰河下游段 1.64 千米。永丰河中下游河堤硬化单边总长达 14118.8 米，最大过流量 11.7m3/s，达防御 20 年一遇洪水标准。

【电 力】 2010 年完成发电量 6478.54 万千瓦时，比上年的 8628.06 万千瓦时减少 2149.52 万千瓦时，减幅 24.9%；完成年初全年预算指标 7538 万千瓦时的 85.95%。售电量 17165.51 万千瓦时，比上年的 11971.96 万千瓦时增加 5193.55 万千瓦时，增长 43.38%，完成年初全年预算指标 11000 万千瓦时的 156.05 %。实现销售收入 7733.81 万元，比上年的 4535.77 万元增加 3198.04 万元，增长 70.51%。实现税金 1121.02 万元，比上年的 980.76 万元增加 140.26 万元，增加 14.3%。亏损 366.73 万元，比上年的 -1133.59 万元减亏 766.86 万元，比年初预算指标 -674 万元减亏 307.27 万元，实现了减亏目标。

【工 业】 2010 年，全县有企业 5299 个，比上年同期 4663 个增加 636 个；从业人员 20610 人，比上年同期 20206 人增加 404 人。七大行业完成增加值 54282 万元，营业收入 186405 万元，比上年同期 127136 万元增长 46.6%。其中累计完成工业增加值 46461 万元，比上年同期 36100 万元增长 28.7%（其中规模以上重点企业完成 25490 万元，占总数的 85%）。累计完成现价工业总产值 161190 万元，比上年同期 109530 万元增长 42.2%。累计完成工业销售收入

149445万元,比上年同期94822万元增长57.6%(其中规模以上重点企业完成76249万元,占总数的129.2%)。实现利润总额5014万元,比上年同期2340万元增长114.3%(其中规模以上重点企业完成1455万元,占计划数200万元的627.5%)。实交国家税金7371万元,比上年同期5310万元增长38.8%(其中规模以上重点企业完成5161万元,占计划总数的102.2%)。

【招商引资】 招商引资实际到位资金1.25亿元,完成年初目标任务3亿元的41.6%。签订了马厂和千柏山风电开发协议,协议投资39亿元,已建成测风塔6座。与中国水电顾问集团昆明设计院签订了太阳能光伏发电协议,项目装机15万千瓦,计划投资30亿元。

【交　通】 2010年剑川县客运量92万人次,客运周转量14765万人千米;货运量104万吨,货运周转量16166万吨千米。大丽高速公路剑川段的8个合同段全面开工,主线征地工作已全部完成。剑兰二级公路剑川段完成投资3.62亿元,各项工作进展顺利。国道214线剑川过境一级公路于年底开工建设。

【邮　电】 2010年累计完成业务收入504.28万元,完成州邮电局下达计划任务的103.35%,同比增长20.07%。年末邮政储蓄余额13615万元。8月1～31日邮政容器管理系统上线试运行,9月1日系统正式运行。

2010年电信累计完成1110.95万元,完成年计划1111万元的84.45%。

中国移动剑川分公司完成业务收入3100万元,比上年增长11%。年内移动信号行政村覆盖率100%,自然村覆盖率98.77% 。移动服务网点行政村建设率100%,移动客户业务办理不出村客户占77.58%。全县累计新建88个行政村"惠农网",全年农民节省70多万元通信话费。2010年5月,共青团大理州委授予移动剑川分公司"大理州五·四团支部"称号;9月,中共云南省委、云南省人民政府授予移动剑川分公司"文明行业"称号。

2010年,联通剑川分公司业务收入320万元,比上年增长10%,3G网络在县城范围内全面开通。

【旅　游】 2010年,剑川县的宾馆酒店入住率超过95%。各景区景点游客人数都比上年同期大幅增加。接待游客57.44万人次,比上年同期增长23.29%,实现旅游社会总收入2.87亿元。其中国内游客56.46万人次,比上年同期增长23.18%;海外游客9786人次,比上年同期增长35.18%。

2010年10月,在华西村举办的全国第十届村长论坛上,剑川旅游作为单独的案例进行宣传,引起业界的强烈反响;11月1日,中央电视台《欢乐中国行》来剑川县拍摄外景,极大地宣传了剑川、提升了剑川旅游的知名度。2010年9月,剑川荣获"太姥山·2010中国青年喜爱的旅游目的地"、"中国最佳民族文化旅游名县"称号;10月,沙溪寺登村入选108个中国村庄名片,寺登村兴教寺入选首批中国乡村文化遗产地标村庄名录,沙溪寺登村通过首批省级旅游特色村省级验收。

完成投资建设780万元的石宝山景区旅游基础设施建设项目,超额完成州政府下达投资建设500万元的项目建设。投资140万元的石宝山游客服务中心和投资60万元的美化亮化工程于6月通过验收。投资80万元的景区危房改造及景区道路安全防护设施建设工程,配合县交通局实施投资450万元的石宝山景区旅游公路改造工程,投资50万元完成宝相寺停车场旅游厕所及附属工程正在施工中。配合相关部门做好石宝山至寺登街旅游环线建设项目前期工作。编制完成《石宝山寺登街旅游区联动开发项目建议书》。

【财政　税收】 2010年,剑川县财政总收入16616万元,完成年初预算15748万元的105.51%,比上年增收2305万元,增长16.11%。其中:上划中央增值税和消费税4699万元,比上年增加1563万元;上划中央和省所得税2116万元,比上年增收306万元,增长16.91%;上划耕税38万元,比上年增收35万元;地方一般预算收入9763万元,完成年初预算8679万元的112.49%,比上年增收401万元,增长4.28%。全县地方一般预算支出65044万元,完成年初预算52834万元(年初预算21305万元、上级专项补助31529万元)的123.11%,比上年增加15216万元,增长30.54%。

国税部门税收收入7195万元,完成年初预算7718万元的93.22%,比上年增收2385万元,增长49.58%;地税部门税收收入6509万元,完成年初预算5830万元的111.65%,比上年增收1209万元,增长22.81%;财政部门非税收入2912万元,完成年初预算2200万元的132.36%,比上年减少1289万元,减幅30.68%。

【金融　保险】 2010年,剑川县金融机构各项存款余额19.99亿元,比年初增长38.6%;各项贷款余额8.5亿元,比年初增长10.1%。

2010年,人保财险云南剑川支公司实现保费收入1819万元,同比增长43.84%;综合赔付率36.07%,同比降低23.77%;应收保费率0.55%,同比降低75.45%,实现利润452.81万元,同比增长76.30%,超额完成年初利润指标的259.25%。

【教　育】 2010年,剑川县有944名考生参加普通高考,其中应届生544人、往届生400人。各科类报考人数为:文史311人、理工612人、文科艺术4人、文科体育4人、理科体育12人。普通高考实考940人,上线人数931人,上线率99.04%。总计录取739人,其中一本59人、提前批12人、二本317人、三本30人、专科320人、中专1人,录取率78.6%。

完成投资3871.3万元,建成剑川县民族中学教学楼、食堂、围墙等设施,并于2010年8月正式开班办学。

【科　技】 2010年,"烟后菜"种植在上年试验成功的基础上,种植面积扩展到166.66公顷;种植科技抗旱马铃薯1403.33公顷,顺利通过省、州测产验收,新增销售收入2512.7万元;完成粳型杂交稻"滇杂86"种植连片展示2公顷、花椒基地苗木移栽333.33公顷。

【文化　体育】 2010年,有2个文化站通过验收并投入使用。金华、马登、弥沙和老君山4个乡镇综合文化站建设项目通过评审,并纳入2010年建设项目。根据省州主管部门要求,于2010年10月启动4个乡镇综合文化站建设项目。

完成剑川民族博物馆监控系统和提升改造工程,全面完成昭忠祠牌坊恢复重建工程、绿化工程和昭忠祠整体提升改造工程。

全年共出动750人次,检查音像制品经营户18户、小三印17户、书报刊零售7户,共收缴非法盗版音像制品251盘、盗版书刊15册。全年提供免费现代信息资源服务6万多人次。

成功举办了2010年剑川县"石宝山"杯全州老年人体育运动会。

【卫　生】 2010年,国家批准剑川县人民医院整体搬迁新建投资4400万元,其中:中央专项补助1950万元、省州配套资金2450万元,建筑面积1.76万平方米。主要建设门诊楼、住院楼、医技楼、传染科及附属用房,按国家二级甲等医院标准建设,完成固定资金投资2344万元。县疾控中心地方病分中心业务用房建设项目,建设面积504平方米,框架结构2层,概算72万元,已全面封顶并转入装修阶段。投资6万元的老君山镇官宅村卫生室建设,建筑面积80平方米,工程于12月20日竣工。完成县卫生监督所业务综合楼的立项申报工作。

【计划生育】 2010年,全县出生人口1785人,人口出生率10.07‰,人口自然增长率4.06‰。全年无违法多生育(含流动人口违法多生育)。

【扶　贫】 2010年,剑川县有9个村实施"千村扶贫开发百村整体推进"项目,分别是金华镇桑岭村、双河村,甸南镇发达村、西中村,马登镇太平村、后甸村,老君山镇建基村、官坪村,象图乡丰登村。涉及35个自然村共3708户15490人。9个村项目规划批复总投资2987.75万元,其中:省扶贫资金345万元、州财政资金281万元、县财政资金253万元、部门整合资金1176.21万元、群众自筹及投工投劳折资882.84万元、信贷及其他资金49.7万元。9个村共完成投资4663.98万元,完成项目规划总投资2987.75万元的156.1%。其中:省扶贫资金345万元、州财政资金281万元、县财政资金253万元、部门整合资金2231.98万元、群众自筹及投工投劳折资1475万元、信贷资金78万元。9个行政村3708户15490人彻底告别了住房难、行路难、吃水难、听广播难、学科技难、看病难和子女上学难的日子。2010年,全县共有1875名农村贫困人口脱贫(不包括因灾返贫人口),全县农民人均纯收入2356元。

【领导名录】 2010年,县委书记刘平,副书记李立钧(白族,任至1月)、李劲松(白族)、赵喜旺(白族)、李秀泉(女,省下派)。县委常委杨福善(白族)、张开泰(白族)、杨红祥、赵成明(白族,任至6月)、王梅芬(女,白族)、汤培德、王兴模、张茂兴(白族)。县人大常委会主任陈耀全(白族),副主任杨泮鹿(白族)、李全良(白族,任至1月)、李晓弟(白族)、施少梅(女,白族)。县长李立钧(白族,任至1月)、李劲松(白族,1月起任代理县长,2月起任县长),副县长赵成明(白族,任至6月)、王梅芬(女,白族)、张吉麟(白族)、董洪旺(白族)、杨绍雄(白族)、杨章宏(白族)、杨建鹏(白族,5月起任)、岳宁。县政协主席尹福舟(白族),副主席张学会(女,白族)、段宗俊(白族)、苏育新(白族)刘文忠(白族)。县纪委书记杨红祥。

【州长、副州长到沙溪镇查看地震灾情】 2010年1月4日,州委副书记、州长何金平和副州长岳黎松深入沙溪镇查看"1·1"地震灾情,慰问受灾群众,指导抗震救灾工作。

【省委组织部部长辛桂梓一行到剑川县调研】 2月4~5日,省委常委、省委组织部部长辛桂梓一行,在州委书记刘明,州委常委、州委秘书长杨健,州委常委、州委组织部部长叶翠萍及县领导李劲松、杨福善、汤培德等陪同下,到剑川县就深入开展学习实践科学发展观活动、民族文化旅游产业发展、民族中学建设、狮河木器木雕产业发展及农村党建等工作进行调研。省、州调研组还到沙溪镇红星村看望慰问困难党员和村干部,慰问"1·1"地震受灾群众。

【州领导到剑川检查指导】 3月22~23日,州委常委、州委组织部部长叶翠萍和副州长洪云龙到剑川县检查指导抗旱救灾、新农村建设等工作。州检查组深入老君山镇调研并出席在老君山镇政府举行的大理州红十字会"抗旱救灾博爱送万家"剑川捐赠仪式,洪云龙代表州委、州政府捐赠了价值17万元的抗旱救灾物资。

【开展"四二"武装起义61周年纪念活动】 4月2日,剑川县开展"四二"武装起义61周年纪念活动。县委书记刘平向县景风公园负责人颁发省委、省政府授予的"云南省爱国主义教育基地"牌匾。

【州人大常委会主任字国顺一行到剑川执法检查】 5月19~20日,州人大常委会主任字国顺、副主任杨宴君一行到剑川县就《中华人民共和国文物保护法》贯彻执行情况进行执法检查。检查组一行先后深入海门口遗址、西门街明清古建筑群、景风阁、石钟山石窟、沙溪寺登街等重点文物保护单位,检查文物保护情况。

【举行沙溪复兴工程庆典暨谅解备忘录签署仪式】 5月28日,中国·剑川沙溪复兴工程三期竣工庆典暨四期谅解备忘录签署仪式在沙溪寺登街举行。县委书记刘平主持庆典暨签署仪式,县长李劲松与瑞士方代表签署《沙溪寺登街复兴工程四期谅解备忘录》。州政协副主席孙珍玲,瑞士驻华大使馆发展事务顾问瓦特·迈耶博士,瑞士LEP景观与规划咨询公司首席执行官迭戈·萨梅隆先生、沟通与交流专家王维女士、沙溪复兴工程项目主管黄印武先生及县党政领导出席庆典仪式。

【国务院参事室参事严军琦一行到剑川调研】 6月7日,国务院参事室参事严军琦、中国民族音像出版社社长景宜一行到剑川寺登街、石宝山、海门口遗址、狮河木雕村等地就民族文化产业发展情况进行调研。

【龙源风力发电公司董事长贾楠松一行到剑川考察】 6月11日,国电云南龙源风力发电有限公司董事长贾楠松一行到剑川县东山庆华村实地考察龙源公司风电测风情况。县委书记刘平、县长李劲松等陪同考察。

【龙源电力公司总经理谢长军一行到剑川调研】 9月16日,中国国电集团公司总经理助理、云南龙源电力集团股份有限公司总经理谢长军一行到剑川县调研龙源剑川风电场项目前期准备工作。

【国家计生委王巧梅一行到剑川调研】 6月26~27日,国家人口计生委科技司副司长王巧梅一行在云南省人口计生委副主任吴莉华、大理州人口计生委主任芮雪梅及剑川县县长李劲松、县委副书记赵喜旺、副县长王梅芬等领导陪同下,到剑川县调研计划生育生殖健康服务和人口出生缺陷预防工作。

【省级农村电气化达标验收反馈会议在剑川召开】 6月26日,省水利厅、省发改委对大理州漾濞县、洱源县、剑川县"十一五"水电农村电气化建设工作进行达标验收,并在剑川县召开反馈会议。

【文化部调研组到剑川县调研】 7月15日,中国艺术研究院党委书记张庆善、文化部非物质文化遗产司副司长屈盛瑞、文化部物质文化遗产司管理处处长兰静一行在州委常委、副州长蔡春生及剑川县领导刘平、李劲松、李秀泉、杨福善等陪同下，到剑川县文化馆、剑川石宝山、沙溪寺登街、剑川古典木雕家具厂、“曲之灵”文化茶苑等地调研非物质文化遗产保护工作。

【“爱心光明行”复明工程在剑川实施】 8月28日，香港慈辉佛教基金会、香港佛教慈善会及省医疗队到剑川县实施“爱心光明行”贫困白内障患者复明工程。县长李劲松、县委副书记赵喜旺、副县长王梅芬等领导出席启动仪式。“爱心光明行”工程使148名贫困白内障患者重见光明。

【举办石宝山歌会节】 2010年9月4～6日，剑川石宝山歌会节隆重举行。副州长洪云龙出席活动并宣布歌会节开幕，县长李劲松致欢迎词。州委常委、州纪委书记梁志敏、县四班子领导及省文化厅、州委办公室、州委宣传部、州人大、州政协等省州相关部门领导和州内11个县市党政领导出席了开幕式。

【《剑川县艺文志》正式出版】 2010年11月，由剑川县史志办公室编纂的《剑川县艺文志》由云南民族出版社出版。

【省公路开发公司总经理姜志刚一行到剑川检查】 10月16日，云南省公路开发投资有限公司总经理姜志刚，副总经理、大丽高速公路建设指挥部指挥长孙乔宝一行，在副州长李红卫的陪同下，检查大丽高速公路剑川段建设情况。

【北京大学文博考古学院副院长孙华到剑川调研】 10月27日，北京大学文博考古学院副院长孙华到石钟山石窟、沙溪兴教寺、印盒象鼻洞旧石器遗址等地调研文物保护工作。

【金华镇】 镇辖东门社区、南门社区、西门社区、北门社区、城北社区、向前、文华、金龙、三河、双河、梅园、金和、清坪、永丰、龙营、龙凤、金星、邑坪、新仁、文榜、庆华、桑岭、禄寿23个村民（社区居民）委员会。

全镇总人口52116人，其中非农业人口10347人、农业人口41769人。总户数15513户，其中非农业户4999户、农业户10514户。农业从业人员14240人，工业从业人员1537人，建筑业从业人员2371人，交运仓储和邮政业从业人员938人，信息传输、计算、服务和软件业从业人员107人，批发与零售业从业人员844人，住宿和餐饮业从业人员269人，其他行业从业人员1594人。全镇财政收入1917.4万元，农民人均占有粮食434千克。完成投资480万元的向前柳营村农田灌溉、清坪炼坪抗旱人畜饮水、龙营营头人畜饮水、双河水库东大沟水毁工程等农田水利工程18件。投资2995.02万元的金龙河治理项目已申报立项。投资230万元完成永丰、龙凤、新仁、邑平、龙营、桑岭村村庄道路及梅园村机耕桥工程7件。完成投资1096万元的螳螂河土地开发整理项目，投资352.33万元完成龙营、清坪、庆华、文华、龙凤、禄桑完小教学楼建设及梅园完小整体搬迁、综合教学楼工程建设。完成投资18万元建设农村公共卫生服务项目卫生厕300座。启动实施投资42万元的文化站建设项目，新建10万元的禄寿、桑岭、双河、三河村农家书屋。投资52万元修建2群10间密集化烤房。投资84万元完成了三河、梅园、龙营3个村委会建设；投资210万元启动城北、西门、南门3个社区办公楼建设。

2010年，镇党委书记（暂缺），镇人大主席董又兴，镇长刘胜云。

【甸南镇】 辖天马、白腊、龙门、朱柳、西中、兴水、永和、狮河、海虹、发达、回龙、桃源、印合、白山母、玉华、上关甸16个村民委员会。

全镇总人口33878人，其中非农业人口1629人、农业人口32249人。总户数8623户，其中非农业户1250户、农业户7373户。农业从业人员11758人，工业从业人员1753人，建筑业从业人员1535人，交运仓储和邮政业从业人员737人，信息传输、计算、服务和软件业从业人员45人，批发与零售业从业人员320人，住宿和餐饮业从业人员160人，其他行业从业人员2376人。人均占有粮食398千克，财政收入705.5万元，比上年增加187.5万元，增长36.2%。投资75万元，对回龙、桃源、白山母、玉华村委会办公大楼进行建设。“一事一议”项目：投资11.4万元，完成兴水江长门村道路硬化建设工程；投资6.5万元完成兴水后箐人畜饮水工程；投资8.4万元完成兴水中村灌溉沟工程；投资5.3万元完成回龙东山脚灌溉沟工程；投资5万元完成回龙下庄村道路硬化建设工程；投资9.5万元完成回龙塘上村道路硬化建设工程；投资5万元完成上关甸村内道路硬化建设工程；投资10.5万元完成白山母北登村内道路硬化建设工程；投资13.8万元完成白山母青岩头村内道路硬化建设工程。投资220万元完成玉华水库西干渠防渗工程；投资14.6万元完成玉华山神坡人畜饮水工程。配合有关部门完成了白山母、玉华村电网改造，完成镇政府建设规划工作。

全年完成奶牛人工授精340头，黄牛人工授精500头，猪改良2900窝，羊改良1100只。

投入整合资金新建安居房43户，抗震加固排险33户，屋面翻修改造102户。新建农户院心硬化638户，新建和改造节能灶1153户。改造1105户卫生厕，新建三格化粪池厕所20口；改造卫生厩1073户，新建13户。开展实用科技培训25期3147人次受训。人均有1亩400千克以上的稳产田地，人均有1亩特色经济林果。

2010年，镇党委书记马占全，镇人大主席陈文显，镇长邵宝玉（女）。

【沙溪镇】 辖寺登、石龙、甸头、四联、沙坪、长乐、北龙、鳌凤、东南、华龙、灯塔、溪南、红星、联合14个村民委员会。

全镇总人口23172人，其中非业人口21921人、农业人口1251人。总户数5988户，其中非农业户843户、农业户5145户。农业从业人员8562人，工业从业人员433人，建筑业从业人员1455人，交运仓储和邮政业从业人员357人，信息传输、计算、服务和软件业从业人员30人，批发与零售业从业人员252人，住宿和餐饮业从业人员144人，其他行业从业人员841人。全镇经济总收入8440万元，农民人均纯收入2372元，比上年增加320元。粮食总产量1073万千克，人均占有粮食485千克。财政收入617.3万元，比上年增加158.3万元，增长34.4%。年内共发放粮食直补213.18万元，农机具补贴38万元；“家电下乡”和“汽车下乡”项目，共补贴资金17.8万元。全镇有11个种烟村共种植烤烟512.67公顷，收购烟叶122.5万千克，实现产值2000万元。

2010年10月，寺登村入选108个中国村庄名片之一，寺登街兴教寺被命名为10个中国乡村文化遗产地标村庄名录之一。

年内共接待海内外游客5.2万人次，其中海外游客6000人次，旅游社会总收入800万元，同比增长135%。年内共引入协议资金1585万元，实际到位资金452万元。共引进4家外商入驻寺登街投资开发。

2010年，镇党委书记高胜军，镇人大主席马应武（任至11月），镇长张益儒。

【羊岑乡】 辖兴文、杨家、金坪、石登、中羊、六联、新松7个村民委员会。

全乡总人口13841人,其中:非农业人口1174人、农业人口12667人。总户数3733户,其中非农业户659户、农业户3074户。农业从业人员4601人,工业从业人员201人,建筑业从业人员681人,交运仓储和邮政业从业人员225人,批发与零售业从业人员121人,住宿和餐饮业从业人员60人,其他行业从业人员854人。全乡经济总收入3292万元。农民人均纯收入2014元,比上年增加278元。粮食总产量487万千克,农民人均占有粮食358千克。财政收入296.3万元,比上年增加46.2万元,增长18.5%。扶持发展了以黄花村返乡创业青年为代表的家禽养殖户,家禽养殖业走上了正轨。全乡畜禽存栏3.71万头(只),其中牛存栏1.08万头,羊存栏9600只,生猪存栏1.67万头,家禽存栏3.44万只。肉类总产量158.6吨,禽蛋产量48吨,畜牧业产值2685万元,占农业总产值的40%。全年全乡村金融机构各项存款余额2770万元,各项贷款余额1413万元,分别增长72%和7.3%。招商引资有成效益,引进了鑫宝公司、瑞鼎公司投资建厂,全年共引进议定投资1.12亿元,实际到位资金2265万元。年内为搞好剑兰二级公路建设做了大量的协调服务工作,完成征地(耕地)19.34公顷,涉及农户510户,共兑付资金1470多万元。

2010年,乡党委书记李玉成,乡人大主席杨振川,乡长毛金山。

【马登镇】 辖马登、新民、黄花、新华、玉龙、太平、塔登、东华、后甸、文屏、江南、甸所12个村民委员会。

全镇总人口21936人,其中非农业人口1139人、农业人口20797人。总户数6027户,其中非农业户930户、农业户5097户。农业从业人员6904人,工业从业人员517人,建筑业从业人员1689人,交运仓储和邮政业从业人员352人,信息传输、计算机服务和软件业从业人员19人,批发与零售业从业人员395人,住宿和餐饮业从业人员214人,其他行业从业人员650人。全镇经济总收入6616万元,农民人均纯收入2141元,比上年增283元。粮食总产量1095万千克,农民人均占有粮食530千克。财政收入196.7万元,比上年增加5.5万元,增长2.9%。投资20万元的马登古戏台建设于3月竣工,并在传统的二月物资交流会期间投入使用;投资30万元对河滨路段河道进行治理;投资近100万元的马登标准化法庭建设于8月通过验收并投入使用;投资128万元的镇政府职工周转房建设及投资50万元的综合楼建设工程于8月15日投入使用;投资20万元的镇司法所建设于9月底竣工并投入使用;投资30万元的新老城区连接桥建设于2009年10月动工,2010年8月竣工。"千村扶贫百村推进"项目太平村和后甸村各项工作取得实质性进展。太平村"千村扶贫百村推进"项目完成投资232.12万元(其中专项资金54.76万元、整合资金13万元、群众自筹164.36万元)。墙体粉刷完成205户,安居房完成新建76户、改造75户,院心硬化完成95户,改造节能灶105口,新建卫生厕172座,新建卫生厩152户,墙体彩绘完成54户。

2010年,镇党委书记杨建鹏(任至5月)、李晋瑛(11月起任),镇人大主席和泽龙,镇长何建雄。

【老君山镇】 辖富乐、新生、杉树、美水、新和、富民、建基、官坪、启文、官宅10个村民委员会。

全镇总人口17926人,其中非农业人口803人、农业人口17123人。总户数4787户,其中非农业户515户、农业户4272户。农业从业人员6878人,工业从业人员609人,建筑业从业人员430人,交运仓储和邮政业从业人员425人,批发与零售业从业人员226人,住宿和餐饮业从业人员214人,其他行业从业人员860人。全乡经济总收入6618万元,农民人均纯收入2484元,比上年增加361元。粮食总产量869万千克,人均占有粮食508千克。财政收入526.3万元,比上年增加188.6万元,增长55.85%。2010年全镇共转移富余劳动力897人,实现经济收入1345.5万元。新增培训人数900人,新增城镇就业人数55人。共发放救灾款4.26万元、农村临时补助2.75万元、农村医疗救助9.97万元、城镇临时补助500元、救济粮4.34万千克、民房恢复重建补助1万元。全年共发放农民各种补贴资金168.5万元、农业机械购置补贴21.87万元。

2010年,镇党委书记段一民,镇人大主席杨树林,镇长刘新武(任至5月)、杨剑华(5月起任代理镇长)。

【弥沙乡】 辖弥新、大邑、岩曲、东庄、西庄、文新6个村民委员会。

全乡总人口9269人,其中非农业人口572人、农业人口8697人。总户数2228户,其中非农业户204户、农业户2024户。农业从业人员3545人,工业从业人员69人,建筑业从业人员123人,交运仓储和邮政业从业人员60人,批发与零售业从业人员61人,住宿和餐饮业从业人员77人,其他行业从业人员614人。全乡经济总收入2265万元,农民人均纯收入2005元,比上年增加306元。粮食总产340万千克,农民人均占有粮食391千克。财政收入133.9万元,比上年增加41.9万元,增长45.5%。2010年全乡规范化种植烤烟141.47公顷,比上年增加48.13公顷,超额完成烤烟种植任务。投资225万元新建密集式烤房9群90间。全乡收购烟叶31.25万千克,占计划数的100%,比上年增长35%;烤烟产值474.55万元,比上年增长35%。"1·1"地震恢复重建方面:投入恢复重建资金190万元,其中101.68万元用于民房恢复重建,88.32万元用于基础设施恢复重建。完成第一期重点除险加固82户、一般加固614户;完成第二期拆除重建30户、重点加固215户。2010年全乡新农合参合人数8342人,参合率97.35%。

2010年,乡党委书记李锡华,乡人大主席段正文,乡长李新奇。

【象图乡】 全乡辖象图、江头、下登、沽泥盆、丰登5个村民委员会。全乡总人口5737人、总户数1535户。其中:非农业户194户、206人,农业户1341户、5531人。农业从业人员2727人,工业从业人员45人,建筑业从业人员184人,交通运输仓储和邮政业从业人员10人,批发与零售业从业人员22人,住宿和餐饮业从业人员11人,其他行业从业人员64人。全乡经济总收入1529万元,农民人均纯收入1946元,比上年增加264元。粮食总产量327万千克,农民人均占有粮食567千克。财政收入23.9万元,比上年增收7.6万元,增长46.6%。2010年,象图乡被命名为大理州核桃种植明星乡,沽泥盆村被命名为核桃种植明星村。

投资20万元完成50间核桃烤房建设。结合"1·1"地震安居工程项目,强化民房恢复重建工作。投资15万元的民房恢复重建一期工程和投资60万元的二期工程顺利完成。投资17.1万元完成象图村美化亮化工程建设,投资14万元完成下登和沽泥盆入村道路损毁修复项目,投资9.1万元完成丰登村文化室重建项目,投资11万元完成江头、下登、沽泥盆3个村委会附属工程拆除重建项目,投资5万元完成乡政府房屋排危加固工程。千柏山风力发电场测风工作进展顺利。丰登村“千村扶贫”项目建设有序推进,农户“八有”项目全面完成,完成投资65万元;“六有”项目完成投资25万元。投资50万元完成下登村服务中心建设,投资400多万元完成象图中小学校舍安全工程,投资40万元完成下登村和江头村办公楼建设项目,投资15万元完成牲畜交易市场建设,投资25万元对沽泥盆农贸市场进行了完善建设,投资170多万元的丰登村公路正在实施中,剑云公路建设进展顺利。

2010年,乡党委书记张灼林,乡人大主席杨发宝,乡长段军。

(杨德元)

鹤庆县

【自然概貌】 鹤庆县位于云南省西北部,地处滇西横断山脉南端、云岭山脉以东,大理州北端,地理坐标为东经100°01′~100°29′、北纬25°57′~26°42′。东有金沙江与永胜县分津,南与宾川县、大理市接界,西与剑川县、洱源县接壤,北与丽江市毗邻。国土面积2395平方千米,其中山区、半山区和峡谷区面积占89.7%。县城海拔2196米,年均气温14.5℃,年降雨量1143.6毫米。县城云鹤镇居鹤庆坝中偏西,距省会昆明市476千米,距州府大理市136千米,距丽江市39千米。

县境内峰峦起伏、山体连绵,形成有山地、丘陵、小盆地、河谷等多种地貌。地势西北高、东南低,南北两端有两个狭长的小盆地:南端的黄坪坝,属低热河谷区,海拔1300~1700米;北端的鹤庆坝,属中暖地区,海拔2000~2300米。马耳山脉矗立于县境西南部,主峰海拔3925米,山体莽莽苍苍,连绵起伏;石宝山脉横枕鹤庆坝东部,主峰海拔3628米;县境南部是鸡足山脉延伸的四角山、云华山等。全县最低海拔点位于金沙江边的朵美乡洛崀村,海拔1162米,与境内马耳山主峰海拔的高差为2763米。县内水系主要为金沙江、漾弓江、落漏河、河川河等。金沙江流经县境的河段位于该县东部边缘,大部分为鹤庆县与永胜县的共同县界,自丽江由北向南进入鹤庆,经大箐、金河、江东、中江、禾米、箐北、朵美、洛崀等村,由东南进入永胜县境。金沙江河道较深,水位落差大,水能资源丰富。漾弓江由北至南流经该县境,转东南注入金沙江,是金沙江的主要水源之一。县境内地下水资源较丰富,曾形成上百个泉潭(又名龙潭),使鹤庆自古有“泉潭之乡”的美称。鹤庆坝内西山脚一线有众多龙潭,构成川流不息的水源,形成以母屯村草海为中心,水域宽阔的天然草海湿地,使鹤庆成为有名的“鱼米之乡”。

鹤庆县属南亚热带与寒温带之间的过渡性气候区,为冬干夏湿的高原季风气候,具有雨热同季、干湿分明,夏秋多雨、冬春多旱,年温差小、日温差大的特点。由于特殊的地理环境,悬殊的地貌差异,因而形成“一山分四季,十里不同天”的“立体气候”。年均降雨959.5毫米,年均气温13.5℃,年均日照2293.6小时,全年无霜期210天左右。因受地理环境的影响,低温冷害、暴雨、冰雹等自然灾害较为频繁。

【行政区划】 2010年,全县设有7个镇,2个乡(1个民族乡):辛屯镇、草海镇、云鹤镇、金墩乡、松桂镇、西邑镇、黄坪镇、六合彝族乡、龙开口镇。县人民政府驻云鹤镇。全县下辖113个村民委员会,2个社区居民委员会。

【人口 民族】 2010年末,全县总人口272891人,其中非农业人口23996人,占总人口的8.79%;农业人口248895人,占总人口的91.21%。境内共同居住着汉族、白族、彝族、傈僳族、苗族、回族等民族,其中汉族89009人,占总人口的32.62%;少数民族183882人,占总人口的67.38%。少数民族人口中,白族160452人、彝族14459人、傈僳族4965人、壮族884人、苗族1416人、纳西族710人、回族70人、藏族241人、傣族219人,此外还有哈尼族、佤族、普米族、布依族、独龙族、满族、拉祜族、瑶族、景颇族、布朗族、怒族、蒙古族、阿昌族等外来少数民族共466人。2010年人口自然增长率-0.04‰。

【经济综述】 2010年,全县完成地区生产总值24.48亿元,比上年增长13.8%。其中:第一产业完成6.36亿元,比上年增长6%;第二产业完成11.59亿元,比上年增长20.8%;第三产业完成6.53亿元,比上年增长10.1%。一、二、三次产业结构比例为25.7∶48.9∶15.4。财政总收入3.54亿元,同比增长21.54%。现价工业总产值30.1亿元,比上年增长25.28%;农业总产值12.91亿元,比上年增长14.94%。农村经济总收入20.16亿元,比上年增长10.18%。金融机构各项存款余额39亿元,同比增长24.43%;各项贷款余额26亿元,同比增长22.99%。社会消费品零售总额6.23亿元,比上年增长25.22%(其中:批发零售贸易业5.35亿元,增长25.23%;住宿和餐饮业0.88亿元,增长25.16%)。固定资产投资累计完成36.79亿元,比上年增长31.2%。城镇居民人均可支配收入、农民人均纯收入分别为12079元、3408元,同比增长11.9%和14.13%。

【社会保障】 2010年全县城镇职工基本养老保险、工伤生育保险、失业保险、城镇职工医疗保险总参保人数31088人,支付保险基金2949.22万元。关闭破产企业退休人员1298人一次性参加城镇职工医疗保险。新型农村社会养老保险试点工作取得成效,全县参保人数15.98万人,参保率92.4%,共发放60周岁以上参保群体基础养老金2014万元。特殊困难群体保障救助能力进一步增强,城乡低保覆盖面不断扩大,2010年全县共有10228户23681人享受城乡低保;发放低保金2552.75万元。建成了县城中心敬老院和草海镇敬老院。全县“五保”对象720人实现了“应保尽保”。老年人合法权益得到保障,累计发放高龄老人保健补贴168.49万元。

全县新增城镇就业人数1301人。全年共办理《失业证》264本,年检《失业证》1900本、《再就业优惠证》1198本,办理《农民工服务手册》429本;扶持208人实现自主创业;发放贷款1040万元,带动650人实现就业;农民工转移培训708人,就业率达100%,转移农村劳动力3000人。在7个乡镇9个行政村实施千村推进项目,涉及67个自然村3690户15958人,总投资3905万元;投放扶贫信贷资金2100万元,项目覆盖7个乡镇56个村委会的813户3415人。

【城镇化建设】 2010年,围绕以加快县城建设为中心,以完善县城整体功能、提升县城品位为重点,将鹤庆县城打造成白州靓丽的北大门为目标,全力推进县城建设。投资2亿元,实施了县城垃圾处理场和县城污水处理厂及配套管网工程建设,对县城市政道路、公厕、停车场、垃圾收存、绿化、照明等市政工程设施进行了新建和改造。完成廉租住房建设面积10.6万平方米,新建商品住房面积 8.5 万平方米。县城建成区面积 6.27 平方千米，人均绿地面积 7.44 平方米，绿地率达 5.79%。以辛屯、松桂、黄坪、龙开口镇为重点的集镇建设有了新的发展，全县城镇化率达 5.33%

2010 年，全县新增有线模拟电视用户 9795 户、新增有线数字电视用户 1996 户，有线数字电视用户总数为 28917 户。发展广播电视宽带用户 814 户，全县广播电视宽带用户总数 1367 户。全县互联网用户 6136 户、固定电话用户 18382 户、移动电话用户 12.19 万户。广播、电视覆盖率分别为 100% 和 98.77%。

【农　业】 2010 年，农村经济总收入 20.16 亿元，比上年增长 10.18%；农民人均纯收入 3408 元，同比增长 14.13%。全县农作物播种面积 31066.67 公顷，比上年增长 1.57%。粮食播种面积 23386.67 公顷，粮食总产 12.04 万吨；蔗区甘蔗面积 1753.33 公顷，甘蔗工业入榨量 74596.18 吨，产白糖 8538.8 吨，蔗农收入 2200 万元；种植烤烟 1510.6 公顷，收购烟叶 10.5 万担，烟农收入 6920.7 万元；养蚕 46661 张，收购鲜茧 1833.55 吨，蚕农收入 5780.72 万元。

全年共兑现惠农资金 952.42 万元：申请中央财政农业机械购置补贴项目资金 510 万元，补贴购买各类农业机械 1571 台(套)；油菜良种补贴 200 公顷，补贴资金 3 万元；补贴 60 万元，扶持高寒山区种植地膜玉米 2000 公顷；水稻等农作物补贴 293.42 万元，补贴面积 14666.67 公顷；投入 50 万元，补贴马铃薯良种生产 333.33 公顷；使用补贴资金 36 万元，发放玉米种子(部分困难农户)21.6 吨。

在松桂、六合 2 个乡镇的 5 个重点村完成 2008 年、2009 年度巩固退耕还林成果基本口粮田建设 453.33 公顷任务。总投资 530.4 万元，配套硬化沟渠 12.14 千米，坡改梯 20 公顷，建设小水窖 194 个，改造维修蓄水塘 15065 立方米，实施生物农艺措施 453.33 公顷。建成沼气池 1420 口，完成中央投资 192 万元(2008 年度国债项目完成 420 口，2009 年度中央扩大内需新增项目 1000 口)。实施草海湿地保护管理区建设项目，完成项目建设投资 1208 万元，占总投资的 73.3%(总投资 1649 万元，其中中央补助 1319 万元、地方配套 330 万元，保护面积 297 公顷)。完成湿地保护工程建设投资 184.63 万元、湿地恢复工程投资 875.53 万元。

实施农村民居地震安全工程，补助 600 万元，组织实施 2200 户(拆除重建 200 户、加固 2000 户)；补助 300 万元，新建 300 户。

【畜牧业】 2010 年，畜牧业总产值 6.57 亿元，比上年增长 12.68%。年末牲畜存栏 43.64 万头，比上年增长 2.03%，其中生猪存栏 24.28 万头、羊存栏 11.87 万只、牛存栏 2.22 万头。肉类总产量 4.49 万吨，比上年增长 8.84%；禽蛋产量 1378 吨，奶类产量 5587 吨。全年出栏生猪 45.38 万头、牛 2.49 万头、羊 12.85 万只、禽类 60.8 万羽。

【林　业】 2010 年，全县实施天然林管护面积 135466.67 公顷。投入防治经费 3 万元、喷施药物 6 吨，对 340 公顷林地松叶蜂虫害进行防治；全面启动中央森林生态效益补偿工作，将 36893.33 公顷公益林管护责任落实到村组、农户；完成 2009 年核桃基地建设项目 12166.67 公顷的栽植及验收；培育出圃苗木 107 万株，完成县城西片区双龙路、新华路等的绿化工程；投资植被恢复资金 249.19 万元，组织实施金中公路、磨六路、西山片区、七坪石场、大黑山贫困地区的经济林果种植，恢复面积 258.4 公顷；投资 130 万元，在草海湿地保护区的中海、南海之间征用季节性耕地 33.5 亩和鱼塘 10 亩退耕还湖；完成后续产业新增泡核桃种植 946.67 公顷，退耕地补植补造 460 公顷；兑现历年退耕还林补助资金、粮食折现款 567 万元，现金补助 47 万元，完善退耕还林补助资金 280 万元。

【水　利】 2010 年，投入农田水利建设资金 6787 万元，其中政府投资 5700 万元、群众自筹 273 万元、企业资金 814 万元，完成大小水利工程 2019 件。完成渠道清淤 375 千米、修复水毁工程 200 处。新增灌溉面积 160 公顷，改善灌溉面积 1286.67 公顷，新增除涝面积 133.33 公顷，改造中低产田 380 公顷。治理水土流失面积 15 平方千米，硬化三面光沟渠 43.74 千米，新修水窖(池)592 件，新增蓄水能力 1.4 万立方米。新增人畜饮水工程 16 件，解决 2.52 万人饮水安全问题。

2010 年，鹤庆县同全省一样，遭遇了百年一遇的特大干旱。全县投入抗旱人数 4.19 万人、抗旱运水车辆 230 辆、资金 655.38 万元，临时解决 3.78 万人的饮水问题，抗旱浇灌面积 4038 公顷。

【工　业】 2010 年，大力推进新型工业化进程。以矿冶、水能资源开发为基础，以兴鹤工业园区建设为重点，切实加快水、电、路等基础设施建设进度，积极帮助企业解决供地、供电、供水、项目审批、融资担保、贴现损失等突出困难，支持工业企业技改扩能、新建项目，初步建立了水电、冶金、建材、食品、农产品加工、化工六大工业产业。规模以上工业企业发展到 16 户，全县工业企业在岗职工 5500 人。北衙外围多金属探矿取得重大突破，已被列入全省 3 年找矿行动整装勘查项目，正在争取列入国家项目。与云南冶金集团股份有限公司经济技术合作取得阶段性成果，加快发展铝产业的条件逐步成熟，正在推进溢鑫公司、科鑫公司并购重组，新建 20 万吨石油压裂支撑剂项目和 60 万吨电解铝项目，配套建设 500 千伏、220 千伏变电站。协调推进南方电网云南公司、华能澜沧江水电有限公司、云南冶金集团股份有限公司投资合作。2010 年完成现价工业总产值 30.1 亿元，同比增长 25.28%。完成工业增加值 7.7 亿元。全县规模以上工业企业完成工业增加值 5.4 亿元，主营业务收入 12.2 亿元，实现利税总额 2.66 亿元。主要工业产品产量：原煤 14.96 万吨，比上年增长 87.5%；发电量 34239 万度，比上年减少 8.72%；白糖 8541 吨，比上年减少 54.4%；酒精 895 千升，比上年减少 54.43%；白酒 3446 千升，比上年增长 67.93%；铁合金 2.5 万吨，比上年减少 13.55%；锰矿石 8.2 万吨，比上年增长 6.82%；黄金 2816.62 千克，比上年增长 27.94%；铁精粉 29.88 万吨，比上年增长 85.37%；生铁 1.94 万吨，比上年减少 75.19%；水泥 93.91 万吨，比上年增长 17.75%；白银 4089.49 千克，比上年增长 36.16%；太阳能真空管 404 万只，比上年增长 64.23%；白厂丝 118.06 吨，比上年增长 23.79%。工业经济占国民经济的 39%。

在加快工业经济发展的同时，高度重视节能减排和环境保护工作，依法淘汰了鹤庆县力量钢铁有限公司 150 立方米炼铁高炉和 15 吨炼钢转炉。开展严厉打击非法生产经营活动，依法关闭 3 户违法生产企业。完成节能减排预定目标，万元生产总值能耗同比下降 3.9%。

【乡镇企业】 2010 年，全县乡镇企业完成现价总产值 10.45 亿元，比上年增长 18.21%；实现营业收入 9.76 亿元，比上年增长 20.05%。“万村千乡市场工程”建设顺利推进，全县争取到农家店建设指标 30 个，累计建成 2 个县级配送中心、16 个乡级店、184 个村级店，行政村农家店覆盖率达90%以上。新备案“家电下乡工程”销售网点26个，注销4个。全县备案销售(维修)网点76个，销售总额2230万元，兑现补贴241.87万元。

全县有私营企业205户，从业人员7289人，注册资本金5.47亿元；有个体工商户6111户，从业人员6710人，注册资本金1.87亿元。非公经济占GDP的56%。

【招商引资】 2010年，全县招商引资签约三德水泥厂二期工程建设项目、黄草坝风电项目、页岩砖厂建设项目、松桂石材厂建设项目、刨花板厂建设项目、马厂风电项目等项目6个，协议总投资22.89亿元，实际到位资金15亿元。

【交通 邮电】 2010年，完成农村公路通达工程19个项目，共108.1千米，总投资2172.98万元；完成西亨至火车站11.2千米混凝土路面建设，投入资金1000万元；完成丽江机场高速公路改扩建工程二期一级路工程项目征地、建设预留用地补偿等工作，投入资金2808.37万元。建成中江麻拐旦大桥、漾弓江和海尾河桥。全年货运量536万吨，货运周转量22322.16万吨千米；客运量78万人次，客运周转量8661.2万人次千米。全年邮政业务总量780.73万元。

【固定资产投资】 2010年，全县共完成固定资产投资36.79亿元，同比增长31.21%。其中：城镇投资32.29亿元，同比增长33.07%；农村非农户投资2.98亿元，同比增长11.64%；农村私人投资0.99亿元，同比增长3.7%；房地产开发投资0.53亿元，同比增长259.88%。全社会固定资产投资中完成地方投资19.7亿元，同比增长74.1%，占总投资额的53.6%；工业投资27.67亿元，同比增长37.3%，占总投资额的75.2%。

【旅 游】 2010年，坚持民族文化和生态旅游主题，全面推进旅游二次创业，“银都水乡”新华村建成国家4A级景区。全县共接待中外游客245万人次，旅游业总收入14.2亿元。

【财政 税收】 2010年，全县财政总收入3.54亿元，同比增长21.54%；完成地方一般预算收入1.87亿元，同比增长25.09%；一般预算支出9亿元，同比增长23.52%。完成各项税收3.08亿元，同比增长18.77%，其中国税部门税收收入1.31亿元，同比增长9.27%；地方税务部门税收收入1.76亿元，同比增长27%；个体私营税收0.73亿元，同比增长8.65%。

【金融 保险】 2010年末，全县金融机构各项存款余额39亿元，增长24.43%。其中城乡居民储蓄存款余额22.65亿元，比上年增长20.68%。金融机构各项贷款余额26亿元，比上年增长22.09%。全县有中国人寿保险股份有限公司鹤庆县支公司、人民财产保险鹤庆支公司、太平洋人寿保险股份有限公司鹤庆支公司、大地财产保险股份有限公司鹤庆营销服务部、新华人寿保险公司鹤庆营销服务部、泰康人寿保险公司鹤庆支公司、平安财产保险股份有限公司大理中心支公司鹤庆营销服务部等7家保险企业。

【科 技】 2010年，科技工作突出抓项目实施和管理、项目的储备和申报、知识产权保护、科普及科技培训等工作，全县争取到“新农村辅导员培训计划”、“科技示范村建设项目”、“农村科技活动室建设项目”等3个州级计划项目；向省级申报了“省科普教育基地条件平台建设”项目，争取到扶持经费21万元。全县展出科普展板216版，发放科普资料和各种实用技术书籍4万余份，放映科普录像25场次；举办各类科技培训48期40164人次。

【教 育】 2010年，全县有学校(含教学点)152所，在校中小学生39081人；幼儿园40所(其中私立幼儿园39所)，在园(班)幼儿5576人。小学校舍总面积630371平方米，全县教职工总数2199人。小学适龄儿童入学率99.97%、巩固率99.86%，初中阶段毛入学率110.02%、巩固率99.73%，青壮年非文盲率99.91%；职业中学毕业生推荐就业率达98%。教育系统建设项目竣工面积43794.8平方米，主体完工总面积10444.64平方米，在建面积32112.52平方米。年内完成投资3128.4万元，新建中小学校舍30569.43平方米。“两免一补”政策全面落实，共发放农村义务教育阶段贫困家庭寄宿制学生生活补助664.32万元，累计发放中小学免费教科书65591套325.96万元，免除农村义务教育阶段学生杂费、补助公用经费1137.22万元。

【文化 体育】 2010年，投入35万元建成龙开口镇综合文化站，投入1.2万元对县文化馆线路及后花园进行改造和绿化美化，申报赵屯村为“省级文化惠民示范村”，投入10万元购买了舞台演出灯光设备，争取图书馆资金21万元(其中15万元加强设施设备、6万元用于购书)，完成了27个“农家书屋”的建设任务，投入60万元对县文化馆进行再投资维修。争取110万元的资金和器材，建成信息共享工程县级支中心和7个乡镇基层服务点；争取资金30万元，在金墩乡赵屯村、草海镇小水渼村、龙开口镇龙开口村组织实施村级农村文化体育活动广场建设试点工程。举办大型群众文化活动93场次。全年外借图书8.53万册次，内阅6.35万人次，总流通14.88万人册次。开展图书展览等活动10次，其中大型图书展3次，共展出图书3000多册(次)。送图书进校园2次，接待学生2000多人次。在第三次全国文物普查中，实地调查登记187个普查对象，其中：复查对象23个(古建筑10、石窟寺及石刻8个、近现代重要史迹及代表性建筑5个)，新发现对象156个(古建筑46个、古遗址25个、古墓葬8个、石窟寺及石刻25个、近现代重要史迹及代表性建筑52个)，消失对象8个。

【卫 生】 建成县计生服务站和龙开口镇、松桂镇计生服务站。全面落实“奖优免补”政策，累计兑现资金654万元。低生育水平持续稳定，人口自然增长率控制在6‰以内。

2010年，县人民医院医技综合楼(建筑面积9986平方米)、县妇幼保健院门诊住院综合楼(建筑面积3641平方米)和辛屯镇连义村卫生所业务用房(建筑面积100.14平方米)均完成建设并投入使用。县中医院整体搬迁项目已完成征地、可行性研究报告、规划设计、住院楼地质勘探；落实了大理白求恩外科医院搬迁新建项目建设用地；黄坪、松桂2个中心卫生院住院楼建设项目均通过了项目评审，于10月10日开工建设；实施龙开口镇大箐村卫生室建设项目；购置126个宣传栏和45把输液椅。县、乡镇两级医疗机构通过云南省药品集中采购平台采购药品中基本药品占总药品采购的66.67%，采购药品金额占药品采购总量的76.3%。

全县孕产妇住院分娩率达97.99%，无孕产妇死亡和新生儿破伤风病例。5岁以下儿童死亡率16.82‰、婴儿死亡率13.19‰(其中新生儿死亡率8.25‰)。全年救助农村孕产妇2559人,使用资金104.92万元;进行儿童体检18211人,儿童保健覆盖率为86.21%。

对4924人进行了健康体检,完善2707人的健康档案建档工作,居民健康档案基本信息采集率达到83.57%。开展血吸虫病防治工作,血清学查病4万人次,单纯粪检0.8万人次,化疗2.35万人次;查螺4863.47万平方米,灭螺628.92万平方米。

全县共有237109人参合,参合率95.06%,共补偿合作医疗基金3405.05万元。培训乡镇卫生院专业技术人员45人次、乡村医生336人次、社区卫生服务专业技术人员11人。组织无偿献血1103人次,采集血液220600毫升。完成4个县级医疗机构、9所乡镇卫生院、111所村卫生所、1个厂矿医务室、1所工地医院、23所个体诊所、29个村卫生所医疗点的查验证工作;红十字会工作稳步推进,筹集善款35575元。

【领导名录】 2010年,中共鹤庆县委书记单进园(女,白族),副书记段智深(白族)、李六八(白族)、张松(3月起任,新农村建设指导员,省总工会下派);县委常委李六八(白族)、彭晓源(白族)、李建华、杨赵义(彝族)、寸清华(白族)、王耀、杨永忠、杨桥枢(白族)、张松(3月起任,新农村建设指导员,省总工会下派);县人大主任李汝林(白族),副主任廖瑞芬(女)、李如森(白族)、杨耀清(白族)、杨鑫(白族);县人民政府县长段智深(白族),副县长彭晓源(白族,1月起任)、寸清华(白族)、马孟杰(回族,任至1月)、李镜(女,白族)、李增堂(白族)、马洪斌(回族)、彭跳跳(中船集团下派,1月起任)、汪湧(省纪委下派,8月起任);县政协主席李玉梅(女、纳西族),副主席龚荣桂(彝族)、陈万宝(白族)、李六四(白族)、杨鸿斌(白族);县纪委书记杨赵义(彝族)。

【松桂镇龙珠村发生一起特大火灾】 2月3日晚9点30分,鹤庆县松桂镇龙珠村发生一起特大火灾事故,10户村民共计76间房屋不同程度被烧毁。

【省总工会副主席卢正国到鹤庆指导抗旱救灾】 3月28~31日,省总工会党组书记、常务副主席卢正国带领省总工会抗旱救灾慰问组,在州人大常委会副主任、州总工会主席彭增梅的陪同下,到鹤庆县慰问并指导抗旱救灾工作。慰问组决定拨出20万元,分别给鹤庆县、松桂镇用于抗旱救灾,同时决定为松桂镇提供50万元建设300个“爱心小水窖”。

【举行“甘霖行动”现场发放仪式】 4月12日,中国扶贫基金会紧急救援项目部开发处处长问会芳、北京云南企业商会秘书长刘海明、云南省驻北京办事处贺红梅一行5人,带着中国扶贫基金会、北京云南企业商会捐助的45万元善款,到鹤庆县松桂镇大营村举行“甘霖行动”现场发放仪式,帮助受旱严重的六合乡和松桂镇解决饮水难题。

【云南实力集团捐资助鹤庆抗旱】 4月23日,云南实力集团董事长彭宇兴等10余位集团高管人员来到鹤庆县六合乡河东村三戈庄自然村,给受旱灾的三戈庄村民带去了大米、香油、矿泉水等价值近2.5万元的应急物资,给三戈庄校点的学生送去了27套文具用品,并举行了“情系家乡、抗旱扶贫”捐赠仪式,现场捐款2.23万元用于该村的抗旱救灾。向鹤庆县捐赠50万元,用于在六合乡河东村新建一所实力希望小学。

【鹤庆境内发生一起车祸】 6月12日下午,大丽公路K89+670M(鹤庆县西邑镇北衙岔路口)发生一起交通事故。一辆昌河车由北朝南行驶,车上有5人乘坐。车行至事故发生地点时,与迎面驶来的重型牵引车相撞,致使4人当场死亡、6人受伤。

【大丽公路发生一起交通事故】 2010年7月18日10时55分,在大丽线K117+575M(松桂三庄附近)发生一起交通事故。当天由陈某(保山市隆阳区人)驾驶一辆吉奥牌轻型普通货车从下关往丽江方向行驶,车上载有6人(含驾驶员)。行至事发地点时与迎面而来的一辆宇通牌大型普通客车正面相撞。事故造成2人当场死亡、1人抢救无效死亡、14人不同程度受伤。

【新华村国家4A级景区推介会在昆明举行】 7月2日上午,由鹤庆县政府主办,大理州银都水乡旅游投资有限公司承办的中国·大理银都水乡新华村国家4A级景区推介会在昆明举行。州委常委、副州长蔡春生和省旅游局副局长何池康在会上讲了话。

【六合乡遭受冰雹大风灾害】 7月27日下午3时许,六合乡境内发生冰雹灾,同时伴有大风天气。冰雹大风天气持续时间超过半个小时,致使黑水、松坪、毛谷、和乐等4个村145.2公顷烤烟受灾,大风造成树木倒塌压毁烤烟房一间,造成经济损失372.55万元。

【草海派出所被公安部命名为一级派出所】 10月,公安部发文决定命名全国590个派出所为一级派出所,其中云南省有24个,大理州鹤庆县草海派出所榜上有名,这是鹤庆县自新中国成立以来第一个也是唯一一个一级公安派出所。

【全州党委系统办公室主任座谈会在鹤庆召开】 10月29日,大理州党委系统办公室主任座谈会在鹤庆县城召开,州保密局、州机要局、州督查室相关人员、各县市委办公室主任、州委各部委、各人民团体办公室主要负责人等100余人参加会议。

【全州工业经济发展现场会在鹤庆召开】 2010年11月10~11日,全州工业经济发展现场会在鹤庆召开。州政府副州长程云川出席会议并讲话。州经委、财政、国税、地税、发改委、商务、安监等有关部门负责人,全州主要企业负责人以及各县市分管工业的副县市长、经济局局长出席会议。

【金翅鹤村被列为省白族特色村】 2010年,金墩乡银河村委会金翅鹤自然村被列为云南省白族特色村。

【云鹤镇】 位于县境北部鹤庆坝子中心,全镇面积8.5平方千米,辖3个村民委员会、2个社区居民委员会。2010年末,全镇总人口22609人,耕地面积297公顷。该镇为县城所在地,是商贸、交通、文化、教育、卫生的中心,对全县具有较强的辐射作用。鹤阳路、南大街、府门街和新建的南环路金善提商业街具有浓郁的民族建筑风格,街道宽敞、环境优美、卫生整洁,是滇西地区规模较大的白族传统民居建筑群,云南省小城镇建设的典范之一,被中央文明委命名为“全国文明小城镇”和被国家环保局命名为“全国环境优美镇”。全镇以加工、餐饮、商贸和旅游业为主,另有农业、建筑建材和运输业。2010年完成地区生产总值4.45亿元,同比增长10%;农村经济总收入1.13亿元,同比增长11%,农民人均纯收入5069元,同比增长10.5%;城镇居民可支配收入为11977元,同比增长11%;

固定资产投资完成1.92亿元,同比增长12%。有个体工商户3014户,从业人员3862人,注册资金12056万元;各类企业164户,注册资金39936万元,其中内资企业77户、私营企业85户、农民专业合作社2户。

2010年,镇党委书记谢莉,镇人大主席蒋亚虎,镇长张四林。

【草海镇】 位于县城四周并延伸至东、西山,全镇面积328.5平方千米,辖16个村民委员会。2010年末全镇总人口46244人,耕地面积2439公顷。全镇以农业为主,兼营林、牧、渔业、手工艺品加工,有以煤、锰采掘和铜、铁、石料加工的乡镇企业和个体私营企业。镇内马厂村出产中国有名的中药材当归;新华白族旅游村是文化部命名的“中国民间艺术之乡”,以加工金、银、铜手工艺品而闻名国内外,每年有几十万中外游客到此观光旅游购物,精美的手工艺品远销周边国家和国内多个省区。2010年,草海镇粮食总产量1.74万吨,农村经济总收入4.24亿元,地方财政收入190万元,农民人均纯收入3870元。

2010年,镇党委书记杨金钊,镇人大主席杨旭慧,镇长施磊。

【辛屯镇】 位于本县北端与丽江接壤,全镇面积100.9平方千米,辖12个村民委员会,2010年末全镇总人口37816人,耕地面积2551公顷,镇域内农田水利基础设施较完善,土地平整肥沃,物产丰富。全镇以农业为主,兼营林、牧、渔和运输、建筑、手工业及小食品加工,商业贸易历史悠久,集市贸易比较活跃。粮食总产量2.06万吨,农村经济总收入4.24亿元,地方财政收入44万元,农民人均纯收入3728元。

2010年,镇党委书记赵鸿铸,镇人大主席李廷鹤,镇长杨学泉。

【金墩乡】 位于鹤庆坝子南端,总面积220.8平方千米,辖17个村民委员会。2010年末全乡总人口38705人,耕地面积2725公顷,全乡以农业为主,林、牧、渔业和运输、建筑建材及栽桑养蚕等综合经营。当年全乡农村经济总收入4.01亿元,粮食总产量1.93万吨,地方财政收入442万元,农民人均纯收入3697元。蚕桑是该乡的支柱产业,种植面积和蚕茧产量居全县之首。该乡文化发达,素有“文墨之邦”的美誉,教育文化一直居全县榜首。境内有“石宝天光”、“龙华夕照”、“象岭晴光”等风景区和龙华十八寺、文笔塔、菩提寺、朝霞寺等名胜古迹。

2010年,乡党委书记李德琦,乡人大主席张银发,乡长李玉龙。

【松桂镇】 位于县境中西部,全镇面积331.7平方千米,辖15个村民委员会。2010年末全镇总人口33153人,耕地面积2516公顷。全镇以农业、林果业为主,兼营运输、石材、铁器加工等,烤烟是该镇的支柱产业。煤、高岭土、麻布石料储量丰富,盛产芝麻梨、花椒、大白芸豆、菌类等。该镇地处大丽公路及六合、龙开口公路的要冲,集市贸易、餐饮业较为活跃;农历七月中旬举办的骡马物资交流会从明末沿袭至今,每年都吸引省内外客商云集于此进行交易。当年农村经济总收入1.5亿元,粮食总产量1.16万吨,地方财政收入354万元,农民人均纯收入2564元。

2010年,镇党委书记张炳江,镇人大主席寸银存,镇长张维新。

【西邑镇】 位于县境西南部,总面积306.4平方千米,辖9个村民委员会。2010年末全镇总人口14320人,耕地面积1591公顷。全镇属山区、半山区、农业生产条件差。全镇以农业、畜牧业和林果业为主,出产竹、麻、桃、梨、核桃、香菌、木耳及中药材。有金、银、铅、锌、铁、大理石等矿藏。粮食总产量0.66万吨,农村经济总收入5009万元,地方财政收入4910万元,农民人均纯收入2165元。

2010年,镇党委书记龚富贵,镇人大主席罗灿林,镇长赵四荣。

【黄坪镇】 位于县境南端与宾川县相邻,全镇面积551.7平方千米,辖13个村民委员会。2010年末全镇总人口36116人,耕地面积2762公顷。该镇属低热河谷气候,热量充足,土地肥沃,物产丰富,是本县的粮食主产区和经济作物区。全镇主产稻谷、小麦、蚕豆,出产甘蔗、红薯、柑橘、桐子、生姜、花生、香蕉等经济作物。旅游景点有佛教胜景天华洞,为鸡足山景点之一。该镇是云南省重点建设的中心小城镇之一,是本县重点发展的“第二经济中心”,集贸市场交易活跃。随着宾邓、邓黄公路的建成,本镇的区位优势更加展现。粮食总产量1.87万吨,农村经济总收入3.08亿元,地方财政收入319万元,农民人均纯收入3924元。

2010年,镇党委书记李锦泉,镇人大主席杨玉和,镇长杨清宇。

【龙开口镇】 位于县境东南部金沙江边,总面积297.7平方千米,辖15个村民委员会。2010年末总人口27676人,耕地面积1549公顷,全镇地处干热河谷区,光热充分,水分不足。全乡以农业为主,兼营畜牧业,主产水稻、甘蔗、蚕豆、小麦、玉米等,另有花生、生姜、龙眼、香蕉等经济作物。2010年粮食总产量1.94万吨,农村经济总收入1.94亿元,地方财政收入372万元,农民人均纯收入2685元。

2010年,镇党委书记刘利全,镇人大主席李长荣,镇长刘松涛。

【六合乡】 位于县境东部,总面积249.5平方千米,辖13个村民委员会。2010年末全乡总人口16252人,耕地面积1157公顷。乡内山峦起伏,群众多居于高山缓坡地带,居住民族多为彝族。因山高坡陡,缺水严重,为鹤庆县干旱贫瘠山区乡。全乡以农业、林业和畜牧业为主,主产玉米、小麦和部分稻谷。2010年全乡粮食总产量0.41万吨,农村经济总收入4776万元,地方财政预算收入69万元,农民人均纯收入1765元。

2010年,乡党委书记张宝军,乡人大主席杨老柒,乡长绞光条。

(田灿辉)

(前6县市责任编校:那鹏;后6县责任编校:杨文琴)

统计资料选编

2010 年大理州国民经济主要指标

指 标 名 称	计量单位	2009 年	2010 年	2010 年比 2009 年增减(±%)
一、土地面积	平方千米	29459	29459	-
二、人 口				
1. 年末总人口(户籍人口)	万 人	351.62	352.57	0.27
#少数民族人口	万 人	178.28	180.18	1.07
2. 人口出生率	‰	10.42	14.24	-
3. 人口死亡率	‰	5.62	15.06	-
4. 人口自然增长率	‰	4.8	-0.82	-
5. 人口密度	人/平方千米	119	120	-
三、劳动力				
1. 全社会从业人员	万 人	214.31	219.14	2.25
2. 全部职工人数	万 人	19.88	19.7	-0.91
#国有单位	万 人	10.47	10.4	-0.67
3. 登记失业率	%	4.2	4.08	-
四、生产总值(当年价)	万 元	4044965	4741287	13.1
1. 第一产业	万 元	1040078	1089607	5.4
2. 第二产业	万 元	1454773	1882942	19.2
#工 业	万 元	1173854	1544154	19.8
3. 第三产业	万 元	1550114	1768738	11.8
五、农 业				
1. 农林牧渔业总产值(当年价)	万 元	1765977	1986924	12.51
农林牧渔业总产值指数(上年为 100)	%	110.3	106.5	-
2. 主要农产品产量				
粮 食	吨	1391824	1268985	-8.83
油 料	吨	45248	28861	-36.22
甘 蔗	吨	297664	233413	-21.59
烤 烟	吨	81670	81988	0.39
水 果	吨	307650	354952	15.38
茶 叶	吨	5078	4774	-5.99

续表

指 标 名 称	计量单位	2009 年	2010 年	2010 年比 2009 年增减(±%)
肉类	吨	415299	442079	6.45
#猪、牛、羊肉	吨	381050	406381	6.65
水产品	吨	49002	48272	-1.49
六、农业生产条件				
1. 乡村从业人员	万 人	178.83	181.24	1.35
#农林牧渔业从业人员	万 人	131.66	130.32	-1.02
2. 耕地面积	公 顷	183130	185853	1.49
#田	公 顷	90278	89841	-0.48
#地	公 顷	92852	96012	3.40
#有效灌溉面积	公 顷	142700	143680	0.69
3. 水库总数	座	431	431	
4. 水库库容量	万立方米	67737	68095	0.53
5. 农业机械总动力	万千瓦	184.6	208.6	13.00
6. 农用化肥施用量(折纯)	吨	158318	164039	3.61
7. 农村用电量	万千瓦时	49882	57328	14.93
8. 农作物总播种面积	公 顷	371901	385886	3.76
#粮 食	公 顷	263268	274481	4.26
甘 蔗	公 顷	2948	2876	-2.44
烤 烟	公 顷	33005	35876	8.70
七、工业生产				
1. 全部国有及规模以上非国有工业企业数	个	190	208	9.47
#大中型工业企业单位数	个	37	40	8.11
2. 全部工业总产值(当年价)	万 元	3742615	4771074	27.48
#全部国有及规模以上非国有工业总产值	万 元	2411626	3290366	36.44
#大中型工业企业总产值	万 元	1813237	2458736	35.60
(1)全部轻工业产值	万 元	1457415	1788665	22.73
(2)全部重工业产值	万 元	2285200	2982409	30.51
3. 主要工业产品产量				
布	万 米	250	280	12.00
机制纸及纸板	吨	45690	46766	2.36
糖	吨	18730	8541	-54.40
精制茶叶	吨	6421	9214	43.50
卷 烟	箱	416000	429000	3.13
十种有色金属	万 吨	15.81	16.7	5.63

续表

指　标　　　名　称	计量单位	2009 年	2010 年	2010 年比 2009 年增减(±%)
原　煤	万　吨	265.34	331.5	24.93
发电量	亿千瓦时	41	85.1	107.56
水　泥	万　吨	685.4	837.2	22.15
八、运输邮电				
1. 年末公路通车里程	千　米	16582	16840	1.56
2. 货运周转量	万吨千米	682508	689000	0.95
#铁　路	万吨千米	69935	16331	-76.65
公　路	万吨千米	604182	647091	7.10
3. 客运周转量	万人千米	785065	802866	2.27
#铁　路	万人千米	11571	15844	36.93
公　路	万人千米	763929	777855	1.82
4. 货运量	万　吨	6363	6590	3.57
#铁　路	万　吨	355	83	-76.62
公　路	万　吨	5982	6414	7.22
5. 客运量	万　人	8720	8940	2.52
#铁　路	万　人	142	80	-43.66
公　路	万　人	8426	8720	3.49
6. 邮电业务总量	万　元	485933	450637	-7.26
7. 函　件	万　件	206	145.13	-29.55
8. 报刊期发数	万　份	16.99	17.22	1.35
11. 固定电话用户数	户	494445	466919	-5.57
九、固定资产投资				
1. 全社会固定资产投资	万　元	2173243	2827992	30.13
按经济类型分：				
(1)国有单位投资	万　元	794149	1256751	58.25
(2)集体单位投资	万　元	20504	27027	31.81
(3)个体私营经济投资	万　元	215632	14184	-93.42
(4)其他投资	万　元	1142958	1530030	33.87
按管理渠道分：				
(1) 城镇投资	万　元	1620849	2147054	32.46
(2)房地产开发投资	万　元	255126	326747	28.07
(3)农村投资	万　元	274120	354191	29.21
#非农户		151058	206543	36.73
农　户	万　元	123062	147648	19.98
2. 商品房销售面积	平方米	978435	1047974	7.11
商品房销售额	万　元	304052	376547	23.84

续表

指　标　名　称	计量单位	2009年	2010年	2010年比2009年增减(±%)
十、建筑业				
1. 年平均职工人数	人	30949	36713	18.62
2. 建筑业总产值(当年价)	万　元	388756	584514	50.35
3. 全员劳动生产率	元/人	125612	159212	26.75
十一、国内商业				
社会消费品零售总额	万　元	1204265	1421032	18.00
十二、对外经济贸易和国际旅游				
1. 国际贸易进出口总额	万美元	14405	18449	28.07
#出口额	万美元	6233	10755	72.55
进口额	万美元	8172	7694	-5.85
2. 实际利用外资额	万美元	1841	2183	18.58
3. 国际旅游人数	万　人	35.3	40.75	15.44
4. 旅游外汇收入	万美元	9986	12917	29.35
十三、财　政				
1. 地方财政一般预算收入	万　元	315480	376161	19.23
2. 地方财政支出	万　元	1020682	1242429	21.73
十四、金融、保险				
1. 金融机构各项存款余额	万　元	4699756	5975291	27.14
#企业存款	万　元	1005713	1193244	18.65
2. 金融机构各项贷款余额	万　元	3176384	3896376	22.67
3. 金融机构现金收入	万　元	9675003	11603350	19.93
4. 金融机构现金支出	万　元	9534542	11452810	20.12
5. 城乡居民储蓄存款余额	万　元	2624791	3221770	22.74
7. 保费收入	万　元	104477	122957	17.69
8. 已决赔款	万　元	22979	26767	16.48
十五、职工工资与福利				
1. 职工工资总额	万　元	501546	563018	12.26
#国有单位	万　元	329171	372471	13.15
2. 职工平均货币工资	元	25706	28956	12.64
#国有单位	元	31476	35973	14.29
十六、城乡人民生活				
城镇居民人均可支配收入	元	14180	15801	11.43
农民人均纯收入	元	3482	3902	12.06
城镇居民人均居住面积	平方米	34.95	35.27	0.92
农民人均居住面积	平方米	32.18	32.2	0.06
十七、环境保护				

续表

指　标　　　名　称	计量单位	2009 年	2010 年	2010 年比 2009 年增减(±%)
1. 工业废水排入达标率	%	75.14	77.01	-
2. 工业固体废物综合利用率	%	60.88	58.11	-
十八、科　技				
县及县以上独立自然科研单位				
机构数	个	8	6	-25.0
人员数	人	289	215	-25.6
十九、教　育				
1. 普通高等学校在校学生数	人	14780	15793	6.85
2. 普通中等专业学校在校学生数	人	12073	12776	5.8
3. 普通中学在校学生数	人	187425	189946	1.35
#初　中	人	136213	138845	1.93
4. 职业中学在校学生数	人	19410	21676	11.67
5. 小学在校学生数	人	298880	295185	-1.24
6. 在园幼儿数	人	77781	82458	6.01
7. 学龄儿童入学率	%	99.46	99.84	0.38
8. 普通高等学校专任教师	人	885	913	3.16
9. 中等专业学校专任教师	人	333	351	5.4
10. 普通中学专任教师	人	11934	12203	2.25
#初　中	人	8421	8586	1.96
11. 职业中学专任教师	人	859	898	4.54
12. 小学专任教师	人	14252	14089	-1.14
二十、文化广播				
1. 艺术表演团体	个	6	5	-16.67
2. 公共图书馆	个	13	13	
3. 广播人口覆盖率	%	94.16	96	-
4. 电视人口覆盖率	%	95	98.75	-
二十一、卫　生				
1. 卫生机构数	个	690	688	-0.29
2. 卫生机构床位数	张	10266	11130	8.42
3. 每千人拥有医院床位数	张	1.87	2.05	9.63
4. 专业卫生技术人员	人	8952	9107	1.73
#医　生	人	4121	4108	-0.32
5. 每千人拥有卫生技术人员	人	2.55	2.58	1.18
二十二、按经济类型分的主要经济指标结构				
1. 生产总值				
国有经济	%	35.9	37.7	-

续表

指　标　　名　称	计量单位	2009 年	2010 年	2010 年比 2009 年增减(±%)
集体经济	%	19.1	18.4	–
其他经济	%	45	43.9	–
2. 从业人员数				
国有经济单位职工	%	4.9	4.7	–
城镇集体经济单位职工	%	0.3	0.3	–
其他各种经济单位职工	%	4.7	4	–
乡村劳动者	%	83.4	84.1	–
城镇个体劳动者及其他	%	6.7	6.9	–
4. 社会消费品零售总额				
公有经济	%	16.7	20.5	–
#国有经济	%	13.6	17.5	–
非公有经济	%	83.3	79.5	–
#私有经济	%	78.9	61.7	–

注:标有“#”号者为其中数。

2010 年大理州分县市列生产总值(一)

地　区	生产总值（万元）	人均生产总值（元）	生产总值按产业分				
			第一产业	第二产业	#工　业	建筑业	第三产业
全　州	4741287	13498	1089607	1882942	1544154	338788	1768738
大理市	1796838	27559	133523	890473	750061	140412	772842
漾濞县	107004	10439	29641	54332	45696	8636	23031
祥云县	633297	13596	171989	333498	305386	28112	127810
宾川县	468479	13328	213436	113062	46042	67020	141981
弥渡县	233213	7304	71325	65517	35847	29670	96371
南涧县	176735	7990	67010	30309	17798	12511	79416
巍山县	227944	7299	88902	55111	35745	19366	83931
永平县	173156	9504	70294	46000	33000	13000	56862
云龙县	195443	9469	58496	79247	30721	48526	57700
洱源县	254053	9125	93124	77909	63774	14135	83020
剑川县	133010	7506	33057	61761	46461	15300	38192
鹤庆县	244852	9143	63583	115939	91437	24502	65330

2010年大理州分县市列生产总值及构成(二)

单位:万元

地区	生产总值按构成项目分				生产总值按支出项目分		
	劳动者报酬	生产税净额	固定资产折旧	营业盈余	最终消费	资本形成总额	货物和服务净流出
全州	2506743	922731	556960	754853	2749262	2353819	-361794
大理市	675815	435835	271946	413242	758963	1045894	-8019
漾濞县	53409	13024	30342	10229	89222	93711	-75929
祥云县	357599	89442	81464	104792	380679	252618	
宾川县	362402	14776	47271	44030	177293	289685	1501
弥渡县	153367	21139	36816	21891	145145	84535	3533
南涧县	130104	9412	14758	22461	102570	73765	400
巍山县	164773	12293	27106	23772	164483	62557	904
永平县	129708	10608	15217	17623	87745	84411	1000
云龙县	131587	18894	23967	20995	127606	281920	-214083
洱源县	159374	18167	32892	43620	138013	129983	-13943
剑川县	95026	12770	16393	8821	60940	59082	12988
鹤庆县	124566	24733	25477	70076	157621	106909	-19678

2010年大理州分县市列户数与人口

地区	年末总户数(户)	年末总人口(人)	按性别分		人口变动		
			男	女	人口出生率(‰)	人口死亡率(‰)	人口自然增长率(‰)
全州	1023596	3525706	1781838	1743868	14.24	15.06	-0.82
大理市	191480	607478	301779	305699	12.44	17.77	-5.33
漾濞县	32049	104621	53360	51261	16.41	17.95	-1.54
祥云县	138401	468397	237019	231378	13.86	8.25	5.61
宾川县	98515	351962	178842	173120	18.93	18.85	0.08
弥渡县	94971	325712	165556	160156	12.59	7.78	4.81
南涧县	62878	225550	115623	109927	16.56	25.27	-8.71
巍山县	83933	314829	159050	155779	14.64	19.06	-4.42
永平县	56525	182494	92849	89645	17.93	17.78	0.15
云龙县	62510	206067	106359	99708	15.76	14.34	1.42
洱源县	76041	287830	145010	142820	8.31	5.22	3.09
剑川县	49556	177875	89359	88516	13.84	11.44	2.4
鹤庆县	76737	272891	137032	135859	14.54	21.53	-6.99

2010 年大理州分县市列人口数

地 区	分民族人口(人)						
	汉 族	白 族	彝 族	回 族	傈僳族	苗 族	纳西族
全 州	1723902	1190325	467710	72182	36001	11639	4744
大理市	154815	412103	16071	17377	981	506	1594
漾濞县	32034	11976	52512	3216	3033	1050	191
祥云县	382715	46350	35400	570	1269	759	80
宾川县	269853	48752	22823	787	6604	570	164
弥渡县	291644	1962	28762	1709	257	58	106
南涧县	107791	2587	109342	2729	328	1574	52
巍山县	173101	7231	108472	23207	584	1673	67
永平县	105213	6711	49763	14304	3372	2291	109
云龙县	25804	150467	12418	425	11115	1658	56
洱源县	85579	180959	11883	6560	1181	74	513
剑川县	6344	160775	5805	1228	2312	10	1102
鹤庆县	89009	160452	14459	70	4965	1416	710

2010 年大理州分县市列农林牧渔业总产值

（当年现行价格）

单位:万元

地 区	合 计	农业产值	林业产值	牧业产值	渔业产值	农林牧渔服务业
全 州	1986924	1039457	69132	784608	43284	50443
大理市	246000	99668	2415	134156	8761	1000
漾濞县	47997	32620	700	12301	30	2346
祥云县	272889	121295	16786	126570	6668	1570
宾川县	377899	280075	12028	78075	4899	2822
弥渡县	157553	81100	2633	60782	8338	4700
南涧县	117354	60177	2989	51084	804	2300
巍山县	149342	65683	12458	64269	3602	3330
永平县	109780	67649	3415	34357	557	3802
云龙县	122300	55684	4389	43157	150	18920
洱源县	189632	96952	3096	83417	4625	1542
剑川县	67099	27850	3307	30692	1604	3646
鹤庆县	129079	50704	4916	65748	3246	4465

2010 年大理州分县市列农林牧渔业中间消耗

单位:万元

地　区	合　计	农　业	林　业	牧　业	渔　业	农林牧渔服务业
全　州	886872	443278	36462	369713	18042	19377
大理市	112477	48879	1047	58638	3363	550
漾濞县	18356	8003	1956	7800	11	586
祥云县	94902	41824	5783	44248	2611	436
宾川县	164458	123728	3545	34509	1696	980
弥渡县	86226	49665	1452	29376	2824	2909
南涧县	50345	26167	1199	22249	360	370
巍山县	60440	21035	2395	34396	1215	1399
永平县	39483	21927	924	14956	446	1230
云龙县	63804	21478	12300	23915	42	6069
洱源县	96508	35549	2079	54380	3680	820
剑川县	34377	17173	1677	12946	879	1702
鹤庆县	65496	27850	2105	32300	915	2326

2010 年大理州分县市列主要农作物播种面积

单位:公顷

地　区	全年粮食面积合计	小　麦	蚕　豆	稻　谷	包　谷	烤烟面积	蔬菜面积
全　州	274481	15760	28413	57663	82954	35876	37760
大理市	21272	708	4718	7260	5385	1329	4866
漾濞县	11959	1064	766	1641	4652	1165	1320
祥云县	31301	1691	5214	4150	8661	5968	2546
宾川县	21797	585	2064	5303	12241	3600	9019
弥渡县	18327	1187	799	4185	6602	4029	6795
南涧县	23369	3310	898	1265	9209	5240	1365
巍山县	26537	2329	2599	4383	8041	3956	1766
永平县	20234	2343	1000	3702	6698	2858	1009
云龙县	28333	667	2033	4000	8600	1956	3320
洱源县	26778	410	5753	9107	4420	2570	3507
剑川县	19481	800	680	4559	3000	1693	377
鹤庆县	25093	666	1889	8108	5445	1512	1870

2010年大理州分县市列主要农作物产品产量

单位:吨

地区	全年粮食产量合计	小麦	蚕豆	稻谷	包谷	烤烟产量(百千克)	油料产量(百千克)
全州	1268985	17693	55967	455643	518240	819882	288612
大理市	154551	1946	16857	72854	49285	36000	12585
漾濞县	46037	1502	654	11484	25091	25000	1816
祥云县	146128	1523	7528	32847	62029	156853	18382
宾川县	127384	1394	4928	47374	67819	80911	112238
弥渡县	100940	1721	1546	34433	44897	93750	19341
南涧县	64576	1542	405	7558	47170	89738	4233
巍山县	112690	1341	2914	36400	53580	94575	37250
永平县	72735	2764	1266	27066	30409	65775	19014
云龙县	98000	1685	1496	25380	51052	43898	13270
洱源县	152788	363	13463	77891	33339	56208	29520
剑川县	72750	850	1169	22367	19313	40030	15609
鹤庆县	120406	1062	3741	59989	34256	37144	5354

2010年大理州分县市列水果产量及品种构成

单位:百千克

地区	水果总产量	苹果	柑橘	梨	葡萄	香蕉
全州	3549520	100465	1313041	458579	1103666	1197
大理市	139577	5929	401	112711	315	
漾濞县	47696	2448	1627	19801	180	
祥云县	66898	8789	4927	29040	1137	
宾川县	2739591	26711	1285156	75476	1095486	45
弥渡县	39212	2553	4144	21979	561	
南涧县	35907	5255	746	15963	20	1124
巍山县	68181	349	258	51604	167	
永平县	27366	2905	1773	10900	111	14
云龙县	50646	7088	976	27863	105	14
洱源县	205636	9234	362	27143	92	
剑川县	31666	18594		9456		
鹤庆县	97144	10610	12671	56643	5492	

2010 年大理州分县市列畜牧业生产情况

地　区	大牲畜年末存栏(头)	役　畜(头)	牛(头)	年末生猪存栏头数(头)	年末羊存栏只数(只)	肉类总产量(吨)	牛奶产量(吨)
全　州	1238668	448742	1011883	2616880	1380542	442079	424516
大理市	60332	7471	48036	248100	13183	71336	165171
漾濞县	82512	33010	70010	125017	103489	14549	476
祥云县	76911	32651	46423	257523	57591	39347	1323
宾川县	98059	53491	63737	260722	139199	41218	5868
弥渡县	103513	13438	92573	254909	40498	44803	32646
南涧县	112128	47222	102036	184083	80074	32675	128
巍山县	110065	52007	90487	191924	142797	38179	3596
永平县	113631	71279	86382	238773	155137	21448	6
云龙县	168651	57337	141412	240393	239481	38715	80
洱源县	143875	23728	128629	192174	161654	32896	192686
剑川县	94023	21743	79999	180497	128780	21982	17199
鹤庆县	74968	35365	62159	242765	118659	44931	5337

2010 年大理州规模以上工业单位数、从业人员及产值

	企业单位数		从业人员数		总产值(当年价)	
	个	占%	(人)	占%	(千元)	占%
总　计	208	100.00	50291	100.00	32903663	100.00
内资企业	192	92.30	46407	92.28	30004139	91.19
国有企业	12	5.77	5938	11.81	7102987	21.59
集体企业	3	1.44	284	0.56	39616	0.12
股份合作企业	2	0.96	79	0.16	68250	0.21
有限责任公司	54	25.96	13023	25.90	7571791	23.01
股份有限公司	4	1.92	1960	3.90	846841	2.57
私营企业	115	55.29	24524	48.76	14240699	43.28
其他企业	2	0.96	599	1.19	133955	0.41
港、澳、台商投资企业	8	3.85	915	1.82	1236710	3.76
外商投资企业	8	3.85	2969	5.90	1662814	5.05
在总计中:国有控股企业	36	17.31	12779	25.41	11205209	34.05
在总计中:轻工业	90	43.27	17450	34.70	10923755	33.20
重工业	118	56.73	32841	65.30	21979908	66.80

2010年大理州规模以上分县市主要经济指标

单位:千元

地区	企业单位数(个)	#亏损企业	工业总产值	工业销售产值	利润总额	全部从业人员年平均人数(人)
全州	208	51	32903663	31045816	4781405	50291
大理市	67	18	15676542	15168976	1688402	19755
漾濞县	13	4	839649	748907	26047	1089
祥云县	27	9	6911766	6576078	1763230	11779
宾川县	14	2	820546	784000	81453	1472
弥渡县	7	2	326593	290448	-14331	1558
南涧县	10	4	398434	361128	-2769	739
巍山县	14	2	552866	523933	7236	1890
永平县	11	0	213881	205587	30649	809
云龙县	6	1	317808	287840	6585	1248
洱源县	14	2	2507825	2422171	327901	3586
剑川县	7	3	983928	756039	66623	1921
鹤庆县	17	4	2005092	1571976	569080	4174

2010年大理州分县市列主要工业产品产量

	原煤(万吨)	饮料酒(千升)	乳制品(吨)	精制茶(吨)	水泥(万吨)	糖(吨)	卷烟(万箱)	发电量(万千瓦时)
全州	331.49	278959	189188	9214	837.19	8541	42.9	851000
大理市		167726	138000	4097	463.01		42.9	50161
漾濞县		2631						164420
祥云县	173.66	92800			95.53			
宾川县	76.89	2562			30.53			1739
弥渡县	43.2	2216			20.06			
南涧县		807		4840	7.3			1582
巍山县		3600			7.48			
永平县	3.48	1493		45	10.26			9790
云龙县		1522		232	30.75			31574
洱源县			50110		2.75			11518
剑川县	19.3	156	1078		75.61			7463
鹤庆县	14.96	3446			93.91	8541		33700

2010年大理州分县市列运输线路长度

地　区	公路通车里　程	一、等级公路	一级公路	二级公路	三级公路
全　州	16840	10733	81	453	1069
大理市	962	778	40	65	179
漾濞县	1287	893		17	41
祥云县	2362	1365	5	55	159
宾川县	1345	959	7	91	12
弥渡县	1562	728		22	52
南涧县	1509	1072		18	139
巍山县	1638	724	28	35	30
永平县	1246	785		6	129
云龙县	1251	709			183
洱源县	1221	981		39	23
剑川县	1364	794		25	77
鹤庆县	1093	945	1	80	45

2010年大理州分县市列固定资产投资完成情况

单位:万元

地　区	全社会固定资产投资	1. 城镇投资	2. 农村非农户	3. 房地产开发投资	4. 农村私人
全　州	2827992	2147054	206543	326747	147648
大理市	1071621	740048	39569	258394	33610
漾濞县	94275	86449	1609		6217
祥云县	181438	112186	37336	18582	13334
宾川县	262419	231072	21331	720	9296
弥渡县	109339	59692	14762	18420	16465
南涧县	67491	27161	13373	11800	15157
巍山县	94194	72149	12668	4415	4962
永平县	82411	64468	4737	4331	8875
云龙县	280600	249443	17903	4538	8716
洱源县	138520	110551	10047		17922
剑川县	77773	70923	3411	282	3157
鹤庆县	367911	322912	29797	5265	9937

社会消费品零售额及限额以上批发和零售业购进、销售、库存额

单位:万元

地　区	社会消费品零售总额	限额以上批发和零售业		
		购进总额	销售总额	库存总额
全　州	1421032	1069969	1756158	214755
大理市	589789	882058	1581146	185931
漾濞县	28919			
祥云县	181985	148700	132950	15821
宾川县	105918	2655	3347	462
弥渡县	98065	9755	11578	1179
南涧县	63476			
巍山县	76969			
永平县	46397	4335	4307	28
云龙县	51585			
洱源县	72826	4387	4123	1601
剑川县	42799	8963	4626	4337
鹤庆县	62304	9116	14081	5396

(州统计局)

(责任编校:陈李明　周纯一)

人　物

大理人物

今年是辛亥革命100周年。这次革命是中国历史上一次破天荒的变革，在亚洲的历史上也是一场伟大的创举，是亚洲打响的民主第一枪。正如列宁所说，这是"亚洲的觉醒"。在辛亥革命中，大理精英发扬敢于人先的精神，许多人投身其间，为大理历史写下了最为光辉的一页，历史不会忘记他们。本年鉴《大理人物》按出生年先后，集中刊载"大理辛亥风云人物"15位，以资纪念。

周　霞(1840～1912)　字华国，世称"佛生"，或"东亚老人"，大理市大理古城人。

大理奇人多，周霞算是其中突出的一个。他是侠士，是郎中，又是老当益壮的爱国志士。他年届花甲还东渡日本留学，不仅国人惊讶，而且令东瀛朝野为之赞叹不已。

周霞出身于悬壶世家，传至他的父亲周鸿雪已经是好几代了。清咸同年间，周鸿雪在云县行医，名噪一时。值得一提的是，周鸿雪就是白族文学史上知名的诗人周之烈，他不仅是名医，也是名诗人，《大理县志稿》说他"磊落清刚，文字多奇气，有飘然出尘之概"，他的《打歌行》等诗脍炙人口，有《雪鸿诗钞》行世。周霞聪明伶俐，父亲从小教他由《灵枢经》和《素问》组成的中医基础理论《内经》，他很快就能接受。但他自幼爱好的却是剑术，成人后舞枪弄剑，好义行侠，扶弱抑强，见不平则争，不过他有个做人的底线，这就是持刀决不伤生灵，尤其是人。但这样的行为，在当时不是他这种家庭所应该走的正路，在父母的规劝下，他还是坐下来用心于科举。不过，他总是觉得，儒士的文章显得迂阔，对于国计民生毫无价值，于是选择了以医为职业。他的医德医风很受人们的称道，行医数十年，"人无贫富，求无不诊；病无轻重，诊无不愈"。他经常外出巡诊，天亮出门，叩门问病，号完脉开好方，立刻就走，病家想款待和送行都来不及，不要说给他钱、留他吃饭了。深更半夜敲门请他看病，他从不嫌麻烦，披起衣服就走，毫无怨言。他总是"以多活人为快"，因此，人们把他称作"佛生"，说他仿佛就是弥勒佛再生。

清朝末年，周霞目睹国势的日弱、国情的腐败，维新变革的呼声日起，他感到医人必先医国，于是决计"以医人之手医国"。光绪三十年(公元1904年)，也就是他已经64岁这一年，他毅然随同40多位同乡东渡日本学习师范。他身材魁梧，天庭饱满，目光炯炯，浓眉美髯，短发西服，一表人才；他强饭健步，年轻人都赶不上他。他走在大街上，引人注目，日本人都称他："丈夫！"消息传到明治天皇那里，天皇一直自认为世上只有他一个人虽老而壮，就很想见见这位"老而壮"的中国人。当见到周霞后，天皇才承认自己不如他，说："这真是东亚独一无二的老人。这么大的岁数，还万里来求学。真是难得啊！"这件事传开以后，日本传媒出现周霞"旋风"，纷纷报道他的事迹，青年学生们争着向他索要照片以鞭策自己上进。此时正值日俄战争日方胜利，东京市内万人空巷祝捷，面对此情此景，周霞感慨万千，即赋诗一首："三呼万岁震东京，满国商农尽是兵。十五万人齐祝捷，他人含笑我吞声。"声情悲壮，令人猛省，使中国留日学生为之振奋。周霞的出现，令外国人赞不绝口，从此不敢以"东亚病夫"概括中国人。

在日本学业期满后，周霞回到云南，先后在昆明、大理等地讲学。他常常在在路上，向过往行人大声宣讲有别于科举的新教育方法，以启迪乡人。

辛亥革命大理反正，周霞奔走于军队和绅士之间，宣传民主革命道理，以消除群众对革命的疑虑，减少革命的阻力。这时由于消息闭塞，腾冲起义军挺进大理与大理起义军发生摩擦，双方剑拔弩张。周霞临危不惧，深入下关江峰寺对方阵营进行谈判与侦探虚实。他的精神令人敬佩。因他热心公益，大义凛然，被推选为所在区联合会的分部长。不久，终因积劳成疾去世，终年72岁。生前著有《医学经验》、《海楼吟草》，未刊。后人评他："盖老人者，是侠，是儒，是佛，是军人，是医家，是教育家，举其一不足以名之，概称之'滇中老人'或'东亚老人'。"

赵　藩(1851～1927)　字樾村，一字介庵，号蝯仙，晚年号石禅老人。白族，剑川县向湖村人。幼从父赵联元学，5岁授书，过目成诵，有神童之誉。25岁应省试，举乙亥科第四名举人，后多次赴京应试不中。先做过易门县训导、云南盐署幕府，后被云贵总督岑毓英聘为幕府及家庭教师，深得岑氏父子赏识。岑毓英去世后，赵藩到四川任酉阳直隶州州牧、川东土税局督办、四川保商局督办、盐茶道兼综理通省厘金、永宁道道台、四川省臬台、四川省分巡使等职，官至二品。1908年，因大力营救计划在叙府起义事泄被捕的同盟会员谢奉琦，未果后辞官归故里剑川。1911年，云南爆发重九起义。赵藩在从剑川赴省城昆明途经大理时，恰逢大理响应昆明重九起义，决定成立迤西自治总机关部，被推选为自治总机关部总理。后被云南军政府任命为迤西道兼营务处，统领西防巡务各营并协助李根源赴腾越处理政务、防务、军务。1912年，当选为国会议员。1914年，在昆明养病期间，被乡人推为孔教会长，主国学社，带头捐献并组织广为搜集滇文献。1918年，受聘为云南省图书馆第三任馆长，后又作为南方护法军政总裁之一的唐继尧的代表，赴广州护法军政府出席政务会议并出任交通部长。1920年，辞去唐继尧总裁代表和护法军政府交通部长职务回到昆明，继续担任云南省图书馆馆长，领导辑刻《云南丛书》工作，全身心投入著述、编刻事务，致力于桑梓文化事业，直至1927年9月1日辞世，享年77岁。赵藩是我国清末民初著名的诗人、学者、书法家、政治家，杰出的少数民族人物。他对我国近代史，尤其是云南近代的历史和地方文化有着深远的影响。他对诗、词、楹联均有极深研究，并有大量创作，一生所作诗词万首以上。同时，赵藩还是著名的楹联家。其所作楹联数量很多，现存五百二十余联，内容极其广泛，以他丰富的为政经验、广博的历史知识、深邃的人生阅历以及娴熟的文字功夫，把政论、咏史、论事、抒情、写景结合起来。在较为纯熟完善的艺术形式中，蕴含着发人深省的哲理。1902年，撰书成都武侯祠诸葛亮殿名联："能攻心则反侧自消，从古知兵非好战；不审势即宽严皆误，后来治蜀要深思。"受到毛泽东、邓小平的赞赏。

王人文（1854～1939） 字采臣，一字采丞，又字豹君，号遁庐。白族，云南大理古城苍屏街人。幼时聪颖过人，乡试、殿试连捷。光绪十二年（公元1886年）癸未科进士。历任贵州湄潭、贵筑、开泰县知事，广西南宁平乐府、奉城锦州府知府，广西桂平梧道，广东按察使、提学使，陕西布政使。宣统三年（公元1911年）由四川布政使、护理总督改川滇边务大臣，刚接印1个月，清政府下达"铁路国有"的诏书，引起了四川人民"护路运动"的反清斗争。帝国主义列强争先要在我国修铁路，或借款给清廷修路，清邮传大臣盛宣怀同英、法、德、美等4国银行签订《粤汉、川汉铁路借款合同》，借款六百万英镑，公然把路权卖给帝国主义。四川修筑铁路，原除在民间公开招股外，还规定在全省加征"亩捐"，称为"租股"。在短短几年，筹足现银一千六百多万两，由我国早期铁路工程师詹天佑设计宜昌至秭归段工程，首先开始动工。王人文接"上谕"："铁路国有"，改"商办为官办"，停征"租股"，把现存股款以股票发给股东。盛宣怀等人从中渔利。四川民众遂提出"暂不接收铁路"及"暂缓公布停征股租"两项请求。王人文毫不犹豫地把川民的两项爱国要求，迅速电奏朝廷。王人文代民请奏的行为受到朝廷的"斥责"，清政府令他对"生事"者"严行禁止，倘有匪徒从中煽乱，意在作乱者，照惩治乱党例格杀勿论"。王人文不畏压力，支持民众的保路运动遭免职进京。王人文离川后，四川总督赵尔丰肆意镇压，保路运动演变为武装斗争，拉开了辛亥革命的序幕。1911年8月，国民党宣告成立，由孙文任理事长，黄兴、宋教仁、王人文、王芝祥等8人出任理事。民国后，王人文历任参议院议员、四川宣抚使等职，著有《辛亥四川路事罪言》。1912年加入中国国民党；同年4月，任川滇宣慰使。1913年当选为参议院议员，后脱离国民党。国会解散后，离开北京。国会重开，遂入京，仍任参议院议员。1922年第二次恢复国会时仍任参议院议员。民国初，王人文定居天津，北洋政府任命他为农商总长，他力辞不就。日本侵占华北后，多次拉拢他任伪职，他严词拒绝。晚年王人文一直过着寓公生活，1939年病逝于天津，终年85岁。

张肇兴（1873～1911） 字景中，大理市人。幼年丧父，靠寡母宋氏日夜勤女红抚育成人；他天资聪颖，刻苦自励，命居室为"味胆丸斋"。他同时中光绪庚子（1900年）和辛丑（1901年）两科举人。光绪三十年（公元1904年）奉派东渡日本宏文学院师范速成班学习，两年后学成回云南，历任楚雄师范传习所、省会两级师范学堂教习，以及设在大理的云南省立第二模范中学堂教务长。在教务长任上，他发起组织"梅花诗社"，荟萃校内外诗词同好，切磋吟咏，对大理诗词创作到了促进作用；他亲自设计并筹建很富创意、新颖别致的学校八角形无立柱的大礼堂，开大理建筑之新风。早在日本留学时，张肇兴就加入孙中山先生的同盟会；回到大理后，他在中学堂内积极宣传民主革命思想，积极参加紧接辛亥革命后的云南"重九起义"，任迤西自治总机关部参事，促进大理和腾越两支起义军之间的和解。民国5年，他撰写了饱含深情的《周老人事略》，表现出对革命老人周霞的敬佩。民国2年（1913年），张肇兴奉调省通志馆参与撰修云南光复史，著《云南光复纪要》中的《迤西篇》和《援蜀篇》。之后，张肇兴先后被委任为富民、云县、维西等县知事，均有政绩，尤以提倡文化教育为己任。如在云县，他组织"鸣琴诗社"，并亲自出任社长，"每值休沐日，官绅联袂，选胜登临，命题赋诗"；他创建女子学校，捐资修葺名胜古迹，倡修《云县志》。修云县南河庆云桥一事，更体现了他执政为民的风范。南河上的桥是连接汉族和边疆少数民族往来通商的要道，古时为竹编的浮桥，夏秋水涨，浮桥易毁于洪流；宣统年间，本地人集资将浮桥改建为木桥，桥将竣工，又被洪水毁于一旦。张肇兴上任后，召集本地有识之士反复论证，将木桥进而改为铁索桥。他亲手测算绘图、设计经营，提倡"富者捐金，贫者出力"，经两年之功，长30丈、费资2万多元、结构坚新的"庆云桥"终于建成，这一政绩令云县人民念念不忘。他在总结这一工程时说："非以新学理而参旧经验，不及此。"这是一种睿智！民国7年（1918年）12月，张肇兴在维西知县任上染瘴去世，终年46岁。他留下《云岭闲吟》《味胆斋丸杂著》等著作。《续云南通志长编》稿有"张肇兴传略"。

张子贞（1878～1931） 字青甫，大理市下关人。光绪间赴日本留学，入日本振武学和陆军军官学校学习8年。回国后任云南讲武堂步科教官。辛亥革命，与蔡锷、唐继尧等同仁歃血盟誓，定于农历九月九日（阳历10月30日）响应举事。不料消息泄露，仓促间张子贞率全体学生突破西城门迎入炮兵攻占军械局及清督府，此役即"重九起义"。翌日，昆明光复。11月1日，军政府成立，蔡锷任云南军都督，张子贞任牒查部长。不久，张子贞调任步兵第四联长，南下蒙自，平息兵变。此时，四川总督赵尔丰维护帝制，据守成都，社会动乱。应旅滇川人请求，云南成立援川第二梯团，张子贞出任第二联长，进驻泸州维持治安，并到贵州遵义削平叛变。1912年6月，张子贞凯旋返滇，12月被任命为陆军第一师第一旅少将旅长。此间，袁世凯为笼络各地势力，密任张子贞为云南省长，加二等子爵，遭拒绝。民国4年（1915年），张子贞等39人庄严宣誓，拥护共和，兴师起义，在蔡锷领导下，誓灭国贼。张子贞为护国军第一师中将师长，电告国人："子贞等全体军人，协同一致……奋袂而起，合力同心，扫除帝制，重建共和。"护国结束，张子贞任云南将军府参事。后因与唐继尧不和，受到排挤，遂绕道缅甸达上海。1930年，被长江要塞司令杨杰任命为参谋长。1931年病逝，终年53岁。

赵钟奇（1878～1970） 字毓衡，回族，大理市凤仪镇芝华村人。1904年，官费赴日本留学，入振武学校，其间，参加"中国同盟会"。1906年，与留日回族青年在东京组织"留东清真教育会"，创办刊物《醒回篇》，以普及教育和宗教改革为宗旨。1908年，赵钟奇入日本士官学校深造，次年归国，受同盟会派遣入保定军官学校任教官。1911年，转入清朝新军，驻防上海，任团参谋长。武昌首义，任革命军沪军先遣队参谋长；不久，任江苏陆军第七师第二十五团团长，后因战功晋升第四旅旅长。1912年7月回云南，历任督署代参谋长、陆军第二师少将旅长、驻滇西卫戍司令官。1917年，被北京政府晋升为陆军中将，授二等文虎章。1918年，任靖国联军第二师师长，左翼军总司令。1927年，先任滇西宣慰使，后任腾越道尹。1931年，目睹军阀混战，国是日非，毅然离政归田，吟诗作画，寄情山水。1937年卢沟桥事变后，出任云南学生集训队队长，为抗战效力。1950年4月，出任云南省民族事务委员会副主任；年底，被选为云南省各界人民代表大会代表，会上被选为政协委员会委员。先后当选全国人大第一、第二、第三届代表，1964年选为云南省政协副主席。1970年8月26日，在昆明逝世，终年92岁。

崔文藻（1881～1918）　字戟勋，号采芹，别号铁峰道人，汉族，巍山彝族回族自治县大仓镇马房厂村人。

崔文藻自幼聪颖，从小有"一目十行，过目不忘"的称誉。然而，他后来之所以成为旧民主主义的先行者，却有着特定的社会因素。正如他的亲密战友魏尧民国元年10月在《崔文藻君革命纪》一书中所说的："崔君之革命，根在天性，教在家庭，非附和者流所同日而语也。"祖父崔瑜对崔文藻的影响是很深远的。崔瑜虽然在家务农，但饱读诗书，为人耿直，深明大义。和云南过去普遍流传许多家族是明代来自南京应天府一样，崔瑜坚信祖上也是明代的遗民，加之晚清的腐败没落，使他对清政府有着根深蒂固的仇视。后来，崔文藻在天津参加反清斗争被捕审讯时，曾说："自束发受书以来，即愤忿于清政府之专横暴虐，残酷不仁。余祖父常教余曰：满清吾族大仇也，汝长大报之，幸勿忘吾言！"崔瑜的言传身教，传统节气观，如文天祥的《正义歌》、岳飞的《满江红》思想的灌输，使崔文藻在掌握了深厚的中国传统文化知识的同时，从小形成了不满现实追求正义的叛逆精神。

15岁以前，崔文藻由祖父和延师给予启蒙教育；之后，负笈县城受业文华书院。清光绪二十八年（公元1920年），废旧学、兴新学，崔文藻转入由文华书院改办的高等小学就读，这年他已经21岁。光绪三十年（公元1904年）冬天，他被编入简易师范科学习，翌年毕业。这一时期，对崔文藻影响最深的有两个：一是他的老师刘举的教导，教育他"立学贵先立品，士当以气节为先，幸勿负尔天赋"，激励他"国家兴亡，匹夫有责"；一是从缅甸偷偷传入的《民报》等禁书刊，使他了解到当时在巍山鲜为人知的民主革命理论，为他以后的壮举打下了坚实的思想基础。

师范科毕业后，由于成绩优秀，崔文藻被保送到昆明就读云南高等学堂；光绪三十四年（公元1908年），他仍以优异成绩毕业。此间，孙中山先生领导的革命思想，通过云南留日学生中的中坚分子的传播，在云南境内已有影响。1906年4月，在日本与孙中山发起建立"中国同盟会"的云南留学生之一的杨振鸿从东京取道回到昆明，并以各学堂同学会为基础，创立革命团体"公学会"。思想激进的崔文藻当然踊跃加入这个团体，而且积极投身活动，如协助筹划刺杀云贵总督锡良（未遂）、抗议云南七府矿产和滇越铁路被法国占有等活动而被捕下狱，最后被营救。

宣统二年（公元1910年），清政府陆军部来昆明调考军医生，崔文藻应考被录取到天津军医学堂。这年冬天，他乘滇越铁路来到安南（今越南），转道香港、上海，然后抵达天津。在安南等地的所见所闻，使他对亡国前景忧心忡忡，从而更激发了他革命的决心。

公元1911年（宣统三年）10月10日，武昌起义，一心追求进步的崔文藻异常兴奋，他毅然退学，和革命者在法租界组建京津同盟会天津分支，积极响应。他们深入北方清军内部，动员策反，打击清廷。魏尧的《崔君革命前纪略》说他"于金戈铁马之际，冰天雪地之中，奔走运动历四月，出生入死，犯难冒险，虽历遭挫折，而其志未尝或移"。

民国元年（公元1912年）1月29日，南北议和不成，崔文藻积极投入攻打天津都督府的战斗，不幸被捕。清军将他"全身衣裤脱去，拷以脚镣，上以手铐，赤身置于冰地，脚踢手打"，他高呼："士可杀，不可辱，杀则杀之，请无辱我！"（《崔君革命前纪略》）当时的《天津日报》和《民意报》刊登了崔文藻在狱中的信和审讯时的供词，激昂慷慨，视死如归，感人至深。他在信中说："吾辈生死问题，早已置之九霄云外……及至法堂审讯，弟以痛苦之余，处九死一生之地，犹言辞慷慨，痛斥满奴，自认革命先锋，未尝稍折吾党志气也。"他的供词，陈述志气，怒斥民贼，义正词严，是一篇革命者"自信为国为民，虽死无憾"的宣言。供词末所附两首律诗，气壮山河。其一为："写罢供词怒满胸，仰天嘘气贯长虹。剑光闪处地天白，血浪翻身海陆红。抵掌快谈汤武事，举杯遥颂拿华功。丈夫有志亦如是，休让前人独擅雄。"其二为："丈夫何须锁眉头，国耻填胸能无愁。革命由来天赋职，伤心犹恐世沉浮。文明时代遭缧绁，专制余威压楚囚。若得化龙飞出去，定倾东海向西流。"然而此时清朝已日薄西山，半个月后，即2月12日，清帝溥仪正式退位，袁世凯表示拥护"共和"。这时，崔文藻带着重创被释放出狱。

"二次革命"失败以后，崔文藻南下广州，投身蔡锷在云南发动的护国运动，在滇军第二军第一梯团团长张开儒处担任少校秘书长，受到赏识和重用。崔文藻积极支持孙中山发动护法运动；9月1日军政府成立，孙中山任命崔文藻为陆军部次长，兼交通次长、政府总务厅长等职，派他主办机关报《珠江日报》。1918年5月，桂系军阀陆荣廷排挤孙中山去职，护国政府遂成为南方军阀的政权。此时，滇桂军阀相互勾结，用武力消除驻粤滇军中支持孙中山的力量；广东督军莫荣新假唐继尧的命令，强行夺取了张开儒的兵权，并拘捕了张开儒和崔文藻，随即将崔文藻枪杀于广州东郊燕塘。崔文藻被枪杀时，年仅37岁。

李伯庚（1879～1937）　字达夫，大理城人。16岁，即中秀才。18岁，赴浙江南洋公学学习，毕业后官费留学日本。三年学成，归国任昆明方言馆馆长，并兼任日文教席。1904年，再次东渡日本，先入振武学校，后入士官学校；此间，加入同盟会。1908年，毕业回国，按清廷规定到北京应试。应试后，考入陆军步兵学校，分配回滇。云南陆军讲武堂成立后，被委任为战术学主任教官。李烈钧任陆军小学堂总办时，任陆军小学监督；在校严格训练学生，同时广泛宣传革命思想，秘密传阅革命刊物，宣传孙中山"驱除鞑虏，恢复中华，建立民国，平均地权"的政治主张，发展一批同盟会员。

云南重九起义成功，蔡锷任命李伯庚担任云南都督府总参谋部第一部长、步兵二团团长及李鸿祥师参谋长等职。1915年，护国战争爆发，随军入川，先后任护国第三军黄毓成梯团参谋长；1917年，张勋复辟，唐继尧将滇军改为"靖国军"，任第二军赵又新军参谋长及驻川靖国军慰劳使、军长等职，并以功晋升为陆军中将。由川返滇后，历任唐继尧军政府高级参赞、总参谋长等职，并到滇南招抚土匪，使匪患得以缓解。

1927年，唐继虞任国民革命军云南北伐后援军总司令，李伯庚任副总司令。军事失败后，离开政坛，但仍关注时事。1937年，"七七事变"，目睹国是日非、山河破碎，感时忧事，愤然病逝。

张耀曾（1885～1938）　字蓉溪、镕西、庸希，白族，祖籍云南大理市喜洲镇人，出生于北京。1902年考入京师大学堂（北京大学前身）。不久，作为该校第一批留学生选送出洋。1904年东渡日本，入日本东京帝国大学学法律。1905年参加同盟会，与留日的云南同乡创办《云南》杂志，撰写发刊词，以"崇实"为笔名发表《论云南人三责任》《论云南积弱不振之源》《论民族之民气》等文章，还出版《安南亡国史》一书，鼓吹民众改革思想,启导民为国本精神。1911年武昌起义,毅然中止学业回国,以云南省代表参加南京临时政府。1912年(民国元年)初成立了民国第一个立法机构———南京临时参议院,被选为参议员兼法制委员会委员长,亲自参加起草了中华民国首次具有宪法性质的根本大法,即后世所称之《临时约法》。同年5月,临时政府和国会迁到北京后,张耀曾在北京临时参议院参加了重要法律的讨论、制定,并亲自执笔起草《国会组织法》《参议院议员选举法》和《众议院议员选举法》的正式条文;7月,积极支持并协助宋教仁,实现了改组同盟会的主张,于8月成立了国民党(后世称旧国民党)起草"国民党宣言",任国民党总干事兼政务研究室主任。1913年4月,按《临时约法》成立正式国会,张耀曾被选为中国第一届国会众议院议员并任全院委员长。同年7月,国会成立宪法起草委员会,参加起草中华民国第一部宪法,即后世所称之《天坛宪法草案》。此时,他屡遭袁世凯威胁、利诱、追踪,而始终持正无惧。《草案》于1913年10月30日宣告完成,而袁氏于11月即宣布解散国民党及国会并追捕议员,张耀曾避难日本,并完成帝国大学学业,获法学士学位。1915年9月袁称帝,张耀曾回滇协助蔡锷、唐继尧等,组成讨袁护国军,任都督府参议、参谋。1916年6月,袁世凯忧恨而死,护国成功,恢复民国。按《约法》由原选副总统黎元洪继任总统。张耀曾被任命为司法总长。1921年,美国在华盛顿召开"太平洋会议"讨论维护太平洋及远东各地持久和平问题。张耀曾与其他同志组成"华盛顿会议后援会",研讨对策,并就如何伺机平息内战,复兴建国问题,著《救国之唯一方案》,载"华盛顿会议中国后援会"1921年11月会刊。1922年,第一次直奉战争结束以后,再一次恢复了旧国会,按《临时约法》请前总统黎元洪复位。张耀曾被任命为"法权讨论会"会长兼司法总长。但他多年来对军阀干政深有感受,对政治灰心,不久即辞去司法总长职,专致力于完善司法及法权收归人民的实际工作。任职5年,亲往视察12省区,所至指示周详。且念外国对中国法律不清,请专家将我国现行民、刑法,诉讼条例,商事法规,大理院判例,监狱实况,司法统计等,译为英文、法文出版,以使各国人士了解中国司法实况,主持编写《考查司法记》10卷,及《列国在华领事裁判权志要》2卷。1924年冯玉祥发动"北京政变"(即"首都革命")。在冯的支持下,张耀曾和黄郛、王正延等人组成临时内阁,共同摄行大总统职权,此为他第三次出掌司法,治安秩序赖以维持。摄政内阁尽管只存在几十天,却做了一件富有意义的事,即修改清室优待条件,驱逐溥仪出宫。1927年6月,辞去法权讨论会会长。1925年,孙中山在北京逝世,全国局势更为混乱。张耀曾认为当时官场奔竞之盛,而无礼访贤才之真诚。他在日记中写道"近日之事非求不得,绝无为事求才者",遂名其书房为"求不得斋",元旦自撰一联曰:"不辞播种,不争收获,常求人是,常疑己非。"文集以"知非集"命名。1929年初,移居上海以律师为业,并任民法教授。1931年"九·一八"事变发生后,他一直为抗日而奔走,发表《敬告国人书》,于1931年12月在上海组织"上海国难救济会"。并于1932年组织"新中国建设学会"。此期,蒋介石数次托人邀请,均未回应。1932年10月,撰写《国际调查团报告及其批评》《民国制宪史概观》等文。1930年,对日商三井洋行的讼争得到胜利,一时社会人心鼓舞,爱国民气大振。1936年11月"七君子"事件发生,他抱病奔波于法院、警局和租界巡捕房,要求依法保证"七君子"的人身安全。并担任沈钧儒的义务辩护律师。1938年7月于上海逝世,年仅54岁。在病榻上少言寡语,而每开口必问"汉口无恙否"。年初,在日历首页书写"民族复兴"四个大字。

杨　杰(1889~1949)　字耿光,又名漱石,白族,大理古城人。早年入私塾,1900年入大理敷文书院读书。1905年考入昆明云南陆军速成学堂,1906年进入保定陆军北洋速成学堂,1909年入日本陆军士官学校第10期炮兵科。同年,加入中国同盟会。1911年,回国参加辛亥革命,任北伐军总务部次长。1912年5月任沪军威武军第一团团长。后又去日本续学。1913年毕业后回国。初任黔军步兵第十团团长。旋任滇军旅长,率部入川,任重庆卫戍司令官兼重庆道尹、四川政务厅长及重庆警察厅厅长。1914年回滇任云南讲武堂骑兵科科长兼日语教官,不久又任弥勒县县长。1915年参加护国战争,任护国军第三军第五支队长,后改任第一纵队司令。1916年2月任护国第四军参谋长兼叙南卫戍司令及第一梯团长,入川东作战。1917年任北京大总统府军事咨议兼陆军部顾问。不久回滇,任靖国联军第四军参谋长。同年8月任靖国联军高级顾问。1921年再赴日本,先入日本陆军士官学校,并任云南留日士官学生监督,后考入日本陆军大学第十五期,因成绩突出(第一名),获日本天皇亲赐宝刀。1924年毕业后回国,同年12月受孙岳之邀任国民军第三军参谋长。1925年3月任国民军前敌指挥官,同年9月又任河南陆军训练处教育长。1926年5月任程潜担任军长的国民革命军第六军总参议,参加北伐战争;12月,任第十七师师长。1927年3月26日任第一纵队队长;4月18日南京国民政府成立,任第六军副军长、代军长;7月,第六军改为第十八军,任军长;不久,又任总司令部淮南行营主任兼总预备队指挥官。同年10月19日,任军事委员会委员。1928年3月,任军事委员会常务委员兼办公厅主任。旋任第一集团军总参谋长,参加第二期北伐。攻占北平后,任总司令部北平行营主任及北平宪兵学校校长。蒋桂战争时任陆海空军总司令部行营参谋总长。蒋冯战争时任南路军总参谋长、讨逆军第十军军长兼左翼军指挥官。旋任洛阳行营主任兼第十军军长,参加蒋唐战争。1930年2月任长江宁、镇、澄、淞四路要塞总司令。是年中原大战时任第二炮兵集团军指挥官。5月17日,升任陆海空军总司令部总参谋长。1931年12月,在中国国民党四届一中全会上当选为中央执行委员 。1932年1月,任陆军大学校长。后因蒋介石兼任陆军大学校长,他改任陆军大学教育长,仍实际负责陆军大学事务。1933年长城抗战,任军事委员会北平分会参谋长兼华北第八军团总指挥,旋因与北平分会会长何应钦意见不合辞职。9月,被蒋介石派遣出国考察军事。在国外考察一年,到达29个国家,其军事及外交才能受到注目。1934年回国后,继续担任陆军大学教育长,又于12月7日任参谋部参谋次长(代理总长)、防空委员会主任等职。1935年4月4日,任中将。同年8月任江西庐山军官训练团团副。11月当选中国国民党第五届中央执行委员。抗日战争爆发后,1937年8月被派为赴苏联实业考察团团长,以争取苏联军事物资的援助。同年10月15日授陆军中将加上将衔。1938年2月28日任军令部次长,5月12日特任驻苏联大使,考察了苏联的社会制度,研读马克思著作。1940年回国,任军事委员会顾问兼中央训练团教官,致力撰写军事理论著作。1944年任中国军事代表团团长,去英美考察军事设施。1945年5月,当选中国国民党第六届中央执行委员。抗日战争胜利后,10月,与谭平山、陈铭枢、王昆仑等人发起组织三民主义同志联合会,推动反内战的民主运动。1947

年5月10日，任战略顾问委员会委员。1948年1月，中国国民党革命委员会成立，杨杰当选中央执行委员。而后曾赴各地联络反蒋军事将领起义。1949年9月，国民党在昆明实行“九五”整肃，大肆逮捕革命党人和进步人士，杨杰被列为黑名单中的第一名，而被迫避往香港。19日，在香港云南同乡会负责人伍集成家中被国民党特务杀害，终年60岁。1982年6月5日被中华人民共和国民政部追认为革命烈士。著有《国防新论》《军事与国防》《国民军事必读》《苏联的国防政策》《战争抉要》《总司令学》《孙子浅释》《欧洲各国军事考察报告》等，是中国著名的军事论家之一。

罗汉彩（1872～1932）　字云武，回族，永平县曲硐回族乡人。他是一个传奇式的人物，一个平凡的赶马人，却为伟大的民主革命建奇勋；识字不多，却倡导创办了永平历史上第一所最高的新制学校。有关他的记载留下来的不多，新编的《永平县志》有他不到500字的小传。

罗汉彩自幼酷爱武术，20岁时到邻近的保山投师学艺。及长，弃武经商，因为人仗义，被推为数百匹马帮的“马锅头”（领班人）。这个商队长年累月跋涉在滇西地区和毗邻的南亚各国，将滇西一带的土特产品贩运外销，再将缅、泰出产的鸦片，以及琥珀、钻石等装饰品运回内销。随着资本的扩大，他们的经营范围延伸到了新加坡等南洋群岛。这时正值中国民主革命思潮兴起，同盟会活跃于南洋各地，深受孙中山先生革命思想影响的罗汉彩，仗义疏财，把多年积累起来的一部分资金捐赠给革命党人。为此，黄兴曾赠送一副联：

适暹罗补中山，捐资备械，推翻帝制申大义；

锁淘沙防西陲，筹粮建军，拥护民主著奇勋。

民国元年（公元1912年），革命元老李根源巡视滇西，谈话间问及罗汉彩的情况。罗汉彩遂星夜赶往腾冲拜见，并随同返回昆明，被唐继尧任命为云南督军府副官长，后以陆军统带率部讨袁。护国成功，罗汉采因病离职还乡赋闲。

民国14年（公元1925年），滇西匪患，罗汉彩组织指挥民团阻击张占彪（“张结巴”）的抢劫，保护了县城。

永平县的新制学校始于光绪年间，但仅有小学而已，师资奇缺。民国19年（公元1930年），罗汉彩首倡创办简易师范学校。民国年间江逢僧修《永平县志稿》称：“先是罗绅（罗汉彩）鉴于地方尚无中学，贫寒子弟之外出升学者颇感困难，于是召集地方父老，筹商统一学产，年拨租谷一百八十石，以供常年基金，另由富户捐银六千余元，以供设备用费，凡新建校舍三十余间。筹备蒇事，于二十年春着手招生，一面呈报教厅立案。”其筚路蓝缕之功铭记民心。

民国21年（公元1932年），罗汉彩因病去世，终年60岁。

马　骧（1876～1922）　字幼伯，大理市下关镇人。马骧出生在家道衰落的书香门第，少年时家境困难，半耕半读，取得廪生。按清朝科举制，只有经岁科两试一等前列的，才能取得廪生名义，成为资深生员。马骧能取得这样的功名，可见他的勤奋和刻苦。此时，中国正处在内忧外患之际，列强欺凌，朝政腐败，激发起了马骧自幼忧国忧民之心。

光绪三十三年（公元1907年），31岁的马骧担任下关两级小学校长。这时，孙中山在日本成立的同盟会派会员杨振鸿、王九龄等回云南活动。马骧得知消息后，马上到昆明毅然加入同盟会，并在下关发展会员20多人，成立“下关小组”。翌年4月，同盟会派黄兴到云南发动河口起义；下关同盟会积极支持，前后在下关将军庙和江峰寺召开百人群众大会，马骧登台宣传革命道理和革命形势，听众群情激愤。清政府大理总办钱登熙以下关小学因厝捐与厘金局的冲突为岔子，指诬马骧为乱党首领，密禀上宪拿办。幸有大理县县长之子杨某暗中相告，马骧得以单身出逃缅甸。此时正值河口起义失败，马骧与逃往缅甸的居正、吕志伊、杨振鸿、黄子和、杜韩甫等在仰光相遇，创办旨在宣传革命的《光华日报》。马骧经常往返于缅甸和云南之间，进行秘密活动，并筹划保山起义。后因消息泄漏，起义未能成功，杨振鸿愤然而殁。马骧并没有因此而气馁，他在腾越结识同盟会员张文光，约定今后在昆明、腾越两地遥相呼应，共同起事。

在这“黎明前的黑暗”中，马骧出生入死来往于昆明和滇西之间，运动清军、联络革命，“清吏严缉，四方奔走，几为所擒者六次”。

1911年10月武昌首义，昆明、腾越起义也相继成功，大理成立自治政府。革命形势蓬勃发展，但因消息闭塞，先期起义的腾军东向出兵昆明途经大理时与榆军发生冲突。云南军都督府派李根源率师西行安抚，并派马骧和杜韩甫先行调解。由于马骧长期在滇西活动，情况熟悉，有群众基础，未放一枪一弹，待李根源来时误会解除。

这之后，马骧认为革命胜利，民主需要法制，于是从缅甸绕道日本，学习法政，“以备他日报效国家”。

民国2年（1913年），孙中山决定发动反对袁世凯野心的“二次革命”，秘密派遣马骧回国负责长江一带的宣传鼓动。不料行至中途，马骧得知南北已经决裂，遂返回昆明。翌年，参与创办《滇声报》。这是一份以“独标新论，大公至正之心，发激浊扬清之论。大声疾呼，唤醒我滇之梦寐，不但使报界放一线光明，复可令人民有所进化”为宗旨的进步报纸。它在护国运动中勇于揭露袁世凯卖国称帝阴谋，提出“共和成，民国兴；皇帝出，吾国死”的口号，宣传鼓动云南军民奋起反袁，被称为“护国起义的先声”。

民国4年（1915年）冬，蔡锷回到云南，兴护国军北伐讨袁。军督府委马骧为军法处长。马骧前往四川会理、建昌说服川军将领张午岚、陈遐龄等人支持云南军入川北伐，使滇军顺利北伐。此间，马骧多次上书孙中山，建议编练各省民军，直接隶属军政府，受到采纳，并委以“云南民军总司令”。民国7年（1918年）马骧应第七军军长郭文钦之邀，任参谋长职务，出征四川，孙中山又委任他为川南宁远各属慰问使。

1921年7月，中国共产党成立，孙中山提出“联俄、联共”主张，准备改组国民党，马骧拥护并积极支持。他还上书孙中山，提出剔除选举流弊等的建议，受到重视和采纳。1922年4月，唐继尧重掌云南军政大权，提倡“联省自治”，企图独立。马骧在国民党云南支部工作，受孙中山指示，相机倒唐。他和革命同志一起，秘密组织“云南自治讨贼军”，并制定《云南自治讨贼草约》，四处联络反唐力量。后因叛徒告密，于1922年8月28日被唐继尧杀害在昆明，年仅46岁。马骧的遗体安葬在昆明归化寺，后迁昆明犬羊山，被追认为烈士。

马　鋆（1886～1963）　白族，字少坡，洱源县茈碧乡大果村人。他的父亲马金墀是清朝光绪年间的举人，为人厚道，做事认真，长期在滇南一带的书院里执教，对子女教育有方，3个孩子都毕业于云南讲武堂，并成为滇军知名将领，故有“一门三将，三迤一家”之称。长子马鋆光绪二十九年（公元1903年）以优等生资格考入云南高等学堂附设的优级师范学堂。此时正是云南省内兴起新学之风，云南高等学堂是以昆明五华书院改制的新式学校。宣统元年（公元1909

年），马鋆师范毕业后考入护理云贵总督沈秉堃为培养军事人才办起来的云南讲武堂，编入第一期丙班学习。当时讲武堂的总办是李根源，教官中的李烈钧、罗佩金、唐继尧等都是同盟会会员。马鋆所在的丙班有朱德、范石生等思想进步的学生，他们之间相处融洽。据朱德回忆："讲武堂500多人，其中许多是不满于现状的青年。不久，就在讲武堂中建立起同盟会的组织，秘密传阅同盟会宣传革命的书刊。大家经常议论和考虑的，就是怎样发动革命起义。这样，云南讲武堂就成为云南革命力量的重要据点。"这些条件对马鋆的成长起到了关键的作用。

公元1911年10月30日，云南响应辛亥革命发起重九起义，讲武堂学生100多名提前毕业，其中有18人分配到蔡锷部下当军官。马鋆任见习官，光复后以军功转为排长，后升连长、营长、团长。护国胜利后，被黎元洪总统授予上校衔及四等文虎章；护法时，马鋆参加靖国军出兵四川讨伐北洋军。

公元1917年回滇后，马鋆被派往日本深造，1921年回昆明。此时，正值被顾品珍赶走的唐继尧东山再起。唐继尧重主滇政后，在"废督、裁军、民治"声中废除督军称号，改组云南省政府，出任省长，授予马鋆少将高参。1923年，马鋆调任第5军龙云部任参谋长；龙云兼升滇中镇守使后，马鋆调昆明市政会协助督办张翰维筹备建市；直至1925年继任督办，他全身心地工作，积极促进昆明的建市进程。1927年7月，云龙任云南省主席，翌年决定正式成立昆明市，马鋆成了历史上的第一任市长。从任昆明市政会办、督办到市长，马鋆一直受命于危难，此时蒋介石叛变革命，内战波及云南，自然灾害濒仍，民不聊生。上任后，马鋆主持发起筹办廉价粥厂，向贫民出售或布施，并开办义赈游艺会，发售赈灾券，救济困难民众。同时整治市容，拓宽街道，改善了城市的部分环境；增办小学，使昆明市区小学由20所增至22所；定茶花为市花，训令整顿戏剧演出市场，禁演淫秽鬼怪剧目。马鋆因此获得市民"纪瑞同心"的匾额。

1929年，蒋、桂战起，蒋介石委任龙云为讨逆军第十路军总指挥，任马鋆为参谋长；翌年，马鋆任云南宪兵司令；1931年，任昆（昆明）昭（昭通）师管区司令；1942年，升任云南省军管区副司令；1945年10月，不愿为内战征兵，坚请辞职未获准。1949年初，马鋆升任云南绥靖公署总参议，协助云南省主席卢汉作起义准备；10月，护送其父往香港治病，后因道阻滞留香港。1963年，马鋆在香港病逝，终年77岁。

杨源华（1887～1928）　白族，字顾甫，大理市喜洲镇人。1908年，杨源华入云南陆军讲武堂学习军事，受到资产阶级民主主义思想的影响，加入同盟会，立志以军事救国。1911年毕业后，杨源华在新军中见习；武昌起义后，随蔡锷参加辛亥革命"重九起义"。在战斗中，身先士卒，英勇善战，被提升为少校营长。1915年底，杨源华随军出兵四川，任长宁县县长。他在《偶感》一诗中写道："我身为官不爱钱，果然满县桃花开；乡间俗子不晓事，笑我两袖清风还。"表明他的为官之道。1916年，滇军转战两广，杨源华任两广都司令部中校参谋，运敌帷幄，勋劳卓著。

杨源华对中国历代军事思想及战略战术原则颇有研究，并将理论运用于实践之中，因而指挥得法，战绩显著。不久，晋升为护国军少将，任滇军第二师参谋长。靖国战争时期，孙中山蒙难，滇军出兵援救，杨源华任中将昆华第一旅旅长，与叛军陈炯明作殊死激战。

唐继尧主政云南后，杨源华受到通缉，只好逃往上海，任上海警备司令，但由于他为人耿直，无畏邪恶势力，触怒了上海财团，不久被排挤出军界。上海财团欲加害于他，他只得逃往法国租界地，仅靠写对联谋生。杨源华善写指书，被誉为"指书之冠"。终因壮志未酬，于1928年忧愤而殁。

杨化中（1889～1945）　白族，原名杨立瑞，字懋修，后改名杨文华，喜洲镇富春里人。青年时代，杨化中就读于云南讲堂第一期丙班；此间，他秘密加入同盟会。在革命元老李根源的影响下，杨化中参加云南辛亥革命"重九起义"。护国战争时，任营长；在援川讨袁的泸州战役中负伤，伤愈后赴江西参加李烈钧领导下的"二次革命"。反袁失败后，杨化中与杨益谦等人潜赴日本，寻找孙中山，并表示坚决拥护孙中山的革命主张。驻粤滇军控制广州后，杨化中受孙中山之命，与杨益谦回到广州做驻粤滇军的工作，历任驻粤滇军团长、混成旅旅长，在滇军中宣传孙中山的革命主张，联络同志，壮大革命力量，得到驻粤滇军的支持。不久，杨化中又东渡过日本，迎接孙中山回广东领导革命。

龙云主持滇政后，杨化中任河口督办兼金靖河剿匪司令，剿抚兼施，收到一定成效。1931年，杨化中被国民党南京政府委任为军事委员会少将参议。1935年，随贺国光率领的军事委员会参谋团入川筹建军事委员会重庆行营，被任命为行营高参。抗日战争暴发后，为打通大后方的通道，加强抗日，杨化中担任川滇公路督修专员，为修通运输干线辛勤劳作。

1944年，杨化中任军事委员会军风纪视察团第四分团副团长、云南驻军辽城巡视组组长。1945年5月，在重庆病逝。

（施立卓）

百岁老人

由州、县（市）逐级调查统计，2010年度大理州100周岁以上老人共有18人，其中女性11人，男性7人，年龄最大的为永平县龙街镇羊街村箐口二组的鲁国轻（男性）104岁。18名百岁以上老人分布在9个县市，具体名单如下：

周凤英，女，1907年6月生，住大理市下关幸福社区；

周继龙，男，1910年2月生，住大理市下关建设西路房产公司公房；

曾祥林，女，1910年6月生，住大理市下关水电十四局大理基地；

鲁国轻，男，1906年4月生，住永平县龙街镇羊街村；

何有地，女，1908年1月生，住永平县杉阳镇兴隆村；

刘光汉，男，1910年2月生，住宾川县金牛镇金甸黑土箐村；

杨文华，女，1910年7月生，住宾川县金牛镇西大桥村；

周成乐，男，1910年12月生，住宾川县宾居镇杨官村；

王焕中，男，1909年3月生，住祥云县刘厂镇土家村；

马鸿志，男，1910年1月生，住云龙县诺邓镇石门后山巷81号；

石凤英，女，1908年10月生，住弥渡县德苴乡德苴村；

李仕香，女，1909年4月生，住弥渡县弥城镇长坡岭村2组；

鲁晓玉，女，1909年1月生，住弥渡县牛街乡木掌村；

罗文珍，女，1908年11月生，住弥渡县牛街乡木掌村；

米寿昌，男，1908年11月生，住巍山县永建镇永平村；

马美弟，女，1910年3月生，住鹤庆县金墩乡积德六组；

胡满秀，女，1908年12月生，住洱源县三营镇永胜村；

焦庚戎，女，1910年8月生，住洱源县右所镇右所村。

（张元祥）

2010年全州副县级以上离退休干部逝世人员名单（计62人）

王志福　男　大理州人大常委会原专职委员（享受副厅级待遇），离休干部
顾增先　男　原大理县县长（享受副厅级待遇），离休干部
冯殿英　男　大理州政府办公室调研员（享受副厅级单项待遇），离休干部
王吉盛　男　大理市制药厂原党总支书记、副厂长（享受副厅级单项待遇），离休干部
张　德　男　漾濞县政协原主席（享受正处级待遇），离休干部
杨学胜　男　洱源县政协原主席（享受正处级待遇），离休干部
王丕勋　男　大理州经贸委原副主任（享受正处级待遇），离休干部
赵元鸿　男　大理市经委离休干部（享受正处级待遇）
程　德　男　云台山林业局离休干部（享受正处级待遇）
刘继颖　男　祥云县人民医院离休干部（享受正处级待遇）
刘成海　男　大理州经贸委离休干部（享受副处级待遇）
谷　崇　男　大理州中级人民法院离休干部（享受副处级待遇）
王绍唐　男　大理州纪委办公室原主任（享受副处级待遇），离休干部
杨煜祥　男　大理州民族师范学校离休干部（享受副处级待遇）
杨惠春　男　大理市下关三中，离休干部（享受副处级待遇）
李步芳　男　大理市兽医站，离休干部（享受副处级待遇）
石良文　男　下关运输总站原党支部书记、副主任（享受副处级待遇），离休干部
郭蓬茂　男　宾川县百货公司，离休干部（享受副处级待遇）
李怀文　男　宾川县金牛镇政府离休干部（享受副处级待遇）
杨育文　男　宾川县供销联社离休干部（享受副处级待遇）
张水生　男　漾濞县医药公司离休干部（享受副处级待遇）
赵钟惠　女　鹤庆县土产公司离休干部（享受副处级待遇）
郭体民　男　大理市总工会离休干部（享受副县处级待遇）
李毓桦　男　大理市第一人民医院离休干部（享受副处级待遇）
张万胜　男　大理市经济局离休干部（享受副处级待遇）
和运鸿　男　大理市经济局离休干部（享受副处级待遇）
曹天楼　男　大理市经济局离休干部（享受副处级待遇），
王寿田　男　云台山林业局离休干部（享受副县处级待遇）
杨光华　男　大理市日用化工厂离休干部（享受副处级待遇）
尹治岗　男　大理市人民医院离休干部（享受副处级待遇）
孙翊培　男　原弥渡县一中离休干部（享受副处级待遇），
谭安福　男　弥渡县食品公司离休干部（享受副处级待遇）
李成魁　男　洱源县乔后盐矿离休干部（享受副处级待遇）
施朝伦　男　洱源县司法局离休干部（享受副处级待遇）
杨鸿印　男　洱源县交通局原局长（享受副县处级待遇），离休干部
刘　瑛　男　洱源县水利局离休干部（享受副处级待遇）
潘振鹏　男　祥云县委老干部局离休干部（享受副处级待遇）
王元庆　男　祥云县商务局离休干部（享受副处级待遇）
杨润东　男　大理市下关一中离休干部（享受副处级待遇）
张贡繁　男　剑川县甸南乡中心学校离休干部（享受副处级待遇）
何瑞堂　男　剑川县政策研究室离休干部（享受副处级待遇）
陈永发　男　剑川县文体局离休干部（享受副处级待遇），
杨润华　男　剑川县人事局离休干部（享受副处级待遇）
李明昌　男　永平县人大常委会原主任，退休干部
杨灿元　男　鹤庆县政协原主席，退休干部
虞效尧　男　宾川县政协原主席，退休干部
毕学书　男　巍山县政协原主席，退休干部
李　盖　男　大理州档案局原局长，退休干部
孙树林　男　大理州民政局调研员，退休干部
刘瑞儒　男　大理州教育局原副局长，退休干部
王明堂　男　宾川县政协原副主席，退休干部
谢枝平　男　宾川县委原副书记，退休干部
杨四增　男　剑川县政府原副县长，退休干部
王　鹏　男　永平县政协原副主席，退休干部
周泉荫　男　祥云县政协原副主席，退休干部
单文龙　男　大理州委党校副调研员，退休干部
罗庆榆　男　大理州工商联副调研员，退休干部
杨永佩　男　大理州供销社原副主任（享受正处级待遇），退休干部
周　行　男　大理州经济委员会副调研员，退休干部
钟自强　男　大理州公安局退休干部（享受副处级待遇），
何锦成　男　云南省路桥一公司总工程师（享受副处级待遇），退休干部
臧航琨　男　下关汽车运输总站原副站长（享受副处级待遇），退休干部

（说明：在职逝世的副县处级以上未统计）

（王　林）

（责任编校：施立卓）

附 录

大理白族自治州人民代表大会常务委员会工作报告(摘要)

——2011年2月17日在大理白族自治州第十二届人民代表大会第四次会议上

大理白族自治州人民代表大会常务委员会主任　宇国顺

一、2010年的主要工作

(一)围绕中心,服务大局,认真贯彻落实州委的重大决策

一是认真开展了洱海管理条例及其配套的行政规范性文件执行情况的调研。针对洱海保护治理面临的新情况和新挑战,常委会按照州委的部署和要求,对洱海周边农村面源污染、“两污”治理、生态湿地建设、乡村环保工程建设、畜禽粪便处理、入湖河道治理等8个方面的工作,采取听、查、看、议及明察暗访等方式,组织州市人大代表88人,分5个组深入到大理市环洱海的30余个村委会及其村民小组、农户家中进行了洱海管理条例和行政规范性文件贯彻实施的执法调研。为州委制定出台《关于进一步加强洱海流域保护治理和监管工作的意见》提供了决策依据。同时,按照州委安排的调研任务,常委会还组织有关人员,围绕湿地保护立法进行了调研,为开展湿地保护立法提供了依据。二是积极投入抗旱救灾。前年秋季至去年上半年我州出现了历史罕见的特大旱灾,不仅给全州经济社会发展特别是农业生产造成巨大损失,而且给人民群众生活带来了极大的困难。常委会坚决贯彻中央和省、州党委的决策,及时调整工作计划,把抗旱救灾作为人大促发展、保民生的重要工作。常委会领导多次带队深入基层和扶贫挂钩地区,指导抗旱救灾促发展工作;要求全州各级人大及其常委会尽职尽责,全力抓好抗旱救灾促发展工作;充分发挥人大代表密切联系群众的优势,加强对抗旱救灾措施、政策、专项资金落实到位情况的督促检查;组织人大机关干部多次深入弥渡县牛街乡扶贫挂钩点,与当地干部群众一起开展抗旱救灾,帮助协调和解决抗旱救灾资金和物资,为全州夺取抗旱救灾全面胜利作出了积极的努力,州人大常委会机关党总支被州直机关党委评为“抗旱救灾先进党总支”,受到了表彰奖励。三是协助筹备州委人大工作会议,认真贯彻会议精神。深入开展调查研究,广泛听取各方面的意见建议,积极向州委提供科学的决策依据,全力做好会议筹备的相关工作。州委人大工作会议召开和州委出台《关于加强和改进新形势下人大工作的意见》后,常委会高度重视会议精神和州委《意见》的学习宣传和贯彻落实工作,将任务分解到州人大及其常委会各委室,要求切实采取措施,把州委部署落到实处。

(二)立足实际,提高质量,认真行使民族立法权

常委会按照《五年民族立法规划》的要求,注重地方实际、注重社会关注、注重立法创新,积极推进民族立法工作,实现了立法工作出亮点、有特色、可操作、见实效。一是认真做好《云南省大理白族自治州村庄规划建设管理条例》的制定。根据大理州农村处于经济发展和农民建房高峰期,但村庄建设规划水平低、基础设施建成率低的实际情况,常委会组织专门班子进行了大量的调研工作,召开相关座谈会、论证会8次,并在《大理日报》和州人民政府公众信息网上以大理白族自治州人大常委会公告的形式,向社会广泛征求意见,分别在州人大常委会第十五、十六、十七次会议上对村庄规划建设管理条例(草案)进行了3次审议,相关委员会根据常委会审议的意见前后进行了8次修改、完善,现已完成了相关的报批工作,提交本次大会审议。二是根据州十二届人大三次会议期间代表提出湿地保护立法的议案和州委主要领导的批示,成立了湿地立法调研组,经过认真调研,形成了《大理州湿地保护立法调研报告》,并在州十二届人大常委会第十八次会议上进行了审议,会议作出决定,本着急用先立的原则,对州十二届人大常委会五年民族立法规划进行调整,将制定《云南省大理白族自治州湿地保护条例》列入2011年年度立法计划。三是由常委会领导带队,深入全州12县市和部分乡村对《云南省大理白族自治州城乡公路保护管理条例》进行了立法调研,此项立法已进入起草阶段。同时,认真指导3个民族自治县的民族立法工作,推进了《云南省巍山彝族回族自治县红河源保护管理条例》、《云南省漾濞彝族自治县核桃保护管理条例》的制定。公布施行了《云南省大理白族自治州旅游条例》。

(三)突出重点,注重实效,认真行使监督权

一是围绕保障和促进全州经济平稳较快发展,切实搞好经济工作监督。关注全州宏观经济运行情况,常委会会议先后听取和审议了州人民政府关于大理州2009年州本级财政决算、2009年州本级地方财政预算执行情况和其他财政收支审计工作、2010年1至7月国民经济和社会发展计划执行情况、2010年1至7月地方财政预算执行情况的报告,审查批准了2009年州本级财政决算;听取和审议了州人民政府关于“十一五”规划执行中期评估及“十二五”规划编制情况的报告。常委会对会议议题事先都组织进行深入的调研,为会议进行审议和作出有针对性的决议、决定,提高审议质量奠定了坚实基础。二是围绕改善民生和发展社会事业开展监督,维护了群众的切身利益,促进了民族团结和社会和谐。常委会会议先后听取和审议了州人民政府关于全州敬老院建设和五保户集中供养工作、

全州中低产田地改造工作、全州宗教工作、大理滇西中心城市完善1+6规划体系编制工作及全州城镇化进程、全州广播电视事业发展、州十二届人大三次会议代表提出的建议、批评和意见办理情况的报告，促进了相关工作。对贯彻《云南省民族乡工作条例》进行了专题调研。年内，以“水——生命之源，污染与防治”为主题，继续牵头开展了2010年大理环保世纪行活动，组织新闻媒体记者认真采访报道，发稿59篇，增强了群众的环保意识。三是围绕促进司法公正开展监督。常委会会议听取和审议了州人民检察院关于加强反贪污贿赂工作，推动反腐败斗争深入开展的情况报告，支持审判机关、检察机关和公安、司法等部门依法行使职能。四是围绕全州改革发展稳定大局和社会普遍关注的重大问题，认真开展执法检查、组织代表视察和督促检查。先后对州人民政府贯彻实施传染病防治法、审计法、文物保护法、动物防疫法情况进行了执法检查，促进了相关法律在大理州的全面贯彻实施。组织部分州人大代表，先后对全州“两基”迎国检工作、全州中小学校舍安全工程实施、全州推进工业创新工作、云龙功果桥电站移民搬迁安置工作、全州实施“三五”依法治州规划、大理州参加第十三届全省体育运动会备战等情况进行了视察。对政府信用贷款使用、宾川华侨农场改革、全州5条二级公路建设、州中级人民法院涉诉信访工作、部分承办单位对州十二届人大三次会议代表提出的建议、批评和意见办理情况等进行了督促检查，促进了上述工作的有效开展。同时，认真做好上级人大常委会委托的各项执法检查和调研工作，根据省十一届人大三次会议上大理代表团提出的议案，积极配合省人大常委会对洱海管理条例进行执法检查。受省人大常委会的委托，组织大理州选举的省人大代表，对祥云、宾川2县中低产田改造和土地整理项目工作进行了视察。与省人大常委会配合，成立课题组完成了洱海流域构建生态补偿机制的课题调研。五是开展规范性文件备案审查工作，重视群众来信来访。对州人民政府和县市人大常委会报来的13件规范性文件进行了认真审查，对其中的1件规范性文件采取召开专家座谈会的形式进行了重点审查。常委会高度重视群众来信来访，坚持开展了每月一天的常委会领导接待群众来访制度，全年共受理群众来信来访、电话访、网访340件，536人次，督促有关部门解决了一些涉及群众切身利益的问题，维护了当事人的合法权益，促进了社会的和谐稳定。

（四）实事求是，依法依规，认真行使重大事项决定权和人事任免权

一年来，围绕保障全州经济社会发展、贯彻州委的重大决策部署，常委会根据州人民政府所提议案，分别对弥渡县果河公路二期工程和州精神病医院整体搬迁（一期）工程项目、洱海保护及洱源县生态文明建设重点工程项目、《大理生态州建设规划（2009~2020年）》等重大事项作出决议和决定，促进了民生工程建设，加快了生态大理建设的步伐。

常委会在人事任免工作上始终坚持讲政治、顾大局、守纪律，把党管干部和依法任免国家工作人员的原则有机结合起来，严格拟提请任命人员任前法律知识考试制度，完善任免程序和办法，加强与州委组织部和“一府两院”的联系，依法认真做好人事任免各个环节的工作，有效行使了人事任免权。全年共依法任免国家机关工作人员30人次，其中任命16人次、免职10人次、接受辞职4人次。

（五）加强培训，搭建平台，认真做好代表工作

一是加强代表培训。举办了人大代表和人大机关工作者培训班，提高了人大代表和人大机关工作者围绕中心、服务大局、依法履职、促进经济社会发展的能力和水平。二是搭建代表履职平台，精心组织代表闭会期间的活动。筹措资金对乡镇人大代表活动室的展板和书柜等硬件设施进行配备和更新；不断总结完善代表“五个一”活动，密切代表与选民的联系，拓宽代表与政府沟通的渠道，丰富代表活动内容，切实增强代表在闭会期间的履职意识；围绕经济社会发展和群众关注的热难点问题，组织人大代表视察和调研；组织代表外出学习考察，开阔代表履职视野。三是认真办理代表提出的议案，督促办理代表建议、批评和意见。认真办理代表提出的《关于对〈中华人民共和国动物防疫法〉进行执法检查的议案》、《关于制定〈鹤庆草海湿地保护条例〉的议案》。组织部分代表对9个部门的办复工作进行专项检查，确保办理质量。建议办理的面商率、办复率、满意率达100%，解决率达40%。四是努力为代表知情知政和履职提供服务。定期向人大代表赠阅《中国人大》、《云南人大》、《大理人大》和《政情通报》、《政务信息》；分批次邀请人大代表列席每一次常委会会议，让代表直接参与审议“一府两院”的有关工作报告；组织人大代表列席州政府常务会议，切实保障代表知情知政权。五是州、县市都把代表活动经费列入财政预算，切实为人大代表执行代表职务提供了资金保障，同时依法对代表执行职务提供时间。六是探索总结创新代表工作。对云龙县建立代表建议办理专项资金、南涧县开展政党提名当选代表回访选区等情况进行调研，形成了专题报告，对村委会建立代表小组活动室、代表辞职等新的代表工作方法进行了积极探索，总结经验，完善措施，创新代表工作。七是宣传代表先进事迹，激发代表履职热情。坚持在《大理人大》开办“代表风采”专栏；总结人大代表依法履职经验，出版大理人大专刊《代表风采录》；配合《中国人大》杂志做好代表“五个一”活动的采访宣传工作，使我州人大工作的这一亮点向全国总结推广。

（六）加强学习，转变作风，认真抓好自身建设

一是努力加强常委会自身建设。常委会按照“政治坚定、业务精通、务实高效、作风过硬、团结协作、勤政廉政”的要求，继续把思想政治建设摆在首位，把坚持正确政治方向贯穿于依法履职的全过程，不断增强坚持走中国特色社会主义政治发展道路的自觉性，不断增强坚持和完善人民代表大会制度的坚定性。狠抓能力建设和作风建设，坚持履职培训，紧密结合立法、监督工作，深入基层，调查研究，抓住带有倾向性、普遍性的问题，努力做到分析问题切中要害、提出意见有理有据、作出决策切实可行，推动了有关方面的工作。同时，积极争取省、州政府和有关方面支持，进一步改善了机关硬件设施，常委会会议室建成并投入使用，为扩大人大代表和公民列席、旁听人大常委会会议创造了条件。二是重视加强人大机关建设。一抓学习，以巩固深入学习实践科学发展观活动成果为契机，以加强机关党的建设为抓手，认真开展创先争优、学习型党组织建设、“三个一”主题实践和学习普发兴同志先进事迹活动，扎实推进廉政文化进机关、保密教育和平安机关建设等，干部职工结合工作实际撰写学习心得体会文章52篇。二抓制度，认真执行州人民代表大会议事规则、州人大常委会工作规则等制度，坚持按制度办事，按程序办事，推动了人大工作的科学化、制度化、规范化水平。三抓党风廉政建设，认真履行“一岗双责”，按照《党员领导干部廉洁从政若干准则》的要求，大力倡导八个方面的良好风气，严格执行党风廉政建设责任制，组织机关干部接受反腐倡廉教育，着力解决党员干部在党性党风党纪方面存在的突出问题，切实做到为民、务实、清廉，时常自省、自警、自律、自重，为人大及其常委会依法履职提供了有力的政治保证。三是以机关作风转变促其他工作。按照州委安排，常委会领导认真做好挂钩弥渡县工作及机关挂钩弥渡县牛街乡扶贫、宾川县拉乌乡扶贫综合开发示范园区等工作，全年干部职工共深入

基层调研指导426人次，为挂钩乡村、基层人大办实事105件，积极帮助协调抗旱救灾、学校建设、农田水利、新农村建设等项目资金。继续加强对全州工会工作的指导，支持工会依法开展工作。认真抓好人大宣传工作，努力办好常委会机关内部刊物《大理人大》双月刊。积极开展与外地人大常委会的工作交流与学习，机关作风进一步加强。

二、2011年的主要任务

2011年，是实施"十二五"规划的开局之年。州人大常委会工作的总体思路是：以邓小平理论和"三个代表"重要思想为指导，深入贯彻落实科学发展观，在中共大理州委的领导下，认真贯彻党的十七届五中全会和中央经济工作会议精神，按照州委六届十次全会和州十二届人大四次会议的工作部署，全面贯彻省委、州委人大工作会议精神，以科学发展为主题，以加快转变经济发展方式为主线，紧紧围绕我州"十二五"规划的实施和"争当民族团结进步模范州、生态文明建设排头兵、旅游二次创业生力军、滇西城镇化进程领跑者、建设民族文化强省先行者"的要求，坚持"生态优先、农业稳州、工业强州、文化立州、旅游兴州、和谐安州"的发展思路，围绕努力将大理建成中国面向西南开放桥头堡和滇西中心城市和独具特色的少数民族自治州的目标，认真履行法定职责，努力开创人大工作新局面，为确保大理州"十二五"时期经济社会发展开局良好和社会和谐作出新的贡献。

提高质量，进一步加强民族立法工作。根据中国特色社会法律体系形成之后的新要求，从大理州的实际需要出发，一是认真做好中国特色社会主义法律体系的学习宣传工作；二是认真开展民族立法工作。做好《云南省大理白族自治州村庄规划建设管理条例》上报省人大常委会批准及公布施行的相关工作；制定《云南省大理白族自治州城乡公路保护管理条例》、《云南省大理白族自治州湿地保护条例》，做好审议、报批工作。加强对漾濞、南涧、巍山3个民族自治县立法工作的指导；三是注重提高立法质量，坚持行之有效的做法，进一步开展"立法回头看"活动，借鉴外地成功经验，加强对法规案起草和论证的探索创新，尝试第三方起草法规草案制度和立法工作者与网民的交流制度，将立法听证会、公开征集立法项目和法规草案稿的活动规范化、常态化，来推进我州的科学立法和民主立法，不断提高立法质量。

注重实效，进一步加强监督工作。认真贯彻执行云南省人大常委会关于监督法实施办法的各项规定，以扩大内需和改善民生为立足点，围绕大理州"十二五"规划以及事关经济社会发展大局的重大问题，影响社会和谐和人民群众关注的热点难点问题，切实加强工作监督和法律监督，并努力开拓创新，抓实三个结合，即全面监督与突出当年重点工作监督相结合；事后监督与事前、事中、事后监督相结合；关注经济发展与社会民生问题监督相结合。综合应用法定的监督手段，不断改进工作方法，加大监督力度，提高监督实效。一是继续加强对宏观经济运行情况的监督。听取和审议州人民政府关于2010年度财政决算和审计工作情况、2011年1至7月国民经济和社会发展计划及预算执行情况报告。二是继续加强对重要经济工作的监督。听取和审议州人民政府全州粮食工作情况、供销社改革发展情况报告，以执法检查或视察等方式，关注物价工作和食品安全。三是继续加强对"两保护、两开发"、滇西中心城市建设以及民生和社会事业发展的监督。听取和审议州人民政府关于全州廉租房建设情况、深化医药卫生体制改革情况、滇西中心城市"1+6"城市体系编制及2011年度工作计划落实情况、全州制定"六五"普法规划、村委会建设情况报告，以及州中级人民法院关于人民陪审员制度建设情况报告。组织对工会法、老年人权益保障法、防震减灾法、科技进步法的执法检查，对全州学前教育工作情况进行视察，对动物防疫法的执法检查意见和工业创新视察意见的贯彻落实情况进行跟踪检查。对少数民族特色村镇保护与发展、推进群众体育与竞技体育活动开展情况、散居归侨侨眷工作情况进行调研。四是探索开展专题询问工作，逐步把事后监督转向事前监督，全面开展政府规范性文件备案审查工作。继续开展大理环保世纪行活动。进一步加强人大信访工作。

依法履职，进一步行使好重大事项决定权和人事任免权。围绕州委中心工作和重大决策，加强调查研究，广泛听取意见，通过法定程序适时作出决议、决定。积极探索常委会行使重大事项决定权的途径和方法，慎重行使重大事项决定权，推进决策的科学化、民主化和法制化。坚持党管干部的原则与常委会依法任免的有机统一，坚持完善干部任前法律知识考试、任职表态发言等制度，进一步做好人事任免工作。

强化服务，进一步加强代表工作。改进代表工作，提升服务水平。有计划地加强代表培训工作，组织代表学习考察，进一步提高代表履职能力。继续加强常委会组成人员与基层代表的联系制度，扩大代表列席州人大常委会会议，邀请代表参加立法、视察、执法检查、专题调研等，健全重要工作和重大事项通报制度，进一步保障代表的知情知政权。积极探索完善代表在人代会闭会期间开展活动的有效形式，提高代表闭会期间活动实效。加强代表议案、建议的办理和督办工作，继续坚持对事关人民群众切身利益的代表建议，由常委会组成人员组织督办的制度，提高办理效率和质量，提高建议解决率。加大对新修改的选举法和代表法的学习宣传力度，并认真贯彻实施。

提升素质，进一步加强自身建设。把思想政治建设摆在首位，当前要把学习贯彻党的十七届五中全会、州委六届十次全会以及各级人代会精神作为首要任务，按照建设学习型党组织的要求，通过报告会、培训、专题研讨会和学习交流会等形式，提高常委会组成人员的思想政治素质，增强落实会议精神的主动性和自觉性，充分发挥人民代表大会制度的政治优势，动员和团结一切社会力量，形成建设中国特色社会主义的强大合力。不断健全完善学习、重大决策通报和专题报告制度，进一步增强常委会组成人员服务大局的意识和能力。常委会组成人员要加强作风建设，深入基层调查研究，密切联系群众，使人大工作进一步反映民意、维护民利。进一步完善相关制度，充分发挥各专门委员会和工作委员会的职能作用。继续扎实开展创先争优、建设学习型党组织和"三个一"主题实践活动，切实加强机关干部队伍思想建设、组织建设、制度建设和作风建设，提高机关干部的政治素质、业务素质和履职水平。认真履行"一岗双责"，切实加强人大机关党风廉政建设，进一步加强人大宣传工作，精心办好《大理人大》月刊。加强对各县市人大常委会的工作联系与指导，认真完成好上级人大交办的工作任务，积极开展对外交往。积极支持工会依照《工会法》开展工作。

关于大理白族自治州2010年国民经济和社会发展计划执行情况与2011年国民经济和社会发展计划（草案）的报告（摘要）

——2011年2月15日在大理白族自治州第十二届人民代表大会第四次会议上

大理白族自治州发展和改革委员会主任　张正贤

一、2010年国民经济和社会发展计划执行情况

2010年，全州国民经济和社会发展计划执行情况总体良好，“十一五”规划确定的主要目标和任务全面完成。全年完成地区生产总值474.9亿元，增长13%，其中：一产完成109亿元，增长5.4%；二产完成188.3亿元，增长19.2%；三产完成177.6亿元，增长11.5%。三次产业结构比例由25.7：36：38.3调整为23.0：39.6：37.4。财政总收入完成80.6亿元，增长19.2%。其中：地方一般预算收入37.6亿元，增长19.2%。

（一）农村经济稳步发展，农业设施不断改善

全州投入抗旱资金4亿多元，抗旱工作全面胜利。全年农村经济总收入380.8亿元，增长10.8%。农业总产值198.7亿元，增长12.5%。认真落实各种补贴政策，补助农业资金5.6亿元。改造中低产田28.15万亩。完成粮食作物播种面积412万亩，粮食总产127万吨。种植烟叶54.2万亩，收购烟叶163.36万担。新植核桃156万亩，总量达800万亩，被国家林业局经济林协会命名为“中国核桃第一州（市）”。水果、冬早蔬菜发展势头强劲，分别实现产值12亿元、26亿元。畜牧业生产平稳发展，生猪出栏364万头，肉牛出栏49万头，肉羊出栏128万只，肉类产量43.8万吨，牛奶总产量42.5万吨，畜牧业总产值达78.2亿元，增长11.3%。农业设施不断改善。建成“五小水利”工程4.1万件，全面完成小（二）型水库20座和小塘坝145座应急修复任务。新修8000口沼气池、1.3万口节能灶。培训农村富余劳动力14.11万人，新增转移农村富余劳动力14.75万人。以千村扶贫开发百村整体推进为主的新农村建设顺利推进。102个行政村“866”项目累计筹措各种扶贫资金45336.6万元，完成投资49919.53万元。新建安居房2545户，改造危房5438户，硬化农户院心20361户。修建水窖（池）5163个，库塘42个，完成人饮工程147件，新修乡村公路299千米，村内道路弹石路硬化42.76万平方米、水泥路硬化46.04万平方米，村容村貌进一步改善。异地开发扶贫项目全面实施，产业扶贫稳步推进，信贷扶贫效果明显。宾川县拉乌乡、祥云县米甸镇整乡推进试点项目有效实施。解决4万贫困人口温饱问题。

（二）工业经济逐步回升，质量和效益明显提高

全年工业现价总产值实现477.1亿元，增长27.5%，其中，规模以上工业完成产值323.2亿元，增长30%，规模以下工业完成产值153.9亿元，增长18.8%。主要产品产量大幅增长，其中，原煤331.5万吨，增长25%；乳制品18.9万吨，增长11.5%；啤酒16.7万千升，增长25.4%；水泥837.2万吨，增长22.1%；精制茶9214吨，增长39.2%；载货汽车4.7万辆，增长10.6%。规模以上工业产品产销率达94.1%。烟草、机械、矿冶、能源、建材、生物资源及优势农产品加工等六大工业产业实现产值340.4亿元，占工业总产值的71.3%。工业园区软硬环境建设进一步加强，工业发展平台作用增强。大理创新、祥云财富、鹤庆兴鹤、剑川上兰、弥渡工业园区标准厂房建设积极推进。大理创新工业园区道路建设、鹤庆兴鹤工业园区基础设施建设（二期）、宾川福源工业园区加工制造片区道路建设等项目基本建成，工业园区基础设施不断改善。全州工业园区入驻企业达225户。59个重大工业发展项目中12个项目建成投产，其余项目顺利推进。祥云中天锑业公司年产1万吨精锑（一期）、大理药业公司醒脑静注射液技改等工业经济项目已基本建成。大理卷烟厂50万标箱就地技改扩建、云南白药集团大理制造中心建设等项目顺利实施。严格落实节能目标责任制，能源审计、清洁生产、资源综合利用工作进一步加强。全年削减SO2排放量975.14吨，削减COD29吨。单位GDP能耗下降5.96%。

（三）市场流通繁荣活跃，第三产业加快发展

完成社会消费品零售总额142.1亿元，增长18%。“家电下乡”继续推进，共备案742个销售网点，销售总量23万台。家电、汽车、摩托车“下乡”累计实现销售总额18.38亿元，补贴1.89亿元。适时开展价格监测，投放重要物资储备平抑物价，居民消费价格指数控制在103.3%以内。进出口总额达18449万美元，增长28.1%。旅游改革综合试点工作全面启动。接待国内外旅游者1337.7万人次，增长17.2%；旅游业总收入115亿元，增长24.9%。金融机构各项存款余额618.9亿元，比年初增长31.7%；金融机构各项贷款余额398.5亿元，比年初增长25.6%。“三农”贷款和中小企业贷款投放力度明显加大。

（四）投资保持快速增长，项目建设成效显著

全社会固定资产投资完成282.8亿元，增长30.1%。年初确定的基础设施和基础产业160项重大建设项目动工140项。重大工程建设上，继续配合国家和省做好大瑞铁路、小湾电站、鲁地拉电站、龙开口电站、功果桥电站、苗尾水电站等项目建设。小湾电站建成发电，大丽高速公路全线开工建设。广大铁

路扩能改造和中缅油气管道项目前期工作进展顺利。大理市上关至北五里桥公路、鸡足山旅游公路、祥姚公路和跃龙公路二级公路顺利推进,关巍公路建成通车。完成弥渡直德公路等28个通乡油路229.1千米,完成通达工程773.3千米。继续实施中西部农网完善工程及无电地区电力建设工程。洱源马鞍山风电场、罗坪山风电场建设进展顺利。初步选定宾川、弥渡、祥云、南涧、洱源5县34个太阳能光伏电站场址。剑川老君山、云龙包罗、巍山巍宝山、永平金河、弥渡大横箐、祥云青海湖等骨干水利工程进展顺利,洱源三岔河、永平大碱塘、南涧母子垦水库主体工程完工,祥云浑水海和16件小(一)型水库除险加固全面完工。各县市城市生活垃圾处理工程、污水处理厂及配套管网工程开工建设。祥云、鹤庆、弥渡3县生活垃圾处理场项目已通过县级初验,永平、剑川县生活垃圾处理场建设已基本完成。大理苍山大索道、鹤庆新华村、宾川鸡足山景区、《希夷之大理》实景演出、巍山古城、洱源地热国等一批项目正在抓紧建设。中小学校舍安全工程建设扎实推进,州特殊教育学校、巍山县职中综合楼、鹤庆县职中综合楼、宾川县职中教学实训楼、大理卫校教学实训楼、漾濞县职中综合楼、剑川县民族中学项目竣工并投入使用。基层医疗卫生服务体系建设进展顺利,鹤庆县医院、洱源县炼铁乡中心卫生院、剑川县沙溪中心卫生院、大理市喜洲中心卫生院等项目已竣工并投入使用。永平县、剑川县等县医院整体迁建工程正抓紧施工。州中医院、市医院改扩建工程进入扫尾阶段。

(五)生态建设扎实开展,城镇建设不断加强

继续实施洱海保护治理"六大工程",洱海水污染防治8个重点集镇污水处理设施建设全部启动,下山口污水处理设施通过验收,喜洲污水处理设施完工。洱源生态文明示范县建设扎实推进,"百村整治"有效开展,建成15座小型垃圾焚烧炉和8165个简易农户庭院污水处理设施并投入试运行。洱源县被授予"国家首批绿色能源示范县"。洱海水质总体保持在Ⅲ类。"七彩云南保护行动"、滇西北生物多样性保护工作扎实开展。"森林大理"取得新成效,完成巩固退耕还林成果19.2万亩、封山育林和人工造林1.17万公顷。完成小流域水土流失治理141.4平方千米。城镇化建设迈出新步伐。《大理滇西中心城市总体规划》已经省政府批准,物流、教育、交通、医疗卫生、旅游5个专项规划通过省评审。海东新区1号路一期工程竣工验收,2号路、排水管网、污水处理厂、云南白药制造中心、太阳能非晶硅模板项目进展顺利。凤仪工业园区和物流园区基础设施建设不断完善,力帆大道绿化景观、三横一纵路灯安装等七个工程正在施工,物流园区1、2、3号路前期工作即将完成,工业园区标准厂房一期建设项目顺利推进,开工建设5万平方米标准厂房。巍山、宾川、南涧、云龙县城建设改造提升全面启动。特色集镇、旅游小镇建设得到加强。全州城市建成区面积达138.5平方千米,城镇化率达33%,建成区城市绿化覆盖率达到23.5%。

(六)各项改革深入推进,对外开放水平明显提高

重要领域和关键环节的改革进一步深化。农村综合改革取得阶段性成果。集体林权制度圆满完成,各项配套改革扎实推进。国企改革总体目标全面实现。国有资产监督管理服务职能进一步加强。创新政府建设深入实施,政府自身建设得到加强,工作效能进一步提高,服务能力得到改善。机构改革稳步实施。招商引资卓有成效,全州共引进国内经济合作项目259项,其中:当年新签约项目160项,往年结转项目99项。引进州外实际到位资金135亿元,增长82.7%,其中省外实际到位资金72.6亿元,增长83.5%。新批外商投资企业6户,实际利用外资2183万美元。先后成功引进了云南物流产业集团等大企业、大集团入驻大理。

(七)民生投入持续增加,社会事业协调发展

"两基"通过国检验收,高考六年蝉联全省第一,职业技术教育活力增强。中小学校舍安全工程建设快速推进,排除中小学D级危房43万平方米,新建校舍48.5万平方米,办学条件明显改善。大理滇西技师学院和大理农林职业技术学院建设工作进展顺利。校园安全得到有力维护,学校安全工作机制更加完善。医疗保障水平进一步提高。城镇居民基本医疗保险起付标准降低,统筹基金最高支付限额提高至2.5万元。全州新型农村合作医疗参合人数达286.99万人。州医院、附属医院、市一院、祥云县医院急诊科开展"先救治、后付费"试点。以非公企业、个体工商户、灵活就业人员、农民工为重点的社会保险扩面工作有效开展。全州五项社会保险共参保57.98万人,其中:城镇职工基本养老保险、失业保险、工伤保险、生育保险、城镇居民基本医疗保险参保人数分别达到14.28万人、10.3万人、7.73万人、6.21万人、19.46万人。城乡居民最低生活保障金分别发放1.2亿元、1.9亿元。鹤庆县新农保试点扎实推进,被征地农民社会保障得到加强。就业再就业优惠政策全面落实,城镇新增就业人数2.19万人,城镇下岗失业人员再就业0.61万人,城镇登记失业率控制在4.08%以内。科技进步对国民经济增长的贡献率达48.8%。新建326个农家书屋、20个乡镇文化站。文艺精品创作、文化市场管理、文物保护和白族文化研究取得成效。广播电视村村通第二、三批工程全面完成,广播和电视覆盖率分别达96%和98.75%。第六次人口普查有序开展,人口和计划生育工作得到加强,全州年末户籍总人口352.57万人,人口自然增长率控制在4.8‰以内。食品药品安全监管工作加强,安全生产监管有力,无重特大安全生产事故。新开工廉租房建设6830套、34.2万平方米,低收入家庭住房困难得到进一步解决。人民生活水平稳步提高。城镇居民人均可支配收入达15801元,增长11.4%;农村居民人均纯收入达3902元,增长12.1%。农民增收幅度逐渐加大,城乡居民收入增长与经济增长更加协调。

二、2011年国民经济和社会发展计划安排意见

2011年国民经济和社会发展的主要预期目标是:

——地区生产总值558亿元,增长13%以上,其中一、二、三产业分别增长7%、17%和13%以上;

——财政总收入和地方一般预算收入分别达93亿元、43亿元,均增长15%以上;

——全社会固定资产投资340亿元,增长20%以上;

——社会消费品零售总额165亿元,增长16%以上;

——外贸商品进出口总额20294万美元,增长10%以上;

——居民消费价格总指数控制在104%以内;

——年末总人口达354万人,人口自然增长率控制在6‰以内;

——城镇新增就业人数2.1万人,城镇登记失业率控制在4.5%以内;

——农村居民人均纯收入和城镇居民人均可支配收入分别增长10%以上;

——万元生产总值能耗下降3.1%以上。

为实现上述经济和社会发展预期目标,应主要抓好以下工作:

(一)加强农业基础地位,切实抓好"三农"工作

采取有力措施,降低旱情后续影响。大力发展现代农业,进一步调整优化种植结构,抓好无公害蔬菜、核桃、水果、蚕桑等农业产业发展,发展生态农业,推进特色花卉产业发展。力争农业总产值达219亿元,增长10%以上。着力加强中低产田地改造,严格保护耕地。稳定粮食播种面积,保障粮食安全。粮食总产142万吨,增长11.8%。加强农资市场管理,规范农资市场流通秩序。认真落实支农强农惠农政策,及时足额兑现各种补贴,稳步扩大财政补助规模,增加农民的政策性收入。继续加大农村富余劳动力培训转移力度,引导农民工合理有序转移,外出务工,增加农民的工资性收入。认真落实小额信贷、贷款贴息、以工代赈等扶持政策,鼓励引导农民就地就近兴办小型经济实体。加快畜牧业发展方式转变,抓好重大动物疫病防控,严防重大动物疫情发生,确保畜牧业稳定发展,提高畜牧业收入占农民纯收入比重。继续推进新农村建设。加大资金整合和项目实施力度,全面完成千村扶贫开发百村整体推进工程和综合示范园区建设年度目标任务,着手组织实施第二轮千村扶贫开发百村整体推进工程。继续实施好巩固退耕还林、中低产田地改造、村容村貌整治、村级组织活动场所、农村危房改造及地震安全等工程建设,进一步改善农村生产生活条件。

(二)调整优化工业结构,加快工业经济发展

进一步抓好烟草、矿冶、机械、建材、能源、生物资源及优势农产品加工六大工业支柱产业。重点培育市场带动型、资源导向型、传统优势型和节能环保型产业,大力发展新能源、新材料、新医药等优势明显、发展潜力巨大的特色产业。狠抓项目建设,增强发展后劲。加大企业特别是规模企业技改力度,增加产品科技含量,促进产品升级换代,增强产品市场竞争力。预期全年现价工业总产值563亿元,增长18%。加快园区建设。力争将大理创新、祥云财富工业园区列为省级新型工业化产业示范基地。积极推进工业园区标准厂房建设。着力做好园区在建项目推进、产业招商、配套建设等工作,做强做大工业园区,促进产业集群发展。培育壮大中小企业。认真贯彻落实扶持中小企业及非公有制经济发展的各项政策措施,培育壮大一批中小企业,促进工业和非公经济发展。实施中小企业成长工程,加大中小企业和非公创业培训、公共信息、融资担保、技术创新、维权保护等服务平台建设。强化工业经济运行监测。优化煤、电、油、运要素配置。帮扶停产、半停产企业。加强企业安全生产管理,落实安全生产责任制。坚定不移地推进发展方式转变,有效推进节能减排和清洁生产。

(三)抓好项目建设和管理,增强经济发展支撑能力

继续落实项目建设责任制,强化重大项目推进协调机制,着力解决项目建设中的要素制约。对项目建设中的关键性问题进行重点协调,及时解决,增强项目工作针对性。加强项目管理,加强对重大建设项目督促检查工作力度。认真落实项目法人责任制、工程监理制、工程招投标制、合同管理制等管理制度,保证工程质量和资金安全。抓好项目前期工作,强化项目论证、储备、申报、资金筹措和实施工作,搞好协调服务。多渠道、多形式筹集项目建设资金。围绕国家和省的投资方向和重点,加强与国家和省相关部门的汇报、衔接,争取资金扶持。积极向金融部门推介项目,争取银行信贷支持,用好用活中小企业信用担保基金,切实解决中小企业投资项目融资难的问题。创新投融资方式,拓宽投融资渠道,积极推进重点企业上市和城市建设债券发行工作。深化投资体制改革,拓宽投资领域,落实好企业投资自主权,提高服务水平和质量,鼓励和引导民间投资,努力扩大社会投资。着力抓好交通、水利、能源、城建环保、旅游、教育、卫生、信息等基础设施和基础产业建设,确保完成全社会固定资产投资340亿元,增长20%以上。积极配合国家和省抓好大丽高速公路、大瑞铁路、大中型水电站、广大铁路扩能改造等重大项目建设。列入统一还贷建设的跃龙、祥姚、宾川鸡足山二级公路力争按时完成。继续实施通乡油路和农村通达工程。加快推进祥云、宾川大型灌区建设,扎实做好剑川老君山、云龙包罗、永平金河、弥渡大横箐等骨干水利工程建设,开工建设2~3件水源工程,启动一批重点河道治理和小(二)型病险水库除险工程。

(四)优化发展环境,提高招商引资质量

完成州县市政府机构改革,深化事业单位人事制度改革。深化医药卫生体制改革,着力抓好基本药物制度和公立医院改革试点。深化部门预算管理和财政绩效管理,建立规范完善的财政保障机制。深化农村改革,完成农业技术推广、动植物疫病防控、农产品质量监管等公共服务机构改革任务,继续全面推进集体林权制度综合配套改革。继续落实好招商引资“一把手工程”,加大招商引资力度,创新招商方式,提高招商引资质量。吸引更多东盟国家和东部沿海发达地区企业到我州投资开发。围绕国家产业政策,选准好产业,突出产业招商,提高招商效率。围绕新能源、新材料等优势产业,突出加强与中央企业、外资企业的接洽,积极引进大企业、大项目,夯实开放型经济发展平台。落实大企业大集团“一企一策”优惠政策,为达成合作意向和已签订协议的项目落地做好跟踪服务。

(五)加强生态环境保护,推进滇西中心城市建设

千方百计加大资金投入,加大洱海流域水污染综合防治项目的实施力度。继续实施好“七彩云南保护”大理行动计划,加快生态州及滇西北生物多样性保护生态县市创建工作,加强小流域治理和地质灾害防治。抓好农村面源污染防治,打好农村环境治理攻坚战。用好用足国家补贴政策,大力推广生态杀虫灯等新型农业环保产品。正确处理保增长和节能减排的关系。不断完善政策措施和工作机制,切实将节能减排各项工作落到实处。对矿冶、水泥等高耗能、高排放行业,采取措施,管住增量、调整存量、上大压小、扶优汰劣,支持企业围绕节能减排加快技术改造,进一步完善淘汰落后产能的政策措施。大力发展循环经济和低碳经济。加快推进城镇化进程,着力推进以滇西中心城市建设为重点的城镇建设,加快海东、凤仪开发和下关旧城改造提升步伐,启动实施洱源、永平、漾濞县城改造提升,继续抓好巍山、宾川、南涧、云龙等县城改造提升,做好国家级园林城市、省级园林县城创建工作。争取实施一批交通、治污、供排水、教育、卫生等市政基础设施建设项目,增强大理市和各县城人口集聚、产业发展潜力。统筹城乡一体化发展,以重点集镇建设和旅游小镇开发为载体,发展壮大一批各具特色的小城镇。

(六)抓好旅游发展改革试点,加快推进二次创业步伐

以实施苍洱片区旅游产业发展和改革综合试点为契机,通过改革创新,在旅游产品开发、体制机制创新、行业管理等方面取得突破性进展。建立旅游产业发展的长效机制和科学合理的旅游产业管理、投资、开发、经营体制。抓好标准化建设,实施规范化管理,全面提升旅游接待服务水平。加强区域合作,着力打造“三大旅游圈”,重点突出“环大理旅游圈”。加大辐射全州精品旅游路线的打造力度,不断整合旅游优势资源,大力开发满足消费需求和文化体验的特色旅游产品,不断提高大理旅游的品位和核心竞争力。切实推进旅游二次创业。着力加强重大旅游基础设施建设,改造提升现有景区景点,发展打造精品景点。重点抓好苍山大索道、“希夷之大理”大型实景演出、大理王宫等项目建设。启动大理感通国际养生旅游度假

区、喜洲旅游文化创意园区、大理华彬低碳绿色生态产业园等休闲度假旅游项目。引进国际知名酒店品牌，提升酒店档次和管理服务水平。加强特色旅游小镇建设。

(七)积极引导居民消费，加快发展现代服务业

落实最低工资标准，稳步提高居民家庭经营性收入、工资性收入、财产性收入、转移性收入，不断提升居民消费能力。抓住国家扩大消费需求的有利时机，采取有效措施，提升消费对经济增长的拉动作用。继续落实好“家电下乡”、“汽车摩托车下乡”、“农机具下乡”、家电汽车以旧换新等政策，及时兑付补助资金，拓展农村消费。继续推进“万村千乡市场工程”、商品配送中心建设，建立以农资、农产品和农村日用品销售网为主体的农村流通服务体系。加强市场供应，切实抓好“菜篮子”工程，搞好产运销衔接，确保粮油、肉类、蔬菜等主要农副产品供应。依法打击价格违法行为，切实改善消费环境，有效维护市场秩序，努力维护市场稳定。结合国家和省产业振兴规划，重点引导和培育好信息、汽车、旅游、文化、体育、餐饮等消费市场，进一步提升城乡居民消费水平。加快生产性和生活性服务业发展。加强服务业基础设施建设，着力推进大理物流园区、祥弥物流园区建设，筹划建设一批专业特色市场，改造提升县城及乡镇综合集贸市场。巩固提升商贸、餐饮、娱乐等生活性服务业。大力发展物流、金融、保险、信息、科技研发应用等现代服务业。努力为工业企业提供物流通畅、融资便利、信息便捷的生产性服务。落实促进房地产市场健康发展政策，稳定住房消费，促进县城房地产市场平稳健康发展，增强住房消费吸引力。

(八)加快社会事业发展，促进社会和谐稳定

针对教育、医疗、卫生、就业、社会保障、住房、民族宗教等社会事业发展上存在的问题，以生存需求和基本发展作为社会公共服务均等化的着力点，加大投入。巩固“两基”国检成果，着力推进义务教育均衡发展，切实维护教育公平。继续实施中小学校舍安全工程。全面加强校园安全管理。统筹抓好各类人才队伍建设。有效开展科技服务，加大科技培训力度。加快建立覆盖城乡的公共文化服务体系。继续落实鼓励创业、促进就业的各项措施，建立完善就业援助机制，加大就业培训和农村富余劳动力转移工作力度，抓好大中专毕业生、返乡农民工和困难群体的就业工作，保持就业形势稳定。进一步完善城镇职工基本养老和医疗、失业、新型农村合作医疗等保险制度。完善基层医疗卫生基础设施，抓好县级医院改扩建和乡镇卫生院、农村卫生室建设，加强疾病预防控制和卫生监督。大力推行人口出生缺陷预防干预。进一步扩大社会保障覆盖面。扎实做好社会保障信息系统整合工作。关注城镇弱势群体，完善城镇最低生活保障制度。

关于大理白族自治州2010年地方财政预算执行情况和2011年地方财政预算草案的报告(摘要)

——2011年2月15日在大理白族自治州第十二届人民代表大会第四次会议上

大理白族自治州财政局局长　杨光军

一、2010年地方财政预算执行情况

(一)全州财政收支预算执行情况

2010年,全州财政总收入累计完成805678万元,完成年度预算的108.1%,比上年增收129528万元,增长19.2%。其中:上划中央、省级税收收入429517万元,比上年增收68847万元,增长19.2%;一般预算收入完成376161万元,完成年度预算的108.4%,比上年增收60681万元,增长19.2%。地方一般预算支出完成1242429万元,完成年度预算的99.5%,比上年增支218506万元,增长21.3%。

财政总收入分征管部门完成情况是:国税部门完成426471万元,同比增收60748万元,增长16.6%;地税部门完成290007万元,同比增收64752万元,增长28.7%;财政部门完成89200万元,同比增收4028万元,增长4.7%。

全州财政收支平衡情况是:一般预算收入376161万元,原体制补助15084万元,税收返还77071万元,上级专项补助437974万元,上级各项补助330479万元,调入资金2020万元,上年滚存结余15011万元,转贷地方政府债券收入12531万元,收入方合计1266331万元;一般预算支出1242429万元,上解支出12500万元,增设预算周转金2823万元,支出方合计1257752万元;收支相抵,滚存结余8579万元,其中:项目结转6208万元,净结余2371万元。结余资金的形成主要是部分中央和省级专款补助下达较晚,当年难以形成支出,需结转2011年按规定用途安排使用。

(二)州本级财政收支预算执行情况

州本级财政总收入完成309085万元,完成年度预算的107.8%,比上年增收48532万元,增长18.6%。其中:上划中央和省级税收收入243287万元,比上年增收38369万元,增长18.7%;一般预算收入完成65798万元,完成年度预算的107.5%,比上年增收10163万元,增长18.3%。州本级一般预算支出完成149108万元,完成年度预算的96.1%,比上年增支24530万元,增长19.7%。

州本级财政收支平衡情况是:一般预算收入65798万元,原体制补助15084万元,税收返还77071万元,上级专项补助437974万元,上级各项补助330479万元,县市上解55818万元,调入资金74万元,上年滚存结余8875万元,转贷地方政府债券收入1741万元,收入方总计992914万元;一般预算支出149108万元,上解支出12500万元,税收返还县市29032万元,定额补助县市22700万元,专项补助县市480698万元,其他各项补助县市292769万元,支出方总计986807万元;收支相抵,滚存结余6107万元,其中:项目结转6007万元,净结余100万元。

二、攻坚克难,加快发展,财政工作实现了新突破

(一)保增长、强征管,财政收支再上新台阶

全州各级财税部门牢牢把握经济稳步向好的有利条件,着力培植财源,全面加强收入征管,深入挖掘增收潜力,财政总收入、地方一般预算收入均超额完成了州十二届人大三次会议确定的目标,为“十一五”规划画上了圆满的句号。一是财政收入增势强劲。全州各级财税部门及时细化分解落实收入任务,加强对重点行业和重点税源的监控,切实抓好税收征管和规范非税收入管理。2010年,全州财政总收入完成805678万元,是2005年的2.4倍,年均递增19.3%;地方一般预算收入完成376161万元,是2005年的2.4倍,年均递增19%。“十一五”期间,全州财政总收入连续迈上了40亿元、50亿元、60亿元、70亿元、80亿元五个“十亿元台阶”。二是财政收入质量进一步提高。2010年,全州财政总收入占地区生产总值的比重达17%,比2005年提高了2.8个百分点;全州税收收入完成706238万元,占财政总收入的比重达87.7%,比2005年提高了1.4个百分点。三是财政支出再创新高。2010年全州一般预算支出实现1242429万元,是2005年的3.1倍,年均递增25.6%。全州财政收支差额从2005年的63022万元扩大到2010年的436294万元,说明中央和省对大理州转移支付的力度、大理州向上争取资金支持的力度、各级财政对经济社会发展的保障力度进一步增强。

(二)保重点、建支柱,结构调整迈出新步伐

有效运用财税手段,推动全州经济发展方式的转变,着力提高发展质量,实现财政与经济相互促进、共同发展。一是支持重大项目建设。州级安排项目前期工作经费3800万元,是2005年的3.75倍,有力地支持项目前期工作和项目储备,为争取中央、省项目建设资金奠定了基础。筹措在建二级公路建设资金累计达518490万元。全州其他重点建设项目财政投资达263145万元,推进以铁路、公路、水利、治污等基础设施建设为重点的重大项目建设。州级财政安排规划经费1520万元,用于开展滇西中心城市总体规划和5个专项规划,充分发挥规划在城镇化建设中的引领作用。州级财政安排县城提升改造经费2200万元,支持巍山、云龙、宾川、南涧全面启动县城提升改造工作。二是支持培育支柱产业和骨干企业。争取并下达中央和省扶持企业发展专项资金26504万元,州级财政安排扶持企业发展资金9129万元,集中财力扶持优势产业群体,积极推动经济发展方式的转变和经济结构的调整,不断提高经济增

长的质量和效益。三是继续支持旅游服务业加快发展。2010年,州财政投入旅游重大项目建设扶持资金2000万元,着力支持苍山大索道、鹤庆银都水乡新华村、鸡足山旅游景区、"希夷之大理"等重大项目建设;投入1200万元旅游宣传促销费,积极支持旅游宣传营销、旅游产业发展和改革试点、旅游规划编制、旅游节庆活动等工作,有力地推进了旅游二次创业。四是积极推进节能减排和生态建设。2010年争取到中央淘汰落后产能专项资金1871万元,州级兑现奖补资金456万元,全面完成淘汰落后产能任务;下达环境保护项目资金10679万元,其中州级安排8811万元,推进洱海保护治理项目和生态文明示范县建设。

(三)重三农、增投入,强农惠农获得新成效

认真落实各项强农惠农政策,坚持把"三农"问题作为公共财政建设的重要内容,确保各项惠农支农措施不折不扣地落实到农户。一是全力以赴抗大旱。及时开通抗旱救灾资金"绿色通道",加强抗旱资金管理。全州共下达抗旱资金23112万元,加大人畜饮水工程等水利设施项目的投入,确保了大旱之年人心稳定、生活安稳、生产发展。二是支持农业加快发展。2010年农林水事务支出193321万元,比上年增支61927万元,增长47.1%。州级财政预算安排农业产业化资金1000万元、扶贫综合开发示范园区建设资金1000万元、千村扶贫百村整体推进建设资金3300万元,支持核桃、茶叶、蚕桑、农产品加工、乳畜业等优势农业加快发展。三是及时发放各项惠农补贴资金。2010年新增农作物保险补贴、森林防火保险补贴补贴,对农民直接补贴达19项,补贴资金126366万元(其中:通过"一折通"兑付34854万元),农民人均补贴达417元,充分调动了农民发展农业生产的积极性。积极引导金融机构加大支农力度,金融机构发放涉农贷款96.4亿元,比上年增加30亿元,增幅达45%,共获得财政奖补4502万元。四是继续实施村级公益事业建设"一事一议"财政奖补试点。完成1139个试点项目,总投资达2亿元,获得中央和省级财政奖补资金9581万元,全州受益农户14.9万户、农民59.3万人,解决了部分农村"出行难、饮水难"和"脏、乱、差"等问题,农民生产生活条件得到较大改善。五是积极支持发展农村商贸流通业。全州共下达农村现代流通网络体系建设及"万村千乡市场工程"建设专项资金2402万元,支持32个乡村农贸市场建设,扶持发展200个农民专业合作社,建成350个标准农家店和9个农资日用百货配送中心。全州累计销售家电下乡产品230847台(件),兑付补贴资金5204万元,拉动农村市场消费45337万元;累计销售汽车摩托车下乡产品118144辆,兑付补贴资金13682万元,拉动农村市场消费138515万元。

(四)保民生、促和谐,惠民兴州取得新进展

按照科学发展观和公共财政的要求,在财力增长的基础上,坚持向基层特别是贫困地区倾斜、向社会弱势群体和经济社会发展的薄弱环节倾斜的原则,集中财力努力确保重点支出需要,支持经济社会协调发展。一是优先保障教育经费投入。2010年全州教育支出达229216万元,比2005年增加147634万元,年均递增23%;当年下达中央和省级财政校舍安全资金15832万元,州级财政配套3749万元,年内新建26万平方米中小学校舍。"十一五"期间,全州教育支出783576万元(其中"两免一补"资金108424万元),重点支持义务教育、高中教育、中等职业教育、高等教育,推动了大理州教育事业健康快速发展。二是支持文化事业发展。2010年全州文化体育传媒财政支出22153万元,比2005年增加13692万元,年均递增21.2%。"十一五"期间,全州文化体育传媒财政支出共74510万元,支持全州未达标的58个乡镇文化站的建设,实现每个乡镇都有一个功能完善的综合文化站;支持农村文化信息共享工程、文物保护、博物馆免费开放、民族民间文化研究、文化体制改革等各项工作,有效保障了人民群众享受基本公共文化的权益。三是支持社会保障体系建设。全年社会保障和卫生支出完成147619万元,同比增支12615万元,增长9.3%。鹤庆、永平、洱源三县新型农村社会养老保险试点工作稳步推进,发放养老金2733万元,7.2万60周岁以上人员每人每月享受得到55元的基础养老金,33.74万人参保得到每人每年50元的财政资助。提高企业退休人员养老金、失业保险待遇、城乡低保和部分优抚对象待遇水平。提高新农合和居民医疗筹资标准,全面推进国家基本药物"零差率"销售。从2010年1月1日起,80周岁以上老年人高龄保健补助标准从每人每月10元,提高到30元。2010年发放失业人员小额贷款22788万元,贴息资金1263万元,扶持5191户失业人员创业。"十一五"期间,以保障基本生活为目标,全面建立农村最低生活保障制度、被征地农民养老保障制度,覆盖城乡居民的医疗保障体系;四是大力支持保障性安居工程建设。2010年州本级财政安排廉租住房建设资金3000万元,支持29.5万平方米、5900套廉租住房建设;实施三年来,共投入财政资金55793万元,累计建设79.7万平方米、15903套廉租住房,有效保障了低收入家庭和困难职工的基本住房需求。

(五)推改革、增动力,财政管理获得新突破

深入推进公共财政体制机制改革,财政科学化、精细化管理水平不断提升,财政运行的活力和效率不断提高。一是深化预算管理改革。推行部门编制改革6年来,州本级和12县市已全面推行部门预算。2010年,全州959个部门2545个预算单位的部门预算全面提交人大审查。预算编制从过去的"基数加增长"粗放方式,稳步向"零基预算"过渡,并向"绩效预算"、"阳光预算"推进,对州本级18个部门54个预算单位开展了部门预算内部公开制度试点,预算管理更加科学、精细、理性和民主,预算约束不断增强。二是深化财政国库集中收付制度改革。2010年,全州共有840个部门,1507个预算单位纳入财政国库改革范围,实施国库集中支付金额从2005年的14.01亿元,增加到2010年的69.83亿元,年均递增38%,占一般预算支出的比重从2005年的35%上升为2010年的56%;实行"收支两条线管理"收入从2005年的1.14亿元增加到2010年的5.29亿元,年均递增36%;全面启动公务卡结算制度改革,2010年全州实施公务卡结算单位1423个,办卡30607张。三是深化政府采购制度改革。"十一五"期间,实现了采管分离,采购覆盖面不断拓宽,采购规模不断扩大,采购效益不断提升。2010年全州政府采购预算金额54184万元,完成采购金额48373万元,节约采购资金5811万元,综合节约率达10.7%。启动公务用车协议供货全省联动,通过协议供货的公务用车达214辆,合同采购金额4294万元。四是深化国有资产管理改革。继续推进全州行政单位和参公管理事业单位经营性国有资产统一管理改革。州本级对第二批经营性国有资产进行公开处置,实现处置收入1814万元。启动了行政事业单位国有资产管理信息化工作,对行政事业单位所有国有资产实行动态化管理。五是实施财政资金绩效管理与评价。通过对州级部门30万元以上项目实施绩效目标管理、对重点项目开展绩效评价等工作,有效地促进各级各部门加强财政资金管理,树立财政资金绩效理念。2010年,对66个州级部门和单位共165个项目、财政资金48215万元开展绩效目标管理,组织实施了2009年度洱海保护11470万元、省州财政对县市的均衡性转

移支付46547万元、农村最低生活保障补助10146万元等重大项目资金的绩效评价工作。六是加强行政成本控制。推行行政机关效能政府四项制度，成立行政成本控制制度推进协调工作小组，制定并实施《大理州行政成本控制制度推进的工作方案》。2010年全州因公出国(境)经费支出同比下降2.1%，公务用车购置及运行经费支出同比下降0.1%，出省考察经费支出同比下降20%，庆典、节会、论坛经费支出同比下降21.1%，各项支出都达到省要求控制目标，有力地推进了效能政府建设。七是加强财政资金监管。“十一五”期间，制定和完善了《大理州州本级财政资金管理办法》等一系列管理制度，完善了财政资金的拨付审批管理，财政资金的安全性和有效性显著提高。2010年，组织33批次对2008年、2009年四批扩大内需367个项目、188552万元资金进行监督检查。深入开展了抗震救灾、恢复重建、抗旱救灾等专项资金检查工作。深入开展会计信息质量检查和会计师事务所执业质量检查，为全面加强和规范财会管理营造良好的社会环境。

(六)抓载体、强素质，队伍建设推出新举措

高度重视财政干部队伍建设，积极开展财政干部培训，狠抓党建和党风廉政工作，财政干部职工的凝聚力和战斗力明显增强。一是创先争优活动有效开展。把创先争优活动与财政中心工作开展、与创建“选人用人”公信度示范单位、与创建文明单位、与践行“三个一”活动、与“五个争当”、与创建学习型党组织和学习型机关相结合，相互促进，全面加强财政机关自身建设。二是召开了县域经济发展与财源培植研讨会。通过征稿、研讨、培训、交流、学习、宣传，在理论和认识上有了新提高，凝聚了加快发展的共识和信心，营造了全社会关心支持财源培植工作的氛围。三是探索提高财会队伍素质的新模式。举办了1121人参赛的全州财会业务实作竞赛，营造了财会人员“学技术、钻业务、练技能”的浓厚氛围，拓展了“发现拔尖人才、选拔业务骨干、培养财会人员”的新途径。四着力加强作风建设。通过开展科室负责人述职测评等活动，切实转变工作作风，2005年以来州级财政部门在社会各界民主评议行政经济部门中始终名列前5位。

三、2011年地方财政预算草案

按照“以收定支、收支平衡”、“集中财力办大事”的原则和“实事求是、统筹兼顾、留有余地、突出重点、有保有压”的工作方针，2011年地方财政预算建议作如下安排：

(一)全州财政收支预算安排意见

2011年，全州财政总收入安排929200万元，比2010年快报数增收123522万元，增长15%。其中：一般预算收入安排432800万元，比2010年快报数增收56639万元，增长15%。全州一般预算支出安排1359000万元，比2010年快报数增加116571万元，增长9.4%。

全州地方财政收支预算平衡是：一般预算收入432800万元，税收返还收入83200万元，原体制补助15084万元，上级专项补助481837万元，上级各项补助348000元，调入资金2400万元，上年结余8579万元，收入总计1371900万元；一般预算支出1359000万元，上解支出12900万元，支出总计1371900万元，收支平衡。

(二)州本级财政收支预算安排意见

2011年，州本级财政总收入安排355500万元，比2010年快报数增收46415万元，增长15%；其中一般预算收入安排75700万元，比2010年快报数增收9902万元，增长15%；按照以财力定支出、收支平衡的原则，一般预算支出安排162600万元，比2010年快报数增支13492万元，增长9%。

州本级地方财政收支预算平衡是：一般预算收入75700万元，税收返还收入83200万元，原体制补助15084万元，上级专项补助481837万元，上级各项补助34800万元，县市上解收入48300万元，调入资金68万元，上年结余6107万元，收入总计1058296万元；一般预算支出162600万元，上解支出12900万元，税收返还县市30178万元，定额补助县市22700万元，专项补助县市519018万元，其他补助县市310900万元，支出总计1058296万元，收支平衡。

四、锐意进取，开拓创新，确保2011年预算目标的圆满完成

(一)突出发展主题，夯实增收基础

按照加快经济结构调整和提高经济增长质量的要求，拓宽财源建设思路，促进建设增长型、骨干型、稳定型财源，不断增强财政发展的后劲。一是积极支持重大项目建设。州本级安排项目前期工作经费3350万元、重点建设资金4000万元、交通建设资金4000万元、农田水利建设资金2000万元(重点支持包罗水库、永平金河水库、弥渡大横菁水库等重点水利项目建设)、城镇垃圾和污水处理工程配套资金2000万元、洱海保护治理资金5000万元(其中：洱源生态文明试点县建设1500万元)，支持重大项目投资带动经济发展。认真做好各项重点建设项目工作，发挥财政调控、引导、扩展作用，引导金融和社会资金参与各项重点建设，打牢经济发展的基础。二是支持新型工业化。州本级安排标准厂房建设1000万元、工业项目引进和推进1000万元、工业项目前期工作经费1000万元、工业园区基础设施建设1000万元、工业项目补助和贷款贴息1000万元、企业以奖代补资金800万元，集中财力培育优势产业群体，不断提升企业市场竞争力和财税贡献率。三是积极支持旅游服务业发展。州本级财政安排旅游服务业专项补助3000万元，积极争取中央和省旅游发展资金支持，加快推进旅游服务业转型升级，促进争当旅游“二次创业”生力军上实现新跨越。州本级财政安排文化文物专项经费550万元，继续支持公共文化服务体系建设，积极推进文化精品工程建设，有效拓宽文化产业融资渠道，不断引导社会资金投向文化产业，推动争当民族文化强省先行者上实现新跨越。

(二)坚持以人为本，提高社会保障能力

坚持有保有压的支出原则，集中财力支持办好关系民生的大事、实事，有效解决人民群众最关心、最直接、最现实的利益问题，努力提高基本公共服务的质量和水平。一是加大对民生支出的保障力度。州本级预算安排教育资金7283万元，比上年预算增加2355万元，增长47.8%；安排社保和民生资金9931万元，增加2228万元，增长28.9%；安排医疗卫生资金2094万元，增加543万元，增长35%。探索构建科学高效的财政投入方式，有效保障和改善民生，让人民群众共享改革发展成果。大力支持就业再就业工作，加快完善促进就业的各项财政政策和措施，稳步推进“贷免扶补”、小额担保贷款工作，扩大就业规模；继续加大对农村剩余劳动力培训的支持力度，拓展就业空间；重点支持和鼓励自主创业，有效促进多种形式就业。二是大力支持保障性安居工程。州本级财政安排廉租房建设资金3000万元，着力保障好低收入家庭和困难职工的基本住房需求。三是促进收入分配关系合理调整。落实好低收入群体困难补助，健全弱势群体生活救助和价格补贴机制；稳

步实施其他事业单位绩效工资改革。

（三）支持城乡建设，促进统筹发展

着力支持社会主义新农村建设，促进城镇化健康发展，推进城乡经济社会发展一体化。一是积极推进城镇化建设。积极支持滇西中心城市建设和城镇基础设施建设，以城带乡，促进城乡协调发展。州本级安排城镇建设以奖代补资金1500万元，支持永平、洱源、漾濞实施县城提升改造工程；安排园林城市绿化建设奖补资金500万元，鼓励有条件的县城加快建设和积极申报省级园林县城。二是重点支持新农村“四大工程”建设。州本级预算安排农林水事务17694万元，比上年增加5109万元、增长40.6%。其中：新农村“四大工程”专项安排8640万元（具体为：扶贫建设开发工程1500万元，支持50个村实施千村扶贫百村整体推进工程；中心集镇建设4440万元，支持12个中心集镇建设、24个公共服务设施功能完善的中心村建设、36个自然村开展村容整治和乡风文明示范村建设；扶贫示范园区建设1100万元，主要支持公益项目和产业基础建设；洱海流域“百村整治”工程1600万元，支持40个村开展环境整治活动），通过整合农林水、村庄规划等方面资金2700万元，共安排新农村建设资金11340万元，比上年增加5730万元，增长102.1%。三是不断完善各项支农惠农政策。认真落实粮食直接补贴、粮食良种补贴政策，扎实做好农机具购置补贴、退耕还林现金补助和森林生态效益补偿等工作，加快建立财政支农资金的稳定增长机制；积极推进中低产林改造，巩固集体林权制度改革成果；鼓励金融部门加大农业信贷投放力度，引导社会资本投入农业农村领域；州本级财政安排1000万元配套资金，深入推进村级公益事业建议“一事一议”财政奖补试点工作。

（四）深化财政改革，促进科学管理

围绕科学发展的主题，按照科学化、规范化、精细化管理的要求，不断创新理财观念和管理方式，增强财政发展的动力和活力。一是深化财政体制改革。认真实施财政“十二五”发展规划和完善州对县市“十二五”财政管理体制，充分调动各县市培植财源的积极性。逐步建立和完善规范的州对县（市）财政转移支付制度，加大财力向基层倾斜力度，提高各级政府的保障能力。积极探索财政引导激励的措施办法，体现财政政策和财政资金扶持企业发展的激励导向，提高财政资金使用效益。二是深化预算、国库管理改革。不断探索和创新财政预算管理各项工作，建立健全预算编制与预算执行、结余结转资金管理和行政事业单位资产管理有机结合的机制，切实提高预算编制规范性、准确性和约束力。加强预算执行进度管理，努力提高预算执行均衡性和时效性。深入推进预算公开工作，加快打造“阳光预算”。完善“收支两条线”管理，扩大公务卡结算改革面和国库集中收付制度改革范围，完善各项配套措施，从机制上堵塞财政收支漏洞。三是不断强化财政基础管理和基层建设。指导县市深入开展好部门预算、国库集中支付、收支两条线、政府采购、绩效评价等工作，切实提高财政基础管理水平。进一步加强基层财政建设，充分发挥乡镇财政就地就近实施监管的优势，对本级和上级财政安排的资金以及其他部门、其他渠道下达的财政性资金实行全面监管。四是加大支农资金整合力度。按照集中力量办大事的原则，以重点产业、重点区域、重点项目为平台，采取项目推动、部门联动、产业带动等方式，充分发挥县级在涉农资金整合中的主体作用，按照“性质不变、渠道不乱、统筹安排、集中投入、各负其责、各记其功”的原则，整合性质相同、目标一致、用途相似的资金，带动各方资源，集中力量重点突破。

（五）加强自身建设，提升队伍素质

围绕建设一支“政治坚定、业务过硬、作风优良、求实创新、清正廉洁”的财政干部队伍目标，按照“为国理财，为民服务”的宗旨，切实抓好财政系统自身建设。一是继续深入开展创先争优活动。着力在推进服务型机关、效能型机关、创新型机关、廉洁型机关建设中开展好创先争优活动，引导财政干部树立正确的世界观、人生观和价值观，牢记“财为民所聚，政为民所执”的信念，努力形成学习先进、争当先进的浓厚氛围。二是加强财政干部教育培养。积极探索干部教育培训的新途径，培养和造就高素质的财政干部队伍。稳妥推进干部人事制度改革，创建“选人用人”公信度示范单位，以建立促进优秀人才脱颖而出的制度为突破口，提升财政干部素质。三是坚持不懈地抓好党风廉政建设。不断完善制度建设，努力构筑面向社会从源头治本的公共财政制度防线；坚持以廉政文化为灵魂、以制度建设为基础、以科学考评为抓手，构筑财政部门自身的党风廉政建设和反腐败工作内部制约防线，不断提高财政监督管理水平，努力实现财政资金安全和干部安全。

大理白族自治州人民检察院工作报告(摘要)

——2011年2月17日在大理白族自治州第十二届人民代表大会第四次会议上

大理白族自治州人民检察院检察长　普赵辉

一、2010年全州检察工作主要情况

(一)围绕维护社会和谐稳定,不断强化刑事检察工作

牢固树立大局观念和服务意识,立足检察职能,把执法办案作为化解社会矛盾、推进社会管理创新的有效手段和途径,不断强化办案措施,提升执法效果。

1. 打击刑事犯罪工作不断加强。认真履行批捕、起诉职责,全年共批捕各类刑事案件犯罪嫌疑人1873人、起诉2716人。重点打击影响稳定和发展的严重刑事犯罪,依法批捕故意杀人、爆炸、强奸、绑架等严重暴力犯罪嫌疑人208人,起诉271人;批捕抢劫、抢夺、盗窃等多发性侵财犯罪嫌疑人654人,起诉805人,确保社会治安稳定和人民群众生命财产安全。批捕走私、生产销售伪劣产品、非法经营等犯罪嫌疑人89人,起诉86人,维护正常经济秩序和群众利益。不断提高工作质量和效率,严把事实、证据关和法律适用关,对不符合逮捕、起诉条件的,决定不批捕193人、不起诉10人,批捕和起诉准确率为100%。追捕74人、追诉37人、纠正漏罪156件,追诉的一名毒品漏犯被判处有期徒刑15年。

2. 化解社会矛盾工作扎实推进。继续认真贯彻宽严相济刑事政策,完善刑事和解、轻微刑事案件快速办理等办案机制,依法对152名无逮捕必要的犯罪嫌疑人决定不批捕,对17名情节轻微的犯罪嫌疑人决定不起诉,快速办理轻微刑事案件339件。推进检调对接机制,开展刑事和解12件,开展刑事被害人救助工作32件,发放救助金14.22万元。加强释法说理,在办案中化解矛盾纠纷92件次。对不服法院正确裁判的87件民事申诉案件,耐心细致做好服判息诉工作,维护了审判权威和社会稳定。坚持检察长接待日等制度,开通"12309"举报电话,畅通群众控告申诉渠道。以"创建文明接待室"、"集中清理涉检信访积案活动"为载体,妥善处理信访积案和群众来信来访833件,努力促进社会和谐。

3. 参与社会管理创新措施有力。不断深化和延伸检察职能,推进社会管理创新。积极参与巍山、大理等毒品及治安重点地区的集中整治工作,促进社会治安秩序的转变。依法监督社区矫正工作,在全省率先开展"集中清理监外执行罪犯交付执行"专项行动,促进全州社区矫正工作依法、规范开展。加大法制宣传力度,通过"综治维稳宣传月"、"举报宣传周"、"民行宣传月"等形式多样的法制宣传活动,送法进农村、进厂矿、进机关40余次,接受上万人次法律咨询,发放宣传资料6万份,营造了良好的法治氛围。主动参与对未成年人的教育保护,与州妇联、州教育局在全州联合开展"预防未成年人犯罪及提高学生安全意识"法制讲座16场次,受教育师生达16000余人。

(二)围绕推进反腐倡廉建设,深入查办和预防职务犯罪

坚决贯彻中央和省、州党委关于建立健全惩治和预防腐败体系的总体部署,以州人大常委会审议全州反贪污贿赂工作和邀请人大代表、政协委员视察反渎职侵权工作为契机,不断加强和改进新形势下的查办和预防职务犯罪工作。

1. 保持办案规模,突出办案重点。不断加大办案力度,既严肃惩治腐败,又注重矛盾化解,着力解决关系民生、影响民利的问题。全年共立案查办职务犯罪案件104件104人,其中,贪污贿赂案件81件81人,渎职侵权案件23件23人;大案46件46人,县处级领导干部5件5人。通过办案为国家挽回经济损失615.88万元。继续开展集中查办工程建设领域商业贿赂犯罪、危害能源资源和生态环境渎职犯罪、涉农职务犯罪等以保障民生为重点的专项工作,严肃查办涉农职务犯罪案件21件21人,商业贿赂犯罪案件27件27人,工程建设领域职务犯罪案件28件28人,危害能源资源和生态环境渎职犯罪案件14件14人。依法同步介入重大安全事故35起,查办事故背后的渎职犯罪案件4件4人。

2. 规范侦查活动,提高侦查水平。正确把握"规模、质量、效率、效果、安全"的关系,认真落实讯问犯罪嫌疑人同步录音录像制度,深化自侦案件批捕权上提一级改革,加强办案监督管理。强化侦查一体化机制建设,健全与执法执纪部门的情况通报、案件移送等机制,加强案件线索统一管理,完善鼓励群众实名举报制度,积极拓宽案件线索来源。实行侦、捕、诉衔接机制,大力开展业务培训和岗位练兵,不断增强发现犯罪、侦破案件的能力,职务犯罪案件有罪判决率达100%。高度重视办案安全,认真落实办案安全防范预案审批、看审分离等制度,全州办案安全继续保持"零"事故。

3. 注重标本兼治,强化职务犯罪预防。坚持惩防并举,完善侦防一体化工作机制,围绕党委中心工作和结合社会热点问题开展预防调查63件,18项预防检察建议引起州县两级党政领导重视并作出批示。其中,对涉农职务犯罪的预防调查和对策建议引起州委、州人大、州纪委、州委政法委等领导的重视并作出批示。涉林职务犯罪预防经验被省林业厅在全省推广,州检察院被省委、省政府表彰为林权制度改革先进单位。向宾川县委、政府发出的加强职务犯罪预防工作的检察建议,县委和政府专门召开会议原文传达并制定整改措施。对投资10多亿元的8个在建重大工程建设项目开展专项预防,着力保障政府投资安全。积极参与廉政文化建设,与州纪委、大理监狱共建警示教育基地,开展警示教育16场次,增强教育效果。为17000余名干部职工开展预防宣传、法制讲座、预防咨询362场次,增强国家工作人员依法履职、公正廉洁意识。受理行贿犯罪档案查询481次,其中27个单位或个人因有行贿犯罪被有关部门处理,有效发挥行贿犯罪档案查询在规范招投标、治理商业贿赂犯罪方面的积极作用。

（三）围绕促进公正廉洁执法，全面强化诉讼监督工作

认真贯彻落实省人大常委会《关于加强全省检察机关诉讼监督工作的决定》，加大监督力度，拓宽监督思路，提升监督效果，努力维护社会公平正义。

1. 加强刑事侦查和刑事审判监督。健全完善派驻检察室、提前介入引导侦查、量刑建议、检察长列席审判委员会、行政执法与刑事司法相衔接、职务犯罪案件裁判文书两级院同步审查等诉讼监督机制，切实加强刑事诉讼监督。依法提前介入侦查活动156次，监督侦查机关立案61件、撤案62件。依法提出刑事抗诉10件，改判8件。

2. 加强民事审判和行政诉讼监督。坚持维护司法公正和审判权威相统一的原则，以办理群体申诉、劳动争议等涉及社会稳定和民生的案件为重点，全年共提出抗诉21件，提请上级院抗诉68件，上级院支持46件。法院再审后，改变28件。提出再审检察建议19件，法院采纳12件。对37件执行监督案件提出检察建议，均被法院采纳。对国家利益、社会公共利益或困难群众遭受损失的，依法支持、督促起诉80件。

3. 加强刑罚执行和监管活动监督。认真开展"监狱清查事故隐患、促进安全监管"、"被监管人员身体健康状况集中检查"及"保外就医专项检察"等专项行动。对刑罚执行和监管活动中的违法情况提出纠正意见99件次，均得到采纳和纠正。在对刑罚变更执行的同步监督中，纠正减刑、假释、暂予监外执行不当37件，进一步加强了对刑罚执行和监管活动的检察监督；对4827名被监管人员进行身体检查，维护了被监管人合法权益。

（四）围绕依法正确行使检察权，不断健全完善内外监督制约机制

牢固树立监督者必须自觉接受监督的意识，把强化自身监督与强化法律监督放到同等重要的位置，不断完善内外监督制约机制，努力保障执法办案严格依法进行。

1. 外部监督制约机制进一步健全。切实增强接受监督的自觉性，两级检察院向人大及其常委会报告工作8次。州检察院就加强反贪污贿赂工作情况向州人大常委会作了专项报告，并根据常委会审议意见逐条研究落实整改措施，促进了工作的深入发展。出台了加强与人大代表、政协委员联系工作的实施意见和工作方案，通过召开座谈会、邀请视察、邀请参加检务督察及专项检查、上门走访、寄送资料等方式，不断拓宽接受监督的渠道。深化人民监督员制度试点工作，人民监督员共对11件"三类案件"进行监督评议，强化了对职务犯罪案件的监督。推行特约检察员工作制度，包括州检察院在内的7个院共聘任23名民主党派和无党派人士担任特约检察员，进一步加强对检察工作的监督指导。大力推行"阳光检务"，完善和落实不起诉、申诉案件公开审查等工作机制，开展检察开放日等活动，深化检务公开，增强检察工作透明度。

2. 内部监督制约机制进一步完善。紧紧抓住容易发生问题的关键环节和重点岗位，切实加强对自身执法活动的监督制约。一是健全查办职务犯罪工作监督制约机制。严格执行逮捕权上提一级制度，完善和落实职务犯罪案件备案审查和撤案、不起诉报批等制度，强化内部监督制约，确保案件质量。二是深入推进执法规范化建设。开展执法作风整改活动，完善检察委员会议事制度，坚持"一案三卡"和执法过错责任追究制度，建立执法业绩档案4600件，开展案件质量评查520件，强化对检察业务的流程管理、动态监督和质量考核，着力解决执法不规范等问题。三是加大检风检纪专项督察力度。充分运用检务督察、专项检查等方式，对办案安全、办案纪律、安全文明驾驶警车等进行专项督察，确保理性、平和、文明、规范执法。

（五）围绕夯实检察工作基础，坚持不懈抓好检察队伍建设和基层基础建设

坚持把队伍建设和基层基础建设作为事关检察工作全局的战略任务常抓不懈，切实加强基层基础建设，努力提升检察工作水平。

1. 大力加强思想政治建设和检察职业道德建设。以全州检察机关开展的"加强自侦队伍建设"为抓手，紧密结合"恪守检察职业道德、促进廉洁公正执法"，"创先争优"等专项教育活动，提升干警思想政治素质，确保检察人员始终坚持党的事业至上、人民利益至上、宪法法律至上。进行检察官集体宣誓仪式，增强检察人员的职业使命感、责任感。积极学习检察英模先进事迹，努力营造奋发向上的氛围。全州检察机关有1人被高检院授予"一等功"，100人受到州级以上表彰，1人被评为大理市"十佳政法干警"。

2. 大力加强队伍专业化建设。把教育培训作为加强队伍建设的重要抓手，突出抓好以领导干部为重点的领导素能培训、以执法办案人员为重点的专项业务培训和以新进新任人员为重点的任职资格培训，先后组织660余人次参加各类培训。在全州范围内首次评选了20名检察业务尖子和11名检察理论研究人才，加强检察专门人才培养。围绕"业务精、能力强"的目标，认真开展岗位练兵和业务竞赛。与州总工会联合，将"优秀公诉人"评选活动纳入总工会组织的全州职业技能大赛项目，选拔出的"十佳公诉人"受到州政府表彰。积极开展"优秀侦查员"评比和"反渎部门大练兵、大比武、大学习"等活动，全州检察机关有1人被评为"全省侦查监督十佳检察官"，1人被评为"全省查办渎职侵权职务犯罪优秀侦查员"，1人进入全省检察机关首批"信息化人才库"。

3. 大力加强纪律作风建设和自身反腐倡廉建设。切实履行"一岗双责"，由检察长负总责，强化责任分解、责任考核、责任追究，狠抓自身反腐倡廉建设。建立基层院检察长、州检察院内设机构负责人述职述廉及州检察院检察长、纪检组长与基层院检察长、州院内设机构负责人廉政谈话制度，加大对领导干部的监督、管理。强化"反腐者更要注重防腐"意识，举办检察机关自身反腐倡廉展览，组织干警到大理州预防职务犯罪警示教育基地接受教育，提高干警廉洁从检的自觉性。

4. 大力加强基层院建设。积极争取党委、政府及相关部门支持，为基层解决实际困难。目前，两级检察院经费保障已全部按标准落实并纳入财政预算，"两房"建设欠债已基本化解。紧紧抓住中央支持西部地区检察机关基础设施建设的机遇，包括州检察院在内的8个院已启动"两房"新建、改扩建工作，规范执法的保障基础不断夯实。为缓解基层办案力量的不足，加大司法考试考前培训力度，全州检察机关司法考试通过率连续4年名列全省前茅，为基层执法力量不断注入新鲜血液。2010年，有2个基层院被评为全省"先进基层检察院"，1个基层院被省院荣记"二等功"，7个基层院13次受到州级以上表彰。

二、2011年全州检察工作主要任务

（一）更加注重围绕中心、服务大局，依法保障和促进全州经济平稳较快发展

切实增强大局意识和责任意识，坚持把检察工作融入全州经济社会发展大局中来谋划和推进。紧紧围绕中央和省委的一系列重大决策部署及州委"将大理建成中国面向西南开放

桥头堡的滇西中心城市和独具特色的少数民族自治州”的工作目标，认真研究全州检察工作服务和保障经济发展的措施。充分发挥检察职能作用，依法查办重大工程建设、社会保障等领域发生的破坏市场经济秩序和侵害民生的各类犯罪，依法惩治严重经济犯罪，努力为推动全州科学发展提供良好的司法保障。

（二）更加注重维护社会和谐稳定，着力深化三项重点工作

深刻认识当前错综复杂的维稳形势，立足检察职能，以深入推进三项重点工作为载体，切实找准检察工作与三项重点工作的结合点和推动点，继续深化、细化、实化各项检察工作措施，在全面履行检察职能中，促进解决影响社会和谐稳定的源头性、根本性、基础性问题。更加注重制度建设，着力建立健全群众诉求表达机制、执法办案风险评估预警机制、社会矛盾化解机制、检察机关参与社会管理创新等深入推进三项重点工作的科学工作机制，推动三项重点工作再上新台阶、取得新成效。

（三）更加注重群众工作，切实维护人民群众合法权益

深入研究检察机关群众工作的新情况新问题，从践行执法为民的宗旨意识出发，自觉把群众工作贯穿到执法办案的全过程，提高群众工作能力，维护群众合法权益。进一步突出打击严重侵害群众利益、影响群众安全感的刑事犯罪，严肃查办教育、就业、社会保障、医药卫生、住房保障、征地拆迁、环境保护、安全生产等民生领域的职务犯罪，依法监督纠正群众反映强烈的执法不严、司法不公问题。进一步深化检务公开，广泛开展检察开放日、回访当事人等活动，认真对待和切实办好人民群众建议、批评和意见，实现检察机关与人民群众的良性互动，不断提高检察机关的公信力。

（四）更加注重促进反腐倡廉建设，加大查办和预防职务犯罪工作力度

坚持标本兼治、惩防并举，充分发挥检察机关在建立健全惩治和预防腐败体系中的职能作用。严肃查办发生在领导机关和领导干部中滥用职权、贪污贿赂、失职渎职犯罪案件；商业贿赂犯罪案件和严重侵害群众利益的犯罪案件；群体性事件、重大责任事故背后的犯罪案件；工程建设、房地产开发、土地管理和矿产资源开发等领域的犯罪案件。在加大办案力度的同时，更加注重办案质量和效果，更加注重坚持理性、平和、文明、规范执法，努力实现法律效果与政治效果、社会效果有机统一。高度重视职务犯罪预防，加强犯罪分析、对策研究、预防建议、警示教育和预防调查、宣传、咨询等工作，推进侦防一体化机制建设和预防工作规范化建设，促进从源头上遏制和减少职务犯罪发生。

（五）更加注重维护司法公正廉洁，进一步强化对诉讼活动的法律监督

进一步加强立案监督和侦查监督，重点监督纠正有罪不究、以罚代刑、刑讯逼供、超期羁押等问题。进一步加强刑事审判监督，重点监督纠正有罪判无罪、量刑畸轻畸重等问题。进一步加强刑罚执行和监管活动监督，促进监管场所依法管理。进一步加强民事审判和行政诉讼监督，充分运用抗诉、检察建议等手段，开展对民事审判、行政诉讼活动的法律监督，做好督促起诉、支持起诉、息诉和解等工作，继续探索开展公益诉讼及对民事执行活动的监督等工作。严肃查处司法工作人员贪赃枉法等犯罪，切实加强对司法不公不廉的监督，强化法律监督力度，促进公正廉洁执法。坚持监督与支持并重，加强与政法各部门之间的协调配合，改进监督方法，增强监督实效，共同维护司法公正和法制权威。

（六）更加注重加强队伍建设，切实提高公正廉洁执法水平

坚持把党的建设与队伍建设结合起来，加强思想政治建设和职业道德建设，努力建设公正廉洁执法的高素质检察队伍。突出抓好领导班子建设，提高统筹谋划检察工作、科学决策的能力。大力推进教育培训，提升检察队伍的专业素质和能力。完善检察理论研究工作机制，加强检察理论研究人才培养，推动检察理论发展和创新。加强内部监督制约，以领导干部为重点，以执法监督为核心，以制度建设为关键，不断加大内部监督工作力度。毫不松懈地抓好自身反腐倡廉建设，深入开展警示教育、岗位廉政教育，促进自身公正廉洁执法。狠抓基层基础建设，努力促进基层检察院执法规范化、队伍专业化、管理科学化、保障现代化。

大理白族自治州中级人民法院工作报告(摘要)

——2011年2月17日在大理白族自治州第十二届人民代表大会第四次会议上

大理白族自治州中级人民法院院长　黄为华

一、2010年主要工作

(一)努力化解社会矛盾,为经济社会发展提供司法保障

1. 充分发挥职能作用,维护社会和谐稳定。全州法院狠抓执法办案第一要务,全年共受理各类案件15547件,审执结14709件,诉讼案件结案率为96.69%,执结率为87.73%,为国家、集体和个人挽回经济损失100769万元,同比增加32921万元。其中,州中级人民法院共审执结各类案件2977件,结案率为96.16%,为国家、集体和个人挽回经济损失60149万元。一是妥善调处民事纠纷。依法妥善审理各类合同纠纷案件2090件,结案标的46348万元,其中,审结企业破产、股权转让、票据、金融、保险纠纷等案件34件;审结房地产开发、建设工程施工案件144件;审结土地使用权、林权、采矿权等环境资源类案件22件。审结婚姻家庭、继承纠纷、涉军案件2901件,为老人、妇女、儿童追索赡养费、抚养费、抚育费1189万元。审结医疗、交通事故、人身财产损害、宅基地纠纷、相邻关系、财产权属确认等案件2223件,标的额6722.36万元,其中,为人身财产权益受侵害的当事人追索赔偿金2630万元。审结农民工劳动报酬、土地纠纷、农产品购销纠纷等案件189件,为农民工追索工资1389万元。二是依法打击刑事犯罪。依法严惩黑恶势力犯罪、毒品犯罪以及故意杀人、故意伤害、重大盗窃、抢劫、强奸、绑架等严重侵犯公民人身、财产权利的犯罪案件922件1569人;严惩合同诈骗、生产销售伪劣产品、信用卡诈骗、非法经营等严重破坏社会主义市场经济秩序犯罪案件60件96人;依法严惩职务犯罪,判处国家工作人员职务犯罪案件59件86人,其中副处级以上干部5人。审结了"6.23"系列贪污贿赂案件。正确适用宽严相济刑事政策,对犯罪情节轻微、有悔罪表现的罪犯依法判处缓刑797人,免予刑事处罚128人;对自诉案件的被告人宣告无罪20人。三是积极化解行政争议。审结涉及城市规划、征地、拆迁、劳动和社会保障、山林权属纠纷等行政案件68件,执行非诉行政案件111件,收案同比分别增长6.25%和12.12%。判决撤销行政行为或确认行政行为无效4件,对不履行或怠于履行行政职责的,判决行政机关在一定期限内履行行政行为1件,依法维持行政行为8件,驳回起诉或诉讼请求11件,其他处理44件。四是着力加强执行工作。健全完善执行联动、执行快速反应、财产调查与控制、执行规避处置、暴力抗法应对、执行不力责任追究等工作机制,强化执行工作考评和规范化建设。全年共受理各类执行案件4034件,执结3539件,执结率为87.73%,执行标的40452万元。公开强制执行399件,司法拘留13人,执结涉执行信访案件24件,化解率为82.75%。执结受委托执行案件69件。开展创建"无执行积案先进法院"和委托执行案件专项清理活动,提高实际执行到位率。在全省执行绩效考评中,州中级法院执行到位率名列前茅。五是认真实行审判监督。健全案件质量评查工作长效机制,从源头上预防和减少申诉信访案件的产生。坚持"依法纠错"原则,切实加强申诉审查工作,对符合法定条件的申诉,依法提起再审;对不符合法定条件的申诉,做好法律释明和息诉服判工作。全年共审查各类申诉和申请再审案件168件,决定立案审查70件,结案45件,决定进入再审程序19件。已结再审案件中调解结案占48.84%,改判占3.57%,其中抗诉再审案件调解结案67.86%。

2. 完善便民诉讼机制,保障群众合法权益。推行诉讼服务机制,完善司法为民措施,注重司法的人文关怀,推进诉讼活动更加简便、快捷、公开、文明。一是完善窗口建设。全州法院开通96128信息直通车,公布24小时监督举报电话,实行院长约访接访、简化投诉程序、推行审务公开;建立和完善新闻发言人制度、网络阅评员制度、舆情分析研判制度,畅通民意沟通渠道;实施"立案信访窗口"改造,启动"诉讼服务中心"建设,完善诉讼引导、立案调解、司法救助、查询咨询、判后答疑、来访接待等功能,为当事人提供"一站式"服务;强化人民法庭职能,在法庭开展诉调对接、立案信访、执行等工作;改善了诉讼活动场所的无障碍通道;实施公开承诺、首问首办负责、限时办结和责任追究制度,认真听取、办理人民群众的批评、意见和建议。二是落实便民措施。继续推进案件繁简分流和巡回办案制度,开展简易案件速裁工作,适用简易程序审理案件5408件,占一审结案数的64.7%,基层法庭81.62%的案件适用简易程序结案;对刑事被告人认罪案件实行简便审理237件;基层法院和派出法庭采用速裁机制,及时处理各类案件2090件。采取巡回立案、送法下乡、就地审理、巡回审判,在乡镇、村设立诉讼服务站,到田间地头、农家院落办案,减轻群众诉累。全年巡回审理案件1328件,解答法律咨询15220余人次。三是推进矛盾化解。建立和完善多元化矛盾纠纷解决机制,加大调解、协调、和解力度,努力实现案结事了。全年民事一审案件调解和调解后撤诉结案3759件,占民事一审结案总数的57.2%,部分基层法院及人民法庭的调解率达到了72%以上;刑事自诉案件调解和调后撤诉125件,调撤率达到58.69%;行政诉讼中经协调原告撤诉6件,占12.5%,撤诉率上升4.5%;在执行案件中以执行和解方式结案289件。四是开展司法救助。开辟涉农案件"绿色通道",对追索赡养费、抚养费、赔偿费、劳动报酬等案件做到快立、快审、快执。加大司法救助力度,全年共依法减、缓、免交诉讼费798案45.96万元;依法提供法律援助,为117名刑事被告人指定辩护人;争取财政资金184万元,对199件执行案件中的296名特殊困难申请人实施救助,并积极协调民政、医保等单位延伸司法救助,将特困当事人纳入低保111人,纳入医保308人,其他渠道救济9人。

(二)积极参与社会管理,为体制机制创新提供司法服务

1. 延伸审判职能，推进综治平安创建。认真落实单位和主要领导综治挂钩责任制，继续加大“打黑除恶”、“扫黄打非”、“打假打私”、“禁毒”、“治理商业贿赂”等专项工作力度，积极参与社会治安综合治理，有效推进社会管理创新。一是参与综合治理。严厉打击刑事犯罪，正确适用刑事法律，严格执行刑事政策，做到不枉不纵，维护社会长治久安。注重刑事自诉案件的调解，努力减少“民转刑”案件的发生，注重刑事附带民事诉讼案件赔偿款物的实际兑现，减少社会对抗，维护社会稳定，2010 年刑事自诉案件调撤率达到 58.69%。认真贯彻对未成年人犯罪“教育为主、惩罚为辅”的方针，发挥教学实践基地、法官兼任法制副校长的作用，积极协调民政、教育、妇联等部门做好青少年司法工作，努力构建预防青少年犯罪、矫正未成年罪犯以及未成年人维权的社会防控体系，确保未成年人合法权益得到切实有效的保护。全年从轻或减轻判处未成年罪犯 219 人，其中，宣告缓刑 61 人；组织在校学生旁听案件庭审 21 次；协调妇联、民政、社保、教育等部门参与未成年人维权 34 次。二是完善信访机制。认真接受州人大常委会对中级法院及弥渡县、祥云县、宾川县法院涉诉信访工作的督促检查，总结解决涉诉信访问题的经验，剖析信访案件的成因，完善申诉信访处理机制，全力化解重信重访，努力减少初信初访。通过建立来信来访案件台账，采取领导包案、挂牌督办、带案下访、公开听证等措施，综合运用法律、行政、经济、教育、治安等多种手段，把解决执法问题与解决群众的实际困难结合起来，加大排查化解涉诉信访工作力度，努力化解涉诉信访积案，使 37 个越级上访或缠访当事人息访息诉。通过建立信访联席会议制度，完善案件质量评查机制，注重诉讼指导、调解和解、判后答疑、辨法析理，努力从源头上减少涉诉信访形成几率。全年共接待群众来信来访 17021 件(次)，与上年同比下降 4.94%；参与有关部门信访维稳 114 次；化解上级法院和省、州政法委交办的 45 件涉诉信访积案，新访率下降。三是加强诉调对接。充分发挥诉讼调解职能，将调解贯穿于诉前、立案、审判、执行、信访全过程。加强对人民调解工作的指导，加强与仲裁组织、公证机构的联系，积极推进“三位一体”大调解体系的构建，利用诉前调解、立案和解、审调互动等手段，将人民调解、行政调解、司法调解有机衔接，形成调处合力，最大限度地把矛盾纠纷化解在基层。经诉前调解和立案和解的案件自动履行率达 70%，平均结案时间为 15 天。由于加强了诉讼调解，上诉案件和申请执行案件减少，全州法院收案近年来首次出现下降。四是扩大法制宣传。大力推行巡回审判和公开审判，开展“司法公开宣传月”活动，法官进企业、进农村、进学校、进社区，宣讲法律，提高群众和企业的法律意识。全年共开展普法活动 171 次，群众接受法制宣传 20340 人次。加强与媒体的沟通协作，加大司法宣传、以案说法力度，增强公民的法治意识，全年在各类新闻媒体上发表宣传稿件 1066 篇。

2. 强化能动司法，营造良好发展环境。依法妥善处理拆迁改建、城镇建设、土地流转、林权改革、招商引资、环境资源等案件，发挥司法对社会的引导、示范、评价、规制功能，服务经济社会发展大局，积极投身社会建设，圆满完成各项任务。一是创新能动司法。加强对新类型案件、疑难复杂案件、社会敏感案件、群体性案件的审判指导及社会稳定风险评估，进一步完善通过审判信息预警社会问题的工作机制，推行行政审判白皮书，建立审判工作态势分析报告制度。针对审判工作中发现的隐患和问题，向企业和单位提出司法建议，预防风险、降低损失、减少犯罪。全年共提出司法建议 39 份。二是促进依法行政。依法审理行政案件、审查非诉行政执行案件，逐步推进行政机关法定代表人出庭应诉制度，认真履行政府法制督察员职责，通过分析行政执法中出现的新情况新问题，及时提出司法建议，以协调促维权，以协调促稳定，以协调促依法行政。全年向行政机关发出建议书 14 份，有 15 名行政部门领导出庭参加诉讼。对征地拆迁补偿、移民安置等问题，在作出裁判之前，主动协调有关单位，尽力予以妥善解决。三是推动社会管理。积极参与特殊人群的社会管理，配合相关部门落实社区矫正和帮教工作，认真做好对被判处管制、缓刑、免予刑事处罚人员的交付执行以及刑释解教人员的跟踪帮教、定期回访工作，预防和减少重新犯罪，教育和帮助其重返社会，全年参与社区矫正工作 74 次。加大监管力度，防止脱管漏管，全年共办理暂予监外执行案件 4 案 4 人。推行减刑、假释听证制度，规范减刑假释工作，配合做好监狱管理工作，全年共办理减刑假释案件 1724 件 1724 人。四是健全协同机制。积极在社会信用体系建设中发挥作用，加大对犯罪分子财产刑的执行力度，建立对被执行人的财产调查和控制机制，对涉诉法人和组织实行公告，对重大案件进行新闻发布，建立完善执行联动及多元化解涉诉信访的长效工作机制；加强与医疗单位、鉴定机构及行政部门的协作，建立医患纠纷涉诉调解机制；加强与交警、保险等部门协调，专设交通事故理赔合议庭和巡回法庭；与行政主管部门、行业协会、仲裁组织搭建平台，迅速处理旅游合同纠纷案件；开展与企业结对服务活动，及时为企业提供司法服务；着力健全上级法院对下级法院的指导监督机制；坚持重大案件通报制度，主动听取各方意见，营造有利于加快发展的法制环境。两级法院共派出工作队员 40 余人，参加新农村建设、扶贫济困、环境保护及禁毒防艾等工作。

(三)推进公正廉洁执法，为树立司法公信奠定坚实基础

1. 加强监督管理，促进司法公正。坚持“三个至上”，着力从加强领导、加强配合、加强制约、加强监督等方面抓实工作，从严治院，公信立院。一是重视各方监督。自觉接受党委领导和人大、政协的监督，对重大部署、重点工作、重要问题及时报告；认真落实《中华人民共和国各级人民代表大会常务委员会监督法》，主动接受人大对法院工作的专题审议、视察、督促检查，完善联络工作制度，认真听取意见和建议。全年完成全国、省、州人大专题调研和督查检查 3 项，办理人大代表建议 4 件、政协委员提案 6 件，邀请人大代表、政协委员 200 余人旁听庭审和监督执行工作，走访人大代表、政协委员 139 人，座谈 36 次。接受州人大常委会、州政协对弥渡县、祥云县、宾川县、大理市、洱源县法院及中级法院的督查、视察。二是坚持司法公开。自觉接受检察机关的法律监督和社会各界的意见建议，全年共邀请检察长列席审判委员会 23 次，审结抗诉案件 39 件，对抗诉成立的 7 件案件予以改判或发回重审；召开新闻发布会 4 次，回应社会关切；组织实施了第二届人民陪审员的换届选任，培训人民陪审员 107 人，共有 107 名陪审员参加了 385 案的审理。中央和省级 19 家新闻媒体集中宣传报道了我州基层法官的先进事迹。三是注重制度创新。全州法院对历年制定的规章制度进行了清理，强化领导干部一岗双责，加强委托鉴定、评估、拍卖的制度约束，健全完善了案件质量评查及错案查究机制。全面推行审判事务集中管理和信息化管理；完善独任审判、合议庭以及审判委员会的工作制度，规范院长、庭长阅批案件制度；建立执法业绩档案，对改判、发回重审、申诉再审、涉诉信访等案件实行责任倒查；通过量刑纳入庭审及量刑规范化工作，统一裁判尺度，规范法官自由裁量权，诉讼案件一审判决后上诉率为 10.73%，服判息诉率为 89.27%，二审改判率为 19.85%。无超审限、超期羁押案件。

2. 抓实党建工作，加强队伍建设。加强理想信念教育和职业道德教育，践行“公正、廉洁、为民”的司法核心价值观，自觉维护人民法院的形象和司法公信力。一是加强作风建设。深入开展“创先争优”活动和“人民法官为人民”主题实践活动，加强学习型党组织建设和队伍的思想政治建设，设立党员示范窗口、党员先锋岗，落实党员联系群众制度和“四项制度”，以党建带队建，以队建促审判。在“创先争优”活动中，南涧县公郎法庭庭长龙进品被最高人民法院授予“全国优秀法官”称号，云南省委授予“爱民为民模范法官”称号，云南省民族事务委员会、省高级人民法院表彰为全省少数民族优秀法官，荣记二等功，大理州委授予“大理州优秀法官”称号。二是重视廉政建设。坚持廉政建设责任制、信访包案责任制、挂钩基层责任制、调研指导责任制和个人重大事项报告制度，加强领导班子建设，加强对基层法院领导班子及其成员的协管。接受上级法院对大理州两级法院的司法巡查，接受有关部门对机关工作作风、行政管理、服务态度等方面的明察暗访。通过开展领导干部党性党风党纪教育、司法警察警示教育、廉政文化建设、集体廉政谈话、开设廉政党课，引导广大法官树立正确的世界观、权力观、事业观。推行廉政监察员制度，共配备廉政监察员122名，实行交叉任职。认真落实《人民法院工作人员处分条例》和“五个严禁”的规定，建立干警廉政和执法业绩档案，实行案件廉政监督卡。全州法院无违法违纪事件发生。三是强化能力建设。不断强化人才强院措施，加大干警的业务培训力度。全年共有420余名干警参加了各类业务培训，768人参加了计算机技能培训和审判管理系统应用培训。全州法院受最高人民法院和全国性表彰的先进集体2个，先进个人2个；省级表彰的先进集体2个，先进个人7人；州级表彰的先进集体7个，个人12人。

二、2011年主要工作任务

2011年，是中国共产党成立90周年，也是“十二五”的开局之年，全州两级人民法院将紧紧围绕科学发展的主题和加快转变经济发展方式的主线，以深化三项重点工作为着力点，以深化司法体制和工作机制改革为动力，以强化法院机关党的建设为保证，全面加强审判执行工作和自身建设，为实现“十二五”时期全州经济社会良好开局提供更加有力的司法保障。

（一）更加自觉地服务大局，能动发挥审判职能

按照州委六届十次会议提出“将大理建成中国面向西南开放桥头堡的滇西中心城市和独具特色的少数民族自治州”的工作目标，全州法院将进一步增强大局意识和服务中心工作的自觉性和主动性，坚持能动司法，有效服务“十二五”规划和“桥头堡”战略；更好地维护国家安全和社会稳定，依法严惩各种刑事犯罪，深化宽严相济刑事政策的实施，积极参与社会治安综合治理，促进平安大理建设；牢固树立有效解决纠纷意识，加强申诉、申请再审案件的审理，加大调解力度，实现诉调联动；重点审理好转变经济发展方式中的各类纠纷案件、征地拆迁和房地产纠纷案件、生态环境案件及劳动争议案件；妥善处理好涉及民生的案件，关注弱势群体，服务新农村建设，保障全州经济社会更好更快发展。

（二）更加有效地化解矛盾，维护群众合法权益

落实司法为民措施，方便群众诉讼，完善服务窗口建设和巡回审判，加大司法救助力度；坚持领导干部接访、下访、巡访，认真开展涉诉信访积案清理工作，建立执行长效机制，着力推进执行工作规范化建设和解决执行难问题；更好地为保障和改善民生服务，依法保障人民生命健康和财产安全，切实维护群众切身利益，认真研究“三农”工作中出现的新问题，保护农民权益，统筹兼顾支持地方发展和保护行政相对人合法权益。

（三）更加务实地推进改革，促进公开公正高效

围绕“公正、廉洁、为民”的司法核心价值观要求，健全审判管理制度，推进审判管理的规范化、科学化，提高案件质量和效率；健全沟通协调机制，推进“院务公开”和“阳光司法”；加强执法绩效考评，更好地落实“从优待警”和“从严治警”；进一步推进刑事、民事、行政审判制度改革，不断适应经济社会发展的要求；推进涉诉信访案件终结机制的建立健全，做好涉诉信访案件的化解工作，多措并举解决涉诉信访问题。

（四）更加有力地建设队伍，树立良好司法形象

认真组织开展“发扬传统、坚定信念、执法为民”主题教育实践活动，以加强共产党员党性锻炼为重点，发挥党支部战斗堡垒作用和党员先锋模范作用；大力开展全员培训和专项培训，提升队伍司法能力；积极开展法院文化建设，倡导法官树立社会主义核心价值观；深入开展“创先争优”活动，做好新闻宣传工作，加大对法院工作和基层法官的宣传力度；加强党风廉政建设，开展司法巡查，加强监督管理，健全惩防体系建设。

（五）更加深入地关注基层，夯实法院工作基础

切实加强基层法院队伍建设，提高基层法官执法办案水平和做群众工作的能力，使矛盾纠纷更多的化解在基层；切实加强基层法院和派出法庭基础设施建设，加大办案力量和装备配备力度，增强基层法院综治维稳和科技强院的能力；切实增强法官执业保障，落实人民法庭的干部政策，促进基层基础工作迈上新台阶。

（责任编校：杨林柏）

索　引

说　明

1. 本索引采用主题分析法编制，索引范围包括全书各部类条目、表格。其中“特载”、“专文”、“大事记”、“附录”等部类的具体内容未做索引，仅以其标题中心词标引；“县市要览”等栏目内容以“附见”形式标引，乡镇以其政区名称标引。

2. 本索引按主题词首字汉语拼音音序（同音字按音调）排列，若首字拼音相同则按第二字音序排列，以此类推。

3. 索引款目由主题词加修饰词或说明词组成，并采取主题词在前，修饰、说明词在后的排列方式。修饰、说明词是对主题词内容的限定，以逗号或括号同主题词相区别。索引款目后的阿拉伯数码表示该主题内容所在页码。

4. 同一主题词的别页（项）内容采取“附见”或“参见”形式，在主题词下各占1行排列并退1字的款目为“附见”内容，索引款目后两个以上页码的为该主题的“参见”内容。

5. 部类、栏目名称直接用作索引款目时，用黑体字标识；文章及表格在主题后用括号注明。

C

D

E

F

G

H

J

M

N

P

Q

R

S

T

W

X

Y

Z